U0922380

2018上海教育年鉴

SHANGHAI EDUCATIONAL YEARBOOK

上海市教育委员会 编

上海人民出版社

上海教育概览（2017）

基础教育

中小学、幼儿园、特殊教育、工读学校总数	3192所↑
幼儿园	1591所↑
小学	741所↓
中学	818所↑
特殊教育学校	30所↑
工读学校	12所
中小学、幼儿园、特殊教育学校、工读学校在校学生总数	193.4万人↑
幼儿园在园幼儿数	57.3万人↑
小学在校学生数	78.5万人↓
普通初中在校学生数	41.2万人↓
普通高中在校学生数	15.9万人↑
特殊教育在校学生数	0.4万人↓
工读学校在校学生数	0.07万人↓
义务教育入学率	99.9%以上
初中毕业生数	9.0万人↓
高中阶段毕业生数（含普通高中、普通中专、职业高中、技工学校）	8.2万人↓
高考统考考生数	7万余人
647所高校在沪实际录取学生数	6.47万人↓

中等职业教育

普通中等职业学校总数	82所↓
职业高中	25所↓
中等专业学校	50所
中等技工学校	7所
普通中等职业学校全日制在校学生总数	9.09万人↓

高等教育

普通高等学校总数	64所
普通高校本专科在校学生总数	51.5万人↑
本科在校学生数	37.6万人↑
高职高专在校学生数	13.9万人↓
研究生培养机构（不包括中科院在沪分院和煤炭院上海分院）	49家↑
在读研究生数	15.2万人↑
在读博士生数	3.2万人↑
在读硕士生数	12.0万人↑
研究生招生数（含科研机构）	5万人↑
博士生招生数	0.8万人↑
硕士生招生数	4.2万人↓
普通高等学校本专科招生数	14.3万人↑
本科生招生数	9.7万人↑
专科生招生数	4.6万人↓
普通高校本专科毕业生数	13.4万人

成人中等高等学历教育

成人中高等学历教育学校总数	26所
独立设置成人高校	14所
独立设置中等专业学校	12所
成人高等教育和中等专业教育在校学生总数	27.3万人↓
成人本专科在校学生数	13.4万人↓
网络本专科在校学生数	12.4万人↓
成人中专在校学生数	1.5万人↓
成人本专科招生数	4.6万人↑
成人网络本专科招生数	5.5万人↑

成人中专招生数	0.5万人↓
成人本专科毕业生人数	4.7万人↓
成人网络本专科毕业生人数	4.2万人↓
成人中专毕业生人数	0.6万人↑

非学历教育

成人职业技术培训机构	689所↑
民办非学历高等教育机构	213所↓
校外教育机构总数	23所↑
少年宫	19所↑
少年科技站	3所↓
少年之家	1所
各类老年教育机构	5974个↑

中外合作办学

中外合作办学机构	29个
中外合作办学项目	159个↑
外籍人员子女学校数	36所↓
外籍人员子女学校在读学生数	30404名↑
在沪普通高校来华留学生数	60771人↑

教工队伍

中小学教职工总数数	13.6万人↑
小学专任教师数	5.5万人↑
中学专任教师数	5.7万人↑
普通高校教职工总数	7.4万人↑
普通高校专任教师数	4.4万人↑
正高级职称教师数	0.8万人↑
副高级职称教师数	1.4万人↑
中级职称教师数	1.7万人↑
市属高校教职工总数	4.2万人↑
市属高校专任教师数	2.7万人↑
中央部委属高校教职工总数	3.20万人
中央部委属高校专任教师数	1.6万人↑

教育经费

全市一般公共预算教育支出预算	890.5亿元
市本级一般公共预算教育支出预算	287.9亿元
区级一般公共预算教育支出预算	602.6亿元

注：↑表示统计数据与上年相比有所增加；↓表示统计数据与上年相比有所减少。

6月22日，2017年高校思想政治理论课教学质量年上海调研片会暨高校“课程思政”现场推进会召开

10月18日，闵行中学高三学生

5月26日，2017年上海市教育系统社会主义核心价值观进校园现场会举行

大开幕式

10月20日，上海高校师生通过读报了解、学习党的十九大报告精神，并进行热烈讨论

5月31日，2017年秋季上海高校党政负责干部会议举行

11月16–17日，首届上海教育督导论坛在上海师范大学举行。“上海市教育督导研究中心”同时揭牌

11月14日，中欧高级别人文交流对话机制第四次会议在上海举行。图为中欧体育研讨会在上海体育学院举行

9月19日,市政府新闻办举行市政府新闻发布会,市教委主任苏明介绍上海推进教育综合改革相关情况

6月7日,上海高中应届生走进2017年高考考场。2017年高考综合改革试点地区上海首次施行"3+3模式"

自2017年开始,上海高考外语科目考试实行一年两考,包括笔试和听说测试两部分。图为外语听说测试模拟考试现场

4月17日，曹杨中学被命名为上海特色普通高中

9月，上海小学一年级学生统一使用部编版语文新教材

6月17日，7.4万人报名参加2017初中毕业统一学业考试

7月，2017年爱心暑托班开班，130 场垃圾分类公益宣讲走进爱心暑托班

9月，一批小学生被授予"青少年网络安全教育小小安全卫士"称号

9月1日，松江一中新疆内地高中班的维吾尔族、哈萨克族、柯尔克孜族、蒙古族、塔吉克族等302名少数民族学生与校本部1000余名师生共度佳节，以一场洋溢着民族团结、青春活力的歌舞秀开启新学期第一课

5月20日，同济大学迎来建校110周年

11月18日，为纪念复旦大学上海医学院（原上海医科大学）创建90周年，“加快建设中国特色世界一流医学院主题论坛”在该校枫林校区举行

11月27日，上海音乐学院庆祝建校90周年

11月18日，上海财经大学召开建校100周年纪念大会

6月14日，上海公安学院揭牌。9月26日，2017级新生入学，首批招录150名本科专业新生

2月13日，上海大学上海电影学院表演专业首次招生考试举行

10月22日，华东理工大学费林加诺贝尔奖科学家联合研究中心成立

10月19日，在第四十四届世界技能大赛上，上海市杨浦职业技术学校学生杨山巍获车身修理项目金牌

6月4日，330名学员从上海开放大学毕业，成为首批拥有家政服务专业文凭的大专生。图为上海开放大学家政服务专业2017届毕业生现场展示专业技能

3月24日，上海市“星光计划”第七届职业院校技能大赛决赛举行。图为参赛选手在安装、调试建筑设备

9月21日，上海应用技术大学、上海城建职业学院、上海电子信息职业技术学院联合召开2017级高本贯通试点班开学典礼暨家长见面会

11月12日，静安区全民终身学习活动周闭幕

11月11—12日，2017亲子嘉年华 在上海世博中心举行

10月28日，上海市第十三届全民终身学习活动周开幕

6月30日，“回到本来 走向未来——木铎金声话育人”——2017年上海市民诵读节展演活动在上海城市剧院举办

8月6日，上海交通大学召开新闻发布会，宣布上海交通大学材料科学与工程学院王浩伟教授领衔的科研团队成功研制出纳米陶瓷铝合金

12月，上海海洋大学建造的中国第一艘远洋渔业资源调查船“淞航”号完成首航

11月，上海科技大学本科生队伍在国际基因工程机器大赛上获金奖和最佳硬件单项奖

12月21日，上海交通大学医疗机器人研究院揭牌。图为研发人员演示一款单孔镜腔手术机器人

4月1日，菲兹奖、诺贝尔奖双料得主迈克尔·阿蒂亚和菲兹奖得主艾伦·科恩斯到访复旦大学接受特聘名誉教授聘任，并与学生进行交流

月26—28日，2017第二届上海国际教育装备博览会上，特别设置19所上海市中小学创新实验室案例展示区。图为东华附GEO乐园展示区

4月7—9日，第十四届上海教育博览会在上海展览中心举行。图为学生在现场体验以AR、VR为代表的互动教学器材

月15日，2017年上海市学生职业体验日活动在36所学校开展。图为在上海市工业技术学校，学生动手操纵机械臂取物

7月23日，金山区兴塔小学女足获第三十三届“美国杯”国际青少年足球邀请赛U10冠军

9月7日，上海市“千校万班”三大球小达人技能竞赛在华东师范大学体育馆开幕

7月，中国（上海）国际青少年校园足球邀请赛在沪举行

6月3日，第十届上海高校外国留学生龙舟赛在华东理工大学举行

12月10—16日，“携手新时代 共筑中国梦”第二届“全国中小学生电影周”活动在沪举行

11月20日，上海学生舞蹈联盟一周年精品展演活动在上海国际舞蹈中心大剧场举行

3月29日，上海学生戏剧团及上海学生戏剧联盟成立。图为上海学生戏剧团及联盟揭牌

6月28日，“梦想起跑线”——“舞向未来”艺术教育实验成果展示活动举行

11月22日，上海市新优质项目学校教师专业发展集群展示交流活动在市八初级中学举行

9月6日，2017年“上海市园丁奖”表彰活动在黄浦区青少年活动中心举行

10月13日，上海市民办高校“强师工程”教师培训项目实施五
回顾暨第三届民办高校教师教学技能大赛颁奖活动在上海
大学举行

11月12日，2017年冬季长三角联合师资招聘会上，上海市教委未来教师储备与培养计划展位吸引众多咨询者

10月，中学生在上海“大世界”体验非遗课堂，近距离感受和了解中国优秀传统文化

12月3日，上海市第十三届18岁成人仪式在东方绿舟举行

11月11日，浦东新区开展社会用字监测——高中生志愿者“啄木鸟行动”

9月21日，2017年上
市高校毕业生就业
务月启动仪式在上
工程技术大学举行

6月，上海纽约大学2017届校友Tyler Rhorick获中国首张本科学历外国留学生工作许可证

7月7—8日，长三角地区应用型本科高校联盟“互联网+”大学生创新创业大赛暨教育论坛在上海应用技术大学举行

编辑说明

一、《上海教育年鉴》是上海市教育委员会编纂的按年度发布上海教育改革和发展情况的专业性年鉴。它是上海各级教育行政部门、各级各类学校执行党和国家的教育法律法规与方针政策、做好教育工作的经验总结，是上海教育事业发展进程的真实记录。

二、编纂本年鉴是为教育管理决策、教育科学研究提供参考，为宣传交流上海教育改革与发展成就设立窗口，为关注和研究上海教育的相关单位与个人提供信息资料。

三、本年鉴的基本内容有："特载""法律 法规 规章 文件""各级各类教育""区域教育""高等学校""教育科研与考试、评估机构""教育电视与报刊""教育人物""大事记""教育统计"。

四、本年鉴栏目为"栏目—分目—条目"三级结构层次，以条目为主要载体。为便于检索，卷首设中英文目录，卷末有索引。索引分主题词索引、人名索引和串文图片索引。

五、本年鉴记述时限为2017年1月1日至12月31日，部分内容、数据涉及2017年前，个别资料延续到2018年3月。

六、本年鉴稿件由上海市教育委员会相关处室、直属单位，各区教育行政部门，各高等院校等有关单位提供。

目 录

特 载

法律 法规 规章 文件

各级各类教育

综合类

基础教育

专题报告

区域教育

黄浦区

徐汇区

长宁区

静安区

普陀区

虹口区

闵行区

宝山区

嘉定区

浦东新区

金山区

松江区

青浦区

奉贤区

崇明区

高等学校

复旦大学

华东理工大学

东华大学

上海理工大学

上海海事大学

上海海洋大学

上海中医药大学

上海师范大学

上海对外经贸大学

上海应用技术大学

上海健康医学院

上海体育学院

上海音乐学院

上海戏剧学院

上海立信会计金融学院

上海电机学院

上海政法学院

上海商学院

上海公安学院

上海杉达学院

上海建桥学院

上海兴伟学院

上海出版印刷高等专科学校

上海行健职业学院

上海城建职业学院

上海交通职业技术学院

上海体育职业学院

上海东海职业技术学院

上海工商职业技术学院

上海震旦职业学院

上海民远职业技术学院

上海思博职业技术学院

上海立达职业技术学院

上海济光职业技术学院

上海工商外国语职业学院

上海邦德职业技术学院

上海中侨职业技术学院

上海电影艺术职业学院

上海开放大学

教育科研与考试、评估机构

上海市教育科学研究院

上海市教育考试院

上海市教育评估院

教育电视与报刊

上海教育电视台

上海教育报刊总社

教育人物

大事记

教育统计

索　引

Contents

Special Articles

Laws, Regulations and Documents

Various Educations at Different Levels

Miscellanies

Xuhui District

Changning District

Jing'an District

Putuo District

Hongkou District

Yangpu District

Minhang District

Baoshan District

Jiading District

Pudong New District

Jinshan District

Songjiang District

Qingpu District

Fengxian District

Chongming District

Higher Educational Institutions

Fudan University

Shanghai Jiao Tong University

Shanghai Jiao Tong University School of Medical

Tongji University

East China University of Science and Technology

Donghua University

East China Normal University

Shanghai International Studies University

Shanghai University of Finance and Economics

Shanghai Customs College

Shanghai Civil Aviation College

Shanghai University

Shanghai University of Engineering Science

Shanghai Maritime University

Shanghai Ocean University

Shanghai University of Traditional Chinese Medicine

Shanghai Normal University

Shanghai University of International Business and Economics

East China University of Political Science and Law

Shanghai University of Engineering Science

Shanghai Second Polytechnic University

Shanghai Tech University

NYU Shanghai

Shanghai University of Electric Power

Shanghai Institute of Technology

Shanghai University of Medicine & Health Sciences

Shanghai University of Sport

Shanghai Conservatory of Music

Shanghai Theatre Academy

Shanghai Lixin University of Accounting and Finance

Shanghai Dianji University

Shanghai University of Political Science and Law

Shanghai Business Schoold

Shanghai Police College

Shanghai Urban Construction Vocational College

Shanghai Communications Polytechnic

Shanghai Maritime Academy

Shanghai Sports Institute

Shanghai Donghai Vocational & Technical College

Shanghai Industrial & Commercial Polytechnic

Shanghai Aurora College

Shanghai Minyuan Vocational College

Shanghai Sipo Polytechnic

Shanghai Lida Polytechnic Institute

Shanghai Jiguang Polytechnic College

Shanghai Industry and Commerce Foreign Language College

Institutions of Scientific Research, Examination and Evaluation on Education

Shanghai Academy of Educational Sciences

Shanghai Municipal Educational Examinations Authority

Shanghai Education Evaluation Institute

Educational TV and Press

Shanghai Education Television Station

Shanghai Educational Press Group

Educational Personage

Chronicles

Educational Statistics

Number of After-school Education Units and Employees and Teachers in Them …………… (535)
Basic Situation of Postgraduates in Past Years …………… (536)
Basic Situation of Common Colleges in Past Years …………… (536)
Basic Situation of Common Middle Schools in Past Years …………… (537)
Basic Situation of Primary Schools in Past Years …………… (538)
Basic Situation of Kindergartens in Past Years …………… (538)
Basic Situation of Secondary Technical Schools in Past Years …………… (539)
Basic Situation of Special Education Schools in Past Years …………… (540)
Basic Situation of Adult Colleges in Past Years …………… (540)
Basic Situation Table of Common Colleges(1) …………… (541)
Basic Situation Table of Common Colleges(2) …………… (543)
Basic Situation Table of Adult Colleges …………… (545)
List of Experimental and Demonstrative Middle Schools(1) …………… (546)
List of Experimental and Demonstrative Middle Schools(2) …………… (547)
List of Non-government Primary Schools(1) …………… (548)
List of Non-government Primary Schools(2) …………… (548)
List of Non-government Middle Schools(1) …………… (549)
List of Non-government Middle Schools(2) …………… (549)
List of International Schools in Shanghai …………… (550)
Situation of Elderly Education Units of Shanghai …………… (550)
Situation of Outlay(per Student) for In-school Students in Senior High Schools, 2017 …… (551)
Situation of Outlay(per Student) for In-school Students in Junior High Schools, 2017 …… (552)
Situation of Outlay(per Student) for In-school Students in Primary Schools, 2017 …………… (552)
Situation of Outlay(per Student) for In-school Students in Kindergartens, 2017 …………… (553)
Situation of Outlay(per Student) for In-school Students in Technical Secondary Schools, Technical Schools and Vocational Schools, 2017 …………… (553)
Statistics of Allocation Condition of Educational Technological Equipment in Shanghai …… (554)
Statistics of Labs Construction Condition in Shanghai …………… (555)
Statistics of Function Classrooms Construction Condition in Shanghai …………… (556)
Statistics of Teaching Apparatus Equipment Condition in Shanghai …………… (557)
Statistics of Establishment Condition of Libraries in Shanghai …………… (558)
Conducting Rate of Experiments in Shanghai …………… (559)

Index

特　　载

Special Articles

切实加强党对高校的领导
努力开创上海高等教育事业发展新局面
——在2017年春季上海高校党政负责干部会议上的讲话（摘要）

（2017年2月21日）

中共上海市教育卫生工作委员会书记 虞丽娟

一、深化认识、深刻领会，把握好当前上海教育改革发展面临的形势与任务

（一）国家层面

在国家层面，与高等教育改革发展紧密相关的大事，一是2016年12月份党中央召开的全国高校思想政治工作会议，二是1月份教育部召开的2017年全国教育工作会议，三是教育部和上海市政府于2月份签订2017年共建协议，继续深化上海教育综合改革。

对全国高校思想政治工作会议精神，特别是习近平总书记在会上所作的重要讲话，必须始终坚持政治意识、大局意识、核心意识、看齐意识，从巩固党的执政地位与执政基础、强化立德树人、确保中国特色社会主义事业后继有人的高度出发，认真学习、深刻领会、悟深悟透，不折不扣地把党中央的意图、决策、部署与要求贯彻落实到各项工作的方方面面和全过程。按照中央统一部署，二季度，中央将组织督查组来上海督查中央31号文件精神*的贯彻落实情况。这是我们当前面临的一项十分紧迫的考验。

在2017年全国教育工作会议上，陈宝生部长作了题为“办好中国特色社会主义教育 以优异成绩迎接党的十九大胜利召开”的报告，部署了六个方面工作任务，特别强调了两个基本原则，一是稳中求进，二是内涵发展。下一阶段，我们务必要进一步加强和改进对教育综合改革的领导，更加尊重和遵循教育规律，坚持久久为功，多做打基础、利长远的工作，确保教育改革发展蹄疾步稳、协调有序、为民务实。

2月7日，教育部、上海市政府签订新一轮共建协议，召开深化上海教育综合改革2017年度工作推进会。陈宝生部长在会上指出，上海教育的国内辐射力、国际影响力和经验受益面全面扩大，为全国新一轮教育改革发挥了重要的示范引领作用。同时，他希望上海加快提升教育现代化水平。应勇市长在会上表示，上海已经进入全面深化教育综合改革的关键阶段，要充分依托部市合作机制，坚持需求导向、问题导向，做好高考综合改革试点，推动一批高水平大学和学科进入世界一流行列，全力以赴完成好各项重点任务。

（二）上海层面

随着上海教育改革发展的日益深化，特别是随着高考改革正式实施的日益迫近，自2016年年底以来，市委、市政府主要领导对上海教育改革发展的关注和重视达到空前的高度。在2016年12月举行的中共上海十届市委十四次全会和2017年1月召开的上海“两会”期间，韩正书记多次主动谈及教育话题，强调上海

* 中央31号文件：中共中央 国务院印发《关于加强和改进新形势下高校思想政治工作的意见》。下同

教育的改革发展当前一方面要“防风险”(针对高考改革),另一方面要“补短板”(针对中小学生“减负”),引起广泛关注和强烈反响。

在上海市主要领导当前高度关注的教育问题中,与我们高等教育密切相关的主要是两个,一是高校思想政治工作,二是高考改革。经市委同意,针对这两件事情,我们将分别于3月下旬和2月23日,召开上海市高校思想政治工作会议与高考改革座谈会。韩正书记均将出席并发表重要讲话。

二、聚焦重点、精准发力,确保圆满完成重中之重任务

(一)“1+3”,市教卫工作党委、市教委2017年重中之重任务

经市教卫工作党委、市教委两委领导班子深入研究,确定了2017年的工作重心,即以迎接、学习、贯彻落实党的十九大和上海市第十一次党代会精神为主线,继续深化上海教育领域综合改革,着力抓好进一步加强和改进高校思想政治工作、平稳实施高考改革、切实减轻中小学生过重学业负担等三项重中之重工作。概括起来,就是“1+3”。其中,“1”就是一条主线:迎接、学习、贯彻落实党的十九大和上海市第十一次党代会精神。在这两次会议举行之前,当前这个时期,最重要的是学习、贯彻、落实好十八届六中全会精神,进一步学习落实《准则》和《条例》*,自觉在思想上、政治上、行动上同党中央保持高度一致。“3”就是深化教育综合改革的三项重中之重任务,也就是进一步加强和改进高校思想政治工作、平稳实施高考改革、切实减轻中小学生过重学业负担。

韩正书记将这三项工作定性为“全市重点工作”。在市领导2月4日来市教卫工作党委、市教委调研时,全部话题也都是围绕进一步加强和改进高校思想政治工作、平稳实施高考改革、切实减轻中小学生过重学业负担这三项重中之重工作展开的。

按照韩正书记在调研时的重要指示精神,围绕进一步加强和改进高校思想政治工作,我们已经初步制定了上海贯彻落实中央31号文件的实施意见,今天已经印发给大家征求意见建议。

(二)落实高校党委三大主体责任

党的十八大以来,习近平总书记一再强调党要管党、从严治党的重大意义,采取了大量从严治党的重大举措,并提出了全面从严治党的战略思想。韩正书记指出:全面从严治党,首先要从政治上看。学习《准则》和《条例》,最鲜明的主线是讲政治。讲政治,最根本的,是牢固树立四个意识;讲政治,最重要的,是坚决维护党中央权威和集中统一领导,与以习近平总书记为核心的党中央始终保持一致;讲政治,最迫切的,是解决党内政治生活中的突出问题,在解决问题中不断取得新成效;讲政治,最关键的,是领导干部,特别是“关键少数”,不断提高政治能力(把握方向、把握大势、把握全局,保持政治定力,防范政治风险能力)。

从高校党的建设实际出发,落实习近平总书记和党中央关于全面从严治党战略部署的关键,在于进一步强化并全面落实高校党委的三大主体责任,也就是意识形态工作主体责任、基层党建工作主体责任、党风廉政建设和党内监督主体责任。

习近平总书记在全国高校思想政治工作会议上阐述得非常清楚。他说,办好高等教育,必须坚持党的领导,牢牢掌握党对高校工作的领导权,使高校成为坚持党的领导的坚强阵地。他特别强调,高校党委对学校工作实行全面领导,承担管党治党、办学治校主体责任,把方向、管大局、作决策、保落实。对此,中央31号文件也有明确的表述和规定。各高校党委务必要认真学习领会,深刻把握习近平总书记重要讲话精神和中央31号文件的相关部署,始终把主体责任记在心上、扛在肩上、抓在手上,守土有责、守土负责、守土尽责。

当前,各高校党委在落实主体责任方面还存在一定的不足,还有很大的提升和改进空间。2016市委巡视和领导干部经济责任审计发现的不少问题中,党委主体责任缺失是其中的重要一条,在财经纪律和基建工程等重点领域监管、执行中央八项规定精神、干部选拔任用等方面,也都存在不少突出问题。从根本上

* 《准则》和《条例》:党的十八届六中全会审议通过的《关于新形势下党内政治生活的若干准则》和《中国共产党党内监督条例》。

来说，造成这些问题的深层次原因在于学校领导班子特别是党委主体责任意识淡漠，落实主体责任不力、不到位。

针对这些问题，一方面各高校党委要进一步切实增强主体责任意识，把全面从严治党坚决贯彻到学校各项工作的全过程和各方面，强化制度建设，狠抓制度执行，特别是针对财经管理、干部监督、执行"八项规定"精神，以及招生、科研、基建、采购等重点领域监管，既要出实招，更要对标上级文件扎紧制度笼子，切实解决落实主体责任不严不实，以及抓党建失之于软、失之于宽等问题；另一方面，市教卫工作党委层面要更加强化对各高校党委落实主体责任的督查，把推动各高校党委全面充分落实主体责任作为履行工作职责、引领上海高等教育改革发展的核心抓手，做到三个责任制同部署、同落实、同检查。为此，已经初步制定了高校党委主体责任和问题清单，在今天的会议上也已经印发给大家征求意见建议。这个清单正式确定后，就将以它作为评价、衡量各高校党委职责履行情况的重要标准和班子年终述职考核的重要依据，对落实不力、执行不到位的，严肃查处追责。

三、"干"字当头、"实"字落地，全面落实2017年各项工作任务

为确保2017年各项重点工作顺利推进、各项重点任务圆满完成，各高校党委要着力落实好三个方面的基本要求。

（一）进一步强化"四个意识"，着力增强使命感、责任感、紧迫感

两委确定的2017年重中之重任务，教育部关于2017年工作的部署，特别是陈宝生部长关于高等教育"双一流"建设、加快建立以学习者为中心的人才培养模式等方面要求，都是事关上海教育综合改革进程与成效、涉及广大学生和人民群众切身利益的大事，因而也是社会各界普遍关注的突出问题和重大问题。这些任务，都不容有任何轻视和闪失，都必须不折不扣圆满完成。这些任务如果完成得不好，或者说，相关领域的问题解决得不好，势必会阻碍上海教育综合改革的进程。我们必须始终保持高度清醒的头脑，始终坚持政治意识、大局意识、核心意识、看齐意识，特别是核心意识和看齐意识，切实增强使命感、责任感、紧迫感，自觉主动把思想和行动统一到中央精神和市委、市政府的部署上来，积极贯彻上海继续当好全国改革开放排头兵、创新发展先行者的要求，更加坚定与时俱进、攻坚克难的信心，主动担当，开拓进取，以更加奋发有为的精神状态和高度的使命感、责任感、紧迫感，切实完成好全年的重点任务和各项工作。

（二）进一步强化班子建设，着力提高学校领导班子干事创业能力

推动上海高等教育事业又好又快发展，建设好各高校领导班子是关键中的关键。其中，又以思想政治建设为重点。

高校领导班子思想政治建设的主要任务是：进一步坚定理想信念、加强党性修养，牢固树立"四个意识"，不断提升班子成员政治思想觉悟和思想理论素养，完善党内政治生活，切实增强领导班子政治能力以及凝聚力、向心力、战斗力。要进一步加强班子的思想政治建设，增强领导班子政治能力，核心是坚持民主集中制，关键是要处理好"五个关系"，即党委和行政的关系、书记和校长（院长）的关系、正职和副职的关系、个人和组织的关系、民主和集中的关系。

各高校党委务必要立足自身实际，按照市委以及市教卫工作党委相关部署要求，认真研究并充分落实好加强班子建设的重点举措。要以落实《准则》和《条例》为重点，进一步加强班子理想信念教育，强化政治纪律和政治规矩。要以解决基层群众反映的突出问题为重点，大兴调查研究之风，持续加强和改进班子作风建设。要以深化综合改革为重点，强化责任担当，努力在提升高校内部治理体系和治理能力现代化上实现突破。要以加强党员干部队伍建设为重点，关心解决党员干部队伍发展问题和现实困难。要以落实"三大主体责任"为重点，加快探索构建党内监督体系，确保全面从严治党各项措施落到实处。

（三）进一步强化责任担当，着力增强执行力并创造性地开展工作

继续深化上海教育综合改革，圆满完成2017年各项任务，关键在落实。要进一步强化责任担当，坚持

目标导向和问题导向，分析问题要透过现象看本质，采取措施要“一针止血”。当前，要关注三个方面。

首先，要既能够“谋事”，又善于“谋势”。

“谋势”是“谋事”的前提。“谋事”则是“谋势”的落脚点。“不谋全局者，不足以谋一域；不谋万世者，不足以谋一时。”其中说的“谋全局”“谋万世”，就是指“谋势”。习近平总书记曾经引用过这句话，强调领导干部要有战略思维。

战略思维，是习近平总书记反复强调的重要思维方法。作为高校的领导，特别是书记和校长，只有通过认真“谋势”，认清形势、把握局势、顺应趋势，从大局和全局出发，坚持战略思维，才能领导学校乘势而上，不断开创学校改革发展新局面。从“谋事”“谋势”这一要求出发，当前各高校的一项紧迫任务，就是要认真研究分析中央战略部署、经济社会发展的新形势及其对高等教育改革发展所带来的影响(比如加强和改进高校思想政治工作)，对照“十三五”规划(包括国家、上海、学校自身等各个层面的)和上海教育综合改革总体部署，对照市教卫工作党委、市教委年度重点工作和工作要点，进一步梳理、明晰学校改革发展的近期目标和中长期目标，进一步完善全年工作计划。同时，“谋势”还要善于运用“底线思维”，作最坏的打算，争取最好的结果。任何不良问题，都必须处置在萌芽状态。

其次，要切实提高执行力。

计划有了，方案有了，怎么样才能取得预期效果，关键在于执行。而且不是一般的执行，必须是有力有效执行，要执行到位。理解上情，结合下情，主动性、创造性地开展工作，这才是执行力。

当前，高等教育领域的许多重要工作，比如“高峰”“高原”建设、“双一流”建设、高水平大学建设以及高校特色发展，不少高校都有很多设想，但是执行、落实的情况需要深入检讨反思，认真回顾总结。

对市教委部署的工作和下达的任务，同样有一个执行的问题。比如教学激励计划，初衷绝对是好的，但是，几年下来，执行的效果究竟如何，教师潜心教学的积极性是不是真的得到了增强？这可能需要评估和反思。在一些高校，这个计划实际上成了大锅饭。这就背离了政策的初衷。还有产学研协同的问题，也是讲了很多年的问题，效果也未必如愿。加快建设具有全球影响力的科技创新中心城市，给高校推进产学研协同提供了很好的机遇，也是赋予高校的一个责任，但是高校对这个机遇并没有把握好，责任更没有履行好，贡献度、话语权不大。

再次，必须创造性地开展工作。

从更高的要求出发，要真正做好一项工作，光有执行力还是不够的，必须要有创造力，要善于创造性地开展工作。但是，创造性绝不意味着毫无约束、为所欲为。有一些问题，比如说方向问题、道路问题、指导思想等根本性问题，就必须始终牢牢坚持，一以贯之。

办学方向是一个根本性的问题，方向上差之毫厘，结果上就会谬以千里。习近平总书记强调，中国有独特的历史、独特的文化、独特的国情，决定了中国必须走自己的高等教育发展道路，扎实办好中国特色社会主义高校。总书记指出，中国高等教育发展方向要同中国发展的现实目标和未来方向紧密联系在一起，为人民服务，为中国共产党治国理政服务，为巩固和发展中国特色社会主义制度服务，为改革开放和社会主义现代化建设服务。他强调，中国高等教育肩负着培养德智体美全面发展的社会主义事业建设者和接班人的重大任务，必须坚持正确政治方向。对于这个方向和道路，必须始终牢牢坚持，不容有丝毫偏离。

习近平总书记指出，高校立身之本在于立德树人。只有培养出一流人才的高校，才能够成为世界一流大学。办好中国高校，办出世界一流大学，必须牢牢抓住全面提高人才培养能力这个核心点，并以此来带动高校其他工作。在2017年的全国教育工作会议上，陈宝生部长强调，要“加快建立以学习者为中心的人才培养模式”“加快从管理者本位向学习者为中心转变”，这简简单单的一句话所赋予的任务很艰巨。“管理者本位”，说明高校以往并没有真正做到以学生为本，因而人才培养也并没有占据事实上的中心地位。这个转变将会很难，过程将会很痛苦，需要办学模式、管理模式、运行机制等方方面面的系统变革。实现这一转变，必将是对高校更大的挑战和考验。对于这一点，各位书记、校长务必要有充分的思想准备，必须要创造性地开展工作，而且要久久为功。

各高校务必要按照韩正书记一再强调的上海要继续大力贯彻落实习近平总书记“当好全国改革开放排头兵、创新发展先行者”指示精神的根本要求，在切实巩固既往成绩的基础上，增强使命意识、担当意识、危机意识、忧患意识，更加创造性地开展工作，继续保持原有优势，继续走在全国前列，继续发挥示范引领作用。

更加创造性地开展工作，是形势使然、责任使然，所谓“箭在弦上，不得不发”。

能不能创造性地开展工作，带领自己的学校跟上高等教育事业发展的步伐，是衡量各高校党政主要领导能力水平的重要标准，也是一个起码的、基本的标准。

稳中求进　内涵发展
以实干实绩迎接党的十九大胜利召开
——在2017年秋季上海高校党政负责干部会议上的讲话（摘要）

（2017年8月31日）

上海市教育委员会主任　苏　明

上半年，召开上海高校思想政治工作会议，形成制度性安排，教育部在沪召开“课程思政”现场会，推广“课程思政”的“上海经验”。完成中央交办的“一市一省”高考综合改革试点任务，使中央关于高考改革的决策部署在上海落地。深入实施“一市两校”教育综合改革国家试点，完成试点工作中期评估，取得一批制度性成果。全市高校在学科建设、人才培养、社会服务、文化传承创新、国际交流合作等方面取得了积极进展。

下半年，推进高等教育改革发展要注重处理好三对关系：一是处理好“抬头看路”与“埋头做事”的关系。要注重“抬头看路”，对标国家和上海教育改革发展重大部署，看好路标、把好方向。二是处理好“面”与“点”的关系。确保改革措施在政策取向上保持一致、实施过程中相互促进、改革成效上相得益彰；抓住重点领域和关键环节，重点突破改革难题。三是处理好“稳”与“进”的关系。坚持“稳”字当先，确保校园氛围和谐稳定，改革推进平稳有序，政策实施衔接连贯。在此基础上，在重点领域和关键环节有新进展，在内涵发展上有新成效，使群众获得感有新提升。

一、看大势谋大局，在对接落实国家重大教育战略布局中促进高校改革发展

（一）深入贯彻全国和上海高校思政工作会议精神，把全员、全过程、全方位育人落到实处。把立德树人作为根本任务，把全员、全过程、全方位育人作为根本路径，抓好“五个协同”。一是抓党政协同。在校党委统一领导下，促使思政工作与教学科研工作相统一，在党的工作体系和行政工作体系上建立强有力的桥梁纽带，从学校和院系两个层面同时发力，建立健全各类制度，促使育人工作横跨党政部门，贯通教学、科研、管理等各环节，真正使组织领导强起来。二是抓任务协同。把高校思政工作部署与教育综合改革等重大任务部署有机衔接、统筹推进，真正使育人任务硬起来。三是抓课堂协同。注重系统设计知识传授“第一课堂”、课外活动“第二课堂”、网络引领“第三课堂”这三者实现无缝对接、同向同行，解决思政工作的“盲区”，真正把育人过程连起来。四是抓学科协同。注重以加强马克思主义理论学科建设助推高校思政工作，推动哲社成果及时转化为生动教材，真正让育人底气足起来。五是抓人员协同。抓好领导干部，以落实责任制为抓手，加强目标管理和责任考核，压紧压实思政工作责任；抓好学科带头人和骨干专家，发挥其教师“引领力”“话语权”；抓好学生干部、党员骨干，发挥“朋辈”引领作用，真正把育人责任扛起来。

（二）用好高考综合改革试点“红利”，进一步优化高校人才培养模式。高考综合改革试点的成功落地，标志着改革“接力棒”从基础教育移交到高等教育。高校要“接好棒”“发好力”：一是聚焦定位，提出选考科目。组织一线院系，深入分析学科专业特质、核心素质要求，据此合理提出选考科目，优化院校专业设置，把人才培养特色融入招生过程之中。二是聚焦“招”“教”,抓一致。在学校内部建立“招”“教”一体化联动机制,促使“招”的“入口关”与“教”的“过程关”无缝对接,把“教”对生源的要求,反映在“招”的选考科目要求上;把“招”的生源特色,作为完善人才培养方案的重要基础,促进“招”与“教”一体化。三是聚焦质量练内功。聚焦内涵质量、促进特色发展,办好优势学科和特色专业,以高质量办学吸引高质量生源,以高质量生源成就高质量声誉。

(三)把握国家“双一流”建设重大机遇,加快促进高校提质量、上水平。市级落实“双一流”建设总体思路:一是在“双一流”国家队建设层面,地方财政给予进入“国家队”行列的高校相应配套。对部属高校,按照部市“双一流”共建协议给予1∶1配套;对入选的相关市属高校,给予有力的资源支撑。二是在“双一流”地方队建设层面,一方面以上海高水平地方高校建设计划为引领,重点支持有条件的市属高校加快一流大学建设步伐;另一方面以“高峰”“高原”学科建设为引导,面向全市高校进行布局。三是在全市高校特色发展层面,制订二维分类督导与评价指标体系,针对不同类型高校各有侧重地设置相应评价观测指标,根据评价结果给予相应政策和资源支持。

(四)适应新的民办教育法律政策环境,支持促进民办高校分类特色发展。当前,上海市正在制订《关于促进民办教育健康发展的实施意见》和《上海市民办学校分类许可登记管理办法》“1+1”配套文件,基本思路是:以鼓励促进民办教育发展为核心,以落实分类管理政策为基础,以完善差别化扶持举措和规范管理为抓手,明确相应制度,对营利性和非营利性两类学校的许可、登记、管理、过渡和补偿奖励等作出规定。民办高校要认真学习、准确领会新的法律政策,审慎做出选择、做好过渡安排。一要旗帜鲜明坚持党对民办高校的领导。民办高校要始终发挥党的政治核心作用不动摇,始终抓好立德树人根本任务不放手,始终坚持社会主义办学方向不放松,保障党组织把方向、管大局、作决策,引导学校规范发展。二是健全学校法人治理结构。要确定办学性质,做好集体协商,合理确定办学性质;要明确资产权属,理清学校资金资产,关注政府扶持资金执行安排;要完善内部管理,相应调整完善学校章程,根据规定完善决策、管理、监督制度。

(五)对接上海科创中心建设重大需求,加快科技创新与成果转化。对下一步科创中心建设作出重要部署:一是尽快实现张江高科技园区由“园区”向“城区”转型,使创新创业人才更好集聚张江,为科技创新和成果转化营造良好环境。二是加快出台人才“高峰”建设针对性政策,聚焦人工智能、类脑科学、生物医药等有基础、有优势的领域,面向领军人才及其团队研究具体政策,提升对高端创新创业人才的吸引力,推动上海加快从“人才高地”向“人才高峰”转变。三是建立一套制约政府权力、激发市场活力的政策机制,发挥市场在资源配置中的决定性作用。高校要走出“只有高水平大学才有能力参与”“只有地处张江地区的高校才有条件参与”“只有理工类学科专业见长的高校才有资格参与”等认识误区,主动对标上海科技创新中心建设的主流话语、主流政策,找准发力点,借势借力、借智借鉴。

二、出实招抓实事,在高等教育改革发展的重点领域和关键环节取得新进展

(一)着力在引育人才、用好人才上下功夫。从“高峰”“高原”学科人才引进情况看,虽然在建学科过去两年多全职引进不少人才,但引进人才的层次水平,总体上与此前设定的目标匹配度还不够。尽管人才引进工作面临的不确定因素较多,但只有两成的到位率,说明引进高层次人才还存在执行预算安排纪律不够严肃、学科发展定力不够坚定、工作韧劲不足等问题。各高校要坚决把引进人才、用好人才作为关键任务,既要引进增量高层次人才,也要发现和用好存量人才,在薪酬分配、职称评聘和相关待遇上把好标准平衡,一视同仁。

(二)着力在巩固教学激励计划制度性成果上下功夫。从2017年春季的情况看,高校在深化课堂教学改革、提升坐班答疑实效性、打造教师专业发展平台、用好考核评价绩效导向等方面,建立了不少行之有效的制度。同时,也需要从制度层面加强改进:一是进一步引导和改进学风。既要激发学生学习的内生动力，引导学生树立良好学习态度、养成良好学习习惯，也要从制度层面营造积极向上的学习风气。二是进一步优化和完善教风。要引导教师在课堂教学上花更大功夫，投入更多精力，提升教学内容的吸引力、教学方法的激活力、教学语言的感染力和情感态度的亲和力。

（三）着力在深化“高峰”“高原”学科建设上下功夫。第一阶段建设情况绩效跟踪评价显示：高校在统一思想、凝聚共识、制度建设、统筹发力等方面，适应了建设要求，入选学科在学科生长力、学科未来潜力、学科影响力、学科贡献度等，与标杆学科相对差距逐步缩小。但在人才引进、经费执行、国际合作等方面还存在一些问题。下一步，将制订出台“高峰”“高原”学科建设第二阶段实施方案，总体保持学科布点范围和支持力度基本稳定，统筹衔接好“双一流”和高水平地方高校建设安排，并综合考量学科评估结果、重大科技奖励和高校布局结构调整需要等因素，适时作相应的动态调整。

（四）着力在统筹优化高校办学条件上下功夫。在高校实施“双一流”和高水平地方高校建设，加快内涵提升、特色发展的历史阶段，高校办学资源与实际需求还存在一些不适应，特别是部分市属公办高校基本办学条件还不达标、校舍资源结构性矛盾逐步显现、适应分类管理和分类发展的基本建设亟待加强。联合出台市级“十三五”教育基本建设规划。纳入“十三五”教育基本建设范围的高校要高度重视，加强对基本建设工作负责同志的业务培训，提高项目申报质量，鼓励支持高校推行代建制，保障工程进度和质量，全面提升基本建设的完工率和开工率。

三、守底线促和谐，为以优异成绩迎接党的十九大胜利召开，营造安定和谐的校园环境

各高校要提高认识，做好“稳”字文章，着力抓好三方面工作：一是抓意识形态工作。把握师生思想动态，保持师生思想统一、人心稳定。二是抓好校园安全。落细落实安全工作责任制，深入开展安全生产大检查和安全隐患排查整治，做好学生安全教育，加强学校内部安全管理。三是抓舆论引导。用好各类媒体平台及时消除疑虑，传播正能量，提升舆情应对的时效性和有效性。

各高校要重点关注三件事：一是高度重视反恐防范工作。要树立“防恐为主、防范在先”理念，管住人、管住物、管住重点场所、压实工作责任，坚决避免学生参加地下极端宗教活动，坚决防止涉恐信息在校内传播，维护校园安全。二是解决大学生网络借贷问题。要以诚信教育和理性消费为重点，通过金融、安全知识和案例教育，引导学生崇尚节约，筑牢学生思想防线；要以发挥辅导员队伍骨干作用为重点，及时发现和处置苗头性危机，及时发现学生反常表现，开展重点引导；要以专题培训和信息工作为重点，建立应急预警处置机制，采取有效措施妥善解决。三是防范大学生参与非法传销。教育部等 4 部委联合出台了《关于以“招聘、介绍工作”为名从事传销活动专项整治工作的通知》，从 8 月 15 日至 11 月 15 日开展为期 3 个月的传销活动专项整治行动，把打击诱骗大学生参与传销列为重点工作。各高校要严管严控校园内部传销活动，为党的十九大胜利召开营造良好的氛围。

法律　法规
规章　文件

Laws, Regulations and Documents

国务院办公厅关于加强中小学幼儿园安全风险防控体系建设的意见

（国办发〔2017〕35号）

各省、自治区、直辖市人民政府，国务院各部委、各直属机构：

校园应当是最阳光、最安全的地方。加强中小学、幼儿园（以下统称学校）安全工作是全面贯彻党的教育方针，保障学生健康成长、全面发展的前提和基础，关系广大师生的人身安全，事关亿万家庭幸福和社会和谐稳定。长期以来，党中央、国务院和地方各级党委、政府高度重视学校安全工作，采取了一系列措施维护学校及周边安全，学校安全形势总体稳定。但是，受各种因素影响，学校安全工作还存在相关制度不完善、不配套，预防风险、处理事故的机制不健全、意识和能力不强等问题。为进一步加强和改进学校安全工作，经国务院同意，现就建立健全学校安全风险防控体系提出以下意见：

一、总体要求

（一）指导思想。高举中国特色社会主义伟大旗帜，全面贯彻党的十八大和十八届三中、四中、五中、六中全会精神，深入贯彻习近平总书记系列重要讲话精神和治国理政新理念新思想新战略，认真落实党中央、国务院决策部署，运用法治思维和法治方式推进综合改革、破解关键问题，建立科学系统、切实有效的学校安全风险防控体系，营造良好教育环境和社会环境，为学生健康成长、全面发展提供保障。

（二）基本原则。坚持统筹协调、综合施策。将学校安全作为公共安全和社会治安综合治理的重要内容，加强组织领导和协调配合，充分发挥政府、学校、家庭、社会各方面作用，运用法律、行政、社会服务、市场机制等各种方式，综合施策、形成合力。

坚持以人为本、全面防控。将可能对学生身心健康和生命安全造成影响的各种不安全因素和风险隐患全面纳入防控范畴，科学预防、系统应对、不留死角。

坚持依法治理、立足长效。突出制度建设的根本性和重要性，依据法治原则和法律规定，做好顶层设计，依法明确各方主体权利、义务与职责，形成防控学校安全风险的长效机制。

坚持分类应对、突出重点。坚持问题导向，根据不同区域、地方以及不同层次类型学校的实际，区分风险的类型和特点，有针对性地构建安全风险防控机制，集中解决群众关心、社会关注的校园安全问题。

（三）工作目标。针对影响学校安全的突出问题、难点问题，进一步整合各方面力量，加强和完善相关制度、机制，深入改革创新，加快形成党委领导、政府负责、社会协同、公众参与、法治保障，科学系统、全面规范、职责明确的学校安全风险预防、管控与处置体系，切实维护师生人身安全，保障校园平安有序，促进社会和谐稳定。

二、完善学校安全风险预防体系

（四）健全学校安全教育机制。将提高学生安全意识和自我防护能力作为素质教育的重要内容，着力提高学校安全教育的针对性与实效性。将安全教育与法治教育有机融合，全面纳入国民教育体系，把尊重生命、保障权利、尊重差异的意识和基本安全常识从小根植在学生心中。在教育中要适当增加反欺凌、反暴力、反恐怖行为、防范针对未成年人的犯罪行为等内容，引导学生明确法律底线、强化规则意识。学校要根据学生群体和年龄特点，有针对性地开展安全专题教育，定期组织应对地震、火灾等情况的应急疏散演练。教育部门要将安全知识作为校长、教师培训的必要内容，加大培训力度并组织必要的考核。各相关部门和单位要组织专门力量，积极参与学校安全教育，广泛开展"安全防范进校园"等活动。鼓励各种社会组织为学校开展安全教育提供支持，设立安全教育实践场所，着力普及和提升家庭、社区的安全教育。

（五）完善有关学校安全的国家标准体系和认证制度。不断健全学校安全的人防、物防和技防标准并予以推广。根据学校特点，以保护学生健康安全为优先原则，加强重点领域标准的制修订工作，尽快制定一批强制性国家标准，逐步形成有关学校安全的国家标准体系。建立学校安全事项专项认证及采信推广机制，对学校使用的关系学生安全的设施设备、教学仪器、建筑材料、体育器械等，按照国家强制性产品认证和自愿性产品认证规定，做好相关认证工作，严格控制产品质量。

（六）探索建立学生安全区域制度。加强校园周边综合治理，在学校周边探索实行学生安全区域制度。在此区域内，依法分别作出禁止新建对环境造成污染的企业、设施，禁止设立上网服务、娱乐、彩票专营等营业场所，禁止设立存在安全隐患的场所等相应要求。在学生安全区域内，公安机关要健全日常巡逻防控制度，加强学校周边"护学岗"建设，完善高峰勤务机制，优先布设视频监控系统，增强学生的安全感；公安交管部门要加强交通秩序管理，完善交通管理设施。

（七）健全学校安全预警和风险评估制度。教育部门要会同相关部门制定区域性学校安全风险清单，建立动态监测和数据搜集、分析机制，及时为学校提供安全风险提示，指导学校健全风险评估和预防制度。要建立台账制度，定期汇总、分析学校及周边存在的安全风险隐患，确定整改措施和时限；在出现可能影响学校安全的公共安全事件、自然灾害等风险时，要第一时间通报学校，指导学校予以防范。

（八）探索建立学校安全风险防控专业服务机制。积极培育可以为学校提供安全风险防控服务的专业化社会组织。采取政府购买服务等方式，鼓励、引导和支持具备相应专业能力的机构、组织，研发、提供学校安全风险预防、安全教育相关的服务或者产品，协助教育部门制定、审核学校安全风险防控预案和相关标准，组织、指导学校有针对性地开展专项安全演练、预防和转移安全风险等工作。

三、健全学校安全风险管控机制

（九）落实安全管理主体责任。教育部门、公安机关要指导、监督学校依法健全各项安全管理制度和安全应急机制。学校要明确安全是办学的底线，切实承担起校内安全管理的主体责任，对校园安全实行校长（园长）负责制，健全校内安全工作领导机构，落实学校、教师对学生的教育和管理责任，狠抓校风校纪，加强校内日常安全管理，做到职责明确、管理有方。在风险可控的前提下，学校应当积极组织体育锻炼、户外活动等，培养学生强健的体魄。学生在校期间，对校园实行封闭化管理，并根据条件在校门口设置硬质防冲撞设施，阻止人员、车辆等非法进入校园。各类中小学校外活动场所、以学生为主要对象的各类培训机构和课外班等，由地方政府统筹协调有关部门承担安全监管责任，督促举办者落实安全管理责任。

（十）建立专兼职结合的学校安保队伍。学校应当按照相关规定，根据实际和需要，配备必要的安全保卫力量。除学生人数较少的学校外，每所学校应当至少有1名专职安全保卫人员或者受过专门培训的安全管理人员。地方人民政府、有条件的学校可以以购买服务等方式，将校园安全保卫服务交由专门保安服务公司提供。学校要与社区、家长合作，有条件的建立学校安全保卫志愿者队伍，在上下学时段维护学校及校门口秩序。寄宿制学校要根据需要配备宿舍管理人员。

（十一）着力建设安全校园环境。各地要坚持安全优先、勤俭节约的原则开展校园建设。学校建设规划、选址要严格执行国家相关标准规范，对地质灾害、自然灾害、环境污染等因素进行全面评估。各地要建立健全校舍安全保障长效机制，保证学校的校舍、场地、教学及生活设施等符合安全质量和标准。校舍建设要严格执行国家建筑抗震有关技术规范和标准，有条件建设学校体育馆的地方，要按照国家防灾避难相关标准建设。完善学校安全技术防范系统，在校园主要区域要安装视频图像采集装置，有条件的要安装周界报警装置和一键报警系统，做到公共区域无死角。建立校园工程质量终身责任制，凡是在校园工程建设中出现质量问题导致严重后果的建设、勘察、设计、施工、监理单位，一旦查实，承担终身责任并限制进入相关领域。

（十二）进一步健全警校合作机制。各级教育部门、公安机关和学校要在信息沟通、应急处置等方面加强协作，健全联动机制。公安机关要进一步完善与维护校园安全相适应的组织机构设置形式和警力配置，加强学校及周边警务室建设，派出经验丰富的民警加强学校安全防范工作指导。要将校园视频监控系统、紧急报警装置接入公安机关、教育部门的监控或报警平台，并与公共安全视频监控联网共享平台对接，逐步建立校园安全网上巡查系统，及时掌握、快速处理学校安全相关问题。

（十三）健全相关部门日常管理职责体系。政府各相关部门要切实承担起学校安全日常管理的职责。卫生计生部门要加强对学校卫生防疫和卫生保健工作的监督指导，对于学校出现的疫情或者学生群体性健康问题，要及时指导教育部门或者学校采取措施。食品药品监管部门对学校食堂和学校采购的用于学生集体使用的食品、药品要加强监督检查，指导、监督学校落实责任，保障食品、药品符合相关标准和规范。住房城乡建设部门要加强对学校工程建设过程的监管。环保部门要加强对学校及周边大气、土壤、水体环境安全的监管。交通运输部门要加强对提供学生集体用车服务的道路运输企业的监管，综合考虑学生出行需求，合理规划城市公共交通和农村客运线路，为学生和家长选择公共交通出行提供安全、便捷的交通服务。质量监督部门应当对学校特种设备实施重点监督检查，配合教育部门加强对学校采购产品的质量监管，在学校建立产品质量安全风险信息监测采集机制。公安消防部门要依法加强对学校的消防安全检查，指导学校落实消防安全责任，消除火灾隐患。综治、工商、文化、新闻出版广电、城市管理等部门要落实职责，加强对校园周边特别是学生安全区域内有关经营服务场所、经营活动的管理和监督，消除安全隐患。

（十四）构建防控学生欺凌和暴力行为的有效机制。教育部门要会同有关部门研究制定学生欺凌和暴力行为早期发现、预防以及应对的指导手册，建立专项报告和统计分析机制。学校要切实履行教育、管理责任，设立学生求助电话和联系人，及早发现、及时干预和制止欺凌、暴力行为。对有不良行为、暴力行为的学生，探索建立由校园警务室民警或者担任法治副校长、辅导员的民警实施训诫的制度。对实施暴力情节严重，构成违法犯罪的学生，公安、司法机关要坚持宽容但不纵容、关爱又严管的原则，指定专门机构或者专门人员依法处理，特别是对犯罪性质和情节恶劣、手段残忍、后果严重的，必须坚决依法惩处，形成积极正面的教育作用。改革完善专门教育制度，健全专门学校接收学生进行教育矫治的程序，完善专门学校管理体制和运行机制。网络管理部门发现通过网络传播的欺凌或者校园暴力事件，要及时予以管控并通报相关部门。

（十五）严厉打击涉及学校和学生安全的违法犯罪行为。对非法侵入学校扰乱教育教学秩序、侵害师生生命财产安全等违法犯罪行为，公安机关要依法坚决处置、严厉打击，实行专案专人制度。进一步深化平安校园创建活动。建立学校周边治安形势研判预警机制，对涉及学校和学生安全的违法犯罪行为和犯罪团伙，要及时组织开展专项打击整治行动，防止发展蔓延。教育部门要健全学校对未成年学生权利的保护制度，对体罚、性骚扰、性侵害等侵害学生人身健康的违法犯罪行为，要建立零容忍制度，及早发现、及时处理、从严问责，应当追究法律责任的，要协同配合公安、司法机关严格依法惩处。

（十六）形成广泛参与的学生安全保护网络。教育部门要健全对校园内发生的侵害学生人身权利行为的监督机制和举报渠道，建立规范的调查处理程序。有关部门要与学校、未成年人保护组织、家长加强衔接配合，共同构建对受到伤害学生和涉嫌违法犯罪学生的心理疏导、安抚救助和教育矫正机制。共青团组织要完善未成年人维权热线，提供相应法律咨询、心理辅导等。妇联组织要积极指导家长进行正确的家庭教育，开展未成年人家庭保护相关法律法规宣传，组织落实对未成年人家庭保护的法律规定。支持和鼓励律师协会、政法院校等法律专业组织和单位，设立未成年学生保护的公益性组织，利用和发展未成年人保护志愿律师网络，为学生维护合法权益提供法律服务。

四、完善学校安全事故处理和风险化解机制

（十七）健全学校安全事故应对机制。学校发生重特大安全事故，地方政府要在第一时间启动相应的应急处理预案，统一领导，及时动员和组织救援和事故调查、开展责任认定及善后处理，并及时回应社会关切。发生重大自然灾害、公共安全事故，应当优先组织对受影响学校开展救援。教育部门应当指导学校建立安全事故处置预案，健全学校安全事故的报告、处置和部门协调机制。在校内及校外教育教学活动中发生安全事故，学校应当及时组织教职工参与抢险、救助和防护，保障学生身体健康和人身安全。

（十八）健全学校安全事故责任追究和处理制度。发生造成师生伤亡的安全事故，有关部门要依法认定事故责任，学校及相关方面有责任的，要严肃追究有关负责人的责任；学校无责任的，要澄清事实、及时说明，避免由学校承担不应承担的责任。司法机关要加强案例指导，引导社会依法合理认识学校的安全责任，明确学生监护人的职责。积极利用行政调解、仲裁、人民调解、保险理赔、法律援助等方式，通过法治途径和方式处理学校安全事故，及时依法赔偿，理性化解纠纷。对围堵校园、殴打侮辱教师、干扰学校正常教育教学秩序等“校闹”行为，公安机关要及时坚决予以制止。

（十九）建立多元化的事故风险分担机制。学校举办者应当按规定为学校购买校方责任险，义务教育阶段学校投保校方责任险所需经费从公用经费中列支，其他学校投保校方责任险的费用，由各省（区、市）按照国家有关规定执行。各地要根据经济社会发展情况，结合实际合理确定校方责任险的投保责任，规范理赔程序和理赔标准。有条件的地方，可以积极探索与学生利益密切相关的食品安全、校外实习、体育运动伤害等领域的责任保险，充分发挥保险在化解学校安全风险方面的功能作用。保险监管部门要加强对涉及学校的保险业务的监督和管理，会同教育部门依法规范保险公司与学校的合作，严禁以学校名义指定学生购买或者向学生直接推销保险产品。要大力增强师生和家长的保险意识，引导家长根据自愿原则参加保险，分担学生在学校期间因意外而发生的风险。鼓励各种社会组织设立学校安全风险基金或者学生救助基金，健全学生意外伤害救助机制。

（二十）积极构建学校依法处理安全事故的支持体系。各地要采取措施，在中小学推广建立法律顾问制度。教育部门和学校要建立健全新闻发言人制度，增强事故发生后的舆情应对能力。要发挥好安全风险防控专业服务机制的作用，借助专业机构在损失评估、理赔服务、调处纠纷等方面的力量，帮助学校妥善处理事故。教育、司法行政部门要会同相关部门，探索在有需求的县（市、区）设立学校安全事故人民调解委员会，吸纳具有较强专业知识和社会公信力、知名度，热心调解和教育事业的社会人士担任人民调解员，依法调解学校安全事故民事赔偿纠纷。

五、强化领导责任和保障机制

（二十一）加强组织领导。各地要高度重视学校安全风险防控工作，将学校安全作为经济社会发展的重要指标和社会治理的重要内容，建立党委领导、政府主导、相关部门和单位参加的学校安全风险防控体系建设协调机制，定期研究和及时解决学校安全工作中的突出问题，切实为学校正常开展教育教学活动和课外实践活动提供支持和保障。各相关部门和单位要制定具体细则或办法，落实本意见提出的工作要求，加强沟通协调，协同推动防控机制建设，形成各司其职、齐抓共管的工作格局。

（二十二）强化基础保障。各级教育部门、公安机关要明确归口负责学校安全风险防控的专门机构，完善组织体系与工作机制，配齐配强工作力量。各级机构编制部门要根据工作需要，优化现有编制结构，适当向教育部门、公安机关负责学校安全风险防范的机构倾斜。各级财政部门要按规定将学校安全风险防控经费纳入一般公共预算，保障合理支出。要健全学校安全风险防控的网络管理与服务系统，整合各方面力量，积极利用互联网和信息技术，为学校提供便捷、权威的安全风险防控的专业咨询和技术支持服务。加快完善学校安全法律规范，推动适时修改关于未成年人保护的相关法律，启动防控校园暴力行为等相关法律的制修订工作，构建完善的法律保障体系。

（二十三）健全督导与考核机制。各级人民政府教育督导机构要将学校安全工作作为教育督导的重要内容，加强对政府及各有关部门、学校落实安全风险防控职责的监督、检查。对重大安全事故或者产生重大影响的校园安全事件，要组织专项督导并向社会公布督导报告。对学校安全事故频发的地区，要以约谈、挂牌督办等方式督促其限期整改。教育部门要将安全风险防控工作的落实情况，作为考核学校依法办学和学校领导班子工作的重要内容。

高等学校应当结合自身实际，参照本意见，健全安全风险防控体系，完善工作机制和建设方案，所在地的地方人民政府及有关部门应当予以指导、支持，切实履行相关职责。

国务院办公厅

2017年4月25日

国务院办公厅关于深化产教融合的若干意见

（国办发〔2017〕95号）

各省、自治区、直辖市人民政府，国务院各部委、各直属机构：

进入新世纪以来，我国教育事业蓬勃发展，为社会主义现代化建设培养输送了大批高素质人才，为加快发展壮大现代产业体系作出了重大贡献。但同时，受体制机制等多种因素影响，人才培养供给侧和产业需求侧在结构、质量、水平上还不能完全适应，“两张皮”问题仍然存在。深化产教融合，促进教育链、人才链与产业链、创新链有机衔接，是当前推进人力资源供给侧结构性改革的迫切要求，对新形势下全面提高教育质量、扩大就业创业、推进经济转型升级、培育经济发展新动能具有重要意义。为贯彻落实党的十九大精神，深化产教融合，全面提升人力资源质量，经国务院同意，现提出以下意见。

一、总体要求

（一）指导思想。全面贯彻党的十九大精神，坚持以习近平新时代中国特色社会主义思想为指导，紧紧围绕统筹推进“五位一体”总体布局和协调推进“四个全面”战略布局，坚持以人民为中心，坚持新发展理念，认真落实党中央、国务院关于教育综合改革的决策部署，深化职业教育、高等教育等改革，发挥企业重要主体作用，促进人才培养供给侧和产业需求侧结构要素全方位融合，培养大批高素质创新人才和技术技能人才，为加快建设实体经济、科技创新、现代金融、人力资源协同发展的产业体系，增强产业核心竞争力，汇聚发展新动能提供有力支撑。

（二）原则和目标。统筹协调，共同推进。将产教融合作为促进经济社会协调发展的重要举措，融入经济转型升级各环节，贯穿人才开发全过程，形成政府企业学校行业社会协同推进的工作格局。

服务需求，优化结构。面向产业和区域发展需求，完善教育资源布局，加快人才培养结构调整，创新教育组织形态，促进教育和产业联动发展。

校企协同，合作育人。充分调动企业参与产教融合的积极性和主动性，强化政策引导，鼓励先行先试，促进供需对接和流程再造，构建校企合作长效机制。

深化产教融合的主要目标是，逐步提高行业企业参与办学程度，健全多元化办学体制，全面推行校企协同育人，用10年左右时间，教育和产业统筹融合、良性互动的发展格局总体形成，需求导向的人才培养模式健全完善，人才教育供给与产业需求重大结构性矛盾基本解决，职业教育、高等教育对经济发展和产业升级的贡献显著增强。

二、构建教育和产业统筹融合发展格局

（三）同步规划产教融合与经济社会发展。制定实施经济社会发展规划，以及区域发展、产业发展、城市建设和重大生产力布局规划，要明确产教融合发展要求，将教育优先、人才先行融入各项政策。结合实施创新驱动发展、新型城镇化、制造强国战略，统筹优化教育和产业结构，同步规划产教融合发展政策措施、支持方式、实现途径和重大项目。

（四）统筹职业教育与区域发展布局。按照国家区域发展总体战略和主体功能区规划，优化职业教育布局，引导职业教育资源逐步向产业和人口集聚区集中。面向脱贫攻坚主战场，积极推进贫困地区学生到城市优质职业学校就学。加强东部对口西部、城市支援农村职业教育扶贫。支持中部打造全国重要的先进制造业职业教育基地。支持东北等老工业基地振兴发展急需的职业教育。加强京津冀、长江经济带城市间协同合作，引导各地结合区域功能、产业特点探索差别化职业教育发展路径。

（五）促进高等教育融入国家创新体系和新型城镇化建设。完善世界一流大学和一流学科建设推进机制，注重发挥对国家和区域创新中心发展的支撑引领作用。健全高等学校与行业骨干企业、中小微创业型企业紧密协同的创新生态系统，增强创新中心集聚人才资源、牵引产业升级能力。适应以城市群为主体的新型城镇化发展，合理布局高等教育资源，增强中小城市产业承载和创新能力，构建梯次有序、功能互补、资源共享、合作紧密的产教融合网络。

（六）推动学科专业建设与产业转型升级相适应。建立紧密对接产业链、创新链的学科专业体系。大力发展现代农业、智能制造、高端装备、新一代信息技术、生物医药、节能环保、新能源、新材料以及研发设计、数字创意、现代交通运输、高效物流、融资租赁、电子商务、服务外包等产业急需紧缺学科专业。积极支持家政、健康、养老、文化、旅游等社会领域专业发展，推进标准化、规范化、品牌化建设。加强智慧城市、智能建筑等城市可持续发展能力相关专业建设。大力支持集成电路、航空发动机及燃气轮机、网络安全、人工智能等事关国家战略、国家安全等学科专业建设。适应新一轮科技革命和产业变革及新经济发展，促进学科专业交叉融合，加快推进新工科建设。

（七）健全需求导向的人才培养结构调整机制。加快推进教育“放管服”改革，注重发挥市场机制配置非基本公共教育资源作用，强化就业市场对人才供给的有效调节。进一步完善高校毕业生就业质量年度报告发布制度，注重发挥行业组织人才需求预测、用人单位职业能力评价作用，把市场供求比例、就业质量作为学校设置调整学科专业、确定培养规模的重要依据。新增研究生招生计划向承担国家重大战略任务、积极推行校企协同育人的高校和学科倾斜。严格实行专业预警和退出机制，引导学校对设置雷同、就业连续不达标专业，及时调减或停止招生。

三、强化企业重要主体作用

（八）拓宽企业参与途径。鼓励企业以独资、合资、合作等方式依法参与举办职业教育、高等教育。坚持准入条件透明化、审批范围最小化，细化标准、简化流程、优化服务，改进办学准入条件和审批环节。通过购买服务、委托管理等，支持企业参与公办职业学校办学。鼓励有条件的地区探索推进职业学校股份制、混合所有制改革，允许企业以资本、技术、管理等要素依法参与办学并享有相应权利。

（九）深化“引企入教”改革。支持引导企业深度参与职业学校、高等学校教育教学改革，多种方式参与学校专业规划、教材开发、教学设计、课程设置、实习实训，促进企业需求融入人才培养环节。推行面向企业真实生产环境的任务式培养模式。职业学校新设专业原则上应有相关行业企业参与。鼓励企业依托或联合职业学校、高等学校设立产业学院和企业工作室、实验室、创新基地、实践基地。

（十）开展生产性实习实训。健全学生到企业实习实训制度。鼓励以引企驻校、引校进企、校企一体等方式，吸引优势企业与学校共建共享生产性实训基地。支持各地依托学校建设行业或区域性实训基地，带动中小微企业参与校企合作。通过探索购买服务、落实税收政策等方式，鼓励企业直接接收学生实习实训。推进实习实训规范化，保障学生享有获得合理报酬等合法权益。

（十一）以企业为主体推进协同创新和成果转化。支持企业、学校、科研院所围绕产业关键技术、核心工艺和共性问题开展协同创新，加快基础研究成果向产业技术转化。引导高校将企业生产一线实际需求作为工程技术研究选题的重要来源。完善财政科技计划管理，高校、科研机构牵头申请的应用型、工程技术研究项目原则上应有行业企业参与并制订成果转化方案。完善高校科研后评价体系，将成果转化作为项目和人才评价重要内容。继续加强企业技术中心和高校技术创新平台建设，鼓励企业和高校共建产业技术实验室、中试和工程化基地。利用产业投资基金支持高校创新成果和核心技术产业化。

（十二）强化企业职工在岗教育培训。落实企业职工培训制度，足额提取教育培训经费，确保教育培训经费60%以上用于一线职工。创新教育培训方式，鼓励企业向职业学校、高等学校和培训机构购买培训服务。鼓励有条件的企业开展职工技能竞赛，对参加培训提升技能等级的职工予以奖励或补贴。支持企业一线骨干技术人员技能提升，加强产能严重过剩行业转岗就业人员再就业培训。将不按规定提取使用教育培训经费并拒不改正的行为记入企业信用记录。

（十三）发挥骨干企业引领作用。鼓励区域、行业骨干企业联合职业学校、高等学校共同组建产教融合集团（联盟），带动中小企业参与，推进实体化运作。注重发挥国有企业特别是中央企业示范带头作用，支持各类企业依法参与校企合作。结合推进国有企业改革，支持有条件的国有企业继续办好做强职业学校。

四、推进产教融合人才培养改革

（十四）将工匠精神培育融入基础教育。将动手实践内容纳入中小学相关课程和学生综合素质评价。加强学校劳动教育，开展生产实践体验，支持学校聘请劳动模范和高技能人才兼职授课。组织开展“大国工匠进校园”活动。鼓励有条件的普通中学开设职业类选修课程，鼓励职业学校实训基地向普通中学开放。鼓励有条件的地方在大型企业、产业园区周边试点建设普职融通的综合高中。

（十五）推进产教协同育人。坚持职业教育校企合作、工学结合的办学制度，推进职业学校和企业联盟、与行业联合、同园区联结。大力发展校企双制、工学一体的技工教育。深化全日制职业学校办学体制改革，在技术性、实践性较强的专业，全面推行现代学徒制和企业新型学徒制，推动学校招生与企业招工相衔接，校企育人“双重主体”，学生学徒“双重身份”，学校、企业和学生三方权利义务关系明晰。实践性教学课时不少于总课时的50%。

健全高等教育学术人才和应用人才分类培养体系，提高应用型人才培养比重。推动高水平大学加强创新创业人才培养，为学生提供多样化成长路径。大力支持应用型本科和行业特色类高校建设，紧密围绕产业需求，强化实践教学，完善以应用型人才为主的培养体系。推进专业学位研究生产学结合培养模式改革，增强复合型人才培养能力。

（十六）加强产教融合师资队伍建设。支持企业技术和管理人才到学校任教，鼓励有条件的地方探索产业教师（导师）特设岗位计划。探索符合职业教育和应用型高校特点的教师资格标准和专业技术职务（职称）评聘办法。允许职业学校和高等学校依法依规自主聘请兼职教师和确定兼职报酬。推动职业学校、应用型本科高校与大中型企业合作建设“双师型”教师培养培训基地。完善职业学校和高等学校教师实践假期制度，支持在职教师定期到企业实践锻炼。

（十七）完善考试招生配套改革。加快高等职业学校分类招考，完善“文化素质+职业技能”评价方式。适度提高高等学校招收职业教育毕业生比例，建立复合型、创新型技术技能人才系统培养制度。逐步提高高等学校招收有工作实践经历人员的比例。

（十八）加快学校治理结构改革。建立健全职业学校和高等学校理事会制度，鼓励引入行业企业、科研院所、社会组织等多方参与。推动学校优化内部治理，充分体现一线教学科研机构自主权，积极发展跨学科、跨专业教学和科研组织。

（十九）创新教育培训服务供给。鼓励教育培训机构、行业企业联合开发优质教育资源，大力支持“互联网+教育培训”发展。支持有条件的社会组织整合校企资源，开发立体化、可选择的产业技术课程和职业培训包。推动探索高校和行业企业课程学分转换互认，允许和鼓励高校向行业企业和社会培训机构购买创新创业、前沿技术课程和教学服务。

五、促进产教供需双向对接

（二十）强化行业协调指导。行业主管部门要加强引导，通过职能转移、授权委托等方式，积极支持行业组织制定深化产教融合工作计划，开展人才需求预测、校企合作对接、教育教学指导、职业技能鉴定等服务。

（二十一）规范发展市场服务组织。鼓励地方政府、行业企业、学校通过购买服务、合作设立等方式，积极培育市场导向、对接供需、精准服务、规范运作的产教融合服务组织（企业）。支持利用市场合作和产业分工，提供专业化服务，构建校企利益共同体，形成稳定互惠的合作机制，促进校企紧密联结。

（二十二）打造信息服务平台。鼓励运用云计算、大数据等信息技术，建设市场化、专业化、开放共享的产教融合信息服务平台。依托平台汇聚区域和行业人才供需、校企合作、项目研发、技术服务等各类供求信息，向各类主体提供精准化产教融合信息发布、检索、推荐和相关增值服务。

（二十三）健全社会第三方评价。积极支持社会第三方机构开展产教融合效能评价，健全统计评价体系。强化监测评价结果运用，作为绩效考核、投入引导、试点开展、表彰激励的重要依据。

六、完善政策支持体系

（二十四）实施产教融合发展工程。“十三五”期间，支持一批中高等职业学校加强校企合作，共建共享技术技能实训设施。开展高水平应用型本科高校建设试点，加强产教融合实训环境、平台和载体建设。支持中西部普通本科高校面向产业需求，重点强化实践教学环节建设。支持世界一流大学和一流学科建设高校加强学科、人才、科研与产业互动，推进合作育人、协同创新和成果转化。

（二十五）落实财税用地等政策。优化政府投入，完善体现职业学校、应用型高校和行业特色类专业办学特点和成本的职业教育、高等教育拨款机制。职业学校、高等学校科研人员依法取得的科技成果转化奖励收入不纳入绩效工资，不纳入单位工资总额基数。各级财政、税务部门要把深化产教融合作为落实结构性减税政策，推进降成本、补短板的重要举措，落实社会力量举办教育有关财税政策，积极支持职业教育发展和企业参与办学。企业投资或与政府合作建设职业学校、高等学校的建设用地，按科教用地管理，符合《划拨用地目录》的，可通过划拨方式供地，鼓励企业自愿以出让、租赁方式取得土地。

（二十六）强化金融支持。鼓励金融机构按照风险可控、商业可持续原则支持产教融合项目。利用中国政企合作投资基金和国际金融组织、外国政府贷款，积极支持符合条件的产教融合项目建设。遵循相关程序、规则和章程，推动亚洲基础设施投资银行、丝路基金在业务领域内将“一带一路”职业教育项目纳入支持范围。引导银行业金融机构创新服务模式，开发适合产教融合项目特点的多元化融资品种，做好政府和社会资本合作模式的配套金融服务。积极支持符合条件的企业在资本市场进行股权融资，发行标准化债权产品，加大产教融合实训基地项目投资。加快发展学生实习责任保险和人身意外伤害保险，鼓励保险公司对现代学徒制、企业新型学徒制保险专门确定费率。

（二十七）开展产教融合建设试点。根据国家区域发展战略和产业布局，支持若干有较强代表性、影响力和改革意愿的城市、行业、企业开展试点。在认真总结试点经验基础上，鼓励第三方开展产教融合型城市和企业建设评价，完善支持激励政策。

（二十八）加强国际交流合作。鼓励职业学校、高等学校引进海外高层次人才和优质教育资源，开发符合国情、国际开放的校企合作培养人才和协同创新模式。探索构建应用技术教育创新国际合作网络，推动一批中外院校和企业结对联合培养国际化应用型人才。鼓励职业教育、高等教育参与配合"一带一路"建设和国际产能合作。

七、组织实施

（二十九）强化工作协调。加强组织领导，建立发展改革、教育、人力资源社会保障、财政、工业和信息化等部门密切配合，有关行业主管部门、国有资产监督管理部门积极参与的工作协调机制，加强协同联动，推进工作落实。各省级人民政府要结合本地实际制定具体实施办法。

（三十）营造良好环境。做好宣传动员和舆论引导，加快收入分配、企业用人制度以及学校编制、教学科研管理等配套改革，引导形成学校主动服务经济社会发展、企业重视"投资于人"的普遍共识，积极营造全社会充分理解、积极支持、主动参与产教融合的良好氛围。

附件：重点任务分工（略）

国务院办公厅

2017年12月5日

教育部等五部门关于深化高等教育领域简政放权放管结合优化服务改革的若干意见

（教政法〔2017〕7号）

各省、自治区、直辖市人民政府，国务院各部委、各直属机构：

为深入贯彻落实党的十八大和十八届三中、四中、五中、六中全会精神，全面贯彻党的教育方针，坚持社会主义办学方向，完善中国特色现代大学制度，破除束缚高等教育改革发展的体制机制障碍，进一步向地方和高校放权，给高校松绑减负、简除烦苛，让学校拥有更大办学自主权，激发广大教学科研人员教书育人、干事创业的积极性和主动性，培养符合社会主义现代化建设需要的各类创新人才，培育国际竞争新优势，经国务院同意，现就深化高等教育领域简政放权放管结合优化服务改革提出以下意见：

一、完善高校学科专业设置机制

（一）改革学位授权审核机制。深入推进学位授权点动态调整。省级学位委员会负责审批学士学位授予单位及专业。国务院学位委员会委托省级学位委员会组织硕士学位授权审核和博士学位授权初审。稳妥推进部分高校自主审核博士硕士学位授权点。对承担国家重大科研任务、符合学位授予标准的高校，新增硕士博士学位授权可不再要求培养年限。国务院学位委员会要加强授权监管，完善学位授权准入标准，强化专家评审环节，开展学位授权点合格评估，对于不按照标准和程序办理、不能保证质量的，依法责令限期整改，直至撤销其博士硕士学位授权。

（二）改进高校本专科专业设置。除国家控制布点的专业外，高校自主设置《普通高等学校本科专业目录》内的专业，报教育部备案；自主设置高等职业教育（专科）专业，报省级教育行政部门备案。支持高校对接产业行业需求，经学科和产业行业专家充分论证后，按照专业管理规定设置经济社会发展急需的新专业。加强专业建设信息服务，公布紧缺专业和就业率较低专业的名单，逐步建立高校招生、毕业生就业与专业设置联动机制。开展专业设置抽查，对存在问题的专业，责令有关高校限期整改或暂停招生。

二、改革高校编制及岗位管理制度

（三）积极探索实行高校人员总量管理。教育部会同中央编办、财政部等相关部门制订高校人员总量核定指导标准和试点方案，积极开展试点。试点高校人员总量实行动态调整。纳入总量管理的人员享有相应待遇和保障。机构编制、高校主管部门发现高校在人员总量管理工作中存在弄虚作假等严重问题的，对相关负责人依法依规予以处理。

（四）高校依法自主管理岗位设置。高校根据国家有关规定在人员总量内组织制订岗位设置方案和管理办法，并主动公开，接受监督。岗位设置方案应包括岗位总量，教学科研、管理服务等各类岗位的名称、数量、结构比例、职责任务、工作标准、任职条件等。

（五）高校自主设置内设机构。高校根据办学实际需要和精简、效能的原则，自主确定教学、科研、行政职能部门等内设机构的设置和人员配备。鼓励高校推进内设机构取消行政级别的试点，管理人员实行职员制。改革后要保障高校内设机构人员享有相应的晋升、交流、任职、薪酬及相关待遇。

三、改善高校进人用人环境

（六）优化高校进人环境。高校根据事业发展、学科建设和队伍建设需要，自主制订招聘或解聘的条件和标准，自主公开招聘人才。政府各有关部门不统一组织高校人员聘用考试，简化进人程序，为高校聘用人才提供便捷高效的人事管理服务。高校在人员总量内聘用人才要围绕主业、突出重点、支持创新。

（七）完善高校用人管理。高校根据其岗位设置方案和管理办法自主做好人员聘后管理。对总量内人员，高校与其签订聘用合同。在人员总量外，高校可自主灵活用工，依法签订劳动合同，依法履行合同，规范实施管理，切实保护当事人合法权益。高校可根据国家有关规定，自主制订教师到企业兼职从事科技成果转化活动的办法和离岗创业办法。

四、改进高校教师职称评审机制

（八）下放高校教师职称评审权。高校自主制订本校教师职称评审办法和操作方案。职称评审办法、操作方案报教育、人力资源社会保障部门及高校主管部门备案。将高校教师职称评审权直接下放至高校，由高校自主组织职称评审、自主评价、按岗聘用。条件不具备、尚不能独立组织评审的高校，可采取联合评审的方式。教育、人力资源社会保障等部门要加强监管，对高校职称评审工作进行抽查，对因把关不严、程序不规范，造成投诉较多、争议较大的高校，要给予警告、责令整改；对违法违纪的责任人员，按照国家规定给予处理。

（九）改进教师职称评审方法。高校要将师德表现作为评聘的首要条件，提高教学业绩在评聘中的比重。针对不同类型、不同层次教师，按照哲学社会科学、自然科学等不同学科领域，基础研究、应用研究等不同研究类型，建立分类评价标准。完善同行专家评价机制，建立以“代表性成果”和实际贡献为主要内容的评价方式。

五、健全符合中国特色现代大学特点的薪酬分配制度

（十）支持高校推进内部薪酬分配改革。人力资源社会保障、财政等有关部门要支持高校建立健全有利于提高竞争力的内部分配机制，实行符合高校特点和发展要求的内部分配政策。高校要理顺内部收入分配关系，保持各类人员收入的合理比例。在核定的绩效工资总量内可采取年薪制、协议工资、项目工资等灵活多样的分配形式和分配办法。

（十一）加强高校绩效工资管理。人力资源社会保障、财政等部门在核定绩效工资总量时，充分考虑高校特点，重点加大对高层次人才集中、服务国家重大战略需求、着力培养拔尖创新人才高校的倾斜力度。高校根据备案人员总量、当地经济发展水平、办学层次等因素，自主确定本校绩效工资结构和分配方式。绩效工资分配要向关键岗位、高层次人才、业务骨干和做出突出成绩的工作人员倾斜。高校科研人员依法取得的科技成果转化奖励收入，不纳入绩效工资。

六、完善和加强高校经费使用管理

（十二）改进高校经费使用管理。财政部门要完善高校预算拨款制度，优化高等教育拨款结构，加大基本支出保障力度，基本支出占比较低的地方要进一步优化结构，合理安排基本支出。改进项目管理方式，完善资金管理办法，采取额度管理、自主调整等措施，进一步扩大高校项目资金统筹使用权。进一步完善高校国库集中支付范围划分，逐步扩大财政授权支付范围，逐步实现用款计划按政府收支分类科目的项级支出功能分类科目编报。

（十三）扩大高校资产处置权限。适当提高资产处置的备案和报批标准。高校自主处置已达使用年限、应淘汰报废的资产，处置收益留归学校使用。税务部门要执行好各项涉及高校的税收优惠政策。高校要进一步提高预算编制水平，加快财政预算执行进度，完善内控机制，严肃财经纪律，严格按照规定管好用好各项经费和资产，不断提高资金使用效益。强化高校资产管理的主体责任，确保国有资产的安全和有效使用。高校应依法接受审计监督。

七、完善高校内部治理

（十四）加强党对高校的领导。高校要坚持和完善党委领导下的校长负责制，高校党委对本校工作实行全面领导，对本校党的建设全面负责，履行管党治党、办学治校的主体责任，落实党建工作责任制，切实发挥领导核心作用。坚持党管干部、党管人才，落实“三重一大”决策制度。强化院（系）党的领导，进一步发挥院（系）党委（党总支）的政治核心作用。加强基层党组织建设，推动全面从严治党向高校基层延伸，充分发挥党支部战斗堡垒作用。

（十五）加强制度建设。高校要坚持正确办学方向和教育法律规定的基本制度，依法依章程行使自主权，强化章程在学校依法自主办学、实施管理和履行公共职能方面的基础作用。完善政治纪律、组织人事纪律、财经纪律，对工作中的失职失责行为要按有关规定严格问责。加强自我约束和管理，抓紧修订完善校内各项管理制度，使制度体系层次合理、简洁明确、协调一致，使高校发展做到治理有方、管理到位、风清气正。

（十六）完善民主管理和学术治理。进一步健全高校师生员工参与民主管理和监督的工作机制，发挥教职工代表大会和群众组织作用。坚持学术自由和学术规范相统一，坚持不懈培育优良校风和学风。完善学术评价体系和评价标准，推动学术事务去行政化。提高高校学术委员会建设水平，充分发挥高校学术委员会在学科建设、专业设置、学术发展、学术评价等事项中的重要作用。确立科学的考核评价和激励机制。突出同行专家在科研评价中的主导地位。

（十七）强化信息公开与社会监督。积极推进高校重大决策、重大事项、重要制度等校务公开。除涉及国家秘密、商业秘密、个人隐私以及公开可能危及国家安全、公共安全、经济安全、社会稳定和学校安全稳定的情况外，均应当依法依规公开相关信息。畅通监督渠道，发挥社会公众、媒体等力量在监督中的作用。

利用现代信息技术手段，提高工作透明度，增强信息公开实效，让权力在阳光下运行。

八、强化监管优化服务

（十八）构建事中事后监管体系。各地各部门要进一步转变职能和管理方式，支持高校适应创新发展需要，推进治理结构改革。要深入推进管办评分离，切实履行监管职责。创新监管方式和手段，通过完善信用机制、“双随机”抽查、行政执法、督导、巡视、第三方评估等加强事中事后监管。

（十九）加强协调与指导。各地各部门要树立全局意识，加强协调，相互配合，整体推进。要引导高校合理定位，办出特色，防止“同质化”。对西部和艰苦边远地区高校给予必要政策倾斜。要及时解决工作中发现的问题，提高管理服务水平。

（二十）营造良好改革环境。各地各部门要简化优化服务流程，精简和规范办事程序，缩短办理时限，改进服务质量，让高校教学科研人员从过多过苛的要求、僵硬的考核、繁琐的表格中解放出来。依托“互联网＋”，积极推动高校公共服务事项网上办理，提高办事效率。抓紧修改或废止影响高校发展和教学科研人员积极性的、不合时宜的行政法规和政策文件，保持改革政策协调一致。做好改革的总结推广和宣传引导工作，营造良好氛围。

各地各部门要立足我国基本国情教情，综合考虑不同地区和高校实际，抓紧细化高校人员总量、职称、薪酬等方面改革的试点或落实办法，大力推进改革进程。各高校要及时制定实施细则，向院系放权，向研发团队和领军人物放权，确保各项改革措施落到实处。

教育部　中央编办　发展改革委

财政部　人力资源社会保障部

2017年3月31日

教育部等四部门关于印发《高中阶段教育普及攻坚计划（2017—2020年）》的通知

（教基〔2017〕1号）

各省、自治区、直辖市人民政府，国务院各部门、各直属机构：

《高中阶段教育普及攻坚计划（2017—2020年）》已经国务院同意，现印发给你们，请结合实际认真贯彻执行。

教育部　国家发展改革委

财政部　人力资源社会保障部

2017年3月24日

高中阶段教育普及攻坚计划

（2017—2020年）

高中阶段教育（包括普通高中、普通中专、成人中专、职业中专、技工学校）是国民教育体系的重要环节，是学生从未成年走向成年、个性形成、自主发展的关键时期，肩负着为各类人才成长奠基、培养高素质技术技能型人才的使命。普及高中阶段教育是巩固义务教育普及成果、完善现代职业教育体系、增强高等教育发展后劲的重大举措，是适应我国经济结构转型升级、提高劳动力受教育年限的迫切需要，是进一步提升国民整体素质、建设人力资源强国的基础工程。

“十二五”以来特别是党的十八大以来，我国高中阶段教育总体上取得了较大发展，办学规模不断扩大，学校条件逐步改善，教育质量稳步提升，普及水平迈上了新台阶。但由于多方面原因，高中阶段教育仍然存在许多明显短板，一些贫困地区、民族地区、边远地区教育资源短缺，普及程度较低；普通高中教育与中等职业教育发展不协调，部分地区中职教育发展明显滞后；许多学校办学条件薄弱，难以满足基本教学需求；合理的经费投入机制尚不健全，普通高中债务问题尚未得到有效解决；教师总量不足，普通高中一些学科专任教师和中等职业教育“双师型”教师短缺；一些学校教育质量不高，普通高中缺乏特色，中等职业教育吸引力不强。这些困难和问题直接影响普及目标的实现，严重制约高中阶段教育的健康可持续发展。

为贯彻党的十八届五中全会精神，落实国民经济和社会发展第十三个五年规划纲要及国家教育事业发展“十三五”规划部署，切实解决高中阶段教育发展面临的问题和困难，在确保义务教育优先发展的基础上推进普及高中阶段教育，满足适龄青少年接受高中阶段教育的需求，特制定本计划。

一、总体要求

（一）基本原则

——政府主导，统筹推进。落实地方政府主体责任，动员社会各方面力量参与，发挥中央支持政策的引导激励作用，形成攻坚合力。

——科学规划，精准发力。综合考虑规模、结构、质量和条件保障，找准突出问题，聚焦薄弱环节，集中力量保基本、补短板、促公平。

——协调发展，分类指导。牢固确立职业教育在国家人才培养体系中的重要位置，巩固提高中等职业教育发展水平，实现普通高中教育和中等职业教育协调发展。

——制度建设，注重长效。立足当前，着眼长远，着力破解体制障碍，构建长效机制，完善治理体系，确保高中阶段教育健康、可持续发展。

（二）主要目标。到2020年，全国普及高中阶段教育，适应初中毕业生接受良好高中阶段教育的需求。全国、各省（区、市）毛入学率均达到90%以上，中西部贫困地区毛入学率显著提升；普通高中与中等职业教育结构更加合理，招生规模大体相当；学校办学条件明显改善，满足教育教学基本需要；经费投入机制更加健全，生均拨款制度全面建立；教育质量明显提升，办学特色更加鲜明，吸引力进一步增强。

（三）攻坚重点。中西部贫困地区、民族地区、边远地区、革命老区等教育基础薄弱、普及程度较低的地区，特别是集中连片特殊困难地区；家庭经济困难学生、残疾学生、进城务工人员随迁子女等特殊群体；普通高中大班额比例高、职业教育招生比例持续下降、学校运转困难等突出问题。

二、重点任务

（一）提高普及水平。着力提高教育基础薄弱地区特别是高中阶段教育毛入学率较低地区的普及程度，提高特殊群体接受高中阶段教育的机会。各地要着力推动义务教育均衡发展，提升义务教育巩固率，鼓励具备条件的地区在财力可持续的情况下适当普及更高水平的高中阶段教育。

（二）优化结构布局。统筹普通高中和中等职业教育协调发展，提高中等职业教育招生比例。积极扶持民办教育，促进公办民办共同发展。根据人口变化趋势、新型城镇化规划和产业发展需求，合理规划学校布局，有效利用高中教育资源，方便学生在县域内就学。办好必要的乡镇高中。

（三）加强条件保障。完善学校办学标准，加强学校办学条件建设。基本消除普通高中大班额现象，减少超大规模学校。优化资源配置，适应高考综合改革对学生选课走班等教育教学改革的要求。建立合理的成本分担机制，健全生均拨款制度，完善学费动态调整机制，保障学校正常运转。积极化解普通高中债务。完善和落实学生资助政策，不让一名学生因家庭经济困难而失学。

（四）提升教育质量。改革人才培养模式，落实立德树人根本任务，全面提高学生社会责任感、创新精神和实践能力。增强普通高中课程选择性，推进选课走班，满足学生多样化需求。提高中等职业教育专业吸引力，加强技术技能培养和文化基础教育，实现就业有能力、升学有基础。完善教师补充机制，提高教师专业化水平。

三、主要措施

（一）扩大教育资源。各地要结合本地区实际，在充分挖掘现有教育资源的基础上，有计划、分年度实施一些建设项目，新建、改扩建一批学校，为薄弱学校配齐必要的教育教学和生活设施设备。要坚持勤俭办学，不得脱离实际超标准超规模建设豪华校舍、校园、校门。职业教育比例较低的地区要重点扩大中等职业教育资源。在没有普通高中的县，根据人口变动趋势和实际情况，因地制宜新建或改扩建普通高中学校，方便学生在当地上学。要落实土地、税收、信贷等方面优惠政策和社保政策，支持高中阶段民办学校发展，积极支持各类办学主体通过独资、合资、合作等多种形式举办民办职业教育。要加强高中阶段特殊教育学校建设，加快发展以职业教育为主的残疾人高中阶段教育，保障好残疾人接受高中阶段教育的权利。

国家扩大实施教育基础薄弱县普通高中建设项目，支持改扩建一批普通高中教学和学生生活类校舍，扩大培养能力。继续实施普通高中改造计划，支持中西部省份贫困地区教学生活设施不能满足基本需求、尚未达到国家基本办学条件标准的普通高中学校改扩建校舍、配置图书和教学仪器设备以及体育运动场等附属设施建设。实施现代职业教育质量提升计划，支持在优化布局的基础上改善中等职业学校基本办学条件。

（二）完善经费投入机制。科学核定学校办学成本，建立合理的成本分担机制。落实以财政投入为主、其他渠道筹措经费为辅的普通高中投入机制，完善政府、行业、企业及其他社会力量依法筹集经费的中等职业教育投入机制。各地要完善财政投入机制，抓紧建立完善中等职业学校生均拨款制度和普通高中生均拨款制度。要按照非义务教育阶段受教育者合理分担教育成本的要求，确定学费标准，严格学费标准调整程序，建立动态调整机制。各地要制定普通高中学校债务偿还计划，属于 2014 年末前发生并已纳入存量地方政府债务清理甄别结果的，应按照地方政府债务管理政策予以偿还。

（三）完善扶困助学政策。继续实施高中阶段学校家庭经济困难学生国家资助政策。逐步分类推进中等职业教育免除学杂费，提高中等职业教育国家助学金资助标准。落实好普通高中建档立卡等家庭经济困难学生（含非建档立卡的家庭经济困难残疾学生、农村低保家庭学生、农村特困救助供养学生）免除学杂费政策。积极推进家庭经济困难的残疾学生免费教育。鼓励企事业单位、社会团体和个人设立奖助学金。

（四）加强教师队伍建设。适应普及和高考综合改革的需要，根据城乡统一的编制标准要求核定教职工编制，为学校及时补充配齐教师，特别是短缺学科教师。探索采取政府购买服务方式，解决中等职业学校"双师型"教师不足的问题。加强县域内教师统筹调配力度，探索建立校际之间教师共享机制，盘活用好教师资源。各地可以通过多种方式吸引优秀毕业生到贫困地区任教。加大中等职业学校"双师型"教师培养力度。多种方式开展高中阶段教师培训，培训项目要向教育基础薄弱地区倾斜。

（五）推动学校多样化有特色发展。深化普通高中课程改革，加强选修课程建设，充分利用校外教育资源拓展校内课程的广度和深度，增强课程的选择性和适宜性。实施职业教育产教融合工程，推动中等职业学校专业设置、课程内容、教学方式与生产实践对接，集中力量建设一批高水平职业学校，办好一批适应当地经济社会需要的特色优势专业。建立学生发展指导制度，加强对学生课程选择、升学就业等方面的指导。探索发展综合高中，完善课程实施、学籍管理、考试招生等方面支持政策，实行普职融通，为学生提供更多选择机会。建立普通高中和中等职业学校合作机制，探索课程互选、学分互认、资源互通。推进学校教育质量综合评价改革，改变单纯以升学率评价教育质量的倾向。充分利用信息化手段促进优质教育资源共享，满足个性化学习的需要。建立省域内优质学校对口帮扶贫困地区薄弱学校的机制，缩小学校之间的差距。建立学习困难及有特殊需要的学生帮扶机制，保障学生顺利完成学业。

（六）改进招生管理办法。健全教育、人力资源社会保障等相关部门招生工作协调机制，建立中等职业学校和普通高中统一招生平台，切实落实普职大体相当的要求。实行优质高中阶段学校招生名额合理分配到区域内初中的办法，招生名额适当向区域内农村学校倾斜。加大优质中等职业学校招收贫困地区学生的比例。进一步落实和完善进城务工人员随迁子女在当地参加高中阶段学校考试招生的政策措施。积极创造条件支持高中阶段学校招收残疾学生。严禁公办普通高中违规跨区域、超计划招生，争抢生源，影响其他学校正常招生。依法加强对民办高中的招生管理。

四、组织实施

（一）落实政府责任。各地要将普及高中阶段教育作为全面建成小康社会和"十三五"教育脱贫攻坚的重要任务，加强统筹规划，结合本地区实际，制定实施方案，明确省市县责任，细化政策措施，确保攻坚目标和任务落到实处。

（二）明确部门分工。各地要建立分工协作机制，形成工作合力。教育部门要积极研究完善相关政策措施，加强组织协调、过程指导和督导检查。发展改革部门要把普及高中阶段教育作为当地经济社会发展规划的重要内容，支持学校建设。财政部门要健全经费投入机制，支持改善办学条件。人力资源社会保障部门要推进技工学校发展，并会同教育部门按照有关规定完善和落实高中阶段学校教师补充、工资待遇等方面的支持政策。

（三）加强督导评估。各地要把普及高中阶段教育作为考核地方政府教育工作实绩的重要内容，建立问责机制。各省（区、市）要以地市或县为单位对普及高中阶段教育情况进行评估验收，结果向社会公布。国务院教育督导委员会办公室要以地市为单位进行督查，对各省（区、市）普及高中阶段教育情况进行评估认定。建立动态监测和复查机制，跟踪普及巩固情况。

（四）营造良好氛围。各地要广泛宣传普及高中阶段教育的重要意义，深入解读各项惠民政策措施，动员社会各界关心和支持普及高中阶段教育工作，引导学生和家长树立多样化的成才观，形成良好的氛围。

教育部等七部门关于印发《第二期特殊教育提升计划（2017—2020年）》的通知

（教基〔2017〕6号）

各省、自治区、直辖市人民政府，国务院各部委、各直属机构：

《第二期特殊教育提升计划（2017—2020年）》已经国务院同意，现印发给你们，请认真贯彻执行。

教育部　国家发展改革委

民政部　财政部

人力资源社会保障部　卫生计生委

中国残联

2017年7月17日

第二期特殊教育提升计划

（2017—2020年）

为全面贯彻党中央、国务院关于办好特殊教育的要求，落实《国家教育事业发展"十三五"规划》《"十三五"加快残疾人小康进程规划纲要》，进一步提升特殊教育水平，特制定本计划。

一、重要意义

近年来，各地按照党中央、国务院的决策部署，认真实施特殊教育提升计划（2014—2016年），残疾人受教育机会不断扩大，普及水平明显提高；财政投入大幅增长，保障能力持续增强；教师队伍建设和课程教材建设取得显著成效，教育质量进一步提升。但是，残疾儿童少年义务教育在中西部农村地区特别是边远贫困地区普及水平仍然偏低，非义务教育阶段特殊教育发展整体相对滞后，特殊教育条件保障机制还不够完善，教师队伍数量不足、待遇偏低、专业水平有待提高。

实施第二期特殊教育提升计划（2017—2020年），是巩固一期成果、进一步提升残疾人受教育水平的必然要求，是推进教育公平、实现教育现代化的重要任务，是增进残疾人家庭福祉、加快残疾人小康进程的重要举措。各级政府要充分认识实施二期提升计划的重要意义，履职尽责，攻坚克难，持续推进特殊教育改革发展。

二、总体要求

（一）基本原则

1. 坚持统筹推进，普特结合。以普通学校随班就读为主体、以特殊教育学校为骨干、以送教上门和远程教育为补充，全面推进融合教育。普通学校和特殊教育学校责任共担、资源共享、相互支撑。

2. 坚持尊重差异，多元发展。尊重残疾学生的个体差异，注重潜能开发和缺陷补偿，提高特殊教育的针对性。促进残疾学生的个性化发展，为他们适应社会、融入社会奠定坚实基础。

3. 坚持普惠加特惠，特教特办。普惠性教育政策和工程项目要加大支持特殊教育的力度。根据特殊教育实际，专门制定特殊的政策措施，给予残疾学生特别扶助和优先保障。

4. 坚持政府主导，各方参与。落实各级政府及相关部门发展特殊教育的责任，加强省一级对特殊教育的统筹。充分发挥社会力量的作用，学校、家庭和社会相互配合。

（二）总体目标

到2020年，各级各类特殊教育普及水平全面提高，残疾儿童少年义务教育入学率达到95%以上，非义务教育阶段特殊教育规模显著扩大。特殊教育学校、普通学校随班就读和送教上门的运行保障能力全面增强。教育质量全面提升，建立一支数量充足、结构合理、素质优良、富有爱心的特教教师队伍，特殊教育学校国家课程教材体系基本建成，普通学校随班就读质量整体提高。

（三）重点任务

1. 完善特殊教育体系。全面普及残疾儿童少年义务教育，提高巩固水平，解决实名登记的未入学适龄残疾儿童少年就学问题。加大力度发展残疾儿童学前教育，加快发展以职业教育为主的残疾人高中阶段教育，稳步发展残疾人高等教育。

2. 增强特殊教育保障能力。统筹财政教育支出，倾斜支持特殊教育。加强无障碍设施建设。全面改善特殊教育办学条件。全面加强随班就读支持保障体系建设。健全特殊教育教师编制动态调整机制和待遇保障机制。提高残疾学生资助水平，实行家庭经济困难的残疾学生从义务教育到高中阶段教育的12年免费教育。

3. 提高特殊教育质量。促进医教结合，建立多部门合作机制，加强专业人员的配备与合作，提高残疾学生评估鉴定、入学安置、教育教学、康复训练的有效性。加强特殊教育教师培养培训，提高专业化水平。增强特殊教育教科研能力，加强特殊教育学校教材和教学资源建设，推进课程教学改革。

三、主要措施

（一）提高残疾儿童少年义务教育普及水平

以区县为单位，逐一核实未入学适龄残疾儿童少年数据。通过特殊教育学校就读、普通学校就读、儿童福利机构（含未成年人救助保护机构）特教班就读、送教上门等多种方式，落实“一人一案”，做好教育安置。儿童福利机构特教班就读和接受送教上门服务的残疾学生纳入中小学生学籍管理。

优先采用普通学校随班就读的方式，就近安排适龄残疾儿童少年接受义务教育。以区县为单位统筹规划，重点选择部分普通学校建立资源教室，配备专门从事残疾人教育的教师（以下简称“资源教师”），指定其招收残疾学生。其他招收残疾学生5人以上的普通学校也要逐步建立特殊教育资源教室。依托乡镇中心学校，加强对农村随班就读工作的指导。有条件的儿童福利机构继续办好特教班或特殊教育学校。

发挥特殊教育学校在实施残疾儿童少年义务教育中的骨干作用。到2020年，基本实现市（地）和30万人口以上、残疾儿童少年较多的县（市）都有一所特殊教育学校。不足30万人口没有特殊教育学校的县，由地市对行政区域内的特殊教育学校招生进行统筹。鼓励各地积极探索举办孤独症儿童少年特殊教育学校（部）。

对不能到校就读、需要专人护理的适龄残疾儿童少年，采取送教进社区、进儿童福利机构、进家庭的方式实施教育。以区县为单位完善送教上门制度，为残疾学生提供规范、有效的送教服务。

（二）加快发展非义务教育阶段特殊教育

支持普通幼儿园接收残疾儿童。在特殊教育学校和有条件的儿童福利机构、残疾儿童康复机构普遍增加学前部或附设幼儿园。在有条件的地区设置专门招收残疾孩子的特殊幼儿园。鼓励各地整合资源，为残疾儿童提供半日制、小时制、亲子同训等多种形式的早期康复教育服务。为学前教育机构中符合条件的残疾儿童提供功能评估、训练、康复辅助器具等基本康复服务。

普通高中和中等职业学校通过随班就读、举办特教班等扩大招收残疾学生的规模。招生考试机构为残疾学生参加中考提供合理便利。依托现有特殊教育和职业教育资源，各省（区、市）集中力量至少办好一所面向本地区招生的盲人高中（部）、聋人高中（部）和残疾人中等职业学校。特教高中资源不足的地市在特殊教育学校增设高中部。加强职业教育，支持校企合作，使完成义务教育且有意愿的残疾学生都能接受适宜的中等职业教育。

普通高等学校积极招收符合录取标准的残疾考生，进行必要的无障碍环境改造，给予残疾学生学业、生活上的支持和帮助。修订普通高等学校招生体检指导意见。统筹残疾人高等教育资源的布局，支持高校增设适合残疾人学习的相关专业，增加招生总量。

支持普通高校、开放大学、成人高校等面向残疾学生开展继续教育，支持各种职业教育培训机构加强残疾人职业技能培训，拓宽和完善残疾人终身学习通道。加强就业指导，做好残疾人教育与就业衔接工作。实施《“十三五”残疾青壮年文盲扫盲行动方案》，多种形式开展残疾青壮年文盲扫盲工作。

（三）健全特殊教育经费投入机制

在落实义务教育阶段特殊教育学校生均公用经费6000元补助标准基础上，有条件的地区可以根据学校招收重度、多重残疾学生的比例，适当增加年度预算。各省（区、市）根据残疾学生类别多、程度重、教育成本高等特点，在制定学前、高中阶段和高等教育的生均财政拨款标准时，重点向特殊教育倾斜。随班就读、特教班和送教上门的义务教育阶段生均公用经费标准按特殊教育学校执行。县级以上人民政府可根据需要，设立专项补助资金，加强特殊教育基础能力建设，改善办学条件。中央财政特殊教育专项补助资金重点支持困难地区和薄弱环节。

加大残疾学生资助力度。义务教育阶段在“两免一补”的基础上，针对残疾学生特殊需要，统筹资源倾斜支持残疾学生，提高补助水平。对家庭经济困难的残疾学生实行高中阶段免费教育。学前教育和高等教育阶段优先资助残疾学生，逐步加大资助力度。建立完善残疾学生特殊学习用品、教育训练、交通费等补助政策。

鼓励和引导社会力量兴办特殊教育学校，支持符合条件的非营利性社会福利机构向残疾人提供特殊教育。积极鼓励企事业单位、社会组织、公民个人捐资助学。

（四）健全特殊教育专业支撑体系

区县建立由教育、心理、康复、社会工作等方面专家组成的残疾人教育专家委员会，健全残疾儿童入学评估机制，完善教育安置办法。建立部门间的信息交流共享机制。

支持特殊教育学校建立特殊教育资源中心，提供特殊教育指导和支持服务。没有特殊教育学校的区县，依托有条件的普通学校，整合相关方面的资源建立特殊教育资源中心。

各级教研机构配备专职和兼职特殊教育教研员。鼓励高等学校、教科研机构以多种形式为特殊教育提供专业服务。建立健全志愿者扶残助学机制。发挥乡镇（街道）、村（居）民委员会在未入学残疾儿童少年信息收集、送教上门、社会活动等方面的支持作用。加强家校合作，充分发挥家庭在残疾儿童少年教育和康复中的作用。

（五）加强专业化特殊教育教师队伍建设

支持师范类院校和其他高校扩大特殊教育专业招生规模，提高培养质量。加大特殊教育专业硕士、博士研究生培养力度。各地采取公费培养、学费减免、助学贷款代偿等措施，为中西部贫困地区定向培养特殊教育教师。鼓励有条件的高等学校加强学前、普通高中及职业教育的特教师资培养。普通师范院校和综合性院校的师范专业普遍开设特教课程。在教师资格考试中要含有一定比例的特殊教育相关内容。到

2020年，所有从事特殊教育的专任教师均应取得教师资格证，非特殊教育专业毕业的教师还应经过省级教育行政部门组织的特殊教育专业培训并考核合格。加大培训力度，对特殊教育教师实行5年一周期不少于360学时的全员培训。“国培计划”加强特殊教育学校校长和骨干教师的培训。省一级承担特殊教育学校教师培训，县一级承担普通学校随班就读教师、资源教师和送教上门教师培训，增强培训的针对性和实效性。

各省(区、市)可结合地方实际制定特殊教育学校教职工编制标准，加强康复医生、康复治疗师、康复训练人员及其他专业技术人员的配备，并对招收重度、多重残疾学生较多的学校，适当增加教职工配备。为招收残疾学生的普通学校配备专兼职资源教师。落实并完善特殊教育津贴等工资倾斜政策，核定绩效工资总量时适当倾斜。对普通学校承担随班就读教学管理任务的教师，在绩效工资分配上给予倾斜。为送教上门教师、承担“医教结合”实验相关人员提供必要的工作和交通补助。根据特殊教育的特点，在职称评聘体系中建立分类评价标准。将儿童福利机构特教班教师职务(职称)评聘工作纳入当地教师职务(职称)评聘规划，拓宽晋升渠道。关心特教教师的身心健康，改善特教教师的工作和生活环境。表彰奖励教师向特殊教育教师倾斜。

(六)大力推进特殊教育课程教学改革

依据盲、聋和培智三类特殊教育学校义务教育阶段课程标准(2016年版)，编写完成中小学各科教材。将新课标新教材的有关培训统筹纳入“国培计划”和省级全员培训。研制多重残疾、孤独症等学生的课程指南。加强学前、普通高中及职业教育课程资源建设。

推进差异教学和个别化教学，提高教育教学的针对性。加强特殊教育信息化建设和应用，重视教具、学具和康复辅助器具的开发与应用。加强特殊教育学校图书配备，开展书香校园活动，培养残疾儿童良好阅读习惯。创新随班就读教育教学与管理模式，建立全面的质量保障体系。完善特殊教育质量监测制度，探索适合残疾学生发展的考试评价体系。

四、组织实施

(一)加强组织领导。各地要高度重视第二期特殊教育提升计划实施方案的编制和实施工作，把提升计划的实施列入政府工作议事日程和相关部门年度任务，确保各项目标任务落到实处。各省(区、市)第二期特殊教育提升计划实施方案经省级人民政府批准后，于2017年9月1日前报教育部备案。

(二)深化体制机制改革。加强省级统筹，加大对贫困地区和特殊教育薄弱环节的支持力度。建立健全多部门协调联动的特殊教育推进机制，明确教育、发展改革、民政、财政、人力资源社会保障、卫生计生、残联等部门的任务，形成工作合力。深化用人制度改革，探索学校、医院、康复机构之间人才资源共享的途径和方法。

(三)营造关心和支持特殊教育的氛围。各地要广泛宣传实施特殊教育提升计划的重要意义，宣传特殊教育改革发展成就和优秀残疾人典型事迹，引导学生和家长充分认识特殊教育对促进残疾人成长成才和终身发展的重要作用。动员社会各界采用多种形式扶残助学，提供志愿服务，形成关心和支持特殊教育的良好氛围。

(四)加强督导检查。省级人民政府组织开展对第二期特殊教育提升计划实施情况的专项督导检查。各地要建立督导检查和问责机制，将提升计划目标任务和政策措施落实情况纳入地方各级政府考核体系。国务院教育督导部门适时组织特殊教育专项督导，结果向社会公布。

教育部国家语委关于进一步加强学校语言文字工作的意见

（教语用〔2017〕1号）

各省、自治区、直辖市教育厅（教委）、语委，新疆生产建设兵团教育局、语委，部属各高等学校：

为深入贯彻党和国家的语言文字方针政策、法律法规，落实《国家中长期教育改革和发展规划纲要（2010—2020年）》《国家中长期语言文字事业改革和发展规划纲要（2012—2020年）》及《国家语言文字事业“十三五”发展规划》，切实发挥学校在语言文字工作中的基础作用，现就进一步加强学校语言文字工作提出如下意见：

一、进一步提高对加强学校语言文字工作的认识

（一）学校是语言文字工作的基础阵地。学校是推广和普及国家通用语言文字、培养国民语言文字规范意识、增强国民文化自信的重点领域，使用和推广国家通用语言文字是各级各类学校的法定义务，是学校依法办学的基本要求。学校教育教学是提高国民语言文字应用能力、提升人力资源素质的主要渠道。学校师生是传承弘扬中华优秀传统文化、革命文化和社会主义先进文化的重要力量。扎实做好学校语言文字工作，是切实发挥语言文字事业基础性、全局性作用的关键环节。

（二）学校语言文字工作是学校教育工作的重要组成部分。说好普通话、用好规范字、提高语言文字应用能力是学校培养高素质人才的基本内容。语言文字应用能力的培养要从小抓起，良好的口语、书面语表达水平和语言综合运用能力，是国民综合素质的重要构成要素，在个人成长成才过程中具有不可替代的作用。提高学生的语言文字应用能力，是实施素质教育的必然要求，是强化学生能力培养的重要内容，是提高学生学习能力、实践能力、创新能力的坚实基础。学校做好语言文字工作，对学生掌握科学文化知识、全面提高综合素质、自觉践行社会主义核心价值观、增强文化自信具有重要意义。

（三）做好学校语言文字工作，是全面建成小康社会的必然要求。语言文字事业是文化软实力的重要组成部分，是国家综合实力的重要支撑力量，与社会同发展、与时代共进步，对全面建成小康社会具有重要的推动作用。做好学校语言文字工作，充分发挥学校的人才培养及社会辐射作用，将语言文字工作从校园向社会延伸，提高全民尤其是农村、边远贫困地区、民族地区学生和青壮年的语言文字应用能力，是实施科教兴国战略和人才强国战略的内在需求，是全面建成小康社会的必然要求，也是实现中华民族伟大复兴的重要环节。

二、学校语言文字工作的主要目标

（一）总体目标。学校语言文字工作的总体目标是打造全社会语言文字规范化建设的示范标杆，培养学生的“一种能力两种意识”。“一种能力”即语言文字应用能力；“两种意识”即自觉规范使用国家通用语言文字的意识和自觉传承弘扬中华优秀文化的意识。

（二）教师目标。熟悉党和国家语言文字方针政策及相关法律法规，普通话水平达标，汉字应用规范、书写优美，具有一定的朗诵水平和书法鉴赏能力，熟练掌握相关语言文字规范标准；具有高度的文化自觉和文化自信；普遍具有自觉推广国家通用语言文字与中华优秀文化的意识和自豪感。

（三）学生目标。普通话水平达标，口语表达清晰达意，交流顺畅；掌握相应学段应知应会的汉字和汉语拼音，具有与学段相适应的书面写作能力、朗读水平和书写能力，高校学生应具有一定的书法鉴赏能力；具有对中华优秀文化的认同感、自豪感和自信心。

三、工作措施和要求

（一）加强学校语言文字工作机制建设。各级各类学校要深入贯彻执行党和国家语言文字方针政策、法律法规，建立完善语言文字工作机制和管理制度，加强队伍建设，在学校内涵建设和育人目标中明确语言文字工作要求，定位准确，目标明晰，措施到位。建立切实可行的工作制度和评价体系，相关要求贯穿于学校常规工作和主要环节，常抓不懈，确保学校语言文字工作有序开展，取得实效。

（二）坚持学校语言文字工作与教育教学工作相互促进。各级各类学校要将语言文字工作纳入学校工作的日常管理，列入科研项目的总体计划，把提高学生语言文字应用能力列入培养目标的基本要求，作为教育教学的基本内容，将学生语文素养的培养融入德育、智育、体育、美育、社会实践等各项教育活动及校园文化建设中。通过高标准的语言文字工作要求，促进学校管理水平的提升；通过加强语言文字能力培训，促进整体师资水平的提升；通过增强语言文字应用能力，促进学生综合素质和能力的提升。

（三）加强学校语言文字工作规范化建设。各地根据《中小学语言文字工作指导标准》（见附件）的要求，结合原有工作基础和本地区实际情况，制订适合各级各类学校的建设标准和评分细化方案，开展学校语言文字工作达标建设。高等学校应更加注重语言文字法律法规和规范标准的宣传推广，语言文字科学研究、工作方法和活动组织的创新实践；幼儿园应更加注重校园语言文字环境规范建设、教师的语言文字规范意识及应用能力的培养和建设，结合幼儿的学习特点，积极发展幼儿的倾听、理解和表达能力，民族地区双语幼儿园应注重为幼儿创设普通话交流的语言环境。有条件的地区，应在2020年前完成所有学校语言文字工作达标建设；暂不具备条件的地区，可适当推迟达标时限，所有学校最迟应在2025年前完成达标建设工作，2020年前应完成一半以上。各地可在学校达标建设的基础上，开展各级语言文字示范校创建工作。

（四）加强学校语言文字工作督导评估。各级教育督导部门和语言文字工作部门在按照《语言文字工作督导评估办法》开展督导工作时，要将学校作为语言文字工作督导评估的重点领域，切实按照每5年一轮的频度对学校语言文字工作进行督导评估，确保学校语言文字工作规范化建设有序推进，达标建设任务按时完成。

（五）加强组织领导。各级教育行政部门负有主管语言文字工作的职责，应有专门机构和人员专管或兼管语言文字工作。各级语言文字工作机构要主动协调教育行政部门内部的相关职能部门，明确职责，分工协作，切实负起责任，共同做好职责范围内的各级各类学校语言文字工作。

（六）健全经费保障机制。各级教育行政部门和语言文字管理部门要保障学校语言文字工作经费，充分调动各方积极性，形成合力，共同推动工作开展。

附件：中小学语言文字工作指导标准

教育部　国家语委

2017年1月17日

上海市高等教育促进条例

（2017年12月28日上海市第十四届人民代表大会常务委员会第四十二次会议通过）

第一章　总　　则

第一条　为了深化教育改革，加快一流大学和一流学科建设，实现高等教育内涵式发展，全面提高本市高等教育质量，提升高等教育综合实力和国际竞争力，更好地服务"四个中心"和科技创新中心建设、服务上海卓越全球城市建设、服务国家战略，根据《中华人民共和国教育法》《中华人民共和国高等教育法》等法律以及相关行政法规，结合本市实际，制定本条例。

第二条　本市行政区域内促进高等教育发展以及相关保障、服务和管理等活动，适用本条例。

第三条　促进高等教育事业发展应当把握正确政治方向、遵循高等教育规律，坚持政府统筹管理、学校自主办学和社会多方参与的原则。

高等教育应当坚持中国共产党的领导，贯彻国家的教育方针，坚持社会主义办学方向，为人民服务，为中国共产党治国理政服务，为巩固和发展中国特色社会主义制度服务，为改革开放和社会主义现代化建设服务。

第四条　高等教育应当以立德树人为根本任务，加强理想信念教育，培育和践行社会主义核心价值观，将思想价值引领贯穿于教育教学全过程，培养具有社会责任感、创新精神和实践能力，德、智、体、美全面发展的社会主义建设者和接班人。

第五条　市人民政府应当加强对本市高等教育事业的统筹管理，将高等教育事业发展纳入国民经济和社会发展规划，深化高等教育综合改革，保障高等教育财政经费投入，构建高等学校分类发展体系，优化高等教育布局结构和资源配置，实现本市高等教育事业持续健康发展。

本市建立高等教育改革发展议事协调机制，审议高等教育改革发展的重大方针和政策，协调解决高等教育发展中的重大问题和重大事项。

第六条　市教育行政部门主管本市高等教育工作，推进和实施高等教育改革和发展。

市发展改革、财政、人力资源社会保障、编制、规划国土资源、住房城乡建设、科技、国有资产监督、经济信息化、税务等部门按照各自职责，做好高等教育改革和发展的相关工作。

第七条　高等学校依法具有法人资格，依法开展自主办学，接受政府管理和社会监督。民办高等学校与公办高等学校享有同等法律地位。

高等学校应当以培养人才为中心，开展教学、科学研究、社会服务、文化传承创新和国际交流合作，建立自我发展、自我约束的内部管理体制和运行机制，并根据办学定位和社会需求，采取措施全面提高办学水平和教育质量。

第八条　企业事业单位、社会团体、行业协会和其他社会组织应当积极承担社会责任，参与和支持本市高等教育事业的发展。

第二章　规划与评价

第九条　市教育行政部门应当会同有关部门编制本市高等教育发展规划，确定本市高等教育人才培养规模、层次和结构，高等学校分类发展体系，高等学校与学科布局，以及本市高等教育发展目标、任务、措施等内容。

本市高等教育发展规划经市人民政府批准后实施。

市人民政府有关部门应当严格执行本市高等教育发展规划，将本市高等教育发展规划作为对高等学校设置调整、资源配置、基本建设和条件保障的依据。

第十条　在本市设立高等学校，应当具备法律法规规定的条件，并符合国家战略、本市城市功能定位以及本市高等教育发展规划。

市人民政府根据国家规定的普通高等学校设置标准，制定本市普通高等学校设置标准的实施办法。

第十一条　本市根据人才培养主体功能、承担科学研究类型以及学科专业设置和建设等情况，建立健全高等学校分类发展体系，引导高等学校明确办学定位，培养适应经济社会发展的特色人才。

市教育、发展改革、人力资源社会保障、编制、财政等部门应当按照市人民政府举办的高等学校（以下简称地方公办高校）在分类发展体系中的定位，确定其办学规模、人员配置标准、财政经费投入等事项，并根据办学水平分类绩效评价结果进行动态调整。

第十二条　市人民政府通过重点投入、政策支持、资源保障等措施，促进本市一流大学和一流学科建设。

本市实施高水平地方高等学校建设计划，促进地方高等学校发展，提升地方高等学校整体办学水平。

本市实施学科建设计划，重点支持基础学科、前沿学科、特色学科、新兴学科、交叉学科以及国家和区域经济社会发展急需的学科发展。

第十三条　高等学校应当根据办学定位、经济社会发展需求以及招生、人才培养和毕业生就业状况，建立科学的学科专业设置机制，优化学科专业布局结构，提高学科专业建设水平。

市教育行政部门引导和支持高等学校在国家颁布的本科专业目录外开展新专业的设置和建设，支持高等学校适时调整高等教育自学考试专业和考试科目。

市学位委员会在国务院学位委员会的授权范围内，统筹实施学位授权点的动态调整，支持高等学校根据办学定位和特色，结合社会需求，主动开展学位授权单位建设以及学位授权点的建设和调整工作。

第十四条　市教育、发展改革、人力资源社会保障、经济信息化等部门应当采取措施，促进校企合作、产教融合，引导高等专科学校和高等职业学校特色发展，推动应用型本科高等学校建设，深化专业学位研究生教育综合改革，并建立和完善高等专科和高等职业、应用型本科、专业学位研究生教育相衔接的应用型人才培养体系。

第十五条　高等学校应当建立健全教师职业培训和发展、教学岗位职责、教学工作规范、教学奖励、教授为本科生授课等制度，强化教学激励机制，并通过加大教学投入力度、创新培养模式和机制、完善教学质量保障体系等措施，提高教育教学质量。

第十六条　高等学校应当建立办学水平、教育质量的评价制度，完善内部质量保障体系和机制，及时公开相关信息，发布质量年度报告，接受社会监督。

市教育行政部门应当组织开展对本市地方高等学校办学水平、效益和教育质量的评估，并将评估结果向社会公布。

市教育督导部门依照有关规定，对本市地方高等学校规范办学实施监督、指导，对高等教育发展状况和高等教育质量组织开展评估、监测。

第十七条　高等学校落实立德树人根本任务的情况，应当作为高等教育质量评价的首要内容。

高等学校应当将师德表现作为职务评聘和考核评价的首要条件，提高教学业绩在职务评聘和考核评价中的比重。

高等学校应当开展诚信教育，加强学生思想品德考核。

第三章　依法自主办学

第十八条　高等学校应当坚持立德树人，把人才培养作为中心工作，遵循教书育人和学生成长规律，发挥课堂教学主渠道作用，加强校风教风学风建设，提高学生的思想水平、政治觉悟、道德品质、文化素养和专业技能，培养德才兼备、全面发展的人才。

第十九条　高等学校应当依法建立和完善自主办学机制，制定内部管理制度，实施办学活动，落实自主管理事项。

高等学校依法制定章程，按照规定报核准机关核准后实施，并指定专门机构监督章程的执行情况。

第二十条　高等学校应当按照国家和本市相关规定，完善法人治理结构，健全内部管理体制。

公办高等学校应当坚持和完善党委领导下的校长负责制；应当依据学校章程，设立校务委员会或者理事会，对学校的重大事项进行咨询、协商、审议和监督。

民办高等学校应当加强党的建设，建立健全党组织参与学校决策和监督的机制；应当设立学校理事会、董事会或者其他形式的决策机构，并建立相应的监督机制。

高等学校应当建立和完善以教师为主体的教职工代表大会等组织形式，建立和完善学生参与学校管理和监督的有效机制。

第二十一条　高等学校按照规定，自主设置教学和科学研究等内部组织机构。内部组织机构的设立程序、职权以及治理结构，由高等学校的章程规定。

属于市人民政府重点支持、依托高等学校成立的教学和科学研究机构，高等学校应当在对外业务活动、经费管理、人事管理、招生以及人才培养等方面，按照国家和本市规定，给予其相对独立的自主权。

地方公办高校的教学和科学研究机构行政负责人，可以不按照行政职级进行管理。市人民政府有关部门和学校应当保障其享有相应的晋升、交流、任职、薪酬以及相关待遇。

第二十二条　地方公办高校在人员编制内自主制定岗位设置方案和管理办法，报教育、人力资源社会保障部门备案后，自主招聘录用人员，依法订立或者解除、终止聘用合同。

市编制、教育、人力资源社会保障等部门在科学核定并动态调整地方公办高校的人员编制时，应当听取高等学校的意见。

第二十三条　地方公办高校自主制定本校教师和相关专业技术人员职称评审办法和操作方案，报教育、人力资源社会保障部门备案后，在核定的岗位结构比例内，自主开展评聘工作。

市教育、人力资源社会保障等部门应当根据学校建设和发展情况，确定并动态调整地方公办高校的专业技术职务岗位结构比例。

第二十四条　高等学校根据学校办学定位以及学科领域、研究类型和岗位种类的特点，自主建立教师和其他专业技术人员分类评价制度。

高等学校实施教师和其他专业技术人员分类评价制度的，应当制定科学合理的分类评价标准，促进人才分类发展。

第二十五条　地方公办高校按照激励与约束相结合的原则，在绩效工资总量内，自主确定绩效工资分配方案。

市人民政府应当建立适应本市高等教育行业特点的收入分配制度，科学核定地方公办高校绩效工资总量，并建立正常增长机制，确保教师收入逐步增长。科技成果转化收益奖励、省部级以上教学和科技奖励、竞争性科研项目中用于人员的经费、引进高层次人才和团队所需人员经费以及捐赠收入中指定用于人员奖励等费用不列入绩效工资总量。

第二十六条　高等学校应当根据办学定位和特色，建立并完善教师准入、培训、考核和流动制度；健全公平竞争、梯队合理、多元发展的教师职业发展机制；可以根据教育教学工作需要，自主灵活用工。

高等学校的教师应当以教学和培养人才为中心，做好本职工作，教书育人，言传身教，为人师表；应当遵守职业道德规范，加强师德师风建设，以德立身，以德立学，以德施教。

第二十七条　高等学校应当维护学校教育教学秩序和生活秩序，保障学生正常学习和生活；引导学生自觉遵守公民道德规范和学校管理制度，提高个人修养、培养审美情趣；尊重和保护学生的合法权益，教育和引导学生承担应尽的义务与责任。

第二十八条　高等学校应当健全职业指导和服务体系，加强创新创业教学和实践，提升学生就业和创业能力；通过资金支持和政策保障，支持学生开展创新创业活动；对创业学生可以实行弹性学制，或者放宽修业年限；可以建立创新创业档案、设置创新创业学分。

本市鼓励高等学校通过无偿许可专利的方式，授权学生使用科技成果，引导学生创新创业。

市教育、发展改革、科技、经济信息化、财政、人力资源社会保障等部门应当统筹协调大学科技园、产业园区、创业孵化基地、风险投资基金、社会中介机构等，为学生创业创造条件。

第二十九条　高等学校可以在部门预算中自主安排专项经费，支持教学科研人员面向基础领域、学科交叉领域等开展科学研究活动。

本市鼓励、支持和引导高等学校加强产学研合作和协同创新，促进科技成果转移转化，提高高等学校对产业转型升级的贡献力。

本市鼓励、支持和引导高等学校促进人文社会科学领域的知识创新、理论创新、方法创新，推进中国特色新型智库建设，提高决策咨询服务能力。

第三十条　市财政、教育、国有资产监督等部门应当根据有关规定和高等教育发展需求，完善政府采购和国有资产管理制度，优化政府采购审批流程，扩大并规范高等学校对国有资产的自主处置权限。

第四章　社会力量参与

第三十一条　本市实施非营利性和营利性民办高等学校分类管理，支持和引导民办高等教育的发展。设立民办教育发展专项资金，重点支持非营利性民办高等学校的发展，非营利性民办高等学校在公用事业价格、用地优惠、税收优惠等方面，与公办高等学校享受同等待遇。

第三十二条　本市鼓励社会力量依法独立或者共同举办高水平、有特色的非营利性民办高等学校。

本市鼓励和支持企业事业单位、社会组织和个人等社会力量与高等学校合作共建教学、科学研究机构；向高等学校捐资捐赠，并按照国家相关规定，给予税收优惠。

第三十三条　本市鼓励专业机构自主或者受委托开展高等教育评估。专业机构开展高等教育评估，应当遵循公开、公平、不干扰正常教学和科学研究工作等原则，并接受教育和其他相关部门的管理和监督。

第三十四条　本市鼓励行业组织参与制定学科专业建设和人才培养的方案和标准，定期发布人才需求预测，参与对学科专业的评估活动。

第三十五条　本市鼓励企业、科学研究机构、社会组织等与高等学校开展产学研合作，开展教师和科研人员的双向柔性流动，共同开展人才培养和科学研究。

本市鼓励和支持企业事业单位、社会组织设立实习和实践基地，参与高等学校学生的实践能力培养，并给予其适当的财政补贴。

第三十六条　本市鼓励社区、科技园区等与高等学校开展文化、体育、科学研究等设施的共享合作。

本市鼓励社会力量参与高等教育基础设施建设和运营管理，提供专业化服务。

第五章　统筹与保障

第三十七条　市规划国土资源、发展改革等部门应当根据国家和本市高等教育规划，科学安排高等教育发展用地，保障高等教育校舍资源。

市发展改革、教育、住房城乡建设、规划国土资源等部门应当结合本市实际，制定地方公办高校的建筑规划面积标准，适时调整高等学校建设项目造价标准。

区人民政府应当采取措施，保证本区域内高等学校用地和周边交通、医疗等公共服务设施配套建设，并加强校园和周边环境治安综合治理，创造良好的办学环境。

第三十八条　市人民政府应当根据国家和本市高等教育规划，优化高等教育拨款结构，对地方公办高校建立以经常性经费投入为主的高等教育投入机制，健全生均综合定额标准体系，建立科学合理的增长机制，确保高等教育财政经费投入持续稳定增长。

民办高等学校的举办者应当保证学校的基本办学经费，依法落实法人财产权，任何组织或者个人不得抽逃资金或者挪用办学经费。

第三十九条　公办高等学校教育收费实行政府指导价管理。市物价、财政、教育等部门应当根据学生培养成本、学校类型和层次、学科类别等事项，结合本市经济发展水平等因素，建立公办高等学校培养成本合理分担机制，制定公办高等学校教育收费标准。

民办高等学校教育收费实行市场调节价管理，可以根据教学质量、办学成本、社会需求和承受能力等因素，依法自主确定教育收费标准，并通过学校网站、招生简章和广告等向社会公示。

中外合作办学学历教育的收费标准，根据分类管理、质量导向、成本补偿等原则确定。具体办法由市物价、财政、教育等部门另行规定。

第四十条　本市鼓励高等学校通过社会捐赠、政府竞争性项目经费、企业事业单位和其他社会组织的委托性项目经费、科技成果转化收益等多种渠道，筹措办学经费。

第四十一条　本市设立高等教育投入评估咨询委员会，对高等教育重大投入政策提出咨询和评估，对经费使用情况进行督导和检查。

高等教育投入评估咨询委员会的人员组成、职权以及议事规则等具体事项，由市教育、财政等部门另行规定。

第四十二条　高等学校应当依法建立健全财务管理制度，合理使用、严格管理教育经费，并依法接受监督。

市人民政府应当建立高等教育经费使用监督检查制度，加强高等教育经费使用绩效评价。定期对其投入经费的使用情况进行审计和绩效评估，对审计整改落实情况进行监督检查。评价结果作为对高等学校财政投入的参考依据。

地方公办高校实行总会计师委派制度，对地方公办高校经费使用情况进行监管。

第四十三条　市人民政府加强与国务院教育行政部门等中央部门的合作，通过定期会商机制和部市共建协议，支持中央部门所属高等学校（以下简称部属高校）改革发展，促进地方高等学校提升办学水平。

市人民政府依据部市共建协议，引导、监督和参与部属高校的发展规划、招生与人才培养、学科布局、校园建设等工作；鼓励部属高校与地方高等学校开展合作，支持地方高等学校发展。

部属高校应当按照部市共建协议，定期向市人民政府提交本市财政经费投入使用绩效报告。

第四十四条　市教育行政部门应当建立统筹协调工作机制，促进不同类型和层次高等学校之间在人才培养、学科专业建设、科学研究、办学资源共享等方面开展合作，推进师资交流、学生流动、学分转换。

本市鼓励承担研究生教育任务的科学研究机构与高等学校通过资源整合、合作共建等方式，联合招收和培养研究生。市教育行政部门在招生人数、人才培养等方面给予政策支持。

第四十五条　本市积极构建与台湾地区高等教育合作交流平台，支持教育工作者交流教育发展理念，加强学生交流互动，做好招收台湾学生来本市学习、就业工作。

本市建立和完善与港澳高等教育合作交流机制，提升与港澳高等教育交流合作水平，推动沪港澳高等教育共同发展。

第四十六条　本市鼓励高等学校按照国家有关规定，与境外高水平高等教育机构、科学研究机构自主开展合作办学，建立联合实验室、联合研究中心，合作开展人才培养、科学研究、学术交流和成果推广。对符合本市经济社会发展需求和高等教育规划的中外合作办学机构，市人民政府依照有关规定给予资源和政策支持。

本市鼓励高等学校采取措施支持学生赴境外学习、实习，扩大招收来华留学生规模，提高留学生教育质量。

本市鼓励和支持高等学校赴境外办学，参与国际性的教育教学评估、认证以及标准体系建设。

第四十七条　本市鼓励高等学校采取措施引进高层次人才，促进国际人才高地建设。

公安、人力资源社会保障、教育、卫生计生、住房城乡建设等部门应当为高等学校人才引进提供居留、出入境、落户、社会保障、医疗卫生、住房等方面的便利政策和服务。

第四十八条　高等学校应当支持青年教师发展，健全高等学校教师资源储备和前期职业能力考察机制，通过新进教师选聘和资格培训、新进青年教师担任助教等措施支持青年教师开展教育教学、科学研究和学术交流等活动。

本市鼓励和支持区人民政府、高等学校对符合条件的青年教师提供公共租赁住房等保障措施。

第四十九条　市教育、经济信息化等部门应当采取措施，推进本市高等教育信息化建设，建立以现代信息网络技术为支撑的教育教学和管理服务体系。

本市鼓励和支持高等学校积极推进智慧校园与智能教育，探索网络化教育新模式，推广大规模在线开放课程等网络学习模式，面向广大学习者提供优质远程开放学习服务。

本市鼓励和支持高等学校之间共享优质教育资源，并向社会开放网络课程等教育资源。

第六章　附　　则

第五十条　违反本条例规定的行为，法律、行政法规有处理规定的，依照有关法律、行政法规的规定处理。

第五十一条　本条例有关高等学校的规定适用于其他高等教育机构和经批准承担研究生教育任务的科学研究机构，但是对高等学校专门适用的规定除外。

第五十二条　本条例自2018年3月15日起施行。

上海市人民政府办公厅转发市人力资源社会保障局等六部门关于新形势下进一步促进本市青年就业创业的若干意见的通知

（沪府办发〔2017〕39 号）

各区人民政府，市政府各委、办、局：

市人力资源社会保障局、市发展改革委、市教委、市科委、市财政局、团市委《关于新形势下进一步促进本市青年就业创业的若干意见》已经市政府同意，现转发给你们，请认真按照执行。

上海市人民政府办公厅

2017 年 5 月 2 日

关于新形势下进一步促进本市青年就业创业的若干意见

青年是最具创造力的就业创业群体，是促进经济社会发展最基本、最重要的中坚力量。为着力提升青年人力资源的供给质量，促进青年实现更加充分、更高质量就业，从而为本市加快创新驱动发展、经济转型升级提供重要支撑，根据《国务院关于做好当前和今后一段时期就业创业工作的意见》（国发〔2017〕28 号）精神，现就新形势下进一步促进本市青年就业创业提出如下意见：

一、工作目标

到 2020 年，本市青年就业结构性矛盾得到有效缓解，青年劳动者就业创业环境明显改善，青年就业质量进一步提高。高等学校、中等职业学校人才培养体系进一步健全，毕业生初次就业率保持在 96%以上；青年就业观念进一步转变，创业活动率进一步提升，有就业创业意愿的青年都能实现就业创业或参与到就业创业准备活动中；青年劳动者技能素质进一步提高，高技能人才中的青年占比达到 40%以上。

二、主要举措

（一）培养青年就业创业观念

1. 深化学校教育教学体制改革。推动各高等学校、中等职业学校加强师资配备，将学生的就业指导、创新创业教育贯穿于整个人才培养体系，更好适应于教育综合改革和经济社会发展。完善学科建设、课程设计，纳入教学计划和学分管理，帮助学生树立正确的职业观念，形成符合自身特点的职业发展规划。鼓励具有硕士学位授予权的高校聘任企业、行业高层次人才担任研究生兼职导师。推进公共就业服务进校园，进一步扩大高校创业指导站的规模，促进资源整合和功能升级，提升指导成效。继续引入社会力量，试点开展中高职学生职业生涯导航课程。进一步组织开展好大学生和中职生创新创业竞赛活动，为学生搭建创业竞赛的实训平台。

2. 加强针对性的职业指导服务。继续实施扶持失业青年就业“启航”计划，积极开展调查摸底，完善青年实名制信息库，动态掌握青年的就业意愿、技能状况和服务诉求，调动“启航”导师、就业创业指导专家、社会工作者等专业力量，加强个性化职业指导，激发青年就业意愿。组织开展以青年讲堂、家长课堂、企业参观实践等为主要内容的就业服务活动，转变青年和家长的就业观念，引导青年走出家门、积极求职。

（二）提升青年就业创业能力

1. 推进青年就业创业见习工作。将青年就业创业见习向教育阶段延伸，形成制度化安排，为本市高等学校和中等职业学校毕业年度有需要的学生提供见习服务。结合本市产业发展方向和青年人择业偏好，聚焦先进制造业、战略性新兴产业、现代服务业等本市重点发展的产业行业，开发一批以大型成熟企业、科技型成长企业等为载体的高质量见习基地，遴选一批技术含量高、市场需求大的见习岗位，进一步提升青年见习工作的能级。发挥国有企业、机关事业单位的带头作用，丰富和拓展见习基地类型，满足青年多样化的见习需求。

2. 推广设立青年（大学生）职业训练营。按照“需求导向、合理规划、贴近市场、资源整合、开放共享”的要求，在本市高等学校、大型企业、产业园区等单位逐步打造一批职业训练营，搭建融合课堂培训、实地模拟和岗位实践等各类功能于一体的一站式综合服务平台，着力提升青年（大学生）的实际动手能力、职业经验、求职技巧等综合素质。充分整合资源，建设示范性职业训练营，形成可复制、可推广的经验。

3. 加强职业培训和创业培训。完善社会化补贴培训办法，有序扩大企业新型学徒制试点范围，继续推进“直通车式”双证融通试点；运用多元化技能培训手段，推进“互联网＋职业培训”建设。进一步创新创业培训模式，探索引入多元化培训主体，构建覆盖意识激发期、创业准备期、创业初创期、企业发展期的全过程创业培训新体系，提升青年创业能力。

（三）拓宽青年就业创业渠道

1. 加大青年创新创业支持力度。围绕具有全球影响力的科创中心建设，积极建设全国“双创”示范基地，强化部门协作，完善“双创”政策措施，大力发展众创空间，鼓励各类众创空间支持青年大学生创业，为青年创业者提供便利化、多功能的专业化创业服务。积极落实创业人才引进政策，把人才优势和科技优势转化为产业优势和经济优势。进一步鼓励创业带动就业，促进更多青年创业，带动更多劳动者实现就业。积极完善创业担保贷款及贴息政策，发挥上海市创业投资引导基金、大学生科技创业基金等作用，拓宽青年创业投融资渠道。推进落实青年大学生初创期社会保险费补贴、创业场地房租补贴等政策，不断优化青年创业环境。进一步扩大市级创业孵化示范基地的规模和类型，加大青年创业项目孵化力度。推进中国（上海）创业者公共实训基地、青年创业学院（基地）向开放式、高层次发展，畅通与各类园区、众创空间的交流合作渠道，打造青年创业服务高地。

2. 拓展青年就业新领域新形态。加强经济发展与就业工作的协调联动，聚焦战略性新兴产业、先进制造业、现代服务业等本市重点发展产业，加强劳动力供求分析预测，定期发布就业岗位信息，引导更多青年人到新兴领域就业，扩大就业规模。积极培育就业新形态，以新一代信息和网络技术为支撑，加强技术集成和商业模式创新，推动平台经济、众包经济、分享经济等创新发展。将鼓励创业创新发展的优惠政策面向新兴业态企业开放，支持青年劳动者通过新兴业态实现多元化就业，从业者与新兴业态企业签订劳动合同的，企业要依法为其参加职工社会保险。符合条件的企业，可按照规定享受企业吸纳就业扶持政策。

3. 打造精准高效的公共服务模式。探索构建分类服务机制，按照“需求导向、科学分类、精准服务、合理匹配”的要求，根据求职青年的不同条件进行分类，提升职业介绍服务的针对性和有效性。推进“互联网＋就业创业服务”建设，完善上海公共招聘网的服务功能，深化“乐业上海”“海纳百创”“梦创上海”和“技能上海”公共服务品牌建设，加强信息发布和在线服务。建立重点招聘单位人力资源合作机制，通过统一调配全市服务资源、提供全流程招聘服务、主动推送最新政策包等方式，提高企业招聘青年的满足率。

4. 加强青年重点群体就业帮扶。深入实施高校毕业生就业创业促进计划，落实小微企业吸纳高校毕业生社会保险费补贴、高校毕业生灵活就业社会保险费补贴、高校毕业生求职创业补贴等政策，重点加强离校未就业高校毕业生的就业帮扶。进一步完善就业援助工作机制，聚焦困难青年，强化实名制动态管理，积极落实就业援助政策，帮助长期失业青年、残疾青年通过多种渠道实现就业。

（四）拓展青年职业发展空间

1. 加强高层次青年人才培养。推行终身职业培训制度，满足青年职业提升的需求。充分发挥高技能人才培养基地的作用，向本市经济社会发展紧缺急需的高技能人才培养倾斜。新发展一批技能大师工作室和首席技师项目，拓展职业工种和企业行业覆盖面，探索加大对个人的奖励力度，完善技师继续培训模式。扩大专业技术人才知识更新工程规模，推进继续教育基地建设。广泛开展导师带徒、岗位练兵、技能比武，积极培育青年岗位能手。大力实施"上海百万青年成长计划""青年英才计划""现代青年农场主培育工程"等专项计划，全方位促进青年人成长成才。

2. 调动全社会力量营造良好的青年职业发展环境。充分发挥企业吸纳就业的主渠道作用，为青年提供公平就业机会；鼓励企业加强青年的岗位培养，拓宽职业晋升通道。运用市场机制，引导各类中介机构、培训机构、创业服务组织在职业介绍、职业培训、职业指导、项目孵化、融资服务、技术创新等方面，为青年职业发展搭建高效、专业、优质的服务平台。鼓励社会组织、民间团体等各类组织开展公益服务，发挥社会责任，重点加强对青年的沟通辅导，帮助青年更好地实现职业发展。

三、具体要求

（一）统一思想，提高认识

各区、各有关部门和单位要高度重视青年就业创业工作，充分认识新形势下缓解青年就业结构性矛盾、提升青年就业质量的重要性和紧迫性，加强组织领导，认真落实责任，切实做好有利于青年就业创业的各项工作。

（二）分工协作，形成合力

围绕促进青年就业创业的各个环节，积极履行职责，加强分工协作，促进各项信息和工作的对接融合，探索建立政策实施成效的动态反馈机制，形成长效合作机制和有效工作合力。

（三）统筹兼顾，分类施策

统筹兼顾在校学生、未就业青年、在职青年等各类青年群体，把握不同需求，分类精准施策。针对在校学生，重点通过深化教学改革、推进公共就业服务进校园，培养就业创业观念，帮助做好就业创业准备。针对未就业青年，重点通过青年见习、职业训练营等措施，提升综合能力素质，帮助实现就业。针对已经就业的青年，重点通过推行终身职业培训制度，加强高层次青年人才的培养；构建政府、社会和市场的良性互动机制，促进青年在稳定就业的同时，实现更高质量就业。

（四）加强宣传，营造氛围

加大青年就业创业工作的宣传力度，不断拓宽宣传思路，丰富宣传内容，创新宣传方式，多形式、多渠道、全方位地进行宣传，努力营造关注青年、关心青年和关爱青年的良好舆论氛围。

上海市人力资源和社会保障局
上海市发展和改革委员会
上海市教育委员会
上海市科学技术委员会
上海市财政局
共青团上海市委员会
2017年4月28日

上海市人民政府关于促进民办教育健康发展的实施意见

（沪府发〔2017〕94号）

各区人民政府，市政府各委、办、局：

为全面贯彻《中华人民共和国民办教育促进法》和《国务院关于鼓励社会力量兴办教育促进民办教育健康发展的若干意见》（国发〔2016〕81号，以下简称《若干意见》），结合本市实际，现提出促进上海民办教育健康发展的实施意见如下：

一、明确总体要求

（一）重要意义

改革开放以来，上海民办教育以提高教育质量为核心任务，注重机制创新，突出内涵建设，各级各类民办学校全面、协调、健康、有序发展。民办教育的发展，适应了经济社会发展需要，丰富了教育资源供给、深化了办学体制机制改革、创新了人才培养模式、满足了人民群众日益增长的多样化教育需求。民办教育已经成为上海教育事业的重要组成部分，是促进教育改革的重要力量和教育发展的重要增长点，为上海率先基本实现教育现代化做出了积极贡献。

（二）指导思想和基本原则

全面贯彻落实党的十九大精神，以习近平新时代中国特色社会主义思想为指导，牢固树立并切实贯彻创新、协调、绿色、开放、共享五大发展理念，全面贯彻党的教育方针，坚持社会主义办学方向，坚持立德树人，培育和践行社会主义核心价值观。从国家发展战略高度出发，服务上海“四个中心”和社会主义现代化国际大都市建设，全面落实《若干意见》中提出的各项政策措施，鼓励和引导社会力量兴办教育，促进民办教育持续健康发展，培养德智体美全面发展的社会主义建设者和接班人。

全面贯彻实施《若干意见》，应坚持“育人为本、德育为先，分类管理、公益导向，优化环境、综合施策，依法管理、规范办学，鼓励改革、上下联动”的基本原则。

（三）实施目标

全面深化教育综合改革，大力扶持和引导社会力量兴办教育，提升民办教育治理水平、创新政府扶持机制、提高学校办学质量、彰显办学特色、规范办学行为，促进各级各类民办教育健康发展，初步建立适应上海城市发展定位要求，满足人民群众多样化、多层次教育需求的民办教育体系。

二、加强党对民办学校的领导

（一）切实加强民办学校党的建设

贯彻落实《中共中央办公厅印发〈关于加强民办学校党的建设工作的意见（试行）〉的通知》（中办发〔2016〕78号），全面加强民办学校党的政治建设、思想建设、组织建设、作风建设、纪律建设，增强政治意识、大局意识、核心意识、看齐意识。坚持党的组织和党的工作全面覆盖原则，落实党的工作与民办学校发展，同步谋划、同步设置、同步开展。实现学校基层党组织全覆盖、党建工作上水平，有效发挥基层党组织的战斗堡垒作用和共产党员的先锋模范作用。积极做好党员发展和教育管理服务工作。制定关于进一步加强上海市民办高校党的建设工作的意见。

学校党组织领导班子成员的选配与任免，要报上级党组织批准。积极落实“双向进入、交叉任职”的规定，选好配强民办学校党组织负责人。民办学校党组织书记应当通过法定程序进入学校董（理）事会，办学规模大、党员人数多的学校，符合条件的专职副书记也可进入董（理）事会。党组织班子成员应按照学校章程进入行政管理层，党员校长、副校长等行政领导班子成员，可按照党内有关规定进入党组织班子。完善民办高校党政干部选聘机制，制定《上海市民办高校党组织领导干部选拔任用暂行办法》。民办高校党组织负责人兼任政府派驻学校的督导专员。涉及民办学校发展规划、重要改革、人事安排等重大事项，党组织要参与讨论研究，董（理）事会在作出决定前，要征得党组织同意；涉及党的建设、思想政治工作和德育工作的事项，要由党组织研究决定。坚持党建带群建，加强民办学校工会、共青团、妇联、教代会、学代会等群众组织和学生社团建设。把民办学校党组织建设、党对民办学校的领导作为民办学校年度检查的重要内容。

（二）加强和改进民办学校思想政治教育工作

全面贯彻中央和本市关于加强和改进新形势下学校思想政治工作的部署，把思想政治教育工作纳入学校事业发展规划，把思想政治工作队伍建设纳入学校人才队伍培养规划，全面提升思想政治教育工作水平。制订实施民办高校党建和思想政治工作创新专项计划。切实加强思想政治理论课和思想品德类课程、教材、教师队伍建设，深入开展学科德育、课程思政教育教学改革，深入推进中国特色社会主义理论体系和党的十九大精神进教材、进课堂、进头脑，把社会主义核心价值观融入教育教学全过程、教书育人各环节，不断增强广大师生中国特色社会主义道路自信、理论自信、制度自信、文化自信。加强网络思政和易班建设，充分发挥网络思想政治教育功能。提高思想政治教育的针对性、实效性和吸引力、感染力，切实加强理想信念、爱国主义、集体主义、中国特色社会主义教育和中华优秀传统文化、革命传统文化、社会主义先进文化、民族团结教育，引导学生树立正确的世界观、人生观、价值观。大力开展社会实践和志愿服务（公益劳动），积极开展心理健康教育，加强心理健康教育教师配备。大力弘扬主旋律、传播正能量，全面提高教书育人、实践育人、科研育人、管理育人、服务育人、文化育人、组织育人的水平。

三、推进民办学校分类管理改革

（一）落实分类管理制度

制定《上海市民办学校分类许可登记管理办法》。对民办学校（含其他民办教育机构）实行非营利性和营利性分类管理，确保已设立的民办学校实现平稳过渡。举办者自主选择举办非营利性民办学校或者营利性民办学校，依法依规办理许可和登记。其中，实施义务教育的学校，不得登记为营利性民办学校。非营利性民办学校举办者不取得办学收益，办学结余全部用于办学，终止时的剩余财产继续用于其他非营利性学校办学。营利性民办学校举办者可以取得办学收益，办学结余依据国家有关规定进行分配。坚持教育的公益属性，积极鼓励和大力支持社会力量举办非营利性民办学校，无论是非营利性民办学校还是营利性民办学校都要始终把社会效益放在首位。

（二）明确已设学校过渡安排

2016年11月7日前设立的登记为民办非企业单位法人的现有学校（以下简称“现有学校”），其举办者可以自主选择举办非营利性民办学校或者营利性民办学校，政府按照分类管理原则，根据其完成非营利性或者营利性选择以及后续相关工作的开展情况，予以差别化的扶持和管理，实现分类管理。对过渡阶段的现有学校，根据其法人属性予以管理。

经营性民办培训机构应当依法修订章程、健全法人治理结构、完善办学条件，在2019年12月31日前，取得办学许可证并办理完成其他相关手续。

（三）推进现有学校有序过渡

现有学校的举办者应当在2018年12月31日前，向主管部门提交关于学校办学属性选择的书面材料，未按期提交材料的学校不得转设为营利性民办学校。

选择登记为非营利性民办学校的，应当在2019年12月31日前，依法修订学校章程、完善法人治理结构和内部管理制度、继续办学。

选择登记为营利性民办学校的，应当由学校组织进行财务清算，依法明确资产权属，按照国家和本市规定缴纳相关税费，重新办理法人登记手续，继续办学。其中，主要实施高等学历教育的学校，应当在2021年12月31日前完成上述工作；其他学校应当在2020年12月31日前完成上述工作。

（四）完善退出机制

各有关部门、各单位应结合实际，健全各类民办学校退出机制，依法保护受教育者、教职工和举办者的合法权益。民办学校终止时，财产处置按照有关法律规定和学校章程处理。其中，新设立的非营利性民办学校终止时，清偿后的剩余财产继续用于其他非营利性民办学校办学。现有学校选择登记为非营利性民办学校后终止，或者未及选择直接终止，民办学校的财产依法清偿后有剩余的，按照有关规定给予出资者相应的补偿或者奖励，其余财产继续用于其他非营利性学校办学。营利性民办学校终止时，应当进行财务清算，清偿后的剩余财产依照公司法和学校章程中的有关规定处理。民办学校终止，应当及时办理注销办学许可和法人登记等手续。

（五）建立补偿奖励机制

现有学校选择登记为非营利性民办学校后终止，或者未及选择直接终止，妥善安置受教育者和教职工并且规范开展相关工作的，根据出资者的申请，由主管部门会同相关职能部门综合考虑其在2017年9月1日前的出资、取得合理回报的情况以及办学效益等因素，从学校依法清偿后的剩余财产中给予出资者相应的补偿或奖励。补偿与奖励从学校剩余财产中的货币资金提取；货币资金不足的，从将其他资产依法转让后获得的货币资金中提取。剩余财产在扣除对出资者的补偿或奖励后，其余继续用于其他非营利性学校办学。

四、鼓励社会力量办学

（一）完善准入制度

支持社会力量进入各级各类教育，提供优质教育资源，进一步优化民办教育生态。社会力量投入教育，只要是不属于法律法规禁止进入以及不损害第三方利益、社会公共利益、国家安全的领域，政府不得限制。实行准入负面清单制度，简政放权，推进一站式受理、窗口服务，吸引更多社会资源投入教育。支持社会力量举办各种层次类型的非营利性民办学校，鼓励社会力量举办或参与举办职业教育、继续教育、老年教育、社区教育和特殊教育等。民办学校的设置应当参照国家同级同类学校设置标准。制定完善上海市民办中小学、幼儿园、培训机构设置标准，规范审批程序、审批材料目录及相应的格式化文本。

（二）创新教育投融资机制

多渠道吸引社会资金，扩大办学资金来源。鼓励社会资金进入教育领域举办学校或者投入项目建设。鼓励金融机构在风险可控前提下开发适合民办学校特点的金融产品，积极运用信贷、租赁、保险等多种金融手段支持民办学校发展，探索办理民办学校未来收入、应收账款、知识产权质押贷款业务。探索营利性民办学校以有偿取得的土地、设施等财产进行抵押融资，或根据自身发展需要而进行股权质押等投融资改革。引导社会力量创新教育投融资模式，依法依规为民办学校提供特色化、专业化的贷款、担保等服务。鼓励社会力量对非营利性民办学校给予捐赠。

（三）试点多元主体合作办学

探索创新政府与社会资本在民办教育领域的合作机制，鼓励社会资本参与教育基础设施建设和运营管理、提供专业化服务。支持和吸引社会组织和公民个人以独资、合资、合作等多种方式参与办学，举办者可以用资金、实物、土地使用权、知识产权以及其他财产作为办学出资。探索举办混合所有制职业院校，允许管理者和骨干教师以资本、知识、技术、管理等要素参与办学并享有相应权利，在学校管理、人员聘用、人才培养、财务管理等方面充分发挥多元主体办学的体制优势。鼓励营利性民办学校建立股权激励机制。

五、完善政府扶持政策

（一）落实税费优惠政策

民办学校按照国家有关规定享受相关税收优惠政策。对民办学校自用的房产、土地，免征房产税、城镇土地使用税。企业、个人通过公益性社会团体或者县级以上政府及其部门支持教育事业的公益性捐赠支出，按规定享受税收优惠政策。符合条件的非营利性民办学校与公办学校享有同等待遇，获得非营利组织免税资格的民办学校，符合免税条件的收入免征企业所得税。捐资建设校舍及开展表彰资助等活动的冠名，依法尊重捐赠人意愿。

民办学校用电、用水、用气等，执行与公办学校相同的价格政策。民办学校的举办者以不动产作为出资，因履行出资义务需要将有关不动产登记到民办学校名下的，只缴纳证照工本费和登记费。

（二）实行差别化用地政策

民办学校建设用地按照科教用地管理。非营利性民办学校享受公办学校同等政策，可以按照划拨等方式供应土地。营利性民办学校按照国家相应的政策供给土地，只有一个意向用地者的，可按照协议方式供地。土地使用权人申请改变全部或者部分土地用途的，政府应当将申请改变用途的土地收回，按时价定价，重新依法供应。

（三）试点市场化收费改革

制订民办教育收费管理办法，实行分类管理政策，规范民办学校收费，逐步扩大民办学校收费自主权。新设立或者完成过渡手续的非营利性民办学校收费，通过市场化改革试点，逐步稳妥推行市场调节价。营利性民办学校收费实行市场调节价，具体收费标准由民办学校自主确定。完善民办学校学费专户管理和收费公示等制度，健全民办学校收费监管机制。在过渡期间，民办学校需要调整现行教育收费标准的，应先按规定完成办学属性的重新登记，再按照程序调整收费标准。

（四）加大财政投入力度

根据国家要求，因地制宜，调整优化教育支出结构，逐步加大对民办教育的财政扶持力度。各区可设立促进民办教育发展专项资金，将支持民办教育发展资金列入年度同级教育财政预算，向社会公开，接受审计和社会监督，提高资金使用效益。健全完善市、区两级专项资金的使用和管理办法，优化专项资金支出结构，鼓励、扶持、促进民办学校内涵发展和特色创建，支持和鼓励民办学校开展职业能力培训，加大财政对民办学校职业培训基础能力建设的支持力度，构建促进民办教育发展的公共服务平台，推动民办教育重大改革和发展。探索试点政府资金支持符合条件的非营利性学校的教育教学等设施建设。市、区两级政府明确政府补贴的项目、对象、标准、用途。健全义务教育阶段民办学校经费扶持机制，对义务教育阶段民办学校，按照不低于生均公用经费基准定额的标准给予补助。健全以招收进城务工人员随迁子女为主的民办小学办学成本政府补贴制度。

（五）完善购买服务制度

鼓励向民办学校购买就读学位、课程教材、科研成果、职业培训、政策咨询等教育服务，不断完善购买项目、标准和程序，制定政府购买教育服务制度，完善购买服务绩效评价机制。支持民办学校与公办学校在管理、课程、科研等方面探索资源共享，积极鼓励公办学校与民办学校相互购买管理服务、教学资源、科研成果，形成相互委托管理和相互购买服务的新机制。探索不改变薄弱公办中小学公益属性的前提下由民办学校进行委托管理，鼓励民办中小学参与集团化办学。因地制宜开展地段内学生就近入读民办中小学与幼儿园的购买学位工作。鼓励民办学校开发适应市场和社会需要的各类教育公共服务项目，提高承接政府购买服务的能力。

（六）健全完善基金制度

继续做大做强上海市民办教育发展基金会，市有关部门对上海市民办教育发展基金会予以支持。鼓励社会力量按照国家关于基金会管理的规定，设立民办教育发展基金会，充分发挥基金会在筹集社会资源和资金、非营利性民办学校资金支持、民办学校终止办学的剩余资产处置、非营利性民办学校改革发展和特色创新、促进公益性强的优质民办教育机构健康成长、鼓励社会力量兴办教育等方面的作用。引导营利性民办学校合作设立投资基金，用于学校创新发展，防范办学风险。

六、落实现代学校制度

（一）健全学校法人治理结构

规范民办学校章程，健全学校决策机制。健全董（理）事会和监事（会）制度，董（理）事会和监事（会）成员依据学校章程规定的权限和程序共同参与学校的办学和管理。董（理）事会应当优化人员构成，由举办者或者其代表、校长、党组织负责人、教职工代表等共同组成。监事会中应当有党组织领导班子成员。探索实行独立董（理）事、监事制度。学校党组织要支持学校决策机构和校长依法行使职权，督促其依法治教、规范管理。

（二）规范关键岗位选聘机制

学校关键管理岗位实行亲属回避制度，建立适应自身发展的标准化内部管理体系。探索职业校长制和公开选聘机制，依法保障校长行使管理权。民办学校校长应当熟悉教育及相关法律法规，具有5年以上教育管理经验和良好办学业绩，个人信用状况良好。一个自然人不得兼任同一个学校的董（理）事和监事。

七、强化规范发展

（一）落实学校法人财产权

民办学校应当明确产权关系，建立健全资产管理制度。民办学校举办者应依法履行出资义务，将出资用于办学的土地、校舍和其他资产足额过户到学校名下。存续期间，民办学校对举办者的出资、国有资产、受赠的财产以及办学积累享有法人财产权，任何组织和个人不得侵占、挪用、抽逃。

（二）健全资产和财务管理

进一步规范民办学校会计核算，建立健全学校内部控制管理制度和第三方审计制度。非营利性和营利性民办学校按照登记的法人属性，根据国家有关规定执行相应的会计制度。民办学校要明晰财务管理，依法设置会计账簿。民办学校应将举办者出资、政府补助、受赠、收费、办学积累等各类资产分类登记入账，定期开展资产清查，并将清查结果向社会公布。民办学校的办学经费只能在学校的资金账户中统一核算和使用，不得转往学校账户以外的资金账户。健全完善民办学校财务监管平台，建立民办学校财务评估体系。进一步完善民办学校财务管理办法和会计核算办法，制定民办学校会计基础工作规范管理指导意见，健全年度财务预算报告和决算报告报备制度。

（三）规范学校办学行为

民办学校要诚实守信、规范办学。办学条件应符合国家和地方规定的设置标准和有关要求，在校生数要控制在审批机关核定的办学规模内。要按照国家和地方有关规定做好招生广告与简章的备案和发布工作，依法规范宣传与招生。各级各类民办学校应当按照国家规定颁发相应的证书或者发给证明文件。

（四）明确安全管理责任

民办学校应当遵守国家有关安全法律、法规和规章，重视校园安全工作，确保校园安全技术防范系统建设符合国家和地方有关标准，学校选址和校舍建筑符合国家抗震设防、消防技术、应急避难等相关标准。建立健全安全管理制度和应急机制，制定和完善突发事件应急预案，定期开展安全检查、巡查，及时发现和消除安全隐患。加强受教育者和教职工安全教育培训，定期开展针对上课、课间、午休等不同场景的安全演练，提高师生安全意识和逃生自救能力。建立安全工作组织机构，配备学校内部安全保卫人员，明确安全工作职责。

八、提高办学质量

（一）明确学校办学定位

积极引导民办学校服务社会需求，更新办学理念，深化教育教学改革，创新办学模式，加强内涵建设，提高办学质量。支持创办理念先进、课程设置多样、注重内涵发展和特色建设的民办中小学和幼儿园，继续实施民办中小学特色学校（项目）、民办优质幼儿园（项目）创建活动。职业院校应明确技术技能人才培养定位，服务区域经济和产业发展，深化产教融合、校企合作，提高技术技能型人才培养水平。鼓励举办应用技术类本科高等学校，培养适应经济结构调整、产业转型升级和新产业、新业态、新商业模式需要的人才。试点建设高水平民办高校和应用型特色高职，支持民办高校进行中高职、应用本科贯通培养改革，探索应用型人才产学合作培养模式，支持符合条件的民办高校设立专业硕士学位点，提升上海民办高校的办学层次和办学水平。充分发挥民办教育在完善终身教育体系、构建学习型社会中的积极作用。

（二）保障依法自主办学

扩大民办高等学校和中等职业学校专业设置自主权，鼓励学校根据国家战略需求和区域产业发展需要，依法依规设置和调整学科专业。落实国家和上海关于招生的规定，支持民办学校参与考试招生制度改革。鼓励社会声誉好、教学质量高、就业有保障的民办高等职业学校，在核定的办学规模内，进一步优化招生计划分配模式、探索创新招生选拔机制、改进录取方式。民办中小学在完成国家规定课程前提下，自主实施教育教学活动。中等以下层次民办学校根据全市统一规定，在核定的办学规模内，面向社会自主招生。

（三）培育优质教育资源

鼓励支持高水平有特色民办学校培育优质学科、专业、课程、师资、管理，整体提升教育教学质量，着力打造一批具有国际影响力和竞争力的民办教育品牌，着力培养一批有理想、有境界、有情怀、有担当的民办教育家。设立民办教育人才培养专项计划，培养一批民办教育专业研究人员、学校管理专业人员。鼓励民办高等学校和中等职业学校与世界高水平同类学校在学科、专业、课程建设以及人才培养等方面开展交流。引导行业企业与学校加强合作，鼓励具备资质的社会组织与企业建立体现职业教育特点的评估体系，把行业标准和岗位要求作为职业教育质量评价的重要依据。

九、保障师生权益

（一）落实教师同等待遇

落实跨统筹地区社会保险关系转移接续政策，完善民办学校教师户籍迁移等方面的服务政策，探索创新民办学校教师聘任和交流制度。民办学校教师在资格认定、职务评聘、培养培训、评优表彰、教龄和工龄计算、社会活动等方面，与公办学校教师享有同等权利。非营利性民办学校教师享受当地公办学校同等的人才引进政策。引导鼓励民办学校建立教师收入与办学效益动态调整机制，合理提高人员经费在学校支出中的比例。探索建立民办学校教师从教奖励制度。吸引各类高层次人才到民办学校任教，做到事业留人、感情留人、待遇留人。

（二）保障学生同等权利

民办学校学生在评奖评优、升学就业、社会优待、医疗保险、助学贷款、奖助学金等方面与同级同类公办学校学生享有同等权利。建立健全民办学校助学贷款业务扶持制度，提高民办学校家庭经济困难学生获得资助的比例。民办学校应当建立健全奖助学金评定、发放等管理机制，从学费收入中提取不少于5%的资金，用于奖励和资助学生。落实鼓励捐资助学的相关优惠政策措施，积极引导和鼓励企事业单位、社会组织和个人面向民办学校设立奖助学金，加大资助力度。

（三）加强教师队伍建设

将民办学校教师队伍建设纳入教师队伍建设整体规划。民办学校要着力加强教师思想政治工作，建立健全教育、宣传、考核、监督与奖惩相结合的师德建设长效机制，全面提升教师师德素养。加强辅导员、班主任队伍建设，促进人员数量与专业能力满足办学需求。进一步完善民办学校教师培养机制，充分发挥上海市师资培训中心、上海市民办高校教师专业发展中心等第三方教师专业培训机构的作用，提高民办学校教师教学科研水平，促进教师专业发展，引导民办学校根据自身特点，形成分层分级的校本研修机制。民办学校要在学费收入中，安排一定比例资金用于教师培训。

（四）完善教职工社会保障机制

完善学校、个人、政府合理分担的民办学校教职工社会保障机制。民办学校应当依法为教职工足额缴纳社会保险费和住房公积金。鼓励民办学校通过建立年金制度、购买商业保险等补充养老保险方式，改善教职工退休后的待遇，试点对距退休时间较短的专职教师加速年金积累。对实施全日制学历教育的民办学校，将年金制度的建立与落实情况作为拨付民办教育专项资金的重要因素之一。

（五）维护师生合法权益

依法落实民办学校师生对学校办学管理的知情权、参与权，保障师生参与民主管理和民主监督的权利。完善民办学校师生争议处理机制，完善教职工代表大会和学生代表大会制度，尊重、维护和保障教师、学生的合法权益。

十、提升管理水平

（一）改进管理方式

积极转变职能，减少事前审批，加强事中事后监管，提高政府管理服务水平。进一步清理涉及民办教育的行政许可事项，向社会公布权力清单、责任清单，严禁法外设权。改进许可方式，简化许可流程，明确工作时限，规范行政许可工作。进一步健全完善民办教育管理系统，逐步实现以大数据为基础的审批备案、监督检查、统计分析、信用管理、风险预警、信息公开、社会服务等功能，探索建立审批与备案事项并联办理机制，提升管理效能。

（二）完善年检年报制度

加强民办教育管理机制建设，强化民办教育督导，主管部门与法人登记部门加强合作，完善民办学校年度检查和年度报告制度。对民办学校党组织建设、党对民办学校的领导、办学指导思想、办学条件、办学形式、办学层次、专业设置、课程教材、招生规模、教育教学质量、依法办学、资产财务管理、校园安全稳定、消防安全等方面的情况进行年度检查，引导学校加强自身建设，提高办学质量。年度检查的结果，通过政府网站向社会公示。

（三）加强风险防范

加强对新设立民办学校举办者的资格审查。完善民办学校财务会计制度、内部控制制度、审计监督制度，加强风险防范。推进民办教育信息公开，建立民办学校信息强制公开制度。建立违规失信惩戒机制，将违规办学的学校及其举办者和负责人纳入"黑名单"，规范学校办学行为。对民办学校获得办学许可的情况，日常监督检查的情况，办学水平和质量进行评估的情况，年度资产财务状况、年度检查的结果以及对其违法行为进行处罚的情况，均应当通过学校网站、信息公告栏、电子屏幕等场所和设施公开，并可根据需要，设置公共阅览室、资料索取点方便调取和查阅。除学校已经公开的信息外，社会组织或者个人可以书面形式，向学校申请获取其他信息。探索建立民办学校、受教育者（家长）、保险公司共同参与的风险防范机制，完善学校重大责任事故处理和学校终止时善后事宜处理机制。

（四）建立综合监管机制

建立市、区、街镇三级联动的综合治理体系，健全联合执法机制，加大对违法违规办学行为的查处力度。教育、人力资源社会保障部门要加强行业管理，会同工商、民政、公安等有关部门和镇（乡）政府、街道办事处，形成巡查发现、受理分派、违法查处、检查督导、信息共享等各环节分工牵头负责、共同协作的机制，构建行政审批、登记注册、行业主管、行政执法相互衔接的综合监管机制。

十一、发挥各方作用

（一）完善政府协调机制

将发展民办教育纳入当地经济社会发展和教育事业整体规划，加强战略研究、标准制定、政策实施等工作，积极推进民办教育改革发展。建立完善由市、区教育部门牵头，编制、发展改革、商务、公安、民政、财政、人力资源社会保障、规划国土资源、住房城乡建设管理、税务、工商、金融、人民银行上海分行、银监、证监等部门参加的市、区民办教育工作联席会议，建立健全管理体制，完善多部门协调机制，综合解决社会力量办学中的体制机制障碍，研究破解制约民办教育发展重大问题。发挥“上海市民办教育工作会议”和“上海市民办高校党建工作会议”功能，推进落实民办教育相关政策。将鼓励支持社会力量兴办教育作为考核各级政府改进公共服务方式的重要内容。

（二）发挥社会组织作用

积极培育民办教育行业组织，支持上海市民办教育协会、上海市民办教育发展服务中心等开展工作，支持行业组织在行业自律、交流合作、协同创新、履行社会责任等方面发挥桥梁和纽带作用。探索建立民办学校第三方质量认证制度和质量监控制度，培育更多的社会机构参与民办学校办学过程和办学质量评估。第三方评估结果，可以作为业务管理部门对民办学校予以奖励、警告、限期整改直至取消办学资格的参考之一。充分发挥各类机构在民办学校评估认证、咨询服务、风险防范、融资贷款等方面的作用。

（三）加强舆论宣传引导

各部门、各单位要认真贯彻落实《若干意见》精神，解放思想、凝聚共识、深化改革，制定具体措施，深入推进民办教育综合改革，总结体制机制改革的成功做法和先进经验，促进上海民办教育持续健康发展。加大对民办教育的宣传力度，按照国家有关规定，对民办教育改革发展作出突出贡献的集体和个人予以奖励和表彰，树立民办教育良好社会形象，努力营造全社会关心、共同支持社会力量兴办教育的良好氛围。

本实施意见自 2018 年 1 月 1 日起实施，有效期至 2027 年 12 月 31 日。

附件：本市各相关部门贯彻《上海市人民政府关于促进民办教育健康发展的实施意见》任务分工方案

上海市人民政府

2017 年 12 月 26 日

附件

本市各相关部门贯彻《上海市人民政府关于促进民办教育健康发展的实施意见》任务分工方案

为贯彻《国务院关于鼓励社会力量兴办教育促进民办教育健康发展的若干意见》和《上海市人民政府关于促进民办教育健康发展的实施意见》，参照《中央有关部门贯彻实施〈国务院关于鼓励社会力量兴办教育促进民办教育健康发展的若干意见〉任务分工方案》，制定本方案。

一、工作分工

（一）加强党对民办学校的领导

1. 切实加强民办学校党的建设。全面加强民办学校党的政治建设、思想建设、组织建设、作风建设、纪律建设。（市委组织部牵头，市教委、市人力资源社会保障局、市编办、市民政局、市工商局、市社工委、各区委区政府按照职责分工负责）

2. 制定关于进一步加强上海市民办高校党的建设工作的意见。(市教委牵头,市人力资源社会保障局、市编办、市民政局、市工商局、各区委区政府按照职责分工负责)

3. 积极落实“双向进入、交叉任职”的规定,选好配强民办学校党组织负责人。(市委组织部牵头,市教委、市人力资源社会保障局、市编办、市民政局、市工商局、各区委区政府按照职责分工负责)

4. 完善民办高校党政干部选聘机制,制定《上海市民办高校党组织领导干部选拔任用暂行办法》。(市教委牵头,市编办、市民政局、市工商局按照职责分工负责)

5. 民办高校党组织负责人兼任政府派驻学校的督导专员。(市教委牵头,市编办、市民政局、市工商局按照职责分工负责)

6. 坚持党建带群建,加强民办学校工会、共青团、妇联、教代会、学代会等群众组织和学生社团建设。(市委组织部牵头,市教委、市人力资源社会保障局、市编办、市民政局、市工商局、各区委区政府按照职责分工负责)

7. 把民办学校党组织建设、党对民办学校的领导作为民办学校年度检查的重要内容。(市委组织部牵头,市教委、市人力资源社会保障局、市编办、市民政局、市工商局、各区委区政府按照职责分工负责)

8. 加强和改进民办学校思想政治教育工作。(市教委、市人力资源社会保障局牵头,市委组织部、市编办、市民政局、市工商局、各区委区政府按照职责分工负责)

(二) 推进民办学校分类管理改革

9. 落实分类管理制度。(市教委、市人力资源社会保障局牵头,市民政局、市工商局、各区政府按照职责分工负责)

10. 制定《上海市民办学校分类许可登记管理办法》。(市教委牵头,市人力资源社会保障局、市民政局、市工商局、各区政府按照职责分工负责)

11. 对民办学校(含其他民办教育机构)实行非营利性和营利性分类管理,确保已设立的民办学校实现平稳过渡。(市教委、市人力资源社会保障局牵头,市民政局、市工商局、各区政府按照职责分工负责)

12. 积极鼓励和大力支持社会力量举办非营利性民办学校。(市教委、市人力资源社会保障局牵头,市发展改革委、市财政局、市规划国土资源局、市税务局、市民政局、市工商局、各区政府按照职责分工负责)

13. 对现有学校予以差别化的扶持和管理,实现分类管理。(市教委、市人力资源社会保障局牵头,市民政局、市工商局、市发展改革委、市财政局、市规划国土资源局、市税务局、各区政府按照职责分工负责)

14. 完善退出机制。(市教委、市人力资源社会保障局牵头,市发展改革委、市民政局、市工商局、市财政局、市规划国土资源局、市住房城乡建设管理委、市税务局、各区政府按照职责分工负责)

15. 建立补偿奖励机制。(市教委、市人力资源社会保障局牵头,市民政局、市工商局、市发展改革委、市财政局、市规划国土资源局、市税务局、各区政府按照职责分工负责)

(三) 鼓励社会力量办学

16. 完善准入制度。支持社会力量进入各级各类教育,提供优质教育资源,进一步优化民办教育生态。社会力量投入教育,只要是不属于法律法规禁止进入以及不损害第三方利益、社会公共利益、国家安全的领域,政府不得限制。实行准入负面清单制度,简政放权,推进一站式受理、窗口服务,吸引更多社会资源投入教育。(市教委、市人力资源社会保障局牵头,市发展改革委、市编办、市民政局、市工商局、各区政府按照职责分工负责)

17. 支持社会力量举办各种层次类型的非营利性民办学校,鼓励社会力量举办或参与举办职业教育、继续教育、老年教育、社区教育和特殊教育等。民办学校的设置应当参照国家同级同类学校设置标准。制定完善上海市民办中小学、幼儿园、培训机构设置标准,规范审批程序、审批材料目录及相应的格式化文本。(市教委、市人力资源社会保障局牵头,市发展改革委、市编办、市民政局、市工商局、各区政府按照职

责分工负责）

18. 创新教育投融资机制。多渠道吸引社会资金，扩大办学资金来源。鼓励社会资金进入教育领域举办学校或者投入项目建设。鼓励金融机构在风险可控前提下开发适合民办学校特点的金融产品，积极运用信贷、租赁、保险等多种金融手段支持民办学校发展，探索办理民办学校未来收入、应收账款、知识产权质押贷款业务。探索营利性民办学校以有偿取得的土地、设施等财产进行抵押融资，或根据自身发展需要而进行股权质押等投融资改革。引导社会力量创新教育投融资模式，依法依规为民办学校提供特色化、专业化的贷款、担保等服务。（市金融办、中国人民银行上海分行牵头，市发展改革委、市商务委、上海银监局、市教委、市人力资源社会保障局、市财政局、市税务局、各区政府按照职责分工负责）

19. 鼓励社会力量对非营利性民办学校给予捐赠。（市财政局牵头，市发展改革委、市税务局、市商务委、上海银监局、市教委、市人力资源社会保障局、各区政府按照职责分工负责）

20. 探索创新政府与社会资本在民办教育领域的合作机制，鼓励社会资本参与教育基础设施建设和运营管理、提供专业化服务。（市教委、市人力资源社会保障局牵头，市发展改革委、市财政局、市税务局、各区政府按照职责分工负责）

21. 支持和吸引社会组织和公民个人以独资、合资、合作等多种方式参与办学，举办者可以用资金、实物、土地使用权、知识产权以及其他财产作为办学出资。（市教委、市人力资源社会保障局牵头，市发展改革委、市财政局、市税务局、各区政府按照职责分工负责）

22. 探索举办混合所有制职业院校，允许管理者和骨干教师以资本、知识、技术、管理等要素参与办学并享有相应权利，在学校管理、人员聘用、人才培养、财务管理等方面充分发挥多元主体办学的体制优势。（市教委、市人力资源社会保障局牵头，市发展改革委、市财政局、市税务局、各区政府按照职责分工负责）

23. 鼓励营利性民办学校建立股权激励机制。（市教委、市人力资源社会保障局牵头，市发展改革委、市财政局、市税务局、市工商局、各区政府按照职责分工负责）

（四）完善政府扶持政策

24. 落实税费优惠政策。民办学校按照国家有关规定享受相关税收优惠政策。对民办学校自用的房产、土地，免征房产税、城镇土地使用税。企业、个人通过公益性社会团体或者县级以上政府及其部门支持教育事业的公益性捐赠支出，按规定享受税收优惠政策。符合条件的非营利性民办学校与公办学校享有同等待遇，获得非营利组织免税资格的民办学校，符合免税条件的收入免征企业所得税。捐资建设校舍及开展表彰资助等活动的冠名，依法尊重捐赠人意愿。（市税务局牵头，市发展改革委、市财政局、市教委、市人力资源社会保障局、各区政府按照职责分工负责）

25. 民办学校用电、用水、用气等，执行与公办学校相同的价格政策。（市发展改革委牵头，市财政局、市教委、市人力资源社会保障局、市税务局、各区政府按照职责分工负责）

26. 民办学校的举办者以不动产作为出资，因履行出资义务需要将有关不动产登记到民办学校名下的，只缴纳证照工本费和登记费。（市发展改革委牵头，市财政局、市教委、市人力资源社会保障局、市税务局、各区政府按照职责分工负责）

27. 实行差别化用地政策。民办学校建设用地按照科教用地管理。非营利性民办学校享受公办学校同等政策，可以按照划拨等方式供应土地。营利性民办学校按照国家相应的政策供给土地，只有一个意向用地者的，可按照协议方式供地。土地使用权人申请改变全部或者部分土地用途的，政府应当将申请改变用途的土地收回，按时价定价，重新依法供应。（市规划国土资源局牵头，市发展改革委、市财政局、市税务局、市教委、市人力资源社会保障局、市环保局、市住房城乡建设管理委、各区政府按照职责分工负责）

28. 试点市场化收费改革。制订民办教育收费管理办法，实行分类管理政策，规范民办学校收费，逐步扩大民办学校收费自主权。（市物价局牵头，市教委、市人力资源社会保障局、市财政局、各区政府按照职

责分工负责）

29. 完善民办学校学费专户管理和收费公示等制度，健全民办学校收费监管机制。（市教委、市物价局牵头，市人力资源社会保障局、市财政局、市民政局、市工商局、各区政府按照职责分工负责）

30. 根据国家要求，因地制宜，调整优化教育支出结构，逐步加大对民办教育的财政扶持力度。各区可设立促进民办教育发展专项资金，将支持民办教育发展资金列入年度同级教育财政预算，向社会公开，接受审计和社会监督，提高资金使用效益。健全完善市、区两级专项资金的使用和管理办法，优化专项资金支出结构，鼓励、扶持、促进民办学校内涵发展和特色创建，支持和鼓励民办学校开展职业能力培训，加大财政对民办学校职业培训基础能力建设的支持力度，构建促进民办教育发展的公共服务平台，推动民办教育重大改革和发展。（市教委、市人力资源社会保障局牵头，市发展改革委、市财政局、各区政府按照职责分工负责）

31. 探索试点政府资金支持符合条件的非营利性学校的教育教学等设施建设。（市教委、市人力资源社会保障局牵头，市发展改革委、市财政局、各区政府按照职责分工负责）

32. 市、区两级政府明确政府补贴的项目、对象、标准、用途。健全义务教育阶段民办学校经费扶持机制，对义务教育阶段民办学校按照不低于生均公用经费基准定额的标准给予补助。健全以招收进城务工人员随迁子女为主的民办小学办学成本政府补贴制度。（市教委、市人力资源社会保障局牵头，市发展改革委、市财政局、各区政府按照职责分工负责）

33. 完善购买服务制度。（市教委、市人力资源社会保障局牵头，市发展改革委、市财政局、各区政府按照职责分工负责）

34. 健全完善基金制度。继续做大做强上海市民办教育发展基金会，市有关部门对上海市民办教育发展基金会予以支持。鼓励社会力量按照国家关于基金会管理的规定，设立民办教育发展基金会。引导营利性民办学校合作设立投资基金，用于学校创新发展，防范办学风险。（市教委、市人力资源社会保障局牵头，市发展改革委、市财政局、各区政府按照职责分工负责）

（五）落实现代学校制度

35. 健全学校法人治理结构。规范民办学校章程，健全学校决策机制。健全董（理）事会和监事（会）制度，董（理）事会和监事（会）成员依据学校章程规定的权限和程序共同参与学校的办学和管理。（市教委、市人力资源社会保障局牵头，市民政局、市工商局、各区政府按照职责分工负责）

36. 董（理）事会应当优化人员构成，由举办者或者其代表、校长、党组织负责人、教职工代表等共同组成。监事会中应当有党组织领导班子成员。探索实行独立董（理）事、监事制度。学校党组织要支持学校决策机构和校长依法行使职权，督促其依法治教、规范管理。（市教委、市人力资源社会保障局牵头，市委组织部、市民政局、市工商局、各区政府按照职责分工负责）

37. 规范关键岗位选聘机制。学校关键管理岗位实行亲属回避制度，建立适应自身发展的标准化内部管理体系。探索职业校长制和公开选聘机制，依法保障校长行使管理权。民办学校校长应当熟悉教育及相关法律法规，具有 5 年以上教育管理经验和良好办学业绩，个人信用状况良好。一个自然人不得兼任同一个学校的董（理）事和监事。（市教委、市人力资源社会保障局牵头，市委组织部、各区政府按照职责分工负责）

（六）强化规范发展

38. 落实学校法人财产权。民办学校应当明确产权关系，建立健全资产管理制度。民办学校举办者应依法履行出资义务，将出资用于办学的土地、校舍和其他资产足额过户到学校名下。存续期间，民办学校对举办者的出资、国有资产、受赠的财产以及办学积累享有法人财产权，任何组织和个人不得侵占、挪用、抽逃。（市教委、市人力资源社会保障局牵头，市财政局、各区政府按照职责分工负责）

39. 健全资产和财务管理。进一步规范民办学校会计核算，建立健全学校内部控制管理制度和第三方审计制度。非营利性和营利性民办学校按照登记的法人属性，根据国家有关规定执行相应的会计制度。民办学校要明晰财务管理，依法设置会计账簿。民办学校应将举办者出资、政府补助、受赠、收费、办学积累等各类资产分类登记入账，定期开展资产清查，并将清查结果向社会公布。民办学校的办学经费只能在学校的资金账户中统一核算和使用，不得转往学校账户以外的资金账户。健全完善民办学校财务监管平台，建立民办学校财务评估体系。进一步完善民办学校财务管理办法和会计核算办法，制定民办学校会计基础工作规范管理指导意见，健全年度财务预算报告和决算报告报备制度。（市教委、市人力资源社会保障局牵头，市民政局、市工商局、市规划国土资源局、市住房城乡建设管理委、市财政局、市税务局、各区政府按照职责分工负责）

40. 规范学校办学行为。办学条件应当符合国家和地方规定的设置标准和有关要求，在校生数要控制在审批机关核定的办学规模内。（市教委、市人力资源社会保障局牵头，市民政局、市工商局、各区政府按照职责分工负责）

41. 要按照国家和地方有关规定做好招生广告与简章的备案和发布工作，依法规范宣传与招生。各级各类民办学校应当按照国家规定颁发相应的证书或者发给证明文件。（市教委、市人力资源社会保障局牵头，市民政局、市工商局、各区政府按照职责分工负责）

42. 明确安全管理责任。民办学校应当遵守国家有关安全法律、法规和规章，重视校园安全工作，确保校园安全技术防范系统建设符合国家和地方有关标准，学校选址和校舍建筑符合国家抗震设防、消防技术、应急避难等相关标准。（市教委、市人力资源社会保障局牵头，市公安局、市规划国土资源局、市住房城乡建设管理委、市民防办、市消防局、市食品药品监管局、市安全监管局、各区政府按照职责分工负责）

43. 建立健全安全管理制度和应急机制，制定和完善突发事件应急预案，定期开展安全检查、巡查，及时发现和消除安全隐患。加强受教育者和教职工安全教育培训，定期开展针对上课、课间、午休等不同场景的安全演练，提高师生安全意识和逃生自救能力。建立安全工作组织机构，配备学校内部安全保卫人员，明确安全工作职责。（市教委、市人力资源社会保障局牵头，市公安局、市规划国土资源局、市住房城乡建设管理委、市民防办、市消防局、市食品药品监管局、市安全监管局、各区政府按照职责分工负责）

（七）提高办学质量

44. 明确学校办学定位。积极引导民办学校服务社会需求，更新办学理念，深化教育教学改革，创新办学模式，加强内涵建设，提高办学质量。（市教委、市人力资源社会保障局牵头，各区政府按照职责分工负责）

45. 支持创办理念先进、课程设置多样、注重内涵发展和特色建设的民办中小学和幼儿园，继续实施民办中小学特色学校（项目）、民办优质幼儿园（项目）创建活动。（市教委、市人力资源社会保障局牵头，市财政局、各区政府按照职责分工负责）

46. 职业院校应明确技术技能人才培养定位，服务区域经济和产业发展，深化产教融合、校企合作，提高技术技能型人才培养水平。（市教委、市人力资源社会保障局牵头，市财政局、各区政府按照职责分工负责）

47. 鼓励举办应用技术类本科高等学校，培养适应经济结构调整、产业转型升级和新产业、新业态、新商业模式需要的人才。（市教委牵头，市发展改革委、市财政局按照职责分工负责）

48. 试点建设高水平民办高校和应用型特色高职，支持民办高校进行中高职、应用本科贯通培养改革，探索应用型人才产学合作培养模式，支持符合条件的民办高校设立专业硕士学位点，提升上海民办高校的办学层次和办学水平。（市教委、市人力资源社会保障局牵头，市财政局、各区政府按照职责分工负责）

49. 充分发挥民办教育在完善终身教育体系、构建学习型社会中的积极作用。（市教委、市人力资源社

会保障局牵头，各区政府按照职责分工负责）

50. 保障依法自主办学。扩大民办高等学校和中等职业学校专业设置自主权，鼓励学校根据国家战略需求和区域产业发展需要，依法依规设置和调整学科专业。（市教委牵头，各区政府按照职责分工负责）

51. 落实国家和上海关于招生的规定，支持民办学校参与考试招生制度改革。鼓励社会声誉好、教学质量高、就业有保障的民办高等职业学校，在核定的办学规模内，进一步优化招生计划分配模式、探索创新招生选拔机制、改进录取方式。（市教委、市人力资源社会保障局牵头，各区政府按照职责分工负责）

52. 民办中小学在完成国家规定课程前提下，自主实施教育教学活动。中等以下层次民办学校根据全市统一规定，在核定的办学规模内，面向社会自主招生。（市教委、市人力资源社会保障局牵头，各区政府按照职责分工负责）

53. 培育优质教育资源。鼓励支持高水平有特色民办学校培育优质学科、专业、课程、师资、管理，整体提升教育教学质量，着力打造一批具有国际影响力和竞争力的民办教育品牌，着力培养一批有理想、有境界、有情怀、有担当的民办教育家。设立民办教育人才培养专项计划，培养一批民办教育专业研究人员、学校管理专业人员。（市教委、市人力资源社会保障局牵头，各区政府按照职责分工负责）

54. 鼓励民办高等学校和中等职业学校与世界高水平同类学校在学科、专业、课程建设以及人才培养等方面开展交流。（市教委牵头，各区政府按照职责分工负责）

55. 引导行业企业与学校加强合作，鼓励具备资质的社会组织与企业建立体现职业教育特点的评估体系，把行业标准和岗位要求作为职业教育质量评价的重要依据。（市教委、市人力资源社会保障局牵头，各区政府按照职责分工负责）

（八）保障师生权益

56. 落实教师同等待遇。落实跨统筹地区社会保险关系转移接续政策，完善民办学校教师户籍迁移等方面的服务政策，探索创新民办学校教师聘任和交流制度。民办学校教师在资格认定、职务评聘、培养培训、评优表彰、教龄和工龄计算、社会活动等方面与公办学校教师享有同等权利。非营利性民办学校教师享受与当地公办学校同等的人才引进政策。（市教委、市人力资源社会保障局牵头，各区政府按照职责分工负责）

57. 引导鼓励民办学校建立教师收入与办学效益动态调整机制，合理提高人员经费在学校支出中的比例。探索建立民办学校教师从教奖励制度。吸引各类高层次人才到民办学校任教，做到事业留人、感情留人、待遇留人。（市教委、市人力资源社会保障局牵头，市财政局、各区政府按照职责分工负责）

58. 保障学生同等权利。民办学校学生在评奖评优、升学就业、社会优待、医疗保险、助学贷款、奖助学金等方面，与同级同类公办学校学生享有同等权利。（市教委、市人力资源社会保障局牵头，市财政局、市民政局、市金融办、人民银行上海分行、上海银监局、各区政府按照职责分工负责）

59. 建立健全民办学校助学贷款业务扶持制度，提高民办学校家庭经济困难学生获得资助的比例。民办学校应当建立健全奖助学金评定、发放等管理机制，从学费收入中提取不少于5%的资金，用于奖励和资助学生。（市教委、市人力资源社会保障局牵头，市财政局、市民政局、各区政府按照职责分工负责）

60. 落实鼓励捐资助学的相关优惠政策措施，积极引导和鼓励企事业单位、社会组织和个人面向民办学校设立奖助学金，加大资助力度。（市教委、市人力资源社会保障局牵头，市发展改革委、市财政局、市民政局、市金融办、各区政府按照职责分工负责）

61. 加强教师队伍建设。要将民办学校教师队伍建设纳入教师队伍建设整体规划。民办学校要着力加强教师思想政治工作，建立健全教育、宣传、考核、监督与奖惩相结合的师德建设长效机制，全面提升教师师德素养。加强辅导员、班主任队伍建设，促进人员数量与专业能力满足办学需求。（市教委、市人力资源社会保障局牵头，各区政府按照职责分工负责）

62. 进一步完善民办学校教师培养机制，充分发挥上海市师资培训中心、上海市民办高校教师专业发展中心等第三方教师专业培训机构的作用，提高民办学校教师教学科研水平，促进教师专业发展，引导民办学校根据自身特点，形成分层分级的校本研修机制。（市教委、市人力资源社会保障局牵头，各区政府按照职责分工负责）

63. 学校要在学费收入中安排一定比例资金用于教师培训。（市教委、市人力资源社会保障局牵头，各区政府按照职责分工负责）

64. 完善教职工社会保障机制。完善学校、个人、政府合理分担的民办学校教职工社会保障机制。民办学校应当依法为教职工足额缴纳社会保险费和住房公积金。鼓励民办学校通过建立年金制度、购买商业保险等补充养老保险方式，改善教职工退休后的待遇，试点对距退休时间较短的专职教师加速年金积累。对于实施全日制学历教育的民办学校，将年金制度的建立与落实情况作为拨付民办教育专项资金的重要因素之一。（市教委、市人力资源社会保障局牵头，市财政局、各区政府按照职责分工负责）

65. 维护师生合法权益。依法落实民办学校师生对学校办学管理的知情权、参与权，保障师生参与民主管理和民主监督的权利。（市教委、市人力资源社会保障局牵头，市财政局、市公安局、各区政府按照职责分工负责）

66. 完善民办学校师生争议处理机制，完善教职工代表大会和学生代表大会制度，尊重、维护和保障教师、学生的合法权益。（市教委、市人力资源社会保障局牵头，市财政局、市公安局、各区政府按照职责分工负责）

（九）提升管理水平

67. 改进管理方式。积极转变职能，减少事前审批，加强事中事后监管，提高政府管理服务水平。（市教委、市人力资源社会保障局牵头，市发展改革委、市编办、市民政局、市工商局、市规划国土资源局、市住房城乡建设管理委、各区政府按照职责分工负责）

68. 进一步清理涉及民办教育的行政许可事项，向社会公布权力清单、责任清单，严禁法外设权。（市教委、市人力资源社会保障局牵头，市发展改革委、市编办、市民政局、市工商局、市规划国土资源局、市住房城乡建设管理委、各区政府按照职责分工负责）

69. 改进许可方式，简化许可流程，明确工作时限，规范行政许可工作。进一步健全完善民办教育管理系统。（市教委、市人力资源社会保障局牵头，市发展改革委、市编办、市民政局、市工商局、市规划国土资源局、市住房城乡建设管理委、各区政府按照职责分工负责）

70. 完善年检年报制度。加强民办教育管理机制建设，强化民办教育督导，主管部门与法人登记部门加强合作，完善民办学校年度检查和年度报告制度。（市教委、市人力资源社会保障局牵头，市发展改革委、市财政局、市民政局、市工商局、市税务局、市规划国土资源局、市住房城乡建设管理委、市公安局、市消防局、各区政府按照职责分工负责）

71. 加强风险防范。加强对新设立民办学校举办者的资格审查。（市教委、市人力资源社会保障局牵头，各区政府按照职责分工负责）

72. 完善民办学校财务会计制度、内部控制制度、审计监督制度。（市教委、市人力资源社会保障局牵头，市财政局、市税务局、各区政府按照职责分工负责）

73. 推进民办教育信息公开，建立民办学校信息强制公开制度。建立违规失信惩戒机制，规范学校办学行为。（市教委、市人力资源社会保障局牵头，各区政府按照职责分工负责）

74. 探索建立民办学校、受教育者(家长)、保险公司共同参与的风险防范机制，完善学校重大责任事故处理和学校终止时善后事宜处理机制。（市教委、市人力资源社会保障局牵头，各区政府按照职责分工负责）

75. 建立综合监管机制。（市教委、市人力资源社会保障局牵头，市编办、市发展改革委、市公安局、市民政局、市财政局、市规划国土资源局、市住房城乡建设管理委、人民银行上海分行、市税务局、市工商局、上海银监局、上海证监局、各区政府按照职责分工负责）

（十）发挥各方作用

76. 完善政府协调机制。将发展民办教育纳入当地经济社会发展和教育事业整体规划，加强战略研究、标准制定、政策实施等工作，积极推进民办教育改革发展。（市教委牵头，市人力资源社会保障局、市编办、市发展改革委、市公安局、市民政局、市财政局、市规划国土资源局、市住房城乡建设管理委、人民银行上海分行、市税务局、市工商局、上海银监局、上海证监局、各区政府按照职责分工负责）

77. 建立完善联席会议制度。（市教委牵头，市人力资源社会保障局、市发展改革委、市商务委、市编办、市民政局、市工商局、市公安局、市财政局、市规划国土资源局、市住房城乡建设管理委、市税务局、市金融办、人民银行上海分行、上海银监局、上海证监局、各区政府按照职责分工负责）

78. 发挥社会组织作用。（市教委、市人力资源社会保障局牵头，市民政局、市工商局、各区政府按照职责分工负责）

79. 第三方评估结果，可以作为业务管理部门对民办学校予以奖励、警告、限期整改直至取消办学资格的参考之一。充分发挥各类机构在民办学校评估认证、咨询服务、风险防范、融资贷款等方面的作用。（市教委、市人力资源社会保障局牵头，市民政局、市工商局、各区政府按照职责分工负责）

80. 加强舆论宣传引导。加大对民办教育的宣传力度，按照国家有关规定奖励和表彰对民办教育改革发展作出突出贡献的集体和个人，树立民办教育良好社会形象，努力营造全社会关心、共同支持社会力量兴办教育的良好氛围。（市委宣传部牵头，市教委、市人力资源社会保障局、市民政局、市工商局、各区政府按照职责分工负责）

二、工作要求

（一）各相关部门按照市政府统一部署，高度重视，认真组织，积极落实促进民办教育健康发展的各项改革任务。原则上，牵头部门对分工任务负总责，参加部门积极配合，依据各自职能主动作为，确保改革发展任务目标如期实现。

（二）各牵头部门要会同参加部门研究制定各项任务具体落实工作方案，拟定配套政策、明确落实方式及时间进度安排。各有关部门要加强督促检查和业务指导，推动落实。

（三）市民办教育工作联席会议办公室要加强工作协调，及时掌握各项工作的落实情况。对落实中遇到的问题，及时提交市民办教育工作联席会议协调解决。

上海市人民政府关于印发《上海市民办学校分类许可登记管理办法》的通知

（沪府发〔2017〕95号）

各区人民政府，市政府各委、办、局：

现将《上海市民办学校分类许可登记管理办法》印发给你们，请认真按照执行。

上海市人民政府

2017年12月26日

上海市民办学校分类许可登记管理办法

第一章　总　　则

第一条（制定依据）

依据《全国人民代表大会常务委员会关于修改〈中华人民共和国民办教育促进法〉的决定》《中华人民共和国民办教育促进法》《国务院关于鼓励社会力量兴办教育促进民办教育健康发展的若干意见》《关于加强民办学校党的建设工作的意见（试行）》《民办学校分类登记实施细则》《营利性民办学校监督管理实施细则》等法律、法规、规章和政策，结合本市实际，制定本办法。

第二条（基本原则）

落实国家关于鼓励社会力量兴办教育、推进民办教育分类管理改革的精神，健全本市民办教育相关法律法规，规范民办学校办学行为，促进民办教育健康发展，服务地方经济和社会发展。

市和各区政府相关职能部门应当依法实行民办学校分类管理，按照“公开、公平、公正、便民”的要求，为民办学校提供指导与服务。

第三条（适用范围）

在本市行政区域内，由国家机构以外的组织或者个人，利用非国家财政性经费，面向社会举办学校及其他教育机构（以下统称“民办学校”）的活动，适用本办法。本办法未作规定的，依照有关法律、法规、规章、政策执行。

第四条（管理权限）

市教育部门应当做好本市民办教育工作的统筹规划、综合协调、宏观管理和政策制定等工作，人力资源社会保障、民政、工商及其他有关部门在各自的职责范围内，分别负责有关的民办教育工作。

市和各区教育、人力资源社会保障部门是相应民办学校的许可机关和主管部门（以下统称“许可机关”），负责对民办学校实施规划和许可。

市和各区民政、工商（市场监督管理）等部门是相应民办学校的登记机关（以下统称“登记机关”），负责民办学校的法人登记。

市、区各职能部门分别依职权对各民办学校依法予以监督管理。

第五条（基本流程）

设立民办学校，应当依据相关法律法规规定，经许可机关批准筹设或者正式设立，取得办学许可证后，到相应的登记机关办理法人登记手续。

第二章　设　　立

第六条（设立原则）

设立民办学校，应当符合国家和本市社会经济和教育事业发展的需要，具备相应的条件，并且符合本市相应法人登记管理的规定。举办者可以自主选择设立非营利性或者营利性民办学校。但是，不得设立实施义务教育的营利性民办学校。

非营利性民办学校的举办者不得取得办学收益，学校的办学结余全部用于办学。

营利性民办学校的举办者可以取得办学收益，学校的办学结余依照公司法等有关法律、法规的规定处理。

第七条（审批权限）

设立实施学前教育、义务教育、高级中等教育、中等及以下职业技术学历教育以及以文化培训为主的民办学校，由学校所在地的区教育部门审批，并报市教育部门备案。

设立实施高等学历教育的民办学校，由市教育部门统一受理，报市政府审批，然后报国家教育部门备案。

设立实施以职业技能为主的职业资格培训、职业技能培训的民办学校，由区人力资源社会保障部门按照相关法律法规的规定审批，报市人力资源社会保障部门备案，并抄送同级教育部门备案。

法律法规对审批权限另有规定的，从其规定。

第八条(设立条件)

国家机构以外的组织或者个人，具备与拟举办民办学校的层次、类型、规模相适应的经济实力的，可以单独或者联合举办民办学校。联合举办民办学校的，应当依法签订联合办学协议。

申请举办民办学校的组织，应当具有法人资格，信用状况良好。

申请举办民办学校的个人，应当具有中华人民共和国国籍，信用状况良好，具有政治权利和完全民事行为能力。

举办者可以用货币出资，也可以用实物、知识产权、土地使用权等可以用货币估价并可以依法转让的非货币财产作价作为办学出资，并且应当符合法人登记的相关规定，但法律法规规定不得作为出资的财产除外。其中，举办者以国有资产参与举办民办学校的，应当根据有关国有资产监督管理的规定，依法办理相关手续；属外商投资的，应当按照《中华人民共和国中外合作办学条例》《外商投资产业指导目录》等国家和本市规定，依法办理相关手续。

民办学校应当具备法人条件，符合与办学内容和规模等相应的设置标准，并且应当符合法人登记的相关条件。

第九条(学校名称)

民办学校的名称应当符合法人登记的相关规定。民办学校只能使用一个名称，由行政区划名称、字号、办学层次和类别等部分依次组成。民办学校的名称不得损害社会公共利益，不得违背社会道德风尚，并且外文名称应当与中文名称言义一致。

其中，营利性民办学校的名称还应当包含“有限责任公司”或者“股份有限公司”等公司组织形式部分。实施学历教育的民办学校和民办幼儿园在申请筹设或者正式设立时，可以向许可机关申请使用简称，并由许可机关在筹设批准书或者办学许可证上予以注明。简称仅可省略学校的公司组织形式，并仅限用于学校牌匾、成绩单、学位证书、学历证书、招生广告和简章。在招生广告和简章中使用办学简称的，应当在显著位置注明学校营利性属性，并在学校介绍中标注学校全称。

本办法实施前已经设立登记为民办非企业单位法人的民办学校，继续作为非营利性民办学校并且学校名称不变更的，可以继续沿用原有名称。

第十条(学校筹设)

(一)(筹设申请)

申请筹设民办学校的，在经登记机关确定名称后，由举办者向许可机关提出书面申请，根据相关规定提交申请材料，申请人对申请材料的真实、完整负责。申请材料主要内容包括：

学校名称、举办者资质、培养目标、办学规模、办学层次、办学形式、办学条件、办学内容、内部管理体制、经费筹措与管理使用、资产信息及有效证明、党组织建设材料以及法律法规规定的其他材料。其中，属捐赠性质的财产须提交捐赠协议及相关有效证明文件；联合举办民办学校的须提交联合办学协议。民办学校举办者再申请举办营利性民办学校的，还应当按照《营利性民办学校监督管理实施细则》的规定，提交相关材料。

（二）（申请受理）

许可机关收到举办者提出的筹设民办学校的申请后，应当依法对申请材料进行审核，并根据下列情况分别作出处理：

1. 申请事项依法不属于本部门职权范围的，告知申请人向有关行政部门申请；

2. 申请材料不齐全或者不符合法定形式的，当场或者在 5 个工作日内，一次告知申请人需要补正的全部内容；

3. 申请材料齐全、符合法定形式的，或者申请人按照主管部门的要求提交全部补正申请材料的，主管部门予以受理。

（三）（审核批准）

受理申请的，应当自受理筹设申请之日起的 30 日内，以书面形式作出是否同意的决定。许可机关同意筹设的，发给筹设批准书；不同意筹设的，应当书面说明理由，并告知救济途径。

（四）（筹设期限）

民办学校的举办者在获得筹设批准书之日起 3 年内完成筹设的，可以提出正式设立申请。超过 3 年的，举办者应当重新申报。

第十一条（正式设立）

（一）（设立申请）

申请正式设立民办学校的，在经登记机关确定名称后，由举办者向许可机关提出书面申请，根据相关规定和筹设实际情况，提交本办法第十条第（一）项规定的更新后的材料，并且还应当提交以下材料：正式设立申请报告，筹设批准材料与筹设情况报告，学校章程，学校办学场所及资金资产的有效证明文件，股东或者股东会、首届董事会或者理事会、监事或者监事会等组成人员名单及其身份证明文件，校长等教职工的资格证明文件等。

已具备办学条件、达到相关设置标准的，举办者可以直接申请正式设立民办学校，并提交除筹设批准书以外的其他申请材料。

（二）（申请受理）

许可机关收到举办者提出的正式设立民办学校的申请后，应当依法对申请材料进行审核，并根据下列情况分别作出处理：

1. 申请事项依法不属于本部门职权范围的，告知申请人向有关行政部门申请；

2. 申请材料不齐全或者不符合法定形式的，当场或者在 5 个工作日内一次告知申请人需要补正的全部内容；

3. 申请材料齐全、符合法定形式的，或者申请人按照主管部门的要求提交全部补正申请材料的，主管部门予以受理。

（三）（审核批准）

许可机关受理正式设立民办学校的申请后，应当组织专家或者委托具有相应资质的教育评估机构，对申请材料、实际办学条件和办学能力进行审核评议或者评估论证，由专家或者评估机构出具书面报告。审核评议或者评估论证的费用由许可机关承担。

许可机关应当依照相关法律法规和本办法的规定，自受理之日起 3 个月内，以书面形式作出是否批准正式设立民办学校的决定。其中，申请正式设立民办高等学校的，许可机关应当自受理之日起 6 个月内，以书面形式作出是否批准的决定。对不批准的，应当书面说明理由，并告知救济途径。

（四）（发证备案）

许可机关对批准设立的民办学校，根据学校属性颁发办学许可证。其中，人力资源社会保障部门应当将批准情况抄送同级教育部门备案，区教育部门应当将批准材料报送市教育部门备案，市教育部门应当将民办高等学校的审批情况报送国家教育部门备案。各许可机关应当将批准设立的民办学校的名称、地址、校长、层次、类别、属性、办学内容等信息，通过政府网站等媒体向社会公开。

第十二条（法人登记）

民办学校取得办学许可证后，按照相关法律法规规定，根据办学层次、类别和属性等到相应的登记机关，申请法人登记。登记机关对符合条件的民办学校，依法予以法人登记，并核发登记证或者营业执照等证件；对不符合登记条件的，不予登记，并以书面形式向申请人说明理由。民办学校在筹设期内或者取得办学许可证但未完成法人登记的，不得以任何名义开展招生与教育教学活动。

批准设立的非营利性民办学校，符合国家和本市有关规定的，可以到民政等部门办理法人登记手续；批准设立的营利性民办学校到工商（市场监督管理）部门办理法人登记手续。

第十三条（证件管理）

民办学校依法获得办学许可和法人登记的相关证件，依法按照证件注明的办学内容和业务范围开展教育教学活动。证件必须在民办学校公开场所的显著位置公示。遗失证件的应当立即公告，并及时向证件颁发机关补办。不得以任何名义出租出借相关证件。

需要延续办学许可有效期的，民办学校应当在办学许可有效期届满 30 个工作日前，向相应许可机关提出申请。许可机关应当根据申请，在其办学许可有效期届满前，作出是否准予延续的决定；逾期未作决定的，视为准予延续。办学许可有效期届满未延续的，许可机关应当依法办理注销手续。

第三章　组 织 机 构

第十四条（党组织）

各级党组织应当健全民办学校党组织设置，完善党组织工作保障机制，发挥党组织的政治核心作用。

各级党组织应当选好管好民办学校党组织书记。其中，民办高等学校的党组织书记兼任政府督导专员。加强对民办学校党建工作的领导，把党建工作情况作为民办学校许可登记、年检年审、评估考核、管理监督的必备条件和必查内容。

民办学校应当建立健全党组织参与决策和监督机制，把党组织建设有关内容纳入学校章程。推进党组织班子成员进入学校决策层和行政管理层，党组织书记应当通过法定程序进入学校理事会或者董事会。党组织班子成员应当按照学校章程进入行政管理层，党员校长、副校长等行政领导班子成员，可以按照党内有关规定进入党组织班子。

第十五条（理事会和董事会）

民办学校应当按照相关法律法规和章程的规定，设立理事会、董事会或者其他形式的决策机构。

民办学校的理事会或者董事会构成、成员数量、成员资质、产生程序和职权等应当符合相关法律法规和学校章程的规定。其成员由举办者或者其代表、校长、党组织负责人、教职工代表等人员组成，可以吸纳教育专家和社会知名人士参加。首届理事会或者董事会成员及其职务由举办者推选，需要变更的，应当按照本办法第二十五条第二款的规定办理。

民办学校理事会或者董事会的议事规则应当在学校章程中依法予以规定，明确会议召集与召开方式、表决形式、讨论事项的通过要求、重大事项的确定方法等内容。

第十六条（法定代表人）

民办学校的法定代表人，由理事长、董事长或者校长担任，并应当符合相关法律法规和学校章程的规定。

第十七条（校长）

民办学校的理事会或者董事会应当依法聘任专职校长，校长对理事会或者董事会负责。

校长应当具有中华人民共和国国籍，具有政治权利和完全民事行为能力，在中国境内定居，个人信用状况良好，熟悉教育及相关法律法规，年龄一般不超过 70 岁，具有 5 年以上教育管理经验和相关法律法规及设置标准规定的其他任职条件。

校长依据法律法规和学校章程的规定，独立行使教育教学和行政管理职权。

第十八条（监事制度）

民办学校应当设立监事或者监事会，其人选及构成、产生办法、任期、基本职责和议事规则等应当符合相关法律法规和学校章程的规定。

第十九条（群众组织）

民办学校应当积极支持工会、共青团组织、妇女联合会、教职工（代表）大会、学生代表大会等群众组织依法建立和开展活动，保障其依法、有序、广泛地参与学校的民主管理和监督。

第二十条（其他内部管理事项）

民办学校应当依法制定学校章程和各项内部管理制度。营利性民办学校还应当依法设立股东会或者股东大会，并履行相应的法定职责。有犯罪记录、无民事行为能力或者限制民事行为能力的，不得在学校理事会或者董事会、监事会和行政机构任职。一个自然人不得兼任同一所学校的理事（董事）和监事。

第四章　变更与终止

第二十一条（举办者变更）

民办学校的举办者变更的，由现举办者提出，在进行财务清算后，经理事会或者董事会同意，由民办学校向许可机关提出书面申请，并提交申请材料。其中，营利性民办学校的举办者继承人、财产析得人或者受赠人因继承、析产或者赠与获得营利性民办学校举办者权益的，应当依法办理举办者变更手续。

许可机关应当依法对民办学校的举办者变更进行审批，对同意变更的颁发新的办学许可证，并且收回原办学许可证。

民办学校举办者的姓名或者名称变更的，应当在 30 日内报许可机关备案、申请换发办学许可证。

民办学校在取得新的办学许可证后，应当依法及时办理法人登记等相关手续。

第二十二条（分立、合并）

民办学校的分立、合并，应当进行财务清算，在理事会或者董事会作出决议后，向许可机关提出书面申请，其中营利性民办学校还应当符合公司法等相关法律法规规定；涉及举办者变更的，应当根据本办法第二十一条规定办理相应手续。

申请分立、合并民办学校的，许可机关应当自受理之日起 3 个月内以书面形式答复；其中，申请分立、合并民办高等学校的，许可机关应当自受理之日起 6 个月内以书面形式答复。

经审批同意分立或者合并的，许可机关向民办学校颁发新的办学许可证，并收回原办学许可证。民办学校应当依法及时办理法人登记等相关手续。

分立、合并后的民办学校，应当符合相应的设置标准。民办学校不得分立为不同办学属性的学校，不同办学属性的学校不得合并。

第二十三条（层次、类别变更）

民办学校变更办学层次、类别的，应当在理事会或者董事会作出决议后，向许可机关提出书面申请。

许可机关应当依法对民办学校的变更申请进行审批，自受理之日起 3 个月内以书面形式答复；其中，申请变更为民办高等学校的，许可机关应当自受理之日起 6 个月内以书面形式答复。

经审批同意变更的，许可机关向民办学校颁发新的办学许可证，并收回原办学许可证。民办学校应当依法及时办理法人登记等相关手续。

办学层次、类别变更后的民办学校，应当符合相应的设置标准。

第二十四条（场所变更）

民办学校应当在经许可机关审批同意的场所开展教育教学活动。

民办学校变更办学地址的，应当向许可机关提出书面申请。经审批同意变更的，许可机关向民办学校颁发新的办学许可证或者其他证明文件。

民办学校办学地址变更涉及变更法人登记的，还应当在取得新的办学许可证或者其他证明文件后，依法及时办理法人登记等相关手续。

民办学校的办学场所，应当符合相应的设置标准。

第二十五条（其他变更）

名称变更：民办学校需要变更名称的，由理事会或者董事会作出决议，经登记机关确定名称后，由民办学校向许可机关提出申请。经审批同意变更的，许可机关向民办学校颁发新的办学许可证，并收回原办学许可证。民办学校应当在取得新的办学许可证后，依法及时办理法人登记等相关手续。名称变更后的民办学校，应当符合相应的设置标准。

理事或者董事变更：民办学校的理事会或者董事会在任期届满、推选方更换推选人员、成员资质条件发生变化等情况下，应当及时换届，或者开展成员及其职务的变更工作，并且由在任理事会或者董事会作出决议后的30日内，将变更后的成员名单及其职务报许可机关和登记机关备案。

校长变更：民办学校在校长任期届满、任期未满但任职条件发生变化等情况下，学校理事会或者董事会应当依法及时开展校长的解聘与聘任工作，符合学校需要并且具有相应任职条件的可以续聘。民办学校应当在理事会或者董事会作出校长聘任或者续聘决议后的30日内，向许可机关申请颁发新的办学许可证。

法定代表人变更：民办学校需要变更法定代表人的，应当依法开展经济责任审计，并且在理事会或者董事会作出变更决议后的30日内，依法办理法人登记等相关手续。

监事变更：民办学校需要变更监事的，应当按照相关法律法规与学校章程的规定，由相关各方推选人员，相关材料应当存档备查。

章程修订：民办学校章程的修订，应当在理事会或者董事会作出修订决议后，按照相关法律法规的规定办理核准与备案手续。

第二十六条（信息变更）

民办学校的变更事项经审批同意后，民办学校与许可机关应当及时更新民办教育管理系统中的相关信息，并且应当依法做好信息公开工作。

第二十七条（终止）

民办学校应当在法律法规和学校章程规定的情形下终止。民办学校终止时，应当做好师生安置、财务清算和财产清偿以及安全稳定等工作。其中，实施义务教育的民办学校终止时，教育部门应当协助学校安排学生继续就学。

第二十八条（资产处置）

民办学校终止时，应当依法进行财务清算。民办学校自己要求终止的，由民办学校组织清算；被许可机关依法撤销的，由许可机关组织清算；因资不抵债无法继续办学而被终止的，由人民法院组织清算。

民办学校依法清偿相关债务后的剩余财产，按照有关规定和学校章程处理。其中，非营利性民办学校清偿债务后的剩余财产应当按照学校章程的规定或者理事会、董事会的决议用于其他非营利性民办学校办学，不得向举办者分配剩余财产；无法按照学校章程的规定或者理事会、董事会的决议处理的，由许可机关主持转给其他非营利性民办学校，并且向社会公告。营利性民办学校清偿债务后的剩余财产，依照公司法等有关规定处理。

第二十九条（注销程序）

民办学校终止应当及时办理注销办学许可和法人登记等手续，将办学许可证、法人登记证书和印章等分别交回许可机关和登记机关。

许可机关应当将准予民办学校终止或者注销办学许可的决定告知登记机关，并通过政府网站等媒体向社会公告。同时，区教育部门应当将相关决定报市教育部门备案，区人力资源社会保障部门应当将相关决定告知同级教育部门。

第五章　已设学校

第三十条（登记为民办非企业单位法人的现有学校的过渡安排）

2016 年 11 月 7 日前设立的登记为民办非企业单位法人的现有民办学校，其举办者可以自主选择举办非营利性民办学校或者营利性民办学校。举办者应当在 2018 年 12 月 31 日前，向许可机关提交关于学校办学属性选择的书面材料，未按期提交材料的学校不得转设为营利性民办学校。其中，实施义务教育的学校，不得登记为营利性民办学校。

选择登记为非营利性民办学校的，应当在 2019 年 12 月 31 日前，依法修订学校章程、完善法人治理结构和内部管理制度、继续办学。

选择登记为营利性民办学校的，应当在许可机关以及相关职能部门的指导下，由学校组织进行财务清算，依法明确资产权属，按照国家有关规定缴纳相关税费，重新办理法人登记手续，继续办学。经清算确认的举办者的出资应当为重新登记后法人的注册资本和实缴资本，除财政投入、社会捐赠等按照相关规定处理外，经清算确认的所有资产及其相关权利义务由重新登记后的法人承继；符合条件的，依法享受相关税费优惠政策。其中，主要实施高等学历教育的学校，应当在 2021 年 12 月 31 日前完成上述工作；其他学校应当在 2020 年 12 月 31 日前完成上述工作。

市、各区政府相关部门根据各民办学校举办者提交的书面材料，以及基于该选择后续相关工作的开展情况等，予以差异化的扶持和管理。

第三十一条（经营性民办培训机构的过渡安排）

本办法实施前设立的经营性民办培训机构，应当按照相关法律法规的规定修订章程、健全法人治理结构、完善办学条件，向住所所在地的相应许可机关申请取得办学许可证，在取得办学许可证后及时依法办理其他相关手续。以上工作应当在 2019 年 12 月 31 日前完成。

第三十二条（登记为民办非企业单位法人的现有学校的补偿奖励）

2016 年 11 月 7 日前设立的登记为民办非企业单位法人的现有民办学校选择登记为非营利性民办学校后终止，或者未及选择直接终止，妥善安置学生和教职工，并且规范开展相关工作的，根据出资者的申请，由许可机关会同相关职能部门综合考虑其在 2017 年 9 月 1 日前的出资、取得合理回报的情况以及办学效益等因素，从学校依法清偿后的剩余财产中给予出资者相应的补偿或者奖励，补偿与奖励的金额按照本办法所附方法计算。

补偿与奖励从学校剩余财产中的货币资金提取，货币资金不足的，从将其他资产依法转让后获得的货币资金中提取。剩余财产在扣除对出资者的补偿和奖励后，其余财产继续用于其他非营利性学校办学。

办学许可或者法人登记被注销前 2 年年度检查连续不合格的，或者办学许可证或者法人登记证被吊销的民办学校，对其出资者不予奖励。

第六章 监督与管理

第三十三条(信息公开)

政府公开:各有关职能部门应当依法建立民办教育信息公开制度、信用档案制度、违规失信惩戒制度和预警制度,健全完善民办教育管理系统,向社会公开民办教育法规和文件、批准设立和终止的民办学校信息、民办学校年度检查情况、民办学校接受扶持奖励和受到的处罚情况等内容。

学校公开:民办学校应当建立信息公开工作机制,通过学校网站、信息公告栏等,及时公开和更新学校基本信息、举办者基本信息、章程、规章制度、主要人员变更情况、招生考试录取办法、收取费用办法、学校资产和财务状况、应急事故处理等内容。

第三十四条(监督管理)

市级有关部门应当做好对各区相关部门的指导与监督,市、各区相关职能部门应当分别依照法定职权做好对民办学校的监督管理,依法组织开展专项检查、日常检查、办学评估、年度检查、年度报告等工作。健全民办高等学校督导专员选聘与管理机制,充分发挥督导专员对于学校规范办学的引导与监督作用。

教育督导部门依法建立健全民办学校督导制度,通过专项督导与综合督导等方式,对民办学校的办学行为实施监督、指导,对教育发展状况和教育质量组织开展评估、监测。

教育部门等各有关部门应当依法建立对违法违规办学行为的投诉举报渠道,向社会公开投诉部门、联系电话,对投诉举报应当及时进行查处。各相关部门应当建立健全民办教育联合执法机制,对民办学校的违法违规办学行为依法予以处理。

第三十五条(行业自律)

鼓励民办教育相关行业组织构建行业自律监管体系,建立行业内部规范管理制度、行业自律性约束机制和行业诚信制度。支持行业组织在服务行业、交流合作、协同创新、履行社会责任等方面发挥桥梁纽带作用,探索建立校际互助制度。

第三十六条(专业组织)

鼓励和引导社会专业机构参与民办教育治理,为民办学校提供评估认证服务、咨询服务、法律服务、金融保险服务等。支持教育中介组织及其他行业组织在引导民办学校坚持公益性办学、创新人才培养模式、提升人才培养质量等方面发挥作用。

第七章 法律责任

第三十七条(学校责任)

擅自举办民办学校的,或者民办学校有违法违规行为的,由各相关部门依法予以查处;构成违反治安管理行为的,由公安机关依法给予治安管理处罚;构成犯罪的,依法追究刑事责任。

第三十八条(政府责任)

各级相关职能部门在民办学校许可登记管理工作中有违法违规行为的,由上级机关责令其改正;情节严重的,对直接负责的主管人员和其他直接责任人员,依法给予处分;造成经济损失的,依法承担赔偿责任;构成犯罪的,依法追究刑事责任。

第八章 附 则

第三十九条(时限计算)

本办法规定的各类事项的期限,除明确以工作日计算的之外,均按照自然日或者顺延月、年计算,含法定节假日。

第四十条(实施日期)

本办法自2018年1月1日起实施,有效期至2027年12月31日。

附件:补偿与奖励的计算方法

《上海市民办学校分类许可登记管理办法》第三十二条规定的补偿与奖励金额按照如下方法计算:

一、补偿

补偿金额为出资金额与该出资的历年折算利息之和,在扣除出资者历年取得的合理回报与合理回报相应的历年折算利息后的金额,但不得超过剩余财产扣除财政扶持和社会捐赠形成资产后的金额。

其中,折算利息分别按照出资时或者取得合理回报时,至学校停止办学或者办学许可失效的先至时间,同期一至三年期或者一至五年期金融机构人民币贷款基准利率和一年期金融机构人民币定期存款基准利率的平均值计算。

二、奖励

奖励金额以学校停止办学或者办学许可失效的先至时间前5年内的最高年度学费总收入金额为基数,以2017年9月1日之后历年年度检查的结果为系数予以折算,奖励金额最高不超过清偿后的剩余财产扣除财政扶持和社会捐赠形成的资产以及补偿后的金额。

其中,系数初始值和最低值为0,学校每获得一次年度检查“合格”的结论,系数增加0.1;每获得一次“不合格”的结论,系数扣除0.5。

办学许可或者法人登记被注销前2年年度检查连续不合格的,或者办学许可证或者法人登记证被吊销的民办学校,对其出资者不予奖励。

上海市人民政府办公厅关于转发市教委等四部门制订的《上海市民办培训机构设置标准》《上海市营利性民办培训机构管理办法》《上海市非营利性民办培训机构管理办法》的通知

(沪府办发〔2017〕82号)

各区人民政府,市政府各委、办、局:

经市政府同意,现将市教委、市工商局、市人力资源社会保障局、市民政局制订的《上海市民办培训机构设置标准》《上海市营利性民办培训机构管理办法》《上海市非营利性民办培训机构管理办法》转发给你们,请认真按照执行。

上海市人民政府办公厅

2017年12月29日

上海市民办培训机构设置标准

为贯彻落实《国务院关于鼓励社会力量兴办教育促进民办教育健康发展的若干意见》，明确本市民办培训机构的设置条件及办学要求，规范民办培训机构设立及办学行为，根据修订后的《中华人民共和国民办教育促进法》和《中华人民共和国民办教育促进法实施条例》《中华人民共和国公司登记管理条例》《民办非企业单位登记管理暂行条例》《上海市终身教育促进条例》《民办学校分类登记实施细则》《营利性民办学校监督管理实施细则》等法律法规以及相关规范性文件的规定，制定本标准。

一、适用范围

（一）本标准所称民办培训机构，是指在本市行政区域内，由教育部门或人力资源社会保障部门许可，在民政部门或工商（市场监督管理）部门登记，由国家机构以外的法人或自然人，利用非国家财政性经费，面向社会举办的专门从事文化教育或职业技能培训的非学历教育机构。

（二）开展3周岁以下婴幼儿照护和儿童早期教育服务的机构、仅通过互联网等非线下方式提供培训服务的机构，其设置标准另行制定。

（三）国家及本市对中外合作培训机构的设置另有规定的，从其规定。举办涉及消防、保安、安全生产等特定行业培训项目的民办培训机构，相关行业主管部门有特定准入规定的，从其规定。

二、基本条件

在本市行政区域内设立民办培训机构，应当符合下列基本条件：

（一）有符合相关法律法规、规章及规范性文件要求的举办者。

（二）有合法的名称、规范的章程和必要的组织机构。

（三）有符合相关法律法规和规章等要求的内部管理制度。

（四）有符合规定任职条件的法定代表人、校长（行政负责人）及主要管理人员。

（五）有与培训类别、层次及规模相适应的教师队伍。

（六）有与所开办培训项目相匹配的办学资金。

（七）有与所开办培训项目及规模相适应的办学场所及设施设备。

（八）有与所开办培训项目相对应的课程（培训）计划及教材。

（九）法律法规及规章规定的其他条件。

三、举办者

民办培训机构的举办者，可以是国家机构以外的法人或自然人。其中，国家机关工作人员不得举办或参与举办民办培训机构。举办者应当坚持社会主义办学方向和教育公益属性，并具备相应条件。

（一）法人

1. 有中华人民共和国法人资格。

2. 信用状况良好，未被列入有关经营（运营）异常名录或严重违法失信单位名单，无不良记录。

3. 法定代表人有中华人民共和国国籍，在中国境内定居，信用状况良好，无犯罪记录，有政治权利和完全民事行为能力。

（二）自然人

1. 有中华人民共和国国籍，在中国境内定居。

2. 信用状况良好，无犯罪记录。

3. 有政治权利和完全民事行为能力。

（三）联合办学者

1. 两个以上国家机构以外的法人或自然人联合举办民办培训机构，应当签订联合办学协议，明确办学宗旨、培养目标以及各自权利义务和争议解决办法等内容。

2. 联合办学者出资计入民办培训机构注册资本或开办资金的，应当明确各自计入注册资本或开办资金的出资数额、方式以及相应比例。

四、名称

（一）民办培训机构只能使用一个名称，其外文名称应当与中文名称语义一致。同时，名称应当符合国家有关法律法规及规章的规定，不得冠以“中国”“全国”“中华”“国际”“世界”“全球”等字样。

（二）申请设立非营利性民办培训机构的，其名称应当符合《民办非企业单位登记管理暂行条例》《民办非企业单位名称管理暂行规定》等法规规章的规定。非营利性民办培训机构的名称，依次由行政区划名称、字号（两个以上汉字组成）、业务领域、组织形式四部分组成。

（三）申请设立营利性民办培训机构的，其名称应当符合《公司登记管理条例》《企业名称登记管理规定》《上海市企业名称登记管理规定》等法规规章和国家工商总局、教育部、人力资源社会保障部有关营利性民办学校名称登记管理方面的相关规定。

（四）本标准实施前设立的民办培训机构，其名称根据国家和本市有关规定，可以继续沿用。

五、章程

民办培训机构应当依法制定章程，举办者根据章程规定的权限和程序，参与办学和管理活动。章程应当载明下列事项：

（一）名称、住所。

（二）办学宗旨、类型。

（三）办学的业务范围。

（四）资产来源及管理使用原则。

（五）组织管理制度。

（六）决策机构及监督机构的产生办法、人员构成及议事规则。

（七）法定代表人的产生及罢免程序。

（八）机构终止程序及终止后资产的处理办法。

（九）章程修改程序。

（十）法律法规及规章规定的其他事项。

六、组织机构

（一）中国共产党基层组织。民办培训机构应当坚持和加强党的领导，做到党的建设同步谋划、党的组织同步设置、党的工作同步开展，确保民办培训机构始终坚持社会主义办学方向。

（二）决策机构。民办培训机构应当按照相关法律法规及规章规定，设立理事会、董事会或其他形式的决策机构，决策机构成员由举办者或其代表、校长（行政负责人）、党组织负责人和教职工代表等组成。决策机构负责人应当品行良好，具有政治权利和完全民事行为能力。

（三）执行机构。民办培训机构应当按照相关法律法规和规章规定，建立以校长（行政负责人）为主要负责人的执行机构，校长（行政负责人）依法行使教育教学和行政管理权。

（四）监督机构。民办培训机构应当依法建立相应的监督机构。

七、管理制度

民办培训机构应当按照相关法律法规和规章的要求，制定并完善以下各项规章制度：

（一）行政管理制度。

（二）教学管理制度。

（三）安全管理制度。

（四）员工管理制度。

（五）学生管理制度。

（六）档案管理制度。

（七）资产管理、财务管理以及学杂费存取专用账户管理制度。

（八）收费和退费管理制度。

（九）设施设备管理制度。

（十）教师培训及考核制度。

八、法定代表人、校长（行政负责人）及主要管理人员

（一）法定代表人

民办培训机构的法定代表人，依法应当由决策机构负责人或者校长（行政负责人）担任，同时具备以下条件：

1. 有中华人民共和国国籍，在中国境内定居。

2. 信用状况良好，无犯罪记录，有政治权利和完全民事行为能力。

（二）校长（行政负责人）

民办培训机构应当聘任专职校长（行政负责人），校长（行政负责人）除了熟悉相关法律法规及教育教学规律外，还应当具备以下条件：

1. 有中华人民共和国国籍，在中国境内定居。

2. 有政治权利和完全民事行为能力，信用状况良好，身体健康，年龄一般不超过70周岁。

3. 有大学专科及以上学历，5年以上相关教育管理经验和良好业绩。其中，职业技能类民办培训机构的校长（行政负责人）还应当有中级及以上专业技术职务任职资格或三级及以上国家职业资格（技能等级）。

（三）教学管理人员

1. 民办培训机构应当配备专职教学管理人员，专职教学管理人员应当具有大学专科及以上学历和3年以上相关工作经历。其中，职业技能类民办培训机构的专职教学管理人员，还应当具有中级及以上专业技术职务任职资格或三级及以上国家职业资格（技能等级）。

2. 从事职业技能培训的民办培训机构应当同时配备一定数量与培训项目相适应的从事职业指导和就业服务的专兼职工作人员。

（四）财务管理人员

民办培训机构应当按照相关规定，配备具有从事会计工作所需要的专业能力的会计人员，会计和出纳不得兼任。

（五）安全管理人员

民办培训机构应当按照相关规定，配备安全管理人员，履行安全监管职责，落实安全防范措施。

九、师资队伍

（一）民办培训机构应当根据所开设培训项目及规模，配备结构合理、数量充足的专兼职教师队伍，且专职教师数不得少于教师总数的1/4，单个教学场所（含教学点）的专职教师不得少于3人。其中，职业技能类民办培训机构所开设的每个培训项目，至少配备1名以上专业理论课教师和1名以上专业实训课教师。

（二）民办培训机构所聘任的专兼职教师，应当具有教师资格或相关专业技能资格。其中，从事义务教育阶段语文、数学、外语、物理、化学等与升学或考试相关的学科及其延伸类培训的授课教师，应当具有相应的教师资格证。

（三）从事职业技能培训的专业理论课教师，应当具有相关专业大学本科及以上学历、相关职业（工种）五级及以上职业资格（技能等级）或相关专业初级及以上专业技术职务任职资格。

（四）从事职业技能培训的专业实训课教师，应当具有相关专业大学专科及以上学历、相关专业中级及以上专业技术职务任职资格或者相关职业（工种）三级及以上职业资格（技能等级）。专业实训课教师的职业资格（技能等级），应当高于其所执教的职业（工种）等级。

（五）民办培训机构聘任外籍教师，应当符合国家有关规定。

十、办学投入

（一）举办者应当按照相关法律法规的规定，履行相应的出资义务。其中，非营利性民办培训机构举办者应当根据相关非营利性法人的法律法规及规章规定，及时足额缴存开办资金；营利性民办培训机构举办者应当按照相关营利性法人的法律法规及规章规定，在出资者承诺的期限内分期缴纳注册资金。涉及联合办学的，举办者之间对办学投入承担相应的法律责任。

（二）举办者的办学投入应当履行法定出资验资程序。其中，举办者以货币资产出资的，应当提供具有资质的验资机构出具的验资报告；举办者以自有土地使用权以及房屋产权、教育教学设施设备以及图书资料等财物、知识产权和商标商誉等无形资产作为办学出资的，应由具有资质的资产评估机构评估并出具评估报告，且符合注册登记部门规定的出资比例要求。

（三）举办者应当将货币、土地使用权、房屋及知识产权等所有办学投入，及时过户到民办培训机构名下，依法落实法人财产权。法律法规对民办培训机构出资另有规定的，从其规定。

十一、办学场所和设施设备

申请设立民办培训机构，应当避开影响学生身心健康和可能危及学生人身安全的场所。居民住宅不得作为民办培训机构的注册及办学场所。举办者以自有场所办学的，应当提供办学场所的房屋产权证明材料；以租用场所办学的，应当提供具有法律效力的租赁合同，租赁期限自申请办学之日起不得少于 2 年。此外，用于办学的场所还应当符合下列条件要求：

（一）场地面积要求

1. 民办培训机构法人注册地实际使用的办学场所总建筑面积不少于 200 平方米，其依法设立的教学点实际使用的办学场所面积不少于 150 平方米。其中，教学用房建筑面积不少于办学场所总建筑面积的 2/3，且同一培训时段内生均教学用房建筑面积不少于 3 平方米。

2. 职业技能类民办培训机构的办学场所，应当能容纳至少开设 2 个培训项目规模的培训量，并配备能满足实训需要的相应场地。开设社会通用性技能培训项目的，其办学场所还应达到相应的职业（工种）设置标准要求。

3. 招收寄宿学员的民办培训机构，其生均宿舍建筑面积不得少于 6.5 平方米。其中，文化教育类民办培训机构还应当配备与寄宿学员规模相匹配的阅览、生活与运动场所。

（二）消防安全要求

1. 民办培训机构的办学场所必须符合国家规定的消防要求，并取得相应的消防安全证明材料。

2. 凡是招收寄宿学员的民办培训机构，其向学员所提供的宿舍，应当符合相关消防要求。

（三）食品安全要求

1. 向学员提供餐饮服务的民办培训机构，必须取得相应的食品经营许可等相关证照。

2. 招收寄宿学员的民办培训机构，应当建立健全食品安全管理制度，按照规定配备管理人员，落实食品安全防范措施。

（四）设施设备要求

申办职业技能类民办培训机构，应当配备与培训项目及培训规模相适应的教学及实训设施设备，实训工位设置应当充足。需要租赁大型贵重设施设备的，应签订租赁协议，且租赁期自申请办学之日起不少于2年。开设社会通用性技能培训项目的，其设施设备应当达到相应职业（工种）的设置标准要求。

十二、培训项目、课程及教材

（一）民办培训机构开展项目培训，应当符合国家及本市有关规定，具有明确的办学宗旨及培养目标，不得违背教育规律和学生身心发展规律。

（二）民办培训机构应当制定与其培训项目相对应的培训计划，合理安排教学内容。面向义务教育阶段学生开设的学科及其延伸类培训内容，应基于相应的课程标准制定科学的教学（培训）评价办法。

（三）民办培训机构应当选用与其培训项目及培训计划相匹配的教材，所有教材均需报审批部门备案，且举办者需对所使用教材的合法性、合规性以及自愿接受主管部门检查等作出书面承诺。涉及引进教材的，应当严格遵守国家出版物进口管理的有关规定，不得违反宪法法律、危害国家安全、破坏民族团结、宣扬邪教迷信。

（四）从事职业资格培训的民办培训机构，其所制定的培训计划及培训大纲，应当符合国家职业标准及相关要求。

（五）民办培训机构以互联网等信息网络方式提供教学服务的，除应当符合本标准规定的条件外，还应当符合国家及本市有关信息网络方面的相关规定。

十三、教学点

民办培训机构在法人办学许可证所记载地址之外的场所，开展培训活动的，应当依法依规设立教学点。经审批部门批准，非营利性培训机构可以在法人所在行政区内设立教学点，但不得跨区设立教学点；营利性培训机构设立教学点，应当按工商行政部门的规定进行分公司登记。申请设立教学点的民办培训机构，除应当具有较强办学实力、达到相应信用等级外，其拟设立的教学点应当具有以下条件：

（一）具有符合要求的办学场所及相应的教育教学设施。

（二）配备专职负责人及相应的管理人员，其任职条件参照民办培训机构校长（行政负责人）及主要管理人员的任职条件执行。

（三）配备能够满足教育教学需要的教师队伍。

（四）申请设立职业技能类民办培训机构教学点，其所开设的培训项目，应达到国家相应职业（工种）设置标准要求。

十四、附则

本标准自2018年1月1日起实施，有效期至2022年12月31日。《上海市教育委员会上海市民政局上海市社会团体管理局关于印发〈上海市民办非学历教育机构设置标准〉的通知》（沪教委民〔2015〕20号）同时废止。

上海市教育委员会
上海市工商行政管理局
上海市人力资源和社会保障局
上海市民政局
2017年12月18日

上海市营利性民办培训机构管理办法

第一章 总 则

第一条(目的和依据)

为贯彻落实《国务院关于鼓励社会力量兴办教育促进民办教育健康发展的若干意见》,加强对本市营利性民办培训机构的监督管理,规范和促进民办非学历教育健康发展,根据修订后的《中华人民共和国民办教育促进法》和《中华人民共和国公司法》《中华人民共和国民办教育促进法实施条例》《中华人民共和国公司登记管理条例》《上海市终身教育促进条例》《民办学校分类登记实施细则》《营利性民办学校监督管理实施细则》等法律法规以及相关规范性文件的规定,制定本办法。

第二条(适用范围)

本市行政区域内营利性民办培训机构的管理,适用本办法。法律法规另有规定的,从其规定。

本办法所称营利性民办培训机构,是指在本市行政区域内,由教育部门或人力资源社会保障部门许可,在工商行政管理(市场监督管理)部门进行法人登记,由国家机构以外的法人或自然人,利用非国家财政性经费和非捐助资产,面向社会举办的专门从事文化教育或职业技能培训的公司制企业法人。

开展3周岁以下婴幼儿照护和儿童早期教育服务的机构、仅通过互联网等非线下方式提供培训服务的机构,其管理办法另行制定。国家及本市对中外合作营利性培训机构的设立及管理另有规定的,从其规定。

第三条(办学宗旨)

营利性民办培训机构应当坚持教育的公益性,坚持党的领导,坚持社会主义办学方向,遵守国家法律法规,全面贯彻党的教育方针,落实立德树人根本任务,发展素质教育,推进教育公平,培养德智体美全面发展的社会主义建设者和接班人,实现社会效益与经济效益相统一。

营利性民办培训机构应当贯彻教育与宗教相分离的原则,不得利用宗教进行妨碍国家教育制度的活动,不得从事政治、军事、警察等领域的教学培训项目,不得违背公序良俗。

第四条(管理分工)

市教育部门负责本市民办培训行业的统筹规划、综合协调和宏观管理。

市教育部门和市人力资源社会保障部门分别负责制定全市文化教育类和职业技能类培训行业的发展规划和政策文件,分别指导、监督区教育部门、区人力资源社会保障部门开展相关工作。区教育部门和区人力资源社会保障部门分别负责实施本行政区域内文化教育类和职业技能类营利性民办培训机构的行业规划、行政审批。区教育部门负责对教育培训市场投诉举报或巡查发现线索的归口受理和分派。

工商(市场监督管理)部门负责营利性民办培训机构的登记管理。市工商部门负责指导、监督区市场监督管理部门开展相关工作。区市场监督管理部门牵头组织教育培训市场的联合执法。

政府其他有关职能部门依法对本辖区内营利性民办培训机构实施监督管理。

镇(乡)政府、街道办事处依托网格化管理体系,开展所在区域教育培训市场的日常巡查工作,并协同区市场监督管理等部门开展教育培训市场联合执法。

第二章 设立审批登记

第五条(办理机关及窗口设置)

举办者应当根据《上海市民办培训机构设置标准》(以下简称《设置标准》)规定的设立条件,向申请机构住所地的区教育部门申请设立文化教育类营利性民办培训机构，或者向申请机构住所地的区人力资源社会保障部门申请设立职业技能类营利性民办培训机构。

区教育部门、区人力资源社会保障部门(以下统称“审批机关”)设立民办培训机构服务指导中心、设置服务窗口或者专岗专员，面向全区受理营利性民办培训机构设立、变更等申请，并提供相关服务。

各区可将营利性民办培训机构的审批纳入区行政服务中心统一办理，授权行政服务中心服务窗口依法开展业务咨询、受理申请、协调办理、送达等事项。

第六条(名称预先核准)

举办者向审批机关提出筹设申请或者正式申请前，应当向工商(市场监督管理)部门申请企业名称预先核准。工商(市场监督管理)部门可以根据需要，就营利性民办培训机构的名称预先核准事宜，征求审批机关的意见。审批机关应当及时反馈意见，对不同意的应当说明理由。

第七条(机构筹设)

申请筹设营利性民办培训机构的，举办者应当提交下列材料：

(一) 申办报告，内容主要包括举办者、拟设营利性民办培训机构的名称、地址、办学规模、办学条件、培养目标、办学形式、内部管理机制、经费筹措与管理使用等。

(二) 举办者资质证明文件。

(三) 举办者曾举办或参与举办民办学校(包括民办培训机构)的，还应当提交民办学校(包括民办培训机构)办学许可证、登记证或者营业执照、校园土地使用权证、校舍房屋产权证明复印件，以及近 2 年年度检查的证明文件和有资质的会计师事务所出具的民办学校(包括民办培训机构)上年度财务会计报告审计结果。

(四) 有两个以上举办者的，应当提交联合办学协议，明确各举办者的出资数额、出资方式、权利义务，举办者的排序、争议解决办法等内容。

(五) 办学资金来源、资金数额及有效证明文件，并载明产权。

(六) 名称预先核准的证明文件。

审批机关应当自受理筹设申请之日起 30 日内以书面形式作出是否同意的决定。同意筹设的，制发筹设批准书；不同意筹设的，应当书面说明理由。

经批准筹设的，举办者应当自批准筹设之日起 3 年内提出正式设立申请，3 年内未提出正式设立申请的，原筹设批准文件自然废止。

第八条(正式设立申请)

申请正式设立营利性民办培训机构的，举办者应当向审批机关提交下列材料：

(一) 筹设批准书。

(二) 筹设情况报告。

(三) 可供合法使用的办学场地及设施设备的有效证明文件。

(四) 章程。

(五) 拟任校长及主要管理人员的资格证明材料。

(六) 首届决策机构、监督机构组成人员及其负责人的资格证明材料。

(七) 拟聘请专兼职教师名单及其资格证明文件。

(八) 根据申请办学类别拟定的课程(培训)计划、所选用的教材，以及由举办者签署的教材合法合规及自愿接受监督检查的承诺书。

(九) 拟订的各项管理制度。

(十) 与银行草签的学杂费专用账户管理协议。

（十一）举办涉及消防、保安、安全生产等特殊行业的培训项目且相关行业主管部门另有准入要求的，提交相关行业主管部门的审查同意文件。

（十二）法律法规及规章规定的其他材料。

具备办学条件并符合《设置标准》要求的，举办者可以直接申请正式设立。直接申请正式设立的，应当提交本办法第七条第一款、第八条第一款第三项至十二项规定的材料。

举办者应当对所提交材料的真实性负责。

第九条（受理核准）

审批机关收到举办者提出的设立申请后，应当根据下列情况作出如下处理：

（一）申请事项依法不属于审批机关职权范围的，应当即时作出不予受理的决定，并告知申请人向有关行政机关申请。

（二）申请材料不齐全或不符合法定形式的，应当当场或者在5个工作日内一次告知申请人需要补正的全部内容，逾期不告知的，自申请材料收到之日起即视为受理。

（三）申请材料齐全、符合法定形式的，或申请人按照审批机关的要求提交全部补正申请材料的，审批机关应当受理。

审批机关受理申请后，应当对办学场所及办学条件进行现场核查，认为有必要的，可以组织相应的评估论证。其中，对拟设职业技能类营利性民办培训机构申请举办高级以上培训项目的，区人力资源社会保障部门在审核评议时还应当听取市人力资源社会保障行政部门的意见。对拟设营利性培训机构的现场核查及评估论证，不得向申请者收取任何费用。

审批机关应当根据申请材料、核查情况以及审核评议结果，自受理之日起3个月内，作出是否准予设立的书面决定。对符合规定条件的，作出准予设立的书面决定；对不符合规定条件的，作出不予批准的决定并书面说明理由。

第十条（发证备案）

对准予设立的营利性民办培训机构，审批机关应当及时发给《民办学校办学许可证》（以下简称《许可证》），并报市教育部门、市人力资源社会保障部门备案。

《许可证》分为正本、副本，正本和副本具有相同的法律效力。《许可证》的有效期由审批机关按照其办学条件、课程计划、场地使用期限等具体确定，但最长不超过3年。

区人力资源社会保障部门应当在发给《许可证》后，及时将职业技能类培训机构的许可决定抄送同级教育部门备案。

第十一条（法人登记）

营利性民办培训机构取得《许可证》的，应当依法向工商（市场监督管理）部门申请办理公司登记。

营利性民办培训机构在取得办学许可并进行法人登记后，方可开展招生及教育教学活动。

第十二条（教学点设立）

营利性民办培训机构可以依法依规设立教学点。教学点的办学活动和教育教学管理，由营利性民办培训机构统一实施并承担责任。

从事培训活动的教学点应当符合《设置标准》规定的条件，由营利性民办培训机构向教学点所在地审批机关提交下列材料：

（一）设立申请，主要内容包括教学点地址、办学规模、办学条件、办学形式等。

（二）教学场地和教学设施设备证明。

（三）拟任负责人的资格证明。

（四）拟聘请专兼职教师名单及其资格证明文件。

（五）举办涉及消防、保安、安全生产等特殊行业的培训项目且相关行业主管部门另设准入条件的，提交相关行业主管部门审查同意的文件。

（六）名称预先核准的证明文件。

（七）法律法规规定的其他材料。

审批机关参照本办法第九条规定的流程，应当在受理之日起20个工作日内作出是否准予设立的书面决定。对符合规定条件的，作出准予设立的办学许可，并抄送营利性民办培训机构所在地审批机关；对不符合规定条件的，作出不予批准的决定并书面说明理由。

教学点经批准设立的，营利性民办培训机构应当在取得批准文件后30日内，向工商（市场监督管理）部门申请办理分公司登记。

第三章 机构管理

第十三条（组织机构）

营利性民办培训机构应当坚持和加强党的领导，做到党的建设同步谋划、党的组织同步设置、党的工作同步开展，确保始终坚持社会主义办学方向。

营利性民办培训机构应当建立决策机构、执行机构和监督机构，其产生程序、人员组成以及议事规则等，应当符合相关法律法规、规章和机构章程的规定。

营利性民办培训机构应当按照《设置标准》有关任职条件聘任校长（行政负责人），校长（行政负责人）依法独立负责学校的教育教学和行政管理工作。

第十四条（许可证管理）

营利性民办培训机构应当在教学场所显著位置，公示《许可证》。《许可证》遗失的，应当立即公告并及时向审批机关申请补发。不得以任何名义出租、出借、转让《许可证》。

营利性民办培训机构《许可证》期满需要延续的，应当在《许可证》有效期满30个工作日前，向审批机关提出延续申请，并提交相应证明材料。审批机关应当作出是否同意的决定。同意延续的，应当收回原《许可证》后换发新证；不同意延续的，应当书面说明理由。

第十五条（招生管理）

营利性民办培训机构应当加强招生管理、规范招生行为。在招生宣传时，不得简称为“××学校”、“××学院”或者“××中心”，所发布的招生简章和广告应当报审批机关备案。其中，招生简章应当公示收费项目、收费标准、办学事项、退费办法和服务承诺等内容。广告形式与内容应当符合《中华人民共和国广告法》等相关规定，不得进行虚假宣传，欺骗和误导受教育者及其家长，不得到中小学校内进行宣传或者招生。

营利性民办培训机构应当与受教育者或其监护人签订培训服务合同，严格履行合同约定内容，切实维护双方当事人合法权益，不得捆绑推销贷款、金融等与培训服务不相关的产品或服务。

第十六条（学杂费管理）

营利性民办培训机构学杂费收缴和使用，应当遵守本市有关民办培训机构学杂费收缴和使用管理的相关规定，依法制定收退费标准和管理办法。收取费用应当以一个培训周期为基准，培训周期超过一年的，按照学年（最长为12个月）收取费用。

营利性民办培训机构应当开设并使用学杂费专用账户，按照规定缴存学习保障金，保障其收取的学杂费主要用于教育教学活动。审批机关可以根据信用分级结果，调整学习保障金的缴存比例。允许营利性民办培训机构以购买具有与学习保障金同等或者相似功能的商业保险，替代学习保障金的缴存。

第十七条（教学管理）

营利性民办培训机构应当按照《许可证》载明的培训项目及培训内容，开设课程、选用教材、组织教学。所选用教材应当报审批机关备案，且举办者应当对教材的合法性、合规性以及自愿接受主管部门检查等作出书面承诺。涉及引进教材的，应当严格遵守国家出版物进口管理的有关规定，不得违反宪法法律、危害国家安全、破坏民族团结、宣扬邪教迷信。

营利性民办培训机构应当制订基于相应课程（职业）标准的教学评价办法，建立有效的质量监控制度，确保教育教学质量。

营利性民办培训机构以互联网等方式提供教学服务的，应当符合国家和本市相关规定。

营利性民办培训机构应当加强对教学点的教学管理，确保教学点按照统一教学标准提供培训服务。

第十八条（人员管理）

营利性民办培训机构应当配备与培训类别、层次及规模相适应的专兼职教师队伍。专兼职教师应当具有教师资格或相关专业技能资格。不得聘用在职中小学教师。聘用外籍人员，应当符合国家有关规定。

职业技能类营利性民办培训机构可以根据专业技能培训需要，聘请高级专业技术人员、技师、高级技师或具有特殊技能的人员任教。

营利性民办培训机构应当加强师德师风建设，建立健全教师专业发展长效机制，在学费收入中安排一定比例资金用于教师培训和业务进修活动，提高管理队伍和教师队伍素质。

第十九条（资产和财务管理）

营利性民办培训机构应当依法建立财务、会计制度和资产管理制度，并按照国家有关规定设置会计账簿。同时，应当独立设置财务管理机构，统一机构财务核算，不得账外核算；建立健全财务内部控制制度，按照实际发生数列支，不得虚列虚报，不得以计划数或预算数代替实际支出数。

营利性民办培训机构资产的使用和财务管理，受审批机关和其他有关部门的监督。营利性民办培训机构应当在每个会计年度结束时制作财务会计报告，委托会计师事务所依法进行审计，并公布审计结果。

营利性民办培训机构应当依法落实法人财产权，存续期间，所有资产由法人依法管理和使用，任何组织和个人不得侵占、挪用、抽逃。

第二十条（安全管理）

营利性民办培训机构应当加强消防、食品、公共卫生等安全管理。法定代表人是安全管理第一责任人，负责落实安全防范措施，建立健全安全管理制度和应急预警处理机制，配备安全保卫人员，明确安全工作职责，防范各类安全责任事故发生。

第四章　义务教育阶段相关培训活动特殊规定

第二十一条（教学规定）

营利性民办培训机构面向义务教育阶段学生开展语文、数学、外语、物理、化学等与升学或考试相关的学科及其延伸类培训（教学）活动的，应当符合教育规律和未成年人身心发展特点，基于相关学段课程标准组织教学，严禁拔高教学要求，严禁加快教学进度，严禁增加教学难度。

第二十二条（竞赛规定）

营利性民办培训机构面向义务教育阶段学生举办语文、数学、外语、物理、化学等与升学或考试相关的学科及其延伸类竞赛活动或等级测试等变相竞赛活动的，应当先经所在区教育部门备案后实施，备案内容包括举办单位、参赛对象、竞赛内容、组织形式、评奖办法等事项。

区教育部门收到备案材料后，应当告知举办竞赛活动或变相竞赛活动的具体规范及要求，给予必要的行政指导，并加强事中事后监管。竞赛举办单位应当对规范组织竞赛作出书面承诺。

营利性民办培训机构不得面向社会举办以小学生为参赛对象的语文、数学、外语等与升学或考试相关的学科及其延伸类竞赛活动或等级测试等变相竞赛活动。面向机构内部举办竞赛活动或变相竞赛活动以及面向社会举办其他竞赛活动的，不得实施以下行为：

（一）将自身培训（教学）活动和所开展的竞赛捆绑，影响竞赛公平。

（二）将竞赛结果以各种形式提供给本市中小学校（含学校教职工），干扰正常招生入学秩序。

（三）进行有关竞赛与升学相关联以及获奖学生升学情况等方面的宣传。

严禁未取得办学许可证的其他社会机构面向义务教育阶段学生举办语文、数学、外语、物理、化学等与升学或考试相关的学科及其延伸类竞赛活动或等级测试等变相竞赛活动。

第二十三条（教材规定）

营利性民办培训机构开展义务教育阶段语文、数学、外语、物理、化学等与升学或考试相关的学科及其延伸类相关培训（教学）活动，其所选用教材应当遵守合法性、合规性等承诺，并向审批机关备案。

第二十四条（管理规定）

开展义务教育阶段学科及其延伸类相关培训（教学）活动的，应当制定科学的培训计划，合理安排教学进度，不得妨碍未成年人正常休息，授课结束时间不得晚于20:30，且每班应当设管理专员1人，由所在培训机构专职人员担任，负责班级管理工作。营利性民办培训机构应当按照培训周期记录授课时数，并记人教学档案。

第二十五条（师资规定）

开展义务教育阶段语文、数学、外语、物理、化学等与升学或考试相关的学科及其延伸类培训（教学）的授课教师，应当具备相应的教师资格证。在职中小学教师不得参加民办培训机构有偿补课活动。

第五章　变更与终止

第二十六条（变更事项）

在办学许可有效期内，营利性民办培训机构的举办者、名称以及其他重大事项发生变更的，应当向审批机关申请变更。

变更名称的，应当参照本办法第六条规定的程序经名称预先核准后，向审批机关提出变更申请。

第二十七条（变更流程）

申请变更本办法第二十六条规定事项的，营利性民办培训机构应当按照法律法规和章程规定履行机构内部决策程序和流程，并向审批机关提交以下申请材料：

（一）变更申请。

（二）决策机构出具的决策文件。

（三）修改后的章程。

（四）按照不同的变更事项，参照设立条件、设置标准和本办法其他规定要求提供的证明文件。

（五）法律法规规定的其他材料。

审批机关收到变更申请材料后，应当参照本办法第九条、第十条规定的流程自受理之日起20个工作日内作出是否同意变更的书面决定。同意变更的，收回原《许可证》后换发新证；不同意变更的，应当书面说明理由。

营利性民办培训机构应当在取得《许可证》后30日内，向工商（市场监督管理）部门申请办理变更登记。

第二十八条（备案事项）

营利性民办培训机构法定代表人、董事、监事等变动的，应当经审批机关备案后30日内，向工商（市场监督管理）部门办理变更或备案手续。

第二十九条(合并、分立流程)

营利性民办培训机构合并、分立的,应当向审批机关提出申请,经审批通过后,依法向工商(市场监督管理)部门办理相关手续。

申请合并、分立的,审批机关应当自受理之日起3个月内以书面形式作出是否同意的决定。

除按照法律法规规定履行合并、分立程序外,营利性民办培训机构应当做好财务清算、学生安置等工作,确保教育教学秩序和师生权益不受影响,并制定实施方案和应急工作预案,向所在地审批机关备案。

第三十条(终止情形)

有下列情形之一的,营利性民办培训机构应当终止:

(一) 章程规定终止,并经审批机关核准的。

(二) 被吊销《许可证》或《许可证》有效期届满未延续的。

(三) 因资不抵债无法继续办学的。

(四) 法律法规规定的其他应当终止的情形。

终止过程中,应当妥善安置在校学生,并按照法律法规和章程进行清算、债务清偿和剩余财产分配,同时制定实施方案和应急工作预案,向所在地审批机关备案;资不抵债的,应当按照关于破产的相关规定执行。

第三十一条(终止流程)

发生本办法第三十条第一款第二项规定情形的,审批机关应当按照《行政许可法》等法律法规注销其办学许可;发生本办法第三十条第一款第一项、第三项、第四项规定情形的,营利性民办培训机构应当向审批机关提出注销申请,审批机关应当作出是否准予终止办学的决定。

营利性民办培训机构应当在取得准予终止办学的批准文件后,向工商(市场监督管理)部门申请办理相关登记。

审批机关应当将准予终止办学或者吊销《许可证》的决定抄送工商(市场监督管理)部门,并向市教育部门、市人力资源社会保障部门备案。

第三十二条(教学点变更和终止)

营利性民办培训机构教学点名称、负责人等发生变更或者教学点终止办学的,应当报经审批机关核准后,方可办理相应手续。

营利性民办培训机构教学点应当在取得办学许可30日内,向工商(市场监督管理)部门申请办理变更或注销登记。

第六章　监督管理

第三十三条(综合监管机制)

健全市、区、街镇三级联动的综合监管机制。完善市、区教育培训市场管理联席会议制度,明确教育培训市场的联合执法部门及组织方式,畅通投诉举报渠道,加大对违法违规办学行为的查处力度。

教育部门或人力资源社会保障部门加强行业管理,会同工商(市场监督管理)、公安等部门和镇(乡)政府、街道办事处,形成巡查发现、归口受理和分派协调、违法查处等各环节分工牵头负责、共同履职的机制。

建立巡查发现机制。纳入市、区和镇(乡)政府、街道办事处三级网格化综合治理体系,开展教育培训市场违法违规行为的日常巡查发现工作。

建立归口受理和分派机制。建立由区教育部门牵头的归口受理机制,对巡查发现或投诉举报的线索进行初步核实,并分派到区市场监督管理部门或相关职能部门。

建立违法查处机制。由区市场监督管理部门会同镇(乡)政府、街道办事处、民政、教育及人力资源社会保障、公安、城管执法等部门建立联合执法机制,依据法定职责对违法违规行为予以查处。由镇(乡)政府、街道办事处会同相关职能部门做好维稳善后工作。

第三十四条(检查督导制度)

区教育部门、区人力资源社会保障部门和区市场监督管理部门按照属地管理的原则,建立健全年度报告(年度检查)制度,依法对营利性民办培训机构组织开展专项检查、日常检查、年度检查等工作。

区教育督导部门选派兼职督学参与检查,对其办学行为是否符合教育规律提出意见和建议,作为行政执法的重要依据。

区教育督导部门对区政府相关部门及镇(乡)政府、街道办事处履行培训机构监管职责进行督政。

第三十五条(信息采集与共享)

市教育部门、市人力资源社会保障等部门建立健全民办培训机构的信息系统和信用管理平台,对接本市公共信用信息服务平台,与其他相关部门实现信息互联互通。

区教育部门、区人力资源社会保障部门依法实施对营利性民办培训机构在信息采集、共享、使用等环节的分类分级管理,按照“全面覆盖、动态更新、准确及时”的原则,采集营利性民办培训机构证照基本信息、纠纷和投诉信息、检查和评估信息以及行政处罚等信息,加强事中事后监管,提高监测预警能力。

第三十六条(信息公开制度)

市、区教育部门和人力资源社会保障等部门依托国家企业信用公示系统、本市公共信用信息服务平台和民办培训机构信息管理平台,向社会公开营利性民办培训机构相关信息,包括证照基本信息、年度审查评估及日常监督检查结果、督导情况、行政处罚信息等。

营利性民办培训机构应当建立信息公开机制,通过机构官方网站、信息公告栏等渠道,及时公开和更新其基本信息、教师基本情况、收费和退费制度以及各项规章制度等。

第三十七条(信用分级监管)

市教育部门、市人力资源社会保障部门建立健全营利性民办培训机构信用分类分级管理机制,将相关信息纳入本市公共信用信息服务平台统一管理,建立营利性民办培训机构违法失信惩戒制度。

第三十八条(行业自律)

支持民办培训行业组织发展,构建行业自律管理体系,建立健全行业自律约束机制和行业诚信制度,充分发挥行业组织在交流合作、协同创新、风险防范、履行社会责任等方面的桥梁纽带作用。鼓励并支持民办培训行业组织推广使用培训合同示范文本。

第七章　附　　则

第三十九条(组织保障)

教育部门和人力资源社会保障部门应当加强对民办培训行业的组织领导,增强相关管理人员配备,充实审批监管力量,明确内部职责分工,加强部门协同管理,提高审批监管效能。

第四十条(现有机构过渡安排)

按照国家对民办学校(含民办培训机构)实施分类管理改革的精神,根据《上海市经营性民办培训机构登记暂行办法》,经工商(市场监督管理)部门征求教育部门或人力资源社会保障部门意见同意设立的经营性民办培训机构,在本市统一规定的过渡期内,按照本市相关规定,修订机构章程、健全治理结构、完善办学条件,向所在地相应审批机关申请取得办学许可证,并办理其他相关手续。相关办理流程,按照《上海市民办学校分类许可登记管理办法》执行。

第四十一条(实施日期)

本办法自2018年1月1日起实施,有效期至2022年12月31日。

上海市教育委员会
上海市工商行政管理局
上海市人力资源和社会保障局
上海市民政局
2017年12月18日

上海市非营利性民办培训机构管理办法

第一章 总 则

第一条(目的和依据)

为贯彻落实《国务院关于鼓励社会力量兴办教育促进民办教育健康发展的若干意见》,加强对本市非营利性民办培训机构的监督管理,规范和促进民办非学历教育健康发展,根据修订后的《中华人民共和国民办教育促进法》和《中华人民共和国民办教育促进法实施条例》《民办非企业单位登记管理暂行条例》《上海市终身教育促进条例》《民办学校分类登记实施细则》等法律法规以及相关规范性文件,制定本办法。

第二条(适用范围)

本市行政区域内的非营利性民办培训机构的管理,适用本办法。法律法规另有规定的,从其规定。

本办法所称的非营利性民办培训机构,是指在本市行政区域内,由教育部门或人力资源社会保障部门许可,在民政部门进行法人登记,由国家机构以外的法人或自然人,不以营利为目的,利用非国家财政性经费捐助设立,面向社会举办的专门从事文化教育或职业技能培训的非学历教育机构。

开展3周岁以下婴幼儿照护和儿童早期教育服务的机构、仅通过互联网等非线下方式提供培训服务的机构,其管理办法另行制定。国家对中外合作培训机构的设立及管理另有规定的,从其规定。

第三条(办学宗旨)

非营利性民办培训机构应当坚持教育的公益性,坚持党的领导和社会主义办学方向,遵守国家法律法规,全面贯彻党的教育方针,落实立德树人根本任务,发展素质教育,推进教育公平,培养德智体美全面发展的社会主义建设者和接班人。

非营利性民办培训机构应当贯彻教育与宗教相分离的原则,不得利用宗教进行妨碍国家教育制度的活动,不得从事政治、军事、警察等领域的教学培训项目,不得违背公序良俗。

第四条(管理分工)

市教育部门负责本市民办培训行业的统筹规划、综合协调和宏观管理。

市教育部门和市人力资源社会保障部门分别负责制定全市文化教育类和职业技能类培训行业的发展规划和政策文件,分别指导、监督区教育部门、区人力资源社会保障部门开展相关工作。区教育部门和区人力资源社会保障部门分别负责实施本行政区域内文化教育类和职业技能类非营利性民办培训机构的行业规划、行政审批。区教育部门负责对教育培训市场投诉举报或巡查发现线索的归口受理和分派。

区民政部门(以下统称"登记管理机关")是本市非营利性民办培训机构的登记管理机关,负责实施本行政区域内非营利性民办培训机构的法人登记管理。市民政部门负责指导、监督区民政部门开展相关工作。

政府其他有关职能部门依法对本辖区内非营利性民办培训机构实施监督管理。

镇(乡)政府、街道办事处依托网格化管理体系,开展所在区域教育培训市场的日常巡查工作,并协同区市场监督管理等部门开展教育培训市场联合执法。

第二章　设立审批登记

第五条(办理机关及窗口设置)

举办者应当根据《上海市民办培训机构设置标准》(以下简称《设置标准》)规定的设立条件,向申请机构住所地的区教育部门申请设立文化教育类非营利性民办培训机构,或者向申请机构住所地的区人力资源社会保障部门申请设立职业技能类非营利性民办培训机构。

区教育部门、区人力资源社会保障部门(以下统称"审批机关")设立民办培训机构服务指导中心、设置服务窗口或者专岗专员,受理辖区内非营利性民办培训机构的设立、变更等申请,并提供相关服务。

各区可以将非营利性民办培训机构的审批纳入区行政服务中心统一办理,授权行政服务中心服务窗口依法开展业务咨询、受理申请、协调办理、送达等事项。

第六条(名称预先核准)

举办者在提出筹设申请或者正式申请前,应当向登记管理机关进行核名。审批机关在举办者提出筹设申请或者正式申请前,应当向举办者提供名称查询服务。举办者通过民办培训机构信息管理平台进行名称比对,取得查询服务意见。登记管理机关根据查询服务意见进行核名,同意其名称的,颁发《民办非企业单位名称核准通知书》;不同意的,应当书面说明理由。

第七条(机构筹设)

申请筹设的,举办者应当向审批机关提交下列材料:

(一)申办报告,内容主要包括举办者、拟设非营利性民办培训机构的名称、地址、办学规模、办学条件、培养目标、办学形式、内部管理机制、经费筹措与管理使用等。

(二)举办者的资质证明文件。

(三)有两个以上举办者的,应当提交联合办学协议,明确各举办者的出资数额、出资方式、权利义务、举办者的排序、争议解决办法等内容。

(四)资产来源、资金数额及有效证明文件,并载明产权。其中,属捐赠性质的校产须提交捐赠协议,并载明捐赠人的姓名、所捐财产的数额、用途和管理方法以及相关有效证明文件。

(五)登记管理机关名称核准的证明文件。

审批机关应当自受理筹设申请之日起30日内,以书面形式作出是否同意的决定。同意筹设的,颁发筹设批准书;不同意筹设的,应当书面说明理由。非营利性民办培训机构的筹设期不得超过3年,超过3年的,举办者应当重新申报。

第八条(正式设立申请)

申请正式设立的,举办者应当向审批机关提交下列材料:

(一)筹设批准书。

(二)筹设情况报告。

(三)可供合法使用的办学场地及设施设备的有效证明文件。

(四)章程。

(五)拟任校长及主要管理人员的资格证明材料。

(六)首届决策机构、监督机构组成人员及其负责人的资格证明材料。

(七)拟聘请专兼职教师的名单及其资格证明文件。

(八)根据申请办学类别拟定的课程(培训)计划、所选用的教材,以及由举办者签署的教材合法合规及自愿接受监督检查的承诺书。

（九）拟订的各项管理制度。

（十）与银行草签的学杂费专用账户管理协议。

（十一）举办涉及消防、保安、安全生产等特殊行业的培训项目且相关行业主管部门另有准入要求的，提交相关行业主管部门审查同意的文件。

（十二）法律法规及规章规定的其他材料。

具备办学条件并符合《设置标准》要求的，举办者可以直接申请正式设立。直接申请正式设立的，应当提交本办法第七条第一款、第八条第一款第三项至十二项规定的材料。

举办者应当对所提交材料的真实性负责。

第九条（受理核准）

审批机关收到举办者提出的设立申请后，应当根据情况作出下列处理：

（一）申请事项依法不属于本行政机关职权范围的，应当即时作出不予受理的决定，并告知申请人向有关行政机关申请。

（二）申请材料不齐全或不符合法定形式的，应当当场或者在 5 个工作日内，一次告知申请人需要补正的全部内容，逾期不告知的，自申请材料收到之日起即视为受理。

（三）申请材料齐全、符合法定形式的，或者申请人按照审批机关的要求提交全部补正申请材料的，审批机关应当受理。

审批机关受理申请后，应当对办学场所及办学条件进行现场核查，认为有必要的，可以组织相应的评估论证。其中，对拟设职业技能类非营利性民办培训机构申办高级以上培训项目的，区人力资源社会保障部门在审核评议时还应当听取市人力资源社会保障部门的意见。对拟设非营利性民办培训机构的现场核查及评估论证，不得向申请人收取任何费用。

审批机关应当根据申请材料、核查情况以及评估论证结果，自受理之日起 3 个月内，以书面形式作出是否同意的决定。不同意的，应当书面说明理由。

第十条（发证备案）

对批准正式设立的，审批机关应当及时发放《民办学校办学许可证》（以下简称《许可证》），并报送市教育部门、市人力资源社会保障部门备案。其中，区人力资源社会保障部门还应当在发放《许可证》后，将有关信息抄送同级教育部门备案。

《许可证》分为正本、副本，正本和副本具有相同的法律效力。《许可证》的有效期，由审批机关按照其办学条件、课程计划、场地使用期限等具体确定，但最长不超过 3 年。

第十一条（法人登记）

非营利性民办培训机构获得筹设批准书或《许可证》后，应当根据登记管理机关有关规定，到登记管理机关办理法人登记。

非营利性民办培训机构在取得办学许可并进行法人登记后，方可开展招生及教育教学活动。

第十二条（教学点设立）

在审批机关管辖行政区域内，非营利性民办培训机构可以申请设立教学点，但不得跨区设立教学点。教学点的办学活动和教育教学管理，由非营利性民办培训机构统一实施并承担相应责任。

设立教学点应当达到《设置标准》规定的相应条件，并由非营利性民办培训机构向审批机关提交下列材料：

（一）设立申请，主要内容包括教学点地址、办学规模、办学条件、办学形式等。

（二）教学场地和教学设施设备证明。

(三) 拟任负责人的资格证明。

(四) 拟聘请专兼职教师名单及其资格证明。

(五) 举办涉及消防、保安、安全生产等特殊行业的培训项目且相关行业主管部门另有准入要求的,提交相关行业主管部门的审查同意文件。

(六) 法律法规规定的其他材料。

审批机关参照本办法第九条规定的流程,应当在受理之日起 20 个工作日内,以书面形式作出是否同意的决定。不同意设立的,应当书面说明理由。

第三章　机 构 管 理

第十三条(组织机构)

非营利性民办培训机构应当坚持和加强党的领导,做到党的建设同步谋划、党的组织同步设置、党的工作同步开展,确保始终坚持社会主义办学方向。

非营利性民办培训机构应当建立决策机构、执行机构和监督机构,其产生程序、人员组成以及议事规则等,应当符合相关法律法规、规章和机构章程的规定。

非营利性民办培训机构应当按照《设置标准》有关任职条件聘任校长(行政负责人),校长(行政负责人)依法独立负责学校的教育教学和行政管理工作。

非营利性民办培训机构依法通过以教师为主体的教职工代表大会等形式,保障教职工参与民主管理和监督。非营利性民办培训机构的教师和其他工作人员,有权依照工会法,建立工会组织,维护其合法权益。

第十四条(许可证管理)

非营利性民办培训机构应当在其教学场所显著位置公示《许可证》。不得以任何名义出租、出借、转让《许可证》。

非营利性民办培训机构遗失《许可证》的,应当立即公告,并及时向审批机关申请补办。

非营利性民办培训机构《许可证》期满需要延续的,应当在《许可证》有效期满 30 个工作日前,向审批机关提出延续申请,并提交相应证明材料。审批机关应当作出是否同意的决定。同意延续的,应当收回原《许可证》后换发新证;不同意延续的,应当书面说明理由。非营利性民办培训机构应当在获得新《许可证》后 30 日内,向登记管理机关办理相应手续。

第十五条(招生管理)

非营利性民办培训机构应当加强招生管理,规范招生行为。在招生宣传时,所发布的招生简章和广告应当报审批机关备案。其中,招生简章应当公示收费项目、收费标准、办学事项、退费办法和服务承诺等内容;广告形式与内容应当符合《中华人民共和国广告法》等相关规定,不得进行虚假宣传,欺骗和误导受教育者及其家长,不得到中小学校内进行宣传或者招生。

非营利性民办培训机构应当与受教育者或其监护人签订培训服务合同,严格履行合同约定内容,切实维护双方当事人合法权益,不得捆绑推销贷款、金融等与培训服务不相关的产品或服务。

第十六条(学杂费管理)

非营利性民办培训机构学杂费收缴和使用,应当遵守本市有关民办培训机构学杂费收缴和使用管理的相关规定,依法制定收退费标准和管理办法。收取费用应当以一个培训周期为基准,培训周期超过一年的,按照学年(最长为 12 个月)收取费用。

非营利性民办培训机构应当开设学杂费专用账户,按规定缴存学习保障金,保障其收取的学杂费主要用于教育教学活动。审批机关可以根据信用分级结果,调整学习保障金的缴存比例。允许非营利性民办培训机构以购买具有与学习保障金同等或者相似功能的商业保险，替代学习保障金的缴存。

第十七条(教学管理)

非营利性民办培训机构应当按照《许可证》载明的培训项目及培训内容，开设课程、选用教材、组织教学。所选用教材应当报审批部门备案，且举办者应当对教材的合法性、合规性以及自愿接受主管部门检查等作出书面承诺。涉及引进教材的，应当严格遵守国家出版物进口管理的有关规定，不得违反宪法法律、危害国家安全、破坏民族团结、宣扬邪教迷信。

非营利性民办培训机构应当制定基于相应课程(职业)标准的教学评价办法，建立有效的质量监控制度，确保教育教学质量。

非营利性民办培训机构以互联网等方式提供教学服务的，应当符合国家和本市相关规定。

非营利性民办培训机构应当加强对教学点的教学管理，确保教学点按照统一标准提供培训服务。

第十八条(人员管理)

非营利性民办培训机构应当配备与培训类别、层次及规模相适应的专兼职教师队伍。专兼职教师应当具有教师资格或相关专业技能资格。不得聘用在职中小学教师。聘用外籍人员，应当符合国家有关规定。

职业技能类非营利性民办培训机构根据专业技能培训需要，可以聘请高级专业技术人员、技师、高级技师或者具有特殊技能的人员任教。

非营利性民办培训机构应当加强师德师风建设，建立健全教师专业发展长效机制，在学费收入中安排一定比例资金，用于教师培训和进修活动，提高管理队伍和教师队伍素质。

第十九条(资产和财务管理)

非营利性民办培训机构应当依法建立财务、会计制度和资产管理制度，并按照国家有关规定设置会计账簿。同时，应当独立设置财务管理机构，建立健全财务内部控制制度。

非营利性民办培训机构资产的使用和财务管理，受审批机关和其他有关部门的监督。其中，资产来源属于国家资助或者社会捐赠、资助的，还应当接受审计机关的监督。非营利性民办培训机构应当在每个会计年度结束时制作财务会计报告，委托会计师事务所依法进行审计，并公布审计结果。

非营利性民办培训机构对举办者投入的资产、国有资产、受赠的财产以及办学积累，享有法人财产权。存续期间，所有资产由法人依法管理和使用，任何组织和个人不得侵占、挪用、抽逃。

第二十条(安全管理)

非营利性民办培训机构应当加强消防、食品、公共卫生等安全管理。法定代表人是安全管理第一责任人，负责落实安全防范措施，建立健全安全管理制度和应急预警处理机制，配备安全保卫人员，明确安全工作职责，防范各类安全责任事故发生。

第四章　义务教育阶段相关培训活动特殊规定

第二十一条(教学规定)

非营利性民办培训机构面向义务教育阶段学生开展语文、数学、外语、物理、化学等与升学或考试相关的学科及其延伸类培训(教学)活动的，应当符合教育规律和未成年人身心发展特点，基于相关学段课程标准组织教学，严禁拔高教学要求，严禁加快教学进度，严禁增加教学难度。

第二十二条(竞赛规定)

非营利性民办培训机构面向义务教育阶段学生举办语文、数学、外语、物理、化学等与升学或考试相关的学科及其延伸类竞赛活动或等级测试等变相竞赛活动的，应当先经所在区教育部门备案后实施，备案内容包括举办单位、参赛对象、竞赛内容、组织形式、评奖办法等事项。

区教育部门收到备案材料后，应当告知举办竞赛活动或变相竞赛活动的具体规范及要求，给予必要的行政指导，并加强事中事后监管。竞赛举办单位应当对规范组织竞赛作出书面承诺。

非营利性民办培训机构不得面向社会举办以小学生为参赛对象的语文、数学、外语等与升学或考试相关的学科及其延伸类竞赛活动或等级测试等变相竞赛活动。面向机构内部举办竞赛活动或变相竞赛活动以及面向社会举办其他竞赛活动，不得实施以下行为：

（一）将自身培训（教学）活动和所开展的竞赛捆绑，影响竞赛公平。

（二）将竞赛结果以各种形式提供给本市中小学校（含学校教职工），干扰正常招生入学秩序。

（三）进行有关竞赛与升学相关联以及获奖学生升学情况等方面的宣传。

严禁未取得办学许可证的其他社会机构面向义务教育阶段学生举办语文、数学、外语、物理、化学等与升学或考试相关的学科及其延伸类竞赛活动或等级测试等变相竞赛活动。

第二十三条（教材规定）

非营利性民办培训机构开展义务教育阶段语文、数学、外语、物理、化学等与升学或考试相关的学科及其延伸类相关培训（教学）活动，其选用教材应当遵守合法性、合规性等承诺，并向审批机关备案。

第二十四条（管理规定）

开展义务教育阶段学科及其延伸类相关培训（教学）活动的，应当制定科学的培训计划，合理安排教学进度，不得妨碍未成年人正常休息，授课结束时间不得晚于 20:30，且每班应当设管理专员 1 人，由所在培训机构专职人员担任，负责班级管理工作。非营利性民办培训机构应当按培训周期记录授课时数，并记入教学档案。

第二十五条（师资规定）

开展义务教育阶段语文、数学、外语、物理、化学等与升学或考试相关的学科及其延伸类培训（教学）的授课教师，应当具备相应的教师资格证。在职中小学教师不得参加民办培训机构有偿补课活动。

第五章 变更与终止

第二十六条（变更事项）

非营利性民办培训机构应当依法进行举办者、名称、场所（住所）、法定代表人、业务范围、开办资金等办学许可或法人登记事项的变更。

第二十七条（变更流程）

相关变更事项的办理程序如下：

（一）变更申请

非营利性民办培训机构申请举办者变更的，依据新修订的《中华人民共和国民办教育促进法》等相关法律法规予以办理。

办学地址变更的，应当由非营利性民办培训机构决策机构向审批机关提出申请。其中，涉及住所变更的，非营利性民办培训机构应当在取得新的《许可证》后，及时向登记管理机关提出申请。

名称变更的，参照本办法第六条相关规定，应当由非营利性民办培训机构决策机构向审批机关提出申请，并自审批机关审查同意之日起 30 日内，向登记管理机关提出申请。

法定代表人、业务范围、开办资金变更的，应当由非营利性民办培训机构自审批机关审查同意之日起 30 日内，向登记管理机关提出申请。

非营利性民办培训机构申请进行办学许可事项或法人登记事项变更的，应当提交变更申请书、决策机构作出变更的会议决议、按照不同变更事项参照设立条件、《设置标准》和本办法其他规定要求提供的证明文件、法人登记事项变更申请所需的审批机关同意其变更的证明材料、法律法规及规章规定的其他材料。

（二）变更审批

审批机关收到变更申请材料后，应当参照本办法第九条、第十条规定的流程自受理之日起 20 个工作日内，以书面形式作出是否同意的决定。同意变更的，应当收回原《许可证》后换发新证；不同意变更的，应当书面说明理由。

登记管理机关应当以书面形式，作出是否同意变更的决定。不同意变更的，应当书面说明理由。

（三）变更公开

非营利性民办培训机构办学许可事项变更，由审批机关予以公开。

非营利性民办培训机构名称、住所、法定代表人、业务范围、开办资金、业务主管单位等法人登记事项变更，由登记管理机关予以公告。

第二十八条（章程核准）

非营利性民办培训机构修订章程，应当由其决策机构形成决议后，报审批机关审查，且自审批机关作出书面审查同意之日起 30 日内，向登记管理机关提出核准申请。登记管理机关应当自受理之日起 20 个工作日内，以书面形式作出是否给予核准的决定。不给予核准的，应当书面说明理由。

第二十九条（备案事项）

非营利性民办培训机构决策机构人员、监督机构人员等的变更，应当由非营利性民办培训机构决策机构作出决议后的 30 日内，报审批机关和登记管理机关备案。

第三十条（合并、分立流程）

非营利性民办培训机构依法可以进行合并、分立，但不同法人属性的机构不得合并，且不得分立为不同法人属性的机构。

申请合并、分立的，由原非营利性民办培训机构向审批机关提出申请，并提交合并或分立的申请书、决策机构作出的合并或分立的会议决议、按照不同事项参照《设置标准》和本办法其他规定要求提供的证明文件、合并或分立相关主体间签订的合并或分立协议（协议内容应当对原机构债权债务进行明确规定）、法律法规及规章规定的其他材料。

审批机关应当自受理之日起 3 个月内，以书面形式作出是否同意的决定。审批机关同意合并、分立的，应当收回原《许可证》后换发新证；不同意合并、分立的，应当书面说明理由。

在获得新《许可证》后，合并或分立后的非营利性民办培训机构，应当依法向登记管理机关办理相关法人登记手续。非营利性民办培训机构的合并、分立，应当做好学生安置、财务清算等工作，确保教育教学秩序和师生权益不受影响。

第三十一条（终止情形）

非营利性民办培训机构有下列情形之一的，应当终止：

（一）章程规定终止，并经审批机关批准的。

（二）被吊销《许可证》或《许可证》有效期届满未延续的。

（三）因资不抵债无法继续办学的。

（四）法律法规规定的其他应当终止的情形。

第三十二条（终止流程）

非营利性民办培训机构终止时，应当妥善安置在校学生。

非营利性民办培训机构终止时应当依法进行财务清算，清算期间不得开展清算以外的活动。非营利性民办培训机构清算后的财产按照以下顺序进行清偿：

（一）应退受教育者的学费、杂费和其他费用。

（二）应发放教职工的工资及应缴纳的社会保险费用。

（三）偿还其他债务。

清偿上述债务后的剩余财产，依照相关法律法规或机构章程规定，捐赠给其他非营利性教育机构继续办学。

依法终止的非营利性民办培训机构，由审批机关收回其《许可证》并给予注销，由登记管理机关收缴法人登记证书、印章并给予注销公告。

第六章　监 督 管 理

第三十三条(综合监管机制)

健全市、区、街镇三级联动的综合监管机制。完善市、区教育培训市场管理联席会议制度，明确教育培训市场的联合执法部门及组织方式，畅通投诉举报渠道，加大对违法违规办学行为的查处力度。

教育部门或人力资源社会保障部门加强行业管理，会同工商(市场监督管理)、公安等部门和镇(乡)政府、街道办事处，形成巡查发现、归口受理和分派协调、违法查处等各环节分工牵头负责、共同履职的机制。

建立巡查发现机制。纳入市、区和镇(乡)政府、街道办事处三级网格化综合治理体系，开展教育培训市场违法违规行为的日常巡查发现工作。

建立归口受理和分派机制。建立由区教育部门牵头的归口受理机制，对巡查发现或投诉举报的线索进行初步核实，并分派到区市场监督管理部门或相关职能部门。

建立违法查处机制。由区市场监督管理部门会同镇(乡)政府、街道办事处、民政、教育及人力资源社会保障、公安、城管等部门建立联合执法机制，依据法定职责对违法违规行为予以查处。由镇(乡)政府、街道办事处会同相关职能部门做好维稳善后工作。

第三十四条(检查督导制度)

区教育部门、区人力资源社会保障部门和区民政部门按照属地管理的原则，建立健全年度检查制度，依法对非营利性民办培训机构组织开展专项检查、日常检查、年度检查等工作。

区教育督导部门选派兼职督学参与检查，对其办学行为是否符合教育规律提出意见和建议，作为行政执法的重要依据。

区教育督导部门对区政府相关部门及镇(乡)政府、街道办事处履行培训机构监管职责进行督政。

第三十五条(信息采集与共享)

市教育部门、市人力资源社会保障等部门建立健全民办培训机构的信息系统和信用管理平台，对接本市公共信用信息服务平台，与其他相关部门实现信息互联互通。

区教育部门、区人力资源社会保障部门依法实施对非营利性民办培训机构在信息采集、共享、使用等环节的分类分级管理，按照“全面覆盖、动态更新、准确及时”的原则，采集非营利性民办培训机构证照基本信息、纠纷和投诉信息、检查和评估信息以及行政处罚等信息，加强事中事后监管，提高监测预警能力。

第三十六条(信息公开制度)

市、区教育部门和人力资源社会保障等部门依托本市公共信用信息服务平台和民办培训机构信息管理平台，向社会公开非营利性民办培训机构相关信息，包括证照基本信息、年度审查评估及日常监督检查结果、督导情况、行政处罚信息等。

非营利性民办培训机构应当建立信息公开机制，通过机构官方网站、信息公告栏等渠道，及时公开和更新其基本信息、教师基本情况、收费和退费制度以及各项规章制度等。

第三十七条(信用分级监管)

市教育部门、市人力资源社会保障部门建立健全非营利性民办培训机构信用分类分级管理机制，将相关信息纳入本市公共信息平台统一管理，建立非营利性民办培训机构违法失信惩戒制度。

第三十八条(行业自律)

支持民办培训行业组织发展,构建行业自律管理体系,建立健全行业自律约束机制和行业诚信制度,发挥行业组织在交流合作、协同创新、风险防范、履行社会责任等方面的桥梁纽带作用。鼓励并支持民办培训行业组织推广使用培训合同示范文本。

第七章　附　　则

第三十九条(组织保障)

教育部门和人力资源社会保障部门应当加强对非营利性民办培训行业的组织领导,增强相关管理人员配备,充实审批监管力量,明确内部职责分工,加强部门协同管理,提高审批监管效能。

第四十条(现有机构过渡安排)

按照国家对民办学校(含民办培训机构)实施分类管理改革的精神,依据《上海市民办非学历教育机构管理办法》或《上海市民办职业培训机构审批和管理办法》,经审批机关批准设立并由民政部门进行法人登记,属于民办非企业单位性质的现有民办培训机构,根据举办者的意愿,在本市统一规定的过渡时间内,履行相应法定程序后,选择登记为非营利性民办培训机构或营利性民办培训机构。相关办理流程,按照《上海市民办学校分类许可登记管理办法》执行。

第四十一条(实施日期)

本办法自 2018 年 1 月 1 日起实施,有效期至 2022 年 12 月 31 日。《上海市教育委员会、上海市民政局、上海市社会团体管理局关于印发〈上海市民办非学历教育机构管理办法〉的通知》(沪教委民〔2015〕19 号)、《上海市人力资源和社会保障局关于印发〈上海市民办职业培训机构审批和管理办法〉的通知》(沪人社职发〔2009〕34 号)同时废止。

上海市教育委员会
上海市工商行政管理局
上海市人力资源和社会保障局
上海市民政局
2017 年 12 月 18 日

上海市教育委员会关于印发《上海市普通高等学校本科专业设置管理实施细则》的通知

(沪教委规〔2017〕1 号)

各本科高等学校:

为进一步规范上海普通高等学校本科专业设置与管理,落实和扩大高校专业设置自主权,提高人才培养质量,根据教育部《普通高等学校本科专业设置管理规定》(教高〔2012〕9 号)和《教育部办公厅关于同意上海市教委对所属高校设置尚未列入“普通高等学校本科专业目录”的新专业开展省级审批试点的批复》(教高厅函〔2016〕100 号),经研究,我委修订了《上海市普通高等学校本科专业设置管理实施细则》,现予以印发,请按照执行。

附件:上海市普通高等学校本科专业设置管理实施细则

上海市教育委员会

2017 年 6 月 30 日

附件

上海市普通高等学校本科专业设置管理实施细则

为进一步规范上海普通高等学校本科专业设置与管理,适应区域经济社会发展需要,特别是上海建设“四个中心”和具有全球影响力的科技创新中心的需要,进一步落实和扩大高校专业设置自主权,提高人才培养质量,根据教育部《普通高等学校本科专业设置管理规定》(教高〔2012〕9 号,以下简称《管理规定》)和《教育部办公厅关于同意上海市教委对所属高校设置尚未列入“普通高等学校本科专业目录”的新专业开展省级审批试点的批复》(教高厅函〔2016〕100 号),特制订本实施细则。

第一条　高校设置和调整专业,应主动适应国家和上海经济社会发展需要,适应知识创新、科技进步以及学科发展需要,更好地满足人民群众接受高质量高等教育的需求;应遵循高等教育规律和人才成长规律,适应学生全面可持续发展的需要;应符合学校办学定位和办学条件要求,促进学校办出特色,提高人才培养质量。

第二条　教育部《普通高等学校本科专业目录(2012 年)》(以下简称《专业目录》)是高校设置和调整专业的基本依据。高校设置尚未列入《专业目录》的新专业,按照新专业省级审批试点工作要求实施。

第三条　高校设置专业须具备下列基本条件:

(一) 符合学校办学定位和发展规划;

(二) 有相关学科专业为依托;

(三) 有稳定的社会人才需求;

(四) 有科学、规范的专业人才培养方案;

(五) 有完成专业人才培养方案所必需的专职教师队伍及教学辅助人员;

(六) 具备开办专业所必需的经费、教学用房、图书资料、仪器设备、实习基地等办学条件,有保障专业可持续发展的相关制度。

第四条　市教委统筹协调所属高校的专业设置与调整工作,对高校的专业设置实行与社会人才需求、学校发展规划、优势与特色相结合的宏观调控管理。

符合以下情况之一的,鼓励高校设置专业:

(一) 符合学校发展定位、彰显学校办学特色,特别是具有显著特色和不可替代性的专业;

(二) 填补上海市空白的专业和经过调整或改造的传统专业;

(三) 能对接上海建设国际经济、金融、贸易、航运中心和具有全球影响力的科技创新中心对高素质应用型人才需求的专业,特别是在金融、贸易、航运、制造、文化创意、信息技术、网络安全、医药卫生等 8 大重点领域,有一定的行业基础或在行业中有影响力,对服务上海经济社会发展和上海战略性新兴产业起支撑作用的相关专业。

属于下列情况之一的，应控制设置专业：

（一）毕业生签约率和就业率过低的专业；

（二）重复设置较多的专业；

（三）与本校已设专业的师资队伍严重重复、课程设置严重相似的专业；

（四）预警专业。

第五条　高校应避免过多、过快设置和低水平重复设置专业。原则上，各高校年度新设专业总数不超过 3 个，其中目录外新专业总数不超过 2 个。

第六条　专业设置和调整实行备案或审批制度，备案或审批工作每年集中进行一次。本项工作的公共信息服务与管理平台依托教育部设立的专门网站。

第七条　高校根据《专业目录》设置专业（国家控制布点专业除外），按以下程序办理：

（一）高校经校内专业设置评议专家组织审议通过后，于每年 7 月 31 日前通过教育部专门网站提交专业设置申请材料，内容包括：学校基本情况、人才培养方案、教师基本情况、办学条件等。

（二）高校专业设置申请材料在教育部专门网站公示，公示期为一个月。

（三）公示期满后，高校于每年 9 月 10 日前将公示期间所提意见的研究处理情况及专业设置申请材料（一式五份）报市教委。部委属高校按有关要求直接报其教育主管部门。

（四）市教委对高校提供的专业备案材料、公示期间所提意见、高校研究处理情况等进行形式审核。审核汇总后，于当年 9 月 30 日前以文件形式报教育部。

第八条　高校设置国家控制布点专业，按第七条有关程序和要求由市教委将申报材料报送教育部审批。

第九条　市属高校设置目录外新专业，按照下列程序办理：

（一）高校应对所设专业开展充分调研，对专业的社会人才需求、与所属专业类中其他专业的区分情况等进行可行性论证。

（二）高校经校内专业设置评议专家组织审议通过，并在学校主页的显要位置公示至少一周。经公示后于每年 7 月 31 日前通过教育部专门网站提交专业设置申请材料。申请材料除学校基本情况、人才培养方案、教师基本情况、办学条件外，还需提交专业设置的可行性论证报告。

（三）高校专业设置申请材料在教育部专门网站公示，公示期为一个月。

（四）公示期间，市教委委托专家审核申请材料，对专业名称的规范性、专业设置的科学性和可行性进行评价，并将专家意见反馈至相关高校。

（五）公示期满后，高校于每年 9 月 10 日前将公示期间所提意见的研究处理情况及专业设置申请材料（一式五份）报市教委。

（六）市教委召开专业设置评议专家组织会议进行审议。根据审议情况确定拟同意设置的专业，于当年 9 月 30 日前以文件形式报教育部。

第十条　高校调整本科专业名称时，如调整为《专业目录》中的专业（除国家控制布点专业外），按备案程序办理；如调整为国家控制布点专业或新专业，按审批程序办理。被调整的专业按撤销专业处理。市属高校撤销专业需由市教委报教育部备案。

第十一条　高校调整专业的学位授予门类或修业年限，按审批程序办理。

第十二条　高校现设专业连续五年不招生的，原则上按撤销专业处理。

第十三条　高校应建立和完善专业建设质量保障机制，开展专业自评工作。鼓励高校引入专门机构或社会中介机构对学校专业办学水平和质量进行评估。

高校应高度重视新设专业的建设，保证新设专业的办学条件。在新设专业首届学生毕业之前，高校应对新设专业进行年度检查、发布专业建设质量年度报告，接受社会监督。

第十四条　市教委综合应用规划、信息服务、政策指导和资源配置等措施，对本区域内高校的专业建设实行指导、检查、监督和评估。

第十五条　如果高校设置的专业在教育教学过程中出现办学条件严重不足、教学质量低下、就业率过低等情况，市教委应对其限期整改，调减招生计划直至暂停招生。

第十六条　在新设专业首届学生进入毕业学年时，市教委组织实施专业评估。评估结论作为专业继续招生、暂停招生和调整招生计划的依据。

第十七条　未经备案或审批同意设置的专业，不得进行招生宣传和招生。对违反规定擅自设置专业或经查实申请材料弄虚作假的高校，市教委予以公开通报批评，所设专业视为无效；情节严重的，三年内不得增设专业。

第十八条　本细则适用于上海普通本科高等院校、独立学院的本科专业设置与管理工作。各高校可依据本细则制订学校操作规程。

第十九条　本细则自印发之日起施行，有效期为10年，解释权归市教委。

上海市教育委员会、上海市财政局关于实行本市义务教育阶段教科书免费提供工作的通知

（沪教委规〔2017〕2号）

各区教育局、财政局：

根据《上海市实施〈中华人民共和国义务教育法〉办法》《国务院关于进一步完善城乡义务教育经费保障机制的通知》（国发〔2015〕67号）以及《教育部财政部关于全面实施城乡义务教育教科书免费提供和做好部分免费教科书循环使用工作的意见》（教材〔2017〕1号）的要求，本市免费向义务教育阶段公办和民办学校中有本市学籍的在校生提供教科书和作业本。

一、免费教科书的界定

免费提供的教科书是指市教委每学期公布的《上海市中小学教学用书目录》中义务教育阶段各年级基础型课程教材（包括教材配套附件材料）、学生用教学资料（如《上海市学生成长记录册》《寒假生活》《暑假生活》《各学科教学基本要求》等）、拓展型课程和研究型课程教材。

二、实施原则

1. 按照本市义务教育阶段小学175元/学期、初中215元/学期的标准控制教科书和作业本费用总价。

2. 区财政按年度安排和核算经费。

3. 各区根据学校征订教科书和作业本情况，按实际费用与发行部门结算。

三、实施要求

市教委将进一步加强对区教育局教科书选用和征订工作负责人的培训工作。各区教育局要加强对

中小学校相关负责人的培训工作，指导中小学校必须在市教委颁发的《上海市中小学教学用书目录》和市教委、市新闻出版局联合颁发的教学用书预订单范围内选择教科书，选用应在一定的价格控制范围内进行。

免费提供教科书和作业本的费用标准	课　本　费		作业本费
小学 175 元	158 元(约占 90%)		17 元(约占 10%)
	基础型课程教材和教学资料必须选用，一般为 134 元(约占课本费的 85%)	拓展型和研究型课程教材总价控制在 24 元(约占课本费的 15%)	
初中 215 元	194 元(约占 90%)		21 元(约占 10%)
	基础型课程教材和教学资料必须选用，一般为 165 元(约占课本费的 85%)	拓展型和研究型课程教材总价控制在 29 元(约占课本费的 15%)	

四、本文件自 2017 年 11 月 1 日起施行，有效期至 2022 年 10 月 31 日。原《上海市教育委员会、上海市财政局关于实施本市义务教育阶段教科书免费提供工作的通知》(沪教委基〔2016〕28 号)同时废止。

上海市教育委员会

上海市财政局

2017 年 11 月 1 日

上海市教育委员会关于印发《上海市中小学学生学籍管理办法》的通知

(沪教委规〔2017〕3 号)

各区教育局：

为贯彻党和国家的教育方针，促进教育公平，全面实施素质教育，保障学生身心健康发展，形成科学化、信息化的学业评价和管理制度，依据《中华人民共和国教育法》《中华人民共和国义务教育法》《上海市实施〈中华人民共和国义务教育法〉办法》、教育部《中小学学籍管理办法》(教基一〔2013〕7 号)等有关法律、法规的规定，结合本市实际情况，制定《上海市中小学学生学籍管理办法》，请遵照执行。

上海市教育委员会

2017 年 12 月 22 日

上海市中小学学生学籍管理办法

第一章 总 则

第一条(目的和依据)

为贯彻党和国家的教育方针,促进教育公平,全面实施素质教育,保障学生身心健康发展,形成科学化、信息化的学业评价和管理制度,依据《中华人民共和国教育法》、《中华人民共和国义务教育法》、《上海市实施〈中华人民共和国义务教育法〉办法》、教育部《中小学学籍管理办法》(教基一〔2013〕7号)等有关法律、法规的规定,结合本市实际情况,制定本办法。

第二条(适用范围)

本办法适用于本市全日制公办、民办义务教育阶段学校和普通高中以及其他发放本市普通高中学历证书的学生学籍管理工作。主要包括学制、入学注册、学籍变动、学生综合素质评价与奖惩等。

第三条(管理职能)

市教育行政部门负责对全市中小学学籍工作的管理、指导、监督和检查;区教育行政部门负责对本区域内的中小学学籍工作的管理、指导并负责具体落实;学校负责对本校学籍工作的具体实施。各级教育行政部门和学校应有专人负责学生学籍管理工作。

全市统一采用上海市基础教育学生信息管理系统(以下简称"学生信息系统")进行学生学籍信息管理。学生信息系统属于全国学籍信息管理系统组成部分。各区教育行政部门按照职责分工,负责本区内中小学学生信息工作。本市中小学在籍学生的学籍建立、变动等须在学生信息系统中完成。

第二章 学制、入学注册与考勤

第四条(学制)

本市实施九年义务教育,其中小学学制为5年,即一年级、二年级、三年级、四年级和五年级。初中学制为4年,即六年级、七年级、八年级和九年级。

本市普通高中学制为3年。在本市普通高中就读的内地民族班学生以及特殊教育学生可按相关规定适当延长学制。

承担教育改革试点的学校可以按相关规定确定学制。

第五条(就学年龄)

本市儿童入小学年龄为年满6周岁。初中入学者应为修完小学学业的学生或达到小学学力的未满18周岁的学生。

第六条(入学)

本市义务教育阶段学校实行免试入学。具有接受普通教育能力的残疾儿童、少年可进入普通学校随班就读,学校不得拒绝其入学。其他残疾儿童、少年可进入特殊教育学校学习,无法适应学校集体学习生活的儿童、少年由所在区教育行政部门安排相应的学校送教上门。

本市义务教育阶段学校具体招生办法按当年市、区教育行政部门公布的相关招生政策执行。本市普通高中起始年级入学学生须符合当年度本市普通高中学校招生政策要求,并经过教育行政部门和考试部门确认。

第七条(班级学额)

本市小学各年级班级学额一般为40人以内,初中各年级班级学额一般为45人以内,如有特殊情况,区教育行政部门可结合本区实际情况合理设定班级学额。

普通高中班级学额一般按当年度招生计划设定。

第八条(注册建籍)

小学、初中起始年级学生的父母或其他法定监护人(以下简称“家长”)应凭入学通知按学校规定的时间为学生办理入学注册手续。已在籍学生每学期应按学校规定的时间办理注册就读手续。

普通高中起始年级入学学生应凭录取通知书按学校规定的时间办理入学注册手续并缴纳学费。已在籍学生每学期应按学校规定的时间办理注册手续并缴纳学费。

因故不能如期办理注册手续者,应向学校申请办理延期注册手续,注册时间最晚不得超过新学期开学后1个月。学生在新学期开学1个月后仍未办理注册手续的,起始年级学生的录取通知书自动失效,已在籍义务教育阶段学生视为学籍中断,普通高中学生按自动退学处理。

起始年级新生办理入学注册手续后,即取得学籍。学校在开学后1个月内在学生信息系统中完成学籍建立工作。

第九条(学籍号管理)

本市学生学籍号分为全国学籍号和上海市学籍号。全国学籍号由国家相关教育部门下发,一人一号,终身不变。上海市学籍号编码规则由市教育行政部门另行制订。学校按编码规则为起始年级在籍学生以及转入本市取得学籍的学生编制本市学籍号。

第十条(信息采集)

本市起始年级学生基础信息由义务教育招生部门和教育考试部门提供。学校须按照教育行政部门要求补充完善学生的信息,形成学生学籍信息,进入学生信息系统。

学生信息有变化时,应及时更正信息。原则上学校每学年需核对一次学生信息。

第十一条(考勤)

学校应当建立学生考勤制度。考勤按照出勤、迟到、早退、病假、事假、旷课等项目记录。

因故不能到校上课或不能参加学校其他教育教学活动的学生,应当履行请假手续。如学生无正当理由未履行请假手续缺勤按旷课处理,学校应及时通知其家长。对旷课和经常迟到、早退的学生,学校应当向其家长了解情况,及时对学生进行教育,帮助其改正。

第十二条(家长责任)

符合本市义务教育阶段入学条件儿童、少年的家长应按《中华人民共和国义务教育法》等有关规定送其子女入学接受并完成义务教育。家长应按市、区教育行政部门当年公布招生政策的规定按时为适龄儿童办理入学注册手续。学生入学后,家长应配合学校做好学生考勤工作。

家长如未按相关规定为适龄儿童、少年办理入学注册就读手续的,由家长承担相应的法律责任。

第三章　转　　学

第十三条(适用对象)

(一) 义务教育阶段符合下列条件之一的,可以转学:

1. 本市户籍学生户籍随家长在本市内跨区迁移;

2. 本市户籍学生从外省(或境外)回本市就读。

(二) 义务教育阶段符合下列条件之一的可申请登记,转入本市有空余学额的学校:

1. 本市在籍学生居住地跨区变更;

2. 符合本市当年度义务教育阶段招生条件的非本市学籍学生。

具体转学条件由各区教育行政部门依据相关规定和本区实际情况制定细则。

（三）普通高中学生符合下列条件之一的可申请转入本市有空余学额的普通高中：

1. 学生为本市户籍；

2. 学生父母一方持有《上海市居住证》满3年且积分达到标准分值（学生信息须在本市居住证积分管理系统中查询确认）；

3. 学生父母一方为在沪高校、科研机构博士后流动站（工作站）人员；

4. 学生父母一方及学生本人持有《上海市海外人才居住证》。

本市范围内普通高中在籍学生原则上不予转学。因动迁等原因可申请转入有空余学额的普通高中，转学学生当年参加本市中考分数须达到转入学校当年的统一招生录取分数。

第十四条（申请材料）

本市范围内申请转学的学生须提供学生的转学信息表、身份证明、户籍证明、居住证明、学生成长记录册等。

由非本市学校申请转入本市学校的学生须提供学生的身份证明、户籍证明、居住证明、原就读学校就读的相关证明材料、全国学籍号及学籍状态（无全国学籍号须写情况说明）、家长在本市工作或生活的相关证明材料等。

申请转入普通高中的学生还需提供转出地中考成绩证明以及录取通知书。

第十五条（申请时限）

转学手续在学期开学和结束前后办理，办理时间一般不晚于新学期开学后一周。具体时间由各区教育行政部门自行确定。

起始年级第一学期以及毕业年级第二学期不予转入。学生受处分期间不予转学。

学期中途原则上不予转入。义务教育阶段因市政动迁等不可抗拒的客观原因造成学期中途要求转学者，由区教育行政部门根据实际情况安排办理转学手续。

第十六条（申请手续）

本市范围内申请转学的学生，家长先向转出学校提出申请并由转出学校在学生信息系统中打印转学信息表并盖章，家长持该表及其他申请材料到转入地区教育行政部门（或学校）办理转学手续，由转入地区统筹安排相应接收学校并在系统中完成网上转学。

申请转入本市的非本市学生，由其家长携带申请材料向转入区教育行政部门提出申请，由转入地区教育行政部门（或学校）同意后统筹安排相应接收学校并在系统中完成网上转学。

学校应将转入学生编入原就读年级。从非本市学校转入本市的学生，学校可以对学生学业情况进行评估后按其实际文化程度编入相应的年级就读。

第十七条（特殊情况转学）

本市青少年文艺、体育专业学校招收的学生应办理相应转学手续。本市学生由文艺、体育专业学校退出的，原则转回原就读学校，因特殊情况原就读学校无法安排的，由原就读学校或户籍所在区教育行政部门按就近原则予以统筹安排。

本市普通高中国际课程班学生转学条件按相关规定执行，转学程序和时限参照本办法第十四条、第十五条和第十六条执行。

第十八条（学校责任）

学校不得无故拒绝符合转学条件的学生转出，对未申请转学的学生不得迫使或诱导其转学，由此造成学生失学的，由转出学校承担责任。

学校须按要求核对申请转学学生的相关材料，不得接收不符合转入条件的学生就读，也不得接收未办理转学手续的其他学校学生就读。学校原则上不得超班额接收转入学生，确有特殊情况需经所在区教育行政部门同意后方可接收学生。

转入学校应负责协调转入学生学籍在系统中的完成情况，并将办理完成情况主动告知学生家长。

第十九条(区责任)

区教育行政部门可结合本区实际情况，确定本区内转学相关实施细则并报市教育行政部门备案。区教育行政部门应管理和协调本辖区内学校办理转学的情况，合理安排符合转入条件的学生就学。

区教育行政部门应在每学年对所辖学校在读学生学籍情况进行排查，指导学校做好“人籍一致”工作。

第四章　升级、跳级、重读与免修

第二十条(升级)

小学阶段学生完成当前年级学业即予以升级。小学学生修业期满，学生均可升入初中学段学习。

初中阶段学生完成当前年级学业，各科学年总评合格，予以升级。学生有学科学年总评不合格的，可由学校组织补考后随班升级。

普通高中学生完成当前年级学业，语文、数学科目总评合格(含经补考后)，其他基础型科目总评不合格(含经补考后)的在2门(含2门)以下者，予以升级。思想政治、历史、物理、化学、地理、生命科学6门科目当年度的学业水平考试合格考合格成绩可替代相应科目的补考成绩。

第二十一条(跳级)

学生在就读年级综合素质表现突出，学业成绩特别优异，已提前达到更高年级学习程度，由学生和家长提出书面申请，经学校全面考核公示无异议报区教育行政部门后可跳一级就读。

跳级手续一般在学年结束前10个工作日内办理，毕业年级不办理跳级，不跨学段跳级。跳级学生须参加跳过年级相关学科的学业水平考试。

第二十二条(重读/留级)

(一) 本市义务教育阶段学生不实行留级，学生确因特殊原因在同一年级需要重读的，须由家长在学年结束前10个工作日内向就读学校提出书面申请，经学校同意并报所在区教育行政部门后，可予以重读。义务教育阶段重读最多不超过2次。毕业年级不申请重读。

(二) 普通高中学生有下列情况之一，予以留级：

1. 学生基础型科目学年总评不合格科目达5门(免修科目不计)及以上者，不得补考，即予留级；

2. 学生基础型科目学年总评经补考后未达到升级标准者。

学校一般应在学年结束后5个工作日内通知学生并办理手续。同一年级留级不超过2次。高中阶段留级累计不超过3次。高三年级不予留级。

第二十三条(免修)

学生学业成绩特别优秀，有较强的自学能力，某一学科已达到更高年级的学习能力，由学生和家长向所在学校提出书面申请，经学校同意并报所在区教育行政部门后，可予以单科免修。单科免修学生须参加该门学科的毕业考试和学业水平考试。

学生因身体原因(须提供6个月内本市三级医疗机构证明)无法参加体育与健身学科学习的，由学生和其家长向所在学校提出书面申请，经学校同意并报所在区教育行政部门后，可予以体育与健身学科免修。学生身体康复后(须提供6个月内本市三级医疗机构证明)应当向学校申请恢复参加体育与健身学科学习。

第五章 毕业、结业与肄业

第二十四条(毕业)

(一) 小学学生修业期满,思想品德与行为规范综合评价合格的五年级学生准予小学毕业。

(二) 初中学生修业期满,符合下列情况之一,且思想品德与行为规范综合评价合格的九年级学生准予初中毕业:

1. 各科学业水平考试合格(包括补考后合格,下同);

2. 语文、数学、外语3门学科学业水平考试合格,其他学科学业水平考试或学年总评不合格在2门及以下。

(三) 普通高中在籍学生修业期满,符合以下全部条件的准予毕业发给毕业证书:

1. 思想品德与行为规范综合评价合格;

2. 基础型课程参加本市普通高中学业水平考试且所有科目成绩合格(含补考);

3. 研究型课程和拓展型课程修满规定课时,且参加社会实践活动时间累计满6周。由学籍所在学校根据学生的"上海市普通高中学生综合素质纪实报告"的要求确认学生是否达标。其中志愿服务(公益劳动)、军事训练和农村社会实践须达标或合格,且至少须完成一个研究性学习专题报告。如因身体等原因导致志愿服务(公益劳动)和农村社会实践未能达标或合格,须经学生本人提出毕业申请,学籍所在学校同意并报教育行政部门备案。

(四) 普通高中在籍的经市体育行政部门和市教育行政部门确认的学生运动员,思想品德与行为规范综合评价合格的,若参加本市普通高中学业水平考试6门科目(须包括政治、语文、数学、外语科目)考试成绩合格,可申请加注"学生运动员"毕业证书(证书编号"GT")。

(五) 普通高中国际课程班(含中外合作办学学校)学生修业期满,思想品德与行为规范综合评价合格,参加本市普通高中学业水平考试政治、语文、历史、地理科目合格性考试且成绩合格,其他科目由学校根据本校国际课程班的课程方案进行考核并达到要求的准予毕业发给毕业证书(加注"国际课程班",证书编号"GJ")。

(六) 本条思想品德与行为规范综合评价由学籍所在学校根据学生修业期间思想品德与行为规范进行综合评价,如学生在校期间有犯罪记录的确认为不合格。

(七) 本条普通高中学业水平考试语文、数学、外语和信息科技4门科目,须参加市统一组织的学业水平合格性考试并取得合格成绩,成绩不合格者,可参加其学籍所在学校组织的毕业考补考并取得合格成绩(限1次,下同);思想政治、历史、地理、物理、化学和生命科学6门科目须参加市统一组织的学业水平合格性考试并取得合格成绩,成绩不合格者,须参加市统一组织的学业水平合格性考试补考并取得合格成绩,成绩仍不合格者,可参加其学籍所在学校组织的毕业考补考并取得合格成绩。

第二十五条(结业)

学生修业期满,不符合毕业要求的,准予结业,发给相应学段的结业证书。

第二十六条(肄业)

学生在义务教育阶段学校就读时间已满9年且已年满18周岁,不符合毕业、结业要求的学生,发给肄业证书。

学生在义务教育阶段学校就读时间已满9年但未满18周岁,不符合毕业、结业要求的学生,经学生及其家长申请可发给肄业证书。

普通高中在籍学生修完高二年级及以上学业后退学的,发给肄业证书。

第二十七条(学业证明)

学生达不到毕业、结业、肄业要求由就读学校出具相应学段的学业证明。

学生在就读期间如需学业证明和成绩证明的,学校应出具相关证明(除市级统一组织的考试外)。

第二十八条(学习经历证明)

学生毕业、结业、肄业证书遗失不予补办,由就读学校出具相应学段的学习经历证明。

第二十九条(证书、证明式样)

毕业证书、结业证书、肄业证书、学业证明和学习经历证明规格式样,由市教育行政部门统一制定。

第六章　休学、复学、中断、续接、退学与恢复

第三十条(休学对象)

学生有下列情况之一者,在一学期内需连续停课3个月以上或已累计停课达3个月以上的应办理休学手续:

(一) 学生因伤病需治疗、休养的(须提供本市三级医疗机构证明);

(二) 学生出国出境(须提供境外签证证明);

(三) 经学校及所在区教育行政部门确认的其他特殊原因(毕业年级除外)。

第三十一条(休学申请)

因上述原因办理休学手续,须由学生家长持相关证明,向学校提出书面申请,经学校同意并报所在区教育行政部门核准同意后,予以休学,发给休学证明。

休学期间的学生,其学籍自动保留在学校。

第三十二条(休学时间)

申请休学一般按学期申请。义务教育阶段休学时间累计不超过3年,普通高中阶段休学时间累计不超过2年。因伤病休学的义务教育阶段学生原则上累计不超过5年,普通高中学生累计不超过3年。

学生休学期满仍不能回校就学的,最迟应在休学期满5个工作日内申请办理延期休学。未提出延期休学申请又不复学的,学校应及时督促其复学,督促无效的按旷课处理。

第三十三条(复学)

学生休学期满复学或提前复学的,由学生家长向学校提出书面申请(因病休学须提供本市三级医疗机构证明),经学校同意后即可复学。

义务教育阶段因伤病休学的学生,休学期满后因身体原因仍无法到校参加集体教学活动(须提供本市三级医疗机构证明)的,如要求复学者,可向所在区教育行政部门申请送教上门。

准予复学的学生,学校可根据其实际学业程度进行评估后编入相应年级学习。

第三十四条(学籍中断)

义务教育阶段在籍学生有下列情况之一的,学生在本市的学籍状态视为中断:

(一) 在籍学生未按规定办理注册或延期注册手续,经学校督促无效且超过新学期开学1个月后仍不注册并未到校上课的学生;

(二) 学生一学期连续停课3个月以上的或累计停课达3个月的未办理休学手续的,经学校督促仍不办理休学手续且不到校上课的学生;

(三) 连续旷课超过1个月或一学期内累计旷课超过2个月,经学校督促仍不能到校就读的学生。

学校应在学生发生学籍中断情况前做好督促学生返校就读工作并将相关情况报所在区教育行政部门,不得在未做督促工作的情况下自行中断学生学籍,由此造成学生失学的由学校承担相应责任。

第三十五条(学籍续接)

未超过18周岁学籍中断的学生如需继续在本市就读的，需符合当年度本市入学和转学相关条件，家长提出书面申请并提供相关证明材料后，由居住地教育行政部门根据实际情况统筹安排相应学校并办理学籍续接手续。

学校可对学籍续接的学生进行学业评估后根据实际情况安排相应的年级就读。

第三十六条(申请退学)

符合下列情况之一，学生及家长持相关证明向学校提出书面退学申请，学校同意并报所在区教育行政部门后终止学生学籍并根据学生实际情况发给肄业证书或学业证明：

(一) 学生出国出境就读或定居(须凭学生本人有效护照、签证以及境外学校录取通知等)；

(二) 义务教育阶段学生在学校就读时间已满9年，因伤病不能坚持正常到校学习(须提供3个月内本市三级医疗机构证明)；

(三) 普通高中学生因伤病等原因不能坚持正常到校学习(须提供3个月内本市三级医疗机构证明)；

(四) 境外学生。

第三十七条(自动退学)

学生有下列情况之一，视为终止学籍，学校报所在区教育行政部门后按自动退学处理，并根据学生实际情况发给肄业证书或学历证明：

(一) 义务教育阶段学生学籍中断或休学期满等原因连续3年以上未在校就读且年龄已超过18周岁；

(二) 普通高中学生同一年级已连续留级2次后仍不能达到升级要求或在高中阶段已留级达3次后仍达不到升级要求；

(三) 普通高中学生连续旷课超过1个月或一学期内累计旷课超过2个月，经学校与家长多次联系帮助教育无效的；

(四) 普通高中学生一学期连续停课3个月以上或累计停课达3个月未办理休学手续的，经学校督促仍不办理休学手续且不到校上课的学生；

(五) 普通高中学生受到学校开除学籍处分的；

(六) 学生死亡。

第三十八条(学籍恢复)

已退学的未超过18周岁的学生，如需恢复学籍的由家长向户籍所在区教育行政部门提出书面申请并提供证明材料，经区教育行政部门同意后统筹安排到相关学校及相应年级就读，并办理学籍恢复手续。

第七章 学生评价、奖惩与档案管理

第三十九条(学生评价)

学生成长记录以本市教育行政部门制定的《上海市学生成长记录册》为依据，综合素质评价以本市教育行政部门制定的综合素质评价指标为依据。

学生成长记录和综合素质评价的信息记录在学生信息系统中，并形成学生电子档案。

区和学校可根据本地区和本校的教育教学实际情况记录学生成长和综合素质评价的其他信息。

学校应从多方面综合评价学生，把结果评价和过程评价、定量评价和定性评价相结合，反映学生成长过程中的变化、进步。任何部门和个人不得向社会公开学生的考试成绩，不得按考试成绩对学生排名。

第四十条(奖励)

市、区、学校和有关部门应当对各方面全面发展或在思想品德、学业成绩、身体锻炼及社会服务等方面表现突出的学生，给予奖励。

奖励可采取公开表扬、通报表扬、发给奖状(章)、授予荣誉称号等形式。

凡授予各级“优秀少先队员”“优秀少先队队长”和各级“三好学生”“优秀学生干部”等称号者，均需学生民主评议推选，校务会议或行政扩大会议讨论通过并张榜公示。

学校应当真实完整地将学生的奖励情况归入学校档案和本人档案。

第四十一条(处分)

义务教育阶段学校处分一般分为警告、严重警告、记过。

普通高中阶段学校处分一般分为警告、严重警告、记过、留校察看和开除学籍。普通高中学生在校期间因违法犯罪被司法机关判处刑罚收监执行或受学校处分期间严重违纪且屡教不改的，可给予开除学籍处分。留校察看、开除学籍处分须报区教育行政部门后执行。

学校对犯错误的学生应加强教育，促其认错悔改；必须处分的，要坚持实事求是的原则，做到程序正当、证据充分、依据明确、处分适当。学校对学生作出处分决定前，要与学生家长进行沟通，处分须经校务会议或行政扩大会议讨论通过。处分结论要及时告知学生本人及家长。

学生对学校给予的处分不服，可向学校或学校所属行政主管部门提出申诉。学校或学校所属行政主管部门需在2个月内(不含寒暑假)给予答复。

第四十二条(教育帮助)

学校要加强对受处分学生的帮助教育。对受警告、严重警告、记过处分的学生在一学期后确有悔改表现的，学校应撤销其处分。撤销处分的权限与给予处分的权限一致。

已解除的处分不封存在本校，不随学生档案移交高一级学校。普通高中修业期满但留校察看处分未撤销者发放结业证书。

对于有严重不良行为或依法被免予刑事处罚，判处非监禁刑罚，判处刑罚宣告缓刑、假释的学生，学校和其家长应当互相配合对其加以教育；对管教无效的学生，应由学生家长或学校申请，报区教育行政部门后安排进入专门学校就读。学生进入专门学校就读期间其学籍可保留在原校。

在专门学校学习的学生，表现明显进步、并确实改正不良行为的，本人提出申请，报区教育行政部门备案后，可安排回原学校继续学习。

第四十三条(学生档案)

学生学籍档案内容包括：

(一) 学生的学籍基础信息及信息变动情况；

(二) 学籍信息证明材料；

(三) 综合素质评价报告以及在校期间的获奖信息等；

(四) 体质健康测试及健康体检信息、预防接种材料等；

(五) 享受资助信息；

(六) 其他材料。

学籍档案分为电子档案和纸质档案，电子档案纳入学籍系统管理，纸质档案由学校负责管理。

第四十四条(档案管理)

在籍学生档案由所在学校妥善保管，学生转学或在升学时，学籍档案应当转入学校或升入学校，转出学校或毕业学校应保留电子档案备份，同时保留必要的纸质档案复印件。

学生最后学籍终止的学校应归档永久保存学生的学籍档案，或按相关规定移交。学生毕业后未有去向的学生纸制档案原则上保留在原校。

学校合并的，其学籍档案移交并入的学校管理。学校撤销的，其学籍档案移交所在区教育行政部门指定的单位管理。

第八章 管理职责与信息安全

第四十五条(职责分工)

市教育行政部门负责制定本市中小学生学籍相关政策、制度,指导、协调各区中小学生学籍管理相关工作;负责市级学生信息系统运行与维护,负责与全国学生信息系统的系统对接。

区教育行政部门按照市教育行政部门中小学学籍管理相关政策和制度制定本地区实施细则,确定责任部门和人员负责本区中小学学籍管理工作,指导、协调和处理本区所属中小学籍管理相关事务。区教育行政部门负责本区域中小学生的信息采集、更新,负责区级学生信息系统运行与维护,负责每学年对辖区内中小学校学生学籍进行核对。

学校要安排专人负责本校学生的学籍管理工作,根据市和区学籍管理工作相关要求安排本校学籍管理相关工作流程并做好向家长的公开和告知工作。学校要在学生信息系统中做好学生信息采集、更新和维护工作以及学籍建立、变动和注销等操作工作并在每学期对本校学生的学籍情况和基本信息进行核对。

各级教育行政部门和学校都应指定专门的技术人员,做好学生信息系统管理的技术维护工作,确保信息系统安全、稳定运行。

第四十六条(电子学籍管理)

每学年第一学期开学后1个月内,学校及区教育行政部门须完成起始年级新生信息采集、核对工作,并为每一位完成注册学籍的学生建立电子学籍。

每学期开学后1个月内,学校及区教育行政部门须在学生信息系统中完成各年级学籍变动操作工作。

市教育行政部门为每一位在籍学生发放电子学生证,电子学生证是学生学籍身份的唯一辨识凭证。学校也可根据实际需要通过学生信息系统为学生出具学籍在籍证明。

本市中小学学生电子学生证管理办法由市教育行政部门另行制定。

第四丨七条(信息安全)

各级教育行政部门和学校应完整保留学生的全部学籍信息,为学生的学习经历证明等提供依据,定期对学生信息进行安全备份。学校合并的,其相应的学生学籍信息应移交并入学校管理;学校撤销的,其相应的学生学籍信息由学校所属教育行政部门指定单位进行管理。

各级教育行政部门和学校要建立学生信息安全使用的相关制度,采取必要的技术措施保障学生信息安全。非经教育行政部门同意,学籍信息一律不得向外提供,严防学籍信息外泄和滥用。

第九章 附 则

第四十八条(内地民族班学生)

在本市就读的内地民族班学生按教育部相关规定参照本办法执行。

第四十九条(境外学生)

在本市中小学就读外籍学生管理,参照本办法执行。普通高中的外籍学生修业期满,由学校参照本办法第二十四条发放毕业证书(证书注明国别,证书编号为“GI”)。

在本市就读的港澳台学生的学籍管理按照本办法执行。

第五十条(实施日期)

本办法于2018年1月1日起施行,有效期为十年。

上海市教育委员会关于印发《上海市高校校园安全技术防范工作“十三五”发展规划》的通知

（沪教委保〔2017〕4号）

各高等学校：

现将《上海市高校校园安全技术防范工作“十三五”发展规划》印发给你们，请结合实际贯彻落实。

附件：上海市高校校园安全技术防范工作“十三五”发展规划

上海市教育委员会

2017年6月7日

附件

上海市高校校园安全技术防范工作“十三五”发展规划

为落实国家和上海市中长期教育改革和发展规划纲要，全面贯彻落实全国和上海市教育工作会议精神，切实做好“十三五”期间本市高校校园安全技术防范工作，特制定本规划。

一、“十二五”期间上海高校技术防范工作取得的主要成绩

上海高校安全技术防范工作通过“十二五”的建设和发展，基本实现了“数字化、高清化、覆盖化、网络化、智能化”的预定目标，技防系统的建设、管理和应用水平明显提高，技防系统在维护校园安全稳定、预防和打击违法犯罪活动、突发事件应急处置等方面发挥了重要作用。2012年，市教委发布《上海市高校校园安全技术防范工作“十二五”发展规划》，明确每年以若干重点项目予以推进，并落实专项扶持资金，先后推进了实战平台建设、安全通道门专项整改、校园出入口管理系统建设、食堂安全技防建设、消防系统智能化管理建设、智能交通和停车管理系统建设、重点实验室防控系统建设等项目。各高校按照规划要求，积极制定本校技防建设工作发展计划，大力开展校园技防体系建设，在视频监控、周界报警、红外报警、电子围栏、门禁、校园出入口控制等系统建设方面取得了良好的建设成效。目前，本市大部分高校的技防建设水平都已达到上海市地方标准的要求；部分高校在智能化视频监控、交通管理等方面已经取得良好成效；部分高校在视频监控和其他报警系统的联动上有所突破；部分高校在突发事件处置联动指挥系统上，开展了卓有成效的尝试。通过五年技防建设，本市高校治安防控水平有了质的飞跃，高校保卫工作的科技含量显著提升，技防系统的实战效果大大增强，已成为维护高校安全稳定不可或缺的重要手段。

二、当前上海高校技术防范工作发展面临的主要问题

随着社会发展和高校改革的进一步深入，影响校园安全稳定的因素日趋复杂，我们在看到“十二五”期间技防建设取得成绩的同时，也要清醒地认识到目前存在的不足：一是高校间的发展仍不平衡，各高校的重视程度、投入力度仍存在较大差异，建设效果也参差不齐；二是各高校建设标准不统一，建设效果有差异，主要表现在视频监控摄像机安装配置不够规范，视距、角度、光线等没有完全按照技术规范操作；三是本市高校技防系统的整体智能化程度和运用效率不高，智能化功能较单一，与学校实际需求未充分融合，视频监控与安防系统的联动性不足等；四是高校技防操作人员的操作应用水平普遍不高，与当前建成的系统硬件水平不匹配。

三、上海高校技术防范系统"十三五"发展总体战略

为更好地维护本市高校安全稳定，进一步增强高校安全防范水平、有效降低高校内各类案事件发生，切实提高师生安全满意度，需要高校技防建设在"十三五"期间力争实现新的跨越。

（一）指导思想

围绕落实国家和上海市中长期教育改革和发展规划纲要（2010—2020 年）的各项要求，继续坚持构建"数字化、高清化、智能化、覆盖化、网络化"技防体系建设，坚持"科技创新加系统联防"的发展路径，转变观念、运用科技、积极创新，提高安全保卫管理的精细化、规范化、现代化程度，以平安校园、智慧校园、数字校园建设为契机，加速推进安防系统综合实战体系建设，进一步发挥在维护高校安全稳定中的重要作用。

（二）建设目标

持续推进上海高校安防系统可持续发展战略，形成符合上海特色、具有高校特点的、适应上海教育事业综合改革和高校育人管理工作需求的高校安全技防体系。进一步加强技防系统基础建设，实现校园技防监控全覆盖，提高技防实战应用水平，加快"大安防、大数据、大集成、大应用、大联动、大平台"建设，做到"建设标准化、管理规范化、应用智能化、处置系统化、运维专业化、资源一体化"，形成"全域覆盖、全面监控、全网共享、全时可用、全天可控、全程可溯"的高校公共安全监控体系（简称"六大六化六全"建设目标），进一步提升本市高校技防管理、应用和服务水平。

四、上海高校技术防范系统"十三五"发展主要任务

（一）全面提升技防系统基础建设水平

1. 全面完成技防系统模数改造。进一步加强高校技防监控、周界、门禁、入侵报警等设施设备的覆盖率，重点部位、重要区域必须实现全覆盖，对进入校园的人员和车辆全方位、全过程管理，努力实现全程可溯。

2. 全面推进视频监控高清化。至 2020 年末，所有高校实现高清摄像机视频监控，不断完善高清系统架构，在采集、传输、存储、显示等环节加强系统融合，最大程度实现高清系统价值。推进 4k 技术在重点部位的应用。

3. 全面推进校园出入口管理系统建设。至 2019 年末，完成校门出入口车辆、人员卡口系统建设及车辆识别系统建设；至 2020 年末，实现行政楼、重点实验室、财务室、保密室、机房、宿舍等校园重点部位全门禁管理，构建以门禁系统为主流的出入口管理新模式。积极采用推杆门等形式，加快安全通道门改造。

（二）全面提升技防系统智能应用水平

1. 大力推进高校安全综合业务平台建设。积极研究和建设适应高校安全综合防控、校园大安全管理以和安防集成应用的管理平台，实现治安、交通、消防、风险隐患监测、突发事件处置、应急资源管理、日常业务处理等内容一体化、智能化融合式管理，着力在系统应用上取得实质性突破。

2. 大力推进高校安防信息大数据应用。积极运用云存储、云计算、大数据、物联网等技术，加快完成各类安防工作信息建库、整合和使用，运用人工智能技术进行海量数据的挖掘，实现安全保卫业务快速、高效、准确的智能检索、分析、比对和关联，为高效开展安保业务、处置矛盾纠纷和案件侦破，提供更有力地支撑。

3. 大力推进高校智慧安防系统建设。鼓励各高校安防系统智能式制造、个性化定制和多样性发展；提升技防系统大联动应用水平，促进视频监控与门禁、报警、火情、移动侦测等系统联动，技防系统与安保人员联动;充分挖掘电子地图功能建设,整合技防系统布点、安保力量分配、电子风险地图、移动路径监测、区域联动处置等实用功能;继续深入开展治安管理智能化、消防管理智能化、交通管理智能化、重点实验室管理智能化等安防项目的建设与应用;积极探索人脸识别、生物特征识别、行为智能分析等技术的应用。

(三)全面提升高校技防系统管理育人水平

1. 着力加强安防(应急)指挥中心建设。升级技防监控中心的整体定位,构建以保卫部门为核心,整合其他职能部门及相关系统资源的,集事前预防预警、事中监控跟踪、事后调查举证于一体的,能承担组织、管理、决策、指挥、协调功能的全过程综合安防(应急)指挥中心,坚持落实24小时值班制度,推进应急管理工作常态化。

2. 着力加强安防系统在校园综合管理中的应用。主动结合智慧校园建设,在发展完善安防管理功能的基础上,积极研究和探索安防系统与校园综合管理及服务育人工作相结合,提升最大附加值,促进高校管理、服务育人工作精准化、协同化、一体化。深入拓展安防系统在教学管理、科研建设、校园活动、师生服务、品德养成等方面的积极作用。

(四)全面提升高校技防系统规范建设水平

1. 切实提高技防系统规范建设标准。监控室屏幕数量和接入视频点位数要达到规范要求;进一步完善前端设备安装规范,安装位置、距离、角度、光线等要符合相应标准;推进校园技防系统专用网络,提高信号传输稳定性和安全性;视频监控数据存储时间,一般情况下不少于30天,重点要害部位不少于90天。

2. 切实提高技防系统制度建设。建立健全监控室安全管理制度、保密制度、技防设备设施管理等制度,细化各类报警处置程序;推进技防系统设统一标志标识和流程式管理服务,落实软硬件升级更新和维护保养,完善台账记录,形成长效运作机制,确保技防系统发挥持续效用。

(五)全面提升高校技防人才队伍建设水平

1. 加快技防专业化管理队伍建设。制定管理人员培养计划,切实培养一批了解高校情况、熟悉技防专业知识的高校技防专业化管理队伍;以高校保卫研究会技防协作组为平台,切实加强技防建设研究与交流,提高高校技防建设顶层设计水平。

2. 加快技防专业化操作员队伍建设。组建高素质、专业化的技防操作员队伍,确保人员配备到位,技防主要管理人员应由学校在岗在编人员组成,落实专技岗位待遇,技防操作人员全面做到持证上岗;开展定期职业培训,切实提升从业人员专业素质和操作技能,实现快速响应、安全操作、熟练运用,确保人机联动处置机制有效落实。

五、保障措施

(一)组织保障

各高校领导应高度重视学校技防系统建设,成立校级技防建设工作领导小组,领导小组办公室一般应设在保卫部门;要加强技防建设的组织协调工作和统筹规划,实行科学决策和民主管理。

(二)制度保障

完善各类技防建设管理制度及工作绩效评价制度,建立技防建设评估体系,把技防建设和应用水平纳入安全文明校园、平安单位、平安示范单位的评估范围,促进技防建设可持续发展。建立市场准入制度,推动技防建设标准规范体系的应用和推广,保障技防建设的规范发展。

(三)人员保障

根据各校实际,明确技防管理队伍岗位设置标准;建立多层次、多形式、重实效的人才培养制度,保证专业技术人员的岗位培训。建立起一支经验丰富、素质高、人员相对稳定的技术和管理队伍,从业人员持证上岗。

（四）经费保障

要进一步加大技防建设的投入，保障技防系统的运行维护经费，将技防建设和运行维护经费纳入学校年度预算，合理确定并逐步提高应用系统和资源开发的投入比重。市教委将继续安排资助资金，引入竞争机制，引导和促进高校技防建设，加快技防建设步伐。

（五）技术保障

依靠上海市技防办、上海市安全防范技术协会等机构组织，切实做好技防技术保障工作。各高校要加强对技防建设设计、招标和施工的监管，选择资质高、信誉好、技术成熟、有高校建设经验的设计和施工单位进行技防建设。保卫部门必须全程参与技防系统设计、招标、建设，明确使用需求和建设要求，防止出现“建用分离”现象和工程质量问题。

上海市教育委员会关于推进本市普通高校继续教育转型发展的指导意见

（沪教委终〔2017〕4号）

各普通高等学校：

继续教育是高校“以培养人才为中心，开展教学、科学研究和社会服务”的重要组成部分。根据《国家教育改革和发展“十三五”规划》和《上海市教育改革“十三五”规划》，以及教育部《高等学历继续教育专业设置管理办法》（教职成〔2016〕7号）和《关于推进高等教育学分认定和转换工作的意见》（教改〔2016〕3号），为进一步推进本市普通高校继续教育转型发展，提升高校继续教育服务国家和城市发展战略的能力，现就加快推进本市高校继续教育转型发展提出如下指导意见。

一、总体要求

（一）指导思想

深入贯彻落实十八大以来党中央重要战略部署和习近平总书记系列重要讲话精神，以“创新、协调、绿色、开放、共享”发展理念为引领，主动适应国家“提升核心竞争力，推进创新型国家建设”的要求，紧紧围绕上海“四个中心”和具有全球影响力的科技创新中心建设任务，加快推进高校继续教育在“服务功能、办学定位、人才培养模式、发展模式和质量管理”的整体战略转型，满足日益增长的高层次人力资源开发和多样化终身教育培训需求，努力提高市民科技文化素质和就业、创业、创新能力，为上海转变经济发展方式和促进产业转型升级，全面提升上海城市核心竞争力服务。

（二）基本原则

1. 旗帜管总，立德树人。高校继续教育转型发展必须始终坚持社会主义办学方向，切实加强和改进继续教育学生的思想政治工作，促进高校和谐稳定和培育优良校风学风；始终坚持培育和弘扬社会主义核心价值观，针对继续教育学生群体特点，发扬理论联系实际的学风，凸显高校在科技进步、文化传承和精神文明中的主体作用。

2. 科学定位，特色发展。普通高校应科学确定学校继续教育的办学定位、服务功能和类型范围，在《大学章程》中明确继续教育学校人才培养体系中的重要地位，结合学校发展规划，制定符合高校自身实际和社会需求的继续教育转型发展目标,凸显高校继续教育的办学特色。

3. 满足需求,服务社会。坚持以学习者为中心,满足市民多样化的学习需求,促进全民学习、终身学习。依托学科和专业优势,培养具有终身学习能力、职业发展能力和创新创业能力的高素质应用型人才。

4. 创新发展,优化结构。创新继续教育人才培养模式,实现人的素养和能力的全面、可持续发展。统筹兼顾,加强高校继续教育科学规划和管理,实现继续教育结构的科学化和层次化。

5. 提高质量,规范办学。以社会需求为导向、以教育质量为根本,以素质和能力提升为抓手,构建多维度多层次的质量评价体系。强化高校继续教育规范办学,引入第三方评价机制,加强办学过程管理和办学质量监管。

(三) 发展目标

到2020年,实现高校继续教育由"学历教育主导型"向学历教育与非学历教育并重,满足学习者多样化终身学习需求的"社会需求服务型"转型。建立和完善"多层次、多规格、多形式、多渠道"的继续教育培训服务体系;建立和畅通高校继续教育与其他各类教育学习成果(学分)互认和融通的"立交桥";建立和形成高校与行业组织、企业和政府深度合作,优质资源统筹共享,灵活有序的继续教育办学格局;创建一批具有先进管理水平、广泛品牌影响力和一定国际竞争力的高校继续教育特色品牌机构。

二、主要任务

(一) 明确战略定位

1. 履行社会责任。高校是我国构建终身教育服务体系的重要基石,继续教育是高校"以培养人才为中心,开展教学、科研和社会服务"的重要组成部分。各高校应站在经济社会发展全局和国家战略的高度,确定学校继续教育发展战略定位;切实履行人才培养和社会服务的社会责任,实现高校继续教育的办学,从单纯的高校教学资源利用和学历教育补充向全方位人才培养和社会服务功能转型。

2. 满足社会需求。坚持学历继续教育与非学历继续教育并重原则,以社会需求为导向,以学习者为中心,为全民学习、终身学习提供优质的教育服务。积极发挥高校学科、专业、课程和师资优势,提高教育质量,改善教育服务,加大优质资源整合,不断提高高校继续教育综合效益。

(二) 完善体制机制

3. 理顺管理体制。普通高校应根据学校继续教育发展规划,按照"管办分离"原则,顶层设计,完善学校继续教育归口管理制度,形成权责明晰、分工合理、制度有序、管理规范的高校继续教育内部管理体制机制。

4. 明确办学主体。普通高校应有效整合校内继续教育师资、课程、平台等资源,明确或归并实施继续教育的办学机构,统一组织实施学历继续教育和非学历继续教育。落实办学自主权,通过体制机制创新,建立灵活开放的高校继续教育办学体制。

5. 健全运行机制。规范高校开展继续教育的"申报审批、备案公告、组织实施和评价监督"流程,建立和健全"职责明确、运行规范、全程可控、督导有力"的运行机制。

(三) 创新办学模式

6. 转变学习方式。充分发挥现代信息技术优势,改革教育教学内容和方法,丰富教育教学资源。推动信息技术与教育教学的深度融合,形成"开放互动、资源共享"的信息化教育模式。推广大规模在线开放课程等网络学习,促进学习方式转变。

7. 开展多方合作。加强高校与高校的合作,以合作共建"高校继续教育资源和成果"共享平台为契机,探索"一个平台、多个团队"运行模式,推进高校继续教育优质资源一体化建设和运转;探索高校继续教育"校际联盟"和集团化办学模式,以集团化办学推动专业化管理,提高高校继续教育规模、层次、质量和服务效能。

鼓励高校与政府部门、科研机构、企业和社会机构的“多领域、开放性”合作，探索高校与企业(行业)联合组建“校企联盟”或继续教育基地，充分发挥高校教学和科研优势，合作开展继续教育，培养满足企业和社会急需的科技创新和产业升级优秀人才。

(四) 优化结构功能

8. 调整结构层次。大力发展非学历继续教育，稳步发展学历继续教育，实现学历教育与非学历教育同步协调发展。探索建立与“学校全日制学历教育办学层次”相适应的学历继续教育办学功能。通过灵活有效的机制和方式，联合组建新型职后非学历继续教育培养和创新实践基地。

完善高校继续教育专业人才培养体系，积极发展服务实体经济的研究生教育和高层次非学历继续教育。面向本市金融、贸易、航运等现代服务业和先进制造业，培养社会急需的高层次优秀人才，提高企业和城市的创新力和竞争力。

9. 拓展教育内容。以解决实际问题为导向，建设继续教育专业和课程。发挥继续教育“灵活性、实用性”优势，大力开展创新人才培训、创业孵化培训、大学生就业培训等项目，满足日益增长的多样化人才需求。

10. 加强国际交流。坚持“以我为主、兼容并蓄，提升水平、内涵发展”原则，提高高校继续教育质量和国际竞争力。支持高校与国际知名院校和行业协会开展深度合作，开展职业资格证书培训。

(五) 强化支持服务

11. “互联网＋”服务。整合和优化高校数字教育资源和服务平台，通过与互联网企业合作等方式，创新“互联网＋”继续教育支持服务系统。探索继续教育服务新方式，扩大优质教育资源覆盖面。探索建立网络学习成果评价、学分认定和学分转换等制度，加快推动高校继续教育服务模式变革。

12. 师资保障服务。加强高校继续教育教师队伍建设，注重对教师师德师风、教学业绩、专业发展的追踪分析与评价，保障继续教育师资质量。完善继续教育管理人员、技术和服务人员的培训、资格认证和考核奖惩制度，不断提升高校继续教育管理干部和从业人员的职业道德、职业素养和专业化水平。建设优秀教师数据库，并发挥高校专业学科教学和科研人才优势，为提高继续教育质量提供可持续的师资保障。

(六) 健全质量评价

13. 探索“同校同质”。以促进学习者发展为原则，制订继续教育质量评价指标。强化高校继续教育的质量意识，鼓励和支持有条件的高校探索学历继续教育“同校同质”，促进学历和非学历继续教育与高校全日制普通教育人才培养规格和质量的协调发展。

14. 建立社会化评价。坚持社会评价导向，以满足“社会、用人单位和学习者”需求为准则，引导和支持用人单位和行业协会参与高校非学历继续教育质量评价。从“管理政策和质量标准、过程管理和质量评价、严格准入和社会淘汰”等方面，完善高校继续教育人才培养质量监测体系。探索上海继续教育人才供应评价与需求预测机制，建立相应信息平台，推进高校非学历继续教育的规范发展和健康发展。

15. 构建学习成果“立交桥”。制定和完善高校学分认定和转换规则、技术实施细则等学分银行配套制度，建立和畅通高校继续教育与其他各类教育学习成果(学分)的互认和融通。积极参与资格框架的研究、探索和实践，促进终身学习立交桥的建设。

三、实施保障

(一) 健全投入机制

逐步增加教育经费投入，支持高校继续教育内涵建设。开拓继续教育经费多元筹措渠道，鼓励高校、社会力量、个人参与继续教育。提高继续教育经费预算和使用的透明度，规范绩效评价。

(二) 优化激励机制

完善高校教师绩效考核和师资管理制度。合理计算教师参与继续教育的教学工作量，将参与学校继续教育的教学工作量、科研成果纳入学校教学科研考核体系，激励高校教师参与学校继续教育教育教学工作。

完善继续教育管理干部和从业人员的专业培训、职务(职称)晋升等职业发展机制和绩效薪酬设计,优质优酬,保障和激励高校继续教育从业人员,优质、高效地为社会提供继续教育服务。

(三) 加强统筹协调

将继续教育放在高校事业发展规划的重要位置,统筹推进继续教育体制机制改革。加强高校继续教育领导,理顺管理体制,促进人、财、物等资源的合理配置。建立多元参与共治体制和利益共享机制,推动社会相关主体参与继续教育。

(四) 推进依法办学

开展继续教育立法研究。推进高校继续教育依法办学建设,明确责任主体,加强引导、服务和监督。建立健全继续教育需求调研机制、学习者学习诉求受理机制、学习者合法权益保障机制。

上海市教育委员会

2017 年 2 月 27 日

上海市教育委员会关于印发《上海市教育委员会科研创新计划管理办法》的通知

(沪教委科〔2017〕22 号)

各高等学校:

按照国家加快实施创新驱动发展战略的总体部署和要求,为了进一步鼓励引导高校扎实开展基础研究,提升上海高校的知识创新和知识服务能力,更好地服务和支撑上海加快建设具有全球影响力的科技创新中心,市教委制定了《上海市教育委员会科研创新计划管理办法》,现印发给你们,请认真执行。

此前已立项尚未结项的上海市教育委员会科研创新项目,管理验收工作仍按照原有关规定执行。

附件:上海市教育委员会科研创新计划管理办法

上海市教育委员会

2017 年 4 月 26 日

上海市教育委员会科研创新计划管理办法

第一章　总　　则

第一条　(目的意义)按照国家加快实施创新驱动发展战略的总体部署和要求,为了进一步鼓励引导高校扎实开展基础研究,提升上海高校的知识创新和知识服务能力,更好地服务和支撑上海加快建设具有全球影响力的科技创新中心，上海市教育委员会(以下简称“市教委”)特设立科研创新计划(以下简称“创新计划”)。为规范创新计划管理，特制定本办法。

第二条 (鼓励支持)市教委鼓励本市各高校结合本校实际情况自主开展基础研究科研布局，鼓励本市各高校通过提供科研设备、场地、经费等多种方式，支持本校教学科研人员开展基础研究领域项目研究。市教委通过创新计划，结合各高校申报意向，对上述项目进行择优支持。

第三条 (经费来源)创新计划经费在市级财政教育经费中安排，市教委通过定额补助直接科研费用方式资助。

第四条 (工作目标)实施创新计划的工作目标是稳定资助一批高校优秀科研工作者，围绕人文社会科学领域重大理论问题和自然科学前沿基础研究领域的新知识、新原理、新方法，开展前瞻性研究，潜心科研工作，争取产生重大原始创新成果。

第五条 (优先支持)创新计划在人文社会科学领域优先支持重大理论创新研究，适当关注“冷门绝学”；在自然科学领域优先支持基础研究的前沿领域、交叉领域，适当关注非共识项目。

第六条 (管理改革)探索开展科研项目管理改革。优化项目支持方式，建立长周期稳定支持机制，营造相对宽松的科研环境；优化科研成果评价方式，支持产出重大原始创新成果；优化项目结项方式，宽容失败，鼓励自由探索。

第二章 申请与评审

第七条 (项目周期)创新计划每2年集中受理申报一次，资助项目研究期限一般为5年，可根据项目研究实际情况，经评估后适当延长。

第八条 (项目分类)创新计划分为两类，一类是重大项目，另一类是“冷门绝学”和非共识项目。

重大项目支持本市普通高校优秀教学科研人员聚焦人文社会科学重大问题，瞄准自然科学基础研究和新兴交叉学科前沿领域，以重大原始创新为目标，开展前瞻性科学研究。项目申报人为本市普通高校(含附属医院)在编在岗教学科研人员。

“冷门绝学”和非共识项目支持本市普通高校(含附属医院)在编在岗教学科研人员一方面基于研究志趣，在具有重要文化价值和传承意义的“绝学”、冷门学科领域开展科学研究，培养“冷门绝学”接班人，确保有人做、有传承(“冷门绝学”项目)；另一方面在自由探索和大胆科学预见的基础上，进一步开展创新性强、实现难度大、风险性高、预期成果一时难以预料的科研探索项目(非共识项目)。

第九条 (申请条件)项目申请人条件：

(一) 坚持中国特色社会主义方向，热爱祖国，热爱中国共产党，热爱教育事业。

(二) 有独立组织开展科研工作的能力，身体健康，能作为项目实际主持者并担负实质性研究工作。

(三) 项目申请人为本市普通高校(含附属医院)在编在岗教学科研人员。

第十条 (申报程序)重大项目实行限项集中申报。支持本市各普通高校整体谋划、自主开展基础研究科研布局和教学科研人员梯队建设。项目依托学校结合本校基础研究科研布局实际情况，通过公开遴选程序，择优推荐申报科研创新计划。学校推荐项目情况须在项目依托学校官方网站进行5个工作日以上的公示。公示结束后，在规定时间内集中报送市教委，逾期报送不再受理。对于“冷门绝学”和非共识项目，需附相关领域2名以上具有较高学术地位专家的实名推荐意见。

第十一条 (项目评审)市教委对申报材料进行形式审查，并组织高层次战略专家、小同行专家和财务专家进行评审，确定入选项目及经费支持额度。评审结果经公示无异议，由市教委正式公布。

第三章 验收与结项

第十二条 (结项程序)项目完成后，主持人须提交总结报告、经费决算表和相关成果，经学校审核后，报送市教委。

第十三条 （项目主持人提前终止项目）项目主持人凡在研究期间通过公开竞争方式获得与创新计划研究领域和方向高度相近的国家级科研项目支持（不含各类人才计划），须主动提出提前终止创新计划项目；项目立项满2年后，项目主持人在按照预定研究计划勤勉开展科研工作的前提下，如因客观原因导致项目无法继续实施，或因故放弃项目研究，可提前终止创新计划项目。项目主持人提前终止创新计划项目，须经项目依托学校同意，并在项目依托学校官方网站进行5个工作日以上的公示。公示结束后，由项目依托学校报市教委备案。

第十四条 （项目验收）市教委组织专家采取同行评议等方式开展项目验收，重点关注项目执行过程、成果质量和实际贡献。对科研有序开展，经费执行规范，达到预期成效的项目予以验收通过并结项；经专家评议并提出建议，对有望产出或持续产出重大成果的项目进行滚动支持；对建设周期内未能有序开展科研，项目主持人未能按照预定研究计划履行勤勉尽责义务，或经费执行不规范的项目不予结项，项目主持人3年内不得再申请创新计划，同时将减少相关学校的申报限额。

第十五条 （资助标识）与项目相关的研究成果出版或发表时须注明“上海市教育委员会科研创新计划资助”，英文为“Supported by Innovation Program of Shanghai Municipal Education Commission”。

第四章 管理与经费

第十六条 （学校职责）项目依托学校是项目管理的责任主体，应建立健全过程管理制度，完善涵盖校、院（系）、项目主持人的分级管理体制，保障科研项目的顺利实施。项目依托学校应跟踪项目研究进展情况，为项目主持人按时、保质完成研究工作做好服务保障。

第十七条 （项目主持人职责）项目主持人对科研项目实施负有直接责任，要确保项目研究的科学性和合理性以及经费支出的真实性和规范性，并对科研成果的真实性承担相应责任，自觉接受国家有关部门和项目依托学校的监督和检查。

第十八条 （项目调整）项目计划任务一经审定应认真履行，任务目标原则上不予调整。对于涉及项目实施过程中研究目标、研究内容、研究进度和执行期、项目主持人等重大事项确需调整的，由项目依托学校组织专家论证，严格审核把关，报市教委审核同意。

第十九条 （预算评审）市教委组织专家对申报项目的总体预算和分年度预算进行评审，并提出预算审核意见。项目主持人应当依据预算审核意见修改预算，并由项目依托学校报市教委备案。

第二十条 （经费科目）创新计划经费全部为直接费用，大型科研设备、场地等研究环境建设主要由项目依托学校支持解决。直接费用是指在项目实施过程中发生的与之直接相关的费用，主要包括小型科研设备费（不支持50万以上大型科学仪器）、材料费、资料费、测试化验加工费、燃料动力费、出版/文献/信息传播与采集/知识产权事务等费用、差旅/会议/国际合作与交流费、劳务费、专家咨询费等。

第二十一条 （预算调整）项目总预算直接费用中科目预算如需调整的，由项目主持人根据实施过程中科研活动的实际需要提出申请，由项目依托学校组织专家论证，报市教委同意后进行调整。

第二十二条 （劳务费、专家咨询费）劳务费（主要用于支付给参与项目研究的研究生、博士后、访问学者以及项目聘用非在编在岗的研究人员、科研辅助人员等）和专家咨询费不超过项目支持经费的50%，并不得调增，如有调减可按上述程序用于项目其他方面支出。

第二十三条 （学校提出撤销或终止）项目在研期间，项目依托学校每年须将项目年度进展情况、经费执行情况在其官方网站进行5个工作日以上的公示。对研究计划执行不力、违反项目管理有关规定的项目，项目依托学校应提出撤销申请；因其他情况导致研究计划难于完成的项目，项目依托学校应提出终止申请，经市教委审核后办理相关手续。撤销或因故提前终止的项目，应停止拨款。

第二十四条 （监督检查）各高校应加强对项目经费的监督和检查，建立健全科研经费使用和管理的监督约束机制，确保项目资金合理使用。市教委将通过第三方评估、经费审计等方式加强对项目的事中事后监管。

第五章 附 则

第二十五条 （工作部门）创新计划的日常管理部门为市教委科技处，市教委科技发展中心受市教委委托开展具体工作。

第二十六条 （文件解释）本办法由市教委负责解释。

第二十七条 （实施日期）本办法自发布之日起实施。此前设立尚未结项的市教委科研创新项目按原管理办法执行。

上海市教育委员会 上海市青少年学生校外活动联席会议办公室关于印发上海市校外教育三年行动计划（2017—2019年）的通知

（沪教委德〔2017〕39号）

各区教育局、校外联办，各委、局、控股（集团）公司：

根据《中共中央 国务院关于进一步加强和改进未成年人思想道德建设的若干意见》，中共中央办公厅、国务院办公厅《关于实施中华优秀传统文化传承发展工程的意见》和《关于进一步加强和改进未成年人校外活动场所建设和管理工作的意见》及《上海市中长期教育改革和发展规划纲要（2010—2020年）》等文件精神，进一步加强上海校外教育工作，全面实施素质教育，现将《上海市校外教育三年行动计划（2017—2019年）》印发给你们，请结合你区和行业工作与学生身心发展的实际，认真贯彻执行。

附件：上海市校外教育三年行动计划（2017—2019年）

上海市教育委员会
上海市青少年学生校外活动联席会议办公室
2017年9月8日

附件

上海市校外教育三年行动计划（2017—2019年）

为深入贯彻党和国家的教育方针，落实教育立德树人的根本任务，把社会主义核心价值观和中华优秀文化贯穿于国民教育全过程，全面深化教育综合改革，构建和完善校外教育治理体系，进一步提升未成年人科学人文素养，培养学生的创新精神、实践能力和社会责任感，特制定《上海市校外教育三年行动计划

(2017—2019年)》。

近年来,上海校外教育坚持以立德树人为根本,以培养创新精神和实践能力为重点,充分依托上海在文化、科技、教育、人才等方面的资源优势,健全了校外教育联席会议制度,构建了以《上海市学生民族精神教育指导纲要》和《上海市中小学生生命教育指导纲要》为重点的校外教育内容体系,形成了"红色一课""院士一课""博物馆一课"等校内外教育衔接的馆校合作课程,建设了一批学生社区实践指导站、中华优秀传统文化传习示范基地和市级示范性校外教育活动场所,打造了"青少年科学研究院""中华经典诵读""社会大课堂"等一批有影响力的校外活动品牌;培养了一支素质较高、专兼结合的校外教育师资队伍,推动了场馆"教育部"及"教育专员"制度建设;建设了"博雅网""上海市学生社会实践信息记录电子平台"等校外教育信息化平台,为深化教育综合改革,服务学生全面健康成长提供了日益丰富的教育资源。

当前,上海校外教育在服务国际文化大都市建设和教育现代化要求方面还面临不少困难和挑战:校外教育治理体系建设有待进一步推进;部分未成年人校外活动场所内部运行缺乏活力,资源建设缺乏感染力,教育责任和教育功能尚未充分显现;部分场馆活动与学校教育衔接不够紧密,合力育人能力有待进一步加强;校外教育的国际交流合作机制有待进一步健全;校外教育的信息化总体水平有待进一步提高;校外教育的评价体系和支撑保障机制有待进一步完善。

一、指导思想

坚持立德树人,将社会主义核心价值观和中华优秀传统文化有效融入校外教育。坚持依法治教,全面深化教育综合改革,推进校外教育治理体系建设。按照上海市教育事业"十三五"规划部署,服务本市率先实现教育现代化,构建与上海城市发展相适应的校外教育育人体系,促进社会参与人才培养体制机制建设,深入推进素质教育,把学生培养成为具有社会责任感、创新精神和实践能力的社会主义建设者和接班人。

二、基本原则

——坚持改革创新。注重创新驱动和转型发展,围绕上海建设具有全球影响力的科创中心和教育中长期改革发展战略部署,推进校外教育治理体系建设,提高校外教育的科学决策、资源统筹、组织管理、队伍发展、效能评估等水平,增强全社会校外教育责任感,提升校外教育文化育人和实践育人的能力。

——坚持内涵提升。科学把握青少年学生成长的特点和规律,依据各阶段学生的认知特点和接受意趣构建分层递进、整体衔接的内容教育序列,加强校外实践体验与校内课程改革的融合。注重场馆的互动性、创意性、体验性和实践性,提升校外教育基地的品质与效能,打造学生创新实践、人文体验的"社会教育大课堂"。

——坚持公益为本。切实保障校外教育资源和文化设施使用的公益性,不断促进优质校外教育资源和校外教育公共服务的普惠化,努力推动城郊区域之间、不同领域之间校外教育资源的高位均衡与优质发展。

——坚持一体发展。坚持以一体化的发展思路推动校内外育人体系建设,以综合素质评价为导向,注重家校社互联、校内外教育互通、社会资源共享、多元主体共治,构建校内外合力育人共同体。

三、工作目标

聚焦教育综合改革,围绕"为了每一个学生的终身发展",坚持统筹协调、形成合力,推动形成有利于传承发展中华优秀传统文化的体制机制和社会环境;建立和完善与上海城市发展和教育现代化发展相匹配的校外教育工作体系,为加快建设具有全球影响力的科技创新中心和国际化大都市提供有力支撑。

(一)推进科学治理

加强校外教育顶层设计,推进校外教育的地方法规建设。创新体制机制,健全和完善区域校外教育联席会议制度,提升科学决策、科学实施、科学评价等能力,进一步提高校外教育科学化、专业化水平。

（二）完善结构功能

进一步加强未成年人活动场所建设，优化城乡布局，拓展和提升场所教育功能。加强对社会教育资源的统筹规划和深度挖掘，培养学生综合素养。积极探索社会力量参与校外教育的有效渠道，激活社会教育场所的育人功能，形成全社会关注和支持校外教育的育人合力。

（三）加强队伍建设

创新校外教育人才培养体制，拓宽人才培养渠道，培养具有一流学识和能力的专业化人才。完善校外教育工作者的培训体系，全面提升全市校外教育工作者队伍的服务能力。积聚校外教育优势力量，建立校外教育智库，深化校外教育科学研究，提高校外教育理论和实践研究水平。

（四）提高专业水平

以培育和践行社会主义核心价值观为引领，以“政治认同”“国家意识”“文化自信”“公民人格”为重点，完善目标、内容、载体、评价等校外教育育人体系。加强信息化建设，形成与上海教育现代化要求相适应的网上网下合力育人运行体系。加强国际交流合作，吸收借鉴国际有益经验，传播中华优秀文化，提高校外教育现代化水平。

四、主要任务与重点项目

（一）创新体制机制，推进科学治理

健全和完善校外教育体制机制，推进校外教育的地方法规建设，促进校外教育现代化发展，重点实施以下项目：

1. 校外教育法治化建设推进项目

以推进全社会共同支持校外教育建设和发展为目标，进一步开展各类社会机构、场所开展校外教育的支撑研究，深化学生校外实践的立法研究，为校外教育地方法规建设提供有力支撑，为全社会共同支持和促进校外教育健康发展提供制度保障。

2. 校外教育体制机制建设推进项目

切实发挥“上海市青少年学生校外活动联席会议”的统筹协调职能，建立科学化、制度化的议事制度。健全并优化区级相应的组织机构，定期召开会议，制定发展规划，研究相关政策，协调重大问题，促进校外教育科学发展。

3. 学生公共安全实训基地协同管理项目

依托相关委办局和社会专业力量，完成上海公共安全教育实训基地建设。构建科学性和专业性的群体性应急管理实训内容体系和实施体系，以“识险、避险、自救、互救”为主线，以“真学、真练、真懂、真会”为实训目标，突出实训和体验，开展分区、分类、分级公共安全项目的实训和演练，满足广大青少年学生的实训需求。

（二）优化资源布局，拓展育人功能

进一步加强未成年人活动场所建设，优化布局、盘活存量、做精增量、拓展育人功能，重点实施以下项目：

1. 学生人文素养培育推进项目

以深化“六进”为抓手，按照一体化、分学段、有序推进的原则，把中华优秀传统文化全方位融入思想道德教育、文化知识教育、艺术体育教育、社会实践教育各环节。充分利用文博艺术场馆等资源，组织学生进行实地考察和现场教学；积极推进校园电影院线建设，为青少年推出一批优秀影视作品，开展“百年树人电影阳光行”活动，鼓励学生开展文化艺术创意实践活动；继续开展“学生中华优秀传统文化主题月暨非遗进校园”系列活动，重点建设一批上海市中华优秀传统文化研习校外实践基地，深入推进“书香校园”等经典诵读等活动。

2. 学生社会实践能力提升项目

大力提升学生社会实践服务内涵，提高中小学生实践能力。继续加强普通高中学生志愿服务（公益劳动）工作的水平和质量，推进学生综合素质评价。积极倡导中小学生利用公共文化设施开展学雷锋志愿服务、公益劳动、节俭养德行动、非遗传统工艺技艺技能创新行动和弘扬传承中华传统美德实践与养成行动等。积极探索小学、初中学生文博场馆探究、职业体验教育和财商教育，注重发展学生的兴趣与志趣，培养创新精神和社会责任感。

3. 学生科技创新素养培育推进项目

弘扬创新文化，培育大众创业、万众创新教育的机制和沃土。在幼儿园和小学中开展“少儿动手益智计划”，试点小学“未来科技教室”，探索科学创新教育新模式；推进“中学生创新拓展计划”，加大推进市区青少年科学研究院建设，探索青少年科技成果孵化；建立高校、科研院所青少年实践工作站25个、实践点100个。面向全市中小学开展科技创新教育特色示范学校评选；试点建设“梦工厂”“创客坊”“创智空间”等，进一步拓展“社区创新屋”的功能。继续办好“争创明日科技之星”“国际青少年科技博览会”“未来工程师大赛”“青少年创新峰会”“社区创新屋创意大赛”“少年爱迪生”等科创赛会。注重公平普惠，完善全覆盖、长效化的青少年科普工作体系。

4. 学生身心健康促进项目

开展丰富多彩的阳光体育活动，创设学生暑期阳光体育系列赛，为学生参与体育锻炼搭建平台。开展青少年课外体育活动中心建设，推动公共体育场馆和学校体育场馆向学生公益性开放，构建青少年课外体育锻炼公共服务体系。建立综合性的学生体育素养指标体系，探索将学生体育知识、技能、经历和效果情况纳入指标。以知识竞赛、夏令营等公益性项目为主导形式，构建免费青少年健康教育课外活动体系。推进健康教育课外实践体验基地建设，满足青少年健康教育学习实践需求，推动开展青少年身心健康传播项目，广泛普及健康理念常识，增强学生身心健康。

5. 职业教育体验基地建设项目

依托上海职业教育和开放实训中心力量，注重传播新理念、发展新科技、促进职业体验，以培养学生的“劳模精神”“工匠精神”为重点，创建主题突出、结构合理、形式新颖、吸引学生的职业教育系列体验基地，促进学生的生涯规划和生涯发展。

6. 家庭教育基地建设项目

统筹区域内学校、社区和家庭教育资源，根据学生年龄心理特点，在各区试点建设一批“家庭教育示范校”，引导和促进家长开展家庭教育；加强新媒体服务阵地建设，优化家庭教育指导服务优质资源推送平台；加强对社区家庭教育指导网站、微信群的引导，健全和完善社区家庭教育的指导机制，宣传家庭教育科学理念和方式，推进素质教育进家庭。

7. 学校少年宫和青少年活动中心建设项目

建设一批全国级的乡村学校少年宫及市级示范性（星级）学校少年宫，充分发挥上海市学校少年宫联盟作用，组织好年度学校少年宫相应的培训、评估及展示工作，挖掘学校少年宫育人内涵，提升学校少年宫建设管理水平。各区青少年活动中心、少年宫、少科站要在学生综合素质评价改革中发挥示范作用，加强社会主义核心价值观和中华优秀传统文化在以文化人、以艺育人的示范引领和专业指导，不断提升课程育人、活动育人和文化育人的效能。

8. 优质社会教育资源引导扶持项目

吸纳社会力量，建设以文化育人和实践育人为主题的优秀校外教育项目库。继续扩大优秀传统文化、革命文化和先进文化教育、生命教育、公共安全教育、科学技术、艺术人文、生态文明、财商教育、工匠精神教育及海派文化等社会实践基地联盟，编制并完善全市社会实践基地资源图谱。鼓励各类校外教育场所开发具有自身特色的品牌活动和实践课程，打造一批品牌基地和品牌项目。继续推进研学旅行试点工作，推出一批具有良好示范带动作用的研学旅行基地，打造一批具有影响力的研学旅行精品线路，建立一套规范管理、多元保障的研学旅行体系。

（三）促进队伍发展，提高专业水平

提高校外教育教师服务青少年综合素质发展的能力水平，努力打造一支思想素质好，遵循青少年身心发展规律，积极开展馆校合作，具有跨学科综合知识底蕴和掌握现代教育技术、方法的校外教育师资队伍，重点开展以下项目：

1. 校外教育师资培养培训项目

统筹资源，利用教育综合改革的契机，探索在相关高校设置“校外教育”专业学位点，开展校外教育专业硕士的学位教育，提升校外教育骨干队伍的业务素养。注重校外师资队伍的专业化能力建设，加强分层分类培训，组织编写校外教育培训大纲和指导手册，明确培训目标、培训内容、实施方式和管理办法。

2. 校外教育科研能力提升项目

定期发布校外教育研究项目指南，集聚社会多元专业力量，开展课题攻关和工作研究；建设校外教育智库平台，凝聚专家队伍，发挥决策咨询、资源开发、人才储备、社会宣传等作用；定期开展校外教育科研成果的评选和推广，营造良好的校外教育科研氛围，有效提升全市校外教育教师队伍的科研意识和科研能力。

3. 非教育系统校外教育名师工作室项目

遴选具有长期工作经验，突出工作业绩，德能兼备的非教育系统校外教育知名工作者，推出一批非教育系统校外教育名师工作室，建设教育系统内外骨干师资共培共享机制、教育系统内外优质师资交流使用机制，通过导师带教等举措开展校外教育师资培养实训项目。

4. 校外教育教师队伍均衡化建设项目

鼓励中心城区骨干教师到郊区农村援助校外教育工作，组织农村校外教育教师到市区交流学习，提升校外教育队伍的整体素质，促进全市校外教育教师队伍的均衡化发展。增加校外教育基地专职教师配备，提升专职教师、教辅人员、志愿者等指导服务能力。

（四）完善育人体系，提升服务能力

提升校外教育的信息化和国际化水平，将社会主义核心价值观教育贯穿于校外教育各个环节和各个方面，重点实施以下项目：

1. 校外教育育人体系建设项目

以落实社会主义核心价值观教育为引领，以“政治认同”“国家意识”“文化自信”“公民人格”为重点，继续完善校外教育目标和内容系列，加强顶层设计和项目库建设，形成校外实践活动的科目指南，拓展校外教育育人载体，创新校外教育育人模式，探索分层分类的校外教育评价机制，健全校外教育育人体系。

2. 校外教育信息化建设项目

按照上海市中小学生综合素质评价的方案部署，加强中小学生社会实践电子记录平台建设，以电子学生证和数据云平台为支撑，为学生综合素质评价、学校校外教育工作评价、场馆信誉等级评价等提供依据。以“博雅网”为依托，构建“青少年文化地图”和“社会教育网络大课堂”，有机统筹各类资源，加快网上文化艺术类课程资源建设，探索“虚拟场馆”“云课堂”“移动课堂”等项目，为学生、学校和家长更好地运用社会资源开展校外教育提供信息化服务。

3. 校外教育国际化建设项目

支持东方绿舟、上海科技馆、中华艺术宫等具有国际影响力的校外教育场所建设国际教育营地、开展国际交流合作，让国际语言、民族语言、本土语言的优秀文化艺术走进校园，讲好中国故事，传播中国精神。探索形成定期开展校外教育国际研讨交流的机制，选派优秀师资和管理人员赴国外访学，邀请国外校外教育专家到场所交流讲学，提升校外教育理论和实践的国际化水平。

五、工作保障

（一）完善体制机制

各级党委和政府要切实加强对未成年人校外教育活动场所建设和管理工作的领导，及时掌握工作情况，研究解决重要问题。各级校外教育机构和学校等部门单位要明确职责分工，发挥校外教育机构在推进素质教育中的示范引领作用。进一步理顺各主体在校外教育中的定位和作用，根据事权与支出责任相一致的原则，支持和保障校外教育发展，形成有利于促进学生社会实践和校外教育事业发展的工作网络与资源平台。

（二）发挥评价导向作用

发挥多元化评价对校外教育活动场所的引导和激励作用。通过校外教育活动场所的自评和社会评价、成员单位评价、学校评价、学生评价、家长评价等相结合的方式，逐步完善各类校外教育活动场所的评价指标体系。探索利用评价结果，形成校外教育活动场所信誉等级评定机制，将学生社会实践基地评价纳入文明单位创建内容和对区域开展的未成年人思想道德建设工作的综合督政内容。

（三）保障经费投入

市、区两级政府要确保对校外教育工作经费的投入，保障校外实践活动的公益性和导向性，积极开展未成年人校外活动场所建设、项目开发、队伍培训、评估激励、宣传推广。学校要保障落实学生校外活动专项经费，专款专用，提高使用效益。要进一步完善学生综合保险制度，加大对学生的安全保障。

（四）加强宣传引导

积极发挥各类媒体作用，用社会主义核心价值观引领社会、凝聚共识，形成有利于校外教育文化育人和实践育人的良好政策导向、利益机制和社会环境。充分利用法律的规范、引导、保障和促进作用，形成有利于未成年人成长的良好社会环境。面向家庭、社会、学校，形成课堂教学、校园文化、社会实践等多位一体的育人平台，引导全社会力量共同支持校外教育事业发展。

上海市教育委员会关于本市实施义务教育“城乡学校携手共进计划”的意见

（沪教委基〔2017〕59号）

各区教育局：

2007年以来，本市连续实施五轮农村义务教育学校委托管理，充分利用中心城区优质教育资源，促进了农村学校的健康、持续发展。为推进新阶段城乡义务教育一体化和优质均衡发展，根据《国务院关于统筹推进县域内城乡义务教育一体化改革发展的若干意见》（国发〔2016〕40号）和中共上海市委、上海市人民政府《关于推动新型城镇化建设促进本市城乡发展一体化若干意见》（沪委发〔2015〕2号）等有关要求，本市自2017年起，实施义务教育“城乡学校携手共进计划”（以下简称“携手计划”），包括实施郊区学校精准委托管理和城乡学校互助成长项目两项内容。为实施好“携手计划”，提出如下意见：

一、指导思想

以党的十八大，十八届三中、四中、五中、六中全会精神为指导，落实国家和本市基础教育改革发展的重大部署和要求，坚持新阶段城乡义务教育一体化的改革思路，以需求为导向，以学校携手为载体，以内涵建设为重点，以质量提升为目标，以机制创新为动力，充分发挥城乡原有对口合作优势，加大优质教育资源的辐射带动力度，激发郊区公办学校转型发展的内驱力，缩小城乡学校办学水平差距，整体提升城乡学校教育质量和办学水平，办好家门口的每一所学校，让学生享受更加优质公平的教育。

二、工作目标

加强市级层面统筹协调，强化各区促进义务教育优质均衡发展的责任，以郊区为主体推进实施，健全城乡学校共同进步的管理制度和运行机制，规范过程管理，提升工作效益。激发基层探索创新活力，充分激发各方力量的积极性、主动性和创造性，努力缩小城乡之间、学校之间办学水平的差异，加快本市义务教育优质均衡发展进程，整体提升办学品质与满意度。

三、主要任务

（一）实施郊区学校精准委托管理。委托管理的受援学校原则上为郊区新开办的义务教育公办学校和提升办学质量意愿比较强烈的义务教育公办学校，每轮精准委托管理时限为3年。由市教委完善委托管理政策，郊区教育局为责任主体推进托管工作，完善委托管理工作制度和运行机制，规范过程管理，提升托管效益。中心城区教育局要严格按标准遴选和推荐支援学校（专业机构），为支援学校（专业机构）常驻受援学校人员提供经费支持和政策倾斜，为支援学校（专业机构）开展托管工作提供相关智力资源和物质资源。支援学校（专业机构）要切实承担起受援学校办学责任主体的重任，保证有相应的管理人员和学科教师常驻受援学校，从办学规范、学校管理、教师队伍、课程教学、学生发展、校园文化等各个方面推进受援学校的内涵建设，建立学校持续发展的"造血"机制。市、区共同加强和改进对托管工作的绩效评估，建立相应的奖惩机制。

（二）实施城乡学校互助成长项目。坚持从郊区公办学校办学质量提升的实际需求出发，由市教委统筹协调，各郊区教育局为管理主体，城乡教育部门和学校（专业机构）共同实施。每轮互助成长项目原则上实施3年。由郊区教育局发动区域内义务教育学校寻找在内涵发展、办学水平等方面存在的瓶颈问题，如课堂教学效益、教育教学研究、学校管理效能、师资队伍建设、特色课程开发、教学质量评价、家校社联动等，形成基于核心问题的具体实施项目。中心城区教育局根据郊区学校的项目需求，充分挖掘区域内优质学校（专业机构）资源，推动与郊区学校的深入互动，共同形成城乡学校互助成长项目。鼓励本市高等院校和市、区教育科研机构（基地）参与对城乡学校互助成长项目的指导。在市教委协调下，郊区教育局负责做好城乡学校互助成长项目对接，签订项目合作协议，深入开展项目合作。各区教育局为城乡学校互助成长项目的实施提供必要的人员、经费、制度等保障，为城乡学校的合作提供各种便利条件。市、区加强对城乡学校互助成长项目的论证和成效评定，对表现突出的单位和个人予以表彰。

四、组织保障

（一）加强组织领导。市教委将"携手计划"作为基础教育综合改革重点项目予以推进，整合资源，加大支持和服务力度，提供专业指导、专业评估和政策支持，帮助城乡教育部门和学校解决碰到的实际困难和问题。区教育局要强化原有的对口合作机制，在平等协商、需求对接的基础上落实"携手计划"的各项要求，明确目标任务、主要举措和时间表、路线图，建立定期研究和推进机制，加强专业指导和政策服务。

（二）落实经费投入。市教委安排相应的经费保障，支持各区开展"携手计划"，其中委托管理经费拨付原则为：平均每年托管1所小学或初中拨付50万元，托管1所九年一贯制学校拨付60万元；城乡学校互助成长项目每年每校原则上拨付金额不超过20万元。各区教育局应落实经费，保障"携手计划"实施过程中委托管理、项目合作、教师流动、学校建设运行等方面的实际需要。按照《上海市教育综合改革市对区县专项转移支付管理办法》（沪财教〔2016〕36号）等要求，切实加强和完善财政教育经费的规范管理和依法审计，增强财政教育资金使用的有效性和透明度。

（三）强化人才保障。健全校级干部、骨干教师跨城乡流动机制，引导优秀教师向郊区学校、农村学校流动。各区教育局要完善对参与“携手计划”的城乡学校及其教师的激励机制，在学校领导选拔、校长和教师职称（职级）评审、绩效工资总量统筹安排等方面予以适度倾斜。中心城区教育局要完善对参与“携手计划”学校的教师编制、职称评定等方面的倾斜政策，既确保派出教师能够安心支持郊区学校，又保证学校教学的正常运行。郊区教育局要创造各种条件，为参与“携手计划”的学校搭建展示交流、校长和教师专业成长、宣传推广等各种平台。

（四）实施监督考核。郊区教育局要制定“携手计划”的考核奖励机制，对委托管理效果、项目合作效果成效进行跟踪调查，及时进行指导和监督，并进行绩效评估。中心城区教育局应对参与“携手计划”的所属学校和相关人员实施考核奖励。市教委将推进“携手计划”列入各区教育工作评价指标予以考核。市、区教育督导部门将此项工作纳入对区政府依法履职的综合督政中。

（五）搭建交流展示平台。市、区共同加强“携手计划”交流展示平台建设，引导和激励中心城区学校（专业机构）为郊区学校建设作出更大贡献，增强优质资源在郊区学校的放大效应。要加强委托管理和互助成长的理论和实践研究，注重经验提炼和辐射推广。要充分发挥新闻媒体作用，加大宣传力度，坚持典型示范、以点带面，对“携手计划”中涌现出的新的“家门口的好学校”，以及推进的经验与成效及时进行总结和宣传，引导和动员全社会重视、关心、支持基础教育改革和发展，形成全社会理解、支持义务教育的良好环境。

附件：1. 上海市郊区学校精准委托管理工作方案
　　　2. 上海市城乡学校互助成长项目试点方案

上海市教育委员会

2017年9月1日

附件1

上海市郊区学校精准委托管理工作方案

郊区义务教育学校精准委托管理工作从2017年开始实施，其中第一轮从2017年9月到2020年7月，历时3年。以后每轮期限均为3年。

一、受援学校的确定

郊区根据本区实际，自行选择受援学校，原则上应为新开办的义务教育公办学校和提升办学质量意愿强烈的义务教育公办学校。受援学校数量可参照以往轮次数量，并适当增减。曾接受两轮委托管理的学校，不再列入下一轮精准委托管理范围。

二、支援学校（专业机构）推荐与审核

中心城区教育局在广泛动员、学校（专业机构）自荐的基础上，推荐本区优质品牌学校或教育专业机构参与委托管理工作。被推荐参与精准委托管理工作的优质品牌学校应符合有管理人员和教师储备、有一定托管或相关工作经历、社会声誉良好、办学经验丰富等标准；被推荐参与精准委托管理工作的教育专业机构应符合具有独立法人资质、有管理人员和教师储备、有一定托管或相关工作经历、有依托的品牌学校或教育资源、社会声誉良好等标准。被推荐参与精准委托管理工作的品牌学校或教育专业中介机构，原则上保证不少于3名管理人员（含学校中层干部）和学科教师常驻受援学校，其中管理人员不少于1人。

在支援学校（专业机构）承担精准委托管理工作期间，各中心城区教育局要按照品牌学校或教育专业中介机构常驻受援学校人员数及其经费标准，根据实际需求，适度增加拨付人员经费。

三、规范委托管理签约程序

受援区教育局综合考虑受援学校与支援学校(专业机构)配对的适合度,对于需要专业机构(含民办学校)支援的学校,采取区教育局招投标方式确定具体的支援专业机构;对于需要中心城区优质公办学校支援的学校,经双方教育局确认建立支援与受援关系。凡被确认(中标)的支援学校(专业机构)应根据受援区教育局提出的精准托管目标,递交精准委托管理实施方案及精准托管经费预算报告,经受援区教育局审核同意后,及时下拨经费。在受援学校性质和体制不变、支援学校(专业机构)享有办学自主权的前提下,经与支援学校(专业机构)平等协商,由受援区教育局与支援学校(专业机构)签署精准委托管理工作协议书。各受援区教育局应于当轮精准托管实施第一年的9月30日前完成精准委托管理协议签订工作,同时将协议书送市教委基教处备案。签订协议后,受援区教育局要将学校的管理责任交予支援学校(专业机构)。

四、实施中的过程管理

农村义务教育精准委托管理工作以郊区教育局为责任主体推进、管理。各受援区教育局要加强过程管理,做好精准托管方案的评估认定、过程的跟踪指导、经费的使用监管、中期评估、托管学校的年度考核等各项工作。精准托管经费按照有关经费管理规定执行,采用招投标方式由专业机构中标的,经费由受援区教育局按年度划拨给专业机构自主使用,并根据年度评估情况决定后续年度划拨的数额和时限;由中心城区公办学校托管的,受援区教育局要在精准托管方案论证后及时下拨年度经费给受援学校,由受援学校按照支援学校根据常驻支援团队和人员的工作量、时间和精力投入等按次发放专业咨询或劳务费用。

受援区教育局应不断创新与丰富本区工作实践,通过绩效工资倾斜、校长和教师考核评定等方式,充分激发受援学校的积极性,增强工作的实效性。各相关区教育局应当保证精准委托管理期间双方主要管理人员的稳定性,确保精准托管工作可持续进行。受援区教育局可与工作开展不力的支援学校(专业机构)中止委托管理关系。

五、精准委托管理评估

市教委委托市教育评估院,制定精准委托管理评估指标,联合各有关区,逐校开展精准委托管理工作绩效评估。对参与的专业机构在精准托管工作中的表现进行评定,作为以后承担精准委托管理任务的依据。本市对开展精准委托管理工作成绩突出的单位、个人予以奖励。

附件2

上海市城乡学校互助成长项目试点方案

上海市城乡学校互助成长项目试点从2017年开始实施,其中第一轮试点从2017年9月到2020年7月,历时3年。以后每轮试点均为3年。

一、郊区学校如实提出项目需求

郊区教育局根据本区义务教育改革和发展实际,围绕学校管理效能、师资队伍建设、课程体系建构、特色课程开发、课堂教学效益、教学质量监控、教育教学研究、家校社联动等方面存在的瓶颈问题,遴选具有改革开拓精神的学校,聚焦重点领域,自选具体实施项目,形成项目需求和建设目标。

郊区教育局要按照实际需求遴选推荐,每轮每区推荐的项目学校数量一般在3—10所,每所学校原则上聚焦一个重点共建项目。

二、遴选与推荐中心城区学校(专业机构)

各中心城区教育局对照郊区教育部门和学校提出的项目需求,进行针对性的组织发动,遴选在各相关项目领域有成熟经验和品牌特色的学校(专业机构)参与互助成长项目。被选学校(专业机构)须社会声誉良好、整体办学质量高，同时保证管理人员和教师（专业技术人员）有充足的精力和能力参与项目互助合作，能够保证平均每月至少一次与郊区合作学校开展富有成效的现场互动交流。

项目实施期间，中心城区教育局可按照市区学校（专业机构）参与项目合作的人员数量及其经费标准，根据实际需求，适度增加拨付相关经费。

三、项目合作学校的配对审核与签约

郊区教育局指导所属学校与中心城区学校（专业机构）平等协商，共同研制《互助成长项目实施方案》。经专家论证和郊区教育局审核同意后，由城乡学校（专业机构）共同签署互助成长项目协议书，并报双方所属教育局和市教委基教处备案。当轮互助城乡项目试点实施第一年的9月30日前完成首轮互助成长项目协议签订工作。

郊区学校要切实担负起学校转型发展的主体责任，围绕学校内涵发展的瓶颈问题，与中心城区学校（专业机构）加强互动交流，安排专门团队进行经常性对接合作。中心城区学校（专业机构）要秉承平等原则，与郊区学校团队紧密合作，研制具体实施方案。签订协议后，中心城区学校（专业机构）要切实承担起互助支援的责任，安排具备资质的管理人员和师资队伍，基于需求和共同的实施方案推进郊区学校内涵建设。

四、项目实施的过程管理

互助成长项目以郊区教育局为主导、合作双方为主体推进实施。郊区教育局要加强过程管理，做好项目初态审查、实施方案论证、实施过程跟踪指导、项目经费使用监管、项目中期论证、项目学校年度考核等各项工作。项目经费严格按照有关经费管理规定执行，由郊区教育局及时下拨和依法监管。

各区教育局要密切关注互助成长项目的具体进程，搭建互动交流平台，定期听取互助成长项目进展情况汇报，帮助学校解决碰到的实际困难和问题，确保互助成长项目的有效进行。

市教育评估院受市教委委托，为区教育局实施方案论证和中期项目评估提供专家资源库、方法技术等方面的支持和指导，并可进行监督巡查，确保项目实施的规范性和有效性。

五、项目成果验收

市教育评估院受市教委委托，制定城乡学校互助成长项目评估指标，为项目成果验收提供专家资源库和相关的培训指导。项目实施期满，郊区教育局应组织专家组，逐校开展项目成果验收专家组中，市级专家库成员比例不少于50%。项目验收的结果分为：优秀、合格和不合格。本市将对开展互助成长项目成绩突出的区、校予以表彰，对取得突出成效的项目进行宣传推广。

上海市教育委员会关于深入推进本科教学教师激励计划的指导意见

（沪教委高〔2017〕64号）

各市属本科高等学校：

根据《上海市教育委员会关于开展市属本科高校骨干教师教学激励计划试点工作的通知》（沪教委人〔2012〕52号）的要求，自2014年起我委组织开展了市属本科高校骨干教师教学激励计划（以下简称“激励计划”）试点工作，现已覆盖到全部市属公办本科高校。随着激励计划的深入推进，各试点高校对激励计划的认同度越来越高，教授、副教授进课堂、教师坐班答疑和自习辅导渐成常态。激励计划的实施有效巩固了本科教学中心地位，强化了全体教师教书育人意识及行为规范，有效提升了本科教育教学水平和人才培养质量。

为全面贯彻落实全国和上海高校思想政治工作会议精神以及高等教育领域“放管服”改革的意见，在全面总结激励计划试点经验的基础上，现就深入推进激励计划提出如下指导意见：

一、进一步营造教书育人的良好氛围。高校要回归育人本源，以全面提高人才培养能力为核心，高度重视立德树人，培养人才。要加强教师思想政治工作，引导教师增强对中国特色社会主义的思想认同、理论认同、情感认同。要加强师德师风建设，引导广大教师坚持教书和育人相统一，坚持言传和身教相统一，坚持潜心问道和关注社会相统一，坚持学术自由和学术规范相统一，引导广大教师以德立身、以德立学、以德施教，形成教师潜心教学、用心育人的良好氛围。

二、进一步明确教书育人的基本要求。各高校要进一步明确所有教师必须承担本科教学任务，将教学考核作为教师考核、职务评聘、评优奖励的基本条件。把教授为本科生上课作为基本制度，明确教授、副教授承担本科生课程的教学课时要求，教师担任班主任、辅导员，解答学生问题，指导学生就业、创新创业、社会实践、各类竞赛和“传帮带”等工作，应计入教育教学工作量，并纳入考核内容。要充分体现全员育人导向和“课程思政”相关要求，体现教师育人贡献度，不唯课时，不唯工作量，实事求是，不搞一刀切。

三、进一步推进本科教育教学改革。充分发挥课堂教学主渠道作用，创新教学方法和组织形式，加强师生教学互动，将学生的能力达成放在首位；采取习题作业、小论文、读书报告、专题研讨等多种考核形式，加强学习过程考核，加大平时成绩在课程成绩中所占比重。学校可依据校情、专业、课程等特点开展形式多样、内容丰富、注重实效的答疑、辅导活动，加强课内课外联动。在确保一定量面对面答疑、辅导活动的基础上，增强互联网意识，善用学生喜爱的新话语、新平台、新方式，形成网上网下合力。

四、进一步完善教学考核评价制度。高校应完善教学考核评价制度，多维度考核教学工作实绩，推进教师分类评价体制，根据学科专业和教师发展阶段的不同特点，建立相应的教学考核评价与激励办法。加强教学团队建设，在领军人物和学科带头人的考核中加大其所在教学团队业绩的考评权重。探索以教学效果和教书育人成效为导向的分配办法，并有针对性地提出不同的绩效目标与考核评价要求。

五、进一步完善教师专业发展机制。鼓励教师开展教学改革与研究，不断提升教学学术发展力。加强教师教学基本功训练，开展面向全校全市的交流展示活动，推进教师培训、教学咨询、教学改革、质量评价等工作的常态化、制度化。高校应建立健全教师专业发展考评体系，将教师参加培训研修、专业实践、教学研究的情况作为考核评价的重要内容。构建本科教学荣誉体系，开展教学新秀、教学名师等评选和奖励活动，充分发挥优秀教师标杆示范作用，进一步激励广大教师潜心投身本科教学和人才培养。

六、进一步加强制度建设及自我监管。按照高等教育领域“放管服”改革的要求，落实和扩大高校办学自主权，加强高校制度建设及自我监管。各高校应在认真总结实施经验基础上，因校制宜，勇于创新，从有利于巩固本科教学和人才培养基础地位、激发教师教书育人的主动性和积极性等角度出发，制定并完善本校激励计划的教师教学岗位职责、教学考核评价、监督检查、经费分配、教师专业发展与聘任、晋升等相关制度并加以落实，加强自查自纠。我委将加强对激励计划的协调与指导，并把督查评估的重点放在教师教书育人的实际成效上，围绕学校制度建设及自我监管情况、本科教学和人才培养质量提升情况、教师与学生满意度和获得感提升等方面开展督查评估。

七、进一步加强典型宣传推广。高校要及时总结好做法好经验，力争形成可复制可推广的实施模式和典型经验。通过媒体宣传、交流展示等形式，大力宣传教师立德树人、培养人才的先进事迹，切实发挥激励计划对教书育人的导向激励作用。

上海市教育委员会
2017年9月4日

2017年上海市教育委员会工作要点

2017年，上海市教育工作要全面贯彻落实党的十八大和十八届三中、四中、五中、六中全会精神和习近平总书记系列重要讲话精神，按照“五位一体”总体布局和“四个全面”战略布局，牢固树立和贯彻落实创新、协调、绿色、开放、共享的发展理念，紧紧围绕上海建设“四个中心”和具有全球影响力的科技创新中心，按照国家和上海市中长期教育改革和发展规划纲要、上海市教育综合改革的总体部署，坚持改革创新、依法治教，注重内涵发展，加快推进教育现代化，为全面建成小康社会发挥关键支撑作用。

一、持续推进教育综合改革和高考改革，实施规划引领

1. 分层分类推进落实教育综合改革。召开上海教育综合改革部市会商会议，明确年度教育综合改革任务，启动新一轮部市共建工作。在区级和高校设立一批教育综合改革重点推进项目，加快推进落实市级、区级、高校教育综合改革工作。充分发挥各类教育专家咨询委员会的作用。

2. 推广教育综合改革制度性成果。总结2016年教育综合改革国家试点任务进展情况，开展实施成效中期评估，形成一批具有探索示范意义的成果。开展教育综合改革重大制度性成果宣传，增强改革试点“溢出效应”。

3. 落细落小落实高考综合改革任务。做好高考各类别考试命题工作，保障春季高考、秋季高考、各科普通高中学业水平考试、中职学业水平考试、专科层次依法自主招生、高校自主招生、综合评价录取改革试点等工作平稳有序。稳妥开展招生录取，加强投档录取系统建设与运行管理，做好投档录取规则解读解释与宣传说明。发挥普通高中学生综合素质评价信息在高考招生录取中的参考作用。

4. 实施“十三五”规划及专项规划。研究制定《上海教育现代化2030总体规划》。指导各区、各高校落实《上海市教育改革和发展“十三五”规划》，深入实施《上海市基础教育改革与发展“十三五”规划》《上海市职业教育改革与发展“十三五”规划》《上海市高等教育改革与发展“十三五”规划》《上海市学校德育“十三五”规划》等专项规划。加强对各区、各高校落实各项规划的指导、督促和评估。

二、坚持立德树人根本任务，增强德育工作实效

5. 贯彻落实高校思想政治工作会议精神。指导各高校开展习近平总书记系列重要讲话精神和党中央治国理政新理念新思想新战略重大主题学习宣传，落实好中共中央、国务院关于加强和改进新形势下高校思想政治工作的意见。制定本市关于进一步加强和改进新形势下高校思想政治工作的实施意见。启动教育部哲学社会科学重大攻关项目大中小学德育一体化的二期研究。加强和改进民办高校党建工作，召开第七次上海民办高校党建工作会议，制定新形势下本市进一步加强和创新民办高校党的建设若干意见。

6. 强化课堂主渠道育人。加强学科德育协同研究中心的建设和管理。推进高校思想政治理论教育课程体系建设。研究编制课程思政实施方案、教学指南。加强思想政治理论课教材研究和高校马克思主义学科建设。推进10所上海市高校示范马克思主义学院建设。大力实施大学生思想政治教育质量提升工程，构建“全员、全方位、全过程、全环境”的育人新格局。

7. 促进学生德育协同发展。落实教育部制定的《中小学德育工作指南》，加强社会主义核心价值观教育和中华优秀传统文化教育品牌项目培育，制定高校日常主题教育活动规范化建设的指导意见。出台加强中小学心理健康教育的指导意见，编写大中小学生心理危机预防与干预读本。制定加强中小学生涯辅导的指导意见。启动首批家庭教育示范校评选工作，开发家庭教育指导师系列课程，加强家庭教育指导师队伍建设。加强上海市学校德育发展研究院建设。

8. 加强校外育人共同体建设。深入实施《上海校外教育三年行动计划（2016—2018年）》，继续做好普通高中和中职学生社会实践（志愿服务）工作。开展红色教育、生命教育、公共安全教育等社会实践基地联盟建设。研制中小学生社会实践若干意见等文件，推进校外教育立法工作。落实《关于推进中小学研学旅行的意见》，启动研学旅行营地建设工作。

9. 加强思想政治教育（德育）骨干队伍建设。继续实施《上海高校思想政治理论课教师队伍建设规划（2014—2018年）》。落实上海高校辅导员队伍建设规划（2016—2020年），加强新疆内派教师队伍建设和高校少数民族学生专职辅导员培训。完善中小学德育骨干教师培训课程体系建设，开展学科德育教师职业能力与素养培训，推进班主任工作室联盟建设，发挥好德育教师跟岗学习基地的作用。拓展思政（德育）队伍国际研修，加大海外研修资助力度。

三、强化学区化集团化办学，促进基础教育优质均衡发展

10. 做好中小学生学业"减负增效"工作。综合施策、标本兼治减轻中小学生过重课业负担，成立"减负"工作领导小组，建立统筹协调、协同推进的工作机制和分级负责、共同参与的减负工作综合治理体系。聚焦引起中小学生课业负担过重的各个方面和环节，开展专题调研。重点围绕招生考试改革、课程教学改革、规范民办学校招生和办学、增强家校协同共育、整顿规范社会办学机构等方面推出系统性、针对性的政策举措。

11. 促进城乡教育一体化发展。完善义务教育"五项标准"信息管理系统，实施2017年城乡义务教育"五项标准"确定的项目。推动城乡学校在委托管理、课程共建、教学支持、资源共享、队伍共育等方面建立长效机制。扩大学区化集团化办学规模，覆盖超过50%的中小学。出台学区化集团化办学评估指南，指导各区开展办学成效评估，提升办学质量。推动新优质学校集团发展，办好家门口的学校。

12. 深化基础教育课程改革。出台深化本市基础教育课程改革行动纲领，研制上海市普通中小学课程方案。坚持做好小学基于课程标准的教学与评价改革，拓展小学"快乐活动日"的内涵。加强初中建设。推进儿童学习基础素养行动项目，继续加强特色普通高中项目学校建设和评估，促进高中教育从分层教学逐步向分类教育转型。加强高中研究型课程学习工作，试点实施高中个性化学程和学分制管理，支持高中学校依法依规自主设计和实施校本化课程，实施"走班制"教学。在部分区试点中小学数字教材应用，总结形成全市推广方案。

13. 推进学前教育工作。制定本市学前教育质量评价标准。加强0—3岁早教推进工作。全面完成《上海市学前教育三年行动计划（2015—2017年）》各项目标任务，制定新一轮学前教育三年行动计划。落实教育部颁布的《幼儿园工作规程》。新建和改扩建20所幼儿园，提升学前教育资源供给水平。指导各区实施基础设施建设规划，加强幼儿园校舍和配套设施建设。

14. 做好特殊教育和民族教育工作。制定新一轮特殊教育三年行动计划，完善特殊教育评估体系。优化特殊教育评估工作，实现特殊儿童入学（园）评估和入学后评估一体化管理。继续办好内地民族班，完成年度招生计划。开展民族教育工作经验交流研讨，提升民族教育管理服务水平。

四、实施职业教育教学改革，推动创新发展

15. 深化贯通教育改革试点。稳步扩大中高职贯通、中本贯通改革试点，开发10门贯通课程，提升贯通教学质量。扩大中高、中本联合教研组规模，定期开展联合教研活动。完善中本贯通人才培养体系。继续开展新设中高职、中本贯通试点专业跟踪检查。继续实施《上海高等职业教育创新发展三年行动计划》。

16. 加强职业教育内涵建设。深化校企合作，建设若干个示范性职教集团。开展第二轮（22个）高职

“双证融通”专业试点,深化实施中职“双证融通”培养模式改革。继续开展中职国际专业教学标准试点,加强中职示范品牌专业以及品牌专业建设。开展中职教学工作诊断与改进制度建设,实施中职校年度质量报告全覆盖工作。

17. 提升职业教育社会服务能力。成立若干中外职业教育国际合作联盟。制定进一步推进职业教育开放实训中心建设的若干意见。建设若干所职业体验中心。共建一批世界技能大赛培训基地,全力支持申办第46届世界技能大赛。举办上海市“星光计划”第七届职业院校技能大赛。组织参加2017年全国职业院校职业技能大赛和信息化教学大赛。

五、深化高等教育内涵发展,推进高水平大学建设

18. 推进服务科创中心建设。持续推进高校“2011协同创新中心”和智库建设。支持上海高校参与张江综合性国家科学中心建设,配合推进国家重大科技基础设施和重大研究平台建设。推进上海高校科技成果转移转化,加强高校技术转移中心建设,加快完善高校技术转移体系。完善上海高校技术市场化运作机制,加强上海张江高校协同创新研究院建设,对接张江产业发展需求。

19. 加强高水平大学建设。推动部市共建上海高水平高校,使若干上海高校进入国家“双一流”建设行列。推进落实《上海市深化高校改革建设高水平地方高校试点方案》,推动首批试点高校加快改革发展步伐,启动第二批地方高校试点,扩大和落实市属公办高校办学自主权。启动高校校务委员会制度建设试点,优化完善高校内部治理机制。

20. 提升本科教学质量。全覆盖实施市属高校本科教学教师激励计划。试点本科教学教师激励计划实施成效常态化检查,完善检查方式和绩效评价机制。推进上海地方本科高校教学工作审核评估。开展高等教育上海市教学成果奖评选、国家级教学成果奖遴选推荐工作。

21. 推进高校分类管理工作。在高校内涵发展经常性经费投入、建筑面积指标核定等方面推行分类管理。整合高等教育资源,推进高校布局结构优化。制定上海市属高校规划建筑面积标准。优化上海市博士、硕士学位授权点动态调整实施方案。

22. 加强高校学科建设。推进上海高校一流学科建设。合理构建高峰高原学科分类发展格局,跟踪监测和推进Ⅰ、Ⅱ、Ⅲ、Ⅳ类高峰学科以及Ⅰ、Ⅱ类高原学科建设。完成高峰高原学科建设第一阶段(2015—2017年)绩效评价。研究制定后续建设推进方案。

23. 深化应用型人才培养模式改革。开展目录外应用型本科专业省级审批试点,聚焦上海重点发展产业,设置一批目录外新专业。扩大应用型本科专业改革试点。继续开展专业学位研究生教育与行业规范化培训结合改革项目,推进专业学位课程教学体系改革。研制“专科高职—应用型本科”人才贯通培养试点意见。

24. 加强创新创业教育。全面落实《上海市深化高等学校创新创业教育改革实施方案》,继续实施大学生创新创业项目,推进大学生创新创业训练计划示范校建设,举办市级大学生系列学科竞赛。利用学校和社会资源搭建学生创新创业教育实践和展示平台。

六、完善终身教育体系建设,构建学习型社会

25. 完善终身教育体系建设。实施市教委等七部门关于进一步推进本市学习型社会建设的若干意见。实施上海终身教育、老年教育“十三五”发展规划。推进市民终身学习能力与需求监测体系建设,开展分区域专题性监测项目。促进市民自主学习,开展第三届市民诗歌节,举办全民阅读活动。

26. 推进学习型社会建设。推进一流开放大学建设,完善开放教育人才培养模式。推进学分银行建设,制定学历教育与非学历教育学分互认方案,年内新增存入学分银行人数达到20万人以上。实施百万在岗人员学力提升计划,建设5个“双证融通”专业,引进2个国际证书培训项目,在部分区开展试点,年内实现10万人次学分认定。实施老年教育场所倍增计划,启动社会学习点培育,建设150个居村示范学习点。推进老年教育兼职教师注册制试点，开展千名教师培养计划。

27. 严格规范管理教育培训市场。严格实施办学许可证制度，重点整治无证办学，坚决取缔未经审批的培训点，坚决查处违规扩大经营范围的培训机构。有序推进营利性与非营利性教育培训机构的分类管理，严格规范办学行为，重点整治虚假广告、虚假承诺、虚假宣传。

七、扶持规范社会力量办学，促进民办教育发展

28. 促进民办教育规范化建设。出台本市鼓励社会力量兴办教育若干意见和本市民办学校分类登记管理办法，召开上海市第三次民办教育工作会议。推进市民办教育地方立法起草工作和配套文件的制定。实施《上海民办教育深化综合改革指导意见》《上海民办教育"十三五"规划》。制定完善民办中小学、民办幼儿园设置标准等配套制度和文件。

29. 推动民办教育健康发展。推进现代学校制度建设，完善民办学校法人治理结构。推进非营利性民办中小学建设工作，继续开展民办中小学特色校、优质园第二轮创建工作。推进上海民办教育基金会、民办教育协会等第三方社会组织参与民办教育建设。健全完善民办学校教师年金制度，开展第三届民办高校教师技能大赛。完善民办教育信息管理系统和财务管理系统。

八、加大人事制度改革力度，打造高水平专业化教师队伍

30. 加大人事制度改革。推动教育系统全面落实"人才 30 条"，用好政策红利。推进职称制度改革。完善高校专业技术人员校外兼职与在岗离岗创业制度，持续推进学校、企业、社会融合的人才"旋转门"机制。研制中小学幼儿园机构编制与教师配备指导意见。完善基础教育教师绩效工资增长机制。制定出台上海市属高校主要领导薪酬管理制度。

31. 加强基础教育教师队伍建设。加强普教系统校长教师队伍建设。评选表彰一批上海市特级教师，实施特级教师流动支援郊区制度。继续推进乡村教师支持计划，加强乡村中小学教师队伍建设。推进落实"十三五"教师全员培训，完善教师学习和课程管理平台。实施基础教育领军人才培养计划，形成第三期"双名工程"理论实践成果，完善基础教育人才培养体系。完成中小学(幼儿园)教材教法研修一体网络课程建设，完善研训一体的教师专业发展机制。

32. 加强高校教师管理。建立健全海外人才引进信息收集和发布渠道，促进海外人才来沪高校工作。依托各类国家和市级人才平台，完善相关服务配套，加强高校高层次人才队伍建设。实施东方学者和青年东方学者岗位计划。加强高校教师培训制度体系设计，完善高校新教师岗前培训。深入推进高校教师全过程培养，提升高校教师专业发展能力。

九、整合教育资源，促进教育对外开放与信息化工作

33. 促进教育国际合作与交流。贯彻落实中办、国办做好新时期教育对外开放工作的若干意见，出台本市实施意见。推进创建联合国教科文组织二类机构——"教师教育中心(上海)"。继续在中小学试点开设阿拉伯语、希腊语、葡萄牙语等非通用语种教学兴趣班，进一步推动本市中小学非通用语种教育项目。深化上海国外友好城市的教育交流，办好 2017 上海国际友好城市夏令营。鼓励和支持本市高校教师、学生赴国际组织任职、学习、实习。

34. 推进高水平中外合作办学。继续支持上海纽约大学各项改革工作。支持同济大学与世界知识产权组织合作设立的"上海国际知识产权学院"开展各项工作。完善中外合作办学信息平台建设，依托平台向社会公示中外合作办学机构和项目名称。继续开展受理审核自贸区经营性中外合作办学培训机构工作。

35. 做好来华留学和孔子学院建设工作。继续开展外国留学生全英语课程建设和师资海外研修。落实教育部"一带一路"教育行动项目，做好本市"一带一路"沿线国家高级教育领域专项研修，促进人文交流。发挥"上海高校孔子学院工作联盟"作用，不断提升上海孔子学院的办学质量和水平。继续开展上海外籍人员子女学校年度注册备案工作。启动第三届“上海市中学校长、教师赴外籍人员子女学校伙伴研修”项目。

36. 加强教育信息化建设。加强教育现代化顶层设计和系统优化，发挥信息化对教育、教学、评价和管理创新的引领和支撑作用，加强教师和学生的信息化素养培养。完善教育信息化标准规范体系。启动筹建初中学生综合素质评价信息管理系统。继续推进“一网两平台三中心”（上海教育城域网、上海大规模智慧学习平台、上海教育综合管理决策平台、上海教育数据中心、上海教育资源中心和上海教育认证中心）建设与应用。

十、加强学生综合素养培育，优化学生健康成长环境

37. 深化学校体育工作。以小学体育兴趣化、初中体育多样化、高中体育专项化、大学体育个性化改革试点为抓手，系统推进大中小学学校体育教学改革。实施《上海市体教结合促进计划（2016—2020 年）》，以“三大球”引领学校运动队联盟建设，创建大中学生体育联赛制度，逐步构建体育后备人才培养体系，促进校园体育项目普及与提高协调发展。完善学生体育素养评价指标体系。试点建设体育中考标准化考场。建设中学生体育技能中心、校外体育活动中心、学校体育评估中心。

38. 推进学校美育和科普教育工作。实施《上海市文教结合三年行动计划（2016—2018 年）》。启动与国家文物局共建合作，培育和建设双创空间与创新平台，促进青少年文化与科技素养提升。开展全国第五届大学生艺术展演上海市活动，促进高校艺术教育持续创新发展。加强和改进学校美育课程体系，发布实施艺术教育领域教师专业发展行动计划。实施青少年科学创新实践工作站项目，建设 25 个实践站。建设 15 个高校高层次文艺人才工作室和紧缺文艺创新工作室。开展第二届“汇创青春”上海大学生文化创意作品展示活动。

39. 做好语言文字工作。依法开展社会语言文字应用监督监测。继续举办“书法名家进校园”活动，培育“诗词大会”“成语大会”“汉字听写大会”等语言文化品牌。开展“书香校园”阅读推广行动，推进“中国语言资源保护工程”上海地方成果整理、开发和应用，编写分省语言资源集。研究制定上海语言文化体验展示馆建设方案。推广普通话普及攻坚工程，继续推进普通话水平测试、汉字应用水平测试等语言文字的培训测试工作。

40. 做好学校卫生工作。开展大中小学校（含托幼机构）食品原材料信息溯源及“明厨亮灶”工作，实现对食品、加工、制作等关键环节的全程监控，保障校园食品安全。研制上海市中小学校学生营养食谱，加强对学生午餐的营养指导。修订《上海市中小学校校园直饮水工程建设和维护基本要求》。研制中小学校洗手设施设备改善指导意见，修订《上海高校学生食堂伙食价格平抑基金管理办法》，建立高校大学生公共服务需求年度调研及报告发布机制。

41. 做好校园安全工作。出台进一步加强和完善中小学幼儿园公共安全教育若干意见，完善上海市学校安全管理中心网络平台建设。建设上海市公共安全教育实训基地，开展幼儿园公共安全教育师资培训。制定上海市教育系统预防未成年学生违法犯罪工作意见，落实留守儿童关爱保护措施。继续推进大学生安全教育三年行动计划。开展大学生安全在线教育和标准化考试，组织上海市第二届大学生安全知识竞赛。加强防灾减灾（防汛防台）信息化平台建设。加强校园安全风险评估和隐患排查治理，开展以校内消防、道路交通、危险化学品、食品、特种设备安全为重点的专项督查暗查。

42. 做好高校毕业生就业和创业工作。保持就业政策连续稳定，研究、优化非上海生源应届高校毕业生进沪就业直接落户政策，规范落户流程。逐步建立适合上海高校的就业质量评价体系。依托上海市大学生科技创业基金会构建以创新项目培育为重点的创业资助系统。构建行业聚焦、专业服务完善的创业孵化系统。建设一批空间贴近、居办适宜、成本低廉的创业空间系统。加强精准化就业指导服务，做好建档立卡贫困家庭毕业生、残疾毕业生、少数民族毕业生等困难群体毕业生就业帮扶工作。

十一、坚持依法治教,保障教育改革发展

43. 加强教育督导机制建设。落实《督学管理暂行办法》,完善本市教育督导体制和运行机制,健全教育督导体系。加强督学队伍建设,优化督学队伍结构。推进各区《上海市教育督导条例》落实情况监督检查。建立本市教育督导标准,制定和完善学前教育、义务教育、高中教育、中等职业教育和高等教育的督导评估指标体系,夯实教育督导工作基础。

44. 实施教育督政督学监测评估。推动各区落实本市教育督导工作的意见。启动对区政府依法履行职责的新一轮综合督政工作。推进市实验性示范性高中综合督导调研。组织开展本市国家义务教育质量监测工作。开展上海市中等职业学校办学能力专项督导。制定基于高校二维分类的评价办法,开展分类评估评价,配置相应资源。

45. 加强现代学校制度建设。研制出台上海市高等教育促进条例。开展《上海市民办教育促进条例》《上海市中小学校工作条例》《上海市职业教育条例》《上海市终身教育促进条例》等立法调研工作。推动高校完善在重大决策、决策执行风险、财经管理、人才培养质量、队伍建设质量等方面的内控机制建设。健全中小学家长委员会制度,创新家校互动新机制。研制市属高校加强法治工作的指导意见,持续推进现代大学制度建设。实施依法治校年度报告制度。

46. 做好教育投入与审计工作。实施义务教育学校生均财政拨款基本标准,优化高校财政生均综合定额标准,逐步建立以生均培养成本为依据的生均综合定额标准体系。完善高校内涵建设经常性经费分配机制。推进中等职业教育投入机制改革,优化教育费附加投入机制,提升投入科学化水平。修订中外合作办学收费管理办法。建立民办教育政府扶持专项资金跟踪评价与绩效评估机制。完善高校总会计师日常管理制度,扩大委派总会计师实施范围。落实本市实行审计全覆盖的实施意见。强化内部审计监督,加强审计规范化建设,完善经济责任审计联席会议、审计质量控制、审计整改等审计制度。建立审计整改对账销号制度和审计整改跟踪回访制度。

47. 深化教育对口支援内涵发展。深入推进双语教师、"影子校长"、学科骨干教师培训培养。继续推进上海喀什、上海果洛、上海遵义等3个职教联盟,着力实施《沪喀职业教育对口支援全覆盖行动计划(2016—2020年)》。推进"组团式"教育援藏、南疆职业教育对口支援全覆盖、"1+11"基础教育互助成长计划等一系列重点建设项目,探索教育合作交流新模式,形成示范辐射带动作用。

2017年上海市教育工作年报

2017年,上海教育工作深入学习贯彻党的十九大精神,以习近平新时代中国特色社会主义思想为引领,按照国家和本市中长期教育规划纲要以及本市教育综合改革的总体部署,坚持改革创新、依法治教,深入推进各级各类教育健康发展,按照既定时间节点,顺利完成各项工作。

一、2017年上海教育事业发展基本情况

2017年,全市共有中小学、幼儿园、特殊教育学校及工读学校3192所,其中:幼儿园1591所,比上年增加38所;小学741所,比上年减少12所;中学818所,比上年增加17所;特殊教育学校30所,工读学校12所。共有在校学生193.4万人,其中:幼儿园57.3万人,比上年增加2.9%;小学78.5万人,比上年减少

0.6%；普通初中41.2万人，比上年减少0.4%；普通高中15.9万人，比上年增加0.7%；特殊教育学生0.4万人，比上年增加0.16%；工读学校学生0.07万人，比上年减少9.98%。义务教育入学率保持在99%以上，普及九年制义务教育的各项指标均达到或超过国家标准。

2017年，全市初中毕业生9.0万人，比上年减少0.19万人，高中阶段新生入学率达99.7%。高中阶段(含普通高中、普通中专、职业高中、技工学校)毕业生8.2万人，比上年减少0.46万人。全市2017年高考统考考生7万余人，639所高校在沪实际录取6.47万人。

全市共有普通中等职业学校82所，其中：职业高中25所，中等专业学校50所，中等技工学校7所。共有全日制在校生9.09万人，比上年减少4.51%。

全市共有普通高等学校64所。普通高校本专科在校学生51.5万人，比上年增加0.05%。其中：本科在校生37.6万人，比上年增加1.32%；高职高专在校生13.9万人，比上年减少3.2%。2017年全市高校招收普通本专科生14.3万人，毕业13.4万人。

全市共有研究生培养机构49家(不包括中科院在沪分院和煤炭院上海分院)，共有全日制研究生15.2万人，比上年增加0.65万人，增长4.5%。其中：全日制博士生3.2万人，全日制硕士生12.0万人。另有非全日制研究生9538人，其中：非全日制博士生60人，非全日制硕士9478人。

全市共有成人中高等学历教育学校26所，其中：独立设置成人高校14所，成人中专12所。成人高等教育和中等专业教育在校学生27.3万人，其中：成人本专科在校生13.4万人，网络本专科在校生12.4万人，成人中专1.5万人。成人本专科招生4.6万人，毕业4.7万人；网络本专科招生5.5万人，比上年增加26.6%，毕业4.2万人；成人中专招生0.5万人，毕业0.6万人。

全市2017年全日制研究生招生5万人(含科研机构)，比上年增长1.89%，其中：全日制博士生0.8万人，比上年增长12.2%；硕士生4.2万人，比上年增长0.23%。普通本专科招生14.3万人，比上年增加0.04%，其中：本科生9.7万人，比上年增加1.8%；专科生4.6万人，比上年减少3.5%。成人本专科招生4.6万人，比上年增加9.1%，其中：本科生3万人，比上年增加8.4%；专科生1.6万人，比上年增加10.6%。

全市共有成人职业技术培训机构689所，结业生174.4万人次。民办非学历高等教育机构213所。全市共有校外教育机构23所，其中青少年活动中心(少年宫)19所，少年科技站3所，少年之家1所，教职工总数1367人。共有各类老年教育机构5974个，接受老年教育达到201万人次。

全市共有中外合作办学机构和项目188个，其中机构29个，项目159个。开展学历教育的机构和项目166个，非学历教育22个。全市共有外籍人员子女学校36所，在读学生30404名。2017年本市各普通高校来华留学生60771人，学位生中硕士生与博士生分别比上年增长20%和25.6%，学位生总数21347人，比上年提高3%。2017年全市在校港澳台学生总人数为4518人。

全市中小学教职工总数13.6万人，其中小学专任教师5.5万人，中学专任教师5.7万人。

全市普通高校教职工总数7.4万人，其中专任教师4.4万人。市属高校教职工4.2万人，比上年增加0.52%，其中专任教师2.7万人，比上年增加0.08万人；中央部委属高校教职工3.2万人，比上年增加0.99%，其中专任教师1.6万人，比上年增加0.04万人。普通高校专任教师中，正高级职称教师0.8万人，占18.8%；副高级职称教师1.4万人，占32.4%；中级职称教师1.7万人，占38.9%。

2017年上海高校毕业生总数17.4万，比2016年上升0.3万，其中研究生3.9万，比2016年上升0.1万，本科8.7万，与2016年持平，专科(高职)4.8万，比2016年上升0.2万，初次就业率96.88%，同比上升0.37%。

2017年，上海教育经费继续稳步增长。全市一般公共预算教育支出预算890.5亿元。其中：市本级一般公共预算教育支出预算287.9亿元；区级一般公共预算教育支出预算602.6亿元。

二、落实立德树人根本任务，推进学生素质教育

(一) 推进十九大精神进教材进课堂进师生头脑

促进十九大精神融入高校思政课教学体系。召开党的十九大精神进思政课集体备课会，完成思政课教师全覆盖学习培训。组织40名上海高校优秀辅导员开展“学习宣传贯彻党的十九大精神‘校园巡讲’和

'网上巡礼'活动”，组织高校马克思主义理论学生社团开展“我与党的十九大马克思主义理论学习大比武”。

推进十九大精神学习覆盖全学段。聚焦德育课程，组织中小学“时事课堂”，举办“讲台上的名师”系列专场等活动。聚焦主题活动，开展“同筑少年梦，共绘生态美”上海市中小幼学生生态文明创意作品征集活动。聚焦骨干教师，组织开展“学习贯彻十九大精神，健全立德树人系统化落实机制”专题学习交流会。成立上海学校习近平新时代中国特色社会主义思想研究中心。开展高校教务教学骨干专题培训，将党的十九大精神融入高校专业课程。聚焦学习宣传贯彻党的十九大精神和习近平新时代中国特色社会主义思想，分别设立146个“2018年上海高校智库内涵建设计划”项目和40项“2018年上海高校马克思主义理论研究重大招标项目”课题。

推进社会主义核心价值观教育。出版《“社会主义核心价值观落细落小落实”优秀案例集》。组织开展高校培育和践行社会主义核心价值观工作推进会暨诚信文化育人学术研讨会。开展劳模精神、工匠精神进校园活动，聘任10位知名劳模分别作为10所高校“劳模精神进校园”特聘教授。

（二）加强高校思想政治工作

贯彻落实全国高校思政工作会议精神。召开上海高校思政工作会议，出台《关于加强和改进新形势下高校思想政治工作的实施意见》，完成对60所高校思想政治工作的实地督查，并对办学体制相对特殊的高校进行专题调研。

深化高校“课程思政”教学改革。推进“课程思政”试点工作，启动整体试点校12所、重点培育校12所，其余所有高校进入一般培育校。在课程建设上，实现全市高校“三个全覆盖”，即开设“中国系列”思政选修课程全覆盖、开展综合素养课程改革全覆盖、开展专业课程育人全覆盖，形成了以思政课必修课为核心，40余门“中国系列”课程为骨干、300余门综合素养课为支撑、1000余门专业课为辐射的“课程思政”育人同心圆。在管理机制上，高校均成立“课程思政”改革领导小组和“课程思政”教育教学改革办公室。打造“中国系列”思政课品牌课程。教育部在上海召开2017年高校思想政治理论课教学质量年上海调研片会暨高校“课程思政”现场推进会。

加强马克思主义理论学科建设。制定实施《关于加强上海高校马克思主义理论学科与马克思主义学院建设的若干意见》。建设4所高校马克思主义理论“高峰学科”，建设3个马克思主义理论学科智库和5个马克思主义理论研究院。实施马克思主义理论学科人才发展计划和专项资助计划，每年评选10名教学名师，以3年为培养周期每轮评选50名中青年骨干人才进行重点培养。

提升思想政治理论课教学质量。出台《2017年上海高校思想政治理论课教学质量年专项工作总体方案》，成立首届上海高校思想政治理论课教学指导委员会。开展思政课大调研，组织专家赴全市高校听课逾450堂。推进领导干部上思政课，市委、市政府主要领导分别到复旦大学、上海交通大学等校给大学生上形势与政策课。

推进马克思主义学院建设。华东师范大学马克思主义学院申报成为全国重点马克思主义学院，新建5所上海示范马克思主义学院，启动10所高校马克思主义学院内涵建设项目、35所高校马克思主义学院培育项目，组织15所示范马院与45所非示范马院结对(1所示范马院结对3所非示范马院)。高校思想政治教育同城平台建设取得新进展，6名思政课教师在上海大学担任特聘博导，跨校培养研究生。

推进“易班”内涵建设。实施“易班”内涵建设专项计划，推动思政工作联网上线。“易班”已吸引全国21个省区市476所高校参与共建，覆盖学生超过百万，逐渐形成线上线下相结合，全员、全过程、全方位的网络育人格局。

强化民办高校党建和思政工作。修订出台《关于新形势下进一步加强和创新上海市民办高校党的建设的若干意见》，明确民办高校党建内容纳入学校章程，建立健全党政联席会议制度和教代会暨工代会制度，加强校务公开民主管理。推进民办高校“课程思政”体系建设，遴选3所高校开展校级试点，全面实施民办高校“课程思政”教育教学综合改革。推动民办高校思政课程改革，把思想政治理论课程列入通识教育必修课模块。

（三）加强中小学德育工作

深化学科德育。增设道德与法治、体育2门学科，建成8个学科德育协同研究中心。10个案例被评为全国中小学德育工作优秀案例。开展德育骨干队伍分层分类培训，新增3个上海市中小学骨干教师德育实训基地，推进德育教导跟岗基地、班主任带头人工作室建设，举办班主任基本功大赛，有10位班主任荣获长三角班主任大赛一等奖。举办“第二届全国中小学生电影周”活动。

推进家校协同育人和心理健康教育。制定《关于进一步推进家庭教育工作的实施意见》《上海市家庭教育示范校评估指标》，评出16家首批上海市家庭教育示范校，开展“家校共育优秀案例”征集活动。制定《上海中小学心理健康网络课程大纲》《危机干预手册》，推进心理健康教育示范中心、示范校、达标校建设，8所学校获评第二批“全国心理健康教育特色校”。完成上海学校心理咨询师的水平认证培训工作，举办上海国际心理咨询理论与实践论坛。

加强校外育人共同体建设。出台《上海市校外教育三年行动计划（2017—2019年）》，加大推进高中生志愿服务（公益劳动）工作力度，共推出学生社会实践基地（项目）1838个，提供岗位逾55万个。

（四）开展学生文体和健康教育活动

加强学校体育工作。落实《健康中国2030规划纲要》和《健康上海2030规划纲要》，加大学校健康教育力度。落实《上海市体教结合促进计划（2016—2020年）》，系统推进大中小学学校体育课程改革。开展学校体育“一校多品”创建活动。推动以校园足球为引领的三大球校园联盟建设，成立校园田径联盟。开展青少年校外体育活动中心建设。完善体育素养评价指标体系，成立上海学校体育评估中心。制订初中毕业升学体育考试改革方案。举办上海市学生阳光体育大联赛和各单项锦标赛、上海市学校阳光体育系列奖次评选活动。组织参加第十三届全国学生运动会，上海代表团共夺得金牌53枚、银牌42枚及铜牌38枚，金牌数、奖牌总数及科学论文报告会总分均居于全国前列，代表团获体育道德风尚奖及科学论文报告会优秀组织奖。

推进学校美育工作。推进艺术课程改革，增设舞蹈、戏剧、音乐、影视、戏曲试点，发布实施艺术教育领域教师专业发展行动计划。启动与国家文物局共建中华优秀传统文化传承平台，启动文教跨界共建上海美术学院等高水平文艺人才培养机构。成立上海市学校艺术教育发展评估中心。搭建学生阅读习惯养成与阅读活动推广平台。建设21个高校高层次人才工作室、紧缺文艺人才创新工作室、中小学艺术教育名师指导工作室。筹办全国第五届大学生艺术展演。组织开展学生新年音乐会、上海学生艺术设计展、中小学生学生戏剧节、“建军90周年歌会”“小荷风采”全国少儿舞蹈大赛、第六届大学生原创音乐大赛等活动。

加强学校公共食品卫生安全工作。修订《上海高校食品安全督查员管理办法》，规范高校食品安全监督检查工作，全年督查700多人次。加快高校食品安全追溯体系建设。继续推广高校学生食堂“6T”标准化管理模式，新增25个“6T”管理达标食堂。规范上海高校主副食品团体采购工作，完善具有上海特色的“农校对接”工作机制与操作平台。组织搭建统一的食品安全管理平台，对食品材料来源、从业人员健康情况、加工制作过程等信息进行集中管理。开展学校放心食堂建设工作。做好学校传染病防控工作，落实晨检、日间健康巡查、疫情报告及应急处置等各项措施。组织学校传染病防控工作培训考核，修订学校直饮水、中小学健康体检等相关管理文件。在宝山、崇明、静安3个区推进“洗手设施设备改善”试点建设，印发《学校洗手设施设备改善实施要求》。

健全学校科普工作平台。推进上海市青少年科学研究院工作。创建上海青少年创客教育联盟，搭建创客教育五大平台。开展2017年度上海市科技教育特色示范学校评选工作，上海中学等40所学校入选。

推进上海市青少年科学创新实践工作站建设。

加强国防教育。开展“走近边防线”——上海市青少年国防教育系列活动，承办2017年全国军事五项军事课教学展示活动。组织参加第四届全国学生军事训练营，获得团体总分二等奖，单项1个一等奖、2个二等奖及2个三等奖，各项成绩位居全国前列。举办大学生国旗班及军事技能展示比赛。完成高校征兵工作，大学生应征入伍占比连续3年位居全国第一。

构建高校生态文明教育实践体系。印发《上海市学校节能环保工作“十三五”规划》和《上海高校校园设施标示设置标准》。编制《上海高校后勤管理信息化建设与应用指南》。启动编制《上海市学校生态文明教育建设纲要》，开展生态文明实践项目、示范性学生环保社团建设。推进学校节能监管体系建设，加大学校节能减排考核力度，完成第三批学校能源审计。

三、深化教育综合改革和高考改革，推进教育布局优化工作

（一）深化教育综合改革

推进教育综合改革各项任务。召开深化上海教育综合改革2017年度工作推进会，教育部、上海市人民政府签署《关于推进一流大学一流学科建设共建驻沪教育部直属高校并支持上海地方高校改革发展的协议》。在高校和区设立25个教育综合改革重点推进项目。实施教育综合改革国家试点成效中期评价，对市级、各区、各高校教育综合改革情况进行中期评估。

做好教育综合改革重大制度成果宣传。面向各高校、各区教育局梳理汇总可复制、可推广的改革经验，形成24期教育综合改革专辑简报，联合《文汇报》《新民晚报》《新闻晨报》《东方教育时报》等推出系列报道，总结提炼、宣传推广各区和各高校推进教育综合改革的成功经验、有效做法和制度成果。

（二）深化高考综合改革

稳妥组织春季高考工作。上海市普通高校春季招生统一考试顺利实现既定目标。发布《关于2017年进一步做好本市普通高校春季考试招生试点高校自主测试工作的通知》，春招校测工作平稳顺利完成。

做好统一高考招生的各项工作。全市共设19个考区、99个考点、约2000个国家教育考试标准化考场，共有约5万名考生参加统一高考。公布实施《上海市2017年普通高等学校招生志愿填报与投档录取实施办法》，开展模拟填报志愿与模拟投档录取工作。普通高校招生、本科生招生和高水平大学招生的实际录取率较2016年均有提升。历时3年形成每位学生一份的《上海市普通高中学生综合素质纪实报告》，率先在高校自主招生、综合评价录取改革试点等招录环节参考使用。

高考综合改革试点成功落地。“两依据一参考”的考试招生模式基本形成，既定的制度设计成功落地。从教、考、招三方面，系统总结本市高考综合改革试点各项经验举措，形成《上海高考综合改革试点工作总结报告》并及时上报。

（三）促进高等教育布局结构优化

研究优化部分高校布局调整方案。遵循“事业发展急需，启动条件成熟，便于联动调整”的工作原则，制定高校联动调整方案，进一步健全高校分类管理制度，优化高等教育布局结构，促进特色办学，提升质量水平和创新服务能力。推动上海体育学院和上海体育职业学院完成全面合并工作。

（四）推进教育基本建设工作

推进基础教育基本建设项目实施工作。加大基础教育资源统筹规划力度，优化基础教育设点布局，推进学前教育和义务教育阶段项目建设。聚焦教育资源相对薄弱地区，继续扩大优质教育资源，指导区教育部门会同相关单位，以常住人口为基数，配置区域基础教育资源，研究制定《上海市基础教育“十三五”基本建设规划》，全力推进规划项目实施。截至2017年12月底，“十三五”规划项目累计已开工（含竣工）330个，占规划数60%，基本完成既定计划。

加快市属高校基本建设项目实施工作。研究制定《普通高等学校建筑规划和面积指标实施办法》和

《市属高校建筑规划面积标准》。稳步推进上海大学宝山校区扩建三期、上海电力学院临港新校区一期、上海电力学院临港新校区二期、上海戏剧学院浦江新校区、上音歌剧院、上海工程技术大学松江校区二期等重大建设项目的续建工作。加快推进上海工程技术大学长宁校区"原教学实习工厂楼"改扩建、上海工艺美术职业学院新建现代艺术设计教学实训中心、上海应用技术学院奉贤校区新建综合实验楼工程、上海理工大学南校区一期、上海师范大学奉贤校区新建生物科技楼、综合实验楼工程、上海立信会计金融学院新建学生公寓(斯米克地块)、上海海洋大学海洋科技大楼等7个基本建设项目的开工建设工作。累计完成年度市级建设财力投资约24亿元。

四、强化学区化集团化办学,促进基础教育优质均衡发展

(一)规范义务教育秩序

规范义务教育阶段民办学校办学秩序。启动规范义务教育阶段民办学校专项调研,研究推进民办学校办学规模调整与办学方式规范,按照"一校一策"原则,稳妥开展指导和规范工作。

规范义务教育学校内部教学秩序。深入实施基于课程标准的教学与评价、幼小衔接工作,在课程教学安排、作业量管理、考试测验等方面全面规范学校内部教学秩序。研制实施"升级版"义务教育学业质量评价绿色指标。推进落实公办小学为家庭看护困难的学生提供放学后看护工作。

(二)推进义务教育优质均衡发展

推进城乡一体化发展。落实2017年义务教育"五项标准"确定的校舍建设、学校装备、信息化环境建设、高级教师配备达标等项目实施。完成城乡一体化工作相关政策措施落实情况的专项审计调查。

启动城乡学校携手共进计划。印发《关于本市实施义务教育"城乡学校携手共进计划"的意见》,启动城乡学校携手共进计划。确定第一轮精准托管学校42所、第一轮城乡学校互助成长项目34个。实施精准委托管理,重点托管郊区新开办学校和提升办学水平意愿强烈的学校。实施城乡学校互助成长项目。完成第五轮农村义务教育学校委托管理。开展"家门口好学校"主题宣传。

推进学区化集团化办学内涵发展。全市建有学区和集团173个,覆盖1007所学校,占本市中小学总数的61.8%。推动学区和集团发展性评估,启动研制本市加强紧密型学区和集团建设的实施意见。推进新优质学校集群内涵式发展,市、区两级新优质学校集群覆盖义务教育阶段382所学校,约占全市义务教育学校总数的25%。

做好内地民族班教育管理服务。落实2017年度上海内地民族班招生工作计划。指导民族班办班学校做好各项工作,指导新疆班各办班学校做好内派教师的管理工作,加强新疆班学生的思政教育和生活服务。

(三)深化高中教育特色发展

引领特色普通高中建设。按照《上海市特色普通高中建设三年行动计划(2016—2018年)》,推进本市特色普通高中建设。命名上海市曹杨中学为本市第一所特色普通高中学校。组织5次特色普通高中展示和9场交流活动,有序推进特色高中创建工作。

(四)深化课程改革和评价改革

深化课程教学改革。落实国家课程教材改革新要求,初步形成深化二期课改调整方案。研究制定统编三科教材推广使用方案。完成一年级第一学期统编教材及其配套资料的编写、审查、出版发行等工作,并同步开展课程教学相配套的教师培训、教学研究、考试评价研究。在闵行、长宁两区开展区域课程管理平台试点工作。继续开展本市高中国际课程班年检、国际课程本土化实施研究、四门核心课程教育教学研究与培训以及境外教材审查工作。

实施教学改革实践。开展幼小衔接宣讲活动,启动小学一、二年级主题式综合活动试点,启动研制幼升小入学评估指南。开展儿童学习基础素养教学行动,举行学校试点展示交流。

改进教育质量评价。开展基于课程标准的教学与评价调研和结果反馈，举行《基于课程标准评价指南》实践联动学校联合展示活动，组织申报十项小学基于课程标准教学与评价研究课题。开展全市初中教育基本状况调研。形成2017年度小学"绿色指标"综合评价结果，开展评价结果的解读和反馈指导。

（五）推进学前和特殊教育公共服务体系建设

落实学前教育规划。完成30所幼儿园建设项目，研制《上海市幼儿园办园质量评价指南》，开展学前教育信息化管理的标准研制。开展"区早期教育指导服务工作现状"调研，形成本市早教指导课程资源框架。市区合作开展"育儿加油站"上海科学育儿指导活动。启动与澳大利亚TAFE早期教育合作项目，引进国际早教指导培训。配合市妇联落实市政府实事项目社区儿童看护点建设工作。

实施特殊教育规划。编制并实施新一轮特殊教育行动计划。完成对新一轮特殊儿童的入学评估，在原有举办听力、视力残疾高中阶段学校的基础上，在每个区增设特殊职业教育办学点，开展本市特殊教育中考，有200多名残疾儿童进入中等职业学校就读学习。

五、实施教育教学改革，促进职业教育内涵发展

（一）深化人才培养模式改革

构建现代职业教育体系。新增23个中高贯通专业点，12个中本贯通专业，总计达180个专业点。开展贯通培养实践研究，启动编制中高职贯通人才培养方案指导性意见。加强中高、中本联合教研，新增3个中高、中本贯通联合教研组，健全"纵向沟通、横向联合"联合教研机制。开展中高、中本贯通培养检查。继续开展"双证融通"专业改革。启动第五批9个专业点的试点工作。

开展高本贯通人才培养试点。本科院校、高职院校、企业各司其职，紧密合作，形成"人才共育、过程共管、成果共享、责任共担"的紧密型校企合作办学机制。首批"高本贯通"试点开设招生专业2个、专业点2个，实际招生76人。

加强教育教学改革。推进国际水平专业教学标准开发与实施，召开新一批10个专业国际水平专业教学标准试点的启动与培训会。编辑出版新开发的5个国际水平专业教学标准。推进专业教学标准建设。10个专业完成新修订的课程结构设置。

（二）推动职业教育内涵建设

优化专业建设与设置。开展教育部示范专业点建设，8所学校8个专业入选教育部装备制造、旅游、交通运输、邮政快递4个专业大类示范专业点。试点示范品牌与品牌专业验收，制定示范品牌专业和品牌专业建设验收核心指标和实施方案，选择2—3个专业进行试点。完成2017年度学校新设专业备案，12所学校备案14个专业点，更新和完善了专业设置动态数据库。

推进中职学校内涵建设。上海信息技术学校、上海海事大学附属职业技术学校、上海市杨浦职业技术学校等3家中职学校成功申报为教育部第二批现代学徒制试点学校。完成新一轮中职行为规范示范校遴选。做好第十四届全国中等职业学校"文明风采"竞赛活动。

加强教师队伍建设。启动研制《上海市中等职业学校教师能力提升计划(2017—2020年)》。完成第二批新进教师规范化培训，启动第三批新进教师的规范化培训。颁布《上海市中等职业学校新进教师规范化培训实施意见(试行)》。开展中职教师企业实践工作，29个企业实践基地共开展近60个培训项目，199名教师赴企业实践。

（三）提升学生职业素养

举办职业体验日和职业活动周活动。完成2017年学生职业体验日活动，参与的中职学校达66所，市级开放实训中心达94个，体验项目367个，体验人数近10万人次。完成大世界职业教育传习基地的布馆工作，19所职业院校参加布馆、项目互动，共开设244场传习课堂。

举办第七届"星光计划"职业院校技能大赛。第七届"星光计划"职业院校技能大赛比赛项目涉及23

个专业大类、98 个比赛项目(中职学校 68 个,高职学校 30 个),共有来自 69 所中职学校和 30 所高职院校的 5500 余名学生进入决赛。

组织参加世界技能大赛。上海 6 名参赛选手(其中高校 4 名,中职学校 2 名)代表中国参加第 44 届世界技能大赛,2 名中职学生获得 2 枚金牌。5 所中职学校作为在沪国家集训基地负责选拔集训参赛选手。

六、坚持分类管理,促进高等教育内涵发展

(一) 推进高校分类管理

构建高校分类管理机制。从“综合性、多科性、特色性”和“学术研究型、应用研究型、应用技术型、应用技能型”纵横两个维度,探索构建高校分类标准框架。市人大颁布高等教育领域地方性法规——《上海高等教育促进条例》。

推进资源分类配置。根据国家《普通高等学校设置标准》和本市二维分类标准体系,研究制定本市实施高校设置标准的具体实施办法。完善高校“二维”分类评价结果与部门预算安排相挂钩机制,高校根据自身发展定位规划和内涵建设发展要求,自主统筹安排使用经费,扩大高校办学自主权。结合高校“二维”分类发展指导意见,分类指导市属公办高校校舍配置。委托上海投资咨询有限公司会同相关高校开展市属公办高校基本建设造价指标研究。加强高校招生计划编制工作的分类指导,优化学校招生结构。

探索高校分类督导评价。开展高校分类督导评价指标体系研制工作,制订《上海高等学校分类管理指导意见》和《上海高等学校分类管理评价办法》,启动前期评价试测工作。

(二) 提升高等教育办学质量

推进本科教学教师激励计划。实现公办本科高校教学教师激励计划全覆盖,21 所市属公办本科高校(不含上海科技大学)全部纳入激励计划试点范围,涉及授课教师 1.6 万余人。出台《上海市教育委员会关于深入推进本科教学教师激励计划的指导意见》,指导各市属高校建立教学考核评价与激励办法,鼓励高校将激励计划资金分配与教师绩效考核结果挂钩,优绩优酬。

组织本科教学工作审核评估。完成对上海戏剧学院、上海应用技术大学、上海音乐学院、上海理工大学、上海对外经贸大学、上海海事大学、上海第二工业大学、上海体育学院、上海中医药大学等 9 所市属高校的审核评估工作。组织开展 2015—2016 学年本科教学质量年报的评议反馈和 2016—2017 学年本科教学质量年报的编制发布工作。

深化应用型人才培养工作。实施高等职业教育创新发展行动计划,继续开展应用型本科专业试点工作。启动第五批应用型本科试点专业建设申报遴选工作,10 个目录外本科专业报教育部备案。

推进学位点增列工作。推荐上海科技大学和上海电力学院新增博士学位授予单位,按需推荐上海海关学院新增硕士学位授予单位,推荐新增 78 个博士学位点和 79 个硕士学位点。推荐复旦大学、上海交通大学和同济大学 3 所高校为学位授权自主审核单位。

(三) 贯彻落实国家“双一流”建设

贯彻落实国家“双一流”建设顶层设计。制定实施《上海市统筹推进一流大学和一流学科建设实施意见》,以“双一流”建设带动提升上海高校整体水平。通过深化“放管服”改革和关键领域重点突破,为推进“双一流”建设提供改革动力。以质量和贡献为导向,探索分类评价体系,根据绩效实施动态调整。

推进“高峰”“高原”学科建设。完成“高峰”“高原”学科建设第一阶段(2015—2017 年)绩效评价。制定“高峰”“高原”学科建设第二阶段(2018—2020 年)实施方案,在兼顾“双一流”建设和高水平地方高校建设的基础上,持续实施学科建设。

组织高校参加全国第四轮学科评估。从参评情况看,上海博士授权学科参评率高达 97%(全国参评率为 94%)。从评估结果看,上海高校学科入选情况总体良好,进入 A 级别档次的有 91 个(其中:A+档 26 个、A 档 27 个、A-档 38 个),全国占比 12.8%。上海整体学科优秀率为 19.6%。

启动部市共建在沪部属高校"双一流"建设。与教育部签署新一轮共建在沪部属高校合作协议。以部市合作为平台,深化创新上海市人民政府与教育部等国家部委建立的战略合作机制,安排地方财政配套资金,支持在沪中央高校加快开展"双一流"建设。

推进高水平地方高校试点建设工作。继续指导上海大学开展高水平地方高校建设工作,按照"一校一策"的方式遴选支持相关高校开展高水平试点高校建设。启动上海中医药大学、上海音乐学院、上海理工大学、上海体育学院、上海交通大学医学院高水平大学建设工作。启动部市共建若干所高水平地方高校合作。

(四) 服务和支撑具有全球影响力的科技创新中心建设

推动高校参与张江综合性国家科学中心建设。支持上海交通大学、同济大学、上海科技大学等高校参与张江综合性国家科学中心重大科技基础设施建设布局,并积极参与张江国家科学中心协同创新网络建设。积极推进李政道研究所建设。

促进高校科技成果转移转化。落实科技成果转化年度报告制度,推进包括上海大学、上海理工大学两所市属高校在内的试点工作。配合推动《上海市促进科技成果转化条例》相关立法工作,并于2017年6月1日起施行。配合市科委出台《上海市促进科技成果转移转化行动方案(2017—2020)》落实"人才30条"科技成果转化奖励税收优惠政策,服务高校科技成果转化需要。

深化上海高校协同创新中心建设。将复旦大学、上海工程技术大学、上海音乐学院和上海体育学院建设的4家上海高校知识服务平台确立为上海市协同创新中心。完成27家在建上海市协同创新中心绩效评价工作。

做好教育部和上海市共建上海科创中心工作。在教育部支持下,部市签署《教育部 上海市人民政府共同推进上海全面创新改革试验建设具有全球影响力科技创新中心框架协议》,加快谋划布局高校相关研究基地。

七、完善终身教育体系,推进学习型社会建设

(一) 规范教育培训市场秩序

规范教育培训机构和市场秩序。开展专项调研,按照"试点先行、全面铺开"的工作策略,利用信息采集平台,完成对全市教育培训机构全覆盖、无死角排摸、复核和确认工作,按无照经营机构、有照无教育培训资质机构和有照有证机构三类分别加以依法规范与整治。采取"以点及面、标本兼治"等措施,叫停"四大杯赛",整治违规举办各种竞赛和变相竞赛。

制订民办培训机构规范性文件。制定出台《上海市民办培训机构设置标准》《上海市经营性民办培训机构管理办法》和《上海市非经营性民办机构管理办法》,促进民办培训机构和市场规范有序发展。完善过程管理机制,建立非学历教育培训机构管理信息平台,加大公益性资源供给。

(二) 健全终身教育体系

促进上海开放大学内涵发展。完善上海开放大学办学系统建设,出台《上海开放大学关于进一步加强系统建设的若干意见》。新增远程老年学习收视点160个,基本覆盖全市村居委。优化校政、校企、校校、校区合作办学机制,汇聚优质资源推进学校专业和课程建设,成立上海开放大学工匠进修学院、民政学院。推进人才培养模式改革,强化教学全过程质量管理。

推进"上海百万在岗人员学力提升行动计划"。开展学历继续教育,为在岗人员国家职业资格证书等学习成果认定学历教育学分,促进学历教育与非学历教育的融通。开展"名师巡讲"等非学历培训,提升在岗人员的学力水平和综合素养。推进在岗人员学力提升在线学习平台建设,完成在岗人员培训超过21万人次。

深化市民终身学习体验基地建设。出台《关于进一步推进上海市民终身学习体验基地建设的指导意见》《上海市民终身学习体验基地评估指标(2017 版)》《上海市民终身学习体验基地(区级)建设指导标准》。推动特色品牌项目、体验式课程、网上体验基地建设。全年建设体验站点 129 个、体验项目 677 项,接待参与体验式学习达到 204 万人次。

推进社区教育学习资源配送工作。编制《2017 年终身学习资源配送手册》,建设"线上终身学习资源配送服务平台",实现线上线下、互联互通的优质资源配送机制,建立各类资源共建共享联盟。为"沪克市民社区教育联盟"配送 2000 多个优质网上资源,向四川省青神县捐赠 62 种共 192 本图书。

推进终身学习"立交桥"建设。优化"学分银行"运行机制,起草《上海市学分银行管理办法》,制订《上海终身教育资历框架(试行)》,开通"学分银行在线课程学习平台",完成 226 个职业资格证书转换为学历教育课程学分的认定工作。做好学习者学分银行账户开户和学习成绩存入,已有 60 个普通高校、56 个成人高校累计存入高校学历教育学生成绩信息 4672 万条。做好社区教育和老年教育院校各类学习成果的集中存入,累计存入成绩的学员数为 24.7 万人,存入课程成绩数为 77.6 万条。做好本市"职业资格证书"成绩数据信息的对接存入,完成本市高等教育自学考试学生成绩信息集中存入工作。做好学分互认工作,共有 6.7 万人次进行了学分互认和转换,转换为学历教育学分数达 52.8 万分。实施"学分认可型双证融通"试点,新增 12 所院校的 22 个项目。推进实施"证书认可型双证融通"试点工作。

(三)加强市民学习服务体系建设

推进老年教育场所倍增计划。组织开展老年人社会学习点建设,突出社会责任和公益性,注重培育丰富多样的学习元素和特色项目。逐步向民办养老机构延伸建设养教结合学习点,积极探索在社区老年人日间照料中心中培育养教结合学习团队,丰富学习形式,让老人享受到学习的快乐。

丰富社区教育资源建设。推进社区教育精品微课建设,全市共建设 17 个系列、132 个有关生活中的法律、西餐礼仪、玩转移动学习、走进石库门和乐学书画等社区教育微课。组织参与"第三届 NERC 杯全国社区教育优秀微课程评选"活动,本市 106 个作品获奖,占全国获奖总数的八分之一多。

开展市民终身学习活动。举办以"学习浸润人生,智慧温暖申城"为主题的第十三届全民终身学习活动周,共举办 7 大赛事、9 大主题论坛、13 个大型展示活动,全市近 60 多万人参与活动,并首次启动高校承办开幕式。开展以"心系大地,拥抱生活"为主题第三届上海市民诗歌节,共征集到 10 万多首原创诗歌作品,举办 120 多场诗歌活动,有 200 多家群众诗社、诗歌学习团队、100 多万市民参加诗歌节的各种活动。开展第九届头脑奥林匹克创新学习活动。会同市读书办开展本市第 19 届读书节活动。

推进市民终身学习能力与需求监测体系建设。全面推进"市民终身学习需求与能力样本分析""PIAAC 样本对比分析""市民终身学习认知能力监测分析"等分项目监测分析。在上海开放大学建立上海市民终身学习需求与能力监测研究中心,推进监测制度体系建设。

推动各类学习团队的阶梯式培育。推动星级学习团队的培育提升工作,修订《上海市老年学习团队星级团队建设标准》,以团队孵化区模式在全市分层分类开展星级团队的评审和建设,展示和宣传"上海市五星老年学习团队"点赞活动。全市共培育五星学习团队 100 多个,新增学习团队 2000 多个。开展社区学习团队成果展示活动,千余支学习团队在线展示风采,参与人数达 8 万之多。

八、鼓励社会力量多元参与办学,促进民办教育规范发展

(一)规范民办教育的办学行为

制定出台民办教育相关政策。制定出台《上海市人民政府关于促进民办教育健康发展的实施意见》及其《任务分工方案》《上海市民办学校分类许可登记管理办法》和《上海市民办教育工作联席会议制度》等文件。召开上海市第三次民办教育工作会议。

指导民办教育综合改革项目试点单位制定方案。根据《上海市深化民办教育综合改革指导意见》,启动推进非营利性民办学校建设等六大改革项目。指导各相关试点单位结合实际细化落实各项改革任务,逐项制定实施方案。

支持民办学校加快改革发展步伐。推进民办学校非营利建设和试点工作，开展非营利性民办高校示范校创建工作，给予政策和资源支持。在浦东新区、杨浦区、静安区等区开展民办中小学非营利制度试点。加强对民办教育发展专项资金的科学化、绩效化管理。创新民办教育融资机制，探索民办学校以学费收费权质押贷款等多种融资方式拓宽民办学校筹资渠道。探索建立民办学校第三方质量认证制度和质量监控制度，培育更多的社会机构参与民办学校办学过程和办学质量评估。

（二）提升民办教育质量

组织民办高校开展2016年度年检工作。修订民办高校年检指标体系，调整年检工作方案，组织专家组对学校进行实地检查，完成2016年度年检报告，更好地发挥年度检查对民办高校的监督和引导作用。

加强对教育类社会组织的管理。初步梳理教育类社会组织的相关数据，完成和民政部门的数据对接。制定对教育类社会组织进行调研和建立相关管理制度研究的工作计划，加强对社会组织的管理和指导。

举行第三届民办高校教师教学技能大赛。举办“第三届民办高校教师教学技能大赛”，全市16所民办高校的92名骨干教师和初任教师参加比赛，28名骨干教师和初任教师分别获得各个奖项，10所民办高校获优秀组织奖。

九、深化人事制度改革，加强教师队伍建设

（一）创新教育人事制度改革

激发教师活力。落实《上海市深化高校改革建设高水平地方高校试点方案》，扩大试点高校在人事薪酬、岗位结构等方面的自主权。落实科创中心人才政策，推进高校在编制限额内自主引进人才、职称不作为人才计划申报的限制性条件等实施工作。出台《关于建设上海高水平地方高校创新团队收入分配机制的试行意见》，在上海大学、上海中医药大学遴选46个创新团队，建立创新团队收入分配机制。出台本市进一步加强中小学校绩效工资管理的指导意见，推进各区稳妥落实中小学绩效工资增资工作。实施乡村教师支持计划，促进郊区在绩效工资分配中向乡村学校教师倾斜，共惠及26307名教师。

营造尊师重教氛围。完成2017年国家“万人计划”教学名师、新中国教育名家大师和黄大年教师团队等候选人遴选推荐工作，向教育部推荐国家“万人计划”教学名师候选人28人，向新中国教育名家大师组委会推荐市属单位新中国名家大师候选人17人，向教育部推荐市属高校黄大年教师团队6个。完成宝钢优秀教师奖候选人遴选推荐工作，共推荐候选人10人。启动2017年度教学成果奖评选工作。

（二）推进基础教育师资队伍建设

推进教师、校长专业发展。组织见习教师基本功大赛，完善见习教师规范化培训制度，逐步建立教师研训一体的发展机制，完成义务教育全学科、全学段教师研训一体课程开发。完成2017年特级教师评选表彰工作，评选出本市第13批109名上海市特级教师，举办特级教师研修班。实施新一轮特级教师流动工作，派出30名特级教师到乡村学校全职支教3年。完成全市中小学、幼儿园暑期校（园）长培训、全市小学一年级使用义务教育道德与法治、语文统编教材全员培训、信息技术应用能力提升工程全员培训、初任校长培训、赴外籍人员子女学校伙伴研修、国外访学与培训等工作。加强安全管理教育师资队伍建设。举办2017上海市幼儿园公共安全教育教学实施者培训班，对全市216所幼儿园园长及308位骨干教师开展公共安全理论等培训。组织校园安全风险防控专题培训班。

加强领军人才建设。完成第三期“上海市基础教育系统名校长名师培养工程”，出版专著《名师之路》。持续推进教育人才高峰高原建设。完成首批“中青年骨干教师团队发展计划”，形成13个团队实践研究成果，出版专著《优秀团队是这样炼成的》。

（三）加强高校师资队伍建设

促进教师专业发展。开展2017年度新教师岗前培训工作，共培训新教师约500人。实施国外访学进修计划、国内访问学者计划、产学研践习计划、实验技术队伍建设等教师专业发展工程项目。完成 2017 年度高校青年教师培养资助计划实施工作，共资助 681 人。实施 2017 年度师资博士后项目，共资助 69 人。

推进高层次人才选拔。完成第十四批国家“千人计划”推荐、2017 年度“长江学者奖励计划”申报推荐、上海领军人才评选等工作。完成第七批上海“千人计划”重点学科平台对象评选、百千万人才工程国家级人选选拔工作。开展 2017 年上海市青年拔尖人才开发计划申报和遴选工作。完成高校东方学者和青年东方学者遴选工作，选拔东方学者 101 名和青年东方学者 46 名。

十、整合教育资源，提升教育对外开放和信息化水平

（一）开展国际交流与合作

加强国际交流与合作。承办中欧高级别人文交流对话机制第四次会议。研究制订《上海外籍人员子女学校管理办法》，支持同济大学建设上海国际知识产权学院，推动上海外国语大学筹建上海全球治理和区域国别研究院。依托上海外国语大学与外交部共建中阿改革发展研究中心。

深化人文交流项目。以“中英数学教师互派交流”项目为重点，双方互派 140 名教师开展交流学习，继续推进新一轮中英高级别人文交流项目。推进落实中美人文交流高层磋商。持续推进中德人文交流机制。与市政府外办联合举办第六届“上海中小学生走进外国驻沪总领事馆”系列活动。继续开展非通用语种教育项目，在 7 个区、15 所中学、17 个教学班开设意大利语、葡萄牙语、土耳其语、希伯来语等 9 种非通用语种教学班，近 400 名中小学生在读。组织参加“第二届莫斯科国际大都市奥林匹克竞赛”，上海市代表团在比赛中取得了团体一等奖、团体“闪电赛”一等奖及单科 3 金 5 银的成绩。制定印发《上海市教育委员会资助上海市高校学生赴国际组织实习项目管理办法（试行）》。

推动国际组织落户上海。推动联合国教科文组织二类机构“教师教育中心（上海）”项目落户上海。推进联合国教科文组织“国际戏剧协会”落户上海。指导上海海事大学成功向联合国国际海事组织注册设立亚洲海事技术合作中心。

（二）推进出国和来华留学工作

加强对外国留学生汉语和中国国情教育。落实汉语和中国概况作为高等学历教育的必修课，政治理论作为哲学、政治学专业的必修课。强化汉语课程，加大对本科和研究生教育中汉语必修课的比例。资助建设的高校外国留学生英语授课课程共 404 门，其中含中国元素的有 104 门，占四分之一。

打造“一带一路”沿线国家（地区）青年留学上海及能力提升和培训项目。在“一带一路”沿线国家塞尔维亚、波兰举办第九届“中国上海教育展”，整体推介上海教育。实施留学上海“一带一路”教育项目。实施 2017 上海暑期学校项目，共有 17 所高校、24 个项目的 600 多名外国留学生参与。

完善在沪外国留学生创新创业和就业政策。落实“科创 30 条”和公安部支持上海科创中心建设出入境政策中涉及外国留学生的相关举措，全面启动外国留学生毕业后直接留沪就业工作。鼓励在沪本科以上毕业的外国留学生在“双自”区域内创业。配合市公安局研究出台《关于推进落实进一步支持上海科创中心建设出入境措施的实施办法》。

（三）推进高水平中外合作办学

推进高水平中外合作办学。上海纽约大学一期建设成效评估达到预期效果。继续支持同济大学与芬兰阿尔托大学合作设立“上海国际设计创新学院”项目。继续支持上海温哥华电影学院（专修）办学。

提升教育国际化服务力。推动上海教育在全球语境中发挥“溢出”效应。与哈珀·柯林斯出版集团签订协议，英国 2017 年率先在其境内出版上海小学 1—6 年级数学课本、课本练习和教师用书等，并于 2018 年 1 月起供全英小学陆续使用。

（四）加强教育信息化建设

提升教育信息化支撑力。完善教育信息化标准规范体系，构建支撑教育改革的信息化环境。推进上海大规模智慧学习平台(微校)建设,完善市场运行机制,进一步扩展服务规模。加快建设上海教育综合管理与决策支持平台,启动试运行,提供数据资源服务。建设上海教育数据中心,满足业务增长需求。加强上海教育资源中心建设,初步建成资源配送服务体系。推进上海教育认证中心建设,完成上海市教育身份认证体系标准规范建设,实现信任子域和应用加盟示范。

增强信息化服务教学管理变革的能力。71门课程列入“国家级精品视频公开课”建设范围,165门课程列入国家精品资源共享课建设范围,其中148门课程获“国家级精品资源共享课”称号。完成2017年度示范性虚拟仿真实验教学项目的遴选推荐工作。试点中小学数字教材应用,提升教育信息化应用水平。继续推进《上海市中小学数字教材建设与教学应用实验项目》,总结数字教材实验的阶段成效,稳步扩大试验范围。

十一、加强高校毕业生就业创业工作,健全教育服务体系

(一)促进高校毕业生就业工作

拓宽毕业生就业领域。深化就业引导,指导各高校围绕“一带一路”“长江经济带”“四个中心建设”和科创中心建设等,主动对接人才需求,向重点领域输送毕业生。开拓就业市场,为广大毕业生就业搭建平台,举办上海自贸区—经贸人才专场校园招聘会、长三角地区高校毕业生招聘会和上海市2017届高校毕业生春季校园招聘会暨少数民族毕业生专场招聘会等招聘会。

引导和鼓励高校毕业生到基层就业。以实施“大学生村官”“三支一扶”“西部计划志愿者”等为引领,搭建交流平台,发挥辐射效应,引导高校毕业生赴基层就业。健全体制机制,完善各项政策措施,落实毕业生赴基层就业学费补偿、国家助学贷款代偿、后续升学和就业服务等扶持政策,为毕业生解决后顾之忧。将大学生基层就业长效机制的研究、工作方式探索等列入高校毕业生就业工作创新基地、职业生涯指导和服务体系建设。2017年,参加国家地方项目就业共291人,其中西藏专招120人。

增强高校毕业生就业服务能力。从保障体系、就业创业指导与服务、毕业生就业创业工作特点、就业计划统计材料质量等方面,督查学校就业工作情况,提升高校就业指导与服务水平。围绕“就业促进、创业引领、基层成长”等重点在高校中开展15项专题研究,增列6个就业创新基地、7个创业实践基地、20个生涯工作室和8个校外实践基地。

(二)深化创新创业教育

开展创新创业教育。完成2016年上海高校创新创业教育改革情况调研及总结工作。上海高校共计217名导师入选全国万名优秀创新创业导师人才库。2017年立项上海市级双创项目3817个(其中市属高校2644项),入选国家级双创项目1723项(其中市属高校804项)。组织召开第五届上海大学生创新创业论坛。评选首批上海市深化创新创业教育改革示范高校15所,华东理工大学、上海理工大学、上海财经大学被认定为教育部第二批深化创新创业教育改革示范高校。在第十届全国大学生创新创业年会上,上海高校的创新创业项目获“优秀论文”奖5篇、“最佳创意项目”1项、“我最喜爱的项目”1项、“优秀创业项目”1项。举办上海大学生学科竞赛活动20项。开展全市高职院校创新创业需求调研,研制“上海高职创业基础”课程教学大纲,编写完成并公开出版《创业基础教程》。举办创新创业教育高职师资培训班。

搭建成果展示平台。开展第二届“汇创青春”——上海大学生文化创意作品展示活动,并首设国际赛事环节,本市40余所高校参加,共征集3000余件优秀创意作品,举办30余场文化创意作品展示展演活动,参观市民学生数十万人次。举办主题为“千锤百炼,工致匠心”的第三届“上海高职院校职业体验日”活动,24所高职院校共推出96个体验项目,共有11000余名中小学生和家长参加体验。

开展创业服务。修订完善大学生科创基金会业务制度规范。向大学生创业企业提供财务、法律等增值服务,促进大学生创业企业的成长发展。编撰完成《2017年上海市大学生创业指导宣传手册》,为高校学生了解创业政策信息提供基础保障。

（三）加强学生资助工作

规范学生资助管理。开展“学生资助规范管理年活动”，进行自查自纠和重点抽查，严格规范各项管理制度和政策执行，全面提升本市学生资助规范化管理水平。对市属民办高校本专科国家助学金政策执行情况进行核查。

扩大资助政策宣传。推进“精准资助和资助育人”两项重点，加大政策宣传力度，营造良好社会氛围。创新资助政策宣传形式，突出成效宣传工作重点，充分挖掘、大力宣传受助优秀学生典型，做到励志感恩育人全覆盖。

推进资助信息化建设。推进上海市学生资助管理信息化平台和上海学生资助网建设，开通上海学生资助微信及短信平台，方便学生和家长查询及申请，促进资助资金全程化管理，规范各类数据的报送和审核，实现上海学生资助工作信息化从无到有、从有到优的提升。

十二、加强教育规范管理，保障教育改革发展

（一）加大督学督政力度

健全教育督导体制机制。落实教育督导改革任务，市政府专题会议研究和部署市教育综合改革领导小组专题会议确定的教育督导改革任务。将“上海市教育督导委员会”更名为“上海市人民政府教育督导委员会”，研究制定《上海市督学资格认定和管理办法》《上海市督导结果的发布和使用暂行办法》。

开展督政、督学和评估监测。启动对嘉定区、金山区的综合督政。研究制定本市《对市政府相关职能部门和下级人民政府履行教育职责督导评估的实施办法》。完成小学起始年级“基于课程标准的教学与评价”落实情况专项督导、义务教育阶段民办学校招生督导、义务教育阶段民办小学“规范课程教学　实施素质教育”专项督导、市实验性示范性高中发展性督导。完成全市71所中等职业学校的实地督导工作。实施2017年国家义务教育质量监测工作，全市120所中小学的四年级、八年级学生参加了测试、指导200多名责任督学全程参与监督。

（二）加强学校安全管理

加强高校安全防控体系建设。组织开展高校技防检查验收，共检查高校56所，合格率为98%。出台《上海高校校园安全技术防范工作“十三五”发展规划》，推进“实战平台”等重点项目建设。组织开展上海市第二届大学生安全知识竞赛，共有近15万大学生参加。启动大学生安全教育网络教学和标准化考试系统，全市63所高校中有50所高校已在考试系统中导入学生信息，导入学生数为114716人，完成考试人数为74990人。

推进中小学幼儿园安全风险防控体系建设。组织开展中小学幼儿园公共安全防控体系培训。推进上海市安全文明校园评选创建工作，全市1400余所各级各类学校参加评选，并通过市区二级审核，平均申报率达83%。深化护校安园工作，全年约派驻保安1.8万余人，各级治安部门共出动警力约2.7万余人(次)，开展中小学、幼儿园安全检查约2.1万所(次)，协同开展校园周边治安整治4858次，发现并整改各类治安隐患2721处。

推进学校安全中心建设。继续推进各区学校视频监控对接市学校安全管理中心工作，长宁、金山等8个区已实现视频监控的市区两级对接，共4170路监控视频接入市级平台。推进安全管理平台建设，在长宁、金山、虹口等区试点运行安全管理平台APP。开展安全法治教育，组织141万余名中小学生、老师及家长参与公共安全教育网络知识竞赛。

完善未成年人保护工作。完成2016年上海市未成年人保护核心指标体系测评报告。编撰完成《上海未保工作三十周年(1987—2017年)大事记》和《上海未成年人法律保护工作30年述略》。加强未成年人法治教育，开展2017年“春天的蒲公英——小法官网上行”活动。推进学校毒品预防教育工作，联合上海少儿出版社编印禁毒版《十万个为什么》。加强校园欺凌预防和处置工作，制定发布《预防中小学生网络欺凌指南30条》，编印《预防中小学生网络欺凌指南30条》宣传折页。

（三）深化教育投入机制改革

推动基础教育和职业教育投入机制改革。从2017年起，实施全市统一的义务教育生均经费基本标准，小学为不低于每生每年23500元，初中为不低于每生每年29000元。建立完善中等职业学校生均拨款制度，拟定中职生均经费标准，并在市教委所属18家中等职业学校开展中职投入机制改革试点工作。

推进学生资助工作。完善学生资助政策体系，开展学生资助规范管理年活动，对全市各级各类学校学生资助工作开展专项抽查，提高学生资助工作水平。

深化高等教育投入机制改革。健全生均综合定额标准，将研究生学业奖学金、博士生助学金标准提高部分纳入生均综合定额标准予以安排。扩大内涵建设经费规模，从2018年起，将内涵建设经费从12亿元增加至17亿元，增加部分主要用于高水平建设高校经常性经费和高水平建设培育高校内涵建设经费。开展高校生均培养成本研究，为调整和健全生均综合定额制度奠定基础。

加大"双一流"建设投入力度。加大对高水平地方高校试点建设项目投入，对进入国家"双一流"但暂未纳入高水平地方高校建设的高校给予配套支持。重点保障启动第二阶段"高峰""高原"学科建设。根据部市共建协议，安排在沪部属高校"双一流"建设经费。

（四）加大审计工作力度

加强审计制度建设。建立市教卫工作党委系统经济责任审计工作联席会议及两委所属单位经济责任审计工作联席会议，印发议事规则和两委审计全覆盖工作方案，确保应审尽审。研究制定《两委经济责任审计工作手册》，对审计计划、审计内容、审计实施等进行规范。

实施各类审计工作。做好高校和两委直属单位所属企业年报审计，完成2016年市教委系统234家国有企业财务决算审计工作。对9家单位实施经济责任审计。探索开展绩效审计与专项审计调查。

深化审计整改工作。严格实行"问题清单"与"整改清单"对账销号机制，建立《整改工作台账》。加强审计成果运用，将审计结果、审计整改情况作为干部考核、任免、奖惩的重要依据，并分别纳入党风廉政建设，以及"一岗双责"责任制考核工作指标体系，增强审计的实效性。

（五）推进依法治教

启动依法治校全面创建工作。启动本市各级各类学校依法治校创建工作，协调指导各高校和各区教育局组织开展依法治校（2016—2020年）创建及申报工作。

推进现代大学制度建设试点工作。召开现代大学制度建设试点总结会，推动试点高校深化试点任务，完善内控机制建设，探索健全高校内部治理结构的新举措。

加强青少年法治宣传教育。开展"新沪杯""浦江杯""上海市大学生法治辩论赛"等8项青少年法治宣传教育活动。组建上海市教育系统青少年法治教育示范工作协作组，全年开展12次活动，编辑出版《法宝——上海市教育系统校长依法治校手册》和"法治百宝箱"系列丛书（第四季之教育专题部分）。荣获教育部第二届全国学生"学宪法讲宪法"法治演讲比赛个人一等奖、团体二等奖和"长三角地区法治教育优质课和优秀课程资源"一等奖47名、二等奖58名。

推进行政审批制度工作。建立市教委行政审批事项在内的行政权力和行政责任目录管理制度以及起行政权力事项动态清理机制。完成行政审批办事指南的修订和发布工作。推进《上海市深化高校改革建设高水平地方高校试点方案》确定的14条放权政策落地落实。

（六）加大政务公开工作力度

加强政务公开工作。在"上海教育"网站新增主动公开政府信息472条，全文电子化率达100%，政府信息公开专栏访问量达316.01万人次。做好"全面深化上海教育综合改革"专栏的信息公开工作。规范做好党政混合信息公开工作，市教卫工作党委、市教委共制发党政合署文件32件，确定为主动公开的文件

14件。稳步推进部门预算决算和财政性资金信息公开工作，向社会公开2017年部门预算信息、2016年度部门决算信息和市级财政专项资金相关信息。推进招生等重点领域信息公开工作。做好依申请公开工作，全年共受理答复信息公开申请61件，落实市政府依申请分办工作，均在规定时间内答复完毕。

实施政务公开评议和培训。制定印发2017年度上海高校和区教育局政府政务公开评议工作实施方案，引进社会专业机构，对高校和区教育局的政务公开、网上互动、信息依申请公开等指标进行独立测评。组织2017年度教育系统政务公开培训，提升教育系统政务公开工作整体水平。

深化政策解读。聚焦教育综合改革，围绕民生关切，通过政务网站、政务新媒体、新闻媒体等多种途径，加强政策解读、信息服务和舆论引导。全年举办新闻发布会、新闻通气会、媒体座谈会等总计45场，组织媒体采访活动175场，向媒体提供包含统发稿、问答稿、解读稿等在内的各类新闻稿件300余篇，累计超过40万字。做好委主要领导做客“中国上海”在线访谈工作。通过网上公示、问卷调查、教育大家谈等形式开展交流互动共计59项，浏览和参与者达5.8万人次。

（七）加强教育对口支援工作

加强对口帮扶工作统筹力度。召开上海市教育系统2017年东西部扶贫协作和对口支援工作专题会议，成立上海市教卫工作党委系统对口支援工作领导小组和上海市教育系统对口支援工作小组。全年完成对口地区考察调研10批次，接待对口支援地区来沪考察11批次、71人次。

落实市级人力资源培训项目。完成25个市级人力资源培训项目，做好对口地区校长及骨干教师来沪挂职培训、高校滇西扶贫定点帮扶培训、上海专家赴对口地区讲学等工作。开展组团式教育人才支援工作，选派由4名管理人员和36名学科教师组成的教育支教团赴日喀则市上海实验学校开展组团式定点支教工作，组团式教育援藏工作被选为市政府2017年对口支援精准扶贫十大案例之一。扎实推进为期3年的“1+11”基础教育互助成长计划，着力提升对口地区学校课程建设与实施、教育教学改革、教师专业发展等方面的水平。

推进职教联盟内涵建设。围绕受援地区主导产业、特色产业和新型产业的发展需求，设定专业规划，配套设计课程和开发教材，培养应用型技术人才。把上海52个具有国际水平的职业教育专业教学标准、156门精品课程、50个示范品牌专业和101个品牌专业成果通过职教联盟向帮扶地辐射。聚焦对口帮扶地区职教师资队伍建设，培训人数近2500人。积极探索订单式人才培养模式，为帮扶地学生实习就业提供平台。

（八）做好档案管理工作

加强档案管理与监督。推动档案普法教育，动员并组织系统参加国家档案局为纪念《档案法》颁布30周年举办的“宝葫芦杯”档案法律法规知识有奖知识竞赛。加强对直属单位和高校档案工作的监督和指导。对市教委财资中心等多家单位进行档案安全专项检查，配合参与市档案局对上海体育学院进行的档案行政执法检查。

深化高校档案工作内涵建设。开展“市档案日”高校宣传活动，联合举办档案法治宣传与档案文化传播高校专场巡讲。加强档案工作理论探讨和研究。组织召开上海高校档案信息化工作研讨会，开展高校档案论文评选工作。

（九）做好语言文字工作

开展社会语言文字应用评估和监测。建立语言文字监测专家队伍，对本市的新闻出版、广播影视、网络媒体、公共场所等领域的语言文字使用实行动态监测，形成相关监测报告。开展公共场所用字检查“啄木鸟”社会实践活动，全市共20余所高中学校的近2000名学生参加活动。

组织开展各类语言文字活动。完成居民普通话普及情况的调查，上海的普通话普及率已达到国家对东部地区85%以上的要求。开展第20届全国推普宣传周活动、2017年陈伯吹国际儿童文学经典作品诵读展示活动、《中国诗词大会》（第三季）上海地区选手面试选拔活动。推进“书香校园”阅读推广行动。

各级各类教育

Various Educations at Different Levels

综　合　类

【部市推进“双一流”建设共建协议签订】 2月7日，教育部、上海市政府在沪召开深化上海教育综合改革2017年度工作推进会。会上，双方签署《教育部　上海市人民政府关于推进一流大学一流学科建设共建驻沪教育部直属高校并支持上海地方高校改革发展的协议》。根据共建协议，部市双方开展新一轮部市合作共建，支持驻沪部属高校改革发展。教育部加大对上海高等教育改革发展支持力度，上海积极支持在沪部属高校高水平大学建设，继续支持驻沪部属高校开展“双一流”建设，引导其牢固坚持社会主义办学方向，更好地为社会主义现代化建设服务，为上海的改革发展服务。

为贯彻落实国家“双一流”建设决策部署，上海市政府出台《上海市统筹推进一流大学和一流学科建设实施意见》，进一步推进落实部市共建协议。对于中央在沪高校“双一流”建设，以部市合作为平台，深化创新上海市政府与教育部等国家部委建立的战略合作机制，安排地方财政配套资金，支持中央在沪高校中入选国家“双一流”建设范围的复旦大学、上海交通大学、同济大学和华东师范大学加快开展世界一流大学建设，支持华东理工大学、东华大学、上海外国语大学、上海财经大学和海军军医大学（第二军医大学）加快世界一流学科建设。支持市属高校入选国家“双一流”建设范围的上海大学、上海中医药大学、上海音乐学院、上海体育学院、上海海洋大学等加快开展世界一流学科建设，由市级财政统筹安排资金支持其根据一流学科建设目标按需申报、择优支持。同时，按照“一校一策”的方式遴选、支持相关高校开展高水平地方高校建设试点，加快建设一流水平的地方高校。继续支持上海科技大学、上海大学和上海中医药大学高水平大学建设；推进上海理工大学、上海音乐学院、上海体育学院等高校尽快启动建设任务。（孙　勇）

【上海教育综合改革国家试点中期评估】 2月，根据国家的统一部署，上海正式启动教育综合改革中期自评。市教育综合改革领导小组办公室委托相关专家开展“1＋20”综合改革专题研究（“1”个上海市教育综合改革发展总报告、“20”个专题报告），最终形成《上海市教育综合改革中期自评报告（2014—2017年）》，并报送国家教育体制改革领导小组办公室。

2014—2017年期间，上海教育综合改革国家改革试点任务实现时间过半、任务过半；部分制约教育事业改革发展的体制机制瓶颈有突破；教育发展活力与治理能力有提升；呈现“三个转变”，即从依赖资源投入向制度机制创新转变，从单项改革突破向系统集成提升转变，从教育系统“小循环”向融入国家整体战略和上海社会发展整体格局的“大循环”转变。上海教育综合改革释放“红利”，增强教育活力和实力，为下一步教育事业改革发展创造更大空间。市教育综合改革领导小组办公室围绕若干重点突破领域开展系列专题调研，进一步明确改革的思路举措、找准重点难点、实现精准发力，纵深推进教育综合改革，加快推进教育现代化。同时，总结提炼、宣传推广各区和各高校推进教育综合改革的成功经验、有效做法和制度成果，发挥改革的“溢出效应”，营造深化教育综合改革的良好环境。

（孙　勇）

【教育对口支援】 1.加强对口支援工作统筹力度。召开对口支援工作专题会议，成立对口支援工作领导小组和工作小组，全面梳理工作任务、健全工作机制、强化部门联动。2.强化对口支援宣传力度。

开展对口支援典型人物、感人故事等宣传活动，树立上海教育“组团式”援藏、沪喀职教联盟、“上海阿爸”傅欣等典型。3.落实市级人力资源培训项目。继续实施双语教师培训、“影子校长”“金种子校长”培训项目，组织名师讲师团赴当地开展讲学。4.开展组团式教育人才援藏工作。选派第二批援藏教师赴日喀则市上海实验学校开展支教工作。5.推进南疆职业教育全覆盖和职教联盟建设。推进全市14所中高职院校与新疆喀什7所职业学校针对8个品牌专业开展对接。推动“上海—喀什职教联盟”“上海—遵义职教联盟”“上海—果洛职教联盟”坚持以内涵发展、品牌建设、特色凸显为扶贫目标，开展精准帮扶工作。6.促进基础教育和高等教育结对帮扶工作。全面实施“1+11”基础教育互助成长计划，提升对口地区学校课程建设与实施、教育教学改革、教师专业发展等方面的水平。推进全市高校依托专业优势与对口地区对接合作。（丁　健）

【督察督办工作】 1.加强督查督办工作。全年，对市教委70项市政府重点工作目标(重点工作目标2项、重点专项工作目标4项、部门工作目标64项)进行梳理、细化与督办。参与市政府专题会议和市领导调研活动，形成工作指示单79件，跟踪市领导等批示事项303件。2.加强绩效考核。完成“完善负面清单管理模式，扩大服务业领域对外开放”“着力突破政策制度瓶颈障碍，加快科技成果转移转化”“营造良好创新创业环境，推动创新资源向科技创新中心承载区集聚，激发大众创业，万众创新活力”等市委重点工作的绩效考核自查工作。对列入市政府重点工作的“深化教育综合改革”“强化创新创业人才高地建设”等事项开展年度自查。（张玲燕）

【教育信息报送】 全年编发《每周教育信息》26期、《上海教育工作简报》41期、《教育工作情况专报》48期、《教育信息》98期。向教育部办公厅、市委办公厅、市政府办公厅分别报送各类信息210次。1.全面反映上海各级各类教育改革发展的新经验新成效。收集整理上海教育综合改革发展的新举措新成效，包括上海市推进教育综合改革阶段性进展情况、推进实施国家“双一流”建设情况、高考综合改革试点工作推进情况、高校强化应用型人才培养情况、规范义务教育秩序有关工作情况、推进城乡义务教育一体化工作情况、中小学课程计划调整情况等。在特定时间节点及时报送各类安全稳定信息，如2017年上海市高考招生录取工作情况专报，上海教育系统深入贯彻学习党的十九大精神情况等。2.全面提升教育信息工作科学化水平。深入做好信息综合开发，向上级领导提供具有决策参考价值的深层次信息。加强信息提前“研判”，发挥信息工作辅助决策的参谋助手作用。开展信息报送培训交流，分别就信息写作与报送、公文写作与处理、应急信息报送、文秘人员的文字修养等专题作辅导报告。（张玲燕）

【政务公开】 围绕教育重大决策部署和公众关切，着力保障教育公平和提升教育质量，推进决策、执行、管理、服务和结果公开。1.加强政府信息主动公开工作。做好文件类政府信息的主动公开工作，在“上海教育”网站新增主动公开政府信息472条，全文电子化率达100%，信息公开专栏访问量达316.01万人次。着力做好非公文类政府信息公开工作，在“上海教育”网站上设立“全面深化上海教育综合改革”专栏，方便社会公众及时获取教育综合改革的最新资讯。规范、做好党政混合信息公开工作，市教卫工作党委、市教委制发党政合署文件32件，确定为主动公开的文件14件。推进部门预算决算和财政性资金信息公开工作，向社会公开2017年部门预算信息、2016年度部门决算信息和市级财政专项资金相关信息。大力推进重点领域信息公开工作，继续强化招生考试信息公开，细化各级各类招生考试信息公开的具体要求，要求各高校、各区教育局做好各种特殊类型招生录取结果的公示工作，并同步提供政策解读、招考咨询、申诉等服务，形成招生考试信息公开的完整闭环。2.做好政府信息依申请公开工作。受理政府信息公开申请61件，其中“信息不存在”的1件、“非本机关职责权限范围”的5件、“非规定所指政府信息”的1件、“申请人主动撤销”的1件、“逾期未补正视为放弃申请”的35件，其余18件同意公开。落实市政府依申请分办工作，收到分办件2件，均在规定时间内答复完毕。3.加强政策解读与互动交流。举办新闻发布会、新闻通气会、媒体座谈会等45场，组织媒体采访活动175场，向媒体提供包含统发稿、问答稿、解读稿等在内的各类新闻稿件300余篇。市教卫工作党委、市教委领导出席市政府新闻发布会、做客“中国上海”在线访谈、电台“民生访谈”“政风行风热线”等，解读教育民生热点，回应师生与家长关切。全年通过网上公示、问卷调查、教育大家谈等形式开展交流互动59项，浏览和参与者达5.8万人次。4.推进教育系统政务公开工作。印发上海高校和区教育局信息公开评议工作实施方案，引进社会专业机构，对高校和区教育局的政务公开、网上互动、信息依申请公开等指标进行独立测评。举办上海教育系统政务公开工作培训班，提升高校和区教育局政务公开工作人员的业务素质和工作能力。（郑秀敏）

【教育信息化建设】 1.统筹协调推进教育信息化工作。推进教育信息化融合工程“一网三中心两平台”的建设和运维，上海教育城域网、数据中心逐步建立运维和管理制度；教育资源中心对平台建设的相关标准和业务流程作进一步优化，完善各级各类教育资源的汇聚机制及资源标准；教育认证中心服务模式从跨校认证扩展到统一认证，完善运行和服务模式。继续推进上海城乡发展一体化中小学信息化环境设施建设，推进中小学智慧校园建设。继续推进中等职业学校教育信息化环境建设，推进职业教育信息平台建设，开展创新实验实训中心建设。教育部第一批教育信息化试点验收中，复旦大学等7个单位获“优秀”。2.加强网络信息技术安全工作。抓好常规检查和定期排查工作，定期根据教育部科技司和市公安局关于信息系统存在安全漏洞的相关通知，组织技术部门对存在安全漏洞的信息系统逐一排查核实。认真做好重要时期网络安全保障工作，加强落实各教育单位网络安全保障工作的组织部署，开展安全隐患检查整改，做好网络安保应急相应准备工作，明确值班值守和信息报送制度，确保“两会”、党的十九大等重要时期的教育系统网络安全稳定进行。全面推进上海教育行业信息系统安全等级保护工作，保障上海教育行业信息化发展和重要网络设施、信息系统及数据安全，组织全市教育行业开展重要信息系统的安全等级保护工作。3.推进信息技术与教育教学深度融合。信息化建设深度推进，重大项目取得标志性成果。市普通高中综合素质评价信息管理系统助力上海新高考政策全面落地。完成“上海市义务教育入学报名系统”平台升级，有效保障上海市2017年义务教育阶段入学报名工作的顺利进行。继续做好“上海市高中名校慕课平台”技术支持与运营保障工作。完善专题教育网络学习平台，提升中小学生网络学习体验。上海市基础教育学生信息管理系统为中小学教育管理工作提供强有力的数据支持服务。稳定运行的上海基础教育统一身份认证系统成为中小学师生实名登录各信息化平台的认证中心。上海研究性学习智能支持系统成为中学生研究性课题强有力的助手。上海市特殊教育信息化公共支撑服务平台为特殊教育管理提供信息化支持服务。全市教师信息化能力提升工程全面推进，如期完成预定目标。推进师生信息化素养和应用能力建设，委托华中师范大学开设“上海市中小学校长、幼儿园园长教育信息化领导力提升高级研修班”。（李海伟）

【建设高水平地方高校】 年内，实施《上海市深化高校改革建设高水平地方高校试点方案》，会同相关委办局指导各相关高校深化改革加快高水平地方高校建设，继续遴选试点建设高校形成建设梯队。指导上海大学开展相关建设工作，针对学校在高水平建设中遇到的实际问题，研究解决思路和政策支持路径。按照“一校一策”的方式遴选支持相关高校开展高水平试点高校建设。3月13日，市教育综合改革领导小组第三十五次专题会议同意上海中医药大学启动高水平大学建设，经专家论证评审，2017年项目建设经费已下达到学校，相关建设工作有序开展。12月23日，市教育综合改革领导小组第四十三次专题会议审议并原则同意上海音乐学院、上海理工大学、上海体育学院、上海交通大学医学院等高校高水平建设方案，启动四校建设工作，指导学校加快编制中长期经费预算和2018年度预算，加快落实高水平建设各项任务。同时，支持上海海洋大

学参照高水平地方高校建设相关政策，深化改革、加快发展、创建一流。（秦晋一、黄海洋）

【市级教育基本建设】 成立基建项目推进办公室，健全联席会议制度，定期研究并协调推进有关项目建设工作。8个项目实现新开工建设，包括上海电力学院临港校区二期、上海应用技术大学奉贤校区新建综合实验楼工程、上海师范大学奉贤校区新建生物科技楼和综合实验楼工程、上海工程技术大学长宁校区"原教学实习工厂楼"改扩建工程、上海工艺美术职业学院新建现代艺术设计教学实训中心、上海立信会计金融学院新建学生公寓（斯米克地块）、上海海洋大学海洋科技大楼以及上海理工大学南校区一期新建工程等。7个市重大工程按计划完成，包括上海大学宝山校区扩建三期工程、上海电力学院临港新校区一期、上海电力学院临港新校区二期、上海工程技术大学松江校区二期工程、上海音乐学院上音歌剧院、上海戏剧学院浦江新校区、上海理工大学南校区一期新建工程等全部按计划完成。（邱仲杰、顾满锋）

【编制《上海市高等教育促进条例》】 《上海市高等教育促进条例》（以下简称《条例》）立法调研工作于2014年启动，历时3年多，经过深入调研、问题梳理、专题研究、条例起草、征求意见、修改完善等环节，于12月28日由上海市第十四届人民代表大会常务委员会第四十二次会议通过，自2018年3月15日起施行。《条例》共包含6章52条，基本定位是促进法，主要通过有效的鼓励、支持、引导、推动等促进举措，解决制约全市高等教育发展的体制机制性问题，引领和推动高等教育改革发展。

（秦晋一、黄海洋）

【编制《上海市院校设置"十三五"规划》】 年内，市教委组织市教科院和市评估院有关专家成立规划编制起草组，在领会《教育部关于"十三五"时期高等学校设置工作的意见》《上海市教育改革和发展"十三五"规划》《上海市高等教育布局结构与发展规划（2015—2030年）》等相关文件精神的基础上，结合上海高等教育发展实际，编制形成《上海市高等学校设置"十三五"规划》（以下简称《规划》）。《规划》包括"十二五"时期工作回顾、"十三五"形势与挑战、总体战略、主要任务、保障措施等五个部分，重点明确未来五年上海高等学校设置工作的指导思想，提出以"需求导向，服务发展；质量优先，卓越发展；优化存量，分类发展；改革创新，引领发展"为核心的基本原则，制定在"十三五"末期基本构建起"规模适度、结构优化、质量卓越"高校格局的发展目标。确定以《规划》为引领，统筹推进医学、艺术、经管、法学、理工农、文史哲教等六类高等学校布局调整的基本思路。确定"十三五"时期高校新设、升格、更名、合并、转设、终止等方面的重点任务。《规划》于10月20日按程序提请市政府审定，并报教育部备案。（秦晋一、黄海洋）

【提高中小学教职工收入】 为提高中小学教师收入待遇，市教委等3部门联合下发《关于进一步加强中小学绩效工资管理的指导意见》，要求各区和学校坚持实施总量增资，加强区、校两级总量统筹。区级统筹总量为该区学校绩效工资总量的10%，学校统筹搞活分配的绩效工资总量不低于50%。组成联合工作组，对16个区工作情况开展专项调研检查。工作组宣传市委、市政府关于中小学绩效工资增资工作的精神，统一思想，明确要求；对各区分配办法和相关配套措施诊断把脉，有针对性地帮助各区分析解决具体问题，实施精准化指导；交流推广基层好的经验与做法，加快各区增资工作进程。幼儿园、义务教育、高中阶段的教师收入比上年分别增加6%、9%和14%，其中，义务教育教师的绩效工资水平与2013年相比提高87%。

（沈　燕）

【开展基础教育优秀教师教学系列展示活动】 开展基础教育"讲台上的名师"系列展示活动。参与市级展示活动的有4位特级教师，分别是上海市师资培训中心周增为（高中政治）、复旦大学附属中学吴强（高中劳技）、上海师范大学附属卢湾实验小学虞怡玲（小学数学）和上海财经大学附属北郊高级中学陈寅（高中化学）。4位教师把学科理论与学生的实际认知相结合，让学生学会研究问题的方法，运用学科知识解决生活中的实际问题，敢于质疑和验证书本内容，培养学生的证据推理、辩证思维、创新意识等多种能力。展示活动受到社会广泛关注，现场观摩人数约1000人次，首次开通网络直播，在线观看人数超过1700人次。课堂实录制作成在线课程资源，供教师观看。（张　瑾）

【实施高校特聘教授与青年东方学者岗位计划】 市教卫工作党委、市教委深入推进高校特聘教授（东方学者）和“青年东方学者”岗位计划，支持和鼓励高校引进具有较大发展潜力的优秀人才。30所高校（部属9所、市属21所）推荐“东方学者”申请者307人，其中特聘教授200人，讲座教授82人，跟踪计划25人。15所市属高校推荐“青年东方学者”申请者106人。经书面评审、答辩评审、网上公示等环节，确定101人入选2017年度高校特聘教授（东方学者）岗位计划，其中特聘教授76人、讲座教授13人、跟踪计划12人，46人入选2017年度高校“青年东方学者”岗位计划。（李　森）

【市级财政高等教育投入机制改革】 1.完善生均综合定额拨款标准。适当提高财政生均综合定额拨款标准，提高本专科生财政生均综合定额的基准值，生均拨款原计算方法不变；探索建立生均综合定额标准体系，建立包括财政拨款收入和学费收入在内的生均综合定额标准；开展高校生均培养成本研究。2.完善以绩效评价为核心的内涵建设经费分配制度。适当扩大内涵建设经费规模，从市教委安排的专项经费中划出部分经费纳入地方高校内涵建设经费。整体下达学校部门预算，由学校自主统筹安排使用，进一步扩大高校办学经费自主权。建立以绩效评价为核心的内涵建设经费分配机制，按照《上海高等教育布局结构与发展规划》，将地方高校分为学术研究、应用研究、应用技术、应用技能四类，以此建立分类评价的指标体系，按照每三年一轮对地方高校办学的绩效评价结果，确定内涵建设经费分配额度。打通基本办学经费和内涵建设经费，在完善对地方高校办学绩效评价的基础上，扩大学校经费使用自主权，地方高校经常性经费按照生均综合定额和内涵建设经费分别测算后，整体打包纳入学校部门预算，由学校按规定统筹安排。3.加强以项目支出绩效管理为目标的综合监督制度。发挥高等教育投入评估咨询委员会作用，开展对全市高等教育重大投入政策的咨询评估，加强对财政高等教育经费使用情况和绩效进行督导和检查。开展高校预算执行管理情况专项调研，在调研范围上新增5所划转至市教委管理的行业高职院校。完善经费投入与绩效评价挂钩的机制，对市属公办高校实行“放管结合”，在扩大高校经费使用自主权的同时，重点加强对经费合规性使用的监管和考核。扩大高校总会计师试点范围，发挥总会计师财务管理的专业能力，从内控管理上防范学校财务风险。（张　茜）

【委属中职学校投入机制改革试点】 1.完善生均标准的基本办学经费拨款机制。依据本地区经济社会发展水平、职业教育发展规划、财力状况等因素，科学合理确定中职学校财政生均拨款标准，结合在校生规模、专业办学成本等，实行差异化生均拨款，并以此为依据编制委属中职学校基本办学经费预算，扩大中职学校在基本办学经费安排上的自主权。同时，健全中职学校生均经费标准动态调整机制并适时调整。2.健全绩效导向的内涵建设经费分配机制。促进中职学校内涵发展，设立一定额度的内涵建设经费，其分配与绩效评价结果相挂钩，主要依据学校办学水平、专业发展水平、教学改革实践、财务管理状况、学校发展特色等情况，对学校发展进行全面考量，并给予支持性投入。内涵建设经费与基本办学经费由中职学校统筹安排，形成经常性经费投入机制。3.优化市级统筹的重大项目经费管理机制。按照财政事权与支出责任相一致原则，中职学校经常性经费由学校按规定统筹安排，实行部门预算管理。根据全市教育综合改革要求，涉及市级引导性、探索性、示范性、试点性等重大教育改革发展项目，由市级统筹经费安排，用于推进中等职业教育综合改革，提升中职学校整体发展水平。（俞文达）

【完善教育经费投入考核指标体系】 市教委会同市财政局研究制定全市基础教育经费投入考核指

标体系。1.建立教育经费考核指标。考核教育经费总投入和义务教育经费投入情况,明确各区一般公共预算教育支出和义务教育一般公共预算教育支出只增不减。考核各级各类学校生均经费情况,明确幼儿园、小学、初中、高中、中职学校生均经费只增不减。考核市对区教育综合改革专项转移支付执行情况,明确各区推进教育综合改革责任,重点考核市对区教育综合改革专项转移支付拨款到位和执行情况,着力支持推进教育综合改革,切实提高资金使用效益。考核中央专项资金到位情况,落实《中央对地方专项转移支付管理办法》,确保中央教育转移支付资金及时下达学校。2.完善教育经费统计指标。在建立考核指标的基础上,完善教育经费统计指标,包括财政教育支出增长幅度明显高于财政经常性收入增长幅度、财政教育支出占公共财政支出的比重、教育转移支付到位情况、土地出让收入计提教育资金情况,以及各级各类学校生均公用经费定额安排情况等。通过教育投入考核指标和统计指标体系的建立,为优化教育资源配置、加强教育经费管理提供坚实依据。

(俞文达)

【规范中外合作办学教育收费】 为规范全市教育机构中外合作办学收费行为,鼓励引进国外优质教育资源,全面提升中外合作办学质量,市教委会同市物价局、市财政局开展专题研讨。从战略导向、需求导向、问题导向出发,在坚持中外合作办学的公益性原则的同时,兼顾中外合作办学性质不同于单纯的公办和民办的实际情况,对《上海市中外合作办学教育收费管理办法》进行修订。广泛听取全市中外合作办学教育机构的意见,围绕"质量提升,服务发展""成本补偿,优质优价""分类管理,相对稳定"的原则,根据不同办学层次和收费水平,明确和优化中外合作办学收费备案、收费审批流程,推进中外合作办学收费政策的改革,建立合理弹性的中外合作教育收费管理制度。 (艾乐旺)

【跟踪及评价重点教育项目支出绩效】 市教委加强对教育项目绩效的常态管理,推进市属高校财务管理绩效评价,逐步扩大财政教育支出绩效评价范围,开展绩效自评价,提高财政资金的使用效益。完善绩效考核指标,制定分类绩效考核指标体系,选取重点项目建立项目考核指标体系,修订和完善"上海市属院校整体办学绩效评价指标体系"。开展绩效跟踪及评价工作,选取2017年部属高校配套建设经费、2017年高水平地方高校试点建设经费等重点项目开展绩效跟踪评价工作,对相关项目预算执行进行过程跟踪和管理。委托社会中介机构开展教育专项的绩效后评价工作。开展高校财务管理状况整体评价,开展地方高校整体办学绩效评估。组织编报绩效目标,在编制和布置2018年部门预算时,要求预算单位将项目支出绩效目标编制纳入项目支出预算申报管理流程,按要求完成老办法和新办法绩效目标的编报。推进绩效目标编制培训和审核工作,切实提高编报质量。加强绩效评价结果应用,公开绩效评价结果信息,落实整改措施,将绩效评价结果与预算安排相挂钩,提高财政资金使用效益。

(艾乐旺)

【清理规范市教委所属事业行政单位所办企业】 市教委所属行政事业单位开展所办企业清理规范工作,召开所属行政事业单位所办企业清理规范工作动员大会,明确清理规范的基本原则和工作要求。完成企业调查摸底工作,确保企业申报横向到边,纵向到底,不留死角。在调查摸底的基础上,按照清理规范的原则和要求,制定并上报市教委以及市教委所属事业单位所办企业清理规范方案。按照市财政局的批复,组织所属事业单位开展所办企业清理规范实施工作。市教委所属行政事业单位中需注销的一级企业为160户,需划转的一级企业为23户,可保留的一级企业为55户。完成需划转企业接收方的协商工作。市教委与市国资委就划转企业的接收方进行多次沟通,并经市政府专题会议同意,将需划转的一级企业整体划转给锦江国际集团。9月15日,市教卫工作党委和市国资委联合发文,将需划转企业中的上海市教育发展有限公司、上海高校后勤服务股份有限公司和上海健生实业股份有限公司的党组织管理关系和资产监管关系移交锦江国际集团。发出《促进市教委划转企业为上海教育改革事业提供更有力服务保障的复函》,与锦江国际集团共同成立工作协调小组推进相关工作。

（严文卿）

【高校毕业生就业与创业】 年内，上海高校实际毕业学生17.4万人，生源总量比上年略有上升，其中研究生3.9万人，本科8.7万人，专科（高职）4.8万人。截至9月1日，全市毕业生就业率为96.88%，同比上升0.37个百分点，其中，研究生就业率为96.59%，本科生就业率为96.58%，专科（高职）生就业率为97.65%。主要举措：1.积极拓宽毕业生就业领域。全市各高校围绕“一带一路”“长江经济带”“四个中心建设”和科创中心建设等国家和上海重大发展战略主动对接人才需求，深化就业引导，向重点领域输送高校毕业生。积极打造人才招聘市场，举办长三角地区高校毕业生招聘会等各类招聘会。打造便捷高效的“互联网+就业服务”模式，开拓就业市场，完善信息服务平台。2.积极引导和鼓励高校毕业生到基层就业。以实施“大学生村官”“三支一扶”“西部计划志愿者”等中央基层就业项目为引领，搭建交流平台，宣传先进典型，发挥辐射效应，同时，落实毕业生赴基层就业学费补偿、国家助学贷款代偿、后续升学和就业服务等扶持政策，为毕业生解决后顾之忧。年内，共291人参加国家地方项目，赴基层就业。3.增强高校毕业生就业服务能力。结合高校毕业生就业创业新形势、新任务、新要求，加强上海高校毕业生就业工作创新基地、职业生涯指导和服务体系建设，重点布局符合青年大学生群体特点、体现学校专业特色、满足社会经济发展需求的项目。围绕“就业促进、创业引领、基层成长”等重点内容在高校中开展15项专题研究，增列6个就业创新基地、7个创业实践基地、20个生涯工作室和8个校外实践基地。4.积极拓展延伸高校毕业生创业资助范围。年内，修订《上海市大学生科技创业基金管理办法》，将申请人高校毕业时间由不超过5年调整为不超过8年、申请人创业企业注册时间由不超过1年调整为不超过3年。通过拓展资助对象，提高资助金额，支持更多创业企业。年内，“天使基金”申请量为1064项，全年资助数332项、资助金额首次突破7000万元。基金会成立以来至12月31日，各分会累计受理申请项目6925项，已资助项目1969项，已资助金额38290.9万元，公益资金利用率进一步提升。

（余梦梦）

【普通高校考试招生】 高考综合改革试点围绕“平稳实施首次考试招生录取工作”目标，做好《上海市2017年普通高等学校招生志愿填报与投档录取实施办法》（以下简称《实施办法》）公布工作、全市统一高考各项考务工作、全市统一高考招生录取工作、高考综合改革试点总结评估工作。3月17日，市教育考试院官网及政务微博微信、市教委官网及政务微信、上海发布政务微博微信等相继发布《实施办法》，并进行图解及专家解读。6月7日至9日统一高考期间，副市长翁铁慧、市政府副秘书长宗明和市教卫工作党委、市教委主要领导坐镇市考试指挥中心，靠前指挥。市、区两级成立考试指挥中心，集中现场办公。市、区、考点建立三级联动指挥平台，第一时间协调解决可能发生的问题，确保统一高考平稳顺利。2017年，普通高校招生主要有以下特点：全市实施考后填报志愿，从投档情况看，本科普通批次投档匹配度较高，退档人数低；从投档结果来看，上海高校整体位序并未发生改变，外省市高水平大学整体位序也基本保持稳定，外省市高水平大学均一次投满，生源充足且良好。综合素质评价信息得到推广应用，《上海市普通高中学生综合素质纪实报告》率先在高校自主招生、综合评价录取改革试点等招录环节参考使用，受到高校普遍欢迎。

（俞治论）

【资助高校学生】 上海市高等教育学生资助工作完善政策，加强监管，落实“不让一个学生因家庭经济困难而失去终身发展的机会”的庄严承诺。1.精准资助，确保资助政策落实。坚持“广覆盖、保基本、不遗漏”，形成“奖、助、贷、勤、免、补”六位一体的学生资助政策体系。年内，全市普通高等学校共资助学生291.9万人次，资助总金额23.8亿元。2.扩大宣传，营造良好社会氛围。深入推进“精准资助”和“资助育人”两项重点工作，加大政策宣传力度，做到资助政策宣传全覆盖。充分挖掘、大力宣传受助优秀学生典型，充分发挥其励志、引领作用，传播正能量。3.建立平台，突出资助信息化建设。建设上海学生资助网，开通上海学生资助的微信及短信平台，方便学生和家长的查询及申请，规范各类数据的报送审核做到资助资金的全程化管理。

（乔发超）

【高校科技工作】 根据《上海高等学校学科发展与优化布局规划(2014—2020)》，推进高峰高原学科第一阶段(2014—2017年)建设工作，谋划第二阶段(2018—2020年)实施方案。推进上海市协同创新中心建设，引导上海高校开展有组织的科研，构建拔尖创新人才培养模式，服务社会经济发展。与市经济信息化委、中航商用航空发动机有限责任公司共同启动的“上海市商用航空发动机领域联合创新计划”稳步推进。推进高校技术转移体系建设，深化上海高校技术转移中心建设工作，推进高校技术转移机构和专职人员队伍建设。推进上海大学、上海交通大学医学院、上海师范大学等3所市属高校与中科院系统科研院所合作平台建设项目。会同张江高新区管委会，继续推进上海张江高校协同创新研究院建设，并完成民非机构注册，进一步凝练高校服务内容和运行模式。会同市科委、杨浦区政府，继续推进上海高校技术市场建设。截至2017年底，全市共有26所上海高校105个学科纳入第一阶段(2014—2017年)高峰高原学科建设范围，其中Ⅰ类高峰学科22个、Ⅱ类高峰学科11个、Ⅲ类高峰学科11个、Ⅳ类高峰学科8个、Ⅰ类高原学科37个、Ⅱ类高原学科16个。全市共有国家实验室(筹)1个、国家重点实验室21个、教育部重点实验室(含省部共建)62个、上海市重点实验室94个(含高校附属医院)；国家工程技术研究中心17个、国家工程实验室3个、教育部工程研究中心34个、上海工程技术研究中心34个；国家技术转移中心2个、国家大学科技园13个；教育部人文社会科学重点研究基地17个；上海市协同创新中心33个；12所市属高校开展技术转移中心建设工作。上海高校通过各种渠道获得的科技总经费158.9亿元，其中为社会企事业服务所得科技经费45.3亿元，占总经费的28.5%。发表学术论文67020篇，其中在国外期刊上发表36579篇；申请专利10240件，获专利授权6179件，专利拥有数30269件。上海高校获国家科学技术奖(含参与)26项(人)，占全市获奖总数44.83%，上海高校在国家自然科学奖、国家技术发明奖、国家科技进步奖和国际科学技术合作奖均有收获。其中获国家自然科学奖二等奖2项，占全市40.0%；获国家技术发明奖4项，占全市36.36%；获国家科学技术进步奖18项，占全市46.15%；获国际科学技术合作奖2人，占全市100%。获教育部高等学校科学研究优秀成果奖(科学技术)44项(人)，占全国13.75%。获上海市科学技术奖(含参与)156项(人)，占全市全部授奖项目总数的57.35%，其中一等奖(含参与)45项。上海高校从各种渠道获得人文社科研究经费总额16.5亿元，其中政府投入10.9亿元，企业委托经费3.4亿元。开展各类研究课题23477项，其中基础研究14313项、应用研究9155项、实验与发展9项。

（陈　悦）

【推进国家“双一流”建设】 对接国家“双一流”决策部署，落实市政府印发的《关于本市统筹推进一流大学和一流学科建设实施意见》，深入相关高校开展集中调研，指导全市入选国家“双一流”建设的地方高校科学编制本校建设方案。支持上海体育学院、上海音乐学院和上海海洋大学纳入国家“一流学科”建设范围，实施上海部分地方高校“双一流”建设启动项目；指导上海海洋大学参照“高水平地方高校”建设相关政策，聚焦“双一流”建设任务，开展高水平特色大学建设。

（贺伟伟）

【高校高峰高原学科建设】 1.完成上海高校高峰高原学科建设第一阶段绩效评价工作，根据定性定量评价相结合、主观客观评价相结合的原则，邀请国际同行、国内管理专家以及上海市教育、财政、人力资源管理专家，对26所高校的97个高峰高原学科(不含Ⅳ类高峰学科)在第一阶段的学科建设情况进行绩效评价，并形成《上海高校高峰高原学科建设第一阶段绩效评价报告》，评价结果作为核定高峰高原学科建设第二阶段(2018—2020年)财政支持经费的重要依据。2.研究制定《上海高校高峰高原学科建设第二阶段(2018—2020年)实施方案》，报市教育综合改革领导小组专题会议审议通过，会同市财政局共同印发实施。3.第三方跟踪监测，强化过程管理。一方面委托高校学科发展与评价研究中心跟踪观测并研究形成《学术论文表现动态分析报告》。另一方面委托会计师事务所对97个高峰高原学科2015—2016年财政专项经费使用情况，特别是经费管理制度、经费执行进度及规范性、人员经费使用等方面进行实地检查。针对检查中发现的问题，指导有关高校对查明核实的问题予以整改。4.完成材料科学与工程、环境与生态、岛屿大气与生态、应用经济学等4个Ⅳ类高峰学科布点工作，引导相关高校主动对接服务科创中心建设重大需求领域，促进科技与经济结合，瞄准世界一流，打造具有国际影响力的实体化运行研究院。5.指导上海立信会计金融学院、上海第二工业大学、上海商学院、上海电机学院、上海健康医学院5个新增布点学校完善学校、学科建设方案，完成建设方案专家论证工作。（贺伟伟）

【推进高校科技成果转移转化】 1.强化以各高校技术转移中心建设为主体，以上海高校技术市场和上海高校张江协同创新研究院为支撑的“一体两翼”技术转移体系建设，继续积极推进高校科技成果转移转化工作，并启动高校技术转移中心试点工作验收评审。2.配合市政府法制办起草《上海市促进科技成果转化条例(草案)》，并配合完成相关立法工作。3.落实科技成果转化年度报告制度，推进全市试点工作。根据财政部、科技部相关文件精神，在市财政局牵头下，市教委会同市科委先行试点实施科技成果转化年度报告制度，试点单位包括上海大学、上海理工大学两所市属高校。4.对有关高校2015—2016年期间，在实践中探索转化模式较为成熟的案例进行系统整理，汇编成册。（葛　昊）

【上海市协同创新中心建设】 1月，依托复旦大学、上海工程技术大学、上海音乐学院和上海体育学院建设的4家上海高校知识服务平台通过中期检查复评，认定为上海市协同创新中心。11月，市教委对27家上海市协同创新中心的建设情况进行绩效评价，落实《上海高校知识服务能力提升工程实施方案》要求，对照建设目标，通过六个方面的考核评价，全面检验上海高校“上海市协同创新中心”建设情况。在第一阶段建设期间，中心在推动高校转变发展方式，对接区域重大需求，聚焦各自办学特色和优势，深化机制改革，有效聚集各方优质资源，提升人才、学科、科研“三位一体”创新能力等方面获得很多经验。通过重大任务牵引，各中心基本形成有组织的科研机制，构建拔尖创新人才培养模式，汇聚形成高水平创新团队，集聚创新资源，提升国际交流与合作水平，产出一批重大创新成果，在实体化建设、实质性运行、实际成效等方面取得明显进展。此外，市教委推进上海大学、上海师范大学和上海交通大学医学院与中科院系统科研院所合作平台建设项目，在不同领域开展科学研究和人才培养。市教委推进与市经济信息化委等合作的商用航空发动机领域联合创新项目，对第一阶段的工作进行验收，对下一阶段的相关工作进行研讨。（葛　昊）

【推进高校服务科创中心建设】 市教委根据市委、市政府的统一部署，组织协调全市高校精准对接科创中心建设重大需求，主动承担科创中心建设重大任务。1.服务支撑张江综合性国家科学中心建设。一方面支持同济大学、上海交通大学、上海科技大学等高校承建或参建国家重大科技基础设施建设，参与张江综合性国家科学中心协同创新网络建设。一方面支持复旦大学、上海交通大学紧密对接科学中心建设，结合自身优势，优化科研布局，调整校区功能，将张江校区转型建设为科学园区。2.服务支撑研发与转化功能型平台建设，复旦大学牵头的类脑芯片与片上智能系统创新平台和上海交通大学牵头的智能制造研发与转化平台首批启动建设。3.服务支撑科技创新集聚区建设。为张江、临港、紫竹、杨浦、嘉定、徐汇的“1+5”创新集聚区提供人才科技支撑。4.推进高校双创教育，支持大学生创新创业。上海地区已形成70多个大学生身边的创新创业基地，可使用场地面积8.1万平方米，其中复旦大学、上海交通大学、上海科技大学入选国务院双创示范基地。5.上海市和教育部签署共建合作框架协议，8月28日，教育部副部长杜占元与上海市副市长翁铁慧在沪签署《教育部上海市人民政府共同推进上海全面创新改革试验建设具有全球影响力科技创新中心框架协议》。教育部科技司批复支持复旦大学等高校围绕科创中心建设要求立项建设一批科研基地。（葛　昊）

【上海学生戏剧团及联盟成立】 1.上海学生戏剧团及联盟在2年试运行的基础上，建立“2+2+4”的组织构建。即以上海话剧艺术中心有限公司和上海戏曲艺术中心“两家专业机构”为指导，以复旦大学、上海戏剧学院“两所院校”为基地，构建“四个中心”（上海学生戏剧文本孵化中心、上海学生戏剧教育与应用中心、上海学生戏剧实验中心、上海学生戏剧活动中心）。联盟实现大中小学戏剧教育一体化，由17个高校戏剧社团，带动全市高校学生戏剧社团发展。由上海戏剧学院带动18所戏剧特色试点高中并辐射到16个区，以“赏、学、讲、演、赛”的模式，将戏剧教育覆盖至全市的大中小学校，推动全市中小学普及戏剧课程。整合社会剧场资源为学生戏剧活动展演提供场地。2.著名京剧艺术大师尚长荣、中国教育部艺术教育委员会常委谷公胜、上海戏剧家协会主席杨绍林、上海话剧艺术中心艺术总监吕凉、上海戏曲艺术中心党委书记谷好好、上海沪剧院院长茅善玉、上海越剧院院长钱惠丽等艺术家成为戏剧联盟顾问和导师。开展校园大师剧创作、“百·千·万字剧”编剧工作坊、校园戏剧剧本征稿比赛等活动。继创作《钱学森》等7部大师剧文本以后，创作团队成员又有《朱元鼎》《钱谷融》《李国豪》《蔡龙云》等4部剧作文本杀青。3.上海学生戏剧教育与应用中心以体验式阅读创新戏剧教育为切入点，在上海世界外国语小学、闵行区育民小学、嘉定区桃苑小学、上海第六师范附属小学等多个小学进行戏剧教育巡演。11月25日赴新西兰大学，参加第七届世界艺术教育联盟大会“体验式阅读戏剧教育工作坊”展示。实验中心旗下的剧目《1925·Me》剧组代表上海学生戏剧团前往北欧进行交流访问，获得好评。该剧受上海戏剧学院邀请参加青年艺术创想周展演活动，共演出4场，接待观众400人次。（蒋萍芳）

【文教结合工作】 年内，文教结合工作推进落实五大专项计划（师生人文综合素养普及提升计划、紧缺文艺人才引育计划、文艺平台打造与提升计划、文艺创意创作支持计划、“互联网+文教结合”计划），重点开展社会主义核心价值观和中华优秀传统文化校园传承弘扬等30个文教结合项目。1.实施师生人文综合素养普及提升计划。高水平文艺活动“进校园”，实施“戏曲进校园”，完成高雅艺术进校园演出250场，参与师生超过10万人次。三大军乐团走进校园演出。开展“相约经典”学生公益票项目。非物质文化遗产“进校园”取得进展，73所中小学成为优秀传习基地。依托“大世界”开展校园“非遗”传习成果展示。美术馆现场教学平台搭建校外艺术教育课堂，开展美术馆现场教学活动，设置版画和美术欣赏与临摹两项课程，以“馆校合作”模式实施“走近艺术大师”项目。依托“美育卡”开展美术普及教育活动。学生阅读素养推广机制持续完善，创建上海学生阅读联盟，全市20家首批成员单位参加。艺术院校“开放周”活动服务市民艺术素养提升：上海戏剧学院开放周活动，举办80余场艺术演出，参与人数8000余人。上海音乐学院开放周活动，举办47项活动，参与市民人数3000余人。2.实施紧缺文艺引育人才计划。依托高校设立9个高层次文化艺术人才工作室、9个紧缺文艺人才创新工作室。建设高端文化艺术人才培养机构，重点支持建设上海乐队学院、上海舞蹈学院、上海电影学院、上海美术学院、上海国际时尚创意学院、上海国际设计创新学院高端文化艺术人才培养机构。培养紧缺文艺技能人才，实施“跨文化演艺制作及运营管理人才培训”“非物质文化遗产保护工作中的高等音乐教学实践”“工艺美术技能人才培养”和“京剧麒派人才后五年计划”。以学生艺术团建设夯实文艺后备人才基础，新设上海学生戏剧团，与上海学生交响乐团、合唱团、民乐团、舞蹈团一起，实现五大学生艺术团建设整体布局。以艺术实践基地建设提升学生实践能力，深入推进建设4个学生艺术实践基地——上海青年舞蹈团、上海青年京昆剧团、上海青年歌剧团、上音一大剧院艺术实践基地。3.实施文艺平台打造与提升计划。学生艺术实践与全市重大文艺节庆深度对接，举办上海大学生电视节、上海大学生实践平台及原创影视推广和两岸大学生微电影交流训练营。与上海国际艺术节对接，开展国际艺术节校园行活动。对接上海夏季音乐节，组织学生全程参与。以师生为主体举办上海之春国际音乐节。持续打造大学生文化艺术创意作品展示平台，举办第二届“汇创青春”大学生文化艺术创意作品展示活动。创新创意作品3000余件，在上海城市规划展示馆等地举办分类展示展映20余场，参观人次20余万。开展学生美育系列活动，举办上海学生戏剧节，全市16个区选送的146个优秀节目参与展演。举办上海学生美育系列展示活动，开展10场美育与大师手牵手讲座活动，开展美育教学微课微视频评比活动。共建中华优秀传统文化传承平台正式启动。建设国家“指南针计划”青少年基地系列课程。开展传统砖雕信息提取与文化解读。建设一批文物慕课课程。高校学术期刊持续走向品牌化，实施高水平高校学术期刊支持计划。4.实施文艺创意创作支持计划和“互联网＋文教结合”计划。开展校园大师剧创编巡演，采取“1＋N”合作模式推进校园大师剧创编。联手SMG媒体打造青少年“艺术课堂”，全年参加“艺术课堂”展示的师生约800人、80个课次。文教联手启动教育正能量传播宣传，依托上海电视台制作播出16集系列纪录片《师道》。宣传推广65所“家门口的好学校”。

（蒋萍芳）

【举办“我是创客小达人”活动】 9月15—21日，作为2017年全国双创活动周上海主会场的重点活动之一，举行由市教委策划并组织实施的“我是创客小达人”活动。活动通过上海青少年创新教育活动展示、创客小达人训练营、全国中小学生创意大赛展示等三大板块，展示青少年创新创业的青春活力。9月15日，中共中央政治局常委、国务院副总理张高丽，中国科学技术部部长、中国科协主席万钢，以及上海市政府领导等参观“我是创客小达人”展区，并与青少年亲切交流。“我是创客小达人”展区面积为700多平方米，来自40所中小学校、4所高校的131位学生创作的208件作品参展，参观体验人数达18047人次。此次活动围绕两条主线展开：一方面通过上海青少年创新教育活动集中展示上海市青少年响应“双创”国策，开展多种科技创新教育活动，探索创新型后备人才培养的机制、途径、方法。另一方面通过参加创客小达人训练营活动，让更多青少年了解创客活动、喜爱创客活动。活动举办期间，上海16个区的200多所学校近万名青少年参加“我是创客小达人”主会场或分会场活动。

（谢　俊）

【向中小学生传播中华优秀传统文化】 年内，通过开发文物慕课课程体系、国家“指南针计划”系列课程、传统砖雕信息提取及文化解读相结合的模式，推进上海市中小学生“互联网＋中华文明”文明知识传播工作。1.文物慕课课程体系开发与中华优秀传统文化传播展示项目。依托上海大学、华东师范大学、上海博物馆专家力量，在全市高校、中小学校及校外教育机构教师中，遴选组成中国古代建筑、中国近现代建筑、中国石窟、中国陶、中国瓷、中国青铜器、中国书法、中国绘画、中国茶、中国丝绸、中国钱币、中国酒共12个课程项目组，开发12个青少年文物教育的相关课程资源，内容包括36节慕课视频课程、12个VR课程资源、12个课程范例模板、4个校外活动方案与案例指导方案。项目还举办中国陶的现场展示活动，近千名学生参与其中，有效地把中华优秀传统文化全方位融入思想道德教育、文化知识教育、社会实践教育各环节。在普陀区与宝山区的部分学校试点通过远程教育终端系统、互联网平台与手机移动端向中小学生进行文物慕课的传播。2.开发国家“指南针计划”青少年基地系列课程：“中国传统家具”主题课程。结合国家“指南针计划”青少年基地课程基础，开发视频课程，完成制作20节国家“指南针计划”青少年基地微课。利用H5开发文博知识学习自测系统，打造微课＋自测学习模式，融学术性、知识性、趣味性、观赏性为一体，为青少年儿童打造一个内涵丰富的中华多元文化盛宴。5月至6月配合国际博物馆日，举办“养蚕体验系列活动”。7月举办第七届上海市青少年文物考古夏令营——“汉字文化之旅”。3.传统砖雕信息提取及文化解读。首次对中国不同地域6处具有代表性砂岩类文物（安徽齐云山摩崖石刻、山西天龙山石窟、山西云冈石窟、甘肃庆阳北石窟、四川乐山大佛、重庆大足石刻)的风化病害进行系统的比较研究。此项工作由上海大学牵头,中铁西北研究院有限公司、山西云冈石窟研究院等协同有关石窟保护单位共同完成。该项目分别从原始资料搜集、现场地质勘测、取样、无损检测、实验室检测等多角度入手,通过分析研究揭示不同岩性砂岩石窟文物在不同地域、不同环境下风化病害的机理,为中国石窟文物保护提供科学支撑。4.在上海市及海南省举办两次“青出于蓝——青花瓷起源、发展与交流”展览,多角度诠释青花瓷的发展脉络、艺术鉴赏、文化内涵、制瓷工艺、科学鉴定方法等,展现中国古代科技发展特色。

(蒋萍芳)

【加强中小学校及托幼机构食品安全管理】 在试点的基础上,于上半年全面推行中小学校及托幼机构食品安全管理平台运行工作,重点就食品原材料来源、每日菜谱、学校食堂及配送餐公司证照信息、食堂从业人员健康证及培训证等信息进行集中管理。同时,为完成上海市食品材料来源追溯 1+X 网络体系格局,向市级食品安全信息追溯平台同步传输中小学校及托幼机构食材来源信息,履行食品安全追溯义务。上海 16 个区均完成食品安全管理平台注册,落实管理平台运行工作,并逐步在食品材料验收率、证照过期信息预警处理率上加强管理,完善食品安全管理平台运行实效。(徐　捷)

【继续推进大中小一体化学校体育课程改革】 在 112 所高中实行学校体育“专项化”课程改革、22 所小学和 23 所初中分别实行“兴趣化、多样化”课程改革、16 所高校进行公共体育“个性化”课程改革的基础上,2017 年市教委围绕教育综合改革的目标任务,继续推进大中小一体化学校体育课程改革工作,并取得一系列进展。一是组织专家修订《上海市高中体育专项化教学改革指导意见(试行)》和《上海市高中专项化体育课程大纲(试行)》,并起草《上海市中小学体育课程改革指导意见》,落实教育部最新要求,全面推进学校体育课程改革实施。二是组织专家组到第三批试点高中进行现场督导,全面掌握实施情况,并就遇到的实际问题进行有针对性的指导。同时,依托上海市学校体育评估中心,对初中、小学课程改革情况进行全面督导评估并形成报告。三是组织培训并开展交流研讨活动。5 月,在闵行区举办“小学兴趣化、初中多样化”学校体育课程改革专题研讨会。7—8 月,对第三批 74 所高中试点学校的 335 名教师以及“小学兴趣化、初中多样化”试点学校的部分教师进行专项培训,进一步提高教学能力。12 月,在杨浦区进行了“基于课标　多样教学　创智课堂”的初中体育“多样化”教学展示与研讨活动。延安中学等试点学校还结合实际积极改善学校体育场馆设施,满足课程改革的需求。四是组织高中体育课程改革试点学校总结经验,开展市教育教学成果奖的申报工作。五是研究建立学生体育素养评价机制,指导发布乒乓球等多个项目的运动技能等级标准,形成科学的评价机制,促进学生在基础教育阶段掌握 2 项运动技能。六是组织各试点高校继续根据实施方案,推进大学公共体育“个性化”课程改革工作深入进展。

(时　多)

【举办大学生美食节】 11 月 11 日,市教委在复旦大学江湾校区举办第一届上海大学生美食节。本届美食节通过嘉年华形式,吸引大学生关注身边的“味道”。经前期网络调查,并经上海市学校后勤协会推荐,由复旦大学等 15 所高校推荐 45 道人气美食进行交流展示。展示的菜品中既有长久不衰的“经典菜”,也有曾经引爆舆论的“网红菜”,更多的则是近年来学校餐饮工作者发掘、研制的“创新菜”。本届美食节还举办“回到未来——2037 青春饭堂畅想曲”微论坛,邀请专家和大学生共同探讨、思考高校餐饮未来发展之路。(毛　岚)

【高校校园安全技术防范】 5 月,市教委印发《上海高校校园安全技术防范工作“十三五”发展规划》(以下简称《规划》),明确了“十三五”期间全市高校技防工作的指导思想和建设目标:建成“六大六化六全”的高校技防系统,即加快“大安防、大数据、大集成、大应用、大联动、大平台”建设,做到“建设标准化、管理规范化、应用智能化、处置系统化、运维专业化、资源一体化”，形成“全域覆盖、全面监控、全网共享、全时可用、全天可控、全程可溯”的高校公共安全监控体系，提升高校技防管理、应用和服务水平。《规划》提出高校技防“十三五”发展主要任务：全面提升技防系统基础建设水平，全面提升技防系统智能应用水平，全面提升高校技防系统管理育人水平，全面提升高校技防系统规范建设水平，全面提升高校技防人才队伍建设水平。《规划》确定了全市高校技防建设的保障措施，包括组织保障、制度保障、人员保障、经费保障和技术保障。

（尹　捷）

【大学生安全教育】　3月，市教委推出“上海市大学生安全教育网络课堂”（以下简称“安全教育网络课堂”）系统和“上海市大学生安全教育标准化考试”（以下简称“安全教育标准化考试”）系统。全市大学生通过电脑或手机，登录安全教育网络课堂和安全教育标准化考试进行安全知识的学习和测试。安全教育网络课堂包含校园稳定、国家安全、公共安全、人身安全等与大学生学习、生活密切相关的各类安全教育课程。安全教育标准化考试根据《上海市大学生安全教育大纲》《上海市大学生安全教育读本》以及安全教学网络课堂的主要内容设计数千道相关考题的专门题库。截至年底，安全教育网络课堂的选课人数为120562人，有30078名学生完成全部学习任务，总体学习完成率为24.95%，有12所高校的整体学习完成率超过60%以上。安全教育标准化考试的参加人数为108338人，通过人数为105991人，总体通过率为79.62%。（尹　捷）

【举办第二届大学生安全知识竞赛】　市教委联合市应急办、市公安局等部门组织开展上海市第二届大学生安全知识竞赛活动，全市60余所高校约15万名大学生参加。第二届大学生安全知识竞赛主题为“我的安全我做主、学校安全共分担”，参赛对象为全市全日制普通高等学校2016级本专科在校生，比赛分为校内选拔赛、片区赛、复赛和总决赛。12月2日，第二届安全知识竞赛总决赛暨颁奖典礼在上海师范大学天华学院举行。市教卫工作党委、市教委、市应急办、市公安局、市消防局、市安监局等单位领导，全市高校分管安全的校领导、保卫处处长、安全教育教师、学生观摩团等1000余人进行现场观摩。总决赛分为技能操作和理论竞答两部分。经过接力灭火、宿舍逃生以及场内理论知识竞赛、终极辩论等环节的激烈比拼，上海交通大学获第二届大学生安全知识竞赛总冠军。　（尹　捷）

【开展青少年生态文明宣传教育实践】　年内，全市推进生态文明宣传教育品牌“青未来”建设，依托“青未来”联盟、“青未来”圆桌等载体，开展青少年生态文明宣传教育实践，探寻适合现代大学生的有型、有益、有力的环保方式方法，开展生态文明示范性学生环保社团建设。“青未来”联盟在原有的18所高校23个社团基础上，向全市大学生征集节能环保课题研究和团队品牌活动项目，通过广泛发动，共有32个学校申报153个社团品牌活动项目和团队研究课题，经专家评审有53个活动和24个课题项目获得市教委的资金支持，项目聚焦“保护母亲河”宣传、水资源保护研究、垃圾分类研究等。开展青少年生态文明宣传教育体系建设。完成生态文明通识教材《生态文明概论》初稿及配套课件，将绿色、节约、环境友好型校园建设的基本知识和前沿知识通过科普读物和通识课程展现。扩展生态文明宣传教育阵地。通过“青未来”公众号、企业号、知乎等公众平台大力开展生态文明宣传。年内，“青未来”公众号发表节能环保资讯类、节能知识科普类、节能活动推广类、社团新闻串烧类文章90余篇，累计阅读量6万多人次，成为大学生群体心中比较权威的生态文明宣教新媒体，也成为开展生态文明宣传教育的重要途径。　（毛　岚）

【督查高校食品安全】　年内，高校食品安全形势总体平稳有序，在食品安全专项督查、学生清真食堂专项调研检查中未发现系统性问题。高校食品安全督查持续全年，累计出动600余人次，对全市高校食堂开展检查，检查覆盖率达100%，其中对20余所高校的近40个食堂在下半年进行了复查。通过检查发现，全市各高校高度重视食品安全工作，基本做到制度化、规范化、专业化。公办高校一般都严格按照公开招标的形式引进社会餐饮企业，各高校对于“小吃一条街”“美食广场”等餐饮单位加大监管力度，监管效果良好。检查组针对存在问题向有关高校提出书面整改要求150项，在下半年的复查中，大部分高校均已整改。9月，市教委组织开展学生清真食堂专项调研检查工作，共调研检查全市30所高校，调研内容包括清真食堂从业人员基本情况、清真餐厅营业情况、餐厅标识、宣传的标准化情况等。经过检查走访，清真餐饮工作总体趋规范，检查情况良好。餐厅内张贴的宣传品内容正面积极，进货渠道正规，绝大多数已做到面向全校师生开放，在校就餐学生对清真食堂供应的饭菜价格、品种、口味、服务等方面都较为满意。（南少华）

【持续推进高校节能】 年内，市教委推进节能监管体系建设，节能各项工作持续推进。1.节能监管体系建设方面。“十二五”期间，第一批住建委和市教委支持的高校校级节能监管平台已正式启动验收。市教委节能监管平台同步进行升级开发，结合验收工作将校节能平台的数据传输市教委节能平台。同时，全市43所高校及相关单位的197栋建筑的分项计量建设项目由市财政资金全额支持，年内完成政府采购，正在进行施工建设。2.校园节能能力建设方面。第三批全国节约型公共机构示范单位和第一批能效领跑者创建工作启动，经综合考评，上海交通大学为第一批能效领跑者创建单位，华东理工大学、上海外国语大学、上海中医药大学、上海体育学院、上海电力学院、上海建桥学院参与第三批全国节约型公共机构示范单位创建。节水型学校创建工作持续推进，成功创建4所节水型示范学校、31所节水型学校、8所节水型托幼机构。同济大学、上海外国语大学、华东政法大学、上海理工大学等4家节水型学校通过复评。3.上海电子信息职业技术学院、上海城市管理职业技术学院、上海农林职业技术学院、上海工艺美术职业学院、上海交通职业技术学院、上海健康医学院、上海城建职业学院（原上海建峰职业技术学院）等7所行业办转制高校深度能源审计工作完成。（毛　岚）

【市人大常委会表决通过《上海市高等教育促进条例》】 《上海市高等教育促进条例》（以下简称《条例》）列入市人大常委会立法计划项目，市教委广泛听取意见，充分研究论证，推进该项立法工作。1.立法工作基本情况。在调研的基础上，经征求相关部门、专家意见，数易其稿，形成《条例》草案。送审稿经市教委主任办公会议以及市教育综合改革领导小组第三十六次专题会议审议通过，于6月报送市政府法制办。其后，积极配合市政府法制办和市人大做好《条例》草案的政府审核和人大审议工作。12月28日，上海市十四届人大常委会第四十二次会议正式表决通过《上海市高等教育促进条例》。2.《条例》的主要内容。①落实立德树人，明确人才培养的中心任务。《条例》总则明确规定：高等教育应当以立德树人为根本任务。同时，在分则中对应规定了立德树人是高等学校德育评价的重要内容。②凸显促进作用，推动高等教育稳定有序发展。《条例》明确规划的制定实施程序和效力，规定高校分类发展、高水平大学与学科建设、学科专业设置、应用型人才培养等规划核心内容，凸显规划内容的法律效力。③强调依法依规，落实高等学校办学自主权。《条例》从保障学校权利和推进政府简政放权两个方面规定了一系列落实高校办学自主权的具体措施，如人员编制、职称评聘、收入分配制度等。④加强政府统筹与保障，促进高等教育事业发展。《条例》对政府相关部门职责、高等教育经费筹措机制以及高等学校部市共建机制等，均做了明确规定。（蒋侯玲）

【行政复议与诉讼】 1.行政复议、诉讼工作。年内，市教委共处理行政复议案件21件，参加行政应诉案件7件。从案件类型看，涉及非上海生源应届毕业生申请落户、政府信息公开、教师申诉处理等。从处理结果看，市教委无被纠错或败诉案件。2.行政诉讼、复议呈现的新特征。与2016年相比，市教委行政复议、诉讼呈现三个显著特征：非上海生源应届毕业生因申办上海市户籍未获通过的案件数，仍居高不下；非上海生源应届毕业生因申办上海市户籍未获通过，从以行政诉讼为主，演变为以行政复议为主、兼顾行政诉讼；非上海生源应届毕业生在对落户审查决定提起行政复议或诉讼的同时，越来越注重申请对文件进行附带性审查。3.完善相关工作。严格政策执行，在年度文件的基础上细化制定政策执行细则，增强政策实施的有效性。加强培训，对文件中修订或增加的相关要求，特别是一些程序性要求对受理窗口人员开展培训，避免政策执行的随意性。加强政策研究，在制定2018年年度文件之前，邀请有关法学、教育学专家结合实践中出现的新情况、新问题进行深入研究论证，增强政策的科学性。（沈 洋）

【推进依法治校工作和现代学校制度建设】 1.实施现代大学制度建设重点任务。以贯彻落实全国和市高校思想政治工作会议精神为要务，以落实和扩大全市地方高校办学自主权为抓手，推动高校完善重大决策内控机制、决策执行风险自控机制、财经管理内控机制、人才培养质量内控机制、队伍建设质量内控机制。2.做好依法治校重点工作。组建全市依法治校工作专家指导委员会，研究制定中小学校和高校依法治校年度报告，启动全市依法治校创建活动。组建上海市教育系统青少年法治教育示范工作协作组，分片定期研讨推进依法治校与法宣工作。3.开展各类法治专题培训。开展教育行政执法人员专题培训、中小学校长和骨干教师法治分批轮训，提高相关干部和骨干教师法治理念和实务能力。同步规范培训流程，创新培训形式，提高培训实效。4.开展教育系统"七五"普法年度工作。开展"学宪法　讲宪法"法治演讲比赛。获全国第二届学生"学宪法　讲宪法"法治演讲等系列比赛初中组一等奖1名、高校组二等奖1名、小学组和高中组三等奖各1名，团体二等奖。组织参加长三角法治教案比赛，取得优异成绩。开展上海市大学生（含高中生）法治辩论赛、上海市"新沪杯"中学生法律知识竞赛、"浦江杯"上海市青少年法治书画优秀作品征集活动等系列法宣活动。（沈 洋、陆海佳）

【开展行政审批制度改革】 年内，行政审批制度改革在组织建设、项目建设和制度建设等方面均取得良好成效。1.注重组织建设。设行政审批制度改革和效能建设工作领导小组，由市教委政策法规处（审改办）牵头组建"机关""高校"和"区教育局"三支审改工作队伍，确保审改各项任务的按期保质完成。2.注重项目建设。全面实现行政权力和行政责任目录管理，并形成动态清理机制。按照依法合理制定的要求，补充完善行政审批业务手册和办事指南的内容。全面公开行政审批办事指南，通过强化网上预审和当场受理、建立"上海市教育审批和监管业务平台"等方式，不断推进行政权力标准化建设。通过审改信息上传等形式，实现公共资源共享。定期开展行政权力、行政审批和法人许可库信息实时监督检查，完成"行政权力明细""行政责任明细""双随机一公开""证明材料""行政审批评估评价材料"等基础建设工作，完成高校"审批中介机构脱钩改制"，各高校"放管服"工作实施办法按期制定。根据民办教育一系列新法新规，出台"上海市民办非学历教育机构"设置标准及管理办法等配套政策。在"教师聘用""教材使用""开办资金"等事项上降低准入门槛，寓管理于服务之中。3.注重制度建设。制定《上海市教育委员会工作规则》等配套实施文件。组织开展审改工作专题培训，建立节假日办事事项目录管理制度，探索推进一门式受理等市教委公共服务事项，推进当场办结等"三个一批"改革，落实完成各项政府服务优化工作。（陆海佳）

【疑难法律问题分析论证】 年内，市教委法规处针对依法行政过程中产生的若干重大疑难法律问题，以"一事一议、一事一报告"方式呈送法律分析快报28份。主要涵盖以下几个方面。1.数学教材版权输出英国的协议签署。就与世纪出版集团的合作协议、授权书，以及世纪出版集团与外方机构签署的版权输出协议等法律问题，提出专业的法律分析。2.民办培训机构整治中存在的法律问题。就前期民办培训机构的清理整顿中可能存在的六大法律问题、法律风险以及执法指引等主题向领导呈送法律分析快报。3.管理、规范民办培训机构"一标准两办法"研制中的法律问题。就"一标准两办法"制定中有关办赛规范、网格化巡查、执法机制、复议诉讼风险等重大疑难法律问题提供法律分析快报。4.公民办同步招生及国资参与举办民办中小学的法律问题。就公民办同步招生、国资参与举办民办中小学、初招政策提高公办名额分配比例等法律问题提供法律分析快报。5.携程虐童事件处理及0—3岁托育机构管理中的法律问题。就携程事件的舆情应对、教育部门的职责、0—3岁托育机构如何监管等法律问题提供法律分析快报。

（李进付）

【推进长三角教育协作发展】 市教委与江苏省、浙江省、安徽省教育厅加强协作，采取多种方式促进长三角教育联动，推进长三角教育协作发展进程。1.协调召开第九届长三角教育协作发展会议。11月29—30日，江苏省教育厅、浙江省教育厅、上海市教育委员会和安徽省教育厅联合举办的第九届长三角教育协作发展会议在浙江省嘉兴市召开，签署长三角"十三五"智慧教育合作协议、长三角重大教育项目综合督导协作协议、长三角校园足球联赛暨足球教师培训协议、长三角教育协作信息共享暨公众号运营协议等协作协议。2.推进长三角教育协作发展相关项目。年内，上海市教委大力推进33个长三角教育协作市级统筹协作项目和基层特色协作项目的有效开展和落实。根据长三角教育协作项目内容将33个项目分为课题研究类、活动论坛类、共享平台类及协作机制类，进行分类管理和工作指导，促进长三角区域教育协作向纵深和内涵发展。通过全面总结、实地考察、项目抽检等形式，开展年度长三角教育协作发展项目实施情况的评估与监测，推进长三角教育相关协作项目的有序进行和有效落实。3.筹划新十年持续推进长三角教育协作发展事宜。在学习贯彻落实党的十九大精神、深化完善新十年长三角教育协作机制的新历史时期，三省一市教育行政部门积极谋划，以需求为导向，以共赢为原则，组织团队，在充分调研、对接各地教育发展需求的基础上，研究制定"长三角未来十年协作发展整体规划和未来三年行动计划"，并明确实施的重点项目、途径方式等。

（蒋侯玲）

【经济责任审计】 年内，市教卫工作党委、市教委按照《党政主要领导干部和国有企业领导人员经济责任审计规定》及其实施细则等文件要求，完成对上海电力学院、上海戏剧学院、上海出版印刷高等专科学校、上海市教育考试院等四家单位市管领导干部以及教育报刊总社、装备中心、信息中心、上海中学、聋哑青年技术学校等五家直属单位主要负责人经济责任审计工作，审计总金额达85亿元。为深化经济责任审计工作，落实干部监管和权力监督的新部署新要求，两委积极探索新方式、新举措：1.形成整改闭环，审后三个月提交整改报告，每半年督促未整改问题并集体论证直至对账销号，下轮审计时对已整改问题复查测试，强化审计整改的严肃性和有效性。2.注重制度建设，先后编写经济责任审计工作手册、市属高校以及直属单位经济责任审计工作方案，确保评价标准一致、可比，问题和责任界定属实、客观，推动审计工作有章可循。3.坚持管爱结合，注重与被审干部沟通，联席会议各组成部门共同参加意见交换会，作政策解读和宣传，做到激励和约束并重。

（周　琳、张　娅）

【开展优秀内部审计项目评选】 9月，市教委印发《上海市教育系统优秀内部审计项目评选办法（试行）》，并首次开展全市教育系统优秀内部审计项目评选活动。评选范围为党的十八大以来全市教育系统单位2013—2016年内组织实施并已完成立卷归档的审计项目。评选采取统一组织、自评推荐、材料初评、集中评选、综合评定的方式。20家高校、区教育局共24个内部审计项目申报评选，项目类型主要为经济责任审计和专项审计调查。经综合各单位选送项目的材料初评得分、现场评选会评审专家与单位代表评选的权重得分，经市教委审定，评选出11个"优秀奖"项目，13个"鼓励奖"项目。评选活动后，将24个参选案例汇编成册。本次优秀内审项目评比，为全市教育系统内审人员搭建了总结、交流、推广优秀审计成果的平台。

（周　琳、张　娅）

【第二届全国中小学生电影周举行】 12月10—16日，第二届全国中小学生电影周活动在上海举行。本届电影周由教育部、国家新闻出版广电总局主办，全国中小学影视教育协调工作委员会、中国儿童少年电影学会、上海市教育委员会、上海市文化广播影视管理局、北京电影学院、上海市青少年学生校外活动联席会议办公室、中共浦东新区委员会、浦东新区人民政府承办。教育部副部长朱之文、上海市副市长翁铁慧出席电影周闭幕式。教育部、国家新闻出版广电总局相关部门负责人，承办、协办单位代表，各省市教育行政部门相关负责人，全国中小学影视教育实验区负责人，全国电影院线工作者代表，优秀微电影获奖师生代表，上海市各区教育部门、文广系统相关代表和上海市中小学生代表、遵义市师生代表团等2000多人分别参加电影周开幕式和闭幕式。

本届电影周主题为“携手新时代，共筑中国梦”，旨在推动广大中小学生在观看、评选优秀影片过程中，感受近年来党和国家事业发展的非凡历程和辉煌成就，深刻领会实现中华民族伟大复兴是中华民族近代以来最伟大的梦想，引导学生自觉将个人理想与祖国发展紧密联系起来，形成正确的世界观、人生观、价值观，为全面贯彻落实党的十九大精神营造良好氛围。电影周为广大中小学生精心设计六大板块，即“优秀影片展映”“微电影征集与评选”“电影教育进课堂”“影视教育主题论坛”“影视教育观摩考察”“电影周开闭幕式”，共计60项活动内容，向全国中小学生推介影片31部，其中影院展映部分共推介故事片、纪录片、动画片、儿童片等不同类型16部优秀影片。电影周活动中专设“学生微电影征集与评选”环节，引导中小学生用光影记录美丽的校园生活，从孩子们的视角展现真善美，共收到学生原创微电影作品272部，报送作品涵盖23个省(区、市)，240多所学校。经评审委员会评选，有100部优秀作品入围，并于11月30日起，在1905电影网进行为期一周的专题展播，最终在100部入围作品中评选出20部最佳获奖作品。在学生观摩推荐影片的基础上，通过官方网站投票的方式，由全国中小学生评选出“我最喜爱的动画片”“我最喜爱的纪录片”“我最喜爱故事片”(小学组、初中组、高中组)、“我最喜爱的小演员”“我最喜爱的演员”五大类奖项。电影周期间，不仅机场、公交车屏幕滚动播放电影周宣传片，营造良好的宣传舆论氛围，人民日报、光明日报、新华社、中央电视台、中国教育电视台、1905电影网等24家中央、市、区媒体同步深入报道本届电影周活动。各大网站也纷纷转载电影周活动报道，据不完全统计，网上转载数量达到6000多条，点击率达到几十万人次。

(江伟鸣、孙　红)

【完善家校共育长效机制】 上海深入贯彻习近平总书记关于“注重家庭，注重家教，注重家风”的重要讲话精神，通过抓政策导向，抓规范建设，抓关键队伍，抓氛围营造，持续推进家校协同长效机制建设，深化家校共育，引导家长树立科学育儿观和成才观，促进每一个孩子健康快乐成长。抓政策导向，联合市妇联、市文明办、市未保办制定下发上海《关于进一步推进家庭教育工作的实施意见》。制定颁布《上海市家庭教育示范校评估指标》，启动上海市家庭教育示范校创建工作，完成首批16所中小学的家庭教育工作评审，并召开首批参评学校的特色经验交流会。抓规范建设，开展三轮全市“家校共育协同效应治理”调研，规范“班级微信群”和“家长委员会”建设和管理。4月、9月、11月，三次面向16个区所有中小学开展关于“家校共育协同效应治理”推进情况的问卷调查，重点调研“班级微信群管理”和“家长委员会建设”的现状和策略，开展“家校共育优秀案例”征集评选活动。推动各区各校根据区域、学校特点，制定发布“班级微信群等家校互动新媒体使用管理公约”。抓关键队伍，开展专题培训。先后开展两轮“家庭教育指导者”的专题培训，共计培训1100多人。抓氛围营造，加大社会宣传力度。联合新闻中心、新民晚报开展“读懂00后”系列报道。联合东方卫视“超级家长会”栏目，以“树立科学成才观”为主线，策划播出今年暑期的10期“超级家长会——成长嘉年华”专题。和市文明办、市妇联、新民晚报联合举办上海市“树立科学家教，涵育时代家风”家庭教育“五进”项目启动仪式，围绕“家庭中的平等”，引导父母与孩子之间互相理解和沟通。联合东方教育时报微信平台，加大家庭教育指导优秀资源的推送。11月底之前，共举办110多场家庭教育讲座，公共微信平

台推出300多条家庭教育微信，总阅读量达到100万人次，并推出“百名校长谈家庭教育”专栏，共刊出20期。（孙　红）

【开展优秀辅导员“双巡”活动】 为深入学习宣传贯彻习近平新时代中国特色社会主义思想和党的十九大精神，推动党的最新理论在大学生中内化于心、外化于行，真正入耳、入脑、入心，提升高校思想政治教育的亲和力和针对性，按照教育部思政司《关于开展“学习宣传贯彻党的十九大精神——千名高校优秀辅导员‘校园巡讲’和‘网络巡礼’活动”的通知》要求，市教卫工作党委、市教委组织开展上海高校优秀辅导员“校园巡讲”和“网络巡礼”活动。广泛动员全国高校辅导员以党的十九大精神为指引开展巡讲，用身边人讲述身边事，用身边事教育身边人，加强自我学习、深化自我教育、实现自我成长。此次参加“双巡”活动的优秀辅导员共有40名，由全国和上海高校辅导员年度人物，全国和上海辅导员职业能力大赛、上海高校形势政策课比赛等赛事获奖教师代表组成。巡讲团分成8支队伍，巡讲活动覆盖全市部属高校、市属高校、行业办、民办高校等，实现“双巡”活动高校全覆盖，做到班班讲、人人懂。活动还进行“网上巡礼”，在易班网、中国大学生在线等开设专题，通过文字、图片、视频等形式，刊发高校辅导员对党的十九大精神的学习感悟。（朱佳楙、杨智勇）

【统筹推进习近平新时代中国特色社会主义思想和党的十九大精神进教材进课堂进头脑】 通过抓思想政治理论课、抓课程思政、抓理论研究、抓平台建设、抓实践内化、抓大中小一体化，多措并举统筹推进习近平新时代中国特色社会主义思想和党的十九大精神进教材进课堂进头脑。抓思想政治理论课，建立“市级备课＋校际协同＋学校推进”三级集体备课体系。市教卫工作党委、市教委面向全体思政课教师，全覆盖、分专题、分层次、分批次开展培训，力求学深学透、融会贯通。抓课程思政，组织全市所有高校课程思政教育教学改革办公室负责人和教学科研骨干近200人，紧紧围绕将党的十九大精神尤其是习近平新时代中国特色社会主义思想融入所有专业课程教育教学和提升教学实效性开展专题培训。抓理论研究，在高校布局设点，组织“高精尖”专项研究党的十九大精神和习近平新时代中国特色社会主义思想。抓平台建设，推进习近平新时代中国特色社会主义思想的市级统筹平台和智库机构建设。与复旦大学政党建设与国家发展研究中心等五家高校智库、华东师范大学马克思主义学院等五家上海高校示范马克思主义学院签约，成为首批协同建设单位。抓实践内化，引导大学生以生动形式宣讲党的十九大精神。党的十九大召开前夕，布局并重点支持复旦大学博士生讲师团、上海大学泮池学社等一批高校马克思主义理论学生社团宣讲马克思主义理论。举办“我与党的十九大——上海青年大学生马克思主义理论学习大比武”。抓大中小一体化，用适合中小学认知特点和规律的方式使党的十九大精神学习覆盖全学段。聚焦德育课程，组织中小学“时事课堂”，以知识竞赛形式让学生学习党的十九大知识，举办“讲台上的名师”系列专场等活动，发挥特级教师示范引领等，将党的十九大精神结合不同学科、学段特点，融入课堂，贯穿教育教学全过程；聚焦主题活动，举办第二届“全国中小学生电影周”，开展“同筑少年梦，共绘生态美”上海市中小幼学生生态文明创意作品征集活动，打造“中华老字号进校园”项目；聚焦教师骨干，组织上海所有区教育局局长和分管德育副局长开展“学习贯彻党的十九大精神，健全立德树人系统化落实机制”专题学习交流会，组织开展德育骨干“学习贯彻党的十九大精神”专题培训班、“学习贯彻党的十九大精神，落实中小学德育工作指南，推进上海学校德育创新发展”专题研讨会等，系统梳理中小学德育工作存在的问题。

（耿绍宁、宗爱东）

【加快推进高校课程思政教育教学改革】 深入贯彻落实全国高校思想政治工作会议精神，加快推进高校课程思政教育教学改革，充分发挥课堂教学主渠道作用，整体布局全覆盖式高校试点工作，形成以思政课必修课为核心、近60门“中国系列”思政课选修课为骨干、400门综合素养课为支撑、1000余门专业课为辐射的课程思政育人同心圆。按照统筹布局、分步实施、滚动发展的思路，启动整体试点校12所、重点试点校12所、一般试点校34所。全市所有高校均成立课程思政改革领导小组，并设立专门办公室推进落实，校党委书记、校长与教师们集体备课，为学生上大课、讲大势、传大道，使思想政治教育真正成为“一把手工程”。“课程思政”被纳入中央《关于深化教育体制机制改革的意见》、教育部《高校思想政治工作质量提升工程实施纲要》，从地方实践转化为国家战略。6月，教育部在上海召开“课程思政”现场推进会，向全国推广“上海经验”。 （宗爱东）

【大中小学心理健康教育队伍建设】 加强心理健康教育队伍的专业化、规范化建设，打造基础培训与专题培训相结合、骨干培训与精英培训互补充的“四位一体”分层培养模式，持续提升大中小学心理健康教育师资队伍的专业水平和业务能力。开展2017—2018年度上海学校心理咨询师的水平认证培训工作，组织完成普教4个教学点、高校3个教学点，总计约800人的认证培训。依托8所高校心理健康教育示范中心，面向全市高校专兼职心理教师推出16场培训；协同高校心理咨询协会，联合举办催眠心理咨询技术及焦点解决短程咨询在学校工作中的应用等培训3场，协同高校心理咨询协会，推出本土化心理健康教育培训5场；为全市中小学和中职校的心理教师分别开展表达性艺术辅导系列培训、叙事治疗工作坊以及沙盘游戏治疗培训。选送10余名骨干教师前往美国加州大学伯克利分校和英国牛津大学等世界一流学校的心理中心学习交流；联合高校心理咨询协会举办上海国际心理咨询理论与实践论坛，协同相关高校，组织境外专家分别赴复旦大学、同济大学、上海中医药大学、华东政法大学、东华大学、上海理工大学、上海海事大学及松江区中小学心理健康教育中心等开展12场讲座。 （李正云）

【开展小学“基于课程标准的教学与评价”专项督导】 10—11月，受市政府教育督导室委托，市教育督导事务中心对黄浦区、徐汇区、静安区、长宁区、杨浦区实施“基于课程标准的教学与评价”工作进行了飞行督导。本次督导采取“蹲点”和“飞行”相结合的方式，使用上海教育督查工作平台开展督导。其间，督导组听取区教育局和学校的自评介绍、进行课堂教学观察、访谈教师、学生等相关人员并查阅相关资料。经督导发现：这5个区以培养学生发展核心素养为目标，区教育行政部门重视顶层设计，统筹规划、整体推进；区教研部门注重实践研究，专业引领、有效指导；基层学校扎实推进校本化实施，整合家校资源、提升工作效能。三方协力，促进小学阶段课程教学改革，切实减轻学生校内学业负担，一定程度上缓解家长的焦虑情绪。“基于课程标准的教学与评价”工作正由面上的全面展开逐渐进入到内涵发展的新阶段。 （汪增芳）

【教育督导体制机制改革】 1.贯彻落实《上海市教育督导条例》的相关工作。开展督导体制机制方面的制度起草和修订工作，形成《上海市督学资格认定和管理办法》《上海市督导结果的发布和使用暂行办法》，接受市人大组织的《条例》落实情况的监督调研，推动市、区两级政府依法贯彻落实《条例》的各项规定。2.落实教育督导机构的改革任务。为实现与国家层面教育督导机构的有序对接，由市政府办公厅发文，将“上海市教育督导委员会”更名为“上海市人民政府教育督导委员会”，正式启用公章和文号，并完成新一届委员会组成人员的重新确认。强化市政府教育督导室机构建设，配备干部并推进新进人员的有序补给。3.有序完善专业化支持保障体系。加强对督学的资格认定及规范化管理，开展高等教育、职业教育领域督学人选的初步遴选，努力建立涵盖各级各类教育的专业化督学队伍。支持上海师范大学设立“上海市教育督导研究中心”，并联合国务院教育督导委员会办公室，共同举办以“现代教育督导：制度改革、实践创新、专业发展”为主题的首届上海教育督导研究论坛，提升上海教育督导工作的影响力。 （何宏伟）

【探索开展高校二维分类管理督导评估】 1.分类制订《上海高校分类评价指标体系》。研制学术研究型、应用研究型、应用技术型和应用技能型四种类型高校评价指标体系。2.形成《关于深入推进高校分类管理　促进高等教育内涵式发展的指导意见(征求意见稿)》和《上海高校分类评价实施办法(试行)》。明确在高水平高校建设、学科建设、专业建设、人才培养方案、课程设置、实践环节、质量保障、人事分配、招生计划、办学经费投入等方面的上海高校分类管理思路。把分类评价结果作为调整优化高校资源配置,进一步向高校“放权松绑”,高校评先奖优和高校党政负责人绩效考核等的重要参考和依据。3.向市政府专题会议汇报工作进展。4.组织实施上海高校分类评价数据采集工作。

(唐金良)

【完成中等职业学校办学能力专项督导】 2016年12月,2017年3月、4月,市政府教育督导室委托市教育评估院,聘请18位长期从事职业教育改革研究与实践的资深专家,分成三个专项督导组,对全市71所中等职业学校的办学能力进行专项督导,此次督导坚持问题导向,在学校数据填报与自评的基础上,专家组通过听取汇报、查阅资料、实地考察和开展访谈,对参评学校的基本办学条件、师资队伍、课程与教学、校企合作、学生发展和办学效益六个方面进行全面摸底,对学校的办学质量和办学特色进行梳理与总结,对办学过程中的不规范情况及薄弱环节进行深入分析,提出相应的对策建议,并在督导现场向学校进行初步反馈。9月,市政府教育督导室向71所中等职业学校发放督导意见书,并同步抄送学校主管部门。随后,结合专项督导情况反馈,与部分校长就上海中等职业教育发展进行交流沟通。市政府教育督导室按程序上报全市中等职业学校办学能力专项督导情况报告。 (王　娟)

【完成对省级人民政府履行教育职责评价的试点工作】 根据《国务院办公厅关于印发对省级人民政府履行教育职责的评价办法的通知》以及国务院教育督导委员会办公室《关于开展省级人民政府履行教育职责评价试点工作的通知》《关于报送〈对省级人民政府履行教育职责评价办法〉实施方案的函》的要求,上海市开展省级人民政府履行教育职责评价试点工作。上海市《自评报告》紧扣评价内容的六大方面以及试点评分表中100个观测点,逐项进行自评,上海市自评分为99.7分。年内,上海市政府教育督导委员会办公室在系统梳理2005年以来全市督政工作重要文件和经验成效的基础上,起草《对市政府相关职能部门和下级政府履行教育职责的督导评估办法》。起草工作力求做到既呼应试点工作中100个观测点的要求,又体现上海的督政特色,立足在“同级督政”上为全国教育督导改革发展提供经验借鉴。

(顾　薇)

【中小学生安全工作】 年内,全市共有中小学生(含进城务工人员随迁子女)145.08万人,比上年减少0.95万人。全年共发生中小学生各类安全事故1835起,比上年增加12起,共涉及学生1836人(其中受伤学生1782人,占97.1%;非正常死亡学生54人,占2.9%,比2016年减少1人)。非正常死亡事件发生在学校6起,占11%;发生在家庭26起,占48%;发生在社会场所22起,占41%。2017年中小学未发生集体食物中毒、火灾、流行性疾病等公共安全事故和自然灾害事故,校园安全总体平稳可控。

(卢　惠)

【推进中小学公共安全教育共享场所建设】 中小学公共安全教育共享场所(含区域体验中心和学校体验教室)是各区(校)供本区(校)中小学生开展公共安全教育、实践及体验活动的场所。市教委、市发改委等9家单位发文要求:至2020年各区至少建设1个区域公共安全教育体验中心,每所义务教育阶段公办中小学建设1间学校体验教室。4月,市教委印发《公共安全教育共享场所装备指南》,明确区域体验中心和学校体验教室的功能定位、建设标准、设备配置等要求。各区教育局按照市教委要求,推进共享场所建设,至年底上海共建设区域体验中心11个、学校体验教室528间。 (卢　惠)

【专门学校建设】 上海现有12所专门学校。年内,毕业学生416人,比上年减少44%。其中毕业初中学生205人,比上年减少51%;毕业中职学生211人,比上年减少20%;毕业普通高中学生56

人，与上年基本持平。入学人数为 587 人，比上年减少 20%。其中初中入学人数为 453 人，与上年基本持平；中职入学人数为 134 人，比 2016 年减少 51%。在校学生 1379 人，比上年减少 21%；校外预控生 5833 人，比上年增加 24%。现有教师 379 名，比上年减少 6 人。其中 50 岁以下占 75%，本科以上学历占 98%，中高级职称占 69%，均与上年基本持平。年内，市教委继续支持黄浦、嘉定、崇明等区专门学校内涵建设，总结汇编《上海工读教育概况》，开展工读教育与职业教育融合发展试点，举办上海市专门学校第十四届拥抱明天系列活动。

（张大飞）

【加强学校及周边环境建设】 开展“2016—2017 年度上海市安全文明校园”申报评选，全市 1371 所中小学校参加评选，申报创建率达 83%。推进学校安全中心建设，长宁、金山等 8 区实现 4170 路视频监控的市区两级对接，虹口、徐汇等 10 区试运行安全管理平台 APP。开展第十届中小学生公共安全知识竞赛及现场展示活动。发布共享单车安全提示，指导未满 12 周岁未成年学生家长正视孩子骑车安全隐患。对 16 个区 23 所学校 121 辆校车开展检查，防范校车安全事故。上海超过 141 万名师生与家长参与公共安全教育网上知识竞赛，近 300 名学生参加气象科普夏令营，近 800 名师生参加现场展示活动。深化护校安园工作，全年各级治安部门共出动警力约 2.7 万余人(次)，开展中小学、幼儿园安全检查约 2.1 万所(次)，开展校园周边治安整治 4858 次，发现并整改各类治安隐患 2721 处。加强学校周边经营及娱乐场所监管，共检查网吧 12461 家次，查处接纳未成年人网吧 4 家，查处无证 214 家。共检查游艺娱乐场所 4456 家次，检查歌舞娱乐场所 6990 家次，其中歌舞娱乐场所接纳未成年人案件 14 起。开展“净网”“护苗”网络监管专项行动，检查各类互联网站 857 家次，处理涉嫌网络文化市场违规案件 71 件，罚没款 196.2 万元。

（孙韬韬）

基础教育

【2017 年概况】 年内，全市共有中小学、幼儿园、特殊教育学校及工读学校 3192 所。其中幼儿园 1591 所、小学 741 所、中学 818 所、特殊教育学校 30 所、工读学校 12 所。共有在校学生 193.4 万人。其中幼儿园 57.27 万人、小学 78.5 万人、普通初中 41.2 万人、普通高中 15.9 万人、特殊教育学生 0.4 万人、工读学校学生 0.07 万人。全市中小学教职工总数 13.6 万人。其中小学专任教师 5.5 万人、中学专任教师 5.7 万人。

坚持育人导向，推进招生考试制度改革。落实高考综合改革配套举措。优化普通高中综合素质评价平台，使高中学生综合素质评价真实可靠并在招录环节使用；开展高中生研究性学习真实性认证工作，6000 余名高中学生接受了认证服务；推进分层走班常态化，推行生涯辅导全员导师制；组织多层级多轮次的高考政策解读咨询会、发布培训会、模拟志愿填报培训，确保高考平稳成功，推进高中教育改革向纵深推进。完成高中阶段招生考试改革方案研制工作。完成高中阶段学校招生考试改革方案研制工作，启动配套研制初中学业水平考试实施办法和学生综合素质评价实施办法。优化义务教育阶段招生入学机制，招生入学工作总体平稳有序，全市共有 28.83 万名适龄儿童少年进入小学、初中就学，实现教育部提出的“100%的公办小学、初中免试就近入学，小学生源基本由就近入学方式确定，公办初中 95%以上生源由就近入学方式确定”的目标。研究制定公民办同步招生实施办法并优化义务教育招生入学平台。适应居住证制度改革研制到沪随迁子女就读上海各级各类学校的实施意见。加强市级中小学生竞赛规范化管理，完善管理细则。

凸显科学有效，深化课程教学评价改革。深化课程改革。落实国家课程教材改革新要求，调整和完善深化二期课改方案。完成2017年度中小学课程计划调整工作，研究制定统编三科教材推广使用方案，在一年级推广使用。继续推进第二轮学校课程领导力行动研究和实践。开展区域课程管理平台工作标准研究，在闵行、长宁两区开展区域课程管理平台试点工作。推进上海《数学》教材输出相关工作。推进教学改革。启动上海市教学成果奖（基础教育）评选工作，全面总结近年来基础教育教学改革的经验成果。深化幼小衔接，广泛开展幼小衔接主题宣讲活动。组织小学一二年级主题式综合活动试点，试行小学放学后“快乐30分”综合活动。开展儿童学习基础素养教学行动。优化评价改革。研究绿色指标2.0版本，发布2016年度小学绿色指标综合评价结果。扎实推进基于课程标准的教学与评价，开展基于课程标准的教学与评价调研和结果反馈。形成《上海市基础教育环境质量评估指标》（试行稿），并开展试点评估。

围绕优质均衡，加强各项教育规划落实。推进义务教育优质均衡发展。指导与督促各区按时保质保量完成2017年义务教育“五项标准”项目。大力实施学区化集团化办学，覆盖学校1033所，超过全市中小学总数的60%，并研制加强紧密型学区和集团建设的实施意见；推进新优质学校集群内涵式发展，覆盖学校382所，约占全市义务教育学校总数的25%。完成第五轮农村义务教育学校委托管理，启动城乡学校携手共进计划，确定第一轮精准托管学校42所、第一轮城乡学校互助成长项目34个。抓好学前教育规划落实。按时完成30所幼儿园建设项目，研制《上海市幼儿园办园质量评价指南》，推进示范性幼儿园复验工作，开展学前教育信息化管理的标准研制。开展“区早期教育指导服务工作现状”调研，初步形成早教指导课程资源框架；市区合作开展“育儿加油站”上海科学育儿指导活动。对上海市3岁以下幼儿托育服务机构管理体系进行研究和探索。引领特色普通高中建设。有序推进特色普通高中建设工作，举行5次特色普通高中展示活动，开展第三批特色普通高中市级项目学校遴选工作，形成56所特色普通高中创建市级项目学校，命名上海市第一所特色普通高中学校。推进特殊教育规划实施。编制并实施新一轮特殊教育行动计划，增设特殊职业教育办学点，健全特殊教育中考机制。

优化管理服务，提升教育保障治理水平。优化基础教育管理与服务。制定《上海市中小学校工作办法》（征求意见稿），实施公办小学放学后看护全覆盖。加强对“1 + 11基础教育互助成长行动计划”执行的指导和监督，确保项目落地。做好内地民族班教育管理服务工作。召开内地民族班管理平台工作会议，指导民族班办班学校做好内地民族班教育服务管理工作。开展民族班办班学校思政教育和学科教学研讨活动，进一步提高民族班教育水平。促进民办中小学健康可持续发展。指导各区做好第二轮民办中小学特色学校（项目）、优质园创建工作，开展校本特色课程的展示活动，提炼总结创建实效。深入推进高中国际课程试点工作。继续开展国际课程试点学校年检工作，推动国际课程教育教学本土化实践与研究，开展境外教材审查工作。

强化保障支撑，服务教育教学深度变革。推进基础教育信息化应用升级。深入推进数字教材建设与教学应用实验项目，稳步扩大试验范围。制订上海市中小学教育信息化实验校建设三年行动计划并试点推进；丰富高中名校慕课建设，完善运行机制；深入推进专题教育资源使用和“一师一优课”工作；推进小学教材配套音像资料下载和统编教材配套音像资料实现点读功能。加强中小学校装备建设。颁布义务教育阶段普通中小学教育装备指南，试点开展综改背景下中学理化生实验室更新完善整体建设项目。实施《上海市中小学图书馆规程》，全面提升中小学图书馆的建设、管理和服务水平。加强和改进中小学实验教学，组织参加第五届全国中小学实验教学说课活动，组织开展2017年上海市中学生命科学教室实验操作技能比赛。

（包蓓妮）

【学前教育公共服务体系建设】 1.年内，全市在园3—6岁儿童达57.27万人，其中非沪籍22.55万人，占总数的39.37%。全市共有独立法人的幼儿园1591所，其中公办990所，占总数的62.23%。公办园在园儿童39.9万人，占总数的69.67%。全市幼儿园专任教师4.01万人，其中公办幼儿园专任教师2.91万人，占总数的72.57%。全市已形成以政府主导、社会参与、公办民办共同发展的办园格局。2.加大落实公建配套幼儿园的建设力度。年内，新建和改扩建幼儿园35所，增加学位近一万人。同时，市教委通过学前教育质量评价体系重构、幼儿园玩教具使用试点研究、医教结合试点以及家门口的好幼儿园宣传等各种项目，促进学前教育内涵质量提升，保障儿童身心健康发展。截至年底，全市普惠性幼儿园占比达80%，一级及以上优质幼儿园数量占全市幼儿园总数的35%。已基本完成学前教育三年行动计划（2015—2017年）的目标。3.为应对“全面二孩政策”带来的入园高峰，市教委组织相关单位，开展人口发展态势、学前教育资源建设和布局等工作的研究，并着手研究新一轮学前教育三年行动计划。同时，针对全市3岁以下托育服务发展的需求，会同市民政局、市工商局、市卫生计生委等共16个部门抓紧研制托育服务工作的管理体系。

（瞿佳杰）

【推进义务教育优质均衡发展】 1.推进城乡义务教育学校建设、设备配置、信息化建设、教师配置与收入标准、生均经费等标准统一，已完成“十三五”期间总工作任务的50%，其中累计完成“一场一馆一池”（学生剧场、室内体育馆、室内游泳池）项目269个，共完成设施设备改建项目1977个，其中创新实验室项目848个，图书馆项目610个，公共安全教育共享场所519个。1219所学校实现小学至少1名、初中有5%高级职务教师的目标，769所学校无线网络全覆盖，11000余间教室建成互动式多媒体教室。2.完成第五轮农村义务教育学校委托管理，学生和家长对委托管理的满意度分别达到91%和92%。启动义务教育“城乡学校携手共进计划”，实施周期为三年，包括郊区义务教育学校精准委托管理和城乡学校互助成长项目两项核心内容，首轮精准委托管理42所、互助成长项目34所，覆盖全市所有郊区。3.推进学区化集团化建设，建有学区和集团179个，覆盖全市60%以上的中小学校，举办学区化集团化办学展示交流活动，推动学区和集团发展性评估，开展紧密型学区和集团建设研究。4.推进新优质学校集群发展，市、区两级新优质学校集群覆盖义务教育阶段学校382所，约占全市义务教育学校总数的25%，组建新优质项目学校专业集群，开展集群展示交流活动，开展新优质学校设计研究，汇集新优质学校研究成果。

（龚　柳、刘中正）

【高中教育改革和特色高中建设】 全市以高考改革为契机，推动高中教育教学改革，促进高中阶段学校特色多样发展。1.走班教学成为新常态。上海高考新政实施以来，绝大部分高中学校都已根据师资、学生选科情况和校舍场地资源等，因地制宜，实施不同形式的走班教学，实践中形成了“大走班”（所有学科、所有学生都实施走班）、“中走班”（3门高考学科不走班，6门等级性考试学科全员走班）和“小走班”（学校采用策略重新安排教学班，仅少部分学科实施走班）等几种形式，促进了高中教师的因材施教和高中学生的个性化学习。2.研究性学习取得显著成效。高考改革中，把学生的研究性学习课题报告纳入综合素质评价创新精神与实践能力内容板块，有效激发了高中学生参与研究性学习的热情。根据综合素质评价信息系统统计，全市高三学生共完成研究性学习报告50473个，研究领域聚焦科技创新、社科人文、艺术、体育、环保诸多学科，基本做到人人有课题。3.社会实践工作深入开展。综合素质评价工作是上海高考改革的一个亮点。综合素质评价的进展尤其体现在学生社会实践和志愿服务的落实上。年内，全市认定市、区两级学生社会实践基地1819个，发布学生实践岗位498921个，2017届高中毕业生共完成志愿服务总时长5934677学时。4.生涯指导个性化实施。高考综合改革试点要求学生在自身兴趣爱好、学业能力水平、未来职业理想等方面，有比较清晰而充分的自我认知，在此基础上结合实际明确选考科目。在此背景下，主要从“推行生涯辅导全员导师制”和

“提升教师专业指导能力”两个环节对学生开展生涯指导。全市高中实施学生生涯辅导全员导师制的覆盖率已达94%，36所高中先行试点，启动高中学生生涯规划教育实践项目。5.特色高中创建蓬勃开展。全市形成了56所特色普通高中市级项目学校，命名了全市第一所市特色普通高中学校——曹杨中学，年内开展9场分组交流，举行6场市级特色普通高中创建展示活动。同时，市教委继续开展特色普通高中创建评估工作，共有10所学校接受评估。

（金　松）

【推进中小学课程改革】 1.加强课程建设。贯彻落实党中央、国务院关于新形势下大中小学教材建设的意见，调整上海市深化基础教育课程改革工作推进思路，调整完善《深化上海市基础教育课程改革行动纲领》《上海市普通中小学课程方案》。加强17个“立德树人”人文社会科学重点研究基地建设，依托各基地开展课标研究工作。2.扎实推进教材建设。认真落实国家统编三科教材使用工作。继续开展学科教学基本要求的编制与审查工作。中小学学生用教材配套音频资料全面实现网络下载，并率先在小学一年级语文教材配套音频资料上实现点读、复读等功能。启动高中教材编制工作。3.有效推进课程实施。推进课程领导力行动研究。完成对4个学段58所项目学校的中期评估。开展中期评估现场测评探索，开展2017年课程计划和课程体系案例征集和反馈交流。义务教育学段初步形成“解读课程领导力”“基于证据的学校课程计划完善”“学校专题/特色课程体系建设”3项成果的目录框架，高中学段形成了“提升高中学校课程领导力　深入推进高中教育综合改革”成果框架和各校成果设计。加强学校间的经验分享，共举办6场市级展示研讨活动。推进基于课程标准的教学与评价实践探索。依托78所小学重点探索分项等第和评语相结合的评价方式，实现经验共研共享。汇编4本基于课程标准的教学与评价案例集。构建上海市小学“基于课程标准的教学与评价”支持系统。开展深化幼小衔接研究工作，编制小学学科分年级教学基本要求，启动小学低年级主题式综合活动试点工作，研制《上海市深化幼儿园幼小衔接活动指导意见》。加强教学研究和分析。继续开展《上海市幼儿园办园质量评价指南》研究，开展基于大中小学德育课程一体化的研究，形成学校综合德育活动实施建议初稿，举办上海市“两纲”教育展示活动。开展新高考背景下高中课改与实践研究，形成各类研究报告31份。4.推进学习基础素养的实践转化。深化基础理论研究，同步构建学习基础素养的观察系统、教学设计系统和课堂实践系统，初步构建学习基础素养的评价体系。推进课堂教学转化研究，持续指导6个项目区和18所项目学校，形成一批课堂教学典型样例，出版《素养何以在课堂生长》，组织承办各类研讨会。5.推进义务教育教学质量评价改革。发布2016年小学“绿色指标”综合评价报告，召开2016年度小学“绿色指标”综合评价结果反馈讲评会，研制“绿色指标”2.0版本。

（赵佳然、刘中正）

【规范义务教育办学秩序】 2017年上半年，根据市委、市政府的总体部署，坚持问题导向和需求导向，开展深入的调查研究和科学论证工作，在此基础上研究制定《上海市进一步规范义务教育秩序总体工作方案》。下半年在规范教育培训市场秩序、规范民办学校办校秩序、规范义务教育学校内部教学秩序3个领域，出台一系列举措，推进相关工作的落实。在规范教育培训市场秩序工作方面，对无照经营、有照无教育培训资质、有照有证机构进行分类处理，在此基础上，构建教育培训市场综合监管机制，研究制订上海市民办培训机构设置标准和管理办法，完善过程管理机制，形成教育培训机构管理长效机制。在规范民办学校办校秩序工作方面，深入调研，试点探索，明确引导公共资源逐步退出义务教育阶段民办学校的思路、策略与方法。在规范义务教育学校内部教学秩序方面，以标本兼治、重在治本为原则，全力以赴办好“家门口的好初中”，调整优化学校评价体系和考试招生指挥棒作用，着力完善配套保障，切实规范学校内部教育教学秩序。

（包蓓妮）

职 业 教 育

【2017年概况】 年内，上海市职业教育工作坚持稳中有进、稳中提质、稳中增效，促进内涵提升、产教融合。

一、优化体制机制建设，构建开放融合职教体系。落实中职年度质量报告制度，发布2016年度56所中等职业学校质量年度报告。配合完成72所中职校办学能力专项督导。针对性扩大贯通培养试点规模，新增23个中高专业点(提升20%)，新增12个中本贯通专业(提升46%)，总计达180个专业点。加强中高中本联合教研，新增3个中高、中本贯通联合教研组，健全“纵向沟通、横向联合”的联合教研机制。开展中高、中本贯通培养检查，对上年开始招生的20个中高、12个中本贯通试点开展检查。

二、加强综改内涵建设，提高人才培养质量。1.推进职教综改项目。新开发5个国际水平专业教学标准编辑出版，启动第五批9个专业点试点工作。继续开展现代学徒制试点，完成教育部第一批现代学徒制总结工作和第二批现代学徒制试点申报，上海信息技术学校、上海海事大学附属职业技术学校、上海市杨浦职业技术学校等3家中职学校成功申报立项。2.深化教育教学工作。推进学分银行试点，确定10个专业联合小组的沟通课程目录。加强专业教学标准建设，修订完成10个专业教学标准并编辑出版。加强精品课程2.0工作，7门课程完成资源开发任务。加强网络课程建设，22门网络课程优化，有7000多名学生选学网络课程。推进课改课题，对2016年立项的17个课改课题及2017年申报的58个课改课题加强过程指导及管理。做好上海市职业教育成果奖申报工作。3.优化专业建设与设置。开展教育部示范专业点建设，8所学校8个专业入选教育部装备制造、旅游、交通运输、邮政快递4个专业大类示范专业点。完成2017年度学校新设专业备案，12所学校备案14个专业点，更新和完善了专业设置动态数据库。4.加强职业教育国际化。落实19名赴德国、8名赴英国专业教师考证培训团，落实20名管理干部和教师赴英国培训团工作。

三、加强双师型教师建设，全面提升职业院校教师素质。1.开展各类评奖评优活动。参加2017年全国职业院校信息化教学大赛。遴选23个项目报送教育部参赛，其中12个项目获一等奖和二等奖。1名中职教师获上海市教书育人楷模，2名中职教师获上海市教书育人楷模提名奖。44名中职教师获上海市园丁奖。开展上海市黄炎培职业教育奖评选，3所学校获优秀学校奖，4位校长获杰出校长奖，11名教师获杰出教师奖。青年教师爱岗敬业，特等奖1人、一等奖4人。2.加强市级培训工作。第二批191位新进教师完成规范化培训，启动第三批148名新进教师的规范化培训，颁布《上海市中等职业学校新进教师规范化培训实施意见(试行)》。加强对47个名师培育工作室的管理和引导。开展2016年企业实践市级培训工作总结，组织专家评选优秀案例一等奖15人。29个企业实践基地共开展近60个培训项目。199名教师赴企业实践。3.深化职教集团工作。加强特聘兼职教师资助工作，共资助62所中职学校920人(个人与团队)。初步完成《职教集团运行和考核指标体系》。完成《职教集团工作发展报告》和案例出版。

四、开展职业教育体验与大赛等工作，扩大职业教育影响力。1.开展职业体验日和职业活动周活动。继续开展2017年“职业体验日”，66所中职学校参与，体验项目407个，近10万人次深度体验。19所职业院校完成大世界职业教育传习基地的布馆工作。2.组织参加各类技能大赛。举办第七届“星光计划”职业院校技能大赛，69所中职学校4195名学生进入决赛阶段，24.5%选手获得相应中(高)级职业资格证书。38所中职学校166名参赛学生组成上海中职代表队参与全国大赛31个项目，共有143名学生获得奖项，其中32枚金牌，获奖率86.14%。参加第十三届全国中等职业学校“文明风采”竞赛活动，250件作品参加全国总决赛，15项作品获一等奖，上海市竞赛组委会获“组织贡献奖”。上海中职选手代表中国在第四十四届世界技能大赛中获车身修理项目和花艺项目两块金牌。（马　骏）

【中等职业教育教学改革】 年内，中等职业教育教学改革从“双证融通”专业改革、国际水平教学标准的开发与实施、现代学徒制试点、学分银行试点、专业教学标准建设、课程与教材建设等方面持续推进。启动第五批9个专业点的双证融通试点工作，论证与修改3个专业、5门“双证融通”课程标准及考核方案，出版15个试点专业教学文件汇编；新增10个专业的国际水平专业教学标准试点，完成5个国际水平专业教学标准的论证，出版新一批5个国际水平专业教学标准。确定7家推荐单位申报教育部第二批现代学徒制试点，遴选上海市第二批现代学徒制试点项目。出版学分银行指导手册，完成第一批沟通课程15门课程标准及考核题库的开发和第二批沟通课程的课程标准评审及修改意见反馈。完成中餐烹饪与营养膳食等10个专业教学标准修订工作，依据行业发展趋势和学校专业发展实际重新调整完善了专业课程设置。完成7门“精品课程(2.0)”的资源开发任务，新开发网络课程20门，31所学校申报各类教材95本，召开校本教材建设研讨会暨第四届校本教材展示交流评比活动颁奖大会。推进课改课题，对2016年立项的17个课改课题做好过程指导及管理，评选出优秀课题，对2017年上报的58个课改课题组织开展开题培训。（马　骏）

【中等职业学校招生就业工作】 1.年内，全市共有7.42万人参加初中毕业统一学业考试，参加招生录取人数7.24万人，高中阶段各类学校录取人数7.22万人，高中阶段教育录取率99.7%。其中普通高中录取5.27万人，中职校录取总数3.82万人(含沪籍生源1.95万人，随迁子女0.65万人，对口支援地区0.63万人，特殊艺体0.05万人，成人中专0.54万人)，普职录取比为58比42。按教育部要求，年内全面启动实施滇西招生兜底式行动计划。上海共接收滇西建档立卡学生1877人，其中单独培养1316人，分段培养561人。年内，全市76所全日制普通中等职业学校共计毕业生29716人，比上年减少3728人，下降11.15%。就业人数29231人，就业(含升学)率为98.37%，比上年提升0.11%，对口就业率87.69%。普通中专毕业生18548人，占毕业生总人数的62.42%，就业率98.23%；职业学校毕业生8823人，占毕业生总人数的29.70%，就业率98.74%；技工学校毕业生2345人，占毕业生总人数的7.89%，就业率98.04%。2.除中高、中本贯通学生外，中职校毕业生直接就业12266人，直接就业人数与继续升学人数比1∶1。直接就业人群主要集中在第三产业。在直接就业人数中，从事第一产业的毕业生数为61人，占直接就业学生的0.49%；从事第二产业的为4429人，占直接就业学生的35.37%；从事第三产业的为8032人，占直接就业学生的64.14%。3.毕业生起薪平均突破3100元。平均起薪增长至3105元(2016年为3061元)。4.包括中高中本贯通学生，升入高一级院校继续深造共16709人，占毕业生人数的56%，升学比例为56.23%，比上年上升9个百分点。（黄　蕾）

【中等职业学校学生技能大赛】 1.年内，“星光计划”第七届职业院校技能大赛中职组设15个大类68个项目，共有69所中职学校的4195名学生进入决赛。其中，1764人为学校推选，2431人从30232名候选学生中随机抽取产生。新增设6个教师项目，共有47名中职教师参赛。在4195名决赛选手中，24.5%的选手获得相应中(高)级职业资格证书。在47名决赛教师中，31.9%的教师获得相应高级职业资格证书。773名中职教师获优秀指导教师称号，其中18名教师获得“星光金牌指导教师”称号。“星光计划”大赛充分凸显了融“比赛、观摩、展示、体验”为一体的办赛理念，大赛的开放性、可观性和吸引力进一步增强。2. 2017年全国职业院校技能大赛于5月8日至6月8日在天津、江苏、浙江等19个赛区举行。在上海市“星光计划”第七届职业院校技能大赛的基础上，选拔产生上海中职代表队，38所中职学校166名参赛学生，转战6个省市11个城市，参与31个项目的比拼，共有143名学生获得奖项，其中金牌32枚，银牌53枚，铜牌58枚，获奖率达86.14%，项目夺金覆盖率达37.5%。3.经过全国选拔，上海有6名参赛选手代表中国出征10月14日至19日在阿联酋阿布扎比举办的第四十四届世界技能大赛，其中上海市杨浦职业技术学校的教师杨山巍和上海市城市建设工程学校(上海市园林学校)的学生潘沈涵分别在车身修理项目和花艺项目中获得金牌，实现了上海市在世界技能大赛上的历史性突破。（黄　蕾）

【中等职业教育对口支援和民族教育工作】 1.按照教育部要求，根据沪滇职业教育东西协作计划，上海市中等职业学校年内对云南省丽江市、保山市、楚雄彝族自治州、西双版纳傣族自治州建档立卡“两后生”(未升学的应往届初、高中毕业生)，实施兜底式招生工作，上海市29所中等职业学校的46个专业，共接收1877名滇西建档立卡“两后生”到沪就读。2.依托“上海—喀什职教联盟”“上海—果洛职教联盟”“上海—遵义职教联盟”，积极发挥上海优质职教资源的辐射、引领作用，整合对口两地教育资源，把握目标要求，严格落实责任，出台帮扶举措，建立帮扶机制，落实精准帮扶，职教对口支援工作不断取得新成果。组织多次各种形式的师资培训，为对口支援地区培训教师2000多人次，首次组织19名遵义市中职学校的教师到上海市市级企业实践基地开展培训。密切对接受援地人才发展需求，关注学生职业发展能力，整合平台资源，依托校企合作，开设紧缺专业，制定培养方案及教学计划，强化学生的专业知识和实训技能，学生考证率和就业率大幅提升。（黄　蕾）

【中等职业教育师资队伍建设】 年内，上海职业教育基于培训需求、问题导向，开展针对性、个性化培训，着力打造“双师型”的职业教育教师队伍。1.推动中职教师各级各类培训。年内，中职教师企业实践市级培训199人，对口支援的6个省市8名教师参加教师赴企业实践。组织管理干部赴英国培训和专业教师赴德国考证。开展第三轮新进教师规范化培训，148位新进教师参加。2.推进名师培育工作室。根据相关文件，加强对47个名师培育工作室的管理和引导，完善职教师资培养培训体系。3.加强学分管理和基地建设。依托上海市教师教育管理平台进行管理，市级培训基地共有42个项目挂网，其中15个项目完成培训。成立3个市级培训基地协作组，并委托第三方开展基地评估工作。4.加强职教师资对口帮扶。组织优秀讲师团赴新疆喀什、贵州遵义开展对口支援。219名遵义教师参加德育干部、骨干班主任培训班，53位新疆喀什班主任参加班主任培训班。5.深化职教集团工作。依托职教集团，开展中职特聘兼职教师资助管理工作，共资助62所中职学校，个人506人次、团队414人次，合计920人次。6.开展各类评先评优。推荐1人作为万人计划教学名师中职候选人(已全国公示)。44人获评上海市中职园丁奖。推荐5人作为上海市教书育人楷模中职候选人(2人获提名)。（马　骏）

【职业教育贯通培养】 年内，加快构建现代职业教育体系，推动贯通衔接培养，着力推动贯通衔接培养顶层制度设计，加强质量体系建设与过程监控，工作重心转移到内涵发展与质量提升。1.对接区域产业升级，稳步扩大试点优化专业布局。新增建筑智能化、机电一体化、老年护理等23个中高贯通专业点，提升20%；新增视觉媒体艺术、数字媒体艺术、绘画(文物保护与修复)等12个中本贯通专业点，提升46%。截至年底，中高职贯通142个专业点，中本贯通38个专业点，总计达180个专业点。中高贯通、中本贯通的办学模式改革得到社会更多认同。年内，中本贯通最高分592分，中本贯通计划完成率101.38%，中高贯通计划完成率100.07%。2.注重内涵发展，加强贯通培养质量监控。加强规范管理，对18个中高贯通、15个中本贯通试点完成跟踪检查。强化联合教研，目前中本贯通9个联合教研组涵盖25个专业，中高职贯通13个联合教研组涵盖108个专业。关注学生成长成才，对已有的两届毕业生进行跟踪调查，及时完善中高职贯通培养过程，对现有在校生加强管理，提高文化与技能水平，加强实习实训、加强校园文化建设。

（马　骏）

【开展中职学生体验日活动】 年内，参与职业体验日活动的中职学校66所、高职院校20所。市级开放实训中心达94个，涉及专业大类达17个。体验项目达463个，其中中职367个、高职96个，体验人次由2014年的4.6万人次发展到10多万人次。2017年上海学生职业体验日活动主题为“体验职业，发现自己，启迪未来”，在总结以往经验基础上，进一步强化系统设计、整体实施理念，精心策划、细致落实，使“星光计划”“学生职业体验日”“职业教育活动周”成为一个“无缝衔接”的“三位一体”有机整体。体验项目既突出学校专业特色，链接产业彰显职教内涵，又注重兴趣引领，将“职业性”与“体验性”融合。通过尝试和探索，引发学生的创意热情和兴趣，力求每个学生都能在项目体验中有所收获。随着上海职业体验活动的深入开展，构建基于学校专业背景、适合上海经济社会发展、注重学生兴趣和认知发展规律的职业体验类课程，已成为职业体验活动的工作重点。

（黄　蕾）

高 等 教 育

【2017年概况】 年内，全市高等教育在校生93.5万人（含研究生、普通本专科生、成人本专科生、网络本专科生）。全市共有普通高等学校64所。普通高校教职工7.4万人（其中市属高校4.2万人），专任教师4.4万人（其中市属高校2.7万人）。全日制研究生15.2万人，普通高校本专科在校生51.5万人。招收普通本专科学生14.3万人，招收全日制研究生5万人。各普通高校有留学生约6.08万人。上海高校毕业生17.4万人。

召开上海高校思政工作会议，出台《关于加强和改进新形势下高校思想政治工作的实施意见》。推进“课程思政”试点工作，启动整体试点校12所、重点培育校12所。形成了以思政课必修课为核心、40余门“中国系列”课程为骨干、300余门综合素养课为支撑、1000余门专业课为辐射的“课程思政”育人同心圆。教育部在上海召开2017年高校思想政治理论课教学质量年上海调研片会暨高校“课程思政”现场推进会。

制定实施《关于加强上海高校马克思主义理论学科与马克思主义学院建设的若干意见》。建设4所高校马克思主义理论“高峰学科”，建设3个马克思主义理论学科智库和5个马克思主义理论研究院。华东师范大学马克思主义学院申报成为全国重点马克思主义学院，新建5所上海示范马克思主义学院。实施“易班”内涵建设专项计划，推动思政工作联网上线。出台《2017年上海高校思想政治理论课教学质量年专项工作总体方案》，成立首届上海高校思想政治理论课教学指导委员会。推进领导干部上思政课，市委、市政府主要领导分别到复旦大学、上海交通大学等校给大学生上形势与政策课。

教育部、上海市人民政府签署《关于推进一流大学一流学科建设共建驻沪教育部直属高校并支持上海地方高校改革发展的协议》。在高校和区设立25个教育综合改革重点推进项目。

“两依据一参考”的考试招生模式基本形成，既定的制度设计成功落地。从教、考、招三方面，系统总结上海高考综合改革试点各项经验举措，形成

《上海高考综合改革试点工作总结报告》并及时上报。

进一步健全高校分类管理制度，优化高等教育布局结构，促进特色办学，提升质量水平和创新服务能力。构建高校分类管理机制。从“综合性、多科性、特色性”和“学术研究型、应用研究型、应用技术型、应用技能型”纵横两个维度，探索构建高校分类标准框架。市人大颁布高等教育领域地方性法规——《上海高等教育促进条例》。研究制定实施高校设置标准的具体实施办法。完善高校“二维”分类评价结果与部门预算安排相挂钩机制。分类指导市属公办高校校舍配置。加强高校招生计划编制工作的分类指导，优化学校招生结构。开展高校分类督导评价指标体系研制工作，制订《上海高等学校分类管理指导意见》和《上海高等学校分类管理评价办法》，启动前期评价试测工作。研究制定《普通高等学校建筑规划和面积指标实施办法》和《市属高校建筑规划面积标准》。

实现公办本科高校教学教师激励计划全覆盖，涉及授课教师1.6万余人。出台《上海市教育委员会关于深入推进本科教学教师激励计划的指导意见》，指导各市属高校建立教学考核评价与激励办法，鼓励高校将激励计划资金分配与教师绩效考核结果挂钩，优绩优酬。

完成对上海戏剧学院等9所市属高校的审核评估工作。组织开展2015—2016学年本科教学质量年报的评议反馈和2016—2017学年本科教学质量年报的编制发布工作。实施高等职业教育创新发展行动计划，继续开展应用型本科专业试点工作。启动第五批应用型本科试点专业建设申报遴选工作，10个目录外本科专业报教育部备案。推荐上海科技大学和上海电力学院新增为博士学位授予单位，按需推荐上海海关学院新增为硕士学位授予单位，推荐新增78个博士学位点和79个硕士学位点。推荐复旦大学、上海交通大学和同济大学3所高校为学位授权自主审核单位。

制定实施《上海市统筹推进一流大学和一流学科建设实施意见》，以“双一流”建设带动提升上海高校整体水平。通过深化“放管服”改革和关键领域重点突破，为推进“双一流”建设提供改革动力。以质量和贡献为导向，探索分类评价体系，根据绩效实施动态调整。完成“高峰”“高原”学科建设第一阶段（2015—2017年）绩效评价。制定“高峰”“高原”学科建设第二阶段（2018—2020年）实施方案。组织高校参加全国第四轮学科评估。从参评情况看，上海博士授权学科参评率达97%（全国参评率为94%）。从评估结果看，上海高校学科入选情况总体良好，进入A级别档次的有91个（其中：A+档26个、A档27个、A－档38个），全国占比12.8%。上海整体学科优秀率为19.6%。

与教育部签署新一轮共建在沪部属高校合作协议。启动上海中医药大学、上海音乐学院、上海理工大学、上海体育学院、上海交通大学医学院高水平大学建设工作。启动部市共建若干所高水平地方高校合作。

支持上海交通大学、同济大学、上海科技大学等高校参与张江综合性国家科学中心重大科技基础设施建设布局，并积极参与张江国家科学中心协同创新网络建设。积极推进李政道研究所建设。落实科技成果转化年度报告制度，推进包括上海大学、上海理工大学两所市属高校在内的试点工作。将复旦大学、上海工程技术大学、上海音乐学院和上海体育学院建设的4家上海高校知识服务平台确立为上海市协同创新中心。部市签署《教育部、上海市人民政府共同推进上海全面创新改革试验建设具有全球影响力科技创新中心框架协议》。

落实《上海市深化高校改革建设高水平地方高校试点方案》，扩大试点高校在人事薪酬、岗位结构等方面的自主权。出台《关于建设上海高水平地方高校创新团队收入分配机制的试行意见》，在上海大学、上海中医药大学遴选46个创新团队，建立创新团队收入分配机制。

向国家推荐“万人计划”教学名师候选人28人、市属高校黄大年教师团队6个、市属单位新中国名家大师候选人17人、宝钢优秀教师奖候选人10人。启动2017年度教学成果奖评选工作。完成第十四批国家“千人计划”推荐、2017年度“长江学者奖励计划”申报推荐、上海领军人才评选等工作。完成第七批上海“千人计划”重点学科平台对象评选、百千万人才工程国家级人选选拔工作。开展

2017年上海市青年拔尖人才开发计划申报和遴选工作。选拔东方学者101人和青年东方学者46人。培训新教师约500人。实施国外访学进修计划、国内访问学者计划、产学研践习计划、实验技术队伍建设等教师专业发展工程项目。完成2017年度高校青年教师培养资助计划实施工作,共资助681人。实施2017年度师资博士后项目,共资助69人。 (朱俏逍)

【高等教育内涵建设】 委托上海市教育评估院,开展上海高校绩效评价相关工作。完善绩效评价指标体系的研制工作(11个投入观测点,31个产出观测点,共42个观测点),并根据指标开展相关数据采集和评价工作。评价包括对相关数据的客观评价和对学校办学特色案例的专家评价。通过对市属公办高校2012—2016年的学校整体办学绩效进行评价,得出评价结果。根据国家要求,会同上海市财政局,委托上海市教育评估院组织专家,开展中央财政支持地方高校发展专项资金2017年相关工作,上海20所高校共获得2.31亿元中央财政资金。立项建设市教委重点课程450门、市级精品课程96门、全英语示范课程68门。继续推进卓越新闻、卓越法律人才培养计划等项目,加强卓越基地的建设,并继续实施每年一次的教育部卓越新闻和卓越法律的"双千计划",打造一批卓越的教学团队。 (朱俏逍、孔莹莹)

【学位点授权审核工作】 1.新增博士硕士学位授权审核。经上海市学位委员会会议审议表决,推荐上海科技大学和上海电力学院2所学校新增为博士学位授予单位,推荐上海海关学院为新增硕士学位授予单位,推荐新增博士学位授权点78个、新增硕士学位授权点79个,推荐复旦大学、上海交通大学和同济大学3所高校为自主审核单位。推荐名单公示后上报国务院学位委员会。2.博士硕士学位授权点动态调整。上海交通大学申请主动撤销理论经济学硕士学位授权一级学科点,同济大学申请自主增列心理学、艺术学理论2个硕士学位授权一级学科点和新闻与传播硕士专业学位类别。动态调整学位授权点名单上报国务院学位委员会批准后公布。3.新增学士学位授权审核。经学校申报、专家评议和上海市学位委员会审核,上海纽约大学增列为学士学位授予单位,其电子信息工程等10个专业增列为学士学位授予专业;上海科技大学增列为学士学位授予单位,其物理学等6个专业增列为学士学位授予专业;上海交通大学等21所高校的新能源科学与工程等38个专业增列为学士学位授予专业;上海杉达学院的康复治疗学、上海师范大学天华学院的康复治疗学和上海第二工业大学的数字媒体技术3个专业有条件增列为学士学位授权专业。 (杨　雪)

【研究生教育综合改革】 完成上海专业学位研究生教育发展规划(2016—2020年)编制工作。指导各高校和各专业学位教育指导委员会完成和发布本校和本专业学位类别的学位与研究生教育质量年度报告。继续开展硕士学位论文抽检。主要对2015年9月1日至2016年8月31日期间授予硕士学位的论文进行抽检,按照授予学位论文5%的比例共抽检论文2125篇。经专家评审,认定"合格"论文2093篇,合格率达98.5%。继续按照"全覆盖、制度化、重实效"目标要求,开展研究生科学道德与学风建设宣讲教育活动着力构建宣讲教育长效机制,在市级、大学园区、校级三个层面开展宣讲教育活动2100多场,共19.8万人次参加。

(吴庆全)

【深化专业学位研究生教育综合改革】 推进临床医学专业学位研究生培养和住院/专科医师规范化培训相结合项目(5+3, 5+3+X)的实施,教育部继续给予上海"5+3+X"项目100名专项博士生招生计划,复旦大学等3所高校对招生名额进行了1∶1配套,共招收"5+3+X"项目博士生196名。教育部同意上海中医药大学开展中医博士专业学位研究生教育综合改革试点,上海中医药大学共招收50名中医专业学位博士生。进一步探索教育硕士专业学位研究生教育与中小学见习教师规范化培训结合改革试点,华东师范大学和上海师范大学共招收教育硕士108名。继续推进上海乐队学院开展艺术硕士与知名乐团演奏人才培养结合改革试点工作，上海乐队学院共招收艺术硕士研究生17名。在法律硕士、会计硕士、国际组织人才培养等领域探索专业学位人才培养模式改革试点。成立上海市金融专业学位研究生教育指导委员会，指导上海金融专业学位研究生教育的改革与发展。委托北京航空航天大学，开展上海硕士专业学位研究生教育体验调研和博士研究生教育调研。

（吴庆全）

【实施高校本科教学教师激励计划】 1.年内，市教委出台《上海市教育委员会关于深入推进本科教学教师激励计划的指导意见》，提出“进一步营造教书育人的良好氛围、进一步明确教书育人的基本要求、进一步推进本科教育教学改革、进一步完善教学考核评价制度、进一步完善教师专业发展机制、进一步加强制度建设及自我监管和进一步加强典型宣传推广”等指导性要求。2.委托市教育评估院，分别于4月和11月开展春季和秋季学期激励计划检查工作。检查重点为试点高校激励计划的监控管理制度建设与执行情况，包括监控队伍、督导记录和问题整改情况以及与激励计划相配套的人事管理、经费分配、教学考核评价、教师专业发展、自我监管等制度和执行情况等。3.随着激励计划的深入推进，各试点高校对激励计划的认同度越来越高，教授副教授进课堂、教师坐班答疑和自习辅导渐成常态。激励计划的实施有效巩固本科教学和人才培养工作的中心地位，强化教师教书育人意识及行为规范，高校逐渐回归育人本源，有效提升了本科教育教学水平和人才培养质量。

（赵丽霞）

【高校应用型本科专业试点建设】 通过开展应用型本科试点专业建设工作（用5年左右时间，在市属高校选择100个专业点开展试点，目前已启动四批共100个专业点试点），推进存量专业的改造、转型和升级。重点是根据经济社会发展需要，对已有专业进行改造和转型，逐步推动学校的整体转型。开展第一、第二和第三批应用型本科试点专业建设的年度检查工作，共涉及18所高校的73个专业。为有效对接上海建设四个中心和科技创新中心建设，上海市在“一市两校”教育综合改革试点框架下，认真研究目录外应用型本科专业设置省级审批试点工作，并获得教育部授权。3月，教育部公布2016年度普通高等学校本科专业备案和审批结果，上海市14个目录外应用型本科专业通过了省级审批试点新增为新专业。上海市修订《上海市普通高等学校本科专业设置管理实施细则》，明确目录外本科专业设置和调整的依据、基本条件、审核等程序，通过成立专家委员会，开展检查评估等途径，确保对目录外本科专业设置和建设的全过程实施质量监控。在此基础上，市教委组织开展2017年度上海市属普通高校本科专业的申报和评审工作，经过各高校校内专家审议和公示、教育部专门网站网络申报和平台公示，对上海市属高校2017年度申报的备案专业进行形式审核，对尚未列入“普通高等学校本科专业目录”的新专业进行了专家审议等省级审批规定程序，共审批通过10个目录外本科专业，并报教育部备案。

（孔莹莹）

【高校创新创业教育改革】 1.复旦大学、上海科技大学入选第二批国家大众创业万众创新示范基地。华东理工大学、上海理工大学、上海财经大学入选第二批教育部深化创新创业教育改革示范高校。同济大学、上海理工大学、上海工艺美术职业学院入选2017年度“全国创新创业典型经验高校”。全市高校共计217名导师入选全国万名优秀创新创业导师人才库。2.35所高校成立双创教育工作领导小组，34所高校设置双创学分，33所高校建立双创学分积累与转换制度，35所高校开设双创教育课程，30所高校开设双创教育必修课。在首批“国家精品在线开放课程”中，复旦大学“创业企业战略与机会选择”、上海理工大学“大学生创业基础”、上海大学“创新中国”等为创新创业类课程。3.组织开展第四届中国“互联网＋”大学生创新创业大赛上海赛区赛事工作。上海赛区评选出优秀学生作品特等奖8项、一等奖16项、二等奖24项、三等奖48项、优胜奖89项和专项奖3项。在全国总决赛的角逐中上海高校共获5项银奖、14项铜奖。开展第二届“汇创青春”——上海大学生文化创意作品展示活动。征集40余所高校数万名大学生（含留学生）的3000余件优秀创意作品，举办30余场展示展演活动，参观市民学生达10万人次。4.市级双创立项项目3817个，入选国家级双创项目1723项。支持举办上海市大学生创业决策仿真大赛等21项大学生学科竞赛活动。评选认定15所上海市深化创新创业教育改革示范高校。举行第五届上海大学生创新创业论坛。组织高校参加第十届全国大学生创新创业年会，共有15个项目入选（学术论文7篇，展板7个，创业推介项目1项），最终获优秀论文奖5篇（全国21篇），“我最喜爱的项目”1项（全国20项），“最佳创意项目”1项（全国20项），“优秀创业项目”1项（全国6项）。（赵丽霞）

【市属高校本科教学工作审核评估】 3—12月，市教委委托市教育评估院开展对上海戏剧学院等9所市属高校的本科教学工作审核评估工作。本轮审核评估以教育部审核评估方案为基础，结合上海已经开展的本科专业评估、本科教学教师激励计划等重大教育教学改革项目要求与特点，形成具有上海特色的审核评估方案。专家组依托管理信息系统，在审读学校的《自评报告》《基本教学状态数据分析报告》及其他相关自评材料的基础上，以“用自己的尺子量自己”为评估工作的指导思想，按照“全面考察、独立判断”的工作要求开展评估工作。通过走访校级领导、职能部门、教学单位、直属部门、实习及就业基地，召开师生座谈会，随机听课，调阅毕业论文（设计）和试卷等，从定位与目标、师资队伍、教学资源、培养过程、学生发展、质量保障及特色等方面，对学校本科教学工作进行全面的考察和评估，形成《审核评估工作报告》。各校以“学习心、开放态”对待评估，被评学校师生员工以“平常心、正常态”参与评估，评估专家以“帮助心、服务态”开展评估，达到了以评促建的工作目标，通过审核评估为学校问诊把脉，促进市属高校整体办学水平和办学质量提升。（孔莹莹）

【高等职业教育专业内涵建设】 完成2018年高职院校招生专业备案工作。上海独立设置的高职院校已开设招生专业195个，共计562个专业点。深入推进高职一流专业建设。举办以一流专业建设为主题的第七届高职高专院校教学建设比武，共有23所高职院校（含本科高职学院）26个专业参赛，产生2个一等奖。成立上海市高职院校专业教学工作诊断与改进专家委员会，制定《上海市高职院校教学工作诊断与改进专家委员会工作规则》，确立上海电子信息职业技术学院等4所院校作为首批试点院校。完成30门双证融通课程方案的评审工作。建设31门精品课程和17个教学团队。开展2017年“高本贯通”试点招生工作，共录取新生79人。组织召开2017年高本贯通试点工作总结会。（赵　坚）

【高等职业教育师资能力提升培训】 1.开展2017年上海高职院校新进教师规范化培训，9所独立设置高职院校41名新进教师参加为期78天脱产培训。继续面向高职院校的汽车类、财经类、机械类、土建类、信息技术类专业骨干教师，开展为期3个月的教师赴企业实践，共71名教师赴上海航天局技能实训中心、上海汽车集团、上海建工集团股份有限公司等市级高技能人才培养基地（企业）开展企业实践。面向信息化、汽车、土建等专业大类的专业骨干教师，开展专业教师说课和技能比赛，12所院校的17位教师参加决赛，共评选出一等奖4名，二等奖6名，三等奖7名。2.举办第六、第七期上海市高职高专院校专业负责人培训（第六期为工科大类，第七期为专业诊断与改进），全市26所高职高专院校（含本科高职学院）的91名专业负责人参加了培训。3.开展上海高职院校创新创业教育师资培训，共39名教师参加。4.由上海市教委与德国巴伐利亚州文教部联合主办“2017年中德合作上海职业院校骨干教师专业发展能力提升培训班”，组织18名职业院校骨干教师参加中德合作国内外集中培训4个半月（其中国内培训1个半月，赴德国培训3个月）。（赵　坚）

民 办 教 育

【民办教育法律法规建设】 为贯彻落实国家有关促进民办教育健康发展、实施非营利性和营利性民办学校分类管理的要求，市教委由民办教育管理处牵头，制定形成《上海市人民政府关于促进民办教育健康发展的实施意见》和《上海市民办学校分类许可登记管理办法》。《上海市人民政府关于促进民办教育健康发展的实施意见》以鼓励民办教育发展为核心，以落实分类管理为基础，以完善差别化扶持举措和规范管理为抓手，共涉及总体要求、加强党对民办学校的领导、推进民办学校分类管理改革、鼓励社会力量办学、完善政府扶持政策、落实现代学校制度、强化规范发展、提高办学质量、保障师生权益、提升管理水平、发挥各方作用11个部分。《上海市民办学校分类许可登记管理办法》主要解决两类学校到哪里许可登记、如何许可登记与管理，以及现有存量民办学校如何过渡与补偿奖励等相关问题，共涉及总则、设立、组织机构、变更与终止、已设学校、监督与管理、法律责任、附则8章40条。 (季秋瑜)

【加强民办教育政府专项扶持资金管理】 市教委开展加强民办教育政府专项扶持资金管理的相关工作。①开展政府专项扶持资金的拨付评审工作，遵循公平公正、规范透明、注重绩效的原则和相关文件精神，委托专家根据"要素法"对民办高校内涵建设项目拨付额度和具体项目情况开展评审。②建立政府专项扶持资金的审核与监管机制，开展立项阶段的备案审核、执行过程的监管和指导、结项阶段的总结和成效评估三个阶段的相关工作。根据各民办高校的项目申报情况建立2017年民办教育政府专项扶持资金项目库，为监管和指导民办高校合理、规范使用政府专项扶持资金，建立政府专项扶持资金项目信息系统等工作奠定基础。 (季秋瑜)

【举办民办高校教学技能大赛】 年内，市教委举办第三届上海市民办高校教师教学技能大赛。初赛阶段由大赛组委会组织专家根据各校参赛教师所提交的教学录像、教学设计等报名材料进行评审，按比例从中选出一定数量的优秀教师进入复赛。复赛阶段采取专家到教师所在院校现场听课的形式进行评审，并辅以全程录像。专家组根据现场评分与集体评议情况，提出大赛获奖建议名单，由大赛组委会确定各级奖项获奖教师名单。经校内预选、初赛选拔、最终复赛等环节，15名教师获得骨干教师组的各个奖项，13名教师获得初任教师组的各个奖项、10所民办高校获优秀组织奖。对在大赛中获奖的教师，"强师工程"培训项目优先给予支持。 (季秋瑜)

【召开第三次民办教育工作会议】 12月26日，上海市第三次民办教育工作会议在浦东干部学院举行，会议的主题是"贯彻落实国家民办教育新法新政，推进非营利性和营利性民办学校分类管理，促进民办教育健康发展"。会议由市教卫工作党委书记虞丽娟主持，副市长翁铁慧，教育部发展规划司司长刘昌亚，市教卫工作党委副书记、市教委主任苏明分别讲话。教育部发展规划司司长刘昌亚和上海市人民政府副秘书长宗明共同为"民办教育协同发展服务中心"揭牌。浦东新区、上海杉达学院、协和教育中心、昂立教育集团在会上作交流发言。会上表彰了多年来为上海民办教育事业发展作出突出贡献者，推出了上海落实国家民办教育新法新政的系列文件《上海市人民政府关于促进民办教育健康发展的实施意见》和《上海市民办学校分类许可登记管理办法》。参加会议的还有有关部门及民办学校负责人等近300人。 (季秋瑜)

终身教育

【2017年概况】 加强终身教育内涵建设。印发《上海市教育委员会关于推进本市街镇社区学校内涵建设的通知》，制定《街镇社区学校内涵建设标准》。组织开展“2017年上海市街镇社区学校内涵建设合格验收”工作，完成第一批社区教育机构内涵建设评估，为进一步提升城区社区学校内涵水平奠定了基础。继续推进社区教育精品微课建设，全市共建设17个系列、132个有关生活中的法律、西餐礼仪、玩转移动学习、走进石库门和乐学书画等社区教育微课。修订《上海市老年学习团队星级团队建设标准》，全市共培育五星学习团队100多个，新增学习团队2000多个。开展本市社区学习团队成果展示活动，千余支学习团队在线展示风采。开展上海市老年教育信息化管理平台的立项及试点工作，在黄浦区、静安区、普陀区、闵行区、宝山区和复旦老年大学推进试点，采集课程信息6972门，注册学员64419人(实名认证48110人)。

加快学习型社会建设。深化市民终身学习体验基地建设，出台《关于进一步推进上海市民终身学习体验基地建设的指导意见》，正式发布《上海市民终身学习体验基地评估指标(2017版)》《上海市民终身学习体验基地(区级)建设指导标准》。年内，上海8大体验基地共设体验站点124个，体验项目414项，专题体验2000多项，参与体验式学习的市民达到150万人次。举办以“学习浸润人生，智慧温暖申城”为主题的第十三届全民终身学习活动周，首次启动高校承办开幕式，将终身学习理念向校园、企事业单位辐射。开展以“心系大地，拥抱生活”为主题的第三届上海市民诗歌节、第九届头脑奥林匹克创新学习活动等。

推进终身学习立交桥建设。制定上海市终身教育学分银行管理办法，完善个人终身学习档案库，年内新增学分银行开户人数20万人。促进资格框架建设，建立资格框架的层级结构与相应通用能力标准，在物流、汽车行业开展试点。制订《关于推进本市普通高校继续教育转型发展的指导意见》，促进高校继续教育向满足学习者多样化终身学习需求的“社会需求服务型”转型。

规范民办教育培训市场健康发展。由市教委、市工商局等共同牵头，市人社、民政、法制、新闻等相关部门组成市专项工作组规范教育培训机构和市场秩序。市教委会同市工商、民政、人社等部门，对全市民办教育培训机构进行排摸调研，集中依法查处无照经营机构，特别是针对义务教育阶段及以下学生开展学科类及学科延伸类培训的机构。会同市有关部门制订民办培训机构的规范性政策文件《上海市民办培训机构设置标准》《上海市非营利性民办培训机构管理办法》《上海市营利性民办培训机构管理办法》，由市政府办公厅转发实施。完成开发上海市民办非学历教育培训管理服务平台系统，启动网上受理、办公。推进《上海市民办培训机构设置标准》贯彻落实的培训、指导、标准的文本制订等工作。 (韩保磊)

【百万在岗人员学力提升计划】 年内，市教委、市总工会联合推动“上海百万在岗人员学力提升行动计划”。依托上海开放大学“1所总校+40所分校”的办学系统，推进学历继续教育的专业教学改革。根据上海城市发展需求和在岗人员从业需要，建设对口新专业，完成机械电子工程(工业机器人)、老年服务与管理、空中乘务、护理(老年护理)、城市公共安全管理(网络空间治理)等10个新专业的申报审批。上海开放大学与14所中职院校开展合作，推进高等学历继续教育与中职院校的专业衔接。

继续深入开展“直通车式双证融通”试点，完成15张职业资格证书对应的73门课程的全部课程开发工作。针对进城务工人员等在岗人员的需求，组织开展类型多样、内容丰富的非学历培训，累计培训进城务工人员等在岗人员达9.2万人次。新建30余门学历教育和非学历教育的学习资源，通过线上渠道，向进城务工人员等在岗人员群体推送各类学习资源和学习资讯。通过电信IPTV和APP平台（播播TV）推送视频课程资源，共推送475集视频课程，IPTV上视频点播量约90万人次，播播TV的视频访问流量约45万人次。通过手机短信和微信渠道，推送学习知识点和学习资讯，累计发送短信950多万条，微信推送200多万条。（姚　岚）

【开展中华优秀传统文化进社区宣传教育活动】 充分发挥社区教育三级网络优势，以“传承文化基因，共筑美好生活”为主题，开展“中华优秀传统文化进社区”社区教育普及行动。截至年底，16个区共开展活动项目1896个，组织活动18207次，参与活动人数超过230万人次。在此过程中，推动中华优秀传统文化进社区教育课程，对全市社区院校中与传统文化相关的课程进行梳理，建设完成第一期12个系列16门传统文化课程。上述课程汇编为15盒（共50张）优秀传统文化系列资源光盘，配送至全市各社区学院（校）。以嘉定区江桥镇太平村为试点开展进城务工人员优秀传统文化培训，同时，扩大服务范围，将优秀传统文化系列资源送进残疾人、监狱服刑人员等人群中。利用主流网站及移动网络加强活动宣传，通过上海学习网传播优秀传统文化资源，开通“中华优秀传统文化进社区”活动微信、微博服务平台，开发《中国传统文化市民读本》APP等，扩大受众的覆盖面。（姚　岚）

【推进老年教育学习场所倍增计划】 市教委针对“老年教育三类学习点”建设提出“三个提升”的工作要求，根据各类学习点的功能，明确提出建设重点。市教委委托市老年教育小组办公室牵头推进老年教育场所倍增计划。建立了“项目申报制度”“中期自检制度”“年终专家认定制度”“调研、抽检制度”以及“市、区、街镇分级支持激励机制”等，推动计划扎实落地。多次召开各区及相关单位联络员会议，围绕解读建设标准，统一认识。各区根据学习点建设任务分解表，制定相应的实施方案。年内，共创建市居村委示范学习点172个，市老年人社会学习点98个，市养教结合学习点62个（含各类老年人日托学习点）、市养教结合标准化学习点28个。（姚　岚）

【规范教育培训市场秩序】 年内，由市教委、市工商局、市人力资源社会保障局和市民政局共同牵头，会同法制、新闻等相关部门组成市专项工作组，规范教育培训机构和市场秩序。3月起，市教委与市工商会同民政、人社等部门，充分依托社区网格化治理体系，利用信息化平台及时记录和完善信息，基本摸清了全市各类培训机构的底数。全市共采集6928家教育培训机构的数据，其中有照有证的2255家，占机构总数的32.5%；无照经营的1398家，占机构总数的20.2%；有照无教育培训资质的3275家，占机构总数的47.3%。5月起，在第一阶段排摸调研的基础上，对各类教育培训机构进行梳理和分类，根据不同类别，依法开展规范和整治工作。8月底，为了固化专项工作的有效做法，建立培训市场的长效管理机制，市教委会同工商、人社、民政等部门拟订《上海市民办培训机构设置标准》《上海市非营利性民办培训机构管理办法》《上海市营利性民办培训机构管理办法》，于12月底由市政府办公厅转发，并于2018年1月1日起开始实施。（洪宇华）

语言文字工作

【推广国家通用语言文字工作】 1.开展语言文字水平测试。全年共组织测试351场,测试总人数为154646人。其中,高校、中职校免费测试133601人。社会各行业共有21045人自愿参加测试。组织来自华东师范大学等19所高校、16个区的10104名师生开展了汉字应用水平测试。2.开展社会语言文字应用监督监测。①委托《咬文嚼字》杂志社建立语言文字监测专家队伍,对上海市的新闻出版、广播影视、网络媒体、公共场所等领域的语言文字使用实行动态监测,形成相关监测报告。②继续组织高中学生开展公共场所用字检查"啄木鸟"社会实践活动。对公共场所的用字情况进行了检查记录,并将用字不规范情况的图文记录输入"上海市公共场所语言文字使用网络监测系统",进入监测整改环节。③实施上海普通话普及提高工程。上海已完成全市区域居民普通话普及情况的调查,结果显示,上海的普通话普及率已达到国家对东部地区85%以上的要求,处于高位普及的状态。④组织开展第二十届全国推普宣传周活动。以推普周活动开展20周年为契机,在崇明区文化馆风瀛洲剧场举行了上海市第二十届全国推广普通话宣传周主题宣传教育活动。此外,指导全市各单位组织开展丰富多彩的推普活动。（姜冠成）

【实施中华经典诵读工程】 1.开展对中华经典诵读的科学研究。组织专家赴浦南幼儿园、岳阳小学、建平实验中学、松江一中、洋泾中学东校、上海商学院等学校,实地调研开展中华经典诵读教育的情况,通过听取汇报、问卷调查、现场座谈、观摩课堂教学等形式,详细梳理了上海在师资培训、课程建设、社团活动开展等方面的具体做法。2.开展中华经典诵读宣传教育活动。①开展2017陈伯吹国际儿童文学经典作品诵读展示活动。各区语委办、图书馆共选送经典诵读作品226个。经市级复评,推选出12个优秀节目参加上海书展期间在中央大厅隆重举办的陈伯吹国际儿童文学经典作品诵读展演活动。②会同有关单位举办上海市民诵读节。6月30日,在上海城市剧院举办"回到本来　走向未来——木铎金声话育人"2017年上海市民诵读节展演活动。3.促进中华优秀文化的交流传播。①指导复旦大学等单位举办"隽永诗文,友谊之歌"——上海市2017年留学生中国诗文诵读大会。活动组委会共收到19所高校报送的190个诵读节目,从中评选出18个个人和集体诵读节目参加决赛展演活动。②开展《中国诗词大会》(第三季)上海地区选手面试选拔活动。文莱中学钱子昂等8名学生通过面试选拔,参加中央电视台的节目录制。（姜冠成）

【推进书香校园建设】 市教委、市语委办开展"书香校园"建设,助推教育综合改革,营造社会读书风尚。指导各区加强"书香校园"培育建设。委托上海市教师学研究会对各区遴选的49位阅读指导骨干教师开展48课时的阅读指导培训,提升教师人文素养和阅读指导能力。开展"书香校园"优秀案例征集和荐书活动,征集并评选出"书香校园"优秀阅读案例20个、优秀荐读文章12篇、学生荐读书目626份、教师荐读书目565份。根据各区推选情况,依据《上海市"书香校园"验收标准(试行)》,由上海市教师学研究会组织相关领域的资深专家,开展"书香校园"建设验收。年内共有29所"书香校园"建设学校通过了专家组的评估验收。通过文教结合项目的实施,搭建阅读活动平台。开展"阅读小达人"网络互动阅读活动,激发学生阅读兴趣,活动参与人数超过10万人。以"悦读阅美·书香伴成长"为主题,在2017年上海教育博览会上举办中小学生阅读推广活动展示,近10万人次观展。（马晓华）

国际交流和港澳台交流

【2017年概况】 2017年，市教委共接待来自美国、英国、德国、法国等29个国家和地区的52批来访团组(合计299人次)。与美国犹他州经济发展办公室和澳大利亚新南威尔士州TAFE委员会新签署两份教育合作备忘录。

1. 服务国家外交战略，推进中外人文交流。①实施中美人文交流高层磋商重要成果之"中美千校携手项目"，完成项目学校执行情况及成果验收工作。②实施新一轮中英高级别人文交流项目之"中英数学教师互派交流项目"，年内中英双方互派教师140余名。③推动中欧高级别人文交流对话，承办中欧高级别人文交流对话机制第四次会议。④推进中德人文交流，组织上海市项目学校参加教育部召开的中德"学校—塑造未来伙伴"项目实施经验总结年度会议。

2. 响应国家"一带一路"倡议，参与上海市服务国家"一带一路"建设工作。整合上海教育合作交流优势，积极发挥在"人文合作交流"与"智库建设"中的"桥头堡"作用。稳步推进上海政法学院"中国—上海合作组织国际司法交流合作培训基地"建设、上海外国语大学"中阿改革发展研究中心"建设、上海外国语大学"上海全球治理与区域国别研究院"建设等重点项目工作。

3. 加强友好城市合作交流，促进民心相通，助力城市外交。举办第九届上海国际友好城市青少年夏令营，共有来自16个国家的18个上海国际友好城市的108名国外师生参加活动。继续实施上海与新西兰达尼丁市(共选派6所大学的12名大学生前往达尼丁市进行短期交流)、上海与德国汉堡市(双方互派15名学生开展为期3周的交流)学生交流互访。

4. 优化城市教育国际交流环境，推动国际组织落户上海。积极推进联合国教科文组织"二类机构"——教师教育中心(上海)的筹建工作，顺利完成联合国教科文组织专家组对教师教育中心的实地可行性考察，与教育部、中国联合国教科文组织全委会密切配合，完成该项目在联合国教科文组织第三十九届全体大会上的最终审议。会商教育部、外交部、文化部等相关部门，继续推进联合国教科文组织国际戏剧协会落户上海工作。支持上海海事大学向联合国国际海事组织申请主办亚洲海事技术合作中心，并已注册设立。

5. 搭建交流平台，提升学生国际理解能力。与市外办继续联合举办第六届"上海中小学生走进外国驻沪总领事馆"系列活动。组织约200名中小学生参观荷兰、挪威、印尼等10个国家驻沪总领事馆，为学生提供了解不同国家的教育、文化与风土人情的机会。与上海市政府外事办公室、上海精神文明办公室、上海市旅游局联合指导"做一个可爱的旅行家——2017年上海市中学生海外文明安全行公益广告大赛"，引导中学生关注境外安全文明知识，提升中学生跨文化交流能力和文化综合素养。应俄罗斯莫斯科市市长邀请，首次由上海中学、华东师范大学第二附属中学、上海外国语大学附属中学等3所学校8名高中学生及4名教师组成的代表团，于9月3日至10日赴莫斯科参加"第二届莫斯科国际大都市奥林匹克竞赛"及面向教育部门领导的主题为"作为城市社会融合工具的学校教育"的圆桌会议。上海市代表团在比赛中取得团体一等奖、团体"闪电赛"一等奖，以及单科3枚金牌5枚银牌(数学1枚金牌1枚银牌、物理2枚银牌、化学2枚金牌、信息2枚银牌)的好成绩。在上海市中小学开展非通用语种教育。2017年学年度在浦东、徐汇、静安等7个区15所中小学17个教学班开设包括意大利语、葡萄牙语、土耳其语等九种非通用语种教学班，近400名中小学生在读。

（芦琍琍）

【与港澳台地区的交流】 1.市属高校及市教委系统因公赴港澳台地区的教育交流接待工作。年内，市属高校赴台团组共73批，455人次，其中参加学术会议16批，61人次；学术交流、访问27批，92人次；学生交流30批，302人次。市教委及直属单位组（参）团赴台7批次77人次。共接待港澳台地区11个团组301名师生到沪参访培训。2.在高校及各类中小学幼就读的港澳台地区学生及华侨学生数统计。上海市高校有在校全日制港澳台地区及华侨学生2311人（香港特区738人、澳门特区283人、台湾地区1270人、华侨20人）；中小学幼港澳台地区学生及华侨学生7727人（香港特区4429人、澳门特区124人，台湾地区3174人）。上海台商子女学校学生人数逐年增加，达1322人（从幼儿园到高中）。3.完成高校港澳台地区学生及华侨学生奖学金评选。年内，教育部认定上海视觉艺术学院为新增奖学金学校。2017年，教育部向全市各高校直接下达高校港澳台地区学生及华侨学生各类奖学金共657个名额，全市各高校组织评审，向教育部上报奖学金候选学生名单。经教育部最终审核，由中国教育发展基金会直接拨付给有关高校至获奖学生。4.弘扬中华传统文化，促进港澳地区与内地之间的教育交流。①开展纪念香港回归20周年活动，于5月29日举行“紫荆国风——上海高校港澳学生中华文化知识大赛”。活动由复旦大学主办，上海市教育委员会、上海市人民政府港澳事务办公室、香港特别行政区政府驻上海经济贸易办事处联合支持。上海15所高校的港澳学生参加大赛。②推动沪港澳中小学姊妹学校平台建设。推动上海与港澳中小学姊妹学校结对。同时委托杨浦区教育局继续开展市教委配套项目“沪港小学生中华文化夏令营活动”，让小学生深入上海的学校和社区，体验博大精深的中华文化和海纳百川的城市文化，促进沪港两地学生、教师和校际间的合作交流。为市港澳办“香港回归20周年图片展”提供相关材料和图片。③开展“上海高校金融专业大学生赴港交流及考察项目”。共有7所高校的32名学生赴香港财库局、香港金管局、香港证监会、香港保监处等机构访问，赴香港交易及结算所有限公司、汇丰银行等机构工作体验，推进沪港两地青年学生交流交往。④做好香港特区学生到沪实习的工作。应香港民政局委托，安排9名香港特区学生赴上海博物馆、上海当代艺术馆和上海交响乐团见习1个月。5.讲政治促民心，做好与台湾地区的文化交流。①双城论坛之上海—台北学生街舞交流项目顺利举行。2017年上海—台北双城论坛于7月1日至7月3日在上海举行。其中“上海—台北学生街舞交流”项目作为论坛的配套项目由上海市教育委员会承办。该项目由华东师范大学第二附属中学、上海建平中学、上海南洋模范中学、北一女中和景美女中等校近30名中学生参加，参与的学生都获得由上海、台北两市市长共同签名的活动参与证书。②支持协助市台办开展“We爱・两岸青年短片”大赛活动。该活动为国台办2017年度对台交流重点项目，活动持续整个2017年度。作为联合主办单位之一，广泛发动各高校教师和学生参与“微电影”活动。组织优胜作品在高校的巡展。③完成上海学生赴台湾地区就读行前辅导工作。④举行上海高校“2017百名台生看上海”活动，100余名在沪高校就读的台湾地区学生参加为期两天的活动。⑤做好上海台商子女学校日常管理工作。每年两次会同市教委基教处、市台办对学校教材进行审核；会同上海市闵行区教育局做好校车管理等。

（花懿隽）

【外国留学生教育与国际汉语推广】 年内，共有来自185个国家和地区的60771名外国留学生在上海招收外国留学生的42所高校（科研机构）就读，总数与上年基本持平。学习期限超过6个月的长期生44447名，占总数的73%。其中学历生21347名，占总数的35%，比上年增加3%。学历生中本科生12108人、硕士生6278人、博士生2042人，分别比上年增长4.4%、20%和25.6%。留学生结构进一步优化，特别是研究生层次结构调整初见成效。全市留学生规模超过1000人的高校15所。其中前7所高校留学生规模均超4000人，依次为复旦大学(6856人)、上海交通大学(6802人)、华东师范大学(6224人)、东华大学(4788人)、上海外国语大学(4644人)、同济大学(4601人)、上海大学(4361人)。来华留学生最多的前5个国家依次为韩国(10665人)、美国(5314人)、日本(4228人)、法国(3611人)、德国(2816人)。学历留学生最多的前10所学校依次为上海交通大学(3391人)、复旦大学(2803人)、同济大学(2212人)、华东师范大学(1553人)、上海中医药大学(1364人)、上海外国语大学(1245人)、上海财经大学(1144人)、上海大学(1130人)、东华大学(1111人)、上海纽约大学(695人)。留学生选读最多的5门学科依次为文学(34906人)、管理学(6965人)、经济学(5279人)、工学(4446人)、医学(3935人)。①加强对外国留学生汉语和中国国情教育。重视对留学生进行中国文化、中国历史和国情教育。②2017年在上海42所高校(科研机构)外国留学生共计6万余名,其中来自“一带一路”相关国家的留学生占来沪留学生总数的50%以上。“一带一路”国家留学人数持续增加。4月,市教委在“一带一路”沿线国家塞尔维亚、波兰举办第九届“中国上海教育展”,整体推介上海教育,为上海高校与“一带一路”国家搭建教育合作交流平台。实施留学上海“一带一路”教育项目,资助“一带一路”国家(地区)政治精英、行业学科领军人物和创新人才来上海高校学习进修,接受专业和职业技术培训。2017年培训内容包括高级航运、能源电力、国家城市发展、青年外交人才、产能国际合作、能源化工、教育行政人员、中国现代农业以及高端中医药人才等领域,所涉高校增至9所,来自“一带一路”40个沿线国家的200余人参加该项目。组织实施2017上海暑期学校项目,以不同的中国特色文化课程、不同的语言和文化背景为项目主题,邀请优秀外国留学生来上海进行为期一个月的汉语学习和文化体验活动。共有17所高校24个项目600多名外国留学生参与该活动。其中“上合组织”项目,以及由上海外国语大学举办的“一带一路”项目招收了来自东亚、东南亚、中亚、非洲、欧洲等国家的学生,促进与“一带一路”沿线国家的人文交流。③规范来华留学招生与管理。贯彻《学校招收和培养国际学生管理办法》规范与促进留学生教育健康可持续发展。④加强课程建设与师资培养,提高留学生教育培养质量。发布《上海高校外国留学生英语授课示范性课程建设发展报告(2016)》。签订2017年国家留学基金委项目地方合作协议,开展留学生教育师资培训,年内再次派出37名留学生授课教师赴加拿大阿尔伯塔大学和澳大利亚昆士兰大学研修。⑤落实“科创30条”和公安部支持上海科创中心建设有关精神,全面启动外国留学生毕业后直接留沪就业工作。鼓励在沪获大学本科以上学历的外国留学生在“双自”区域内创业。配合市公安局研究出台《关于推进落实进一步支持上海科创中心建设出入境措施的实施办法》,其中包括外籍人才学历学位的认定、境外高校外国学生来上海进行实习活动、外籍中小学生申办学习签证和居留许可等,共同推进落实“新十条”政策的落地。协同境外人员工作领导小组做好出入境管理法执法监督工作和数据共享平台建设工作,提高平台信息质量,提升数据合格率。

国际汉语推广工作。市教委配合国家人文交流和“一带一路”倡议,发挥上海孔子学院工作联盟(以下简称“工作联盟”)作用,推进孔子学院内涵建设,扩大办学成果,实现孔子学院的新跨越。截至年底,上海已有12所高校和10所中小学在29个国家举办孔子学院46所、孔子课堂73个,遍布世界五大洲。其中,2017年新增华东师范大学与马来西亚马六甲培风中学合作的独立孔子课堂。各孔子学院在册学员总数约8.5万人;中方合作高校接待人数约2.5万人。工作联盟为孔子学院战略定位、管理机制、课程研发、教师和志愿者选拔以及培训平台建设等提供服务。工作联盟召开第一次座谈会,成功申报“2017年上海高校智库内涵建设计划”项目,“孔子学院与构建融通中外的话语体系”课题入选智库培育项目,编印首本宣传画册。(葛静怡)

【中外合作办学】 年内,市教育评估院共受理14个项目的申请,其中2个项目获教育部批准。全市共有中外合作办学机构和项目188个,其中机构29个、项目159个。开展学历教育的机构和项目166个,其中研究生31个、本科70个、专科43个、中职(高中)22个。非学历教育机构和项目22个(含学前教育2个)。

依托重点项目,推进高水平中外合作办学。推进强强合作，支持有条件的高校与国外高水平大学开展中外合作办学，促进“国内一流”向“国际一流”水平靠近。①促进前期举办项目的良性运转，确保合作办学迈入正轨。上海纽约大学已有一届毕业生，三批学生开始进入纽约大学全球校园网络交流学习。上海纽约大学一期建设成效评估达到预期效果。②支持同济大学与芬兰阿尔托大学合作设立“上海国际设计创新学院”项目。围绕城市转型发展及产业结构调整的内在要求，引进国际设计学科先进办学资源，培养具有国际水平的创新设计人才。③支持依托同济大学与世界知识产权组织合作设立“上海国际知识产权学院”项目，统筹上海知识产权现有资源，全球吸纳优秀生源和卓越师资，建设世界一流的知识产权培养和科学研究平台。④上海大学与加拿大温哥华电影学院合作设立上海温哥华电影学院(专修)，迄今完成四届招生，各项教学工作稳步开展。

做好评估与示范工作，加强中外合作办学质量保障。开展“第二届上海市示范性中外合作办学机构(项目)”评选工作。经各单位申报、专家考评、网上公示，分别授予上海交通大学中欧国际工商学院等7个机构(项目)“第二届上海市示范性中外合作办学机构”和“第二届上海市示范性中外合作办学项目”称号，同时对6个机构(项目)予以表扬。授予“上海市示范性中外合作办学机构(项目)”铜牌，给予有效期内免于评估，优先发展试点等政策支持。运用典型示范，引领上海中外合作办学质量建设向深度和广度推进。

加强政策研究与制定，服务上海自贸区建设。根据国务院批复《中国(上海)自由贸易实验区总体方案》中关于“允许设立中外合作经营性培训机构”的要求，市教委积极推进教育领域对外开放，制定相关政策规范与工作流程。至2017年底已有两个项目落地。(栾雪莲)

【中欧高级别人文交流对话机制第四次会议】 中欧高级别人文交流对话机制第四次会议于11月14日至15日在上海举行。国务院副总理刘延东与欧盟委员会教育、文化、青年和体育委员蒂博尔·瑙夫劳契奇作为双方机制主席出席全体会议及相关配套活动。上海市委副书记、市长应勇出席全体会议并致欢迎辞。中欧双方通过专题研讨会、主旨演讲、观摩等形式在教育、文化、青年、媒体、体育、妇女等多个领域展开交流活动，近850人参与了活动。11月13日晚，副总理刘延东会见出席会议的中欧双方各领域主要代表。上海市委书记李强、副市长翁铁慧出席活动。①由文化部主办、上海市文化广播影视管理局承办的“东亚文化之都”与“欧洲文化之都”论坛开幕式及相关研讨活动于11月14日举行。该活动为本次会议的主体配套活动之一，来自中欧的50多位市长、专家、学者参加论坛，日本和韩国也派观察员参加。论坛旨在讨论文化在促进城市经济繁荣和社会和谐发展中的独特作用，以期促进双方在表演艺术、视觉艺术、文化遗产保护、创意设计、人才培训等领域开展合作。文化部副部长杨志今主持开幕式，上海市副市长翁铁慧出席开幕式。②中欧青年思想者论坛由全国青联和欧洲青年论坛联合主办，共青团上海市委承办。本次论坛的主题是“文化外交与青年角色”，中国、德国、法国、匈牙利等16个国家的青年学者、青年组织代表围绕中欧间的共性与差异、作用与发展等议题进行了交流。论坛活动开始前，副总理刘延东与欧盟教育、文化、青年和体育委员蒂博尔·瑙夫劳契奇会见了青年代表并合影留念，副市长彭沉雷参加活动。③第二届中欧性别平等专题研讨会由全国妇联和欧洲妇女院外集团联合主办，由上海市妇联承办。国务院副总理、国务院妇女儿童工作委员会主任刘延东和欧盟教育、文化、青年和体育委员瑙夫劳契奇出席并致辞。全国妇联副主席、书记处书记夏杰主持研讨会并做主旨发言，副市长彭沉雷出席活动。中欧双方专家学者，青年学生以及女企业家代表等150余人与会。代表们围绕“助力青年女性就业创业”的主题，就青年女性就业创业的政策措施、平衡工作与家庭等议题开展研讨。④纪录片《丝路新纽带:中欧班列》发布会。发布会由国家广播电影电视总局主办，上海市文化广播影视管理局承办。该片由中国国际电视台法语频道与瑞士法语国家电视台共同策划制作，展现了中欧班列从中国义乌始发，从东向西跨越欧亚大陆的全景式画卷。⑤中欧体育研讨会。由国家体育总局主办、上海市体育局承办的“中欧体育研讨会”于11月15日在上海东方绿洲体育训练基地举行，国家体育总局副局长杨树安与欧盟委员会教育、文化、青年和体育委员瑙夫劳契奇出席会议。双方就中欧间推动竞技体育、大型国际赛事、群众体育、全民健身等方面的合作进行广泛交流。⑥11月15日,欧盟委员会教育、文化、青年和体育委员瑙夫劳契奇访问复旦大学,并向中外师生近200人发表题为"教育的社会角色"的主旨演讲。 (凤 智)

【外籍人员子女学校】 年内,全市36所外籍人员子女学校在校生30404人(幼儿园4890人、小学10591人、初中7954人、高中6969人),学生数与上年基本持平。12所学校办学规模千人以上,其中上海美国学校、上海日本人学校、上海中学国际部等3所学校在校生有3000人左右。①加强学校管理,规范办学行为。各校严格执行《上海市教育委员会关于进一步加强本市外籍人员子女学校管理工作的通知》精神,在管理机制、教师和学生管理、课程和教学管理、财务与资产管理、日常管理、涉外民办非企业单位(法人)登记、年度注册备案及办学认证工作等方面规范自身办学行为。会同市公安局交警总队、相关区交警支队对部分外籍人员子女学校校车安全运行情况进行抽查,保障乘坐校车学生的安全。市教委对部分外籍人员子女学校校园安全、安保、技防等重要设施管理进行飞行检查和不定期抽查。②加强政策调研,规划未来发展。落实市委、市政府关于主动对接支撑"科创中心"建设要求,委托市教科院制定并向社会公布《上海市外籍人员子女学校蓝皮书》,内容涉及外籍人员子女在沪就学需求、途径、政策等各类信息,对于引导和服务在沪和来沪外籍人员子女就学,科学谋划和合理发展外籍人员子女教育具有重要的意义。委托市教育评估院研究制订《上海外籍人员子女学校管理办法》。③传播中国传统文化,丰富学生课余生活。举办中国文化进校园系列活动,让更多国际友人亲身体验中国博大精深的传统文化。秉承"民族的即世界的"理念,举办"中国故事 精彩演绎戏剧展演"主题系列活动,展示中国传统文化,丰富外籍人员子女学校学生的课余文化生活,增进中国与世界各国人民之间的友谊。④分享资源,开展项目研修。启动"上海市中学校长、教师赴外籍人员子女学校伙伴研修"项目,遴选出本地学校参加项目,每校一名校长、两名教师到上海长宁国际学校、上海德威英国国际学校、上海美国学校等开展交流。项目连续开展8周,每周三天,在小学、初中和高中三个学段随班听课、交流学习,取得良好效果。

(栾雪莲)

专题报告

2017年上海市高校毕业生就业质量年度报告*

一、上海高校应届毕业生就业状况

2017年上海高校毕业生总人数为174206人,截至2017年9月1日,上海高校毕业生就业率为96.88%,就业率比上年同期上升0.37个百分点,实际就业人数持续增加。

* 《2017年上海市高校毕业生就业质量年度报告》的数据来源于上海市高校毕业生就业信息库(若无特别说明,数据统计的截止时间为2017年9月1日)、上海市教育科学研究院高等教育研究所调查报告《上海高校毕业生就业质量社会评价》,及各高校就业负责部门上报的毕业生就业工作总结和调查报告。本报告所采用的"毕业生人数""就业人数""就业率"等是根据教育部《关于高校毕业生初次就业率的统计方法和内容说明》定义的。

（一）上海高校毕业生生源情况

1. 毕业生性别分布

2017 年上海高校毕业生男女性别比例为 46∶54。其分学历就业率情况如图 1 所示，女性毕业生总体就业率比男性高 0.11 个百分点，男生就业率与女生就业率的差距与 2016 年相比有所缩小。其中，除研究生学历层次外，其他学历层次的女性毕业生就业率均高于男性。

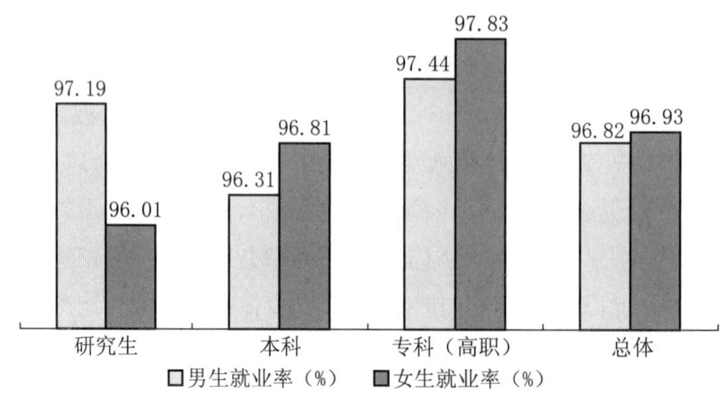

图 1　不同性别毕业生的就业率

2. 毕业生学历层次分布

2017 年上海高校毕业生中，本科毕业生占 50.00%，研究生和专科（高职）毕业生分别占 22.41%和 27.59%。就业率方面，研究生就业率 96.59%，本科生就业率 96.58%，专科（高职）毕业生就业率 97.65%，各学历层次就业率相当（见图 2）。

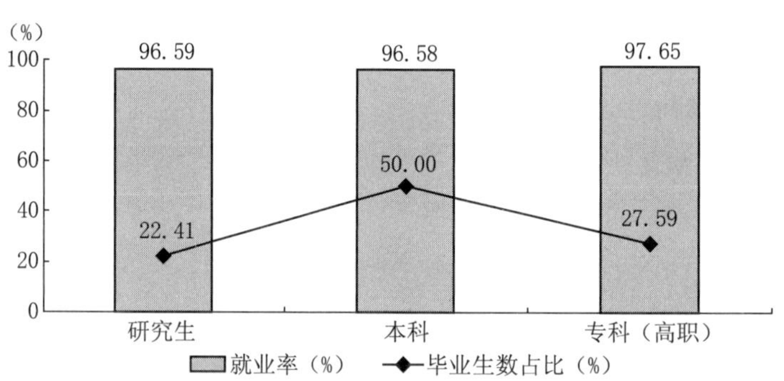

图 2　2017 年上海高校毕业生总体就业率情况

3. 毕业生各学科门类（专业大类）分布

分学科门类统计，2017 年上海高校毕业生的学科门类结构总体稳定，占比大于 10%的，研究生为工学和管理学，本科生为工学、管理学和文学。本科和研究生层次各学科门类毕业生就业率均在 90%以上，部分学科门类的本科生就业率高于研究生（见图 3）。

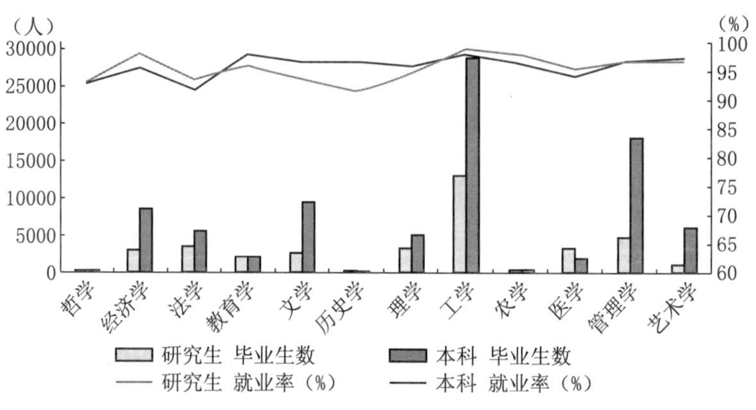

图 3　研究生和本科层次各学科门类毕业生人数及就业率

2017 年专科(高职)毕业生主要涉及 18 个专业大类,其中财经、医药卫生、艺术设计传媒、制造、交通运输等五个大类的毕业生人数占比都在 10%以上,资源开发与测绘大类、材料与能源大类、公安大类等毕业生就业率达 100%(见表 1)。

表 1　各专科(高职)专业大类毕业生的就业率

专业大类	毕业生数(人)	就业率(%)	专业大类	毕业生数(人)	就业率(%)
农林牧渔	752	98.67	轻纺食品	1345	99.33
交通运输	4854	95.06	财　经	8950	97.96
生化与药品	491	98.78	医药卫生	7013	95.94
资源开发与测绘	200	100.00	旅　游	2299	98.43
材料与能源	60	100.00	公共事业	739	98.65
土　建	2762	97.65	文化教育	3451	98.78
制　造	5092	98.47	艺术设计传媒	5987	97.95
电子信息	2900	98.90	公　安	750	100.00
环保、气象与安全	266	98.87	法　律	218	96.33

4. 毕业生生源地分布

2017 年非上海生源毕业生约占总毕业生数的 66.7%。在非上海生源毕业生中,本科生源中占比相对最大。上海生源毕业生就业率与非上海生源毕业生就业率相当,上海生源毕业生就业率略高 0.84 个百分点(见表 2)。

表 2　上海高校毕业生生源结构和就业率

学　历	上海生源		非上海生源	
	毕业生数(万人)	就业率(%)	毕业生数(万人)	就业率(%)
研究生	0.40	96.79	3.40	96.56
本　科	2.90	97.22	5.90	96.27
专科(高职)	2.50	97.80	2.30	97.49
总　计	5.80	97.44	11.60	96.60

(二) 上海高校毕业生就业方式

1. 不同学历层次毕业生就业方式分布

根据教育部对高校毕业生就业率统计办法的有关规定,2017 年上海高校毕业生就业方式分布情况如表 3 所示。其中"报到就业"的达到近 2/3,"升学""出国""灵活就业"合计达到近 1/4。而从不同学历层次来看,专科(高职)层次毕业生选择"报到就业"和"单位接收就业"的比例最高,也较为符合专科(高职)高校的培养定位;本科层次毕业生除"报到就业"外,选择"升学"和"出国"的比例相对较高;而研究生层次毕业生除"报到就业"外,"定向委培"的比例相对略高。

表 3　上海高校毕业生就业方式分布情况统计表

已就业毕业生情况	研究生数(人)	占比(%)	本科生数(人)	占比(%)	专科(高职)生数(人)	占比(%)	合计(人)	占比(%)
报到就业	27814	74.34	46315	54.90	37509	79.81	111638	66.15
签订劳动合同,单位接收就业	1392	3.72	6821	8.09	5813	12.37	14026	8.31
定向委培	3960	10.58	459	0.54	2	0.00	4421	2.62
灵活就业	1465	3.92	8256	9.79	1169	2.49	10890	6.45
升　学	1868	4.99	12012	14.24	2076	4.42	15956	9.45
出国、出境	887	2.37	10245	12.14	418	0.89	11550	6.84
国家、地方项目	29	0.08	250	0.30	12	0.03	291	0.17

2. 不同学科门类(专业大类)毕业生就业方式分布

2017 年不同学科毕业生的就业方式的主要分布情况与 2016 年基本一致。

研究生学历层次:经济学、工学、法学、农学和文学学科门类中,毕业生选择“就业”(含“报到就业”和“签订劳动合同,单位接收就业”,下同)的比例较高(76%以上);哲学、历史学、理学、医学等学科门类毕业生,选择“升学”的占比相对较多(10%以上);管理学毕业生“定向委培”的占该学科门类总体就业去向的 38.43%,比 2016 年下降 3.57%。

本科学历层次:选择“升学”的毕业生比例在三个学历层次中相对最高,并且,与 2016 年相比,选择“升学”和“出国”的本科生比例明显上升。选择“就业”的毕业生在本学科中比例较高(75%以上)的学科门类为教育学,2016 年“榜上有名”的管理学和艺术学本科生选择“就业”的较上年有所下降,主要分流到“升学”和“出国、出境”。而在所有学科门类中,哲学学科毕业生选择“升学”的比例最高(37.66%),其次是理学、医学、历史学和农学学科毕业生(20%以上)。

专科(高职)学历层次:绝大多数学生毕业后选择“就业”。其中,材料与能源大类毕业生选择“升学”的比例相对较高(25%)。

(三) 上海高校毕业生就业基本情况

1. 上海高校毕业生就业率与直接用工率

2017 年,上海高校毕业生总人数为 174206 人,就业人数为 168772 人,其中直接用工人数(包括:“报到就业”“签订劳动合同,单位接收就业”和“定向委培”三类)为 130085 人,直接用工率为 74.67%。

2. 上海高校毕业生就业行业去向

根据《国民经济行业分类 GB/T4754-2011》,表 4 呈现了 2017 年上海高校毕业生在沪报到就业的行业流向分布情况。与 2016 年相比,上海高校毕业生行业流向的排位无明显变化。位列前 4 的行业中,“居民服务、修理和其他服务业”的占比较 2016 年略有上升,“制造业”“信息传输、软件和信息技术服务业”和“金融业”的占比较 2016 年略有下降。其中,赴国际组织实习任职毕业生 12 人,占比 0.01%。

表 4 在沪报到就业毕业生的行业流向

行业门类	研究生数(人)	本科生数(人)	专科(高职)生数(人)	总计(人)	比例(%)
制造业	3785	5433	4871	14089	16.67
信息传输、软件和信息技术服务业	2161	4516	2315	8992	10.64
居民服务、修理和其他服务业	1391	3649	3933	8973	10.62
金融业	3473	3665	570	7708	9.12
教 育	2170	3158	1028	6356	7.52
卫生和社会工作	1501	766	3018	5285	6.25
交通运输、仓储和邮政业	825	2178	2253	5256	6.22
批发和零售业	962	1980	1826	4768	5.64
租赁和商务服务业	758	2074	1402	4234	5.01
建筑业	652	1383	1653	3688	4.36
公共管理、社会保障和社会组织	564	1419	1504	3487	4.13
文化、体育和娱乐业	378	1583	1469	3430	4.06
科学研究和技术服务业	1079	1045	843	2967	3.51
住宿和餐饮业	17	338	1257	1612	1.91
房地产业	491	449	397	1337	1.58

续表

行业门类	研究生数(人)	本科生数(人)	专科(高职)生数(人)	总计(人)	比例(%)
水利、环境和公共设施管理业	252	396	275	923	1.09
采矿业	116	287	200	603	0.71
农、林、牧、渔业	45	133	333	511	0.60
电力、热力、燃气及水生产和供应业	46	136	72	254	0.30
其　他	9	27	10	46	0.05
总　计	20675	34615	29229	84519	100.00

3. 上海高校毕业生就业地区流向

2017年上海高校生源数最多的上海、安徽、浙江和江苏都有相当比例的毕业生选择留在上海就业①。从毕业生回流各自生源地的比例来看,流向上海、西藏、北京的比例近几年始终居前3位,其中回生源所在地西藏就业的毕业生以定向委培为主。

上海高校毕业生流向西部地区②就业的,包括毕业生去西部地区就业、大学生志愿服务西部计划等。2017年,上海高校流向西部十二省市就业的毕业生有7031名(含西部计划志愿者),较2016年增长13.42%。

(四) 上海高校毕业生自主创业情况

2017年,上海市大学生科技创业基金会(简称"创业基金会")各分基金会总计受理上海市大学生科技创业基金(简称"天使基金")申请项目1064项(其中校园申请385项,社会申请679项),获资助创业项目共计332项,总计资助金额7428万元,创业企业注册资本8.19亿元。与2016年相比,资助项目(307项)、资助金额(6318万元)都有明显增加。

自2005年"天使基金"设立至2017年12月31日,创业基金会各分基金会累计受理"天使基金"申请项目6925项,获资助创业项目1969项,资助金额3.83亿元,创业企业注册资本累计25.13亿元。创业企业行业分布为:IT技术与互联网约占31.03%,现代服务约占16.25%,机械与电子约占6.30%。

(五) 上海高校毕业生基层就业情况

根据教育部有关毕业生基层就业的统计口径,2017年上海市高校共有约5.61万名毕业生到基层单位就业,占毕业生总数的32.18%,人数较2016年增加0.43万人。各学历层次分布见表5。其中,大学生志愿服务西部计划共录取上海高校毕业生211人,上海"三支一扶"计划实际招募上海高校毕业生203人,上海共选聘上海高校毕业生到村任职75人。

表5　2017年上海高校毕业生下基层就业情况统计

学　　历	人数(人)	占该学历层次毕业生比例(%)
研究生	4597	11.87
本　科	24377	27.91
专科(高职)	27091	56.29
总　计	56065	32.18

二、上海高校毕业生就业创业指导与服务

2017年,上海市深入贯彻党中央、国务院关于促进高校毕业生就业创业的决策部署,鼓励、引导和支持

① 统计对象主要是毕业生七种就业分布情况中的五种(即:不包含毕业生升学和出国)。
② 西部十二省市是指陕西、甘肃、青海、宁夏、新疆、四川、重庆、云南、贵州、西藏、广西、内蒙古。

大学生就业创业，实施了系列促进大学生就业创业的政策举措，以推动实现高校毕业生更高质量和更充分的就业创业。

（一）加强创新创业教育，鼓励和支持高校毕业生就业创业

促进创新创业教育改革。为深入贯彻落实党的十九大精神和习近平新时代中国特色社会主义思想，进一步做好创新创业工作，根据国家相关文件精神，上海市印发了《上海市人民政府关于做好当前和今后一段时期就业创业工作的意见》《上海市教育委员会　上海市人力资源和社会保障局关于做好2017年上海高校毕业生就业创业工作的通知》等文件，要求上海高校把深入推进创新创业教育改革作为高等教育综合改革的突破口，以人才培养为导向，切实将创新精神、创业意识和创新创业能力的培养融入人才培养过程各环节。

在相关文件指导和政策举措的支持下，2017年上海高校创新创业教育扎实推进。创新创业课程和师资建设继续加强，2017年上海高校共开设千余门双创类课程，现有校内创业导师近400名，校外兼职创业导师近600名，队伍还在不断扩大和优化，30所学校建立创业实验室和训练中心。

注重创新创业教育改革经验的可复制可推广。上海市教育委员会发布了《关于组织申报教育部第二批深化创新创业教育改革示范高校的通知》，在高校自主申报、专家审核认定、网上公示的基础上，认定华东师范大学、上海应用技术大学、上海工艺美术职业学院等15所高校为上海市首批深化创新创业教育改革示范高校，要求各示范高校进一步深入推进创新创业教育改革，把创新创业教育融入人才培养体系全过程，努力增强学生的创新精神、创业意识和创新创业能力，切实发挥好示范引领作用，形成可复制、可推广的创新创业教育模式和典型经验。

提升高校毕业生创新创业积极性和能力。2017年5月，上海市人民政府办公厅转发上海市人力资源和社会保障局、上海市发展和改革委员会、上海市教育委员会等六部门《关于新形势下进一步促进本市青年就业创业的若干意见》，就新形势下进一步促进上海市青年就业创业提出培养青年就业创业观念、提升青年就业创业能力、拓宽青年就业创业渠道、拓展青年职业发展空间等具体指导举措。

加强对高校毕业生创新创业的支持力度。2017年底，上海市印发《上海市人民政府办公厅关于本市推进研发与转化功能型平台建设的实施意见》等文件，明确支持高校大学生创新创业，要求各高校加大对大学生创新创业的支持力度，努力增强大学生创新精神、创业意识和创新创业能力，让大学生在创新创业中展示才华、服务社会。

此外，上海市继续依托大学生科技创业基金会加大对高校毕业生的创新创业资金投入，截至2017年年底，基金会累计资助项目近2000个，资助金额约4亿元，带动约3万人实现就业。“创业训练营”（创业谷）自2010年首次举办至今共开营35期，累计培训2000余人，为“天使基金”输送了100多个创业项目。

（二）依托职业生涯指导和服务体系建设，提升就业指导服务水平

促进高校职业生涯指导和服务体系建设。2010年以来，为贯彻落实国家和上海市中长期教育改革和发展规划纲要精神，不断创新学生职业（生涯）发展教育方式方法，上海市教育委员会已连续七年开展上海高校毕业生就业工作创新基地、职业生涯指导和服务体系建设，以促进各高校完善创业服务体系、夯实就业创业服务能力。2017年，又相继发布《关于开展2018年上海高校毕业生就业创业基地项目申报工作的通知》《关于开展2018年上海高校学生职业生涯指导和服务体系建设工作的通知》，组织开展了2018年上海市高校毕业生就业创业工作基地、职业生涯指导和服务体系建设项目的申报工作，重点布局一批符合青年大学生群体特点、体现学校及专业特色、满足社会经济发展需求的项目。

引导高校毕业生树立正确就业观，多渠道提供就业岗位。2017年，上海市教育委员会聚焦就业服务精准推送、困难群体就业援助、就业创业有效促进、国际组织实习任职等领域，在全市高校挂牌建立了20个大学生（生涯）发展教育校外实践基地、30个大学生职业（生涯）发展教育工作室和12个高校毕业生就业创

业工作基地，并举办了上海市大学生模拟求职大赛，提升大学生职业技能，引导青年树立正确的就业观。此外，为毕业生提供多渠道的就业岗位信息，至2017年8月25日，共有31324家用人单位在上海市学生事务中心进行了2017年上海高校毕业生用人需求信息登记，用人需求总数达136270个。与2016年同期相比，用人需求数增加了8156个，增幅为6.37%；用人单位登记数增加了431个，增幅为1.40%。

（三）重点关注基层、重点领域，做好就业引导和就业援助工作

基层、重点领域引导。2017年，上海市教育委员会等部门联合发布了《关于做好2017年上海高校毕业生就业创业工作的通知》，明确提出要全面实施"高校毕业生就业创业促进计划"，主动服务国家和上海发展战略，进一步拓宽基层和重点领域就业渠道，深入推进创新创业，强化指导服务，加强困难群体帮扶，努力实现高校毕业生就业和创业人数双增长。《上海市教育委员会关于做好2017年度普通高校学生应征入伍服兵役国家资助有关工作的通知》等政策文件进一步提出，依托重点计划和服务项目，引领毕业生赴基层就业创业，落实毕业生赴基层就业学费补偿、国家助学贷款代偿、后续升学和就业服务等扶持政策，为毕业生解决后顾之忧。此外，重点落实退役大学生士兵硕士研究生招生、学费资助、复学升学、就业创业等优惠政策，鼓励大学生投身军营、报效祖国。

就业困难学生帮扶。为做好困难学生的就业帮扶工作，上海发布了《关于进一步做好本市高校毕业生求职创业补贴发放工作的通知》等文件，依托多部门、多渠道形成工作合力，完善就业创业精准帮扶。上海市教育委员会积极发挥各级部门间的联动机制，与上海市人力资源和社会保障局、上海市财政局联动做好"就业困难"大学生的补助以及离校未就业大学生就业服务的衔接工作。同时，为提高小微企业吸纳高校毕业生就业的积极性，上海市给予企业社保补贴、小额担保贷款、财政贴息、调整岗前培训费补贴标准等一系列优惠政策；对于企业吸纳被认定为"就业困难人员"的高校毕业生，补贴标准逐年增加；配合有关部门落实家庭经济困难毕业生一次性求职补贴的发放，补贴标准为每人1000元；2017年，上海市共计6023名低保家庭、残疾和助学贷款毕业生获得了求职创业补贴，金额为602.3万元。此外，与多部门联合举行少数民族学生专场招聘会、上海市高校毕业生秋季校园招聘会暨港澳台侨毕业生专场招聘会等，设立专项成长基金与创业基金，助力学生成长成才。

（上海市教育委员会学生处供稿）

区域教育
Education in Districts

黄 浦 区

【2017年概况】 全区教育系统有事业单位120个。其中中学36所(含市实验性示范性高中7所,区实验性示范性高中4所),分别为高级中学9所、完全中学6所、初级中学16所(3所民办)、九年一贯制学校4所(1所民办)、十二年一贯制1所(民办)。有小学29所、幼儿园29所、特殊教育学校4所、职业教育学校3所、专门学校1所、教师进修学院1所、业余大学1所、公办早教机构2个、其他教育机构14个。在编教职工8579人,其中专任教师5982人。学生61355人,其中高中生9441人、职校生5967人、初中生12803人、小学生20417人、学前教育幼儿12386人、特殊教育与工读学生341人。年内,区财政投入42.75亿元。2413名学生参加中考,2984名学生参加秋季高考。

推进区教育改革和发展"十三五"规划,持续深化教育综合改革探索。整体推进15个方面的主要任务和教育国际化、信息化、终身教育、资源整合、人才队伍、教育科研等6个子规划实施方案。依据《黄浦区推进教育综合改革实验实施计划》和《黄浦区教育改革和发展"十三五"规划》,区校两级分层推进落实教育综合改革项目,明确推进实施的时间表、任务书、线路图,加强过程管理,有序推进区教育综合改革实验项目。各校根据各自的办学特色,选择好综改项目,点面结合,做到校校有项目、项项有落实。

德育为先,加强未成年人思想道德建设,形成区域一体化德育课程系列。推进"文文明明幸福行——黄浦区小公民道德建设工程五年行动"。用好"黄浦区学生社会实践护照",新增电信博物馆、银行博物馆等优质社会实践场所。开展"同心向党 共绣红旗""敬礼·自豪中国"和"追剧·红色经典"主题活动;开展区级童谣征集活动,向市文明办推荐优秀童谣作品20首。加强班主任队伍建设,举办"在岗班主任培训班",成立由区域德育骨干教师组成的"德育科研中心组"。

深化学区化集团化办学,扩大优质教育覆盖面。确定学区化集团化办学发展方向,拨付专项经费,支持教育集团的发展。中学阶段继续推进格致教育集团、大同教育集团和向明教育集团的发展,小学阶段加强协作块办学实践,加强各校间教师的合作交流与课程的共建共享。幼儿园阶段构建"黄浦区学前教育高位发展共同体",6月"荷花池艺术教育集团"成立;8月,"思优个别化教育集团"成立并举行揭牌仪式。思南新天地幼儿园正式揭牌。

做好"同济黄浦设计创意中学"开办筹备工作。完成招生录取工作。根据发展特色定位,向市教委申报市特色高中项目建设学校。规范开办十二年一贯制民办学校——上海康德双语实验学校,核定初中招生计划,实际录取初中新生78人。

进一步改革课堂教学模式。幼儿园继续强化"一日活动皆课程"的理念,重视教育活动的游戏性、个别化和科学性;小学全面深化"零起点""等第制"教学与评价。强化"课程—教材—教学—评价"四位一体的意识,通过"协作块办学"和"项目引领"双管齐下,推进"基于课程标准的教学与评价"。扩大区低年段基于标准的评价平台的试点范围,10月顺利通过上海市人民政府教育督导室、市教育督导事务中心对小学"基于课程标准的教学与评价"工作的督导。加强初中建设,探索多种学习方式,强化体验式学习,深化学校特色,改进教学方法,提高教学效能。继续推进各高中基于校情开展不同方式的分层教学和走班教学。改革教学组织形式,推进高中实施个性化学程管理,试点实施"小班化"和"走班制"教学,开设学生学涯和生涯辅导课程，推进区域课程建设的同时落实统编教材的使用。

开展空间环境创意设计，推进学校创新实验室建设，让环境为教育内涵服务。有幼儿园环境创意项目19个、小学空间环境创意项目23个、中学创新实验室项目17个。立项项目基本完成基础建设并投入使用，相关课程的开发与完善有序进行。通过对2012—2015年四年间的小学空间环境创意设计项目进行梳理汇总和修改，完成《慧创空间》专著的编撰出版。加强对创新实验室建设的过程性管理，做好创新实验室建设与学校拓展性课程、校本课程的建设工作。做好2017年建设情况的总结和2018年的项目申报。

有效推进学前教育三年行动计划。举行学前教育三年行动计划暨学前"医教结合"推进会。区教育局、区卫计委签署新一轮《共同推进学前教育"医教结合"合作备忘录》。区学前儿童发展监测中心挂牌成立，启动"黄浦区幼儿园幼儿健康监测与分析平台"。完成10家托幼机构和4家卫生机构的医教结合课题立项，召开学前教育"医教结合"项目研究计划交流会。区教育局、区卫计委和区妇联共同签署《深化推进0—3岁科学育儿指导部门合作备忘录》，优化黄浦区0—3岁婴幼儿数据库，启动早期教育二期平台优化工作。开展区域幼儿园大班幼儿核心指标评价质量监测。优化新一轮公民结对带教机制，指导思南新天地幼儿园（原小天地幼儿园）争创市一级幼儿园。完成3所民办幼儿园续发许可证评估工作。

加强现代职业教育内涵发展，完善终身教育体系建设。召开"2017年黄浦区学习促进办工作会议"和"黄浦区社区（老年）教育工作会议"。强化终身教育课程资源，新编6门"海派文化　幸福黄浦"系列课程教材；做好微信平台和网站建设，探索开发线上线下体验式课程。持续推动黄浦职教集团建设。承担"非遗大世界项目"，做好非遗文化的传习与推广。成立"名师工作室"，集团与名校合作开展暑期专业英语课程培训，提升教师专业能力。商贸旅游学校顺利完成商务英语中本贯通、空中乘务中高贯通、会计中高贯通3个专业的申报。深化职教内涵建设。线下开展"上海市职业教育活动周职业体验日"活动，线上打造职业体验学习网络平台。激励学校做好信息化技术应用研究及交流展示；推进"双证融通"人才培养改革；组织开展教师职业技能竞赛；组织专业教师下企业，开展新一轮中职教师企业实践培训；开展第二批中职学校办学能力专项督导工作；引入第三方开展专业特色和学生就业能力评估工作。

提高特殊教育水平。通过市教委对2014—2016年区特殊教育三年行动计划落实完成情况的检查。成立黄浦区特殊教育职业学校。带领完成九年义务教育且有能力接受职业教育的各类残疾学生走上独立之路。

着力加强队伍建设，造就高水平校长教师队伍。通过与华东师范大学、上海师范大学就业发展部建立合作项目，吸引优秀师范生到黄浦区从事教育工作。启动"十三五"教育教师队伍发展规划，建立健全从新教师（见习基地培养）、初级教师、中级教师、高级教师、校骨干教师、区骨干教师、区学科带头人、特级教师至正高级教师的教师序列培养、培育和发展机制。开展"黄浦名师在课堂""新秀教师在课堂"等教学研究展示活动，开发和建设优秀教师精品课程等，加大名师名校长等优秀教育人才在全区的辐射和引领作用。

优化"校校通"网络中心虚拟化基础设施，完善云数据中心自助交付服务门户，为学校统一提供基于云计算机技术的网络计算资源和网络存储资源。推进"黄浦区教育数据中心系统平台"的建设与应用工作，开发建设教育督导综合管理、终身教育服务等平台。促进区内优质教育资源共建共享，探索个性化学习服务模式，加强信息化教学资源及教学软环境在学校的构建和应用。深入推进基于学习分析技术的更具应用深度的研究工作，有效积累、跟踪学生的学习数据和学习轨迹，深化运用信息技术转变教与学的方法。　（严　奕）

【区老年大学获"全国示范老年大学"称号】 1月，由中国老年大学协会审定，黄浦区老年大学被评为"全国示范老年大学"。该校已获评首批"上海市示范性老年大学"并连续五次被市老龄委、市教委评为"上海市老年教育先进集体"。　（熊莉娜）

【召开学前“医教结合”推进会】 1月12日，区学前“医教结合”推进会在西凌第一幼儿园举行。会上，区教育局与区卫计委签署新一轮《共同推进学前教育“医教结合”合作备忘录》，与区妇联三方联合签署《深化推进0—3岁科学育儿指导部门合作备忘录》。全市首家学前儿童发展监测中心同时挂牌，“黄浦区幼儿园幼儿健康监测与分析平台”启动。近70名获区“医教结合 科学保育”工作优秀奖、先进奖的保教工作者、卫生工作者在会上受到表彰，14项学前“医教结合”课题研究项目获颁立项证书。来自荷花池幼儿园、文庙路幼儿园、城市花园幼儿园和区妇幼所的代表分别作课题推介。 （徐燕雯）

【区第一所国际化学校成立】 2月22日，黄浦区第一所国际化学校——上海康德双语实验学校揭牌，9月1日正式开学。该校是一所十二年一贯制的民办国际化学校。学校成立由中英著名教育工作者组成的学术委员会，探索中西教育的最佳结合之路，融入英国名校康德学院（Concord College）的办学理念、引入英国优秀的课程和师资，创设具有自身特色的双语课程和中外融合课程。（刘 丹）

【举行“聚焦学习，培育素养”中日教学研讨】 2月27日，“聚焦学习，培育素养”中日教学研讨活动在区第一中心小学举行。日本学术会议第一部部长、日本教育学会前会长佐藤学教授带领日本学习院大学教育学科访问团一行18人参加教学研讨。市教科院普教所、区教育局、区教育学院等相关负责人，以及市、区项目学校、区兄弟学校校长等150多人参与研讨。 （寿钰婷）

【整治教育培训市场秩序形成长效机制】 3月，联动执法工作组对教育培训机构和市场开展专项整治工作。7—10月，对区内118家无照经营和有照无教育资质的培训机构进行执法整治。通过整治，基本完成预定目标，总体办结率情况超过全市平均水平1.5个百分点。专项整治中，先后出台三项方案为专项工作的具体实施奠定坚实基础，形成联动执法长效机制。 （熊莉娜）

【上海特殊教育三年行动计划督导验收】 4月11日，上海市教育委员会对《上海市特殊教育三年行动计划（2014—2016年）》实施情况进行督导验收。由市教委组成的专家团队在黄浦区文庙路幼儿园查阅特殊教育工作资料、观摩教师集体教学活动，并就三年来全区特殊教育工作开展情况，听取各部门汇报。 （徐燕雯）

【获2017年VEX机器人世锦赛总冠军】 4月19日（美国当地时间），2017年VEX机器人世界锦标赛在美国肯塔基州路易斯维尔市举行，共有中国、新西兰、加拿大、日本、美国等30多个国家和地区的1400多支参赛队参加比赛。区青少年科技活动中心组织、带领由民办永昌学校和大同中学的18位学生组成的5支参赛队参加比赛，获高中组总冠军、初中组总冠军以及初中分区亚军等6项大奖。这是自2010年首次夺得世界冠军以来，黄浦区代表队第七次夺取世界冠军。 （陈沪铭）

【成立学前教育集团】 6月1日，荷花池艺术教育集团成立。该艺术教育集团采用“一校牵头，并举发展”的运作模式，突破园际壁垒，纵向衔接，优势互补，打造区域学前教育品牌。8月28日，“思优”个别化教育集团在思南路幼儿园成立。这是黄浦区继“荷花池艺术教育集团”后，以“学前教育高位发展共同体”作为定位建立的又一学前教育集团。同时，“思优”教育集团旗下的黄浦区思南新天地幼儿园揭牌。这是区域内唯一冠名“思南”学前教育品牌的幼儿园。 （徐燕雯）

【区老年教育艺术节举行】 6月7日，2017上海市民诵读节暨2017上海社区学习团队成果展示活动公益巡演·2017黄浦区老年教育艺术节举行。来自区老年大学、各街道及其他区的15个学习团队带着舞蹈、诵读、合唱等多种学习成果，展现全民奋发向上、站在新的起点、对未来充满希望的美好愿景，展现中华传统文化的博大精深。 （熊莉娜）

【举办戴维·纽伯特低音提琴大师班】 6月26—27日，黄浦区青少年科技活动中心举办戴维·纽伯特低音提琴大师班。戴维·纽伯特是美国著名低音提琴演奏家、教育家，奥斯汀音乐学院低音提琴教授，国际低音提琴协会(ISB)前主席。大师班上，纽伯特教授对学生的基本功、乐理及乐曲给予指导，并亲自示范演奏，让学员感受到低音提琴演奏的要点和音乐的内涵。（陈沪铭）

【区社区学院获多个奖项】 6月28—29日于南京举办的“2017中国社区教育数字化学习资源论坛”上，由中国成人教育协会社区教育专业委员会与国家数字化学习资源中心联合举办的“第三届NERC杯全国社区教育优秀微课程评选”奖项颁发，黄浦区社区学院获优秀组织奖，多门微课获一等奖、优秀奖。微视频《殷商甲骨　绝学不绝》报送“第二届全国传统文化进社区”微视频大赛，蝉联该赛事一等奖。黄浦区社区学院获评“2017全国社区教育优质课程资源共享先进单位”。（熊莉娜）

【获“环球自然日总决选”一等奖】 7月20—24日，“2017环球自然日总决选”在重庆博物馆举行。主题是“物质世界的真相：大小、尺寸和规模……”。来自中国、泰国、美国等10多个国家和地区的400多支中外师生团队参加。黄浦区青少年科技活动中心的学生团队确定“蠢萌多肉植物”这一探究对象，展开多层面探索，获得本届全球总决选的一等奖。（陈沪铭）

【非洲两国议会议长访问商贸旅游学校】 8月22日，乌干达议会议长率代表团一行20多人到上海市商贸旅游学校参观上海市现代商贸开放实训中心和职业体验学习中心。9月22日，冈比亚国民议会议长率代表团一行7人到上海市商贸旅游学校参观。（李小华）

【同济黄浦设计创意中学开学】 9月1日，以创新教育为特色的公办普通中学——同济黄浦设计创意中学举行开学典礼，该校第一年面向全市招生。学校依托格致教育集团、同济大学设计创意学院教育资源，为在校学生提供高品质、高水准的基础型课程与具有国际视野、以“设计思维”为导向的拓展型、研究型课程。（张咏梅）

【世界技能大赛上海选手培训基地授牌】 9月29日，第四十四届世界技能大赛参赛行前动员会暨首批参赛上海选手培养基地授牌仪式在上海出版印刷高等专科学校举行。副市长彭沉雷参加仪式，为参赛选手和专家教练加油鼓劲，并为首批认定的世界技能大赛上海选手培养基地授牌。会上，蓝带上海被授予烹饪、甜点两个世界技能大赛项目上海选手培养基地。11月，上海蓝带厨艺职业技能培训学校被市人力资源社会保障局批准为世界技能大赛烹饪、糖艺/西点制作项目训练基地。（熊莉娜）

【光明中学获“法国教育”标志认证】 光明中学通过“法国教育”标志的认证，成为中国第一所获“法国教育”标志认证的学校。法国教育认证是对于法国以及法语地区之外，设有法语教学并在推广法语和法国文化上作出贡献的学校进行的教育质量的认可。10月11日，法国驻华大使馆文化教育副参赞、法国海外教育署地区协调员在法国驻上海总领事馆教育领事、法国驻上海总领事馆语言与教学项目官员的陪同下，专程到光明中学表示祝贺。

（穆晓炯）

【巴西国宝级儿童剧团到访】 10月23日，巴西国宝级儿童剧团Sobrevento的五位艺术家到七色花小学与学生交流。这一剧团曾两度获巴西文化部颁发的文化杰出贡献奖，2017年获圣保罗市政府颁发的非遗突出贡献大奖。此行为该剧团首度访华。交流分为四个板块，设有四个场地：一是由艺术家用手进行影子表演，变化出各种小动物的形态；二是3D影子表演，艺术家用手电筒照射恐龙模型，通过光线距离远近的变化，营造出逼真的侏罗纪时代；三是艺术家教授小朋友们用剪纸艺术进行影子表演；四是艺术家和小朋友们用身体来进行影子互动表演。（沈丽芬）

【区政府和中国教育学会组建“科创教育发展中心”】 11月17日，黄浦区人民政府和中国教育学会在上海举行合作组建中国教育学会科创教育发展中心签约仪式。中国教育学会是中华人民共和国成立后最早建立、规模最大的全国性教育学术团体，具有广泛学术影响和教育教学改革引领能力。黄浦区教育事业历史悠久，底蕴深厚，围绕“办人民满意的教育、办学生喜欢的学校”的目标和“打造海派文化的精品教育”的发展定位，为科创教育发展中心的落户提供了坚实的发展基础。中国教育学会科创教育发展中心以黄浦区为中心，向全国辐射，致力于打造具有中国特色的 STEAM 课程及评价体系，引领中国基础教育课程改革，丰富和创新人才培养模式，探索学校育人模式的创新之路。 （严　奕）

【助力“新秀”教师教学展示与教育论坛举办】 11月29日，上海基础教育助力“新秀”教师教学展示与教育论坛举办。黄浦区卢湾二中心小学教师和北京市特级教师进行课堂教学展示，来自北京和上海的名师分别对两节课进行点评。 （寿钰婷）

【举办区第六届青少年科技节】 12月2日，主题为“创新·探索·成才—科学生活创新圆梦”的黄浦区第六届青少年科技节在黄浦区青少年科技活动中心举行。现场设置机器人巡逻、纸绳拖重、昆虫折纸、现场摄影、航空航天模型、电子制作、亲子玩科学、“我是创造达人”等比赛项目，体验创意带来的激情与力量。 （陈沪铭）

【美国苹果公司首席执行官库克到访】 12月5日，美国苹果公司首席执行官库克到访卢湾一中心小学。卢湾一中心小学是全国第一家让 iPad 走进课堂的学校，已创建多学科、多方位的云课堂。学生操控 iPad 演奏传统的中国民乐《金蛇狂舞》欢迎库克，老师用平板电脑引导学生识别昆虫、学习古诗，通过学生的实体作品与虚拟军事路线的演练学习历史和军事知识。 （吴蓉瑾）

美国苹果公司首席执行官库克到访黄浦区卢湾一中心小学

【组建四个学区】 12月19日，黄浦区世博学区、外滩学区、豫园学区和卢湾学区完成组建。世博学区以上外附属大境中学为牵头学校，五爱高级中学、上外附属大境初级中学、区教育学院附属中山学校、上外—黄浦外国语小学和新凌小学为成员学校。外滩学区以光明中学为牵头学校，光明初级中学、兴业中学和光明小学为成员学校。豫园学区以敬业中学为牵头学校，市十中学、敬业初级中学和市八初级中学为成员学校。卢湾学区以卢湾高级中学为牵头学校，比乐中学、卢湾中学、李惠利中学、启秀实验中学和海华小学为成员学校。学区化集团化办学在黄浦区公办义务教育阶段学校实现全覆盖。 （刘　丹）

【与崇明区新一轮教育合作签约】 12月20日，黄浦区、崇明区举行新一轮教育合作协议签约仪式。市教委副主任贾炜、黄浦区副区长李原、崇明区副区长王菁等出席签约仪式。根据协议精神，在2017—2020年，两区将本着“合作共赢、共同发展”的原则，在教育综改经验的交流、崇明新校的托管、友好学校的结对、干部师资的培养、品牌资源的辐射共享、教育信息化的支持、双方教育学院及青少年活动中心结成友好单位等七大领域开展合作。 （严　奕）

【与上海外国语大学签订新一轮合作办学框架协议】 12月27日，黄浦区人民政府与上海外国语大学举行新一轮合作办学框架协议签订仪式。双方签订《黄浦区人民政府、上海外国语大学合作办学框架协议》，在学校管理和学生发展、外语特色发展、教育国际化等方面进行新一轮全面合作，探索培养“外语见长、和谐发展”的高素质、国际化人才的新路，凸显黄浦教育的高水准。 （严　奕）

附:区教育局驻地及负责人

(2017年1—12月)

地址:延安东路300号西15楼
邮编:200001
电话:33134800-21509

区委分管常委:余海虹

区政府分管副区长:李　原

区教育党工委书记:蔡　蓉
副书记:姚晓红(兼)、吴光平

区教育局局长:姚晓红
副局长:杨　燕、吴　刚、余维永

徐　汇　区

【2017年概况】 全区共有各类学校197所,其中中学39所(高级中学9所、完全中学9所、初级中学18所、一贯制学校3所)、小学43所、职业高中2所、中专学校9所、幼托园92所、特殊教育学校2所、其他教育单位10所。在校学生12.04万余人,比上一年略有上升。全区3—6岁适龄儿童入园率100%,九年义务教育入学率100%,高中阶段教育入学率98%。教职工1.30万余人,其中专任教师9417人(中学3606人、小学2644人、幼儿园1867人、特殊学校73人、职业高中167人、中专学校839人、其他教育单位221人)。全区高级职称教师1189人(其中特级教师34人),占教师总数的12.62%;中级职称教师4335人,占教师总数的46.03%。全区专任教师学历达标率100%。业余大学1所、老年大学4所、社区学校13所、居委学习点和养老机构学习点327个、专职教师84人,兼职教师1157人、班级3761个,学员124562人次、街镇学习团队475个、居村委学习团队1819个、大型学习活动188个、社区教育志愿者2314名。

年内,教育经费继续稳步增长,教育经费决算总收入355764.72万元。基础教育各阶段生均事业经费显著增长,职校达35943.49元,比上一年增长6.38%;高中达48554.90元,比上一年增长8.22%;初中达41839.30元,比上一年增长9.82%;小学达26441.85元,比上一年增长3.69%;幼儿园达33612.01元,比上一年增长15.44%。继续做好学生帮困工作,向区内234名品学兼优、家境困难的学生发放"美罗奖学金""顶胜——蒂伊奖学金""云华奖学金""康乐奖学金"和"第二届华育励志奖学金",共计19.4万元。区青少年活动中心获全国未成年人思想道德建设工作先进集体称号,1所中学获教育部第一批教育信息化试点优秀单位称号,10所学校获全国(第三批)青少年校园足球特色学校称号,10所学校获全国(第一批)青少年校园篮球特色学校,37家中小学、幼儿园及局属机构获2016—2017年度上海市文明单位(和谐校园)称号。6名教师被评为上海市特级教师。

全面提升基础教育质量。持续推进学区化、集团化办学试点工作,完成学区化办学试点评估,完成第二轮学区化办学试点方案,新建两个教育集团。推进新优质学校集群发展,11所中小学获评第二轮新优质学校。稳步实施新一轮10所学校的委托管理工作。举行小学一年级语文使用部编教材现场展示活动。组织学校开展"零起点等第制"工作,做好"快乐330"试点工作。加强初中教学研究联盟一线教学指导。推进学前教育内涵发展,14家单位获批2017年幼儿园特色项目。开展幼儿园健康发展水平调研,推进研发办园质量监控手段。完成2014—2016年特教三年行动计划评估,起草新一轮特殊教育三年行动计划。

加大教育资源供给力度。加快幼儿园建设进度,缓解学前资源紧缺矛盾。推进公建配套学校建设。推进城乡义务教育一体化工作，完成区级“中小学公共安全体验中心”建设，计划完成学校公共安全体验教室12个，为推进学生安全教育创设硬件环境。完成25所学校无线网络覆盖工作，为教师配置2400台移动终端，加强学校信息化环境建设。大力推进学校建设工程。完成暑期大修工作，完成校舍修缮项目67个、场地改造36所。

加快课程教学改革。完成市级重点项目“基于课程标准教学的区域性转化与指导策略研究”，做好“基于标准，培育素养”项目成果总结。完成“上海市绿色质量指标体系”徐汇区监测报告，出台《徐汇区各学科小学生学习规范培养细则(试行稿)》。构建区德育科研教师队伍研修体系，出台“十三五”全区班主任区级培训方案，推进“基于教研修一体的德育资源库建设”项目。推进市、区重点项目的研究、申报与管理，完成区第十二届教育科研成果、区第十届教育科研先进集体、先进个人评审，实施第二批学校科研成果课程转化工作。推进徐汇教师网项目，完成市教师教育管理平台与区账号信息的对接。举办区教育系统第九届“学术节”。

深化职业教育改革。推进职业学校改革，研究职业学校布局调整总体规划，为职校择址重建打下基础。推进上海市信息管理学校与上海视觉艺术学院、上海应用技术大学的中本贯通项目，实现新专业高开高走。指导上海市信息管理学校与澳大利亚博士山学院开展合作办学，推进职业学校国际化发展项目。加快区域职业教育融合发展，实施区域中职校教师属地化区级培训，提升区域职业教育集团的综合服务能力。建立健全职教集团运行绩效考核机制、负责人日常沟通联络机制与学分管理等机制。

提升教师专业发展水平。制订《徐汇区教育系统教师队伍建设“十三五”规划》《徐汇区“十三五”中小学、幼儿园教师培训工作实施办法》和《关于加强徐汇区教育人才队伍建设的实施办法》，完成区“十三五”队伍建设顶层设计。完成“十三五”教师课程建设方案，探索构建与区域培训体系相匹配的“全覆盖”教育教学课程体系。做好年内市见习教师规范化培训展示活动的选拔、培训工作。完成2017—2020学年区学科带头人、中青年骨干教师评审并启动新一轮培养工作。推进第四期优秀教师高研班、名师工作室项目建设。

提升学生综合素养。推进科教结合，建设区青少年科创中心，探索开发研究性劳技课程。继续推进OM、机器人、车模、环境教育等四大项目联盟体工作，提高指导教师的科技素养和指导能力。发挥光启创新基地、青少年科学研究院育人机制优势，为学生的探究、实验、课题研究提供指导和实践场所。加强医教结合，巩固和完善传染病监测网络，落实疫情监测、报告责任制，及时规范跟进传染病处置工作。推进食品安全与放心食堂试点区建设，参加“上海市中小学校和托幼机构食品原材料信息追溯系统”试运转工作。深化体教结合，继续推进阳光体育运动，完成10多项区级阳光体育大联赛赛事；开展校园跳绳普及项目，启动部分学校先行试点工作。继续推进“三大球联盟”建设，推进排球联盟系列活动，完成足球联盟招生工作，组织“足球外教进课堂”项目，完成足球精英训练营参赛组织工作。完成区学生体质健康数据公告，2016年全区中小学生体质健康综合评价优秀率和及格率分别为10.6%和96.2%。加快文教结合，举办2017徐汇区学生戏剧节，推进“美育大课堂”并推出系列课程。完成“交响乐进课堂”六堂课内教学和“音乐地图课堂”。与喻荣军戏剧创作工作室合作，共同进行“戏剧进课堂”项目研发。 (俞海燕、孙　慧)

【推进幼儿园特色培育工作】 年内，区教育局启动第三轮幼儿园特色项目申报活动，17所幼儿园积极参与申报。通过园长介绍、现场答辩的形式，专家组确定14所幼儿园的特色项目获得立项。部分特色培育成效显著的幼儿园，例如乌南幼儿园、园南幼儿园、梅陇幼儿园、紫薇实验幼儿园等，在上海市学前教育年会和徐汇区学术节中交流展示。

(宣　艳)

【提升被委托管理幼儿园办园质量】 年内，区教育局根据“以项目推进为引领，帮助被委托管理园提升办园质量，扩大学前优质资源共享”的目标，选择7所示范园、一级园委托管理7所二级幼儿园。将园所管理、队伍建设、课程引领等方面作为切入点，经双方协商共同完成项目制定;学前中心定期组织委托管理幼儿园开展活动,借助观摩学习、教研引领、座谈会等形式进行阶段性推进交流,共同分享委托管理过程中的经验,探讨在园务管理、队伍建设、后勤管理等方面的途径和方法,提升被委托管理幼儿园的办园质量。 (宣 艳)

【启动中小学组团式德育项目】 年内,在全区85所中小学启动组团式德育项目建设,共组建14个团队、申报7个教育综合改革项目。在项目"种子校"的牵头下,各校交流分享先进经验,通过专家指导的科学方法,明确分阶段推进工作的重点方向,逐步形成来自一线实践的解决德育工作实际困难的有效经验。 (郑 蓉)

【加强民办中小学招生工作监管】 3月,根据全市民办学校招生的专题会议精神,区教育局出台民办中小学招生工作负面清单和规范义务教育秩序"十项举措"。10所民办中小学签订招生工作承诺书。区教育党工委要求各单位党组织将招生工作纳入党风廉政主体责任清单事项,全过程接受党内监督、群众监督和社会监督。在民办中小学校园开放日和面谈日期间,区教育督导室安排责任督学进行全程督导,确保招生工作平稳、规范、有序。 (俞海燕)

【开展区中等职业学校校园体育节系列活动】 11月11—19日,区中等职业学校学生篮球比赛举行。11月30日,"汇学 汇动"区中等职业教育校园体育节举行。开幕式后,区中等职业学校学生啦啦操比赛和区中等职业学校篮球比赛全明星赛举行,来自华东师范大学的健美操国家队选手献演。与会领导分别为比赛前三名代表颁奖。本次体育节是区"中职学校学生素养工程"的主体部分。 (林 琛)

【创新学习节运行方式】 "季季有主题,月月有精彩",徐汇区学习节分四个季度按不同主题举行。3月18日,徐家汇街道以"全民阅读 书香社区"为主题承办区第一季学习节开幕式。6月24日,凌云街道以"营造家庭文化 汇聚社区温情"为主题承办区第二季学习节开幕式。9月20日,由青果巷子传统文化促进中心等4家社会学习点承办以"激发社会参与活力 创新社区教育发展"为主题的区第三季学习节开幕式。10月26日,漕河泾街道承办以"学习成果齐荟萃 终身学习嘉年华"为主题的第四季学习节开幕式。各街(镇)结合各季度学习节主题,全年共计开展学习活动270场,165220人次居民参与学习活动。 (马丹宇)

【举行中英合作课程融合项目研讨活动】 4月,区教育局举行中英合作"科学·艺术·写作"课程融合项目研讨活动,由英国诺福克郡儿童服务部国际合作高级顾问、英国约翰英纳斯中心科学家带队的英国教师团队访问徐汇区并与徐汇区教师团队举行专题研讨。"科学·艺术·写作"项目自2012年落户徐汇区,共合作开展9次区级主题教学实践活动、8次区级公开教研,参与教学研讨的学校领导和教师200人次、辐射学校18所、参与项目的辅导教师140人、辐射学生近千人。 (江慧芳)

【主办"中国芬兰基础教育上海对话"】 5月,由区教育局与芬兰罗凡涅米市教育局共同主办的"2017中国芬兰基础教育上海对话"举行。芬兰罗凡涅米市教育代表团参观校园、走进课堂,与师生互动交流。区教育局领导与芬兰代表团以"新课程改革背景下的实践与思考"为重点,围绕"两地教育体系、课程设置、师资培训、职业教育发展、学业教育评价、生涯教育规划、家校互动、社会实践"等具体问题展开互动交流,深入探讨如何更有效地培养学生拥有适应未来社会的素质与能力。区教育局与罗凡涅米市教育局签订合作备忘录。 (江慧芳)

5月22日 芬兰罗凡涅米市教育代表团参观上海市徐汇区学校

【推进“1+11”互助成长计划等对口援助工作】 年内，区教育局依托市教委“1+11”基础教育互助成长计划，继续推进与云南红河等地区的交流合作。华理大附中和启新小学承担与云南红河州泸西县的互助成长行动办学项目，于5月成立调研工作组，赴云南开展学区化办学项目前期调研工作。6月和11月，区教育局两次安排区教育学院专家、相关学校校长和部分骨干教师赴云南红河州，开展学期课程统整课程培训项目。区教育局与江西上饶玉山签订教育合作交流协议，双方10所学校结成姐妹校，在教师队伍建设、学校管理、课程建设上开展交流与合作。区零陵中学、园南中学与受援校金山区金卫中学和漕泾中学签订第一轮为期三年的精准委托管理协议。做好新一轮援藏教师的选派工作，以及与江西会昌等地区的结对交流工作。

（奚云斐）

【完成全国义务教育质量监测样本区工作】 5月，徐汇区作为上海市6个样本区之一，参加全国义务教育质量监测工作。监测工作涉及20个样本校，其中中学8所、小学12所。主要测试对象为2016—2017学年的四年级和八年级学生，义务教育阶段学校校长，四年级和八年级班主任，四年级科学课(自然)教师、八年级科学课(含科学、物理、生物、地理)教师，四年级品德与社会课教师、八年级思想品德课教师。监测工作历时3个多月，各样本校认真贯彻落实各项工作要求，确保监测工作顺利实施。区教育局获2017年国家义务教育质量监测实施县级优秀组织奖。 （李　颖）

【培育社区教育社会学习点】 6月，召开“上海市老年教育社会学习点建设工作调研会”。11月，召开“徐汇区老年教育三类学习点工作调研会”(包括社会学习点)，研究探索社会学习点的有效开展方式。截至年底，共有8家社会学习点挂牌，其中6家成功申报市级社会学习点；6家开设针对老年人课程、1家开设免费讲座、1家开展体验活动，为老年人提供教学服务。在各季学习节开幕式期间，社会学习点提供多样化现场活动，策划社会学习点展示专场，居民通过网络报名参与活动，增加社会学习点知名度。截至年底，已建成的社会学习点共开设课程37门，每周平均开班31课时，举办讲座99场，开展体验活动71次，进行网络学习22次，开展其他活动33场次。 （马丹宇）

【田林小学等校举行建校庆典】 6月13日，田林小学举行建校50周年庆典活动。该校以“纸艺文化”为特色，将纸雕、纸编、纸版活动和科技体育相结合。10月28日，上海市第四中学举行建校150周年庆典活动。创建于1867年的第四中学传承“砥德砺行”的办学理念，弘扬“崇德启明”的校训校风，坚持育德培能与创新创特。11月24日，汾阳中学举行建校50周年庆典活动，作为首批新优质学校“示范校”，坚持“育核心素养　谋优质课堂”的办学理念，以“唤醒每一个人的潜能”为办学愿景，为办好老百姓家门口的好学校做贡献。同日，龙华小学举行建校110周年庆典活动。学校结合学生认知特点和周边资源特色，设计“信念成长”和“文化成长”系列教育活动，走出一条具有特色的教育之路。11月25日，上海交通大学附属小学举行建校120周年庆典活动。该校是近代由中国人自己创办的最早的新式学堂之一，百余年来凝聚深厚的历史底蕴和丰富的人文积淀，涌现出一批杰出的校友。

（孙　慧）

【承办国际青少年校园足球邀请赛】 7月7—15日，2017中国(上海)国际青少年校园足球邀请赛举办，来自10个国家和地区的16支U17青少年校园足球队参加邀请赛。休赛期间，位育中学安排黄道婆棉纺织、剪纸、中国结、太极拳等文化体验活动，为各国青少年足球运动员搭建更多交流沟通的平台。自2015年国际青少年校园足球邀请赛在上海举办以来，徐汇区已经连续三年承办这项赛事。

（李东和）

【深化学区化办学】 9月6日，区教育局召开学区化工作方案征求意见会，初步通过《徐汇区第二轮学区化办学工作推进实施方案》。11月2日，召开学区化办学规划评估启动会，聘请专家对各学区的第二轮学区化办学规划进行评估反馈，完成《徐汇区第一轮学区化办学的评估报告》。年内，各学区围绕年度试点方案与学区发展特色，深化学区化办学。第二轮学区化办学着力于建设2.0版本的紧密型学区，注重发展学区化办学内涵。（奚云斐）

【与澳大利亚博士山学院签约合作办学】 10月，上海市信息管理学校与澳大利亚博士山学院举行合作办学备忘录签约仪式。该项目引入澳大利亚博士山学院的图书信息服务专业课程和资格证书，促进两校在师资培训、学生互访、课程对接等方面开展合作，探索中澳合作背景下中高职贯通人才培养模式的国际化范式，优化中职学生成长成才渠道，加强徐汇区与澳大利亚职业教育的深度交流合作，推进徐汇职业教育的创新发展。（林　琛）

【英国圣约翰公学教育代表团到访】 10月，英国圣约翰公学（卡地夫）教育代表团访问徐汇区，先后到访南洋中学、徐汇中学与师生交流互动。区教育局领导与英国圣约翰公学（卡地夫）教育代表团就两地办学理念、招生标准、课程体系以及师资队伍建设等方面进行友好深入的交流。（孙　慧）

【实验性示范性高中发展性督导评估启动】 11月，上海市实验性示范性高中发展性督导评估（徐汇区）启动。市教委总督学、市政府教育督导室常务副主任平辉等出席启动仪式。上海中学校长冯志刚、南洋模范中学校长高屹、位育中学校长刘晓舟、上海市第二中学校长王民政、南洋中学校长陆军先后作自评汇报。在督导评估过程中，市教委督导组通过访谈、观课、查阅资料、网上问卷等多种形式，广泛接触教师、学生及家长，全面了解学校实验性、示范性的建设情况。（奚云斐）

【完成“基于课程标准教学的区域性转化与指导策略研究”】 年内，区教育学院持续推进市级重点项目“基于课程标准教学的区域性转化与指导策略研究”的实施，总项目组连续召开10次专题研究会，对项目成果进行提炼和总结，完善课堂教学课例集、研修课程群及校本研修课程集。经过三年探索和实践，市级重点项目总项目组总结总项目组与子项目组的研究经验，完成市级重点项目成果《从标准到课堂——基于课程标准教学的区域性转化与指导策略研究》并正式出版。（李　红）

【加强未成年人思想道德建设】 年内，开展“我的中国梦”未成年人思想道德建设主题实践活动，通过“清明祭英烈”“童心向党”“美德少年”和“最美少年”评选、“开学第一课”“砥砺奋进的五年”等活动，进一步加强未成年人社会主义核心价值观和中华优秀传统文化教育。区青少年活动中心获全国未成年人思想道德建设工作先进集体称号，37所中小学、幼儿园及局属机构获2016—2017年度上海市文明单位（和谐校园）称号。以“非遗进课堂”实验区项目为载体，在5个学区开展各类“非遗进校园”文化传承活动。编辑核心价值观学习系列教材之《汇善汇美：上海市中小学校园文化“一校一品”（徐汇）成果巡礼》，探索可复制、可推广的校园文化传承创新模式。（郑　蓉）

【推进“三大球联盟学校”课程建设】 年内，积极推进“三大球联盟学校”课程建设。联盟学校积极开展校内班级联赛、年级对抗赛等，组织开展篮球、排球、足球共计8个区级杯赛（联盟组），建立区校两级的竞赛体系。推进“足球外教进课堂”项目，共有16所中小学、幼儿园开设外籍教练足球课程2814节，参与学生5500余人。组织开展区级联盟杯赛及开幕式展示、联盟标识揭牌和排球嘉年华等活动。截至年底，有10所学校被评为全国（第一批）青少年校园篮球特色学校、10所学校被评为全国（第三批）青少年校园足球特色学校，高一小学、南模中学分获小学男子组和中学男子组第一届市校园篮球联盟杯赛冠军，师大一附小、市四中学、上海中学获得市排球联盟杯赛一等奖等。（李东和）

【建设区青少年科创中心】 年内，逐步逐项落实区青少年科创中心的物理空间、硬件配置和课程开发，布局创新实验室建设，分别为工程物理创新实验室配置数控车削机床、机械雕刻机、激光扫描仪各1台，激光雕刻机2台；为机器人创新实验室添置多自由度控制开发套件15套，EV3主控套装、基础传感器、高级传感器各20套，数控车床、微型精密铣床各一台；为生化创新实验室配置小型离心机、红外光谱仪、超净工作台各一套，电子天平、照度计各2套。课程开发以金工、智能控制、生物化学（环境）等科目为试点，初步开发创意设计与机械加工、环境专题研究、机器人编程与制作等课程，主要用于高中劳技教学、光启创新基地和青少年科学研究院研训。（陶　俊）

【深化集团化办学】 年内，成立位育教育集团和完中教育集团。位育教育集团建立以"创新人才培养"为核心的长效机制，探索开展学段之间课程实践的衔接教育。完中教育集团明确从"基于个性的资源共享""基于共赢的成员互动"与"基于自主的协同创新"进行任务驱动，努力实现"集团内每一所完中都优质"的目标。深化南模教育集团工作，召开视导组成立大会，举办集团首届文科大赛和理科创新大赛。（奚云斐）

【推进城乡义务教育一体化工作】 年内，徐汇区重点推进公共安全体验中心项目、建设教师移动终端配置和校园网络无线覆盖。完成1个区级公共安全体验中心总体设计、招标和装修。完成10个安全体验教室的建设和验收工作。完成教师移动终端配置项目的采购和调拨工作。推进无线覆盖四期工程，做好39所学校和机构的"一校一档案"工作，完成31个接入单位的线路施工。（俞海燕）

【推进职业学校中本贯通项目】 年内，支持区域中等职业学校开展中高职、中等职业教育——应用本科专业贯通培养模式试点工作，进一步推动现代职业教育体系建设和职业教育质量提升，加快培养知识型、发展型技术技能人才。区内中职学校新增中本贯通专业3个，新增中高贯通专业3个。截至年底，区内中等职业学校共有中本贯通专业7个，中高职贯通专业28个。（林　琛）

【启动职业教育"深沉计划"】 年内，《徐汇区教育局、徐汇职教集团关于鼓励区域中等职业学校专业教师深入企业、沉入岗位开展顶岗实践的指导意见》出台。整个项目流程分为实施前（主要环节有遴选学员、联系企业、学校报名、集团审批、三方签约）、实施中（主要环节有岗前培训、顶岗实践、岗位考核）、实施后（主要环节有学员总结、企业鉴定、学校交表、集团买单）三个阶段进行。（林　琛）

【完成第二轮区新优质学校创建工作】 年内，区内6所中学、5所小学创建区第二轮新优质学校工作完成。3月，各申报学校开展创建项目推进情况中期自查，区教育督导室组织专家根据自查表，结合初期评审后修改的"创建项目研究申报书"对各校"新优质学校"创建工作推进情况进行评审。5月，区教育督导室组织由区教育专家、教育行政和专职督学组成的评审组，以个别交流和集体反馈的形式对"新优质学校"创建项目学校中期推进情况进行现场评审。12月，区教育局和区人民政府教育督导室组织专家对申报第二轮区新优质学校的11所中小学进行总结性评审和社会测评，世界小学等获评徐汇区第二轮新优质学校。（俞海燕）

附：区教育局驻地及负责人

（2017年1—12月）

地址：漕溪北路336号
邮编：200030
电话：64879460

区委分管常委、宣传部长：吕晓慧
分管副区长：晏　波

区教育局党工委书记：王莉韵
副书记：庄小凤、王　彤（3月离任）、王亦群（12月到任）

区教育局局长：庄小凤
副局长：李文萱、于东航、钱佩红、王　璠（4月到任）

长 宁 区

【2017年概况】 全区有教育机构105所，其中中学26所(包括高级中学4所、完全中学6所、初级中学14所、九年一贯制学校2所)、小学23所、幼儿园37所(其中，托幼管理中心下属15个办学点)、特殊教育学校4所、中等职业学校1所、业余大学(社区学院)1所。在校学生56047人，其中中学生16687人、小学生22198人、幼儿园(包括托儿所)幼儿13550人、特殊教育学生375人、中等职业学生1276人、区业余大学学生1603人。教职员工6508人，其中在编教职员工6148人，专任教师4738人。全年教育经费总投入为27.55亿元，比上一年增长18.7%。区财政教育经费基数内拨款19.07亿元，比上一年增长1.89%。生均事业费45728元，比上一年增长3.86%。落实全学段帮困助学政策，投入帮困资金742.14万元，惠及困难学生4522人次。投入资金1226.53万元用于义务教育阶段免费教科书，资助学生34048人。

聚焦素质教育，推进区域课程教学改革。学前阶段着力构建富有童趣的幼儿园课程实施方案。根据公办幼儿园的园所特点和办学特色组建研究小组，合力开展"幼儿园构建童趣课程实施方案的实践研究"。小学阶段全面推行"家校共育"计划。推进"基于课程标准的教学与评价"工作，提炼区域落实"零起点教学""等第制评价"先进经验。推进"家校共育计划"覆盖全区所有公办小学，实施家校阅读计划、劳动计划、运动计划和富有学校特色的家校X计划。构建"玩转地球"等特色课程。构建和完善小学基于学习基础素养的"快乐拓展日＋"课程活动体系。6月，在市"快乐活动30分"推进会议上作"顺应天性，教育有可为"主题发言；9月，举办以"聚焦学习，培育素养——如何在学习活动中培育儿童主动性和调控性学习品质"为主题的市学习基础素养研讨会长宁区专场。初中阶段实施作业开放性研究。发布《区初中作业开放性研究指导意见》，推广使用"初中分层作业"丛书，结合二维码技术链接名师讲解微视频，促进学生自主学习、激发学生学习潜能。高中阶段落实高考改革工作，探索学生自主学习平台建设。在"主题轴"综合课程建设的基础上，完成学科教学微视频5000余节和校本特色课程近10节。提升爱心晚托班服务内涵。全区所有公办、民办小学开设爱心晚托班，平均每天服务学生6877人次。成立6个"快乐拓展日＋(爱心晚托班)"合作共同体，将爱心晚托班整体纳入"快乐拓展日＋"课程。年内，市教委、市政府教育督导室开展"课程与教学工作调研"，对高中、初中、小学、幼儿园四个学段进行实地调研。

推动德育综合改革项目，建构区德育课程建设方案纲要。完成"小初高一体化社会主义核心价值观分层序列"手册初稿，调研报告和参考样本案例，推进核心价值观进教材、进课堂、进课本、进网络、进评价。开展集体导师制项目交流研讨，"实施全员育人辅导员制，探索班级管理新模式"案例获评市2016年教育综改典型案例。启动实施食堂工程，将食堂作为学生校内社会实践岗位，组织学生参与午餐管理、安排劳动岗位、开展节粮和用餐礼仪教育。开展新一轮中小学行为规范示范校和家庭教育示范校创建评估工作，16所学校获评市中小学行为规范示范校，建青实验学校获评市家庭教育示范校。围绕迎接区文明城区复评审工作，组织开展"童心向党"网上歌咏展示、"少年传承中华传统美德之歌唱祖国"、2016—2017年度"美德少年"评选和"百年树人"电影阳光行等系列主题教育活动。推进法制教育，华东政法大学附属中学获市

“春天的蒲公英——小法官网上行活动”三等奖。对16所学校少年宫开展检查，促进学校少年宫有序开放。做好高三学生志愿服务等工作与综合素质评价平台对接。

学校体育以小学兴趣化、初中多样化和高中专项化为抓手，推进体育课程改革。小学四年级游泳课合格率达到90%以上、普及小学武术课程和足球外教课程进校园。区“三大球(足球、篮球和排球)”联盟在市联盟杯比赛中获排球第五名、足球第三名和第四名、篮球第一和第二名。公办学校和符合开放条件的民办学校以及特殊学校体育场地开放率达100%。实施《国家学生体质健康标准》，100%完成数据上报并完成上半年5%、下半年20%学生测试数据抽测复核。校园卫生工作以全国卫生城区复评审为契机，聚焦传染病防控、急救知识技能和食品安全。评选2015—2017年度区中小学校卫生工作先进集体和先进工作者；举办区红十字青少年现场紧急救护中学组比赛；区教育局获市中小学生校园应急救护基本知识与技能宣传展示活动优秀组织奖；北新泾第二小学的“科学饮食”课程被评为2016年市中小学健康教育示范课一等奖。全面实施学校食堂食品安全责任险投保。举办学生戏剧节、“舞动金秋”少年宫、中小学舞蹈专场演出和“虹桥文化之秋——学生音乐剧展演”等艺术活动，与刘海粟美术馆合作开展“美术馆奇妙日”教育项目。以区第十五届学生科技节为抓手普及科技教育，深化垃圾分类宣传教育。在第三十二届市青少年科技创新大赛中获78项一等奖、1项特等奖；在全国青少年科技创新大赛中获19个奖项；在市第十五届明日科技之星评选活动中，2名学生获“明日科技之星”称号；愚园路第一小学和延安初级中学被评为2017年度市科技教育特色示范学校；延安初级中学获市中学生环保知识邀请赛冠军。

社区教育深化转型发展。筹建“上海开放大学航空运输学院”，与航空公司就建立航空专业人才培养输送机制，建立校企“共建共享”办学模式等开展研讨，与国际航空、春秋航空、吉祥航空达成初步合作意向。推进航空运输学院专业建设，空中乘务专业经教育部审批通过，启动航空物流专业的申报。完善市民学习中心平台，开展“一带一路”、家庭教育、党的十九大精神学习等市民修身专题教育；借助社区教育云视课堂技术，创建市民修身云课堂。提高社区学校内涵，北新泾街道和新泾镇获评2017年度全国社区教育示范街道(镇)。组织参加市全民终身学习活动周，2人被评为“市2016年百姓学习之星”称号。推进区域教育服务业的管理水平。完成行政许可事项复核53件；做好民非教育培训机构学杂费专用账户监管银行监管信息的反馈与统计，全年完成开户、续约、保障资金账户预留额审核业务95件。举办2014—2016年度民办非学历教育机构先进集体、优秀教师及特色培训项目评选及表彰活动。截至年底，区域内有非经营性教育培训院校63家，其中高等非学历进修院校8家、中等及以下学校55家；教育培训公司28家及33家分公司。完成教育服务业税收3.86亿元。提升民办教育品牌影响。实现原东展教育公司旗下6所民办中小幼学校平稳过渡。引入包玉刚实验学校初中部，改善新世纪中学和小学办学条件。职业教育“重品质”，建设小而精的职业教育示范点。按照示范专业、品牌示范专业建设目标和要求，推进旅游、国际商务、汽车维修、信息技术和烹饪专业建设，新申报航空服务专业。与社区学院合作开办“中职—大专立交桥”物流管理和汽车营销与服务专业。在2017年全国职业技能大赛中获2枚银牌9枚铜牌；在全国行业职业技能大赛中获一等奖2个、二等奖7个、三等奖11个；在市星光杯职业技能大赛中获57枚奖牌。

加强教师队伍建设，推进“三好两优”系统工程(好校长、好学校、好教师、优势学科、优秀团队)。围绕教育部的校长专业标准，深化“好校长培养工程”，形成“教育家办学”的引导激励机制和政策导向。开展“中小学校长专业领导力核心素养培育研究”，以“校长论坛”为载体，实施3大培养项目(校级后备干部培养项目、名校长培养项目、校长培训项目)，搭建8个培训平台(后备干部培训平台、后备干部轮岗交流平台、初级校长培训平台、中级校长培训平台、高级校长培训平台、特级校长培训平台、区名校长工作室平台、国家市级名校长培养平台)。加强教育人才梯队建设，发挥优秀人才引领作用。产生区十大领军人才1人、区第四届领军人才4人和区第九轮专业技术拔尖人才7人。3月举行"区'三好两优'系统工程建设推进大会暨2016年聚焦综改项目总结表彰会"，表彰先进个人757人次，先进集体和团队169个。进一步完善教育系统绩效工资工作。年内，招录教师219人，其中硕士研究生及以上学历51人。

优化教育资源布局。成立区教育系统部分学校资源布局调整工作小组，启动复旦初级中学、民办新虹桥中学和区少年科技指导站迁址、长宁实验幼儿园扩建、延安中学体育中心和理化楼建设等项目。民办新虹桥中学部分迁入复旦初级中学、复旦初级中学全部迁入复旦中学华山路校区，延安中学体育中心和理化楼竣工交付使用。（常　宁）

【召开高中学生自主学习平台建设推进会】 3月16日，高考新政背景下长宁区高中学生自主学习平台建设推进会召开。会议分为课堂观摩和大会交流两部分，课堂观摩课由市三女中英语课"记叙文写作中的心理描写"和华政附中化学课"一种特殊的碳氢化合物——苯"展示；区教育学院在大会交流环节作"学习、思考、实践——区实施高中教育综改项目的回顾与展望"的汇报，介绍长宁区为推进和落实高考改革新政实施"高考综合改革方案"的工作情况。区域高中学生自主学习平台是"基于内涵理解的自主学习平台"和"基于问题解决的自主学习平台"，分别应对高考新政下教师、教室等资源不足的难题和"综合素质评价"问题。"高中学生自主学习平台建设"推进会是对区高中综改项目的阶段总结和展示。（常　宁）

【成立区初中学区化集团化办学试点集团】 3月23日，区初中学区化集团化办学试点集团成立仪式暨作业开放性研究活动举行。不同学校教师通过同课异构给学生授课，既是区域作业开放性研究的尝试，也是集团化办学的举措。区初中学区化集团化办学首批试点的两个教育集团是东部的延安初级中学教育集团（延安初级中学、省吾中学、长宁中学）和西部的西延安中学教育集团（西延安中学、延安实验初级中学、新泾中学）。区教育局向两个集团6位校长授牌，区域初中学区化集团化办学正式启动。（常　宁）

【召开区"三好两优"系统工程建设推进大会】 3月30日，"长宁区'三好两优'系统工程建设推进大会暨2016年聚焦综改项目总结表彰"举行。市教委副主任贾炜、长宁区副区长李荣华，区教育局领导、市教育科研院和市教育科学规划办专家出席会议。会上，区教育局作"聚焦综改项目，建设'三好两优'系统工程"总结报告，从对接区"国际精品城区"建设的立意高度介绍"三好两优"系统工程的整体部署、顶层设计和推进情况。"三好两优"系统工程是指促进好校长、好学校、好教师、优秀团队和优势学科的培养和形成。区域"三好两优"系统工程具备凝心聚力、持续努力、保持定力、呈现活力的特点。（常　宁）

【举办青少年救护技能比赛】 5月5日，由区教育局和区红十字会主办的区青少年救护技能比赛举行，25所学校、28个校区的学生参加比赛。比赛中，学生演示三角巾头顶帽式包扎、绞紧止血、闭合性骨折利用健肢固定等救护包扎技能，以及成人AED心肺复苏等急救技能。现代职业技术学校安龙校区、复旦初级中学和延安初级中学获一等奖。（常　宁）

【区教育督导委员会成立】 5月10日，区政府召开区教育督导委员会成立大会。市教委总督学、市政府教育督导室常务副主任平辉，区教育督导委员会各成员单位分管领导、区教育局各科室负责人、区专职督学、专家责任督学、社区教育督导员等80余人参加会议。会议宣读"上海市长宁区人民政府办公室关于成立长宁区教育督导委员会的通知"并举行揭牌仪式。区教育局、区政府教育督导室作"创新机制、深化改革、推进督导转型发展"的工作汇报。（常　宁）

【举办云南师生在沪交流活动】 7月16日，区教育局启动云南师生在沪交流活动。来自云南省红河州红河县、绿春县和金平县的15名优秀学生及3

名教师在现代职业技术学校、区少年宫和区少年科技指导站老师的指导下体验蛋糕制作、沙画、扇面绘画、小小发电机和纸牌叠高等课程，走访了上海动物园、刘海粟美术馆、上海博物馆和中共一大会址。

（常　宁）

【举行“聚焦学习，培育素养”市学习基础素养项目专场研讨会】 9月27日，“聚焦学习，培育素养——如何在学习活动中培育儿童主动性和调控性学习品质”专场研讨会举行，本次活动由市教委、市教科院、区教育局和区教育学院主办。本次研讨会以区域基于儿童学习基础素养的“快乐拓展日+”课程建构与实施的学校案例为切入点，对学习基础素养在项目化、游戏化学习实践中的关键开展研讨。研讨会上，市学习基础素养项目组作“儿童学习的主动性和调控性品质微报告”；区教育局介绍区域项目“将儿童学习基础素养理念引入‘快乐拓展日+’课程活动”的推进情况。基于项目化、游戏化学习的圆桌论坛围绕如何培养学生学习兴趣等话题展开讨论。

（常　宁）

【教育部关工委到区教育系统调研】 11月14日，教育部关工委常务副主任傅国亮、秘书长张勇一行10余人到区教育系统开展普教基层关工组织建设调研工作并召开座谈会，区教育党工委、区教育关工委、上海市第三女子中学党委和区教育关工委“五老”代表参加座谈。座谈会上，区教育关工委汇报工作情况。市第三女子中学党委作为区基层学校关工组代表介绍工作实施概况。金山区教育关工委、静安区教育关工委和市西中学关工委作交流发言。

（常　宁）

教育部关工委在长宁区教育系统调研

【举行宪法宣传周活动】 12月7日，区教育系统宪法宣传周活动举行，区教育局、区司法局、各中小学领导和学校法治教师参加活动。活动首先以两节课堂教学和一场学生模拟仲裁活动，展示“七五”普法以来区教育系统以课堂、活动等为载体，加强青少年普法工作的探索与实践。会上，天山第二小学等14家单位获市教育系统依法治理优秀案例征评活动等第奖；延安中学、西延安中学分获市“新沪杯”中学生法律知识竞赛高中组二等奖和初中组三等奖；华东政法大学附属中学等学校48位老师的教案获“明德尚法杯”区青少年法治教育优秀教案征集活动等第奖。

（常　宁）

【“国家特殊教育改革实验区”结项】 12月，长宁区“国家特殊教育改革实验区”完成结项。结项报告“长宁经验：区域随班就读的‘供给侧’改革”主要围绕“实验背景与目标”“实验内容与结果”“实验总结与反思”展开，重点介绍“随班就读持续发展的保障体系”“随班就读质量提升的现实路径”“融合教育发展的终身服务机制”“融合教育发展的生长载体”等经验。为交流和总结改革特殊教育实验区建设经验，区特殊教育指导中心承办“第一期《特殊教育提升计划（2014—2016年）》与开展特殊教育改革实验经验交流与学术研讨会”；开展区特殊教育品牌项目评审工作，评审出特殊学生医家校转衔会议项目、随班就读医教结合视导项目、家庭本位特殊儿童生态化早期干预服务项目等20个特殊教育品牌项目。

（常　宁）

【规范教育培训机构和市场秩序】 年内，长宁区作为规范教育培训市场秩序工作试点区之一，规范和整治各类教育培训机构，净化区域教育培训市场。组建“区专项工作小组”，形成“分工合作、协同推进”的工作机制，制定区规范整治教育培训市场工作方案；用好信息平台，排摸教育培训机构信息394件；报送工作简讯，其中“长宁区健全机制有效推进教育培训市场排摸”作为专报报送教育部及市委、市政府。按照“专项调研、依法规范、巩固成效、长效机制”四个阶段落实工作，完成“区规范教育培训市场秩序专项调研报告”，形成排查工作例会机制、

委办局管理员—街镇联络员—街镇排摸员三级微信群沟通机制等。截至年底，整体全口径办结率达91.13％。（常　宁）

【推动区域教育组群发展】　年内，区教育局多措并举，推动教育均衡发展，共享优质教育资源。学区化集团化办学，组建“教育集团”。在小学学段，继区实验教育集团、江苏路第五小学教育集团成立后，愚园路第一小学、天山第一小学、适存和绿苑教育集团也于2017年12月成立。在初中学段，建立延安初级中学教育集团、西延安中学教育集团和娄山中学教育集团。区公办义务教育小学、初中学段学区化集团化办学实现全覆盖。探索教师走教和学生走学，落实优质课程共享。探索教育科研一体化培训制度，促进教师专业成长。区实验教育集团和西延安中学集团以项目为载体开展师资联合培训和学科联合教研。新优质学校集群发展。结合区域教育综合改革实际，围绕课程与教学核心问题，5所市新优质学校和7所区新优质学校组建成“学与教的变革”“学校课程建设”两个集群，以研究和实践相结合的工作方式开展行动研究。开展专题研讨活动，宣传学校特色课程。大中小幼一体化办学。与华东师范大学推进合作办学，在天山高中、天山初级中学的基础上，建设大学教育引领下的15年一贯制学校。（常　宁）

【落实校园安全工作】　年内，区教育局以隐患排查治理为重点，组织隐患排查892次，含施工工地检查、校车、食品卫生、消防专项检查等。采取五位一体管理模式，加强学校周边环境管理。五位是指学校值日领导、门卫值勤保安、高峰时段的护校队员、家长志愿者和公安民警巡查。净化社会文化环境，在开学前后和寒暑假期间，对网吧、网络及手机、荧屏声频等方面集中专项整治。完成13所学校公共安全教育体验教室的建设。在开学第一周、全国中小学安全教育日、全国交通安全教育日、119消防教育日、防灾减灾日以及放假前夕等节点开展针对性安全教育；利用暑假组织学生参加公共安全知识网上竞赛，参加公共安全知识和技能现场展示活动；试点安全教育新载体，试点公共安全教育儿童剧《超级小队》巡演。实施“长宁区学校三级安全管理平台衔接建设（试点）”项目，对区域内校园安全保障系统功能进行优化扩展，承担市学校安全管理中心平台测试运行工作。（常　宁）

附：区教育局驻地及负责人

（2017年1—12月）

地址：长宁路599号
邮编：200050
电话：22050725

区委分管常委：夏煜静
区政府分管副区长：李荣华（2月到任，7月离任）、孟庆源（7月到任）

区教育局党工委书记：王小柳
副书记：姚　期（兼）、张　岚（8月离任）、邵春安（11月到任）
区教育局局长：姚　期
副局长：邵春安（11月离任）、张建华、熊秋菊、宋晓岚

静　安　区

【2017年概况】　全区有教育机构169家，其中高中9所、完中8所、初中24所、九年一贯制学校7所、小学43所、幼儿园57所、中职2所、区属高职1所、业余大学1所，其他教育单位17所。基础教育在

校学生91491人，其中幼儿22837人、小学生34897人、初中生22843人、高中生10914人。在职教职员工10856人，其中专任教师8735人，在职上海市特级教师38人。

深化综合改革。区教育科研课题“深化教育个性化：发达城区提升学生核心素养的实践性循证研究”获教育部立项。推进学区化、集团化办学，启用大宁国际小学西校，挂牌成立大宁国际小学教育集团；扩建一师附小教育集团，增设一师附小北校；以市级新优质学校静安实验中学为引领，推进新优质学校“艺术特色教育链”集群发展。深化区本化评价改革研究，举办静安区教育评价国际研讨会；召开评价改革项目研讨会，推进区本化“活力指标”评价改革研究；召开基于课程标准的教学与评价市级调研结果反馈会。以“迎接教师的时代”为主题举办“静安教育学术季·第二季”。

加强立德树人。深化德育综合改革试点工作，成立改革项目组，选取试点校开展德育实践活动序列化、课程化、创新性研究。加强学校德育工作指导，成立区地理学科德育协同研究中心；召开静安区中小学班级微信群建设论坛。静教院附校获评全国未成年人思想道德建设先进集体。一师附小获第一届全国文明校园称号，成为上海唯一入选首届全国文明校园的小学。市西中学、大宁国际小学获评上海市未成年人思想道德建设工作先进集体。静安区中小学心理健康教育指导中心获评上海市首批心理健康教育示范中心。

提升学生综合素养。回民中学、静安一中心小学等4校获选上海市校园体育“一校多品”创建活动试点校。参加第十三届全国学生运动会，市北中学排球队获男子中学组冠军，民立中学游泳队获3枚金牌5枚银牌1枚铜牌。参加上海市青少年校园足球精英赛暨校园足球联盟杯赛，U9组获“未来之星”称号，男子U11(A组)获第三名，男子U13(B组)获第一名。新中高级中学、回民中学、保德路小学获评全国校园足球特色学校。全区共有全国校园足球特色学校12所。区青少年活动中心在国际音乐节青少年音乐精品(器乐)专场上获金奖。参加市青少年科技创新活动，获一等奖30项。在上海市明日科技之星评选中，获市明日科技之星1名、希望之星6名。静安闸北第二中心小学参加2017DI青少年创新思维全球总决赛获小学组挑战E团队项目第三名，大宁国际小学获全国赛第一名。七一中学、彭浦实验小学获2017上海市科技教育特色示范学校称号。

完善队伍建设。大宁国际小学、万航渡路小学等6校入选中英数学教师交流项目学校，6名教师入选项目教师。开展2017学年见习期教师规范化培训，6人参加市教委优秀见习期教师展示活动。1名教师入选市教委“基础教育优秀教师专业技能与教育实践”出国培训项目。新评上海市特级教师9人、上海市教书育人楷模2人(含提名1人)。完成2017年市区园丁奖评选工作，评选出静安区园丁奖317名、上海市园丁奖55名。

各类教育协调发展。制定《静安区学习型城区建设与终身教育十三五规划》。举办“4·23”世界读书日活动、第三届市民诗歌创作活动大赛、静安区全民终身学习周等活动。开展规范教育培训机构和市场秩序“一点一报”全面排查。

(万翰杰)

【与江西婺源开展教育领域合作】 1月19日，区教育局与婺源县教体局签订教育合作协议。根据协议，区教育局与婺源县教体局从县域基础教育发展、教育信息化建设、教师培训、合作办学、师生交流等领域开展全面合作，合作期限5年。市北中学、闸北一中心小学等12所学校与婺源县天佑中学、紫阳一小等12所学校建立“一对一”结对帮扶合作关系。 (万翰杰)

【大宁国际小学教育集团成立】 2月16日，上海市大宁国际小学教育集团举行揭牌仪式。大宁国际小学教育集团以“一核两翼”为发展战略。“一核”以“大宁国际，微笑每一天”为核心办学理念；“两翼”即着眼两个校区，推动具有民族精神和国际视野的教育发展，促进师生共同成长。集团提出“四个统一”：办学理念统一、培养目标统一、师资管理

统一、品质标准统一，以推动集团个性化内涵发展。（万翰杰）

【区学习型城区建设推进大会举行】 4月12日，区学习型城区建设推进大会召开。会上，区教育党工委解读《静安区学习型城区建设与终身教育“十三五”发展规划》，区文明办等四家单位进行交流，举行“静安区学习型城区建设与终身教育专家咨询委员会”专家聘任仪式。（万翰杰）

【启动“卓越教师”培养计划】 4月24日，为落实教育部《卓越小学教师培养改革项目——面向教育国际化的卓越小学教师培养》方案中有关“建立小学卓越教师培养实验区，完善与地方政府的协同培养机制”的任务，上海师范大学与区教育局开展“小学卓越教师培养实验区”合作共建项目。双方商定分别为实验区建设提供相应资源并共同建设合作项目，合作有效期五年。（万翰杰）

【市地理学科德育协同研究中心启动】 4月27日，上海市地理学科德育协同研究中心启动大会举行。区教育局、华东师范大学地理科学学院、市地理学科研究德育实训基地三方代表签约，启动“上海市地理学科德育协同研究中心”。（万翰杰）

【“将军学子共牵手、戎装领巾相辉映”主题活动举行】 6月27日，为纪念中国人民解放军建军90周年，“将军学子共牵手、戎装领巾相辉映”主题活动在区青少年活动中心（北部）举行。11位老将军出席。原济南军区副司令兼北海舰队司令王继英中将向在场嘉宾及学生们讲述老将军们亲身经历的革命故事。（万翰杰）

【举办庆祝第33个教师节主题活动】 9月7日，静安区教育系统庆祝第33个教师节主题活动在回民中学举行。活动主题是“远航·引路人”，围绕立德树人、专业引领、教育综改三个篇章展开。（万翰杰）

【区中小学班级微信群建设论坛举行】 9月28日，“助力家校共育 引领学生成长”静安区中小学班级微信群建设论坛举行。会坛探讨如何依托微信这一信息技术载体，开拓学校和家庭共同培育和推进学生成长的新路子，并推出《静安区中小学班级微信群建设公约》和《静安区中小学班级微信群建设研究文集》。（万翰杰）

【与崇明区签署教育合作协议】 10月9日，静安区、崇明区教育合作协议签约仪式举行。自2007年起，静安区与崇明区多次开展教育合作。根据协议精神，在2017年至2020年间，两区将在教育综改经验交流、友好学校结对、干部师资培养、教育信息化支持等领域开展合作。（万翰杰）

【区老年大学开展教学研讨会暨建校五周年庆活动】 11月9日，区老年大学召开老年教育教学研讨会，庆祝区老年大学成立五周年。本次活动分为一个主会场和三个分会场：主会场进行教育教学研讨及课堂观摩，分会场为学员作品和办学成果展示。（万翰杰）

【举行2017年静安区市民诗歌节闭幕式】 11月11日，2017年静安区市民诗歌节闭幕式在区文化馆举行。本次诗歌节与第三届市民诗歌创作活动同时进行，活动以“心系大地，拥抱生活”为主题，由区学习型城区建设与终身教育促进委员会办公室会同区语言文字工作委员会办公室共同举办。活动历时五个月，共收到作品607份。（万翰杰）

【“静安教育学术季·第二季”开幕】 11月14日，由区教育局、大连现代学习科学研究院联合主办，区教育合作交流中心承办的“2017静安区教育评价国际研讨会——学生高阶思维及非认知能力评价论坛”开幕。中外专家向全区各级学校管理者传授先进教育评价知识及方式。本次活动是以“迎接教师时代”为主题的“静安教育学术季·第二季”的第一项活动。（万翰杰）

【2017全国“愉快教育”实践研讨活动举行】 11月24—25日，由上海市教育学会、静安区教育局主办

的“深化愉快教育，奠基核心素养——2017全国‘愉快教育’实践研讨活动”在上海市第一师范附属小学举行。来自北京、南京、广州等地的全国“愉快教育”联盟体学校校长参与活动。（万翰杰）

【举办“互联网+成人教育创新发展”学术研讨会】 12月26日，由区教育局主办，区终身教育研究所承办的“互联网+成人教育创新发展学术研讨会”召开。来自奥鹏教育、上海开放大学、上海市教育科学研究院、静安区教育学院、上海市各区办成人高校、部分社区学院的领导和专家学者50余位代表参会。（万翰杰）

附：区教育局驻地及负责人

（2017年1—12月）

地址：和田路195号
邮编：200070
电话：56630990

区委分管常委：顾云豪
区政府分管副区长：鲍英菁

区教育局党工委书记：胥燕红
副书记：朱娴华

区教育局局长：陈宇卿
副局长：刘新宇、徐剑宏、周晓春、孙　忠、洪　波

普　陀　区

【2017年概况】 区域内有各类教育机构181所，其中幼儿园81所、小学24所、初中12所、一贯制学校23所、高中4所、完中8所、特殊教育学校3所、中等职业技术学校1所、教育学院1所、业余大学1所、业余中专1所、社区学校10所以及其他教育单位12家。区域内在校学生和在园幼儿共计96043人，其中幼儿园幼儿28465人、小学生38908人、初中生18916人、高中生7827人、中职校生1528人、特教学生399人。在职教职工10406人（在编9079人），其中专任教师8135人。

教育改革发展继续保持良好发展态势，各项工作取得新成效。被教育部评定为全国统编教材上海实验区、全国数字教材试验区和全国校园足球试点区，获教育部“第一批教育信息化试点”优秀单位、国家体育总局2013—2016年群众体育先进单位、2011—2016年市全民健身先进单位；研学旅行改革试点项目获评教育部中小学德育工作优秀案例，区教育局在市德育工作评估中连续五次获优秀；曹杨中学成为全市第一所特色普通高中，区教育学院被评为全国文明单位，曹杨二中被评为首批全国文明校园。

坚持立德树人，育人模式的探索与创新取得新进展。课内课外、校内校外、线上线下跨学段联通、跨学科融合、跨领域合作的全程育人模式架构加快推进。坚持课程育人，研发“国学乐歌”“职业生涯指导”等区域特色课程，编印学科德育优秀案例集。推进实践育人，新增体艺学堂、职业体验学堂、财智学堂，形成“八大学堂”实践版图，普陀大学堂内涵、外延不断丰富、拓展；在中小学校开展“锦绣河湾”绿色河长行动，建立区志愿服务实践基地星级评估制度。23所学校成为新一轮“上海市中小学行为规范示范校”。推进“一师一居委”项目，实现家庭教育指导服务点对点覆盖；建立区家庭教育指导中心，华东师大四附中被评为首批市家庭教育示范校。区内中小学全部通过市心理健康教育达标校评估，区心理健康教育指导中心成功创建市示范中心，2所学校被授予教育部“全国中小学心理健康教育特色学校”。2所学校获评第四届市未成年人思想道德建设工作先进单位。促进诸育融合，“小学兴趣化、初中多样化、高中专项化”体育课程改革

不断深化，曹杨二中女足运动队在全国第十三届学生运动会上夺冠，梅陇女足获“挪威杯”国际青少年足球邀请赛青少年组冠军。推进民乐、书法等课程普遍进入学校艺术课堂。开展新一轮区艺术教育特色校、特色项目校创建，学生艺术素质测评平台试运行，学生在市艺术单项比赛中获金奖16项。建立“一核、四翼、十联盟”的青少年科技教育体系，宜川中学等3所学校获市科技教育特色示范校，在第三十二届全国青少年科技创新大赛获奖项11个，1名教师获“全国十佳科技辅导员”称号。推进学校卫生工作和健康教育，完成学校食堂ABC规范化管理达标验收，开展学校“放心食堂”建设。深化课程、教学、评价改革，举办以“信息素养与软环境设计”为主题的第十二届全国有效教学研讨会，37节课获市“一师一优课”优质课；在市小学绿色指标综合评价中，学生学业水平达标率、成绩均衡度、学业负担等指标进步明显；落实落细高考综合改革。

聚焦内涵建设，各级各类教育特色发展形成集聚效应。完成2所幼儿园市一级园评估、9所市一级园复验评估、1所幼儿园市示范园复验评估；启动新一轮幼儿“健康教育”研究，构建区域十街镇“健康教育”研究联合体；开展幼儿园课程实施质量专项监控，制定《区域幼儿园生活活动实施质量标准》；与区卫计委签署“共同推进学前教育‘医教结合’合作备忘录”，做好特殊幼儿入学安置；完善早教服务体系，举行市“育儿加油站”普陀专场、家长学校讲座、科学育儿大联盟等活动。推进新优质学校集群发展，对部分新优质学校实地调研，形成新优质学校集群发展三年行动方案，承办市新优质学校“学与教”集群发展展示活动。推进特色高中建设，曹杨中学成为上海市第一所特色普通高中，长征中学入选市特色普通高中项目校，区域市特色普通高中项目校达5所；甘泉外国语中学接受市特色普通高中复评、同济二附中接受初评。推进曹杨职校内涵发展，加强特色专业和精品课程建设，部分专业实施国际水平教学标准试点和“双证融通”试点；新建8个职教名师工作室、8个区职教创新实践基地，组建职教百家讲师团；加大职业技能培训，累计开设培训课程113门，培训14689人次。实施社区教育机构倍增计划，5个社会教育机构成为市老年教育社会学习点、10个居委学习点成为市老年教育居村委示范学习点，2家福利院成为市养教结合标准化学习点。研发养教结合保健类通用教材。5所社区学校通过市社区学校内涵建设优秀校验收。在3个街道、镇开展市“人文行走”项目试点，确立52个人文行走学习点，形成学习地图和学习菜单。年内培育7个市五星级学习团队、177个市一星级团队。

注重融合发展，教育信息化、国际化和人才队伍建设不断加强。全面完成69所学校技防系统改造，实现区中小学教学和办公区域无线网络全覆盖和有线无线网络统一认证，义务教育学校录播教室覆盖率达90%。基本完成基础数据库构建，办公平台投入使用；加强网络安全监管，逐步完善全区教育信息化基础环境；建立数字教材应用研究共同体，加强线上学习平台、移动学习课程和学习资源建设等，开发教学质量监测平台，高中六门学科资源上线使用。开展信息化环境下学生核心素养培育的课堂实践研究，不断加强信息化与教育教学的深度融合。围绕“一带一路”战略，积极推动曹杨二中、甘泉外国语中学等校发展多语种教学，加强国际理解教育。曹杨职校承担市西餐烹饪国际水平标准开发与试点。与市教育学会合作举办“以问题为导向的教与学——2017年科学教育国际论坛”。选派84人赴国(境)外学习交流、参加比赛或国际会议等。曹杨二中成为第二批“上海华文教育基地”。加强与港澳台地区教育交流，举办第十四届“沪港杯”高中生英语辩论赛。强化师德师风建设，形成区教育系统教师“六要六不”师德师风规范。招聘教师481人、教辅53人。为99名教师申请区人才公寓补贴。有序推进教师全员培训，完成“教师信息技术应用能力提升工程”培训。举办首届“新蕾杯”见习教师评优展示，5名教师在市见习教师规范化培训基本功大赛中获奖。与北京师大合作开展“学校运营与管理高级研修班”骨干校长培训，与华东师大校长培训中心联合开展“提升学校治理能力”校长论坛。9名教师被评为市特级教师，引进1名特级教师，2名教师被评为正高级教师，曹杨二中教师王伟娟被评为2017年国家“万人计划”教学名师。

坚持依法治教，区域教育治理体系建设不断加强。制定《普陀区改善和提升教育民生发展项目三年行动计划(2018—2020年)》。围绕“一环一园十街镇”优质教育资源网建设，研究制定《2018—2021年普陀区教育资源调整和配置方案》。曹杨二中教育园区建设项目整体完工并交付使用，上理工附属普陀实验学校交付使用，托马斯学校、城乡义务教育一体化项目等稳步推进。与同济大学合作共建同济大学附属科技高中。开展清理和规范教育机构和培训市场秩序工作，开展19家公办、民办学校托管试点，对15家培训机构、15家民办幼儿园进行办学质量等级评估。实施为期三年的依法治校创建活动。对区域81所幼儿园的办园行为进行专项督查，接受国家督导组对区域创建“全国中小学校责任督学挂牌督导创新区”的现场核查。完成2017年教育部义务教育阶段质量监测工作。

贯彻全面从严治党要求，基层党建质量不断提升。开展党的十九大精神进校园活动，推动党的十九大精神入脑入心入行。坚持班子带头、领导干部带头，建立局班子成员“五联系”制度。扎实推进“两学一做”学习教育常态化制度化。落实主体责任，形成基层党建工作责任制清单。探索党政融合督导模式，制定基层党组织“三会一课”质量评估标准，构建“六纳入”评估体系。加强党建研究，形成《普陀区党建实验基地(课题)管理办法》，2个党建课题分获市普教系统重点课题评选一、三等奖，8个课题被立项为重点课题或一般课题。开展“支部亮牌”工程，命名30个基层党组织分别为党建督导示范基地、党建研究实验基地和党建带团建示范基地。举办以“关注人的发展”为主题的书记论坛，评选产生“十佳书记”。启动第二届中学校长任期制工作。加强民办学校党组织建设，推进党的组织与党的工作全覆盖。深入推进区域化党建，与街道、镇合作开展的“知心老师”一师一居委志愿服务、“阳光娃娃”家长学校等99个“同心家园”共建项目产生良好社会效应。

加强思想理论宣传和舆论引导，文明创建工作再创好成绩。强化干部教师的理论学习、媒介素养专题培训。与阿基米德FM合作构建名师E课社区平台，让名校长、名教师更好服务学生与家长。加大对推进学区化集团化办学、特色高中创建等重点工作的宣传，为教育改革发展凝聚共识、汇聚力量。加强先进典型培育，晋元高级中学张少伯被评为市教书育人楷模，48人获市园丁奖。启动新一轮精神文明创建，以文明校园“六好”标准推进创建全覆盖，全区教育系统市级文明单位达34家、区级文明单位100家。全面落实“双创一巩固”创建工作。

落实“四责协同”机制，党风廉政建设持续加强。制定落实推进“四责协同”机制实施方案，推进主体责任和“一岗双责”责任落实。坚持党风廉政建设逢会、逢议、逢任、逢训、逢案“五必讲”，抓好专项学习、专项检查、专项整改、专项督导、专项惩处“五个专项”，实现清单管理、项目管理、闭环管理和动态管理。对47个单位进行经济责任审计，整改内控制度不全等问题80项。约谈基层干部47人次，对涉及的问题进行通报和警示教育。持之以恒落实中央八项规定，完善国内公务出差、公务接待等制度，严格执行标准，规范经费管理与使用。积极回应群众关切，加强对教育收费、招生入学等涉及群众切身利益问题的监督。接待来访2715人次，来信368件次，处理12345来电1373件次，化解各类信访矛盾239件，查处在职教师在社会机构违规补课收费3起。办结“两代表一委员”书面提案9个、会办提案3个、联合接待事项8个、社情民意4个，满意率100%。

(包玉全、梅　飞)

【启动区中小学生“锦绣河湾”主题实践活动】 3月3日，由区文明办、区教育局、区建设和管理委员会联合主办的“走进河湾学堂　践行‘绿色河长’——普陀区中小学生‘锦绣河湾’启动仪式暨3·5学雷锋主题活动”举行。普陀区在中小学中开展为期三年的“锦绣河湾”主题实践活动，通过“画”说河湾——文化宣传与创作、“话”说河湾——主题探究与交流、“划”说河湾——项目规划与创新等活动，引导广大青少年学生传承苏河文化、践行生命自觉、承担社会责任、弘扬核心价值。与会嘉宾向中小学生代表发放《普陀区中小学生“锦绣河湾”手绘地图》,直观形象地展示长达14公里、55条普陀段苏州河河道水系分布情况。

（梅　飞、包玉全）

【召开高考综合改革座谈会】 3月21日,普陀区召开高考综合改革座谈会。会议就贯彻落实市委高考综合改革专题座谈会精神作出重要部署,要求进一步统一思想,强化组织保障,做好宣传引导,牢牢把握“两个根本”,按照上海高考综合改革的总体要求,全力以赴落实好此项改革。会议要求准确把握高考综合改革的政策变化,精准发力,重点抓好志愿填报、考试组织等关键环节,完善多部门“联防联控、齐抓共管”的工作机制;以人为本,切实加强政策的宣传培训和舆论引导;提质增效,持续推进全区教育改革发展,进一步提高学校对学生成长的贡献度,持续提升普陀教育发展水平。

（梅　飞、包玉全）

【挪威首相到访梅陇中学】 4月8日,挪威首相埃尔娜·索尔贝格到访梅陇中学,与特邀嘉宾、女足运动员孙雯和梅陇中学女子足球队员互动交流,并为小球员的比赛开球“秀脚法”。普陀区先后成立“校园足球联盟”“青少年足球精英培训基地”“青少年校园足球精英训练营”,并在上海市首创“双精英”培养模式,通过校园足球课程普及、阳光体育大联赛、优秀教练员进校园等途径,培养足球体育后备人才。曹杨二中、梅陇中学、金沙江路小学等构建的“女足一条龙”先后为国家输送了60多名优秀女足队员。7月,普陀区被教育部命名为全国校园足球试点区。（梅　飞、包玉全）

挪威首相埃尔娜·索尔贝格到访梅陇中学与女足队员互赠礼物

【曹杨中学被命名“上海市特色普通高中”】 4月17日,市特色普通高中建设项目推进会暨曹杨中学被命名“上海市特色普通高中”授牌仪式举行。曹杨中学汇报学校创建工作和取得成效,市教委向学校授牌并对全市推进特色普通高中建设工作进行部署。市特色普通高中将在自主招生、特色师资队伍建设、设备配置和经费投入等方面参照市实验性示范性高中相应政策。（梅　飞、包玉全）

【与上海师范大学签订合作办学协议】 5月4日,普陀区政府和上海师范大学合作共建上海师范大学附属第四实验学校签约仪式举行。为更好接受大学的溢出效应,双方深化合作,在真如城市副中心地区共建一所现代化、高标准、高质量、有特色的,在上海市有一定影响的公办十二年一贯制学校(暂定名“上海师范大学附属第四实验学校”);双方将在学区化集团化办学方面深度合作,为真如城市副中心提供高品质的教育资源。（梅　飞、包玉全）

【举行中小学体育课程改革系列专场展示】 5月11日、5月18日、6月6日,区教育局分别在甘泉外国语中学、曹杨二中附校、树德小学,组织开展中小学体育课程改革系列专场展示交流活动。与会人员观摩试点校的教学展示并进行交流研讨。

（梅　飞、包玉全）

【在上海和全国青少年科技创新大赛上获奖】 3月18—19日,在第三十二届上海市青少年科技创新大赛上,普陀区师生获特等奖1项、一等奖38项、其他各类奖项共180项。其中由普陀少年科学院选送的3项学生创新成果入围全国推荐名单,加入由24人组成的上海代表队,参加全国青少年科技创新大赛。另有3项科技创意、5幅科幻画作品和3项教师成果被推荐参加全国青少年创新大赛。8月14—19日,在第三十二届全国青少年科技创新大赛中,普陀区师生获全国十佳1项、全国一等奖2项、二等奖5项、创意奖3项,其中,区教育学院附属中学教师黄平生获科技辅导员科技创新项目全国一等奖及“全国十佳科技辅导员”称号。

（梅　飞、包玉全）

【在第七届上海市“星光计划”技能大赛获奖】 5月，上海市“星光计划”第七届职业院校技能大赛落幕。曹杨职校在大赛中获计算机操作、汽车涂装(涂漆)、中式烹饪、会展4个团体一等奖，中式点心制作1个团体二等奖，汽车维修技能1个团体三等奖；计算机操作、车身涂装(涂漆)、中式烹饪和会展四个赛项的6个一等奖；硬笔书法、应用文写作、汽车维修技能、车身涂装(涂漆)、中式烹饪、中式点心制作、西式烹调和会展八个赛项的11个二等奖；硬笔书法、应用文写作、计算机操作、汽车维修技能、车身涂装(涂漆)、中餐服务、中式烹饪、西式点心制作、会展和平面设计十个赛项的18个三等奖，共获41个奖项。 (顾明辉、梅　飞)

【与两所高校合作办学】 9月1日，以曹杨二中为母体孵化、同济大学和区人民政府合作共建的同济大学附属上海市科技高中正式揭牌。中国工程院院士、同济大学校长钟志华与区委书记曹立强共同揭牌。副市长翁铁慧，市教委主任苏明、副主任贾炜等参加揭牌仪式。同济大学附属上海市科技高中将瞄准国际一流科技高中建设，在课程设置、培养方式、师资队伍建设等方面与国内外知名高校、社会各界开展合作，探索高校、地方政府和普教系统合作办学的新机制以及科技工程技术类拔尖人才一体化连续培养的新模式。同日，由区人民政府与上海理工大学合作开办的上海理工大学附属普陀实验学校开学。上海理工大学党委书记吴松，区政协主席钱城乡为学校揭牌。 (梅　飞、包玉全)

同济大学附属上海市科技高中揭牌

上海理工大学附属普陀实验学校开学

【获第十三届全国学生运动会中学组足球冠军】 9月14日，第十三届全国学生运动会中学女足决赛举行，代表上海参加本次比赛的中学女足队由曹杨二中负责组队。上海队连续两届夺得全国学生运动会中学组冠军。9月3日，副市长翁铁慧、市政府副秘书长宗明、普陀区副区长王珏等到杭州看望和慰问曹杨二中女足的全体教练员和运动员。

(梅　飞、包玉全)

曹杨二中女足获全国学生运动会中学组女足冠军

【两所学校被授予网络安全教育试点基地校】 9月19日，“培养中国互联网未来健康力量”国家网络安全宣传周校园主题日活动举行，铜川学校、中北一小被授予上海市青少年网络安全教育试点基地校，两所学校的四位老师被授予“青少年网络安全教育优秀辅导员”、四名学生获“青少年网络安全教育小小安全卫士”荣誉称号。中北一小作为2017年网络安全知识竞赛上海市唯一冠军学校，获“上海市小学生网络安全知识竞赛优秀组织奖”。铜川学校以“移动设备安全”为主题编排情景剧《小设备，大安全》，在“全国网络安全博览会暨网络安全成就展”“国家网络安全宣传周教育主题日主会场”进行展演。 (梅　飞、包玉全)

铜川学校、中北一小被授予上海市青少年网络安全教育试点基地校

【2017年科学教育国际论坛举行】 10月29日,由上海市教育学会和区教育局共同主办、安生教育集团和同济二附中承办的"以问题为导向的教与学——2017年科学教育国际论坛"举行。全市中小学校长、教师代表,普陀区骨干教师团队、教研员和浙江嘉兴、江西上饶市的部分校长等400余人参加。论坛邀请英国剑桥大学工程学院、美国斯坦福大学、美国托马斯·杰斐逊科技高中等学校的专家做主旨报告。在开幕式的理论前沿板块中,中科院院士、同济大学教授汪品先,英国皇家工学院院士、剑桥大学工程学院院长以及美国斯坦福大学教育学院教授分别以"学校是创新型社会的地基""基于问题的学习:大学的视角""STEM的教与学:基于实践和问题的方法"为题分享研究成果。上海市教委教研室主任徐淀芳以"上海的思考"为题,介绍上海在科学教育的理论与实践中的探索。 (梅　飞、包玉全)

2017年科学教育国际论坛在同济二附中举行

【宜川中学建校60周年】 11月18日,160多位嘉宾、近3000位校友参加"生命之舟　宜航之川——上海市宜川中学办学展示暨建校60周年庆祝活动"。学校通过短片回顾和学生表演等形式展示近年来学校的办学成果。宜川中学成立于1957年,20世纪90年代开展素质教育科目化的探索。2005年被命名为上海市实验性示范性高中。

(梅　飞、包玉全)

【召开全国第十二届有效教学理论与实践研讨会】 12月5日,主题为"信息素养与软环境设计"的全国第十二届有效教学理论与实践研讨会召开。会议由华东师大课程与教学研究所、市教委教研室、区教育局联合主办。与会者观摩"镜泊湖奇观""勾股定理的璀璨成果""牛顿第三定律"3堂公开教学研讨课,并参与课后研讨活动。 (梅　飞、包玉全)

【举行区首届青少年模拟政协活动】 12月9日,普陀区首届青少年模拟政协活动举行。区域12所高中以数字故事、现场交流、提问答辩等形式,进行模拟政协社团集中展示活动,意在通过模拟人民政协的提案形成过程、体验人民政协的组织形式、议事规则等,了解中国特色社会主义民主政治协商制度,树立"四个自信",增强"四种意识";培养和提高青少年的发现问题、分析问题、解决问题和合作交流四大能力。 (梅　飞、包玉全)

附:区教育局驻地及负责人

(2017年1—12月)

地址:大渡河路1668号
邮编:200333
电话:52564588

区委分管常委、副书记:孙　萍
区政府分管副区长:钱雨晴(3月离任)、
王　珏(7月到任)

区教育局党工委书记:吴凌昱
副书记:范以纲(兼)、黄敏华

区教育局局长:范以纲
副局长:黄敏华、瞿志军、唐晓燕

虹 口 区

【2017 年概况】 全区教育系统共有各级各类学校(单位)139 所,其中中学 36 所(民办 6 所)、小学 33 所(民办 4 所)、幼儿园 54 所(民办 10 所、其他部门办 4 所)、托儿所 4 所(集体部门办 4 所)、职业学校 1 所、非学历教育机构 2 所、专门学校 1 所、特殊教育学校 1 所、其他学校 7 所。在校学生 59520 人,其中公办学校学生 46038 人。教职工 6390 人,其中专任教师 5595 人。

“彩虹计划”全面启动。围绕青少年成长的多层次需要和学生发展核心素养内容,系统制定并实施关爱学生成长“彩虹计划”七大工程,关注学生核心素养的培育。推进立德树人工程,落实《虹口区中小学培育和践行社会主义核心价值观五年行动计划(2016—2020)》年度任务和各中小学子项目建设,总结提炼近 3 年区域德育教育成果,丰富家校共育的实践载体。推进健康促进工程,做好中小学生体质健康现场测试和区级监测工作,扩大“小学兴趣化、初中多样化、高中专项化”体育课程改革试点,推进“学生阳光体育大联赛”,高标准实施“放心食堂”建设,在欧阳街道内开展学校“明厨亮灶”试点工作。推进自主学习工程,制定教育信息化“十三五”各项建设任务的实施方案,促进信息技术与教育教学融合发展和深度运用。成立区教育信息中心,提升区域教育信息管理能级。持续推进数字教材实验工作。推进国际交流工程,年内共安排 19 个项目、300 人次左右学生和带队教师前往美国、加拿大、澳大利亚、匈牙利、新加坡等多个国家开展教育交流活动。推进人文涵养工程,落实《虹口区教育局关于进一步加强学校美育工作的实施意见》,推进美育课程建设。复排舞台剧《赤子之心》,排演话剧《鲁迅在上海》《黎明之前》,落实“戏剧进校园”工作。推进“科学素养工程”,完成创新实验室年度建设任务及相关设备的安装调试工作。组织学生参加全国级和市级各类科技竞赛与科普等活动。承办第三届上海市创客新星大赛(全国“双创周”系列活动上海分会场),参加全国“双创周”活动上海主会场展演。推进区科技工程中心选址筹建。推进助学暖心工程,成立学生资助管理中心和工作领导小组。走访贫困家庭、了解未成年子女的需求。成立“青苗奖助专项基金”。

高考综合改革试点平稳实施。做好全新志愿填报和投档录取规则以及具体操作流程的培训、宣传和解读,建立响应及时的保障机制,实行高考重大工作月报制度,做好高考绿色护考,各项考务工作平稳有序。推动基于高考改革的高中学校课程改革,不断提升高中办学水平,课程与教学工作实施的精准度明显提升,高中学校在走班教学、个性化学程和学分制绩点制管理、学生生涯辅导、高中生社会实践和综合素质评价以及研究性学习等方面建立成熟有效的管理运作机制。学校育人方式和学生学习方式深度变革,教师教研能力和生涯辅导能力切实增强。

区域义务教育秩序全面规范。规范校外培训市场秩序,按照“属地化、全纳性、客观性、准确性”的原则,对区内各类教育培训机构开展全面调研和排摸,会同区市场监管局、人社、民政、公安、消防、城管等部门开展对社会教育培训机构的集中整治。规范民办学校秩序,进一步加强民办中小学招生工作的全过程监管,严格落实“三个承诺”的执行情况,加强民办学校办学行为专项督导。持续推进民办学校特色建设,5 所学校获上海市民办特色学校创建,3 所学校获得特色项目创建。规范义务教育学校内部教学秩序。严格落实基于课程标准的教学与评价，积极参加相关规范办学行为管理的试点工作，全面试行“快乐30分”综合活动和晚托服务等政府托底保障措施。

“学区化集团化”办学深入推进。新组建三中心小学、新北郊教育集团，区域已建成10个集团（联盟），学区化集团化覆盖率63.8%。制定实施《虹口区教育局关于深入推进学区化集团化办学的实施意见》和《虹口区学区、集团内教师柔性流动方案》《关于对学区、集团内跨校任教的流动教师职称评审条件的补充意见》等文件，着力建设紧密型集团化办学格局，研制《虹口区学区化集团化办学工作评估考核方案》，聚焦优质均衡、优化教学布局，聚焦内涵发展、体现办学实效，聚焦教学发展、促进师资共享，为推进区域学区化集团化办学提供保障和支撑。

新优质学校集群发展。完成新优质学校扩容，新增曲阳四小、二中心小学、保定路一小3所新优质项目学校，初中、小学各学段新优质学校覆盖率均达25%以上。促进“新优质学校”集群发展，建立系统化新优质学校集群发展推进机制，健全区域推进新优质学校集群发展工作架构，深化群内共享交流和集中攻坚，提升学校对于核心问题的解决能力，打造有虹口特色的“新优质教育”品牌。区内各新优质学校形成以“学与教的变革”“学校课程建设”“教师发展”“学校领导、管理与文化”四个专题为研究方向的集群主线，通过群内智慧分享、合力攻关等方式，突破瓶颈问题，形成立意高、可持续、符合学校实际的具体发展路径，打造有虹口特色的“新优质教育”品牌。

教育基础设施建设继续加强。加快推进教育重大工程建设，改善区域办学条件，缓解优质教育资源的供需矛盾，完成北虹高级中学一期工程和复兴高级中学的改扩建工程。持续推进上外东校改扩建、三门路南湖职校实训楼及东余杭路幼儿园迁建、国家“指南针计划”青少年基地改建及修缮项目建设，加快推进彩虹湾九年一贯制学校、澄衷高级中学改扩建项目开工建设。推进上海国际教育服务与创新园区和东体育会路199号地块新建教育用房项目建设。制定和落实《虹口区“十三五”教育基础设施规划》，开展虹口教育单元规划的调研、排摸工作，按照高标准管理要求调整完善各类教育资源配置。落实城乡义务教育一体化建设要求。推进无线网络全覆盖，及数字阅览室、数字教室、图书应用管理分析系统（二期）等项目的实施。年内完成16所学校公共安全教育体验教室和14个图书馆建设任务，红旗小学和江湾初级中学交通安全教育及学校公共安全教育（社会安全、居家安全为主）体验中心开工建设。扎实做好政府实事项目，16所学校体育场地向社会开放，为市民创造良好体育锻炼环境。完成5所学校3000平方米的屋顶绿化建设工作。

师资队伍水平不断提升。研究制定《关于建设高水平师资队伍的工作标准》，从“政治过硬、业务精湛、结构合理、充满活力”4个维度分别制定详细的量化指标及可操作性的措施办法，切实加强区内高水平师资队伍建设。拓宽人才招录渠道，制定《关于进一步完善虹口区教育系统教师招聘工作的办法》，在户籍、年龄、专业、学历等方面向重点高校应届毕业生倾斜，吸引名校、高学历的外地户籍毕业生到虹口从事教育工作。加大高端人才引进力度，完善高端人才引进配套保障政策，引进2名特级教师。优化师资队伍职称结构，做好2017年中小学正高级教师评聘推荐工作，推荐5位教师作为申报正高级教师候选人。做好2017年特级教师候选人申报工作，4名教师获评上海市特级教师。优化职称评审流程，做好各级教师职称评审工作，合理控制好初中、小学和幼儿园学校的中级职称教师结构比例，逐渐提高高级职称教师比例。加强优质教师统筹，保证各小学至少有1名高级职称教师，各初中的高级职称教师至少占学校教师数的5%。加强干部教师梯队建设。加强“七层级”教师专业人才梯队建设，开展各层级成员增选、增补工作，实现梯队动态化、层进式、可持续发展，初步形成“面厚点亮”的区域教师专业人才梯队新格局。根据《虹教系统干部队伍梯队建设实施意见》，设立“五梯队”教育管理人才梯队，实施分层分类推进校级领导培养的“卓越领航计划”，创设层级引领、团队共进、责任明晰、协调推进的培养模式，进一步优化校级干部队伍结构，强化校级领导班子的整体能力。注重后备干部培养，构筑干部人才的蓄水池。优化完善区域教师绩效工资分配激励机制。制定《2017年虹口区义务教育学校、非义务教育单位绩效工资分配管理方案》和《完善虹口区教育系统绩效工资分配办法的指导意见》，明确"强化激励、搞活分配、多劳多得、优绩优酬"的分配原则，进一步增强绩效工资的激励功能，让一线教师、骨干教师和做出突出成绩的教职工有更多获得感，充分调动教师的积极性和创造性。（何　杰）

【上海市首届VEX机器人挑战赛举办】 1月14日，由区教育局主办的上海市首届VEX机器人挑战赛举行，全市57支队伍参赛，36人获参加世界锦标赛的资格。虹口区参赛队伍获冠军5项、亚军6项、季军4项。（陈晓旭）

【团中央领导调研虹口区未成年人保护工作】 1月16日，团中央书记处书记尹冬梅一行到虹口区调研未成年人权益保护工作，参观南湖职业学校虹口青少年事务社工驻校工作点。（陈晓旭）

【与江西横峰县签订合作协议】 1月16日，区教育局与江西省横峰县教体局教育领域合作协议签约仪式举行。双方介绍各自区域的教育概况，并就全面深化教育领域综合改革签订合作协议，共同凝练可复制可推广的教育综改经验，探索区域教育合作新模式。江西省上饶市委常委、副市长任友群等领导出席。（陈晓旭）

虹口区教育局与江西横峰县签订教育合作协议

【获多项教育教学奖】 3月31日，南湖职业学校"青春+梦想——践行核心价值观，绽放青春中国梦"系列活动获"上海市教育系统关心下一代工作'特色项目奖'"。11月17日，在第六届长三角地区中小学班主任基本功大赛中，区内教师获综合奖一等奖1项、论文一等奖1项。11月22日，上海财经大学附属北郊高级中学青年教师主持研究的《运用DGE空间型数字化地理实验提升高中生空间素养的实践研究》获2017年度上海市青年教师教育教学研究课题评审一等奖。（陈晓旭）

【推进《体教结合促进计划》】 3月31日，区体教结合工作会议召开，推进实施《虹口区体教结合促进计划（2016—2020年）》。根据计划，推进1—2所高中成立相应的奥运、全运项目专项化运动队试点工作，新增2所小学开展"小学兴趣化"试点工作，推出2所初中开展"初中多样化"试点工作。（陈晓旭）

【上海市数字教材观摩研讨活动举行】 4月11日，上海市数字教材学校应用研究项目试点工作观摩研讨活动举行。深圳市教育考察团、上海市教委基教处和区教育局领导出席活动。研讨活动交流学校在数字教材试点工作开展中的阶段性成果。（陈晓旭）

【通过市特殊教育三年行动计划专项评估】 4月11日，虹口区教育局通过《上海市特殊教育三年行动计划（2014—2016年）》专项评估。评估组由市教研员、华东师范大学教授等七位专家组成。区教育局从特教组织架构、经费保障到位、师资专业发展、优化特教环境、深化医教结合、课程与教学研究等维度，全面汇报虹口特殊教育三年行动计划实施与落实的情况，以及在促进特教内涵发展方面的特色工作。评估组专家就虹口区在特殊教育方面的管理机制、经费保障、师资配备、绩效评价、督导落实、学前招生等工作细节，与相关科室进行交流互动，并通过实地巡查等形式，深入了解虹口区近三年特殊教育的工作实效。（陈晓旭）

【“彩虹计划”启动】 4月19日，虹口区关爱学生成长工作暨“彩虹计划”启动实施大会召开，部署“彩虹计划”七大工程工作(立德树人工程、健康促进工程、自主学习工程、国际交流工程、人文涵养工程、科学素养工程、助学暖心工程)。市教卫工作党委副书记成旦红，区委副书记洪流，区委常委、副区长高香等出席会议。 (陈晓旭)

【在多项科技创新比赛中获奖】 4月19日至25日，VEX机器人世界锦标赛在美国举行，虹口区5支参赛队伍(全球有参赛队伍1400余支)进入决赛，获VEX初中组冠军、最佳思考奖、IQ项目决赛第五名。8月5日，在2017世界机关王大赛中，获“即刻救援R4M”小学组和初中组金奖各1项。8月10日，在2017全国青少年航空航天模型锦标赛中，获个人冠军1项、团体冠军2项。8月27日，在世界机器人大赛中，获高中组冠军、最佳设计奖、最佳结构奖。12月10日，在第十二届DI创新思维中国区总决赛中，虹口区12支队伍参赛(全市53支)，获一等奖3项、二等奖3项、三等奖6项、“即时挑战”第一名1项、达·芬奇奖1项，总成绩位列全市第二。 (陈晓旭)

【举办科学育儿指导公益活动】 6月2—3日，2017上海市科学育儿指导公益活动“育儿加油站”虹口专场举办，接待家庭1000余户。活动以“读懂孩子 做智慧家长”为主题，依托“育儿加油站”“育儿周周看”等实事项目，通过多部门、街道联动，引导0—6岁幼儿的家长科学、健康、快乐、从容育儿。 (陈晓旭)

【推选“虹口杰出人才、领军人才”】 为落实区第十次党代会对人才工作提出的要求，区教育系统开展“虹口杰出人才、领军人才”推选工作。8月20日，经专家面试和综合评分，推选出虹口区教育领域杰出人才3位、领军人才4位。 (陈晓旭)

【学生版情景剧《鲁迅在上海》首演】 8月31日，学生版情景剧《鲁迅在上海》首演。作为虹口区“开学第一课”，学生版情景剧的演出旨在加强文化和教育的结合，整合资源，优势互补，提升虹口区学生艺术人文素养。 (陈晓旭)

【第三届上海创客新星大赛举行】 9月16日，由市科技艺术教育中心和上海创客教育联盟主办的第三届上海创客新星大赛在虹口区举行，全市近千名学生参赛，推出700多项发明创造，体现“兴趣、融合、创意、制作、合作、分享”的创客文化。(陈晓旭)

【许昆林视察学校食品安全工作】 10月13日，副市长许昆林到上海财经大学附属北郊高级中学视察学校食品安全工作。虹口区委副书记、区长赵永峰，市工商局、市食药监局等部门领导陪同。 (陈晓旭)

【市教委领导调研虹口教育信息化工作】 10月18日，市教委副主任李永智一行赴曲阳第四小学调研教育信息化工作。李永智肯定区教育局在信息化推进工作中倡导的“重构环境、再造流程、支持教育创新、服务多元评价”理念和做法。 (陈晓旭)

【市教委领导调研规范民办学校工作】 10月26日，市教委副主任贾炜一行赴区教育局调研区内规范民办学校办学秩序工作。区教育局汇报规范民办学校办学秩序工作安排，与会人员就如何更好地开展此项工作进行座谈交流。 (陈晓旭)

【原创革命历史剧《黎明之前》首演】 10月30日，向党的十九大献礼的原创革命历史剧《黎明之前》在复兴高级中学首演，剧中演员均为区内高中生。市委宣传部副部长胡劲军，上海报业集团纪委书记刘可，虹口区委常委、宣传部长吴强，虹口区委常委、副区长高香出席首演式。该剧为区关爱学生成长“彩虹计划”人文涵养工程重大成果。 (陈晓旭)

【加快建设教育强区】 11月11日，区委常委会审议通过《虹口区关于加快建设现代化教育强区的实施意见》以及6项配套计划和办法，以绿色生态教育为发展理念，以“立德树人”为根本任务，以改革创新为新动能，着力突破制约虹口教育发展的体制机制性障碍，破解教育发展的矛盾和问题，促进各类教育优质均衡协调发展，整体提升虹口教育品质，实现立德树人强、教育力量强、教育质量强、终身教育强、校园建设强、治理能力强的目标，建成适应社会发展、符合教育规律、体现上海水平、具有虹口特色的教育强区。（何　杰）

【启动与崇明区新一轮城乡携手共进计划】 11月14日，区教育局与崇明区教育局联合举行第五轮委托管理项目总结会暨新一轮城乡携手共进计划启动仪式。进一步落实义务教育优质均衡发展，助推被托管学校内涵发展。（陈晓旭）

【2017-2018 DI上海青少年创新思维竞赛举行】 11月18日，2017-2018 DI上海青少年创新思维竞赛在虹口区开赛，副市长翁铁慧、共青团上海市委副书记丁波等观摩指导。区内29支队伍参赛，数量位列全市第一（全市参赛队伍197支），获第一名4项、第二名5项、第三名5项、特别奖2项、第四至第六名6项。（陈晓旭）

【在“新沪杯”中学生法律知识竞赛中获奖】 12月2日，2017年上海市“新沪杯”中学生法律知识竞赛活动举行。民办新复兴初级中学获初中组一等奖，虹口区教育局获优秀组织奖。“新沪杯”中学生法律知识竞赛最早由虹口区发起，后扩展为全市性的法律知识竞赛，由市教卫工作党委、市教委、市司法局、市法宣办共同主办。（陈晓旭）

【区第四届终身教育成果展示活动举办】 12月21日，区第四届终身教育成果展示活动举办。市教委、市学指中心、各区县社区学院领导及虹口区学习型社会建设与终身教育促进委员会各成员单位分管领导等出席活动。（陈晓旭）

【新增16所中小学校体育场所向市民开放】 为进一步满足市民就近体育健身的需求，年内，区教育局在开放24所中小学体育场所的基础上，新增16所中小学校体育场所向市民开放。（陈晓旭）

附：区教育局驻地及负责人

（2017年1—12月）

地址：天宝路1058号
邮编：200092
电话：65758796

区委分管常委：高　香
区政府分管副区长：高　香

区教育局党工委书记：黄丽芳
副书记：杨　利
区教育局局长：常生龙
副局长：冯永林（1月到任）、周海明（1月离任）、孙　磊、吴余洁、李　琰（1月到任）

杨　浦　区

【2017年概况】 全区有各类学校（单位）200所，其中中学51所（民办10所）、小学44所（民办2所）、幼儿园85所（民办23所）、成人教育学校2所、中职学校2所、特殊教育学校1所。在校学生93753人（其中中学生30225人、小学生35482人、幼儿园幼儿26635人、特殊教育学生498人、中职学校学生913人）。托儿所幼儿192人。在编教职工10251人，其中专任教师8070人。

各类教育协调发展。一是加强应对高考改革新政研究，探索实践分层走班，开展生涯辅导，改革课程教学，加强保障服务，确保新政平稳落地。课题“高中走班制教学模式探索”获市教育综改重点

上海市辽阳中学教育集团成立

项目立项。二是提升义务教育均衡水平，成立齐一、三门、辽阳3个教育集团，全区教育集团数量达到13个，占区义务教育阶段学校总数、学生总数、教师总数均达70%，完成集团化办学区域布局。推进新优质学校集群发展五年行动方案，开展26所项目学校5个组群建设。三是推进学前教育三年行动计划实施，新增幼儿园园所2个，成立学前教育集团1个，新增特级教师2名；2所幼儿园创市一级园，2所创家门口好幼儿园。四是推进特色高中创建、多样发展。市特色普通高中创建项目学校——上海体育学院附中、上海理工大学附中先后进行展示、评审。市东中学、复旦实验中学申报新一轮创建项目学校。五是加大职业人才培养改革力度，深化校企合作。杨浦职校学生在第四十四届世界技能大赛车身修理项目中获金牌，上海市现代音乐职业学校获上海市中职校舞蹈大赛一等奖。六是提升社会教育影响辐射面。上海开放大学杨浦分校全年招生增幅17.6%，区域内各单位举办各类培训50余班次，总计培训6513人次，比上年增加近5300人次。

全面推进素质教育。一是持续深化生命教育一体化工程，完成《生命教育课程指导纲要》与《课程指南》编写，建设大中小学衔接的特色课程群，构建7个跨学段生命教育联合研训基地并展示，举行市生命教育一体化建设交流展示活动。二是深化社会主义核心价值观教育，组织2016—2017年度区“道德实践风尚人物奖（美德少年）”评选。发布《向上的力量》读本。推进“孝亲敬老”全国品牌项目建设。三是深化课程领导力、创智课堂、绿色评价一体化改革实践，完善课程领导力项目顶层设计，研制研究方案和三年行动计划，开发杨浦区课程领导力视域下推进课堂文化转型的实践研究框架，对全区200所学校产生影响。扩充“创智课堂表现样例”“资源包”“著作成果集”三项成果。四是加快创新实验室建设，完成2018年市、区两级实验室的申报立项，新增市级11个、区级39个创新实验室。编撰《区域创新实验室建设指南——师资篇》，召开“区域创新实验室联合运作体系建设”项目推进会。五是推进体育课程改革，高中体育专项化全覆盖，初中多样化、小学兴趣化覆盖50%。建设7个体育联盟，覆盖60%中小学校。组织18个项目近500场阳光体育赛事。参加市2016—2017年青少年校园足球精英赛暨校园足球联盟杯赛，获1个冠军、2个亚军、1个季军。承办和参加2017年中国（上海）青少年校园足球国际邀请赛，获季军。成立全国首个满天星校园足球训练营。学生体质健康达标率97.5%。区教育局获“全国群众体育先进单位”。六是实施青少年科技创新行动，建设“线上少科站”。开展“节能小当家”等20余项科普主题品牌活动，吸引近3万青少年参与。深化“双进入”，新增2个社科类高校基地，总量达18个。提供“小创客”展示平台，在全国双创周活动中展示作品近30项。成功举办第八届“赛复创智杯”市青少年创意大赛。在第三十八届世界头脑奥林匹克中国区决赛等科技比赛中获多个奖项，2名学生获第七届“市青少年科技创新市长奖”。七是推进艺术与传统文化教育，举办第十三届长三角民族乐团展演活动、区第三十一届艺术节，开展“长三角”等学生艺术团交流活动近20场。《智慧中华·我是非遗传习人》系列教材获市美育教学微课评选团体一等奖，向全市中小学生推荐使用；开设40场非遗嘉年华活动，上万人次参加；深化“双体验”，组织30场主题探究活动，近万人次走进杨浦8所高校。五项成果入围上海市基础教育教学成果奖特等奖。

全面推进依法治教。一是推进“规范义务教育秩序”工作，规范培训机构市场秩序，建立综合治理联席会议制，上报417条有效数据，其中教育办结率100%，与区市场监督管理局共同关停16家无证无照教育培训机构。制定《杨浦区规范公共资源参与义务教育阶段民办学校办学的实施方案》。规范学校内部教学秩序，实施课程计划审核、备案，完善区域教学常态调研机制，对民办学校招生、小学“快乐30分”和“基于课程标准的教学与评价”实施全覆盖专项督查。二是探索立体化督导模式，对区域9所中小学、幼儿园进行综合督导，对6所中小学、幼儿园进行规划督导，对4个小学教育集团进行质量监测，开展开学工作专项督导。接受国务院教育督导委员会办公室和教育部督导局进行的“全国中小学校责任督学挂牌督导创新区”实地核查。

推进师资队伍建设。新增11位市特级教师、4位正高级教师。完善新教师招录机制。建立集团教师流动机制，实施蓄水池计划。召开市教育发展战略协作联盟暨市教育学会教师培养联盟成立大会，组织市级教师专业发展学校展示活动。加强对口地区合作交流，派出执教教师4批30人次。平稳实施绩效增资。

提升服务保障能力。一是健全强化安全责任体系建设，建立局长办公会定期听取安全工作汇报制度，确保全系统安全工作总体可控。二是推进城乡一体化建设，完成19个学生剧场、7个体育馆、28个创新实验室、25个图书馆、23个安全体验教室建设，信息化无线网络实现全覆盖，完成20所学校网络维护升级，完成295套交互多媒体设备配置，更新教师移动终端设备1305台，信息应用系统提升至3级等级保护，达标率60%。三是推进基本建设规划项目。杨浦职校中原校区汽车专业教学实训中心、同济中学的改扩建、延吉第二初级中学3所学校的重建开工，按“十三五基础建设规划”开工率达40%。 （杨　普）

【学前教育集团化办园启动】 1月16日，区学前教育集团化办园启动大会举行。杨浦首批学前教育集团——本溪路幼儿园教育集团和延吉幼儿园教育集团成立。 （杨　普）

【在第三十八届世界头脑奥林匹克中国区决赛中获奖】 2月25日，第三十八届世界头脑奥林匹克中国区决赛开赛，来自中国、德国、韩国等国家和地区的450支队伍参赛。杨浦区21所学校共24支参赛队参赛，获一等奖6项、二等奖9项和三等奖8项。 （杨　普）

【举行纪念建团95周年联合入团仪式】 5月5日，“不忘初心跟党走·青春誓言文明行”2017年杨浦区纪念建团95周年联合入团仪式举行。来自区初中、高中、高校的200名新团员宣誓加入中国共青团。区领导为新团员代表佩戴团徽。 （杨　普）

【举行社会主义核心价值观主题教育展示活动】 5月23日，区未成年人社会主义核心价值观“三进”主题教育展示活动分别在杨浦高级中学和二师附小举行。活动展示核心价值观“三进”主题教育6节获奖课以及各街镇优秀文化进校园的部分非遗项目，召开社会主义核心价值观“三进”主题教育交流推进会。大会为学校代表授《杨浦区中小学生“社会主义核心价值观”读本》，并启动2017年杨浦区深入推进未成年人社会主义核心价值观教育项目。 （杨　普）

【韩正参加杨浦区庆“六一”主题活动】 “六一”国际儿童节，中共中央政治局委员、市委书记韩正到杨浦小学分校和六一小学，参加庆“六一”主题活动，现场观摩学生社团活动，召开座谈会，听取杨浦区推进义务教育优质均衡发展的工作汇报，并与校长、教师交流。市委常委、市委秘书长诸葛宇杰，副市长翁铁慧陪同。 （杨　普）

【市东中学举行增名揭牌仪式】 9月1日，市东中学举行“搭建成长阶梯，培育实践智慧”开学典礼暨增名揭牌仪式。区有关领导为新增校名“上海市市东实验学校”揭牌，市东中学成为上海市唯一以百年名校为基础的公办十二年学制贯通学校。 （杨　普）

【庆祝第33个教师节】 9月8日，“迎接党的十九大，做好学生引路人”杨浦区庆祝第33个教师节大会举行。区有关领导接见优秀教师代表。庆祝大会表彰区教育系统第四届“感动校园”人物，展示杨浦教育支教工作成果。于漪老师带领青年教师在会上进行宣誓。 （杨　普）

杨浦区庆祝第 33 个教师节

【上海市教师发展协作联盟成立】 9 月 27 日,迎接教师的年代——上海市教师发展协作联盟成立大会暨杨浦区教师专业发展学校建设经验分享会举行。会上,正式启动上海市教师发展协作联盟。上海市教师发展协作联盟和区教师进修学院共同与打虎山路第一小学和鞍山实验中学签署合作协议,开展合作项目研究。 (杨 普)

【推进区域创新实验室联合运作体系建设】 10 月 10 日,从三尺讲台到万象世界——区域创新实验室联合运作体系建设项目推进会暨 2017 杨浦教育“创智季”启动仪式举行。会议回顾项目开展与推进的情况,并为在 2016 年市中小学创新实验室建设论文和案例评选中获奖教师,以及在 2016 年区域创新实验室联合运作体系建设项目装备篇案例评选中的优秀案例颁奖。 (杨 普)

区域创新实验室联合运作体系建设推进会举行

【在第四十四届世界技能大赛上获金牌】 10 月 19 日,第四十四届世界技能大赛在阿联酋阿布扎比落下帷幕。杨浦职业技术学校选手杨山巍获车身修理项目金牌。 (杨 普)

【召开长三角地区中小学小班化教育研讨会】 10 月 27 日,长三角地区第十二届中小学小班化教育研讨会在杨浦区召开。100 多位来自南京、杭州、武汉、大连和中国香港特区的教育局领导、专家,及杨浦区中小学校长参与交流研讨。活动以“基于学生核心素养培育的小班化课堂教学”为主题。 (杨 普)

【全国青少年校园足球“满天星”训练营杨浦站建设启动】 11 月 28 日,全国青少年校园足球“满天星”训练营杨浦站建设备忘录启动仪式举行。教育部体卫艺司司长王登峰和副区长徐建华分别代表全国青少年校园足球工作领导小组办公室和区政府签订校园足球“满天星”训练营建设备忘录。签约双方共同启动全国青少年校园足球“满天星”训练营上海杨浦营。 (杨 普)

全国青少年校园足球“满天星”训练营杨浦站建设启动

【举行第十一届学习节展示活动】 11 月 22 日,以“十九大扬帆领航,杨浦人乐学创新”为主题的杨浦区第十一届学习节展示活动举行。现场举行《学习型城区建设——“三城融合”实践研究》新书首发仪式,启动人文行走“百年大学学习点”,并为志愿者团队授旗。与杨浦区开展社区教育结对合作的新疆克拉玛依市民与上海现场进行视频连线。 (杨 普)

杨浦区第十一届学习节“百年人文行走”启动

【接受"全国中小学校责任督学挂牌督导创新区"核查】 12月11—12日，国务院教育督导委员会办公室和教育部督导局对杨浦区创建"全国中小学校责任督学挂牌督导创新区"工作进行实地核查。区教育局召开现场汇报会，杨浦区副区长、区政府教育督导委员会主任徐建华做工作汇报。专家组查阅杨浦区创建工作资料，分别对三个督学责任区工作室所在学校进行实地核查。 (杨 普)

【召开精神文明建设推进会】 12月21日，2017年杨浦区教育系统精神文明建设推进会召开。会议回顾教育系统推进文明校园创建活动的实践进程，为获2015—2016年度文明单位(文明校园)代表、区教育系统精神文明"十佳"好人好事代表和2017年杨浦区教育系统"优秀微信公众号"获奖单位代表颁发证书，为5家单位颁发"道德讲堂"铜牌。会议为区教师进修学院社会主义核心价值观"三进"项目、区业余大学"教子有道"项目、建设小学"浦江之畔新少年"项目和区学习办"一点学堂"项目颁发区教育系统精神文明建设项目书。 (杨 普)

附:区教育局驻地及负责人

(2017年1—12月)

地址:长岭路91号
邮编:200093
电话:65017733

区委分管常委:徐 彬
区政府分管副区长:徐建华

区教育局党工委书记:顾登妹
副书记:冯 芸

区教育局局长:邵志勇
副局长:朱伟峰、吴 巍、朱 萍

闵 行 区

【2017年概况】 全区有各级各类学校、教育机构360所，其中公办中小学105所(含特殊教育学校3所)、民办中小学39所(含以招收进城务工人员随迁子女为主的民办小学15所)、公办幼儿园73所、集体办幼托事业管理站1所、民办幼儿园116所、全日制中等职业学校2所、成教中心2所、社区学校14所、直属单位8家。非学历教育机构104所。市实验性示范性高中5所、市示范性幼儿园2所。年内，新开办公民办中小学3所、民办幼儿园10所。有教师16820人，学生224449人。

年内教育经费拨款526975.87万元，比上一年增长4.69%;义务教育经费拨款319926.03万元，比上一年增长10.65%。年实际支出生均:高中59133.74元，比上一年增长11.2%;初中44038.9元，比上一年增长16.02%;小学28976.01元，比上一年增长4.5%;幼儿园31490.76元，比上一年增长10.32%;特殊教育152195.74元，比上一年增长14.8%;职校38203.95元，比上一年增长6.35%;中专30932.11元，比上一年增长4.18%。

教育布局与结构日趋合理。推进学校基本建设。学校基本建设计划51个开工项目，已完工8个，开工27个，办理前期手续16个。城乡一体化建设26个"一场一池一馆"项目全部开工。完成37个安全体验教室建设。实现学区化、集团化新突破，先后成立4个教育集团。以街镇为主体的学区化建设顺利推进，14个街镇共成立12个学区。上海中医药大学附属系列学校(贯穿小学、初中、高中三个学段)、交大附中(闵行)教育集团、"江川—交大”学区等一批学区、集团相继成立。华漕国际化教育生态区和上闵外中学教育集团(筹划)有国际化特色,江川—交大学区凸显科创特色,大浦江戏剧教育园区有浓厚人文艺术特色。全年,学区化集团化办学新增参与校 20 所左右,覆盖全区 80%的义务教育阶段学校、90%的公办幼儿园。

教育质量与特色逐步凸显。“四结合一体化”成果显著。落实“三课两操两活动”“每天校园锻炼一小时”,足球、篮球、网球、田径进一步普及推广。校园足球普及教学覆盖区域 81 所学校,校园足球活动人口 97271 人。10 所初中学校七年级 58 个班参与“篮球进校园”项目。“网球进校园”覆盖 15 所学校 17 个校区 86 个班级 3500 名学生。66 所小学开展“人人学游泳”项目课程,惠及 15902 名三年级学生。在全市中小学生体质健康综合评价中,区域中小学生优秀率和合格率分别为 13.0%和 97.1%,优秀率高于全市 5 个百分点。持续开展第五届学生合唱节系列活动、第十五届“信宏·莘松杯”美术竞赛,推进中学生戏剧试点、美育特色联盟,以及“粉墨千秋越韵魅力”“爱国主义教育歌舞剧《江姐》欣赏”等高雅艺术欣赏活动。在第三十八届世界头脑奥林匹克中国区决赛获一等奖 10 项、二等奖 6 项、三等奖 6 项。在第三十二届上海市青少年科技创新大赛,获一等奖 93 项、二等奖 192 项、三等奖 194 项、专项奖 45 项,其中 14 项推送参加全国大赛。七宝中学以 51 项一等奖成绩居全市第一。第十五届上海市明日科技之星评选活动中获“明日科技之星”称号 14 人、“明日科技之星”提名奖 10 人、“希望之星”称号 15 人。参加四个科技项目全国比赛(航空模型、航海模型、无线电通信、机器人),获一等奖 8 项、二等奖 3 项、三等奖 7 项。生涯一体化教育覆盖 42 所实验校,完成 263 人专题培训。在“上海市中小学心理健康教育达标校及示范校”创建中,96%的学校为达标校、7 所学校成为示范校。信息化建设、绩效评价改革、教师专业发展、学习型社会建构等项目卓有成效。电子书包项目新增 10 所学校 20 个实验班,覆盖全区 90%(95 所)公办中小学,实验总班级 721 个。参与项目实验教师超过 2600 人、学生 26000 多人。在全国第十届新媒体新技术大赛中 70 个课例获奖,其中 8 个课例获一等奖。完成校园学生电视台建设,促进学校信息化应用。在 2017 年全国优质录像课评比中,课例获全国一等奖 12 项,58 项获得二等奖、三等奖。形成技术支撑、项目引领、内培外引、“三层四级五列”教师培训与特色发展机制,9 名教师获特级教师称号,111 名教师获市园丁奖,251 名教师获区园丁奖。推进“社区邻里中心”资源开发、“百万在岗人员学历提升计划”“学分银行”“终身学习实验室建设”等,组织开展市区级大型活动 16 次。社区教育、终身教育获国家级奖项 5 次,14 个街镇中有 10 个街镇被评为全国社区教育示范街镇、12 个街镇被评为上海市社区教育示范街镇。

区域教育品质内涵提升。以九大项目推进基础教育内涵发展。推进优质课程建设。各中小学完成 2017—2018 年学校课程计划修编稿,举行优秀校本课程科目方案评选。筹建区域优质课程资源库,启动课程共享平台开发,初步架构数字化课程分享平台。持续推进 STEM 课程、WAP 课程、健康与幸福、PATHS 课程校本化实施。启动教师个性化培养。应用教师专业发展数字化支持系统,推进分层、分类、分科培训,持续以特色项目打造特色教师。实施六项教师专业能力提升计划,“教育领导力”项目完成第二期培训,开展第三期高端教师培训。推动校园长队伍建设。完成 40 位幼儿园校级后备干部挂职锻炼集中培训。启动卓越校长(书记)培养计划,15 位校(园)长参加第五期中小学校长基地培训。13 位幼儿园园长参加第二期幼儿园园长培训基地培训。20 位幼儿园园长参加职初园长专题培训。40 位幼儿园校级后备干部挂职锻炼集中培训。提任校级(副校级)干部 44 名、转正干部 32 名,同级调整 79 名。推进课堂教学改进行动。组织学前教学评优展示活动、中学拓展课程教学大赛活动。完成“一师一优课”市优课选送,33 节课获市优课奖。利用云录播平台开展“100% + 10% + 10%”课堂教学视频实证活动,积聚 14321 节视频课例。加强日常质量监控工作,开展“作业与命题”评选活动。举行“技术改进教学”区级研讨,闵行“信息技术改进教学”案例获中央电教馆“地区典型案例”奖。完善“三级四类”教育评价体系。完善三级评价框架和四大评估系统,设立“闵行区基础教育监测点”。完成2016年度社会教育满意度调研总报告、街镇报告、一校一报告及新一轮调研方案。完成2016学年中小学、公办幼儿园绩效评价和幼儿发展测试,提供数据报告并进行数据解读;完善中小学绩效评价平台与督导信息化平台建设,形成基于证据的学校改进及区域决策机制。

各级各类教育协调优质发展。激发学前教育活力,以“优质幼儿园所创建”“市级项目试点与评估”“搭建多元活动展示平台”等方法提高幼儿园办学水平。3所幼儿园申请一级幼儿园创建,7所一级幼儿园复验,4所幼儿园申请二级一类幼儿园创建,12所二级一类幼儿园复验,1所市示范幼儿园通过验收。推选市级优秀自制玩教具成果,5所幼儿园10件作品被收录。开展幼儿快乐体操试点园项目,组织宝宝舌尖上的美食作品、童声合唱大赛、少儿绘本朗读表演展示、“I CAN THINK”智取大比拼等活动。其中童声合唱大赛全区69所幼儿园2000名幼儿参加,14所幼儿园获金奖。组织幼儿园参加上海市学生戏剧节少儿歌舞剧专场,2所幼儿园获奖。推动“家门口好学校”建设,21所学校成为新优质学校。高起点开办上师大三附小、田园外国语第二实验小学、上海中医药大学附属闵行晶城中学,建设区科创体验中心、区学生体育中心。完成小学绿色指标评价分析,开展中高年级等第制评价,完成学业质量平台小学等第制评价模块研发。完成表现性评价征集评选,9篇评价案例入选市小学“基于课程标准的教学与评价”项目系列成果,入选率25%。开展“基于学习分析技术的学业质量评价研究”。高中学校整体水平明显提升。七宝中学各项成绩继续位于高位水平,进入第一梯队名校行列。内培外引,推动七宝中学、闵行中学、市二梅陇、华二紫竹、交大附中闵行分校、向明高中、上师闵行分校7所市示范性实验高中建设。推进特色高中创建,上海中医大附属浦江高级中学和文来中学(高中部)入选第三批上海市特色高中创建项目校。上海外国语大学闵行外国语中学“基于文化理解的外语教育”办学特色形成,金汇高中、闵教院附中特色建设发展状况良好。创新职业教育人才培养模式。实施“学徒制试点”、以国际化水准开展专业建设与师资培训、实施“生涯规划”与“职业体验”,打造“产教融合”“纵向贯通”的中职人才培养模式。对接国际或国内先进行业/企业技术标准、职业资格标准,行业、企业共同参与教学标准制定、人才培养方案和教学评价。3个专业实施学徒制,实施“职业启蒙”教育,联合区社保局开展中职校“三创”大赛,构建“中职—专科高职—应用本科”相衔接的人才培养体系,中职校6个专业实现“3+2”中职和高职贯通,3个专业(机械电子工程、楼宇智能化、学前教育)实现“3+4”中职和本科贯通。

基础教育管理保障工作加强。推进依法治教。发布《闵行区教育局行政权力和行政责任清单》,办结依申请行政权力660件。通过“一校一品”法宣品牌建设、“法治进校园”巡讲、学生模拟法庭、“学宪法讲宪法”演讲决赛等活动落实普法工作。开展毒品预防宣传教育,推进学校周边环境整治,做好青少年保护工作。推动“平安校园”建设。联合公安分局治安支队、消防支队对民办幼儿园全面安全巡查,开整改通知38份,民办幼儿园隐患、问题整改率达93%。完成中小学安全体验教室37个。推进“阳光午餐”追溯平台建设,95%的学校幼儿园完成注册。开展“放心学校食堂”建设申报,实施“明厨亮灶”工程,180家单位通过评审。年底,所有学校完成公办学校视频联网,校门外放学点防冲撞设施布置全部完成。加强师资队伍保障。完成2017年教师招录工作,全部进编者863人,同比增加53人。完成一年一度编制核定,增加编制数额662个,现编制数总额为15196个。实施区教师公寓项目,两批次共安排177人入住。完成2016学年教师职称评审工作,355位教师获得一级教师资格、49名教师获高级教师资格。完成年内2500余名在编教职工岗位调整和工资审核工作。9名教师获上海市特级教师荣誉称号,363名教师获市、区“园丁奖”荣誉称号,50名人事干部获“优秀人事干部”称号。加大财务规范管理和监管力度。对169人开展教育项目预算管理系统、220人开展教育中期预算项目库编制专题培训,开展区管106所学校(单位)和15所民办学校共168人的财务主管和会计业务培训。实现财务精细化系统常态化运用,对325所公民办学校(幼儿园)收费常规抽查,完成对辖区13所民办学校学费调整工作。完成教育系统审计全覆盖,对112家单位审计问题分析、整改、回访。推进教育督导体制机制改革。建立区教育督导委员会领导下的管理体制。建设“全国责任督学挂牌督导创新区”。完善以绩效评价为主线的学校发展性督导评估制度,对区域28所公民办中小学和18所幼儿园实施综合督导。开展开学专项暨校园安全,学校招生和规范办学,11所民办小学“规范课程教学、实施素质教育”等专项督导。实施学区化集团化办学调研性评估。开展对7所市实验性示范性高中发展性督导评估;实施对78所民办园、31所民三园的督导调研,实现各级各类学校督导全覆盖。

各项工作平稳有序推进。年内招录新生57746人,其中学前招录25106名幼儿,小学一年级招生15676人,六年级招生12237人,高一年级招生4727人。落实学校校舍维护。暑期维修项目资金总计约2.52亿元,其中直管学校安排资金0.8亿元,涉及64所学校。镇管学校安排资金1.73亿元,涉及83所学校。新增地面绿化面积约27000平方米。新增屋顶绿化约3500平方米、檐口绿化约1300米、绿荫停车场约110余车位、景墙面积约1100平方米,指导20余所学校绿化养护。实施政府采购与资产管理。完成预算采购金额约30035万元。集中采购项目约62条预算,总资金约8000万元,已全部招标。分散采购项目约140条预算,总资金约12600万元。完成新开办学校、镇管学校和民办学校的协议采购约340万元。完成专项设备配置共3947.4万元,完成3所新开办学校设备配置。推进“两学一做”学习教育常态化制度化,区域教育系统228家基层党组织开展市十一次党代会、党的十九大精神等专题研讨以及各类学习活动1600余次。成立教育系统劳模宣讲团,首次宣讲活动共500名教师参加。组织“我的故事,我们的情怀”第33个教师节主题活动,开展“展师德风采、做智慧教师”第四届师德标兵评选宣传活动,引导教师立足岗位,建功立业。清理整顿教育市场,关闭101家无证无照机构,劝退关闭96家,依法取缔5家。认定超范围经营机构350家,分类落实整改301家,机构自行关闭49家。对89家问题机构落实整改,依法处罚28家违规培训机构。全面实施监管平台,利用APP功能平台共采集628家教育培训机构信息,处理628家,办结627家,处理率100%,办结率99.84%,处理率和办结率均居全市前列。准入审批和注册登记,建立长效监管机制。

(闵　雯)

【3所幼儿园确定为全国幼儿快乐体操试点园】 3月,闵行区共有35所幼儿园参加全国幼儿快乐体操试点园的申报。经专家组综合认定,龙茗路幼儿园、爱博果果幼儿园和华东师范大学附属紫竹幼儿园被确定为全国幼儿快乐体操试点园。(陈　妍)

【评选“五维金质奖章”】 区“五维金质奖章”评选3月启动,历时100多天,由“专家秘书团、帮帮百人团、大众评审团”开展三轮评审活动,展现“德育、艺术、科技、体育、卫生”五个条线的一线教师在“爱与责任”指引下的师德风貌、奉献精神和高水平的业务能力。9月9日,举行颁奖典礼,表彰23名“五维金质奖”、20名“五维金质奖提名奖”、90名“五维奖章”、5名“网络人气王”。(张美琴)

“五维金质奖章”颁奖

【推进传统文化教育系列活动】 3月,举行“爱上海爱闵行　大声说出来”首届沪语大赛。4月,举行“传承经典文化　同创文明城区”第六届“文来杯”优秀童谣及经典吟诵活动。7—9月,举行“品戏曲之美　承中华文脉”第三届“君莲杯”传统文化知识竞赛与探访实践活动。10—11月,举行“墨润中华　笔韵校园”为主题的“莘城杯”和“黎明杯”书法大赛。12月,开展“传统文化优秀校和优秀项目

评选活动”等,打造传统文化教育的“一区一品”和“一校一品”。（张美琴）

【艺术剧目进校园】 3月27—11月13日,区教育局分别和上海越剧院、上海歌剧院、上海城市剧院合作举办2017闵行区中小学生优秀剧目欣赏活动。全区78所学校24000余名学生观看了歌剧《江姐》,以及越剧《梁祝》《追鱼》《红楼梦》等剧目。（束　涌）

【举办“信宏·莘松杯”美术竞赛】 4月15日,以“同创文明城区、共绘美好家园”为主题的闵行区第十五届“信宏·莘松杯”中小学美术竞赛分别举行。竞赛分初中组和小学组两个组别。参赛学校101所,参赛人数399人,竞赛方式均为学生现场创作。（束　涌）

【举行“读书·最美”第四届市民读书活动】 5月5日—12月27日,由区学习型社会建设与终身教育促进委员会办公室、区教育局主办,社区学院、成教协会、虹桥镇政府、七宝镇政府共同承办,以“五环联动,网上网下,三读一诵,共读共享”为主线,开展“读书好、读好书、好读书、诵好书”——“全民阅读,终身学习”“四好”主题活动,形成“闵行特色”“闵行模式”“闵行经验”。年内,在区域内建设共享书架473个,组建网上学习团队479个,127579人参与线下活动,开展主题活动540余次,20多万名居民积极响应,吸引792955人参与线上交流互动。（隋　明、李丽娟）

【承办中国上海青少年国际校园足球邀请赛】 7月7—15日,2017中国上海青少年国际校园足球邀请赛举行。闵行区承担赛事组织、文化交流及接待任务。参赛的斯巴达队、黑海人队、花莲高农队、内蒙古校园足球队4支代表队,共有126名运动员、教练员。组委会还为参赛运动员、教练员举办包含书法、武术、编中国结、体验茶文化等内容,历时7个半天的中国传统文化活动。（王　琼）

【在第三十二届全国青少年科技创新大赛获奖】 8月14日、19日第三十二届全国青少年科技创新大赛在杭州市举行。大赛历时5天,参赛的闵行区学生共获青少年科技创新项目一等奖1项、二等奖2项、三等奖2项及专项奖2项。（束　涌）

【区第二届中学生话剧展演】 9月7日,以“回望历史,致敬青春”为主题的区第二届中学生话剧展演——“高考1977”举行。文来中学、金汇高中、莘庄中学、七宝中学以及闵行二中5所学校戏剧社的73名学生参与展演。区教育局将戏剧教育纳入“美育特色联盟”,让更多学生参与戏剧表演、交流和分享,丰富学习体验。（束　涌）

闵行区第二届中学生话剧展演

【在上海市学生广播体操比赛中获奖】 10月14日,2017年上海市学生阳光体育大联赛中小学生广播体操比赛举行。比赛分为高中组、初中八、九年级组、初中六、七年级组、小学四、五年级组、小学一、二、三年级组五个组别。51支参赛队伍共1600余名中小学生参赛。闵行区五支队伍参赛,花园学校获小学一、二、三年级组的一等奖,莘松中学获六、七年级组一等奖,七宝中学获高中组一等奖。（王　琼）

【中国足球名宿辅导团进校园】 10月24日,中国足球名宿辅导团一行到七宝二中指导学校足球队伍训练,开启“未来之星”计划上海行第一站。市足协负责人,市校园足球精英训练营负责人,区足球特色学校校长、老师和青训教练员参加此项活动。足球名宿辅导团通过指导校园足球、考察精英基地、专题讲座等形式,走进校园,进行“零距离”指导,推动校园足球的发展。（王　琼）

【首届“创课”大赛启动】 10月25日，首届闵行区邻里中心“创课”大赛启动。作为上海“第三届国际学习型城市大会解读暨学习型城市建设监测项目工作研讨会”内容之一和“读书·最美”第四届闵行区市民读书活动之一的“创课”大赛，由区教育局与华东师范大学共建的终身学习实验室发起，联合区社会建设办公室共同主办，由区社区学院联合华东师范大学人才发展中心、华东师范大学高级管理者发展与培训中心承办，区成人教育协会、区各街镇社区学校联合复旦大学团委、上海交通大学团委、上海师范大学团委、华东师范大学团委、华东师范大学教育学部协办。 （隋　明、李丽娟）

【在2017全国快乐体操比赛中获奖】 11月4—5日，在2017全国快乐体操比赛上海站暨总决赛上，君莲幼儿园、华东师范大学附属紫竹幼儿园、龙柏二幼获得快乐操一等奖，浦江三幼获得快乐操二等奖。爱博果果幼儿园、君莲幼儿园、龙茗路幼儿园、浦江三幼、康城幼儿园在通关赛和器械赛中获奖。 （陈　妍）

【承办市学生阳光体育大联赛健身操比赛】 11月18日，2017上海市学生阳光体育大联赛健身操大赛暨肯德基全国青少年校园青春健身操上海赛区总决赛落下帷幕。经过激烈竞争，上海75支代表队参加7个单项角逐。西南工程学校高中精英健身组获特等奖，初中组健身操自选动作特等奖由吴泾中学获得。该赛事连续八年由闵行区承办。 （王　琼）

【在全国啦啦操联赛获奖】 12月14—17日，2017—2018年全国啦啦操联赛（上海闵行站）开赛。闵行区51支队伍参赛，获多组别冠亚军及“道德风尚奖”“最佳创编奖”“活力宝贝”“优秀教练”等奖项。建立“蒋燕芳阳光体育工作室”，为啦啦操专业教练员提供交流探究平台。 （王　琼）

【获上海市民办教育突出贡献奖】 12月22日，上海市民办教育协会、上海市民办教育发展基金会发出《关于表彰上海市“民办教育突出贡献奖”“民办教育优秀奖”获得者的通知》，表彰为上海市民办教育事业中作出突出贡献的先进者。闵行区绿世界实验幼儿园园长法勇青、依霖幼儿园园长徐刚，获上海市民办教育突出贡献奖。 （陈　妍）

【认定为“全国中小学责任督学挂牌督导创新区”】 12月14—15日，国务院教育督导委员会办公室专家组对闵行区创建全国中小学校责任督学挂牌督导创新区工作进行实地核查。专家组认为，闵行区责任督学挂牌督导工作体现顶层设计好、机制建立好、信息融合好、结果运用好和工作成效好等五个特点，为服务区域教育决策、推进区域教育改革发展发挥重要作用。12月，闵行区被国务院教育督导委员会认定为“全国中小学校责任督学挂牌督导创新区”。 （周旻琪）

【学区化集团化办学教育合作签约】 12月27日，闵行区先后举行教育合作签约仪式：区教育局与华东理工大学合作举办华东理工大学附属闵行科技高中。区教育局、颛桥镇政府委托星河湾双语学校管理公办田园外国语初中。区教育局、浦江镇政府、临港浦江科技城委托世外教育集团举办公办九年一贯制学校。区教育局、浦江镇政府委托世外教育集团管理浦航二中，开展“初中学校携手共进”合作。市教卫工作党委书记虞丽娟，市教委副主任贾炜，华东理工大学党委书记杜慧芳，闵行区委书记朱芝松，区委副书记、区长倪耀明，上海星河湾双语学校董事长、上海中学原校长唐盛昌，上海世外教育集团、均瑶集团总裁王均豪，临港集团董事长、党委书记刘家平分别出席签约仪式。 （许　凌）

闵行区教育局与华东理工大学合作举办
华东理工大学附属闵行科技高中签约仪式

【举办"舞向未来"艺术教育实验成果交流会】 12月29日，"舞向未来"艺术教育实验成果交流会在上海外国语大学闵行外国语中学举行。闵行区、中福会少年宫的领导以及学校代表200余人出席会议。合作双方签署"舞向未来"2018—2020年框架协议，开启项目新三年的合作，促进项目在未来区域内进一步发挥辐射作用。 （束　涌）

【持续推进教育科研】 年内，持续推进国家社科基金项目"基于学习分析技术的中小学学业质量评价研究"。立项2个教育部重点项目并开题：区教育局李啸瑜"提升3—15岁听障儿童随班就读质量的区域支持系统研究"和莘庄幼儿园园长郁亚妹"重建教育场景：幼儿园个性化教育的实践研究"。完成36个上海市教学成果奖申报。7个市级项目获批立项，17个市级项目结题。市青年课题8个课题结项，5个课题获批立项。启动3个市委托研究项目。完成区级项目过程管理，359个项目获批立项。46个区青年课题立项。1235个教师教学小课题立项。完成第八届小课题的结项鉴定和成果评选工作。 （傅　军）

附：区教育局驻地及负责人

（2017年1—12月）

地址：七莘路400号
邮编：201199
电话：64881398　64983660＊分机

区委分管常委、宣传部长：刘世军
区政府分管副区长：杨德妹

区教育局党委书记：朱雪平
副书记：恽敏霞、李光华

区教育局局长：恽敏霞
副局长：李啸瑜、朱震宇、马秀明、乔慧芳

宝　山　区

【2017年概况】 全区有各级各类学校及教育机构322所，其中公办中小学116所（含特殊教育学校1所、工读学校1所）、民办中小学19所、公办幼儿园165所、民办幼儿园67所、中等职业学校4所，成教机构5所，其他教育机构13所。全年在校学生170593人，教师11145人。新开办学校8所（含4所分校）。

宝山教育继续围绕各项改革重点工作，全力以赴破瓶颈，持之以恒抓落实，各项工作都取得一定成绩。全区师生获国际级奖项9个、国家级奖项93个、市级奖项412个。

聚焦改革攻坚，加快教育转型。一是全面深化教育综合改革。以"陶行知教育创新发展区"建设为引领，坚持城乡教育一体化发展，对表《宝山区教育特色综合改革三年行动计划（2015—2017）》，总结各项任务推进情况，推动改革向纵深发展。二是启动教育资源统筹改革。有序开展各镇管学校资源情况排摸，基本完成教育统筹工作方案编制工作。按区"工作要求"，做好方案调整。三是交出首份高考改革答卷。贯彻落实"严而又严、慎而又慎、细而又细"要求，确保秋季高考科学、公平、安全、规范。全区秋季高考公办学校本科达线率为92.4%，较去年提升8个百分点。

聚力品质提升，谋求优质发展。一是强化基础教育内涵发展。聚焦学前教育科学普惠，开展公民办幼儿园牵手，民办幼儿园纳入学区、学块日常管理；选取优质幼儿园作为内涵发展捆绑结对基地；16所幼儿园组建四个特色发展共同体，开展情感、游戏、艺术和语言等方面的专题研究，在全区形成特色发展可推广和辐射的经验。3所市示范园通过市级复验。聚焦义务教育优质创新，推进学区化集团化办学，成立吴淞教育集团和长江路教育集团，先后举办学区化集团化办学市级展示交流等活动。聚焦高中教育特色多样，推进罗店中学和宝山中学“特色普通高中”项目学校建设。二是促进学生健康快乐成长。着力提升学生创新能力、心理健康、体质健康、文化素养，开展“家庭创客”“积极心理成长共同体”项目中期展示、“我为青春护航”普法主题宣传、“足球进校园”“人人学游泳”“戏曲进校园”“非遗进校园”“笔尖上的童心——第三届宝山区优秀儿童文学创作大赛”等活动。举办内容丰富、形式多样的暑期学生活动，开展各类专题培训62个、夏令营活动5个、主题活动128项，共有6万多人次参加。组队参加全国竞赛12项、国际竞赛1项，参与学生数达12000多人次，获全国及国际奖159项。三是推动职成教育融合发展。推进职业教育“现代学徒制”试点，参与市首批“双证融通”试点专业教学文件汇编。组队参加市“星光计划”技能大赛，宝山职校一名学生获“最强技能王”称号。推进终身教育“乐学宝山”品牌建设，确定首批“两线三地”行走路线，开展“宝山人文行走”活动。承办上海市民诵读巡演活动暨上海社区学习团队成果展示。完成10个社会学习点建设申报，有序推进100个学习点“1+N”师资配送。

聚效教育管理，夯实发展保障。一是加强人才保障。完成新一轮骨干教师评选和两期新教师招录工作，有1460余人参加应聘招聘工作。切实做好教师培训，强化教师区内柔性流动。表彰“学陶师陶”楷模标兵、“十佳青年”，命名新一轮骨干教师。二是加强资源保障。启动“十三五”建设规划修订工作，加快推进城乡一体化建设项目，8所新校如期开办。加快推进区青少年创新教育与实践中心（顾村）一期工程等项目建设，确保完成年度目标任务。形成“退租还教”“关停并转”工作实施意见，切实强化资产管理。三是规范教育秩序。强化教育督导，成立区政府教育督导委员会，做好全国责任督学挂牌督导示范区创建，以及国务院督导委对区中小学体育工作专项督查的迎检工作。规范教育培训市场，完成2016年27所民非教育机构的第三方评估。会同市场监管局和各街镇对全区516家教育培训机构开展全面排摸检查，对违规机构下发责令整改行政告知书。四是加强安全保障。开展校园安全专项检查和“四个一”学生安全教育主题活动，完成国务院督导组对区校园安全工作督查。

（宝　教）

【承办第三十八届世界头脑奥林匹克中国区决赛】 2月25日，第三十八届世界头脑奥林匹克中国区决赛开赛，来自中国、德国、韩国等国家和地区的450支参赛队参与竞争。宝山区代表队在比赛中获6项第一，并获参加5月在美国密歇根州立大学举行的世界总决赛资格。（宝　教）

【承办第五届全国数学科普论坛】 4月14—16日，主题为“数学与未来科技”的第五届全国数学科普论坛举行。本届论坛旨在传播数学科学知识，共享科技教育成果，搭建数学大师与青少年面对面交流的平台，积极促进数学的应用与提高。市教委、市科普教育促进中心、部分区县少科站领导及数学辅导教师、中小学师生代表等近千人出席论坛。（宝　教）

第五届全国数学科普论坛在宝山区举行

【举行上海大学基础教育集团工作会议】 5月5日，上海大学附中名誉校长聘任仪式暨上海大学基础教育集团2017年工作大会举行。宝山区和上海大学领导，以及区教育局、大场镇政府党政领导出席会议。会上，上海大学校长金东寒受聘担任上海大学附中名誉校长，副区长陈筱洁颁发聘书。

（宝　教）

【启动"非遗进校园"活动】 5月24日，宝山区少年儿童"六一"欢乐周暨宝山区非遗进校园启动仪式举行。共有7所学校被命名为首批区"非遗进校园传习点"。 （宝　教）

【承办学区化集团化办学现场展示会】 5月31日，主题为"探合作发展之宝　攀优质均衡之山"的上海市学区化集团化办学展示交流会举行。市教委基教处、市教科院普教所、区教育局等部门的相关负责人出席会议，来自全市各区教育局、学区、教育集团代表，及宝山区各学校代表共400余人参加会议。会上宣布成立吴淞中学教育集团。 （宝　教）

【承办全国车辆模型公开赛上海站比赛】 8月19—20日，全国车辆模型公开赛上海站比赛在宝山区举行。来自全国各地的48支参赛队共计400余名运动员，在主赛场高境三中和分赛场军体SYE模型竞技场角逐15个项目的冠亚军、42个奖杯和80枚奖牌。这是上海第一次承办全国车辆模型公开赛。宝山区选手共获金牌15枚、银牌13枚、铜牌4枚。 （宝　教）

宝山区承办的全国车模公开赛(上海站)举行

【区教育系统人才工作推进会举行】 9月28日，宝山区教育系统骨干教师、骨干团队命名暨人才工作推进会举行。区委书记汪泓、区长范少军等出席会议。全区的市特级教师、区拔尖人才、青年尖子、首席教师、学科带头人、教学能手代表以及各基层单位主要负责人等参加大会。会上命名36位教师为区第五届首席教师(首席教研员)、343位教师为区第八届学科带头人(骨干教研员)、654位教师为区第七届教学能手。建立14个名师工作室、高中语文研究团队等33个学科研究团队，初中数学指导团队等36个学科指导团队。命名1033名区教育系统骨干教师和83个骨干教师团队。 （宝　教）

宝山区教育系统骨干教师、骨干团队命名暨人才工作推进会举行

【"戏曲进校园"活动启动】 11月10日，上海市民文化节中华梨园经典"赏戏团"在宝山实验学校成立，并启动宝山区戏曲进校园行动。活动中，上海的14位戏曲名家谷好好、王珮瑜、华雯、严庆谷、熊明霞、沈昳丽、吴双、樊婷婷、王柔桑、朱俭、徐蓉、施燕萍、高博文、韩婷婷受聘为上海市民文化节首批中华梨园经典"赏戏团"特邀导师及市民导师。宝山区15所学校被授予"戏曲进校园试点学校"称号。

宝山区15所学校被授予"戏曲进校园试点学校"称号

【学校体育课程改革推进会举行】 11月28日，上海市"小学兴趣化、初中多样化"学校体育课程改革推进会在宝山区举行。教育部体卫艺司司长王登峰、市教委副主任倪闽景、副区长陈筱洁等出席推进会。推进会旨在落实上海教育综合改革的要求，建立科学、完善、有机衔接的学校体育教育教学体系，展示改革试点工作成效。 （宝　教）

【举行上海市新优质学校集群现场展示会】 12月1日，上海市新优质学校集群展示会在宝山区举行。展示交流活动聚焦“以学生发展为中心的学校管理与文化”的主题。市教委副主任贾炜出席本次展示交流活动。（宝　教）

【承办建设中学传统文化课程现场会】 12月6日，由市教委基教处、德育处、教学研究室和宝山区教育局联合主办，区教育学院、上海大学附属中学承办的“育人为本　以德为先”——“建设中学传统文化课程　深度推进‘两纲’教育”现场会举行。本次现场会是上海市“两纲”教育第十二次展示活动。陶艺绘彩、丝竹绕梁、拳术扬威、书香沁人、京韵悠扬、剪纸抒情等宝山区16所中学的传统文化项目展示，让与会者感受到传统文化课程的魅力。

（宝　教）

【接受全国中小学校责任督学挂牌督导创新区核查】 12月12—13日，国务院教育督导委员会办公室对宝山区创建“全国中小学校责任督学挂牌督导创新区”工作进行实地核查。国务院教育督导委员会办公室实地核查组全体成员对宝山区的宝林路第三小学、吴淞中学和高境三中责任督学挂牌督导工作情况进行实地核查。（宝　教）

附：区教育局驻地及负责人

（2017年1—12月）

地址：宝杨路158号
邮编：201999
电话：66592760、66592769

区委分管常委、区委副书记：周志军
区政府分管副区长：陈筱洁

区教育局党工委书记：王　岚
副书记：葛玉华

区教育局局长：杨立红
副局长：陆荣林、刘　政、朱燕萍(7月到任)、王普祥

嘉　定　区

【2017年概况】 年内，全区3—6岁户籍幼儿入园率为99.9%；小学入学率、巩固率、毕业率均为100%；初中入学率为100%；高中阶段录取率为99.59%；春秋两季普通高校总计录取1934人，应届生高考录取率为98.52%。2017年成人教育、社区教育培训总量达到128万人次。

2017年，嘉定区共有公办幼儿园57所、班级826个，学生25270人、教师3545人；民办幼儿园10所、班级161个，学生4676人、教师721人；民办三级幼儿园15个、班级217个，学生7858人、教师712人。公办小学30所、班级972个，学生38494人、教师2858人；民办小学5个、班级74个，学生2335人、教师138人；民办随迁子女小学13个、班级153个，学生6195人、教师472人。公办中学35所、班级733个，学生24883人、教师3139人；民办中学8个、班级136个，学生5187人。中职1所、班级72个，学生2443人、教师166人。

深入推进教育综合改革，教育发展动力持续激活。全面实施教育事业改革与发展“十三五”规划，细化“城乡一体优质均衡、学校组团式联盟发展、品质发展活力创新、幸福健康促进、文化科技内涵品质提升、服务能力提升”等六大行动项目实施方案。推动基础教育十大项目实践，启动实施第二批教育综合改革十大项目，开展第三批教育综合改革示范校评审。完善现代学校制度建设，继续探索组建学校理事会和教育基金，扩大学校办学自主权，学校

内部治理结构科学有序。健全区域督学聘任制度，实行新一轮教育综合督导，开展多元参与教育督导、结果向社会公示公告制度项目试验。率先接受上海市第三轮教育综合督政，市综合督政工作组对区城乡义务教育一体化发展、学前教育、现代职业教育三个专题综合把脉，充分肯定教育综合改革举措与成绩。义务教育秩序进一步规范，在教育培训机构市场、义务教育阶段民办学校和学校内部教学三方面，做到底数清、情况明。召开学生学业减负专题会议，将课程计划制定与实施、日常教学常规要求、调研结果等纳入学校年终考核，提高整体效应。

整合区域教育资源，推动教育均衡布局。深入推进学区化集团化办学，启动中科·实验教育集团、新城教育集团、疁城教育集团和安亭学区、南苑学区建设，初步完成“两圈四区”教育布局。深化“新优质学校”区域推进项目，结合学校改进计划，启动市级第六轮、区级第三轮委托管理项目，促进学校自我更新。推进区域园所联盟建设，通过辐射式、助跑式、托管式等方式，整合区内优质资源，实现学前教育均衡发展。全面深化学前教育精细化管理，75%以上园所办学成效达到良好。新开办中学3所、小学1所、幼儿园3所。以“区域规划与以校为本”相结合为原则，推进小剧场、创新实验室、图书馆、安全教育场所和体育馆建设，实现公办中小学校无线网络全覆盖。完善招生政策，合理调整新开办学校和少数学校学区。增强主动服务意识，规范招生工作流程，坚持公开程序、公平竞争、公正选拔的原则，确保高考、中考顺利进行。关注民办学校招生行为，稳妥处置区域就学需求。

拓展教育内涵，促进教育优质发展。加强学科德育研究，完善区级德育精品课程资源库建设。深入开展“爱嘉学子”“爱赏嘉定”系列实践活动，优化高中生公益劳动志愿服务项目，完成区级基地评估。成立校际联盟，推进高中学生生涯教育指导项目。全面实施“学生幸福课程”，开展交流研讨。举办“与幸福有约”幸福课程推进会加大德育管理工作队伍培训力度，加强班主任队伍建设，完善班主任工作室、班主任人才储备库，提升专业能力与素养。启动“心灵嘉园”品质提升项目，完善“点亮心灯”心理健康教育品牌建设，开展区级心理健康教育特色学校创建。加强家庭教育指导工作，建设“百问百答”家庭教育网络音频课程，发挥区心理健康辅导中心和家庭教育指导中心功能，开发“幸福课程”的“学生幸福成长营”“家长幸福讲堂”“助考圆梦”“生涯辅导”等子课程群。创新文教结合形式，与上海音乐学院和上海民族乐团等专业团队合作，加快推进迎园教育集团学生民族管弦乐队建设，逐步推广学区化集团化艺术团队项目建设经验。深入推进社会主义核心价值观进校园，推广使用慧雅乐童“中国唱诗班”诗乐文化经典音乐教材，启动二期教材编写工作。开展中华经典诗文诵读，推进书香校园建设，推广阅读行动，打造语言文化品牌。学校体育顶层设计日趋完善，体育课程改革不断深入，校园足球引领作用得到充分发挥，阳光体育运动蓬勃开展。完善教师招聘制度，加大文化和科技类人才引进力度，尝试集中举行紧缺人才和高层次人才专项招聘。推进人才柔性流动项目，结合课程改革需求，推进校外专家进校园。实施“十三五”教师培训规划，建构互联网学习平台，关注不同教师群体，实施分层分类培训，改进见习教师培训，开展暑期大培训行动，评选校本培训规划。依托学区集团联盟，推进校本联片培训，形成“教研修”三位一体的学区集团研修机制。开展特级教师、正高级教师推荐工作，获评特级教师6名。组织开展市区园丁奖评选，获评市园丁奖48名、区园丁奖120名。完善优秀骨干教师管理机制，评选区学科带头人、区骨干教师325人、区学科新星58人，组建新一期双名工作室33个，发挥优秀教师在学科领域的引领和辐射作用。深化“区管校聘”教师管理体制改革，在编制核定、岗位设置、职务(职称)晋升、聘用管理、业绩考核、培养培训、评优表彰等方面完善激励政策，优化学区化集团化教师流动与优秀教师评选方案，推动校长教师交流轮岗工作(轮岗人员251名)，进一步促进教育人才区域共享，使师资更加合理、均衡配置。

深植品质教育，推进教育变革转型。加强与市教科院普教所合作，丰富品质教育内涵建设，推进5

个子项目结题工作，总结品质教育实践研究的阶段性成果。承办全国第二届品质课程研讨会和长三角地区品质教育论坛，推进区域品质教育全面实施与提升。根据区域教育改革发展要求，确立重大课题“聚焦学生学习，提高课堂品质的区域行动”，对接教育综合改革项目和中高考制度改革。推进“聚焦学生学习，提高课堂品质的区域行动”项目研究工作，开展二次专题培训，确定10所学校为项目实验学校，完善研究方案。做好品质教育研究总结工作，出版“品质课程”丛书；完成《2017年品质教育蓝皮书》和“品质教育”丛书编辑工作。开展基于教育变革的学校课程设计评选展示活动，分学段召开教育改革推进会，提升校长课程领导力。以“中高考改革教学策略改进”为核心，引导各校从教师专业发展、课程领导力、课堂转型、信息化应用等方面制订改进方案，重点提升随迁子女学业质量。推进高中多样化、特色化发展，初步构建小学到大学的贯通课程，加强对高中学生的选科指导和生涯规划辅导。加强区域课程顶层设计，开展课程指南评选，全面推进课程规划实施和学前教育课程统整行动，运用“引擎计划”经验成果，建立课程群，形成课程图谱。开展“聚焦学习经历，提升课堂品质的区域行动与校本实践”课题研究，举办首届品质教育学术节，推广教改经验，促进核心素养落实。启动区域幼教品牌课程建设，开发融合科技与人文特色的STEAM课程。深化慧雅阅读项目，编制《阅读导读手册》，拓展阅读载体，促进区域师生“悦读”行动。小学试点开展“快乐活动日”拓展工作，全面实施“4·30行动”，放学后看护服务工作覆盖所有小学。推进基于数据评价导向的课堂转型研究，加强学校教研组建设和学科中心组建设。聚焦减负增效，贯彻落实绿色评价教育质量观。实施基于绿色指标的学校教育改进行动。全面推进各年级段学科教研发展报告和中考、高考教学质量预警报告制度，提升学业质量。全面推进《嘉定区学前教育三年行动计划（2016—2018年）》，进一步完善区域学前教育公共服务体系。举办第一届学前教育精细化管理论坛，共享精细化管理经验成果。推进区域园所联盟建设，开展4所幼儿园市一级园复验，扩大学前优质幼儿园体量。推进幼儿园“STEAM+”科创联盟建设，试点幼儿园初步形成科创项目亮点。加强0—3岁早教指导，形成早教指导手册，开展第十三届活力宝宝主题展示活动。启动第四届“新雁”培训计划、第三期园长高级研修班、第二期学前名师研修班、第一届学前教育园长论坛、首届品质教育学术节学前教育系列展示活动，辐射专业成果，搭建专业提升平台。推进市级课题“提升区域民办三级园课程实施水平的实践研究”，做好新一轮优质民办幼儿园申报工作，提升民办幼儿园办学质量。积极推进4个中高职教育、1个中职——应用本科教育贯通培养模式，拓宽技术技能型人才成长通道。实施示范性品牌专业创建计划，总结双证融通试点工作经验，实施中等职业学校学生学业水平和综合素质评价，修订完善专业教学标准。加强现代学徒制改革工作，建立健全与现代学徒制相配套的教学和企业实践管理制度，推动校企深度合作，加强校企协同育人。统筹推进区域教育信息化建设，建设教育数据中心和信息化教研平台，完善数字化教育资源库。与苹果公司、科大讯飞、希沃等企业共同打造“嘉学院”学习中心。建立“苹果教师认证”“创新STEM教育”“SAMR与重构教学活动”等7个工作坊。加强“嘉定教育云”应用平台建设，推进中小学、幼儿园基于大数据和云计算技术的教育变革，开展数字化网络环境下学习方式变革实验，实施教师信息化技术应用能力提升师训工程，建立教师信息化技术应用能力评估体系，提升教师信息素养。开展数字素养学校建设，遴选信息化重点示范校。加强信息安全维护，确保教育系统互联网信息安全。

提升教育服务水平，构建科学教育格局。理顺教育财务管理体制，加强教育经费科学化、精细化管理，逐步形成多部门联合监督管理长效机制。加强公共教育财政支出预算规范化管理，加大财务公开力度，完成2017年部门预算公开工作和部分专项资金公开工作，重点开展教育专项经费投入的绩效评估，提高教育经费使用效益。修订2018年各类教育生均公用经费定额标准，进一步提高生均公用经费定额标准。严格落实“党政同责、一岗双责”安全责任机制，深化安全教育实验区建设，开展校园周边安全问题整治行动。全面应用安全教育信息化平台，完成校本安全教育。启动校园安全管理智能化三期工程建设，充分运用"互联网＋校园安全"技术，建立动态安全管理数据库，逐步实现智能化安全管理全覆盖。完善区域终身教育促进机制，打造区级终身教学学习体验基地。推进街镇老年学校标准化建设，开展区级示范学习点建设，新建50个村居委老年人标准化学习点。在养老机构、养老日托中心等场所新增养教结合学习点和标准化学习点，扩大养教结合覆盖面。严格规范管理教育培训市场，开展校外培训机构治理行动，有序推进教育培训机构分类管理，规范办学行为。

（梁晓峰、唐伟东）

【与上海民族乐团共建民乐教学实践基地】 4月1日，区教育局与上海民族乐团举行民族音乐（器乐）教学实践基地合作签约仪式，这是上海民族乐团首次与区教育局合作，携手推进民乐进校园工作。根据协议，上海民族乐团在嘉定区迎园教育集团建立教学实践基地，为师生提供民乐（器乐）教学资源、优质师资。通过普及民乐知识、开设民乐拓展性课程、聆听音乐会等途径，进一步提升师生的音乐鉴赏能力和艺术修养。（嘉　教）

嘉定区教育局与上海民族乐团签约共建民乐（器乐）教学实践基地

【新优质学校集群发展展示交流会召开】 由市教委主办、市新优质学校研究所和区教育局承办的"促进教师成长的学校行动"——市新优质学校集群发展展示交流会于4月19日在嘉定区南翔小学召开。市教委副主任贾炜在讲话中肯定嘉定区品质教育取得的进步，赞赏南翔小学等四所市新优质项目学校促进教师成长的举措和经验。区"新优质联盟"学校在交流会上进行成果展示。（嘉　教）

【市教育系统社会主义核心价值观进校园现场会举行】 5月26日，"学校文化铸品质　中华经典育新人——2017年上海市教育系统社会主义核心价值观进校园现场会"在嘉定区举行。活动旨在总结区教育系统以优秀文化为根基，在青少年人群中培育和践行社会主义核心价值观的有益经验，在全市普教系统进一步推进培育和践行社会主义核心价值观工作。市教卫工作党委书记虞丽娟、嘉定区委书记马春雷、市教委秘书长王从春等有关负责人，以及嘉定区基层学校师生代表500余人出席。虞丽娟充分肯定嘉定区教育系统推进社会主义核心价值观进校园的探索经验。现场会上，社会主义核心价值观彩绘本——《嘉定历史名人故事》首发。与会人员观摩《中国唱诗班》系列动漫作品《游子吟》。区基层学校以诗文吟诵、古诗乐舞等形式展示推进社会主义核心价值观进校园的系列成果。

（嘉　教）

【小学"快乐30分"拓展活动现场交流会举行】 6月13日，市小学"快乐30分"拓展活动现场交流会举行。推行小学"快乐30分"拓展活动，是深化全市小学教育教学改革的重要内容，是办好家门口公办学校的有力抓手，是促进社会公平、回应社会需求的积极举措。（嘉　教）

【对嘉定区依法履行教育责任开展综合督政】 6月14日，上海市对区政府开展依法履行教育责任综合督政自评汇报会在区综合办公大楼举行。国家督学、市教委主任、市政府教育督导室主任苏明，国家督学、市人大教科文卫委员会原主任委员、督政组组长薛明扬，区委副书记、区长章曦等出席会议。副区长王浩作教育督政自评汇报。6月14日—16日，市政府教育督导室对区依法履行教育责任开展综合督政，标志着上海市全面启动第三轮对区政府的教育督政工作。（嘉　教）

【中科院上海实验学校开学】 9月1日，新办的中科院上海实验学校开学。中科院上海分院院长、分党组书记王建宇，区委副书记、区长章曦，市教卫工作党委副书记、市教委副主任高德毅等参加学校开学典礼。中科院上海实验学校是一所九年一贯制公办学校。该校以“科学精神育人，人文素养铸魂”为办学理念，着力培养学生的多重科技能力，实现学科融合、技能融合、设计与动手实践一体化，把学校打造成一所青少年科技教育优势突出的现代化、高质量的特色品牌学校。学校整合中科院众多科研院所资源，中科院上海分院为学校配备的导师团中有60余位院士专家。中科院上海分院在嘉定区的6个科研院所中，建立中科院上海实验学校的拓展基地，为学生准备近200课时的拓展类课程资源。 （嘉　教）

中科院上海实验学校开学

【孙尧视察嘉定教育】 9月5日，教育部副部长孙尧在教育部职成司司长王继平、市教委主任苏明陪同下视察嘉定区教育工作。孙尧视察嘉定一中、中科院上海实验学校、普通小学的教育教学活动以及专用教室、师生食堂、安全装备等设施，肯定运用“互联网+校园安全”技术，以网络化管理确保校园安全的做法。在嘉定一中，孙尧察看生物创新实验室、高一新生教室、学生大课间体育活动等。在中科院上海实验学校，孙尧阅读学生的科技小报。在普通小学，孙尧观看少先队员主题研讨活动、学生足球训练、书法课、教工社团活动等。 （嘉　教）

【全国首家“DI中国创客中心”落户嘉定区】 9月16日，2017—2018年度DI全国教师会议在金鹤中学启动。活动现场，全国首家“DI中国创客中心”揭牌。来自全国27个省市近500名领队老师参加活动。 （嘉　教）

全国首家“DI中国创客中心”落户嘉定区

【人民教育出版社到嘉定区开展统编教材回访调研】 10月11日，受教育部委托，人民教育出版社到嘉定区开展统编教材实施情况的回访调研。实验小学代表上海市接受统编教材——语文、道德与法治两科教材的回访调研。座谈会上，与会专家与教研员、任课教师就两科统编教材在上海的使用情况进行互动交流和研讨。 （嘉　教）

【第二届全国中小学品质课程研讨会举行】 11月12日，“让学校课程深度变革成为常态——第二届全国中小学品质课程研讨会”在嘉定区开幕。研讨会分享区域推进学校课程深度变革方面的区域智慧与前沿观点以及学校在课程建设方面的实践智慧和标杆经验，力图促进学校在课程建设方面的文化共识。此次研讨会由市教育科学研究院、区政府主办，市教科院普通教育研究所、区教育局、区教育学院、全国中小学(幼儿园)品质课程联盟等共同承办，来自24个省市近70个县、市、区的1600余名课程研究专家、教科研人员、中小学校长、教师参会。 （嘉　教）

第二届全国中小学品质课程研讨会举行

【基础教育三项评选颁奖大会举行】 12月29日，

由市教委、市中小学幼儿教师奖励基金会共同主办，市教委教研室、区教育局承办，区教育学院、区青少年活动中心、上海交通大学附中嘉定分校协办的“坚守教育情怀，镕铸专业品质”2017年度上海

2017年度上海市基础教育“三项评选”颁奖

市基础教育三项评选颁奖大会在上海交通大学附中嘉定分校举行。大会对“2017年度上海市基础教育教研员专业发展评选”“2017年度上海市青年教师教育教学研究课题评选”“2017年度上海市中小学中青年教师教学评选”获奖单位和个人进行颁奖。

（嘉 教）

附：区教育局驻地及负责人

（2017年1—12月）

地址：嘉行公路601号
邮编：201808
电话：39902000

区委分管书记：周金林
区政府分管副区长：王　浩

区教育局党委书记：王晓燕
　　副书记：姚　伟、赵　良

区教育局局长：姚　伟（兼）
　　副局长：朱　芳、赵国兴、祝　郁、赵丽鸾（5月到任）、俞勇彪（5月离任）

浦东新区

【2017年概况】 全区有基础教育阶段各级各类学校640所，其中普通中学163所、小学161所、幼儿园305所、特殊教育学校3所、专门学校1所、职业中学7所。按办学体制来分，有公办学校468所、民办学校172所。有青少年活动中心和实习学校2个校外教育单位、教育发展研究院1所以及教育署等14个其他教育单位。有上海开放大学分校3所、社区学院1所、上海老年大学分校1所、街镇社区（成人）学校37所、居（村）委居民学习点1201个、社区（老年）学习型团队2139个。有民办非学历教育非营利性机构118所、营利性机构120所。全区有市实验性示范性高中11所、区实验性示范性高中18所、市示范性幼儿园7所。基础教育阶段学生总数47.70万人，其中中学生13.50万人、小学生19.92万人、幼儿园幼儿12.94万人、特殊教育学校学生845人、工读学校学生280人，中等职业中学学生1.24万人（含忠华初级职校）。全区教职工4.24万人，专任教师3.54万人。2017学年度，幼儿园招收新生4.15万人，小学阶段招收新生4.04万人，初中阶段招收新生3.24万人，高中阶段录取新生1.58万人。普通高中学生与职业高中学生的比例为2.84∶1。参加初中毕业升学体育考试考生1.7万人次。参加中考考生1.80万人、参加春季高考考生1.14万人、参加等级考考生2.13万人、参加秋季高考考生1.02万人。

全区有166所学校招收外籍及中国港澳台地

区学生，有外籍及中国港澳台地区学生1.30万人，其中在公办或民办学校就读的学生4081人，在国际学校就读的学生8931人。全区有外籍人员子女学校14所、有资格直接从境外招收学生的学校16所。全区有外籍教师1517人，其中在公办或民办学校的外籍教师512人，在国际学校的外籍教师1005人。

组织650余名中小幼校(园)长、书记参加2017年暑期校(园)长专题培训。组织276名学校各级干部参加"幼儿园保教主任专题研修班""中小学副职专题研修班""优秀青年干部专题研修班""基层党支部书记研修班"等培训。

做实高考综合改革。一是解读宣讲方案，注重资源保障。通过教师会、学生会、家长会及宣传栏、校园网等途径，解读和宣传高考改革新政。针对高考改革所带来的教师教学任务的变化，补充和完善校内绩效工资分配方案。依据参加高考学生的选科实际，重视师资配备，解决生物、地理等学科教师结构性缺编。二是推进课程改革，有序选科走班。开齐基础型、拓展型、研究型三类课程，重点抓实学生"选科走班"工作，开展教学质量评价。三是注重学科研修，探索教学变革。通过校本研修和校本培训，学习和理解高考改革新政，加强教研组、备课组建设，组织教师带着问题有针对性的探索教学改革。依靠教师发挥主观能动性，主动研究、及时调整，体现专业自觉。四是关注生涯指导，重视综合评价。成立学生综合素质评价领导小组和工作小组。主动拓展学生社会实践基地和岗位，组织学生开展社会实践活动和志愿服务。

深化学区化和集团化办学。全区有教育集团6个、学区20个，参与学校229所，其中义务教育阶段学校183所(公办学校170所)。以教育署为依托、街镇为单位，公办义务教育学校覆盖率提升到70%以上。对于教育优质均衡发展，家长和社区的满意率力争达到85%以上。在内涵建设上，明确学区委员会的功能职责、学区与内部学校之间的组织关系、集团议事机构的功能职责、集团与内部学校之间的组织关系。倡导"1+X"合作模式，即"1"所学校学生，享受"X"(学区、集团)内其他学校的师资、课程、活动、硬件资源，体现教育张力。探索学区、集团内优秀教师跨校"走教"、同一学科跨校教研、跨学段学科联合教研、跨学科联合教研等有效模式。开发利用社区教育资源，吸引街镇、社区积极参与学区化、集团化办学工作。借助信息技术，开发教育教学网络平台，让学区、集团内品牌特色课程进行辐射共享。在配套政策上，制订教师蓄水池计划、专项经费支持计划、校长和教师专项经费补贴制度、学区和集团办学经费奖励制度。创设途径，让社会资源变为学校资源。敞开学校窗口，让社会了解学校办学情况，营造良好健康的社会环境。绩效评价引入联体评价和第三方测评机制，开展指标评估指导，引导学区化、集团化办学内涵式发展。

推进教育基础建设。教育公共财政预算拨款121.18亿元，比上年增长5.97%，一般公共预算教育支出99.44亿元，比上年增长6.18%。义务教育一般公共预算教育支出62.14亿元，比上年增长10.22%。教育经费安排继续向义务教育倾斜，义务教育中的初中、小学生均支出(含附加)同比分别增长12.19%和7.15%。教育基本建设项目投入资金4.07亿元，涉及项目29项，其中教育项目25项，投入资金3.66亿元。上海海事大学附属北蔡高级中学改扩建工程、老港中学校加固及拆建工程等项目开工建设。航空服务学校过街人行天桥新建工程、南汇实验学校改造工程等项目竣工。新开办学校(含分校区)16所，其中高中1所、初中2所、小学3所、幼儿园10所。完成72所学校(校区)学生剧场、81所学校(校区)室内体育馆、109所学校(校区)的图书馆、133所学校(校区)的创新实验室、40所学校的安全体验教室和128所学校(校区)有线网络建设。

推进农村学校建设。组织开展"乡村教师从教30年教师荣誉证书"首次登记工作，4289名乡村教师纳入登记范围，适时颁发荣誉证书。开展区内支教与进修工作，教师专业发展学校派出77名教师支持乡村学校发展，乡村学校派出68名教师到教师专业发展学校挂职学习。建立农村教师补充机制，新教师招聘对农村学校实行适当倾斜，保持城乡义务教育学校岗位结构比例总体平衡。公办学校在编教师区内流动。三是聚力"待遇倾斜"。加大"教育六条"政策实施推进力度，完成试点学校2016年度教育人才奖励工作，向295名教师发放奖励，向25名教师发放租房租金补贴。投入3.22亿元用于城乡义务教育一体化硬件配置建设，投入1.20亿元用于学校信息化建设。在预算安排上，着重考虑硬件投入的均衡化，实现校际无差别；在专项投入上，重点加强对南片学校的标准化改造。

提高教师队伍整体素质。新区有特级校（园）长14名、高级校（园）长254名，市优秀青年校长23人、市名校长后备72人；正高级教师9名、特级教师56名（其中市属学校15名）、高级教师2849名。220名教师获“上海市园丁奖”，602名教师获“浦东新区园丁奖”。11名教师获评市特级教师。继续加快优秀教师培养，推动教师队伍整体建设。开展名师基地（工作室）项目和区级学科带头人、骨干教师培养。2016—2018学年，成立35个“以个人姓名命名的工作室和教师培训基地”，授予363名教师“浦东新区学科带头人”称号，授予2241名教师“浦东新区骨干教师”称号。完成2016学年见习教师规范化培训，培训见习教师共有1315名。有序开展教师师德与育德能力培训、英语教师的专项培训、中英数学教师交流等各类市、区级培训和教师交流项目。

做精、做优、做强职业教育。培养实用人才，促进贯通衔接。新区教育局所属7所中职校中有“中本贯通”专业5个、“中高职贯通”专业15个。力争实现普职教育资源互相渗透，人才培养模式互相对接，实现职业教育资源的重组和优势互补。深化产教融合，提升示范品牌。全区参与校企合作的企业400余家，建立16个“中等职业学校优秀学生实习基地”。新区9个市级开放实训中心及7个区级开放实训中心，累计完成1.9万余人次的职业技能培训工作，完成1.1万余人次职业技能鉴定工作。全区中职学校设置各类专业（专门化方向）77个，12个市重点建设专业被认定为市精品特色专业。聚焦交流合作。引进10余门国外先进课程资源，3所职业学校试点开展国际合作项目。

规范教育培训机构和市场秩序。开展专项调研梳理教育培训市场情况，按照全市统一部署，强化对教育培训市场的监管。采取“区—街镇—居村（园区或楼宇）”方式，协同配合、统一口径，摸清底数。全区共排摸出教育培训机构1369家，其中有资质的451家、无资质的918家。明确整治规范范围、整治规范手段、整治时间节点和现场整治注意事项，通过专项整治进一步规范全区民办教育健康发展。

广泛开展主题实践活动。全区建立高中学生社会实践志愿服务基地200多个，有3.63万名高中学生参加志愿服务活动，高三学生60学时的完成率为99.83%。52所高中学校的1.12万名学生参加统一化管理模式的农村社会实践活动。组织5批1.10万名高中学生参加国防教育活动。全年组织“我是非遗传习人演讲”“上海浦东·芝加哥青少年音乐创作交流”“常见植物识别竞赛”“新区未来工程师大赛暨3D创意设计”“新区中学生法律知识竞赛”“广播操比赛”“洗手工程”等各类活动130多场次。完成阳光体育大联赛各项任务设置的52个项目的比赛，共有1000多个参赛队、5万多人次学生参加区级比赛，有200多支队伍参加市级比赛。103支队伍参加“中国人寿杯中小学生足球超级联赛”，共300多场比赛，参加运动员近2000人。承办市校园足球联盟杯赛、联赛、棒球比赛、阳光伙伴集体跑比赛、武术比赛、击剑比赛、三对三篮球比赛等多项市级赛事。

上海浦东·芝加哥青少年音乐创作交流活动

加强教育交流合作。全区有25名干部、教师在新疆、西藏开展对口支教、协作工作，其中在新疆14名、在西藏11名。全年接待86名来自新疆莎车县、西藏日喀则地区、江西于都县、云南滇西等地区校长、教师到浦东新区培训。全年选派36名教育专家、优秀教师赴新疆、西藏、江西进行短期业务培训交流。全区有来自对口支教地区学生1312名，其中有新疆地区学生967名、青海果洛地区学生

129 名、贵州毕节地区学生 90 名和云南滇西地区学生 126 名。与美、英、法、澳大利亚、芬兰等 10 多个国家开展教育交流合作，派出 79 批 1109 人次赴境外交流学习。深化与美国、英国、芬兰等国家在办学研讨、师资培训、教学研讨、校际合作及学生活动方面的协作，共接待到访的国外教育人士 49 批 1996 人次。举办浦东新区与芬兰库奥皮奥教育交流合作洽谈会、中英校际连线与教育国际交流合作研讨会、发现爱尔兰—2017“三叶草杯”上海高中生英语演讲比赛。深化与港澳台地区合作交流，接待香港特区师生到访 16 批 1208 人次、台湾地区师生 7 批 518 人次。举办沪台高中生科技夏令营、沪港高中生艺术交流营等。

加强安全管理。补充、修订和完善《浦东新区学校安全管理手册》，全面落实“一岗双责”安全责任制。强化监管督导，做到整改事项件件有落实。推进安全体验教室、应急指挥中心、中小学、幼儿园重点部位视频监控和学校食堂食品追溯平台建设，指导学校积极申报“放心食堂”。编制中小学、幼儿园安全工作预警提示和要求，提高日常安全防范能力，积极稳妥应对突发事件，维护学校正常的教育教学秩序，保障师生安全。（浦　教）

【开展青少年信息学竞赛】 1—6 月，浦东新区 1000 多名小学生参加上海市“六一”计算机创新网上初赛答题活动，在市级决赛程序设计和作品两大类活动中，共获市级个人一等奖 4 个、个人二等奖 25 个、个人三等奖 36 个、程序设计团体三等奖、作品类团体三等奖。浦东新区青少年活动中心获优秀组织奖。11 月 7 日—8 日，浦东新区 200 多名初高中学生参加 NOIP2017 全国青少年信息学奥林匹克竞赛上海赛区选拔赛、初赛、复赛，获一等奖 28 个、二等奖 23 个、三等奖 31 个。（浦　教）

【在特殊奥林匹克运动会上获奖】 3 月，浦东新区辅读学校参加奥地利冬季特奥运动会获个人 1 枚金牌、4 枚铜牌。10 月，参加韩国国际特奥邀请赛获个人 4 枚金牌、6 枚银牌、7 枚铜牌。10 月，参加 2017 国际特殊奥林匹克东亚区融合学校足球联赛获特奥融合 B 组团体季军。10 月，浦东新区特殊学校参加上海市特奥运动会获男女混合青少年组 4×50 米迎面接力第一名、获女子青少年组 100 米 A 组第一名、获女子青少年组 200 米第一名。（浦　教）

【开展中华经典诵读传唱活动】 3 月 16 日，“爱祖国　爱家乡”——中华经典双语（普通话、沪语）诵读传唱展示活动暨颁奖典礼在浦东图书馆举行。2016 年 9 月至 2017 年 3 月，全区组织 5 场诵读传唱比赛，有 60 所幼儿园、40 所小学和 18 所中学的 100 多个节目参加比赛，有中华经典诵读、童谣传唱、上海说唱、沪语歌曲、沪剧表演唱、沪语亲子故事等多种传唱形式。传唱活动共评出 12 个特等奖、27 个一等奖、32 个二等奖、33 个三等奖、45 个优秀指导奖。（浦　教）

“爱祖国　爱家乡”——浦东新区中华经典双语（普通话、沪语）诵读传唱展示活动

【在市青少年科技创新大赛上获奖】 3 月 18—19 日，浦东新区学生参加以“创新、体验、成长”为主题的第三十二届上海市青少年科技创新大赛，获科技创新成果一等奖 83 项、二等奖 201 项、三等奖 253 项；获科技创意一等奖 13 项、二等奖 30 项、三等奖 50 项；获科学幻想画一等奖 1 项，二等奖 6 项、三等奖 2 项；获科技实践活动特等奖 1 项、区级示范奖 2 项；获科教创新成果三等奖 2 项；获各类专项奖 81 项。（浦　教）

【举办第六届童谣创编活动】 3—5 月，举办主题为“知礼节、承家风、齐修身”的浦东新区第六届童谣创编活动。创编活动共收到参赛稿件 2558 篇。经评审，洋泾街道等 50 家单位获得优秀组织奖；童谣作品未成年人组的 20 篇作品获一等奖、60 篇作

品获二等奖、86篇作品获三等奖、92篇作品获入围奖。童谣作品成年人组的25篇作品获一等奖、60篇作品获二等奖、99篇作品获三等奖、122篇作品获入围奖。（浦　教）

【举行中小学生阳光体育联赛】 4—12月，新区举行中小学生阳光体育大联赛。联赛安排34个项目，52场比赛。全区参赛队伍1685个，参赛学校320多个，参赛学生数达7.8万人次。联赛由浦东新区教育局主办，新区青少年活动中心和新区中小学体育协会联合承办。从联赛中选拔优秀运动员参加上海市学生阳光体育大联赛16个大项目的比赛，获一等奖96个、二等奖70个、三等奖33个。（浦　教）

【两所辅读学校参加特教比赛获奖】 5月，新区辅读学校参加2017年晒墨宝第三届国际童心绘公益美术大赛，1人获最佳视觉奖；9月，参加2017年残疾人民间足球争霸赛，获总决赛团体第三名；10月，参加“爱·2017上海特奥阳光融合艺术大赛”，2人获优胜奖；参加2017上海市第九届残疾人运动会，获足球项目特奥融合组团体亚军。6月，致立学校参加上海市国际青少年书画摄影大赛，2人获金奖、3人获银奖；9月，参加上海市第九届残疾人运动会，2个团体获一等奖、1个团体季军，获个人2枚金牌、2枚银牌。（浦　教）

【第十三届学生艺术节戏剧展演】 5月27日—6月6日，以“戏剧校园行·少年中国梦”为主题的第十三届学生艺术节戏剧展演活动在青少年活动中心红领巾剧场举行。全区共有240个节目参加朗诵、校园剧、戏曲、歌舞剧四个专场的比赛。从展演中选出的12个戏剧类节目参加市学生戏剧节比赛，获一等奖5个、二等奖7个、优胜奖1个。选送的6本校园原创剧本，获一等奖1个、二等奖2个、三等奖3个。（浦　教）

浦东新区学生艺术节戏剧展演

【举行心理讲座和咨询活动】 5月28日，上海市第二届“医教结合，关爱儿童青少年成长”心理健康知识公益讲座和大型心理咨询活动举行。全市各大医院的25名儿童心理科医生、新区25位学校心理咨询师参加此项活动。500名家长带着孩子到活动现场听专家讲座，寻求咨询帮助。3000余人在线收看网络现场直播。活动主题为“学习与健康心情”，由上海学生心理健康教育发展中心主办，上海医学会精神科分会儿少精神科学组、浦东新区青少年心理健康教育发展中心协办，上海市进才中学承办。（浦　教）

【参加市青少年创造创新展示活动】 6月3日，浦东新区20所学校的90多名中小学生参加第二十二届上海市青少年创造发明设计和创新能力展示活动，共获一等奖20项、二等奖36项、三等奖39项。区青少年活动中心获优秀组织奖。（浦　教）

【组织未成年人暑期活动】 7—8月，新区各相关单位围绕“安全、健康、快乐、有益的暑期”主题，组织未成年人广泛参与各类暑期实践体验活动，让广大未成年人度过一个“安全、健康、快乐、有益”的暑期。共有35万名学生参加1450项各类暑期活动。参加各类主题活动的学生达30万人次。新区5个暑期活动项目获“上海市优秀暑期工作项目”。（浦　教）

【开展卫生保健人员培训】 8月，新区教育局对全区中小幼的1000余名卫生保健人员就各学段易发的各类急性传染病、多发慢性病，及学校卫生日常管理、常见伤害应急处置、聚集性事件的有效防控、食品安全知识科普等事项，以理论与实践操作相结合的方式，对参训人员进行思想认识、业务素养、操作技能方面的培训。（浦　教）

【在第三十二届全国科技创新大赛中获奖】 8月14—18日，新区学生参加第三十二届全国科技创新大赛，在青少年科技创新成果板块中获一等奖3项、二等奖4项；在少年儿童科学幻想绘画板块中获三等奖1项；在科技创意板块中获优秀创意奖2项，获大赛专项奖8项。（浦 教）

【举办学生艺术单项比赛】 9月—11月，新区举办2017年学生艺术单项比赛活动，邀请专家分别对茶艺、动漫、钢琴、工艺、口琴、民乐、模特、声乐、陶艺、舞蹈、西乐、戏剧12个项目的组别进行评审。各学校报名节目近3500个，最终评出金奖262个、银奖396个、铜奖676个。（浦 教）

【第四届“美德少年——道德实践风尚人物奖”评选】 10—11月，开展第四届“美德少年——道德实践风尚人物奖”评选表彰活动，全区181位候选人参与“自立自强”“自尊自爱”“明礼诚信”“正直勇敢”“勤俭节约”“热爱劳动”“尊老爱幼”“尊师好学”“志愿奉献”“尊重自然”十个奖项的评选。经评选，10人被评为小学生“美德少年之星”，10人被评为中学生“美德少年之星”，10人被评为小学生“美德少年之星”提名奖，10人被评为中学生“美德少年之星”提名奖，70人被评为“美德少年——道德实践风尚人物”。（浦 教）

【第十三届全民终身学习活动周举行】 11月19日，第十三届全民终身学习活动周开幕式在浦东新区举行。主题为“学习浸润人生、智慧温暖申城”。活动周举办学习成果展示、网上读书活动等各类活动6000多场次，全区参与总人数近80万人次。（浦 教）

【展示中小学生书法、绘画作品】 11—12月，新区开展主题为“文化根、民族魂、中国梦”中小学生书法、绘画创作比赛和优秀作品展示活动。共收到133所中小学校展示作品790幅，均为2016年以来由学生个人独立完成的原创作品。展示活动评出一等奖40幅、二等奖75幅、三等奖155幅。（浦 教）

【举办第二届全国中小学生电影周】 12月10日，以“携手新时代，共筑中国梦”为主题的第二届“全国中小学生电影周”在区青少年活动中心开幕，16日在浦东外国语学校闭幕。电影周分为“优秀影片展映”“微电影征集与评选”“电影教育进课堂”“影视教育主题论坛”“影视教育观摩考察”“电影周开闭幕式”六大板块，有60项精彩的影视活动。电影周期间，全国各地中小学影视教育工作者交流创作和开展影视教育工作等方面的经验，深入学校指导开展电影赏析、影视评论以及专业解读等活动。电影周由教育部、国家新闻出版广电总局主办，上海市教委、市文广局、区委、区政府等单位承办。（浦 教）

【举办第三十三届青少年科技创新大赛】 12月24日，主题为“创新·体验·成长”的第三十三届浦东新区青少年科技创新大赛举行。活动由区教育局和区科学技术协会共同主办，区青少年活动中心和区青少年科普促进会共同承办。大赛分竞赛、展评两大系列，共6个项目类别。全区323所中、小学校和幼儿园申报各类项目，2.1万人次师生参与大赛。大赛共收到1226个项目，从中评出一等奖190项、二等奖290项、三等奖479项。颁发优秀组织奖12项。（浦 教）

【加强特殊教育康复训练】 为加强听障、视障学生的分类咨询与指导，在全区13所中小学校建立随班就读资源教室。在全区设置10个康训点，组织250名智障学生、60名自闭症儿童参加康复训练。（浦 教）

【持续推进社区教育】 建设6个首批“浦东新区市民终身学习体验基地”，开设科普环保、养生保健、彩绘手工等多个体验项目。开展老年教育居村示范学习点建设，共有64个居村学习点被认定为首批“浦东新区老年教育居村示范学习点”。组织各街镇申报上海市老年人学习团队，255个学习团队被认定为上海市老年人——星级学习团队，12个学习团队被评为上海市五星级老年人学习团队。（浦 教）

附：区教育局驻地及负责人

（2017年1—12月）

地址：锦安东路475号
邮编：200204
电话：58876321

区委分管常委、宣传部部长：王宏舟（1月到任）

区政府分管副区长：李国华

区教育党工委书记：诸惠华（4月到任）
副书记：陈　英（11月离任）

区教育局局长：诸惠华（5月到任，兼）
副局长：陈　英（11月离任）、郁时炼、王　浩、
张春花、王国清（3月离任）

金　山　区

【2017年概况】 全区有教育机构126个，其中高中7所、完中2所、十二年一贯制民办学校2所、初中19所、九年一贯制学校3所、小学25所、辅读学校1所、幼儿园41所、中等职业学校2所、社区学院1所、社区学校11所、其他单位12个。在校学生71324人，其中高中学生6736人、初中学生17788人、小学学生24404人、幼儿园幼儿18578人、中职校学生3818人。在职教职工7010人，其中专任教师6551人。

教育综合改革继续深化。认真落实《金山区教育综合改革方案（2015—2020年）》，推进6个方面16项改革任务。“艺术育人的金山模式研究”“学科基础素养等第制评估推广策略的探索”两个项目为2017年上海市教育综合改革重点推进项目。高考改革政策落地，金山中学是上海首家试点高三学生研究性学习成果认证的学校，为市级推进贡献实践经验，在上海市高中校长会议上作交流。

学前教育优质发展。完成《金山区学前教育三年行动计划（2015—2017年）》，经验在《解放日报》刊登。深化“金小囡”启航工程，扎实做好0—3岁婴幼儿每年6次的免费指导工作。开展区级示范幼儿园评审活动，评出5所区示范幼儿园。举行幼儿园课程建设暨民族文化技艺培训项目（一园一品）展示展演活动。年内新增1所上海市一级幼儿园，市一级以上幼儿园达16所，优质园比例达到55.2%。

义务教育优质均衡发展。深化委托管理、组团发展、校际联盟等工作。开展第五轮委托管理终期评估，启动第六轮委托管理工作。启动城乡学校携手共进计划，做好项目学校的申报、遴选等工作。推进学区化集团化办学，成立亭林地区小学学区，累计成立3个学区、6个集团。学区化集团化办学覆盖全区约55%的义务教育阶段学生。

职业教育深化内涵建设。石化工业学校引入AHK（德国工商大会海外商会）证书项目，实施重点专业国际课程标准和国际职业资格证书的试点。食品科技学校与英国诺丁汉中央学院正式签订IMI（汽车工业协会）合作项目协议，进行多元办学体制、机制的探索和实践。食品科技学校“食品科学与工程专业”获批中本贯通培养试点专业，全区累计有2个中本贯通、3个中高贯通试点专业，构建以贯通办学、校企合作、产教融合为特征的现代职业教育体系主框架。石化工业学校“机电技术应用专业”获全国职业院校装备制造类示范专业。

终身教育坚持品牌建设。深入推进“十五分钟学习圈”建设，建有691个多元化学习点，举办2824次学习圈活动，参与学习的市民约12万人次。“十五分钟学习圈”项目获市2016年终身学习品牌项目。建设“海之韵”“文化游”“生态乐”三个区级市民终身学习体验基地，实现优质社会教育资源共建

共享。启动学习型乡村试点建设工作，确定三个试点村。区教育局承办上海市第十二届全民终身学习活动周开幕式，获特别贡献奖；区教育局“市民终身教育学习体验基地”获上海市民修身市级示范点称号。

学生综合素养不断提升。持续开展“大中小德育一体化”研究，承办上海市“彰显中华优秀传统文化 深度推进‘两纲’教育”现场会，“探索‘学校+模式’推进社会主义核心价值观落小落细落实到家庭教育全过程”被评为全国中小学德育工作优秀案例。启动戏曲进校园和人工智能进课堂工作。智能机器人国际大赛获2枚金牌、4枚银牌、2枚铜牌和一等奖4项。承办RoboCup青少年机器人世界杯华东公开赛。兴塔小学女子足球队获第三十三届“美国杯”国际青少年足球邀请赛U10冠军。金山中学学生郭春旭获第七届“上海市青少年科技创新市长奖”提名奖。

骨干教师培养不断深化。召开第六届“明天的导师”工程中期推进会，增补400名骨干教师进入学科工作坊接受培养和学习。深化并总结第二届领军校长和拔尖教师培养工作，举办9场领军校长办学思想研讨会、3场拔尖教师教学展示活动，新增市特级教师4名、正高级教师2名，区领军人才1名、领军后备人才2名、青年英才2名。加强见习教师规范化培训，在市见习教师规范化培训基本功大赛中获一等奖2项、二等奖3项、三等奖1项。

政府教育履职不断优化。接受市政府教育督导室对区政府依法履行教育责任综合督政，接受全国中小学责任督学挂牌督导创新区评审专家组实地核查。召开新一届区教育督导委员会成立大会，落实相关委办局教育责任。规范教育培训机构，分四个阶段完成对全区242家培训机构依法规范和整治工作。

教育基建项目加快推进。完成10个新建、改扩建学校项目，第一实验小学（南校区）新建、亭林大居配套九年一贯制学校新建工程、金卫中学迁建、金山新城学校新建等重大工程按期竣工，世界外国语和杭州湾双语两所民办学校如期开学。积极推进义务教育五项标准工作，实施完成11所学校的学生剧场、21所学校的图书馆、7所学校的创新实验室、17所学校的安全教育体验教室建设项目。区教育局在上海市城乡教育一体化建设工作推进会上作交流发言。 （金　山）

【召开规范教育培训机构和市场秩序专项工作会】 3月9日，召开区规范教育培训机构和市场秩序专项工作会议。会上传达市教委、市工商局、市民政局等部门召开的关于规范和整治教育培训市场工作研讨会精神，解读《关于规范金山区教育培训机构和市场秩序的工作方案》，从工作目标、原则、管理体制、职责和任务等内容作介绍，明确规范整治的工作要求。副区长张娣芳等出席会议。 （薛　梅）

【区人大调研学前教育三年行动计划落实情况】 3月20—21日，区人大常委会相关领导调研学前教育三年行动计划落实情况。调研组先后视察罗星幼儿园、松隐幼儿园、朱行幼儿园、实验幼儿园、金卫幼儿园、小哈佛幼儿园、石化育才看护点和欧迈金看护点，详细了解公办幼儿园和看护点的管理、办园特色、保教工作等情况和存在的困难。 （骆云霞）

【翁铁慧调研金山区教育工作】 4月1日，副市长翁铁慧在市政府副秘书长宗明、市教委副主任贾炜等陪同下到金山区调研教育工作。区委书记赵卫星，区委副书记、区长胡卫国，副区长张权权、张娣芳等出席调研会并汇报工作。翁铁慧要求高度重视教育工作，加强教师队伍建设，支持高等职业教育发展，做好高考改革等工作。会前，翁铁慧到石化一小观摩学校大课间，参观“点石成金”校园文化墙。 （刘丽英）

【戏曲进校园】 4月28日，戏曲进校园工作推进会举行。金山区第一批17家试点学校分别和上海京剧院、上海越剧院等5家专业院团签署合作协议，开展日常教学、学习考察、师资培训、名家讲座、观看经典戏曲等系列活动。 （姚　戎）

【区第十一届青少年科技节开幕】 5月11日，金山区第十一届青少年科技节开幕式举行。会上对在学校科技创新教育方面取得优异成绩的学校和师生进行表彰，组建金山创客教育联盟。区科技节活动历时8个月，开展11项科学普及传播活动、7项科技体验活动、26项科技创新实践活动。（刘丽英）

金山区第十一届青少年科技节举行

【举行素质教育论坛】 5月27日，金山区素质教育论坛在市青少年实践活动金山基地举行，论坛主题为“构建一体化区级学校少年宫联盟工作平台，成就学生心灵放飞的梦想”。论坛通过数字故事的形式回顾展示区学校少年宫工作协会（联盟）成立一年来的工作成效，展示联盟学校“一校一品”艺术作品和民族文化技艺项目。（姚　戎）

【市民终身学习体验基地揭牌】 6月9日，市民终身学习体验基地揭牌仪式暨2017年社区学习团队展示活动在市青少年实践活动金山基地举行。分别以“海之韵”“文化游”“生态乐”为特色的三大区级体验基地建设，按照区域产业发展及“十三五”规划“一城一带一圈”设点布局，凸显社区教育的服务功能。（薛　梅）

【推进“两纲”教育现场会举行】 6月14日，上海市“彰显中华优秀传统文化　深度推进‘两纲’教育”现场会在金山区举行。活动由市教委基础教育处、德育处，及市教学研究室、金山区教育局主办，旨在进一步贯彻落实《上海市学生民族精神教育指导纲要》《上海市中小学生命教育指导纲要》，落实立德树人根本任务，深化教育教学改革，全面提升育人水平。金山小学的金色童年系列课程进行现场展示。（刘丽英）

【幼儿园民族文化技艺培训项目展演活动举行】 6月19日，幼儿园课程建设暨民族文化技艺培训项目（一园一品）展演活动在金山区文化馆举行。活动分为外场动态展示和内场舞台展演，钱圩幼儿园、干巷幼儿园等17所幼儿园进行展示展演活动。幼儿园做大做强原有的特色课程，以“金山情主题教育”为抓手，挖掘区域文化中金山农民画、打莲湘、腰鼓等资源，在校本课程建设和民族文化技艺培训项目传承方面形成鲜明特色。（骆云霞）

【教育部教育督导局领导调研金山区教育工作】 6月29日，教育部教育督导局副局长郭佳在副区长张娣芳等陪同下，到金山区新农学校、第二实验小学调研学校办学工作。郭佳察看新农学校学生科技活动、第二实验小学信息化建设等情况。（胡锦中）

【获“美国杯”国际青少年足球邀请赛U10冠军】 7月14—22日，区校园足球精英队参加第三十三届“美国杯”国际青少年足球邀请赛，共有来自17个国家的1153支球队、1.6万多名运动员参赛。金山区兴塔小学12名队员组成的女子足球队参加比赛，取得9胜1平的成绩，获第三十三届“美国杯”国际青少年足球邀请赛U10冠军。（徐　君）

金山区兴塔小学女子足球队获第三十三届“美国杯”国际青少年足球邀请赛U10冠军

【举行第 33 个教师节庆祝暨表彰大会】 9 月 8 日，主题为“育人芬芳”的教师节庆祝暨表彰大会举行。会上对获市教书育人楷模、市特级教师、市园丁奖、区师德标兵、区园丁奖等荣誉的个人与集体进行表彰，向上海京剧院单跃进院长等 15 位老师颁发“戏曲艺术顾问”证书，向上海越剧院沈倩等 45 位老师颁发“戏曲指导教师”证书。文艺汇演用“岁月如歌”“杏坛芬芳”“薪火相传”三个篇章展示金山区教育成就和教师风采。（刘丽英）

金山区举行第 33 个教师节庆祝暨表彰大会

【举行未成年人暑期工作总结表彰会】 9 月 20 日，未成年人暑期工作总结表彰会举行。会议以视频、数字故事和节目表演的形式总结回顾全区暑期工作重点，对暑期工作先进集体、优秀个人、优秀活动项目、优秀校外教育实践基地等予以表彰。（刘丽英）

【接受依法履行教育责任综合督政】 11 月 7—9 日，市政府教育督导室对区政府开展依法履行教育责任综合督政。督政内容主要有城乡义务教育一体化发展、学生健康促进工程暨体教结合工作、学前教育发展三方面。11 月 7 日召开综合督政自评汇报会，市教委总督学、市政府教育督导室常务副主任平辉，市综合督政专家组专家，市教委相关处室及区相关负责人出席会议。（胡锦中）

上海市对金山区政府开展依法履行教育责任综合督政会议

【青少年机器人世界杯华东公开赛举行】 11 月 11—12 日，RoboCup 青少年机器人世界杯华东公开赛举行。大赛设置 3 项国际标准项目和 3 项入门级项目，来自上海、浙江、山东、江苏等省市的 269 支参赛队、733 位参赛选手以及 154 位教练员参赛，金山区机器人联盟学校获 13 块金牌、11 块银牌、12 块铜牌，获团体第一名。（姚　戎）

【金山中学建校 90 周年】 11 月 18 日，金山中学举行建校 90 周年暨金中教育集团成立一周年活动。来自海内外的校友、领导、嘉宾与金山中学师生近 5000 人出席庆典。市教委以及区相关领导为金山中学柘湖书院、校史陈列室揭牌。（方德平）

【接受全国挂牌督导创新区创建实地核查】 12 月 14—15 日，金山区接受全国中小学责任督学挂牌督导创新区创建实地核查。核查组专家听取区政府关于创新区创建工作的自评汇报，并就挂牌督导工作的经费投入、队伍建设、督导整改等与区教育督导委员会和区相关委办局的分管负责人进行交流。专家组查阅区责任督学挂牌督导近 3 年的资料，实地走访新农学校、金山中学、第一实验小学、吕巷中学和亭林小学，查看学校挂牌督学公示牌悬挂、学校督学办公室办公设备配备、工作档案管理情况等，查看部分责任督学工作手册，与相关督学一起巡视校园、听评课，进行沟通交流，切实了解责任督学的工作水平。（胡锦中）

【第三十一届上海头脑奥林匹克创新大赛举行】 12 月 23—24 日，第三十一届上海头脑奥林匹克创新大赛在金山区举行，来自上海市各区的大中小学、幼儿园共 340 支参赛队参赛。金山中学获“铁人三项之旅”单项第一名，金山区机器人联盟获大赛专项奖。（刘丽英）

附：区教育局驻地及负责人

（2017年1—12月）

地址：金一东路2号
邮编：200540
电话：57944317

区委分管副书记：程　鹏
区政府分管副区长：张娣芳

区教育局党委书记：黄翔洲
副书记：郑　瑛

区教育局局长：顾宏伟
副局长：黄　萍、盛明秀、樊文军

松　江　区

【2017年概况】　全区有各级各类教育机构292所，其中托幼园所129所（公办54所、民办75所）、中小学78所（公办中小学52所、特殊教育学校1所、民办中小学25所）、职成类学校74所（教育学院1所、中职校4所、成校13所，社会力量办的学校56所），其他公办教育机构11家（含区开放大学、社区学校1所及9个中心）。

全区公办学校教职工13162人。其中在编教职工9451人、专任教师8131人，民办中小学、幼儿园教职工5098人。

全区全日制学校在校学生148600万人，其中义务教育阶段学生86800人、学前教育49867人、高中学生7931人、中职校学生4002人。

聚焦资源建设，缓解教育供需矛盾。加快教育资源建设，计划新建学校由63所调整为75所。2017年启用上海对外经贸大学附校、泗泾实验学校等校舍6所，启动华东政法大学附校、银泽幼儿园等14所学校建设，有效缓解教育资源供需矛盾和结构性矛盾。积极引进和培育优质教育资源。借助松江大学城优势资源，高起点创办优质学校。积极引进临松幼儿园等优质民办幼儿园，满足人民群众对学前教育的多样化需求。

聚焦强师兴教，搭建教育人才梯队。加强师德师风建设，引导广大教师立德树人、爱岗敬业，增强依法施教和维护合法权益的能力，实行师德“一票否决制”。举行第33个教师节庆祝活动，6位教师获“2017松江教育年度教师”称号。以32个骨干教师共同体建设为抓手，为各梯队骨干教师搭建交流展示平台。联手上海市师资培训中心，为270名区级首席教师、名师开设骨干教师高级研修班，多渠道开展高端教师培养工作。2017年新增正高级教师2位、特级教师6位。创新干部培养机制，选拔优秀校长参加全国骨干校长高级研修班、市教委长三角名校长培训班，推荐青年校长跟岗市区名校长。举办“走向教育家办学”系列论坛，启动“云间教育讲坛”，提升校长队伍专业引领能力。做好教育系统80后、90后优秀教师数据库充实工作，集聚后备人才优势。完善校长选拔任用机制，实施“校长全员竞聘上岗”，激发校长队伍开拓进取的活力。

聚焦素质教育，引导学生个性发展。加强德育内涵建设。共建“人文松江”8大项目，进一步推进非遗、书法、戏曲、诗歌进校园。成立四级家长委员会、六个家庭教育专业委员会和家庭教育讲师团。通过体验式家庭教育工作坊，开展各类家庭教育指导工作。2017年上海市家庭教育“五进”活动暨“少年中国梦”励志讲堂在松江启动。引入“安全童行——身体红绿灯”项目，搭建社会育人平台。深化体艺法制教育工作。全区三大球联盟初具规模。松江七中举重队代表上海参加2017年全国少年男女举重分龄赛，获5枚金牌、4枚银牌、2枚铜牌。松江七中学生单毅恒在2017年全国残疾人游泳锦标赛上，独揽4枚奖牌。“盛夏之约”2017松江区学生交响音乐会在上海交响乐团音乐厅上演。民乐学校管乐团获2017年“中华杯”中国第十一届优秀交响管乐团队展演金奖。开展“法律进校园”活动，85名公检法司优秀人员担任法制副校长。建成及在建创新实验室45所，助推学生创新思维和能力培养。上师大外语附中获青少年科技实践活动全国二等奖。新桥中学获世界教育机器人大赛2017赛季世界锦标赛9个一等奖。上外松外、九亭三小分获第三十八届世界头脑奥林匹克结构承重2个全国冠军。松江区代表队在2017年上海市中学生劳技竞赛中获团体一等奖。

聚焦教育质量，提高学校育人水平。学前教育确立新一轮发展战略。启动“松江区学前教育‘雁阵文化’构建方案”，打造学前教育“雁阵式”发展体系。义务教育形成优质均衡发展格局。全区义务教育阶段学校组建8个教育集团，涵盖47所学校，实现100%全覆盖。扎实推进小学“等第制”评价，围绕六大板块深入实施试点工作。举办松江区首届“悦读节”。高中教育实现特色多样发展。实施高中教学联席会议制度。确定英语为重点学科，实施“口语100”“英语外教进校园”项目。加强学生分层分类培养，建设3个学科分类指导点。2017年全国中学生生物学奥林匹克竞赛，松江区11名学生获市一等奖。随迁子女教育健康融合发展。2017学年确保符合条件的4.7万名义务教育阶段随迁子女在校就读。推进随迁子女小学教师专业化培训三年行动计划。完成特殊教育三年行动计划市级评估工作。深入推进特殊教育向职业教育延伸，在城市科技学校开设特教班，进一步完善特殊教育体系。成立职业教育集团管理工作办公室，完善集团管理基础设施。探索校企合作长效联席机制，全面启动第一批9个职业教育校企合作基地。城市科技学校成为世界技能大赛精细木工项目中国集训基地，学生张嘉豪作为备赛选手参加第四十四届世界技能大赛。两所职校的1231名学生就业率达到100%。终身教育成果日益显现。小昆山镇和石湖荡镇被评选为2017年全国社区教育示范街镇。首批8个社会学习体验基地接受市民参观游学，累计参与2848人次。上海“市民修身”展示季活动开幕式暨2017年松江区全民终身学习活动周成果展示活动举行。会同街镇政府和市场监管、民政、人保等部门，完成455家教育培训机构行政执法和信息录入工作。会同工商等部门对违规及非法办学教育培训机构进行约谈走访、分类清理，在全市率先完成规范和整治教育培训市场工作。（朱　霞）

【举行修身立德社区教育社会学习点启动仪式】 5月16日，区修身立德社区教育社会学习点市民学习体验活动启动仪式在位于松江区的蒂森克虏伯电梯（上海）公司举行。该企业亚太地区人力资源官致辞，区教育局向学习点授旗。项目启动以来，各街镇社区学校与相关社会组织进行沟通和协商，已建立15个社区教育社会学习点。（张金其）

【落实区“创全”任务】 2017年，松江区教育系统开展系列主题“创全”教育活动，开设“创全进行时”网络宣传栏目，为全区争创“全国文明城区”提名做出贡献。（马琪梅）

【在市劳技竞赛中获奖】 松江区参加上海市劳技竞赛的33名学生有30名获奖，其中获一等奖12人、二等奖13人、三等奖5人，获奖比率达90.9%。松江区获奖数在全市16个区中排名第一，获得团体一等奖。（金仲明）

【召开“登高原　建高峰”教育教学工作会议】 8月21—22日松江区2017年“登高原　建高峰”中小学教育教学工作会议召开。会议分教育教学质量报告会、“云间高峰”论坛和学校发展主题研讨会三个部分。区教育考试中心作中高考情况汇报，提出改进建议；区教育学院进行学段质量分析和学科质量分析。各校代表分享优化课程、学科建设、学科拓展、分层指导和以德促智案例。（郭宁伟）

【中小学校长选拔培养课题获市级一等奖】 “专业化视角下中小学校长选拔机制的实践研究”被列为市教卫工作党委普教系统党建研究会重点课题并获一等奖。（吴超峰）

【新增正高级教师2位、特级教师6位】 松江区2017年新增正高级教师2名，分别是松江二中余方喜、区教育学院阮晓明；新增特级教师6位，分别是松江二中杨珊、松江二中缪雪松、松江一中郭宁伟、上师大外语附中刘晓兵、区教育学院潘勇和顾永明。（朱 永）

【6人获“2017松江教育年度教师”称号】 9月8日，在第33个教师节庆祝活动上，松江二中许耀、青少年活动中心岳伟强、九亭中学周正云、三新学校叶笛、中山小学诸斌根、城市科技学校沈雪云获“2017松江教育年度教师”称号。（余晓春）

【市课程与教学调研区工作会议召开】 11月13日，上海市课程与教学调研松江区工作会议召开。同日，市教育委员会基础教育处和教学研究室对松江区为期一周的课程与教学调研正式开始。调研持续5天，市教研室综合调研员与校（园）长、教导主任或进行座谈，或问卷调查，学科调研员赴学校开展调研。（郭宁伟）

松江区课程与教学调研工作会议召开

【参加世界机器人大赛获奖】 11月18—19日，世界教育机器人大赛（WER）2017赛季世界锦标赛在上海国家会展中心开赛，来自50多个国家和地区的近1万名选手参赛。松江区新桥中学的5支队伍参赛，有9名学生获积木教育机器人赛一等奖、2名学生获三等奖。（郭宁伟）

【接受全国中小学校责任督学挂牌督导检查】 12月12—13日，全国中小学校责任督学挂牌督导实地核查专家组到松江区开展实地核查。核查专家听取区教育局自评报告，对重点问题进行提问，并先后到松江立达中学、二中初中、中山二小等学校进行实地核查。（夏长来）

【教育部重点课题结题】 12月，完成教育部重点课题“基于实践共同体的义务教育学校均衡发展研究”结题工作，形成“区域义务教育优质均衡发展丛书”。（王洪明）

【举行“市民修身”展示季开幕式】 12月1日，上海“市民修身”展示季活动开幕式暨2017松江区全民终身学习活动周成果展示活动举行。市委宣传部副部长、市文明办主任潘敏出席开幕式。会场外设置22个互动体验点和1个学习成果展示台，市民可以现场感受顾绣、拓片、陶艺、茶艺、古琴、面塑、中医、麦秆画等文明修身特色项目，展现市民学习风采。（张 峰）

【翁铁慧调研松江区教育工作】 12月4日，副市长翁铁慧调研松江教育时指出，松江教育资源压力大，但教育资源建设力度大，要坚持不懈搞好资源建设；在重视硬件建设的同时，更要重视软件建设，充分重视教育质量和教育人才的储备工作；要进一步利用好大学城优质资源，加大大学城与基础教育的合作。（马 强）

【举行第一届“悦读节”优秀作品展演暨颁奖大会】 12月10日，举行第一届“悦读节”优秀作品展演暨颁奖大会。展演以微视频的形式，回顾“悦读节”活动概况。松江区机关幼儿园、岳阳小学、松江一中等校的10个获奖作品进行舞台展演。（郭宁伟）

【召开“法律进学校”推进大会】 12月15日，召开松江区“法律进学校”推进大会。会上，举行法制副校长聘任仪式，颁布“法律进学校”联席会议制度，部署全区“法律进学校”工作。区委常委、政法委书记张益弟对推进“法律进学校”工作提出要求。（金 文）

附:区教育局驻地及负责人

(2017年1—12月)

地址:中山中路38号
邮编:201600
电话:37736305

区委分管常委、副书记:刘其龙

区政府分管副区长:龙婉丽

区教育局党委书记:姚　辉
副书记:杨桂龙

区教育局局长:陈小华
副局长:冯　雷、干善军、付炳建、吴超峰

青　浦　区

【2017年概况】 全区有中小学、幼儿园和特殊教育学校165所,其中中学31所(含九年一贯制学校、少体校)、小学42所(含民办随迁子女小学)、幼儿园90所(含民办二级、三级幼儿园)、特殊教育学校2所,共有学生79661人。有中等职业技术学校3所,共有学生3638人;有成人中等文化技术学校11所、社会力量非学历办学41所,全年各类进修及培训注册人数124862人。

紧抓重点项目,深化区域教育综合改革。区委区政府调整充实教育综合改革领导小组成员,成立高考综合改革领导小组,召开领导小组会议审议年度推进计划和重点改革项目。21个年度区级重点项目有序推进,完成2016年教育综合改革项目资料汇编。实施首轮高考综合改革,高中学校课程结构进一步优化。清河湾教育实验园区稳步开展新教师招培聘新模式、校长聘任制及教师聘用制试点。

坚持建管并举,优化教育资源配置。完成区政府社会事业设施建设三年行动计划(2017—2019)教育项目编制工作。清河湾中学、青浦世界外国语学校建成启用。义务教育学校"五项标准"建设有序推进,完成8个学生剧场、12所学校创新实验室、16所学校安全教育体验场所、16所学校智能图书馆和1个区级安全教育体验中心的建设。实验中学游泳馆开工建设。按标准做好农村学校教师配置,加大农村学校教师培训和激励力度,绩效工资总量向农村学校教师倾斜。加快引进培育优质教育资源,"世外·尚美中学"合作项目持续深入,上海平和学校青浦分校开工建设,成功签约上海协和学校青浦分校,开办上海市教育学会青浦清河湾中学、教师进修学院附属小学等6所学校。

落实安全措施,努力建设平安校园。开展教育系统安全管理三级责任签约,启动区、校两级安全管理中心建设,制定《青浦区学校专业服务项目管理工作规范》《青浦区学校专业服务单位工作规范》。组织"全国法治教育进校园巡讲活动""小手牵大手　安全系万家"安全知识进课堂等系列主题教育活动,开展食品安全及传染病防控知识培训。加强学校"放心食堂"建设,完成中小学校及托幼机构食品安全平台建设。完善区域未成年人保护工作体系,进一步强化成员单位职责分工。

深化内涵建设,持续推进"学有优教"。深化"立德以为师,志行以树人"师德教育,开展"我是老师,我为自己代言"专题活动,举办以"坚定、坚守、坚持"为主题的第33个教师节主题集会。创新教育人才队伍建设机制,实施2017年新教师招聘工作;制定《青浦区教育人才发展三年行动计划(2017—2019年)》,试点新任校(园)长任期制;召开区教师专业发展工作大会,全面实施"十三五"教师各项培训。加强学科主题研修、项目研究,持续深入推进"养正务本"内涵建设,不断完善、建构具有学科特征的高效课堂。制定《青浦区关于深入推进学区化集团化办学的实施意见》,启动8个镇学区建设，引导12所学校参与新优质学校集群发展。加快教育技术融合，制定《青浦区教育局关于推进教育信息化发展的若干意见》，举办第十四届青浦区教育信息化应用展示等活动。

注重多方联动，努力促进学生全面发展。深化社会主义核心价值观“六进”协同机制，推进“一校一品”特色创建活动。举行中小学中华优秀传统文化教育特色项目展示活动，评选中小学生（中职校）“上善小达人（美德少年）”。调整区青少年学生校外活动联席会议成员组成，完善学生校外教育组织管理与考核评价机制，推进学生“社区实践指导站”和“学校少年宫”建设。加强家庭教育和心理健康教育，启动区级家庭教育示范校创建评估工作，组织开展中小学心理健康教育月系列活动。推进“小学兴趣化、初中多样化、高中专项化”体育课程改革，成功承办第三届中国（上海）国际青少年足球邀请赛；组织“高雅艺术进校园”“青少年走近艺术家”系列活动，举办青浦区第九届学生科技节；开展第二十届推普周活动，组织中小学、幼儿园经典诵写讲等活动。

加强统筹协调，促进各类教育优质均衡发展。推进学前教育协作组项目实践和成果展示，启动“幼小教育衔接”项目研究。加强早教指导工作，完成2套公益早教课程方案设计与实践培训。对24所公民办幼儿园开展等级验收和绩效评估。义务教育围绕“绿色指标改进”，举办“基于课程标准的评价”“提升学生科学素养”等主题研讨与展示活动。完成2017年中考，全区3203名学生参加考试。高中教育持续探索学生选科指导、走班分层教学新模式，强化学生综合素质评价。制定《青浦区推进特色普通高中建设三年行动计划》，强化普通高中办学特色。职业教育新增中本贯通专业1个、中高职贯通专业2个、中职专业1个。深化职教集团建设，开展职业教育与区域产业发展课题研究，对首批9家校企合作基地开展中期验收。加强职教先进典型宣传，举办职业体验日活动。成人教育完成“走遍青浦”系列微课制作，举办第七届上海成人教育“崧泽论坛”。推进金泽镇蔡浜村学习型乡村建设试点，举办第十三届全民终身学习活动周、市老年教育优秀成果展青浦区书画手工艺专场。建设特殊教育小学资源教室8间，开展学前特殊教育资源教室使用现场研讨，举办特殊教育学生才艺展示专场。推进课程开发和教科研工作，开展特殊教育中职教育改革，接受市教委特殊教育三年行动计划落实情况评估。开展教育培训市场专项调研和依法集中整治，启动实施纳民小学和学前儿童看护点关停工作，严格民办三级幼儿园管理。成立民办教育管理办公室和民办教育培训机构管理办公室，加强民办学校和培训机构日常监管。

强化依法治教，努力确保教育有序发展。制定并落实区教育局创建全国文明城区工作方案，完成未成年人工作指挥部各项任务。区教师进修学院被评为全国文明单位，18家教育单位被评为2015—2016年上海市文明单位。严格执行招生政策，稳妥完成义务教育和学前教育招生工作。完善教育督导体系，成立青浦区人民政府教育督导委员会，制订新一轮《青浦区学校办学水平综合督导评估方案》及全区各学段办学水平督导评估指标。规范教育经费管理和财务制度执行，严格落实经费开支“一支笔”审批。继续做好教育系统信息公开工作，办理人大代表书面意见5件、政协委员提案16件，处理信访件134件、“12345”市民热线850件。

（曹佳凤）

【上海平和学校青浦分校签约落户】 1月9日，上海平和学校落户青浦区签约仪式在上海淀山湖新城发展有限公司举行，标志青浦区引进优质学校工作迈出新步子，区教育资源进一步丰富。11月2日，上海平和学校青浦分校正式动工建设。

（曹佳凤）

上海平和学校青浦分校落户签约仪式举行

【举行“春晖奖”颁奖典礼】 3月2日，由区教育局、区教育基金会主办，区教师进修学院承办的“播种希望，守望成长——青浦区‘春晖奖’十佳班主任、优秀班主任颁奖典礼”举行。每三年开展一次面向全区班主任队伍的“春晖奖”，共评出班主任工作特别奖1人、十佳班主任10人、十佳提名奖9人、优秀班主任32人。 （曹佳凤）

【开展全区教育单位“创全”督查工作】 4月，区教育局成立由教育责任督学为主的检查队伍，分19组对全区130家教育单位（包括民办学校）开展全覆盖“创全”工作督查。督查围绕“创建全国文明城区未成年人工作任务分解表”“全国文明城区测评体系中涉及教育局任务分解表”，以未成年人思想道德建设、师生文明礼仪教育、环境建设和氛围营造等方面为重点展开，涉及教育系统创建全国文明城区七大方面35个测评点位。检查评估后，对20个基层单位共性问题、37个个性问题下发整改通知。 （曹佳凤）

【评估特殊教育三年行动计划实施情况】 4月6日，市特殊教育三年行动计划实施情况评估组20多位专家在相关部门负责人的带领下，到青浦区进行检查评估。区教育局向专家组作“整合资源　完善机制　提升区域特殊教育内涵发展水平”的区特殊教育三年行动计划实施情况的汇报。评估组分三路前往区特殊教育指导中心、特教学校、随班就读学校、学前特教点，就特殊教育的组织管理、经费保障、师资队伍、资源保障、医教结合、随班就读、送教上门等方面进行细致检查和专业评估。（曹佳凤）

【举行“法治进校园”活动启动仪式】 5月16日，由区检察院、区教育局、区司法局、区妇联、团青浦区委共同举办的“法治进校园”活动启动仪式暨法治宣讲团首讲在青浦区东方中学举行。相关部门领导及各学校负责人、宣讲团成员共200余人出席启动仪式。仪式上，向全区幼儿园、小学赠送《法治小先锋》宣传光盘及拒绝校园欺凌系列图书，向初高中学校赠送《青春防线》宣传光盘及拒绝校园欺凌系列图书，并向宣讲团代表颁发聘书。启动仪式结束后，宣讲团成员给出席启动仪式的学校负责人及教职工进行“法治进校园”的首次授课。 （曹佳凤）

【举行区青年教师培养成果汇报展示活动】 5月25日，由区教育局和区教师进修学院主办、博文学校承办的青年教师培养成果汇报展示活动举行。博文学校8位青年教师作课堂教学展示，区教师进修学院课程教学研修中心和教师发展中心负责人分别作点评；区教育局要求从师德为先、能力为重、追求卓越、增强活力、创新机制五个方面加强对青年教师的培养。 （曹佳凤）

【扎根研究与循证实践推广研讨会举行】 5月27日，扎根研究与循证实践推广研讨会举行。国家教育咨询委员会、市教委，以及市教科院普教所、区教育局等部门领导，与来自各地近300名教育工作者出席会议。活动以现场研讨会方式，推广利用“一图二表三单一视频”进行同课共构的循证实践。活动全程在创新泰克云教育平台上进行全网直播。 （曹佳凤）

【召开综合改革（高考综合改革）领导小组会议】 6月1日，青浦区召开教育综合改革（高考综合改革）领导小组会议。区四套班子领导、区教育综合改革（高考综合改革）领导小组及其办公室全体成员出席会议。会议肯定，青浦教育综合改革和高考综合改革取得的阶段性成果，总结并部署教育综合改革工作。 （曹佳凤）

青浦区召开教育综合改革（高考综合改革）领导小组会议

【举行老年教育舞蹈专场展演活动】 6月8日，由区老龄事业发展中心、区老年教育工作小组办公室共同举办的"2017年青浦区老年教育舞蹈专场展演活动"在夏阳街道文体中心举行。活动主题为"阳光下的舞姿",共展演13个节目,约300人参加活动。展演活动评选出团队风尚奖7名、优秀节目奖5名、最佳优秀节目奖1名。　(曹佳凤)

【国际青少年足球邀请赛开幕】 7月8日,国际青少年足球邀请赛在复旦大学附属中学青浦分校开幕。开幕式上,区委、市大学生体育协会等相关领导为入选2017年全国青少年校园足球训练营的优秀营员代表颁发证书。同济一附中队和来自美国俄勒冈州波特兰市的伐木者队进行揭幕战。本次邀请赛共有来自10个国家和地区的16支青少年校园足球队参赛。　(曹佳凤)

【举行第33个教师节主题活动】 9月8日,"坚定,坚守,坚持"——第33个教师节主题活动在复旦附中青浦分校举办。青浦区领导和优秀教师代表等600余人参加活动。整个庆祝活动分为"青春不悔""润物无声""薪火相传"三个篇章,通过歌伴舞、短剧、歌曲联唱、舞蹈、诗朗诵、合唱等表现形式,展现教师师能和师德风貌。活动中,表彰青浦区"上海市园丁奖"代表以及上海市五一劳动奖章获得者,展示"师德师风优秀项目建设"评选活动中的优秀项目。　(曹佳凤)

【召开"幼小教育衔接"项目研究启动会】 9月13日,区教育局召开"幼小教育衔接"项目研究启动会。区教育局相关负责人及全体项目组成员参加会议。会上介绍项目研究组的组织架构,解读项目研究方案(讨论稿),展示运动课程。区教育局负责人指出,"幼小教育衔接"项目的研究有意义、工作有基础、团队有思考。研究成果要为决策服务、为实践服务,为幼儿健康成长提供服务。　(曹佳凤)

【青浦区教育信息化推进大会召开】 9月28日,"青浦区教育信息化推进大会"在区教师进修学院召开。会议旨在贯彻落实青浦教育信息化"十三五"发展规划,强化教育信息化顶层设计,促进信息技术与教育管理和教育教学实践的深度融合。会上印发《青浦区教育局关于推进教育信息化发展的若干意见》《青浦区教育局关于成立青浦区教育信息化工作领导小组及其办公室的通知》,举行"青浦教育OA"管理平台及手机客户端启用仪式。　(曹佳凤)

【课程教学季活动开幕】 10月26日,主题为"展课程教学新貌　追卓越发展新梦"课程教学季开幕。活动分学段、学科、学校以及先进教研组、长周期实证研究项目等5个专场,涵盖高考改革、绿色指标、学校课程发展、基于课程标准的教学与评价、教师专业能力提升等内容。活动期间,区级综合性活动涉及各学段学校21所、区级学科公开课145节,还有28所中小学进行学校层面的教学展示与研讨。　(曹佳凤)

【区校外教育运行机制建设推进大会举行】 12月27日,区校外教育运行机制建设推进大会在青浦高级中学举行。会议充分肯定校外教育在活动场所网络建设、社会教育资源利用、各类校外教育活动开展,以及校外教育服务理念提升等方面取得的成绩,对进一步加强校外教育进行针对性指导。大会对2017年学生社会实践优秀辅导员(案例)进行表彰,对命名的48个区级学生社会实践(志愿服务)基地进行授牌。　(曹佳凤)

附:区教育局驻地及负责人

(2017年1—12月)

地址:公园东路1155号
邮编:201799
电话:69713664

区委分管副书记:韩顺芳
区政府分管副区长:王凌宇

区教育局党委书记:孙　卫
副书记:程卫国、黄海忠

区教育局局长:程卫国(兼)
副局长:王海青、姚金生、江雪元、高　燕

奉 贤 区

【2017年概况】 全区有各级各类教育机构247个，其中公办教育机构123个，包括早教指导中心1所、幼儿园43所、小学21所、初中14所、九年一贯制学校21所、高中5所、特殊教育学校1所、少体校1所、青少年活动中心1所、中等职业教育学校1所、成人学校8所、区教育学院1所、社区学院1所，其他教育机构4个(少年军校、教育事务受理中心、教育保障服务中心、劳动技术教育学校)。民办学校48所，包括幼儿园8所、三级幼儿园30所、随迁子女学校9所、十二年一贯制学校1所。全日制在校学生89025人，其中学前教育幼儿26905人、小学生34099人、初中生18880人、中等职业学校学生2772人、高中生6241人，特殊教育学生128人(含送教上门24人)。全区有教职工8105人，其中专任教师7314人，高级职称专任教师727人，中级及以上职称专任教师占比59%。本科及以上学历教职工6917人，市特级校长4人，特级教师15人，市"双名工程"主持人2人，奉贤区"滨海贤人"系列优秀人才6人。录用新教师225人，其中本科学历203人，硕士研究生学历22人。有2位教师被评为正高级教师，3位教师被评为特级教师，1位教师被评为市教书育人楷模。

全面深化教育综合改革，教育发展水平进一步提升。教育资源布局进一步优化，加快推进南桥、奉浦、西渡、金海社区中小幼学校建设；完成奉城一小、奉贤中学创新大楼、育秀学校西校区建设，续建古华小学翻建项目和中粮幼儿园，开工建设四团小学、肖塘中学、邬桥学校综合楼及待问幼儿园等新项目；落实肖塘小学、待问中学、实验小学综合楼、南桥小学加固工程等储备项目前期工作。教育教学质量进一步提升，学业水平、教育均衡、教育公平和学业负担等多项指标进步明显，受到市教委通报表扬。积极推进幼儿园课程特色建设和爱贝早教指导服务中心转型发展，学前教育保教质量进一步提升。17个老年教育居村学习点、社会学习点等被评为上海市老年教育示范点，成功创建为全国第一批"国家级农村职业教育和成人教育示范县"。完善特殊教育体系，首个中职特教班开班。奉贤教育的社会影响力和美誉度进一步提升，年内10多批次外省市教育考察团到奉贤区考察，在市级及以上媒体发表奉贤教育新闻260余篇。

推进创新育人"三大工程"，教育特色品牌进一步彰显。推进"人文蕴育"德育创新工程。编撰出版《i奉贤・贤文化》区本教材；组织2500余名中小学生按照小学"南京记忆"、初中"井冈山寻迹"、高中"遵义和延安浸润"、18岁成人仪式到嘉兴南湖举办，开展重走"红色之路"社会实践活动。组织688名学生开展奉贤学子开启"世界之窗"暨出国(境)研学旅行项目；举办首届"世贤学子"评选表彰活动和第二届中小学德育创新论坛，推进"名家进校园""人人学会游泳"政府实事项目、"写好中国字、做好中国人"等德育创新项目。推进"人文课堂"教学改革工程，举办以"优化课程设计、提升育人品质"为主题的第二十二届教学节，开展奉贤区首届教学成果奖评比并推荐25个项目参加第二届上海市教学成果奖评选。推进中小学课程教学改革，推进STEM教育，小学阶段全面实行等第制评价、"快乐活动日"拓展、"快乐30分"综合活动和放学后看护服务等。推进高考改革，不断完善高中生综合素质评价等工作，致远高中、曙光中学通过上海市特色高中创建申报。推进"七彩成长"学生发展工程，举办第三届"七彩成长"学生活动节，承办"言子杯"第十五届全国少年儿童故事大王选拔展示活动，推进青少年活动中心转型发展和青少年

“四院一团一部”建设，10 名学生被授予中国“小院士”称号。

统筹推进城乡教育一体化发展，教育优质均衡水平进一步提升。推进城乡义务教育标准化建设，完成 14 个创新实验室、12 个安全教育体验室建设和 25 个图书馆升级改造工程，完成 37 所公办中小学 43 个校区的无线网络全覆盖和 13 所中小学的 66 间互动多媒体教室建设；为 30 所学校 1718 名中小学教师配备移动终端设备。在全区 42 所公办小学中，高级教师配置达标 36 所；在 35 所公办初中学校中，高级教师配置达标 34 所。启动新一轮教育集团化办学，推进“1 + 1 + X”集团化办学，组建 11 个教育集团和 9 个紧密型办学资源联盟，集团化办学覆盖全区 100％中小幼学校。参加市教委“城乡携手共进”计划，11 所义务教育阶段学校接受市教委“精准委托管理”，3 所学校参与“城乡互助项目”。有序安排符合条件的随迁子女学生就近在公办学校入学。

创新推进教师队伍建设，教师队伍整体素质进一步提高。进一步加强师德师风建设，制定《关于建立本区教师师德建设长效机制的实施意见》，修订完善师德“五不准”，师德师风和政风行风建设取得新成效，青溪中学包蓓姹被评为 2017 年上海市教书育人楷模和“感动奉贤十大人物”。举办“守望教育，铸就辉煌”第 33 个教师节系列活动，开展奉贤区教育系统“千名贤师结对千名学生帮扶活动”并被评为区最佳志愿服务项目。优化教师聘用流动、培训晋升和表彰激励机制。改革和优化教师招聘模式，加强教师队伍分类管理，推进“双金字塔型”教师干训工作，整体提升区域教师队伍专业化水平。举办第十届“上海—新加坡校长”圆桌会议。

深化教育治理机制改革，实施促进学校自主发展的“星光”计划和促进学校创新发展的“支点”计划。完成“星光”计划中的学校管理与文化建设项目 5 个、课程教学创新与创新实验室项目 60 个、队伍建设项目 26 个、德育与体卫艺科创新项目 30 个。完成全区 70 多所中小幼学校的 96 个“支点”计划项目的实施与验收，并启动新一轮申报工作。进一步规范教育培训市场秩序，完成对 207 个教育培训机构的专项整治，关停无证无照培训场所 54 所，下发《行政指导书》及《承诺书》76 份，优化基础教育改革发展环境。构建科学有效的学校教育评价体系，促进区域教育健康有序发展。5 月，面向全区 11 个镇（街道、社区）的 84 所中小学校开展“七彩成长”满意度调研。11 月，开展教师“乐业育人”满意度调研。年底编撰发布《2017 年度奉贤教育发展报告》。

切实加强党的建设，教育改革发展活力进一步激发。加强自身建设，党政同责、一岗双责，不定期研究讨论教育改革发展大计。把学习宣传贯彻党的十九大精神作为首要政治任务和工作主题，高度重视思想政治教育和意识形态工作，将落实立德树人育人目标和明确社会主义办学方向作为重中之重。相关工作经验在区精神文明建设暨新一轮全国文明城区创建推进大会和市教卫工作党委召开的社会主义核心价值观进校园现场会上作交流。积极选优配强领导干部，加强干部培养培训，组织开展第二轮校（园）长、书记专业素养持续提升研修班和党支部书记工作室培训，选派 2 名校长参加全国高中骨干校长高级研修班、2 名中学党支部书记参加市“十三五”第四期中学党支部（总支）书记研修班，选拔 94 名基层学校优秀青年干部开展集中轮训及跟岗学习和挂职锻炼。指导推进基层党的建设，指导 130 家民办学校（包括教育培训机构）建立党组织，实现教育系统党建工作全覆盖。培育党建示范点，推进基层党建“一校一品”创建。切实加强党风廉政建设，组织开展三年（2016—2018）一轮的党风廉政建设责任制落实情况全覆盖专项检查，出台《奉贤区教育系统党政负责干部重要权力运行细则》，进一步规范权力运行。创新推进工会、共青团和妇女工作，凝聚力量激活教育综改动力。

（赖黎明）

【智慧教育云平台建设启动】 2 月，奉贤教育智慧云平台项目建设正式启动。项目将打造可管、可用、可运维的信息化基础环境系统，形成教育信息化资源建设模式和应用格局，推进奉贤教育管理的科学化，更好地满足公共服务需求，提升奉贤教育现代化、国际化、信息化水平。 （赖黎明）

【促进学校自主创新发展“支点计划”启动】 2月，奉贤实施促进学校自主创新发展的“支点计划”。“支点计划”引导、支持学校教育教学改革创新，优化育人模式，提高教育教学质量，推动奉贤教育由资源规模、教育质量的跨越式发展到资源足、质量优的品质化发展转型，由点及面提高区域教育教学工作的现代化科学化水平，提升学校教育教学品质和人才培养质量，建设“自然·活力·和润”的南上海品质教育区。全区70所中小幼学校申报的96个项目列为学校创新发展“支点计划”项目。

（赖黎明）

【举办第十届“上海—新加坡”校长圆桌会议】 3月29日，第十届“上海—新加坡”校长圆桌会议在奉贤区举行。市教委领导、奉贤区中小学校长代表与来自新加坡的教育官员、中小学校长就“互联网+背景下的教育创新”主题展开交流探讨。（赖黎明）

【“奉贤教育”开辟“和润新语”专栏】 4月8日，“奉贤教育”公众微信号成立2周年之际，开辟“和润新语”专栏，就教育和人文等方面的创新探索、经验成果和理性思考等自由谈，形成教育理念的大讨论大碰撞。专栏开设后，收到全国各地来稿200多篇，至年底共推送文章158篇。（赖黎明）

【开展“七彩成长”学生满意度调研】 5月3—5日，在全区84所中小学校（含中职、民办小学）开展学生“七彩成长”满意度调研。调查从学生在校学习生活状态的自我评价、对班主任和班集体的认同度、对老师和学校教育教学的认同度、对学校环境设施和后勤保障的认同度、对家庭教育的认同度五个纬度进行。23500余名学生参加抽样问卷调查。数据显示，区中小学生对学校教育教学与服务质量的总体满意度达9.11分（满分为10分）。标准差为1.175，数据分散程度小。满意度分值大于等于8分（该分数对应“基本满意”）的学生人数占接受调查学生总数的85%。（赖黎明）

【在“DI全球赛”上获两项冠军】 5月24日，2016—2017第十一届DI青少年创新思维大赛在美国田纳西州立大学开赛。5月28日，在全球总决赛上，奉贤中学夺得E组结构队高中组第一名，并获得全球唯一的DI教育奖学金和项目管理卓越奖。汇贤中学获E组结构队初中组第一名。奉贤区学生获两项冠军，显示中国中学生的科技创新实力。

（赖黎明）

【奉贤中等专业学校获“黄炎培优秀学校奖”】 奉贤中等专业学校在发展中坚持传承黄炎培职业教育思想，实践“让无业者有业，让有业者乐业”，创新提出“乐业教育”思想，在开展学生创业教育，加强沪遵、沪疆职教对口支援，开展职业体验日活动等方面的工作成效显著。5月，成为上海市唯一获得全国第五届黄炎培职业教育奖优秀学校奖的中职学校。（赖黎明）

【举办全国少年儿童“故事大王”比赛】 8月10日，“言子杯”第十五届全国少年儿童故事大王选拔展示活动暨全国“故事大王”终极赛在奉贤区举行。大赛评出24位“全国级最佳故事大王”，奉贤区学生杨源获得最高奖项“全国级最佳故事大王”称号。来自全国各地的300多名少年儿童参加比赛。

（赖黎明）

【首届“世贤学子”评选表彰活动举行】 6月，奉贤区首届“世贤学子”评选活动启动，从全区应届高中（中职）毕业生中评选出“贤德学子”5名、“贤识学子”10名、“贤能学子”5名。8月26日，在奉贤中学举行“培育世贤学子，奠基贤城未来”首届“世贤学子”表彰活动。市教委、区教育局以及相关部门领导等出席活动。（赖黎明）

奉贤区首届“世贤学子”评选表彰活动举行

【区暑期校园足球精英训练营开营】 8月22—29日，区校园足球精英训练营在江苏常州奥体青少年校外活动中心进行集中训练，区青少年校园足球精英训练营61位营员、17位教练员及工作人员通过8天的封闭式训练，从技术技能水平、团队合作配合等方面得到全面的提升，同时也促进教练团队训练的科学性及效能提升，逐步完善奉贤区足球精英训练培训机制。（赖黎明）

【学生民族打击乐团获国际大赛冠军】 10月1—5日，学生民族打击乐团参加2017上海音乐学院国际打击乐节暨第二届IPEA国际打击乐大赛，获冠军。从复赛的《牛斗虎》到决赛的《龙腾虎跃》，学生艺术团的团员用民族打击乐带给国际评委视觉和听觉的冲击，在国际舞台传递最中国最民族的声音。（赖黎明）

【翁铁慧调研奉贤教育工作】 10月12日，副市长翁铁慧调研奉贤区教育、卫生、文化等民生事业发展情况。奉贤区委书记庄木弟、区长华源、市教委主任苏明参加调研。翁铁慧指出，奉贤区要建设一支数量充足、结构合理、素质过硬的教师队伍；要抓住上海全面建设国际化现代化大都市发展的契机，关注青少年活动中心等校外机构建设，突破校外教育现有瓶颈。翁铁慧出席奉贤区和市教委《关于上海出版印刷高等专科学校奉贤新校区建设有关事宜的备忘录》签署仪式。（赖黎明）

奉贤区和市教委签署《关于上海出版印刷高等专科学校奉贤新校区建设有关事宜的备忘录》

【《i奉贤·贤文化》教育读本首发】 10月12日，奉贤区举行《i奉贤·贤文化》教育读本首发仪式。为更好地推进“贤文化”建设，发挥“贤文化”教化育人的功能，组织区内4所优质学校编写第二套“贤文化”教育读本。读本以“‘贤文化’主题教育＋国学”（幼儿园、小学和初中为经典诗文吟诵，高中为中国文化概论）为主，每个版本均为8个单元16个主题，实现“贤文化”教育横向贯通，各学段纵向衔接，引导学生“知贤、敬贤、学贤、践贤”，使“贤文化”成为奉贤区学生各项活动的底蕴和特色。（赖黎明）

【开展“乐业育人”教师满意度调研】 10—11月对奉贤区教育系统全体在职教职员工开展“乐业育人”满意度调研。调研涵盖教师爱岗敬业状态、学校制度建设和教师专业发展保障三个方面。调研面向区教育局主管的全部公立中小幼学校和中职学校、成人学校及直属服务单位，计121所学校（机构），共7300余人参与问卷调查。调查显示，奉贤区教职工乐业育人的总体满意度很高，总体平均值达9.24分（满分为10分），标准差为1.182。（赖黎明）

【教育机构参加“区长质量奖”评选】 区教育系统单位首次参加“区长质量奖”评选，奉贤中学获第七届区长质量奖银奖，区教育学院附属实验小学获第七届区长质量奖创新成果奖。学校参评是引导卓越绩效管理模式在教育领域的首次延伸，在奉贤区教育机构打造一个系统、全面、量化可验证的先进管理模式。（赖黎明）

【完成中小学校办学水平综合督导评估】 区人民政府教育督导室从2015年5月至2017年5月，依据《奉贤区2013—2015学年中小学校办学水平综合督导评估方案》，完成“十二五”期间中小学校的办学水平实施综合督导评估。11月28日，对在2013—2015学年期间办学水平优质的18所学校进行表彰。（赖黎明）

【开展幼儿园规范办园行为（幼儿安全保障）专项督查】 11月28日，区教育局、区人民政府教育督导室召开幼儿园规范办园行为（幼儿安全保障）专项督查工作部署会。全区幼儿园、学前儿童看护点、民办非学历培训机构（内设早教课程班）等110个单位和各镇（街道、社区、开发区）教管办主任及督查工作小组全体成员参加会议。12月4—6日，共组织10个督查组正式开展专项督察，进一步加强学前教育保教管理，确保广大幼儿身心健康。

（赖黎明）

【中小学德育创新论坛举行】 12月6日，主题为“传统文化与国际理解”的“2017教育综合改革背景下的中小学德育创新论坛”在奉贤区举行，论坛聚合各地教育智慧，展示上海经验特色，把脉奉贤实践探索。与会人员观摩奉贤区中小学校的传统文化与现代德育教学活动，并就传承中华优秀文化，聚焦“贤文化”德育进行研讨。（赖黎明）

附：区教育局驻地及负责人

（2017年1—12月）

地址：古华路758号
邮编：201499
电话：37597001　37597009

区委分管常委：王霄汉
区政府分管副区长：倪闽景（8月离任）、袁　园（10月到任）

区教育局党委书记：陆　琴
　　副书记：施文龙（兼）、张　杰（5月离任）

区教育局局长：施文龙
　　副局长：陆　琴（兼）、张　弘、顾　军、万国良、周　英

崇　明　区

【2017年概况】 全区有中小学、幼儿园、职校和特殊教育学校109所。其中高中7所（含1所公办完中、1所民办完中）、初中31所（含4所公办九年一贯制学校、1所民办九年一贯制学校，1所特殊教育学校）、小学30所（含特殊教育学校1所）、幼儿园40所（含2所民办幼儿园）、中专职校1所。另有直属单位10个、成人学校16所。在校学生42416人，其中高中生3977人、初中生10803人、小学生15591人、幼儿园幼儿9089人、中专职校学生2736人、特殊教育学生220人。全区在编在职教职工7178人，其中专任教师5094人。在编在职教师中，具中级以上职称2751人。高中、初中、小学、幼儿园专任教师学历达标率分别为99.84%、97.90%、98.92%、99.76%。

加强党组织建设和干部队伍建设。开展基层干部调研，做好后备干部及青年人才推荐工作，做好校级领导干部履历表的梳理工作，开展党建工作的全面自查及督查工作。以全国县级文明城市创建为契机，加强对各级文明单位（文明校园）的日常过程性管理，开展新一轮文明单位（文明校园）创建工作。加强师德师风建设，获2017年度市园丁奖44人、区园丁奖130人。

深入开展未成年人思想道德建设。开展中小学“美德少年”评选表彰活动和学校、乡镇未成年人工作督查，落实文明校园创建。开展第三届中小学学科德育优秀论文与案例征集评比活动。开展2014—2016学年学校三年德育工作考核。加强中华优秀传统文化教育，编写并指导使用《向着阳光奔跑——崇明区中小学核心价值观教育读本》，开展“社会主义核心价值观和中华优秀传统文化教育”项目立项和经典诵读活动。完成新一轮区行为规范示范校评估，做好新一轮上海市心理健康教育合格校评估抽检工作。开展区第六届心理健康教育活动月活动。开展“放飞心灵　快乐迎考”中考、高考考前心理辅导活动，推进高中生生涯教育试点工作。推进德育队伍专业发展，开展第五届班主任基本功大赛、班主任暑期培训、第三届“十佳”德育工作者评选表彰活动、区星级班集体评估工作。推进学校—家庭—社区“三位一体”育人机制建设，做好高中生志愿服务基地实地评估，召开高中生社会

实践志愿服务工作推进会，组织开展学军学农活动，成立区未成年人家庭教育指导中心，推进“家庭教育社区行”项目，全区18个乡镇完成近100场家庭教育讲座，持续推进“千名教师访万家”等项目。进一步构建未成年人安全保障体系，完成上海市2016年未成年人核心指标测评项目，做好一年一度崇明区特殊家庭未成年人调查摸底工作，开展禁毒教育工作、中小学生法制教育工作、中小学公共安全教育工作。

继续实施新一轮“学前教育三年行动计划”。抓好早教指导工作，举行“03亲子嘉年华”活动南门、堡镇、长兴岛专场，继续引进“上海市科学育儿指导公益活动育儿加油站项目”，开展各类市、区级科研课题研究活动。多途径提高幼儿园保教质量，上海市东滩思南路幼儿园正式开班，静安南西新城幼儿园开展南西教育理念的本土化研究，完成向阳幼儿园一级复验工作。确立“医教结合”“信息技术与幼儿园一日生活融通”“信息化环境下个性化学习试点”“幼儿园专用活动室建设”“早期教育服务体系建设”5个市级研究项目。加强幼儿园所常态保教质量监控，做好一级复验迎评工作。

促进义务教育优质均衡发展。建立4所新建学校“名校+新校”教育集团，确定全区六大学区理事长学校。启动“一校一品”建设工作。推进城乡教育一体化工作，启动城乡携手共进计划，启动与静安、黄浦两区新一轮合作办学项目，与华东师范大学开展合作项目。推进新优质学校建设，4所市级新优质学校分别承担市级项目研究。继续完善寄宿制学校制度建设及课程建设，启动新增试点学校工作。

深化教育综合改革。落实“崇明区深化生态教育改革实践方案”，举办第八届中学生生态知识竞赛，开展幼儿园幼儿、小学生“小生态人”展评活动。落实中学“垃圾分类”进教材进课堂工作，启动各学段“生态崇明”区域课程优化工作，完成生态崇明（乡土课程）创新实践案例的研究和长江流域水资源研究方案的编写。编写生态文明市民读本。举办20多次乡土课程联合体研讨活动，完成六年级东滩生态考察素质教育活动，参与长江流域生物多样性保护活动。推进高考改革，实施走班制、生涯辅导和心理辅导。主动试点综合素质评价工作，调整冲刺阶段课程实施计划。稳步推进高中多样特色发展，城桥中学完成上海市特色高中项目学校交流与答辩。推进第二轮“主动·有效课堂”工程，完善学科评价观察点、细化教学常规五环节要求、促成一批“主动·有效课堂”学科教研成果，组织教师撰写《园葵青青》《陌上花开》等课堂案例集。推进小学“绿色指标”评价和“快乐活动日”工作，做好《课标指南》培训工作，制订并实施第三轮“今天行动计划实施方案”，初步完成“今天行动计划”区级服务平台“创玩活动”的建设和实施。推进教育交流合作，在特殊教育、体育、语言以及教育研究等多方面与丹麦埃格蒙特、韩国济州、英国卡迪夫城市大学、美国马里兰州以及德国、瑞士、澳大利亚等国家和地区开展交流。

做好体卫艺科及语言文字工作。推进青少年校园足球工作，开通精英训练营优秀球员小学升初中入学通道，设立初中升高中特长生招收政策，形成“一条龙”业余训练体系。打造市级青少年校园足球精品课程，完善校园足球区本教材。协助举办2017中国（上海）国际青少年校园足球邀请赛总决赛、闭幕式和校园足球论坛。9所学校被教育部命名为第三轮“全国校园足球特色校”。在第十三届全运会学生比赛中获2枚金牌，在成人比赛中崇明区运动员获4枚金牌、4枚银牌，创造崇明区体育运动史上最好成绩。做好艺术教育工作，推进“全国农村学校艺术教育实验县”“全国中小学生艺术素质测评实验区”项目，推进“高雅艺术进校园”“人人会乐器”两个重点项目。推进科技教育，举办首届中小学生科技节。在全国比赛中获142个名次，其中冠军29个、亚军17个、季军8个；在市级比赛中获1300多个等第奖，其中一等奖360个。崇明中学、城桥中学被命名为“十三五”首批上海市科技教育特色示范学校。做好语言文字工作，开展推普周系列诵读活动，举办上海市第二十届全国推广普通话宣传周暨崇明区中华优秀传统文化主题宣传教育活动。

推进职业教育和成人教育发展。基本完成国家级职成教示范区（县）创建工作，推动各部门服务“三农”中开展涉农职业教育，加强区内职成教示范点培育。规范教育培训市场，基本完成规范教育培训市场的年度重点工作。

推进人事制度改革。做好师资配置，全年共引进教师149人。开展教师培育，在第四轮组建中，组建20个名师工作室；聘请10名市区教育专家担任主持人，在第六轮评审中，评出736名区级骨干教师。启动教师信息化技术专项培训工作，继续与行健职业学院开展非学前教育专业毕业教师专业技能培训工作，继续开展与上海师范大学合作的师范生定向培养工作。开展市特级教师申报工作，有3名教师获特级教师称号。推进人事制度改革，完善绩效工资规范操作16条，在教师队伍配置、资质、培训和收入等方面依照相关政策推进义务教育城乡一体化工作。规范教师流动(调动)工作，实施学科教师余缺情况上报制。

加强依法治教力度。加强党风廉政建设，抓好中央八项规定精神贯彻执行情况的督查，开展学校图书采购专项检查。开展第五轮委托管理专项审计、公务车辆使用情况及基建修缮项目竣工决算审计。完成15所学校综合督导、4所高中落实高考新政督导、民办三级园及5个看护点专项督查，开展挂牌督导工作。（梅湘瀛）

【召开“创玩活动项目”启动会】 3月24日，在崇明区江帆小学召开“快乐活动日”暨“今天行动计划”区级服务项目“创玩活动”启动会。2005年首次推出小学“今天行动计划”，已进入第三轮。本轮实践中，推出在各校流动实施区域性上门服务共享项目——“创玩活动”。该项目以“实践、创新、快乐、成长”为理念，记录、搜集学生在学校、家庭、社会中所参与的活动内容、次数、时长、自我评价、形成的作品、报告等数据，为每个学生建立活动类成长数据包。项目包含3个载体：创玩平台、创玩动车、创玩小站。（梅湘瀛）

【首届青少年科技节开幕】 5月27日，崇明区首届青少年科技节在东门中学举行，全区各中小学、职校的1200余名师生参与活动。本届科技节主题是“生态崇明，创客圆梦”。开幕式上进行科技表演、科技互动展示和创客创新活动。科技节活动从5月持续至11月。整个科技节活动分为区级活动和校级活动两个层面开展，以校级活动为主。区级活动包括崇明区第五届青少年科技“嘉年华”活动、“赛复流动科技馆”下校巡展活动等。校级活动由各校根据实际情况组织开展的校级科普宣传、科普体验、科技竞赛、主题论坛等活动组成。（梅湘瀛）

【成立家庭教育指导中心】 6月23日，举行崇明区家庭教育指导中心成立仪式。该中心拥有300多平方米的活动空间，设有个别辅导、团体放松、音乐放松、沙盘活动、情绪宣泄、图书阅览、团体辅导、教师办公等10大功能室。12位市、区专家组成区家教中心专家团，百名教师成为区家教中心讲师团。有一支专业与爱心兼备的志愿者队伍，成员具有国家级家庭教育指导师、国家二级心理咨询师或上海市学校心理咨询师资格。该中心面向全区未成年人及其家长家庭提供教育咨询、指导、培训、研究等公益性服务。（梅湘瀛）

【推进教育培训市场规范整治】 崇明区教育培训市场规范整治活动从7月开始至12月结束。经排摸，全区共有教育培训机构64家，其中48家证照齐全、13家证照不齐、3家无证照。对3家无证照的教育培训机构，区市场监管局会同区教育局等相关职能部门依法予以取缔；对13家证照不齐的教育培训机构，区市场监管局、区教育局共同制定下发《行政指导书》，其中3家被停业，10家被暂停营业须按照市配套新政“一标准两办法”提出申请，经核准后开业。此外，不定期委托第三方评估机构对证照齐全的教育培训机构开展评估。（梅湘瀛）

【协助承办国际青少年校园足球邀请赛总决赛暨闭幕式】 7月14日，2017中国(上海)国际青少年校园足球邀请赛总决赛暨闭幕式在崇明中学举行，中华全国归国华侨联合会副主席乔卫、副市长翁铁慧等出席邀请赛闭幕式。赛事以“活力青春，共筑梦想”为理念，共有16支U17男子青少年校园足球队参加为期7天的比赛。闭幕式当天，邀请赛组委会举行“建设世界级生态岛　构筑校园足球新未来”为主题的校园足球高峰论坛，市教委领导向“国际青少年校园足球联盟”新成员授牌，崇明精英训练营与俄罗斯斯特金诺队进行友好球队签约。（梅湘瀛）

【举行“校园文化进社区”暑期巡演活动】 7月，举行2017年“校园文化进社区”暑期巡演活动。巡演活动历时一个月，以“弘扬民族文化　共创文明城市”为主题，分别在城桥镇、堡镇、港西镇、横沙乡等4个社区进行巡演。区学生艺术团、区青少年活动中心器乐培训班、部分学校共计160多名师生参加演出，几千名社区居民观赏。（梅湘瀛）

【科技实践活动获“全国十佳”称号】 8月，全国青少年科技创新大赛在杭州举行，崇明区青少年活动中心代表上海参加比赛。“走进崇明东滩，亲近神奇湿地”科普活动在大赛中获“全国十佳”科技实践活动称号，并获全国科技活动一等奖。（梅湘瀛）

【新建东滩思南路幼儿园和实验学校附属东滩学校启用】 9月1日，新建东滩思南路幼儿园、上海市实验学校附属东滩学校启用。幼儿园位于陈家镇国际实验生态社区，占地面积约1.4万平方米，总建筑面积8000多平方米，设计规模为15个班级，9月首批招收44人。幼儿园为独立建制的公办学校，由黄浦区思南路幼儿园托管。东滩学校位于陈家镇雪雁路800号，以铁塔河为界分小学部和中学部，总占地面积约11万平方米，建筑面积4万多平方米，总投资约4.4亿元，可以容纳1800多名学生，首批招收184名学生。学校是独立建制的公办学校，由上海市实验学校托管。（梅湘瀛）

【庆祝第33个教师节】 9月8日，举行庆祝第33个教师节表彰大会，对2016年度区优秀教师进行表彰。44位教师获市园丁奖、128位教师获区园丁奖，114位教师获行政记大功奖、464位教师获行政记功奖，10位教师获“崇明区第三届十佳德育工作者”称号、473位教师获“从事教育工作三十年”荣誉证书。表彰会后，举行“教育情·生态梦”主题庆祝活动。（梅湘瀛）

崇明区庆祝第33个教师节表彰大会

【承办市第二十届推广普通话周主题宣传教育活动】 9月14日，上海市第二十届全国推广普通话宣传周暨崇明区中华优秀传统文化主题宣传教育活动在崇明区文化馆举行。活动由上海市语委、市教委主办，崇明区语委、市语测中心、崇明区教育局承办。本届全国推广普通话周主题为“大力推广和规范使用国家通用语言文字，自觉传承弘扬中华优秀传统文化”。崇明区中华优秀传统文化主题宣传教育展示活动主题为“唱响世界级生态岛和谐之音”，展示活动包括“语言的活力、语言的障碍、语言的价值、语言的传承”等四个部分，以微故事、情景小品、工作介绍、经典诵读、童谣、采访等形式，展现崇明区多样和谐的语言文字和语言文字工作的成效。（梅湘瀛）

【举行瀛通基金颁奖仪式】 9月22日，瀛通慈善基金会在崇明区明珠小学举行2017年“瀛通教育至爱专项基金”“瀛通·思南幼教实验专项基金”颁奖仪式。2017年“瀛通教育至爱专项基金”全区受益总人数达541人，总金额计694700元。其中，420名学生获“瀛通帮困助学金”、35名学生获“瀛通优秀学生奖学金”；6名“区领军人才”“区拔尖人才”、24名“名师工作室”导师、46名市级课堂教学评比获奖者、10名“十佳”德育工作者，共计86名教师获“瀛通‘绿叶’奖”；20名幼教工作者获“瀛通·思南幼教实验专项基金”的奖励。（梅湘瀛）

【与静安区签署新一轮教育合作协议】 10月9日，崇明区在上海市第一师范附属小学与静安区签署新一轮教育合作协议。根据协议精神，为贯彻落实国家和上海市中长期教育改革和发展规划纲要，推进教育综合改革和城乡教育一体化发展。2017—2020年，两区将本着“合作共赢、共同发展”的精神，在教育综改经验交流、友好学校结对、干部师资培养、教育信息化支持等七大领域开展合作。

（梅湘瀛）

静安区、崇明区举行新一轮教育合作协议签约仪式

【举行第五轮委托管理项目总结会暨第一轮城乡携手共进计划启动仪式】 11月14日，在上海市实验学校附属东滩学校，崇明区教育局举行第五轮委托管理项目总结会暨第一轮城乡携手共进计划启动仪式。新一轮精准委托管理有8所学校结对，第一轮城乡互助成长项目共有5所学校结对。会上，区教育局和支援单位签订合约，城乡互助成长项目结对学校进行签约。

（梅湘瀛）

【举行第十三届全民终身学习活动周开幕式】 11月28日，第十三届全民终身学习活动周开幕式在崇明区陈家镇举行。活动周的主题是“创新学习 圆梦生态”，围绕“学习之路”“教育之光”“生态之梦”三个篇章，以情景剧、诗朗诵等多种形式展示崇明区全民阅读的热情和终身学习取得的成果。开幕式场外还举行社区教育资源推送和“盘扣之花”“茶艺新韵”“五谷画艺”“雕刻工艺”等八项终身学习成果展示。开幕式上，对社区教育优秀志愿者、区百姓学习之星进行表彰，同时为市民终身学习体验基地进行授牌。

（梅湘瀛）

【与黄浦区签署新一轮教育合作协议】 12月20日上午，与黄浦区新一轮教育合作协议签约仪式在黄浦区政府举行。根据协议精神，2017—2020年，两区将在“教育综改经验交流、崇明新校托管、友好学校结对、干部师资培养、品牌资源的辐射共享、教育信息化支持、双方教育学院和青少年活动中心的结对共建”等七大领域开展合作。

（梅湘瀛）

附：区教育局驻地及负责人

（2017年1—12月）

地址：城桥镇崇明大道8188号
邮编：202150
电话：59621724

区委分管常委：龚朝晖
区政府分管副区长：王　菁

区教育局党委书记：姚李超（2月离任）、施　易（2月到任）
副书记：黄　强（2月离任）、姚李超（2月到任）

区教育局局长：黄　强（2月离任）、姚李超（3月到任）
副局长：黄乃华、黄宗逵、邱美萍（12月离任）、吴美华（12月到任）

高等学校

Higher Educational Institutions

复旦大学

【2017年概况】 学校有直属院(系)31个(不含继续教育学院)、附属医院16所(其中5所"筹建")。设有本科专业74个、一级学科博士学位授权点35个、一级学科硕士学位授权点41个、博士专业学位授权点37个、硕士专业学位授权点68个;博士后科研流动站35个,一级学科国家重点学科11个,二级学科国家重点学科19个。在校普通本专科生13361人、硕士研究生13166人、博士研究生6737人,留学生3486人(其中攻读学位的留学生2169人)。有专任教师2748人、专职科研人员400人。中国科学院、中国工程院院士46人(含双聘)、文科杰出教授1人、文科资深教授13人。有"长江学者"特聘教授入选99人、国家"千人计划"入选60人、国家"青年千人计划"入选136人。有"国家重点基础研究发展计划(含重大科学研究计划)"项目首席科学家35人、国家重点研发计划项目负责人46人。学校有邯郸、枫林、张江、江湾四个校区,占地总面积约245.20万平方米。

发展规划与学科建设。学校入选国家"双一流"建设高校名单,全面启动"双一流"建设。制定《一流大学建设总体方案》和各学科建设方案,确立27个"双一流"建设学科,明确7大重点建设任务、8大重点改革方向。在全国第四轮学科评估中,23个学科被评为A类,占参评学科数的60.5%,其中5个学科获评A+。市高峰学科建设取得新进展,参与信息与通信、环境与生态安全、岛屿大气与生态、应用经济学、干细胞与再生医学等上海Ⅳ类高峰学科的建设;组织8个市Ⅰ类、Ⅱ类高峰学科进行2015—2017年建设绩效总结。人类表型组研究院、类脑芯片与片上智能系统研究院、大数据试验场研究院、科技考古研究院等相继成立,复旦泛海国际金融学院正式开办。在国际高等教育咨询机构QS(Quacquarelli Symonds)公布的2018年度世界大学排名中,学校位列全球第四十名。

人才培养工作。全年,毕业本科生3197人,毕业研究生4821名(其中硕士3577人、博士1244人)。授予硕士学位3584人(其中专业学位2172人),授予博士学位1199人(其中专业学位138人)。录取本、专科新生3427人(含留学生368人),实际招录硕士研究生5681人(其中学术型1868人、专业型3813人),博士生1706人。医科继续施行分代码招生。全年共计开设各类本科课程6669门次(包括第二专业253门次),其中小班(30人及以下)课程3966门次。共有63门课程获各类市教改奖项,10门课程入选"2017年国家精品在线开放课程"。新增博士生导师57人。①本科教育教学改革。制定实施《2020一流本科教育提升行动计划》,构建"2+X"培养体系,推进"通识教育—拔尖培养—多元选择"有机结合的教育教学改革。完成首次综合评价选拔录取工作,本科生源质量居全国第三。获批上海高校本科重点教学改革项目4个。推进"本科荣誉项目"和创新创业教育,全年开设荣誉项目课程180门次,共建设44门"创新创意与行业发展"课程。调整本科教学实验室空间布局,改善教学条件。入选国家"大众创业万众创新"示范基地。②推进"课程思政"改革。构筑以思政课程为核心,以中国系列课程、综合素养课程、哲学社会科学课程为主干,以专业课程思政建设为支撑的新型课程育人体系,形成从思政课程到课程思政的圈层效应。获批上海市高校课程思政教育教学改革整体试点,实施"三十百"示范工程,推进50门人文医学课程建设。③启动博士研究生教育综合改革试点,完善学位论文质量控制和管理制度,入选"学位授权自主审核单位"。首次实现硕士研究生单双证招生并轨，启动与浙江西湖高等研究院跨学科联合培养攻读博士学位研究生项目。

科技创新与学术研究。①理、工、医科到款科研经费22.45亿元。新增科研项目2685项，其中牵头国家中长期科技重大专项8项、国家重点研发计划17项；国家自然科学基金立项703项。“国际人类表型组专项”获批市科技重大专项，立项经费5.57亿元。以第一完成单位获得国家科学技术进步奖1项，国家国际科技合作奖1项，获高等学校科学研究优秀成果奖(教育部奖)5项，获市科学技术奖11项。新增校级实体科研机构6个。②全年文科到款经费1.66亿元。获国家社科重大项目12项，教育部哲学社会科学研究重大课题攻关项目7项。获省部级课题结项优秀成果7项。19人获市浦江人才计划资助，4人获得市曙光计划项目资助。《中国行政区划通史》修订版(周振鹤主编)出版。启动“习近平新时代中国特色社会主义思想研究工程”和“当代中国马克思主义研究工程”。成立国际智库中心、一带一路及全球治理研究院，发起成立全国高校高端智库联盟。③产学研合作。成立6个校企联合实验室。申请国内专利656项，授权专利数量430项。新签订技术合同560个，合同总额达3.49亿元；签订专利转让合同2个，合同金额共39万元。

服务国家战略，服务上海发展。①围绕国家重大战略需求和目标，主动服务上海科创中心建设。建设张江复旦国际创新中心，着力推进“一计划两中心”(即国际人类表型组重大科学计划、微纳电子与量子国际创新中心、脑与类脑智能国际创新中心)建设。类脑芯片与片上智能系统获批上海科创中心功能型平台立项。②举办上海论坛、第四届中国大学智库论坛、首次中国大学智库论坛区域分论坛法治峰会等重大学术活动。全年举办各类会议约300场，产出各类原创性咨政报告约600篇。③加强校地、校企合作。学校与校、地、企签署重要合作协议14项。④进一步做实对口支援工作，探索教育扶贫新模式。加大对口支援云南大学、河西学院、重庆医科大学等西部高校力度；推进云南省大理州永平县定点扶贫工作，实施23个帮扶项目，帮助引进16个项目，扶贫扶智扶医助力永平县发展。

人才队伍建设。高层次人才数量明显增加，新增中国科学院院士2人，国家千人(含青年千人)39人，“长江学者”特聘教授6人，“万人计划领军人才”16人，“人社部百千万人才工程国家级人选”8人，“国家卫计委中青年突出贡献专家”3人，入选重要国家人才计划的人数在师资队伍中占比提升至12.55%。全年共引进各类青年副研究员及以上优秀人才201人，全职引进中科院院士1人、“长江学者”特聘教授1人、杰青5人，以及多位海外一流高校终身正教授。深化教师高级职务聘任改革，完善“代表性成果评价机制”，强调对思想政治素质和师德师风表现的考察评估。加强岗位聘任管理，落实教师考评退出机制。推进收入分配制度改革。

附属医院工作。①医疗服务与支援工作。全年附属医院门急诊总量2809万人次、出院病人数72.7万人、住院手术数47.2万次。全年共招录住培医师801名、专培医师263名，共完成住培524名。展开医疗服务、合作和对口支援，对云南永平、新疆察布查尔县、江西赣州、甘肃张掖、云南德宏，以及青海、西藏等地区开展长期或短期的医疗帮扶及援建工作。持续开展援摩洛哥医疗队、巴基斯坦医疗服务建设工作。②深化附属医院医联体建设和区域医疗合作。推进复旦儿科、妇产科等专科医联体建设，成立全国首个三级妇幼保健院/妇产科医院联盟。持续推进“复旦—闵行”医教研协同型健康服务体系。③推进国家老年疾病临床医学研究中心、国家儿童医学中心(上海)建设，启动复旦大学人类精子库建设项目。中山医院厦门医院建成开业、眼耳鼻喉科医院浦江院区正式运营、静安区中心医院正式成为学校附属医院；加强上海市质子重离子医院建设。

对外交流合作。①国际化办学。派出交流学生3676人，师生海外交流人数同比增长11%。接收各类外国留学生6856人次。新签校际协议22项、续签校际协议6项。②引智工作。全年到访长期专家167人，短期专家5068人次。“计算神经科学与类脑智能学科创新引智基地”入选高等学校学科创新引智基地，累计获批高等学校学科创新引智基地7个。施扬教授获国际科学技术合作奖。

③承建5家教育部中外人文交流研究中心，构建复旦版“中外人文和大国对话机制”，组建“复旦—拉美”大学联盟，加强“中巴经济走廊大学联盟”交流机制建设。④上海论坛、复旦学者项目等有力促进高层次的国际交流，全年执行“复旦学者”等项目近90人。2017复旦科技创新论坛、第二届“复旦—中植科学奖”颁奖典礼成为五位诺奖得主齐聚的科技盛宴。⑤全年校级层面共接待外事来访235批次，共计1296人次。

校友、校董和筹资工作。①新成立瑞士校友会和13个院系校友会联络站。举办第十五届世界校友联谊会、纪念恢复高考40周年77—78级校友返校日及上医创建90周年校友返校活动等，全年有近2万名校友返校。②全年共签订协议163份，协议金额总计超5.5亿元。其中上海基金会到账金额3.54亿元、海外基金会到账269.11万美元(折合人民币约1750.9万元)。校友小额捐赠全年总额逾636万元。上海基金会公益项目支出26142.32万元，总额已达2016年末净资产的44.33%，海外基金会公益支出总计约141.53万美元(折合人民币约920.81万元)，共资助公益类项目13个。

公共服务与后勤保障工作。①学校共有图书546.40万册，电子图书1128.60万册，电子期刊315.81万册。枫林校区医科图书馆新馆投入使用。②提升信息管理和服务水平。网上办事大厅服务增至175项；校园网出口带宽扩容增加60%，校园无线网5GHz覆盖率范围扩大至教学科研区的42.2%，有效改善师生上网体验；完成统一身份认证系统升级。③全年校园基本建设在建项目21个，竣工验收项目8个。有序完成枫林校区回迁工作，基本完成部分理工科院系迁至江湾校区的搬迁工作。④构建“大安全”工作格局，推进安防体系建设。开展全校实验室安全大排查、大整改，实行危险化学品源头管控；接受教育部科研实验室安全检查，落实整改要求。⑤规范国有资产管理，成立采购与招标管理中心，建立全校统一的规范平台。⑥探索大后勤统筹管理机制，深化物业管理改革，加快建设校园生活服务平台。进一步理顺、调整和健全多校区管理体制机制，确保各校区安全有序运行。

党建和思想政治工作。①深入学习贯彻党的十九大精神，坚持和加强党对学校工作的全面领导。举办5个不同层次的党的十九大精神专题培训班，党的十九大专家宣讲团和博士生讲师团校内外宣讲超过130场。开设“习近平新时代中国特色社会主义思想”系列专题10讲，推动党的十九大精神进课堂。②贯彻落实全国高校思想政治工作会议精神。落实意识形态工作责任制，启动“三查三规”专项治理，加强课堂教学、教材出版物和网络新媒体平台建设管理，加强讲座、论坛和报告会审核管理。③开展作风建设年活动。坚持师德师风、医德医风、校风学风、机关作风“四风齐抓”，全校共开展各类学习讨论会1150余次，累计参与45000余人次，查摆突出问题283条。开展附属医院“九十优”评选活动，发起“五为四守九不要”的校风学风倡议。④加强师生思想政治工作。成立党委教师工作部，继续实施中青年骨干教师全覆盖轮训计划，全校90%具有正高级职称、51%具有副高级职称的中青年教师参训。修订完善教师管理、考核、激励、评价制度，把政治标准作为教师准入的首要标准，落实师德“一票否决”。结合香港回归20周年、建军90周年、高考恢复40周年等重要时间节点，开展“中国梦·我的梦”系列主题教育活动，举办“传统文化月”主题活动，组织排演《相辉堂》《陈望道》等原创话剧。推动在陈望道旧居设立《共产党宣言》展示馆。⑤抓好思政工作队伍建设。制定《关于思想政治理论课教师队伍建设的实施意见》《关于进一步加强辅导员队伍建设的若干意见》和12项配套制度，全校22个院系/单位配备分管教职工思政工作的党委副书记，53个二级单位党组织全部配备专职组织员/干事、宣传委员/干事，22名老同志受聘担任特邀党建组织员。⑥加强基层党组织和党员队伍建设。制定《关于进一步完善院系党政联席会议制度的指导意见》。加强党员发展工作，年发展学生党员人数同比增长近7%；规范党员组织关系转接审批流程，启用教职工党员党费查询服务系统。⑦加强党风廉政建设和党内监督。深化落实中央八项规定精神，开展专题宣讲8场，覆盖近2000人，对公务接待、会议、差旅、办公用房、出国出境等问题多发领域开展专项抽查；修订校党委《巡察工作办法》，组建巡察工作办公室，对 9 家二级单位和附属医院进行校内巡察。开展二级单位落实党风廉政建设责任制情况专项检查、廉政风险防控机制建设检查、落实教育部视频会议精神情况重点抽查。强化审计监督，全年完成各类审计项目 293 项，开展对近 3 年经济责任审计查出问题整改情况的专项检查。（童子益）

【学生多次获奖】 ①在 2017 年高教社杯全国大学生数学建模竞赛中，获一等奖 9 人、二等奖 6 人；第八届全国大学生数学竞赛中，获一等奖 2 人、二等奖 1 人；第八届丘成桐大学生数学竞赛中，获金奖 2 人、银奖 2 人、铜奖 3 人；第八届中国大学生物理学术竞赛中，获特等奖（亚军）5 人；第四十一届 ACM 国际大学生程序设计竞赛全球总决赛中，获银牌 3 人；2017 年 DEFCON CTF 上，获季军 1 人；2017 Green Tech 东元科技创意竞赛（国际赛）中，获季军 5 人；2017"外研社杯"全国英语演讲大赛中，获冠军1 人、季军 1 人，一等奖 4 人、二等奖 1 人、三等奖 2 人、最佳创意奖 1 人；第五届全国医药院校大学生实验技能竞赛中，获一等奖 1 人、二等奖 1 人；2017 年国际基因工程机器大赛（iGEM）中，获金奖 8 人、银奖 7 人；首届来华留学生临床思维与技能竞赛中，获最佳风貌奖 4 人、最佳团队奖 4 人、内科单项优秀奖 1 人；第二届全国大学生生命科学创新创业大赛中，获一等奖 2 项；第十届全国大学生创新创业年会中，获优秀论文奖 1 人；第八届中国大学生服务外包创新创业大赛中，获二等奖 5 人。②博士生讲师团获 2017 年"全国基层理论宣讲先进集体"荣誉称号、辩论队获 2017 国际华语辩论邀请赛冠军。③在亚洲飞碟射击锦标赛中，获男子双多向金牌 1 枚；第十三届全运会中，获男子 10 米气手枪银牌 1 枚、男子 50 米步枪三姿铜牌 1 枚、男子 10 米气步枪混合赛铜牌 1 枚、女子飞碟双向铜牌 1 枚；全国射击锦标赛中，获男子飞碟双多向金牌 1 枚；全国射击冠军赛中，获女子 25 米运动手枪铜牌 1 枚；全国射击总决赛中，获女子 25 米运动手枪铜牌 1 枚。（童子益、甄炜旎）

【获国家级科学技术奖励两项】 学校附属华山医院教授毛颖领衔的项目"外科术式改变脑血流的基础与临床创新"获国家科学技术进步奖二等奖。生物医学研究院、附属中山医院、附属儿科医院特聘美籍专家、教授施扬（美国艺术与科学院院士、哈佛大学医学院终身教授）获中华人民共和国国际科学技术合作奖，是学校首次获该奖项。

（童子益、甄炜旎）

【获杰出青年科学基金资助项目 11 项】 国家自然科学基金委公布 2017 年度国家杰出青年科学基金资助项目申请人名单，学校 11 人入选：数学科学学院雷震、物理学系黄吉平、化学系侯军利与张凡、脑科学研究院禹永春、生命科学学院胡薇、先进材料实验室车仁超、附属中山医院孙爱军、附属眼耳鼻喉科医院李华斌、生命科学学院王磊和附属华山医院赵曜。（童子益、甄炜旎）

【获批国家自然科学基金委重大项目立项 4 项】 物理学系封东来、大气科学研究院张人禾、附属肿瘤医院雷群英、脑科学研究院杨雄里的项目获批国家自然科学基金委重大项目立项。

（童子益、甄炜旎）

【成立多个科研机构】 1 月 5 日，成立微纳电子与量子器件研究院。1 月 5 日，成立工程与应用技术研究院。2 月 13 日，成立上海智能电子与系统研究院。6 月 28 日，启动科技考古研究院。7 月 5 日，成立智能机器人研究院。7 月 31 日，成立人类表型组研究院（筹）、类脑芯片与片上智能系统研究院（筹）、和大数据试验场研究院（筹）。11 月 5 日，成立一带一路及全球治理研究院。（童子益、甄炜旎）

【多位外国政要到访】 2 月 24 日，意大利总统马塔雷拉（Sergio Mattarella）到访，校长许宁生会见马塔雷拉，双方就复旦大学与意大利教育领域友好合作进行交流。4 月 8 日，挪威首相索尔贝格（Erna Solberg）到访，出席管理学院首届国际文化节"挪威日"嘉年华活动，并在启动仪式上致辞。11 月 15 日，欧盟教育、文化、青年和体育委员蒂博尔·瑙夫劳契奇（Tibor Navracsics）到访。（童子益、甄炜旎）

【开展"时代英模进校园"系列活动】 3 月 30 日，由中宣部、中央军委政治工作部、团中央联合组织的"时代楷模——解放军某部'大功三连'先进事迹报告团”到校作专场报告。4 月 17 日，神舟十一号载人飞行任务乘组航天员景海鹏、陈冬到校，与青年学生分享他们的飞天历程和航天梦想。5 月 25 日，全国公安系统英雄模范立功集体先进事迹报告团到校，与师生分享在公安一线的经历与感悟。4 月 26 日，举行“全国三八红旗手走进复旦大学”活动。中国首位女航天员刘洋等四位全国三八红旗手到校，与师生共话理想与人生。 （童子益、甄炜旎）

【14 人入选长江学者奖励计划名单】 3 月 31 日，教育部公布 2016 年度“长江学者奖励计划”入选名单。国际关系与公共事务学院教授陈志敏、公共卫生学院教授阚海东、材料科学系教授俞燕蕾、专用集成电路与系统国家重点实验室教授曾晓洋、中文系教授张新颖和物理学系教授张远波 6 位教授当选“长江学者特聘教授”；陆帅、王磊、王应祥、吴力波、吴施伟、徐英瑾、张凡和张英梅 8 位教师当选“青年学者”。 （童子益、甄炜旎）

【举行数学大师公众报告会】 4 月 1 日，数学大师公众报告会在光华楼举行，十余位国际知名数学家到会。菲尔兹奖、阿贝尔奖得主、英国皇家学会会士迈克尔·阿蒂亚(Michael Francis Atiyah)与菲尔兹奖得主、法国科学院院士阿兰·孔耐(Alain Connes)分别作题为“The Odd Number 2(and its sister 3)”和“The Music of Shape”的报告，并共同受聘为复旦大学荣誉教授。 （童子益、甄炜旎）

【加强校地合作、校企合作】 4 月 15 日，举行学校与杨浦区项目合作协议签约仪式，双方计划在产业创新、人才培育等领域深入合作。7 月 5 日，与静安区政府在市北高新科技园区签署战略合作协议。 （童子益、甄炜旎）

【多位领导到校视察调研】 5 月 24 日，中共中央政治局委员、市委书记韩正到校为师生作形势政策报告，鼓励青年学子要志存高远、脚踏实地、勤奋学习、勇于创新。5 月 26 日，全国政协副主席陈晓光到校调研并与专家学者座谈交流。8 月 8 日，全国政协副主席、中科院院士韩启德到上海医学院调研座谈。11 月 18 日，国务院副总理刘延东视察上海医学院。12 月 13 日，市委书记李强到校，主持召开学习钟扬同志先进事迹座谈会并调研学校工作。 （童子益、甄炜旎）

【发布《2020 一流本科教育提升行动计划》】 6 月 21 日，学校正式发布《2020 一流本科教育提升行动计划》。根据《行动计划》，到 2020 年，学校基本形成具有中国特色世界一流的本科生教育体系，初显“复旦本科”品牌效应；到 2025 年，本科教育质量水平跻身世界顶尖大学行列，彰显“复旦本科”品牌的引领效应。 （童子益、甄炜旎）

复旦大学发布《2020 一流本科教育提升行动计划》

【入选国家第二批双创示范基地】 6 月 21 日，国务院办公厅印发《国务院办公厅关于建设第二批大众创业万众创新示范基地的实施意见》，学校入选国家第二批双创示范基地。 （童子益、甄炜旎）

【举办附属中山医院 80 周年学术论坛】 9 月 14—16 日，附属中山医院举办第六届中国医院临床专科建设与发展论坛暨复旦大学附属中山医院 80 周年学术论坛。论坛汇聚国内医学界众多专家，展示中山医院的战略布局和实践成果。 （童子益、甄炜旎）

【多篇论文在国际顶级学术刊物发表】 10 月 17 日，《自然·物理》(Nature Physics)在线发表物理学系孔令欣团队合作研究成果，该研究利用自主创新研发的随机绝热法，首次实现利用量子模拟识别二维系统中的 Z2 拓扑序。11 月，《自然·材料》(*Nature Materials*)在线发表微电子学院江安全课题组研究成果《铁电畴壁存储器中形成临时高导电畴壁进行非破坏性读出》(*Temporary formation of highly conducting domain walls for non-destructive read-out of ferroelectric domain-wall resistance* *switching memories*)。12 月 8 日,《自然 · 通讯》(*Nature Communications*)在线发表生命科学学院、遗传工程国家重点实验室甘建华课题组与麻锦彪课题组合作的关于 RNA-cleaving DNAzyme 的研究成果。12 月 21 日,《新英格兰医学杂志》(*The New England Journal of Medicine*)在线发表附属华山医院手外科团队开展的Ⅱ期临床试验成果“健侧颈神经移位术治疗上肢痉挛瘫的临床试验”(Trial of Contralateral Seventh Cervical Nerve Transfer for Spastic Arm Paralysis)。

(童子益、甄炜旎)

【举行复旦管理学奖励基金会颁奖典礼】 11 月 4 日,2017 年复旦管理学论坛暨复旦管理学奖励基金会颁奖典礼举行。原国务委员、第十一届全国人大常委会副委员长陈至立在论坛开幕式上致辞,并为获奖者颁奖。 (童子益、甄炜旎)

【成立“一带一路”及全球治理研究院】 11 月 5 日,学校与“一带一路”智库合作联盟共同举行“一带一路”与全球治理高层论坛,复旦大学“一带一路”及全球治理研究院正式揭牌。上海市委常委、宣传部部长董云虎,中国高等教育学会会长杜玉波等出席开幕式并致辞。 (童子益、甄炜旎)

【启动“两大工程”】 11 月 12 日,“习近平新时代中国特色社会主义思想研究工程”和“当代中国马克思主义研究工程”启动仪式在学校光华楼举行。上海市委常委、宣传部部长董云虎为“两大工程”指导专家、研究系列牵头人颁发聘书,全国哲学社会科学规划领导小组副组长尹汉宁到会讲话。 (童子益、甄炜旎)

【举办附属华山医院创建 110 周年学术活动】 11 月 17 日,2017 医院管理国际高峰论坛暨学校附属华山医院创建 110 周年学术活动在沪举行。全国人大常委会副委员长、中国红十字会会长陈竺为学校附属华山医院创建 110 周年学术活动发来祝贺视频。上海市副市长翁铁慧出席开幕式并致辞。

(童子益、甄炜旎)

【开展复旦大学上海医学院创建 90 周年系列活动】 11 月 18 日,“加快建设中国特色世界一流医学院”主题论坛、上医校友会第五次代表大会、“医学前沿”高峰论坛、复旦大学上海医学院(原上海医科大学)创建 90 周年文艺晚会举行。同时,举行第五届上医文化论坛、“上医 90 周年历史成就展”“上医 90 周年珍档展”“图书馆医科馆特藏展”等系列活动。

(童子益、甄炜旎)

【新增院士两人】 11 月 28 日,物理学系教授龚新高、附属中山医院教授樊嘉当选中科院院士。

(童子益、甄炜旎)

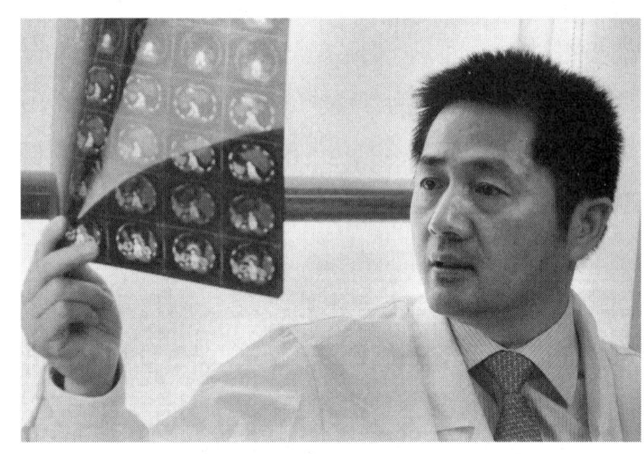

11 月 28 日,复旦大学物理学系教授龚新高(上)、复旦大学附属中山医院教授樊嘉(下)当选中国科学院院士

【举行中文学科百年论坛】 12 月 8 日,举行中文学科百年论坛,海内外近 40 所著名高校的 40 位中文院系负责人和学者代表出席论坛。由中国语言文学系学生自编自导自演的原创话剧《陈望道》在吴文政报告厅上演,为中文学科百年献礼。

(童子益、甄炜旎)

【追授钟扬“上海市优秀共产党员”称号】 12 月 9

日，中共上海市委常委会举行会议，同意追授钟扬“上海市优秀共产党员”称号。12月13日，市委书记李强到校，主持召开学习钟扬先进事迹座谈会并调研学校工作。市委副书记尹弘，市委常委、组织部部长吴靖平，市委常委、市委秘书长诸葛宇杰参加相关活动。（童子益、甄炜旎）

12月9日，钟扬被中共上海市委追授“上海市优秀共产党员”称号

【举行第三届“复旦科技创新论坛”】 12月17日，举行第二届“复旦—中植科学奖”颁奖典礼暨第三届“复旦科技创新论坛”。诺贝尔物理学奖得主、“复旦—中植科学奖”评奖委员会主席丁肇中宣读第二届“复旦—中植科学奖”获奖者名单。2017“复旦—中植科学奖”获奖人、2017年度诺贝尔物理学奖得主雷纳·韦斯(Rainer Weiss)、基普·索恩(Kip Stephen Thorne)和巴里·巴里什(Barry Clark Barish)出席颁奖典礼并发表联合报告《LIGO与引力波的发现》。1985年诺贝尔物理学奖得主克劳斯·冯·克里青(Klaus von. Klitzing)，中科院院士、中科大副校长潘建伟作主旨报告。

（童子益、甄炜旎）

【发布《复旦大学一流大学建设总体方案》】 12月28日，发布《复旦大学一流大学建设总体方案》。《方案》共有学校建设目标、学科建设总体规划、建设任务、改革任务、预期成效和组织保障六个部分。根据教育部对拟建设学科进行调整整合的要求，学校明确27个学科为拟建设一流学科，每个拟建设学科也根据要求形成建设方案。

（童子益、甄炜旎）

【《中国行政区划通史》修订版出版】 12月，由历史地理研究中心教授周振鹤主编的《中国行政区划通史》修订版由复旦大学出版社发布。该书是中国第一部大型行政区划变迁的通史，也是继中科院院士、复旦大学教授谭其骧主编的《中国历史地图集》之后中国政区地理研究领域具有里程碑意义的学术巨著。（童子益、甄炜旎）

附：学校负责人及地址

（2017年1—12月）

校党委书记：焦　扬
副书记：许宁生、许　征、袁正宏、刘承功、尹冬梅

校　　长：许宁生
常务副校长：桂永浩
副　校　长：金　力、张志勇、周亚明

邯郸校区地址：邯郸路220号
邮编：200433
电话：65642222

枫林校区地址：医学院路138号
邮编：200032
电话：54237900

张江校区地址：张衡路825号
邮编：201203
电话：51355003

江湾校区地址：淞沪路2005号
邮编：200438
电话：51630011

上海交通大学

【**2017年概况**】 学校有院(系)30个、研究院31个、附属医院13所、医学研究所2个。设有本科专业64个、一级学科博士点38个、二级学科博士点7个、交叉学科博士点6个、一级学科硕士点56个、博士专业学位授权点3个、硕士专业学位授权点23个、博士后科研流动站35个、国家一级重点学科9个、国家二级重点学科点11个。全日制在校生40711人、其中普通本科生16221人、全日制研究生21768人(硕士生14532人,博士生7236人),学位留学生2722人。全校教职工7239人,其中专任教师3014人。有中国科学院院士22人、中国工程院院士24人;“千人计划”113人、“长江特聘”99人、“长江讲座”41人、“杰青”128人、“青年千人”173人、“青年长江”29人、“青年拔尖”20人;973项目首席科学家35人、重大研究计划项目首席科学家14人。共有徐汇、闵行、长宁、七宝、黄浦、浦东6个校区,占地总面积约3358808平方米。

学校精心谋划推进“双一流”建设,多项工作取得突出成果。成功入选“双一流”整体建设高校,17个学科入围“双一流”学科建设名单,认定学科数位列全国第四。医学院通过高水平地方高校建设论证。25个学科在全国第四轮学科评估结果中进入A档,居全国第四。其中,船舶与海洋工程、机械工程、临床医学、生物学和工商管理5个学科获评A+。ESI学科排名取得新的突破,共有18个学科进入前百分之一,6个学科进入前千分之一,工程学保持前万分之一。强化立德树人鲜明导向,颁发首届“教书育人奖”“科研成果奖”“管理服务奖”。学生创新竞赛实现“挑战杯”四连冠,创造赛会历史。2名教授入选中科院院士,1名教授入选中科院外籍院士。自然科学基金立项数破千,连续八年位列全国第一,SCI论文数破万,继续保持全国领先。李政道研究所加快建设步伐,李政道受聘名誉所长,诺贝尔物理学奖得主Frank Wilczek受聘首任所长。启动张江科学园建设,布局“三个科学中心、两个创新平台”。国际化办学不断拓展和深入,中英国际低碳学院、航空航天学院莫斯科航空班迎来首批学生。获评第一届全国文明校园称号,受到全国精神文明建设表彰大会表彰。定点帮扶洱源县工作连续两年入选教育部直属高校精准扶贫精准脱贫“十大典型项目”。年度财政收入超过115亿元,科研到校经费超过28亿元,有力保障学校的快速发展。

接受中央巡视,认真落实整改,全面加强党的领导和建设。学习宣传贯彻党的十九大精神,把习近平新时代中国特色社会主义思想落实到办学治校实践中。成立专家、书记和青年骨干三个层面的宣讲团,深入学院、机关和支部,实现学习宣讲全覆盖。扎实推进党的十九大精神进课堂、进教材、进头脑,取得良好效果。认真接受中央巡视,提高政治站位,全力抓好巡视整改。深入贯彻落实全国高校思想政治工作会议精神,有力提升学校党委管党治党、办学治校的能力水平。坚持和完善党委领导下的校长负责制,制定施行《党政会议制度与议事规则》。推动落实校院两级党组织在意识形态、基层党建、党风廉政建设和党内监督方面的主体责任。建立健全基层党建工作机制,完善二级单位党代会制度,做好基层党组织按时换届工作,建立健全党员领导干部民主生活会、基层党建工作责任制等制度,增强二级单位党组织的政治核心作用。设立纪委办公室,加强专兼职纪检干部选配工作,健全纪检工作体系。强化干部任用“两核查”制度,健全完善干部选拔任用机制,做细做实领导干部个人有关事项报告工作,加大干部监督管理力度。大力支持民主党派队伍建设，一批党外优秀人才脱颖而出。紧扣“五个强化”，持续推进“两学一做”学习教育常态化制度化，严肃规范党内政治生活，扎实推进支部主题党日活动，牢固树立党的一切工作到支部的鲜明导向。

坚持立德树人，落实“四位一体”人才培养理念。成立校党委教师工作委员会和校党委教师工作部，召开“立德树人、教书育人”部署推进会，开展首届“教书育人奖”评选。市委副书记、市长应勇为学生作形势政策报告。校党委书记姜斯宪为新生上入学第一课，校长林忠钦走进青年马克思主义学校。积极发挥开学典礼、毕业典礼等重要节点、重要场合的育人作用。进一步深化“学在交大”。启动博士生“致远荣誉计划”，开展研究生“学术之星”和优秀博士学位论文评选。学生创新中心建设初显成效，学业分享中心建设全面推进。学生创新活力迸发，在国内外各类赛事中摘金夺银、成绩喜人，2012级本科毕业生获得2017年度罗德奖学金。持续推进教学质量建设，3项成果获市教学成果特等奖，12项获一等奖。本科生招生工作成绩喜人，研究生生源质量不断提升。毕业生赴重点行业与基层就业人数、选调生人数进一步提升。

持续推进“人才强校”主战略，完善各类人才队伍发展路径。完善岗位设置与晋升规则，构建清晰稳定的教职体系。基本实现长聘体系建设全覆盖，新增讲席教授6人，特聘教授12人，长聘教授61人，长聘副教授7人，长聘教轨副教授59人，助理教授21人。学术荣誉体系与长聘体系各级岗位在聘人数达805人。推出思政教师卓越计划，落实“职员—文员”管理队伍体系建设。出台签订劳动合同实施方案，全年与学校签订劳动合同人数达245人。出台《上海交通大学考核评价指导意见》《上海交通大学关于青年教师参与大学生思想政治工作经历在专业技术职务聘任中认定和应用的实施细则》，将“立德树人、教书育人”作为专业技术职务考核和评聘的首要条件，将学校的“教书育人奖”纳入专业技术职务聘任学术要件。建立“晨星优秀青年学者奖励计划”，完成首批晨星优秀青年学者遴选。各类人才计划申报成绩卓著，百千万工程人才入选4人、万人计划哲社领军人才入选1人、长江学者入选3人、杰出青年基金获得者4人、青年长江入选12人、青年千人入选25人、青年拔尖人选5人、优秀青年基金获得者11人。

立足“三个面向”，加强科学研究的内涵式发展。获国家科学技术奖5项，首次获GF一等奖。获教育部科学技术奖一等奖10项，居全国高校第二位；获市科学技术奖一等奖13项，再度蝉联上海首位。顶尖论文表现突出，4篇论文在*Science*、*Nature*、*Cell*三大期刊上发表。PandaX-Ⅱ实验成果入选《物理》年度亮点，三位教授入选2017年高被引科学家。对接国家和区域发展需求，瞄准未来产业发展方向，发挥多学科交叉优势，新成立设计学院、医疗机器人研究院、人工智能研究院、神话学研究院等学院和科研平台。国家哲学社会科学基金重大项目立项8个，文科到校科研经费突破8000万。智库建设成效显著，研究成果全年获国家级领导人批示15篇、获省部级以上领导批示64篇。出版《彭康文集》，传承和发扬西迁精神。中国城市治理研究院举办2017全球城市论坛，联合发起全球城市治理智库联盟。中国质量发展研究院参与承办第二届中国质量（上海）大会。极地与深海发展战略研究中心成为国际海底管理局观察员，实现零的突破。神话学研究院成为上海市成立的首个新一轮社会科学创新基地。

服务国家战略，广泛深入开展社会服务。立足上海，深入推进一流大学与一流城市共生互动。中共中央政治局委员、上海市委书记李强到校主持召开科学家座谈，推进全球科创中心建设。李政道研究所建设方案顺利通过专家论证，明确立项途径和选址方案。与徐汇区、闵行区签署新一轮战略合作协议。面向全国，与地方政府共建四川研究院、苏州人工智能研究院、安徽陶铝新材料研究院、烟台信息技术研究院、网联汽车技术研究院等；与中船重工、中国商飞、中国航发、上海电气等重要行业重点企业，以及中国科学院大学、故宫博物院、敦煌研究院等院校机构签署战略合作框架协议。

推进深层次国际合作，提升国际影响力和话语权。与加拿大多伦多大学、以色列耶路撒冷希伯来大学、挪威科技大学等开展联授博士学位项目合作。与英国爱丁堡大学、美国西北大学、加拿大渥太华大学、澳大利亚悉尼科技大学等开展双学位项目合作。日本研究中心、澳大利亚研究中心获教育部备案通过。积极拓展与“一带一路”国家高校合作,举办“一带一路”科技创新联盟首届峰会,签署《上海宣言》。进一步深化保加利亚中心建设,举办保加利亚中心首期战略研讨会。主办2017中非高等教育与科技论坛,开启与非洲高校的合作。分层次、有侧重地提升外专引智,设立“上海交大海外访问学者项目”。本科生海外游学比例达45.9%。国际研究生到校数量创历史新高,来自世界前300高校的生源达到25%。国际化办学环境不断完善,推出1100余位教授个人英文简历栏目。

纵深推进综合改革,不断完善大学治理体系。与6家试点学院签订“院为实体”授权协议书,与23个院系签订《院系“十三五”建设协议书》。着力提高人才培养质量,本科教育体系申报上海市政府质量奖。稳步推进后勤社会化改革,成立校园管理与服务委员会和校园管理办公室。成立后勤保障中心,进一步落实管办分离,逐步建立稳定的后勤服务投入机制和科学规范的评估考核机制。完善院系用房调配机制,提高学校对用房的调控能力。推进仪器设备共享机制,提高设备投入产出效益。完善校友联络与组织体系,不断提升毕业校友联络率,新成立5个地区校友会和1个行业校友会。启用“盛宅”校友之家,接待校友及来宾超过1.8万人次。正式批量发行“校友卡”,增强校友的归属感与自豪感。稳步推进筹资工作,年度共筹集资金4.25亿元,捐赠面不断扩大,捐赠形式更加多样化。

建设精致和谐美丽校园,全方位提升育人环境。全年推进重要基建项目十余项,农科创新楼、密西根综合大楼实现竣工,理科实验楼群、转化医学大楼、文博大楼、剑川学生创新基地、九期学生公寓等建设项目按计划推进。完成徐汇校区新建楼、闵行校区印刷厂、七宝校区第一宿舍等15个修缮项目。船建科研综合楼、人文智库研究中心、实验动物中心、万米级压力筒实验室等待建项目规划有序进行。完成思源北路行道树、校园河道与沿河景观、校园节能环保等环境改造项目。推进智慧校园建设,新增5000个无线接入点,扩容校园网出口带宽,上线交大云盘,“数字交大”业务涵盖45个系统。获全国教育政务新媒体综合力十强,全国高校优秀官方微博(位列第一)。 (章玲苓)

【成立中英国际低碳学院】 5月18日,中英国际低碳学院签约暨揭牌仪式在浦东临港新城举行。市委常委、浦东新区区委书记、上海自贸试验区管委会主任、临港管委会副主任翁祖亮,市人大常委会副主任、校党委书记姜斯宪,市教育委员会副主任郭为禄,浦东新区区委常委、临港管委会党组书记、常务副主任陈杰,副校长黄震,临港地区管委会党组成员、副主任张弘,英国驻中国大使馆苏格兰事务处首席秘书Martin McDermott,爱丁堡大学常务副校长Charlie Jeffery等代表出席会议。中英双方签订合作协议。翁祖亮、姜斯宪、Charlie Jeffery、Martin McDermott共同为“上海交大中英国际低碳学院”揭牌。中英国际低碳学院是学校的一个独立的二级学院,是中国首个专门以低碳为方向的国际合作学院,旨在汇集中英乃至世界低碳领域世界级专家力量,建设一个具有国际重要影响力的低碳领域学科交叉的教学科研机构。 (章玲苓)

5月18日,上海交通大学中英国际低碳学院签约暨揭牌仪式在浦东临港新城举行

【应勇到校作形势政策报告】 5月26日,市委副书记、市长应勇到校作形势政策报告,解读上海市第十一次党代会报告,分享城市发展愿景,并重点就科创中心建设、人才发展和创新创业等方面内容与师生们交流。应勇希望同学们努力培育创新精神、

不断提高实践能力，在服务国家战略、服务上海发展中更好地实现人生价值。这场报告会，是市领导进高校作形势政策报告的系列活动之一。500余名师生聆听报告，并在报告会后与市领导互动交流。（章玲苓）

【聘任李政道研究所首任所长】 9月14日，李政道研究所所长聘任仪式在闵行校区举行，诺贝尔物理学奖获得者弗朗克·维尔切克(Frank Wilczek)获聘为李政道研究所首任所长。校长、党委副书记、中国工程院院士林忠钦，党委常委、副校长吴旦，弗朗克·维尔切克(Frank Wilczek)等出席聘任仪式。Frank Wilczek是最杰出的理论物理学家之一，他的研究领域涉及凝聚态物理、天体物理和粒子物理等多个方面，这也是李政道研究所的科研方向。（章玲苓）

【获第一届全国文明校园称号】 11月17日，全国精神文明建设表彰大会在北京举行。学校获第一届全国文明校园荣誉称号。校党委书记姜斯宪代表学校领取全国文明校园铭牌，并和全国道德模范代表、校友黄旭华院士一起，参加习近平总书记及中央领导和全体代表的会见。（章玲苓）

【第五次获"挑战杯"最高奖】 11月18日，第十五届"挑战杯"全国大学生课外学术科技作品竞赛决赛在上海举行。学校以总分510分打破由自己创造的赛事历史纪录，再次获"挑战杯"最高奖。这是继1991年、2011年、2013年、2015年四次问鼎并获可永久保存"挑战杯"之后第五次获最高奖。学校也因此成为"挑战杯"赛事历史上首个连续四届获最高奖的高校。学校参与决赛的6件作品中，4项获特等奖、1项获一等奖、1项获二等奖，及"一带一路"国际专项赛项目特等奖。（章玲苓）

【3名教授当选中科院院士】 11月28日，中科院公布2017年院士增选名单，电子信息与电气工程学院院长、教授毛军发、医学院附属国际和平妇幼保健院院长、教授黄荷凤当选中科院院士。访问讲席教授约翰·霍普克罗夫特(John Edward Hopcroft)当选中科院外籍院士。毛军发长期从事高速电路互连与封装、微波射频电路与系统以及电磁兼容等领域研究。黄荷凤是生殖医学专家，在国际上首次提出"配子源性疾病"理论学说，对精/卵源性疾病的代间及跨代遗传/表观遗传机制进行开创性研究。约翰·霍普克罗夫特将计算机科学萌芽阶段的零散结果总结为具有整体性的系统知识，提出用渐近分析作为衡量算法性能的主要指标，成为当今计算机科学的一大支柱。（章玲苓）

上海交通大学电子信息与电气工程学院院长、教授毛军发当选中国科学院院士

上海交通大学附属国际和平妇幼保健院院长、教授黄荷凤当选中国科学院院士

访问讲席教授约翰·霍普克罗夫特(John Edward Hopcroft)当选中国科学院外籍院士

【李强到校调研】 12月14日，中共中央政治局委

员、上海市委书记李强到校主持召开推进科技创新中心建设科学家座谈会并调研学校发展。座谈会上，科学家代表围绕科创中心建设深化推进等谈观点、讲想法。李强听取校党委书记姜斯宪的工作汇报后说，希望上海交通大学深入学习贯彻党的十九大精神和习近平新时代中国特色社会主义思想，始终坚持社会主义办学方向，把现代教育理念融入改革探索之中，努力建设世界一流大学。（章玲苓）

【5项成果获国家科技奖】 学校有5项第一完成单位成果获2017年度国家科学技术奖。其中，国家自然科学二等奖1项，第一完成人是席裕庚（电子信息与电气工程学院），项目名称“预测控制的原理研究与系统设计”。国家科技进步二等奖4项，第一完成人分别是：陈明（机械与动力工程学院），项目名称“高效切削刀具设计、制备与应用”；郁文贤（电子信息与电气工程学院），项目名称“高精度高可靠定位导航技术与应用”；谷大武（电子信息与电气工程学院），项目名称“密码芯片系统的攻防关键技术研究及应用”；王卫庆（医学院附属瑞金医院），项目名称“内分泌肿瘤发病机制新发现与临床诊治技术的建立和应用”。（章玲苓）

【25个学科进入全国第四轮学科评估A档】 12月28日，教育部学位与研究生教育发展中心公布2016年全国第四轮学科评估排名结果。学校有50个一级学科参加学科评估，有25个学科进入A档，包括12个工科、4个理科、3个医学学科、3个管理学科、3个社会科学与语言学科，标志着学校以工学、医学、理学、管理学、社会与语言为支柱学科的综合性大学格局全面形成，正在加快向中国特色世界一流大学迈进。（章玲苓）

【成立设计学院】 12月29日，设计学院成立大会在闵行校区新行政楼举行。学校将设计类学科从船舶海洋与建筑工程学院、媒体与设计学院及农业与生物学院三个学院调整出来、重新组合，以“设计学”“建筑学”“风景园林学”为基础，重点建设“创新设计”学科群。设计学院旨在面向国际学术前沿，瞄准国家创新发展战略需求和上海市“设计之都”建设需求，以“创新设计”学科群建设为契机，按照学科、科研、人才、基地“四位一体”的建设思路，建设具有交大特色的、不断创新的国际一流设计学院。（章玲苓）

附：学校负责人及地址

（2017年1—12月）

校党委书记：姜斯宪

副书记：郭新立（常务，7月离任）、林忠钦（2月到任）、范先群、朱　健、胡　近、顾　锋（8月到任）

校　长：张　杰（2月离任）、林忠钦（2月到任）

副校长：林忠钦（常务，2月离任）、陈国强、蔡　威、吴　旦、黄　震、张安胜、徐学敏、奚立峰（8月到任）

闵行校区地址：东川路800号
邮编：200240
总机：54740000

徐汇校区地址：华山路1954号
邮编：200030

黄浦校区地址：重庆南路227号
邮编：200025

长宁校区地址：法华镇路535号
邮编：200052

七宝校区地址：七莘路2678号
邮编：201101

上海交通大学医学院

【2017年概况】 学校有教职医护员工25894人。具有高级职称在职人员3206人，其中中科院院士4人，中国工程院院士13人，中组部“千人计划”11人，中组部“青年千人计划”27人，中组部“青年拔尖人才”5人，“长江学者”特聘教授19人、讲座教授7人、青年学者6人，国家“973”项目首席科学家13人，国家杰出青年基金获得者31人，人社部百千万人才工程国家级人选33人，国家卫生计生有突出贡献中青年专家23人，市“千人计划”39人，市“领军人才”88人，市“东方学者”特聘教授61人、讲座教授14人、团队1个。专任教师661人，专任教师中具有高级职称的289人，具有博士学位的441人。年内，学校及附属医院新入选中科院院士1名，入选“长江学者”特聘教授1人，入选“长江学者”青年学者3人，获国家百千万人才工程称号3人，获国家卫生计生突出贡献中青年专家称号3人。引进中国科学院院士1人，引进中央千人1人、青年千人7人，引进国家杰青1人，引进国家优青1人。全年共招收博士后95人，出站44人。

录取本科生663名，录取研究生1548名，其中博士生519名(含“临一专”项目38名)、硕士研究生1029名(含专业学位360名)。招录住院医师规培生1057名、专科医师规培生428名。继续教育学院招生1413名，其中五年制本科38名、三年制专升本1375名。网络教育学院录取新生2634名。年内共有毕业生1548人，总体就业率为97.27%。授予博士学位438人(含同等学力23人)、硕士学位921人(含同等学力128人)。共有住院医师818名、专科医师448名完成规范化培训。继续教育共有本科、专升本2个层次及临床医学、口腔、检验和护理等8个专业毕业生1664名，其中获学士学位122名。网络教育学院全年毕业总人数2082名，其中本科生1231名，占59.13%；专科生851名，占40.87%；获学士学位13人。

系统谋划改革发展总体布局，办学模式和办学声誉持续提升。启动并有效推动“十三五”规划重点任务32项。稳步推进教育综合改革举措十大方面62项。研制《上海交通大学医学院深化改革高水平地方高校建设方案》，于12月23日通过上海市教育综合改革领导小组会议审议，学校正式纳入上海市高水平地方高校建设行列。

全面落实全国和上海高校思想政治工作会议精神。开设“健康中国”思政课程，完善“辅导员—班导师双师联动机制”，组织全国劳模、新晋院士等与师生面对面，深化仪式教育内涵。成立校党委教师工作部，进一步加强师资队伍的思想政治建设；制定《思政教师专业技术职务聘任实施办法》，完善辅导员“四维培训”模式，进一步加强思政教师和辅导员队伍建设。

深入推进医学教育教学改革。深化实施本科教学教师激励计划，制定《临床骨干教师教学激励计划实施方案》，试点实施临床教学激励计划。启动临床医学专业国际化认证，成立临床医学专业国际认证委员会和工作小组。全力推进儿科人才培养体系改革，统筹整合系统内儿科教育教学资源，成立儿科学院。进一步完善“4+4”和生物医学科学专业课程建设和培养模式改革。制定博士研究生招生改革方案，实施“申请—考核制”，启动博士生“致远荣誉计划”，研制与以色列希伯来大学合作的“中以双博士学位”联合培养方案，推进研究生国际联合培养。进一步推进医教协同，试点开展同质化、标准化的专业学位硕士生临床能力考核，制定《药学(临床药学方向)专业学位硕士研究生培养方案》。启动全国高等学校“十三五”医学规划教材“器官系统整合系列教材”编写工作。新增国家精品在线开放课程1项，市精品课程3项、全英语建设项目2项、重点课程5项。

在职称晋升和考评体系中强调思想政治表现，明确师德师风一票否决制。年内，共55人通过医学科学研究系列高级职称评审，其中研究员20名、副研究员35名。完善职称破格晋升程序、优化实施方案，更加注重同行专家评议，优化评审专家结构。年内，共破格晋升正高级职称7人、破格晋升副高级职称16人。组建医学科学研究系列“高评委”及专家库，获医学科学研究高级专业技术职务自主评审权，实现学校及附属医院科学研究系列高级专业技术职务评审一体化。

深入开展学科建设大讨论，完成Ⅳ类高峰项目——精准医学研究院实体建设，临床医学、口腔医学、基础医学、药学（与校部共建）纳入国家“双一流”学科建设，在教育部第四轮学科评估中，临床医学和基础医学被评为A类学科。

全年学校系统各附属医院完成门急诊总数为3492.77万人次，开放床位总数为18719张，出院病人97.09万人次，住院手术64.34万人次，分别同比增长3.38%、7.62%和5.06%。组织开展第四批国家临床医学研究中心申报工作。完成39个专病诊治中心考核评估。与复旦大学协同推进国家儿童医学中心（上海）建设。全面启动中国医院发展研究院新一轮建设。全力做好医疗对口援助和援建工作。

2017年，共获国家自然科学基金项目643项，直接经费3.33亿元。其中，新增“创新群体”1项、“杰青”2项、“优青”5项、重点项目8项、重点国际合作研究项目4项、组织间合作研究项目5项、海外学者合作研究基金3项，项目总数和经费总额连续八年位居全国医学院校首位。共获国家重点研发计划重点专项项目17项（包括青年首席科学家项目1项）、课题20项，总经费4.36亿元。获省部级以上科技成果奖37项（一等奖11项），其中，附属第九人民医院李青峰等获国家科学技术进步奖二等奖，附属瑞金医院陈赛娟获“吴阶平医学奖”。全年共发表SCIE论文3069篇，其中，IF>20的8篇，IF>10的45篇。继续夯实科研基地和平台建设，启动“上海交通大学医学院—耶鲁大学医学院免疫代谢研究中心”国际联合实验室建设项目；在切实推进“脑疾病临床研究中心”建设的基础上，研制实体化建设方案；新建市工程技术研究中心2个，立项筹建市重点实验室2个；新建分子医学研究院。

启动上海—渥太华联合医学院北美医学教育认证工作，接受渥太华大学组织的第一次模拟认证。建成中加联合实训中心。实施“中法医学项目内涵质量提升计划”，推进临床医学八年制法语班教学改革，与里昂大学合作，建成中法医学教育E-learning平台，建设与法国医学院校接轨的基础医学课程体系，建设法语师资库，研制法语师资培训方案。本科生海外游学比例连续3年超过当年本科招生总人数的50%。年内，共招收留学生67名，其中本科生52名，研究生15名。扩大“一带一路”沿线国家留学生的招生宣传，首次赴塞尔维亚、波黑等进行招生宣传。获评市留学生英语授课示范性课程2项。

全面加强党的领导，落实全面从严治党各项任务。按照市委组织部工作部署，有序完成行政领导班子换届工作。坚决执行党委领导下的院长负责制，党委常委会和院长办公会分别对156项和90项议题进行审议与决策。充分发挥学术委员会在学校学科发展规划等领域的积极作用。完成教代会和职代会换届工作。抓紧抓实巡视整改和领导干部任期经济责任审计整改工作，完成巡视整改事项33项、审计整改事项18项。

年内，学校认真学习贯彻党的十九大精神和习近平新时代中国特色社会主义思想，紧紧围绕立德树人这一根本任务，不断深化文化内涵和精神文明建设。截至年末，学校基层党组织有党委12个，党总支30个，党支部307个。有中共党员共8634名，其中学校本部党员1433名，附属单位党员7201名。学校蝉联全国文明单位，并新增附属上海儿童医学中心、同仁医院两家全国文明单位。（高　哲）

【韩启德到校视察】 11月18日，全国政协副主席、九三学社中央主席、中国科学技术协会名誉主席韩启德院士到院视察指导工作。市政协副秘书长、九三学社市委专职副主委周峰等随同到访。校党委书记范先群、院长陈国强陪同考察。韩启德充分肯定学校在教育教学、科学研究、学科建设和人才培养等方面进行的改革举措和成效。韩启德视察附属瑞金医院医学模拟实训中心并调研瑞金医院住院医师规范化培训情况。（程　峰）

【3人入选长江学者奖励计划】 3月31日，教育部公布2016年度"长江学者奖励计划"入选名单。经学校推荐、通讯评审、会议答辩、人选公示、评审委员会审定、聘任合同签订等程序，最终学校附属瑞金医院毕宇芳、附属仁济医院卜军当选长江特聘教授，附属瑞金医院曹亚南当选长江青年学者。（交　医）

【1人获吴阶平医学奖】 11月10日，2017年吴阶平医学奖颁奖大会在广东中山市举行，授予学校附属瑞金医院上海血液学研究所，中国工程院院士陈赛娟年度吴阶平医学奖。陈赛娟专注于血液恶性疾病发病机制和新型靶向治疗研究。在国内建立完整的细胞和分子遗传学技术体系。以第一完成人获包括国家自然科学二等奖、上海市自然科学奖特等奖在内的10余项重要科技奖项。（交　医）

【获国家科技进步奖二等奖】 1月9日，2016年度国家科学技术奖励大会举行，由学校附属第九人民医院整复外科李青峰领衔课题组完成的项目《头面部严重烧伤关键修复技术的创新与应用》获2016年度国家科学技术进步奖二等奖。（李海洲、吴莹琛）

【8项成果获市科学技术奖】 3月22日，2016年度上海市科学技术奖励大会在上海展览中心举行。市委书记韩正、市长应勇等市领导出席会议。学校附属医院作为第一完成单位共有8项成果获市科学技术奖，分别是一等奖2项，二等奖6项。（交　医）

【18项成果获上海医学科技奖】 4月25日，2016年度(第十五届)上海医学科技奖奖励大会在上海科学会堂举行。市卫生计生委、市科学技术协会相关领导出席会议。学校附属医院作为第一完成单位共有18项成果获上海医学科技奖，分别是二等奖9项、三等奖7项、推广奖2项。（交　医）

【推出"健康中国"思政课程】 学校推出"健康中国"系列思政课程。课程教学内容主要包括：解读"健康中国"的基本概念，剖析其所处的时代背景，明晰其哲学内涵外延；引领学生对医学及医学相关的社会问题、哲学伦理、法律道德、医患关系等进行思考，从多角度多维度了解医学学科；带领学生对医学热点问题进行探讨，运用所学知识提出问题，分析问题和解决问题；引导学生将个人发展与国家"健康中国"战略相结合，激发投身医药卫生事业的使命感和荣誉感。课程教学团队由国内顶尖医学教育学家、医学科学家、公共政策学者、医学卫生政策法规专家和临床一线医生组成，专兼职结合，涵盖政治、经济、医疗、政策、医改、法治等多个领域，同时采用"理论课＋CBL教学＋实践"的授课模式，讲求知行合一。（杨　静）

【成立儿科学院】 9月29日，学校儿科发展高峰论坛暨儿科学院成立仪式在懿德楼二楼报告厅举行。市政协副主席、上海交通大学副校长、市儿科研究所所长蔡威和市卫生计生委巡视员王磐石为儿科学院揭牌，校党委书记范先群为儿科学院院长、副院长颁发聘书，市教委副主任丁晓东，学校院长、中科院院士陈国强在会上讲话。论坛由学校副院长胡翊群主持。（交　医）

上海交通大学医学院儿科学院揭牌

附：学校负责人及地址

（2017年1—12月）

院党委书记：范先群

副书记：陈国强、赵文华、吴　韬(4月到任)

院　长：陈国强

副院长：陈红专、陈　睦(12月离任)、胡翊群、吴　韬(6月到任)

校址：重庆南路227号

邮编：200025

电话：64836590

同济大学

【2017年概况】 学校有38个学院和二级办学机构、7家附属医院、6所附属中小学。有四平路、嘉定、沪西和沪北4个校区，占地面积2.56平方公里，校舍总建筑面积175余万平方米，图书馆总藏书量407万余册。

学校有全日制本科生17339人、硕士研究生14883人、博士研究生4940人。有外国留学生3523人。有专任教师2726人，其中具专业技术职务正高级989人；中科院院士8人、中国工程院院士9人（含中国工程院外籍院士1人）、第三世界科学院院士2人、美国工程院外籍院士1人、瑞典皇家工程科学院外籍院士1人；国家级教学名师4人、中组部“千人计划”学者42人、教育部“长江计划”特聘（讲座）教授34人、国家重点基础研究发展计划首席科学家23人、国家重点研发计划首席科学家25人；国家杰出青年科学基金获得者48人、“青年长江”“青年千人”等四类优秀青年人才99人。国家级教学团队6个、国家自然科学基金创新群体8个、教育部创新团队9个、科技部重点领域创新团队1个、入选科技部“国家创新人才培养示范基地”。

学科设置涵盖工学、理学、医学、管理学、经济学、哲学、文学、法学、教育学、艺术学10个门类。有本科招生专业75个（其中50个专业按17个专业大类招生）、硕士学位一级学科授权点45个、专业硕士学位授权点17个、工程硕士授权点26个、博士学位授权学科点涵盖一级学科30个、专业博士学位授权点3个、博士后流动站25个。有3个国家重点实验室、1个国家工程实验室、1个国家协同创新中心、1个国家大型科学仪器中心、2个国际合作联合实验室、5个国家工程（技术）研究中心以及39个省部级重点实验室和工程（技术）研究中心。

全面推进思政教育向专业课程课堂以及实践环节延伸，学校成为上海课程思政“整体试点校”，13门课程入选首批“国家精品在线开放课程”，7门课程获“上海高校市级精品课程”称号；入选世界一流大学建设A类高校；在第四轮学科评估中，12个学科入选A类，其中4个学科获评A+。1位教授新当选中国工程院院士、引进1位中国工程院院士。全年学校科研事业收入19.74亿元，同比增长37%。以校院两级管理新一轮改革试点、人事管理“三个标准”、预算管理与事业发展紧密关联、资产管理精细化为代表的全面深化改革的基础性工作持续推进。以110周年校庆为契机，举办“可持续发展与大学责任”大学校长论坛，来自20多个国家和地区40余所大学的校长、专家参加论坛。

党的十九大召开以后，学校制定《中共同济大学委员会关于认真学习宣传贯彻党的十九大精神的通知》，系统推进党的十九大精神学习培训。成立“习近平治国理政理论及实践研究院”，设置专项课题，完成立项工作，培育理论研究成果。成立“同济大学马克思主义学院（学科）发展指导委员会”，推行学科责任教授和课程责任教授制度。构建领导领学、干部必学、教职工要学的理论学习机制，组织各单位集中开展政治理论学习、立德树人教学研究讨论、党员活动等。

1. 规划发展。学校成功入选世界一流大学建设A类高校，对照“四个服务”要求，组织编制《同济大学推进世界一流大学建设方案》。

2. 学科建设。土木工程学科软科排名跃升全球第一，新增药理学与毒物学、生物与生化、社会科学总论3个领域进入ESI前1%。市高峰学科建设顺利推进，土木工程学科在第一阶段绩效评估中获

“优秀”,新增Ⅳ类高峰学科环境与生态学。学位授权审核结果公示中,学校进入自主审核单位公示名单,政治学、信息与通信工程、地质资源与工程、动力工程与工程热物理进入新一级学科博士点公示名单。

3. 教育教学。学校招收本科生 4364 名、各类研究生 6305 名、各类国际学生 4601 名。2017 届毕业生总体就业率达 99.03%,位列全国第三。

建立“本科生院+研究生院”“专业责任教授+课程责任教授”的人才培养管理机制,变革教育组织模式。围绕立德树人根本要求,坚持“三全育人”理念。进一步丰富“专业精英、社会栋梁”人才培养内涵,在继续强化专业特色与优势的基础上,着力构建“党政杰出人才、科技领军人才、企业领袖人才”三类“社会栋梁”人才培养体系。推动以培养“五好”新青年为目标任务,以倡导“五守”新规范为行动纲领。

高度重视课堂教育教学管理,建立健全校领导听课制度。成立教材建设委员会,对全校课程和教材进行全面梳理和审定。把握思政理论课的核心地位,进一步推进品牌思政课建设,提升教学效果。对《形势与政策》课程进行整体改革,实行课程责任教授制,全体校领导班子成员参与集体备课并讲授《形势与政策》课程。启动实施新生“立德树人”专项示范行动计划,统筹推进“八大专项行动”。完善“辅导员、班主任、导师”三支队伍的职责,形成协同育人合力。

结合学校一流大学建设目标,启动 2018 级培养方案修订,加强专业内涵优化与知识体系构建。进一步明确专业人才培养的理念、目标和标准,梳理知识点,凝练专业特色,改造升级传统专业,梳理和完善课程设置内涵,构建本研贯通人才培养课程体系。持续推进和深化学科交叉复合型人才培养模式,形成全员全过程全方位协同育人机制。

着力推动以创新创业教育为核心的“大实践平台”建设,完善创新创业人才培养模式,突出创新创业和新工科交叉。创新创业学院全年招收不同专业和年级的创业实践学生 68 名、招收创新实验区学生 28 名。召开全国高校实践育人暨创新创业现场推进会,受教育部思政司委托,与《思想教育研究》杂志联合发起成立“全国高校实践育人暨创新创业工作联盟”,并成为理事长和秘书长单位。入选“2017 全国创新创业典型经验高校”,入选团中央首批“全国大学生创业示范园”,成为落实中美两国元首共识和《中美社会和人文对话联合声明》的首批挂牌“中美青年创客交流中心”之一。

4. 科学研究。推进“一部三院一中心”的科研管理体制改革,科研潜力和活力得到更大的激发和释放。促进科技成果转移转化,进校四技项目经费达 11.22 亿元,专利/技术转让(含作价入股)金额 1.4 亿元,远超同期水平。

全年获批国家自然科学基金各类项目 531 项,直接经费合计 3.4 亿元,项目数同比增长 19.6%,经费总数增长 38.8%,立项总数和经费总数均位居全国高校前列。获国家级、省部级哲学社会科学项目 72 项,其中国家社科基金重大项目 2 项,重点项目 1 项。6 项成果获国家科学技术奖,其中国家技术发明二等奖 2 项(其中 1 项主持)、国家科学技术进步二等奖 3 项及国际科学技术合作奖 1 项。获省部级奖励(教育部)12 项,其中一等奖 3 项(尚未正式公布)。获省部级奖励(上海市)10 项一等奖和 1 项国际合作奖(尚未正式公布)。构建一流科研平台,推进重点领域研发。推动“国家海底科学观测网”项目建设;加快在干细胞、心血管疾病等 4 个领域建立首批临床医学研究中心。

落实“四个服务”要求,依托学科和学术优势,加快推进新型智库建设工作。“一院、两库、一网”的智库体系已经形成。国家创新发展研究院累计向中办调研局上报咨政建言专报 30 余篇,上报专报 67 篇。在市决策咨询专报整体上报、录用情况方面位列上海市高校第二。

进一步整合政府和企业资源,探索建立浙江嘉兴全面创新发展综合示范区。推进在江苏靖江市建设高端智能新能源汽车产业园。注册成立重庆、北京等地方研究院,与中国中车、中国交建、中国电建等企业建立深度合作关系。深化与杨浦、嘉定等地方的合作关系。与重庆市科学技术研究院以及华科融资租赁有限公司建立合作关系,引入科技金融支持学校建立世界领先的装备技术平台,与 4 个临床医学中心正式签署合作协议。

5. 学术支撑。以立德树人为根本，抓好教师全过程教育与管理。引导广大教师以德立身、以德立学、以德施教，培育优良的教风与学风。严格教师资格和准入制度，落实师德“一票否决制”。开展师德师风主题教育实践活动，推进黄大年式教师团队创建活动，土木学院李国强教授团队入选“全国高校黄大年式教师团队”。

集聚学术领军人才，加大青年人才引进与培养，建立高水平创新团队。诺贝尔生理学和医学奖得主成为同济特聘教授，新增国家“千人计划”入选者 2 人、长江学者特聘教授 3 人、杰青 7 人、“青年千人”入选者 14 人、优青 7 人。

以学科和基地的重点发展方向为导向，按照科学和工程技术两个分类，促进专职队伍建设，制定《同济大学专职科研队伍建设管理办法》《同济大学博士后科研队伍建设方案》。双管齐下强化国际师资和引智工作走向系统化和规范化，聘请长期外籍专家 155 人（占专任教师的 5.72%），聘请短期专家 2300 多人次，外籍青年博士后实现“零”的突破。

结合世界一流大学建设方案，加快推进学校综合改革。组织《同济大学章程》修订工作。按照“标准岗位要求、标准工作量和标准待遇”的要求，开展专业技术职务考核与评聘改革，推动教职员工精细化分类管理，被教育部遴选为“高校教师考核评价改革示范校”。

6. 对外合作与社会服务。成立“国际足球学院”，学校的国际平台学院达 11 个。中德学院获“上海市示范性国际合作办学机构”称号。优化中德、中法等相关国际合作平台建设，与莱布尼茨大学合作举办汉诺威孔子学院。“同济大学——麻省理工上海城市科学实验室”“消化疾病诊疗中心与马歇尔院士工作室”“中国-澳大利亚功能分子与有序物质国际联合实验室”揭牌。

落实《学校培养国际学生管理办法》，规范国际学生管理。设立“同济大学国际博士生奖学金”，设立国际学生辅导员岗位，并纳入学校辅导员序列统一管理。

与重庆、安徽、深圳、嘉兴等地政府，与中国商飞、中国电建、中国交建、绿地集团、中国铁建、重科院、华科金融等单位签署相关战略合作协议，加强校企校地合作，服务国家社会发展。举行 110 周年校庆纪念活动，通过“可持续发展与大学责任”大学校长论坛、校庆纪念大会、“同跑，济天下”全球校友公益跑等多种形式，总结办学经验，弘扬同济精神，展示历史成就，营造文化氛围，凝聚各方力量，助力未来发展。

7. 文化传承。推进“校园健康工程”，推广“健康 1 小时”活动，弘扬体育文化，在第十三届全国学生运动会中第 4 次夺得“校长杯”。创新艺术教育模式，完善艺术教育体系，打造艺术类精品课程，编演《同舟共济》舞台剧，并通过艺术节、社团等形式着力打造高雅艺术教育平台。

8. 内部管理与服务保障。实施“增收优支、提质增效”专项行动计划。完善财务管理制度，推进财务信息化建设，优化服务流程，为师生提供便利。启动对学校公用房、仪器设备等资源的摸底分析，为优化资源配置、全面实施校院两级管理提供支撑。

解决师生关注的热点难点问题，重点改善学生生活、学习条件以及校园周边环境，做好教学、科研等工作的后勤保障。分期分批推进热水进学生宿舍浴室工程。推进学校基础设施建设工作，协调推进生命科学与创新创业大楼和上海国际设计创新学院大楼等项目建设事宜。（同　济）

【完成中国第五个南极科考站选址作业】 中国第三十三次南极科考队在罗斯海区域为中国新建第五个南极考察站优化选址作业全部完成。由学校环境科学与工程学院副教授陆志波担任队长的罗斯海新站选址队对难言岛、伯德角、马布尔角、布朗半岛及新港角 5 个预选区域进行站址优化比选，具体包括地质调查、基础测绘、规划选址、动植物调查、海冰及气象分析、环境本底调查等任务。

（同　济）

【院士为全校学生开设人文素养课】 汪品先院士面向全校学生开设“科学、文化与海洋”的公共选修课。课程包含 8 次讲座，每双周二晚举行，其中 6 讲由汪品先院士主授，2 讲由校外知名专家讲授。由汪院士主授的另 5 场讲座，主题涵盖“人类与海洋——兼谈华夏文化的软肋”“东西方文化——我国知识界的百年困惑”“科学与视野——时空的跨度和认识的深度”“创新和语言——汉语、外语和双语”等。（同　济）

【首创液压缓冲补偿系统】 3月31日，打捞出水的“世越号”被运至韩国木浦港。实施本次打捞作业的是中国上海打捞局，学校卞永明团队全球首创液压缓冲补偿系统，为沉船打捞提供提升方案并付诸实施。（同　济）

【韩正到校调研】 5月17日，中共中央政治局委员、市委书记韩正到校调研，市委常委、市委秘书长诸葛宇杰，副市长翁铁慧等陪同。韩正祝贺建校110周年，参观学校先进的微结构材料教育部重点实验室和现代工程测量国家测绘地理信息局重点实验室，观看“百年深根、十载新绿”2007—2017学校办学成就图片展，听取学校近年来改革发展情况介绍。韩正主持召开座谈会。会上，院士汪品先、裴钢，常务副校长伍江分别围绕国家海洋科技研究中心建设、上海干细胞科创中心建设、崇明世界级生态岛发展规划提出建议。校党委书记杨贤金、校长钟志华围绕落实全国高校思想政治工作会议精神、服务上海科创中心建设、推进学校管理体制改革等作工作汇报。（同　济）

【科技成果转移转化初显成效】 5月18日，在上海高校张江协同创新研究院的指导下，学校与润坤（上海）光学科技有限公司共同签署《技术专利转移协议》，将物理科学与工程学院王占山教授团队自主研发的“高性能激光薄膜器件及装置”6项发明专利授权转让，合同金额共计3800万元人民币，是学校历史上最大额度的技术转移现金合同。（同　济）

【各项捐赠助力学校发展】 5月18日，泰禾投资集团、克丽缇娜（中国）贸易有限公司、深圳市朗润投资有限公司与校附属东方医院分别与校教育发展基金会签署捐赠协议，共计捐赠人民币2.2亿元，支持学校医科高端人才引进、教学质量提升、科研平台建设、学生创新创业及国际化卓越医学人才培养。5月17日，鲁班咨询首席顾问、鲁班软件董事长杨宝明校友捐赠支持“同济大学发展基金”“同济大学校友发展基金”“同济大学沈祖炎基金”，同时设立“同济大学鲁班奖励金”“同济大学鲁班教席基金”。5月19日，2009级经济与管理学院校友、上海伊尔庚环境工程有限公司董事长张莉向学校捐赠1100万元，设立“同济大学‘伊尔庚’基金”，用于助力青年人才培养、重点学科建设及师资队伍建设等。（同　济）

【举行“可持续发展与大学责任”国际论坛】 5月20日，来自中国、德国、英国、法国、意大利、奥地利、芬兰等全球20多个国家和地区40余所大学的校长及高等教育专家80余人到校，参加“可持续发展与大学责任”国际论坛。与会代表围绕“为什么可持续发展对于世界未来具有重要意义”“大学如何面向可持续发展的未来”“在可持续发展背景下如何更好地践行大学的使命与责任”等问题展开讨论。（同　济）

【庆祝建校110周年】 5月20日，同济大学建校110周年纪念大会暨校庆晚会在嘉定校区体育馆举行。校党委书记杨贤金、校长钟志华和“追求卓越奖”基金理事长裴钢院士为2017年同济大学追求卓越奖励基金获奖者颁奖。获“立德树人”优秀教师奖的教师代表、获“同舟济梦”优秀学生奖的学生代表以及获“情系母校”优秀校友奖的校友代表互相颁奖。校庆晚会以“同舟逐梦　济往开来”为主题，由“峥嵘济忆”“英宇济遇”“憧憬济梦”三个篇章组成，回望110年来以追求卓越为目标的同济岁月。（同　济）

【参与第三次南海大洋钻探】 6月11日，由中国科学家建议、设计并主导，历时4个月的第三次南海大洋钻探科学考察落幕，在解开南海形成之谜上获重要突破。第三次南海大洋钻探由IODP367和368两个航次组成，其中368航次首席科学家由学校翦知湣教授、丹麦与格陵兰地质学会汉斯·克里斯汀·拉尔森教授共同担任。拉尔森教授入选中国外国专家“千人计划”，系学校访问教授。

（同　济）

【中美工程前沿研讨会举行】 6月22—24日，由中国工程院和美国工程院共同主办的2017中美工程前沿论坛在校举行。中美两国各有30余位青年工程科技专家围绕“智能交通、储能、合成生物学和机器人”等工程科技前沿领域展开研讨与交流。

（同　济）

【全方位支撑港珠澳大桥建设】 学校学者通过“外海厚软基桥隧转换人工岛设计与施工关键技术”课题解决挤密砂桩筑岛的难题，通过“海外厚软基大回淤超长沉管隧道设计与施工关键技术”解决沉管隧道减震控制技术难题，通过“沉管隧道接头张开位移量控制技术研究”解决隧道建设难题，提出管幕冻结法解决拱北隧道挖掘困难，设法解决青州航道桥抗风问题，并且承担工程图复核难题等，全方位助力港珠澳大桥建设。（同　济）

【1人当选中国工程院院士】 11月27日，中国工程院2017年院士增选结果公布，同济大学教授吴志强当选。（同　济）

【4门学科排名获A+】 12月28日，教育部学位与研究生中心公布第四轮学科评估结果。土木工程、环境科学与工程、城乡规划学、管理科学与工程4门学科排名获A+（前2%或前2名），学校获A+的学科数量排名全国第11位（并列）。同时，设计学排名获A（前2%—5%）；数学、机械工程、计算机科学与技术、建筑学、交通运输工程、风景园林学、软件工程排名获A-（前5%—10%）。参评的学科还有22个进入B档（10%—40%）。（同　济）

附：学校负责人及地址

（2017年1—12月）

校党委书记：杨贤金（5月离任）、方守恩（7月到任）
副书记：方守恩（常务，7月离任）、马锦明、姜富明、徐建平、冯身洪（12月到任）

校　长：钟志华
副校长：伍　江（常务）、蔡达峰（4月离任）、江　波、吴志强、吕培明、顾祥林、雷星晖（12月到任）、陈义汉（12月到任）

四平路校区校址：四平路1239号
邮编：200092
电话：65982200

嘉定校区地址：曹安公路4800号
邮编：201804
电话：69589255

沪西校区地址：真南路500号
邮编：200331
电话：51030050

沪北校区地址：共和新路1238号
邮编：200072
电话：66052500

华东理工大学

【2017年概况】 学校有徐汇校区、奉贤校区和金山科技园区，占地面积169万平方米，各类建筑总面积92万平方米，图书馆总藏书量323.4万册。设有20个院系。学校学位授权点覆盖11个学科门类、36个一级学科。有68个本科专业，26个硕士学位授权一级学科、148个硕士学位授权点，13个

博士学位授权一级学科、80个博士学位授权二级学科点。有12个博士后科研流动站,7个国家重点学科、1个国家重点(培育)学科、10个上海市重点学科、7个上海高校一流学科。学校有9个国家级研究基地、24个省部级研究基地、2个国际合作科研基地、55个校级研究所(中心)。年内,学校化学、材料科学与工程、化学工程与技术入围一流学科建设名单,在教育部第四轮学科评估中,化学工程与技术获评A+,位列全国首位。7个学科进入QS世界大学学科排名前500名,其中化学、材料科学、化学工程挺进前150名。

人才培养。在校全日制学生25759人,其中本科生15808人、研究生9951人(博士生1754人)、留学生1127人。录取本科生4228名。构建"三全"育人体系,推进课程思政改革,成立高校思想政治工作研究中心,获批上海高校思想政治教育智库,启动"形势与政策"课程改革,开发"爱思政"网络互动平台进行授课。完成教育部本科教学审核评估,并根据反馈意见启动整改工作。推进专业大类招生,修订专业培养方案与课程大纲,实现本科生大类培养。修订本科教学管理制度,开展常态化教学质量过程监控。新增6门市精品课程、3门市示范性全英语授课课程、27门市重点课程。3个专业通过国内工程教育专业认证。本科生获省部级及以上奖励211项,其中国际级13项、国家级54项、省部级144项。本科生一次就业率达97.1%。发放奖学金1200余万元,发放助学金700余万元,发放临时帮困补助近14万元。勤工助学总额1800余万元。

录取硕士研究生3173名。录取博士研究生412名。博士研究生招生中首次向重点人才定向分配名额。建设第三批全英文授课方案。新增博导26人、硕导37人、专业学位校外(企业)导师74人。修订学位论文评审及申请学位学术成果的相关制度。研究生一次就业率99.8%。发放研究生奖助学金近1.6亿元。

入选"全国第二批深化创新创业教育改革示范高校""上海市第一批创新创业教育改革示范高校"。构筑"EHS(环境、健康、安全)理念+LCS(Lab+Club+Shop)模式"。建设37门创新创业课程和948名专兼结合的双创导师团队。建立1个虚拟现实VR教学实验室和3个VR工程教育案例。建成300平方米的创业苗圃,6000平方米的孵化基地,3.2万平方米的园区加速器和4万平方米的创业基地。获批"上海市专业技术人员继续教育基地"。

师资建设。有教职员工3041人(专任教师1852人),其中两院院士6名、双聘院士4名;国家"千人计划"5名、"青年千人"6名;国家外专千人长期项目1名、短期项目1名;国家教学名师2名、"长江学者"特聘教授21名、讲座教授2名;国家杰出青年基金获得者21名、国家"973"计划首席科学家8名、国家"863"计划领域专家组成员3名、百千万人才工程国家级人选14名。基金委创新研究群体2个、教育部"长江学者和创新团队发展计划"创新团队3个、科技部重点领域创新团队2个、国家级教学团队4个。

新入职教职员工47人,80名符合要求的原人才派遣人员集中进编。引进中组部"千人计划"、外专千人(长期项目)、青年千人各1人。学校有6人分别入选中科院院士、教育部长江学者特聘教授、青年学者、国家百千万人才工程、科技部中青年科技创新领军人才、青年千人。3人入选国家"杰青",4人入选国家"优青"。1人入选科技部中青年科技创新领军人才,1人入选市优秀学术带头人,2人入选市曙光计划,10人入选市浦江人才,7人入选市青年科技启明星。完成专业技术职务聘任、职员职级晋升等相关文件修订工作。聘任正高级专业技术职务21人、副高级48人、中级24人。

科技创新。科研经费到款5.4亿元。新签科研项目1066项,合同金额5.5亿元。承担国家重点研发计划1项、子课题9项。国家自然科学基金立项156项。新签国防项目合同4170万元。获2016年度市科学技术奖11项,其中市科学技术一等奖1项、市国际科技合作奖1项、青年科技杰出贡献奖1项、参与项目获2017年度国家科技进步二等奖。获市自然科学牡丹奖1项、获药明康德生命化学研究奖学者奖1项、获侯德榜化工科技创新奖1项、获侯德榜化工科技青年奖1项。生物反应器工程国家重点实验室获评"优秀"。结构可控分子工程国际合作联合实验室获教育部批准立项。召开学校科技创新大会，成立校科学技术协会。成立生命健康、现代能源技术、智能制造与人工智能3个交叉研究院。建立“创新平台+科研服务”的信息化平台，设立科研财务助理。举办第一届产业发展论坛。新签12项重大成果转化合同，总金额超过1.2亿元。新建2个校外研究院和6个校企联合科研机构。连续七年被评为上海高校技术合同管理工作先进集体。参展第十九届中国国际工业博览会，获高校展区优秀展品特等奖1项。获首届中国高校科技成果交易会“优秀展示奖”和“成果创新奖”。2项专利获第十九届中国专利优秀奖。

人文社会科学研究经费到款3255万元，获省部级以上项目立项56项。制定《人文社科科研机构管理办法(试行)》。成立社会科学高等研究院。获批建设上海高校思想政治工作研究中心和上海公共经济与社会治理研究中心2个省部级研究基地。上海高校智库“社会工作与社会管理研究中心”建设通过阶段性评估。获批上海高校智库内涵建设计划项目、教育部高校示范马克思主义学院和优秀教学科研团队建设项目。

国际交流与合作。与世界知名高校和科研机构新签、续签28份学生交流、学术合作协议或备忘录。545人次教师因公出国(境)，726名学生参加公派留学和校际交流。接待国外代表团来访900余人次，接待来校授课的合作办学项目外籍教师45人次。举办2017年国际化学生物学会年会等13次国际(地区)会议，资助103个海外学者短期授课项目。成立“费林加诺贝尔奖科学家联合研究中心”。石油化工行业智能优化制造创新引智基地获教育部批准，化学反应工程科学与技术创新引智基地项目已在上海石化的烯烃装置上运行。与包括哈萨克斯坦、俄罗斯、捷克、匈牙利等在内的“一带一路”沿线国家高校与企业签署5份合作协议。

招收留学生1389人次，其中学历生431人。公派留学学生类项目录取95人，其中联合培养博士研究生52人。首个全英文授课本科专业“国际经济与贸易”正式开班。和泰国清迈大学达成来华2+2学生交换项目协议。与奥地利莱奥本大学“高分子材料与工程”本科专业中外合作办学项目获批建设。“石油化工领域全英语硕士”项目获国家留学基金委“丝绸之路”奖学金，全额资助12名。

校园治理。学校决算总收入22.9亿元，总支出24.2亿元。建立学院层级的全口径财务预算体系。试点建立财务助理室。实现无等候预约报销。完成《内部控制手册(经济活动2017年版)》修订，开展内部控制第三方内控评价和培训。开展全校房屋资产管理系统建设，完成主要房屋资产的数据录入。开展对学校所属企业无偿使用房屋资产情况的清理工作。完成审计项目179项。完成采购项目164项，备案二级单位采购项目400余项。

校园基础设施建设新开工建筑面积2.9万平方米，竣工建筑面积2.6万平方米。完成楼宇修缮面积8万平方米。完成徐汇校区商学院大楼改造和电力扩容，奉贤校区二期学生公寓和游泳馆项目建设，开工建设徐汇校区学生一食堂和奉贤校区CD教学楼二期。推进徐汇校区信息学院大楼建设。校园修缮职能由后保处调整至基建处，完成徐汇校区学生12舍、团结1—4楼、大学生俱乐部，奉贤校区AB教学楼、学生公寓5—8楼的修缮。启动徐汇校区校园更新规划工作。徐汇学生宿舍区无线网络全覆盖，升级用户带宽流量。完成核心数据库系统设施的升级改造。推进私有云基础设施建设。增强虚拟化防护及WEB安全监测。完成“多媒体教学系统升级改造二期”“演播室数字高清摄录编设备升级改造”。完成“一师一麦”惠师项目。推出微信卡门禁扫码进图书馆、微信卡选座签到、在借图书查询及续借等功能。

落实用房管理制度，实现学院和实验室用房定额收费，回收各类用房101间7379平方米。新增40万元以上大型仪器17台。正式上线运行“材料类物资采购平台”和实验室安全管理系统(第一期)。开展装备资产校内调剂。入账登记固定资产6983台件。处置报废仪器设备7.3万台件。推行废液回收收费制度。引入第三方专业公司进行实验室安全检查。气体钢瓶统一纳入化学品管理平台。提高后勤保障水平，完成徐汇校区学生宿舍空调和奉贤校区篮球场夜间照明系统安装。徐汇校区新快递中心投入使用。开展徐汇校区环境专项整治行动。完成徐汇校区庭院灯改造项目。

开展65周年校庆活动，组织170余项校庆活动。开展291场高端学术活动，主办、承办各类专业学术会议共48场。推出65周年校庆Nature期刊专版。接待来访诺贝尔奖获得者4人、两院院士28人，及长江、杰青、千人等近百人。完成院士文化墙建设工作。推出16期文化展览。启动档案信息化建设工作。撰写《抗生素厂与小白楼》等一批校史研究文章，出版《笃行——华理学人传略》校史研究图书。开展定点扶贫和对口支援工作，组织15批调研考察团队赴云南寻甸推进定点扶贫工作，首批研究生支教团赴寻甸县支教，捐赠价值105.3万元的教学物资，设立远程教育云南寻甸学习中心，开设第五期专题干部培训班。派员挂职新疆石河子大学化学化工学院院长，并申报国家自然科学基金重点项目1项。 （王　阳）

【成立高校思想政治工作研究中心】 1月7日，“新形势下高校思想政治工作的使命担当”高端论坛暨高校思想政治工作研究中心成立仪式在学校举行。教育部社科司副司长徐艳国，上海市教卫工作党委副书记、教委副主任高德毅等出席。 （王　阳）

【获国家科技进步二等奖】 1月9日，学校洁净煤技术研究所团队与兖矿集团有限公司合作完成的项目“大型高效水煤浆气化过程关键技术创新及应用”获国家科技进步二等奖。 （王　阳）

【5门学科进入ESI全球前1%】 1月15日，据“基本科学指标”数据库(ESI)更新的数据显示，学校药理学与毒理学进入ESI国际排名的前1%。至此，学校共有化学、材料学、工程学、生物学与生物化学、药理学与毒理学5门学科进入ESI全球排名前1%。其中，化学在ESI全球排名的机构中位列52位。 （王　阳）

【获评“第十二届中国大学生年度人物”】 5月，社会与公共管理学院本科生木纳瓦尔·木沙获评“第十二届中国大学生年度人物”。这是学校首位获此荣誉的大学生。 （王　阳）

【在泛波罗的海大学生运动会获奖】 6月，在第三十三届泛波罗的海大学生运动会中，学校乒乓球队获3枚金牌、3枚银牌、1枚铜牌。其中，郑诗畅、王姝、黄文倩分获女子单打冠亚季军，夏易正、王麒凯分获男子单打冠亚军，郑诗畅、王姝获女子双打冠军，王麒凯、于廸扬获男子双打亚军。 （王　阳）

【大学生合唱团获国际奖项】 7月6—12日，学校大学生艺术团伊卡斯特合唱团共55人赴新加坡参加第十届“歌韵东方”国际合唱节，并获混声组、民歌组银奖一等，《小河淌水》获由评委会颁发的“最佳演绎奖”。 （王　阳）

华东理工大学学生合唱团参加第十届“歌韵东方”国际合唱节

【成立社会科学高等研究院】 9月20日，学校成立“华东理工大学社会科学高等研究院”。研究院将探索有效的科研管理机制，推动跨学科研究，提升学校人文社科的科研活跃度和学术影响力，把高等研究院建设成为集研究高地、人才高地和交流高地为一体的学术研究机构。 （王　阳）

【费林加诺贝尔奖科学家联合研究中心成立】 10月22日，“费林加诺贝尔奖科学家联合研究中心”成立。联合研究中心瞄准世界科技前沿，打造具有重要影响力的国际化科研平台、国际化科技队伍以及国际化人才培养高地，引领相关基础学科前沿发展。 （王　阳）

【第六届国际化学生物学会年会举行】 10月17—20日，由学校和国际化学生物学学会（ICBS）共同主办的第六届国际化学生物学会年会举行。包括9位国内外院士在内的近500位中外专家学者，围绕“化学创新点亮生命”的主题进行交流研讨。大会期间，2001年诺贝尔奖获得者美国科学院院士、美国斯克利普斯研究院Karl Barry Sharpless教授和美国德克萨斯大学奥斯汀分校刘鸿文Hung-Wen（Ben）Liu教授受聘为校名誉教授。 （王 阳）

【65周年校庆宣传片《薪传》发布】 10月20日，学校65周年校庆宣传片《薪传》正式发布。宣传片紧紧围绕“立德树人”的根本任务，紧扣“薪火相传”的主题，勾勒学校砥砺创业的历程，呈现人才培养、科学研究、社会服务等方面的特色亮点和突出成就，全面展示学校65年特别是近五年来的发展成就。 （王 阳）

【举办中欧大学校长论坛】 10月24日，中欧大学“面向新时代，提升大学工程教育新内涵”校长论坛在学校逸夫楼举行。来自荷兰格罗宁根大学、天津大学、法国化学工程师学校联盟、同济大学、德国勃兰登堡工业大学、英国邓迪大学等九所国内外院校校长、副校长出席。 （王 阳）

中欧大学校长论坛在华东理工大学召开

【举行院士墙落成典礼】 10月25日，学校院士墙落成典礼在奉贤校区图书馆举行。校长曲景平、中国工程院院士袁渭康共同为院士墙揭牌并讲话。 （王 阳）

【参展中国国际工业博览会】 11月7—11日，第十九届中国国际工业博览会在国家会展中心举办。学校13个科技项目参展。其中，信息科学与工程学院王振雷领衔的“大型乙烯装置全流程先进控制与运行优化系统应用”项目获高校展区优秀展品特等奖，机械与动力工程学院易建军教授领衔的“超声波铁轨探伤小车”获高校展区优秀展品二等奖。 （王 阳）

【获国际基因工程机器大赛金奖】 11月14日，在美国波士顿举办的国际基因工程机器大赛（International Genetically Engineered Machine Competition，iGEM）中，学校代表队首次参赛并获金奖。学校iGEM团队由生物工程学院、信息科学与工程学院、艺术设计与传媒学院的13名在校本科生组成，张立新为团队总负责教师。 （王 阳）

【1人当选中科院院士】 11月28日，中科院正式公布2017年增选院士结果。学校材料科学与工程学院教授刘昌胜当选中国科学院院士（技术科学部）。此外，校董戴厚良、名誉教授詹姆斯·弗雷泽·司徒塔特（James Fraser Stoddart）当选两院院士（含外籍院士）。 （王 阳）

华东理工大学教授刘昌胜当选中国科学院院士

【与闵行区教育局共建闵行科技高中】 12月27日，学校与闵行区教育局共建华东理工大学附属闵行科技高中签约仪式在闵行区区政府举行。副校长胡宝国代表学校签订合作协议。市教卫党委书记虞丽娟、市教委副主任贾炜，闵行区区委书记朱芝松、区长倪耀明、副区长杨德妹、校党委书记杜慧芳等共同见证签约。 （王 阳）

附:学校负责人及地址

(2017年1—12日)

校党委书记:杜慧芳

副书记:曲景平(兼)、宋　来、陈　麒、沈志超(7月到任)

校　长:曲景平

副校长:钱　锋、吴柏钧、刘昌胜、辛　忠、胡宝国、轩福贞(4月到任)

徐汇校区地址:梅陇路130号

邮编:200237

电话:64252500

奉贤校区地址:海思路999号

邮编:201424

电话:33612038

东华大学

【2017年概况】 学校有教学院(部)17个。有6个博士后流动站、7个一级学科博士点、24个一级学科硕士点、9个专业学位硕士授权类别、16个工程硕士授权领域、55个本科专业。有1个一级学科国家重点学科、5个二级学科国家重点学科、1个国家重点(培育)学科、7个上海市一流学科、1个上海高校Ⅰ类高峰学科。有13个国家和省部级科研基地,2个国家"111"引智基地以及国家大学科技园。有学生23705人,其中本科生14267人、硕士生5537人、博士生1022人、成人教育学历生2023人、学历留学生1111人。

学科建设。入选一流学科建设高校,建设学科为纺织科学与工程。完成7个博士学位授权点和7个硕士学位授权点的学位点增列申报。在全国第四轮学科评估中共20个专业上榜,8个学科位于前30%。纺织科学与工程获评A+,材料科学与工程和设计学获评B+,控制科学与工程、环境科学与工程、管理科学与工程、机械工程、工商管理获评B。设计学、土木工程、工商管理、数学、物理学和工程等6个博士学位授权点和7个硕士学位授权点通过市初审。纺织科学与工程Ⅰ类高峰学科在上海高校高峰高原学科第一阶段建设绩效评价中获评优秀。入围ESI世界前1%的学科领域由3个增加到4个(工程学、化学、材料科学、数学),数学首次入围。工科学科入选上海交通大学世界大学排名前150强。纺织工程、环境工程、建筑环境与能源应用工程、自动化专业通过专业认证。旭日工商管理学院通过AMBA认证。

人才培养。①本科教育。将"转专业"改为"选专业",时间由入学一年内放宽至入学两年内,次数由原来的1次增加至2次。设立思政课专项教改项目,立项55门课程;聘请名家名师,重点打造"锦绣中国"等通识课程。获"纺织之光"中国纺织工业联合会纺织高等教育教学成果一等奖4项、二等奖12项、三等奖22项;评出校教学成果奖一等奖26项、二等奖28项、三等奖26项。本科生在各类竞赛中获省部级及以上奖279项,其中国际级奖15项、国家级奖150项、省部级奖114项。获批18个优秀本科生国际交流项目,47名本科生获国家公派出国奖学金。毕业生总体就业率为96.91%,本科毕业生总体深造率34%。②研究生教育。获批8项市研究生教育项目。专业学位研究生教育改革入选上海教育综合改革典型案例。获第三届"全国工程专业学位研究生联合培养示范基地"。服装与艺术设计学院1名学生获"世界可穿着艺术设计"大赛国际组冠军。6篇博士学位论文、3篇硕士学位论文获中国纺织工程学会优秀学位论文,获奖高校中排名第一。MBA蝉联"中国最具影响力MBA排行榜"第十一位。③创新创业教育。获批国家、市级大学生创新实验计划240项,获全国"互联网+大学生创新创业大赛"1枚银牌、1枚铜牌,上海赛区获2项特等奖。市研究生创新创业训练计划立项12项，位居上海高校第2位。④体育与美育。东华大学超级组男、女足获市大学生足球联盟联赛冠军，女足获世界大学生运动会中国大学生女足组队资格，并代表中国大学生女足完成中法高级别人文交流出访任务。成立东华大学体育发展基金，与上海聚运动公司签署校园足球国际化合作战略协议，聘任乔·可可维奇担任学校足球顾问教授。人文学院1名学生入围2017年伦敦世界田径锦标赛决赛，蝉联全国学生运动会撑杆跳高冠军。女子手球队、射击队、攀岩队、体育舞蹈队、旱地冰球队分获2017年全国大学生单项锦标赛冠军。

科学研究。获3项国家科技进步二等奖，1项获国家技术发明二等奖，4项国家重点研发计划（另有2项学校教授作为项目负责人）。获市教委首次科研创新计划重大项目4项，项目总数列上海高校第六位。获国家自然科学基金项目资助59项，增长35.03%。获人文社科类省部级项目25项，首次获人文社科类重大项目资助，项目数增长一倍。纤维材料先进制造技术与科学创新引智基地以“优秀”成绩通过验收，获后续五年滚动支持。高性能纤维复合材料协同创新中心在市教委绩效评价中获评“优秀”。纺织检测中心通过国家检验检测机构资质认定复查评审。高性能纤维及制品教育部重点实验室、海派时尚设计及价值创造协同创新中心顺利通过验收评估。与中共中央编译局共建马克思主义理论与当代实践研究基地，是中共中央编译局在全国设立的6家基地之一。

队伍建设。完善《东华大学岗位设置管理实施办法》，完成2017—2019年聘期岗位设置和聘用，遴选特聘研究员2位。1人获全国创新争先奖、1人入选东方学者、1人入选上海领军人才、1人入选市青年拔尖人才支持计划、1人入选中国纺织学术带头人、2人入选中国科协青年人才托举工程。1人获日本高分子学会国际奖。1名院士出任国家新材料产业发展专家咨询委员会副主任。制定《东华大学新进教师选拔和聘任管理实施办法（试行）》，修订《东华大学教师破格晋升高级专业技术职务的补充规定》《东华大学引进优秀人才高级专业技术职务聘任办法》，出台《东华大学人事分配制度改革实施办法》《东华大学突出成果奖励暂行办法》《东华大学教师离岗创业实施办法》。

合作交流。实施《东华大学做好新时期教育对外开放工作的战略规划和实施办法》。获批2个高端外国专家项目、1个学科创新引智基地、2个海外名师项目、3个学校特色项目和一批学校重点聘专项目。因公派出师生1011人次，接待重要来宾400余人。荷兰籍外教埃森获市“白玉兰纪念奖”。推进“中非高校20+20合作”教育援非项目，莫伊孔子学院纺织服装特色彰显。举办中肯纺织产业合作论坛、中非国际纺织服装学术论坛暨中非文化交流论坛、孔子学院总部/国家汉办的三巡项目。举办“爱丁堡艺术节·上海季Ⅱ”海派时尚旗袍展演。与故宫博物院开展合作，参与国家纺织服装类文物保护与修复。文化部副部长项兆伦到校开展中国非物质文化遗产方面的合作。举办首届纺织服装产业“一带一路”产能国际合作高级研修班，开展“一带一路”沿线国家时尚流行变迁研究项目。罗马尼亚文化部国务秘书、乌兹别克斯坦塔什干纺织及轻工大学等“一带一路”沿线国家的校长以及外交官员等重要来宾到访。举办国际医用纺织品大会暨国际纺织生物医用材料论坛、第五届先进云计算与大数据国际会议、2017先进纤维与聚合物材料国际会议、2017中非国际纺织服装论坛、中日汽车复合材料性能制备及应用研讨会。

办学条件保障。完成复合材料协同创新中心大楼结构封顶和上海市优质结构验收。完成松江学生公寓安全及节能改造修缮工程（二期）、环境学院通风系统及专用管道改造工程、延安路第一教学楼修缮工程、服装学院艺术设计实训创新中心修缮及环境整治工程等。建设松江校区3.5万伏供电扩容工程。实现本科生、研究生、学工系统、财务等管理数据共享。完成“网络安全加固及升级改造”，构建校园网实名认证等校园网络安全环境。制定《东华大学仪器设备开放共享管理办法》，完成“大型设备全数据化管理电子平台”建设，分析测试中心大型设备对全校师生24小时开放。

管理改革。推进校院两级预算改革。完善中

央财政科研项目资金管理，前置审核流程。加快推进公务卡结算，制定《东华大学公务卡管理办法》。建设"一网通"信息化财务管理体系。制定《东华大学科研仪器设备采购实施意见》《东华大学货物与服务采购实施细则》《东华大学房屋出租出借管理办法》。修订《东华大学党政机关办公用房定额配置及管理办法》。制订《东华大学校办企业国有资产监督管理办法(试行)》等系列规章制度。规范企业经营与管理，事企分开。制定实施《东华大学实验室安全管理办法》，编制《东华大学实验室安全手册》。完善安防工程系统，"平安东华"微信公众号上线运营，保障校园安全。（高兰兰、平 婧）

【获国家科学技术奖】 年内，教授张清华领衔的"干法纺聚酰亚胺纤维制备关键技术及产业化"项目、程隆棣教授领衔的"苎麻生态高效纺织加工关键技术及产业化"项目、蒋昌俊教授领衔的"网络交易支付系统风险防控关键技术及其应用"项目获国家科技进步二等奖。教授毛志平参与的"基团功能强化的新型反应性染料创制与应用"项目获国家技术发明二等奖。（高兰兰、平 婧）

【成立上海时尚之都促进中心】 1月22日，学校在延安路校区召开上海时尚之都建设推进大会。市委常委、副市长周波，中国纺织工业联合会顾问王天凯及校党委书记朱民、校长蒋昌俊等学校领导出席。周波和王天凯为"上海时尚之都促进中心"揭牌。蒋昌俊介绍学校发展历史与近况，阐述学校"十三五"期间落实"双一流"建设要求的主要思路与构想。上海纺织(集团)有限公司、长宁区、上海市经济和信息化委员会在会上作交流发言。

（高兰兰、平 婧）

【举办环东华时尚周】 5月21—26日，学校在延安路校区举办第二十三届上海国际服装文化节国际时尚论坛暨第十六届环东华时尚周。时尚周以"2017时尚上海"为主题，通过海派论坛、海派博览、海派秀场、海派众创四大板块探讨海派时尚流行趋势与设计理念。（高兰兰、平 婧）

第二十三届上海国际服装文化节国际时尚论坛
暨第十六届环东华时尚周闭幕仪式

【获第三十八届头脑奥林匹克世界总决赛亚军】 5月27日，第三十八届头脑奥林匹克大赛(Odyssey of the Mind)决赛在美国密歇根州立大学闭幕。学校外语学院教师庞炳良指导的OM团队获"超级英雄的悬念"(表演类)大学组世界总决赛亚军。

（高兰兰、平 婧）

【举办先进云计算和大数据国际会议】 8月13日，2017先进云计算和大数据国际会议(CBD 2017)在延安路校区召开，来自美国、加拿大、澳大利亚、挪威、日本等多个国家和地区的百余名学者专家与会。会议以大数据及其应用、机器学习和数据挖掘、云安全和无线网络、云计算及其应用、社交计算及其应用等为主题，交流云计算大数据最新研究成果与实践经验。（高兰兰、平 婧）

【成立东华大学纺织科技创新中心】 9月28日，东华大学纺织科技创新中心成立，中国工程院院士俞建勇教授受聘中心主任、首席科学家。中心聚焦先进纤维材料、先进纺织加工技术、新型纺织材料技术三大方向，加强纺织科技人才培养，加大纺织科技创新能力建设。（高兰兰、平 婧）

【获"欧洲时装联盟"时装设计师奖】 10月23日，欧洲时装联盟第三届国际设计师大赛在匈牙利布达佩斯落幕。教授陈彬率队参加并担任评委工作，服装与艺术设计学院学生彭倩和虞倩雯获大赛设计师奖。欧洲时装联盟每年秋季在布达佩斯举办国际设计师大赛，旨在发掘优秀的设计师和创意，获奖作

品将在欧洲乃至全球推广。（高兰兰、平　婧）

【参展中国国际工业博览会】 11月7日，在第十九届中国国际工业博览会上，学校携声波灭火器、高品质聚酰胺6(PA6)纤维、工业废水多金属催化氧化预处理及深度处理技术、高性能聚酰亚胺纤维材料、时尚产业的可视化认知决策平台、玄武岩纤维材料、医卫防护非织造材料关键技术及产业化、新型注胶枪、亚微米纤维高效持久抗菌纺织品、窄分布静电纺纳米纤维高效低阻滤材、污泥热催化碳化减量及资源化技术共11个科研项目参展，成果覆盖电子信息、先进制造与新材料、环保与新能源、生物与医药四大技术类别及消防减灾、节能环保、医卫防护等应用领域。（高兰兰、平　婧）

【举行中非纺织服装国际论坛】 11月18日，第三届中非纺织服装国际论坛在松江校区举办。论坛以科技、时尚、绿色为主题。来自中国以及非洲肯尼亚、津巴布韦、苏丹等国家和地区的专家学者、研究生等300余人参会。（高兰兰、平　婧）

【与松江区签订推动G60建设战略合作协议】 12月27日，学校与松江区人民政府在松江校区签订深化推动G60科创走廊建设战略合作协议。区委书记程向民、区长陈宇剑、区人大常委会主任唐海东、区政协主席邵林初等领导及校党委书记朱民、校长蒋昌俊等学校领导出席。双方还签订《上海市松江区人民政府东华大学科创合作协议》《上海市松江区人民政府东华大学人才高地建设合作协议》《上海市松江区人民政府东华大学双创集聚产教融合合作协议》3个子协议。（高兰兰、平　婧）

东华大学与松江区政府签订推动G60建设战略合作协议

附：学校负责人及地址

（2017年1—12月）

校党委书记：朱　民
副书记：刘淑慧、崔运花、金海燕

校　长：蒋昌俊
副校长：刘春红、邱　高、李永智（4月离任）、卿凤翎、陈　革

松江校区地址：人民北路2999号
邮编：201620

长宁校区地址：延安西路1882号
邮编：200051
电话：67792000

华东师范大学

【2017年概况】 学校设有3个学部、30个全日制学院、4个书院、6个实体研究院、2个国家重点实验室、1个管理型学院，含83个本科专业。学校有博士学位授权一级学科27个、硕士学位授权一级学科36个，可授予19种硕士专业学位，以及教育博士专业学位，有25个博士后科研流动站。拥有教育学、地理学2个一级学科国家重点学科，5个二级学科国家重点学科、5个国家重点培育学科，1个

上海高峰Ⅰ类学科、1个上海高峰Ⅱ类学科，12个市重点学科和17个市一流学科（A类4个，B类13个）。

在校全日制本科生15089人，专科生4人；在校研究生18571人，其中博士研究生3309人、硕士研究生15262人（含免费师范生教育硕士4167人）；在校留学生2342人。

学校有教职工4105人，其中专任教师2269人。教授及其他高级职称教师1815人，其中含中科院和中国工程院院士（含双聘院士）12人；20人入选中组部“千人计划”、18人入选“青年千人”、入选教育部“长江学者奖励计划”特聘教授及讲座教授39人、35人获国家“杰出青年科学基金”；6人入选国家“万人计划”领军人才及国家教学名师、人社部“新世纪百千万人才工程”国家级人选11人、国家“优秀青年基金获得者”19人；入选中组部“青年拔尖人才”者6人、教育部“青年长江学者”7人、市“东方学者”30人、市“领军人才及后备”23人；入选市“千人计划”者18人、“紫江学者计划”131人（聘期内56人）、“双百人才计划”（含紫江优秀青年学者、紫江青年学者）129人。

一流大学建设和学校新一轮改革。学校入选世界一流大学建设高校A类行列。编制完成《华东师范大学一流大学建设方案》及6个拟建学科（学科群）建设方案，提交教育部并顺利通过评审。加强学科建设项目经费执行过程管理，建立学科建设经费执行进度定期提醒机制。完成2016年度双一流“引导专项”资金绩效自评、2017—2020年双一流“引导专项”经费预算编制及目标申报。组织完成教育学Ⅰ类高峰、地理学Ⅱ类高峰建设阶段性总结验收工作，地理学获评优秀。依托崇明生态研究院牵头建设的岛屿大气与生态Ⅳ类高峰学科顺利获批。完成教育学Ⅰ类高峰、地理学Ⅱ类高峰、岛屿大气与生态Ⅳ类高峰学科第二阶段建设（2018—2020年）申报。整合学校有关学科资源，申报马克思主义理论Ⅳ类高峰学科。编制《华东师范大学深化综合改革三年行动计划（2018—2020年）》，正式印发学校“十三五”规划。落实国家《关于深化高等教育领域简政放权放管结合优化服务改革的若干意见》有关要求，编制学校实施细则。

人才培养。完成教育部本科教学审核评估和专家进校现场考察接待工作。完成教育部及市教委各类教育教学专项检查。在思政课程、综合素养课程和专业教育课程中遴选29门优质课程作为试点，构建思想政治教育理论课程-综合素养课程-专业课程融通互补、有机统一的课程思政教育教学体系。在人才培养模式创新方面，深入推进“理科精英人才培养计划”，生物科学、化学、物理学和微电子科学与工程四个专业“菁英班”实施高层次数学课程、学科基础课程，小班化开设英语课程等。加强研究生创新能力培养，全年研究生科研创新实践项目申报总量比上一年度提升224.4%，推进深化专业学位研究生教育综合改革，建立学校第一个海外教学点（马来西亚教学点），工商管理硕士项目加入中国高质量MBA教育认证（“CAMEA认证”）。推进以培养高水平博士生为目标的人才培养模式改革，启动“博士生长学制”试点改革项目。在课程和教学项目方面，13门课程获“国家级精品资源共享课”称号，6门课程入选市级精品课程，4门课程获批上海高校示范性全英语课程，25门课程入选市教委本科重点课程建设项目，15门课程在爱课程网中国大学MOOC平台上向公众开放，开课23门次。

科研创新。理工科方面，1项国家重点研发计划牵头项目、3项国际合作项目获批。共获批国家自然科学基金166项，获批经费1.6亿元左右，较去年同期上升23%。共获15项市重大重点项目，总经费4686万元。学校作为第一完成单位获市科技进步一等奖1项、市技术发明二等奖1项、市科技进步三等奖1项、高等学校科学研究优秀成果（自然科学）科技进步奖和技术发明奖（专用项目）一等奖各1项。申请国内专利326项，其中发明专利292项。文科方面，国家社科基金年度项目立项34项，其中重大项目5项。全国教育科学规划项目获15项，其中重大重点2项。市哲社规划、系列、三大系列、教科、艺科等项目分别获29、2、9、3、5项，共48项，此外还获市教委科技创新重大项目4项、冷门绝学1项、决策咨询研究课题8项、曙光计划3项、晨光计划6项、浦江人才计划项目12项等。市第十一届决策咨询研究成果评奖，学校获5项，其中一等奖3项、二等奖1项、三等奖1

项，一等奖获奖数量为历年最高。3个成果获吴玉章奖（一等奖2项，优秀奖1项），1项成果获日知世界史奖。全年，通过各种报送渠道共上报138篇决策咨询报告。

师资队伍建设。坚持"专业、尊重、协作、创新"的服务宗旨，大力推进人事人才服务改革，优化行政职能。继续深入落实人事制度改革中教师分类管理制度，完善职称评聘工作程序，规范评审制度。完善专业技术岗位分级与延聘工作。完成教学科研单位管理人员与其他专业技术人员的定编工作，启动并基本完成机关与直属单位人员编制核定工作。1人入选国家"万人计划"国家教学名师，2人入选新世纪百千万人才工程国家级人选，2人入选国家"万人计划"青年拔尖人才，8人进入"青年千人"计划答辩评审程序，引进3位国家"千人计划"入选者，6人入选"长江学者奖励计划"，引进2位"长江学者奖励计划"专家；4人入选国家杰出青年科学基金，6人入选国家优秀青年基金，引进7位国家杰出青年科学基金获得者，引进2位国家优秀青年基金获得者。引进（培育）"双百计划"人员47人，引进"明园晨晖学者"37人。通过海内外公开招聘引进22名高级职称人员。招募专职科研人员63人。招收博士后104人，出站41人。不断健全和完善教师的收入分配制度，加快制定以实际贡献为评价标准的收入分配激励办法。

开放合作。注重国际合作交流，先后与法国高师集团、美国纽约大学、弗吉尼亚大学、康奈尔大学、澳大利亚昆士兰大学、巴西圣保罗大学、日本东京大学等世界著名大学建立战略合作伙伴关系，与世界200余所高校、科研机构签订学术合作与交流协议。与法国高师集团成立联合研究生院。与法国里昂高师和法国国家科学研究中心成立中法科学与社会联合研究院。与美国纽约大学联合创办的上海纽约大学，是第一所具有独立法人资格的中美合作创办的大学。与法国里昂商学院合作共建亚欧商学院。与以色列海法大学合作共建转化科学与技术联合研究院。学校设有国家汉办所属的国际汉语教师研修基地，作为中方合作院校建设8所孔子学院。

积极为上海市、地方经济社会发展服务，大力助推产学研合作。与上海市长宁区人民政府签署战略合作框架协议。与云南省人力资源和社会保障厅签署人力资源合作备忘录。与宜兴市人民政府签署合作协议。与汉中市人民政府签署关于开展国际学生感知汉文化实践教育合作框架协议。与玉溪市人民政府签署战略合作框架协议。

充分发挥学校优势，积极拓展对口支援工作范围，加强与西部地区的合作交流。与云南财经大学签署合作框架协议。与云南财经大学签署大数据建设合作帮扶项目协议。与上饶师范学院签署对口支援合作协议。与玉溪师范学院签署战略合作协议。与西藏民族大学签署联合培养本科生及交流学生培养协议。（程　涛）

【发布《华东师范大学"十三五"发展规划纲要》】 2月23日，学校印发《华东师范大学"十三五"发展规划纲要》。"十三五"期间，学校的发展思路总体为"坚守一个理想""围绕两条主线""实施三项战略""遵循四条方针"。"一个理想"即要践行"智慧的创获，品性的陶熔，民族和社会的发展"的大学理想。"两条主线"是指围绕以提高质量为核心的内涵发展和以制度创新为动力的综合改革两条主线。"三项战略"是指大力实施学科交叉融合、国际化、信息化三大发展战略。"四条方针"指的是"创新驱动，提升质量；深化改革，依法治校；开放融合，协调发展；文化陶熔，和谐共进"。（程　涛）

【开展校园主题日活动】 3月15日，首个校园主题日正式启动。围绕"科创"主题，活动以"一场高峰论坛、六场分论坛、千个项目成果"的方式呈现。在"奇点时代的思想极客"高峰论坛上，学校内外青年学者和校创新创业优秀学生代表，通过TED演讲的形式，与现场观众围绕"奇点时代的技术""奇点时代的心灵""奇点时代的社群"等主题展开讨论，激发跨学科式的思维碰撞。在下午场的闭幕式暨"奇点临近——大变动时代的思想、技术和我们的未来"高峰论坛上，知名专家、学者围绕多个主题进行演讲。校园日主题活动还特设了主题展览，展示学校学生近年优秀学术科研作品与教学实践成果。全年，学校共开展以"时代极客　师大创造""文脉丽娃　品读师大""大学美育：追寻象牙塔中的美"

"健康学习、健康生活、运动校园"为主题的4个校园主题日活动。（程　涛）

华东师范大学举行首个校园主题日活动

【成立大夏书院、光华书院】 3月27日，学校成立华东师范大学光华书院。光华书院包括数学系、物理与材料科学学院、化学与分子工程学院、生命科学学院、信息科学技术学院的本科生。9月6日，大夏书院揭牌仪式在闵行校区举行。仪式由大夏书院党委书记韩春红主持。童世骏和方平为大夏书院揭牌。大夏书院包括中国语言文学系、历史学系、哲学系、传播学院和外语学院的本科生。（程　涛）

【成立崇明生态研究中心、大气科学与地球系统科学研究院】 4月14日，崇明生态研究中心、大气科学与地球系统科学研究院成立，将以地球系统科学思想指导解决崇明世界级生态岛建设中的生态、环境、安全风险等问题。中国地理学会理事长、中科院院士傅伯杰，市绿化和市容管理局副局长汤臣栋、崇明区副区长王菁与校长陈群共同为"崇明生态研究中心"揭牌。（程　涛）

华东师范大学成立崇明生态研究中心、大气科学与地球系统科学研究院

【获全国五一劳动奖】 4月27日，庆祝"五一"国际劳动节暨全国五一劳动奖和全国工人先锋号表彰大会在北京举行。学校获全国五一劳动奖状，是中国教科文卫体工会全国委员会唯一提名的获此殊荣的高校，也是市教育系统唯一获此荣誉的单位。（程　涛）

【基础教育集团成立】 6月22日，学校基础教育集团正式揭牌成立。基础教育集团将在学校基础教育发展指导委员会的指导下，以教育部中学校长培训中心、教师教育学院、教师发展学院、华东师大二附中、华东师大出版社5家联合为集团核心理事单位，共同搭建合作办学创新发展平台，组成办学联合体，为合作办学提供专业支持和资源保障。同时以华东师大二附中及其系列学校为核心成员校，依托华东师范大学在全国各地的师范生教育实践基地、名师工作室、学科基地，以"专家＋基地"的方式，实现联盟校之间的互惠共赢，为合作办学和人才培养输出人力资源、课程资源及其他教育教学资源。（程　涛）

华东师范大学基础教育集团成立

【本科教学工作审核评估】 10月30日—11月2日，受教育部评估中心委托，13位审核评估专家到校进行本科教学工作审核评估现场考察。10月30日，专家们分组开展材料查阅、个别访谈、集体访谈、教学设施与公共服务设施考察、听课看课、实习基地与用人单位走访等工作，全面考察本科人才培养工作。11月2日，专家组介绍评估工作的具体情况并反馈意见，对如何进一步加强本科教学工作提出建议。（程　涛）

【12个学科在教育部第四轮学科评估中进入A类】 12月28日，教育部学位与研究生教育发展中心公布第四轮学科评估排名结果。据统计，学校共有12个学科进入A类，数量列全国高校19位。进入A类学科数占学校授权学科总数(学科优秀率)的30%，学科优秀率列全国高校16位。

（程　涛）

【多位教师入选国家人才计划】 教师朱志荣、汪晓赞、陈赟、高栓虎、罗剑、李大力入选2016年度“长江学者奖励计划”。朱志荣获聘“长江学者”特聘教授，其他5人获聘“长江学者”青年学者。化学与分子工程学院步文博、周剑，生命科学学院程义云，河口海岸科学研究院侯立军4名教师获杰出青年科学基金资助。精密光谱科学与技术国家重点实验室武愕，化学与分子工程学院裴昊、姜雪峰，生态与环境科学学院夏建阳，生命科学学院罗剑，信息科学技术学院陈时友6名教师获国家优秀青年基金资助。数学系李韬、地理科学学院叶超、中文系褚潇白和社会学系赵晔琴入选2017年“曙光计划”项目。对外汉语学院张虹倩、国际关系与地区发展研究院万青松、体育与健康学院尹志华、心理与认知科学学院陆静怡、城市与区域科学学院翟庆华、设计学院宋菲菲、化学与分子工程学院刘媛媛、河口海岸学国家重点实验室徐江、生命科学学院张伟、精密光谱科学与技术国家重点实验室孙海涛入选2016年度“晨光计划”项目。（程　涛）

【多项成果获表彰，多项课题获立项】 学校20项成果获第五届全国教育科学研究优秀成果奖，3项成果获市第十一届中国特色社会主义理论体系研究和宣传优秀成果奖二等奖，53项成果获市第十三届哲学社会科学优秀成果奖(其中一等奖10项、二等奖42项、内部探讨奖1项)。160项国家自然科学基金项目获立项资助，包括面上项目93项、青年科学基金项目46项、优秀青年科学基金项目6项、重点项目8项、国家重大科研仪器研制项目2项。34项国家哲学社会科学基金项目获立项资助，其中一般项目26项、青年项目8项。

（程　涛）

【学校国际影响力提升】 在2017泰晤士高等教育亚洲大学排名中，学校位列亚洲第79位、中国高校第17位。在QS2017世界大学学科排名中，艺术人文、自然科学、社会科学与管理三类学科进入全球500强。在中国高校2017自然指数排行榜中，化学学科排名第十八位、地球与环境科学学科排名第十九位，生命科学学科排名第二十二位、物理学科排名第四十位。学校整体实力位居中国高校第二十一位，亚太地区第四十三位，在全球高校排名中位居第一百四十二位。根据汤森路透“基本科学指标数据库”的数据显示，学校共有11个学科进入相关学科领域全球高校及科研机构排名前1%，数量居中国高校第十七位。学校共有12个学科入选2017软科世界一流学科。（程　涛）

附：学校负责人及地址

（2017年1—12月）

校党委书记：童世骏

副书记：钱旭红、任友群、杨昌利、方　平

校　长：钱旭红

副校长：孙真荣、梅　兵、李志斌、汪荣明、周傲英、戴立益

普陀校区地址：中山北路3663号

邮编：200062

电话：62233333

闵行校区地址：东川路500号

邮编：200241

电话：54344633

上海外国语大学

【2017年概况】 学校有教学院(系)18个,直属教学部3个。设有本科专业44个,包括语言类专业30个和非语言类专业14个。一级学科硕士学位授权点7个(下设二级学科硕士学位授权点38个)、专业硕士学位授权点5个、一级学科博士学位授权点2个(下设二级学科博士学位授权点17个)、博士后科研流动站2个。在职教职工1426人,其中专任教师828人,有正高职称139人、副高职称269人;有博士学位的教师543人、硕士学位的教师263人。各类学生14091人,其中本科生6002人、硕士研究生2803人、博士研究生452人、留学生2240人(学历生892人)、成人教育学生2305人、网络教育学生289人。招收本科生1549人、研究生1091人,其中硕士研究生977人、博士研究生114人。毕业本科生1464人,就业率约为96.6%;毕业研究生1010人,其中硕士生912人、博士生98人,就业率达90.54%。招收来自109个国家和地区留学生4644人次,其中长期生共计2777人次。

学校有国家级优秀教学团队2个、市优秀教学团队3个,全国优秀教师2人、市教学名师4人,市育才奖53人,突出贡献中青年专家2人,获国务院特殊津贴95人(97人次),"长江学者奖励计划"特聘教授1人、讲座教授2人,第二批国家"万人计划"领军人才(哲学社会科学)1人,国家"万人计划"青年拔尖人才1人,中宣部文化名家暨"四个一批"人才2人,教育部跨世纪人才/新世纪人才18人,上海高校"东方学者"特聘教授5人、讲座教授1人,市"领军人才"7人,上海"千人计划"(创新短期)人才2人,浦江人才34人,市人才发展资金资助4人,市曙光计划12人、晨光计划14人、阳光计划9人。多名教师获外国政府奖章,其中6人获法国政府最高奖项"棕榈教育勋章",1人获级别最高的"统帅"勋章,成为获该勋章最高级别荣誉的唯一中国籍人士。6人获世界俄语学会颁发的普希金奖章,在全国院校中名列第一。1人获西班牙政府颁发的"西班牙国王功勋奖章",成为获得该奖项的首位中国学者。1人获葡萄牙总统高级荣誉勋章。

学校规划与综合改革。召开学校改革发展推进会,编制高峰学科人才计划、战略语种人才方案要点等。完成院系综合预算制改革等重点工作思路设计与初步论证。做好学校教育综合改革阶段性总结,就取得的成效、改革经验、困难问题等开展调研。深入推进简政放权、放管结合、优化服务改革,编写《上海外国语大学推进校院两级管理体制改革指导意见》。推动机构设置和改革,成立学校党委教师工作部、后勤工作管理处。设立两校区后勤服务中心。国有资产管理办公室更名为国有资产管理处,研究生部更名为研究生院,俄语系更名为俄罗斯东欧中亚学院。成立中阿改革发展研究中心、艺术教育中心、全球文明史研究所等多个机构。

人才培养与教育教学。加强顶层设计,调整招生工作领导小组、成立招生工作委员会,加强招生工作规范化管理,深化"全员招生"工作体系。建立"分类考试、综合评价、多元录取"的人才选拔机制,选拔具有外语潜质和创新素质的优秀人才。落实上海、浙江高考招生综合改革试点工作。建立各省招生宣传组,开展"牵手计划",拓展新媒体渠道,升级"i上外"招生咨询机器人,举办"名师进中学"、上外"先修课程"、中学生进校园体验活动和各类英语竞赛等。开展"教学质量提升年"系列活动,对本科教学开展全方位、全过程质量管理。加强"一带一路"战略语言专业建设,增设波兰语、哈萨克语、捷克语和乌兹别克语4个新专业。强化"完全学分制”和“多语种+”特色，从专业特色型、多语复合型、战略拔尖型三大类型探索培养卓越国际化人才。启动一流本科专业人才培养方案改革试点，卓越学院增设多语种国际组织实验班。2门课程获市级精品课程称号，10门课程获市教委本科重点课程立项。工商管理专业获“上海高校示范性全英语专业”称号，1门课程获“上海高校示范性全英语课程”称号，国际经济与贸易专业获准列入全英语规划专业备案名单。2个项目获上海高校本科重点教学改革项目立项。开设通识教育选修课161门，增设“基础梵语”“马来社会与文化”“中东国别史”等课程。将创新创业学分纳入本科人才培养方案，组织开展第一届上海外国语大学创新创业周系列活动。100项国家级和90项市级大学生创新创业训练项目获得立项，24名导师入选全国万名优秀创新创业导师人才库。强化学科竞赛引领教学，成立6个“多语种之星计划”团队，多个项目在学科竞赛中获奖。启动研究生教育管理体制机制改革，完成研究生教育两级管理改革第一阶段过渡。全面修订研究生教育管理条例，建立多维度管理机制。探索一流人才培养模式，推进本、硕、博一体化规划与管理。改革导师遴选与考核机制，强化导师第一责任人制度。开展“导师学术引领计划”，搭建平台，提升研究生学术创新能力，共59个项目获得学术资助。

学科与科研工作。外国语言文学学科入选“双一流”建设学科名单，并在全国第四轮学科评估中获评A+。加强学科建设绩效管理和评价，初步制定一流学科建设绩效指标体系，加强院系学科建设资源配置，激发院系办学活力。重点打造“中东研究智库”“中国外语战略研究智库”和“国际舆情研究智库”。中东研究智库加入“教育部人文社科重点研究基地跨学科智库联合体”，入选“一带一路”高校智库影响力榜单、中国智库综合评价核心智库榜单。“英国研究中心”增补为“中国智库索引(CTTI)”来源智库。根据CTTI累积数据显示，学校位列大学智库指数前50名。14个中心入选教育部区域和国别研究中心备案名单，获研究课题28项。获教育部批准，成立“中德人文交流研究中心”“中英人文交流研究中心”。与科大讯飞共建智能口笔译研究联合实验室。入选国家社科重大选题1项、国家社科基金项目13项、国家自科基金项目7项、教育部人文社科项目8项、市社科项目32项。获《习近平用典》一书英、俄、法、西、德、日、葡七种文版翻译授权。发表学术论文1064篇，含期刊论文642篇(其中《中国社会科学》刊出论文1篇，CSSCI核心期刊论文刊出276篇，SSCI、A&HCI、SCI、EI刊出论文33篇，其他境外期刊刊出论文100篇)。出版著作212部，其中专著60部、译著76本、教材35本。被采纳研究报告171篇，其中被国务院采纳78篇、被国家其他政府部门采纳31篇、被省部级政府部门采纳32篇。举办学术会议33场、学术讲座372场，参加校外学术会议共计872人次。

师资队伍建设。拟定《一流学科高层次人才队伍建设实施方案》，制定“志远学者”计划，针对不同层次的引进人才，建立相应的薪酬、考核、管理制度。通过国际化招聘途径，接轨国际化薪酬待遇，延揽海外人才。年内引进高层次人才15名；打造战略语言人才特区，录用非通用语种人才6人。招聘录用98人，其中教学科研人员47人。新签合同58人次，续签合同82人次，岗位调整8人次。6位师资博士后通过考核出站，5位进站。逐步试行全员岗位职责合同聘任制度，明确规定教师在教学、科研、社会服务、学科建设等方面的岗位职责，并进行年度考核与聘期考核。推进用人机制改革，通过“人力资源管理系统”实现应聘者注册、填写简历、投递岗位的全线自动化服务。推广行政教辅实习生制度，优化学员结构。施行行政助理、学生兼职辅导员制度，缓解用人压力。修订师德规范实施细则，完善教育教学、学术研究规范等配套制度。开展分类教学科研技能培训，为教师教学业务能力提升、跨学科合作、展示科研成果搭建平台。派出60余名教师出国研修。举办外语微课大赛、信息技术能力培训工作坊，多渠道提升教师教学能力。

对外合作办学。年内接待境外来访团组250个，共计1100多人次。新签和续签国际合作协议79项，新增合作伙伴30个。学校现与60个国家和地区的396个大学、科研机构和国际组织建立合作关系，包括147个交换生项目和40多个联合培养项目。新增本硕连读项目1个、硕士双学位项目3个、联合培养双学位博士项目2个、暑期项目2个、联合研究中心1个。加入中日人文交流大学联盟等国际学术联盟。在中东欧、中亚、东南亚、中东、拉美等沿线重点地区初步完成国际合作战略布局。举办10场国际会议，加强国际学术交流。聘请外国专家235名，其中来自37个国家和地区的长期外国专家89名、短期外国专家146名。获批国家重点外专项目10个，获得国家经费投入共计765万元。获国家外国专家局“一带一路科教文卫引智计划”立项，希腊籍外国专家乌拉尼亚获“2017年上海市白玉兰纪念奖”。完善外国专家分类管理方案，规范外国专家经费管理，编制《外国专家项目申报指南》，修订《外国专家入职手册》，创新外国专家服务形式和内容。年内共有807名本科生出国留学，同比增长7.3%。通过国家留学生基金管理委员会公派出国留学本科生290人、研究生85人，59个项目获国家留学生基金管理委员会优秀本科生项目立项，批准数和实际执行数保持全国前列。优化本科生海外留学结构，3月以上的长期留学学生数为584人，占出国留学总人数的72%以上；由国家留学基金或其他各类经费资助出国留学591人，占出国留学总人数的73.23%。2017届本科生在学期间赴海外交流学习人数比例达到44.5%，比2016年上升2个百分点。稳步发展留学生规模，优化留学生群体中非学历生与学历生的比例。招收各类留学生共计4644人，比上年增长2.18%，其中硕士生增长25%，博士生增长21.43%。获中国教育国际交流协会对学校到华留学质量认证。完善留学生教学管理和教学信息化建设，建成汉语国际教育云教育技术实验室。开展中文歌曲大赛、暑期中国家庭体验日等文化活动，促进外国留学生与中国学生的交流与共融。成立外国留学生校友会，加强校友联系，拓展校友资源。制定落实《上海外国语大学孔子学院汉语教师选派办法》，挖掘优秀归国志愿者资源，多渠道为学校孔子学院选派高素质中方院长和汉语教师。接待教育高访团、各孔子学院夏令营团等152人。推出“孔院之声”特色品牌，设立微信公众号，加强孔院工作推广宣传。推进纽约巴鲁克国际金融孔子学院建设，申请与希腊亚里士多德大学合作新建孔子学院。推广落实“新汉学计划”项目，做好上海孔院工作联盟工作，加强“孔子学院海外高端翻译人才培训基地”建设。

管理保障与社会服务。强化信息公开工作部署，逐步推进“决策、执行、管理、服务、结果”全过程信息公开，在市教委组织的评议中保持第一。落实依法办学、依法治校要求，不断完善学校内部治理结构和规章制度。完成首轮校级规范性文件清理与行政工作领导小组梳理工作，共累计整理有效文件345项、废止与失效文件95项。拟修订文件61项、拟新立文件19项。保留各类行政事务领导小组及委员会50个，撤销108个。修订《合同管理办法》，加强合同协议审查，年内审核各类合同、协议176份，保障学校经济安全，控制法律风险。加强教代会、工代会、学代会建言议事能力与民主管理机制保障，推出网上提案系统，提高教代会提案办理效率。召开共青团上海外国语大学第十七次代表大会，选举产生新一届校团委书记、副书记、常委，明确下一阶段共青团工作的主要任务，加强学生参与校园管理服务的主体意识。完善学校信息技术安全管理体系，初建学校网上办事大厅平台和统一数据交换平台。优化两校区管理体制机制，调整国资、后勤部分职能，加强两校区管理和服务保障水平。梳理整合房产资源，改善教学科研空间和学生活动场地。建立公用房管理系统，完善流动教室管理。续租松江公租房并继续开拓房源，为教职工提供住房保障。松江校区国际教育中心投入使用，完成高清直播系统建设。做好两校区暑期大中修项目，修缮房屋29000平方米、屋面防水7600平方米、绿化3200平方米。继续探索综合预算管理改革，配合研究生两级改，扩大院系经费管理自主权，推动经费管理重心下移。制定或修订多项财务管理规章制度，加强财务管理与内控工作。推出全面预算系统，基本实现各部门预算编制网上申报。简化报销签字手续，推行无现金报销制度。新增支付宝缴费功能，使学生缴纳学费方式更加便捷。年内完成经济责任审计、财务收支审计、工程修缮审计等各类审计工作 108 项，审计资金总额 54.60 亿元，促进增收节支 449.55 万元。严格管理产业单位，确保国有资产保值增值，资产公司所属企业共实现营业收入 13406 万元。开拓捐赠形式，拓展募资渠道，进一步扩大社会资金参与学校办学。与海南三亚等地达成全面战略合作关系。全面梳理合作办学情况，起草《上海外国语大学合作办学附校设立与管理办法》，筹建基础教育管理办公室。落实市校共建、区校共建项目，促进学校开门办学、服务社会，促进教育资源与社会资源互相转化、融合。充分发挥多语种优势，为联合国、国家部委、市党政机关提供优质服务。学校师生在阿斯塔纳世博会、世界健康大会、中外人文交流机制年会等活动中的表现获多方肯定，3 支队伍获评市优秀志愿者团队。

校园文化建设。加强大学文化建设顶层设计，成立艺术教育中心。规划松江校区学习带，完善图文中心改造方案，完成智慧教室试点建设、图书馆文献信息资源建设，推进校园空间导视系统建设。举办校园文化项目评选活动、“世界中国”系列讲座、“读享世界—上外‘世界读书日’”活动，优化学生社会实践平台，不断丰富校园讲座、展览、竞赛、文体活动等。启动 70 周年校庆筹备。完善校史工作，启动校志资料长编的收集与编撰工作。加强民生保障与服务，初步完成学校绩效薪酬制度改革，逐步改善教职工在交通、医疗、子女入学、周转性住房等方面的条件，提升教职员工获得感。加强校园安全管理与环境整治，启用“保卫工作信息决策系统”。健全校园安全综合防控体系，完成松江校区教学区和学生公寓“紧急求助”八台报警柱工程，提升治安网格化巡控能力。建立风险评估预警机制，做好突发事件应急处置。　（潘　旻）

【当选“金砖国家智库合作”中方理事会理事单位】 1 月 11 日，由中共中央对外联络部主办的“金砖国家智库合作中方理事会成立会议暨万寿论坛”在北京召开。学校当选“金砖国家智库合作”中方理事会理事单位。国际关系与公共事务学院院长郭树勇教授代表学校领取聘书，并就金砖国家与全球治理等相关议题做主题发言。金砖国家智库合作中方理事会是中共中央对外联络部联合协调国内金砖国家研究机构组建的非法人学术团体，主要负责金砖国家合作框架下二轨对话交流。理事会目前包括全国 63 家理事单位及 65 位理事。　（潘　旻）

【与泰国正大集团签署战略合作协议】 1 月 13 日，学校与泰国正大集团战略合作暨捐赠签约仪式在虹口校区举行。正大集团捐赠的“正大教育基金”将专项奖励泰语专业优秀师生，支持泰语专业教学、科研、海外交流合作等各项建设，推动学校教学与人才培养，推动中泰两国经济与文化交流。　（潘　旻）

【卓越学院入选教育综合改革典型案例】 2 月，《上海外国语大学卓越学院拔尖人才培养平台建设》入选市教育综合改革典型案例。在改革过程中，学校在招生、课程体系和培养模式等环节进行创新设计与安排，建立起适宜拔尖人才选拔和培育的体制机制。　（潘　旻）

【加入亚非研究国际联盟】 2 月，学校正式成为亚非研究国际联盟成员，也是中国唯一进入该联盟的高校。获亚非研究国际联盟 2019 年年会承办权。联盟成立于 2007 年 3 月，致力于加强亚非研究人才培养和学术研究的国际合作，利用联盟成员学校的学科优势和丰富资源，促进亚非研究的发展。学校以此为契机，整合亚非研究资源，制定亚非研究中长期规划，实施系列项目，助力学校一流学科建设。　（潘　旻）

【3 门学科入选 QS 世界大学学科排名】 3 月，学校三门学科入选 2017 年“QS 世界大学学科排名”，其中两个语言类学科进入全球 300 强。学校在艺术与人文学科领域取得进展，位列全球第 368 位，在全国高校中位居 15。本次评价的四类指标分别为：学术声誉、雇主声誉、论文篇均引用率和高被引指数。　（潘　旻）

【入选上海“课程思政”试点高校】 3 月，学校在全国率先提出建设具有外语院校特色的思想政治教育体系，并成立思想政治教育体系建设工作领导小组，开展探索推进思想政治教育与外语专业教学相结合的课程思政教学改革。6月，入选上海课程思政试点高校，启动全校"课程思政"工作。开展"三课"建设，初步打造"多语种课程思政群"。"世界中国"课程入选上海思政课选修课重点建设系列课程，马克思主义学院入选第三批上海高校示范马克思主义学院。成立"课程思政"工作室，开展教育部重大攻关课题子项目研究。9月，推出面向全校各专业、全英语授课的"中外时文选读"课程。（潘　旻）

【瑞典研究中心揭牌】 3月6日，瑞典语专业十周年庆典暨瑞典研究中心揭牌仪式在虹口校区举行。校长曹德明为庆典开幕式致辞，对瑞典语专业十年发展作出总结，并与瑞典驻沪总领事共同为瑞典研究中心揭牌。瑞典研究中心的成立，标志学校在北欧语言文学和区域国别研究领域迎来新的发展与突破。（潘　旻）

上海外国语大学瑞典语专业举行十周年庆典暨瑞典研究中心揭牌

【中国阿拉伯改革发展研究中心成立】 4月，由外交部、教育部、市人民政府共同主办，学校承办的中国阿拉伯改革发展研究中心成立，并举办首届阿拉伯国家官员研修班，来自17个阿拉伯国家的24位官员在校参加为期10天的研修学习。第二期研修班于11月举行。中心的成立旨在加强中国与阿拉伯在治国理政和经济发展方面的经验交流。该中心与正在筹建的"上海全球治理与国别区域研究院"被列入《上海服务国家"一带一路"建设　发挥桥头堡作用行动方案》。（潘　旻）

上海外国语大学中国阿拉伯改革发展研究中心成立

【加入中俄综合性大学联盟】 9月13日，中俄综合性大学联盟成立大会暨中俄大学校长论坛在深圳举行，中国国务院副总理刘延东和俄罗斯联邦副总理奥莉佳·尤里耶夫娜·戈洛杰茨出席论坛。学校副校长周承作为首批联盟成员高校代表出席。本次论坛是中俄人文交流机制的配套活动，中俄成员高校将在现代教学方法、科学研究、文化教育以及社会活动等领域联合开展交流。联盟成立大会之后举行中俄大学校长论坛，与会校长以"人才培养与科研合作""中俄高等教育与'一带一路'倡议"为题展开发言与讨论。（潘　旻）

【启动"教学质量提升年"系列专题活动】 9月22日，学校2017"教学质量提升年"系列活动推进会召开。各教学单位党政负责人、分管教学院长/系主任、各专业负责人、优秀教学奖获奖教师等参加会议。学校在"教学质量提升年"开展六大专题19项活动，专注于一流本科教育的内涵建设。（潘　旻）

【开设上海首个波兰语专业】 10月11日，上海首个波兰语专业开设仪式暨波兰文化周开幕式在学校举行。该专业首批13名学生入学。学校与多所波兰著名大学建立校际合作关系，聘请波兰语言学专家担任外籍教师，为学生开设波兰语国情文化、语言文学等方面的专业课程，计划定期派遣师生赴波兰进行培训和交流。通过四年培养，学生毕业后将掌握汉语、波兰语、英语三种语言互译。（潘　旻）

【刘延东为纽约巴鲁克国际金融孔子学院揭牌】 12月6日，纽约巴鲁克国际金融孔子学院成立，这是在美国成立的首家以国际金融为主题的孔子学院。学院由上海外国语大学和纽约市立大学巴鲁克学院合作共建。12 月 12 日，国务院副总理、孔子学院总部理事会主席刘延东出席第十二届全球孔子学院大会开幕式，为 10 所新建孔子学院授牌。纽约巴鲁克国际金融孔子学院副校长戴维·克里斯蒂(Dave Christy)代表该院受牌。（潘　旻）

【俄罗斯东欧中亚学院成立】 12 月 15 日，上海外国语大学俄罗斯东欧中亚学院成立大会举行。该学院依托原俄语系为主体组建，是学校从事俄罗斯、中东欧和中亚地区语言文学、文化教学和研究的机构，是区域国别研究的重要学术平台之一，是俄语语言文学学科点及中东欧和中亚区域语言学科的依托单位。学院的成立对学校对接国家发展战略、落实学校发展规划具有重要意义。

（潘　旻）

【多位学者受聘担任国际知名期刊主编、编委】 年内，学校高级翻译学院口笔译跨学科研究中心联合主任、博士生导师李汉娜教授担任德国德古意特出版社旗下学术期刊《现代语言》联合主编；高级翻译学院院长、口笔译跨学科研究中心联合主任张爱玲教授担任该刊编委会亚洲唯一委员。语言研究院沈骑教授受聘为 SSCI 期刊《语言政策》编委会成员。语言研究院副研究员张炜炜博士受聘为国际学术期刊《语言对比：国际对比语言学杂志》编委会成员。（潘　旻）

【获多项荣誉和奖项】 年内，学校蝉联“上海市文明单位”荣誉称号、第十七次蝉联市大学生棒球锦标赛冠军、获世界大学生围棋锦标赛女子组冠军。学校学生获 2017 年度 CCTV“希望之星”英语风采大赛上海赛区特等奖、获中国日报社“21 世纪·可口可乐杯”全国英语演讲比赛一等奖、获 China Speaks 国际英语大赛中国区冠军、获市大学生汉字听写大会双料冠军。（潘　旻）

附：学校负责人及地址

（2017 年 1—12 月）

校党委书记：姜　锋
　　副书记：王　静、钱　玲

校　长：曹德明(6 月离任)、李岩松(6 月到任)
副校长：冯庆华、张　峰、杨　力、周　承

虹口校区地址：大连西路 550 号
邮编：200083
电话：35372000

松江校区地址：文翔路 1550 号
邮编：201620
电话：67701068

上海财经大学

【2017 年概况】 学校有一级学科博士授权点 7 个、一级学科硕士授权点 12 个、专业学位硕士点 12 个、本科专业 38 个，有博士后科研流动站 7 个。其中，会计学、财政学、经济思想史、金融学(培育)为国家级重点学科，理论经济学、统计学为上海市一流学科 A 类，应用经济学、法学、管理科学与工程、工商管理为上海市一流学科 B 类，理论经济学为上海高校Ⅱ类高峰学科。

有教育部人文社会科学重点研究基地“会计与财务研究院”、教育部重点实验室“数理经济学实验室”、教育部国家汉办基地“国际商务汉语教学与资源开发基地”、最高人民法院自贸区司法研究基地，上海高校智库“公共政策与治理研究院”“中国产业发展研究院”“上海国际金融中心研究院”、上海市重点实验室“上海市金融信息技术研究重点实验室”等多个重点研究机构。

截至9月，有各类在校生20419人，其中全日制15159人。有全日制本科生8041人、硕士生6053人、博士生1166人，以及攻读学位留学生826人。有专职教师1043人，教授209人、副教授365人。其中，国家“千人计划”11人、“万人计划”3人、“长江学者(特聘、讲座)”11人、“青年长江学者”3人、“百千万人才工程”国家级人选5人、“四个一批”暨文化名家1人、国家杰出青年基金获得者2人、国家优秀青年基金获得者1人、教育部创新团队发展计划1人、上海“千人计划”11人、上海领军人才6人、东方学者6人、上海青年拔尖人才1人。

育人为本，人才培养质量稳步提高。①思想政治工作。制定“1+6+N”思政工作方案，加强网上阵地建设，利用千村调查、知行杯、挑战杯等实践训练载体，构建多种体验式的实践育人平台。以“中国农村互联网应用状况调查”为主题，开展第十期千村调查，1047名学生参与其中。推出校史剧《匡时魂》《匡时礼赞》，凝练上财精神、挖掘上财文化。②财经人才培养模式。新立项通识教育课程41项，其中核心课程6门，比上一年度增加50%。扩大翻转课堂试点，积极探索“慕课平台+校内指导教师”授课模式。新增市级精品课程4门、市重点课程7门、市全英语示范课程建设项目3门、市全英语专业1个。拟定《上海财经大学推进一流本科人才培养暨本科审核评估工作规划图(2016—2021年)》。启动落实《上海财经大学研究生课程建设实施方案》，开展《上海财经大学学位评定委员会章程》拟订工作，试行研究生优秀科研论文成果奖励认定。国际组织人才培养，新增金融硕士(金融计量方向)。③创新创业人才培养。新增10个创客空间孵化项目，达到48个。匡时班三期开班，招收学员42名，培育项目近30个。成立全国财经院校第一家创新创业“S+Lab”实验室。成立中国社会创业研究中心、上海财经大学新时代乡村振兴与社会创业研究会、中国财经素养研究中心，以研究促教学。获得全国高校实践育人创新创业基地、上海市首批深化创新创业教育改革示范高校等荣誉称号。④招生就业。高考招生综合竞争力保持全国前十。在“艾瑞深”2017中国高考状元最青睐大学排行榜，并列全国第八位，在iPIN2017年中国大学毕业生薪酬排行榜，连续两年保持全国第二。

特色立校，学科综合实力不断增强。编制完成并推进实施《上海财经大学一流学科建设高校建设方案》，学校进入国家一流学科建设行列，学校确定将“经济学与商学”作为世界一流学科的建设口径，涵盖统计学、理论经济学、应用经济学和工商管理四个主干学科。在上海市高峰学科建设中，理论经济学通过第一阶段绩效评估，评价等级为“良好”；高峰Ⅳ应用经济学启动建设。哲学和公共管理一级学科博士点，哲学、数学、软件工程一级学科硕士点和翻译硕士专业学位点通过条件复核和专家审议，进入公示阶段。在教育部第四轮学科评估中，12个一级学科参加评选，其中有2个学科进入A档(应用经济学和工商管理)，1个学科进入A-档(统计学)。主动接轨国际通行的学术规范和质量标准，主干学科在世界各大排行榜上总体保持稳步上升的态势。在QS世界大学学科排名中，会计与金融、经济与计量均位列全球前200名。在美国《新闻与世界报道》全球最好大学学科排名中，学校经济学与商学全球并列第一百七十六位(上升16名)，中国第十五位。在美国德克萨斯大学达拉斯分校全球商学院科研排名(2012—2016年)中，学校商学的全球排名位居第一百二十八位，相比2011—2015年间上升4位，中国排名第十。

人才强校，师资队伍竞争力显著提升。出台《上海财经大学高层次人才薪酬及有关配套政策实施方案(试行)》，搭建特色人才金字塔；研究制定《上海财经大学人才项目校内遴选办法》《上海财经大学教师职务聘任绿色通道实施办法》《上海财经大学“英贤学者”选聘管理办法》《上海财经大学领导直接联系服务人才工作实施办法》等办法，推进和保障高层次人才引入、培养和服务工作。修订《上海财经大学“常任轨”教师岗位管理办法》，形成《上海财经大学常任轨岗位教师职务任职申请条件的规定(审议稿)》，完善“常任轨”教师管理机制和学术考核标准。出台《上海财经大学外籍教师管理办法(试行)》。新增国家千人计划1人、国家万人计划1人、教育部长江学者3人、“百千万人才工程”国家级人选1人、中宣部文化名家暨“四个一批”人才1人、市“东方学者”1人、市青年拔尖人才2人等。完成首批创新团队和讲席教授(副教授)中期考核工作,并启动第三批评选工作。

实现学术创新与社会服务新突破。鼓励“中国问题、国际范式”国际化高水平研究,科研成果数量和质量不断提升。获国家级项目资助70项,创历史新高,总经费2213万元,其中国家自科项目47项、国家社科项目23项。师生发表在学校认定的权威期刊A上的论文共计50篇,发表在SSCI索引期刊的论文有176篇、进入SCI索引期刊的论文有115篇。7项成果获第十一届上海市决策咨询研究成果奖、13项成果获“全国优秀财政理论研究成果奖”。制定实施2017版“两个服务行动计划”,其中2份研究成果形成关于《财政法》立法的人大代表议案。定期发布对中国经济增长和各项关键经济指标的预测。报送专家建议142期,其中33篇获国家、市重要领导批示或内刊收录。

开放办学,拓展对外合作交流。拓展高层次的国际合作关系,与泛美开发银行、新开发银行、国际金融公司等三家国际组织,以及18个国家和地区的39所大学签署合作协议。完善海外学习平台建设,为47%的在校本科生提供境外学习和实习机会的目标,提供本科生长期海外学习项目名额590个,提供海外夏令营及境外实习等项目名额300余个。开设暑期国际课程62门次,聘请来自美国斯坦福大学等世界一流院校的63位专家学者来校授课,共计1641人次参加课程学习。首个“‘一带一路’教科文卫引智计划”——“国际经济新秩序建构下的‘一带一路’与中国开放型经济的转型发展研究”正式获批立项。推进校友组织建设,各级校友分会组织已达77个。新发展校董4名。校基金会获评5A级社会组织。

依法治校,现代大学制度建设进程提速。制定“十三五”规划分解实施方案,组织编制《上海财经大学深化简政放权放管结合优化服务改革实施细则(试行)》,并制定《上海财经大学放管服实施细则任务分解一览表》。编制完成《上海财经大学一流学科建设高校建设方案》。组织召开动员部署会议,启动“上海市依法治校示范校”创建工作,开展校内议事协调机构调整、规章制度清理等专项工作。

关注民生,服务保障工作频现亮点。按期完成服务师生实事项目。艺术中心、新体育馆、育衡楼、博物馆投入使用。修订完善《上海财经大学治安管理实施细则》《值班管理制度》《上海财经大学安全管理实施细则》《上海财经大学突发事件应急处置预案》《上海财经大学交通管理实施细则》等。完善安保综合服务系统,整合优化户政管理、治安管理中涉及师生的业务流程并实行线上办理。

从严治党,党建科学化水平全面提高。制定《上海财经大学关于推进“两学一做”学习教育常态化制度化的实施方案》,召开工作部署会。建立定点联络,定期报送、随机抽查、专项检查相结合的督导机制。成立党建与思想政治工作领导小组,统一部署学校党建与思政工作。制定《上海财经大学党建工作方案》,开展基层党建工作大调研,研判党支部建设基本情况并对有关二级党组织进行反馈和限期整改。制定《上海财经大学贯彻落实〈普通高等学校学生党建工作标准〉实施方案》《上海财经大学贯彻落实〈关于加强新形势下高校教师党支部建设的实施意见〉的实施方案》,规范组织生活。制订《上海财经大学专职组织员队伍建设工作方案》,推进专职组织员配备。制定《上海财经大学2017年党风廉政建设和反腐败工作要点》《上海财经大学2017年党风廉政建设和反腐败工作要点分解方案》《上海财经大学领导班子成员党风廉政建设和反腐败工作责任分工》,深入推进作风建设。

(邓劲松)

【召开校思想政治工作会议】 5月19日,召开校思想政治工作会议。会议回顾学校第七次党代会以来在思想政治工作方面取得的基本成就和基本经验,针对存在的不足,指出未来工作方向。会议认为,高水平、创造性的思想政治工作,可以为“立德树人”的中心工作、为“双一流”建设提供更加强大的精神动力,全体教师要在思想认识上强化育德意

识，在实际工作中提高育德能力。（邓劲松）

【召开“十三五”规划推进落实工作会议】 6月12日，学校组织召开“十三五”规划推进落实工作会议。会议提出学校“十三五”时期的奋斗目标，明确学科建设、队伍建设、人才培养、科学研究等方面的主要任务，以及工作抓手、重点领域和关键环节。（邓劲松）

【通过AACSB(国际高等商学院联合会)认证】 7月25日，学校商学院通过AACSB(国际高等商学院联合会)认证。自2011年3月正式成为AACSB会员以来，商学院经过六年努力，建立符合商学教育规律的学院治理体系，在使命践行、传承创新及社会影响三个方面得到AACSB认可。（邓劲松）

【举行“上财鼎”揭幕仪式】 9月17日，百年校史研究成果发布暨“上财鼎”揭幕仪式在校举行。《上海财经大学志》《图说上财》首发，《上财赋》《办学铭》向公众面世。四项百年校史研究成果以及“上财鼎”，都蕴含学校百年发展的历史和办学理念，是学校文脉传承的重要载体。（邓劲松）

【校史馆、商学博物馆开馆】 9月17日，校史馆、商学博物馆开馆仪式暨财经类博物馆馆长论坛在学校举行。商学博物馆通过海量商学书籍、各国货币等，多视角展现中国商学史和文化，是国内首家商学博物馆。新校史馆展出实物100余件、图片500余张，其中，近200份史料为首次面世，以详实的史料和丰富的展示手段，完整地呈现百年学府上海财经大学从创立、成长到发展壮大的历史。（邓劲松）

上海财经大学商学博物馆开馆

【“千村调查”十周年总结会举行】 10月27日，学校与光明日报社联合主办千村调查十周年总结暨实践育人座谈会。会上发布《千村调查十年回眸》纪念丛书，该书对学校以千村调查为抓手探索人才培养路径改革的情况进行系统梳理，分为教师成果篇、学生成果篇和媒体报道篇。教育部思想政治工作司、市教委、共青团市委、光明日报上海记者站等部门和单位领导和嘉宾出席座谈。（邓劲松）

【刘延东到校视察】 11月13日，国务院副总理刘延东到校视察，寄语学校以100周年为新起点，坚持立德树人，改革创新，弘扬优良传统，夯实“双一流”建设基础，为繁荣我国高等财经教育事业和建设社会主义现代化强国，做出新的更大贡献。（邓劲松）

【举行孙冶方经济科学奖第十七届颁奖典礼】 11月16日，孙冶方经济科学奖第十七届颁奖典礼在学校创业中心举行。共评选出《中国经济中长期发展和转型：国际视角的思考与建议》《中国收入差距变动分析——中国居民收入分配研究Ⅳ》《货币数量、利率调控与政策转型》3部获奖著作，以及《人口控制政策会提升人力资本投资吗？双胞胎、出生体重和中国“一孩”政策》《中国经济减速的生产率解释》《产业政策和竞争》3篇获奖论文。（邓劲松）

【举办百年校庆系列庆典活动】 11月17—18日，举办百年校庆系列庆典活动。17日，举办“面向未来的高等教育”校长论坛，中外20个国家和地区的50多所知名大学校长汇聚一堂，围绕“新技术变革下的人才培养”“跨边界的学科融合”“大学治理能力现代化”“国际化开放办学”“科学研究服务地区社会发展”等议题展开讨论。18日，举行建校100周年纪念大会，大会上还进行首届“郭秉文奖”和首届“杰出校友奖”的颁奖仪式。“匡时礼赞”百年校庆文艺晚会在国定校区艺术中心举行。（邓劲松）

附：学校负责人及地址

（2017 年 1—12 月）

校党委书记：丛树海

副书记：刘永章（4 月离任）、陈　宏、朱鸣雄（4 月到任）

校　长：樊丽明（11 月离任）、蒋传海（11 月到任）

副校长：刘兰娟、方　华、陈信元、姚玲珍

校址：国定路 777 号

邮编：200433

电话：65114028

上海海关学院

【2017 年概况】 学校有全日制在校生 2273 人，其中本科生 2194 人、硕士研究生 79 人。本科毕业生 523 人，就业率达 93.69%。硕士研究生毕业生 37 名，就业率达 97.3%。有在编教职工 279 人、专任教师 147 人，其中教授 17 人、副教授 48 人。具有高级职务教师占专任教师总数的比例为 44.2%，具有硕士研究生以上学位教师占专任教师总数的比例为 83%。

完成沪浙两地"新高考"招生录取工作。浙江一段线和上海自招线上线率实现 100%，专业一志愿满足率分别为 85%和 100%。聚焦一个主题和四个专题开展教育思想大讨论，进一步将人才培养模式综合改革和专业内涵建设推向纵深。首次实施本科教学教师激励计划，深入推进"本科质量工程"项目实施，年内共 22 本具有海关特色的教材编写或修订项目获立项。3 门示范性全英语课程及 1 门重点课程获市级课程项目立项建设，同时立项建设 5 门校级重点课程、7 门校级网络（开放）课程，试点立项建设 10 门"课程思政"项目。2 个教改项目获市级重点教改立项，立项建设 10 项校级教学改革与研究项目。8 项教学成果获署级成果奖励，10 项教学成果获校级成果奖励。注重加强实践教学，制定《上海海关学院示范性虚拟仿真实验教学项目建设规划》，本科实验教学基础建设项目立项 9 项，新建院级示范性实习基地建设项目 1 项。新获批国家级大学生创新创业训练计划 15 个国家级项目，《上海海关学院纪念品商店》创业项目成功入选"国创十年"论坛展示项目，《破解当前我国跨境电商困境的海关职能研究》项目获第五届市大学生创新创业论坛最佳创新报告奖。

持续推进海关特色智库建设，注重聚焦海关改革发展中的重点、难点问题，开展智库课题研究，注重智库成果的转化和报送，为海关总署提供决策咨询服务。课题研究成果上报海关总署领导，其中《创新跨境电子商务海关监管模式》专报获海关总署领导的批示。立足海关，为"四个中心"建设及科创中心建设建言献策，聚焦"单一窗口"，开展"自贸区建设与贸易监管""自由贸易港海关监管创新"等研究。市政府发展研究中心决策咨询研究重点专项课题研究成果《争取在自由贸易港区试行境外港口式海关监管》与《要顺应形势，调整"单一窗口"试验》获市领导批示。通过跟踪海关学术研究前沿和热点领域，完成 8 期上海海关学院智库论坛和 5 期上海海关学院智库沙龙活动。获批校外各级各类科研项目立项共 33 项，其中国家级 1 项、省部级 3 项、市厅局级 7 项，横向课题 22 项。共计发表论文 163 篇，其中核心期刊（CSSCI 和北大版）刊出论文 20 篇，被转载论文 2 篇，被三大检索收录论文 2 篇。学校教师参与出版、编写著作 28 部，其中专著 10 部、教材 4 部、译著 3 部、参与编写的著作 11 部。"上海自贸试验区贸易监管创新三周年总评价与下一步展望"课题成果获第十一届上海市决策咨询研究成果奖二等奖。《海关与经贸研究》出版正刊6期，4篇论文被中国人民大学书报资料中心《国际法学》《中国近代史》全文转载，订阅数量超过2100份。

坚持政治立校、特色办校、基础建校、从严治校的党校办学思路，抓好组织推进落实，坚持党校主业主课不放松，积极推进内涵建设，着力提升培训质量，切实发挥好党校的阵地熔炉作用，服务好海关干部队伍建设和海关事业发展。共举办培训班139个、培训学员7082人次，分别比上年增长19%、18%。其中，党校主体班次15个，培训学员951人次。坚持"党校姓党"，发挥海关党校在党性教育的主阵地作用，认真组织落实党的十九大精神轮训工作。

共举办国际培训20期，培训学员398人次，涉及47个国家和地区。其中，学校发挥作为WCO亚太地区培训中心的作用，承办2期WCO项目培训项目，参加人员21人，覆盖国家15个。积极落实海关总署"支持非洲国家提高海关执法能力、帮助非洲国家加强海关能力建设"合作方案，实施对非洲国家海关培训项目6期，来自24个非洲国家的154人参加学校的培训项目。围绕国家和海关年度重点推进工作，举办1期西亚国家海关"一带一路"贸易便利化主题研讨会。选派优秀学生代表共计46人赴外参加海关跟班作业、国际学术会议、暑期文化交流等项目。首次开展与俄罗斯圣彼得堡西北管理学校互派9名本科交换生项目。年内，学校共开设短期国际课程15个，聘请来自9个国家和1个国际组织的19名国际海关专家来校为本科生和研究生授课、开设讲座。共组织25批51人赴18个国家和地区参加国际学术会议、海关"跟班作业"、中长期访学等项目。与荷兰伊拉斯姆斯大学鹿特丹管理学校建立合作伙伴关系，与其签署合作意向书并选派2名教师前往该校攻读"海关与供应链合规"硕士项目。

学校深入学习贯彻习近平新时代中国特色社会主义思想和党的十九大精神，号召全体党员干部紧密团结在以习近平总书记为核心的党中央周围，牢固树立四个意识，着力推动"两学一做"学习教育常态化制度化。坚持和加强党对学校的全面领导，制订《上海海关学院党委关于进一步坚持和完善党委领导下的校长负责制的实施细则》。落实意识形态工作责任制，研究出台《上海海关学院党委关于网络意识形态工作责任制的实施办法(试行)》。召开思想政治工作会议，制订下发《上海海关学院党委关于加强和改进新形势下思想政治工作的实施细则》。开展基层党组织书记党建工作述职评议考核，采取"一述一问一考一评议"方式，进一步推动党委定期听取基层党建工作汇报常态化。落实海关总署、市教卫工作党委对学校巡视、审计和各类专项督查指出问题的整改工作。召开中国共产党上海海关学院第一次代表大会，选举产生第一届委员会和第一届纪律检查委员会。学校设20个党支部，其中党总支5个、直属党支部15个。共有党员548名，其中在职教工党员219名、离退休党员69名、学生党员259名。2017年共发展党员128名。

学校学生有18人获国家奖学金、5人获市奖学金、61人获国家励志奖学金、55人获社会奖学金、70人获社会助学金、434人获国家助学金、4人获市喀什助学金。在市"知行杯"大学生暑期社会实践大赛中获二等奖1项、三等奖1项。在第十五届"挑战杯"大学生课外学术科技作品竞赛中，获市三等奖作品3项、二等奖作品1项。"一带一路"国际专项赛全国决赛二等奖1项。（关　院）

【中国报关协会副会长到校交流研讨】 2月24日，中国报关协会副会长到校交流研讨、双方肯定前期合作成果，希望今后在共同努力下，编纂出版高质量的《中国报关年鉴》《报关年度发展报告》，为中国报关协会提供决策咨询，为中国报关行业的发展提供智力支持。（李祝玛）

【赴荷兰开展学术交流】 3月7—10日，校长丛玉豪等赴荷兰伊拉斯姆斯大学鹿特丹管理学校开展实地考察调研，详细了解鹿特丹管理学校与荷兰海关局合作开设的"海关与供应链合规"在职硕士项目的基本情况、办学理念和创新做法，深入探讨两校未来合作的方向。同时参观访问荷兰海关局总部、鹿特丹马斯弗拉克特港口海关及荷兰海关海运实验实训中心，回顾近年来的合作项目，就如何加强合作深度及拓展合作宽度交流看法和建议。（姜　越）

【完成对埃塞俄比亚援助任务】 4 月 23 日—5 月 22 日，由学校教授李九领担任代表团团长的 10 人海关专家代表团赴埃塞俄比亚税务及海关总局开展诊断式对口援助任务。这是学校第一次牵头组织的重要外事活动，也是中国海关首次利用国家援外渠道和资源对非洲国家海关开展实质性能力建设合作，是中国海关主动服务国家对非洲国家工作大局、落实中非约翰内斯堡峰会成果的重要措施。代表团通过座谈、调研、答疑、业务现场跟班作业等方式，帮助解答埃塞海关面临的政策业务问题，提供政策和业务咨询，实质性地提升其管理水平和能力。 （李 楠）

上海海关学院组团完成对埃塞俄比亚的援助任务

【2017 上海市大学生足球联盟杯赛开幕】 4 月 25 日，2017 上海市大学生足球联盟杯赛在学校举行开幕式。来自全市 40 所高校的 62 支队伍报名参加比赛。 （金舒莺）

2017 上海市大学生足球联盟杯赛开幕

【税收学专业进入全国前 10 强】 根据中国科学评价研究中心、武汉大学中国教育质量评价中心和中国科教评价网(www.nseac.com)联合推出的《中国大学及学科专业评价报告(2017—2018)》，学校税收学专业在全国 52 所开设高校中排名第九，被评为 4 星级。税收学专业始终坚持以关税为专业特色，围绕关税打造特色专业和品牌专业，形成了具有自身特色的“本——硕”联动培养机制。税收学专业培养具有扎实理论基础和较强实践能力的有关税特色的复合型、应用型、涉外型的高素质税务人才，建立起“平台 + 模块”“理论 + 实践”“通才 + 特色”的课程体系，并编著出版一套关税特色系列本科教材。 （金舒莺）

【中国荷兰海关国际课程“风险分析与 ENS 分析”开班】 5 月 9 日，中国荷兰海关国际课程“风险分析与入境摘要报告单(ENS)分析”开班。学校邀请荷兰海关局风险防控中心资深业务专家为海关管理系本科生进行全英文授课，主讲荷兰海关在舱单数据分析、安全准入风险防控等业务领域的先进做法，为期两周。 （郭向楠）

中国荷兰海关国际课程《风险分析与 ENS 分析》
在上海海关学院开班

【承办 2017 年坦桑尼亚海关境外培训班】 5 名来自上海海关学院、海关总署和杭州海关的教授与专家赴坦桑尼亚授课，30 名坦桑尼亚学员参加培训。7 月 20 日，培训班在坦桑尼亚财政与规划部正式开班。中国驻坦桑尼亚经济商务代表处代表、坦桑尼亚海关副关长，以及坦桑尼亚总统府公务员局和财政与规划部相关官员和全体学员出席开班仪式。通过授课，坦桑尼亚学员充分了解中国海关现代化改革的成果。 （孙 浩）

【校仪仗队获市首届军事技能展示竞赛二等奖】 11月19日，市首届“上海杯”大学生国旗班升国旗暨军事技能展示竞赛于上海外国语大学开赛，共有上海市25所高校参与。学校第六届仪仗队39名成员及2名退伍学生参赛，获二等奖。 （宋丽萍）

【首期中俄交换生项目开启】 9—12月，学校与俄罗斯圣彼得堡西北管理学校开启首期交换生项目。这是学校自建校以来的第一个交换生项目，该项目为期12周，实行学分互换制，双方学生选修5门海关专业类及国情文化类课程。 （姜　越）

附：学校负责人及地址

（2017年1—12月）

校党委书记：张金城、唐庆涛(12月到任)
副书记：丛玉豪

校　长：丛玉豪(兼)
副校长：丁海蒙(4月离任)、陈　晖、陈建新、干春晖、邓浩铭

校址：华夏西路5677号
邮编：201204
电话：28992899

上海民航职业技术学院

【2017年概况】 坚持依法治校，完善管理体制机制。学院积极健全管理体制模式，明确院系两级的责任、权利和义务，充分发挥教学系部在办学过程中的主体作用。健全学术委员会、专家指导委员会和教职工代表大会制度；完善学校领导干部校园巡查及听课制度。扎实推进规章制度的“废、改、立”工作，学院管理模式及行政运行机制进一步完善。

坚持立德树人，弘扬和践行当代民航精神。校党委深入贯彻全国高校思政工作会议精神，成立课程思政教学改革领导小组，推进学院课程思政教学改革试点工作，充分发挥课堂教学的主渠道作用。持续推进当代民航精神进教材、进课堂、进头脑，确保师生对当代民航精神耳熟能详、入脑入心，自觉弘扬和践行。继续扩大中高贯通合作规模，深化产教融合；注重提升学生就业技能，不断提高学生综合素质，2017届毕业生就业率达93.4%。

坚持提升教育质量，注重教师职业发展。实施教师职业素质提升工程，修订完善教师考核指标体系，鼓励教师参与上海市级、民航系统科研项目申报工作，精心组织专业课说课竞赛并取得好成绩。重点推进民航专项教学资源库项目，完成16门精品课程、12本民航特色教材，17项教育研究立项。其中航空维修系“飞机发动机原理与结构”课程被评为市级精品课程。

坚持优化办学条件，浦东新校区项目积极推进。4月26日，学校与上海电力学院正式签约，浦东新校区建设蓝图正式落地。学校认真研究制定浦东校区总体修缮、改造及功能整合规划，目前正在抓紧开展可行性研究编制工作，计划2018年秋季完成浦东校区整体交接。

坚持严肃党内政治生活，大力弘扬清风正气。校党委结合民航局巡视整改意见狠抓落实，各项举措得力，成效显著。圆满完成上海市委高校思政专项督查工作，进一步明确校党委主体责任和校纪委监督责任，从院系层级入手，推进“两学一做”学习教育制度化常态化，严格落实党风廉政建设责任制，驰而不息抓好干部队伍作风建设，营造风清气正的办学环境。 （航　院）

【市教委领导慰问新年留校学生】 1月26日，市教委秘书长王从春，以及市学生事务中心副主任田磊代表市教委到校慰问新年留校学生，送上新年礼物

和祝福。学校为留校学生提供年夜饭。（白前永）

【举行浦东校区土地、房屋转让签约仪式】 4月26日，学校与上海电力学院就该校土地、房屋转让的签约仪式在上海电力学院浦东学海路校区举行。双方相关部门负责人出席仪式。按照合同约定，学校与上海电力学院在2018年7月1日正式开始土地、房屋的交接，上海电力学院于2018年7月31日前完成学校首批4000名学生所需的教学、生活用房的腾挪，双方在2018年9月30日前完成全部交接项目。（白前永）

【市委高校思政工作专项督查组到校开展专项督查】 6月29日，市委高校思政工作专项督查第四小组（以下简称“督察组”）共8人到校，开展对全国和上海高校思想政治工作会议贯彻落实情况进行实地督查。校领导及思想政治机构相关中层干部参加工作汇报会。督查组成员分4个小组与校领导班子全体成员、部分中层干部、教师代表和学生代表开展个别访谈，召开教师座谈会和学生座谈会，同时查阅相关资料，重点对贯彻落实全国和上海高校思想政治工作会议精神情况，以及落实党委意识形态工作责任制情况等进行督查指导。（白前永）

【民航局审计组进驻学校】 9月26日—11月17日，民航局派出审计组，对学校主要领导开展为期2个月的任期经济责任现场审计工作，对学校重大经济决策的合法性与效益性、党的建设情况、预算执行情况及其他财务收支的合法性与真实性、薪酬福利发放的合法性、经营实体监管的有效性、内部管理情况及领导干部个人廉洁自律等情况进行审计。（白前永）

【修订学校专业人才培养方案】 4月，学校启动18个专业人才培养方案修订工作。截至10月底已全部完成初稿，并将于2018年初定稿成册。

（白前永）

【获世界技能大赛优胜奖】 10月19日，第四十四届世界技能大赛闭幕式暨颁奖仪式在阿联酋阿布扎比举行。学校学生陈亦凡以第十四名的成绩获餐厅服务（西餐）项目优胜奖。这是中国在世界技能大赛餐厅服务（西餐）项目上获得的第一个奖项。（白前永）

上海民航职业技术学院学生陈亦凡获
第四十四届世界技能大赛餐厅服务（西餐）项目优胜奖

【教师在市说课大赛获奖】 10月26日，教师曲倩倩在2017年上海市高等职业院校教师说课大赛（决赛）中获二等奖，同时，教师曲倩倩、王维、梁向兵参加上海市专业教学指导委员会说课竞赛，分获一、二、三等奖。（白前永）

【举行李中华专题报告会】 10月28日，“八一勋章”获得者、“英雄试飞员”、空军指挥学院训练部副部长李中华报告会在学校大礼堂举行。李中华以“一名空军试飞员的经历感悟”为题做报告，和大家交流自己筑梦空天、志在强国兴军的试飞之路。李中华受聘学校客座教授。校领导、教师代表、航空乘务系和航空维修系学生代表和部分南京航空航天大学上海校友会成员400余人聆听英雄先进事迹。报告会由南京航空航天大学上海校友会和学校共同举办。（白前永）

上海民航职业技术学院举行空军试飞英雄李中华报告会

附：学校负责人及地址

（2017年1—12月）

院党委书记：孙　莹
副书记：孙　群
院　长：于　再（5月离任）
副院长：章恒龙、杨　征、孙　暄

地址：龙华西路1号
邮编：200232
电话：34693221

上海大学

【2017年概况】 学校有25个学院、1个学部（筹）和2个校管系。有77个本科专业，40个一级学科硕士学位授权点、171个二级学科硕士学位授权点、13种硕士专业学位类别（其中工程硕士含13个工程领域），20个一级学科博士学位授权点、79个二级学科博士学位授权点、18个自主增设二级学科博士学位授权点（含7个交叉学科博士点），19个博士后科研流动站。有专任教师2968人，其中教授658人、副教授1073人，博士生导师431人，具有博士学位的教师2006人。有研究生14987人、全日制本科生20652人、专科生41人、成人教育学生18507人。校园占地面积近200万平方米，校舍建筑面积139万平方米，形成以校本部为“一体”、延长校区和嘉定校区为“两翼”的“一体两翼”的校园格局。

人才培养。召开人才培养大会，谋划新时期人才培养工作的基本思路、总体目标、重要任务和主要措施。完善招生宣传工作体系，招收本科生4809人、硕士生4741人、博士生444人。制定并实施以基础指标与竞争性指标相结合的博士招生指标分配制度，激发二级单位人才培养活力。本科生就业率99.6%，硕士生就业率99.8%，博士生就业率99.3%，同比分别增长0.5、0.4和4.9个百分点。着力推动各类课程与思想政治理论课同向同行，形成协同效应。构建以教师思政能力为基础的课程思政六层体系，新建品牌课2门、“一院一课”思政试点课70门，出版《大国方略》系列丛书3本。入选“上海高校课程思政教育教学改革整体试点学校”。构建一流大学学生思政工作体系，各院系制定“一院一策”的大学生思想政治工作方案，推进校训使命愿景落地。以课程建设为核心，构建“价值、能力、知识”三位一体的人才培养模式。完成77个专业的培养方案，建立专业选修课的动态调整机制。启动以学生为中心的研究型教学方法改革和以能力、素质为核心的考核方法改革。对90门示范课程进行改革，建设51门全英语授课课程，开设46门“国际化小学期”课程。“创新中国”获批国家级精品在线开放课程。获批教育部产学合作协同育人项目2项，市级精品课4门、重点课18门。新开设创新创业课程16门，创新创业项目立项419项，组织和开展各类校内外学科竞赛100余项，校级联合大作业项目立项40项。成功承办第十五届“挑战杯”全国大学生课外学术科技作品竞赛决赛。在美国华盛顿举行的第三届全球重大挑战论坛“学生日”活动（竞赛）中，本科生团队获三等奖。获“上海市深化创新创业教育改革示范校”。14个项目获“上海市研究生创新创业能力培养专项”资助，项目数位列上海高校第一。在“华为杯”第十四届中国研究生数学建模竞赛中，获一等奖3项、二等奖44项、三等奖74项，参赛数量和获奖数量皆为历史之最，总得分排名全国第五。

学科建设和科学研究。学校拥有4个国家重点学科、4个上海市Ⅲ类高峰学科、10个上海市Ⅰ类高原学科、7个上海市Ⅱ类高原学科，牵头建设2

个上海市Ⅳ类高峰学科，8个学科进入ESI国际学科排名全球前1%；拥有1个科技部与上海市共建的省部共建国家重点实验室，1个科技部与上海市共建的省部共建国家重点实验室培育基地，1个国家教育部国际联合实验室，2个创新引智基地入选“高等学校学科创新引智计划”（简称“111计划”）。1个国家教育部工程研究中心，1个国家体育总局体育社会科学重点研究基地，1个教育部批准备案建设的国别和区域研究中心，2个上海市协同创新中心，8个上海市重点实验室，3个上海工程技术研究中心，3个上海市专业技术服务平台，1个上海市政府决策咨询研究基地，3个上海市社会科学创新研究基地，2个上海市高校E-研究院，1个上海高校智库建设项目，1个上海高校人文艺术创新工作室，2个上海高校人文社会科学研究基地，3个上海高校重点实验室，1个上海高校工程研究中心。“智能运载科学与工程”学科群入选国家世界一流建设学科。通过上海市高峰高原学科第一阶段验收。“材料科学与工程”学科成为上海Ⅳ类高峰学科。科研事业费收入近5.02亿元。工程学和材料科学进入ESI全球前2‰。发表SCI论文1802篇，增幅为25.92%；ESI高被引论文88篇，增幅为25.7%。教授吴明红团队在石墨烯研究领域取得重大突破，论文发表在《自然》杂志。29篇第一单位或通讯单位论文发表于Cell，Science，PNAS，Nature子刊等国际著名期刊。理工科方面，以第一完成单位获国家技术发明二等奖1项、合作获国家自然科学奖二等奖1项；获市自然科学奖二等奖1项、三等奖2项，获市技术发明奖一等奖1项、二等奖2项；文科方面，获市决策咨询研究成果奖一等奖1项、二等奖5项、三等奖1项，获奖总数位居上海市高校第一位，5项课题中标国家社科基金重大项目，1项课题中标教育部人文社科重大攻关项目，创历史新高。国家重点研发计划项目获立项31项，参与1项国家重大专项课题，立项经费达8694.61万元。12个项目获市智库内涵建设计划立项，4个项目获市政府决策咨询研究重点课题支持。上海市智能无人艇系统研究中心作为国防重点实验室培育基地入选上海市工程中心；毒品与国家安全研究中心入选中国智库索引(CTTI)最新来源智库；2个教育部重点实验室和4个市重点实验室通过评估，其中“特种光纤和光接入网”教育部重点实验室取得优秀。

产学研与国内合作。全年到校横向经费2.46亿元。累计签订横向技术合同数886项，合同金额4.55亿元，同比增长124%。其中服务于上海的合同520项，合同金额1.79亿元。为教师办理免税合同246项，免税金额320多万元，实行流转税简易申报流程，为教师减税380多万元。以转让或许可方式转化科技成果5项，合同金额2042万元，以作价投资方式转化科技成果2项，投资价值3600万元，专利授权率比去年提高42%，技术成果转化超过5000万元。发布《上海大学科技成果转化工作流程实施细则(试行)》，与海盐、姜堰、嘉兴、宣城、建湖等地开展全面合作。

人才队伍建设情况。学校有全职中国科学院院士、中国工程院院士6人、外籍院士7人，享受“国务院特殊津贴”人员37人；中组部“千人计划”入选者13人，“青年千人计划”入选者7人，“万人计划”入选者4人；教育部“长江学者”特聘教授8人、讲座教授3人；“百千万人才工程”国家级人选7人；国家自然科学基金杰出青年科学基金获得者17人、国家自然科学基金优秀青年科学基金获得者10人；市领军人才19人、市“千人计划”入选者39人、市“东方学者”75人、市“青年东方学者”29人。采用全球招聘等多种方式聘任高层次人才全职担任管理岗位。全年引进和培养院士、杰青等国家级人才24人次，市领军人才等市级人才48人次，较2016年分别增加28%和29%。“无人艇”团队获首批全国高校“黄大年”式教师团队。完善干部教育培训体系，先后举办院长教育MBA研修班、机关部处长暑期研修班、国际化战略专题研修班、青年骨干教师研修班等特色研修项目，提升干部专业化管理水平。全年共举办研修班33个班次，培训各类干部1000余人次。完善和修订发布实验技术系列、军工科研人员、科技成果转化人员和教学型教师高级专业技术职务聘任实施办法，为各类专业人员打通职业化晋升渠道。专业技术人员分类管理体系基本建立。完善《上海大学高级专业技术职务破格聘任实施办法》，为拔尖人才晋升打通快速通道。

国际交流与合作。优化全球战略布局，全面启动“战略伙伴大学合作计划”，推进与澳大利亚悉尼科技大学、英国拉夫堡大学等13所战略合作伙伴的全面合作。实施“一带一路”教育行动，与乌兹别克斯坦世界经济与外交大学达成共建上海国际商学院合作意向。成为“中巴高校联盟”中国九所高校之一。立项建设20个国际科研合作平台，推动建立双边科研联合和高层次人才培养机制。土耳其研究中心入选教育部国别和区域研究中心，实现国家级文科科研平台零的突破。“现代冶金与材料学科创新引智基地”获批“111”引智基地。国家高端外专项目共引进人才17人，获批市“海外名师”4人、“上海市教科文卫重点引智项目”4项。“特种光纤与先进通信”获批教育部国际合作联合实验室。实施“学生国际视野提升”计划，共派出学生1693人次。顺利通过国际学生质量认证，改革学历留学生拨款机制，激发学院及教师的积极性，在校来华留学生总数达4361人，其中学历留学生1130人。建成来华留学英语授课品牌课3门、示范性全英语课程2门、外国留学生英语授课示范性课程3门，建成可招收全英文授课的硕士、博士国际留学生专业25个。加快孔子学院建设，肯塔基大学孔子学院再次获全球优秀孔院称号，泰国普吉孔子学院获全球优秀考点称号。

校园建设情况。全面加强外宣和内宣工作，微信公众平台“上大发布”全年发布441篇，累计阅读数79万人次，主流媒体的头版量达到历史最高水平。组织开展第四届校园文化品牌评选，开展第五届国际文化节和第十五届菊文化节等校园文化主题活动。学校获首届“全国文明校园”“2016—2017年度上海市安全文明校园”称号。上海大学校友会社团获登记，为上海首家以无记名投票方式选举的校友会。完善1960—2014届校友基础数据28万条。募集资金到账金额2580万元，较上年增长155%，校友捐赠实现历史突破。流程与智能管理系统业务量达11.5万条，提高办事效率。图书馆建筑面积5.4万平方米，馆藏图书401万册；订购纸质报刊1828种，订购电子文献数据库69种，含电子刊5.5万种，电子书190万种。图书馆接待读者177.16万余人次，借阅图书26.52万册；档案馆完成馆藏纸质档案150万页的数字化，新归档移交入库案卷8930卷，接待档案利用11318人次，开展“上海大学口述实录”项目。宝山校区东区三期新建工程完工，竣工面积13.35万平方米，相关学院入驻，学科（学院）校区布局基本完成调整。完成“伟长楼”改造，建设成为国内高校一流的剧场。安全运营责任事故为零。新增6个五星和4个四星“6T”达标公寓，完成能源监管平台二期工程建设，对全校用户的电能使用进行效益评估。

创新管理工作。稳步推进，深化各项改革进程。优化经费使用管理机制，提高经费的下拨速度和预算执行率；实施大型实验设备共享机制，提高大型设备的使用效率；深化资产管理模式改革，全面提升资产管理效率；纵深推动“放管服”工作，梳理职能部处审批事项清单，推进校院两级管理体制改革，实施《上海大学上海美术学院管理办法》等制度，逐步落实试点学院在资源配置、经费预算和管理方面的主体地位。完成机关部处部门职责梳理和学校核心岗位说明书的撰写工作，确保各岗位为学校的发展实现功能最大化。编制《上海大学内部控制操作手册》，开展二级单位绩效指标评价和科研项目专项审计，进行风险防控。聚焦创新驱动，推动学校发展转型。引导科研组织方式创新，形成科学融合优势和人才聚集优势。通过制度保障、平台建设和激励等多元路径引导研究习惯和组织运行方式的转型。（郭　秀）

【获国家技术发明奖二等奖】 1月9日，2016年度国家科学技术奖励大会在人民大会堂举行，习近平总书记等国家领导人出席奖励大会。上海大学机自学院教授谢少荣领衔的无人艇项目“复杂岛礁水域无人自主测量关键技术及装备”获2016年度国家技术发明奖二等奖。项目的主要完成人教授谢少荣、教授罗均、副教授彭艳、副教授蒲华燕作为获奖代表在人民大会堂接受颁奖。（郭　秀）

【乌兹别克斯坦诗人雕像揭幕仪式举行】 3月13日，乌兹别克斯坦传奇诗人阿里舍尔·纳沃伊雕像揭幕仪式在学校举行。乌兹别克斯坦塔什干副市长率领的政府代表团、乌兹别克斯坦驻华大使馆特别全权大使，以及市教委、市外办、对外人民友好协会的领导和校领导等出席揭幕仪式。此次揭幕活动是中乌两国在文化教育关系发展过程中又一重要的历史里程碑，是加快国际化发展、推进落实“一带一路”倡议和“走出去”战略的重要举措。（郭 秀）

【与中船工业集团公司签署战略合作协议】 3月25日，中船工业集团公司与上海大学战略合作研讨暨合作协议签署会议在学校宝山校区举行。双方签署“中船工业集团-上海大学战略合作协议”和“上海大学-中船系统工程研究院合作协议”，并为共建的“海洋智能无人系统装备实验室”揭牌。（郭 秀）

【在第三届全球重大挑战论坛“学生日”活动中获奖】 7月21日，由中美英三国工程院共同举办的“第三届全球重大挑战论坛”在美国华盛顿召开。中国工程院院长周济率团出席。“学生日”活动为论坛的重要内容之一，中美英三国工程院各组织5支本国大学本科学生队参加应对重大挑战的工程科技创意商业计划竞赛。上海大学 Dream House 团队获第三名，是此次竞赛中唯一获奖的中国高校代表队。该团队由上海大学材料学院和澳大利亚悉尼工商学院的6名学生联合组队，聚焦全球节能问题，跨学科合作开展项目研究并探索市场应用和成果转化。（郭 秀）

【上海大学校友会(社团登记)成立】 6月18日，学校校友会(社团登记)成立大会暨2017年分别毕业10年、20年、30年的校友返校活动在学校图书馆报告厅举行。市相关部门领导，校领导和海内外校友代表共350余人参加活动。大会通过等额、不记名投票方式，审议表决《上海大学校友会章程》，同时选举产生校友会第一届理事会成员、上海大学校友会负责人。同时，上海大学校友会揭牌。（郭 秀）

【与台北市立大学签约开展学术交流】 7月2日，“2017上海台北城市论坛”在沪举行。上海市市长应勇、台北市市长柯文哲出席论坛开幕式并分别致辞。此次论坛以“健康城市”为主题，通过交流研讨，推动两市在社区卫生、智慧城市与民生服务、环保、青年创业的机遇和挑战等方面的经验分享和交流互动。论坛举行期间，两市签署《上海市浦东新区与台北市内湖区交流合作备忘录》《上海市与台北市消费者权益保护交流合作备忘录》《上海市与台北市推广篮球运动交流合作备忘录》《上海大学与台北市立大学学术交流合作备忘录》。校长金东寒出席论坛并代表学校与台北市立大学签约。（郭 秀）

【上海吴淞国际艺术城发展研究院揭牌】 7月6日，“文教结合共建上海美术学院签约暨上海吴淞国际艺术城发展研究院揭牌仪式”在校举行。市教委及市文广局代表在合作共建上海大学上海美术学院协议书上签字，就整合文教优势力量共建上海大学上海美术学院达成共识。上海大学上海美术学院、中华艺术宫、上海油画雕塑院以及上海中国画院等单位相关领导签署合作协议，旨在联合人才培养、展览展示、馆藏研究、文化活动等方面加强合作与交流。上海吴淞国际艺术城发展研究院揭牌，标志上海大学上海美术学院宝武不锈钢地块新院区以及上海吴淞国际艺术城建设的各项工作正式启动。（郭 秀）

【举行校人才培养工作会议】 7月12日，学校人才培养工作会议开幕式举行。校长金东寒作题为《对标一流　深化改革　加快完善以立德树人全面发展为导向的人才培养体系》的大会报告。人才培养专项规划编制工作组代表对《上海大学人才培养规划(2017—2020)》进行全面解读。13日，校领导班子听取各小组讨论情况汇报并在图书馆举行人才培养工作会议闭幕式。校党委书记罗宏杰作题为《聚焦聚神聚力　全面开创人才培养工作的新局面》的总结讲话。（郭 秀）

【召开中国社会学会2017年学术年会】 7月15—16日，由中国社会学会主办，上海大学、上海市社会学学会等单位联合承办的中国社会学会2017年学术年会在校召开。年会的主题是“迈向共建共享的全面小康社会”。除大会主题学术演讲外，另安排59个分论坛。年会共收到论文1600余篇，来自全国各相关机构的学者约1700余人参加，参会人数、提交论文规模为历届之最。（郭 秀）

【尹弘、翁铁慧到校调研】 7月27日，市委副书记尹弘、副市长翁铁慧到校调研，视察上海温哥华电影学院和新型显示技术及应用集成教育部重点实验室。在随后召开的座谈会上，校领导作工作汇报，介绍学校高水平大学建设的思路、重点推进的工作、各项事业取得的新进展、存在的问题和发展请求，以及就学校人才培养工作作补充汇报。市各相关部门领导表示将全力支持学校高水平大学建设，并对进一步支持学校改革发展的具体事项作部署。尹弘、翁铁慧代表市委、市政府对学校在高水平大学建设、服务国家和上海的经济社会发展等方面取得的成绩给予充分肯定，希望学校为上海经济社会发展作出更大贡献。 （郭 秀）

【石墨烯研究领域获突破】 10月9日，《Nature》杂志在线刊登题为"通过离子控制石墨烯氧化膜层间距实现离子筛分"（"Ion sieving in graphene oxide membranes via cationic control of interlayer spacing"）的研究论文。研究论文提出并实现通过水合离子精确控制石墨烯膜的层间距，展示出优异的离子筛分和海水淡化性能。该成果对环境、能源材料等领域具有重要意义，尤其在水处理、离子/分子分离以及电池/电容等应用领域中起到关键作用。该项研究由上海大学吴明红团队、中国科学院上海应用物理研究所方海平团队、南京工业大学金万勤团队以及浙江农林大学的研究人员联合完成。 （郭 秀）

【文化遗产保护基础科学研究院揭牌】 10月19日，丝绸之路文物科技创新联盟成立大会暨上海大学文化遗产保护基础科学研究院揭牌仪式在校举行。国家文物局副局长关强，市人大常委会副主任钟燕群，市政府副秘书长宗明等领导及各界代表80多人出席会议。10月18日，丝绸之路文物科技创新联盟召开首届理事大会，审议并通过《丝绸之路文物科技创新联盟章程》，选举产生执行理事会。联盟秘书处设在上海大学。学校是丝绸之路文物科技创新联盟的常任执行理事单位和联盟秘书处永久挂靠单位。 （郭 秀）

【承办第十五届"挑战杯"终审决赛】 11月15日，由共青团中央、中国科协、教育部、中国社会科学院、全国学联和上海市人民政府共同主办，上海大学承办的第十五届"挑战杯"中国银行全国大学生课外学术科技作品竞赛终审决赛在校本部体育馆开幕。第十五届"挑战杯"竞赛自启动以来，全国2000多所高校的200多万名大学生参加校级竞赛，经过省级比赛、全国初评和复审，共有314所高校的755件作品进入终审决赛。11月18日，举行闭幕式暨颁奖仪式。在本届"挑战杯"竞赛决赛中，学校获全国团体总分第二，连续四次获"优胜杯"；共有6个项目获奖，其中全国特等奖两项、一等奖三项、三等奖一项。 （郭 秀）

【上海大学战略研究院成立】 12月1日，上海大学战略研究院成立仪式在校举行。特聘李仁涵教授为战略研究院院长。校长金东寒为战略研究院揭牌。上海大学战略研究院将通过加强战略研究，提升学校自身的战略管理能力，成为学校跨学科战略研究平台，为学校各部处、各院系提供战略咨询和建议，为学校"双一流"和高水平大学建设提出咨询建议。（郭 秀）

附：学校负责人及地址

（2017年1—12月）

校党委书记：罗宏杰（9月离任）、金东寒（9月到任）
副书记：金东寒（4月到任、9月离任）、夏小和、徐 旭、龚思怡

校 长：金东寒（兼）
副校长：徐 旭（兼）、龚思怡（兼）、汪 敏（6月离任）、段 勇（6月到任）、吴明红、聂 清（9月到任）、欧阳华

宝山校区地址：上大路99号
邮编：200444
电话：96928188

闸北校区地址：延长路149号
邮编：200072

嘉定校区地址：塔城路453号
邮编：201800

上海理工大学

【2017 年概况】 学校是一所以工学为主，工学、理学、经济学、管理学、文学、法学、艺术学等多学科协调发展的市属重点建设应用研究型大学，是国家国防科技工业局与上海市政府共建的国防特色高校。学校有全日制在校生 24600 余人，其中本科生 17000 余人、研究生 7600 余人；设有 17 个学院、2 个教学部(系)、44 个研究院(所)、26 个研究中心；有 56 个本科专业、6 个一级学科博士学位授权点、36 个二级学科博士学位授权点、4 个博士后科研工作流动站、22 个一级学科硕士学位授权点、93 个二级学科硕士学位授权点、8 个硕士专业学位类别、18 个工程硕士专业学位领域。

学习宣传贯彻党的十九大精神，深化全面从严治党。推进"两学一做"学习教育常态化制度化。加强各级领导班子和干部队伍建设，完成学校党委换届工作。强化党内监督，营造风清气正的校园氛围，重视统战工作和老干部工作，凝聚事业发展力量，重视校园民主民生工作，组织实施 5 项实事工程，共享学校改革发展成果。

贯彻落实高校思政工作会议精神，推动全员全过程全方位协同育人。积极培育和践行社会主义核心价值观，加强网络思想政治教育，提升"易班"育人功能。成立马克思主义学院，申报马克思主义理论一级学科硕士点，开展"智慧中国"系列课程，推广"工程德育"上理模式，庄松林院士团队入选首批全国高校黄大年式教师团队。拓展校内外勤工助学基地，形成"沪江勤工"特色和品牌，推进智慧就业门户建设，为毕业生提供全方位、多渠道的就业服务与指导。成立心理咨询师联盟，建立杨浦精神卫生中心和林紫实践基地。制定《上海理工大学落实意识形态工作责任制的实施意见》，完成学校意识形态阵地管理制度体系建设，完成市高校思政工作专项检查并全面落实整改。

推进高水平大学建设。完成本科教学审核评估，发布本科教学质量报告。成立全国大学生创新创业实践联盟，入选全国第二批深化创新创业教育改革示范高校、全国 50 所创新创业典型经验高校。对标国家"双一流"建设总体要求，完成学校高水平大学建设方案的编制、论证工作。学科建设水平稳步提升，在汤森路透 ESI 统计中，工程学科居全球前 1%行列。国家自然科学基金人才项目首获突破，国际实验室建设稳步推进，科研水平不断提升。落实上海人才"30 条"，师资队伍结构不断优化，光电学院顾敏教授当选中国工程院外籍院士。成立"中国周边经济研究中心"，成为国别和区域研究领域首次获批的教育部科研平台。举办"从沪江走来"111 周年校庆活动，校友林贝聿嘉带领香港沪江小学师生来校寻根。加强价值引领，深化内涵建设，学校获"上海市文明单位"称号。

学校完善治理机制，提升治理水平，为高水平大学建设保驾护航。开展依法治校标准校创建工作，《上海理工大学章程》获核准发布，开展制度"废、改、立"。完善资产管理系统，切实保障采购活动规范高效。修订招投标管理办法，完善招标、采购及审批流程。严格把关工程项目审计，从源头上规范学校建设资金的使用。落实经营性资产管理要求，全部回收出租出借经营性资产，规范清理校办企业。完成南校区一期工程可研批复等基建工作，海安路第二座人行天桥获市发改委立项。完成南校区公寓楼学生宿舍内空调安装工作，推进"洗浴进公寓"工程。推出全新校内无线漫游服务 usstroam 和 eduroam，丰富图书馆馆藏资源，提升读者服务质量。开展安全宣传教育，提升安全工作的硬件保障，及时排查整治学校及校园周边交通安全隐患，确保师生交通出行安全。加强重点场所的安全监督，及时消除各类安全隐患，建立风险评估预警机制，做好突发事件应急处置，不断提升学校综合治理能力。 （杨 阳）

【成立马克思主义学院】 6月19日，学校在大礼堂召开思想政治工作会议，就加强和改进全校思想政治工作作出部署。根据会议精神，学校在原社会科学学院基础上成立马克思主义学院，市教卫工作党委副书记、市教委副主任高德毅，校党委书记吴松共同为学院成立揭牌。7月，经学校申报、市级材料审查和专家评审，学校马克思主义学院正式入选第三批上海高校示范马克思主义学院建设单位。

（杨 阳）

【"中国系列"课程"智慧中国"开讲】 5月19日，学校"中国系列"课程"智慧中国"开讲，中国东方电气集团公司原董事长何木云做首场报告。"智慧中国"课程分"中国制造与大国崛起""中国智造与中国智慧""中国创造与中国未来"三大模块，通过六大教学专题进行展开，系列课程的主讲嘉宾为先进制造业等相关行业领域的领军人物、杰出校友、著名专家学者等。 （杨 阳）

上海理工大学"中国系列"课程"智慧中国"开讲

【创新创业教育成效显著】 6月，学校发起成立全国大学生创新创业实践联盟。9月，在第三届中国"互联网+"大学生创新创业大赛总决赛中获银奖1项、铜奖2项。11月，在第十届全国大学生创新创业年会上，获"优秀创业项目"1项、"我最喜爱的项目"1项。全年在各类学科竞赛获奖合计632项，其中全国一等奖54项、全国二等奖和上海一等奖及区域奖167项。10月，学校推荐的校内创新创业导师宇振盛、吴满琳，优秀创业校友穆振兴成功入选"全国万名优秀创新创业导师人才库"。7月和12月，学校分别入选全国第二批深化创新创业教育改革示范高校和全国50所创新创业典型经验高校。

（杨 阳）

【引进高水平创新人才】 学校引进高水平创新人才，优化调整校内原有团队的研究方向，与创新基地的新增团队形成衔接和互补，建设高水平大学创新团队。11月3日，学校国家千人(B类)，澳大利亚科学院、技术科学与工程学院院士，澳大利亚皇家墨尔本理工大学副校长，国际光学委员会副主席顾敏教授当选为中国工程院外籍院士。学校全职引进代顿大学终身教授詹其文(入选中组部创新千人)，引进澳大利亚吴鑫华院士团队。引进德国汉堡大学C4教授张建伟和MIT创新联盟负责人朱宇等。 （杨 阳）

【完成本科教学审核评估】 10月26日，学校本科教学审核评估工作结束。学校坚持立德树人根本任务，聚焦"工程型、创新性、国际化"人才培养特色，"一体两翼"工程教育体系的构架基本形成，"创新创业教育"和"国际化教育"品牌效应显著，得到评估专家组肯定。 （杨 阳）

【科技成果转化工作实现新突破】 6月28日，由兵器工业北方光电集团有限公司、浙江华东光电仪器有限公司、上海上理太赫兹科技有限公司、上海大鸿资产管理有限公司及高管核心团队共同出资设立的华太极光光电技术有限公司注册成立。公司旨在利用企业的产业化、工程化、市场化优势，高校科研团队的科技创新优势，民营资本的金融资本运作优势，打造国内一流的太赫兹科研转化与产业化平台，这也是学校科技成果转化以及科技成果股权激励工作的重要里程碑。 （杨 阳）

【获批教育部国别和区域研究中心“中国周边经济研究中心”】 6月13日，教育部下发《关于公布2017年度国别和区域研究中心备案名单的通知》，学校申报的国别和区域研究中心“中国周边经济研究中心”，经教育部国际合作与交流司批准备案。这是学校在国别和区域研究领域首次获批的教育部科研平台。学校“中国周边经济研究中心”将以教育部“国别和区域研究中心”建设有关要求为指针，积极整合国际贸易、国际商务等学科的研究力量，聚焦“一带一路”大战略，围绕中国周边相关领域和地区的经济贸易新情况、新问题，深入开展相关科学研究。（杨　阳）

【与英国考文垂大学共建联合研究中心】 12月7日，在中英两国教育部长的见证下，学校与英国考文垂大学共同签署关于建立联合研究中心的谅解备忘录。“上海理工大学—考文垂大学先进制造技术联合研究中心”的建立，旨在促进彼此在先进制造领域的科研合作和对世界前沿问题的创新研究。这是两校落实战略合作协议的重要举措，将大大提高两校在学科建设、教师交流和人才培养等方面的合作能级。（杨　阳）

附：学校负责人及地址

（2017年1—12月）

校党委书记：吴　松

副书记：孙培雷（5月离任）、刘道平、顾春华（3月到任）、盛　春、孙跃东（8月到任）

校　长：胡寿根（3月离任）

副校长：顾春华（4月到任）、陈　斌、刘　平、田蔚风、吴　忠、孙跃东（8月离任）

军工路516号校区
地址：军工路516号
邮编：200093
电话：55277040

军工路334号校区
地址：军工路334号
邮编：200090

军工路1100号校区
地址：军工路1100号
邮编：200093

复兴路校区
地址：复兴中路1195号
邮编：200031
电话：64725420

上海出版印刷高等专科学校
地址：水丰路100号
邮编：200093
电话：65673587

上海海事大学

【2017年概况】 学校有学院（研究院）16个，有博士后科研流动站2个、一级学科博士点2个、二级学科博士点19个、一级学科硕士学位授权点13个、二级学科硕士学位授权点59个、专业学位硕士授权点15个、工程硕士点10个、本科专业46个。有11个省部级重点研究基地。在校生23000余名，其中本科生17000余名，各类在校研究生近3300名，留学生近700名。学校专任教师1166名。

学校规划与综合改革。学校“十三五”规划各项建设任务稳步落实。积极适应高等教育改革发展的新要求新形势，修订和完善总体规划、专项规划和学院规划，形成科学的规划体系，绘就学校新一轮发展蓝图。教育综合改革深入推进，各项任务按照《上海海事大学深化教育综合改革2017年实施方案及推进计划》有序落实，治理能力和水平稳步提升。学校现代大学制度建设一期试点工作完成，二期试点工作正式启动。校院两级管理运行机制更加完善。依法治校示范校建设稳步开展。

人才培养。本科教学审核评估工作获专家肯定。本科专业培养方案大幅修订，实践类课程比例提高。大学英语、高等数学试行“菜单式”教学。学时学分比由18调整至16。新增“绘画”本科专业。交通运输专业开设国际班。航海技术等6个专业分获上海高校第三、第四、第五批应用型本科试点专业建设立项。完成交通运输、交通工程专业工程教育认证。完成11个专业达标评估。开设“大国航路”“走向深蓝”思政大课堂。新增市级精品课程1门、市级重点课程12门、上海高校示范性全英语授课课程3门。增建通识教育选修示范课程17门。开出实验课程378门，设立实验项目1769项。新建46个院级实践基地。宁波研究生院揭牌。上海市交通港航发展研究中心实践基地被认定为上海市示范级实践基地。入选国家级大学生创新创业训练计划项目56项，市教委立项资助大学生创新创业项目160项。本科生参与各级各类学科竞赛46项，获省市级奖项413项、865人次获奖。获全国大学生节能减排社会实践与科技竞赛全国一等奖1项、全国大学生智能汽车竞赛全国一等奖2项、全国海洋航行器设计与制作大赛全国一等奖3项。资助研究生创新项目和学术新人项目161项。获批上海市研究生专项项目孵化类3项。45个参赛小组分获2017年全国研究生数学建模大赛一、二、三等奖。研究生发表高水平学术论文119篇。78名研究生参加各类研究生国际交流项目，同比增加34%。

科学研究。工程学科首次进入ESI全球前1%。港航物流学科继续保持全球领先。高峰高原学科完成第一阶段建设任务。科技总经费超3亿元，其中科研项目合同总经费1.35亿元，同比增长10%；到款经费1.23亿元，同比增长9%。纵向科研经费占比为36%，增长4个百分点。科技项目立项552项，其中国家级项目48项。国家自科基金36项，重点项目1项，总经费1653万元。国家社科基金立项11项。获各类科技奖项37项，省部级科技奖项9项(科技类6项、哲社类3项)。连续两年获市科技进步一等奖1项，首次获省部级自然科学一等奖1项(第二完成单位)。科技论文总量达到1232篇，其中SCI/SSCI论文220篇，同比增长7%；新增ESI高被引论文6篇；SCI/SSCI一区论文27篇，同比增加108%。申请专利193项(发明专利163项)，授权专利106项(发明专利74项)。两项科技成果以作价入股形式成功转化。

师资队伍。引进外籍SCI期刊主编1人、领航计划人才教授2人、江苏省333计划第二层次人选1人、特聘教授1人、副教授6人，柔性引进教育部“新世纪优秀人才支持计划”1人、上海高校“东方学者”特聘教授1人。新增校讲座教授12人，新进专任教师58人。申报上海“千人计划”教授2人、上海高校“东方学者”讲座教授1人、上海高校“青年东方学者”2人。积极推进教师专业发展工程“四大计划”，52名青年教师获资助。

招生就业和学生管理。录取本科新生4062人，航海类专业提前批次一本率上升至53.6%。2017届毕业生5568人，其中硕士毕业生1533人，就业率99.40%；本科毕业生4035人，就业率97.25%。与440家企业签订实习基地协议。积极推进“课程思政”改革试点，获批市重点培育单位，获批市示范马克思主义学院建设单位。获全国高校思政理论课教学展示二、三等奖，学生的思政课程作品获全国一等奖。积极推动辅导员专业化发展方向，获2017年上海市高校辅导员职业能力大赛一等奖1项、上海学校德育创新发展重点攻关项目1项、德育实践课题3项、上海高校辅导员工作培育项目1项、市阳光计划3项、市教卫工作党委系统党建研究会课题1项。易班工作总站获年度上海高校易班十佳称号，1名辅导员获“易班全国十佳辅导员称号”。校学生事务中心窗口业务共计接待学生50000余人次。开展常规心理咨询418人次，建立心理咨询中心、学院、保卫处联动机制，完善危机干预体系。实现国家助学金对家庭经济困难学生的全覆盖，全年发放各类助学金966.8万元，为3931名困难学生资助学费和生活费。共计6292名学生获各类奖学金资助，奖金总金额达1059.8万元。

对外交流。与意大利热那亚大学等5所境外高校签署校际合作协议。与英国皇家特许船舶经纪协会续签合作协议。与芬兰瓦锡兰集团协议共建双燃料发动机实验室。中西非地区海事大学“物流管理”本科境外办学项目完成第八届学员招生。与罗马尼亚康斯坦察海事大学、埃及阿盟海运与科技学院协商开展境外办学项目。124名海外专家到校进行长短期授课或讲座,共开设专业课程45门次。2名海外专家获国家外国专家局2017年度高端外国专家项目(文教类)资助,10名海外专家获外国专家局2017年度教科文卫引智项目资助。新增8个学生海外学习项目,学生海外交流项目总数增至72个。年内共有481名同学派往26个国家或地区的53所高校或企业参加交流活动。同柬埔寨、缅甸、埃及、肯尼亚等“一带一路”沿线国家开展海事合作。举办“一带一路海事国家港航机构高级官员培训”“一带一路海事国家船舶能效管理和数据收集高级培训”项目。与国际海事大学联合会专家合作修订的3门国际海事组织培训标准示范课程,已由国际海事组织确认发布。

社会服务。南海航行状况报告、上海自由贸易港方案、雄安新区城市物流概念性设计方案、临沂物流中长期规划等决策咨询成果受到关注。与上港集团合作交通行业研发中心。与中国质量认证中心共建的临港检测基地、与上海出入境检验检疫局共建的跨境电商风险监管平台投入试运行。“海洋极端环境钢铁材料制备与蚀损控制”联合实验室研发的极地船用低温钢投入生产。国际海事组织亚洲海事技术合作中心(MTCC—Asia)正式落户学校,中心首次亚洲区域研讨会召开。相继成立粤港澳大湾区供应链研究院、亚欧港航物流研究中心、海事仲裁研究中心、全球航行状况研究中心等平台。1个项目纳入国家第一届“一带一路国际合作高峰论坛”成果,2个项目列入《上海服务国家“一带一路”建设发挥桥头堡作用行动方案》。与香港特区政府和香港大学签订学术合作协议。与沙特阿拉伯石油公司签署合作谅解备忘录。全球航运智库联盟有效运作,协同创新中心初显成效。向交通运输部、市政府提交专报共计14份,其中关于邮轮船票的建议已试点推广。上海高级国际航运学院服务“一带一路”人才培养战略,与上海出入境检验检疫管理局、招商局集团、中远海运集团等20多家企事业单位签订战略合作协议。举办10多个高端培训项目。

教育保障。策划和实施质量管理体系文件ISO9001:2015标准的转版工作,通过挪威船级社(DNV GL)ISO9001:2008质量管理体系和DNV三个认证规则证书的年度审核及中华人民共和国船员教育和培训质量管理体系证书的中间审核和附加审核。优化智慧校园平台和工作流引擎建设,为师生提供便捷的网上办事大厅服务。基本完成深海工程材料失效评价与检测平台项目等12个项目的建设。完成船舶机舱火灾防治技术实验室等13个实验室建设项目的竣工验收。启动清洁能源利用实验室建设。优化图书馆内空间布局,“刘潜安全科学图书馆”正式开放,数字馆读者达到80万人次。情报服务工作获2017年战略性新兴产业情报专项课题1项,物流情报研究所获“2017中国高校图书馆发展论坛”优秀案例奖等奖项。基本实现校企分离和产业一体化。集装箱供应链技术研究中心项目顺利通过工程验收,并已投入使用。新建研究生公寓项目完成主体结构封顶。航运科技创新大楼被列入市教育建设“十三五”首批项目。成立采购与招投标管理中心,完善、规范采购工作。

精神文明与文化建设。连续第九届获评市精神文明单位。启动校志编纂工作。校史馆运营有序。陆续完成海事大学原校名牌、老校区船锚、校训石等校园文化项目。“海大人文”系列文化活动丰富多彩。进一步推进二级学院院务公开民主管理工作。举办“第33个教师节主题晚会暨从事教育工作三十年颁证仪式”。校友工作蓬勃发展,年内累计已有50个校友组织与联络点。由校友捐赠改建的校友之家、纪念品中心正式启用。发行上海海事大学—中国银行联名校友认同卡。开展校友返校日、校友大讲堂等品牌活动16次。成立学生校友联合会,编辑发行《校友园地》刊物。包揽全运会帆船冠亚季军,游泳、武术项目获2枚银牌1枚铜牌。在全国大学生各类锦标赛斩获16枚金牌10枚银牌10枚铜牌。足球获市三连冠。教育部批准学校足球队为市高水平运动队。

实事工程。开展第四批转编工作，12位优秀人事代理、人才派遣人员转入事业编制。74名教职工获临港双限房购房资格。组织教职工疗休养14批500余人次。组织办学骨干健康检查130多人次。组织教工龙舟比赛、环临港高校徒步健身走等学校群众体育活动。举办新年送春联、一小时读书等文化活动，共计4000余人次教工参加。聚焦师生需求，推出37项实事计划，年内实施改造项目70多项。学生公寓洗浴设施全部使用太阳能，8栋学生公寓创建“六T”。深入完善校园治安防范体系。校园道路、重点场所监控点位增加至1290个。（许梅英）

【6项成果获2016年度市科学技术奖】 3月22日，上海市科学技术奖励大会在上海展览中心举行，学校的6项科技成果获市科技进步奖。其中，物流科学与工程研究院教授顾伟主持的“电力推进船舶动力控制、电站控制与航向控制技术及应用”获一等奖，信息工程学院教授高茂庭的“水质污染自动监测与智能预测预警技术及应用”获二等奖，物流工程学院教授胡雄的“大型港口机械本质安全与健康评价系统关键技术与应用”、教授宓为建的“集装箱码头智能配载系统”、海洋科学与工程学院教授尹衍升的“深海石油钻采装备关键部件蚀损防护材料研制及涂覆应用技术”和商船学院教授章学来主持的“移动蓄冷式冷链运输装备关键技术及应用”分获三等奖。（许梅英）

上海海事大学6项成果获2016年度市科学技术奖

【上海国际海事亚洲技术合作中心成立】 5月15日，上海国际海事亚洲技术合作中心(MTCC)成立仪式在学校举行。联合国国际海事组织(IMO)秘书长林基泽(Kitack Lim)，中国交通运输部副部长何建中，市委常委、副市长、政法委书记陈寅，欧盟驻华参赞白薇琪(Vicky Pollard)，IMO环保司副司长Jose Matheickal，交通运输部国际海事组织中国首届海事大使、前交通运输部副部长徐祖远，交通运输部海事局局长许如清，校领导及全校师生代表等出席成立仪式。（许梅英）

上海国际海事亚洲技术合作中心(MTCC)成立仪式在上海海事大学举行

【与宝钢共建海洋极端钢铁材料联合实验室】 3月10日，学校与宝山钢铁股份有限公司共同建立的“海洋极端环境钢铁材料制备与蚀损控制”联合实验室在校正式揭牌。该平台的建立，填补国内海洋极端环境材料校企联合研究平台的空白。（许梅英）

【帆船协会首航暨帆船训练基地揭牌】 4月25日，学校帆船协会首航暨帆船协会训练基地揭牌仪式在滴水湖举行。市大学生体育协会名誉会长薛明扬，市大学生体育协会会长姚颂平、副会长顾承锷，以及校党委书记金永兴，副书记、副校长王海威等出席。帆船训练基地的落成，为学校广大帆船爱好者提供帆船运动交流和体验的平台。（许梅英）

【校科学技术协会成立】 5月9日，学校科学技术协会成立大会在市科学会堂召开。大会审议通过《上海海事大学科学技术协会章程》，选举产生科协第一届委员会委员，并召开科协第一届委员会第一次会议。（许梅英）

【与广州南沙开发区签订战略合作协议】 8月18日，学校与广州南沙开发区签订战略合作协议暨粤港澳大湾区供应链研究院揭牌仪式举行。广州南沙区与学校签订战略合作框架协议。广州南沙开发区、广州港集团、中远海运特种运输股份有限公司以及上海海事大学等6家单位签订共建“粤港澳大湾区供应链研究院”协议并为粤港澳大湾区供应链研究院揭牌。（许梅英）

【承办第二届智能科学国际会议】 10月25—27日，由中国人工智能学会、国际信息研究学会中国分会主办，学校和上海市思维科学研究会承办，以“智能科学的发展与应用”为主题的第二届智能科学国际会议（ICIS2017）在上海召开。来自国内外智能科学领域顶尖专家学者、人工智能产业领军企业、行业领袖等200余人与会，深入探讨智能和相关科学技术，交流目前人工智能和人类智力的相关研究。（许梅英）

【8项科技创新成果亮相第十九届工博会】 11月7日，第十九届中国国际工业博览会在国家会展中心（上海）开幕，来自28个国家和地区共2562家参展商参展。学校研发的8项科技创新项目成果亮相本届工博会。其中，高茂庭教授团队研发的“水质污染自动监测与智能预警技术与系统”获“高校展区优秀展品一等奖”，其他参展项目分别是：智能天气感应多能互补相变储能供热/供暖系统、城市地下物流VR系统、船岸一体化智能营运与维护管理系统、集装箱码头智能配载系统、水力空化/脉冲强光灭菌系统、智能救生系列装备及设计和上肢残疾人用自动翻书书架（大学生创新创业）。（许梅英）

上海海事大学8项科技创新成果亮相第十九届工博会

【浙江宁波研究生院揭牌】 11月26日，学校浙江宁波研究生院揭牌仪式在宁波市继续教育院举行。该院是学校首个异地合办的研究生院，也是宁波首个落地的市校合办研究生院。当天，宁波市副市长许亚南和校长黄有方共同为宁波研究生院揭牌。与会嘉宾为宁波研究生院企业导师颁发聘书。

（许梅英）

附：学校负责人及地址

（2017年1—12月）

校党委书记：金永兴

副书记：黄有方、门妍萍、王海威

校　长：黄有方（兼）

副校长：杨万枫、王海威（兼）、施　欣、严　伟

临港校区地址：海港大道1550号

邮编：201306

电话：38282000

东明路校区地址：东明路1336号

邮编：200126

电话：68702503

港湾校区地址：浦东大道2600号

邮编：200129

电话：58711692

海华学院校区地址：金桥路555号

邮编：200136

电话：50389119

上海海洋大学

【2017年概况】 学校有14个二级院系、2个博士后科研流动站、3个一级学科博士学位授权点、10个一级学科硕士学位授权点、4个研究生专业学位授权点、40个二级学科硕士学位授权点、43个本科专业及方向、10个高职专业。有1个国家“双一流”建设学科、1个国家重点学科、3个上海高校高峰高原学科、3个上海高校一流学科、9个省部级重点学科,5个国家特色专业、3门国家精品课程、28门市精品课程、12门市示范性全英语教学课程、1个国家级和4个市级教学团队、2个国家级实验教学示范中心。年内招收普通本科生3041人,招收研究生1000人,其中硕士935人、博士65人。学校拥有全日制本专科生近12000人、研究生2600余人。学校拥有双聘院士2名、第一批“长江学者奖励计划”特聘教授1名、中央“千人计划”5名、国家杰出青年科学基金获得者2名、“百千万工程”国家级人才6名、国家“万人计划”科技创新领军人才计划1名、省级有突出贡献专家2名、上海“千人计划”5名、市领军人才6名、市东方学者19名、青年东方学者7名,拥有以国务院学科评议组成员、科技部中青年科技创新领军人才、教育部新世纪人才、市优秀学科带头人、市教学名师以及中青年教授等为骨干的师资队伍。

坚持党的全面领导,推进高水平特色大学建设。发挥马克思主义学院学科优势,开展“党的十九大精神进课堂”工作,1名教师入选市教委党的十九大精神宣讲团,1名辅导员入选上海市“校园巡讲”和“网络巡礼”宣讲团,2名学生入选上海团学骨干宣讲团。制定专职辅导员和党务工作队伍“双重身份、双线晋升”政策,1名教师获“2017年全国高校思想政治理论课教学标兵”称号。入选市课程思政教育教学改革“整体试点校”。开展基层党组织培育示范点建设,首批遴选12个校级培育示范党支部,1个党支部入选市教卫党委系统培育示范党支部。制作的先进党员事迹电视片获上海市第十二届党员教育电视片观摩交流活动“优秀作品奖”。加强领导干部监督管理,坚持党政领导干部选拔任用工作全记实制度,制定试用期满干部考核管理办法,建立干部廉政档案。开展丰富多彩主题文化活动,大师剧《朱元鼎》等3项目申报市级文化建设项目。成立“两院一部”,优化机关部门、直属部门架构。

坚持立德树人根本任务,提高人才培养质量。强化专职学生思政教师队伍建设,形成日常工作和教学科研工作校院分层管理机制。获批上海高校辅导员名师工作室、上海市生涯工作室、上海高校辅导员能力提升项目(少数民族培训班)等市级项目、课题,与新疆大学联合开发并承办上海高校少数民族学生专职辅导员工作能力提升培训班。获易班全国十佳工作站站长等荣誉称号。加强学生日常管理,实施2017版《学生管理服务手册》,完善奖、贷、勤、助、补、减、绿色通道一体化的学生资助体系。获“2017年上海高校心理健康工作先进集体”称号。获第十五届全国“挑战杯”竞赛二等奖1项、三等奖1项。召开上海海洋大学第三次学生代表大会。优化本科人才培养结构。申报生态学、测控技术与仪器新专业,海洋渔业科学与技术专业、水产养殖学、包装工程专业、物流管理入选市属高校应用型本科试点专业建设项目。新增2门市级精品课程、2门市级全英语授课示范建设课程、15门市教委重点建设课程、2门上海市在线课程,2项目入选2018年市教委重点教改项目,22本教材入选农业部首批“十三五”规划教材。新增英语第二专业、双学士学位教育。新增市级创新项目132

项，入选上海市首批深化创新创业教育改革示范高校。成立水产科学国家级实验教学示范中心和食品科学与工程国家级实验教学示范中心教学指导委员会，建设教学实验室项目 8 个、投入经费 1521 万元。制订《2017—2020 年继续教育学院转型发展与综合改革纲要》，建设近 5000 平方水上运动基地。校龙舟队代表上海市参加第十三届全运会获“一银二铜”，被市政府授予“上海市群众体育工作优秀集体”称号。应用经济学一级硕士点经市学位委员会审议通过，开展 28 次科学道德和学风建设宣讲活动，编印 2017 版《研究生培养方案》。修订《博士、硕士研究生指导教师资格管理办法》，新增市研究生教育项目 6 项，累计获经费 160 万元。2017 届本专科毕业生就业率 96.80%，较上一年上升 0.67%；签约率 76.27%，较 2016 年上升 6.91%；毕业研究生 666 人，就业率为 98.95%，签约率为 82.43%。有 28 人参加基层、国家项目就业，56 人赴西部、艰苦行业就业。校众创空间揭牌，首批八家大学生创业企业入驻。

提高科学研究水平，提升科技创新能力。全年申报纵向科研项目 420 余项，立项科研经费总额达 1.13 亿元。国家自然基金国际联合基金、国家社会科学基金重大专项项目实现零突破，新增国家自然科学基金重点项目，国家基金经费比去年增加 52%。获省部级奖励 6 项、学会奖 2 项、局级奖励 6 项。其中，获上海市科技进步二等奖 4 项。海洋生物学国际联合研究中心下建立上海海洋大学—葡萄牙阿尔加夫大学国际联合实验室，与舟山市政府合作成立国家远洋渔业工程技术研究中心舟山分中心。上海市冷链装备性能与节能评价专业技术服务平台获批市级科研平台。对接国家海洋强国战略，以全海深载人深渊器为核心的深渊科技流动实验室，研制万米级无人潜水器和着陆器，着陆器完成 11000 米级海试。成立远洋渔业国际履约研究中心，完成中国第一艘远洋渔业资源调查船“淞航”号建设，英文刊 *Aquaculture and Fisheries* 有效投稿量、海外稿源比例、投稿单位数、下载量及国际用户数大幅提高，《水产学报》获“中国精品科技期刊”“中国百种杰出学术期刊”称号，入选“中国国际影响力优秀学术期刊”。学校教师关于中韩渔业冲突问题的建议被中办单篇全文采用，参与制订《“十三五”全国远洋渔业发展规划》，修订《远洋渔业管理规定》。对接国家“精准扶贫”政策，组织“教授博士科技服务团”赴各省市开展科技服务，对口支援贵州、陕西河蟹生态养殖及稻渔综养技术推广；开展西藏亚东鱼人工繁育，推动当地产业技术升级。举办 2017 年度稻渔综合种养产业技术发展论坛暨第三届全国稻渔种养模式创新与优质渔米评比和第十一届蟹文化节暨 2017 年“王宝和杯”全国河蟹大赛等活动，继续对台湾苗栗大闸蟹养殖的产业发展提供技术支撑。出台《上海海洋大学科技成果转移转化实施办法(暂行)》，科技园区孵化创业团队 22 个，孵化成功率 40%。成功实现 6 个项目成果转化，总金额达 574 万元。

加强对外交流合作，推进国际化发展战略。出台《上海海洋大学关于推进国际化建设的若干意见》，加入欧盟 Erasmus + 项目，每年选派师生赴欧盟相关高校交流学习。与东京海洋大学、韩国海洋大学联合申报，入选教育部“亚洲校园”计划，实现三国高校国际课程学分的互相认证和校际联合培养。聘请外国专家开设面向研究生的前沿课程 10 门，聘请 11 个国家的 18 名外籍教师长期任教，与澳大利亚塔斯马尼亚大学合作办学的两个项目的第四轮合作通过教育部审批，并通过市教育评估协会认证。拓展学生国(境)外交流工作，设立 263 个项目，选送 379 名本科生和研究生赴境外学习和实习。103 名学生赴国外参加国际会议或海上实习调查，派出交换学生 217 人。接收外国留学生 269 名，同比增长 34%，生源国增长到 38 个，同比增加 7 个。

深化人事分配制度改革，加强师资队伍建设。形成《上海海洋大学关于人才发展的指导意见》为主的人才工作“1 + 3 + 1”的文件体系，继续完善二级学院“任务 + 绩效”的《上海海洋大学学院人员经费拨款改革方案》，落实机关及直属部门“岗位 + 业绩”的《上海海洋大学机关二级分配拨款改革方案》。建立分类评价标准，实施以代表性成果和实际贡献为主要内容的评价方式，规范学校专业技术职务聘任工作。年内新聘任 137 位教职工进入各类各级专业技术岗位，其中正高 22 人、副高 57 人。

2017年新进教职工115人，聘用高层次人才10人，入选第六批中央“千人计划”创业项目1人。续约高层次专家7人。申报人才计划及奖项19项39人次。新增国家农业产业技术体系水产岗位科学家6人，学校水产岗位科学家10人。教授崔维成获全国创新争先奖。国际履约团队入选“全国高校黄大年式教师团队”并获“上海市工人先锋号”称号。教授唐建业入选美国皮尤海洋学者名单。

提高管理服务效能，服务保障学校发展。编制完成业务运行报告、人力资源报告、财务报告、审计报告。修订采购实施细则，逐级落实分级采购职责，受理项目121项，实际采购金额9042.3426万元。强化审计监督，全年完成各类审计项目193项，审计资金18.9亿元。基建和修缮等工程审减资金328.30万元，发挥内部审计“免疫系统”功能和建设性作用。制定《上海海洋大学项目库管理办法(试行)》，根据项目支出的性质设立教学类、学科类等五个项目库。规范国有资产管理，形成归口管理、分工合理、职责清晰的管理体系。全年校内自查未发现违规现象。实验室信息化管理系统上线运行。科教实训基地正式启用，海洋科技大楼开工建设，游泳馆项目完成开工前各项手续。落实科技园“一体两翼”的建设，深渊科学技术研究中心、国家远洋渔业工程技术研究中心等六大平台全面入驻临港海洋高新园区。启动校办企业清理规范工作，分批清理12家需注销企业。持续推进智慧校园建设。大后勤改革平稳推进，原后勤服务中心机构、人员有序划转。精细化房屋统计与规范办公用房使用，调整办公室96间，完成2316间房屋年度统计。安排79名教师入住校内单身公寓、海洋小区周转房和泥城公租房。2017年完成大小修缮工程171项，金额总计约2251万元。滨海、象山、大洋山、枸杞岛等科教基地接待师生2137余人次，完成“移动自助图书馆系统”升级。召开第八届教职工代表大会，顺利完成教代会和工会换届工作。校教育发展基金会2017年新增奖助学金项目8个，合同金额198万元。 (郝玉凤)

【新增建设2个农业部重点实验室】 1月，农业部公布“十三五”重点实验室(站)建设名单。依托学校建设的淡水水产种质资源重点实验室、大洋渔业资源环境科学观测试验站、大洋渔业开发重点实验室和渔业信息重点实验室入围“十三五”农业部重点实验室(站)建设名单。其中，淡水水产种质资源重点实验室和大洋渔业资源环境科学观测试验站是“十二五”期间已布局在建的重点实验室(站)；大洋渔业开发重点实验室和渔业信息重点实验室是新增建设的重点实验室，将开展为期两年的试运行，考评合格后再正式授牌。 (郝玉凤)

【3个项目获市科学技术奖】 3月，教授成永旭领衔完成的“基于全程配合饲料和营养调控的高品质河蟹生态养殖技术研发与应用”项目获2016年度上海市科技进步一等奖。教授黄冬梅领衔完成的“风暴潮灾害时空大数据的协同处理技术及重大工程应用”项目获2016年度上海市科技进步二等奖。教授谢晶领衔完成的“水产品低温物流关键技术研发与设备创新”项目获2016年度上海市技术发明三等奖。 (郝玉凤)

【新增6位现代农业产业技术体系“十三五”岗位科学家】 4月，根据农业部科技教育司发布的《关于现代农业产业技术体系“十三五”新增岗位科学家的通知》，共354个岗位向全国公开招聘，经专家评审，遴选出354位岗位科学家候选人。上海海洋大学成永旭、谢晶、白志毅、陈乃松、章守宇、孙琛入选。 (郝玉凤)

【深渊有机碳来源、分布和堆积研究获新进展】 9月，学校深渊中心罗敏博士通过对采集于马里亚纳海沟南部水深介于4900米到7118米海底沉积物总有机碳(TOC)和总氮(TN)含量以及δ13C值分析，发现沉积物有机质主要来源于海洋藻类。在其中水深7100多米GC05的海底柱状沉积物从101cm和201cm处发现可能有陆源有机质的混入。同时，发现马里亚纳海沟南部表层沉积物的有机碳含量随水深增加而升高，表明可能存在颗粒物质的横向搬运过程。对已发表的马里亚纳海沟南部6037米站位浅表层沉积物210Pbxs数据拟合获沉积速率约为$0.02cmyr^{-1}$，明显高于同等水深全球平均的沉积速率，依此估算的马里亚纳海沟南部颗粒有机碳平均堆积速率约为 $1.5\times10^{-5}gcm^{-2}yr^{-1}$。
（郝玉凤）

【与复旦大学合作研究论文在《美国化学会志》发表】 9 月，美国化学会顶尖期刊《Journal of the American Chemical Society》(《美国化学会志》)在线发表上海海洋大学与复旦大学合作的研究论文《Mesoporous Tungsten Oxides with Crystalline Framework for Highly Sensitive and Selective Detection of Foodborne Pathogens》(《关于利用有序介孔三氧化钨快速检测食源性致病菌的研究》)(J. Am. Chem. Soc. 2017，139，10365—10373，IF＝13.858)。食品学院副教授朱永恒和教授赵勇为论文的共同第一作者，复旦大学化学系教授邓勇辉为论文的通讯作者。该研究团队设计合成出一系列具有规整纳米孔道和高比表面积三氧化钨(WO_3)半导体材料，并将其制作成气敏纳米器件，首次将该类半导体器件用于快速选择性地检测食源性致病菌。
（郝玉凤）

【新增 1 位上海高校东方学者、2 位上海高校青年东方学者】 10 月，信息学院陈雷获聘 2017 年度上海高校特聘教授(东方学者)、讲座教授。海洋科学学院张俊波、食品学院栾东磊获 2017 年度上海高校青年东方学者称号。
（郝玉凤）

【纪念建校 105 周年】 11 月，上海海洋大学迎来 105 周年华诞。学校举行“校庆月”活动启动仪式。为期一个月的校庆活动，包括学术文化系列报告会、校友返校活动、系列文体艺术活动等近 30 项。
（郝玉凤）

上海海洋大学 105 周年校庆

【“淞航”号完成首航】 12 月，上海海洋大学建造的中国第一艘远洋渔业资源调查船“淞航”号经过 35 天的航行，返回上海芦潮港码头，顺利完成首航任务。
（郝玉凤）

上海海洋大学建造的中国第一艘远洋渔业资源调查船“淞航”号

【水产学科获 A＋评级】 12 月，教育部学位与研究生教育发展中心公布全国第四轮学科评估结果。学校 10 个一级学科参评，7 个一级学科榜上有名。其中“水产”学科获 A＋评级。此外，“食品科学与工程”学科获 B＋评级，名列全国前 20%；“海洋科学”学科和“生物学”学科获 B－评级，名列全国前 40%；“计算机技术与科学”学科获 C＋评级，名列全国前 50%；“环境科学与工程”学科和“农林经济管理”学科获 C－评级，名列全国前 70%。
（郝玉凤）

附：学校负责人及地址

（2017 年 1—12 月）

校党委书记：吴嘉敏
　副书记：汪歙萍、何　雅、吴建农(8 月到任)

校　长：程裕东
副校长：汪歙萍(兼)、李延臣、吴建农(8 月离任)、李家乐

临港新城校区地址：沪城环路 999 号
邮编：201306

军工路校区地址：军工路 318 号
邮编：200090
电话：61900296

上海中医药大学

【2017年概况】 学校有在校学生10621人，其中博士生566人、硕士生2236人、本科生3580人、专科生200人、成人教育学生4039人。有国家级、省部级实验室6个、研究中心9个。有21个二级学院(部)、本专科13个专业、27个硕士学位授予点、16个博士学位授予点。有3所直属附属医院、5所非直属附属医院。

稳步推进“人才强校”战略，创新人才发展活力。新增国家级高层次人才5人，其中国医大师2人、全国名中医2人、国家百千万突出贡献专家1人。新增上海市高层次人才6人，柔性引进林国强团队、张卫东团队等领军人才和顶尖团队。推进“学术荣誉体系”建设，稳步开展全覆盖、分层次的杏林中青年人才培养体系建设和教师分类发展改革。组建以研究方向为主导、科研平台为支撑、人员按需流动的三个创新研究院，即面向基础前沿研究的交叉科学研究院，面向人文社科研究的科技人文研究院，面向行业产业研究的创新中药研究院。建立马克思主义学院，成立校党委教师工作部。

经教育部和市政府同意，以部市合作共建形式，统筹支持学校纳入上海高水平地方高校建设范围，加快改革发展步伐，支持一流学科建设，使学校成为上海市第二所地方高水平大学建设单位和全国第一所教育部和地方政府共建的中医药高等院校。

建设以“岐黄中国”为重点的品牌课程，初步形成“各门课程都有育人功能，所有教师都负有育人职责”的课程思政工作格局，首批入选市“课程思政”教学改革整体试点院校。通过教育部中药学专业认证、本科教学审核评估，作为市首批“大学生创新创业训练计划示范校”，建立大学生创客空间与创业实践园，生物医学工程专业入选教育部新工科研究与实践项目。完善国家武术训练教育基地、国家文化素质教育基地建设，强化体育和美育的育人功能。率先在国内开展中医博士专业学位教育改革专项试点，优化专业布局，成功申报3个硕士学位授权点，完善学位与研究生教育质量保证和监督体系。研究生发表学术论文633篇(其中SCI 149篇，影响因子IF5分以上23篇，较去年增加20.5%)，推动研究生创新创业计划，获7项市级奖项，派出研究生海外访学35人。博士后获国家自然基金课题5项，发表SCI 30篇。完成全国高校来华留学生教育质量认证工作。学校师生在全国高校和中医药行业各类教学竞赛中，成绩名列前茅。

高峰造尖行动计划顺利推进，初显成效。通过柔性引智、国际合作、学科交叉方式，打造20支顶尖优势创新团队。源于中医药理论的创新药物研发、面向难治性慢性疾病的中医答案、立足国际科学前沿的中西医结合新探索三大顶尖关键科学问题，产出标志性国家成果。交叉科学研究院团队、针灸研究团队分别在世界学术前沿核心期刊Nature子刊、Science子刊上发表最新研究成果。高峰高原学科绩效评估、中医健康服务协同创新中心绩效评估获肯定，ESI学科排名显著上升。

学校系统获国家自然科学基金资助项目126项，其中重点项目2项，连续7年资助项目数和立项经费数列行业第一名。新增国家重大科技专项和重点研发计划14项，立项金额1.8亿元。获各级各类科技奖项49项，包括上海市科技进步奖6项、教育部科技进步奖2项。发表论文2598篇，其中SCI收录论文581篇(IF>5，86篇)，CSSCI收录论文11篇，授权专利120件。人文社会科学研究实现新的突破。获国家级项目3项、部市级项目11项，“阳光计划”2项，立项总数创新高。学校中医学和中药学双双入选教育部世界一流学科建设。以“中国特色、世界一流”为核心，以“立德树人”为根本，形成《一流学科建设高校建设方案》，优化学科结构，凝练学科发展方向，突出学科建设重点，推动学科建设整体水平提升，带动学校发挥优势、提升整体实力。

以“一带一路”沿线国家为重点，实施中医药海外发展战略布局。发挥WHO传统医学合作中心、ISO/TC249秘书处的平台作用，引领世界传统医药发展方向。推进捷克中医中心、马耳他中医中心、美国爱诺华中医中心建设，与美国加州大学洛杉矶分校开展合作，与希腊签署太极健康中心合作备忘录，参与法中医院健康管理暨健康老龄化论坛、日本第二届药膳博览会。推进中医药国际标准化建设，参与研制两项ISO/TC 249发布的中医药国际标准。赴英国、比利时、法国和日本举办中医文化和产品技术海外展示，举办中医养生文化展等，加强与海外机构建立合作关系、举办合作教育，推进中医药文化的传播，着力推进全球化视野的中医药人才培养。

发挥办医主体引领、监督职能，深化公立医院体制机制改革，推进附属医院建设。推进附属医院中长期发展规划和学科内涵建设，发挥中医特色优势，改善医院服务，做好临床人才培养，提升医院整体水平。新增1家非直属附属医院。校附院与39家二级以上医院及社区卫生中心开展多种形式的合作，更好地服务社会。继续做好海外及内地的医疗援助工作，发挥医疗服务辐射作用，提升社会影响力。

营造“爱校荣校”文化氛围，完善《文明单位（文明校园）测评指标体系》，修订学校视觉识别系统（Ⅵ）手册，推进开展全市中小学生武术夏令营、武术秀，以及博物馆巡展和科普育人等活动，成立教工民乐团，加强大学生艺术团建设，附属曙光医院获全国文明单位，附属龙华医院、普陀医院顺利通过全国文明单位复评审。

发挥学校中国大学生武术训练基地作用，开展参与各类武术训练和竞赛活动，在第十三届全国学生运动会武术竞赛上，学校武术运动员代表上海市在比赛中获2枚金牌7枚银牌2枚铜牌的好成绩。依托国家大学生文化素质教育基地，开展君子书院、淑女学堂等传统文化教育。

以不断改善教师教学科研条件和学生学习生活条件为重点，科学编制年度预算，制定《上海中医药大学招标管理办法》，完成各类招标采购项目208项。改善学生生活园区、学生食堂、教学楼和实验室硬件设施，增加辅导员工作室、党团活动室、学生自习室等辅助用房。按计划完成本年度各类设备采购、各类项目维修。学生食堂获2017年上海市高校“六T”实务现场管理达标食堂称号，学生公寓“六T”实务现场管理达标创建。加强和完善人防、物防、技防建设，开展安全技能培训和心理健康教育咨询。

搭建完成IT运维服务台，规范事件报修和IT运维服务的流程，推进校园网改版和英文网建设，完善校园信息监控中心。（刘红菊）

【新增专业获教育部批准】 3月20日，据《教育部关于公布2016年度普通高等学校本科专业备案和审批结果的通知》，学校新增的康复物理治疗、康复作业治疗、预防医学专业获教育部批准。其中康复物理治疗和康复作业治疗两个目录外新专业，首次在全国范围内建立。（刘红菊）

【5项科技成果获市科学技术进步奖】 3月22日，2016年度上海市科学技术奖励大会在上海展览中心友谊会堂举行，学校共有5项科技成果获2016年度上海市科学技术进步奖。其中一等奖为龙华医院陈以平领衔完成的“斡旋三焦法治疗慢性肾病的临床应用与机制研究”。二等奖2项，分别是龙华医院邢练军领衔完成的“清肝活血方治疗酒精性肝病（肝纤维化）的方证病理学研究”和附属曙光医院赵春英完成的科普著作《赵春英六步通奶结》。三等奖2项，分别是岳阳医院陈云飞领衔完成的“‘从肾论治’在针药结合治疗类风湿关节炎的临床应用及相关机制”和市中医医院徐世芬领衔完成的“调督安神法针灸治疗轻中度抑郁症的机制研究与临床应用”。（刘红菊）

【建设有中医药特色的附属学校】 4月19日，学校与闵行区教育合作项目签约暨上海中医药大学附属浦江高级中学揭牌。9月1日，上海中医药大学附属晶城中学落成仪式暨2017学年第一学期开学典礼举行。通过与闵行区的战略合作，将建成国内第一个全面涵盖小学、初中、高中基础教育各阶段的中医药特色学校平台体系。 （刘红菊）

上海中医药大学附属浦江高级中学揭牌

【学校第八家附属医院正式挂牌】 6月6日，上海中医药大学附属光华医院揭牌仪式在长宁区政府举行。区委书记王为人和校党委书记曹锡康共同为"上海中医药大学附属光华医院"揭牌，标志学校第八家附属医院正式挂牌。市教育委员会副主任郭为禄，市卫生和计划生育委员会副主任张怀琼，长宁区人民政府区长顾洪辉、副区长李荣华，校长徐建光、副校长胡鸿毅等领导及来自全市各中医医院的代表、名老专家近200人参加揭碑仪式。 （刘红菊）

上海中医药大学附属光华医院正式挂牌

【多名教师分别获"国医大师""全国名中医"称号】 6月20日，由国家人力资源社会保障部、国家卫计委、国家中医药管理局共同开展的第三届国医大师、首届全国名中医评选结果公布，学校朱南孙、刘嘉湘获"国医大师"称号，严世芸、蔡淦、沈自尹获"全国名中医"称号。 （刘红菊）

【获全运会孙式太极拳冠军】 7月7日，在全运会群众比赛男子组规定孙式太极拳73式决赛中，学校体育教师冯金瑞以9.34分的成绩获金牌。 （刘红菊）

【获全国第十三届学生运动会武术比赛金牌】 9月5日，全国第十三届学生运动会武术套路比赛举行，校武术队学生队员刘建党以9.64分获男子大学组刀术第一名，为上海代表团获武术比赛首枚金牌。 （刘红菊）

【获"2017年上海市教书育人楷模"称号】 9月8日，学校基础医学院教授张黎声获2017年上海市教书育人楷模称号。有35年教龄、31年党龄的张黎声教授将艰深、枯燥的专业课演绎成深刻的"人生大课"，在专业教育课中充分挖掘其中蕴含的思想政治教育资源，将"人体解剖学"课程赋予生命哲理与使命担当。 （刘红菊）

【入选"双一流"建设学科名单】 9月24日，教育部、财政部、国家发展改革委印发《关于公布世界一流大学和一流学科建设高校及建设学科名单的通知》，公布世界一流大学和一流学科（简称"双一流"）建设高校及建设学科名单。学校中医学、中药学两个学科入选"双一流"建设学科名单。 （刘红菊）

【尹弘到校调研】 11月7日，市委副书记尹弘到校调研学校"双一流"建设情况。市委研究室副主任向义海陪同调研。 （刘红菊）

【中药学专业通过认证】 11月13—15日，教育部高等学校中药学类专业教学指导委员会本科中药学专业认证（试点）专家组对学校中药学专业的办学情况与水平进行认证。专家组通过听取汇报、现场走访、专题座谈、查阅资料等方式，全面了解学校办学宗旨、教学目标等基本情况和中药学专业办学情况。专家组对学校整体办学情况、创新型人才培养模式予以高度评价和充分肯定。学校中药学专业通过认证。 （刘红菊）

【接受教育部本科教学工作审核评估】 12月18—21日，学校接受教育部本科教学工作审核评估。

专家组成员深度访谈学校21个职能部门和14个学院、部、中心的80余人。考察中医药科技创新中心、上海中医药博物馆、全球合作伙伴中心等场所，走访并考察图书馆、体育馆、创科中心、学生宿舍、学生食堂等基础设施。赴3家附属医院观摩临床教学活动并与毕业生进行座谈。抽查教师答疑和辅导41人次，同时在各种场合随机与教师和学生交流。听课看课37节，调阅23门课程的试卷1005份，查阅中西医临床医学、推拿学等五个专业的毕业实习考察材料。专家组成员以问题为导向，分别围绕学校的办学定位、人才培养目标和效果、师资力量和办学资源、学生发展、质量保障体系等方面进行深入的分析，帮助学校梳理教学工作中存在的问题。专家组建议学校进一步增强使命感，营造中医药传承型人才增长发展的良好生态环境，将学科优势有效转化为人才培养优势。 （刘红菊）

【3门学科参评全国第四轮学科评估均获A+】 12月28日，教育部学位与研究生教育发展中心公布全国第四轮学科评估结果。学校中医学、中药学、中西医结合三门学科参评，均取得A+成绩，是全国中医院校中唯一取得3个A+的高校。

（刘红菊）

附：学校负责人及地址

（2017年1—12月）

校党委书记：张智强（2月离任）、曹锡康（2月到任）

副书记：徐建光（4月到任）、施建蓉、朱惠蓉、季　光（8月到任）

校　长：徐建光（兼）

副校长：何星海、陈小冰、朱惠蓉（兼）、胡鸿毅、季　光（8月离任）

地址：蔡伦路1200号

邮编：201203

电话：51322001

上海师范大学

【2017年概况】 学校设有二级学院17个，在读全日制本科学生20000多人、研究生7700多人、留学生总数2700多人、夜大学学生12000人左右。学校设87个本科专业，有9个一级学科博士点、9个博士后流动站。学校有1个国家重点学科、11个市重点学科。11个学科进入市高峰高原学科。有4个教育部高等学校特色专业建设点、1个教育部和市本科专业综合改革试点专业、2个教育部卓越教师培养计划改革项目，有4个市属高校应用型本科试点专业建设项目、18个市本科教育高地建设项目。3个学科进入ESI前1%学科。

实验室和科研基地。有1个国家文科基础学科人才培养和科学研究基地、1个国家重点培养人才基地、1个教育部人文社会科学重点研究基地、1个教育部国际教育研究培育基地、1个教育部区域与国别研究培育基地。有1个教育部重点实验室、1个教育部国际合作联合实验室、1个教育部国际合作与交流司备案的国别和区域研究中心、1个上海高校智库、2个市重点实验室、2个上海高校重点实验室。有1个市工程技术研究中心、1个市协同创新中心。有12个市人文社科研究和决策咨询基地、4个市高校E-研究院、1个市卓越新闻传播人才培养基地。联合国教科文组织二类机构“教师教育中心”落户学校，进一步提升学校教师教育的全球影响力。学校主办或承办25种学术期刊，其中《高等学校文科学术文摘》是全国三大社会科学文摘期刊之一。

学校有教职员工 2925 人，具有副高及以上专业技术职务人员 1094 人，其中国家“千人计划”人选者 2 人、教育部“长江学者奖励计划”入选者 3 人、国家“万人计划”教学名师 1 人、国家“万人计划”青年拔尖人才 1 人、国家教学名师入选者 3 人、国家“杰出青年科学基金”获得者 4 人、国家“优秀青年基金”获得者 6 人、人社部“新世纪百千万人才工程”国家级人选 5 人、教育部“新世纪优秀人才支持计划”17 人以及上海市“东方学者”入选者 26 人。有上海领军人才 2 人、上海市“千人计划”入选者 5 人、青年“东方学者”5 人、上海市优秀学科带头人计划入选者 9 人、上海市“曙光计划”人才入选者 42 人、上海市“浦江人才”计划入选者 56 人、上海市青年拔尖人才 2 人、上海市青年科技启明星计划入选者 30 人、上海市青年科技英才“扬帆计划”入选者 13 人、上海市“晨光计划”入选者 26 人、上海市“阳光计划”入选者 21 人等。此外，学校组建 500 余人的兼职教师队伍。

实施招生改革，生源质量呈现上升趋势。招本科学生 5052 人。招研究生 2826 人，其中博士生 177 名、硕士生 2649 名。创新一流专业人才培养模式。推进“光启学子”计划，举办“光启学子”领导力训练营。推行学分制改革，全面实行通识教育必修课选课制度；专业流动人数较往年有较大幅度增长，学生个性化发展得到进一步体现。成立学业发展指导中心，助力学生成长成才。重点强化研究生创新能力培养，研究生学术能力不断提高；完善研究生学位论文质量监控体系，学位论文各项质量指标持续提升。实施研究生海外研习交流计划。在英语竞赛、数模竞赛、广告大赛等国内外赛事中获佳绩。加强优质课程建设。强化传统优势和特色专业，重视专业应用转型发展，提高中外合作专业质量，推动专业国际认证试点。推进思想政治理论课程改革，入选上海高校课程思政教育教学改革试点。初步建立 7 大模块 100 多门通识教育课程。推荐 37 项成果申报市级教学成果奖。获批国家级精品资源共享课 6 门、市级精品课程 3 门、重点课程 31 门、全英语授课课程 2 门。深化创新创业及实践培养。拓展专业实习基地，推进创新创业孵化园建设。学校获批市级深化创新创业教育改革示范高校、市互联网＋大学生创新创业大赛“优秀组织奖”并举办第五届大学生创新创业论坛。在第十五届挑战杯中，首获特等奖实现历史性突破。67 个项目获国家级大奖项目，创历史新高。

学科与科研管理。参评教育部第四轮学科评估的 28 个学科中，有 11 个学科曾参评上一轮学科评估，其中 7 个学科排名有所上升。11 个高峰高原学科完成第一阶段绩效评价工作，其中世界史、中国史 2 个学科获优秀等第。学位点建设方面，学校先行启动新增博、硕士点申请工作，新增 3 个一级博士学位授权点、3 个一级硕士学位授权点以及 3 个专业硕士学位授权点。基本完成全校 37 个一级学科博、硕士点的合格评估工作。文科方面，获国家社科各类项目 50 项，立项总数全国排名第十二，上海排名第二。其中，国家社科重大项目 6 项，全国排名第十三；国家社科年度项目 30 项，全国排名第二十四；国家社科成果文库 2 项，全国排名第五；国家社科艺术学项目 4 项，全国排名第二；国家社科后期资助项目 6 项，全国排名第九；国家社科教育学项目 2 项，全国排名第二十四。此外，获省部级 103 项，其中教育部项目立项 26 项，全国排名第五。获教育部重大攻关项目 1 项。理工科方面，国家自然科学基金项目获批 49 项，其中优青 1 项、重点 1 项，均创历史新高。省部级项目立项 25 项。学校加强各类科研基地平台建设，“东南亚研究中心”获教育部区域与国别研究基地备案，成立市“亚毫米波望远镜和探测技术”国际联合研究中心，“植物种质资源开发中心”成为学校首个市级工程技术研究中心。科研成果方面，文科获市决策咨询优秀成果奖二等奖和三等奖各 1 项和王力语言学奖 1 项。理工科高影响因子论文数逐年提高，相关科研成果分别获市科技进步奖一等奖、市科学技术奖自然科学二等奖各 1 项。学报(哲社版)在 2017 年南大核心中排名“高校综合性学报类”第十九，《现代基础教育研究》《新史学》《对外汉语研究》《比较政治学研究》跻身 CSSCI 来源集刊。

交流合作。被列入来华留学生中国政府奖学金院校以及上海市外国留学生预科基地。学校与 40 多个国家和地区的近 400 个高校和组织建立交流合作关系。与美国、英国、德国、荷兰、俄罗斯、法国6个国家的7所高校合作举办10个中外合作办学项目。在日本广岛福山大学、非洲博茨瓦纳大学和美国密苏里大学建有三所孔子学院。学校成功申办联合国教科文组织教师教育中心，这是落户上海的首家联合国二类机构。与美国、英国、法国等12个国家和地区的22所高校和机构签署(续签)28份交流合作协议，与英国利物浦约翰莫尔斯大学共建足球教练本科项目。全年公派出国(境)团组343个，562人次。1037人次学生赴海外进行获学分或学位的专业学习、社会实习或短期项目。接受来自96个国家2783名留学生。

学校入选教育部卓越教师培养计划实施院校。加强师范生教育实践，深化研究生高端教育实践基地建设，推动师范生国(境)外研习交流活动。师范生在第五届全国师范院校师范生技能竞赛中获多项奖励。成立市教育督导研究中心，承办首届上海教育督导论坛、长三角教师教育改革与发展论坛等会议，参与基础教育改革。拓展教育合作领域，分别与闵行区、普陀区等新签续签多项合作办学协议。学校依托教师教育特色服务教育改革事业，承办教育部"国培计划"、民办高校"强师工程"等项目。加强与市教委、各区教育局和附属学校的联系，扩大在基础教育领域的影响。深化学历教育改革，强化非学历教育管理，推动继续教育转型发展。

学校有徐汇和奉贤两个校区，占地面积153万多平方米。校舍建筑面积65万多平方米。两个中心图书馆藏书305余万册，有100多个电子文献数据库和8个具有馆藏特色的自建数据库；馆藏古籍约18万册，善本古籍1350多种，于2009年被授予"全国古籍重点保护单位"。建在学校的上海高校瓷器艺术博物馆是市十大高校民族文化博物馆之一。

(徐　晨)

【与闵行区签订基础教育合作办学协议】 3月1日，学校与闵行区政府合作办学签约仪式在徐汇校区外宾楼举行。根据协议，闵行区与学校将在闵行区浦锦街道合作举办一所公办小学(暂命名为上海师范大学附属第三小学)和一所公办中学(暂命名为上海师范大学附属第三中学)，预计分别在2018年和2019年建成。双方将在教师教育的多个方面开展深度合作，推动双方的教育综合改革，深化品质教育内涵建设。

(徐　晨)

【科研团队发现本地新物种】 3月14日，学校生命与环境科学学院昆虫研究室科研团队在与上海动物园合作过程中发现尚未被记载的小甲虫并将其命名为——"西郊公园毛角蚁甲"。学校为这一成果发表召开新闻发布会。

(徐　晨)

【教师教育创新发展论坛举行】 4月1日，第四届长三角教师教育联盟工作会议暨教师教育创新论坛在徐汇校区会议中心举行。市教委副主任王平，市教育学会会长尹后庆，校党委书记滕建勇，校长朱自强，副校长、上海教师教育创新发展中心主任柯勤飞，上海市基础教育界的领军人物和资深专家，黄浦、徐汇、长宁、普陀、闵行等区的教育局局长，长三角教师教育联盟各高校相关负责人等出席会议。会上举行上海教师教育创新发展中心专家委员会授聘仪式，为上海教师教育创新发展中心专家委员会27位委员颁发聘书。

(徐　晨)

【与复旦大学附属儿科医院共建产学合作教育基地】 4月10日，学校教育学院心理系与复旦大学附属儿科医院产学合作教育基地及研究生实习基地签约揭牌仪式在复旦儿科医院多功能会议厅举行。根据协议，复旦大学附属儿科医院将作为学校心理系研究生及本科生的校外教学及实践基地，学校也将为儿科医院在儿童心理及员工心理等多方面的实践与应用提供理论支持和技术指导。

(徐　晨)

【与普陀区签订合作办学协议】 5月4日，学校与普陀区政府合作办学签约仪式在徐汇校区外宾楼举行。双方将在真如城市副中心地区，合作共建一所公办十二年一贯制学校(暂定名"上海师范大学附属第四实验学校"，简称"上师大四实验")。双方将在学区化集团化办学方面开展深度合作，推动双方教育综合改革，扩大附属学校品牌辐射效应。

(徐　晨)

【创新创业孵化园启动】 5月4日，学校创新创业孵化园启动仪式举行。孵化园作为学校创新创业工作的重要组成部分，先后被授予上海市高校创业指导站、上海高校实践育人创新创业基地、上海市大学生文化创意创业联盟、大学生KAB创业教育基地等称号。（徐　晨）

【中英数学教师交流项目启动仪式举行】 9月18日，2017—2018中英数学教师交流项目启动仪式在徐汇校区会议中心举行，来自英国的70位小学数学教师参加启动仪式。启动仪式后，70位英国教师分别赴43所小学开展为期8个工作日的浸入式教学交流。此后，上海将先后派遣34位和36位小学教师前往英国35所小学进行交流。（徐　晨）

【入选教育部卓越中学教师培养计划实施院校】 9月20日，学校举行入选教育部卓越中学教师培养计划实施院校媒体交流会，向与会的十余家媒体记者介绍学校创新师范生培养模式、聚焦核心能力素养、培养卓越教师的有关举措和成效。根据《教育部教师工作司关于调整充实卓越中学教师培养计划实施院校的通知》，在教育部推进实施卓越中学教师培养工作单位遴选中，学校入选卓越中学教师培养工作单位。（徐　晨）

【光启国际学者中心成立】 10月27日，学校光启国际学者中心成立大会暨揭牌仪式在徐汇校区文科实验大楼举行。作为光启中心成立的活动之一，“上海师范大学中国周边问题研究院”揭牌成立。SAGE亚太地区总裁Rosalia Da Garcia与光启学者中心陈恒签署合作备忘录；市社联、市作家协会与学校在光启中心成立大会上达成三方框架性合作协议，签署合作备忘录，成立“思南·光启·望道读书会”并揭牌；光启国际学者中心与上海世纪出版集团签约，创建“光启国际出版研究中心”。成立大会还发布《上海城市地图集成》（三卷）新书。（徐　晨）

10月27日，上海师范大学光启国际学者中心揭牌成立

【联合国教科文组织Ⅱ类机构“教师教育中心”落户学校】 11月4日，在联合国教科文组织（UNESCO）第三十九届全体大会上，100多个国家和地区会员代表以“无辩论”通过的方式，决定在中国上海设立联合国教科文组织教师教育中心。该中心成为落户上海、落户上海师范大学的首家联合国Ⅱ类机构。（徐　晨）

【市教育督导研究中心揭牌】 11月16—17日，以“现代教育督导：制度改革、实践创新、专业发展”为主题的首届上海教育督导论坛在徐汇校区会议中心举行。论坛由国务院教育督导委员会办公室、市教委、市政府教育督导室联合主办，由上海市教育督导研究中心、上海市教育督导事务中心和学校承办。国务院教育督导委员会办公室主任、教育部教育督导局局长何秀超，市教委总督学、市政府教育督导室常务副主任平辉，校党委书记滕建勇等出席论坛。论坛开幕式上，“上海市教育督导研究中心”揭牌。（徐　晨）

附：学校负责人及地址

（2017年1—12月）

校党委书记：滕建勇
　副书记：杨卫武（12月离任）、秦莉萍、葛卫华、裴小倩

校　长：朱自强
副校长：葛卫华、康　年、高建华、柯勤飞、刘晓敏、张峥嵘

徐汇校区：桂林路100号
邮编：200234
电话：64322881

奉贤校区：海思路100号
邮编：201418
电话：57122472

上海对外经贸大学

【2017年概况】 学校有12个学院、1个教学部、2个研究所、4个研究院、5个教育部备案的区域国别研究中心。设有30个本科专业、4个一级学科硕士点、33个二级学科硕士点和8个专业学位硕士点。在校生11956人，其中全日制本科生9207人、专科生13人、硕士生2736人。在校留学生2226人，其中学历生445人。专任教师755人，其中国家外专千人计划高端外国专家项目、教育部“新世纪优秀人才”、上海“千人计划”、“领军人才”和“东方学者”等国家级、省部级专家70余人。

提高人才培养质量。①通过本科教学工作审核评估，推进本科教师教学激励计划实施。开展“本科教学工程”项目申报与建设，3门课程入选市级精品课程，2门课程入选上海高校示范性全英语教学课程建设项目，3门课程入选“上海高校市级示范性全英语课程”，10门课程入选“2017年市教委本科重点课程”。新增2个专业，2个专业成为“上海高校示范性全英语专业”，1个专业成为应用型本科试点专业建设项目，3个项目获2018年度上海高校本科重点教学改革项目立项资助。修订《通识教育改革建设方案(试行)》，立项资助建设通识教育课程17门。上海高校课程思政教育教学改革试点项目获立项资助。②成立贸易谈判学院，培养了解中国国情、具有全球视野、熟练运用外语、精通国际贸易规则与谈判的高端应用型人才。成立学生发展中心，开展“青领工程”导生计划，加大学生社团建设和志愿者服务工作的预算投入力度。提高学生奖学金标准，新设新生奖学金、校长奖学金，优化优良学风班评比奖励办法，促进学风建设。③重视人才培养质量监控，发布2016年度本科教育质量报告和2016—2017年度学位与研究生教育质量报告。④依托创业学院，构建集创新创业教育教学、实践实战、项目孵化、服务保障于一体的创新创业育人生态系统。新入驻古北620孵化基地9家，在孵项目19个。获市大学生科技创业基金会新立项项目2个。⑤学生获2017“外研社杯”全国商务英语实践大赛全国总冠军、第十五届“挑战杯”全国大学生课外学术科技作品竞赛二等奖、第十四届全国研究生数学建模竞赛一等奖、全国大学生网络商务创新应用大赛上海赛区总冠军、2017年美国大学生数学建模竞赛国际一等奖、第五十六届国际大会与会议协会(ICCA)年会策划大赛冠军、第二届“汇创青春”上海大学生文化创意作品展示一等奖等。

实施人才强校战略。①成立教师工作部，深入贯彻全国和上海市高校思想政治工作会议精神，积极开展教师思想政治状况调研。制定《上海对外经贸大学师德先进评选办法》等文件，着力加强教师思想政治工作。2位辅导员获市辅导员职业能力大赛一等奖，1名辅导员获第六届全国高校辅导员职业能力大赛决赛三等奖及“2017上海高校辅导员年度人物”提名奖。②以“十三五”师资队伍建设规划为抓手，引育并举加强高层次人才队伍建设。新增省部级人才称号专家4名，引进教育部新世纪优秀人才1名、上海青年东方学者1名。依托人才特区，通过年薪制和科研项目聘任制等方式聘用12名专家，其中外籍专家7名。③推进人事制度改革，制定和修订《上海对外经贸大学教师岗位分类管理及考核评价办法》《绩效工资实施方案》《“人才旋转门”制度实施办法》等20项制度，初步建立新的教师分类考核评价制度和绩效激励制度。

提升学科与科研竞争力。①完成《上海对外经贸大学科研成果工作量核算办法》《上海对外经贸大学横向科研课题管理办法》修订，发布《上海对外经贸大学科研项目经费管理实施办法(试行)》《上海对外经贸大学学科建设经费管理实施办法(试行)》等科研管理文件,改革和完善科研评价制度。②承担上海自由贸易港方案撰写工作。与中国华信能源有限公司联合发布中国—中东欧贸易指数。决策咨询成果获内参录用30余篇。获国家级项目19项、省部级项目49项、委局级项目9项、横向课题95项。公开发表论文460余篇,其中SSCI检索收录论文5篇以上、SCI检索收录论文18篇以上。③在第四轮学科评估中,应用经济学评估等级为B、外国语言文学为B、工商管理为B—、法学C+,较上一轮学科评估排名均有不同程度提升。增设3个硕士学位授权一级学科点和2个硕士专业学位授权点(处于公示阶段)。④明确以应用经济为核心和龙头、其他学科围绕应用经济学特色发展的学科建设思路。有序推进高峰高原学科建设,完成高原学科阶段性绩效评估工作,组织开展高原学科第二阶段申报工作。⑤新建世贸组织讲席(中国)研究院、人工智能与管理变革研究院、"一带一路"国家经贸关系与合作高等研究院、自由贸易港战略研究院、21世纪海上丝绸之路研究中心5个科研平台。5个研究中心获批教育部备案的国别区域研究项目。

完善内部治理体系。①完善管理制度和机构设置,对全校管理文件进行全面梳理和废改立,修订文件196个。发布《关于调整内设党政管理机构职能的方案》,对管理机构职责进行重新梳理和调整。完善财务管理、预算申报与审批和内部审计工作机制,进一步健全内控机制。②举行2017年度机关职能部门正职述职考核测评大会,对各单位各部门工作绩效实施科学考评。全面考量各单位各部门工作业绩。探索二级人事管理改革,逐步下放二级单位人员配置、分类管理、绩效分配自主权,探索二级单位人事管理绩效考核。 (姜传松)

【新图书馆综合楼奠基】 3月6日,学校举行图书馆综合楼奠基仪式。新图书馆在设计上以读者为中心,实现服务功能多元化、服务手段智能化,是集文献收藏、读者学习、学术研究与交流、文化活动和休闲为一体的校园学术文化中心。新图书馆综合楼规划面积18972平方米,阅览座位超过2300个,预计馆藏图书58万册并于2018年底竣工。

(姜传松)

【获上海市文明单位称号】 4月18日,学校获"2015—2016年度(第十八届)上海市文明单位"称号,这是学校第七次获该项荣誉。市文明单位创建工作历时两年,学校认真贯彻落实党的十八大、十八届三中、四中、五中、六中全会与习近平总书记系列重要讲话精神和治国理政新理念新思想新战略,贯彻落实全国高校思想政治工作会议精神,坚持服务大局,巩固基础,贴近实际,聚焦重点,强化特色,破解难题,精神文明创建工作取得显著成效。

(姜传松)

【成为全球外国语大学联盟发起及创始院校和理事单位】 5月18日—19日,全球外国语大学联盟校长论坛暨2017年区域与全球治理论坛在北京外国语大学召开。会上,作为全球外国语大学联盟的发起及始创院校和理事单位之一,上海对外经贸大学签署全球外国语大学联盟协议。全球外国语大学联盟由国内外以外语教学科研及国别区域研究为特色的高校组成,成员包括14所国内院校和16所国外大学。 (姜传松)

【成立学生发展中心】 6月15日学校成立学生发展中心,聘请10名校内教师和10名校外专家担任中心首批特聘专家。学生发展中心聚焦学生在学业发展、自我砥砺、生活拓展和生涯发展四个方面的成长需求,下设学业发展中心、自励中心、生活辅导中心和生涯发展中心。 (姜传松)

【附属松江实验学校揭牌】 9月1日,上海对外经贸大学附属松江实验学校揭牌仪式在松江区举行。上海对外经贸大学附属实验学校是松江区人民政府和学校合作办学的一所九年一贯制学校,有6个年级24个教学班,共计1023名学生。 (姜传松)

【举行改革与发展专题学习会】 9月2—3日,学校举行改革与发展专题学习会,学校领导班子成员、全体中层干部参加专题学习会。专题学习会邀请市教卫工作党委副书记、市教委副主任高德毅以及市教委副主任郭为禄等领导作专题报告。会上，校党委书记殷耀传达2017年秋季上海高校党政负责干部会议精神并部署新学期学校党政重点工作。

（姜传松）

【成立中国首家贸易谈判学院】 10月11日，学校成立贸易谈判学院和世界贸易组织讲席（中国）研究院。作为中国第一家专门培养贸易谈判人才的学术机构，贸易谈判学院及其平行研究平台——世贸组织讲席（中国）研究院将邀请国际组织专家、中国政府贸易谈判专家以及全球贸易投资领域顶级专家作为授课师资和研究力量，着力培养了解中国国情、具有全球视野、熟练运用外语、精通国际贸易规则与谈判的高端应用型人才。（姜传松）

【尹弘到校调研】 11月7日，市委副书记尹弘到校调研上海对外经贸大学改革和发展。（姜传松）

【举行本科教学工作审核评估专家意见反馈会】 11月9日，学校举行本科教学工作审核评估专家意见反馈会。审核评估专家组从不同角度就细化学校顶层设计、明确办学国际化特色方向、深化协同育人机制、加强学院办学自主性、提升教师教学水平、完善教学监控体系等方面进行剖析，提出相关意见和建议。（姜传松）

【成立人工智能与变革管理研究院】 12月9日，学校成立国内首家人工智能与变革管理研究院。工业与信息化部原副部长杨学山教授，美国管理学会组织沟通与信息系统分会（AOM OCIS）主席、加拿大麦基尔大学艾曼纽瓦斯特（Emmanuelle Vaast）教授，SAP硅谷创新创意中心首席数据科学家邬学宁，工业4.0协会会长汪清跃，SAP中国研究院研发总监米凯等出席大会。该研究院的建设目标是发挥交叉学院作用，融合和集成国内外、校内外资源，组建跨国界、跨学校、跨学院、跨学科、产学研用结合的研究团队，成为具有国内甚至国际影响力和竞争力的重要科研平台。（姜传松）

上海对外经贸大学成立人工智能与变革管理研究院

【举办“一带一路”和上海自由贸易港区建设研讨会】 12月29日，学校举办“一带一路”和上海自由贸易港区建设研讨会。全国政协常委、上海市政协副主席、民建中央副主席、学校法学院名誉院长周汉民，上海市社会科学界联合会主席王战等出席研讨会。来自复旦大学、上海自由贸易试验区法律事务部、法律界和学校专家对上海自由贸易港区建设问题进行研讨。（姜传松）

附:学校负责人及地址

（2017年1—12月）

校党委书记:殷　耀
副书记:朱国宏、祁　明

校　长:朱国宏（兼）
副校长:祁　明（兼）、陈　洁、徐永林

松江校区地址:文翔路1900号
邮编:201620
电话:67703612

古北校区地址:古北路620号
邮编:200336
电话:52067202

华东政法大学

【2017年概况】 学校有21个学院(部),160余个科研机构;拥有法学、公共管理一级学科博士学位授予权、硕士学位授予权,应用经济学、政治学、马克思主义理论一级学科硕士学位授予权,建有34个二级学科硕士点、6个专业硕士学位点、24个本科专业,以及法学博士后流动站;有1个国家级重点学科(法律史)、5个省(部)级重点学科、2个市一流学科、市高峰高原学科各1个。出版《法学》《华东政法大学学报》《青少年犯罪问题》等法学类核心期刊。图书馆藏书240万册、电子图书130万册,是华东地区最大的法律文献中心。中外文法学数据库在全国法律院校中排名第一。

有各类在校生18000余人,其中全日制本科生11642人、硕士研究生1700人、博士研究生92人、留学生145人。年内,招收全日制本科生2904人、各类研究生1824人。本科毕业生就业率96.03%,硕士就业率97.28%(应届97.31%),博士就业率98.61%(应届100%)。教职工1241人,其中专任教师509余人。具有高级专业技术职务教师近380人,其中教授113人、副教授267人。享受国务院政府特殊津贴26人。10人入选上海高校中青年教师国外访学进修计划、4人入选上海高校青年骨干教师国内访问学者计划、1人入选国家留学基金委访问学者项目。3人分别入选国家"四个一批"人才、上海领军人才、东方学者讲座教授,3人入选上海市浦江人才计划。1人获"全国优秀共青团干部"荣誉称号。3人分获市教育系统五一劳动奖章、宝钢优秀教师奖、上海学校创建食堂"六T"实务现场管理工作先进个人。

学校成立文伯书院,启动书院制改革实践,探索通识教育、养成教育、专业基础教育与专业提升教育一体化的培养模式。学生在中国诗词大会、全国大学生英语竞赛、"挑战杯"全国大学生课外学术科技作品竞赛、全国大学生棒垒球联赛等各类学术竞赛、艺术展演、体育比赛等活动中取得好成绩。

新增市级精品课程3门、全英语示范课程1门。学校课程共计3300余门,其中必修课1036门、限选课339门、通识类专业方向限选课267门。获国家级大学生创新创业训练计划项目50项、市级大学生创新创业训练计划项目142项。新增硕士点5个。拟定博士生培养机制改革方案,深化培养机制改革,提高博士研究生培养质量。上海市研究生教育综合改革项目立项7项,资助金额达105万元。承办2017年上海"《民法总则》法律行为制度的解释适用"暑期学校、2017年上海 "展望'十三五'金融创新与法制""政党与国家治理"研究生学术论坛等学术会议。主办第七届MOOT上海国际模拟仲裁庭邀请赛,学校代表队成为中国高校唯一进入四强的队伍。

社会实践活动取得优异成绩。1支队伍入围《南风窗》调研中国开放主题全国15强,1支队伍入围"青年中国行"大学生暑期社会实践全国三十强,4支队伍分获"知行杯"社会实践大赛特等奖、一等奖、二等奖。先后选拔110名志愿者服务2017年"国家网络安全宣传周"、第三次金砖国家财长和央行行长会议等国内外重大会议工作。

新聘博士生导师14人,其中校聘教授(研究员)29人、兼职教授119人、客座教授9人、荣誉教授2人、兼职教师159人。引进高层次人才3人,聘用各类人员49人,人事派遣人员转聘为事业编制聘用合同制人员7人。共招收博士后34人,在站人数共计135人,其中师资博士后24人、学科博士后111人。法学博士后科研流动站是全国单科规模最大、在站人数最多的流动站。博士后研究人员获中国博士后科学基金资助共计224万元，所获资助金额和人数在全国法学博士后流动站中名列前茅。学校获评教育部“国防教育特色学校”、上海高校心理健康教育先进集体、上海学校心理健康教育活动月优秀组织奖，以及第八届上海高校心理健康教育移动微课程大赛优秀组织奖等奖项。

辅导员团队获第六届高校辅导员素质拓展大赛三等奖。1人获市辅导员年度人物提名奖、1人获市辅导员职业能力大赛三等奖、1人获市高校心理健康教育先进个人、1人获第八届上海高校心理健康教育移动微课程大赛二等奖。

学科建设与科学研究。全年共有172项各类课题获立项，其中省部级以上课题78项，为历年来最多。有国家自然科学基金项目1项、教育部人文社科课题9项、司法部部级项目5项、中国法学会项目12项、市哲学社科规划课题18项、市决策咨询项目3项、市科委软科学项目1项、曙光计划项目1项、市教育科研项目2项、华东政法大学科研项目40项，其他各类横向课题51项。国家社科基金立项数位居全市第4位，其中，法学类课题位居全国第一位，继续保持法学学科立项的领先优势。上海哲学社会科学项目立项数为18项，位列上海高校第四位。教授马长山和教授王迁分别获第四届中国法学优秀成果奖论文类二等奖、三等奖。多项成果获第五届“中国法学教育研究成果奖”“中国法律文化研究成果奖”。

法学、政治学、应用经济学、马克思主义理论4个学科在教育部学位与研究生教育发展中心第四轮学科评估中，全部上榜。其中法学被评为A级，政治学被评为B级，应用经济学、马克思主义理论等学科排名也均稳中有升。法学学科在微软中国最好学科排名中表现突出，入选全国前5%学科，位居全国第四位。

中国法治战略研究中心（以下简称：“中心”）入选CTTI最新来源智库。“中心”及下设研究机构共获市智库内涵建设项目6项（包括“核心数据库”1项、“系列品牌产品”2项、“战略研究”3项）。“中心”有1位中国法学高产作者。“中心”老师2017年获2项国家社科基金项目、1项中国法学会部级课题、1项中国行为法学会项目、1项市政府决策咨询研究教育政策专项课题、1项上海市哲社规划青年课题。“互联网+法律”大数据平台获上海市经济与信息化委员会挂牌“上海法律大数据服务基地”。

坚持开门办学、开放办学，推进多层次、多领域的对外合作与交流。举办“以爱之名，情定华政”华东政法大学建校65周年大型集体婚礼、徐盼秋百年诞辰纪念座谈会暨《盼秋归实》纪念册揭幕仪式、65周年校庆捐赠仪式和捐赠文化长廊揭幕仪式、校友年会、校友论坛等大型系列校庆活动。以65周年校庆为契机，成立12个院部校友会，各级校友组织80多个，在人才培养、科学研究、社会服务、文化传承创新等方面与学校积极互动，形成合力。进一步加强信息化建设，建好“六个一”平台，即“一网”（校友网）、“一刊”（《华政人》）、“一坛”（校友论坛）、“一平台”（全球校友活动平台）、“一号”（微信公众号）、“一库”（校友数据库），完善校友与母校、校友与校友之间的沟通服务平台，上线“华政全球校友活动平台”，为校庆活动提供强大的技术支持，成为“互联网+校友”校庆工作的很大亮点。

学校有成人非学历教育培训单位180余个，学员超过1.3万人，辐射安徽、福建、广东、广西、贵州、河南、黑龙江、湖南、江苏、江西、宁夏、青海、山东、山西、上海、新疆、云南、浙江、北京等24个省市、自治区。与38个国家和地区的138所高校、机构、律所及6个国际性组织展开合作。新增海外学习项目5个，有本科生交流项目57个，其中得到国家留学基金委员会资助的项目23个。有196名本科生、42名研究生获项目资助，有86名本科生获教育部留基委资助。接受中国政府奖学金留学生81人、中外合作办学项目学生30人，接受教育部来华留学高端硕士学位奖学金项目留学生35人。

加强校园文化建设。华政青年微信平台阅读量410余万人次，获2017年上海十大共青团微信公众号（学校类）称号，成为第一届上海共青团新媒体联盟理事会之一。举办20场“名家大讲堂”及5场“百家讲堂”共计25场讲座，承办3场高雅艺术进校园演出，原创音乐剧《律诗·雷经天》参加2017年原创华语音乐剧展演季作品参展、多彩贵州文化艺术节等演出共6场，10000余人次观看，20余家媒体报道。举办"春之华政"青年文化艺术节、"校园十大歌手"活动。举办"十大法学名家对话95后"活动，邀请陈兴良、赵秉志等知名法学家到校讲座。召开共青团华东政法大学第二次代表大会，选举产生共青团学校第二届委员会。承办2017年"知行杯"上海市大学生社会实践项目大赛，并获特等奖1个、一等奖2个、二等奖5个、三等奖1个，获2017年全国大中专学生志愿者暑期"三下乡"社会实践工作优秀单位称号、1人获优秀个人称号，在第十五届"挑战杯"赛中首次获全国特等奖。法律学院1305团支部获2016年度"上海市五四红旗团支部"，研究生格致思辨社获2016年度"上海市青年五四奖章集体"。学生社团获省市以上奖项30余项。举办"锦时芳华·政好是你"纪念建校65周年各项活动，其中纪念建校65周年联欢晚会首次通过网易开设东京、巴黎、柏林等海外站在内的29个城市站点全网直播，53.6万人通过网络收看晚会。

完成校史馆一期建设，两个展厅及出入口长廊总面积648平方米，通过展出实物、图片，以及多媒体等形式，展示学校65年的发展历程；发布《这里是华政》学校宣传片，讯视频点击量达到20多万人次，微信平台阅读量达10万余，并被"上海发布""周到""律新社"等多家媒体转发。《华东政法大学宣传片重磅发布！这里是华政！》阅读量首破10万，在《中国青年报》等全国普通高校微信公众号排行榜上，多次入围综合影响力和单周文章阅读量排行榜全国前十。

校园建设与管理。完成学生公寓修缮项目一期工程，长宁校区基础设施维修项目、优秀历史保护建筑及市文物保护建筑格致楼修缮工程等两校区修缮建设以及规划工作。做好绿湖改造工程等5项改造工程，以"总体规划、重点投入、分步实施"为原则，完成节能监管多平台系统整合与功能升级等多项节能改造项目，并顺利通过松江校区"上海市节水型学校(校区)复评"，在节能减排方面取得良好的成效。完成松江校区大学城应急报警平台二期工程建设和两校区微型消防站建设。大力加强网络基础和信息化环境建设，完成无线网络改造(二期)建设、长宁河东光缆入地项目等8个信息建设项目。新申请市区房源13套、松江房源12套，尽最大可能解决青年职工和引进人才阶段性居住困难的问题。开展急救理论知识及实践培训课程课提高师生"自救、互救"的意识和能力。被上海市社会治安综合治理委员会授予"2016年度上海市平安示范单位"荣誉称号。（胡　珺）

【获国际刑事法院审判竞赛全国一等奖】 3月11—12日，学校国际刑事法院审判竞赛英文队赴中国政法大学参加国际刑事法院审判英文竞赛。来自全国的24支队伍参赛。学校代表队与清华大学等六所学校代表队展开对决，以团体总分第一的成绩获全国一等奖，学生刘曾祺获"最佳检察官"称号。（胡　珺）

华东政法大学代表队获2017年国际刑事法院审判竞赛全国一等奖

【五位教授入选"影响中国法治进程的百位法学家"】 3月，《今日中国》推出《中国法治建设特刊》，推选出"影响中国法治进程的百位法学家"。华东政法大学陈鹏生、王召棠、何勤华、苏惠渔、顾功耘五位教授入选。（胡　珺）

【五位教授当选高校思想政治理论课教学指导委员会成员】 5月16日，校党委书记、教授曹文泽当选首届上海市高校思想政治理论课教学指导委员会主任委员。校党委副书记、副校长、教授闵辉当选"形势与政策""当代世界经济与政治"分教学指导委员会委员。马克思主义学院副院长、教授赵庆寺当选"毛泽东思想和中国特色社会主义理论体系概述"分教学指导委员会委员，马克思主义学院教授陈代波当选"思想道德修养与法律基础"指导委员

会委员，徐家林教授当选“研究生思想认识理论课”分教学指导委员会委员。（胡　珺）

【文伯书院揭牌】 6月16日，举行文伯书院揭牌仪式暨法律人才培养改革专题研讨会。来自司法部、市教委、市人民法院和检察院、市律师协会以及复旦大学、华东师范大学等高校书院和法学院等相关部门嘉宾，首任院长魏文伯家人，校党委书记曹文泽，校长叶青，党委副书记、副校长闵辉，副校长顾功耘以及相关职能部门和学院师生出席。研讨会上，与会嘉宾就面向未来的高等教育改革与通识教育、当前书院制教育改革的目标、问题与路径选择、特色型院校通识教育的目标与路径、对华政以书院制改革为基础的通识教育体制改革等相关主题展开研讨，形成了诸多建设性的建议，为书院发展提供了理论和实践指导。（胡　珺）

华东政法大学文伯书院揭牌

【召开落实全国高校思想政治工作会议精神工作推进会】 7月5日，学校召开落实全国高校思想政治工作会议精神工作推进会，专题研究和部署推进落实高校思想政治工作会议精神有关工作。校党委书记曹文泽，校党委副书记、纪委书记应培礼，校党委副书记、副校长闵辉，副校长林燕萍、唐波，全体中层干部、教工党支部书记、党建组织员及辅导员参加会议。（胡　珺）

【“上海科技创新法治保障研究中心”揭牌】 7月14日，学校举行上海市软科学研究基地“上海科技创新法治保障研究中心”揭牌仪式。研究中心将成为上海市第十个软科学研究基地，也是全市唯一与法学研究相关的软科学研究基地。该研究中心是学校第六个省部级科研基地。（胡　珺）

【获评全国高校思政教师2016年度影响力提名人物】 8月，教授赵庆寺获评“全国高校思政教师2016年度影响力提名人物”。这是思政课教师首次获此项提名。（胡　珺）

【校史馆开馆】 11月15日，学校举行校史馆开馆暨捐赠仪式。校领导为捐赠人颁发捐赠证书。校史馆一期两个展厅及出入口长廊总面积648平方米，共展出实物60余件、图片300余张，以展墙、展柜、多媒体等多样化展陈形式，真实记录华政65载的历程。（胡　珺）

【举行建校65周年校庆系列活动】 11月18日，学校举行建校65周年纪念座谈会暨高水平法学教育推进工作会。最高人民检察院副检察长张雪樵，市人大常委会副主任薛潮，贵州省高级人民法院院长孙潮，市人民检察院检察长张本才和学校老教授、老领导、各界校友、党政领导班子和师生代表出席会议。当天还举行校庆65周年“欢乐跑”活动，“以爱之名，情定华政”建校65周年大型集体婚礼，“捐赠文化长廊”揭幕仪式，“锦时芳华，政好是你”纪念建校65周年联欢晚会，以及徐盼秋百年诞辰纪念座谈会暨《盼秋归实》纪念册揭幕仪式。（胡　珺）

附：学校负责人及地址

（2017年1—12月）

校党委书记：曹文泽
副书记：叶　青、应培礼、闵　辉

校　长：叶　青（兼）
副校长：顾功耘、林燕萍、唐　波、闵　辉（兼）

长宁校区地址：万航渡路1575号
邮编：200042
电话：62071666

松江校区地址：龙源路555号
邮编：201620
电话：57090261

上海工程技术大学

【2017年概况】 人才培养模式改革深入推进，教育教学质量持续提高。把“立德树人”作为教育的根本任务，以“交通中国”课程思政改革为抓手，培养具有社会责任感、创新精神、实践能力的高素质工程应用型人才。“挑战杯”全国赛取得突破性优异成绩，共获全国一等奖1项、二等奖2项，市级比赛特等奖3项、一等奖3项的历史最好成绩。在研究生数学建模竞赛中，获全国一等奖1项、二等奖19项，总成绩在全国参赛的400多所高校中居第七名。学生以本科生第一作者身份公开发表学术论文197篇，其中4篇被SCI收录。以学生为第一发明人获授权发明专利5项、实用新型专利12项。全年共招收本专科新生5330名、硕士研究生1094名。毕业生就业率98.93%，位居全市同类高校前列，生源质量和毕业生就业质量同步提高。

学科科研实力显著增强，科研成效显现。以“国家千人”专家为核心领衔的智能机器人研发中心、高温合金精密成型研究中心、轨道交通研究院先后成立并投入运营。编制“新增博士硕士学位授予单位规划”，申请并获批博士学位授予单位立项建设。“化学工程与技术”等5个一级学科硕士学位授权点通过评审。“材料科学与工程”市Ⅲ类高峰学科顺利通过第一阶段绩效评价。“设计学”和“材料科学与工程”获批市Ⅳ类高峰学科。获批国家自然科学基金和国家哲学社会科学基金等国家级项目44项、教育部人文社科项目12项。科研获奖总数创新高，包括市科技进步奖二等奖1项、市技术发明奖三等奖1项、市优秀发明选拔赛金奖1项。高水平论文在SCI检索收录论文191篇，在SSCI检索收录论文3篇。2项发明专利完成PCT申请并落地美国。落实科技成果收益分配，已公示科技成果转化项目22项，拟交易金额2562万元。获批“上海技术转移机构示范机构”。

服务国家战略和地方经济有新开拓。学校人力和技术优势向长三角地区辐射取得新进展，提高学校学科科研水平。“轨道交通运营安全检测与评估服务协同创新中心”和“上海市激光先进制造技术协同创新中心”2个市协同创新中心通过绩效评价验收。与江苏、浙江等地县市政府和园区签订产学研合作协议6项。同大型企业集团签订战略合作协议7项。国家大学科技园顺利通过市知识产权试点园区验收。市级中小企业服务平台绩效评估获优秀，实现市级孵化基地评估获A级的突破。国家大学科技园滁州园区揭牌，天长市研究生工作站、教授工作站等成果转化基地先后落地。

全面实施国际化办学战略，国际交流合作水平提升。优化国际合作与交流体系，大力开拓和推进高水平合作伙伴、海外名师、博士生联合培养、国际科研合作平台及“一带一路”合作。新增QS世界排名400以内的海外合作院校8个。国际联合培养项目提供博士生联合培养、硕士双学位、本硕双学位、本科双学位、学分互认、国际短期课程、友城项目等各种形式的海外学习交流项目增加到近70项，全球范围内建立合作关系高校及企业达82家。聘请83名长短期外籍专家来校授课或开展科研合作活动。全年接收来自96个国家的1205名留学生，“一带一路”沿线国家留学生比例达到近50%，提升留学生教育层次及生源质量。

文化传承创新成果丰硕，营造健康向上的文化育人环境。党的十九大精神学生宣讲团入选市团学骨干宣讲团。青马工程社团首获“上海市大学生理论学习型社团”称号。“广富林计划”传统文化教育品牌进一步深化，弘扬中华优秀传统和上海特色文化，引导学生坚定文化自信。原创校园话剧《青春启航》参加纪念建军90周年全市公演受热评。舞蹈团入选全国大学生艺术展。学生志愿者受邀参加国家网络安全宣传周等志愿服务，受到国家领导人以及市领导的肯定。全职引进“国家千人”1名。获批“东方学者”特聘教授等人才项目近10项。组织开展“全国高校黄大年式教师团队创建活动”。两名教师成为“全国高校思想政治理论课教学骨干”，1名教师入选市“最美思政课教师”。学校获2015—2016年度“上海市文明单位”称号。

（金峥杰）

【“激光中心”通过中期检查复评】 1月4日，高强激光智能加工装备关键技术产学研开发中心（以下简称“中心”）接受由市教委组织的上海高校知识服务平台专家组的中期复评。与会专家实地检查“中心”的科研场地，并就“中心”的体制建设、财务管理制度、人事制度、科研项目管理制度及未来可持续发展战略等方面进行审核。专家组认为，“中心”高标准完成第一阶段的建设目标及要求，通过中期检查。 （宋　娟）

【获两项上海市科学技术奖】 由机械工程学院教授杭鲁滨主持完成的“光伏组件柔性封装与智能运维的关键技术及产业化”项目，因攻克多品种光伏组件共线柔性封装、电站阵列光伏组件积尘清洗运维技术和产业化难题，取得显著的技术、经济和环保效益，获2017年上海市科技进步奖二等奖。由服装学院教授王黎明主持完成的“高分散纳米二氧化钛的低温制备方法及纺织功能化整理关键技术”项目，因其开发的纳米功能纺织品所具有的新颖性和实用性，属国内首创并达到国际先进水平，获2017年上海市技术发明奖三等奖。 （宋　娟）

【享受国务院特殊津贴】 高级工程师（教授级）徐新成因在材料加工学科金属精密塑性成形技术、节能节材、减排等绿色制造技术的研究开发与人才培养中做出突出贡献，多项研究成果处于国际先进水平并获国外发明专利授权，部分新技术、新工艺应用于工业化生产，产生数亿元经济效益和社会及环保效益等成就，获享受国务院特殊津贴。 （宋　娟）

【共建滁州轨道交通研究院签约】 6月28日，学校与滁州市政府签署共建滁州轨道交通研究院的协议。双方将以学校国家千人计划专家的科研团队为主要力量，紧抓滁宁城际铁路建设契机，集聚国内外轨道交通行业的高端人才，将轨道交通行业的新技术、新产品、新成果在滁州转化应用。该协议的签署是落实学校与安徽省滁州市人民政府《全面战略合作框架协议》，推进产教结合、校市合作的重要举措。 （宋　娟）

【在第十五届“挑战杯”全国赛获好成绩】 由共青团中央、中国科协、教育部、中国社会科学院、全国学联、上海市人民政府共同主办的第十五届“挑战杯”全国大学生课外学术科技作品竞赛终审决赛举行。学校有5项学生作品进入全国终审决赛，并有3项作品分获全国一等奖、二等奖和三等奖。

（宋　娟）

【制药工程专业通过中国工程教育专业认证】 教育部高等教育教学评估中心、中国工程教育专业认证协会正式公布2016年参加全国工程教育专业认证结论。经过学校自评、专家组现场考查、认证结论审议委员会审议等程序，学校制药工程专业通过中国工程教育专业认证。 （宋　娟）

【与“一带一路”沿线重点城市开展产学研合作对接】 11月20日，国家“一带一路”沿线的重点城市新疆克拉玛依市与学校开展产学研合作对接。双方就各自发挥优势，搭建政校合作平台达成一致，在落实、落细合作项目的同时，积极发挥学科专业优势，拓宽合作面，加强人才、技术、信息、资源对接，追求更高层次合作。双方决定建立联席沟通常态化机制，将在信息化产业、文化旅游产业、装备制造等领域进行深入的合作与发展。

（宋　娟）

【学校毕业生任C919首飞机长】 5月5日，首架国产大飞机C919首航试飞成功。上海工程技术大学航空运输学院毕业生蔡俊校友担任此次机组机长。上海工程技术大学航空运输学院、飞行学院创立至今，已为委托定向培养人才的包括中国东方航空股份有限公司、上海航空公司等企业输送200多名飞行技术人才，学校也是上海地区

唯一培养飞行技术专业人才的全日制本科院校。（宋　娟）

【签署对口支援协议】 学校分别与泉州理工职业学院、内蒙古呼伦贝尔学院、新疆农业职业技术学院签订教育对口支援协议。学校将根据协议，对 3 所院校在提升教育教学水平、资源共享、优势互补等方面发挥主导作用，主动承担起对口支援服务国家高等教育发展的重任。（宋　娟）

【服装智能定制系统入驻钓鱼台国宾馆】 服装学院与上海纺织集团（北方）有限公司的产学研合作成果"上海工程技术大学服装智能定制系统"，入驻北京钓鱼台国宾馆。（宋　娟）

附：学校负责人及地址

（2017 年 1—12 月）

校党委书记：李　江

副书记：夏建国（4 月到任）、夏斯云、史健勇（6 月到任）、范永春（3 月到任）

校　长：夏建国（兼）

副校长：姚秀平、史健勇（兼）、鲁嘉华、王岩松（6 月到任）

松江校区地址：龙腾路 333 号
邮编：201620
电话：67791000

长宁校区地址：仙霞路 350 号
邮编：200336

虹口校区地址：逸仙路 88 号
邮编：200437

上海第二工业大学

【2017 年概况】 在校全日制学生共 12709 人（其中本科生 9984 人、专科生 2497 人、研究生 179 人、留学生 49 人），夜大（业余）学生 5300 人。有教职工 1057 名，其中专任教师 750 名，具副高级及以上专业技术职务的教师 322 人，具有博士学位的教师 237 人。学校有国家级特色专业 3 个、教育部卓越工程师培养计划专业 2 个、教育部"本科教学工程"地方高校第一批本科专业综合改革试点 1 个、市属高校应用型本科试点专业 9 个、全英语建设专业 2 个。中本贯通专业 4 个，中高贯通专业 6 个。上海高校优质在线课程 3 门。上海高校青年教师教学竞赛获奖者 8 人、上海高校优秀教材奖获奖者 12 人、上海高校市级教学团队 15 个、上海高校教学名师奖获奖者 6 人。学校有国家级精品课程 3 门、市精品课程 18 门、市示范性全英文课程建设项目 6 项，市教委重点课 53 门，上海高校本科重点教学改革项目 20 项。纵向科研项目立项 31 项，横向科研项目立项 120 项。开展实施学生海外学习、实习项目 48 项，参与学生 381 人。

审核评估工作。根据市教委工作部署和学校工作计划，以审核评估为主题，学校召开教育教学工作会议。制定《本科教学工作审核评估实施方案》。经过宣传发动、自评自建、预评改进、迎接评估等阶段，完成撰写自评报告、梳理、填报全国高校教学基本状态数据库并形成分析报告、上海方案新增指标数据分析报告、梳理评估工作材料等任务。通过审核评估，学校更加坚定办学定位和道路自信，更加巩固教学工作的中心地位，对科研与教学并重、科研融入教学、科研反哺教学有更深的理解。二级教学单位质量保证体系建设不断加强。学校本科教学工作总体上获审核评估专家组较高评价。

学科、科研与产业化。学科团队成员数 361 人。教师在国内外公开发表论文 349 篇，其中被收录的有 98 篇。出版著作 42 部，其中专著 14 本、编著 10 本、译著 10 本。获专利授权 32 项，计算机软件著作权授权登记 5 项，专利申请 62 项。科技园区总面积达37800平方米，创客中心面积达3600平方米。新增4个学生创业团队入驻，新增2个知识服务团队。学科建设对本科专业门类支撑覆盖率100%，对专业硕士培育点全覆盖。

上海电子废弃物资源化协同创新中心以“良好”的评价结果通过五年期建设验收，该中心成为联合国大学StEP机构成员。材料科学与工程团队成为2017年上海高校Ⅳ类高峰学科“材料科学与工程”建设单位之一。学校成为上海材料创新研究院理事单位。围绕“资源循环”产业链，聚焦“逆向物流”“电子废弃物资源化与污染防控”“再生材料高值化”3个学科方向，积极申报“资源循环科学与工程”市二类高原学科。

人才培养工作。新获批3个应用型本科试点专业。获批新专业1个、上海市全英语专业1个，推进4个中本贯通、6个中高贯通、1个市级全英语专业建设。获批市精品课程、示范性全英文授课课程、优质在线课程和重点课程共计22门，新建和引进在线课程31门，开设新课程81门。获批市重点教改项目3项，立项校教改项目19项，申报19项市级教学成果奖。新建32个校外实习实践基地，立项大学生创新项目272项，参与学生1300余人。承办2项市级学科竞赛，组织各类学科(技能)竞赛、创新大赛40余项，参与学生1500余人，获奖151项。继续推进学业导师信息化平台建设，实现师生互选、互动、互评及过程痕迹化管理，遴选学业导师480人，学业导师实现2016级、2017级学生全覆盖。调整成人高等学历教育专业，新增成人学历专业5个。继续教育学院毕业生2451人，其中537人获学士学位。录取研究生73人，比上一年增长21.7%。学位授予率100%。新增校内研究生导师9人，总人数75人。聘任企业导师10人，总人数81人。新增上海市示范性实践基地1个、校级实践基地5个。研究生获各类创新竞赛奖项近10项。

成立马克思主义学院。承办高校劳模文化育人推进会暨劳模精神、劳动精神、工匠精神学术研讨会。成立全国劳模文化研究联盟，建成劳模文化电子资源库并顺利上线。开设“劳模精神与职业信用”校本课程。打造“工匠中国”思政特色选修课程。以“聚焦劳模文化育人，打造工匠培育之路”为题，总结学校劳模文化育人实践，形成审核评估自评报告特色项目。

校企合作。学校与上海迪士尼度假区签署校企合作协议，引进迪士尼4门课程开展定向班教学与实践。与浙江省台州市政府签署战略合作框架协议，合作设立创意设计中心、“城市矿产”资源化创新中心、科技成果转化促进中心，与台州学院、台州职业技术学院等共建人才培训基地。与上海飞机制造有限公司签署校企合作协议，联合申报目录外专业，在飞机制造技术技能人才培养、实训实习基地建设、员工培训等方面开展合作。与联合汽车电子有限公司签署战略合作协议，开展科研、教学、研究生培养的全面合作，学校作为理事单位加入“上海浦东汽车电子创新与智能产业联盟”。与科创365平台合作，承接科创新闻的翻译和播报任务。与上海石墨烯产业技术功能型平台签署战略合作协议，联合建立“石墨烯热功能材料实验室”。

上海第二工业大学与上海迪士尼度假区签署校企合作协议

人才队伍建设。引进和录用各类人才73人，其中博士22人、硕士48人，其中4人具有高级专业技术职务、海归人员6人、具有企业背景17人。48人晋升专业技术职务，其中16人晋升高级专业技术职务，32人晋升中级专业技术职务。有教职工1057人。教学团队77个，教师741名。兼职教师349名，其中兼职教授41名、兼职主讲教师308名。5位教师入选全国首批创新创业导师。

交流与合作。新开拓学生海外学习实习项目15项，与境外高校缔结协议29个。中美合作办学布劳沃德学院项目二期协议签署。与德国特里尔应用科技大学的合作启动，首批17名学生、1名教师赴德交换学习。中国高校首家德国哈勒手工业协会(HWK)教育与考试中心揭牌,首批32名学生参加HWK证书培训并全部通过考试,获行业资格证书。以"产教融合"为主题,举行2017年全球合作伙伴周活动,共有11个国家和地区的21家高校和企业的47名境外代表参会。

2017年学校录取本专科学生3653人、学历留学生19人、研究生73人。承办上海市2017届高校毕业生春季校园招聘会(少数民族毕业生专场)、上海市2018届高校毕业生秋季校园招聘会暨港澳台侨毕业生专场招聘会。7名2017届毕业生赴西藏工作。128名学生考取国内外高校研究生。截至9月30日,全校总体就业率为97.7%。研究生就业率100%,签约率93.75%。

累计办理生源地助学贷款和校园地贷款835万元,发放校内勤工助学费用118万元,家庭经济困难学生国家助学金共计438万元,发放校级、市级、国家级学生奖学金共898万元。获"知行杯"上海市大学生社会实践大赛三等奖3项、2017全国大中专学生"三下乡"暑期社会实践优秀团队奖1项。

办学保障工作。深入推进放管服一体化改革。通过建立工作机制、完善内控制度、确立技术规范与优化服务体系等举措,固化、深化改革成果,提升管理服务的科学化、规范化水平。完成科研与学科建设、国际交流、内涵建设、学生管理、财务管理、教务管理、审计、人事、信息化、留学生管理、校长办公室等11类工作流程发文,包括139个具体事项。

启动金海路校区拓展工程("二期半"工程)和金海路校区三期工程前期工作。进一步完善金海路校区空间布局。高职学院布局调整工作实质性启动,在24号楼建成实训场所200平方米。完成工程训练中心实训实验场所环境配套建设工作。建成通用机房、实训室、专业基础实验室以及教师办公室等共30余个,总建筑面积1.8万平方米,总投资5000万元。实现工程训练中心、电废中心整体搬迁目标。初步建成学生活动中心,建成户外演艺广场。全校有线网络点位超过13700个,网络覆盖到学校所有建筑物。教室考勤系统投入使用。图书馆增加座位数700余个。40万册图书加装芯片。 (宋偲蕾)

【入选上海教育综合改革典型案例】 2月,市教育综合改革领导小组办公室下发《关于公布上海教育综合改革典型案例(2016年)》。学校"实施完全学分制改革　推动学校转型发展"是23个高校深化综合改革典型案例中的一个。 (宋偲蕾)

【承办首届"金辕奖"创新设计大赛】 2月16日,金辕奖首届中国"七立方杯"国际个人交通工具创新设计大赛在学校启动,来自全国172所高校、22个省市的设计师和学生参赛,共征集作品1189件。5月6日,大赛颁奖仪式在中国国家会展中心举行。大赛以"设计当下、骑行天涯"为主题,由全国自行车工业信息中心、市教委科技发展中心、上海科学技术开发交流中心联合主办,学校"七立方科技园"承办,旨在贯彻实施"中国制造2025"强国战略,加强先进制造业和现代服务业应用型人才的选拔和培养,融合高校与社会资源,为加快人才培养、科技创新、队伍建设、团队交流探索一条创新教育模式。 (宋偲蕾)

【高校劳模文化育人工作推进会召开】 4月15日,高校劳模文化育人工作推进会暨劳模精神、劳动精神、工匠精神学术研讨会在校召开。会上,全国劳模文化研究联盟成立。学校劳模文化研究中心为发起和首批联盟单位,劳模文化电子资源库上线。来自全国相关领域的专家学者就劳模精神、劳动精神、工匠精神的内涵及当代价值、新时期劳模精神的创造性提升及其社会认同、工匠精神与中国制造转型升级、尊重劳动与社会主义核心价值观、劳模文化育人等进行研讨和交流。 (宋偲蕾)

高校劳模文化育人工作推进会在上海第二工业大学召开

【完成上海国际半程马拉松赛志愿服务工作】 4月23日,"2017上海国际半程马拉松赛"在上海浦

东举行。作为承接志愿者工作的高校之一，学校共选派5名教师、400名志愿者参与并完成志愿服务工作。（宋偲蕾）

400多名师生志愿者完成上海国际半程马拉松赛服务工作

【第八届催化与传感环境国际会议(CASE2017)举办】 5月15—17日，第八届催化与传感环境国际会议(The Catalysis and Sensing for Our Environment Symposium 2017，CASE2017)在学校召开。来自美国、英国、日本、爱尔兰、以色列、土耳其及国内众多高校、科研院所的本领域的著名专家学者及学校部分师生参会，进行学术交流。会议主题为“催化与传感新理论、新技术、新方法及其在环境生态、医疗卫生领域的应用研究”，促进国内外多学科交叉，并为不同领域研究人员的合作提供契机。（宋偲蕾）

【入选上海首批青年(大学生)职业训练营建营单位】 8月，在2017年上海市青年(大学生)职业训练营启动仪式上，学校正式成为上海首批建营单位。职业训练营搭建融合课堂培训、实地模拟和岗位实践等各类功能于一体的一站式综合服务平台，着力提升青年(大学生)的实际职业技能、职业经验、求职技巧等综合能力素质。（宋偲蕾）

【加盟大学通识教育联盟】 学校在8月22日举办的第三届(2017年)大学通识教育联盟年会上正式入盟。联盟旨在推动中国高校通识教育的发展，增进高校在通识教育方面的互相交流、协作与支持。（宋偲蕾）

【德国HWK教育与考试中心揭牌】 10月9日，德国手工业协会(HWK)教育与考试中心揭牌暨首批学员颁证典礼在校举行。德国哈勒手工业协会主席、德累斯顿经济技术大学中国中心主任、DCG哈勒国际研究所协会主席和校长俞涛、副校长谢华清等，以及首批参加培训并通过HWK考试的学生参加典礼。该中心是德国哈勒手工业协会在中国高校设立的第一家“HWK教育与考试中心”。（宋偲蕾）

【上海电子废弃物资源化协同创新中心通过验收】 11月，学校的上海电子废弃物资源化协同创新中心以“良好”的评价结果通过五年期建设验收。面向国家生态文明建设和资源循环战略定位，该中心建立“政产学研用”立体化的协同创新体系，在推动行业整体规范化发展、提高行业技术水平、提升行业国际影响力、探索服务行业特需人才培养体系等方面取得一系列显著成效，完成预期目标与任务。（宋偲蕾）

附：学校负责人及地址

(2017年1—12月)

校党委书记：宋宝儒

副书记：俞　涛、邹龙飞、吴沛东

校　长：俞　涛(兼)

副校长：吴沛东(兼)、徐余法、谢华清、徐玉芳

地址：金海路2360号

邮编：201209

电话：50214090

上海科技大学

【2017年概况】 学校有物质科学与技术学院、生命科学与技术学院、信息科学与技术学院、创业与管理学院、创意与艺术学院5个学院，以及免疫化学研究所、iHuman研究所、数学科学研究所3个研究所。共有学生2696人，其中本科生1198人、硕士研究生1098人、博士研究生400人。有教职员工969人，其中教学科研人员831人、行政管理人员138人。专任教师449人，其中常任教授151人、中科院特聘教授265人、外籍特聘教授25人。

参与上海科创中心建设。学校与中科院上海应用物理研究所、上海光学精密机械研究所等单位合作，牵头或参与建设软X射线自由电子激光用户装置、活细胞结构与功能成像等线站、超强超短激光实验装置、光源二期等重大科技基础设施，这些项目于2016年11月开工，年内完成大部分建安工程。作为项目法人单位，学校与上海应用物理研究所和上海光学精密机械研究所共同承担《国家重大科技基础设施建设“十三五”规划》优先布局的、国内迄今为止投资最大的科技基础设施项目——硬X射线自由电子激光装置，该项目已于12月获批启动。继续推进“多空间多时间尺度生物成像平台”“机器学习与虚拟现实平台”等科创中心建设重点工作。

治理架构。校务委员会召开第一届第六次会议，审议通过人事相关事宜及学校2018年度财务预算，启动创意与艺术学院、数学科学研究所的建设。

校园建设。学校新校园位于上海浦东新区张江高科技园中区——中科院上海浦东科技园内，占地59.9万平方米，总建筑面积70.25万平方米(其中地下建筑15万平方米)，建筑单体52幢。学校主体建筑已基本全面投入运行，学校所有学院、研究所、部门均迁入新校园。

师资队伍。年内新到位51位常任教授，较上一年增加59%；资深教授的人数迅速扩大，全年到位正教授、副教授14位，较上一年增加1倍；增聘11位特聘教授。专任教师队伍中包括诺贝尔奖获得者3位、美国国家科学院院士6位、英国皇家学会会士2位、中科院院士33位、工程院院士3位、“中央千人”25位、“外专千人”2位、“上海千人”14位、“青年千人”40位、杰青93位。常任教授已入选“中央千人”2位、“上海千人”4位、“青年千人”31位、杰青1位，占比25%。对先期入职的部分教授启动常任教授制考核。

学生培养。继续采取以“校园开放日”为特色的创新模式，面向上海、北京、天津、山东、江苏、四川、河南、浙江、湖北、辽宁、云南、江西、福建、贵州14省市在提前批次招收2017级356名本科生，4个年级的本科生全部到校，首次实现本科生教育的“小满贯”。5月，学校通过市学位委员会的本科专业授权评审，获物理学、化学、生物科学、材料科学与工程、电子信息工程、计算机科学与技术6个本科专业的学士学位授权。完成2017年春、暑、秋学期四个年级本科生的课程教学。全体2016级本科生组成13支小分队前往全国9省/自治区开展以“了解国情、体验艰苦、精准扶贫”为主题的暑期社会实践活动，活动成果获团中央和上海市表彰。全体2015级本科生围绕6大产业链课题，前往48家企业和研究所开展以“了解国家战略、体察行业趋势、探索个人发展”为主题的暑期产业实践活动。

经教育部同意，学校结合上海科创中心和上海市国家级教育综合改革试验区建设，自2017年起开展“高水平研究生教育综合改革试点”，独立招收培养硕士生、博士生。年内，学校首次在7个一级学科独立招收研究生458名，并招收通过资格考核硕转博的200名博士研究生，生源质量稳步提高。学校申请新增博士学位授权单位和材料科学与工程的一级学科博士学位授权点已公示。2017届200名上科大—国科大联合培养硕士研究生毕业，整体就业升学率达到100%，其中85%就业、15%继续深造(出国或读博)。

科研学术。各学院/研究所已建立共计157个研究组，包括物质学院43个组、生命学院36个组、信息学院40个组、创管学院14个组、免疫化学研究所10个组、iHuman研究所14个组。年内新增基金委及科技部项目34项、新增上海市项目23项。专任教师新增科研项目经费突破1亿元，比上一年增加近两倍。自国家科技计划管理改革以来，连续两年获科技部重点研发计划的青年科学家项目支持。共参与发表学术论文705篇，同比增长93%，其中上科大为作者第一单位及通讯单位论文共329篇，同比增长109%。举办信息科技2017年度国际研讨会等8场大型国际学术会议，以及356场学术讲座。

科教融合。与中科院上海分院全面合作。参加中科院研究所牵头的各类重大项目——张江实验室牵头的市级重大专项“硬X射线关键技术”“硅光子”、应物所牵头的“未来先进核裂变能”先导专项及“先进核能创新研究院”(筹)、微系统所牵头“超导电子学卓越创新中心”、生化所牵头“分子细胞科学卓越中心”等国家级科研攻关与创新载体。与中科院上海分院相关院所建立超强激光光源联合实验室、上海雾计算实验室、量子电子学联合实验室、光子科学技术联合实验室、低碳能源联合实验室、承担神经生物学国家重点实验室(中科院神经所)、中科院低碳转化科学与工程重点实验室(中科院上海高研院)、上海市分子男科学重点实验室(中科院上海生科院生化与细胞所)、生命有机化学国家重点实验室(中科院有机所)、中科院微小卫星重点实验室开放课题科研工作。

产教融合。与多家国内外知名高科技企业合作。与上海华力微电子有限公司、上海兆芯集成电路有限公司、上海集成电路研发中心有限公司三家企业联合成立上海微电子产学研联盟，并在学校设立微电子联合研究中心。加入国际雾计算产学研联盟(OpenFog)，当选OpenFog大中华区主任单位，成立上海雾计算实验室。与上海联影医疗科技有限公司签署战略合作协议，并在智慧医疗、先进成像设备等方向展开深入合作。与9家知名跨国制药企业结成“G蛋白偶联受体研究联盟”。与美国安进公司、荷兰皇家壳牌石油公司、新松机器人自动化股份有限公司等开展合作。

交流合作。学校与哈佛大学、加州大学伯克利分校、麻省理工学院、牛津大学、芝加哥大学、耶鲁大学、宾夕法尼亚大学、南加州大学、帕多瓦大学、巴布森学院、欧林学院等国外知名院校建立全面或项目合作关系。在原有合作高校的基础上，学校还与康奈尔大学、密歇根大学、伊利诺伊大学厄巴纳—香槟分校等签署学生交流合作协议，项目将于2018年启动。全年有92名本科生前往加州大学伯克利分校、芝加哥大学、帕多瓦大学、耶鲁大学进行暑期课程学习和文化交流；30名本科生赴麻省理工学院、哈佛大学、加州大学伯克利分校进行为期半年或一年的专业课程学习，表现优异。与南加州大学电影学院合作举办制片人、编剧、导演培训班，为中国电影工业培养人才。多位助理教授前往加州大学伯克利分校、巴布森学院、欧林学院参加教师培训项目。

条件支撑。学校新增入库教学科研设备4037台(件)，总价值3.18亿元。已入库教学科研设备13468台(件)，总价值6.74亿元。全面信息化建设和图书馆建设也全速推进，20万亿次高性能计算平台协助多个课题组开展科学计算，云桌面培训教室和多媒体创作与演练中心投入使用。学校知识成果管理系统达到国内一流水平。　(牛牧原)

【实现10拍瓦激光脉冲输出】 10月24日，上海科技大学—中科院上海光机所超强激光光源联合实验室的上海超强超短激光实验装置(SULF)研制工作取得重大突破，成功实现10拍瓦激光放大输出，达到国际同类研究的领先水平。　(牛牧原)

【成立创意与艺术学院和数学科学研究所】 11月10日，经校务委员会第一届第六次会议审议通过，成立创意与艺术学院、数学科学研究所。(牛牧原)

【上海科技大学附属学校、附属幼儿园开建】 11月30日，上海科技大学附属学校新建工程开工典礼举行。附属学校将充分利用大学的教学科研优势，探索与大学密切合作的机制，秉持“让学生的身心和谐发展”办学理念，实施“九年一贯，弹性实施，因材施教，人皆可才”策略，以培养“人文厚实，视野开阔，学力滋润，创新见长”的学生为目标。 （牛牧原）

【董建华到校视察】 12月6日，第十二届全国政协副主席董建华到校视察。董建华对学校在人才培养和积极参与上海科创中心与张江综合性国家科学中心建设方面的成就深表赞赏，对学校致力于培养学生“立志、成才、报国、裕民”的理念与做法印象深刻，非常认同。他还参观书院、学校图书馆等学校设施，和学生亲切交流，鼓励大家努力学习，回报社会。 （牛牧原）

【硬X射线自由电子激光装置获批启动】 12月15日，学校作为项目法人单位的“硬X射线自由电子激光装置”获批启动。这是《国家重大科技基础设施建设“十三五”规划》优先布局的、国内迄今为止投资最大的重大科技基础设施项目，建成后将成为世界上最高效和最先进的自由电子激光用户装置之一。同时，张江地区也将成为集聚同步辐射光源、软X射线自由电子激光、硬X射线自由电子激光和超强超短激光于同一区域的国际光子科学研究高地。 （牛牧原）

上海科技大学作为项目法人单位的
“硬X射线自由电子激光装置”获批启动

【获多项重要科研成果】 iHuman研究所刘志杰研究组成功解析人源大麻素受体与激动剂结合的三维精细结构（发表在《自然》）及人源胰高血糖素样肽-1受体(GLP-1R)的七次跨膜区晶体结构（发表在《自然》）。生命学院黄行许研究组揭示哺乳动物早期胚胎发育过程中染色质高级结构动态变化的规律（发表在《细胞》）。生命学院黄鹏羽研究组成功解析慢性肝损伤后肝脏再生的分子机制（发表在《hepatology》）。免疫化学研究所刘佳研究组研发出药物分子的可控性释放酸感应分子容器（发表在《德国应用化学》）。

物质学院马延航研究组研发出两种基于电子晶体学的手性确认新方法（发表在《自然材料》）。宁志军研究组研发出一种低维度高取向性的锡基钙钛矿材料，显著提高锡基钙钛矿太阳能电池的稳定性（发表在《美国化学会志》）。季泉江研究组在人类致病菌金黄色葡萄球菌中首次建立起基于CRISPR/Cas9系统的、高效快速的基因组编辑方法（发表在《美国化学会志》）。陈刚研究组首次揭示钙钛矿薄膜成膜的整个过程（发表在《先进材料》）。

信息学院教授寇煦丰作为通讯作者参与的工作，首次实验观测到一维手性马约拉纳费米子存在的证据。教授虞晶怡领衔的虚拟现实和视觉计算中心研发出一系列于光场的虚拟现实和增强现实技术，并将其应用在上海博物馆文物数字三维化、阿里巴巴造物神计划、中共一大旧址重建等项目上。教授高盛华研究组首次在计算机领域开展人类个性化显著性区域预测研究，建立世界上首个个性化显著性区域预测数据库。 （牛牧原）

【多名学生获奖和受表彰】 一支由本科生组成的团队在2017年国际基因工程机器大赛(iGEM)全球总决赛中获金奖和最佳硬件单项奖。17组本科生代表队参加2017年美国大学生数学建模竞赛，取得国际一等奖1项、国际二等奖7项和国际三等奖8项。Craftech机械制造社ZCZ分队参加第二届上海市大学生创客大赛获一等奖。本科生暑期社会实践云南昭通小分队入选2017年全国大中专学生“三下乡”社会实践“千校千项”最具影响好项目、云南挖色小分队“我只想把大本曲传下去——记挖色中学教师李红萍”获“千校千项”深化改革行知录、安徽泾县小分队获上海市“知行杯”社会实践大赛决赛三等奖。 （牛牧原）

附:学校负责人及地址

(2017年1—12月)

校党委书记:朱志远
　　副书记:鲁雄刚

校　长:江绵恒
副校长:印　杰、华仁长、龚晋慷、鲁雄刚(兼)

浦东校区地址:华夏中路393号
邮编:201210

徐汇校区地址:岳阳路319号
邮编:200031
电话: 20685160

上海纽约大学

【2017年概况】 学校有本科生1152人,其中中国学生623人,来自全国34个省、市、自治区;国际学生529人,来自世界70个国家和地区。此外,来自纽约大学和纽约大学阿布扎比校区到上海纽约大学进行交流学习的学生113人。共有教师283人,其中常任教授39人、上海纽约大学与纽约大学双聘教授11人、客座教授48人、兼职教师50人,"千人计划"教授9名。员工及教学辅助人员294人。

建设进展。①扩大招生规模。秋季招生规模由每年300人增至350人。其中,招收来自全国34个省市自治区的中国学生176人;招收来自世界近30个国家和地区的国际学生174人。②学校迎来首届毕业生。首届261名本科毕业生中有141名中国学生、120名国际学生。其中,选择出国(境)留学的毕业生72人,占比51.06%;选择就业(包含签就业协议、合同就业与灵活就业)的毕业生69人,占比48.94%。中国学生在申请攻读研究生学位过程中,人均申请7所院校,平均获3.2个深造机会,38%的同学获奖学金。选择就业的中国学生中,就职于三资企业的占比最高,达74.6%。其中从事商务服务业、教育、资本市场服务、货币金融服务、软件和信息技术服务业的毕业生达86%,具体去向以投资公司、银行、会计师事务所为主,包括普华永道、波士顿咨询、毕马威、德勤、安永、中金和真格等名企,还有不少学生选择公益组织和传媒企业。120名国际学生毕业后,8名学生选择在中国继续攻读研究生学位,其中两名学生入选"2018清华大学苏世民学者项目"。受惠于2016年颁布的《上海人才新政30条》,11名学生留沪工作。一名国际毕业生获中国首张本科学历外国留学生工作许可证。除在中国深造,更多的国际毕业生奔赴世界各个角落。如一美国学生获2017—2018富布莱特美国学生奖(为学校首位获此奖项的学生),已前往马来西亚进行为期10个月的英语教学实践活动;另有1名学生入选"普林斯顿在亚洲"奖学金项目,在缅甸一家非营利机构实习。③5个硕士研究生项目获教育部批准设立:英语为第二语言教育(英语教学)、互动媒体艺术、社会工作、计量金融、数据分析和商业计算。在原有的化学、物理学、生物科学、金融学、经济学、神经科学、电子信息工程、数学与应用数学、世界史(综合人文,社会科学,全球中国学)、数字媒体技术(互动媒体艺术)、自主设计专业(荣誉学位)、计算机科学与技术(计算机工程、计算机科学)12个本科专业基础上,新增数据科学与大数据技术专业。④发展规划。根据市政府和浦东新区政府的建设规划,新校区已被批准立项建设。新校区选址前滩45号地块,已完成概念设计,建成后将极大地增加学校的使用空间,并将成为前滩地区的地标性建筑。

人才培养。①推进就业指导工作。职业发展中心为所有学生提供精准化一对一职业发展咨询服务,支持学生进行职业探索和规划。通过CareerNet职位发布平台为学生提供实习与全职实习机会。该平台与纽约大学、纽约大学阿布扎比分校实现资源共享，学生可获得海内外工作机会信息。年内，职业发展中心共举办3场校园招聘会及24场精品宣讲会，累计149家公司和310名企业代表参与。学校招聘网站共计发布海内外职位近1000个。②学校积极探索建立本科生创新创业教育体系。以人才培养为核心着眼点和出发点，将创新创业精神、意识和能力的培养贯穿于人才培养始终。以“创造力与创新项目”为抓手，构建以创新创业为底色的培养课程体系，树立以学生为中心的教学方法和学科融合的教学方式，搭建多渠道的创新创业实践教学体系，举办和参与国内国际创新创业实践活动，注重引导学生强化创新意识、培育创业精神、训练创造能力，以内生动力建设为基础，以各项培养措施之间有机配合，形成一个完整的创新人才系统。学校在“创造力与创新研究项目”(PCI)中共开设包括“设计思维”“创新中国与中国制造”等在内的10门课程，面向全校本科生开放。学生创新能力得到国际认可，获纽约大学举办的2017首届全球创客大赛总冠军、第十四届国际遗传工程机器设计大赛(iGEM)铜奖等。③学术活动部共邀请130多位嘉宾举办150多场活动，包括讲座、研讨会、工作坊、电影放映、演出等形式，涉及金融、社会工作、人工智能、农业、医药、神经科学、历史、诗歌、环保、心理学、政治科学、考古、市场营销等众多领域。④9月，在浦东新区卫生和计划生育委员会指导下，校医务室成立。校医务室配有一名医生和一名护士，负责全校教职员工和学生的急救和医疗工作。由此，作为学生事务部职能部门的学生健康中心，功能更加完善，为全校学生提供医疗保健、心理咨询及健康教育的全方位服务。

科学研究。①2017年学校积极吸纳国际一流的科学家，吸引顶级科创人才，引进与培养顶级青年科创人才，开展国际化前沿研究和学术交流，建立起多学科多领域研究力量，在应用数学、物理学、脑科学等领域有所发展。华东师范大学—纽约大学数学联合研究中心(上海纽约大学)以理论与应用概率论、统计力学、现代控制理论等前沿领域为研究重点，逐步建立起高端国际科研合作平台，举办多场国际学术研讨会，吸引诸多中外概率论专家到访。概率论与统计物理学大师、美国两院院士Charles Newman教授担任该中心主任，Vladas Sidoravicius教授担任中心副主任。国际著名数学家、法国国家科学院院士Yves Le Jan教授，美国艺术与科学院院士、纽约大学柯朗数学研究所前所长Gerard Ben Arous教授，荷兰乌特勒支大学荣誉教授Roberto Fernandez等概率论领域的国际知名数学家常驻学校，为本科生授课，并在概率论学术研究新高地开展开拓性的国际科研合作。秋季学期，数学中心与中科院数学与系统科学研究院合办的“概率论与统计力学学术月”在北京、上海两地举行，共邀请32位概率论方向的大师级学者作报告。其中，菲尔兹奖得主Wendelin Werner教授介绍他的最新研究成果。华东师范大学—纽约大学物理联合研究中心(上海纽约大学)组建原子、分子和光物理，凝聚态物理，流体物理，软物质物理等研究方向的科研团队。中心还与精密光谱科学与技术国家重点实验室(华东师范大学)密切合作。2017年英国物理学会旗下杂志*Physics World*在其2017中国特刊中，以“新的路径”为题，刊登关于该中心建立与发展的特别报道。②针对现代社会压力陡增造成的各种心理健康问题，学校成立人际互动情绪研究室(ADR Lab)，开启有关情绪在人际关系互动中变化的多项研究。研究面向不同年龄群，重点关注儿童群体。先后获上海纽约大学种子基金(华东师范大学—纽约大学社会发展联合研究中心)、纽约大学教员研究挑战基金、上海市浦江人才计划以及救助儿童会的资金支持。

社区合作。①图书馆连结社区。学校图书馆与浦东图书馆联合开展“‘大家说文’教授系列讲座”，将学术理论转化为通俗易懂的面向公众的主题讲座。讲座涉及文化、金融、经济、地理、数学、政治等领域。学生自愿报名参加浦东图书馆针对中小学生开展的英语角活动，作为志愿者独立主持策划英语角活动，践行学校服务公众的使命。9月起，浦东图书馆定期为学校图书馆提供中文新书供师生员工借阅。新书投放频次为半年，每次投放新书500本—1000本。②积极参与公益活动。4月，学生社团“绿色上海”发起第三年的“绿色周”（Go Green Week）活动。在由“绿色上海”与上海喜玛拉雅美术馆（上海种子）合作的“弃物重纫时装秀”中，20名学生用创意和巧手将各种废料转化为13套设计感十足的时装。学生模特在美术馆外的“远景之丘”户外装置里，走一场不同凡响的环保秀，呼吁公众关注时尚行业的可持续发展问题。6月，学校的“院长基金社会公益服务项目”（DSS），获2017陆家嘴年度公益榜榜单的“公益社群实践奖”。该项目让学生通过理论与实践服务相结合的学习方式，成为具有高度社会责任感和影响力的公民。学生前往青浦大莲湖湿地保护区参与湿地修复项目、在湖南教小朋友学英语、关怀河南艾滋病家庭的儿童、参与云南山区的再造林项目。11月，举行首届模拟联合国大会。模拟联合国大会获联合国认可并得到联合国学术影响力组织支持。14名大一学生、44位来自中国各地的高中生齐聚一堂，共议全球热点问题。（吕颜婉倩）

上海纽约大学举行首届模拟联合国大会

【上海纽约大学校歌公布】 5月11日，学校校歌公布。校歌由学生事务部员工、纽约大学校友Jeremy Hissong（2014届史坦哈德教育学院）和谭人众（2014届文理研究院），以及联聘教授Dianna Heldman耗时八个月，共同创作而成。（吕颜婉倩）

【“启航研习室”揭幕】 5月26日，举行“启航研习室”命名揭幕仪式。位于学校4楼图书馆内的405室，被正式命名为“启航研习室”。这是上海纽约大学学生家长为首届毕业班送去的一份特殊礼物。活动由上海纽约大学教育发展基金会举办。（吕颜婉倩）

上海纽约大学“启航研习室”揭幕

【举办首届毕业典礼】 5月28日，2017届本科生毕业收获纽约大学学位证书、上海纽约大学学位证书，以及上海纽约大学毕业证书。来自中国、美国及其他国家的261名上海纽约大学应届生，与教师、亲友齐聚上海东方艺术中心，共同出席中国第一所中美合办研究型大学——上海纽约大学的首届毕业典礼。（吕颜婉倩）

上海纽约大学2017首届毕业学生合影

【学生在人工智能NIPS会议上发表论文】 9月，学校首位计算机科学专业博士生Sean Welleck在世界顶级的人工智能NIPS会议上发表题为Saliency-based Sequential Image Attention with Multiset Prediction的论文。该论文由教授张峥指导，与数学专业大四学生茅佳琳合作撰写。该研究与纽约大学库朗学院教授Kyunghyun Cho合作，提出生物层面的深度学习模型来解决计算机视觉问题。（吕颜婉倩）

【当选美国物理学会会士】 10月，学校物理、数学教授张骏当选“2017年美国物理学会会士”。入选理由是“他设计的实验优雅而巧妙，将流体结构的

相互作用转化为科学主流，并激发其他科学家在物理、生物学、工程学、地球物理学和应用数学领域的研究。” （吕颜婉倩）

【举办第二届“华夏杯”中文演讲比赛】 11月18日，由学校中文项目主办的第二届“华夏杯”中文演讲比赛，吸引来自西交利物浦大学、华东师范大学、杜克昆山大学等13所院校的世界各地的47名学生参加比赛。参赛学生展示中文会话能力，切磋中文演说技巧，提高中文水平。上海纽约大学2020届学生陈苏珊获初级组三等奖。 （吕颜婉倩）

附：学校负责人及地址

（2017年1—12月）

校　长：俞立中

副校长：杰夫·雷蒙 Jeffrey S. Lehman、郑恩坦 Eitan Zemel、汪小京（9月离任）、丁树哲（10月到任）、刘虹霞

浦东校区地址：世纪大道1555号

邮编：200122

电话：20595500

上海电力学院

【2017年概况】 学校有杨浦、浦东两个校区，临港校区正在建设中。学校设能源与机械工程学院、环境与化学工程学院、电气工程学院、自动化工程学院、计算机科学与技术学院、电子与信息工程学院、经济与管理学院、数理学院、外国语学院、国际交流学院、高等职业技术学院、继续教育学院（含上海新能源人才技术教育交流中心）、马克思主义学院、体育部共14个院部。

人才培养。学校在全国31个省（自治区、直辖市）招收本科生2593人。2017届本科生就业率达97.87%，签约率为65.68%。录取研究生636人，较去年增加18.4%，在校研究生人数突破1500人。2017届研究生就业率继续保持100%，签约率为98.54%，其中82.58%进入能源电力行业工作。学校获市教育成果特等奖1项、一等奖5项、二等奖2项，获批“上海市首批深化创新创业教育改革示范高校”，继续推进“上海市本科教学教师激励计划”。“电子信息工程”等四个专业获市应用型本科试点专业，“电气工程及自动化”专业获教育部工程教育专业认证。获批新专业“新能源科学与工程”。申报“核电技术与控制工程”新专业，申报并推荐教育部新工科建设项目：“面向‘一带一路’的能源电力工程教育国际化研究与实践”。完成9个专业的达标评估工作，新获批3门市精品课程、3项市重点教改、13门市级重点课程建设。获市课程思政教学改革经费支持，“太阳能发电技术”等25门专业课程进行课程思政改革，新开设“能源中国”“丝路之光”课程。设立10个“校级精品教材”项目，完成第二批11门慕课课程制作项目，共有24门在线慕课课程。新增“控制科学与工程”“信息与通信工程”学术硕士点及博士授予单位“电气工程”学科博士点。学生参与“全国大学生节能减排大赛”“大学生创新创业教育论坛”等各类竞赛，获奖项268项，其中国家级奖项119项。学校开展“青春榜样——2017上海电力学院大学生年度人物”评选活动，以榜样力量推动学生德育工作。实施“全程导师制实施办法”“本科教学教师教学团队实施方案”“教学质量管理考核办法”等。推进学生服务中心功能完善，“一门式”解决招生、就业、资助、学籍等学生事务。艺术教育中心全年面向学生开设的全院性人文艺术类选修课共计71门次，新增5门线上人文艺术类选修课程，参评话剧在2017年“上

海市第十四届大学生话剧艺术节”中获最佳编剧奖。获“全国大学生击剑锦标赛”冠军、“全国大学生手球锦标赛”亚军、“第八届世界华语辩论锦标赛”冠军。电竞队获华东赛区冠军。在“第七届上海市大学生工程训练综合能力竞赛”中，学校两支队伍获1个特等奖、1个三等奖。继续教育对外合作平台由“上海新能源人才技术教育交流中心”扩充到“‘一带一路’能源电力国际人才培养基地”“军民融合发展合作点”“中国新能源海外发展联盟”等。继续教育服务7800余人次，其中非学历5600余人次。举办国内培训班60个、国际培训班3个，培训对象涉及18个国家。学校落实“军民融合发展”之路，为军队培养新能源电力人才，成为全国首个在高校开展的军民融合新能源项目。学校新增“电气工程及其自动化”高中起点本科专业，已进行“高起本”专业招生。全面开展学历教育教学网络化改革。与中国电建集团等多家企业签约，共建“‘一带一路’能源电力国际人才培养基地”。

科研与学科建设。学校作为第一完成单位的项目获“上海市科学技术奖”7项、学校作为参与单位的项目获“上海市科学技术奖”1项，作为参与单位获“河南省科学技术奖”三等奖1项。学校教师为第一作者发表的论文被SCIE收录146篇，被EI(期刊)收录191篇、被CPCI-S收录73篇、被CPCI-SSH收录2篇、被SSCI收录1篇、被EI(会议)收录71篇。其中，SCIE收录论文同比增长7%(其中一区收录论文增长32%)，EI(期刊)收录论文同比增长13%，CPCI-S收录论文同比增长70%。共有16篇论文入选ESI高被引论文，同比增长50%。获国家基金重大研发计划1项、国家自然科学基金立项15项(含合作2项)、国家社会科学基金立项1项、参与科技部国家重点研发计划4项、教育部人文社会科学研究项目2项；市科学技术委员会创新行动计划1项、其他领域申报5项(合作)，市自然科学基金5项、市科委地方能力建设项目4项、市哲学社会科学规划项目1项、市浦江计划1项、市曙光计划2项、市晨光计划2项，扬帆计划4项。申请发明专利262项，获授权87项；申请实用新型专利56项，获授权25项；申请外观专利1项，获授权1项；申请并获授权软件著作权9项；完成5项专利转化。国家大学科技园共受理大学生创业项目10个，完成资助项目6个，共资助金额115万元；获“CNAS国家实验室认可证书”，通过ISO9001-2015质量管理体系认证；获评“2016—2017上海市中小企业服务机构”。“光伏发电应用推广展示厅”继续对外开放，成为学生和市民的认知参观基地。“能源电力专业孵化器(众创空间)”进入设计阶段。

师资队伍建设。学校优化师资队伍建设，引进国家千人、国家青年千人、培养上海市东方学者，引进双聘院士、国家电网公司总工程师等顾问教授。学校开展教委师资培训“四大计划”，开展“电院之星”及“双师”培养计划。学校深化人事制度改革，修订及制定相关文件11个。

国际交流与合作。学校与10余所国外一流高校建立合作关系；接待国外高校来访团组22批次，较去年增加83%。派出赴国外进行长期或短期学习、实习的学生108名，比去年增长20%。尝试“中方高校+外方高校+企业联合培养外国留学生”新模式。优化留学生生源结构，新增美国等四个国家生源，学校的留学生生源国为11个国家。

图书与数字化校园工作。推进移动数字图书馆建设，实现APP方式的馆藏目录查询、图书预约和续借、电子书阅读、文献传递等功能。建立服务学院教学科研的团队制度，完成学校11位东方学者学术研究影响力及优势学科的分析报告。举行“读书月”活动，开展“真人图书馆”“态势分析”等专题活动，开展“全国五一劳模展”等文化展览，向中小学生开放参观。升级杨浦校区校园网出口带宽，提高校园无线网络覆盖率。

实验室与资产管理。修订《上海电力学院实验室安全管理办法》，建立“危险化学品联络员制”，拟订《上海电力学院实验室安全责任追究办法(试行)》。学校大型仪器设备通过第三方平台向社会提供共享服务，学校总体采购量较去年增长32%。

校友与对外联络。全年接待返校班级44个，“电院校友”微信平台粉丝总量较去年增加18%。

产业工作。以“微电网应用”为主题参展“2017

中国国际工业博览会”，组织 8 项教师科研成果和 2 项学生创新创业项目成果参展。参展项目“微电网系统集成关键技术与成果”获工博会高校展区“优秀展品奖二等奖”，大学生创新创业项目“智能头盔控制车”获工博会高校展区“优秀创新创业展品奖”，学校获工博会高校展区“优秀组织奖”。学校产业支持立项 8 项大学生创新创业项目，为学生创新创业提供经费支持、业务指导等针对性的服务。

校园建设。临港新校区一期、二期主体工程基本完工。临港新校区智能微电网工程入选国家发改委、国家能源局“新能源微电网示范项目”。完成临港校区开办费的编制及申报工作，拟定搬迁的整体工作方案。与上海民航职业技术学院签订《上海电力学院学海路校区土地、房屋转让框架协议》。

（曹婷婷）

【中国工程院院士到校进行学术交流】 中国工程院院士岑可法就能源动力、机械设计制造与机械电子、工程热物理等学科发展现状、关注的热点问题和未来发展方向到校进行学术交流。（曹婷婷）

中国工程院院士岑可法到校进行学术交流

【承办第十五届上海高校日语教师文学年会】 1 月 7 日，由中国日语教育学会上海分会主办，学校和新世界教育集团承办的“第十五届上海高校日语教师文学年会暨第九届日汉翻译研讨会”召开。研讨会围绕日本文学与翻译学两大主题，对日语研究进行深入探讨。（曹婷婷）

【入选 2016 年度 Elsevier 中国高被引学者】 国际出版商爱思唯尔（Elsevier）发布 2016 年中国高被引学者（Most Cited Chinese Researchers）榜单，中国内地 38 个学科的 1776 名最具世界影响力的中国学者入选。上海电力学院李和兴教授在化学工程领域排名第四位。（曹婷婷）

【“‘一带一路’能源电力国际人才培养基地”揭牌】 5 月 5 日，全球首个“一带一路”能源电力国际人才培养交流会暨基地揭牌仪式在学校举行。来自“一带一路”沿线国家的领事代表，参与“一带一路”建设的发电集团、电建集团、新能源企业代表与学院签署合作协议。（曹婷婷）

上海电力学院“‘一带一路’能源电力国际人才培养基地”揭牌

【临港新校区成为国家发改委新能源微电网示范项目】 学校在建的临港新校区入选国家发改委、国家能源局“新能源微电网示范项目”，成为上海市唯一、全国仅有的 28 个新能源微电网示范项目之一。（曹婷婷）

【承办“上海论坛”高端圆桌会议】 5 月 27 日，学校承办“上海论坛”2017 高端圆桌会议“绿色·发

上海电力学院承办“上海论坛”高端圆桌会议

展——能源互联网的使命”，圆桌对话以“可再生能源和互联网技术的机制问题和探讨”为主题展开。“上海电力学院‘一带一路’能源电力海外挂职实训基地”与“上海电力学院中葡文化交流中心”同时揭牌。（曹婷婷）

【举办中印瑜伽文化交流活动】 6月21日，学校与印度驻上海总领馆共同举办“第三届国际瑜伽日”活动。这是学院第二次承办国际瑜伽日活动。160名师生在4位印度瑜伽大师的现场指导下，伸展、吐纳、舒缓身姿，以校园健康瑜伽的形式庆祝第三届国际瑜伽日。（曹婷婷）

【举办首个高校新能源军民融合项目】 9月12日，由国家能源局新能源司、军委后勤保障部军需能源局指导，学校与上海新能源人才技术教育交流中心承办的新能源与智慧城市高级研修班开班，军委军需能源局和省(市、自治区)能源系统的管理和技术人员等接受系统的新能源及应用技术、智慧城市建设的规划、理论和实践探索的培训。（曹婷婷）

【获“第八届世界华语辩论锦标赛”上海赛区冠军】 12月10日，“第八届世界华语辩论锦标赛”上海赛区决赛在复旦大学邯郸路校区举行，上海电力学院学术部辩论队以4∶1的优势获冠军，首次闯入世界华语辩论锦标赛总决赛，并将代表上海地区参加总决赛。（曹婷婷）

【举办“相聚滨江留学生和国际友人迎新会”】 12月15日，由市友协指导，杨浦区友协主办，学校承办的“相聚滨江留学生国际友人迎新会”举行。来自美国、英国、德国、俄罗斯、日本、韩国、印度、摩洛哥等近40个国家的近200名留学生、国际友人共赴迎新会。（曹婷婷）

附：学校负责人及地址

（2017年1—12月）

院党委书记：李明福
　　副书记：李和兴、李艳玲、徐　凯(6月到任)

院　长：李和兴(兼)
副院长：徐　凯(兼，6月到任)、翁培奋、封金章、符　杨(6月到任)、张　川(6月到任)

杨浦校区地址：长阳路2588号
邮编：200090
电话：35304231

浦东校区地址：学海路28号
邮编：201300
电话：68029912

上海应用技术大学

【2017年概况】 学校有学院(部)19个。设有本科专业51个、一级学科硕士点4个(包括22个二级学科和方向)、专业学位授权领域3个。本科在校生14489人、研究生1098人。专任教师1129人，其中教授120名、副教授379名。有博士学位的教师542名，有硕士学位的教师446名。学校有工程院院士1名(双聘)、上海“千人计划”5名，“东方学者”14名、“青年东方学者”2人。学校有奉贤、徐汇两个校区，占地总面积94.6万平方米。

发展规划与内部治理。坚持和完善党委领导下的校长负责制，公布并执行《校长办公会议议事规则(试行)》。修订完善学校管理制度，提高学校管理制度的规范性、针对性和操作性。贯彻全国高校思想政治工作会议精神，推进“课程思政”工作，构建“思政理论课、综合素养课和专业育人课”三位一体的“思政树”课程体系。结合党的十九大精神开设“美丽中国”课程。学校获批上海高校课程思政教育教学改革试点重点培育单位。

人才培养。完成本科教学审核评估，启动并通过化学工程与工艺专业认证工作。深化“产教融合、校企合作”，新建3个校级示范实习基地，新增校企合作实验项目17项、校企合作课程建设项目19项。主办2017年全国大学生“西门子杯”中国智能制造挑战赛华东区赛与总决赛。学生获美国大学生数学建模竞赛二等奖6项、市级及以上奖项近700项。获批市属高校应用型本科试点专业3个。推荐申报“化妆品技术与工程”目录外专业，进一步对接行业岗位需求。探索研究新工科建设，推荐申报2个新工科研究与实践项目。实施“一学院(部)固定负责一省市及上海市一个中学”计划，2017年增至11个省市一本批次招生，生源质量与往年相比有历史性突破。着力推进精准就业，2017届毕业生签约率为88.93%、就业率达98.99%、就业专业对口率达88.35%。被西藏日喀则市专招项目录用8人、“大学生志愿服务西部计划”2人、“三支一扶”服务计划录取16人。优化研究生成长成才环境，组织“明学节、明德月、明事日”系列活动，为2017级新生首次开设“工程伦理”课程。研究生获市级研究生教育创新计划项目8项，在建市级示范级实践基地2个。推进国际化合作交流，新增与法国国际香精香料学院、匈牙利赛切尼·伊斯特万大学等5所海外高校及机构的合作交流，新获批与法国斯特拉斯堡大学的优本项目。

学科建设。制定《上海应用技术大学学科建设五大工程方案(试行)》，新增控制科学与工程、材料科学与工程两个一级学科硕士点和艺术、风景园林两个专业学位硕士授权领域，并与上海理工大学、上海海事大学等高校签订博士生联合培养协议，组织相关学科导师申请博士生导师。首次参加学科评估，“设计学”“材料科学与工程”入选市高峰高原学科，推进化妆品全产业链的学科对接。学校被列入新增博士学位授予单位建设规划。国家半导体照明应用系统工程技术研究中心合作共建有效推进、上海市香精香料化妆品协同创新中心通过市教委一期建设验收并进入二期建设、东方美谷研究院完成场地建设和专职研发团队引进。启动中国化妆品产业白皮书的制定。正式获批“十三五”应用型本科产教融合发展工程。进入全国100所应用型示范本科高校，获中央支持地方高校建设项目。

科学研究和科技成果转化。新增国家级科技项目25项、省部级科研项目39项、获省部级奖励11项，到款科研经费突破1亿元。申请专利702件、授权专利226件，其中发明专利189件。联盟计划项目获批47项，共获资助金额436万元，连续六年居全市第一。学校与申通地铁、上海工业自动化仪表研究院有限公司、中铁西南科学研究院有限公司、上海爵格工业工程有限公司签署校企合作协议。新建产学研工作站1个、花木产业研究院2个。12项“应用技术”研究成果和1项大学生双创项目参展第十九届中国国际工业博览会。联合市科技成果转化促进会和市教委科技发展中心共同主办“2017上海产学研合作创新论坛”，与上海交通大学共同承办第五届石墨烯青年论坛。

师资队伍建设。成立教师工作部，从教师思想队伍建设、教师育德意识和育德能力建设及考评机制等方面，不断提升教师的综合素质。制定教师专业发展新工程实施办法，注重教师能力的多系列、多方位培养，全面提升教师的综合能力。贯彻落实首聘制度，制定与新聘期拨款模型相适应的2017年度部门考核办法。注重高层次人才引进和培养力度，强化以行业专家领衔的双师双能型队伍建设。有10人次获市优秀技术带头人、市青年拔尖人才、曙光学者、晨光学者、扬帆计划、浦江人才计划等称号。

学生工作。通过完善考核、举办辅导员专题培训班、配备新疆籍少数民族专职辅导员、开展少数民族学生工作专题培训等，扎实推进辅导员队伍科学化管理。1名辅导员获“上海市高校辅导员年度”人物称号。探索学生管理体系改革，依托工程创新学院筹建鲁班书院，确定“学以致用，知行并进，卓越创新”的书院精神，探索特色鲜明的书院建设之路。创新思政工作载体，利用多媒体开辟网络思政教育的新实践、新思路。积极开展仪式教育、爱校荣校教育，举办开学典礼、毕业典礼和毕业晚会等育人主题活动。支持推进“365 青年成长计划”，创建上海应用技术大学新学风。

办学支撑建设工作。推进综合实验楼项目建设，启动游泳馆建设(四期)的前期工作，完善第三学科楼通风系统改造工程方案。特教大楼投入使用。推进徐汇校区资源有效使用。积极推进预算执行，提高学校房屋资源利用的质量和效益。推进资产与实验室管理信息化、智能化。加强学校实验室安全、交通安全、消防安全等有效管理。完成校园安防工程(一期)更新改造项目、启动公共机房云桌面系统项目。（秦　凤）

【获批教育综合改革重点推进项目】 4 月 20 日，学校申报的“应用技术型高校构建协同创新平台实践研究”项目入选为市教委教育综合改革重点推进项目。本项目以协同创新平台建设为突破点、以应用技术型高校为研究对象，通过研究同类院校协同创新平台建设思路，探讨应用技术型高校协同创新平台建设的机制，推进形成协同发展的可复制、可推广的机制。（秦　凤）

【上海产学研合作创新论坛举行】 5 月 17 日，上海应用技术大学和上海科技成果转化促进会、市教委科技发展中心联合主办的“2017 上海产学研合作创新论坛”在市政协举行。市政协副主席张恩迪，市十届政协副主席、科技成果转化促进会会长、市教育发展基金会理事长王荣华，科技成果转化促进会常务副会长王奇，教育部科技发展中心主任李志民，校长陆靖、副校长陈东辉出席论坛。陆靖以“高水平应用型大学办学中的产学研合作创新思考和探索”为题发表演讲。18 日，参会代表在学校举行论坛第二阶段会议，研讨上海高校深化产学研合作的瓶颈、机遇和路径。（秦　凤）

上海应用技术大学举行 2017 上海产学研合作创新论坛

【开展本科教学工作审核评估】 5 月 21—25 日，上海应用技术大学本科教学工作审核评估专家组到校进行现场考察。专家组听取学校学科建设、产学研合作情况汇报，访谈学校领导及部分中层干部，走访所有职能部门、学院及部分实验室、图书馆、宿舍、食堂、校外实习基地(就业基地)等，召开一系列师生座谈会，调阅大量评估材料及相关支撑材料。（秦　凤）

【获批“课程思政”教育教学改革试点重点培育高校】 6 月 7 日，学校获批市课程思政教育教学改革试点重点培育高校。学校聚焦深入贯彻落实中央和上海高校思想政治工作会议精神，加强顶层设计，细化落实举措，全方位组织实施，大力推进课程思政教育教学改革试点工作。校党委书记刘宇陆首讲“中国智造”“美丽中国”课程，校党委副书记、校长陆靖牵头建设“中国古代技术”课程，以及富有校本特色的“景观物语　草木关情——文化校园系列讲座”课程、对标时代热点的“一带一路　车文同轨”课程等。（秦　凤）

【承办中国智能制造挑战赛全国总决赛】 8 月 26—30 日，由市教育委员会、教育部高等学校自动化专业教学指导分委员会、西门子(中国)有限公司和中国系统仿真学会联合主办，学校承办的 2017 年(第十一届)全国大学生“西门子杯”中国智能制造挑战赛总决赛暨金砖国家技能发展与技术创新大赛在学校举行。共有来自全国 133 所高校、近 400 支参赛队，2000 余名师生参加本次全国总决赛。（秦　凤）

【鲁班书院揭牌】 9 月 13 日，学校举行鲁班书院揭牌仪式。238 名来自 6 个专业的卓越班新生入驻书院。鲁班书院以主流书院架构为基础，发挥“书院＋学院”的平台和协同优势，联合学院专业培养和书院通识教育资源，以“三多原则、七进工程”创新人才培养路径，建设适应于书院跨学科、跨年级交

流，适应于师生互动的管理方式，培养具有创新精神、实践能力、家国情怀和国际视野的高水平应用技术人才。（秦　凤）

上海应用技术大学鲁班书院揭牌

【首批“高本贯通”学生入校】 学校积极对接国家创新驱动发展战略，不断探索高水平应用技术人才培养模式。9月21日，上海市首批“高本贯通”学生开学典礼暨家长见面会在学校举行。土木工程、计算机科学与技术（数据应用安全）2个专业共计招收76名“高本贯通”新生。（秦　凤）

【参展中国国际工业博览会】 11月7—11日，学校12项“应用技术”研究成果和1项大学生双创项目参展第十九届中国国际工业博览会。13项参展项目紧贴上海市产业发展战略、紧贴企业生产实际、紧贴居民家庭生活。工博会上，赵喆教授团队的“高精度3D打印齿科陶瓷材料与技术”项目与浙江盛泰防务科技有限公司签订成交额约为1500万元的合作协议，并获“高校展区一等奖”。（秦　凤）

【“美丽中国”课程开讲】 12月11日，校党委书记刘宇陆开讲“美丽中国”第一课，从“以习近平新时代中国特色社会主义思想关于‘两山’重要思想为指导，以满足人民日益增长的美好生活需要为目标，以促进生态文明与工业文明融合互促为路径”等方面为200多名学生授课。“美丽中国”是高校首门系统建设的学习贯彻党的十九大精神的课程，课程依托学校应用型的学科优势和专业特色，秉承问题导向、需求导向、政策导向的原则，包含科技创新生产美、和谐宜居生活美、绿水青山生态美3个模块。课程同步启动课后网络作业系统建设。（秦　凤）

附：学校负责人及地址

（2017年1—12月）

校党委书记：刘宇陆
副书记：陆　靖（兼）、宋敏娟、张艳萍

校　长：陆　靖
副校长：张艳萍（兼）、陈东辉、叶银忠（5月离任）、张锁怀

奉贤校区地址：海泉路100号
邮编：201418
电话：60873530

徐汇校区地址：漕宝路120号
邮编：200235

上海健康医学院

【2017年概况】 学校设有临床医学院、护理与健康信息管理学院、康复学院、医疗器械学院、医学技术学院、医学影像学院、药学院、基础医学院、文理教学部、体育教学部、外语教学部、马克思主义学院、继续教育学院共13个学院（部），10个本科专业、27个专科专业。在校专科生7831人、本科生2581人、成人专科616人、成人本科128人，外国留学生99人。全校教职员工742人，专任教师448人，其中具有高级职称的148人，具有博士学位的102人。

两级管理体制改革。制定内部管理制度及规范性文件96个，完成学校“十三五”规划年度目标分解表，建立具体的工作路线图、任务书、时间表、责任人及评价指标，对两级目标管理考核体系进行全面修订。完成与所有两级学院(部)、职能部门目标责任书的签订，按照三个100%的要求，建立起全过程目标动态管理。切实落实“1357”工作制度，按照“事前明确、事中跟踪、事后汇报、成果考核”的原则，推动重大事项如期完成。

师资建设。修订完善《专业技术职务晋升聘任工作暂行办法》，制订并实施《上海健康医学院低职高聘暂行办法(试行)》，推进教学杰出教师专业技术职务晋升机制。理顺医学院和附属卫校的人员分编管理工作，完成《教师岗位分类管理暂行办法(讨论稿)》。引进招聘58人，其中学科带头人3人、学术骨干3人，副高及以上职称16人，博士53人。修订《上海健康医学院青年教师导师制实施办法》，为32名新进教师和本科教学激励计划团队中40名助教及以下的青年教师全部配备带教导师。制定《师资人才百人库管理暂行办法》《师资人才百人库项目过程管理及经费及使用办法(试行)》，设立专项培养经费，师资百人库人数达203名。搭建在职攻读学位或接受非学历继续教育平台，共26名教师获博士入学资格。依托市教委“教师专业发展工程”“上海高校青年教师培养资助计划”平台，入选教师专业发展工程22名、产学研践习12名、国外访学4名、国内访学6名。入选上海高校青年教师培养资助计划14名。推荐7名教师参加相关人才培养项目申报工作。东方学者1名、万人计划教学名师1名、长江学者青年学者项目2名、千人计划1名、青年拔尖1名、骨干教师赴德国培训项目1名、宝钢教师优秀奖1名。

人才培养。成立“学生成长发展指导委员会”，课堂教学、社会实践、创新创业、校园文化等多位一体的“三全”育人氛围初步形成。进一步健全学生工作两级管理机制。实施辅导员和班导师双重管理。有效推进生活园区教育管理服务一体育人工作制度。制定《学校课程思政教育教学改革试点方案》，确定课程思政教育教学改革目标为构建思想政治理论课、综合素养课程、专业课程三位一体的课程思政教育教学体系。由马克思主义学院牵头，相关学院和部门共同参与设计和组织实施，开讲“人民健康”思政选修课，构建“课堂—实践—网络—教材”四位一体建设模式，纳入学校课程建设整体体系。

学校作为“一般培育校”，获上海高校课程思政教育教学改革试点项目立项。探索“第二课堂成绩单”制度，出台《上海健康医学院志愿者“医+X”培育模块构建实施方案(试行稿)》，“医+X”培育模块被市教卫工作党委作为落实高校思政工作会议精神的典型案例进行专题报道。暑期社会实践再上新台阶，3支团队获市“知行杯”大学生暑期社会实践大赛三等奖。深化志愿服务意识，全年学生志愿服务达11654人次67952小时，完成在全球健康促进大会等多个重要场合的志愿服务工作，急救技能培训成为学生素质培养的新品牌。世博会博物馆志愿者队获“2017年度优秀志愿者服务保障团队”荣誉称号。与中共二大会址、中共四大会址、陈云纪念馆等红色教育基地签订实践教育基地协议。

创新创业纳入各本科专业人才培养方案，引进6门创新创业共享课程，组织建设7门专业类创新创业课程；立项支持15个综合性设计性创新性实验项目，获第九届国际大学生创新创业大赛ICAN全国总决赛二等奖2项、三等奖3项，第三届“互联网+”大学生创新创业大赛上海赛区“特等奖”1项，上海大学生创客大赛一等奖，获首届“上海医学院校大学生创新实践论坛”5大奖项。5名教师入选教育部全国万名优秀创新创业导师人才库首批入库导师名单。遴选产生14名“青年骨干教师培养”(“培优计划”)对象和31名“PBL示范教学教师”培养对象(“种子计划”)。组织8人赴加拿大McMaster大学进行PBL、EMB课程学习与实践。

教育教学。制定学校《本科教学改革实施方案》，建立“一个中心、三个结合、九大改革、五大保障”的本科教学改革顶层设计方案。新增健康服务与管理、卫生检验与检疫、临床工程技术3个本科专业，本科专业达10个，各专业涉及医学、工学、理学、管理学四大学科门类。形成医护康健类、医学技术类、医疗器械类三大专业群。招生专科专业(或专业方向)缩减至22个。新增《考试管理规定》

《公共选修课管理办法》等10项制度。对接市教委重点课程、精品课程、优质在线课程、重点教学改革项目等教学质量工程建设标准，立项182项校级教育教学改革项目。获市级精品课程1门、市优质在线课程立项1门、市属高校应用型本科试点专业项目建设立项1项。立项3个医教协同（产学合作）项目和17门理实融合课程建设，做实本科实践教学内涵。获省部级及以上奖项124项。制定并颁布《上海健康医学院校内专业评估实施办法（试行）》《2017年度教学技能系列竞赛活动方案》，新建完成1间沉浸式远程互动计算机教室、13间全录播远程互动教室，完成14间PBL研讨室的建设工作，建成“健康课栈”（上海健康医学院在线课程学术交流中心）1间。

科学研究。实施种子基金项目培育、协同创新重点专项培育及教师科研能力提升激励计划三大科技创新计划。立项国家级项目10项、厅局级及以上项目23项、校级种子基金项目107项、协同创新重点项目7项。发表Ⅰ、Ⅱ类论文133篇，申请专利64项，授权专利22项，项目经费达629.94万元。与上海理工大学、上海中医药大学联合培养研究生工作得到进一步落实，研究生导师遴选、相关管理制度逐步完善。在上海理工大学招收“生物医学工程”学科联合培养硕士研究生48人和博士研究生1人，在上海中医药大学招收“中西医结合”“中药学”“药学”和“护理”4个学科联合培养硕士研究生34人和博士研究生3人。制定和推进学校硕士学位授予单位及学位点建设规划，被纳入上海市硕士学位授予立项建设单位。“穿戴式医疗技术与器械工程研究中心”“上海健康社区老年护理研究中心”获批为市级研究中心。

校园建设。一大批校园建设项目相继启动、建设美丽校园的目标正在逐步实现。预算内（财政资金）项目30个，已竣工项目20个，在实施项目10个。预算外（自有资金）项目12个，竣工项目6个，在建项目6个。完成康复学院、药学院、医疗器械学院功能、布局调整，及时改造和修缮相应区域，推进实验实训室项目和公共部位修缮项目的实施。南苑图书馆装修工程、北苑运动场维修工程、北苑动物房实验中心建设工程、多功能学生活动场馆建设工程、学校档案室项目、现代医学与健康互动实训中心建设项目等重点工程按期推进。

对外交流。完善国际合作“十三五”规划、制度。完成药学院与法国蒙彼利埃大学“药学（4+2）”本、硕项目人才培养方案和专业核心课程标准的对接，临床医学院、康复学院与比利时列日大学联合培养本、硕项目合作协议，医学影像学院与澳大利亚纽卡斯尔大学“影像技术3+0.5+0.5”本科项目，护理学院与美国圣伊丽莎白学院护理学本科中外合作办学项目，康复治疗学本科通过WCPT国际认证中期考核，医学技术学院与美国圣伊丽莎白学院“医学营养（3+1）”联合培养本科生项目完成课程对接等，完成学生海外学习、实习项目20个，319名学生获海外研修资助，招收学历留学生17人，接收短期来华留学生135人次。

交流合作与对口支援。主办或协办2017上海国际护理技能大赛、2017年全国高等院校医学影像技术专业技能大赛、《上海市养老机构发展报告》蓝皮书项目论证会、第三届亚洲核医学论坛、健康设备与人才发展高峰论坛等重要大型会议30余次。持续对口支援工作，扶持新疆喀什卫校新增医学影像技术专业并于秋季完成首次48名招生计划，开展新疆喀什首批定向26名免费医学生招录和培养工作，完成西藏、青海中等职业教育学生项目招收藏族学生105名。获批3个成人本科专业，成人专升本专业达到6个。与国家食药监总局高级研修学院签约并挂牌“专业教学基地”。完成第二届“校长奖”评选表彰、“我心中好校友”评选等主题活动，安徽、湖南等4个地方校友会和7个二级学院校友分会成立。 （张毅婷）

【建立社区联盟教学基地】 年内，马陆、嘉定、合庆、书院、川沙，以及康桥6家社区卫生中心先后挂牌成为学校社区联盟教学基地。根据联盟协议，学校临床医学院对相关附属医院、社区卫生服务中心的临床教学工作进行直接管理与指导，附属医院对社区卫生服务中心承担的早期接触临床、全科医学社区实践和临床见、实习带教工作进行直接管理、指导、监督和反馈，培养应用型医学人才在“早临床、多临床、反复临床”的见实习过程中接触到更多

的常见病、多发病、慢性病，对接国家分级诊疗战略。（张毅婷）

上海健康医学院社区联盟教学基地揭牌

【市助理全科医师规范化培训师资培训中心、评估中心揭牌】 3月20日，市助理全科医师规范化培训师资培训中心、评估中心挂牌仪式在学校临床医学院举行。该中心作为上海市首家助理全科医师规范化培训师资培训中心，对接“健康中国”和“健康上海2030”的新要求，培养助理全科医师师资队伍，医教协同推进全科医生培养。（张毅婷）

【建成基础医学互动学习与实训中心】 3月31日，学校基础医学互动学习与实训中心揭牌。该中心有供学习的人类标本千余件，共13个学习互动区域，分别是生命孕育、数字虚拟解剖、3D解剖、运动、消化、呼吸、泌尿生殖、心血管、免疫、感觉器、神经系统、应用解剖和健康与未来，旨在线下与线上合一、虚拟与现实互动、学习与体验结合、练习与评价同步、启智与自学并举、人文与健康同行。（张毅婷）

上海健康医学院建成基础医学互动学习与实训中心

【协办全国高等院校医学影像技术专业技能大赛】 4月24日，由中国高等教育学会医学教育专业委员会、全国卫生职业教育教学指导委员会主办，中华医学会影像技术分会和上海健康医学院协办的2017年全国高等院校医学影像技术专业技能大赛在学校影像大楼举行。本次大赛有来自全国59所高校的代表队参赛，其中本科组15所高校，高职组44所高校，另有22所高校派队进行比赛观摩。比赛评委由全国范围内遴选业内知名专家组成专家委员会，比赛项目分为CT检查及图像后处理、DR检查技术、超声检查技术和医学影像诊断四个项目。（张毅婷）

【获中华护理学会“杰出护理工作者”称号】 5月9日，在中华护理学会主办的庆祝“5·12”国际护士节大会上，学校护理学院教师周丽君获“杰出护理工作者”表彰并作为代表发言。周丽君从事护理教学37年，以南丁格尔为楷模，履行“教育为事业、责任当使命”的诺言，曾获市首届“教书育人楷模”、教育年度“新闻人物”等荣誉称号。（张毅婷）

【举办首届东方医学教育论坛】 9月23—24日，由市医学会主办，市医学会医学教育专科分会、浙江省医学会医学教育分会、江苏省高等学校医药教育研究会联合承办，学校和复旦大学上海医学院、上海交通大学医学院、海军军医大学(第二军医大学)、上海中医药大学、同济大学医学院、温州医科大学、南京医科大学、人民卫生出版社等联合协办的首届东方医学教育论坛在上海健康医学院举行，来自全国各地的50多家医学院校、医院的领导和专家600多人参会。全国政协常委、市政协副主席蔡威等领导和专家到会致辞。论坛旨在进一步凝聚江浙沪医学教育力量，推动中国医学教育发展水平，提升中国医学教育在国际上的影响力。（张毅婷）

【举办医学检验人才培养与发展创新论坛】 11月20日，“华东六省一市”医学检验人才培养与发展创新论坛暨联盟成立大会在学校举行，近200位医学院校、行企业专家同仁参加论坛。学校分别与上海市临床检验中心、江苏省临床检验中心、浙江省临床检验中心、山东省临床检验中心、安徽省临床检验中心、江西省临床检验中心、福建省临床检验中心签订医学检验人才培养联盟协议。（张毅婷）

附:学校负责人及地址

(2017年1—12月)

院党委书记:郑沈芳

副书记:黄　钢、李明磊、曹蓉蓉(4月离任)、于　莹(8月到任)

院　长:黄　钢

副院长:曹蓉蓉(4月离任)、唐红梅、孔宪明(9月到任)、于　莹(8月离任)、张道方、许铁峰(8月到任)

地址:周祝公路279号
邮编:201318
电话:65881000

上海体育学院

【2017年概况】 学校有二级学院6个,另设中国乒乓球学院和附属竞技体育学校。设本科专业18个、一级学科博士点1个、二级学科博士点6个、硕士点12个、博士后流动站1个。有专任教师408人,其中正高级职称64人、副高级职称166人。在校全日制本科生3927人、硕士研究生1188人、博士研究生330人,成人本专科生510人。有来自世界各国的学历教育留学生178人。

师资队伍。学校积极推进思想政治工作和党务工作队伍建设,落实职务职级"双线"晋升办法和保障激励机制。举办首届上海体育学院绿瓦教学学术会议,举办42场教学培训(含校内教学工作坊21期),累计培训813人次。1人入选2016年度"长江学者"奖励计划、1人获教育部"万人计划"教学名师候选人、2人获"2017年度高校特聘教授(东方学者)"、1人获"上海市青年拔尖人才"称号。完成2017年招聘工作,全职引进高层次人才5名,其中学科带头人2名、学术骨干2名、优秀博士后1名。柔性全职引进海外特聘教授1名。首次参加市教委组团赴美高层次人才招聘工作。

学科建设。学校进入国家"双一流"学科建设高校、上海高水平大学地方高校,形成《一流学科建设高校建设方案(上海体育学院)》《上海体育学院深化改革加快高水平大学建设方案》并上报相关部门审核通过。通过上海高校高峰高原学科建设第一阶段(2014—2017年)绩效评价,体育学评价等第"良好",心理学评价等第"合格"。申报心理学一级学科博士学位授权点和新闻传播学、应用经济学一级学科硕士学位授权点。

科学研究。获国家级纵向项目17项,其中国家社科基金重大招标项目1项。获省部级纵向项目44项。12项决策咨询成果(内参专报)被中共中央办公厅、中宣部、市委办公厅、市教卫工作党委、市社联等部门单篇采用,其中获党和国家领导人(副国级)批示2项、省部级领导批示4项。完成14个科研基地平台建设考核工作,发布蓝皮书《长三角地区体育产业发展报告(2016—2017)》。《运动与健康科学(英文)》影响因子上升至2.531,继续位列SCI"Q1"与SSCI"Q1"区域,获"2017中国最具国际影响力学术期刊"称号。"体育产业发展研究院"更名为"运动与健康产业协同创新中心",市协同创新中心绩效评价结果为"良好"。举办境内外学术会议12次,其中国际学术会议4次。

人才培养。深化本科教育教学改革,运动健康科学教师团队申报并入选为全国高校"黄大年式教师团队"。批准试点专业课程育人课程13门,综合素养课程4项。获批市级精品课程2门、市级全英语专业建设1项、示范性全英语授课课程3门、市级重点教改项目2项、市教委本科重点课程9门。表演、播音与主持艺术、体育经济与管理、休闲体育(体育旅游)4个专业先后入选应用型本科试点专业建设名单。坚持以提升研究生培养质量为核心,严格执行硕士、博士研究生学位论文的申报、机检、预答辩、盲审(实行二级学科同行专家盲审制度)及答辩等工作。年内,43 人获博士学位,296 人获硕士学位。举办"运动·健康·康复——体医结合"研究生暑期学校和"运动促进认知与行为整合"高峰论坛暨 2017 年上海市研究生学术论坛。举办"上海体育学院—台湾辅仁大学研究生学术论坛"。

2016 届毕业生一次就业率 87.2%,综合就业率 99.5%。在第十五届"挑战杯"大学生课外学术科技作品竞赛上海市及全国赛中,获全国三等奖 2 项,市特等奖 1 项、一等奖 2 项、二等奖 1 项、三等奖 3 项。在"互联网+"市大学生创新创业大赛中获二等奖 1 项、三等奖 2 项、优胜奖 3 项。

体育竞赛。在 2017 年全运会,学生共获 8 枚金牌、10 枚银牌、8 枚铜牌,其中竞校有 64 名运动员进入决赛,44 名运动员代表上海参加 9 个大项、32 个小项的比赛,共获金牌 2 枚、银牌 2 枚、铜牌 2 枚、第四名 2 项、第五名 5 项、第七名 1 项、第八名 2 项;获世界杯、世锦赛金牌 1 枚、铜牌 1 枚;获亚洲杯、亚锦赛金牌 2 枚、银牌 3 枚;获亚青赛金牌 1 枚、银牌 1 枚、铜牌 1 枚;获全国锦标赛、冠军赛金牌 10 枚、银牌 14 枚、铜牌 17 枚;获全国学生运动会、全国大学生锦标赛、全国体育院校比赛金牌 82 枚、银牌 52 枚、铜牌 55 枚;获大学生锦标赛等市级比赛金牌 14 枚、银牌 24 枚、铜牌 15 枚。在中国大学生校园足球联赛超级组(南区)的比赛中校男足队获南区第四,并入围全国总决赛,校女篮队在全国体育院校篮球联赛中获第二名。

对外开放。深入实施"国际上体"计划。共接待到访团体 100 余批次 500 余人次,因公师生出访团组共 315 人次。完成与德国科隆体育大学合作办学申报材料,积极推进与越南北宁体育大学联合培养体育教育博士学位项目的材料准备及申报工作。结合国家"一带一路"发展战略,有针对性地扩大相关地区的招生规模。举办第七届中德体育研讨会、中欧高级别人文交流对话机制第四次会议——体育研讨非正式座谈会。

基础建设与办学保障。基础设施建设有序推进,"绿瓦大楼"修缮工作有序进行。完成校园节能改造一期工程。完成竞校学生公寓 1 号楼大修、竞校食堂翻新等修缮项目。获市高校 2016 年度创建学生公寓"六 T"管理达标"卓越领导奖""师生共建奖",4 栋公寓楼全被评为"五星示范楼",是沪上唯一百分之百"五星"达标的高校。完成校园数字媒体资料共享管理系统的建设,"移动校园"(综合信息移动平台)上线试运行,有序推进网上办事大厅建设。推进档案馆规范化建设,进一步开展档案信息化建设。（蒋啸天）

【获上海市"工人先锋号"荣誉称号】 5 月 3 日,在以"立德树人　薪火相传"为主题的上海市教育系统劳模和优秀教师座谈会暨先进表彰会上,学校竞校男子拳击队被授予 2017 年度上海市"工人先锋号"荣誉称号。（蒋啸天）

【"体育强国"课程开讲】 5 月 3 日,"体育强国"系列课程第一讲在学校图文信息楼报告厅开讲,校党委书记、教授戴健主讲"百年奥运与民族复兴"。全校 300 余名学生,部分思政课教师、辅导员和党政工作者听课。该课程是为贯彻落实全国和市高校思想政治工作会议精神,根据办学定位和学科专业特点,突出体育专业特色而开设的。（蒋啸天）

【中国体育产业金融峰会召开】 5 月 26 日,2017 年首届中国体育产业金融峰会在校举行。来自体育产业的逾百名行业领袖与创业者,聚焦体育产业价值提升与理念创新,共话国内外体育环境、投资、商业运营的发展未来。匹克体育、阿里体育、苏宁集团、莱茵体育、金陵体育、雷曼体育、力胜赛车的高层管理者等业界近 30 位嘉宾为广大体育从业者带来七场主旨演讲及三场圆桌讨论。（蒋啸天）

【《运动与健康科学(英文)》杂志进入 SCI 和 SSCI 索引"Q1"行列】 6 月 14 日,科睿唯安(Clarivate Analytics,原汤森路透知识产权与科技事业部)公布最新《期刊引证报告》(*Journal Citation Report*, *JCR*),学校主办的 *Journal of Sport and Health Science* (*JSHS*)(中文刊名《运动与健康科学(英文)》)影响因子上升至 2.531(2016 年为 1.685),在 81 种被 SCI 收录的体育类期刊中排名第十八,较上一年上升 14

名(2016年排名第三十二);在45种被SSCI收录的运动、休闲、旅游类期刊中排名第十一;JSHS杂志双双进入SCI和SSCI索引“Q1”行列。（蒋啸天）

【上海体育国家大学科技园福州体育科技园成立】 8月1日,上海体育国家大学科技园福州体育科技园(以下简称“福州体育科技园”)首批入驻企业签约仪式在福州举行。福州体育科技园将联合学院创一流建设,进一步发挥学科人才优势,全面提升体育科技园综合水平。福州体育科技园首批入驻企业32家,累计注册资金约2.15亿元。（蒋啸天）

【“中国篮球协会篮球学院”成立】 8月8日,“中国篮球协会篮球学院”签约暨揭牌仪式在学校举行,国家体育总局副局长李颖川、副市长翁铁慧、市副秘书长宗明、市教委主任苏明,以及中国篮球协会主席姚明等出席签约仪式。中国篮球协会和上海体育学院将发挥自身优势,集聚中国篮球运动和体育高等教育优质资源,立足上海、服务全国、面向世界,合作打造国内一流、国际知名的“中国篮球协会篮球学院”。（蒋啸天）

【在世界大学生运动会获金牌】 8月25日,在台北举行的第二十九届世界大学生运动会自由式轮滑速度过桩项目中,上海体育学院学生潘宇烁夺冠,为中国代表团在本届世界大学生运动会中获首金。在本次比赛后,潘宇烁成为自由式轮滑速度过桩项目历史上第一位“大满贯”得主。（蒋啸天）

【承办第七届中德体育研讨会】 9月18—22日,第七届中德体育研讨会在学校举行。本次会议由中国国家体育总局和德国内政部共同主办,学校承办。会议设立“中德体育组织现状与政策”“促进冬季体育项目发展的政策措施”“学校和体校的双重职业生涯”三个主题,来自中德双方的与会专家围绕会议主题进行汇报交流和讨论,共同推动中德体育交流与合作。（蒋啸天）

【承办第八届“运动与健康”国际高层论坛】 11月2—4日,第八届“运动与健康”国际高层论坛暨第二届中国老年学和老年医学学会运动健康科学分会学术会议在学校举办。会议由中国老年学和老年医学学会运动健康科学分会主办,学校承办,会议和论坛的主题为“运动健康与积极老龄化”。本次会议是中国老年学和老年医学学会运动健康科学分会举办的年度学术会议,聚焦运动健康科学和积极应对人口老龄化的最新研究成果和发展趋势,对本领域所面临的新问题和新挑战进行学术交流。会议邀请10余名国内外专家学者作专题报告。（蒋啸天）

上海体育学院承办的第八届“运动与健康”国际高层论坛暨第二届中国老年学和老年医学学会运动健康科学分会学术会议召开

【庆祝建校65周年】 11月11日,海内外嘉宾和校友、兄弟院校代表、在校师生代表、离退休老同志、广大校友、各界宾朋欢聚一堂,庆祝上海体育学院建校65周年。国家体育总局、市教委,以及中国篮球协会、中国乒乓球协会和部分兄弟院校领导等出席庆祝大会。（蒋啸天）

庆祝上海体育学院建校65周年

【赴老挝进行志愿服务】 4月,学校篮球教师孙伟赴老挝进行志愿服务。到达老挝后,孙伟受邀担任老挝国家体育部国家男子篮球队教练。执教期间，他率领老挝国家男篮完成东盟运动会参赛任务。

（蒋啸天）

【中欧体育研讨对话举行】 11月15日，中国—欧盟高级别人文交流对话机制第四次会议（以下简称“中欧对话”）体育研讨非正式座谈会在学校举行。欧盟委员会教文总司体育处处长乐·罗斯戴克，爱沙尼亚文化部副秘书长塔维·朴恩，匈牙利前总统、国际奥委会委员帕尔·施密特，国际中学生体联主席劳伦·佩特林卡等参会。2012年2月起，中欧对话已举办四次，在教育、语言、文化、青年交流等领域都有合作。本次会议进一步拓宽交流领域，首次加入体育板块的讨论。

（蒋啸天）

【全国学校武术联盟年会召开】 11月17日，教育部“全国学校体育联盟（中华武术）”（简称“全国学校武术联盟”）2017年年会在学校召开。全国各地近40家联盟牵头单位、会员单位，6所上海“一校一拳”教改学校的220余名代表参加本次年会。

（蒋啸天）

附：学校负责人及地址

（2017年1—12月）

院党委书记：戴　健

　　副书记：陈晓峰、詹　萌、王玉林（4月离任）、潘　勤（9月到任）

院　长：陈佩杰

副院长：陈晓峰（兼）、平　杰、施之皓、毛丽娟、王兴放

地址：长海路399号

邮编：200438

电话：51253000

上海音乐学院

【2017年概况】 学校设有15个教学单位。全日制在校本科生1718人、硕士生838人、博士生117人。全校教职工539人，其中专任教师296人。

学科建设。学校在学科建设领域取得重大突破。9月21日，教育部发布“双一流”建设高校及建设学科名单，学校入选一流学科建设高校，“音乐与舞蹈学”名列一流学科建设名单。12月23日，上海音乐学院高水平大学建设方案通过市教育综合改革领导小组第四十三次专题会议与专家论证会。学校坚持办学方向，坚定一流目标，坚守优良传统，坚实创新发展，以“九个一”改革发展重大举措，以点带面，深入推进“双一流”与高水平大学建设。11月27日，学校联合15个国家和地区的25所音乐院校共同发布《“音乐与舞蹈学”国际学科评估指标体系》，签署“上海共识”，提出“中国方案”。年内，高峰高原学科共建设33个新型学科团队，共举办“国内外高峰学术论坛、研讨会与艺术周”25项，大师班72场，讲座183场，音乐会近114场次。其中，第十届上海当代音乐周成为作曲学科人才培养、师资建设、艺术原创与社会影响的品牌项目。第四十三届国际计算机音乐大会（ICMC 2017）在学校举办，首次落户中国的音乐院校。第三届国际大提琴艺术节高峰论坛暨研讨会树立起国际化音乐表演学科人才建设标杆。首次举办第一届上海音乐学院国际管风琴比赛以及全国巡演。2017上海音乐学院木管音乐节对接世界顶尖职业乐团，培养优秀管乐艺术人才。通过“听见中国”系列，传播中国经典文化。建立首个中国与东亚古谱公开数

据库及《东亚与中国古谱》网站以及开设亚洲共同体——“一带一路”音乐文化秩序再构造的系列学术讲座。

教育教学。人才培养方面，2017 年毕业生就业率为 99.47%，签约率为 50%。共有 82 人次获 78 项国内外音乐赛事奖项，其中 1 名学生获第七届杨波斯基国际小提琴比赛（青年组）第三名，1 名学生获中国音乐声乐比赛（美声唱法）“金钟奖”，2 名学生获第十一届中国音乐金钟奖器乐比赛组（古筝）“金钟奖”。课程成果方面，剑桥大学音乐学院 1 名教授开设“音乐分析指南”课程。加利福尼亚大学音乐学院 1 名教授开设全英文研究生课程“西方音乐史专题研究”。校研究生部新增“即兴与弹拨工作坊”“中国民族管乐艺术”“钢琴音乐博览课程”等国内首创课程。出版教材《电子管风琴演奏曲集》《中提琴教材基础》《中国竹笛考级曲集》《唢呐专业教材》。

师资队伍。全年共引进国内外高端人才 106 人（国外 35 人，国内 71 人），占团队人员比例 43%，全职引进 9 人，提升国际化水平，提高办学自主性。1 人获选“长江学者”特聘教授，成为“长江学者”设立以来音乐领域第一位获此荣誉的学者，由其主导的“听见中国”系列在世界范围内开展。1 名教授获“终身成就音乐家”称号。

科创研究。原创音乐剧《海上音》获 2017 年度国家艺术基金传播交流推广项目，“音乐理论人才培养”“笛韵天籁”等获 2017 年度国家艺术基金资助项目。“中国音乐基础数据库项目”获批为文化部科技创新工程。“中国声乐艺术研究”获批为市人文社科重大项目。在歌剧、交响乐、民族管弦乐、音乐剧等领域，均获许多重大成果：排演原创歌剧《汤显祖》（改编版）赴欧洲匈牙利、捷克等国巡演，原创歌剧《贺绿汀》献礼上海音乐学院 90 周年校庆，原创作品《拂云鸣钟》作为首部中国原创管风琴大型音乐作品首演于第一届管风琴艺术节开幕式。5 月 25 日，学校率先成立民族乐队学院，是在新的历史时期推动中国民族音乐学科建设改革创新与民族管弦乐拔尖人才培养的战略部署。推动贺绿汀中国音乐高等研究院成立中国近现代音乐文献研究中心、中国声乐艺术研究中心、中国民族管弦乐研究中心、世界音乐非遗传承与保护中心等学术机构。

艺术实践。重大演出方面，多媒体交响剧场《丝路追梦》上演于第三十四届上海之春国际音乐节闭幕演出。2017 年上海国际艺术节参演项目——“叶国辉与捷克国家交响乐团”，学校教授创作的交响乐《王羲之》（国家艺术基金 2016 年度大型舞台剧和作品创作资助项目）首次由国外交响乐团来担任世界首演。“中国艺术歌曲”在广州上演。承办 2017 上海之春国际音乐节系列演出项目共 10 台 12 场，并举办“第三届上海音乐学院音乐开放周”。推出 35 部新作，涵盖歌剧、管弦乐、室内乐、民乐等演出形式。推出“上海音乐学院新年音乐会”。列入全年院艺术实践计划并已执行完成的音乐会和项目共计 260 项，其中音乐会 213 场，项目 47 项。赴日本昭和音乐大学与昭和音乐大学管弦乐团联合交流演出整本歌剧《唐乔瓦尼》，由上海音乐学院声歌系合唱团主演的音乐会版歌剧《唐乔瓦尼》也在深圳交响乐团音乐季中开演。方琼民族声乐教学团队“长相知：古典诗词歌曲音乐会”轰动京沪舞台。由中央电视台 CCTV 音乐厅平台实时播放的“古调不句号”音乐会于 12 月 2 日在中国台湾高雄市大东文化艺术中心演艺厅举办。“笛子与交响乐的对话”“返本开新：20 世纪中国笛乐风格巡礼音乐会”等艺术实践演出在全国多地巡演。

国际交流。学校与世界顶尖音乐学院共同成立上音——英皇联合学院、上音——伯克利现代音乐院、中——欧（上音——李斯特——肖邦音乐学院）三校联盟、上音——汉堡高级演奏家文凭合作项目，取得丰硕成果。6 月，在第二届丝绸之路音乐院校长论坛，学校继续推动丝路“音乐小上合”组织建设。6 月，举办 2017 上海暑期学校中国民乐项目。11 月，学院与维也纳音乐与艺术大学、丹麦皇家音乐学院共庆 3 校建校 440 周年，与捷克布尔诺雅纳切克音乐与舞蹈学院签署合作办学协议。10 月，举办第四十三届国际计算机音乐大会。共接待来自美国、俄罗斯、英国、德国等 30 个国家和地区的 563 位音乐家、学者、师生代表团、音乐院校长、机构负责人以及使领馆专员。共有 48 批 197 人次因公赴 22 个国家和地区进行各类文化交流、访问及演出。

校园建设。9月，淮海中路1209号地块划归学校，布局“淮海校区”建设方案。至此，学校形成以传统、现代与国际化高端办学为主轴的汾阳路、零陵路、淮海路三大教学园区实质性建设布局。7月，零陵路校区一期建设全部完成，学生公寓全体迁住；零陵路校区二期建设深入推进。截至年底，学校已完成主体建筑结构封顶。（王金晶）

【成立3个新学院】 1月12日，学校与英国皇家音乐学院（RCM）合作，正式成立上音——英皇联合学院。两校共同签署教育合作项目协议。召开上音——英皇联合学院第一次理事会会议，并通过第一届理事会成员和院务委员会名单。上音——英皇联合学院第一批学员于9月入学。10月，学校师生赴英国皇家音乐学院学术交流，举办音乐会、讲座。5月25日，学校在全国率先成立民族乐队学院，国内外第一个以乐队学院模式对中国民族管弦乐人才培养、创作、表演及理论研究开展系统性学理性研究和学科化建设。校党委书记、院长林在勇和笛界泰斗陆春龄共同为学校民族乐队学院揭牌。5月26日，学校与美国伯克利音乐学院合作成立上音——伯克利现代音乐院。两校校长及相关专业负责人共同担任现代音乐院理事成员，聘请中国文联副主席、中国音乐家协会主席、北京现代音乐节艺术总监叶小钢任名誉院长。6月，学校与伯克利音乐学院优秀师生组成联合爵士乐团，在西安、武汉、南京、上海、杭州进行5场全国巡演。（王金晶）

【举办首届中欧三校联盟“上音·李斯特·肖邦”音乐节】 6月4日，“上音·李斯特·肖邦”中欧三校联盟合作备忘录正式签署，同时举办“上音·李斯特·肖邦”音乐节钢琴选拔赛并举行颁奖仪式。签署三校联盟合作备忘录的三方是上海音乐学院、波兰肖邦大学和李斯特音乐学院。（王金晶）

【签署联合培养高级演奏家合作项目】 6月23日，学校和汉堡音乐与戏剧大学正式签署联合培养高级演奏家合作项目。两校在联合培养高级演奏家合作项目上达成共识，将通过研究生层次高级阶段的培养，进一步提升两校的国际化办学质量与全球影响力。（王金晶）

【举办第十届当代音乐周】 9月19日，第十届当代音乐周开幕，历时6天，共计11场音乐会、5场讲座、1场高峰论坛、1场音乐影像志展映。本次音乐周的两大主题——“亚洲”与“对话”，展现亚洲当代音乐的身份认同，引入欧洲最先锋的当代音乐，作为亚洲当代音乐优秀范例的交流平台，是亚欧两种文化在当代音乐层面的一次碰撞。（王金晶）

【举办第四十三届国际计算机音乐大会】 10月15—20日，第四十三届国际计算机音乐大会（ICMC2017）在校举办，这是ICMC首次选择中国的艺术院校。此次大会与上音国际电子音乐周（EMW）联合举办。大会总共包含5场音乐会、5场开放空间展演、1场互动装置展、25场论文宣读与研究报告展示。（王金晶）

【原创歌剧《贺绿汀》首演】 11月20日，以学校老院长贺绿汀为原型的原创歌剧《贺绿汀》首演于云峰剧院。这部主创班底均由学校人员担任的“大师剧”真实再现人民音乐家贺绿汀从青年时期开始，以音乐为武器投身革命事业，奏响民族与时代最强音的感人故事。（王金晶）

上海音乐学院原创歌剧《贺绿汀》首演

【庆祝建校90周年】 11月27日，学校建校90周年，市委副书记尹弘代表市委、市政府到校表示祝贺。建校90周年系列活动和配套工作分为主庆活动、演出、出版、宣传、校友接待等几大类。主要举办建校90周年大会、国际音乐院校长论坛和圆桌会议、建校90周年校友联谊大会，90周年专场音乐会(一)(二)；出版《上海音乐学院90华诞纪念画册》《上海音乐学院90周年作品选粹》和《珍藏上音》两套唱片；改建校史馆，制作珍贵历史资料片和艺术资料片各1部；接待各级嘉宾、国际音乐院校长和4000余名上音历届校友，完成上音校友寻根软件系统，并正式设立萧友梅奖学奖教金。

（王金晶）

【发布“音乐与舞蹈学”国际学科评估指标体系】 11月27日，学校“音乐与舞蹈学”国际学科评估指标体系在国际院校长论坛上正式发布，在此基础上达成以建立全球音乐学术共同体和音乐教育标准为核心内容的“上海共识”。（王金晶）

【纪念周小燕诞辰100周年】 11月29日，由中国文联、中国音乐家协会和学校共同主办，“周小燕先生诞辰100周年座谈会”在校举行。周小燕画册首发仪式暨图片展举行。学校向周小燕家属赠送100本由上音出版社出版的画册《心儿在歌唱——周小燕的精彩人生》。周小燕家属将先生生前藏书500余册和唱片全部捐赠给学校图书馆。（王金晶）

【“音乐与舞蹈学”获全国学科评估A+评级】 12月28日，全国第四轮学科评估结果公布，学校“音乐与舞蹈学”获A+评级，排名第一；新建学科“艺术学理论”获B+评级，并列第六名，排名全国前20%；新建学科“戏剧与影视学”获B评级，并列第十一名，排名全国前30%。（王金晶）

附：学校负责人及地址

（2017年1—12月）

院党委书记：林在勇

副书记：刘　艳、王　瑞、曹荣瑞(12月到任)

院　长：林在勇(兼)

副院长：杨燕迪、廖昌永、唐立兔、王　瑞(兼)

汾阳路校区地址：汾阳路20号

邮编：200031

电话：64316412(总机)

零陵路校区地址：零陵路520号

邮编：200032

电话：64188050

上海戏剧学院

【2017年概况】 年内招收本科新生473人、硕士生128人、博士生21人、留学生118人、成人本科专科教育449人。全日制在校本科生1806人、硕士生281人、博士生103人、留学生148人，成人本科专科教育1070人。2016届毕业本科生456人、硕士生61人、博士生13人、成人本科专科教育183人、留学生115人。全校教职工共489人，其中专任教师279人、外聘教师207人。

教学工作。通过教育部本科审核评估。做好本科教师教学激励计划，大学生创新项目和汇创青春实践项目等重点工作。在评选校级教学成果奖的基础上，完成市级教学成果奖的申报工作；完成戏曲、舞蹈两个中本贯通方案的申报工作。对《上海戏剧学院本科生学籍管理规定》等八个制度做出修订。组织校内外督导专家听课。2016—2017学年，督导组累计听课259次，覆盖所有院系，覆盖必修课和选修课。开展全体教师课程讲义建设计划，共104位教师参加。完成2015年市级重点课程4

门课程的验收工作及2016年市级教学改革项目3个项目的验收工作。完成2017年度6门市级重点课程的申报立项工作及市级教学改革项目3项的立项申报工作。

科研成果。年内，学校获国家级、省部级和委局级科研项目共计15项，横向项目2项。其中国家社会科学基金重点项目1项，国家社会科学基金艺术学重大项目1项、一般项目1项，国家社会科学基金后期资助项目1项，文化部文化艺术研究项目1项，教育部哲学社会科学研究后期资助项目(艺术学)1项，教育部人文社会科学研究项目1项，文化部重点实验室项目1项，市教委“曙光计划”项目2项，市教委“晨光计划”项目1项，市艺术科学规划项目1项，市教委教学研究室科研项目2项，市教委财务与资产管理中心调研项目1项。学校科研项目结项共计5项。其中，国家社会科学基金艺术学项目1项、市哲学社会科学规划课题1项、市教委科研创新项目1项、市艺术科学规划项目1项、市教育科学研究项目1项。继续设立“中青年科研项目”，共有40个科研项目获资助。

人事工作。①高层次人才管理。制定《高峰高原学科“特区”人才引进管理办法》，着力培养和引进高层次领军人才，完成5位高峰高原高层次人才引进的学术评议和引进程序。完成3位名誉教授、7名客座教授、8名兼职教授、1名特聘专家的校内评审程序和聘任工作，完成8名名誉、客座、兼职教授的续聘工作及6名外聘专家的协议续签工作。完成市教委文教结合工作室项目5个高层次人才工作室的申报，配合“谭元元国际芭蕾工作室”“田沁鑫戏剧艺术工作室”“刘青弋当代舞蹈研究工作室”完成本年度项目实施、协调以及总结等各项工作。②外国专家服务工作。修改拟定《上海戏剧学院外国专家工作协议》《上海戏剧学院外聘外国教师工作协议》。指导完成3位新聘外国专家的外专证办理。完成4位外国专家的续聘及外专证延期工作。③师资培养与建设。完成2017年“教师发展工程”申报工作：5人入选“上海高校中青年教师国外访学进修计划”，其中3人获批高访项目；5人入选“上海高校中青年教师国内访学进修计划”；1人入选“教师产学研践习计划”。教师国外访学、进修及外国文化交流项目。4人获批资助国家留学基金委2017年“艺术类人才培养特别项目”。1人获2017国家公派项目访问学者项目资助。④博士后管理工作。年内，共计4名博士后签订进站协议。完成博士后1名进站落户、3名出站、3名延期出站的相关工作。组织完成中国博士后科学基金第六十一、第六十二批面上资助项目申请工作，1人获第六十一批面上资助二等资助；1人获第六十二批面上资助一等资助、1人获二等资助。

学生工作。学生党建用“学生党员发展陈述答辩机制”严格控制党员发展质量，通过“党旗下的承诺”志愿书发放仪式对入党积极分子进行入党前仪式教育，通过“创意支部生活大赛”保证各院系支部生活的特色与质量。注重价值引领，举办一系列党建活动，如五四价值观分享活动、上戏爱国荣校仪式教育、学生党团干部素养大赛、素质拓展营及新生嘉年华服务日活动等，围绕“让学生成为学习的主人”这一中心任务，积极培育和践行社会主义核心价值观，深入探索“戏剧 + 思政”学生思想政治工作新模式，通过一系列改革措施，全心全意服务学生成长成才。心理健康方面，完成对两校区500余名新生心理测试工作，年内共接待心理咨询60余人次。对班主任、辅导员老师，以及各年级心理委员进行培训，完善心理健康教育三级网络体系。举办第六届校园心理情景剧大赛，探索戏剧、舞蹈等元素在学生心理健康教育工作中的应用。评奖评优方面，2016—2017学年共有940人次的本科生和研究生获各类奖项，其中获国家级、市级奖学金15人，本科生获校综合奖学金392人，本科生获校专业奖学金223人次，研究生获学业奖学金124人，获新生奖学金115人，本科生获京昆专项奖学金11人，共发放奖学金357万余元。

毕业生工作。①就业工作。加大就业信息服务的精准度，以“线上线下”为手段，编织就业信息服务网络。通过信息化的手段，建立就业网站、就业系统、微信公众号、毕业生微信大群等就业信息发布实时交流平台，使学校的就业服务工作实现就业办直接面向毕业生的精准服务。就业网站实现毕业生就业手续无纸化操作。“上戏就业”微信公众号开通运营。建立毕业生微信大群，实现就业信息、就业指导、创业指导的实时服务。全年为毕业生提供的就业岗位数为生均10.2个。线下的就业指导及服务主要通过召开大型招聘会、专场招聘会、宣讲会、就业动员会、开展“彩虹人生”生涯发展系列讲座等途径实现，以第二课堂学分为抓手，建设开通上海戏剧学院生涯发展教育平台，实现对在校大学生生涯教育的全面覆盖。总体就业率为97.12%。其中，博士毕业生的就业率为100%。硕士毕业生的就业率为98.33%，本科生就业率为96.89%。派遣毕业生中，24人获异地就业补贴，补贴金额为3.05万元，人均获1270元补贴。②创业工作。主要以大学生创业指导站为平台，建立骑鲸客创业见习基地和贝孚创业孵化基地，举办创业实战营培训、创业大赛路演等活动，对接创业导师资源，给予公司运营、场地支持、公司管理、业务拓展等各方面的帮助，孵化扶持创业项目和团队，并顺利通过市人保局、市教委的评估，获市区两级经费支持。

对外交流。派出项目向优秀师生倾斜，加强因公出国(境)的管理工作。年内，全校共计71批团组744人次出访，出访涉及30多个国家和地区。其中有10个为大型出访交流演出团组。以大型活动为依托，扩大学校在亚太地区乃至世界范围内的影响。年内举办第十届亚太区域戏剧院校校长会议暨戏剧展演、国际导演大师班(美洲)、2017国际舞蹈日系列活动和与之配套的首届大型国际舞蹈高峰论坛等大型活动。加强与国外著名院系的联系，提升引进国外智力的层次。不断开拓与外国专家的新型合作模式，探索不同文化背景下戏剧教学的创新。年内，各院系聘请80多位外国专家到院授课、举行讲座、研讨会、工作坊等。加强文化交流。5月，学校赴意大利米兰小剧院，演出《徐光启与利玛窦》的完整版。这是第一部以在中国的欧洲人为主要角色的大型京剧，反映东西方跨文化交流的作品。完成国家汉办孔子学院总部派遣项目，前往哥伦比亚的麦德林、卡利和波哥大进行巡演，用生动而极富民族文化的演出，让世界了解中国的文化和艺术。为学生提供海外学习实习机会，提高支持力度。加强与世界一流院校的合作，签订校际交流协议，年内共有71名学生获学院的资助赴境外交流学习。 (李　莉)

【“荀派艺术传承实训基地”签约挂牌】 1月5日，学校戏曲学院、附属戏曲学校与荀慧生艺术流派发展中心共同打造的“荀派艺术传承实训基地”在端钧剧场举行共建签约挂牌仪式。荀慧生艺术流派发展中心名誉理事长、荀派艺术掌门人、京剧表演艺术家孙毓敏，荀慧生艺术流派发展中心名誉理事长、京剧表演艺术家刘长瑜、宋长荣，以及荀慧生家属代表、戏曲导演荀皓以及众多荀派演员参加此次活动。院党委书记楼巍与京剧表演艺术家刘长瑜共同揭牌并致辞。 (李　莉)

戏曲学院举行“荀派艺术传承实训基地”签约挂牌仪式

【舞蹈学院及附属舞蹈学校入驻上海国际舞蹈中心】 2月28日，附属舞蹈学校新学期正式入驻位于虹桥路上的上海国际舞蹈中心，同期入驻的还有学校舞蹈学院。两所专业舞蹈学校加上上海芭蕾舞团、上海歌舞团两个专业文艺院团，开展“文教结合”，推动上海舞蹈教育层次的整体提升，创建培养高精尖舞蹈表演艺术家的新模式。深化与上海芭蕾舞团、上海歌舞团的交流，探索教学、表演有机融合的合作方向，发挥“两团”专业舞蹈艺术家的力量，提高舞校师资教学水平，增强学生的舞台表现能力和实践能力。 (李　莉)

【举办第六届“上戏有戏”演出季】 5月2—30日，举行第六届“上戏有戏”演出季。近1个月时间内，1台舞蹈、1台哑剧、2台音乐剧、4台话剧、3部实验戏曲、4个艺术展览、1台戏曲服饰演出秀共16台演出上演。从戏曲学院的京剧《驯悍记》到越剧《十二角色》，从表演系《亲爱的叶莲娜·谢尔盖耶夫娜》到导演系《不要担忧》，从舞美系《2017着色——游园今梦》到音乐剧《春之觉醒》，还有研究生部《纪念碑》和继续教育学院《谎言游戏》等，涵盖各学院各剧种门类，集中展现学校教学成果。 (李　莉)

【开展本科教学审核评估】 5月15—18日，教育部本科教学工作审核评估专家组对学校开展为期4天的教学工作审核评估第三阶段考核工作。专家组成员深度访谈学校领导、职能部门负责人、院系领导及其他人员共50人次，走访教务处、学生工作部等所有的职能部门26人次，走访院系29人次，走访学校实验剧场、图书馆、宿舍、食堂等其他直属部门19次，走访校外实习基地、就业基地2个，举行教师、学生累计76人次的座谈会9场，听课31节、看课22节，调阅18个方向毕业论文、毕业设计、创业总结312份，调阅25门课程试卷270份，调阅其他评估材料9份，查阅学校相关的职称材料等。18日，专家组向学校反馈审核评估意见。对学校本科教学取得的成绩给予充分肯定，同时提出针对性强、高水平的意见和建议。（李　莉）

教育部审核评估专家组考核上海戏剧学院本科教学工作

【举办舞美系首届绘画班作品展】 5月23日，陈钧德艺术研究室成立暨舞美系首届绘画班作品展开幕式在端钧剧场举行。绘画专业曾经是学校的优势专业之一，培养一大批在当代中国和世界美术界产生重要影响的艺术家，时隔四十载，舞美系重新开办绘画专业，其目的就是为不断地延续和发展“上戏现象”，让美术走出美术圈、进入更加多元的艺术领域，形成一个内涵更为深邃、外延更为宽广的艺术专业。（李　莉）

【举行第十届亚太区域戏剧院校校长会议】 6月3日，第十届亚太区域戏剧院校校长会议暨戏剧展演开幕式在校举行，来自亚太区域戏剧界的代表们出席本次活动。学生作品《射日·奔月》作为开幕演出拉开活动序幕。恰逢戏剧联盟成立十周年，学校承办包括校长会议、学生展演和工作坊等一系列活动。来自亚太各个国家和区域的17所院校在一周内呈现多场演出。（李　莉）

【举行“仞之楼”命名暨《吴仞之艺文集》首发式】 6月6日，上戏“仞之楼”命名暨《吴仞之艺文集》首发式在校举行。校党委书记楼巍、党委副书记胡敏，上海人民出版社代表，导演系老校友及师生80多人出席仪式。被称为“孤岛四大导演”之一的著名导演艺术家、戏剧教育家吴仞之，1945年应顾仲彝之邀出任上海剧专教务主任，创建起全校的教学系统以及演出体制，是剧专缔造者之一。1962年，上海戏剧学院正式建立导演系，吴仞之任副院长兼第一任系主任，负责招收第一届话剧导演本科班。2017年，导演系建系55周年，学院决定命名“仞之楼”、出版《吴仞之艺文集》，纪念这位对戏剧教育事业具有深远影响的艺术家。（李　莉）

上海戏剧学院“仞之楼”命名暨《吴仞之艺文集》首发

【中国民主建国会上海戏剧学院支部成立】 5月12日，经中国民主建国会上海市委十三届二次常委（扩大）会议审议通过，决定成立中国民主建国会上海戏剧学院支部。6月13日，中国民主建国会上海戏剧学院支部成立大会在华山路校区佛西楼举行。（李　莉）

【纪念朱端钧诞辰110周年】 12月1日，学校举办

“纪念朱端钧先生诞辰110周年”系列活动。纪念大会在端钧剧场召开，表演系师生代表朗诵自创的诗歌《燃灯·传灯》。“纪念朱端钧先生诞辰110周年”学术研讨会在佛西楼召开。（李 莉）

附：学校负责人及地址

（2017年1—12月）

院党委书记：楼 巍

副书记：胡 敏（纪委书记）、黄昌勇（兼）

院 长：黄昌勇

副院长：宫宝荣、张伟令、郭 宇（9月离任）

院本部地址：华山路630号
邮编：200040
电话：62481866

莲花路校区地址：莲花路211号
邮编：201102
电话：64800099

虹桥路校区地址：虹桥路1674号
邮编：200336
电话：62757585

上海立信会计金融学院

【2017年概况】 学校有14个二级学院、33个本科专业，具有审计硕士专业学位研究生培养资格。全年录取全日制新生5128名，其中研究生101名、本科生4903名、专科生124名。学校有全日制研究生209名、本科生18852名、专科生1079名。2017届毕业生5292人，其中研究生61人、本科生4579人、专科生652人。毕业生整体签约率为79.03%，就业率为95.45%。

学科和专业建设。启动一级学科建设培育计划，落实学校学科建设三年行动规划及其实施方案。工商管理高原学科建设顺利通过中期检查。积极推进新专业申报和专业内涵建设，申报3个新专业已上报教育部。推进应用型试点专业建设，新增4个专业获准立项。

人才培养。坚持以学生发展为中心，探索多层次、多类型、多路径人才培养机制，构建分层分类的人才培养体系。着力开展政产学研协同创新战略合作，深化产教融合协同育人机制，新增12个大型产学研战略合作基地，与惠科集团共建全国首个科技金融学院。启动“序伦书院”建设，设立人文艺术学院，加强学生艺教结合。立项市级精品课程2门、市级示范性全英语授课课程2门、市级重点课程11门。立项上海高校本科重点教学改革项目4项。“课程思政”教育教学改革纳入市高校“课程思政”教育教学改革整体试点，首批29门课程试点工作开展，中国系列课程“信用中国”“财经中国”成为“课程思政”教育体系的特色亮点。实施大学生创新创业训练计划，共立项170个大学生创新创业训练计划项目，其中国家级项目45个，市级项目125个。学生获第十五届“挑战杯”上海市大学生学术科技作品竞赛一等奖、第三届“互联网+”大学生创新创业大赛上海赛区一等奖等上海市和全国性学术竞赛一等奖6项。获2017年全国大学生暑期“三下乡”活动优秀项目奖。学校获市教育考试院授予的首届招生“华强奖”先进集体称号。

科研工作。学校获第十一届上海市决策咨询研究成果奖。获国家级项目立项7项，实现在国家社科后期资助项目上的突破。获教育部人文社科项目立项7项、市政府决策咨询重点课题立项5

项、市哲学社会科学基金项目立项5项、市软科学重点项目立项2项、市教育科学研究项目立项5项、上海高校艺术科研项目立项5项。

师资队伍建设。获批“本科教学教师激励计划”试点单位。建立161支基础教学团队，覆盖全校任课教师。吸纳校外行业实务专家23人，组建7支校级协同创新团队。本科学生导师配备率100%。在定编定岗的基础上，出台教师分类管理制度改革方案，实施分类设岗、分类考核、分类晋升“三位一体”的政策设计，制定专业技术职务聘任管理办法。年内共有6位老师分获东方青年学者、曙光学者、宝钢优秀教师、晨光学者、上海市人才发展基金资助等荣誉或项目。

学生工作。大学生艺术团，学生击剑、跆拳道等高水平特色项目扎实开展，“星海艺术团”揭牌，校园原创话剧《潘序伦》成为市高校大师剧系列首批重点推荐剧目，校园原创音乐作品《冒失鬼》《下一站，国王十字》分别获第二届“汇创青春”上海大学生文化创意作品一等奖、三等奖。击剑、跆拳道、空手道、武术、手球、健美操等体育特色项目取得多项荣誉，其中击剑队获15金、15银、18铜的成绩、跆拳道队获9枚金牌、9枚银牌、7枚铜牌的成绩。学校获评市高校心理健康教育工作先进集体。

对外交流与合作。与美国新泽西理工学院联合申报计算机科学与技术(金融科技方向)中外合作办学项目。丹麦孔子课堂运行良好。工商管理学院AACSB认证进入iSER阶段。Erasmus Plus计划完成第一期项目实施，并再次获批欧盟2017—2018年度项目。成为高校全球咨询网络(ICON)中国首家会员并获2018年大会的承办权。成功举办“当东方遇见西方”丝路会计历史文化国际研讨会。哈佛大学经济系教授、美国前副国务卿Richard N.Cooper博士受聘学校客座教授。全年共接收和培养729名留学生，其中学历生375名、语言生354名。共有819名学生赴海外学习交流。

社会服务。成立“上海诚信文化研究中心”，牵头发起成立“全国高校诚信文化育人联盟”。与中共浦东新区委员会宣传部合作成立“上海学生诚信教育实践基地”。以服务地方需求为导向，完善应用性研究和决策咨询研究机制，促进成果转化，获上海高校智库内涵建设计划项目2项、市决策咨询研究成果奖2项、7项决策咨询和建言献策专报获省部级领导批示。发布《2017上海国际金融中心建设蓝皮书》。设立14个非独立建制研究机构。学校被评为第十八届“上海市文明单位”，获评上海市2016年度征兵工作先进单位。

管理工作。确立以“立信”为内容的校训和“立诚明德，经世致用”大学精神，制定和落实学校“十三五”规划及分规划。完成《大学章程》的编制和报审工作。加强图书馆数据库建设和文献资源建设，新增数据库13个。出台《财务报销规定》《财务内部控制制度》规范校内经济秩序，提升学校财务管理效率。完成教职工集群网络通讯相关工作。完成第二阶段办公用房调整方案、文博楼和浦东校区第二教学楼办公用房改造。斯米克学生公寓项目正式开工建设，浦东新校区规划建设稳步落实，通过“水平衡”和“节水型校园”复评。《诚信故事100例》等新书发布，弘扬主旋律，宣传立信诚信文化。实施“春雨计划”，通过建立“立信高原书屋”“立信会计出版社日喀则出版中心”“上海立信会计金融学院继续教育学院日喀则教学站”等形式，实施文化教育援藏，进一步提高立信品牌的社会影响力。1个项目获“十三五”国家重点图书出版规划项目，1个项目获国家出版基金资助，4个项目获2017年度上海文化发展基金资助。 (田　原)

【与慧科集团共建金融科技学院】 1月19日，学校与慧科集团战略合作签约仪式暨金融科技人才培养创新论坛举行。双方合作共建全国首个金融科技学院。该学院面向金融业、现代服务业以及“互联网+”领域以产教融合创新人才培养模式，聚集优质知名高校资源与金融、科技以及金融科技领域知名企业资源，紧扣大数据、区块链、人工智能等新兴技术与金融、会计等相关学科深度融合，逐步推进金融科技专业群建设。 (田　原)

【两个评估中心挂牌】 3月31日，上海市学校体育评估中心成立大会在校举行。12月22日，上海市学校艺术教育发展评估中心成立大会在校举行。两个中心依托学校的资源，开展有关评估工作，利于主管部门及时掌握学校体育和艺术教育发展的实际情况，为政府决策提供科学的依据。

（田　原）

【举行培育和践行社会主义核心价值观工作推进会】 5月20日，“高校培育和践行社会主义核心价值观工作推进会暨诚信文化育人学术研讨会”在校举行。来自全国高校思想政治教育专家，全国财经高校和上海高校宣传部、学生工作部、马克思主义学院负责人、专家、企业代表和学校师生代表近200人出席会议。（田　原）

【冼星海塑像落成】 6月13日，学校举行“民族魂·星海情”全民族抗战爆发80周年纪念音乐会暨冼星海塑像揭幕仪式，纪念全民族抗战爆发80周年和著名校友、人民音乐家冼星海诞辰112周年。冼星海之女冼妮娜、上海音乐学院原党委书记孟波之子孟临、著名音乐家桂涛声之子桂一阳、著名指挥家曹鹏之女曹小夏、延安抗大干部总队政治部主任徐兴华之女徐海平、雕塑家尹积昌之女尹小艾等应邀参加揭幕仪式。冼星海在立信音乐训练班执教时的学生，中国音乐家协会原副主席、首届中国音乐金钟奖“终身荣誉勋章”获得者孙慎和曾创作《红色娘子军连连歌》的著名作曲家黄准分别发来贺信。（田　原）

冼星海塑像揭幕仪式在上海立信会计金融学院举行

【社会主义核心价值观协同创新上海峰会举行】 11月18—19日，社会主义核心价值观协同创新上海峰会在校举行。峰会的主题是“学习贯彻党的十九大精神，培育和践行社会主义核心价值观”。副市长翁铁慧，市政府副秘书长宗明，教育部社科司副司长徐艳国，市教委主任苏明，市教卫工作党委副书记、市教委副主任高德毅出席峰会。来自国内高校的专家学者、媒体记者330余人出席会议。

（田　原）

【校教育发展基金会更名】 经报市民政局批准，原上海金融学院教育发展基金会更名为上海立信会计金融学院教育发展基金会。原上海立信会计学院潘序伦教育发展基金会更名为上海潘序伦教育发展基金会。两个基金会被市民政局依法认定为慈善组织。（田　原）

附：学校负责人及地址

（2017年1—12月）

院党委书记：李世平

副书记：唐海燕（4月兼任）、鲁海波（6月离任）、文选才（8月到任）、许　玫、温景春（1月到任）

院　长：唐海燕

副院长：许　玫（兼）、万　峰、顾晓敏、陈晶莹、赵荣善

浦东校区地址：上川路995号

邮　编：201209

电　话：50218899

松江校区地址：文翔路2800号

邮编：201620

电话：67705200

徐汇校区地址：中山西路2230号

邮编：200235

电话：64390390

上海电机学院

【2017 年概况】 学校有临港、闵行两校区，占地78.67万平方米。学校设有12个学院、2个教学部，有工、经、管、文、艺5大学科门类，34个本科专业，8个高职专业。有国家级特色专业建设点2个、国家级工程实践教育中心2个、市特色专业6个、教育部卓越工程师教育培养计划专业3个、市应用型本科试点专业9个、全英语建设专业3个。在校全日制本科生10326人、专科生2175人、硕士研究生264人、在校外国留学生183人。专任教师783人，其中教授63人、副教授227名，占37.04%；具有博士学位教师291人，占37.16%。2017届毕业生3120人，总体就业率为98.72%，其中硕士研究生69人，就业率98.55%；本科毕业生2378人，就业率98.78%；专科毕业生673人，就业率98.51%。学校有各级各类重点学科11个，其中市教委重点建设学科2个、校级重点建设学科9个。学校图书馆馆藏图书122.76万册、电子图书66.77万册。

立德树人，提高人才培养质量。①贯彻落实全国高校思想政治工作会议精神，召开思想政治工作会议，立项“课程思政”教育教学改革建设项目20项。举行课程思政建设会，开设“中国系列”思政选修课程——“中国装备”。②获批“电子封装技术”“数字媒体艺术”和“电机电器智能化”3个新专业；获批市应用型本科试点专业5个。获批市本科精品课程1门，市教委本科重点课程10门，市本科全英语示范课程3门。③深化内部教学质量保障体系建设，编制发布《上海电机学院本科教学质量报告(2015—2016学年)》，27个专业编制发布《本科专业年度质量报告(2015—2016学年)》，学校发布《本科专业教学状态白皮书(2015—2016学年)》，启动实施第三方课堂教学督导与评价工作项目。④推广实施在德泰学苑试点成熟的人才培养模式，全面修订实行新版人才培养方案。认真落实本科教学教师激励计划各项工作要求，推广系列特色辅导答疑方式，健全辅导答疑制度。制定《上海电机学院2017年本科教学教师激励计划经费分配办法》，提高教师积极性。⑤推进工程教育专业认证与专业评估，“电气工程及其自动化”认证申请被中国工程教育专业认证协会成功受理，派出教师团队赴美国普渡大学接受ABET认证培训。⑥入选“上海市首批深化创新创业教育改革示范高校”，设立总额50万元的大学生创新创业竞赛基金，支持1000余人次参与各级各类竞赛，获50余项市级以上荣誉。一名学生获第四十四届“世界技能大赛”优胜奖，一名学生获上海科技创新“市长奖”提名奖。

加强师资队伍建设。①加强人才引进力度，出台《上海电机学院人才引进管理办法》《上海电机学院高层次人才引进管理办法》《上海电机学院高层次人才引进奖励暂行办法》等制度保障文件。②制定《上海电机学院中青年教师国外访学进修计划实施办法》《上海电机学院中青年教师国内访问学者计划实施办法》，加大青年教师培育力度。③完善教师激励机制，制定《2017年上海电机学院绩效工资额度分配办法》，首次以“任务+绩效”方式开展二级分配工作。④招聘各类人才27人，柔性引进特聘教授1人，聘任各级各类专业技术人员90人，其中正高11人、副高27人。⑤组织教师校本教学培训活动56场次，累计参与2458人次。组织教师参与线上培训，网上学习人数累计543人、学习课程1133门次。举办第二届微课教学竞赛和第三届教学论坛，推进教师课程教学设计的理念改革探索。

提升学科科研实力。①申报上海市新增硕士授予单位建设规划，推进市级研究生教育综合改革项目。获批市级研究生课程建设项目1项、市研究生教育学会研究项目1项，举办市“能源互联网技术”研究生学术论坛。②探索本硕“大贯通”人才培养模式，推进上海电机学院应用型本科——硕士专业学位贯通方案实施，完成“服务国家特殊需求人才培养项目”验收工作方案。③年内科研到账经费共计3758万元，其中获批省部级以上项目20项，纵向项目获资助资金2498万元；横向项目立项131项，到账经费1260万元。申请发明专利185项，授权发明专利88项。④获教育部高校科研优秀成果奖（科学技术）科技进步奖二等奖、海洋工程科学技术奖二等奖、中国机械工业科学技术奖二等奖、第十九届工博会高校展区一等奖。首次获批市科委重大攻关项目，获批建设市专利工作示范单位。上海市“大型铸锻件制造技术协同创新中心”以“良好”等级顺利通过五年建设期绩效考评并继续获后期建设支持。⑤完成科技转让项目6项，转让金额48.5万元。“混合励磁同步电机”项目获首届中国高校科技成果交易会科交会优秀展示奖，“核电设备关键部件制造技术及工程应用”项目获第十九届中国国际工业博览会一等奖。

推进国际交流与合作。①全年共接待海外访问团组31批次，召开“智能制造应用型人才培养”中德论坛，完成聚焦“工商管理创新教育”和“智能风机叶片研发”的第二届中瑞创新周系列活动。②加强海外名师项目建设，聘请海外名师41人，其中长期4人，短期37人。完成国际化课程35项，建设国际合作实验室1个。③全年接受外国留学生322名，获市政府奖学金人数52名。全年共选拔263名本专科生、研究生赴海外长、短期学习。

提高服务保障能力。①申报立项市经信委信息化项目9个，建设虚拟化服务器54台。增设校园卡自助补卡机、现金充值机，方便师生自助服务。②拓展筹资渠道，化解存量债务，申报政府性收入专项（化债）预算1.95亿元，学校存量债务降至4877.21万元。③加强资产管理，全年各类采购金额合计4733万元，其中组织货物招标采购105次、采购金额4024万元，集市采购活动160批次、采购金额709万元；共申请3737台件、总金额1427.02万元的固定资产做报废处置。④开展绿色校园建设，全年能源支出比上年降低6.18%。完成校园技防“十二五”验收，积极创建“安全文明校园”。⑤全年订购图书4.55万册，完成29种电子资源的招标与续订工作。（史志明）

【举办“智能制造应用型人才培养”中德论坛】 3月2—5日，“智能制造应用型人才培养”中德论坛在临港举行。来自中德20多所高校和10余家企业的代表参加论坛。论坛以“工业4.0与应用型人才培养”为主题，围绕“工业4.0背景下的企业人才需求”“应用型高校课堂教学的有效组织”“应用型高校教学科研与行业企业的有效互动”等三个专项议题展开深入对话与讨论，并发布《“智能制造应用型人才培养”上海临港共识》。（史志明）

【获批2个市应用型本科试点专业】 2月15日，市教委公布第三批市属高校应用型本科试点专业建设名单。学校机械学院“焊接技术与工程”专业、商学院“国际经济与贸易”专业获批。至此，学校市级应用型本科试点专业数量增至9个。（史志明）

【与德国凯撒斯劳滕应用技术大学签署本科合作协议】 5月31日，学校与德国凯撒斯劳滕应用技术大学本科合作协议签署仪式在德国举行。根据协议，两校将联合举办技术物流、电气工程、机电一体化专业4年制本科学历教育，合作项目由上海电机学院中德智能制造学院具体负责实施。

（史志明）

【“中国系列”课程“中国装备”开讲】 6月2日，学校“中国系列”课程“中国装备”在临港校区开讲。“中国装备”课程是学校实施高校课程思政创新的新探索，课程内容包括能源装备、港口装备、船舶制造、轨道交通、航空航天等板块，由校外专家、校友和校内教师共同授课。（史志明）

【获批市科委重大攻关项目】 6月27日，学校"大功率风电机组实时仿真并网试验平台及认证测试技术研究"项目获批市科学技术委员会社发领域科研攻关项目，获资助500万元。这是学校首次以第一单位获批该类项目。（史志明）

【第一届全国质量管理工程专业联席会召开】 8月9—11日，"第一届全国质量管理工程专业联席会"在学校临港校区召开。会议成立全国质量管理工程专业联席会，讨论通过联席会章程，学校被推举为副理事长单位。（史志明）

【学生获第四十四届世界技能大赛优胜奖】 10月15—19日，第四十四届世界技能大赛在阿联酋阿布扎比举行。学校2015级计算机科学与技术专业学生孔元元以总分第五的成绩获网站设计与开发项目优胜奖。（史志明）

【上海电机学院附属科技学校正式揭牌】 10月16日，由学校和浦东新区教育局联合共建的上海电机学院附属科技学校揭牌仪式在临港举行。上海电机学院附属科技学校致力于探索中职教育、中高职贯通、中本贯通教育新模式，为地区经济发展培养高技能人才。（史志明）

上海电机学院附属科技学校揭牌

【举办"能源互联网技术"研究生学术论坛】 10月26—28日，由市学位委员会主办、学校承办的市"能源互联网技术"研究生学术论坛在临港举行。来自上海交通大学、华东理工大学、上海海事大学等10多所高校的180余名代表就新能源发电技术、电池储能技术、电力电子技术、大型风电设备检测技术等热点领域的前沿问题开展交流。（史志明）

【承办工程技术教育认证(ETAC)培训研讨会】 10月28—30日，学校承办的美国工程与技术认证委员会(ABET)工程技术教育认证培训研讨会(ETAC)在临港举行。这是国内高校首次邀请美国工程与技术认证委员会针对工程技术教育认证而举办的培训研讨会，吸引来自全国12所高校的110余名教师、管理人员参加。研讨会全面解读工程技术认证与工程认证的差异，结合具体案例对工程技术教育认证标准和项目标准进行解读。（史志明）

美国工程与技术认证委员会(ABET)工程技术教育认证培训研讨会(ETAC)举行

【获评"全国优秀高等教育研究机构"】 11月1日，学校高等技术教育研究所被中国高等教育学会评为"第五届全国优秀高等教育研究机构"。这是学校首次获此称号。（史志明）

【"上海市大型铸锻件制造技术协同创新中心"通过绩效考评】 11月9日，上海市大型铸锻件制造技术协同创新中心以"良好"等级通过终期绩效考评工作并获后期建设支持。该中心在五年的建设期中以大型铸锻件成形工艺、材料组织结构与性能控制等为主要方向，先后获国家自然科学基金面上项目2项、上海市科技进步奖3项。（史志明）

【获中国国际工业博览会高校展区一等奖】 11月11日，第十九届中国国际工业博览会落下帷幕，学校参展项目"核电设备关键部件制造技术及工程应用"获高校展区一等奖，学校获高校展区优秀组织奖。（史志明）

【德国缆普集团与上海电机学院卓越中心成立】 11月15日，德国缆普集团(LAPP)与上海电机学院(SDJU)卓越中心成立。根据合作协议，双方将在师生赴德带薪实习等方面展开合作。 (史志明)

德国缆普集团与上海电机学院卓越中心成立

附：学校负责人及地址

(2017年1—12月)

院党委书记：孙培雷(5月到任)
副书记：胡　晟(兼)、宦秀芳

院　长：胡　晟
副院长：陈　信、黄兴华、焦　斌、杨若凡

临港校区地址：橄榄路1350号
邮编：201306
电话：38223822

闵行校区地址：江川路690号
邮编：200240
电话：64300980

上海政法学院

【2017年概况】 学院共有24个本科专业，其中法学类专业8个、管理类专业5个、文学类专业5个、经济学类专业4个、教育学类专业1个、艺术学类专业1个。本科在校生9595人，硕士研究生在校638人。学校共有专任教师495人，其中教授55人、副教授161人，具有博士学位的有229人，具有硕士研究生学位的有225人。打造“大国安全”思政课程。获得一批市级教学成果，包括上海市教学成果奖一等奖2项、二等奖1项。财务管理和社会工作2个专业获批上海市属高校应用型本科试点专业。11门课程获市级精品课程、全英语示范课程、重点课程或重点教改项目。对接行业和社会需求，深化人才培养模式改革和两级管理体制改革，成立上海纪录片学院和警务学院，调整优化部分教研室设置。研究生教育快速发展。完成法学一级学科硕士点(含10个二级学科硕士点)招生任务，在校研究生突破600人。实行研究生教育两级管理，推行专业学位研究生教育改革，建立全员全程双导师制，聘请91名校外兼职导师。打造研究生学术成长平台，举办2017年上海市研究生学术论坛——法律案例分析大赛并获冠军。

学科科研。获批上海市新增博士学位授予立项建设单位，以及马克思主义理论、新闻传播学2个一级学科硕士点和国际商务、社会工作、新闻与传播3个专业学位硕士点，实现法学之外的学科硕士点突破。完成法学高原学科中期建设任务，总体建设绩效评价良好。获得省部级以上科研项目32项，教育部人文社会科学基金重大攻关项目实现零突破，市哲学社会科学课题、中国法学会课题创历史新高。在核心期刊发表论文168篇，在权威期刊、重要核心期刊、法学十五大核心期刊刊出的论文数比上一年进一步上升。学报建设成效显著，正式成为“国家哲学社会科学学术期刊数据库”成员，首次获上海市新闻出版局专项资金项目资助，办刊质量和学术影响明显提高。

师资队伍建设。通过修订、制定学校《教师系列、思政系列专业技术职务评聘办法》《高级专业技术职务聘任管理暂行办法》等规章，突破校聘教授与社保教授无法有效衔接的瓶颈。人事管理方面，制定二级学院特聘（名誉）院长管理、退休返聘人员聘用与管理、教职工福利费管理、离退休教职工福利费管理、处级单位考核等规章，推进人事管理工作制度化、规范化。招录各类优秀人才46名，其中包括教育部新世纪优秀人才、知名反恐专家等高层次人才。3名教师获批青年东方学者、浦江人才计划项目，22名教师获高校教师专业发展计划或青年教师培养计划资助。推进博士后项目建设，实施与华东政法大学联合培养博士后项目，组织申报青浦区博士后创新实践基地取得实质进展。

培训基地。完成公安部、司法部、商务部等中央部委委托的多期援外高级官员培训工作，建立14个海内外研修中心。承担最高人民法院委托的全国司法警察高级警官研修班等26个内训班，共计培训3000余人次，社会效益和经济效益大幅增长。上海合作组织研究院、东北亚研究中心获批教育部备案建设的国别与区域研究中心，获上海市高校智库内涵建设项目6项。举办第十三届中亚和上海合作组织国际学术研讨会、国内首届“中国海外投资法律论坛”等高规格学术会议，推进相关领域学术交流。实施外事人员“旋转门”计划、海外学者驻访计划、科研人员出访交流计划和上海合作组织法律翻译工程，投入专项经费1000余万元建设上海合作组织文献信息中心。加入“一带一路智库联盟”理事单位，培训基地纳入《上海服务国家“一带一路”建设发挥桥头堡作用行动方案》。学校与国家检察官学院签署全面战略合作协议，共同申报建设“上海合作组织检察官培训基地”，得到最高人民检察院的支持；司法部支持在学校设立“上海合作组织法律服务委员会筹建办公室”。

育人工作。着力打造学生工作品牌，获全国国防教育特色学校、全国“易班十佳工作站”等荣誉。男女板球队再次获全国冠军，实现男子四连冠、女子五连冠。大学生辩论队连续3年获得上海市高校大学生法治辩论赛冠军。学生特训队获第四届中国野战运动冠军赛全国总决赛团体冠军。17名志愿者入选上海市大学生志愿服务西部计划，超过上海派出志愿者总数的16%，学校连续3次被评为西部计划“全国优秀”。举办系列校友返校活动。积极适应上海市新高考改革，首次试点分3个专业组进行招生录取，本科生源质量进一步向好，本科秋季招生一本批次达到22个，外省市本科各批次超当地一本线占录取总数98.9%，上海市级、区级重点中学学生占上海录取总人数的89.62%。多措并举做好就业工作，2017届本科毕业生总体就业率达96.64%，超过上海市平均水平。积极做好各类奖学金、助学金的评审工作，共发放奖、助学金1000余万元。针对不同情况实施精准帮扶，补助困难学生达2500余人次。努力拓宽勤工助学渠道，增加勤工助学岗位，共安排2249人次学生参加勤工助学活动，发放金额超过62万元。

对外合作交流。获批“丝绸之路”中国政府奖学金招生资格，在校留学生超过300人。打造留学中国海外预科教育平台，入选首批CCN预科中心。打造“留学上政”品牌。推动多元文化交融，举办第二届“丝绸之路”国际文化节，开设“丝路讲堂”。国际交流合作日趋频繁，年内共出访49个团组，选派干部教师出国学习交流115人次。接待来访团组37批次、344人次，加速提升学校的国际化水平。2017年学校学生海外学习、实习项目增至26个项目，学生海外学习实习共计211人，超额完成年度计划。新增21所知名境外合作高校或国际组织，截至2017年底与世界82所高校和机构建立合作关系。

安全文明校园建设。9月，总投资近3亿元的中国—上海合作组织国际司法交流合作培训基地建设项目竣工并投入使用。扩建工程五期建设项目的两栋学生公寓于秋季学期竣工。积极协调松江区佘山镇政府，推动扬盛印务地块平整后顺利移交学校，并完成第一期绿化工程。年内实施招标采购项目共260项，总金额9051万元。加强财务管理，推进预算执行，市教委对学校财务管理状况总体评价为“A”级。成立网络信息安全工作领导小组，修订完善相关制度，加强网络信息安全监管；全面升级OA系统，实现PC端、手机移动端（APP）和微信公众号端同步运行。修订完善学校招待所管理办法、教工临时过渡用房管理办法，积极争取青浦区支持，将学校纳入区人才激励政策。加强文献资料服务，图书馆进馆人数近100万人次，电子资源浏览量200余万人次，纸质书籍借阅6万余册。完成备用地块综合整治工作，对北门区域进行综合改造，消除安全隐患，进一步美化校园环境。开展以禁毒、交通、消防、治安等为主题的校园安全教育，连续四届获“上海市安全文明校园”称号，连续8次获“上海市文明单位”荣誉称号。推进二级单位教代会规范化、常态化，搭建校领导、职能部门与教工代表面对面沟通平台，多次组织提案办理恳谈会。改造工会咖啡厅，增购配置健身房、减压室设备，为教职工提供更好的休闲、健身场所。

党的建设。成立上海政法学院意识形态工作领导小组和工作小组。实行校党委书记和校长双组长负责制，制定出台《上海政法学院落实意识形态工作责任制实施意见》。贯彻全国和上海市高校思想政治工作会议精神，成立教师工作部，加强师德师风建设。加强校园文化建设，举办“喜迎十九大‘点亮上政　表白中国’宿舍亮灯”行动。“‘雏鹰’网络文化工作室”获批上海市高校首批试点建设网络文化研究室。举办教工、学生党支部书记学习党的十九大精神专题培训班，组织党外人士学习党的十九大精神专题学习会。出台《关于学校推进“两学一做”学习教育常态化制度化的实施方案》，明确院党委和党总支6个方面100条任务清单，评选6个组织生活案例。部分二级学院配备专职组织员，整合优化二级学院教师党支部。从严从实抓好干部队伍建设，顺利完成部分处级干部和科级干部的选任工作；认真落实个人事项申报制度，加强干部教育培训和述职考核，提高干部履职能力。制定学校党风廉政建设和党内监督工作责任清单和问题清单，落实“四书四会三报告”制度。加强执纪监督，出台《关于践行监督执纪“四种形态”的实施办法（试行）》。落实“三重一大”制度，强化招投标、基建工程、招生工作等重点领域的监督检查，防范廉政风险，确保风清气正。（方乐莺）

【支持和推进中国—上海合作组织培训基地建设】 1月，上海市教委印发《上海教育对外开放“十三五”发展规划》，其中明确提出“支持和推进中国—上海合作组织国际司法交流合作培训基地建设。”这是中国—上海合作组织国际司法交流合作培训基地首次列入上海市教委五年发展规划。

（方乐莺）

【举行第二届“丝绸之路”国际文化节暨国际风情展】 5月2日，学校举行第二届“丝绸之路”国际文化节暨国际风情展。全国高校外国留学生教育管理学会副秘书长、“留学中国海外预科教育联盟”会长于书诚等出席开幕式。（方乐莺）

【承办第七届全国政法大学“立格联盟”科研管理论坛】 11月16日，第七届全国政法大学“立格联盟”科研管理论坛在学校召开，校长刘晓红代表主办方致辞，副校长潘牧天主持开幕式。（方乐莺）

上海政法学院承办第七届
全国政法大学“立格联盟”科研管理论坛

【获全国未成年人思想道德建设工作先进工作者称号】 11月17日，全国精神文明建设表彰大会举行，根据中央精神文明建设指导委员会表彰决定，学校刑事司法学院院长、上海市预防青少年犯罪研究会副会长姚建龙教授获得全国未成年人思想道

德建设工作先进工作者荣誉称号。（方乐莺）

【获中国野战运动冠军赛多个奖项】 12月17日，2017年第四届中国野战运动冠军赛全国总决赛落幕，学校刑事司法学院—警务学院特训队获社会组、高校组两个全国团体冠军以及单项赛三项冠军、两项亚军、一项季军、一项第四名。

（方乐莺）

附：学校负责人及地址

（2017年1—12月）

院党委书记：杨俊一
副书记：刘晓红（兼）、吴　强、周银娥

院　长：刘晓红
副院长：周银娥、潘牧天、关保英、胡继灵

地址：外青松公路7989号
邮编：201701
电话：39225129

上海商学院

【2017年概况】 学院有管理学、经济学、农学、工学、艺术学、文学、法学等7个学科门类，30个本科专业和13个高职专业。在编教职工516人，其中专技人员433人、具有副高以上职称163人、具有博士学位154人。全日制在校学生9425人，其中本科生7758人。

深入贯彻党的教育方针，牢牢把握正确办学方向。深入学习宣传贯彻党的十八大、十九大精神和习近平新时代中国特色社会主义思想，认真学习贯彻全国和上海高校思想政治工作会议精神，持续开展“两学一做”学习教育常态化制度化，牢牢把握社会主义办学方向，坚持立德树人。强化思想、思考、思路，聚焦贯彻落实；强化主体、主责、主业，聚焦压实责任；强化基层、基础、基本，聚焦激发活力；强化带头、带班、带队，聚焦推动发展。突出内涵建设，深化综合改革，完善治理体系，推进依法治校，学校的办学质量和社会影响力稳步提升。年内，校党委会、校长办公会审议并通过学校党的建设和改革发展稳定等重大事项300余项。

深化教育综合改革，推动学校事业科学发展。落实思政工作会议精神，构建协同育人大格局。完善制度建设，统筹推进落实。将立德树人摆在工作中心位置，成立学校思政工作领导小组，制定1个总体实施方案和8个专项计划，建立部门（院系）评价标准和评价体系。聚焦商科“大思政”育人，推动形成党委统一领导、各部门各方面齐抓共管、师生全员参与的育人工作格局。优化机构设置，加强人员配备。成立马克思主义学院，设立习近平新时代中国特色社会主义思想研究所，强化主渠道建设。设立党委教师工作部，调整教师发展中心合署工作部门，统筹教师思想教育与管理，实现教师职业发展与思想引导相统一。通过内部转岗、人才引进等，思政课专职教师比例增加50%，专职辅导员队伍比例基本达标。创新育人载体，成立家校发展委员会，搭建和拓宽人才培养平台载体。推进课程思政体系建设。成立课程思政指导委员会和课程思政教学改革办公室，制定课程思政教育教学改革试点方案，强化知识传授与价值引领相统一。学校被确立为上海市课程思政改革试点培育高校。“中国系列”思政课选修课——“丝路中国”被设立为市教委培育课程项目，逐步构建思想政治理论课、综合素养课、专业课三位一体思政教育课程体系。

改革联动。试行“两依据一参考”高考录取改革，在春季招生中首次使用高中学生综合素质评价信息。年内总计录取2620名新生，其中本科生1920名、专升本学生126名、专科生574名。生源质量位列上海同类本科院校前列，外省录取超一本线考生人数达64.26%，创历史新高。毕业2588

人，其中本科生1876人，专科生712人，总体就业率创历年新高，为98.49%。构建通识教育与专业教育相结合的课程体系，从知识、能力、素质三方面提高人才培养水平。物流管理、视觉传达设计、市场营销、旅游管理和税务学5个专业获批市级应用转型试点专业建设，获3000万专业建设经费，在上海市33所参与高校的文科院校中名列第一。4个学院9个专业10个方向推行卓越商科改革试点，积极推进产教融合，与中科曙光、中兴通讯、万豪、绿地集团等开展深度校企合作。年内学校"零售业管理"是获批的新专业。获批上海市级本科重点建设课程9门、精品课程1门、全英语课程3门、重点教改项目2项。正式获批为"市属本科教学教师激励计划"试点高校，落实领导干部听课督查、督导专家听课全覆盖。学校以实施本科教学教师激励计划为依托，引导教师以学生和教学为本，提升教学水平，促进学生全面发展的特色做法被教育部网站专题报道。提升学生综合能力和素质。稳步推进大学生创新创业教育体系建设，鼓励学生积极参与各类学科竞赛，承办第十届全国大学生计算机设计大赛，积极参加市教委组织的"互联网＋"和"汇创青春"大赛，获得两个优秀组织奖。年内累积获315项省市级及以上竞赛奖项，其中学科竞赛196项，创新活动、技能竞赛78项，文艺、体育竞赛41项，学生公开发表论文19篇。积极开展学生社会实践和志愿服务活动，鼓励学生开展社团活动，促进学生素质能力提高和创新创业型人才培养。

获批国家和省部级科研课题10余项。知识服务品牌效应逐步显现，由市教委和市商务委专门委托开展重点专项调研项目5项，获批上海市重点工程和产业研究项目3项，主动对接区域经济社会发展。应用经济学（商务经济方向）获市教委Ⅱ类高原建设项目支持。开展硕士学位授予单位立项建设。设立特华博士后科研工作站上海分站，培养商贸流通领域博士后人才，累计招生3名。围绕商业创新发展等重大问题，开展决策咨询研究。撰写《商务智库》专报35期，其中7期获省部级以上领导批示。深入开展国际交流合作和援外培训工作。不断拓宽国际交流渠道，与美国加州州立理工大学波莫纳校区、西班牙内布里哈大学、萨拉戈萨大学、丹麦奥胡斯商学院等国外高校签约合作。参加国际交流学生317人，为历年最多。推动建设"一带一路"国家智库联盟，与匈牙利经济研究院、柬埔寨皇家科学院、捷克布拉格商业大学等合作建立智库联盟。依托商务部国际商务官员上海研修基地，打造高端商务培训基地，举办援外培训项目28期，培训来自84个国家和国际组织的国际商务官员859人，其中部级官员8名，"一带一路"国家参训官员282名。

获上海市晨光计划1人、宝钢优秀教师奖1人。推进实施"人才旋转门"，引进特区专职人员12人，其中讲席教授3人、新西兰上海商学院负责人1人、研究型教师8人，为学校事业发展注入新动能。加大对教师培养力度，14名教师入选国外访学进修计划、2名入选国内访问学者计划、2名入选产学研践习计划。组织30名教师参加国家教育行政学院开展高校师德师风建设网络培训。推进实施教师教学培训，组织开展45名新进教职工岗前培训，持续开展青年教师教学基本功大赛，着力提升教师课堂教学能力。积极搭建人才交流平台。成立党外知识分子联谊会、上海市欧美同学会（上海市留学人员联合会）上海商学院分会，团结汇聚人才，为学校发展贡献力量。

推进后勤管理标准化、规范化、专业化建设。积极开展徐汇、奉浦两校区19项基建修缮项目。完成3家校办企业的划转和学商超市清理工作。不断提升信息化建设水平，推进智慧校园平台建设。积极构建平安校园，获2017年度上海市企事业单位治安保卫先进集体。招标项目规范有序推进，完成180项招投标采购工作，签订合同金额总计5203万元。提高财务管理水平，实行网上预约报账、财务微平台，顺利完成2016年财政决算和2018年预算编制工作。完成各类审计项目86项，基建、修缮审计核减金额为180.14万元，核减率11.54%。顺利完成上海市商务教育培训中心划转学校的工作。推进和谐美丽校园建设。获2015—2016第十八届上海市文明单位。创新开展校园文化活动，承办中央电视台"《中国诗词大会》（第三季）"上海地区选拔面试活动，开展"中华诵·经典诵读""青春喜迎十九大·不忘初心跟党走"等多项大型校园文化活动。

围绕中心抓党建，全面推进学校党建各项工作。牢固树立以抓党建为最大政绩推动学校发展，统筹推进学校党的政治建设、思想建设、组织建设、作风建设、纪律建设和制度建设。不断加强班子自身建设，结合实际制定《上海商学院校级领导班子行为要则》，被《上海组织生活》专题刊登报道。

以制度建设为抓手，建立和完善相关制度32项，逐步形成具有学校特色党建“制度群”。出台党委、党总支、党支部三个层面的职责清单、事务清单和负面清单“三个工作清单”，夯实第一责任。以加强基层组织建设为重点，完成9个二级党总支换届，新成立1个联合党总支和1个离退休党总支，实现二级单位党总支全覆盖。规范党支部组织生活，培育树立示范党支部、示范项目、示范岗“三类标杆”，遴选示范党支部11个、示范项目20个、示范岗11个，突出示范引领，聚焦作用发挥。重视党建理论研究，立项党建课题29个，获批市教卫工作党委党建重点课题1项、一般课题3项。学校党建工作的特色做法和工作举措被人民网、上海基层党建网、教卫党建网等多次专题报道。

强化队伍建设，干部队伍能力不断提升。年度提任中层干部12人。加强干部培训和能力建设，先后举办干部读书班、干部培训班和党支部书记培训班，选派5人赴教育部、市教卫工作党委、市教委等部门挂职。落实巡视整改，推进党风廉政建设和党内监督工作。全面落实巡视整改，制定整改举措67项，解决巡视反馈的17类、34个具体问题。重视做好举一反三工作，持续推进“2+4+4”重点领域和关键环节整改落实工作。着眼构建切实有效的党内监督体系，在突出重点对象、重点领域、重点时段监督的基础上，加强反腐倡廉教育，把功夫下在日常、平常、经常。持之以恒落实中央“八项规定”和实施细则，风清气正政治生态环境蔚然成型。

（张仲礼）

【上海商务委领导调研学校智库建设】 5月10日，上海市商务委总经济师张国华一行到校调研考察商务智库发展情况，希望双方联合培养青年研究团队，更好地服务市场、服务社会，在研究中掌握商务方面话语权，形成一系列商业报告，扩大影响力。

（张仲礼）

【市教卫工作党委领导到校调研】 6月21日，市教卫工作党委书记虞丽娟、副书记成旦红及市教卫工作党委和市教委的相关部门负责人到校专项调研学校思想政治工作、落实“三大主体责任”情况、纪检机构“三转”工作和巡视整改情况。在听取学校党委书记李昕汇报后，虞丽娟等分别与学校领导、部分中层干部进行个别访谈，查阅相关资料，对学校党委工作做出肯定，并对学校下一步工作提出要求。

（张仲礼）

【学生在全国行业大赛获奖】 5月，第十八届全国焙烤职业技能竞赛和“盼盼食品杯”第七届全国职业院校在校生西点创意大赛举行，学校学生面对专业选手，充分发挥教学过程中锻炼出来的能力，展现创新创业教育成果，分获团体金奖和个人铜奖。

（张仲礼）

【立项2017年国家社科基金项目】 6月，商务经济学院教师张荣佳的“劳动力与产业‘双转移刚性’下的内生型城镇化模式研究（应用经济学）”立项2017年国家哲学社会科学基金面上项目。7月4日，管理学院教师朱蓓倩博士申报立项的“外籍人口在中国的城市融入研究”项目，经过全国哲学社会科学规划领导小组批准，获2017年国家社科基金支持。

（张仲礼）

【学生在全国管理决策模拟大赛获奖】 7月23—24日，2017“创新创业”全国管理决策模拟大赛总决赛举行，该比赛由教育部高等学校工商管理类专业教学指导委员会指导，全国管理决策模拟大赛组委会承办。经过校内选拔赛、华东大区赛、全国半决赛的筛选，由学校管理学院工商管理162班学生缪鑫、电子商务152班学生陈曦和市场营销151班学生赵淑婷组成的“希望之火”代表队进入总决赛，并获全国总决赛“一等奖”。

（张仲礼）

【获2016年度全国学校共青团研究成果特等奖】

8月，共青团中央发布通知，学校商务经济学院党总支副书记林丽娜的论文《新媒体背景下高校共青团舆论引导机制研究》从3000多件申报成果中胜出，获"2016年度全国学校共青团优秀研究成果特等奖"。 （张仲礼）

【承办中国大学生计算机设计大赛中华民族文化元素组现场决赛暨闭幕式】 8月14日，由上海商学院承办的2017年(第10届)中国大学生计算机设计大赛中华民族文化元素组现场决赛暨闭幕式举行。来自全国各地的45位评审专家、790余名参赛师生参加闭幕式。在本次大赛中，学校获优秀组织奖，学生获一等奖、二等奖、三等奖各一个。 （张仲礼）

【获计算机全国实践教学竞赛一等奖】 11月，由教育部计算类教指委、国家级实验教学示范中心等联合举办的第十届高等学校计算机实践教学论坛暨第一届中国计算机实践教育学术会议召开。大会宣布第一届中国计算机实践教育全国比赛获奖情况，在全国200多所高校的实践教学案例大赛中，上海商学院信息与计算机学院院长胡巧多领衔的上海市精品课程"面向对象程序设计与java"、教师孟庆华主笔的《Java多线程并发操作及线程同步技术——基于购物车高并发模拟操作及线程同步加锁企业案例》的实践教学案例获一等奖。 （张仲礼）

【获"宝钢优秀教师奖"】 12月，宝钢教育基金会网站公布2017年度宝钢教育奖评审结果，学校管理学院院长、发展规划处处长、教授王胜桥获2017年度宝钢优秀教师奖。 （张仲礼）

【成立上海市欧美同学会(上海市留学人员联合会)上海商学院分会】 12月22日，上海市欧美同学会(上海市留学人员联合会)上海商学院分会成立大会召开。学校欧美同学会41名会员参加会议。上海市欧美同学会副会长兼秘书长朱玲玲与学校党委书记李昕共同为分会揭牌。 （张仲礼）

附：学校负责人及地址

（2017年1—12月）

院党委书记：李　昕
副书记：楼文高、翁德玮

院　长：朱国宏(4月离任)
副院长：翁德玮、贺　瑛、钟幼伟、陈剑峰

徐汇校区地址：中山西路2271号
邮编：200235
电话：64870020

奉浦校区地址：奉浦大道123号
邮编：201400
电话：67102976

上海公安学院

【2017年概况】 6月，上海公安学院挂牌成立，上海公安教育事业进入新的历史起点，开启新的发展征程。年内，招收首届本科学生150名、第二专科学生942名，毕业第二专科学生830名。举办各类民警培训班167期，培训学员1.04万余人次。

深入学习贯彻党的十九大精神和习近平总书记对公安工作的总要求。以习近平新时代中国特色社会主义思想为指引，坚持政治建校、立德树人，把理想信念教育放在人才培养首位，将党的十九大精神和"四句话、十六字"总要求作为必修课程内容，贯穿于办学育人全过程，进学科、进专业、进教材、进课堂、进头脑。结合“建党日”“建国日”“爱民月”“宪法日”等深入开展主题教育活动，打造“警魂论坛”“德育讲坛”，提升学生的忠诚意识和爱国情怀。切实加强专职辅导员队伍建设，着力提升思政教育专业化水平。同时，全面加强学校教职员工队伍思想政治工作，狠抓党风廉政建设，落实党委主体责任和纪委监督责任。

狠抓建本开局夯实发展基础。学校成立后，校党委面临新情况、新挑战，坚持问题导向，深入部门和学生中开展调查研究，摸清实情，查找问题短板，寻求解决问题，把影响学院发展、急需市局帮助解决的有关问题事项及时上报市公安局，加强与市公安局相关单位沟通研商，共谋可行性方案。瞄准“五个一流”总目标，全面谋划学校未来发展，编制学校三年发展规划，明确办学方向，建立行动纲领，描绘发展蓝图。启动实施“聚英计划”，广泛调研师资引进政策，择优选聘公安专业和公共基础课程专任教师。推进实施校园基础建设，向上级单位申报2.5万平方米新建校舍规划项目，完成浦东校区天然气管道铺设工程，推进校舍修缮工作和莘庄校区场地分隔事项。优化本科人才培养方案和课程设置，形成专业公共基础课、专业基础课、专业课三个课程模块有序衔接，核心价值观教育贯穿全过程，与实战对接紧密、特色鲜明的全新本科人才培养方案。推进落实本科教学准备和课程建设，聘请15名外校师资承担公共基础课程教学任务，统一教学计划、备课内容、教学实施，落实师资、课程、教材、教案、场所、进度。

强化“智慧公安”理论研究和“智慧校园”建设。按照上海“智慧公安”建设新战略，制定《上海“智慧公安”理论研究构想》，组织优质师资联手市公安局业务单位和社会高校、科研机构专家，项目化推进18个“智慧公安”理论研究项目。对接上海公安深化科技信息化工作三年行动计划，编制“智慧校园”三年建设行动计划，赴华为、科大讯飞等高端企业调研，优化“智慧教室”等3个项目建设内容，建成数据中心平台等3个信息化项目，升级教学管理等4个信息化系统，数字图书馆资源总量达到57.8T，访问总量突破719万人次。

提升“教训研”内涵实力。加强师资队伍建设，组织教师教官参加国(境)外培训交流和实战锻炼，3名教师教官获评“全国公安系统优秀教师”，2名教师教官入选公安系统国家留学基金资助访问学者项目，2门课程获评市级精品课程，1人获市高职高专教师说课大赛一等奖，9名教师教官入选“上海高校青年教师培养资助计划”，7名教师教官获评市公安局优秀教官。启动上海公安一线“综合、专业”执法民警培养，围绕现代警务流程再造和现代队伍管理手段升级，研究设计人才培养和民警培训方案，开发专业课程和教材。深入推进“教学练战一体化”教学改革，强化实战化、情境化教学，制作覆盖多个公安业务大类的50门网络课程，网络培训民警4.4万余人，同比增幅403%。认真筹备首届全国公安机关微课程大赛，选派优质师资赴外省市公安机关和上海市公安基层一线送教上门。创设“上海公安局长论坛”，举办讲座21场，校长龚道安以“人民警察基本品质”为题为学校师生授课，选聘3名公安领导干部担任特聘教授；举办上海国际警察教育学术研讨会，海内外120名专家学者围绕“警察教育的比较与展望”主题深入研讨；立项一批公安部公安理论及软科学研究计划项目、市社科规划项目、市教育科学研究项目、市教卫党委系统党建研究课题等。

组织师生圆满完成重大安保实战任务。根据市公安局指令，学校师生87300余人次参与“党的十九大”“国庆、中秋双节”“一大会址”中央领导集体活动等重大安保任务，展示良好风貌，强化实战锻炼。强化“轮训轮值”机动部队战斗精神培育和实战演练，建设防暴处突核心能力课程体系，编写《防暴处突核心课程教程》，提升实战培训和实战处警效能。

（丁晓丹）

【上海公安学院挂牌成立】 6月14日，上海公安学院挂牌成立仪式举行。市委常委、市委政法委书记、副市长陈寅，上海公安学院院长龚道安出席会议并作重要讲话，共同为上海公安学院揭牌。学校的办学定位是建设特色性应用技术型公安职业高校，发展目标是“建成世界一流的职业高校、建设世界一流的公安学科、汇聚世界一流的警务师资、培养世界一流的警界英才、开展世界一流的公安研究”。（丁晓丹）

6月14日，上海公安学院挂牌成立

【招录首届本科新生】 在市委组织部、市公安局、市教委的领导下，对接市职业能力考试院、市教育考试院，组织开展治安学、侦查学、警务指挥与战术、刑事科学技术、网络安全与执法5个全日制本科专业的首次招生工作，招录首届150名本科学生，招录本科生的最高分、最低分和平均分均高于部属院校在上海地区招生录取分数。（丁晓丹）

上海公安学院招录首届本科新生

【组建轨道公共安全管理教研室】 8月，与轨交总队共建签约组建轨道公共安全管理教研室并实体化运作，启动首批学生培养。开展与市公安局相关总队长期战略合作机制和教研室建设，为加快推进大城市反恐和公共安全管理专业群建设奠定基础。（丁晓丹）

【提升实战培训效能】 会同市公安局政治部举办全局“领导干部学习贯彻党的‘十九大’精神”系列专题研讨班等一批有影响、高质量的培训班。深化校队合作，构建“教、学、练、战、研”一体化教育培训新机制，组建10余支教官服务队，深入各公安分局和市公安局相关单位，开展“送教上门”和“边战边训”工作。（丁晓丹）

【军转干部培训受到表彰】 积极响应国家战略，深度开展军转干部培训，突出实战导向、能力为重、质量为本，举办以“派出所(治安管理)通用警务专业”为基础学习内容的一年制军转干部进高校专项培训班，培训128人，切实提高军转干部能力素质，被市军转办授予“上海军转干部定点承训高校”(上海仅7家)，在全国军转干部进高校专项培训工作座谈交流会上作经验交流。（丁晓丹）

【承办公安部和外省市公安机关培训任务】 坚持立足上海、服务全国、面向世界，进一步加强公安部在校设立的各大培训基地内涵式、规范化建设。深入开展公安部部署的“东西合作”项目，为青海、宁夏等兄弟省市公安机关、公安院校举办专业培训班14期，培训744人。积极服务国际警务合作战略，为阿联酋、巴基斯坦和中国香港等境外警方举办外警培训班12期，培训225人，外警培训拓展至五大洲30多个国家和地区。（丁晓丹）

【开展公民警校办学活动】 进一步优化公民警校办学体系架构，推进“三级办学体系”建设，围绕公安中心工作，以“交通安全”“青少年安全教育”为主题，举办各类培训班903期，培训学员5.1万余人，组织开展各类校友活动680余次，服务市民群众5万余人次，共筑城市安全防线。（丁晓丹）

附：学校负责人及地址

（2017年1—12月）

2017年1—5月：

校　长：白少康

校党委副书记、副校长：于海生

副校长：许　敏、郈根祖、刘　民、范立华

2017年6—12月：

院　长：龚道安

院党委书记、常务副院长：韩　勇

副书记、副院长：杨维根

副院长：赵杰英、许　敏、季　平、李功勋

地址：崇景路100号

邮编：200137

电话：28957114

上海杉达学院

【2017年概况】 学校按照“十三五”规划和综合改革方案的目标，深化内涵建设，加强应用型人才培养，全面完成学校年度工作计划。2017年全年招生4485名（其中本科生3655名、专科生450名，专升本学生380名），计划完成率102%。在校生14081人，其中本科生13038人、专科生1039人、留学生4人。毕业生3417人，就业率98.34%，签约率87.45%。

推进“十三五”规划实施与综合改革。“十三五”规划和专项规划深入实施。政府专项提升办学和实验条件。接受第三方审计机构结项检查，完成2016年度和2017年度市级政府专项扶持资金使用情况自查和2018年度市级政府专项扶持资金项目申报工作。基本建设和规范管理稳步推进。年内，推进综合实验实训楼、学生公寓修缮改造等重大新建和续建工程，加强基本建设、实验室管理、财务管理、对外交流、学生管理等规范管理工作和应急预案。通过民办高校2016年度检查，研究制定上海市高校依法治校示范校建设方案。

深化专业与课程建设。增设“卫生教育”“机械电子工程”“朝鲜语”“小学教育”等本科新专业。“酒店管理”“计算机科学与技术”获批上海市属高校应用型本科试点专业；“计算机科学与技术”“国际经济与贸易”获批中本贯通培养模式试点专业。课程中心建立414个课程网站，开设公共选修课59门次，选课8018人次；跨校参加东北片辅修105人次。加强教学质量保障。在委托第三方调查完成应届毕业生社会需求与培养质量跟踪评价报告的基础上，编制发布《上海杉达学院2016—2017学年本科教学质量年度报告》，完成《上海杉达学院2015—2016学年本科教学工作状态报告》和《上海杉达学院2016年度本科专业评估资料汇编》。建立、完善学院产学合作教育基地建设评估指标体系、学院专业兼职教授（副教授）申报流程、校级产学合作教育基地申报流程等。对各学院首批28个产学研教育合作基地进行评比验收，达标率89%。与近30家企业沟通洽谈合作，与中欧国际工商学院、上海曼恒数字技术股份有限公司、亚信科技（中国）有限公司等企业签订战略合作协议。深化创新创业课程改革，采取混合教学模式：“教材+在线课程+线下见面课互动+课外教学实践环节指导”。出台《上海杉达学院二级学院创新创业教育工作评估指标体系》及《上海杉达学院创新创业教育学生学分认定置换与教师工作量认定实施办法（试行）》。与浦东电商协会共同举办“笨鸟杯”社媒好对手模拟创业大赛，imguider景点导览项目获2017年“互联网+大学生创新创业大赛”（上海赛区）三等奖。学校“包装设计”和“大学生职业生涯导论”获批2017年度上海高校市级精品课程。

2017年引进和招聘新教师88人，其中副高级职称及以上人才15人。继续实施青年骨干教师学历提升计划，14人在职读博，取得博士学位2人。参加民办高校“强师工程”项目：骨干教师培训11人、新教师培训51人、英语强化培训3人、国际课程研修4人。开展辅导员各类专业化职业化培训，落实经费培养培训青年教师，全年有100余人次参与。

年内，接待国(境)外来访团组47个，人数212人，分别来自18个国家和台湾地区、澳门特区；校领导组团出访国(境)外5次，共19人次。与8个国家和澳门特区新签、续签协议13个。有外籍教师52人、长期(半年及以上)来华留学生60人、来华留学生短期团组6个，约147人。教师赴国外、境外学校攻读学位、培训、讲学等71人次。学生赴国外、境外学习和交流163人，获2017年“上海市高校大学生海外学习实习项目奖学金”共90万元。

科研项目批准立项84项，其中教育部项目1项、上海市哲学社会科学规划项目1项、上海市教育科研项目1项、上海市教委“晨光计划”1项，新增科研经费350余万元。获第十三届全国学生运动会科学论文报告会优秀论文二等奖1项、三等奖2项，获上海市社联“深入学习以习近平同志为核心的党中央治国理政新思想与上海改革创新发展”理论研讨征文评选优秀奖1项。获批实用新型专利授权3项、外观设计专利1项、成果转化1项。教师发表论文252篇，其中国际三大检索10篇、CSSCI期刊12篇、国内核心期刊33篇；出版专著8部、译著8部、教材21部。

持续加大学生资助力度。践行公益办学理念，认真做好资助育人工作，473名学生获国家奖学金、上海奖学金、国家励志奖学金共计252.1万元。为1909人次学生发放学校谢希德奖学金127万元，为44名学生发放学校励志奖学金11万元、国家助学金324万元。391人次新生获新生助学金52万元，1027人次获勤工助学金49万元。促进学生身心健康成长。组织开展“幸福可以学来，幸福可以到永远”等大型心理健康专题讲座。围绕“压力管理”等主题开展团体心理辅导。举办第八届校园心理情景剧大赛。年内举办包括专题讲座、团体心理辅导等在内的形式多样的心理健康教育活动，直接受益学生达6000多人次。

学习党的十九大会议精神，落实高校思政工作会议精神，邀请党代表、全国劳模李斌为学校师生宣讲党的十九大精神。成立马克思主义学院，开设学校“中国系列”思政课程——“弘毅中国”。被确定为上海高校课程思政教育教学改革试点项目“重点培育校”。创建网络思政教育新模式——“见信如晤”。学生团队在全国高校学生思政公开课展示活动中获上海市一等奖和全国优秀奖。成立学院党委教师工作部，强化教师思想政治工作。加强辅导员队伍建设。深化文明和谐校园建设。接受2017—2018年度上海市文明单位(和谐校园)中期检查工作。在迎接25周年校庆期间，新建校史展示馆，传承杉达文脉，弘扬杉达精神。年累计志愿服务人数3781人、服务人次7071人次。获上海科技馆志愿服务工作优秀集体、浦东新区十佳志愿者集体。联合浦东新区文化局、曹路镇、三林镇开展非物质文化进校园活动。获上海市第二届大学生安全知识竞赛二等奖。 (杉　达)

【获批上海市属高校应用型本科试点专业建设】 2月至12月，市教委先后批准第三至第五批上海市属高校应用型本科试点专业建设名单，学校康复治疗学、金融学、酒店管理、计算机科学与技术4个专业获批，应用型本科试点专业建设总数达到6个。

(俞　刚)

【成立马克思主义学院】 9月23日，学校举行马克思主义学院揭牌仪式，与上海应用技术大学马克思主义学院签约开展同城平台建设。由学校与上海市伦理学会、儒学研究会共同举办的“中华优秀传统文化与大学生人文素养培育”学术研讨会也在当天召开。 (俞　刚)

上海杉达学院成立马克思主义学院

【庆祝建校 25 周年】 9 月 28 日，学校举行建校 25 周年庆祝大会。当天，校史展览馆开馆、《博文杉达》形象片发布、校友会揭牌成立。“现代应用型大学与人才培养”中外校长论坛、“中外经典合唱作品音乐会”校庆专场演出、社团巡礼暨国际文化交流节、嘉善校区校庆文艺晚会、“最佳雇主”授牌仪式、创新创业成果展、校庆征文活动等一系列庆祝活动先后举办。 （俞 刚）

【获“全国厂务公开民主管理示范单位”称号】 9 月 29 日，全国厂务公开民主管理工作经验交流暨先进单位表彰电视电话会议召开，学校获“全国厂务公开民主管理示范单位”称号。全国获此荣誉的企事业单位共 100 家，学校是上海获评的 4 家中唯一的教育单位。 （俞 刚）

【与两所医院签约定向培养儿科护理人才】 10 月 31 日，学校与上海交通大学医学院附属上海儿童医学中心、上海交通大学附属儿童医院签约，建立校院联合培养机制，定向培养儿科护理人才。 （俞 刚）

【两项目获批上海高校本科重点教学改革项目】 11 月 9 日，市教委公布 2018 年上海高校本科重点教学改革项目，“儿科护理人才校—院联合培养模式研究”“以能力为本的程序设计课程群建设”两项目获批。 （俞 刚）

【上海市第二届大学生安全知识竞赛获奖】 12 月 2 日，学校学生代表队获上海市第二届大学生安全知识竞赛总决赛二等奖，学校获优秀组织奖。 （俞 刚）

【获上海市民办教育终身荣誉称号、上海市民办教育突出贡献奖】 12 月 26 日，上海市第三次民办教育工作会议举行。学校举办者、首任董事长李储文获“上海市民办教育终身荣誉”称号，举办者、原副董事长、原校长袁济获“上海市民办教育突出贡献奖”。 （俞 刚）

附：学校负责人及地址

（2017 年 1—12 月）

院党委书记：朱绍中
副书记：李 进、王馥明、陈 晔

院 长：李 进
副院长：张增泰、王馥明、冯伟国、贾巧萍、朱绍中

地址：金海路 2727 号
邮编：201209
电话：50210894

上海建桥学院

【2017 年概况】 学校主动适应新形势与新任务的要求，稳步推进“十三五”规划落实，全面深化综合改革，坚持立德树人。“卓越建桥计划”内涵建设不断深入，内部质量体系建设有序推进，人才培养质量稳步提升，师资队伍数量结构持续优化，学校治理能力和依法治校水平不断提升，学校各项工作继续保持较快发展势头，取得较好成绩。

党建与思政工作更加深入。开展党的十九大精神专题学习，开展“喜迎十九大”系列主题教育活动，邀请校内外专家以讲座形式开展党的十九大精神解读、辅导学习。推动思想政治工作进课堂进头脑。加强思想政治工作组织保证。成立沪上民办

高校首家马克思主义学院，探索实现从思政主渠道育人向“课程思政”立体化育人的创造性转化。成立学院党委教师工作部，加强教师队伍思想政治工作。成立思想政治领导小组，印发《思想政治工作实施方案》《思想政治专项整改措施》。推动思想政治平台建设。建成占地400多平方米的上海市高校首家雷锋主题纪念馆——上海建桥学院雷锋馆，成为学校思想政治教育、服务社会、扩大影响力的重地，接待校内外参观人员逾万人次。创立“奉献中国”系列课程，已开展10讲，校党委书记、校长等组成讲师团共同讲授，现身说法引导学生树立奉献意识。增立13个校级课程思政示范课项目、27个院级课程思政示范课项目和7个服务学习项目。

校园民主建设取得新进展。召开第二届教代会、第三届工代会、第五次工作会，校党政班子党员领导干部向大会述职并接受民主测评。举办工会干部“二级教代会工作”专题培训班，积极推进二级教代会制度，4个学院召开二级教代会。举办10次“校长接待日”活动，校领导直接倾听教职工建言建议，营造和谐校园氛围。积极筹备“第三届教代会暨第四届工代会”。连续14年第七次获得“上海市文明单位”称号，顺利通过中央文明委“全国文明单位”复查验收，继续保留“全国文明单位”称号。获“全国群众体育先进单位”、“认知、践行、传播——深入弘扬雷锋精神德育实践体系建设”获全国第九届高校校园文化建设优秀奖。完成“新版学生证”自主设计和印制，2017级新生换发具有建桥特色的专属学生证。

全面提升本科教育教学质量。以审核评估评建为契机，全面加强本科教育教学水平。教师教学质量进一步提升。年内抽查听课242门次，其中综合评价“优良”以上占比87.6%。推进“以学生为中心”、能力本位、成果导向(OBE)教育理念的落实。以课程建设为基础，出台11个OBE教学规范性文件，修订人才培养方案和课程大纲，并将学校人才培养标准实施并体现在每门课程教学中。加强课程梳理与排序，形成《上海建桥学院课程建设规划》。持续推进应用型本科试点专业建设工作。新增1个市级应用型本科试点专业、2个校级试点建设专业、校级以上试点专业达到13个。成功申报2门重点课程、1个中本贯通专业、1门精品课程、1门上海市优质在线课程。校内3项教学成果奖申报市级教学成果奖。专业达标评估有序开展。网络工程、日语、新闻学等7个专业全部达标评估合格；软件工程、数字媒体技术、传播学等10个专业陆续外审。召开2017年本科教学工作会议，全面总结近几年教育教学经验，为学校下一阶段教学工作提出努力方向。

招生和就业工作扎实推进。秋季招收新生4816人，其中本科生3983人、专科生833人，招收专升本学生214人。举办2017年上海市本科院校现场招生咨询会，上海33所本科院校及部分外省市重点本科院校参加，为2万多名考生家长提供咨询服务。截至2017年末，在校学生数16579人，其中本科生13956人。2017届毕业生3187人，就业率99.7%，签约率95.9%；升学总人数151人，其中国内考研26人。专科生考取专升本125人。就业质量进一步提升，2人通过专招录取为西藏公务员，20人成功考取“三支一扶”“村官”，2人投身西部，成为支援西部志愿者。

学生本位观念进一步提升。以菁英学院、新生锻造营等特色项目为依托，加强学生骨干培养，提升学生“三自”能力。建立学生学习生活全程关怀制度，创新“生涯发展教育”课堂教学方式。加强精准帮困助学，发放各类奖助学金878.69万元。注重第二课堂提升学生素质与能力，学术型社团专业覆盖100%，加快提升第二课堂育人成效。成立创新学院，整合全校资源，继续在创新创业课程、竞赛、项目三个层面完善创新创业课程体系。年内学生各类大赛获奖235项，其中国家级78项、省市级155项。发挥创新创业孵化基地的孵化作用，成功孵化超过30家创业公司。依托学生学习支持中心完善学生学习支持，加强学风建设。

学科科研工作“稳中向好”。年内获79项课题立项，其中纵向课题51项、横向课题28项。总立项经费417.3万元，其中纵向课题立项经费250万元，横向课题经费167.3万元。发表各类学术论文204篇，其中核心期刊38篇、SCI、EI、ISTP 30篇。编写专著9部。外观设计专利授权63项，实用新型专利授权 8 项，软件著作权授权 9 项，发明专利受理 49 项，共计 129 项。学校列入上海市新增硕士学位授权单位建设规划。新增与江西财经大学开展联合培养硕士专业学位研究生合作。学校有 11 名教师被外校聘为硕士生导师、7 名教师申报上海海洋大学硕士生导师。

境外交流合作进一步深化和拓展。年内派出学生 389 人次、教师 89 人次参加境外交流。完成 98 人次的境外来宾接待，参与组织协调 2 次国际会议。学校通过座谈、调研和专题推进会，进一步明确与境外高校联合举办的项目在课程引进上的要求。年内到校授课短期外籍教师 18 人次，在聘长期外教 7 名。来华留学生短期团组 9 个共 147 名。学校继续列入上海市暑期学校项目——中国围棋、上海市政府留学生奖学金项目，获项目资金支持。在校留学生共计 84 名。建成以语言文化交流为特色的中德中心、日本文化中心和英语中心。

校企合作重大项目取得新进展。借力教育部协同育人项目，促进专业与企业开展互动。聚焦中国制造 2025，推动产教融合基地建设落实，进行项目可行性论证，与北京华晟经世信息技术有限公司就合作协议、共建协议以及服务协议的文本内容进行协商。年内分别组织学院专业开展两个批次的产学合作协同育人项目申报，第一批申报项目有 7 个项目获立项。

师资队伍数量结构持续优化。年内新入职教职工 108 人，同比增加 27 人。引进博士学位教师 13 人，同比增加 8 人。引进高级职称 7 人，同比增加 2 人。在引进人员时更加注重高层次人才的引进，不断满足学校学科建设、专业建设、申硕需要。年内 38 人取得高校教师资格证书。申报晋升专业技术职务的教师大幅提升。

人事管理机制制度不断完善。主动关心在读博士教师成长，试行学术假制度，取得较好成效。5 名教师获博士学位，有一批骨干教师到国内外名校攻读博士学位。积极申报各类人才项目，国外访学 1 人、国内访学 1 人、企业践习 2 人。74 人参加民办高校强师工程各类培训项目，3 名教师赴新加坡参加专业负责人培训，1 人获留学基金委研修项目，19 位青年教师获 2017 年市青年教师培养资助计划。

校园管理服务保障体系优化。质量管理体系建设逐步完善。邀请校外第三方咨询公司作为体系建设与认证辅导，基本按时完成既定的建设任务。清晰二级单位工作框架，建立一支约 70 人的内审员队伍，为加强业务能力，先后开展多次校内外培训。完成 ISO 质量管理体系文件梳理和各部门风险点梳理，完成全套四个阶段所有体系文件，顺利开展一轮内审。后勤基建保障、安全教育管理双管齐下。新校区二期工程建设进展顺利，进入桩基施工阶段，完成艺术设计学院工作室、建桥国际培训中心等 30 个装修维修项目的改造。开展大学生安全教育进课堂。成功举办 2017 中国大学生中国式摔跤锦标赛、2017 上海国际心理咨询理论与实践论坛、第十五届建桥杯中国女子围棋公开赛、2017 上海“一带一路”新商务论坛、第十一届上海市民办高校辅导员岗前培训、烛光照亮未来山区学生建桥行、上海民办高校暨高职院校图书馆馆长会议、“临港・建桥”围棋文化周、临港高校首届拳击赛等各类大型活动。信息化建设助力办公办事变革。OA 系统和业务流程又一批新的应用上线运行，合同管理、议题申报、意见收集等模块的上线运行提高了工作效率，加强了业务流程规范。

服务教学科研能力不断提升。年内，教学科研仪器设备新增投入 2078.62 万元，总值达 16679.02 万元人民币。教学用计算机 6160 台，多媒体教室 174 个，多媒体教室和语音实验室座位总数 18168 个。实验中心 9 个，各类实验室 147 个。图书馆座位数 2500 座，馆藏纸质图书 146 余万册、新进纸质图书 5.7 万册；电子图书总量达 21.2 万册；数据库新增 7 个，已达 97 个，其中自建数据库 1 个。到馆人数 52.7 万人次，人均借阅 5.8 册。数据库访问总量 1331 万次。

扎实加强基层党的建设工作。全面履行三大主体责任，推进“两学一做”常态化，完善“七加三”组织生活模式，加强基层建设，全面从严治党。注重培养和发展新党员。发展党员 295 人，培训考核 441 名入党积极分子。输送毕业生党员 354 人，全校党员 841 人。党支部 69 个，其中教职工党支部 34 个。帮助 65 名毕业生党员找到组织。推进学生

党员党性锻炼，不断增强责任感、创新精神和实践能力。（陈少东）

【入选教育部“互联网+中国制造2025”产教融合促进计划试点院校】 1月，教育部学校规划建设发展中心公布“互联网+中国制造2025”产教融合促进计划试点院校名单。学院被确定为全国17所试点院校之一，是上海市唯一入选的试点院校。获批试点后，学校抓紧“智能制造实习工厂”“智能控制实验中心”“智能制造应用创新中心”等平台建设，为区域经济发展培养输送互联网+智能制造的复合应用型技术人才。（陈少东）

【学校雷锋馆正式开馆】 3月3日，学校雷锋馆开馆，市文明办主任潘敏、市教卫工作党委巡视员李瑞阳等领导揭牌。作为上海高校中唯一的雷锋纪念馆占地400余平方米，以三大版块系统地展示“雷锋故事”“雷锋精神”“建桥学雷锋”，向全社会免费开放，提供大学生志愿讲解服务。（陈少东）

上海建桥学院雷锋馆开馆

【全面实施上海建桥学院机关大部制改革】 为进一步完善机关部门机构设置，增强管理效能，优化管理成本，提高执行力和服务水平，上海建桥学院于6月印发《关于实施第一轮大部制机构改革过渡推进工作的通知》，大部制改革正式启动，学校机关职能部门由原来18个整合为10部3直属单位，旨在构建与现代大学治理体系相适应、符合质量管理标准的学校内部治理结构。（陈少东）

【学生多次获奖】 学校学生积极参加各类比赛，取得好成绩。在全国大学生英语竞赛中获一等奖5项，第二届“汇创青春”——上海大学生文化创意作品27件作品获奖，在第七届全国大学生电子商务“创新、创意及创业”挑战赛、全国高等院校BIM应用技能比赛、中国大学生广告艺术节学院奖第十四届秋季赛、第五届全国高校数字艺术作品大赛、第七届“上图杯”先进成图技术大赛等一系列赛事中获多项优秀赛绩。在上海市第六届大学生机械工程创新大赛中，学校机电学院学生团队有3项作品获大赛一等奖、6项作品获二等奖，为历年参赛最佳成绩，获奖率为各高校之首。（陈少东）

【首届德国班9名学生获双学位】 7月3日，学校商学院首届德国班学生毕业，9名学生获颁上海建桥学院、德国维尔道应用科技大学双学位。德国班开设于2016年，是学校与德国维尔道应用科技大学签署的第一个双学位合作项目。（陈少东）

【首次设立卓越奖学金】 9月28日，学校首次设立卓越奖学金，每份奖金1万元。卓越奖学金获得者优先作为国家奖学金推荐对象，这意味着品学兼优的学生有机会同时获得两项奖学金，即获得总计1.8万元的奖学金。（陈少东）

【开设“奉献中国”系列课程】 5月，学校开设“奉献中国”系列特色课程，由学院董事长、校长书记及相关领域专家、知名校友等组成讲师团共同授课，现身说法引导学生树立奉献意识，推动思政课程向“课程思政”深入，构建全员、全课程大思政教育体系的探索。“奉献中国”系列课程已进行10讲，受到校内师生和社会公众的广泛关注，人民网、光明网、《中国青年报》等国内主流媒体纷纷予以报道。

（陈少东）

上海建桥学院开设“奉献中国”系列课程

【获评全国群众体育先进单位】 8月，国家体育总局印发《关于表彰2013—2016年度全国群众体育先进单位和先进个人的决定》，学院被评为“2013—2016年度全国群众体育先进单位”。全国群众体育先进单位是中国群众体育工作的最高奖项。这是继全国文明单位之后，学校获评的又一国家级荣誉。 （陈少东）

【获上海校园篮球联盟杯冠军】 11月23日，第一届上海校园篮球联盟杯落幕。学院获男子高校组冠军。本届比赛共36所高校参赛，748名学生运动员积极参与。在男子组决赛中，学院队以71∶64战胜华东政法大学队获冠军。 （陈少东）

【通过全国文明单位复查验收】 12月，学校通过中央文明委“全国文明单位”复查验收，继续保留“全国文明单位”荣誉称号。“全国文明单位”每三年评选表彰一次，这是自2015年学校获“全国文明单位”以来，首次迎接复查并通过验收。 （陈少东）

【举办2017上海国际心理咨询理论与实践论坛】 11月9日，2017上海国际心理咨询理论与实践论坛举行。会上，来自英国牛津大学、剑桥大学、伦敦国王学院、美国加州大学伯克利分校、德国鲁尔大学、日本山形大学，以及中国和中国台湾地区的10余所知名高校心理咨询中心主任和专家交流发言，百余位高校心理健康教育工作者围绕“心理咨询理论和技术的本土化”作主题发言。当天，召开上海高校心理咨询协会第二十五届学术年会，对2017年度上海市高校心理健康教育工作先进个人、先进集体等进行表彰，颁发上海市高校心理健康教育工作30年、20年、10年奉献奖。建桥学院获心理健康教育工作先进集体，学院张海燕老师《团体心理教育训练实用手册》获优秀著作奖。 （陈少东）

2017上海国际心理咨询理论与实践论坛举行

【举办2017上海“一带一路”新商务论坛】 4月8日，“2017上海‘一带一路’新商务论坛”举行。本次论坛由中国流通三十人论坛(G30)和建桥学院联合主办，以“开放互联、合作共赢”为主题，来自全国各地的知名商务和流通专家学者深入探讨“一带一路”倡议下经济发展的新机遇，共同解析“一带一路”背景下中国流通产业转型升级的政策和学术问题。同时，论坛成立了上海建桥学院国际商务学科专家委员会。 （陈少东）

2017上海“一带一路”新商务论坛举行

【获上海市民办教育突出贡献奖及教育优秀奖】 12月26日，上海市第三次民办教育工作会议举行，学校董事长周星增获上海市民办教育突出贡献奖，副董事长黄清云获上海市民办教育优秀奖。 （陈少东）

【青年教师论文在宝石学SCI期刊发表】 5月8日，美国宝石学院(GIA，Gemological Institute of America)在其主办的国际宝石学顶级SCI期刊Gems & Gemology发表了由珠宝学院青年教师张骥撰写的Characteristics of Gem-Quality By-Product Synthetic Zincite一文。美国宝石学院为全球顶级宝石学非营利性机构，其在宝石鉴定、钻石分级、科学研究、人才培养、图书出版等众多领域均位于世界宝石业领军行列。 （陈少东）

【教材入选“十三五”国家重点出版规划项目】 10月12日，国家新闻出版广电总局发布通知，建桥学院教授贾铁军主编的"网络安全管理及实用技术"增列为"十三五"国家重点出版规划项目。此前，国家新闻出版广电总局公布的《"十三五"国家重点图书、音像、电子出版物出版规划》，贾铁军教授主编、机械工业出版社出版的两部教材《网络安全技术及应用第三版》《网络安全技术应用及实践教程第二版》已经入选。（陈少东）

【成立马克思主义学院、校党委教师工作部】 9月，为进一步提升思想政治工作、思想政治理论课建设和马克思主义理论学科建设水平，学校于9月组建成立马克思主义学院。为统筹教师的思想引领和管理服务，于12月成立校党委教师工作部。（陈少东）

附：学校负责人及地址

（2017年1—12月）

董事长：周星增

院党委书记：江彦桥
副书记：夏　雨

院　长：潘迎捷（9月离任）、朱瑞庭（11月到任）
副院长：周健儿、郑祥展、朱瑞庭（11月离任）、夏　雨、俞晓光（11月到任）

地址：沪城环路1111号
邮编：201306
电话：58137788

上海兴伟学院

【2017年概况】 学校有英语（博雅方向）和国际商务2个专业。有教职工32人，专任教师11人（其中外籍教师2人）。

学校以英语教学为主，力求培养学生独立思考和思辨的能力。以5周为一个教学模块，每3个模块为一学期。周三为学生社团活动日，以学生组织活动为主。

课程开设与教学。人文课程主要由美国教授开设，涵盖文学、哲学、心理学等。在小班课堂中，授课教授关注每个学生，根据不同兴趣点和学习情况进行调整，做到因材施教和尊重学生兴趣。教学以学生积极参与式讨论展开：学生上课前通过个人或小组合作进行阅读学习准备，独立思考形成观点。课堂上，教授与学生对学习资料深度审视、探讨，展示学生自我学习成果，引发带动整体积极讨论。按照自我阅读、小组合作、演示、分析、提问、讨论，以及分析、批判型思考、阅读和审视不同学术作品，培养学生多元化的视野。

师资队伍建设。以国际化战略为抓手，加大国际交流合作力度，开发海外高层次人才与智力资源，建立国际招聘网络，逐步提高外籍教师比例。建立与国外有关高校研究机构的交流与合作机制，建立联合研究机构。进一步加大国际交流范围、层次和力度，继续聘请外籍专家担任兼职或全职教师。充分发挥外教的聘请效益，提倡中外教师共同备课，互相观摩教学等提高工作积极性和价值成就感。实施"中青年骨干教师出国研修项目"，加大力度选派中青年骨干教师到国外高水平大学进行访问学者研究、提升学历，提高教育教学能力。

以人为本，全面营造人才稳定发展的良好环境。结合学校学科发展及教学科研需要，突出以人为本，关注人的发展，培养具有广博知识和优雅气质的人，注重提升人的生命价值和生活品质，以培养核心人员为重点。完善不同层次优秀人才培养与激励机制，全面提升教师教学竞争力和整体素质，促进师资队伍可持续发展。（殷婷婷）

【学生军训】 6月10日，在两名来自东方绿舟的教官的带领下，学校全体学生参加了为期6天的军事训练。此次严格的军事训练旨在提高学校学生的政治觉悟，激发爱国热情，培养艰苦奋斗、刻苦耐劳的坚强毅力和集体主义精神，增强组织纪律性，养成良好的学风和生活作风。（殷婷婷）

【与上海温哥华电影学院签订课程合作协议】 12月19日，学校与上海温哥华电影学院签订课程合作协议，发挥两校办学优势，促进学校发展，互相提供教育资源，开拓师生视野，培养优秀人才。（殷婷婷）

附：学校负责人及地址

（2017年1—12月）

董事长：陈公白

院党总支副书记：陈晓群

院长：俞光虹

地址：城南路1635号

邮编：201399

电话：68020823

上海视觉艺术学院

【2017年概况】 学校有设计学院、新媒体艺术学院、时尚设计学院、美术学院、表演艺术学院、文化创意产业管理学院、文物保护与修复学院、基础教育学院八个专业学院。有院务部、教务部、科研部、继续教育部四个管理部门。有实训管理中心、图文信息中心、国际艺术交流中心三个业务中心。有教职工351人（不含兼职教师），其中专任教师198人。有兼职教师236人，客座、外籍教授17人。在校学生总数4384人。

调整完善学校决策机构和校领导班子，积极发挥学校党委的政治核心和监督机制作用。学校董事会召开四届六次会议，经全体董事投票选举陈立民担任学校董事会董事长，聘任学校主持工作的副校长周斌担任学校校长。5月，经上海市教卫工作党委研究决定，任命复旦大学党委原副书记陈立民担任学校党委书记和市教委派驻民办高校督导专员。经学校党委选举，并报上海市教卫工作党委批准，增补周斌校长和毛方副校长为学校党委委员，周斌为校党委副书记，双向兼职做法进一步充实和加强学校党委的力量，对全面促进学校党的组织建设、制度建设、队伍建设等各方面工作的进一步完善和提升起到积极的推动作用，使学校党委的政治核心和监督机制作用得到了更有效的发挥，为学校的改革创新事业和全面发展提供了坚强的思想引领和组织保障。

党委三大主体责任切实落实。学校严格按照市教卫工作党委要求，落实好意识形态工作、基层党建工作、党风廉政建设和党内监督工作方面的主体责任，确保“三大主体责任”层层落实和责任到人。完善二级学院（部门、中心）党总支和党支部组织架构，配齐干部岗位，做到“总支部建到了学院”。学校有教职工党员142人、学生党员24人；党总支6个、教职工及学生党支部15个。基层党组织的组织构架和干部岗位得到完善，为发挥基层党组织的战斗堡垒和先锋模范作用打好基础。为切实抓好意识形态工作，坚决守住学校的思想和舆论阵地，学校党委高度重视，先后出台《党委意识形态工作责任制实施办法》《思想政治工作督查督导方案》等，明确各级领导班子、领导干部的意识形态工作责任，提出具体要求，推出多项举措。学校特别强调发挥思想政治理论课主渠道作用，作为学校重点课程建设，加强教师引进、聘用、考核中的政治立场考察，将思想政治表现和课堂教学要求与职称评定、评优奖励等挂钩，严把政治关口。6月，接受市教委思政工作专项督查及反馈，认真整改。10月，召开全校思想政治工作会议，深入学习贯彻全国高校思想政治工作会议精神，进一步落实中央《关于加强和改进新形势下高校思想政治工作的意见》及市委思政督查工作组对学校督查情况的反馈及整改措施，围绕立德树人根本任务，部署学校下一步思想政治工作。制定和完善《关于落实“三重一大”制度的实施办法》《关于落实党风廉政建设监督责任的实施办法》《信访工作规定》《上海视觉艺术学院资金管理办法》《上海视觉艺术学院科研项目财务管理办法》等规章，通过多项举措，切实落实党风廉政建设监督责任，深入推进全校党风廉政建设和反腐败工作。12月，召开“学习贯彻党的十九大精神，加强党风廉政建设会”，邀请上海市廉政研究专家为全校党员干部做反腐倡廉专题讲座，对党风廉政工作进行总结，部署下一阶段工作。

内部治理和规范化建设进一步加强。补充制定《上海视觉艺术学院监事会制度》，经学校董事会审议通过。10月18日，召开教职工代表大会一届六次会议，经投票选举学校工会副主席张德群为学校教职工监事代表。经上海市教育委员会和举办单位推荐，由上海师范大学原校长杨德广、上海戏剧学院原党委书记戴平担任学校第一届监事会监事，杨德广担任监事长。加强制度建设，进一步推进学校各项管理工作规范化和科学化，提高学校各项管理工作的科学水平和运行效率，保证学校各项教学和管理工作在规范轨道上运行。年内，学校组织力量对建校以来所制定的各类规章制度进行全面的梳理和补充、制定、完善。先后补充制定和完善《落实“三重一大”制度实施办法》，确保学校党政领导班子更好地贯彻民主集中制原则，推进学校党政领导班子决策民主化、科学化、规范化和制度化，提高依法治校、民主决策水平。补充制定完善《信息公开制度》和《信息公开实施细则》，主动向学校师生及社会公众公开学校各种办学信息，接受师生和社会各界的监督。学校按照教育部关于学生管理的41号令，修订学校有关学生学籍管理、违纪处分管理等规定和条例，报上海市教委备案。在补充制定完善有关管理制度的基础上，学校还将涉及学校方方面面总计134项（教学管理规定另编印成册）的各项管理制度编印成册，并下发各学院、部门，要求各学院、部门严格按照学校的各项规章制度办事，积极推进依法治校，不断提高科学管理水平和运行效率。为进一步推进民主办学，5月，学校新任党委书记、董事长陈立民上任后，即率领校领导班子全体成员到各学院开展调研，深入基层教学工作第一线，与广大师生进行密切沟通，广泛听取意见，征求学校发展的有关建议，积极破解各种难题。

学科建设水平和教学质量进一步提升。学校围绕高校办学根本任务，狠抓以教学建设、人才培养为中心的各项工作，继续发挥民办高校体制机制活力，进一步加大内涵建设力度，不断深化教学管理与改革，提升学校学科建设和教学质量。进一步加强优势学科和专业建设。为扩大文物保护与修复事业的专业人才培养，进一步打造学校的优势和特色专业，学校申报并获得国家目录外“文物保护与修复”新专业的核准批复，成立文物保护与修复学院。根据学校实际情况和特色优势，先行申报艺术硕士、公共管理、文物与博物馆三个专业硕士点，被列为市教委新增硕士学位授予单位立项建设单位。学校申报上海市教委的各项学科建设、专业建设、教学改革项目，新申报应用型本科试点专业两个：文物保护与修复、服装与服饰设计；新申报中本贯通项目两个：文物保护与修复、艺术与科技（数字媒体技术）。“SIVA.德稻实验班”覆盖学校11个专业（方向），40个教学班级，907名在籍学生。6月，“视觉·德稻实验班”第一批两个实验班40名毕业生毕业。毕业生平均就业率和专业对口率均达100%。年内，学校将“视觉·德稻实验班”的教学模式以“一规格、三融合、一把尺，艺术与设计专业应用型本科人才培养模式”为题申报上海市教学成果奖。“艺术植入医疗空间的专业育人模式实践与探索”等其他7个项目同时申报上海市教学成果奖。

为进一步提升学校教学质量，学校从修订教学计划、修订教学大纲两项基础教学工作着手，以建立高效教学管理机制和系统为目标，确立全校教学质量提升工程。通过专业自主评估，进一步提升学科负责人、专业负责人对教学管理的意识和能力。

师资队伍建设不断加强。完成《上海视觉艺术人力资源建设规划》和相关附件起草工作。积极鼓励支持教师参加上海市教委组织的“强师工程”培训工作，围绕学科专业建设，制订强师计划，落实教师担任国外访学、市优青项目立项，用好政府扶持资金。年内，从学校七个学院及行政部门中遴选10名承担一线教学任务、具有一定外语水平的青年教师赴国外进行短期访学（一个月）。继续加大人才引进力度。年内学校共引进和录用学科带头人、学术骨干和专任教师17名，聘任兼职教授11名。学校198名专任教师中，硕士研究生以上学历占81%；236名兼职教师中，拥有高级职称占78%；17名外籍教师，分别来自俄罗斯、美国、英国、德国、意大利、日本等国的高校或专业团体，其中90%拥有教授职称，10%为业界精英。

科研工作继续推进。学校继续加大对对科研工作的投入和支持力度，通过科研工作例会、视觉沙龙、各类项目申报动员会、指导座谈、网站信息发布、科研简报、微信群等多种方式与通道，激励全校教师参与科研工作。年内，学校有各级各类纵向项目立项37项，立项经费295.6万元。横向项目20个立项，立项经费141.54万元。教师在专业期刊上发表论文114篇（其中有9篇CSSCI搜索、EI搜索收录）、专著4本、译著1本、编著共10本。1名教师获德国红点设计大奖、1名教师获国家艺术基金科研项目、1名副教授获批省教育厅科研立项的上海市重点课程项目、2名副教授获批省教育厅科研立项。雕塑专业学科1名教师和1名学科负责人的作品分别入选“从石库门到天安门”主题展览，在中华艺术宫展出；参加“海上延伸——上海艺术家联合大展”（中华艺术宫）、第九届上海美术作品大展等65个展览。

学校制定的以双一流建设为目标的《高地建设行动计划》，为培养科研梯队、锻炼年轻教师的《培英计划》及《上海视觉艺术学院教学科研成果奖励办法》等计划执行力度不断加大。在学校专家组的评审下，环境设计、文物修复、雕塑、服装与服饰设计等4个专业获得高地建设立项、17名青年教师获得培英计划立项。新媒体学院《全媒体嵌入式工作室教学机制与模式的研究》、文产学院《文化创意人才培养模式研究》、时尚设计学院《应用型本科服装与服饰设计专业模块化教学方式研究》、实训中心《艺术高校实训工作室公共平台教学管理体系的创新与实践研究》等4个项目在上海市教委民办教育处获第二期立项。

开放办学和国际交流合作不断深化。学校坚持走开放办学、“需、学、研、产”一体化的办学道路，进一步加强与行业和企业，以及与国际的深度合作，切实落实项目制教学模式，推动学科建设和人才培养。年内，学校先后与上海市历史博物馆、河南焦作博物馆、上海纺织（集团）有限公司、好莱坞中文卫视、淄博轻纺协会、奉贤区文化广播影视管理局、华谊兄弟时尚文化传媒有限公司、华泰珠宝发展（上海）股份有限公司、新疆维吾尔自治区伊犁哈萨克自治州伊犁林则徐纪念馆、宜兴市金陵文物保护研究所等单位新签和续签校企合作和建立实训基地的协议。各学院形成各自项目制教学特色。如美术学院在规划教学目标和实现路径时坚持强化将课堂和社会联通，让教学成果放在社会中加以验证，实现教师、学生与实践项目“零距离”接触，充分体现“教、学、做”一体的教学方式；时尚学院“大师为主导、项目为中心、课程为主线”的项目制教学模式进一步深化。学校结合江苏阳光、华泰珠宝、淄博轻纺协会、上海光华医院等项目，完成国际合作课程8门（玻璃陶瓷2门、珠宝1门、服装设计2门、纤维2门、时尚传播1门），先后有来自美国、意大利、日本、法国的国际一线艺术设计大师和专家授课；表演艺术学院坚持“需、学、研、产”四位一体的实践教学模式，即一、二年级打基础，三、四年级参与到社会表演实践活动中。有36人次参与到校外表演艺术实践中，在剧中担任主要角色，如经典音乐剧《名扬四海》、多媒体儿童音乐剧《爱丽丝梦游仙境》、赖声川剧场上演的《一夫二主》等。上述与实践紧密结合的项目制教学模式在教师提升、学生成长、企业合作等方面均取得很好成效，充分体现专业课程教学和实践教学、科研和社会实践的紧密结合，为学生就业、教学活动开展提供有力支撑，取得良好社会效益。

学校坚持面向国际化，通过引进来、走出去等方式，致力于搭建国际化合作交流平台。年内，学校与国外院校新增缔结6个国际交流合作协议，其中3个是实质性合作协议，3个是交流意向协议。学校共有71个国际合作院校，比上年增加6个院校，合作形式包括学分互认项目、师生工作坊项目、学生短期交流项目、教师访问项目以及合作展览项目。新媒体艺术学院摄影专业和法国南锡国立高等艺术与设计学院签订“4+2”课程衔接项目。文产学院继续推进与美国弗吉尼亚联邦大学“艺术+商业”联合教学项目。与英国金史密斯学院联合举办“艺术与创新思维与企业家精神”工作坊项目。设计学院与伦敦艺术大学切尔西艺术学院平面与交流设计专业进入深度合作，由中英双方教授指导、双方学生合作完成的伦敦—城市推广项目于9月在伦敦设计节亮相。设计学院与日本东京首都大学签署两校合作协议，继续开展全球大都市研究课题合作等事项。文修学院与联合国教科文组织世界文化遗产中心、意大利罗马第三大学、奈良国立文化财研究所合作建立工作室教学制度等。

人才培养质量持续攀升。年内学校学生在各类学科竞赛项目中有271人次获215个奖项，其中国际24项、全国22项、省部级86项。设计学院杨茹帆、赵振然分获ASPaC亚洲学生包装设计大赛全场大奖（至高奖）和银奖；设计学院蔡丰盛获2017国际标志大赏Marking Awards Winner三等奖，慕平获2017 Pentawards国际包装设计大赛铜奖，吴一丹获日本字体设计协会主办的日本字体年鉴2018学生组最佳奖，王嘉琪、田野、刘霄永、许奕获第六届“太湖奖”设计大赛特等奖，蔡玮雯和郑伟辉分获中国数字电视盛典设计和第九届全国大学生广告艺术大赛视频类微电影广告类一等奖，杨胤杰获2017第九届全国大学生广告艺术大赛一等奖；新媒体艺术学院王铧渝获第五届全国高校数字艺术作品大赛组委会一等奖，郭宏泽获第十届上海大学生电视节主持人大赛金奖；时尚设计学院刘恩佐获得2017上海新锐首饰设计大赛学生组创异大奖，谭柳沁获世界时尚设计大奖（WFDA）优秀奖；何嘉怡、王玥、靳博暄获2017中国国际面料创意大赛特定奖；美术学院贾楠茜、陆星宇分获2017上海市大学生公益广告大赛银奖和铜奖；文产学院金伶等获第七届中国影视“学院奖”实验类作品二等奖等。多名学生获第二届上海市汇创青春大学生创新设计大赛一等奖等多个奖项。在教育部主办的第三届中国“互联网+”大学生创新创业大赛上，学校创业团队获上海赛区优胜奖。

学校有16个专业（含38个专业方向）面向全国24省市招生，总计录取新生1214人。部分专业招录比继续攀升，表演专业从去年的116∶1达到2017年的117∶1。新生报到率达到96.13%，继续保持平稳发展的较好态势。年内，学校毕业生涵盖16个艺术类专业、29个专业方向，毕业生总人数978人。截至8月25日，毕业生就业率98.88%。就业专业对口率进一步提升。选择灵活就业和自主创业的毕业生数量有所增长，有362人选择灵活就业（含创业），主要方向有自由撰稿、翻译、网络编辑；自主创业81人左右，占8.28%。13个创业团队在学院和就业指导中心老师的指导、咨询下成立公司。（黄　华）

【成立国内首家“文物保护与修复学院”】 学校在原有三个修复专业的基础上，成立国内高校首家培养本科生的“文物保护与修复学院”，同时成立学院专家咨询委员会。3月1日，“文物保护与修复学院”成立仪式举行。仪式上，学校与中国文物保护基金举行合作签约仪式，成为国内高校中首家受该基金会资助的单位。新成立的文物保护与修复学院设立金属（青铜器）、古家具、古建筑、壁画和纺织品修复等新专业方向，年内面向全国计划招收45名本科生。揭牌仪式后，来自全国文化遗产行业的专家学者召开“文物保护与修复”主题研讨会，内容涵盖该学科和专业定位、结构、培养目标及内涵建设和文修学院如何与业界接轨，发挥“需学研产”协同创新优势。（黄　华）

【举办校园开放日活动】 5月16日，学校举办“5.16”校园开放日活动。包含“汇创青春——上海大学生文化创意作品展示”“SIVA2017届毕业生作品联展”“大学生社团巡礼”“跨界学术论坛”“创业新锐”“秀场晚会”“时尚行业的未来——G60科创走廊时尚专业创业就业论坛”“松江大学园区创新创业论坛”“创意市集”，以及 SIVA 大学生社团联合会路演、巡礼等多项精彩纷呈的活动，吸引校内外众多师生积极参与。（黄　华）

【举办上海视觉艺术设计展】 12 月 3 日，2017 上海视觉艺术设计展开幕。本次活动由学校和上海刘海粟美术馆联合主办。本次展览汇聚纽约、伦敦、东京、悉尼、首尔、上海、香港等全球各大主要城市最具影响力的视觉设计师的精彩作品。此次设计展充分体现了学校始终坚持国际视野下的设计教育理念，不断扩展国际合作教学的广度和深度。（黄　华）

上海视觉艺术学院与刘海粟美术馆联合举办上海视觉艺术设计展

【校美术馆开馆暨美术作品首展举办】 4 月 28 日，上海视觉艺术学院美术馆开馆暨首届美术作品大展同期开幕。校美术馆位于学校西侧建筑面积约 22000 平方米的“上海市高端艺术人才培训基地”圆弧形中庭，为校园艺术文化交流高地。校美术馆通过展览、收藏、研究、交流、传播等形式，向公众传达美学标准和价值取向。同期举办的“渲艺术辉煌·展视觉风采”2017 美术作品大展，集中展示 68 位学校各学院（学科）教师及部分校外艺术家的精品力作 60 余幅（件）。（黄　华）

【举行“中国非遗传承人群研培计划”交流会暨观摩教学公开课】 11 月 16 日，文化部、教育部“中国非遗传承人群研培计划”交流会暨观摩教学公开课在上海视觉艺术学院举行，文化部党组成员、副部长项兆伦等参加观摩教学活动。学校是国内第一批承办“文化部、教育部中国非物质文化遗产传承人群研修研习培训计划”的 7 所高等艺术院校之一，年内开办的“传统琉璃与陶瓷制作技艺研修班”“非遗技艺与品牌文化研修班”“工艺美术（雕刻）研修班”等三个研修班，有来自全国各地、多个民族的传承人群共 198 名学员参与。（黄　华）

【举办第二届国际陶瓷柴烧艺术节】 11 月 29 日，“第二届国际陶瓷柴烧艺术节”开幕式在上海视觉艺术学院举行。第二届上海国际陶瓷柴烧艺术节作为上海国际艺术节的重要组成部分，由上海视觉艺术学院、吉安县人民政府和上海市中国陶瓷艺术家协会联合举办，国内 100 余家高等学府与学术单位提供学术支持。活动主题是：柴烧·传承与创新。开幕式上举办了柴烧作品展、“柴烧·传承与创新”专家论坛和主题论坛、柴烧作品大赛颁奖仪式等。本次活动在江西吉州窑博物馆设立分会场，设有“吉州窑与柴烧”主题论坛，国际、国内陶艺大师柴烧作品创作活动及捐赠活动。（黄　华）

【与上海电影集团开展校企合作】 5 月 3 日，学校与上海电影集团举行校企合作洽谈会。双方初步达成共识，学校将借助上海电影集团专业性、传播力和雄厚的产业资源，融合相关专业学院的学科设置、科研力量、教学设施和人文环境，进行全面、深化合作。初步达成合作项目包括“未来影星培养”“电影（频道）传媒全产业链开发”“演员（剧团）人才高研班”“电影衍生（周边）产品再开发”“大师沙龙”，以及单本影片、电视剧合作开发、院线进高校等。（黄　华）

【与上海纺织（集团）有限公司合作签约】 11 月 29 日，学校与上海纺织（集团）有限公司校企合作签约暨时尚设计学院名誉院长聘任仪式在学校举行。签约仪式上，学校校长、党委副书记周斌为上海纺织（集团）有限公司董事长童继生颁发学校时尚设计学院名誉院长聘任证书。学校与上海纺织集团本着校企合作、资源整合的原则，共同建立有关项目研究平台，为企业未来的产业发展注入活力，为

学校学生提供更好的社会实践平台。（黄　华）

【与好莱坞中文卫视签约互设培训及实习基地】 3月14日，学校与好莱坞中文卫视互设培训及实习基地的合作签约仪式在上海视觉艺术学院举行。好莱坞中文卫视是全球首家以“电影、电视、融媒体”为发展理念的国际华语高清电视台，云集来自中国与美国各大电视台以及好莱坞影视集团的庞大的华语电视优质制作团队。双方本次合作旨在组建美国实习基地和中国培训基地，为学生提供足不出户实现国际传媒资源的实习机会，同步培养传媒艺术领域的复合型国际化人才。（黄　华）

【获2017年德国红点设计大奖】 学校时尚设计学院纤维艺术设计专业教师蒋艺凭社会实践项目“RIVERS千江”，获2017年德国“红点”传达设计大奖（正奖）。这是继学校设计学院副教授张卫伟两度获德国“红点”设计大奖后，学校教师再次获德国“红点”设计大奖。（黄　华）

附：学校负责人及地址

（2017年1—12月）

院党委书记：陈立民
副书记：俞振伟、周　斌

院　长：周　斌
副院长：张　同、毛　方

地址：文翔路2200号
邮编：201620
电话：6782500

上海外国语大学贤达经济人文学院

【2017年概况】 学院在校生总数6887人，秋季招收本科生1922人，毕业生总数1752人，就业率96.12%，其中出国续读研究生198人，国内续读研究生28人。

学科建设。修订完善教学、科研管理制度。印发《学生学籍管理规定》《新生入学资格和学籍信息审查办法》《学生转学处理办法》《学生补考、缓考及重新学习管理细则》《辅修专业修读管理办法》《学生创新能力与拓展学分认定管理办法》《学生成绩及学分转换实施细则》《学生转专业实施办法》《学生休学与复学管理办法》《学生提前毕业及延长修业期限规定》《学生毕业、结业与肄业规定》《上外贤达学院政府扶持专项资金项目管理办法》《上外贤达学院科研成果奖励办法》等规章。撰写《上外贤达学院2016—2017学年本科教学质量报告》《上外贤达学院2016—2017学年本科教学质量分析报告》。组织开展校级通识教育课程建设申报工作。为做好通识教育选修课建设工作，学院组织通识教育课程建设申报，申报范围包括已开设的通识教育选修课和拟新开设的通识教育选修课程。通识教育选修课主要限定为文学与艺术、哲学社会科学、自然科学三大门类。共立项9门通识教育选修课。完善专业组织架构，调整优化专业结构，年内开设全英语授课课程57门、双语课程63门、任意选修课102门、学生选课9105人次。拓展校外见习基地。通过资源整合，签署落实校外实习基地100个。国家级课程建设立项3项，市级课程建设立项5项、承接市重点教改项目1项、市高校青年教师培养资助计划课题3项、建设校级一般科研项目12项。本科专业23个，“会展经济与管理”专业通过上海市2017年度新增列为学士学位授予权的评审。

对外交流。拓展海外名校合作渠道，加快教育国际化进程。双学位+硕士/本硕连读项目：英国卡迪夫城市大学（3+1）本硕连读，英国诺森比亚大学（3+1+1）双学士+硕士，英国赫尔大学（3+1+1）双学士+硕士，英国普利茅斯大学（3+1+1）双学士+硕士，英国切斯特大学（3+1+1）双学士+硕士，美国迈阿密大学（2.5+1.5+2）双学士+硕士/（3+1+2）本硕连读，美国南加州大学（3+1+2）本硕连读，法国雷恩高等商学院—贤达（3+1.5）本硕连读，西班牙巴塞罗那大学（2.5+1.5+2）本硕连读等。学分互认项目：美国加州大学东湾分校、德国施德拉尔松德应用技术大学、西班牙ESIC商学院、韩国梨花女子大学、日本大阪国际大学等。海外教师培训基地：英国诺桑比亚大学、英国卡迪夫城市大学、美国伊利诺伊大学、西班牙巴塞罗那自治大学。新增学分互认学校1所：西班牙唐吉诃德语言学院。年内，有116名在读生前往国（境）外合作院校学习；198名毕业生前往英国、美国、德国、西班牙、法国、日本、韩国等国外知名大学就读研究生。

师资建设。教职工总数539人。其中专任教师329人，行政人员133人，教辅、工勤人员77人。入选培养计划教师27人，其中市级计划13名：国内访问学者5人、国外课程进修1人、国外短期进修2人（强师）、产学研践习2人、上海高校青年教师培养资助计划3人。校级计划14人：海外英语强化培训4人、博士培养1人、高年资讲师支持计划9人、分别聘任62名中初级和9人副教授职务。

年内培训工作特色明显：项目设计更有针对性，培训师来源更多元，培训形式更丰富，培训组织更严谨，“需求征询、师资遴选、细节把控”等环节渐趋成熟。开展9个主题16场培训，覆盖1159人次，其中较有影响力的培训有骨干教师户外拓展培训；教师教学设计研修班以及行政思维培训、批判性思维培训等。

启动第二轮后备梯队建设工作。组织全校近300名教职工推荐心目中后备人选122人次，综合被推荐者能力、潜力及发展意愿、业绩贡献与群众公认度，拟定50人待考察名单。以“个别访谈与调阅资料”相结合的方式进行考察，从中确定培养对象，给予定向培养及适时提拔，为学校可持续发展提供人才支持。

学生工作。修订《辅导员考核办法》《辅导员工作条例》《辅导员津贴发放方案》，制定《辅导员职级制》，调整完善《二级学院考核学生工作规范性指标》，发布《家庭经济困难学生认定工作实施细则》《国家助学金实施细则》《学费减免实施细则》《学生帮困补助实施细则》《学生医疗帮困实施细则》等制度。有12人获国家奖学金、17人获上海市奖学金、226人获国家励志奖学金、119名贫困学生减免学费。209人次接受校级团学干部培训、8名辅导员参加上海市民办高校辅导员岗前培训、11名辅导员参加校外专题培训。

教学成果。第三届上海市民办高校教师教学技能大赛，王钰倩获骨干教师组一等奖、计刚获骨干教师组二等奖、王海洁获骨干教师组优胜奖、焦红梅、夏伟怡获初任教师组优胜奖。学院获“优秀组织奖”称号。在2017外研社“教学之星”大赛全国总决赛上，外语学院王列汇获季军，于2018年7月赴新加坡南洋理工大学完成北京外国语大学海外访学项目。在第二届“汇创青春”上海大学生文化创意作品活动中，文管学院李雁、李颖、聂莎、安郁汐等分获优秀指导教师奖。在由上海市教卫工作党委、上海市教委主办，上海工程技术大学承办的第六届上海高校辅导员团队拓展活动中，学院获“最佳团队奖”。2017年“知行杯”上海市大学生社会实践大赛，徐浩洁获“优秀指导教师”奖。

在第十九届全国大学生英语竞赛决赛上海赛区比赛中，外语学院学生周麟佳获C类特等奖，高琳、王羽婷、邵栩艺3名学生获二等奖，冯春、史泽朕飏、周梦婷、植也哲、谷嘉雯5名学生获三等奖；蒋璜老师获优秀指导教师奖，学院获优秀组织奖。在第十届上海大学生电视节上，文管学院获得影视短片大赛“创业新锐”最佳组织奖，学生参赛作品《中学生的“IF”商社》和《读万卷书，行万里路》获优秀提名奖。在2017“外研社杯”全国英语写作阅读大赛，2017级英语专业学生徐立钰在“英语阅读大赛”和“英语写作大赛”中均获二等奖；2016级学前教育专业学生韩飞怡和金玉洁分别在“英语阅读大赛”和“英语写作大赛”中获得三等奖。在2017全国高校商业精英挑战赛总决赛，刘灵傲老师带队的酒店管理专业“知行团队”获一等奖，获得海外2018年“亚太MICE和酒店管理实践竞赛”入围参赛资格。在上海市高校学生英语比赛，阿拉伯语专业2016级学生李启真获“外研社”杯全国英语演讲比赛上海赛区二等奖。在由中国国际广播电台主办的第五届“CRI杯”中国高校阿拉伯语演讲比赛决赛中，阿拉伯语专业2016级学生李启真获优胜奖。学院获“青春喜迎十九大，继续奋斗中国梦”微视频接力活动“优秀作品”奖、2017年上海市高校“青春助我圆梦”主题征文活动“优秀组织”奖、2017年度上海市红十字造血干细胞捐献志愿者征募工作“先进集体”称号。学生温昂获“上海市优秀志愿者”称号、学生闻博获“上海市优秀共青团员”称号。

党群工作。校党委自2013年1月成立以后，设置纪委、教师工作部、党办、组织部(统战)、宣传部、学工部、武装部、党校等机构；建立外语学院、商学院、文化产业与管理学院、教育学院、国际交流学院和机关6个党总支；下辖15个党支部。11月举办第五期党校培训班，138名积极分子通过党校培训取得结业证书。落实全国高校思想政治工作会议精神，迎接上海思政工作督查，积极整改薄弱环节，联系贤达实际，抓好创建基层学习型党组织思想建设活动，推动学校改革转型和发展，为正常有序教育教学提供政治保障。组织党员赴中共南湖一大会址参观学习，重温入党誓词，通过参观学习党员教师深受教育鼓舞，表示在今后的学习工作中进一步发挥主人翁意识，加强责任性，脚踏实地，为党的教育事业贡献力量。依托双代会制度，推进学校民主政治建设。召开一届五次教代会，听取校长工作报告，讨论涉及教职工利益的事项，审议上一次提案办理结果报告等，维护教职工在涉及切身利益重大事项上的知情权和决策权，推进依法实施民主管理。“双代会”对校级领导和相关职能部门进行工作作风民主测评。做好教职工福利和帮扶工作，为教职工送温暖、办实事。年内工会结合学校的实际情况在春节、三八妇女节、端午节、中秋节、重阳节发放节日慰问品，把学校的关怀送到广大教职工的心里。开展教职工补充医疗保障工作和组织全体教职员工体检，关心教职员工的身体健康。

(袁　源)

【启动新一轮本科专业人才培养方案制(修)订工作】 学校启动新一轮本科专业人才培养方案的制(修)订工作。各学院遵照“厚基础、宽口径、强能力，高素质”的本科教育教学要求，依据学校学科专业建设方向、人才培养目标和社会对经济人文类人才的新要求，秉持“通识教育、学科专业基础培养与复合交叉专业培养相融通”的理念，完成21个专业的培养方案论证修订工作。(袁　源)

【启动二级学院院办建设工作】 年内，启动二级学院院办建设工作，通过建设达成四项目标：①明确二级院办职能、院办岗位设置与岗位职责。②制(修)订完成基于校、院二级管理的院级制度汇编。③完成岗位工作分解，建立详细作业手册和试行流程。④通过项目实施，了解人岗匹配现状，发掘培养行政管理人才。(袁　源)

【举行上海市高等教育学会保卫工作专业委员会第三十次学术年会暨成立三十周年庆典活动】 5月10日至11日，上海市高等教育学会保卫工作专业委员会第三十次学术会议暨成立30周年庆典活动在学校举行。市教委巡视员蒋红、市公安局副局长蔡田，以及全国高保学会、市高等教育学会、同济大学、市教委后勤保卫处、市国家安全局、市公安局国内安全保卫局、市公安局文化保卫分局有关领导出席本次会议，本市高校及附属医院保卫处负责人等会员单位以及京津渝和华东六省市保卫学会代表等近200人参加会议。(袁　源)

上海市高等教育学会保卫工作专业委员会
第三十次学术年会暨成立三十周年庆典举行

附:学校负责人及地址

（2017 年 1—12 月）

董 事 长:鲍贤嗣
副董事长:冯庆华

院　长:陆朴鸣
副院长:徐　征、马艳红

院党委书记:夏骄雄
副书记:郑　虹

虹口校区地址:东体育会路 390 号
邮编:200083
电话:51278000

崇明校区地址:东滩大道 999 号
邮编:202162
电话:39665000

上海师范大学天华学院

【2017 年概况】 年内,招生录取总人数 2607 人,实际报到 2296 人,报到率 88.07%。在校生总计 9235 人,分布在 7 个二级学院、265 个行政班、25 个专业。2017 届毕业生总数 1684 人,毕业生就业率96.44%,签约率 87.29%。有专职教职工 531 人,其中干部 86 人、教师 252 人、正辅导员 39 人、副辅导员 31 人、行政教辅 121 人。有兼职教师 159 人。

师资队伍建设不断加强。学校本着优化教师队伍结构,不断提高教职工整体素质的总方针,努力做好师资队伍建设工作,组织多场学术讲座及交流活动,通过新教师培训、微格培训、教师教学竞赛等多种形式提升教师的教学组织能力和科研水平。年内,24 名教师赴美国学习进修。成立校党委教师工作部,开展系列师德讲座活动,制定教师师德考核方案,广泛宣传学校师德标兵先进事迹,树立先进典型,弘扬师德师风正能量。

科研工作稳步推进。明确学年内重点抓好高层次项目申报和高层次成果申报的重点工作,在开展科研服务与管理工作过程中,推行人本管理理念,不断创新各项工作方法和手段。学校在研项目 55 项,科研经费 422 万元,具体包括教育部人文社科、市晨光计划、市教委优青、市教委产学研践习计划等项目。教学科研项目的开展推动了专业内涵建设和学院的教学改革与科研工作。发表论文 110 篇,其中 SCI、EI 检索 9 篇,核心期刊 14 篇,出版著作与教材 12 部。

积极拓展合作交流。积极扩宽中外合作领域,与美国、英国等学校建立长期合作,共建国际合作的桥梁。年内,学校先后接待美国威斯康星协和大学、美国西弗吉尼亚大学、美国西俄勒冈大学、美国华盛顿州立大学三城校区、英国赫特福德大学、美国伊利诺伊州立大学、罗马艺术学院、德国欧福大学、美国阿拉巴马大学等多所国外大学的访问。大力实施百名双语教师培训计划,第三、第四批赴美双语教师研修项目的 24 名骨干教师赴美国阿拉巴马大学、加州州立大学富勒顿分校、美国伊利诺伊州立大学、美国西俄勒冈大学进行为期四个月的集中培训。32 名学生通过海外交流项目分赴美国、德国、英国完成交换生及暑期交流项目。

学生管理工作不断提升。学校以落实“为做人而学习”的校训为学生工作出发点和落脚点,不断总结和优化具有天华特色的学生管理工作经验,打造充满创造力和亲和力的和谐校园。年内学校以“三抓三坚持”工作(抓早晚自修教学视频的播放,抓所有学生参与的中英文辩论训练,抓 30 部经典的阅读,坚持两支辅导员队伍,坚持德育学分制,坚持学生自我管理与服务)的持续扎实推进来领航学生管理,营造良好学习氛围,引领优质学风建设。

同时，学校积极组织学生篮球赛、校园十佳歌手大赛、模拟炒股大赛、“金话筒”主持人大赛等大量文化活动及服务活动，丰富学生课余生活，服务学生成长，引领学生成才。（邓 宇）

【推广打造“活力课堂”建设】 作为教育教学改革的重要举措，学校结合专业特点、教师实际情况，经过反复研讨、专家论证，决定大力推广“活力课堂”建设。在前期第一批、第二批基础上，年内新增30门课程作为第三批“活力课堂”试点课程，已完成活力课堂试点课程共100门，召开活力课堂课程推进会17次，现有“活力课堂”课程已全部排入课表，写入学分，并且不断总结，完善课程体系，争取在教学改革创新方面有所突破，积累具有扩大意义的经验。（邓 宇）

【贯彻高校思想政治工作会议精神】 3月，学校党委部署传达高校思政工作会议精神，各总支认真组织学习活动。5月12日，党委组织部举办党务干部培训班，邀请市民办高校党工委领导作“贯彻思政工作会议精神”专题报告。成立思政工作领导小组，建立党委教师工作部，参与制定“课程思政教育教学改革试点方案”。5月底，学校党委接到思政工作督查通知后积极组织自查。6月19日，市委督查组到校督查，对学校思政工作给予充分肯定。同时，市教委组织专家到学校随机听思政课，对思政课教师的理论水平给予高度评价。（屠 潇）

【与美国伊利诺伊州立大学合作项目启动】 10月25日，学校与美国伊利诺伊州立大学合作项目正式启动开班仪式举行。美国伊利诺伊州立大学的校长、副校长，艺术学院院长、主任，国际交流处副处长及到学校集中授课的教师出席并参加开班仪式。上海师范大学天华学院校长及学校相关职能部分负责人出席此次活动。5月，两校正式签署合作协议共同开设中美双语合作专业。9月，第一批60名2017级视觉艺术专业双语班学生入学。（邓 宇）

【举行上海市第二届大学生安全知识竞赛总决赛】 12月2日，上海市第二届大学生安全知识竞赛总决赛暨颁奖典礼在学校举行，本次比赛由上海市教委、市应急办、市公安局共同举办。上海市教委、市政府办公厅、市应急办、市安全监管局等部门和单位领导出席活动，学校领导、教师及学生观摩团等共计一千余人观摩比赛。学校在积极做好此次活动的会务保障工作的同时，通过横幅、电子屏、道旗标语等宣传形式在全校营造浓厚的安全教育氛围。学校的学生志愿者100余人全程参与提供志愿服务。（邓 宇）

上海市第二届大学生安全知识竞赛总决赛在上海师范大学天华学院举行

【校管乐团获上海第十一届学生管乐团展演银奖】 12月23—24日，2017上海第十一届学生（交响·行进）管乐团队展演举行。学校交响管乐团作为2016年6月成立的年轻乐团，以一曲《新一天的晨曦》获大学组第一名、银奖第一名（金奖空缺），并现场受邀参加2018年元旦上海音乐学院新年音乐会及5月上海之春国际音乐节。（邓 宇）

上海师范大学天华学院管乐团获2017上海第十一届学生管乐团展演银奖

【融入学校周边社区承担社会责任】 学校位于上海市嘉定区，以嘉定区成功创建全国文明城区为契机，立足区域优势，植根地方土壤，积极承担社会责任，获嘉定区创建全国文明城区工作“特别支持奖”，获评嘉定区创城工作“先进集体”。学校宣传部一位教师获评嘉定区创城工作“先进个人”。学校各级基层党组织开展形式多样的社区服务工作，艺术设计学院党组织两年内在嘉定区组织党建服务活动 24 场、遍及 11 个街镇社区。（屠　潇）

附：学校负责人及地址

（2017 年 1—12 月）

院党委书记：韩晓玉
　　副书记：曹云林、许　岳

院　长：叶才福
副院长：龚春蕾、陈新斌、朱国权、王友根、吴国兴

地址：胜辛北路 1661 号
邮编：201815
电话：39966266，39966031

上海旅游高等专科学校

【2017 年概况】 学校在校专科生 3593 人、本科生 1585 人、研究生 267 人（硕士研究生 221 人，博士研究生 46 人）、学历教育夜大学生 151 人（学历教育夜大学本科生 91 人，学历教育夜大学专科生 60 人）。接受各类留学生 36 人，其中在读学历生 13 人（全日制专科学历 3 人，本科学历生 6 人，硕士研究生 4 人）、短期非学历交换生 23 人。

扎实推进专业建设和教学改革。完成本、专科人才培养方案修订工作。推进课程体系与教学模式改革。完善大旅游基础课程体系建设，强化“旅游概论”“旅游职业素养”等校本课程建设。完成“接待业实训中心——海思酒店”改建，引入智慧酒店管理系统。引入国际优质教育资源，重点推进酒店管理专业中外合作项目建设，开展 5 门符合市级标准的高等职业教育精品在线课程。以应用型本科旅游管理专业建设为试点，引入联合国世界旅游组织教育质量认证标准，开展专业国际化认证工作。开展各类教学质量工程项目和教改项目建设。年内，获市精品课程 1 门、市教委重点课程 2 门，获教育部、国家旅游局旅游类专业示范点 2 个（酒店管理专业、会展策划与管理专业）。深化实践教学改革。深入推进“实践教学活动周”和实习管理工作，探索实习实训平台体系建设，重点推进与品牌旅游企业共建的校园实验室建设。开展第五届“实践教学活动周”系列活动。拓展校企合作维度，与上海复星集团-ClubMed、上海和睦家医院签订“订单班”合作培养协议，实施以学生为主体，更加注重企业全程介入、双向互动的校企深度融合模式实践教学改革。加强学校课程思政建设，强化课堂教学在立德树人方面的主阵地功能。以中国系列选修课“美丽中国”为试点，构建课程建设团队，探索课程建设的新机制。组织落实上海市星光大赛参赛工作获 14 项单项奖和优秀组织奖，其中一等奖 1 项、二等奖 6 项、三等奖 7 项。

持续提升科研创新能力。年内，学校获国家自然科学基金重点项目 1 项、面上项目 1 项、青年项目 2 项，国家社会科学基金重大项目 1 项，教育部人文社科基金 3 项，上海市哲学社会科学规划项目 1 项，上海市科技发展基金软科学研究项目 1 项，上海市决策咨询项目 5 项，上海市晨光计划 1 项。校级科研项目下达 39.1 万元，资助 41 个项目，包括重点团队项目 3 项 15 万元，职业教育类 15 项 15 万元、管理类 5 项 2.5 万元、党建类 16 项 6.6 万元。加大对科研成果的奖励力度，年内科研配套奖励论文 35 篇，合计配套奖励金额 67100 元；奖励项目 11 项，合计配套奖励金额 90000 元；2016—2017 年度

科研绩效考核奖励670610元。学校教师年内发表论文91篇、著作10部，在研项目107项，含基础研究类项目26项，行业服务项目78项，核定经费1882.2万元。其中，SCI刊出论文7篇，SSCI刊出论文3篇，CSSCI论文发表14篇，核心期刊刊出论文18篇。推进学科建设。完成工商管理高原学科与环境科学高原学科第一阶段绩效评估工作。完成国务院学位委员会、教育部开展的学位授权点合格评估工作，工商管理一级学科硕士学位点、环境科学二级学科博士学位点完成自评。完成环境科学与工程一级学科博士学位点申报工作，经上海市教育委员会审核公示，报国务院学位委员会。加强国内外学术交流。承办"全球城市群与区域旅游发展国际学术研讨会""第七届中日区域创新与产学研合作国际学术研讨会"。承办"第九届中国会展教育年会"。与上海市旅游局合作承办"东方讲坛"10周年庆典活动，完成"东方讲坛十周年汇编"工作。组织召开"上海师范大学环境科学二级博士学位授权点合格评估专家论证会""上海师范大学工商管理学一级硕士学位授权点合格评估专家论证会""上海师范大学环境科学一级学科博士点申报专家论证会"。参加2017年中国旅游研究院年会、中国自然资源学会年会等。

全面推进师资队伍建设。优化师资队伍结构。引进教授1人、博士7人。实施人才强校战略，推进师资队伍梯队建设。年内，入选国家旅游局"万名旅游英才计划"之"双师型教师培养项目"3项。3位老师入选上海市教委教师专业发展工程"产学研计划"，2位教师入选"国内访学计划"。学校人才队伍建设工程"五大计划"项目，20位教师获得资助。完成新进高层次人才和新进博士科研启动基金项目立项工作，共立项8项。落实教师各类培训进修工作。5名教师参加教师发展工程项目赴国(境)外进修学习，138人次参加各类校外专题培训和业务培训，支持5名教职工进行硕博、博士后学历学位进修。加强师资管理规范化，完成2016—2017学年度锦江"教书育人、管理育人、服务育人"先进个人评选工作，评选先进个人20人，其中"教书育人"先进个人11人、"管理育人"先进个人3人、"服务育人"先进个人6人。

着力提升学生综合素养。注重培养学生德育素质，充分运用微媒介开展思政教育工作，结合板块工作特色设有6个学生官方微信公众号进行微文发布推送。把握主题教育主阵地，开展"喜迎十九大"主题班会、"不忘初心跟党走""与信仰对话：青年的楷模，学习的榜样""迎接新征程　奋斗圆梦想"等主题团日活动，引领学生坚定理想信念。开设"优秀学习经历分享会""礼仪文化月""人生导师"等活动，发挥朋辈互助能量，搭建师长分享新平台。开展社会实践活动，拓展志愿服务工作，2017年寒暑期社会实践中，本专科学生累计1200人次参与申报25项场馆类志愿服务项目，79项社会调研大赛项目以及15所爱心学校、3所爱心暑托班、4项爱心讲堂类志愿活动，1名学生加入"西部志愿者"计划，《中国旅游报》以"上海旅专：暑期实践知行合一"为题，专题报道学校暑期社会实践活动。提升就业服务质量和水平，完成"就业指导和创新创业教育"必修课教授工作，举办企业宣讲、行业讲座和专家访谈20场，参观企业10家。与第三方调研机构合作完成《上海旅游高等专科学校2017届就业质量年度报告》《上海师范大学旅游学院2017届就业状况白皮书》《上海旅游高等专科学校2016年度社会需求与人才培养综合报告》以及《上海旅游高等专科学校用人单位评价及需求分析报告》等多份调研报告。成功申报成为新一批上海市高校创业指导站，创业项目"高校舞美演艺"作为上海赛区代表团队中唯一专科院校团队入围中国第三届"互联网+"创新创业大赛，获得铜奖。完成2017级新生心理普测与重点关注对象约谈工作，普测完成率100%。

促进对外交流与合作。接待来自17个国家和地区的38个境外团组，与比利时、荷兰、爱尔兰、挪威等6家境外高校和企业签订合作协议，建立多层次国际合作关系。注重对学生国际化视野和跨文化沟通能力的培养，通过交换生、联合培养、海外实习三种主要方式，建立全覆盖的学生交流项目体系。境外项目40个，选派171名学生赴海外游学和实习，比去年总量增长15%，创近五年新高。开拓马尔代夫高星级酒店实习项目，申报学校与加拿大乔治布朗学院联合举办酒店管理中外合作办学项目，2017年秋季正式招生。43名教师出国进修培训。聘请来自日本、韩国、美国、西班牙的外教12人，主要从事公共外语教学。启动“海外学者交流计划”，先后聘请美国、加拿大、墨西哥等国家的学者9人来学校院系访学一个月，丰富专业教学。（刘利艾）

【举行“东方讲坛·上海旅游讲坛”10周年庆典活动】 3月1日，与上海市旅游局合作承办“东方讲坛·上海旅游讲坛”10周年庆典活动。活动总结了该论坛10年来的历程与贡献，并为“2016年度东方讲坛·上海旅游讲坛优秀组织奖”获得者颁奖。庆典活动结束后，举行上海旅游讲坛第100期，邀请观复博物馆创办人、收藏家马未都为听众主讲“品味·审美·收藏一生所用”的主题报告。

（刘利艾）

上海旅游高等专科学校与上海市旅游局合作承办“东方讲坛·上海旅游讲坛”10周年庆典活动

【获批首个专科中外合作办学项目】 3月，教育部国际交流司下发《关于中外合作办学项目备案编号的复函》，学校与加拿大乔治布朗应用艺术与技术学院合办的专科酒店管理专业中外合作办学项目获批准。该项目每年计划招生人数90名，纳入国家普通高等教育招生计划。教学计划由中加双方共同制定和管理，着重引进加方优质师资和课程资源，搭建海外实习实践环节。学生毕业时获学校毕业证书和乔治布朗学院写实性证书，可申请赴乔治布朗学院对接本科学位项目。（刘利艾）

【承办全球城市群与区域旅游发展国际学术研讨会】 3月24—25日，由上海师范大学主办，学校和城市发展研究院承办的“全球城市群与区域旅游发展国际学术研讨会”举行。120位中外嘉宾参加会议。会上，学校与比利时鲁汶大学、荷兰布雷达大学互换合作备忘录，为“欧洲城市比较研究院上海分院”以及“全球旅游智库”揭牌。会议期间共有17位嘉宾发表主题演讲，中外会议代表就城市群、区域旅游发展和都市旅游游客承载量等前瞻性话题展开讨论，在发展全域型都市旅游、推动旅游业可持续发展、促进旅游利益相关者包容性增长等方面具有启发意义和参考价值。（刘利艾）

上海旅游专科学校参与承办的全球城市群与区域旅游发展国际学术研讨会举行

【获市文明单位称号】 4月，上海市委、市政府召开上海市精神文明建设工作会议，学校获“2015—2016年度上海市文明单位”称号。（刘利艾）

【开展“贤城众创·创梦领航”——大学生创业活动月系列活动】 3—5月，学校开展“贤城众创·创梦领航”创业活动月系列活动。邀请来自院校、行业等社会各界精英商务人士及高校名师20位，举办讲座11场。活动分为“普及教育及培训”和“菁英深度孵化”两个阶段。“普及教育培训”阶段开展的各类活动面向全校学生，经过前期普及教育培训后，由各二级学院推选27支创业团队参加创业项目选拔赛，11支优胜团队进入“菁英深度孵化”阶段，参加小规模定制的深入化进阶培训，学校为可持续发展、良好盈利模式的优秀项目提供资金及场地扶持，创业导师一对一给予指导和诊断，促进项目真正落地，为有创业梦想的学生提供全方位支持体系，全面提升大学生创业孵化的成功率。（刘利艾）

【首届“和睦家订单班”开班】 9月28日，学校首届“和睦家订单班”揭牌。首届“和睦家订单班”学生来自2016级旅游英语、旅游日语、应用韩语和应用西班牙语等专业，共27名学生。该批学生在一年的时间内，每周除完成教学计划内所有课程外，还要参加为期半天的企业课程。 （刘利艾）

【校图书馆旅游特色数据库正式上线】 5月24日，由上海市教委信息中心主持的“慧源上海教育资源共建共享平台新资源发布会暨工作研讨会”召开。发布会上，学校图书馆建设的旅游特色数据库中的“中国旅游景区数据库”和“中国星级酒店数据库”在“慧源平台”正式上线。“慧源平台”是在上海市教委的组织领导下构建的一个资源共享项目，其宗旨是将上海地区优质教育资源库共建共享，上海高校师生均可使用本校学号及密码通过市教委跨校身份认证系统使用平台资源。 （刘利艾）

【《旅游科学》入选CSSCI来源期刊】 学校主办的学报《旅游科学》年内再次入选《中文社会科学引文(CSSCI)来源期刊及集刊(2017—2018)目录》，成为南大核心期刊来源期刊。这是《旅游科学》自2004年以来第七次入选CSSCI来源期刊。该刊物是全国优秀社科学报、全国优秀百强社科期刊及《中文核心期刊要目总览》来源期刊。 （刘利艾）

附：学校负责人及地址

（2017年1—12月）

校党委书记：杨卫武
副书记：郑旭华

校　长：康　年
副校长：高　峻、张建业、贾铁飞

地址：海思路500号
邮编：201418
电话：57126268

上海出版印刷高等专科学校

【2017年概况】 学校计划招生1991人（含自主招生300人、秋季招生1603人），实际录取新生1959人（包括自主招生320人、内地西藏班3人、新疆地区民族预科班转入18人），新生报到率90.35%。毕业总人数1758人，就业率99.15%、签约率81.46%，其中专升本147人，占毕业生总人数比例8.36%。

现代大学制度建设试点工作。学校积极完善具有高职院校特色的现代大学制度，探索形成校企合作人才培养体制和校企协同科技研发体制，建立一系列校企合作规章制度。通过聚焦目标、建立机制，稳步推进包括《上海出版印刷高等专科学校章程》、现代职教体系制度建设探索、校企紧密型合作体制机制建设、CRP为载体的管理信息化平台建设等10项重点建设内容。重点打造“多元参与、校企合作、双师治学”的高职院校特色现代大学制度，在学校章程、“十三五”规划和教育综合改革方案中充分体现。经过现代大学制度建设试点，形成“1+13”（1个章程和13本专项管理制度汇编）制度体系建设成果。

教学工作。完成学校升格为应用型本科院校专业和课程设置及课程内容调研材料整理工作，翻译整理《出版与传播类本科专业与课程设置简介》《信息科学与电气工程类本科专业与课程设置简介》《德国应用技术型高等学校本科专业自然科学基础课程设置与内容简介》。完成2017年度三年行动计划项目建设资金落实与申报工作、三年行动计划项目管理与建设推进工作。完成2018年度教育教学内涵建设项目预算申报工作。做好上海高等职业教育创新发展行动计划2017年执行绩效数据采集工作，积极推进学校各部门采集2017年度执行绩效数据与汇总，涉及相关数据指标757个。采集并撰写三年行动计划典型案例33个，涉及相关文字19302字。撰写2017年度学校高等职业教育创新发展行动计划绩效总报告。组织印刷媒体技术专业和包装技术与设计专业参加2017年上海市高职高专院校重点专业（一流专业）建设比武大赛，获一等奖1个、三等奖1个的历史最好成绩。

科研工作。完成《科研管理相关工作制度汇编》，出台《关于进一步强化和推进学校科技工作的若干意见》。牵头召开"上海高职院校科技管理与协同创新研讨会"，成立"上海高职高专院校科技服务联盟"。成立学校科学技术协会，召开学校科技工作大会。发表各类学术性论文（含报刊）192篇，其中核心及以上论文135篇，占总数比例70.31%。出版教材和著作（含参编）21部。累计签订横向合同64项，同比增长53.48%。获批各类专利34项，同比增长36%。全新改版《出版与印刷》杂志，出刊4期，通过期刊年检。依托重点实验室平台申请国家发明专利8项、获得授权发明专利1项，制订国家标准7项、行业标准1项，获得省部级奖项1项。6支协同创新科研服务团队举办行业性高峰论坛等5次，组织各类学术研讨会和行业讲座20次，撰写行业和市场调研报告4份，申报和完成专利5项，完成《高职决策参考》3期共15万余字。主办大学生电影节1次。

师资队伍建设。组织2017年人才招聘与引进工作，参加6场现场招聘会，利用网络发表人才招聘信息。收到应聘材料512份，组织8场校级面试。参加面试131人次，实际录用进编19人。其中具有高级职称6人、博士学历8人、行业高级技能型人才4人。严把首聘期满考核关，推行部门和校级二级考核评分制。考核工作逐渐趋于量化，体现方法的科学合理性、结果的公平性。年内26人首聘期满，综合部门考核和校级合计总分在90分以上8人，75分—89分15人。23人通过考核获续聘、1人为有条件续聘、2人为不再续聘。注重师资培训与队伍建设，开展教师专业发展工程。教师发展中心开展"全员育人"培训班（第一期），30名教职工参加培训学习。继续进行骨干教师激励计划试点工作。

学生工作。结合学校发展实际，强化辅导员队伍建设。通过请进来、走出去的方式加强辅导员双周学习，邀请校外专家为辅导员做专题讲座，走进校友企业参观学习。充分借助上海市辅导员培训基地和校内等平台，结合辅导员兴趣和能力要求，鼓励辅导员参加各类培训活动，年内参加培训达60人次。其中，25人次参加2017学生工作等校内培训、31人次参加"上海高校少数民族学生教育管理培训""上海高校学生心理危机本土化理论与实践"等短期专题培训、3人参加上海市属高校新任辅导员岗前培训项目、1人参加上海市高校少数民族学生专职辅导员工作能力提升培训，通过一系列的培训活动，有力地提升辅导员的能力素质。学校2017届毕业生初次就业率99.66%，签约率97.95%，均高于上海市高校平均水平。专升本147人，占毕业生总人数的8.36%。就业质量与就业服务满意度较高。进一步加强与校友的感情联络，密切与校友之间的合作。

对外交流与合作工作。广泛开展国际合作，深化国际化人才培养工作，培养首批法国艺术文化管理学院（EAC）留学生。申报与美国麦克莫里大学合作办学项目。推进美国印刷工业协会ACCGC印刷媒体专业认证工作。组织来自白俄罗斯国立技术大学、巴基斯坦印刷公司等3批高校和机构人员，共计25人到校进行印刷媒体技术专业培训。资助、派出247名优秀学生赴海外学习，资助总金额220万元。

创新创业教育工作。建成4个实践育人创新创业平台，开设创新创业课程和10门网络慕课，举办全国双创周——数字传媒高峰论坛、"传媒技术的传承与创新"主题展和主题论坛、全国职业院校创新创业师资培训班、上海高校实践育人创新创业基地联盟创新创业大赛等大型活动。"数字出版技术创新产业中心"载体数字传媒产业园入选国家新闻出版广电总局新闻出版改革项目库。建有56个在校学生创业团队。"知飞航空科技有限公司"获上海市大学生科技创业基金投资。学校及教师个人获

创新创业人才培养各级各类奖项20个。（聂韶晶）

【获第六十八届美国印刷大奖 Benny Award(班尼奖)】 学校艺术设计系教师团队带领的学生参赛队伍，获第六十八届美国印刷大奖 Benny Award(班尼奖)学生组1枚金牌3枚铜牌的成绩。（聂韶晶）

【获批现代传媒技术与艺术学院非独立法人中外合作办学机构】 据教育部《关于核定上海出版印刷高等专科学校现代传媒技术与艺术学院许可证编号的复函》，学校申报的“上海出版印刷高等专科学校现代传媒技术与艺术学院”非独立法人中外合作办学机构获批，许可在学院内开设广播影视节目制作和影视动画两个专业。该机构由学校校长陈斌策划指导，副校长周国明、曾忠具体组织，经学校外事办牵头，协同影视艺术系、艺术设计系与法国国际音像学院(3IS)共建申报完成。（聂韶晶）

【在第五届全国印刷行业职业技能大赛获奖】 学校在第五届全国印刷行业职业技能大赛中获各类奖项。18名参赛选手分获学生组一等奖(3人)、二等奖(10人)、三等奖(1人)、优秀奖(4人)。4人被评为优秀裁判员、3人被评为优秀组织工作者，学校被评为突出贡献单位、优秀组织单位。（聂韶晶）

【获评上海高职高专院校市级精品课程、教学团队】 学校印刷包装工程系孔玲君和高雪玲负责的“计算机图形制作”获“2016年度上海高职高专院校市级精品课程”。印刷设备工程系潘杰领衔的“印刷设备应用技术实践教学团队”获“2016年度上海高职高专院校市级教学团队”。至此，学校已建设国家级精品课程3门、国家级精品资源共享课2门、市级精品课程18门、国家级教学团队1个、市级教学团队11个。（聂韶晶）

【上海高校实践育人创新创业基地联盟·汇创空间“传媒技术的传承与创新”主题展开幕仪式举行】 12月22日，上海高校实践育人创新创业基地联盟·汇创空间“传媒技术的传承与创新”主题展开幕仪式举行。此次活动由上海高校实践育人创新创业基地主办，学校作为上海高校实践育人创新创业基地联盟秘书处单位承办此次主题展。开幕仪式上，向来自创意文化行业和相关院校的多位专家、导师颁发聘书。上海出版印刷高等专科学校分别与上海计算机软件技术开发中心、上海书画院签署战略合作协议。（聂韶晶）

上海高校实践育人创新创业基地联盟·汇创空间
“传媒技术的传承与创新”主题展举办

【校科技协会成立】 12月25日，学校科技工作大会召开。市科协副主席李虹鸣等领导出席会议。会上宣读学校“科技工作标兵”与“先进科技工作者”表彰名单，并为学校科学技术协会揭牌。（聂韶晶）

【在上海市高职高专院校教学比武大赛中获奖】 12月26日，2017年上海市高职高专院校第七届重点专业(一流专业)建设比武决赛举行。学校“印刷媒体技术”专业团队获一等奖、“包装技术与设计”专业团队获三等奖。上海出版印刷高等专科学校是在这项大赛中唯一获得两个奖项的院校。（聂韶晶）

附：学校负责人及地址

（2017年1—12月）

校党委书记：刘道平

副书记：陈　斌、顾　凯

校　长：陈斌

副校长：滕跃民、周国明、曾　忠、黎　卫

地址：水丰路100号

邮编：200093

电话：55530024

上海行健职业学院

【2017年概况】 学院招收新生1458人，实际报到1230名(其中上海生源508名)。学院有学生3774人。开设专业24个，其中“中高职贯通”专业2个、上海市级重点专业5个、上海市级特色专业1个。教职员工184人。专任教师134人，其中具有中级职称及以上111人。新增1门市级精品课程、1个市级教学团队。组织教师申报市级课题4项。年内，学院教师在各类专业刊物发表科研论文10篇，其中核心期刊刊出5篇，教师出版书籍3本。教师个人获奖5项，指导学生在各类大赛中获奖14项。

学院重点推进规章制度修订完善工作。截至年底，梳理完善各项规章制度260多项，确定学院规章制度汇编基本框架和目录。制定《上海行健职业学院“十三五”规划重点任务绩效考核点》，于11月底组织自查和核查。年内，学院按照“四个精”(人才培养精准、教学管理精细、校园生活精致、工作目标精品)原则开展建设。高度重视思想政治工作体制机制建设，在院党委领导下开展一系列工作。

着力推进思政教学改革，通过各种手段提高思想政治课的教学效果。建设成果包括：开展团队模块化分工合作教学模式改革，由不同教师共同完成一门课程教学。应用信息化教学手段，突出学生主体地位。立足国家发展大势、契合学院校本特色，制定“自信中国”课程建设方案。“大学语文”等综合素养类课程注重思想引导和价值引领。统一布置，推进思政内容融入专业课课程。积极倡导学生“好学精艺、力行修德”，努力成为高素质技能型人才。努力提升教职工育人能力和水平，要求广大教职工履行好“教书育人、管理育人、服务育人”的职责；在专业上有要求，做专业的事，把事情做专业；在教学信息化方面进行积极探索和实践，积极参加各类培训班，提高专业能力。

根据学院发展规划、专业建设需要，完成2017年教师招聘计划。招聘专任教师5名、专职辅导员3名。通过新老教师结对带教等办法，使新教师尽快熟悉高职教育教学特点、掌握学生心理，尽快适应高职教育教学工作。

年内，学院生源质量明显提高，就业率高位稳定。2017届毕业生就业率为98.89%，基本实现充分就业。2017届学生未毕业人数仅14人。2017届毕业生税前月均收入高于社会平均水平。数据显示，2017届毕业生目前所从事的工作与自身职业期待的吻合度94.05%。2017届毕业生对目前工作总体满意度97.97%，处于较高水平，其中对工作内容的满意度最高，为97.34%。2017届毕业生对母校满意度97.58%，总体满意度较高。

加强校园文化建设，形成良好育人氛围。精心策划体育节、毕业典礼，通过仪式的熏陶培养学生归属感。5月10日，举办体育节暨第十五届学生运动会，参与人数达到2500余人次。6月14日，举行“扬帆在行健，青春正远航”主题毕业典礼。

高度重视大学生创新创业工作，将创新创业工作作为人才培养的重要环节纳入学院教育质量提升工程，强化思想共识、整合有效资源、打造工作品牌、构建长效机制、完善工作体系，有效提升创新创业指导服务工作的专业化水平。注重创业指导服务水平的提升，每年根据毕业生调查问卷的反馈，聚焦问题，实施改善。调查显示，2017届毕业生对母校各项创业教育、指导服务的满意度均在92.00%以上。据学校大学生创业孵化基地资料统计，截至年底入驻团队项目4个，入驻企业5家。（王　欢）

【举办滴画技艺展示活动】 5月1日和5月10日，受上海“大世界”公司邀请，学校学前教育系教师钟海宏带领学生举办滴画展示体验活动。活动中，师

生通过讲解、示范的方法让观众体验、了解中国非物质文化遗产独特的魅力——滴画艺术。（王　欢）

【举行“非遗进校园·大师签约”仪式】 10月25日，“非遗进校园·大师签约”仪式举行。学校聘请国家级非遗印泥制作技艺代表性传承人符海贤、田非凡和陶瓷修复、鉴定专家宋自海三位大师给学生传授传统技艺知识。学校学生、非遗传习社社员与三位大师进行交流互动。（王　欢）

【在第六届上海高校辅导员团队拓展活动中获奖】 11月19日，由上海市教卫工作党委、上海市教委主办的第六届上海高校辅导员团队拓展活动举行。来自上海53所高校的2000余名辅导员参加此次活动。由学院各系专兼职辅导员、学生处和校团委干部共30人组成的学院代表队以总分第一的成绩获一等奖。（王　欢）

附：学校负责人及地址

（2017年1—12月）

院党委书记：李国庆
　　副书记：李　越

院　长：黄　群
副院长：章卫芳

地址：原平路55号
邮编：200072
电话：56075555

上海城建职业学院

【2017年概况】 学校现有奉贤、杨浦、宝山3个校区，占地面积50200平方米，总建筑面积22.2万平方米。上海市建筑工程学校是学校的附属中专。学校全日制在校学生近12000人，面向全国24个省、自治区、直辖市招生。有教职工700余人，其中专任教师427人、副高以上职称112人、上海教学名师6人、育才奖获得者22人。设有11个二级学院（部、中心）、38个专业，其中国家级重点专业1个、市级重点专业14个。市级教学团队17个，市级精品课程33门。建有141个集教学、培训、职业技能鉴定于一体的校内实训教学设施。设立12个大师工作室，与行业企业建立216个校外实训基地。在16个专业进行中高职贯通培养，建筑工程技术专业在上海率先开展“高本贯通”试点。

推进深度融合，夯实发展基础。①以凝聚共识促进融合。围绕“办一所什么样的学校、如何办出一所有水平和特色的学校”的主题，组织开展学校发展大讨论、班子学习务虚会和管理干部沙龙、专业建设专题沙龙等活动；通过校领导接待日、校领导联系二级学院制度、座谈会、学生午餐会等形式，听取师生员工的意见建议。召开讨论会、座谈会共50余次。②以顶层设计引领融合。成立“五年规划”编制工作领导小组和工作小组，完成《学校事业发展五年规划（讨论稿）》提交“双代会”讨论。③以制度建设深化融合。制定并实施党委会议事规则、院长办公会议事规则和“三重一大”决策程序等重要决策制度；制定修订教学科研、组织人事等各类规章制度40余项；召开2017年教职工代表会议，审议通过年度绩效工资方案。④以机构整合催化融合。完成学院内设机构组建和调整，正式组建各二级学院、机关职能部门和相关业务部门，基本配齐中层干部；完成学校事业单位法人证、组织机构代码证的变更。

坚持人才培养中心地位，提升教育教学实力。①试点“高本贯通”。形成以高职为主体、“中职—

高职—应用本科”贯通培养体系。以“建筑工程技术”专业为载体,承担上海市首批高本贯通培养的试点任务,推出三方导师制、分层教学法等人才培养新举措。②推进“三年行动计划”。推进落实11个项目42项任务。完成虚拟仿真实训中心、应用技术协同创新中心的场地改造和设备采购。被教育部批准为第二批“现代学徒制”试点单位,接受市教委“三年行动计划”重点专项工作现场调研指导。③教学管理。制定学籍管理、教学规范等10余项基本制度,形成教学工作例会制度。启动首批9个专业的诊断与改进试点。接受市语委语言文字工作评估。④成立“创新创业学院”,以“课、训、赛、练、孵”为主要内容,加强大学生创新创业教育。⑤继续教育事业稳步发展。学历教育在校生人数达到3000余人,举办各类培训班129个,培训逾1.5万人次,同比增长15%。上海城建职业学院校外学习中心被评为“全国高校现代远程教育优秀校外学习中心”。⑥招生就业工作。年内面向全国24个省、自治区、直辖市招生,录取3733人,录取率96.71%。就业工作稳中有进,2017届4335名毕业生的就业率97.95%,签约率82.77%。

坚持立德树人,提升育人成效。①创新思政工作载体。新开设“中国城事”系列课程。上海市劳模(工匠)精神进校园暨学校新时代劳模(工匠)精神教育中心成立,学校为吴文巍、王军等首批22位知名劳模颁发“劳模(工匠)特聘教授”聘书。②学生社会服务。5000余名学生参加志愿服务。③校园文化活动。成功举办校园艺术节、科技文化节、首届校运会等大型校园活动,承办上海市大学生足球联盟联赛,开展五月青春歌会、多彩体育嘉年华、篮球春季联赛、城建育才林等各类专题活动。开展劳模、专家、大师讲座20场。

加强师资队伍建设,建立学术管理体系。开展专业技术职务评聘。47名教师晋升专业技术职务,10名教师参加产学研践习,12名教师赴国内外访学进修或攻读学位。

拓展对外交流,丰富合作内涵。①产教融合、校企合作。稳固发展与上海城建集团、上海测绘院等数十家国内外知名企业的合作。与上海建工集团、励展博览集团、中国农业银行上海分行等大企业签订校企共建战略合作协议;与招商物流、杏花楼集团、上海衡山集团等共同试点实施现代学徒制人才培养,获教育部立项;与第一八佰伴商厦共建“劳模育人实践基地”。建立216个校外实训基地、141个校内实训教学基地。②对外交流合作。年内接待3个国家和地区4个团组来校访问,与海外高校和机构签订2项交流合作协议。30名学生赴海外开展专业学习和交流活动。③服务“一带一路”倡议。学院与建筑工程学校联合上海建工集团和闵行职教集团,成立上海“一带一路”建设技术学院,共同举办首期“一带一路”基础设施建设国际人才研修班,招收东南亚六国共24名学员,开展为期两周的培训。

推进依法治校,增强保障能力。①推进信息公开,启动信息化建设。以信息公开网站为主要载体,公布重大改革与决策等13个方面近400条信息。通过校园网主页,党务公开网页主动通报学校和各部门相关信息400多条。②实施校区改建工程。完成杨浦校区一期基础设施改建工程。建设大学生活动中心,扩建实习实训室,安装学生公寓空调,教学楼和学生公寓配备饮水设施、设立“教工之家”和教师休息室,改建一批教师办公场所,改造整治校内道路和河道,改建停车场,增设充电桩。③做好财务资产管理,改进管理服务。规范固定资产的购置、验收、入库和发放管理,按程序完成85个公开招标项目、36个校内招标项目和96个电子集市办公设备采购项目,新增固定资产3864万元。　　(城　建)

【成为首批五年制“高本贯通”试点校】　学校成为上海市首批两所五年制“专科高等职业教育—应用型本科教育”贯通试点的高职院校之一。建筑工程技术专业成为首批试点专业,入读该专业完成3年高职阶段学习并考核合格的学生,将在上海应用技术大学土木工程专业继续完成2年本科阶段学习。9月8日,学校迎来首届高本贯通“建筑工程技术”专业学生39人。　　(范春燕)

【获上海高校课程思政教育教学改革项目重点培育校】　学校新开设“中国城事”系列课程,聚焦中国城市化进程、大都市和小城镇建设巨大成就、中国城市群未来发展等重大主题,关注城市建设、治理和服务创新,成为上海高校的特色课程。　　(范春燕)

【全国高职专业标准制(修)订工作会议召开】　6月17日,全国高等职业学校建筑与规划类专业教学标准制(修)订工作启动会召开,本次会议由全国住房和城乡建设职业教育教学指导委员会主办,学院承办,中国建筑工业出版社协办。学院负责牵头建筑室内设计、建筑动画与模型制作、风景园林等专业的专业标准制订工作。 (范春燕)

【举办“一带一路”国际人才研修班】 11月6日,上海“一带一路”建设技术学院揭牌仪式暨首期基础建设国际人才研修班开班典礼举行。该项目由学校与上海建工集团、闵行职业教育集团(联盟)共同发起主办,来自柬埔寨、印尼、东帝汶等东南亚六国的24名学员进行为期15天的研修,内容包含规划、设计、建设和运行维护的全周期技术与经验,以及绿色施工、BIM技术等行业前沿技术。(范春燕)

【与上海建工集团签署战略合作协议】 11月13日,学校与上海建工集团股份有限公司举行校企共建战略合作协议签订仪式。双方将在人才培养、师资培训、技术研发、国际交流与合作、党建联建等方面开展全方位的合作。 (范春燕)

上海城建职业学院与上海建工集团签署战略合作协议

【参与“南海一号”出水文物修复】 建筑与环境艺术学院文物修复与保护专业陶瓷工作室16名学生在教师赵慧群、胡礼芳带领下先后四次赴广东阳江中国文化遗产研究院“南海一号”项目组,参加由广东海上丝绸之路博物馆组织的出水陶瓷现场修复与保护项目,历时100天完成300件陶瓷器考古修复、22件陶瓷器展览性精细修复工作。 (范春燕)

【新时代劳模(工匠)精神教育中心成立】 12月20日,上海市劳模(工匠)精神进校园暨上海城建职业学院新时代劳模(工匠)精神教育中心成立。上海市总工会主席莫负春为中心揭牌。“劳模(工匠)精神研究室”和“劳模育人实践基地”同时揭牌,吴文巍、王军等首批22位知名劳模接受学校颁发的“劳模(工匠)特聘教授”聘书。 (范春燕)

【获评上海市文明单位】 学校获第十八届(2015—2016年度)上海市文明单位称号。学校以此为契机,深化“一家人、一盘棋、一块干”理念,齐心协力、砥砺奋进,着力提高人才培养质量和办学水平,深入推进学校精神文明建设工作,不断提升学院文化软实力和竞争力。 (范春燕)

【师生在多项竞赛中获奖】 教师梁颖慧“市政工程识图与构造”课程说课获2017年上海市高等职业院校教师说课大赛(决赛)一等奖。教师黄文军创作的长篇童话《凡平的奇幻森林》获第四届“大白鲸”幻想儿童文学大赛一等奖(玉鲸奖)。教师周妹获第二届全国高等职业院校体育教师技能大赛二等奖。在国家级比赛中,学生获建筑工程识图团体二等奖、护理技能个人二等奖,以及市场营销技能团体三等奖、中餐主题宴会设计团体三等奖、西餐宴会服务个人二等奖和三等奖;在上海市星光计划大赛中,获旅游大类团体一等奖2项、二等奖2项,个人一等奖1人、二等奖8人、三等奖6人。学生获教育与体育大类个人二等奖1人、三等奖1人;获医药卫生大类团体一等奖1项、二等奖1项,个人一等奖2人、二等奖1人、三等奖3人;获土木建筑大类团体一等奖1项,个人一等奖1人、二等奖1人、三等奖2人。 (范春燕)

附:学校负责人及地址

(2017年1—12月)

院党委书记:褚　敏
副书记:杨光辉、何　光

院　长:叶银忠
副院长:范文毅、郭洪涛、淦爱品、李　进、杨秀方

地址:南亭公路2080号
邮编:201415
电话:57460188

上海交通职业技术学院

【2017年概况】 学校设有宝山校区和浦东校区。学院有9个教学系部。全日制在校生4675人，其中外省市生源占48.96%，比上一年增长2.5%。有专任教师239人。设32个专业(含专门化方向)，其中“汽车运用技术”“集装箱运输管理”2个专业为国家级教改示范专业。年内，全日制毕业生1472人，共24个专业(含专门化方向)，就业率94.4%。

推进一流品牌专业建设。汽车一流专业建设完成“汽车文化”“汽车使用与日常养护”数字化课程资源建设。构建基于职业能力框架的专业课程体系，开展各专业人才培养方案及核心课程标准修订，完成241门核心课程标准修订编制。完成促进人才培养工作有关项目申报，包括上海高职校级教师企业实践经费项目、2017年国赛补助专项经费项目、高校教材“问题地图”专项行动、高校管理水平提升行动计划等。开展“一体多元”课堂教学改革，建立网络通识教育教学体系，每学期开设30门课程，涵盖文史哲、科技革新、思政课程等9大类，年内约3500人次选修。成立中高职教育贯通领导小组和工作小组，制订《上海交通职业技术学院中高职贯通学生学籍管理实施办法(征求意见稿)》。

提升教学团队素质。认定专业带头人、教学名师、骨干教师，实行相应激励、考核、评定机制。17名汽车专业教师参加由同济大学组织的中德职业教育汽车机电合作项目考官培训考核，获SGAVE项目考官资质。修订《上海交通职业技术学院公开招聘暂行规定》，全年引进教师、教辅管理人员(进编)4人。制订职称评聘晋升有关文件，申报1名教授评议材料。247人次参加各级各类培训。修订完善《上海交通职业技术学院科研管理工作条例》《科研课题管理办法》《科研经费管理办法》《科研工作量管理暂行规定》《科研成果奖励办法》等管理制度，申报立项上海市教育规划项目、信息技术等课题共14项，70余名教师获科研资助。组织院级2017年教学成果奖申报，形成17项校级教学成果，从中推荐申报上海市教学成果奖11项。《上海交通职业技术学院学报》编审文章80篇、40余万字。

完善育人工作体系。深化思政教育体系建设，组织全校师生收看党的十九大开幕式，推动理想信念等核心价值观进教材、进课堂、进网络、进实践、进教师队伍、进评价体系。创新思政教育形式，先后制订《上海交通职业技术学院“五分钟课程思政”活动实施方案》《上海交通职业技术学院党政领导及系部党支部书记、主任(正职)思政课授课制度》《上海交通职业技术学院社会实践活动管理办法》，开展“思政五分钟”“中国系列・技能中国”“思政课实践教学”等活动。制订《上海交通职业技术学院马克思主义理论学科建设发展规划》，实施思政课混合式教学模式改革，开发思政课在线课程，开展优秀教案评选、公开课观摩、示范课培训、优秀实践成果展示等活动。完善学生管理体系，修订完善学生学籍管理条例，完成《学生手册》《学生纪律处分条例》《违纪处分解除办法》《申诉处理办法》等的修订工作，制订《学费减免实施办法》《临时困难补助管理办法》等规章。

加强招生及社会服务力度。年内，新增汽车智能技术、交通枢纽运营管理、城市轨道交通通信信号技术3个招生专业。完成依法自主招生及“三校生”、高中生招生工作。计划招生1800人，录取1796人，录取率99.78%，实际报到1612人，报到率89.8%。其中，依法自主招生计划200人，实际报到197人；“三校生”计划招20人，录取20人，实际报到20人；五年制高职转段学生442人；高中生实际报到1150人。做好继续教育服务工作，学历教育方面招生347人，成人学历教育在校生1413人。

职业技能培训鉴定4278人次。社会服务鉴定2763人次。技术服务方面，先后承办国赛汽车维修技术培训、2017年玛莎拉蒂中国技师大赛、2017雪佛龙杯第一届考拉爱车技能大赛、交运(集团)岗位能手计算机操作比赛、全国注册会计师考试、上汽通用校企合作新教材培训。水运专业获得内河1000总吨以下油船船员特殊培训、内河载运包装危险品船员培训2个新项目的培训许可。开展市级职业体验日活动，开设新车检验师、航行者、地铁列车模拟驾驶体验3个项目，接待体验者1000余人次。

帮困助学。全年共计发放国家助学金2710人次，合计发放151.75万元；评定学院奖学金及各类优秀共计1170人次，合计发放61.99万元；国家奖学金2人，合计发放1.6万元；上海市奖学金3人，合计发放2.4万元；国家励志奖学金155人，合计发放77.5万元；以上共计4040人次，发放295.24万元。进行国家助学贷款管理工作，全年共有42人申请国家助学贷款，合计发放28万元；305人参加生源地信用助学贷款，合计发放240.86万元；共计347人次，发放268.86万元。进行特殊困难学生资助工作，全年共帮助学生396人次，发放学院助学金23.45万元。提供校内勤工助学岗位资助，全年共有1115人次参加勤工助学岗位服务，共计发放工资40.77万元。完成学生副食品补贴发放，全年发放9168人次，共计发放40.01万元。年末“阳光慈善·爱心交院”冬令送温暖活动，补助困难学生400人，合计发放18.8万元。以上7项总计资助15573人次、发放795.28万元。

发挥上海交通物流职教集团纽带作用。二届四次常务理事会审议通过集团专业技能大师工作室建设管理办法、专业技能大师名单、集团2016年收支决算和2017年收支预算。接受上海建桥学院、庞贝捷漆油贸易(上海)有限公司加盟职教集团。承办全国高等职业院校智能交通创意大赛(深圳)、全国交通运输专业教师信息化大赛(内蒙古)、主办交通运输管理类教师专业能力提升培训(连云港)。组织开展“上海市职业教育集团运行绩效评价项目研究”“上海市职教集团发展报告(2007—2017)暨集团典型案例汇编项目研究(市级)”。集团成员从成立之初的23家发展至63家(含7家行业协会、24家企业单位、21所中职学校、7所高职院校、2所本科院校、1所科研单位和1家地方海事机构)。

提升资产管理水平。开展资产统计和清查工作，实施固定资产动态管理，年内新增固定资产8959050元。推进采购管理规章制度与内部监管长效机制建设，制定《教学实训用料规范化操作及耗材采购使用管理规定》《上海交通职业技术学院内部审计工作规定》《上海交通职业技术学院财务收支审计办法》等内审制度。完善基础设施建设，完成15个建设项目，合计审定金额2804236元，总核减金额44万元，平均核减率14%。开展信息化硬件系统改造，完成8个项目，合计金额519万元。完成20个专业实训室建设完善工作。

推动学校事业发展有关工作。推进学院土地资产划转事宜，在市政府积极推动和宝山区政府相关委办局支持下，由学院领导班子牵头，协同上海交运集团股份有限公司、上海交运资产管理公司，完成呼兰路763号不动产权证办理工作。加强民主管理和政务公开，召开四届八次教代会，年内校务公示共发布60号。贯彻落实教育部《关于全面推进职业院校教学工作诊断与改进制度建设的通知》精神，制订《交通学院内部质量保证体系建设与运行实施方案》，推动建立常态化自主保证的人才培养质量机制，持续提高人才培养质量。(王晓红)

【参加上海市高职高专院校第七届重点专业(一流专业)建设比武获奖】 5—12月，学院“汽车运用与维修技术”专业教学团队参加上海市高职高专院校第七届重点专业(一流专业)建设比武。参赛团队由学院副院长朱建柳、汽车运用工程系副主任李丕毅、教研室主任马桂秋、优秀毕业生代表英国ECL(艾蒙特克)公司技术经理沈峥、企业代表上海

上海交通职业技术学院团队参加上海市高职高专院校第七届重点专业(一流专业)建设比武

幼狮高级轿车修理有限公司总经理陶巍组成，参赛主题为“对接国际标准、培养本土工匠、服务上海汽车”。经初赛、复赛，进入上海市前五名（上海市共有23所高职高专院校的26个专业参赛），获参加上海市总决赛资格，并于12月26日的决赛中获二等奖。（王晓红）

【英国现代学徒制国际合作项目签约】 10月12日，学院现代学徒制国际合作项目签约仪式举行。该项目由上海交通职业技术学院、英国汽车工业学会（Institute of Motor Industry，简称IMI）、中国永达汽车服务控股有限公司、IMI现代学徒制项目班学生代表四方共同签约。签约仪式前，学院遴选28名学生组成现代学徒制项目班，使用英国汽车维修国际标准，由学院优质师资进行专业教学，永达集团选派资深技工师傅一对一带教，旨在多方携手合作，推进汽车运用维修专业国际化人才培养。（王晓红）

【世界技能大赛上海选手培养基地授牌】 9月29日，第四十四届世界技能大赛参赛行前动员会暨首批世界技能大赛上海选手培养基地授牌仪式举行。学院有2个上海市首批“世界技能大赛上海选手培养基地”：一是汽车运用与维修技术专业（与上海汽车集团股份有限公司合作），二是国际货运代理专业（与上海国际港务〈集团〉股份有限公司合作）。（王晓红）

参加世界技能大赛上海选手培养基地授牌

【参加第四十四届世界技能大赛货运代理项目获好成绩】 年内，第四十四届世界技能大赛国际货运代理项目先后举行上海市选拔赛、全国选拔赛、全国选拔赛集训五进一决赛等一系列比赛。学院航运物流系国际商务专业2016级学生周思语以全国第一名成绩入选国家队，获得代表中国参加第四十四届世界技能大赛货运代理项目参赛资格。10月14日至19日，第四十四届世界技能大赛举行，周思语获得第四名。（王晓红）

【学校获多项荣誉和奖项】 学院连续9次蝉联上海市文明单位称号。在上海市第二届大学生安全知识竞赛中获片区三等奖、获2017年上海市高校红十字应急救护比赛优秀组织奖、学院图书馆获2017年“知网杯”资源检索大赛优秀组织奖。获上海市第八届教工运动会首届龙舟赛B组第四名、趣味运动会获飞镖单项第二名。（王晓红）

【教师在多项比赛中获奖】 在上海市职业院校教师信息化教学大赛上，汽车系教师缪巧军和张培琦分获中职组一等奖和二等奖，人文艺术系教师黄盈、滕佳妮，汽车系教师陈周亮、孙丽莎获高职组3个三等奖。人文艺术系教师马晓羚获上海市第七届“星光计划”平面设计项目优秀指导教师二等奖，教师滕佳妮获“中国大学生广告艺术节学院奖”第十五届春季赛优秀指导教师奖。社科部教师孙业凤等指导高职学生团队参加上海高校大学生思政课教学比赛，获团体三等奖（市高职高专院校仅2所学校获奖）。12月，人文艺术系教师汪韦龙参加2017年全国智能制造职业技能大赛信息化教学应用大赛获三等奖。教师温婷婷被上海高校心理协会授予2017年上海高校心理健康教育先进个人。（王晓红）

【学生在多项比赛中获奖】 在第七届上海市“星光计划”职业技能大赛中，学院4个项目获团体一等奖，2个项目获团体二等奖，1个项目获团体三等奖。个人奖方面，27名学生分获3个一等奖、12个二等奖、12个三等奖。人文艺术系2名学生参加“中国大学生广告艺术节学院奖”第十五届春季赛获佳作奖；3名学生参加“上海市第三届大学生汉字听写大会”比赛，获优胜奖；5名学生参加2017“梦想杯”上海大学生文创作品大赛，获1个一等奖、3个二等奖、1个三等奖。汽车系1名学生参加2017年全国机械行业职业院校技能大赛“行云新能杯”纯电动汽车技术服务大赛获三等奖。3名学生参加2017全国智能交通创意大赛，作品“预防高速公路车辆连环追尾事故创意报警器”获优秀作品奖。4名学生获“超星杯”云舟专题大赛读书活动优秀奖。男子组板球队在2017年上海市大学生板球锦标赛和全国锦标赛中，分获冠军和亚军。

（王晓红）

附：学校负责人及地址

（2017年1—12月）

院党委书记：董晓峰

副书记：徐　辉、鲍贤俊

院　长：徐　辉、鲍贤俊

副院长：朱建柳、钱啸寅、朱建柳

地　址：呼兰路883号

邮　编：200431

电　话：56993234

上海海事职业技术学院

【2017年概况】 学院设航海技术系、机电工程系、航运管理系、公共教学部、管理系5个二级教学系部、1个职业教育培训中心。开设专业16个。全日制高职在校生1347人，毕业生就业率92.5%。有专任教师91人，其中具有中高级专业技术职务的占75%。

贯彻落实创新发展行动计划。完成高职创新发展行动计划(2015—2018)2016年绩效考核填报、2017年预算以及2018年预算申报。以航海技术、轮机工程技术、港口与航运管理3个骨干专业建设为核心，完成轮机员职业能力培养虚拟仿真实训中心、创新创业教育课程等6个项目24项任务的建设，推进新形势下教育教学改革，提升职业教育教学质量。

持续提高人才培养质量。向市教委申报课程思政改革方案，“中国航运文化(海丝中国)”“中国文学经典选讲”两门“中国系列”课程开讲；会计专业“财经法规与会计职业道德”课程、报关专业“海商法”课程开展专业课程思政建设试点；制定《思想政治理论课教学质量年专项工作实施方案》《“课程思政”教育教学改革试点方案》。物流管理专业“双证融通”项目完成考试阶段，进入人力资源社会保障局证书申请阶段。报关与国际货运专业人才培养方案、课程标准、课程实施方案和课程考核方案通过市教委答辩。继续深化人才培养模式改革，与泛亚班拿国际货运公司、DSV国际物流公司、嘉里大通国际货运公司开展“订单班”合作，重新修订专业人才培养方案。

继续推进人才队伍良性发展。加强师德师风建设，不断增强教师做“有理想信念，有道德情操，有扎实学识，有仁爱之心”的“四有好教师”的责任意识、阵地意识与底线意识。通过岗位培训、业务研修、评奖评优、资格认证等多种形式，分层分类推进人才队伍专业化发展，全年共安排63人共计122人次的专业技能提升，其中专任教师师资培训74人次、管理类人员培训48人次、教职工素质提升培训320人次。同步开展高校教师资格认定、企业实践、企业兼职教师聘任等。年内，学院船长、轮机长等各类“双师”素质教师占学校教师总数92%以上。

社会服务能力不断增强。以职业教育培训“品牌化”建设为抓手，狠抓质量、争先创优。与上海海事大学同时被确认为上海辖区第一批开办船员知识更新培训项目的机构。与上海海事局联合举办交通部海事局海事管理系列培训，为中远海运能源船舶管理(香港)有限公司举办LNG船员消防安全专项培训等。利用职业教育师资、设备等品牌优势，推进职业培训与职业教育融合发展，年内共举办各类企业员工（船岸人员）培训班357期11825人次。船长、轮机长培训累计考证合格率分别为92%、90%；大副、大管轮培训累计考证合格率分别为87%、85%，知识更新培训合格率99%。

持续开展教育教学科研工作。迎接上海市委督察组关于贯彻落实全国高校政治思想工作会议精神的专项督查。完成高等职业院校人才培养工作状态数据采集平台的填报，完成2017年市级精品课程（报关实务）、教学团队（报关与国际货运专业）、上海市教学成果奖（职业教育）的申报以及海员开放实训中心运行绩效评估和等级认定的申报。撰写高职人才培养质量年度报告等。组织中国交通教育研究会、上海市高职高专教学研究会等各类学会、协会研究课题的申报。教师公开发表论文8篇、出版编著2本，在中国交通教育研究会交通教育科学优秀成果评比中获一等奖2项、二等奖2项、三等奖3项。两名教师分别获首届上海市"黄炎培职业教育杰出教师奖"、第二届"交通运输职业教育教学名师奖"和第七届"吴福—振华交通教育优秀教师奖"等。

营造和谐、健康校园文化环境。以立德树人为根本任务，组织开展"青春梦想，畅想未来"创业大赛、"五月歌会""校园体育节""心理健康月"等系列活动。规范开展国家、上海市奖助学金发放和学生资助工作，54人获国家励志奖学金、563人享受国家助学金，其中国家助学金覆盖率达到95.5%。学院职业体验日项目获上海市学生职业体验日最佳项目设计三等奖。红十字急救队获上海市高校红十字应急救护比赛优秀组织奖。辅导员队伍获第六届上海高校辅导员团队拓展活动三等奖；学生个人获第七届"吴福—振华交通教育优秀学生奖"以及第三届中国"互联网+"大学生创新创业大赛上海赛区三等奖。（李惠君）

【科研项目被确认为交通运输部科学技术成果】 3月23日，由学院牵头主持，浙江交通职业技术学院、南通航运职业技术学院和青岛远洋船员职业学院等多家单位共同承担的交通运输部应用基础研究项目"我国航海高职人才培养模式改革及评价体系研究"被交通运输部科技司确认为科学技术成果。该项目80余万字的专著《航海类主干专业建设实务——高职评估、专标与课标》公开出版。

（李惠君）

【在上海市第七届"星光计划"高职组非英语专业实用英语口语比赛中获好成绩】 3月25日，上海市第七届"星光计划"职业院校技能大赛高职组非英语专业实用英语口语项目比赛举行。学院国航152班学生郑佳妮获上海市第七届"星光计划"高职组非英语专业实用英语口语项目比赛第二名。

（李惠君）

【获第七届上海大学生国际人道问题辩论赛冠军】 5月20日，由上海市红十字会、上海市教育委员会、上海市学生联合会主办的第七届上海市大学生国际人道问题辩论赛决赛开赛。学院代表队获冠军。2位学生分获本届辩论赛"最佳口才奖"和"最佳辩手奖"。（李惠君）

上海海事职业技术学院代表队获第七届上海市大学生国际人道问题辩论赛冠军

【推进创新创业教育改革】 9月9日，学院组织2015级国航、物流专业4个班级的学生前往中国创业者公共实训基地进行创业课程实训。此次活动是学院贯彻落实《国务院办公厅关于深化高等学校创新创业教育改革实施意见》，积极开展创新创业教育的改革探索。（李惠君）

【开展高校优秀辅导员“校园巡讲”和“网络巡礼”活动】 12月21日，由上海市教卫工作党委、上海市教委组织的“学习宣传贯彻党的十九大精神”——千名高校优秀辅导员“校园巡讲”和“网络巡礼”活动专场报告会举行。学校党委书记、学生工作分管领导、全体辅导员、思政课教师和学生代表等参加活动。（李惠君）

附:学校负责人及地址

（2017年1—12月）

院党委书记:孙欣欣
院长:孙　琦
副院长:姚张平(常务)、林　海、凌　整

地址:源深路158号
邮编:200120
电话:58311677

上海电子信息职业技术学院

【2017年概况】 学院有10个二级学院。共设30个专业，其中国家级重点专业4个、上海市重点专业6个。招收全日制新生3145名，有全日制在校生9207人。毕业生就业率达97.52%。

依法治校建设。学院对标国家法规和上级文件精神，及时修订规章制度。年内新增规章制度80余条、修订70条、废除25条，印制《上海电子信息职业技术学院制度汇编(四)》，稳步推进依法依规治校。针对市委思政工作督查组督查和市教育卫生工作党委第二巡察组的巡察反馈意见，制订整改措施，全面梳理学院工作，补缺堵漏，共完成相关制度废改立70条。

教育教学改革。年内，学院持续推进质量提升计划、一流专业建设、上海市智能制造产教研协同基地建设、“双证融通”人才培养试点工作，组织申报“学分认可型双证融通”项目。优化人才培养方案，继续实施11个专业的中高职贯通培养试点工作，新增1个高本贯通、1个中本贯通，新增1个专业，申报2个新专业。落实专业诊断与改进工作，制定学院内部质量保证体系建设与运行方案，构建五纵五横一平台的框架结构，积极开发学院系统教学诊断与改进平台。

师资队伍建设。完善《人才引进工作暂行管理办法》《教师轮训制度的实施办法》等规章制度，落实教师分类培养和管理。年内，有兼职教师313人。组织教师参加企业实践20人、职业能力培训23人次、教学培训99人次、科研培训2人次、教师专业发展工程三大计划8人、学历学位进修15人次。教师张帆获第二届上海基础教育青年教师爱岗敬业教学技能竞赛特等奖，教师周巧婷、王晓玲获全国技能大赛优秀指导教师称号。

学生培养工作。制订《中共上海电子信息职业技术学院委员会贯彻落实全国高校思想政治工作会议精神实施方案》，推进“信息安全基础”“动画概论”等市级、院级课程思政试点。开展“匠心中国”、第二课堂等课程。组织辅导员校外培训30人次、校内9次。开展院内第六届辅导员职业能力大赛，获市高校辅导员团队拓展活动三等奖。参加志愿者服务6647人次，26位学生获“爱心暑托班”优秀志愿者称号。开展易班、心理健康、课外体育、校园文化等活动。年内，在全国职业技能大赛中，学生获得一等奖1项、二等奖5项、三等奖6项。在第四十四届世界技能大赛信息网络布线、电子技术赛项上海选拔赛中获得一、二、三等奖。在全国数学建模竞赛中获一等奖。获省部级文艺体育竞赛奖项14项。

对外交流工作。学院进一步完善外事制度，提升外事工作能级。继续与德国汉斯·赛德尔基金会、德国兰茨胡特应用技术学院、德国帕绍技术员学校、德国代根多夫技术员学校、英国巴斯斯帕大学、英国巴斯学院、加拿大温哥华岛大学、加拿大维多利亚大学等国外组织、院校开展合作办学、师资培训、学生互访游学、专业建设等多方面友好合作。接收 14 名德国学生到院实习。中德合作办学项目被评为第二届市示范中外合作办学机构（项目）表扬单位。拓展学分互认专业至“通信技术”及“汽车电子技术”。年内，共组织因公出国（境）教师团组 18 批 51 人次，学生海外学习团组 11 批 231 人。接待 19 批次 148 人次来自世界各地的友好来华团组。

社会服务工作。学院获批 10 项“上海市高校青年教师培养资助计划”项目、2 项中国高等教育学会职业技术教育分会项目、4 项上海高职高专思想政治教育联盟专项、10 项市职业教育协会课题。20 项院级科研项目结项。申请专利 7 项，技术服务总收入 77.11 万元，纵向课题经费收入 80.32 万元。年内，学院完成社会培训 2074 人次、第二十二职业技能鉴定所鉴定 1198 人次、中小学生职业体验活动 1346 人次。完成市高技能基地实训设施设备资助项目验收。成立中德（上海）职教联盟，有 22 所中职学校和 9 所高职院校申请加入该联盟。作为信息化教学指导委员会主任单位，举办“准备移动互联时代的教师教学技能”等信息化培训班，组织市星光计划第七届职业院校技能大赛教师信息化教学比赛，开展电子类教师企业实践项目。作为市职业教育协会高职高专教学工作专委会和市高职高专教学研究会会长单位，完成市高职高专院校专业负责人、教务处长培训，协助完成 2017 年高职高专院校教学设计比武大赛。推进对云南楚雄、新疆喀什、克拉玛依职业教育帮扶工作，开展西部职教师资、中德合作上海市中职高职职教师资能力提升、芜湖高级职业学校等培训项目。牵头职教集团，为楚雄州组织职校教师企业实践及职教管理干部培训、学生海外游学等活动。接待外省市院校来校参观学习 34 批次 400 余人。（李　夏）

【在全国职业院校技能大赛获奖】 在 5 月至 6 月举办的全国职业院校技能大赛中，学院在“软件测试”赛项获一等奖。在“嵌入式技术与应用开发”“光伏电子工程设计与实施”“虚拟现实（VR）设计与制作”“智能电梯装调与维护”“自动化生产线安装与调试”赛项获二等奖。在“物联网技术应用”“计算机网络应用”“工业机器人技术应用”“市场营销技能”“移动互联应用软件开发”“云计算技术与应用”赛项获三等奖。（李　夏）

上海电子信息职业技术学院在 2017 年
全国职业院校技能大赛“软件测试”赛项获一等奖

【中德（上海）职教联盟成立】 11 月 2 日，中德（上海）职教联盟成立大会召开。该联盟是在市教委的支持下，由上海电子信息职业技术学院（上海电子工业学校）、德国汉斯·赛德尔基金会联合发起，由各成员单位共同组建的合作机构。联盟以探索适应现代职业教育的办学模式，开展中德两国职教深入、广泛、持久、共赢的合作。沪上有 22 所中职学校和 9 所高职院校申请加入。（李　夏）

中德（上海）职教联盟成立

附:学校负责人及地址

(2017年1—12月)

院党委书记:田　钦
副书记:杨秀英、顾剑锋

院　长:杨秀英
副院长:顾剑锋、窦争妍、徐德明、张　涛

奉贤校区地址:瓦洪公路3098号
邮编:201411
电话:57131333

徐汇校区地址:中山南二路620号
邮编:200032
电话:64172394

上海工艺美术职业学院

【2017年概况】 学院下设时尚与工艺、视觉艺术、环境艺术、数码艺术、WPP、水晶石数字艺术六个二级学院及工艺美术研究中心等科研机构。年内招生专业有22个。有专任教师225名,在校学生3601名。学院共立项52项课题(上海市各类纵向项目14个、横向项目6个、学院科创团队项目32个)。1名教师获国家艺术基金滚动资助项目、8名新教师入选高校青年教师培养资助计划。发表论文131篇(核心期刊论文16篇),出版论著4本,授权专利12项。

落实"十三五"规划与深化综合改革方案。学院制定《"十三五"改革和发展规划实施路线图》,推进中长期规划与年度计划相结合,根据深化综合改革工作方案和上海高等职业教育创新发展三年行动计划,编制2017年深综改总结自评报告和《2018年度深化综合改革工作要点》,编制创新发展三年行动计划的中期验收报告和2018年度项目支出预算,通过中期验收。

完善内涵建设管理运行机制与预算体系。修订《内涵建设项目管理办法》,形成两级预算体系,实行"项目立项、过程监管与验收评估"机制和"年度预算框架工具"。出台《"十三五"专业建设质量达标机制试行方案》,健全专业建设质量指标体系和绩效评价机制,推动各专业设定3—5年发展目标。启动2018年内涵建设项目预算,经专家评审和院长办公会议审议,12月通过一级内涵建设项目预算并上报市教委,实现项目计划与部门预算的协调一致性。

实施专业建设质量工程。完成2017级21个专业(含方向)的人才培养方案修订和各专业市场调研报告的撰写工作,修订97门核心课程标准。组织各专业解读、剖析"诊断与改进"的文件依据及要求,开展相关内容培训,制定教学诊断与改进方案初稿。二级院部建立教学质量监控系统。

探索教学改革,为学生提供更多选择空间。实施人才培养模式改革,开办2017级工艺美术实验班,完成五年制(3+2)课程体系设计,设置具有工艺美术教育特点的多种课程,实行导师全程带教、必修课程整体化设计和兴趣课程模块化选择模式,培养创新型工艺美术人才。设计大类招生方案,打通环境设计、室内设计、公共艺术设计专业界限,开设三大专业+七个方向的分类分层培养模式。

教学云平台建设与选修课建设稳步推进。完成2016年已立项云平台课程全部建设并在课堂教学中试用,2017年新立项20门云平台课程,完成前期课程标准、授课计划等教学资源的准备。开发学生选课系统,制定《选修课管理办法》和《人文素养选修课程实施方案》,探索学分制选课制度改革。推出62门面向全校学生的课程,包括文化素养、职业素养和艺术素养三个模块,其中本校教师开设23门,购买超星网络慕课39门。

改革思政课程,充实教学队伍。学院落实全国高校思想政治工作会议精神和上海市相关文件，将思想政治工作贯穿于教育教学全过程，制定思政课程方案，从校外引进博士1名、校内转岗4人，思政专任教师数达到11人。思政部申请“上海高校课程思政专项研究项目”等课题。将“工艺中国”设为思政选修课，完成9个专题共12期36课时“工艺中国”系列课程。

学术委员会换届选举。完成第三届院学术委员会换届改选，修订《学术委员会章程》，促进学术委员会工作常态化。新一届学术委员会开展学术咨询、审议、评定工作，包括市级教学成果奖、市级精品课程、教学团队和校级科创团队的评审和中职教师中级职称学术能力认定等。

打造师资全方位培养机制。继续推行后备领军人才培育计划，完成70名培育对象考核答辩和下一年计划申报，修订管理办法，完善培育计划各部门职责分工、资金使用和资助范围。提供国内外访学、企业产学研实践及各类培训机会，全年赴国外访学高级研究学者2人、核心课程进修1人、自费出国进修3人，国内访问学者2人，产学研践习项目入选10人、企业实践项目入选7人。教职工参加各类培训200余人次。丰富新进教职工培养体系，采取校内导师带教和校外导师指导相结合的方式，提供上海高职院校新教师岗前培训和新教师系列培训，开展职能部门业务培训。打造专业负责人培养系统，制定《专业负责人工作手册》，完善专业负责人（专业主任）岗位职责实施办法、教研室主任岗位职责实施办法。（俞晓菁）

【参加第四十四届世界技能大赛】 年内，学院多个专业申报人社部、教育部主办的“第四十四届世界技能大赛”，通过选手的选拔和训练，在日常教学中实施国际标准，实现实训步骤规范化。视觉展示设计专业获批技能大赛商品展示技术国家集训基地和上海集训基地，3名选手进入全国前五名，数码学院获批三维游戏艺术上海集训基地，2名选手进入全国前五名。（俞晓菁）

【举办高水平学术展览与论坛】 年内，举办多个面向国内外的高水平学术展览、论坛与比赛。5月举办“第七届国际传统艺术邀请展”和第五届“非遗论坛”。7月主办台北上海双城论坛的文创设计师联展暨工艺美术非遗文化传承与跨界思维探索营。10月举办第五届全国高校数字艺术作品大赛和第二届国际数字艺术设计作品展。12月主办第三届“薪技艺”国际青年工艺美术展暨学术研讨会。多项活动形成具有一定国际和国内影响力的学术品牌。（俞晓菁）

【全方位开展校友工作】 学院全方位启动校友工作，5月举办首届校友论坛和校友代表座谈会，逐步推进校友会筹委会建设准备工作和校友会校内外工作体系建设，初步建立校友联络人机制，建立校友名录数据库，在微信公众号设立“校友专栏”展示校友风采。拜访厉无畏、肖海春、汤兆基、蔡天雄、毛关福等知名校友，听取校友对学校教育事业发展的意见和建议。11月举办老校友返校日活动和60至65级老校友文献作品展、校友论坛，展出110余件作品，140余名校友回校参加活动。（俞晓菁）

附：学校负责人及地址

（2017年1—12月）

院党委书记：许　涛
副书记、副院长：蔡　红

院　长：仓　平
副院长：杨　勃

地址：嘉行公路851号
邮编：201808
电话：69977888

上海科学技术职业学院

【2017年概况】 学校有商贸管理学院、通信与电子信息系、机电工程系、人文与社会科学系、思想政治教学研究部和基础教学部，设安全防范技术(集成技术和产品制造)、应用电子技术、通信技术、机电一体化技术、信息安全与管理、应用英语、社会工作、电子商务等23个专业。有全日制高职在校生4846人，年内，面向20个外省市招生1636人；共有毕业生1650人，就业率达98.90%，专业对口率和职业稳定性良好。4月，学校完成新一届党委换届选举工作，选举产生以王云飞为书记的新一届中共上海科学技术职业学院委员会。

深入学习贯彻党的十九大精神。学院党委、各党支部以价值观培育和塑造为目标，开展“中华圆梦”朗诵比赛、参观中共一大会址、瞻仰中共四大纪念馆、“科院学子表白十九大”微视频、“十九大精神进校园”“千名高校优秀辅导员‘校园巡讲’和‘网络巡礼’活动”等丰富多彩的专题学习和主题活动。积极学习贯彻全国高校思想政治工作会议和上海市相关要求，积极部署各项工作，认真查找问题。6月28日，学院接受市委高校思政工作专项督查组的实地检查。

积极推进内部质量保证体系建设，努力提高人才培养质量。根据教育部《关于全面推进职业院校教学工作诊断与改进制度建设的通知》精神和上海市相关要求，学院组织领导和中层干部学习全国九省市27所高职院校的试点工作开展情况，成立编制小组，启动学院《内部质量保证体系建设与运行方案》的编制工作。“方案”遵循“需求导向、自我保证，多元诊断、重在改进”的工作方针，依据学校定位、办学思路和发展规划，确立科学性、整体性、可行性和持续性四条原则，落实质量保证主体责任，加强现代质量文化建设，致力于构建以信息化平台建设为支撑的“五纵五横”内部质量保证体系，建立全要素、全覆盖、常态化、可持续的诊断与改进制度。

进一步优化专业结构，推进内涵建设。为更好地适应嘉定区“十三五”时期重点打造智能制造及机器人产业集群的发展趋势，学院结合已有专业基础，设立“智能制造”协同创新中心和“工业机器人应用技术人才培养中心”两个建设项目，筹备“工业机器人技术”与“移动互联应用技术”两个新专业建设。对传统专业进行调整和优化，明确“数控技术”专业调整为“机械制造与自动化”专业，适应智能制造的发展趋势。

多举措加强师资队伍建设。召开人事工作座谈会，就人事制度改革和师资队伍建设进行商讨，对人事考核、人才引进工作提出具体要求。启动“绩效工资考核试行方法”的制定工作，改革向教学一线、关键岗位、高层次人才、业务骨干和作出突出成绩的工作人员倾斜；统筹兼顾教学、科研、行政管理、后勤服务等各方面工作，建立与学院财力水平相适应的绩效工资分配体系。继续拓展教师国际培训交流。邀请澳大利亚技术与继续教育西部学院专家到校举办第二期“骨干教师职业教育与培训大师讲习班”和“骨干教师职业教育与评估精英班”，对60余名骨干教师和管理人员开展职业教师关键素质、课程计划设计以及课程评估规则、流程、步骤与设计方法等方面的培训。年内，学院共承担各类纵向和横向课题26项，教师公开出版教材8本，发表论文40余篇。

创新创业教育改革不断深入。编写“创业基础教程”并公开出版，举办第五届全国高职院校创新创业研讨会，承办上海高职高专创新创业教育推进会，发布《创业基础》课程大纲。获评上海市首批深化创新创业教育改革示范高校。申报“上海高职创新创业教育平台建设”项目，获批经费60万元。承办“互联网+全国大学生创新创业计划大赛”上海赛区高职高专选拔赛工作。承接2017年上海高职院校创新创业教育师资培训任务。制订上海高职创新创业省级教学资源库建设方案，建设“五位一体”的资源体系。11月，学院大学生创业指导站被列为市达标B级单位。12月，学院被评为“全国深化创新创业教育改革特色典型经验高校”。

不断加强学生职业素养培养。着力推进“职业素养与创业就业指导”课程建设，并推向全体学生。构建专职教师、兼职教师、社会专家等相结合的师资队伍。以学生为中心开发校本教材，完善教育形式与内容，全面提升课程质量。以机电一体化技术专业为试点，在进行“双证融通”教学改革的同时，探索职业素养培养的标准、要求、方法和评价，内化到各项教学改革任务、内容和方法中去。

不断丰富活动载体，打造思政特色品牌。积极贯彻全国、上海市高校思想政治工作会议精神，以“不忘初心　青春践行”为主题，开展晨会课堂教育活动。开展“青春科院，‘班’绘人生”主题班会系列活动，共有79个班级3000余名学生参与。以“以青春的力量践行中国梦”为主题，印制“学思录”第一期，展示学生思政教育活动成果。持续推进志愿服务品牌项目建设。“血液小天使”全年累计服务144次，直接服务人群约720人次，项目获2017年上海市高校优秀红十字志愿服务项目。

积极服务区域经济发展。年内共完成等级工培训2132人，完成“农民工上岗培训”“班组长”等其他各类培训6777人，完成职业技能鉴定6398人次。学院培训中心获“2017年度优秀成人继续教育院校”。帮扶遵义职业技术学院项目有效推进，对该校创建贵州省优质高等职业院校建设工作进行全面指导。电子商务专业牵头成立上海市中高本学校电商联盟，上海第二工业大学、上海行健职业学院等19所本科、高职和中职学校加盟，促进电子商务专业的资源共享以及学习和交流。上海科嘉社会工作评估事务所2016—2017年度承接项目金额93万元，在上海市的公益项目评估界产生较强的社会影响。年内，学院开展培训、鉴定、技术服务等方面收入共计350余万元。

加强校际交流与合作。先后接待美国加州州立大学斯坦尼斯洛斯分校和奥龙尼学院、德国图林根教育与职业教育基金代表团、上海工程技术大学高职学院等国内外院校代表的参观、访问。学院领导受邀到遵义职业技术学院、贵阳职业技术学院、贵阳护理职业技术学院、上海交通职业技术学院、上海出版印刷高等专科学校、上海农林职业技术学院、湖州职业技术学院等十余所院校，开展省级优质校建设项目评审、专业诊断与改进试点评估和专业建设指导等工作。（王　影）

【在2017年全国职业院校信息化教学大赛获奖】 11月24—27日，由教育部主办、教育部职业院校信息化教学指导委员会、山东省教育厅等承办的2017年全国职业院校信息化教学大赛举行。学校商贸管理学院教师郭威、刘克敏、王晶晶提交的信息化教学设计作品，在获上海市一等奖入围全国决赛后，再获全国二等奖。这是历年来上海高职院校在该大赛中所获的最高奖项。（王　影）

上海科学技术职业学院教师提交的作品
获2017年全国职业院校信息化教学大赛二等奖

【通过语言文字工作评估】 11月29日，受上海市语委、市教委委托，五位专家对学院的语言文字工作进行达标评估。专家组通过听取汇报、召开座谈会、查阅资料、实地走访、问卷调查、书面测试等方式，对学院近年来的语言文字工作状况进行全面检查。市语委、市教委认定学院语言文字工作

评估合格。（王　影）

【举办第五届全国高职院校创业教育研讨会】 12月16日，由上海市教委高教处、上海市高等教育学会高职高专创业教育专业委员会主办，学院承办的第五届全国高职院校“打造双创教育师资队伍，构建共融共享育人模式”研讨会举行。研讨会上，举行了2017年上海市高职双创教育师资培训班结业仪式。（王　影）

【获评全国深化创新创业教育改革特色典型经验高校】 12月7日，中国高等教育学会创新创业教育分会2017年工作年会暨第八届全国高校创新创业教育高峰论坛召开。学校获评“全国深化创新创业教育改革特色典型经验高校”。学校董事长朱建新、对外合作交流处宋柏红提交的论文《大学生创业管理人才培养对接创业园区的模式初探》获全国高等学校创业教育优秀论文一等奖，宋柏红获评“2016年全国高等学校创业教育工作先进个人”。（王　影）

附：学校负责人及地址

（2017年1—12月）

董事长：朱建新

院党委书记：王云飞
副书记、副院长：周财宝

院　　长：董大奎
常务副院长：韩　芳
副 院 长：高　康

地址：金沙路280号
邮编：201800
电话：69990010

上海农林职业技术学院

【2017年概况】 学校有松江主校区、浦东实训基地、松江泖港实训基地和奉贤海湾实训基地4个校区，占地总面积965333平方米。有南汇、海湾、五库三个实训基地及实验动物实训中心、农产品检测实训中心、上农动物实训医院、工厂化种苗生产实训园等70余个校内教学实训室。学院全日制在校生3956人(其中中职生480)，录取新生1131人(其中中职生160)。教职工303人，其中专任教师155人、副高以上职称43人。有植物科学技术系、风景园林技术系、动物科学技术系、农业生物与生态技术系、农业经济管理系、农业信息工程系、基础部、思政部六系二部和实训中心、继续教育中心等教学单位，开设园林技术、动物医学等22个专业，涉农专业及涉农专业学生占比均超80%。

学校是上海唯一以现代都市农业为特色的全日制公办普通高等学校，是教育部首批百所现代学徒制试点院校，获全国文明单位、上海市文明单位、上海市平安示范单位、上海市花园单位等称号。学校所属农业部农业特有工种职业技能鉴定站被评为“全国优秀农业职业技能鉴定站”。

落实全国和上海高校思想政治工作会议精神。健全思政工作队伍建设，设立校党委教师工作部和2个教学系部党总支，配齐专职组织员和宣传员，新进专职辅导员5人，新进思政教师1人。率先在上海高职院校中开设“中国系列”“大国三农”课程。出台《关于实施以课程思政为重要内容的教学改革意见》，形成农林特色的课程思政教学典型案例66个和课程思政观摩课8门。以学生活动为载体，发挥志愿者服务、暑期社会实践等实践育人作用，发挥“上农之春”文化节、民族传统体育社团等文化育人作用，发挥“青年马克思主义者培养工程”“我的中国梦”等社会主义核心价值观引领作用。

推进课程体系改革，专业创新发展多点突破。在2017级人才培养方案中落实“理实统一”、农林职业特色鲜明的课程体系改革，开设“农业通识课”课程12门。实施高职三年创新行动计划，推动重点专业内涵发展。动物医学仿真模型研发完成并投入使用，建成具有自主知识产权的虚拟宠物医院学习系统。新增市级精品课程2门，主编出版教材20本，主持教育部专业标准开发1项。农产品加工与质量检测专业组建双证融通试点班，实施双证融通培养方案。

实施内部质量保证体系建设，教学信息化环境初步形成。实施内部质量保证体系建设与运行实施方案。深化“第三方”教学督导工作内涵，对日常教学开展督查和评价，对学校教学改革进行指导。全面落实实验实训室信息管理系统，提高实验实训室的使用绩效和管理效能。实习远程管理系统投入使用。建设各类教学资源与平台网络课程150余门、微课资源200个，教学信息化建设水平不断提升。

深化实训基地建设，服务教学和服务社会能力不断提升。以“创新、协调、开放、绿色、共享”的发展理念指导浦东实训基地的建设，打造都市现代农业绿色发展示范园，拓展专业发展空间。13个项目通过论证，2018年开始建设。都市农林实训中心开展技能鉴定、农民工培训、职业体验活动等近12000人次，通过三星级现场绩效评估。泖港基地获上海市科技兴农项目创新基地称号，市农校获职业体验特色组织奖。支援服务南疆职业教育工作有序推进，完成本年度两个实验室仪器采购、实验室建设和信息化建设的援助任务，举办受援学校师资培训3期。

加大人才队伍建设力度，学术与教科研成绩凸显。选送教师进行国内访学、产学研实践、在职进修等各级各类培训70余人次。教师教育教学能力得到进一步提升，在市级说课和教学比赛中获多个奖项，其中一等奖1人。获上海高校青年教师培养资助计划1人。农业经济管理专业教学团队获市级优秀教学团队。2名教师获全国农业职业教育教学名师称号。坚持服务专业教学和实训生产的原则，获教科研项目20项，以及市政府决策咨询类课题、科技兴农等校外项目7项。

有序开展对外交流合作。组织师生出国(境)开展专业学习实践11批次100人次，其中5人赴匈牙利赛格德大学攻读本科，2名教师赴海外开展为期一年的学习研修，新增西澳大学现代农业技术学习项目1项。接待境外学习交流团组8批次41人次。6名专任教师以及28名学生参加美国兽医助理培训课程。

落实项目库建设制度，综合管理初步形成信息化体系。完成学校“十三五”规划以及8项子规划编制。6项房屋建筑、设施修缮(含装饰装修)项目进入项目储备库(2018—2020年)。以学校主站和“I尚农”手机移动APP为平台，初步构建完成教务、招生、人事、教科研、财务、资产、后勤服务、宿舍、办公OA等管理系统，形成信息化集群，实时、动态监测和有效增强管理能力，为师生提供更多精细化、人性化、智慧化的综合管理服务。

完善财务资产管理，审计整改规范落实。修订完善《公务卡使用管理办法》《关于校内各级负责人经济责任制暂行规定》等财务管理制度，完成2016年财务管理存在主要问题的整改工作，不断提升财务管理规范。在12个两基两辅和内涵建设项目中推进维修工程类项目财务监理制度，13个50万元限额以下的维修设备类项目通过第三方审价决算平均核减10%，有效控制项目投资总额。“财务报账网上审批系统”建设完成并于2018年投入使用。修订完善《固定资产管理暂行办法》《资产委托经营管理暂行办法》等，强化固定资产入口关、使用关、处置关的管理，提高国有资产管理绩效。开展校办企业的清理规范工作，加强对校办企业财务资产的规范管理。新增固定资产820台件，价值1450.76万元；累计待报废固定资产224.8万元。开展各类审计8次，完成2016年度年终决算审计报告中反映问题的整改。

推进平安和谐绿色校园建设，民生保障水平不断提升。制定《节能减排绿色生态校园建设三年行动计划》及《节能减排工作管理暂行办法》，开展校园水平衡测试、建筑围护结构保温改造和非节能门窗更新等节能降耗工作。完成“十二五”校园技防建设并通过市教委验收，完善车辆管理系统，提升校园安保安防水平。完成学生宿舍1、2、3号楼大修工程，以及2000KVA电力扩容、学生事务中心修缮等32项民生工程。“明厨亮灶”和厨房自动灭火系统建设完成。通过完善物业、保洁、绿化管理台账和安全检查机制等，强化管理标准化、规范化，后勤保障体系管理更加精细化。规范做好大学生资助工作，全面发放各类资助金288.37万元。心理咨询室建设通过上海学生心理健康教育发展中心验收。

（费 明）

【首批现代学徒制试点班学生毕业】 “五四园艺班”“五四财务班”两个首批现代学徒制试点班学生毕业，园艺专业签约11人，农经签约4人，50%以上学生在企业就业。学院新办动物医学顽皮宠物班和动物园班、环境工程能多洁班，制定《现代学徒制企业导师教学质量评估指标》等规章制度。

（费 明）

上海农林职业技术学院首批现代学徒制试点班学生毕业

【开设“大国三农”思政课程】 “大国三农”思政课程由6位学校党政班子成员以及各系部的党政负责人共同承担，以团队形式为全体学生授课。该课程分为绪论，农业、农村和农民三个篇章，分11个专题，系统讲解习近平总书记关于三农工作的新思想、新理念、新战略和党的“三农”形势与政策。课程面向2016级全体学生。遵循高职教育“理实一体”的特点，这门课程还开设与实践相结合的实训课，要求学生在课后深入“三农”一线，开展调研活动。

（费 明）

【试点专业诊断与改进工作】 学院作为上海市专业诊断与改进工作试点院校，制定学校及6个专业内部质量保证体系建设与运行实施方案，以专业诊断与改进为抓手，推进内部质量保证体系建设与运行。

（费 明）

【教学质量再上新台阶】 农业经济管理专业教学团队被评为市级教学团队。学校六大重点特色专业均拥有市级教学团队。教师李宝昌的“园林工程”和徐卓颖的“插花艺术”被评为市级精品课程。王彤光、王金福获第五届全国农业职业教育教学名师。动物医学专业获评上海市高职一流专业建设比武二等奖。5人次在市级说课和教学比赛中获奖，一等奖1人。学生参加职业技能竞赛10大类16小项，共91人次获奖，其中全国大赛二等奖4项、三等奖4项，上海市赛二等奖2项、三等奖6项。

（费 明）

【创新创业教育获突破】 学校获第三届中国“互联网+”上海赛区大学生创新创业大赛和第五届上海市高职高专大学生创业计划大赛优秀组织奖，“园庄生鲜半成品净菜加工”获上海市高职学生创业计划大赛唯一特等奖。“创新创业教育在田间地头生根发芽”入选上海市教育综改典型案例。550名学生参加“大学生创业能力”认证培训，获证率96.9%，远高于上海市平均水平。 （费 明）

【就业工作稳定有序】 为提高毕业生行业集聚度、稳定性和成长性，筹建就业指导工作室。学院毕业生1154人，就业率98.35%，签约率88.65%，均高于上海市高校平均水平。两名西部计划志愿者分赴四川和新疆。“三支一扶”共有31位同学报名参加考试，8名同学被录用。 （费 明）

【校园文化及文明共建】 举办学校成立15周年、市农校成立70周年纪念活动。举办以“四海八荒神农裔，春播桃李三十载”为主题的第三十届“上农之春”文化节。举办“档案纪录上农2017图片展”。

完成《2017年上海农林职业技术学院年鉴》。学院师生积极参加参与纸质图书荐书活动、“为你朗读”活动、校园歌手大赛、“悦读·悦青春”读书等活动。原创农业剧《三农有梦，青春无悔》再次公演，反响热烈。承办2017年上海教育系统文化科技“三下乡”活动暨与王港村第五轮“文明共建”签约仪式。在原有共建基础上，发挥新型农民培训、科研成果下乡、大学生到农村锻炼等方面的优势，进一步推动校村共建。全年中央及地方媒体宣传学校办学成绩37次。（费　明）

上海农林职业技术学院举办第三十届“上农之春”文化节

【获评上海市文明单位】 学校再度获评“上海市文明单位”荣誉称号，是获评市级文明单位的45所高校中10所高职院校之一。学校已在20年内连续10次获评该荣誉称号。（费　明）

【入选2016年度“晨光计划”】 青年教师徐菲主持的“亚高温下湿度对生菜养分吸收及产量品质的影响”和青年教师虞亚楠主持的“松江区近10年农用地变化及驱动因素研究”两个项目参加上海市2016年“晨光计划”项目(B类)选拔，均入选。（费　明）

【市教委到校调研2017年重点专项工作】 市教委委托上海市教育科学研究院专家组到学院开展2017年上海高职院校重点专项现场调研工作，考察校内动物医学虚拟仿真实训室，校外五库实训基地工厂化育苗基地等实训场所。（费　明）

附：学校负责人及地址

（2017年1—12月）

院党委书记：吴乃山
　　副书记：魏　华（兼）、俞锦禄

院　长：魏　华
副院长：俞锦禄（兼）、仲肇森、谢锦平、张佳敏（5月到任）

地址：中山二路658号
邮编：201699
电话：57822666

上海体育职业学院

【2017年概况】 2017届毕业生是上海体育职业学院第一届高职生，共89人。截至8月底，毕业生签约率超90%（不含在训运动员）。2017年全日制高职招生人数144名。学校的高等教育层次学生包括：高职生423人、成人大专运动员67人、本科运动员142人。学校还承担上海体育学院专升本学生198人的教学任务、上海体育学院硕士研究生的带教和管理工作、跟踪在上海10所高校就读的运动员学习状况。年内，国家体育总局举办的成人大专招生工作由学校转移给上海体育学院。

竞技体育工作。学校共有13个大项、18个分项、135个小项竞技体育，354名运动员参加第十三届天津全运会决赛，获16枚金牌、20枚银牌、13枚铜牌，金牌总数超过上届全运会。金牌贡献率达

55.2%，超越上届，协助市体育代表团圆满完成既定参赛目标。其中，自行车项目获4枚金牌、10枚奖牌，总分为160分。男子水球项目继1997年八运会后再次获冠军，男子沙滩排球项目上海国家队组合队员高鹏、李阳再次拿到该项目冠军。田径项目获4枚金牌、10枚奖牌，其中1996年出生的郭钟泽一人获男子400米和男子4×400米2枚金牌，以45秒14的决赛成绩打破尘封16年的男子400米全国纪录。击剑项目获男子重剑、男子佩剑团体两枚金牌。男子乒乓球队在时隔52年后，再次获全运会男子团体金牌。

师资培训。利用寒暑假，积极鼓励教师参加各类教学培训活动，共计5批次，10人次。培训内容包括课程教学改革与教师教学能力提升培训，数字校园资源建设暨智慧校园网络学习空间应用高级培训，教师科研课题申请、研究方法及成果发表、评选，教学设计、说课与课堂呈现技巧培训等。5月，学校师生访学团赴香港体育学院进行为期10天的访学交流，共有6名教师14名学生参与。

教学科研成果。学校教务处继续组织开展“运动生理学”“运动解剖学”和“英语”3门课程的微课制作工作，于12月完成所有制作任务。完成年初制定的自编讲义3门、课程标准9门计划。完成由上海市体育局科教处组织的2017年度体育系统文化教师优秀论文评选比赛，20名教师参赛，获一等奖一名、二等奖一名、三等奖2名。组织教师和学生参加2017年全国高等体育职业院校教师职业技能大赛和2017年全国高等体育职业院校学生职业技能大赛，取得较往年更优异的成绩，其中2名教师获二等奖、3名教师获三等奖，1名学生获一等奖、2名学生获二等奖、多名学生获三等奖。

校园活动。在学生处及学生会指导教师的指导下，学生会策划、组织“高职生趣味体育活动大赛”“寝室美化设计大赛”“高职生辩论赛”“高职生‘五人制’足球赛”四项活动。丰富高职生的业余生活，提升各项综合能力，加强师生互动，融洽师生关系。

实习实训及就业指导工作。联合各校企合作单位完成2014级、2015级实习实训工作。其中，2014级体能休闲专业参加实习实训学生38人，就业率90%以上。参与此次实习实训工作的校企合作企业2家，有企业班主任2人、企业带教师傅6人、校内带教老师4人，师生比1∶3.8。定期召开带教会议，严把实习过程管理。6月，教学部门召开2014级实习实训工作总结会。积极组织2015级高职生实习实训工作，本届实习生77人，其中参加校企合作学生16人。本次实习实训工作共有4家企业参与。根据学生就业意向，积极拓展校企合作单位，增加专业教练岗位企业。有针对性地开展5次校企合作单位校园宣讲，邀请企业为校企合作学生进行岗前培训共计20学时。做好岗前培训及就业指导的过程管理。

思政工作。制定学习教育常态化制度化学习计划和“三会一课”学习计划，积极开展各种学习教育活动，编制印发学院“两学一做”学习教育读本，为全体党员配发《习近平的七年知青岁月》；将各类党建APP、党建网站上新颖的学习材料，适时在各党总支（支部）工作群进行推送，创新学习形式，增强学习效果，做到学深悟透、入脑及心。在建党96周年之际，组织开展“学航天精神　战天津全运　争做合格党员”——迎“七一”主题党日活动，使学院广大党员干部进一步增强党性观念，坚定为党的事业、体育的发展奋斗终身的决心。

制定《上海体育职业学院思想政治工作实施意见（试行）》，从运动员、高职生、教职员工三方面，对学校思政工作发展建设做出详细规划。每季度组织院部党员干部群众进行政治学习，组织观看《不忘初心，纪念中国共产党成立96周年》《铁纪铸军魂——八一南昌起义中的纪律》《摔跤吧，爸爸》《巡视利剑》等学习视频，不断探索思政教育的新形式、新方法，加强思想引领和警示教育。　（叶丽玉）

【举办专题培训及一线教练员继续教育培训】 5月和6月，邀请美国国家体能协会体能专家、日本体能协会体能专家为运动队在全运会前做2场专题培训，培训内容为“运动员发展期的超等长及爆发力训练培训”“周期训练计划的制定”。11月和12月，举办一线教练继续教育培训，培训实际参加人数123人。教练员在此次培训中提高自身执教水平，学会在实践过程中从项目发展规律出发思考，掌握专项训练规律，遵守训练原则。　（叶丽玉）

【陈群慰问运动员、教练员】 学校运动员始终保持高强度的科学训练，全力备战第十三届全国运动会。8月7日，副市长、上海代表团团长陈群到东方绿舟体育训练基地，看望慰问正在积极备战全运会的学院运动员和教练员。（叶丽玉）

副市长、上海代表团团长陈群看望备战第十三届全运会的上海体育职业学院运动员和教练员

【举办迎“七一”主题党日活动】 6月28日，在建党96周年之际，学院组织开展“学航天精神　战天津全运　争做合格党员”——迎“七一”主题党日活动，使学院广大党员干部进一步增强党性观念，坚定为党的事业、体育的发展奋斗终身的决心。（叶丽玉）

【赴香港体育学院访学交流】 5月11—20日，学院6名教师与14名学生组成访学团赴香港体育学院访学交流。此次访学有体能训练、运动营养、运动生物力学、运动医学、运动心理等专业理论课程，有体能实操练习与体能专项测试等专业实践课程。学校访学团参观香港体育学院各训练场馆以及帮助运动员分析数据、提高成绩、治疗伤病的各精英训练科技中心。（叶丽玉）

【在2017年全国高等体育职业院校教师职业技能大赛获奖】 9月25—29日，2017年全国高等体育职业院校教师职业技能大赛举办，本次大赛由国家体育总局科教司、全国体育职业教育教学指导委员会主办，新疆体育职业技术学院承办。来自全国各地17家体育职业学院的45支代表队、共83人参加比赛。本次大赛共设“说专业”“说课”“信息化教学课件制作”三个比赛项目。上海体育职业学院5名老师参加比赛，教师王爱斌在“说专业”比赛中获三等奖、教师孔海琛和张雪在“说课”比赛中分获二等奖和三等奖、教师张洋和尚延侠在“信息化教学课件制作”中分获二等奖和三等奖。（叶丽玉）

附：学校负责人及地址

（2017年1—12月）

院党委书记：苏清明
　　副书记：沈富麟、魏　燕

院　长：沈富麟
副院长：苏清明、朱学雷、海　线、邱培康、王励勤

地址：百色路1333号
邮编：200237
电话：64771485

上海东海职业技术学院

【2017年概况】 学校是一所公益性民办大学，是上海市特色高职院校、上海市示范性民办院校、上海市安全文明校园、上海市文明单位。学校设7个二级学院（经管学院、艺术学院、机电学院、护理学院、商学院、传媒学院、航空学院）、2个教学部（基础教学部和社会科学部）及继续教育学院，共

20个专业。有16本教材公开出版。学校投入331万元,建设100余门课程,参与教师达400余人次。经过5年建设,7门课建成"市级精品课程"、31门课建成"校级精品课程"、65门课建成"优质课程"。全员参与、校企联动,课程建设达到预期目标。

学校优质课程的建设带动专业核心课程、市级精品课程和专业建设,五年期间,7门课程被评为上海高职高专精品课程、5个专业被评为市级优秀教学团队、1个专业被选为上海一流专业,在重点专业建设教学设计比武中连续三年获奖。104门课程建设通过验收、104本校本教材在教学中使用、108个课程网站上线,初步建成开放性的共享型教育资源库。

学校整体改革、专业建设跃上新台阶。学校实训室建设面积达7000余平方米,实训机位总计增加300余座。新建3个具有"校中厂"和"厂中校"特征的校内外实训实习基地,新建7个高仿真"工作情景实训中心",新建6个校内专业实训室。改(扩)建9个校内专业实训室,校内拥有的高仿真专业实训中心由建设前的7个增加到15个,改扩建专业实训室9个。校内实训室面积新增830平方米,新增实训项目40余项,新增实训工位数2526座。校外顶岗实习基地新建约30家。学校生均教学科研仪器设备值(元)从2015年的8645元/生增加至15871元/生。

积极扩大对外合作办学,引入德国手工业协会先进职教理念和职教模式,与美国、德国、澳大利亚和日本等国高校建立合作交流机制。引进内容丰富并符合学生意向的国际交流项目,让更多的学生走出校门、走出国门,走进海外高水平高校交流学习、考察研究,提升学历、提升国际化视野及竞争力。

年内招收84名新疆籍维吾尔族内职班学生,为新疆地区培养职业教育大学生。与湖北宜昌、新疆喀什、云南保山和迪庆自治州等地建立长期友好合作关系,共培训15期千余人次。学校培养毕业生累计23000余人,毕业生受到用人单位的欢迎,近年来毕业生一次就业率保持在97%以上。

(杨　静)

【实训大楼开工建设】 12月29日,学校实训大楼开工建设。实训大楼将于2019年6月建成,总面积近28884平方米,学校将有更大的发展空间。

(杨　静)

【获民办教育突出贡献奖】 12月26日,上海市第三次民办教育工作会议举行,副市长翁铁慧,及上海市副秘书长宗明等领导出席会议。会上,学校董事长曹助我获"民办教育突出贡献奖"。

(杨　静)

【推进"美丽中国"系列课程教学】 学校全面推进"美丽中国"系列课程教学。领导班子全体成员亲身参与集体备课、研讨活动等。课程分"山河美、理想美""职业美、精神美""文化美、心灵美""发现美、青春美"四大板块,引领学生了解历史、把握现在、展望未来,坚定"四个自信"。

(杨　静)

【2017东海技能节开幕】 11月7日,2017东海技能节开幕,为期一个月。技能节期间,校史馆推出技能专题展供师生参观,各学院举办面向全校的各类技能选拔赛。

(杨　静)

上海东海职业技术学院举行2017东海技能节

【市民办高校"强师工程"教师培训项目获奖】 10月13日,在上海市民办高校"强师工程"教师培训项目实施五周年回顾暨第三届民办高校教师教学技能大赛颁奖大会上,学校获优秀组织奖,教师王

银月、高静获骨干组三等奖，这是学校连续三年在该项赛事中获奖。（杨　静）

【入选教育部现代学徒制试点单位】 教育部第二批现代学徒制试点遴选结果揭晓，学校入选现代学徒制试点单位。与上海城建职业学院、上海邦德职业技术学院共同成为上海地区入选的三所高职院校。这是学校产教融合、校企合作的成果，实现了学校国家级立项"零"的突破。（杨　静）

【获"上海市文明单位"称号】 4月18日，上海市精神文明建设工作会议召开，揭晓2015—2016年度（第十八届）上海市文明单位获奖名单，学校榜上有名。这是学校连续4次获"上海市文明单位"称号。（杨　静）

【新建9个教师践习工作站】 为鼓励教师赴企业践习，以提高教师双师素质和职教教学水平，学校在9个企业建立教师践习工作站。学校的经管学院、传媒学院、护理学院、机电学院、艺术学院及商学院等都有相对应的践习单位，为教师赴企业践习提供更好平台。（杨　静）

附：学校负责人及地址

（2017年1—12月）

董事长：曹助我

院党委书记：赵佩琪

副书记：王　玉、项家祥（兼）

院　长：项家祥

副院长：尹雷方、程龙根、赵佩琪（兼）

地址：虹梅南路6001号

邮编：200241

电话：64505555

上海工商职业技术学院

【2017年概况】 学校有2个二级学院、7系1部。33个招生专业。教职工483人，其中专任教师289人，具有研究生以上学历167人，占专任教师的58%；讲师79人，占专任教师的27%；正教授10人、副教授55人，占专任教师22%。行业类各种高级技师、工程师24人，占专任教师8%。学校普通高职专科在校生5718名、夜大（业余）学生56名，普专入学报到率83.48%，毕业生1823名、就业率100%。

学院有嘉定、青浦两个校区，土地总面积138662平方米，租用土地面积85703平方米。其中，建筑面积合计103091.84平方米（含在建汽车、机电大楼24241平方米、餐旅大楼4230.73平方米）。租用建筑面积合计29132.43平方米。绿化面积合计67036.3平方米。生均教学行政用房16.51平方米。

学院有纸质图书444311册（含新进图书19865册），建立数据库3个。教育教学成果方面，获批市级"精品课程"2门、入选市级教学团队2个、获各类项目立项10个。在2017年的各类赛项中，获一等奖8个、二等奖12个、三等奖26个、优胜奖4个、团体一等奖4个、团体二等奖6个、团队三等奖1个。（刘晓燕、接剑桥）

【获上海市教卫工作党委系统文明单位】 5月27日，上海市第十一次党代会精神传达学习会暨上海市文明校园创建工作推进会上，学校被评为"2015—2016年度上海市教卫工作党委系统文明

单位”；6月5日在市高校校园文明文化项目推进会上被命名并颁发证书。　（接剑桥）

【获上海市五一劳动奖状】 9月20日，2017年上海市厂务公开工作领导小组(扩大)表彰会议上，学校被评为“2015—2016年度上海市十佳厂务公开民主管理工作先进单位”获授上海市五一劳动奖状。　（接剑桥）

【学生在各类比赛中获奖】 6月上海市“星光计划”第七届职业院校技能大赛，学校学生共参加18个赛项，获6个一等奖、6个二等奖、19个三等奖、1个团体一等奖，四个赛项获团体二等奖。学生在本届“星光计划”技能大赛中，获奖人次31人次，获奖总数居上海高职类院校第五名。在2017年中国技能大赛及上海市技能大赛中，学校二级学院大唐信息技术学院代表队6名学生参赛，取得“网站设计”和“商务软件”两个团队一等奖，其中“商务软件”赛项学生吴佳伟获第一名、学生程馨获第二名、学生张从磊获第三名。“网站设计”赛项学生杨灵鹏获第二名、学生徐豪获第三名、学生梅衍青获第八名。12月，在“优优汇联杯”电子商务实战技能大赛中，学校商务与管理系获二等奖。在2017年“知行杯”上海大学生社会实践大赛中，院团委暑期社会实践项目“‘匠心古韵’传统手工艺工匠非物质文化遗产”获一等奖，是进入决赛的68支队伍中唯一大专院校。　（蒋乃平、刘晓燕、接剑桥）

【教学工作成效显著】 1月，机电工程系教师安全的“机电控制技术综合应用”获批市级精品课程。计算机信息系“计算机应用技术专业教学团队”获批市级教学团队。珠宝系教师李居佳“珠宝首饰营销与策划”入选市级精品课程，“首饰设计与工艺专业教学团队”入选市级教学团队。2月，珠宝系教师崔笛申报的课题“云南祖母绿宝石学特征与成矿地质条件的研究”获“晨光计划”项目立项。4月，教师叶松获“2017年上海市黄炎培职业教育奖”。9月30日，上海高职高专院校思想理论课教学比赛，基础部教师刘金静获三等奖。

（蒋乃平、刘晓燕、接剑桥）

【2017市职业体验日活动启动】 5月13日，由市教委和市经信委共同组织，上海教育报刊总社和学校承办的2017年上海高职院校“职业体验日”活动启动仪式举行。学校与上海电子信息职业技术学院向上海宝信软件股份有限公司王森、中国电信股份有限公司上海分公司周学明、上海斗象信息科技有限公司袁劲松等3位“智慧工匠”颁发“智慧工匠”技能大师聘书，为“智慧工匠”技能大师工作室授牌，为获2016年“职业体验日”优秀项目的院校颁奖。学院接纳嘉定区638名中小学生到校进行首饰编织与珠宝制作、移动互联网体验、机器人与新能源汽车实训等职业体验。　（接剑桥）

【获评安全文明校园】 4月20日，在市教委餐饮管理专业委员会2015—2016年会上，学校被授予“上海高校‘六T’实务现场管理达标食堂”称号。5月17日，市教委高校技防建设“十二五”规划完成情况验收专家组，对学校技防建设“十二五”规划完成情况开展实地检查验收。学校“十二五”技防建设获通过。12月19日，学校通过上海市教委安全文明校园考评组考评验收，被评为“上海市安全文明校园”。　（蒋乃平、接剑桥）

附：学校负责人及地址

（2017年1—12月）

院党委书记：金伟国
副书记：陈英南

院　长：陈英南
副院长：胡家秀、王中强、叶　松

嘉定校区地址：外冈镇冈峰公路68号
邮编：201806
电话：60675958

青浦校区地址：华新镇新凤北路565号
邮编：201708
电话：60258299

上海震旦职业学院

【2017 年概况】 学校现有教职员工 411 人,其中专任教师 226 人,副高以上职称 98 人、硕士及以上学位 123 人、“双师型”教师 80 人。2017 年录取新生 1726 人,实际报到 1452 人,报到率 84%。2017 届毕业生 1321 人,就业率 99.32%、签约率 99.24%。

提高人才培养质量。①开展重点专业建设,组织召开研讨会,确立 9 个校级重点专业。调整专业结构,新增保险、物流管理、影视编导、艺术设计(少儿美术)4 个专业。完成 2016 级 198 门课程教学大纲的修订,开设近 60 门公共选修课。②新建 CRP 数字化校园信息平台。完善“学分银行”管理制度,推进学习成果互认衔接。③加强课堂教学过程管理与监控,重视学生教学信息员队伍建设,先后召开 9 次学生座谈会。④举办第六届科技节,开展 28 项竞赛项目,200 余名学生获各类奖项。⑤组织学生参加 2017 年上海市“星光计划”职业技能竞赛,获一等奖 1 个、二等奖 3 个、三等奖 10 个。承办第十届全国职业院校技能大赛上海赛区“文秘速录”选拔赛,获团体一等奖。组织学生参加全国职业院校技能大赛,获团体二等奖 1 个、团体三等奖 1 个。⑥稳步开展继续教育,年内组织各类培训共计 1700 人次,被上海市成人教育协会评为“2017 年优秀成人继续教育院校”。⑦成立“音乐舞蹈中心”。建设虚拟仿真实训室、工业机器人实训室、学前教育综合实训室、3D 打印艺术实训中心等 18 个实训室,满足专业实训需求。

加强师资队伍建设。①选派 19 名教师、管理干部参加上海市教委组织的民办高校“强师工程”研修班,选派 9 名专职教师到企业挂职锻炼,促进双师型教师队伍内涵发展。②坚持人才引进和培养并重,专业主任进行述职聘任,聘请上海梅卿传媒集团董事长、主持人梅卿担任客座教授。③14 名教师获高校教师资格证书,2 人获“高校青年教师培养资助计划”、2 人获国内访学资助,3 人在职攻读硕士,3 人在职攻读博士。④聘请专家开设“中国伟业”系列讲座,提升教师对核心价值观认同感。加强思想政治教育专业队伍建设,思政部教师范人伟获首届上海市高职高专思想政治理论课教师“教学骨干”称号。⑤东方电影学院教师祝华东的微电影文学剧本《不说再见》获中国电影著作权协会颁发“版权证书”,教师任艾丽执导的微电影《灯塔》在首届国际青年微电影艺术节中获“优秀影片奖”。

促进学生全面发展。①征集评选 2017 年辅导员优秀工作案例和优秀工作论文,编制《辅导员工作手册》,推进辅导员队伍专业化、职业化管理。②强化学生理想信念教育,积极参加由教育部主办的“学习宣传贯彻党的十九大精神——千名高校优秀辅导员‘校园巡讲’和‘网络巡礼’活动”。③注重思政课程改革,校领导担纲“形势与政策”课程教学,坚持贴近学生,注重知行统一。④举办第八届军训营,充分发挥学生骨干作用,彰显学生自我管理特色。⑤打造志愿者服务品牌,年内累计 3000 余人次志愿者参与各类志愿者活动,312 名师生自愿参加造血干细胞资料库志愿者招募活动并成功入库。获上海市红十字会颁发的“2017 年度造血干细胞志愿者招募工作先进集体”称号。⑥积极开拓帮困助学渠道,帮助 302 人次申请国家助学贷款和生源地助学贷款,提供校外勤工助学岗位 50 余个,为 595 名家庭经济困难学生办理缓缴学费手续。鼓励学生积极成才,44 名毕业生获上海市优秀毕业生称号,25 名毕业生获校级优秀毕业生称号,2 名学生获得国家奖学金,132 名学生获国家励志奖学金,3 名学生获上海市奖学金,545 名学生获得校级奖学金，545 名学生获得国家助学金。⑦抓心理健康教育，开展主题为“艺术表达心灵，缔造美丽人生”心理健康教育活动月活动，累计 1100 余人次参与活动，获“2017 年度上海学校心理健康教育活动月优秀组织奖”。⑧学校跆拳道队在上海市大学生跆拳道锦标赛中，获 17 枚金牌、11 枚银牌、2 枚铜牌，并以团体第一的成绩获乙组第一名及体育道德风尚奖。⑨舞蹈《采薇》获第十四届中国国际青少年儿童艺术文化节舞蹈比赛上海赛区青年组金奖。

深化国际教育内涵。①与瑞士工商酒店管理学院签署战略合作备忘录。②与韩国庆南情报大学、东西大学实现互访，签订两校合作备忘录，为中韩合作办学奠定基础。③开展第十期赴美国带薪实习项目，18 名学生出国学习。遴选 9 名学生赴美国加州浸会大学参加暑期夏令营。

发挥校园文化辐射效应。①加强图书馆内涵建设，举办“第六届震旦读书月”等系列活动。加大文献资源引进力度，馆藏纸质文献 42.7 万册，提供多种资源在线浏览及下载服务。②完成学校新网站群的建设和改版，加强教育管理信息应用与保障工作，获 2017“知网杯”上海高校信息资源发现大赛优秀组织奖。③完善后勤社会化改革，开展“不忘初心、服务师生”满意度调查活动。成立校动拆迁工作领导小组，有序推进校区西块土地的动拆迁工作。④获评 2016—2017 年度“上海市安全文明校园”及“上海市平安单位”，获“上海市节约用水示范学校”称号。⑤举办校园招聘会，开展企业招聘宣讲会，为 1300 余名毕业生介绍就业单位 500 余个，提供 3600 余个就业岗位。⑥深化教代会、工代会为基本形式的民主管理制度，学校工会工作经上海市教育系统工会考评，获优秀等级。 （廖文文）

【承办“中国本土文化视角下的心理健康理论与实践”培训班】 11 月 23 日，由上海学生心理健康教育发展中心和上海高校心理咨询协会主办、上海震旦职业学院承办的“中国本土文化视角下的心理健康理论与实践”培训班开班，培训历时两天，来自全市 20 个学校的近百名学员参加培训。由四位教授担任主讲嘉宾分别主持“中国本土文化与心理健康教育”“中医心理学”“中华民族艺术和心理健康”主题讲座。 （廖文文）

【召开校思想政治工作会议】 12 月 22 日，学校召开思想政治工作会议。会议对 2017 年辅导员队伍建设月活动中涌现的先进个人进行表彰，制订通过《思想政治工作 3D 方案》，进一步宣传贯彻党的十九大精神，激发教职员工努力把学校思想政治工作推上新台阶。 （廖文文）

【获上海市民办教育优秀奖】 12 月 26 日，在上海市第三次民办教育工作会议上，震旦教育集团创始人、管委会主任张惠莉获上海市民办教育优秀奖。 （廖文文）

附：学校负责人及地址

（2017 年 1—12 月）

理事长：张惠莉
董事长：张　沈

院党委书记：黄晞建
　副书记：陈力华（兼）、夏　臻

院　长：陈力华
副院长：张惠莉、张　沈、王纯玉

地址：市一路 88 号
邮编：201908
电话：66866920

上海民远职业技术学院

【2017年概况】 学校有全日制在校生797人，生均占地面积133.8平方米、实习实训场所5758平方米，教学科研仪器设备1954.28万元、纸质图书25.5万册。2017届毕业生就业率76.24%。专任教师67人，生师比为14.23∶1；教师资格证持证率96%以上，其中拥有副高级及以上职称的占23.88%、中级职称占46.27%，硕士及博士研究生学历占全体教师数的43.28%。双师型教师22名，占全体教师数的32.84%。

年内，新一届董事会成立。调整学校内设机构，下设党政办、人事处、教学科研处、学生处（学工部）、招生就业处、电教网络中心、财务室、图书馆和后勤资产保卫处等9个职能部门。调整干部队伍，引进资深教育专家担任学校校长，中层管理干部平均年龄下降7岁。梳理并修订近260项行政管理、人事聘用、教学科研、学生工作、后勤保障等各项规章制度，提升学校管理水平。

重新明确学校定位，建立新的专业体系。学校围绕上海“四个中心”建设，立足社会需求、紧贴科技前沿、着眼长远发展，重点发展旅游、财经、先进制造、文化创业、国际航运等前景好有吸引力的品牌专业，培养应用技能型紧缺人才。设置国际航运物流学院、经济管理学院、应用技术系、外语系、艺术系、思政教学部二院三系一部。新增四个专业（方向）：应用技术系的“新能源汽车技术”专业、外语系的“应用英语（国际导游方向）”“应用韩语（国际导游方向）”、艺术系的“艺术设计（数字传播艺术方向）”。学校现有招生专业（包括专业方向）13个，包括报关与国际货运、物流管理、电子商务、会计、酒店管理、汽车运用与维修技术、机电一体化技术、艺术设计（室内软装饰设计方向）、艺术设计（广告视觉传达方向）等。

加强质量保障体系建设，全面提升教学质量。修订教学管理及相关规章制度，重视培养目标和教学过程，加强教学结果管理，完善质量保障体系。每学期坚持期初、期中、期末教学检查，建立日常教学工作“6评1改”模式（简称“6+1”模式），“6评”即“学生课内评教、学生课外评教、教师评学生、教师自评、教师互评、综合评价”，“1改”即学校、院系、管理部门及时掌握评价动态情况，在此基础上，作出切合实际的诊断，肯定成绩，找出问题，提出有效的改进措施，付诸教学行动，保证教学质量不断提高。

引进高水平人才，加强师资队伍建设。加大人才引进力度，先后引进6位教授担任相关院系负责人，全校现有教授10名，确保专业带头人都具有副高以上职称。国际航运物流学院报关与国际货运教学团队被市教委命名为“2017年上海高职高专院校市级教学团队”。修订教师行为规章制度，以“立德树人”规范教师言行，按师德量化考核计分办法进行师德考核，发挥校内宣传媒体作用，营造师德建设、立德树人氛围，举行师德师风建设专题讲座及师德楷模报告会，树立爱岗敬业、无私奉献理念。举办各类培训、专题讲座和讨论，强化教师职业教育理念。选派10名教师参加市教委等上级部门及院校民办高校的“强师工程”等各类教师培训进修提升项目。推进青年教师导师制，由资深老教师培养带教新进教师和青年教师，提升教育教学教改水平。加大专业教师实践锻炼工作力度，安排专业教师到企业顶岗实践，积累实际工作经历，提高实践教学能力。

开展大学生就业指导及资助工作。新生入学时开展大学生职业生涯规划专题讲座，引导学生树立正确的就业观，提高就业市场竞争力。认真开展学生资助工作，帮助贫困学生励志成才成长。年内从教育事业收入中提取资助经费30.9万元，用于对学生帮困送温暖、资助、活动、表彰等。注重对学生开展立德树人，社会主义核心价值观教育，广泛开展理想信念教育，加强爱国主义、集体主义、社会主义教育，把社会主义核心价值观融入大学生成长发展各方面。重视学生德才兼备、全面发展，学生徐婷玉获2017上海市大学生田径锦标赛女子铅球冠军。

整治校园环境，加大教学投入。董事会划拨3000余万元用于整治优化校园环境。改造水泵房、改建配电房，引进市政管道煤气，改造食堂排污管道。校内架空电缆、电线全部入地。北校区主干道铺设沥青路面，调整北校区停车场与运动场功能。维修教学、办公、学生宿舍等楼宇。取消宿舍外公共浴室，在学生宿舍中每层设立公共浴室。

（吴永丽）

【增设四个新专业】 经向上海市教委申报、批准，学校增加四个新专业（方向）：应用技术系的“新能源汽车技术”专业、外语系的“应用英语（国际导游方向）”“应用韩语（国际导游方向）”、艺术系的“艺术设计（数字传播艺术方向）”。（吴永丽）

【获批市优秀教学团队】 学校国际航运物流学院的“报关与国际货运专业”教学团队经学校申报、专家评审和网上公示，获批2017年度上海高职高专院校市级教学团队。（吴永丽）

【在市“长风杯”教师技能大赛获奖】 12月，学校三位教师分别获上海市高等职业院校“长风杯”物流管理教师职业技能大赛决赛一、二、三等奖。

（吴永丽）

【韩国师生到校体验中华传统文化】 12月16—22日，韩国大元大学师生到校进行中华文化体验活动。体验活动包括学习常用交际中文、中华料理制作、上海地方文化观光及参观鲁迅纪念馆等。

（吴永丽）

【举行校首届青年教师教学竞赛】 12月11日，学校举行首届青年教师教学竞赛，比赛分教学设计和现场教学两个环节。赛前一周，参赛选手均上交了参赛课程的教学大纲、教学设计、讲课课件。三名参赛青年教师分获一、二、三等奖。（吴永丽）

附：学校负责人及地址

（2017年1—12月）

董事长：陈　彭（7月离任）、王　勋（7月到任）

院党总支书记：黄菊良（兼，7月后专职）

院　长：黄菊良（7月离任）、陈敬良（7月到任）

副院长：陶　敏（5月离任）、陈立东（5月离任）、周志进（5月到任）、刘江宁（5月到任）

地址：唐陆路3892—3928号

邮编：201210

电话：68791220

上海思博职业技术学院

【2017年概况】 学校有全日制高职在校生6732人、计划内成人教育大专生515人。专任教师296人，具有高级以上职称89人，占30.07%。2017届毕业生2100人，就业人数2090人，最终签约率95.19%、就业率99.52%。签约率比上一年低0.32%，就业率比上一年高0.01%。

学校以升格本科层次普通高校为动力，以创建教育部优质高职院校为载体，以专业升级发展为重点，以产学融合、校企合作深度发展为突破口，通过充分发掘并利用上海报业集团、新华发行集团以及与学校人才培养相关的行业企业资源优势，继续秉持“相信人人有才，帮助人人成才”办学理念，坚持“双主体办学，全面育人”办学模式，彰显“素质＋技能”人才培养特色，深化办学体制和内部治理结构综合改革。

重视思想政治工作教育与校园文化建设。通过校党委会、校长办公会、党政联席会、中心组学习会议、中层干部和教研室主任会议、支部书记会议以及学校年度会议、全校教职工大会，分层次有计划地对思政工作会议精神、党的十九大报告进行一系列理论学习、宣传培训、工作部署及延伸性活动。开展“大国工匠进校园”活动，成立党的十九大代表、大国工匠李斌大师工作室，特邀其为全校师生宣讲党的十九大精神。开设“中国系列”课程，开发由校长、书记负责的“巅峰中国”“发明中国”校本课程。大力推进“课程思政改革”，把课程思政有机融入到综合素质课程和专业课程中，真正在“进头脑、进课堂、进教材”上下功夫。全校29名教师完成首批课程设计、7位教师在学校“积极推进‘课程思政’建设，努力提升学生综合素养”的课程思政教学展示报告会上为全校教师进行教学展示和示范。

加强师资队伍建设、提高教师素质，改善教师福利待遇。下发文件《上海思博职业技术学院教师自主发展资助计划实施方案》，确定12位首批获全面资助的候选教师。明确对教师资格证培训、硕士学历晋升、职业资格考证、产学践习等项目进行资助，学校相关部门统一组织英语能力提升、产学践习、网络空间人人通、课程思政等项目具体实施。在董事会和校领导的有力支持和推进下，经教代会全票通过《上海思博职业技术学院2017年增资工作实施方案》。增资幅度为2016年教职工工资性收入的20%，总计投入594.51万元。自3月起实施教职工每周四次“免费工作午餐”，综合楼教师健身房、教师阅读吧等面向全校教职工开放。

大力推广信息技术在教学中的应用，首次进行“网络空间人人通”建设，有32位教师进入教学实施。通过专家辅导、教改立项促进信息化教学手段的应用具有初步成效。部分课程针对疑难教学章节，通过不同程度引入微课和视频课件，或利用课程网站和多媒体广播系统，创新教学手段，提高学生自主学习和互助学习能力。

进一步深化国际合作，加强相互交流。在务实、有效发展的思想引领下，扎实推进教育国际化进程，为学生提供更好的发展空间。年内，学校相继接待日本别府溝部学园短期大学、英国巴斯斯帕大学以及南威尔士大学等学校到访，先后与英国巴斯斯帕大学、新西兰林肯大学等签订合作办学协议。校领导一行出访英德六校，分别与英国四所学校、德国两所学校洽谈合作事宜，深入推进学校的国际化进程。坚持以学生为本，以务实的态度和专业的精神，将新拓展的合作项目做好、做实、做强。

根据教育部和市教委三年创新行动计划要求，完成《上海思博职业技术学院高等职业教育创新发展行动计划实施方案(2016—2018年)》，以A类院校申报重点建设12个模块41项任务和11个项目，并通过市教委组织的专家答辩和评审。

年内，学校第四次获评上海市精神文明单位称号。校长皋玉蒂获上海市“民办教育优秀奖”、上海市黄炎培职业教育杰出校长奖。学校在全国性和省市级各项大赛中多次获重要奖项。学校足球队获2017上海市大学生足球联盟五人制足球联赛亚军。啦啦操队获上海市学生阳光体育大联赛啦啦操比赛第二名。学生获“外研社杯”全国高职高专英语写作大赛全国总决赛公共英语组一等奖。在上海高校知网杯信息检索大赛中，学校以总分第二名获团体二等奖，成为唯一获奖的民办院校。上海市“星光计划”第七届职业院校技能大赛中，获国际商务、平面设计、汽车检测与维修、数控铣加工、测量、工程造价基本技能等项目7个一等奖，及其他项目11个二等奖和22个三等奖。在全国职业院校技能大赛中，学校6支队伍取得建筑工程识图团体二等奖、护理技能个人二等奖，以及现代物流作业方案设计与实施、互联网＋国际贸易综合技能、银行业务综合技能团体三等奖、护理技能个人三等奖，总成绩位居上海民办高职院校首位。在第三届全国高等院校工程造价技能与创新竞赛(高职组)，学校代表队获手工计算建筑与装饰工程量单项一等奖、手工计算水电安装工程量单项一等奖及团体二等奖。 （梁 欢）

【与英国巴斯斯帕大学开展交流合作】 2月28日，英国巴斯斯帕大学国际及合作主任、国际学术协调员及英国巴斯斯帕大学上海代表到校考察交流，洽谈与艺术设计学院相关专业合作事宜。在保持原有商科类专业良好合作关系的同时，开展与艺术设计学院和基础部游戏设计专业、数字媒体艺术专业、时尚产品设计专业及计算机应用技术专业等方面的合作，建立起高层次、多模式的长久稳固的合作关系。经过会谈磋商，双方就接收英国学生到上海报业集团及学校实习，选派学校艺术设计类教师到英国进行为期两个月的跟课实践，进行英语、教学、专业全方位能力提升的合作计划等初步达成共识，将促成其尽快落地。 （梁 欢）

【日本溝部学园短期大学学生访学团到访】 3月8日，“日本溝部学园短期大学学生中国文化学习课程”访学团开学典礼举行，来自日本别府溝部学园的10名师生与学校学生代表相聚一堂，学习与展示中进行友好的文化交流。来访的日本学生展示日本文化、中文学习成果和对中国文化的了解。中日学生在“中国书法艺术欣赏”课上体验书法这门古老的艺术，在“上海风情与美食”课上从历史文化、现代上海和经典美食角度，体验魅力上海。

（梁 欢）

【举行装配式建筑专业建设项目评审会】 4月28日，学校举行装配式建筑专业建设项目评审会。与会领导、专家考察学校与宝业集团共建的装配式建筑“双创”实训基地、全国装配式建筑科技示范项目宝业住工青浦基地、宝业爱多邦装配式建筑示范小区，现场观摩体验教育实训产品及AR、VR等虚拟现实教育技术。 （梁 欢）

【上海铁道老兵合唱团到校与学生同台演出】 5月9日，红色文化进校园专项活动之一——上海铁道老兵合唱团应邀到校，与学校学生同台演出，共唱红色经典。 （梁 欢）

【获上海市黄炎培职业教育杰出校长奖】 5月19日，纪念中华职业教育社成立100周年大会举行。学校校长皋玉蒂获上海市首届黄炎培职业教育杰出校长奖，此奖为全市高职高专唯一的校长奖项。学校国际商务与管理学院教师朱慧茹获市职业教育优秀教师奖。此次评选活动由上海市中华职业教育社和上海市教委联合举办。 （梁 欢）

【“大国工匠——李斌大师工作室”揭牌】 6月13日，学校“大国工匠——李斌大师工作室”揭牌仪式暨大国工匠报告会举行。李斌大师是一位从生产一线操作型工人成长为知识型工人、创新型工人、专家型工人的大国工匠。“李斌大师工作室”的成立，是学校产教融合模式的创新与探索，学生们可以在李斌大师的引领下学习精湛技艺、传承工匠精神；老师们可以在大师精神的感召中寻找到个人发展的道路。 （梁 欢）

【成为全国跨境电子商务产教联盟副理事长单位】 9月22日，在全国跨境电子商务产教联盟成立大会上，学校出任副理事长单位。学校在会上作“产教融合，高职国际商务(跨境电商)专业内涵建设的探索与实践”主题发言。 （梁 欢）

【上海国际版画展外围展开幕】 11月14日，“‘容量与张力’——2017上海国际版画展外围展”开幕。该画展是第十九届中国上海国际艺术节的重要组成部分，其外围展展览主体设于学校，展览时间为2017年11月至2018年3月，有近50名国内外版画家及部分当代艺术家的近100件作品参展。展览举办版画设计论坛，邀请外国艺术家走进课堂举办系列演讲、示范授课等活动。 （梁 欢）

“容量与张力”——2017上海国际版画展外围展在上海思博职业学院举办

【获教育部“2016年国防教育特色学校”称号】 学校被教育部评为“2016年国防教育特色学校”。在获评的学校中，上海思博职业技术学院是唯一高职院校。 （梁 欢）

【获上海市民办教育优秀奖】 在上海市民办教育协会、上海市民办教育发展基金会联合开展上海市民办教育突出贡献奖、上海市民办教育优秀奖评选工作中，学校校长皋玉蒂获上海市民办教育优秀奖。 （梁 欢）

附：学校负责人及地址

（2017年1—12月）

院党委书记：常 焕

院 长：皋玉蒂

副院长：张学龙、陈锡宝、姚大伟、沈小平

地址：城南路1408号

邮编：201399

电话：68029005

上海立达职业技术学院

【2017年概况】 年内，学校修订《学校升本申请论证报告》《专业申本论证报告》《学院章程》以及申本汇报提纲等一系列重要文件，确定升本后学校的办学方针、办学定位、培养目标、办学规模、教育理念、办学宗旨、办学特色。完成学校历史遗留土地产证办理工作。申报的摄影、产品设计、视觉传达、国际商务和财务管理五个本科专业通过评审。新建和改建完成首批五个本科专业实验实训室。年底，通过上海市教委高校设置工作评审专家组进校审核评估。

学校通过上海市社团局、上海市教委年度检查。继续推进教育教学改革，全年立项校级精品课程11门，组织两个市级教学团队立项申报工作。坚持推进“大学英语分层分类教学”和“计算机分层教学”教学改革，推行学分制度改革，鼓励学生创新创业，放宽学生因创新创业而申请休学及转专业等程序受理的规定。出台政策，将学生参加海外课堂游学纳入学分管理，鼓励学生以多种形式完成学业。

学校在30个省市自治区招生，录取2394名新生，实际报到2126名。以学生就业需求为着眼点，完善精准就业服务工作，向社会输送毕业生2011名，毕业生签约率和就业率分别为85.43%和98.26%。

注重加强师资队伍建设，提高教师专业能力。引进65名教职员工，其中硕士36人、具有中级职称5人。引进一批具有企业背景的技术人员充实教师队伍，提高“双师型”教师比例。全年有11名专职教师取得教师资格证，专职教师持证率达57.5%。选派3名教师分别参加国内访学、国外访学、产学研践习，30位教职工参加上海市教委组织的“强师工程”新教师岗前培训，选派1名青年教师参加上海市教委2018年海外研修项目。学校加大对青年教师的培养，给予青年教师科研经费支持。组织申报专业主任科研项目，培养专业骨干教师教学科研能力，全年立项35个。10名教师评聘为讲师，14名教师申报中级专业技术职务、1人申报高级专业技术职务。

全年组织申报各类科研项目61项，35项获得立项，其中包括全国人文社科项目2项、国家级创新基地建设项目2项、“晨光计划”项目2项。对15项上海市优青项目及重大内涵项目进行中期评估，合格率93.4%。11项科研项目结题。教师公开发表学术论文42篇，其中核心期刊刊出6篇，EI收录3篇。获奖教学科研成果12项。公开出版教材5部。获外观设计专利2项。

学校组织教师和学生参加上海市第七届“星光计划”技能大赛12个赛项，13名学生获奖。护理与健康学院的“健康评估”课程项目获第七届“星光计划”教学技能比赛三等奖，受市教委推荐参加全国职业院校信息化教学设计大赛，获高职组三等奖。艺术设计与传媒学院教师继获得德国红点奖后，年内又获德国IF、美国IDEA和韩国K-DESIGN AWARD等国际设计大奖。

年内，校党委不断加强思想建设，充分发挥民办高校党组织的政治核心作用。认真履行“三大主体责任”，对照意识形态工作、基层党建工作、党风廉政建设和党内监督工作要求落实整改，推进学校党建工作。坚持定期举办面向全体党员及中层干部的党委中心组扩大学习会。按照基层党组织建设“五个好”党支部考核要求，对照执行民办高校系统对党支部分类定级标准，认真抓好“三会一课”，每月组织生活紧密联系上级党委工作布置和学校中心工作需要，下发组织生活主题。完善各支部班子建设，各支部缺额支部委员配齐到位。做好学生党建工作。年内发展党员31人，其中学生党员26人。组织261名师生参加中级党校培训和88名师生参加高级党校培训班。

学校认真贯彻落实全国和上海市关于加强和改进高校思想政治工作会议精神，有序推进学校课程思政的实践与探索。结合本校实际，制定颁布《中共上海立达职业技术学院委员会关于加强和改进思想政治教育工作的三年计划》，成立“上海立达职业技术学院进一步加强大学生思想政治教育工作指导委员会”，成立校党委领导下的“教师思政工作部”和由社科部牵头的“课程思政工作室”，有序推进学校思想政治教育工作。在立足思政课堂主阵地建设，发挥主渠道作用的基础上积极推进课程思政建设。推出中国系列课程“中国智慧”，把党政领导上思政课列入教学计划并组织实施。学校党委书记、校长及各二级学院支部书记、院长带头为学生上思政课。稳步推进把思政教育内容有机融入专业教学的探索工作，制定逐步完成和建立起具有立达专业特色的课程思政系列校本教材的计划，实现阶段性目标。选定护理学院“叙事护理”和商学院“经济法”两门课程作为课程思政试点。其中“叙事护理”课程，获2017年上海市级教学成果二等奖。商学院教师撰写的《高职院校经济法“课程思政”模式探索与研究》《课程思政下的民办高职院校师生关系构建》等论文公开发表。

学校围绕“弘扬时代精神，继承革命传统、传承红色基因”这一主题，积极拓展第二课堂，开展实践教学。先后举办“我的中国梦”主题辩论赛、第五届思政理论课主题演讲比赛，配合学校中国系列课程，筹办“一带一路”知识竞赛。与淞沪抗战纪念馆、黄炎培故居、陈云纪念馆和龙华烈士陵园等单位合作共建学生校外实践基地，分批组织学生社会实践小分队，由理论课教师带队指导，展开一系列爱国主义和理想信念教育的主题社会实践活动。6月，学校接受上海市委组织的思想政治工作专项督查。

学校围绕学习贯彻党的十九大精神，在加强师德师风建设的同时，继续推进“立德树人、全员育人”工程。以教风、学风、校风建设为抓手，积极开展形式多样的社会主义核心价值观主题教育活动，提高德育教育的效果。校党委组织全校党员集体观看党的十九大开幕式，邀请市委党校专家到校宣讲。举办“学习贯彻十九大，不忘初心跟党走”中华经典诗歌大赛，组织各团支部开展“学习宣传贯彻十九大”主题团日评比活动，组织全体辅导员、学生代表近200人参加学习宣传贯彻党的十九大精神——千名高校优秀辅导员“校园巡讲”和“网络巡礼”报告会。大力推进互联网德育教育平台，成立立达易班学生新媒体中心，继续推进“易班”微信公众号建设。开展各类线上活动及校园文化系列宣传，服务学生学习生活。开展“形式与政策”课程优课平台学习使用试点工作，经过一年的建设，学校课群活跃度位于全国前24名。

学校积极倡导社会主义核心价值观，弘扬中华传统经典文化。上半年举办“奔跑吧，立达人”第二届体育文化节活动。下半年举办以“树三风　致匠心”为主题的第七届艺术文化节暨第十一届社团文化节系列活动。校团委举行13场主题团日活动及校级主题活动。全年累计组织参加志愿服务1499人次，服务时长约11992小时。校志愿者服务总队第八次获“上海科技馆志愿服务先进集体”称号。组织开展“众创空间”建设工作，帮助学生开展创新创业实践，40余个工作室进驻众创空间。以项目推动学生专业社团建设，全年立项15个项目。努力提升辅导员队伍综合素质，提升德育工作队伍整体水平。完善辅导员考核机制，出台《辅导员考核办法》《辅导员行政职级晋升评审办法》等。选送21人次辅导员参加校外各类专题培训，2名辅导员赴加拿大带队海外课堂。

学校精神文明创建常态化。在校党委指导下，围绕学校升本和提升内涵的中心工作，继续加强文明创建工作。基层党建与文明创建工作结合，实施常态化管理。通过制定目标管理责任书，在抓校风、教风、学风建设中，发挥党支部的战斗堡垒作用和党员的先锋模范作用。在总结过去工作经验的基础上，加大对文明创建特色项目的扶持，为全员育人搭建平台，开展形式多样、师生喜闻乐见的文明创建活动。全年文明在线网站更新759条。组织2016年文明特色项目结题和2017年文明特色项目申报及评审。组织达人文化讲坛活动11场。

（郑贺春）

【获评上海科技馆志愿者活动先进集体】 3月25日，在2016年度上海科技馆志愿者表彰大会上，学校获2016年度上海科技馆志愿者活动“先进集体”称号，机电与信息学院教师曹胜豪获上海科技馆志愿者工作“优秀组织者”称号，学生志愿者张成波、黄佳妮被评为上海科技馆志愿者工作“积极分子”。这是学校志愿者第十一次获得科技馆表彰，第八次获得上海科技馆年度“先进集体”称号。（郑贺春）

【出席G60科创走廊建设要素对接大会】 3月29日，校董事长、校长刘鹤霞应邀出席G60科创走廊建设要素对接大会，在会议期间就科技创新、共享科技、共享数据、共同成长等议题同与会的各高校领导进行广泛交流。（郑贺春）

【获上海市文明单位称号】 在4月18日召开的上海市精神文明建设工作会议上，学校获2015—2016年度第十八届上海市文明单位称号。这是学校第二次获该称号。（郑贺春）

【开办“中国系列”新课程】 4月17日，学校社科部与武警政治学院（现为国防大学政治学院）联合开出“中国系列”新课程“一带一路——大战略下的中国智慧”。特邀武警部队历史研究中心研究员、中央党校经济学博士，承担“一带一路”“军民融合”等多个重大课题研究任务的武警政治学院经济学教研室教师苏阳主讲。（郑贺春）

【举行中国高校院系设置与治理改革学术研讨会】 5月20日，由中国高等教育学会院校研究分会主办，上海对外经贸大学高等教育研究所承办，学院协办的中国高校院系设置与治理改革学术研讨会分会举行。教育部综合改革司领导，上海市教委综改办领导，北京北方投资集团董事长、北方国际大学联盟理事长，院校治理案例集编写单位代表，上海市专家代表等40多位专家出席会议。（郑贺春）

【获第七届全国大学生计算机应用能力与信息素养比赛三等奖】 5月27日，学校机电与信息学院学生朱晓东、杨文标、徐云峰组队参加“第七届全国大学生计算机应用能力与信息素养大赛——大数据应用技术赛项”，获三等奖。（郑贺春）

【获2017年度全国人文社会科学课题立项】 根据全国人文社会科学课题管理办公室公布的2017年

度全国人文社会科学课题立项名单150项，学校教师杨中方主持的"上海市大专护生从事老年护理工作意向的现状调查及干预研究"、教师王森主持的"基于大数据分析的大学生创业教育内容及模式研究"两个课题立项。（郑贺春）

【展出学校师生美术作品】 11月18—26日，"立达学院师生作品展"开幕。学院师生美术作品在松江图书馆大规模展出，共展出作品122件，其中油画38件、水彩画11件、中国画23件、陶瓷艺术41件、雕塑9件。作品有对传统文化的继承，也有创作者个人的创新。（郑贺春）

上海立达职业技术学院师生美术作品在松江图书馆展出

【获全国职业院校信息化教学设计大赛三等奖】 11月，学校护理与健康学院的汪牡丹、李兆龙团队代表上海市参加2017全国职业院校信息化教学设计大赛，获高职组三等奖。（郑贺春）

【通过市教委高校设置工作评审专家组审核评估】 12月29日，学校申请设置为普通民办本科学校专家评审会举行。上海市教委副主任丁晓东，全国高等学校设置评议委员会委员薛明扬率专家组进校审核评估，经听取汇报、质疑、提问、现场考察办学条件及办学水平、查阅资料等全面综合考评，认为学校符合设置普通民办本科学校标准。（郑贺春）

附：学校负责人及地址

（2017年1—12月）

院党委书记：张天启
副书记：刘鹤霞（兼）

院　长：刘鹤霞
副院长：张天启、王淑华、李　斌、杨昆呈

地址：松江区车亭公路1788号
邮编：201609
电话：57805678

上海济光职业技术学院

【2017年概况】 学校有1个二级学院、5个系、2个教学部、1个研究所、1个继续教育学院，共设26个专业。2017年招生总计划为2500名，录取1842名，报到1642名，录取报到率为89.14%。2017届共有毕业生1923名，毕业签约率90.12%、就业率99.74%。有专任教师193人，其中拥有高级职称的教师47人、具有硕士研究生及以上学位101人。校园占地面积约112667平方米，建筑面积101644平方米。

全面加强思政育人工作。①大力推进"三全育人"格局，把思政工作贯穿教育教学全过程，推进专业教学与思政教育的有机融合。②积极构建"四位一体"德育模式，抓思想政治理论课建设。成立李占才工作室，将课程思政纳入年度重点工作予以推进。注重中华优秀传统文化的熏陶和社会主义核心价值观的培育，积极推动职业教育课程改革，用工匠精神提升学生职业素养，提高德育针对性。③切实落实“三大主体责任”，通过市委高校思想政治工作督查组的实地督查，认真开展整改。学院作为唯一的民办高校在上海高校宣传德育工作推进会上交流发言。④持续深化学校文明创建内涵，获2015—2016年度（第十八届）“上海市文明单位”称号。

强化人才培养中心地位。①年内重新发布了修订人才培养方案的原则意见。②根据国家和区域经济社会发展需要，新增艺术设计系，新增国际邮轮乘务管理、新能源汽车技术、包装艺术设计、室内艺术设计4个专业。③加强课程和教材建设，“园林工程材料”“基础会计”入选上海市级精品课程，园林工程技术专业教学团队入选上海市高职高专院校市级教学团队。学校申请“物流管理”专业双证融通人才培养模式改革项目立项。④“建筑初步”“应用文写作”等12门课程作为学校课程思政教学改革试点，均在教学过程中融入“社会主义核心价值观”教学设计。⑤推进质量监控保障体系建设，推行网格化管理。建设校园CRP系统，建设人才培养工作状态数据库。⑥注重对贫困学生的救助和关爱，评选并获国家奖学金3名、上海市奖学金4名、国家励志奖学金168名。制定《上海济光职业技术学院国家助学贷款奖补专项资金管理暂行办法》，春季发放国家助学金568名，金额合计83.1万元。秋季发放国家助学金488名，金额合计57.95万元。2017至2018学年新增办理校园地贷款12名，续贷发放31名，金额合计24.8万元；2017至2018学年生源地贷款147名，金额合计117.2万元。979人次参加勤工俭学，发放金额合计16.35万元。⑦加强爱国主义教育，成立国旗班，参加上海市首届“上海杯”大学生国旗班升国旗暨军事技能展示竞赛，获国旗班升国旗一等奖和班队列会操二等奖。2016级建筑系建筑设计专业学生王伟璇参加上海市学校国防教育协会举办的“我爱国防 我爱党”上海市大学生演讲比赛，获一等奖。⑧参与社会培训和服务工作，开展面向社会的养老护理（医疗照护）培训项目52人。对从事健康照护的119名学员进行培训。开展第三届职业体验日系列活动，积极开放学院资源服务社会。和上海吴淞口开发有限公司、上海国际邮轮经济研究中心共同签署《产学研合作办学战略框架协议》，为宝山区域经济、社会发展助推发力。

深化创新创业教育改革。①为学生创业孵化搭建平台，成立大学生创新创业理事会，制定理事会章程，为学生的创业项目运行提供基金资助、运营场地与硬件设备，配备带队教师，施行由学生团队自主营运、教学单位与老师提供专业指导的项目运行模式。②将创新创业课程纳入专业必修课程系列，创建“莱茵吧图文制作”“会计真账实操”“遇见咖啡”等创新实践项目，定位于专业实训和校内服务，结合相关专业给学生提供校内实训课程。③在教学设计与教学改革中融入创新创业教育与实践的新途径、新模式。举行首届“济光杯”大学生创业大赛，胜出选手获实践项目的运营权。将第二课堂作为开展创新创业教育的主要渠道之一，自主策划“怀念童年，回忆经典”创业实践活动。鼓励师生积极参与校外技能大赛，如经管系2015级金融专业韩曙光团队“私人定制”项目在第十届全国大学生网络商务创新应用大赛总决赛中获一等奖。经管系2015级金融专业栗子鹏团队“悦知书”创意项目获第三届中国“互联网＋”大学生创新创业大赛上海赛区优胜奖。

提升师资队伍整体水平。①年内共引进专任教师34名，其中博士2名、硕士19名、中级及以上职称12人，具有工作经验的教师占比64.71％。专业带头人队伍素质显著提高，28名专业带头人中71.43％的教师为高级专业技术职称，75％具有硕士及以上学历学位，教学能力、科研能力得到明显提升。②聚焦专业培训、拓展学习、交流研讨、资助计划四大模块，对教师进行个性化、专业化培育。积极摸索学校培训与院系培训相结合的分级培训模式，制定和实施《优秀青年骨干教师培养选拔实施办法》《引进人才教学科研启动专项经费实施办法》《教师产学研践习计划实施办法》《“双师型”教师认定办法》等规章，以项目方式选拔培养资助青年教师。配套实施“双师”津贴办法，鼓励教师利用寒暑假下企业开展产学研践习。

引进优质资源推进国际化进程。①围绕"一带一路"战略，与捷克布拉格建筑学院签订"3+2"专升本合作协议书，成立中捷国际班。与英国中央兰开夏大学合作开展"3+1+1"专本升硕项目，在护理学院成立中英国际班，为学生提供不同的学历提升途径。与上海财经大学国际教育学院合作，开设针对中捷国际班和中英国际班学生的雅思语言培训班。②大力探索高职教育理念国际化，选派建筑系教师利用假期组团分赴日本、美国等国家参观学习，选派护理学院教师参加由北京民办教育协会主办的护理类专业参访团前往芬兰等国学习交流，派出管理人员参加由上海宝山邮轮集团组织的"邮轮专业培训"项目。③探索师资国际化。年内共举行国(境)外专家讲座5场，引进外籍教师1名。年内共接待国(境)外来访7个团组，共计35人次。④开展各类英语学习交流活动，寒假期间，选派优秀学生代表前往新西兰商学院和新西兰林肯大学开展微留学体验营活动；暑期选派优秀学生代表前往捷克布拉格建筑学院进行暑期WORKSHOP项目交流。

提高管理与服务水平。①加强现代大学制度建设，全面修订学生手册，体现促进创新创业、依法治校、提高质量等新要求。②加强绿色、共享型校园基础建设。校内实训基地建设比上年场地面积增加4251.75平方米，新增19个专业实训室、21个实训项目、100个实训工位数。建成集绿色建筑的教学、研究、生产、实践、培训、科普等多元活动为一体的济光绿色建筑创新中心，获美国绿色建筑委员会LEED铂金级认证。建成兼具酒店管理专业学生校内实训、师生休闲、富有创意的咖啡吧、文印中心。完成宝山校区教学楼和武东校区教学楼30个厕所改造、篮球场和网球场建设、图文信息中心机房改造、武东校区阶梯教室改造。③建设数字化校园，发布《上海济光职业技术学院校园网络管理办法》《上海济光职业技术学院网络信息系统安全管理办法》。加强图书馆学术研究信息资料建设，加强校园互联网通讯基础设施建设，加强数字化教学辅助平台CRP的建设与推广。④建设安全文明校园，建立2处微型消防站，组织消防逃生、灭火、救护演练3次、反恐演习1次、各类安全讲座24次。完成技防建设投资约105万元，新增高清探头160路。学校共有探头600余路，做到校园高清探头全覆盖。建设两校区人行刷卡识别(道闸)系统3处、改造北门车行道闸1处，基本完成市教委规定的"十二五技防发展规划"要求。

深入推进校园文化建设。①加强大学文化建设。加大校园文明及师德师风建设，做好"济光讲坛"文化特色项目培育。成立中华优秀传统文化体验中心，依托社团为学生提供书法、诗词、绘画、乐器等中华优秀传统文化的学习、探究与实践。组织开展第十二届校园文化艺术节、毕业文艺晚会、"指尖上的世界"钢琴演奏会、"走向复兴"元旦文艺汇演等活动。举办"我与母校共成长"毕业生成果展、济光LOGO纪念衫设计大赛、"我与校长面对面"茶话会、"难忘师恩"毕业班主题班会等12项毕业季系列活动。②提升艺术素养组建大学生艺术团，参加学生逾百人。③举办校运会、教职工乒乓球团体对抗赛、师生健身接力跑(走)、校园趣味运动会与游园会等体育活动；啦啦操队参加2017年上海市学生阳光体育大联赛团体健身操(高校组)比赛获高职组第二名，教职工参加上海市第八届教工运动会田径比赛、趣味类项目比赛获历年最好成绩。

(杜　宇)

【成立思想政治理论课名师工作室】 11月1日，学校举行思想政治理论课名师工作室——李占才工作室成立揭牌仪式。"李占才工作室"的建立，拓展了高职思政课同城协作的范围，创新了同城协作的模式。学校可以借助同济大学马克思主义学院的优质资源服务更多学生，全面提升学院思政教育和德育工作水平。

(杜　宇)

上海济光职业技术学院李占才工作室成立

【获民办教育突出贡献奖】 在上海市第三次民办教育工作会议上，学院副董事长曹善华获民办教育突出贡献奖。此奖项由上海市民办教育协会、上海市民办教育发展基金会联合开展评选。

（杜　宇）

【获批上海市高校创业指导站】 在由上海市就业促进中心、上海市学生事务中心、普陀区人力资源和社会保障局主办的“不忘初心　逐梦前行”海纳百创公共创业服务回顾与展望主题活动中，学校依托校内新成立的上海思永图文制作有限公司、上海恒酒餐饮管理有限公司、上海济兴财务咨询有限公司等创新创业实践基地，获批为上海市高校创业指导站。（杜　宇）

【绿色建筑中心获美国绿色建筑委员会 LEED 铂金级认证】 10 月 17 日，2017 年 GreenBuild 大会开幕式举行，会上进行 2017 年度大中华地区 LEED 铂金级项目授牌仪式，学校建成的集绿色建筑的教学、研究、生产、实践、培训、科普等多元活动为一体的济光绿色建筑创新中心，被表彰为 LEED 铂金级认证项目。（杜　宇）

【获全国大学生网络商务创新应用大赛总决赛一等奖】 12 月 3 日，在第十届全国大学生网络商务创新应用大赛总决赛中，经管系“私人定制”项目获一等奖，教师曹鸿涛获优秀指导教师奖。这是学校首次在全国网商大赛总决赛中获奖。（杜　宇）

【在第八届“外研社杯”英语写作大赛公共英语组获奖】 10 月 29 日，上海市第八届“外研社杯”全国高职高专英语写作大赛复赛举行，学校基础部教师杨丹凤指导 2016 级涉外护理专业学生沈越、报关专业学生盛叶健获公共英语组一等奖和三等奖。

（杜　宇）

【获批上海高校试点培育网络文化研究室】 “上海高校网络文化研究室”入选及培育名单公布，经组织申报、资格审核、专家组评审等环节，学校“济光学院网络文化研究室”入选培育名单，成为上海高校 10 个试点培育网络文化研究室之一。（杜　宇）

【获全国职业院校技能大赛电子商务技能赛项团体三等奖】 5 月 8 日，在第十届全国职业院校技能大赛中，学校 2016 级电子商务专业 4 名学生邓德胜、陈昊一、王洁、程燕组成的团队，在教师沈甸、盛朱勇的指导下参赛，获“全国职业院校技能大赛高职组电子商务技能赛项”决赛团体三等奖。（杜　宇）

上海济光职业技术学院 4 名学生组成的团队获 2017 年全国职业院校技能大赛电子商务技能赛项团体三等奖

【获全国大学生象棋锦标赛团体铜奖】 12 月 8—10 日，“2017 全国大学生象棋锦标赛”举办，学校中华优秀传统文化教育体验中心象棋社 5 位选手组成的团队首次代表学校参赛，获团体铜奖。（杜　宇）

【参加全国高职高专思政课教师培训班教学展示】 9 月 27 日，全国高职高专思政课骨干教师培训班观摩教学展示环节举行，本次活动由上海“高职高专思政课”分教指委、上海市学生德育发展中心和上海市高职高专院校思政课建设联盟联合主办。在全国高职高专思政课骨干教师培训班观摩教学展示环节中，学校思政部教师谢国日代表上海地区参加“毛泽东思想和中国特色社会主义理论体系概论”课第十章“推动建立以合作共赢为核心的新型国际关系”一节的展示。（杜　宇）

【与宝山区产学研合作办学】 11 月 3 日，在上海市第三届亚太邮轮大会上，学校和上海吴淞口开发有限公司、上海国际邮轮经济研究中心共同签署《产学研合作办学战略框架协议》。学校将“国际邮轮乘务与管理”专业纳入2018年招生计划，并以此次《产学研合作办学战略合作协议》签定为契机，主动融入邮轮经济的发展。 （杜 宇）

上海济光职业技术学院与宝山区产学研合作办学

【获亚太空间设计导师奖与新人奖】 在亚太空间设计师(APSDA)北京年会暨2017“亚太设计之夜”年度颁奖盛典上，学校建筑系建筑设计专业、室内设计专业多名师生入围，7名教师和13名学生获2017年亚太空间设计年度导师奖与新人奖。 （杜 宇）

附：学校负责人及地址

（2017年1—12月）

院党委书记：祁学银
副 书 记：李永盛（兼）、王 滟

院 长：李永盛
副院长：祁学银（兼）、姚健敏、胡展飞

地址：水产路2859号
邮编：201901
电话：66761065

上海工商外国语职业学院

【2017年概况】 为整合资源、突出办学特色，继2016年设立英语语言文化学院和欧洲语言文化学院后，学校又设立两个二级学院，分别是商学院和创意设计学院。学校共设24个专业。计划招生3420人，录取3206人，报到2752人，录取报到率85.84%。其中自主招生录取819人、三校生录取234人、上海秋季录取218人，外省市录取1935人。在校学生8158人。2017届毕业生2626人，就业2621人，就业率99.81%；签约人数2600人，签约率99.01%。

不断提升师资水平。学校在第二届“汇创青春”——上海大学生文化创意作品展示活动中共获14个奖项，5位教师获优秀指导老师称号，校团委书记和创意设计学院分团委书记获得优秀组织奖（个人），学校作为唯一民办高职院校获本届“汇创青春”优秀组织奖。2017年度上海高职高专院校思想政治理论课教学比赛中，两位教师分获二等奖、三等奖。第六届上海高校辅导员团队拓展活动中，学校代表队获“团体二等奖”。“2017上海市学校阳光体育系列奖项主题活动”中，一位教授获“活力园丁奖”。全国“双巡”活动上海高校优秀辅导员巡讲团选拔赛暨2017年上海高校辅导员职业能力大赛中，一名辅导员获三等奖，是此次大赛中唯一获奖的民办高校辅导员。第二届全国高等职业院校体育教师教学技能大赛中，一位教师获一等奖、一位教师获三等奖。

对外交流与合作。学校承办国家商务部援外项目“2017年马尔代夫审计标准与管理研讨班”，这是继6月和9月“2017年古巴中国对外贸易审计流程经验研修班”“2017年乍得税务官员研修班”两个援外项目后，第二十二次承办商务部援外培训项目。与英国哈德斯菲尔德大学、马来西亚UCSI

大学、新西兰商学院、日本帝京大学、德国弗莱堡大学等5所国外大学签订校际合作协议。与英国哈德斯菲尔德大学合作，将3+1专升本(Topup)项目优化落地；与马来西亚UCSI大学(集团)合作，实施英语教师Tesol证书培训项目；引进并准备实施新西兰商学院L7 3+1专升本项目。年内，学校学生出国专升本(硕)留学、境外短期学习、境外实习及参加境外夏令营共计246名，比上一年增长80%。

科研与教学工作稳步发展。按照《上海工商外国语职业学院教科研成果奖励办法(试行)》，经审定的2016—2017学年教师教学科研成果中，共计42份成果符合奖励条件。创意设计学院教师林佳良获邀参加在希腊举办的第十五届国际数值分析与应用数学研讨会，发表主题论文，并与保加利亚资深数学家共同研讨诸多算法与影像处理等数学问题。学校中高职贯通的4个专业(应用英语、应用德语、应用日语、应用韩语)召开专业建设研讨会，就贯通专业的建设方法和建设思路进行研讨。

重视培养和发展学生专业技能。2017莫斯科国际模联大会录取名单中，1名学生上榜。全国高等院校秘书专业知识技能2017大赛中，1名学生获个人一等奖和“十佳秘书”称号、2名学生获个人二等奖，2名学生获个人三等奖。第三届“工商外·仁济杯”长三角高职高专韩国语技能大赛中，1名学生获作文比赛第一名。“傅雷杯”2017年全国民办高等职业院校大学生英语技能大赛中，学校获团体一等奖，3名学生分获个人特等奖、个人二等奖和个人三等奖。韩语系1名学生在韩国培材大学学习期间，获高端领域韩语演讲比赛冠军奖、第二十届世界外国人韩国语演讲大赛三等奖。英语专业1名学生获2017 MODEL APEC全国总决赛亚军。学校在第六届“J.TEST杯”全国高等职业院校日语技能大赛中获团体一等奖，1名学生获个人特等奖。第七届全国国际贸易职业能力竞赛中，3名学生组队参赛，获“国际贸易师组”出口业务单项技能三等奖和综合业务技能三等奖。138名2017届毕业生分别被华东政法大学等14所本科院校录取，比上年增加42人。

素质教育和文化教育齐发展。持续开展具有学校特色的文化节活动。打造“开放中国”特色课程，立足于学校“应用外语能力+职业岗位技能”的人才培养特色，聚焦“弘扬中华优秀文化+拓展国际视野”的要求，培养学生树立“学习外国语，做好中国人”的信念。举办第二期心理刊物《惢》发布活动。《心·路》获2017年度上海学校心理健康教育活动月优秀微视频奖。学校社会实践基地在内史第(黄炎培故居)揭牌，进一步发挥内史第爱国主义教育基地的作用。举办各类知识竞赛、党性教育类活动，邀请校外专家学者到校开展讲座，拓展学生视野。 (赵泽民、葛春晖)

【商学院成立】 学校商学院成立暨揭牌仪式举行。商学院的成立，对外打造品牌，对内优化资源配置，利于院系管理。作为学校最大的二级学院，商学院将在学校专业结构中发挥中枢作用。

(赵泽民、葛春晖)

上海工商外国语职业学院商学院成立

【创意设计学院成立】 学校创意设计学院成立暨揭牌仪式举行。创意设计学院的成立是为了更好地应对社会、经济、技术和环境的变革对设计与创新的需求。 (赵泽民、葛春晖)

上海工商外国语职业学院创意设计学院成立

【CET 口试考点通过验收】 学校接受上海市教育考试院技术验收，正式获批为全国大学英语四、六级考试口试考点，成为继上海交通大学、复旦大学考点后的新增考点，是唯一设于市高职高专院校的英语口试考点。（赵泽民、葛春晖）

【获上海市教育系统校园文明文化建设优秀项目提名奖】 2015—2016 年上海教育系统校园文明文化建设优秀项目揭晓，学校“傅雷馆、傅雷杯深度打造”项目获提名奖。“一期建设”创建傅雷生平陈列馆，举办以傅雷命名的“傅雷杯”大学生翻译奖大赛；“二期建设”申请“傅雷陈列馆讲解词建设”课题和申报“傅雷馆内容建设”市教委项目等，使其成为爱国主义教育基地、上海市文化名人馆，以及高校傅雷文化研究中心。（赵泽民、葛春晖）

上海工商外国语职业学院举办“傅雷杯”大学生翻译奖大赛

附：学校负责人及地址

（2017 年 1—12 月）

董事长：钱　莹

院党委书记：朱南勤
副书记：段仁启

院　长：姜海山
副院长：毛忠明
段仁启
林财兴（11 月到任）

地址：浦东新区惠南镇观海路 505 号
邮编：201399
电话：68020621

上海邦德职业技术学院

【2017 年概况】 学校有教职员工 281 人，其中专任教师 149 人。招生录取 1329 人（上海生源 742 人，其他省市 587 人），实际报到 1134 人，录取率85.3%。毕业 1062 人，就业率 99.6%、签约率 94.82%。

完善德育工作体系建设。学校研究制定方案，明确工作任务、责任部门，形成 2017 年思想政治工作实施计划，15 个方面的工作任务清单。成立思想政治工作委员会和课程思政工作领导小组。举办第一期和第二期青年骨干教师培训班。启动课程思政改革试点方案，2 门专业课和 3 门综合素养课参加 2017 年课程思政改革。弘扬工匠精神，以点带面、分阶段逐步推进。学校开设公众微信平台，全年上传新闻 300 余条、图片 200 余张。在校生易班认证用户达 3453 人，校方认证率达 91%。

加强专业内涵建设。落实组建“演艺设计”“旅餐酒店”“金融物流”“语言文化”“计算机技术应用”5 大专业群。部分专业群建设取得明显成效。学校经过资源整合与专业结构优化调整，“演艺设计”专业群整合影视表演、舞台艺术设计、人物形象设计、影视动画、钢琴调律等专业，逐步完成与演艺设计产业链的对接，提供相应人才。“旅餐酒店”专业群整合烹饪工艺与营养、酒店管理、旅游管理、物业管理等专业，经过校企合作，产教融合，搭建为餐饮、旅游、物业等提供一条龙服务的专业群结构。

在原影视动画和影视灯光技术与艺术专业基础上，完成上海高职高专唯一的“舞台艺术设计与制作(舞台灯光技术与艺术)”和“游戏设计”“电子商务”“数字媒体应用技术(虚拟现实 VR 设计)”等新专业的申报工作，并全部获批准。开展落实与瑞士工商酒店管理学院、日本资生堂等中外合作项目，完成烹调专业双证融通和现代学徒制试点申报工作，分别获上海市教委和教育部批准。

师生在多项竞赛中获奖。年内，全校师生获各级各类奖励共 130 余项。其中，烹饪教学团队获上海高职高专市级优秀教学团队称号。学校学生在上海市“星光计划”第七届职业院校技能大赛英语专业口语、平面设计、动漫制作项目分获二、三等奖。学校教师在上海市“星光计划”第七届职业院校技能大赛教师信息化教学技能项目分获二、三等奖。酒店学院“跟我学西点”项目获职业体验优秀项目。5 月，学校空手道队在“2017 年 JKA 全国空手道交流赛”中 4 人获得一等奖、6 人获得二等奖、8 人获得三等奖。6 月至 7 月，1 名教师代表上海参加“第十三届全国运动会健身气功比赛”获第二名。11 月，学校太极队参加“2017 年上海市城市业余联赛太极拳推手比赛”，2 名参赛队员获第一名。

推进教师队伍建设。学校依托国家和市级各类人才平台，加强学校高层次人才队伍建设。年内，学校组织 15 项 64 人次参加的各项培训，均取得结业证书。其中 2 项培训是学校首次组织的思政类培训，为学校的辅导员、青年干部的骨干培养开辟新途径。在市教委“强师工程”培训项目中获得优秀学员的两名教师，在暑假分赴美国和英国进行短期学习考察。3 名教师赴海外进行硕士学位、课程等研修。1 名教师获批“上海高校青年教师资助计划”。3 月、5 月先后录用 2 名特聘人员担任业务部门中层领导。

提升后勤服务保障质量。投入大批经费完成学生公寓大修二期、德智楼大修和校园污水排放工程建设，取得排污许可证。积极落实市教委和学校对校园安全工作的总要求，强化“人防、技防、物防、消防”四位一体功能，上半年新增视频监控系统、入侵报警系统、电子围栏系统及停车道闸系统、学生宿舍楼防火门与门禁做进一步完善。

开展帮困助学工作。年内，学校共计 696 名学生分别获 2016—2017 学年国家奖学金、上海奖学金、学校奖学金和国家助学金。学生勤工助学岗位 5 个，参加勤工助学人数 56 人，发放金额 76410 元。67 名学生获得国家助学贷款(生源地贷款)，贷款金额 1190000 元。（郑　楷）

【获商业空间设计市级精品课程】 学校教师朱琼芬的“商业空间设计”课程被市教委授予 2017 年度上海高职高专院校市级精品课程。（郑　楷）

附：学校负责人及地址

(2017 年 1—12 月)

院　长：葛　朗

地址：锦秋路 299 号
邮编：200444
电话：56680657

上海中侨职业技术学院

【2017 年概况】 学校设有经济与管理学院、信息与机电学院、护理与健康学院、建筑工程学院、艺术学院、食品学院与外国语学院。共有 34 个专业、专业方向面向全国招生。学校有日本交流项

目、日本交换项目、赴美专业实习项目被列入上海市“高校学生海外学习、实习项目”。在校生6471人，其中全日制专科生6236人，成人专本科在校生235人。

推动育人质量提升。坚持立德树人，完善全员全过程全方位育人体系。把培养大学生社会主义核心价值观、中华优秀传统文化、爱国主义和劳模工匠精神、增强学生社会责任感、创新精神和实践能力作为重点任务，贯彻到教育教学全过程，培养合格人才，开创德育工作新局面。①推进课程思政教育体系建设。进行9门专业课程思政改革先行先试，推进学校课程思政教育教学体系建设，组织课程思政说课比赛，挑选优秀课程进行推广和观摩，充分发挥专业课程的育人功能。开设“中国系列”课程之“文化自信”，将“职业素养”和“专业技能”相结合。②以文化育人引领行动自觉。高扬践行社会主义核心价值观的旗帜，贯彻落实“建立完善社会主义核心价值观培育践行长效机制意见”。落实中华经典诵读工程和中华优秀传统文化进校园。组织开展经典朗诵比赛、优秀传统文化短剧大赛、班班有歌声合唱大赛等课外活动。健全学雷锋志愿服务制，积极参与大型赛事志愿服务工作。③以社会主义核心价值观为引领，构建五位一体育人格局。以职业能力培养为核心，树立和建立全员育人、全过程育人、全方位育人的意识和体系，构建学校、家庭、社会、企业、网络五位一体育人格局，按照高职院校学生身心健康发展规律，紧紧围绕高职院校人才培养目标，以贴近学生实际为主体，增强德育工作的针对性、实效性。④制定德育目标，使学生具备综合素质。培养提高思想素质、道德素质、实践素质、心理素质。⑤建立育人系统。在学生思想政治教育系统（体系化）、教书育人系统（常态化）、管理育人与服务育人系统（人性化）、企业和家长育人系统（多元化）、学生自我教育系统（自律化）、网络思想教育系统（创新化）六个方面全方位予以推进和保障。⑥加强学生工作。通过学习宣传贯彻党的十九大精神、学习宣传贯彻全国和上海市高校思政工作会议精神，探索第一、二课堂合力育人工作模式，创新创业教育、辅导员队伍建设、校风学风建设等环节，形成立德树人的立体框架。⑦建立网络思想教育系统。通过易班、微信等网络阵地，主动回应大学生的网络需求，把多年来线下的优秀思想政治教育方式方法转化为符合网络特点的工作模式，使线下活动以网络语言形成网络二次传播，推动校园生活线上与线下有机融合，思想教育、教育教学、生活服务、文化娱乐一体发展，实现网络思想教育系统创新化。

强化教学管理和建设，不断提高教学质量。①推进科研工作。年内共完成申报、中期检结题各类科研项目57项。其中包括完成2018政府专项申报项目13项、上海市德育教育课题3项、上海市思政类项目3项、上海市艺术类项目结题2项、上海市教学科学研究院项目申报5项、上海高校马克思主义理论研究项目1项等。完成专利申报5项。使用政府专项资金新建实训室19个，经费投入579.5万元，以满足专业建设理论教学与实践教学的需要。完成招标项目38项。②组织参与技能大赛。年内组织学生参加市和国家职业院校星光计划大赛。学校共有12个项目23名学生获奖，其中一等奖2人、二等奖4人、三等奖17人。在市级赛中，物联网应用技术获得团体一等奖，动漫制作获得团体二等奖。物联网应用技术代表队获全国职业院校技能大赛“物联网应用技术”赛项团体二等奖。③加强国际交流。与西班牙巴塞罗那大学开展学生访学、攻读硕士及师资共建项目，加速相关专业国际化发展进程。与日本京都情报大学合作开辟攻读硕士渠道，与英国南威尔士大学合作开辟升本、攻读硕士渠道，为学生搭建海外升学平台。首批赴日攻读硕士7人，赴英国升本15人、攻读硕士3人。年内接待国外团组来访10批次、26人次，分别来自6个国家。开展师生国际交流活动，拓展师生国际化视野，组织教师赴国（境）外进修、访问、短期访学等共36人，组织赴国（境）外学习、实习学生共108人。

队伍建设成效明显。组织开展新教师岗前培训20讲、教师技能大赛培训、校内实验员实训主任培训、辅导员培训、辅导员职业技能培训、“骨干科研”培训及其他专项培训共38项。50余名教师参加骨干科研培训，组织55名新进教师参加民办教育处强师工程培训，7 人获优秀学员荣誉。青年教师攻读在职博士 2 人、在职硕士 20 人。申报外评高级专业技术职务 10 人、中级专业技术职务 21 人。1 人获晨光计划、6 人获青年教师扶持科研项目。（单驹超）

【正式实施二级学院建制】 为完善办学治理结构，优化教育教学资源配置，全面推进申本工作，学校进一步优化专业布局，对原教学系部进行合理整合与升格，设立经济与管理学院、信息与机电学院、建筑工程学院、外国语学院、食品学院、艺术学院等 6 个二级学院，加上原有的护理与健康学院、基础部（思想理论课教学部），学校形成由 7 个二级学院和 1 个教学部组成的教学单位新格局。（单驹超）

【获全国职业技能大赛物联网赛项团体二等奖】 5 月 9 日，在 2017 年全国职业院校技能大赛“物联网应用技术”赛项中，由中侨学院信息技术系教师赵欣、马利平指导，周艇、廖惠宁、杜宇 3 名学生组成的上海一队在全国 94 支代表队中取得总分第十三名的成绩，获该赛项团体二等奖。（单驹超）

【在第四届上海市学生龙文化全能赛获好成绩】 5 月 31 日，第四届上海市学生龙文化全能赛开赛。全市 16 个区、200 余所学校的 52 支龙舟队、55 支风筝队、46 支龙狮队参赛。学校舞龙队在龙狮赛中获舞龙传统套路一等奖和自选套路二等奖。（单驹超）

【参与 2017 中国国际技能大赛志愿者服务】 6 月 9 日，学校 170 名青年志愿者完成 2017 中国国际技能大赛志愿者服务工作。志愿者们在开闭幕式的现场服务、比赛场馆的引导介绍、场馆外的秩序维护、酒店的注册接待等方面，为大赛的顺畅举行提供了重要支持和保障。（单驹超）

【学校首家“互联网＋”创客中心成立】 10 月 25 日，学校首家“创客中心”揭牌成立。该中心以“互联网＋”为主题，由信息与机电学院与计算机应用专业学生罗鞘自主创业的翼侠电子科技有限公司共同设立。中心依托学校在信息与机电学院的学科优势，注重学生科创意识培养，鼓励学生创新热情，强化学生创新能力训练，帮助学生众多奇思妙想从小到大、从散到合变为现实，推动创新成果转化。（单驹超）

上海中侨职业技术学院首家“互联网＋”创客中心成立

【获评上海市五四红旗团支部】 年内，团市委通过“争红旗、创特色”活动评选表彰“上海市五四红旗团支部”。上海中侨职业技术学院外语系 2015 级西班牙语班团支部获“上海市五四红旗团支部”称号。这是学校首次获该项荣誉。（单驹超）

【与西班牙巴塞罗那大学签署合作协议】 10 月 30 日，上海中侨职业技术学院与西班牙巴塞罗那大学雕刻艺术学院、声音艺术学院研究生院签署合作协议。此次签约标志着学校与西班牙巴塞罗大学正式建立长期稳固的合作关系，为学校与海内外高校合作交流进一步发展打开新局面。（单驹超）

附：学校负责人及地址

（2017 年 1—12 月）

董事长：严健军

院党委书记：陈俊傲

院　长：陈晓斌

常务副院长：寇新建

副院长：卓丽环、管琰琰

地址：漕廊公路 3888 号
邮编：201514
电话：31616009

上海电影艺术职业学院

【2017年概况】 学校有18个专业、20余个专业方向。全日制在校生2000余人。专任教师83名、兼任教师124名。教学科研仪器设备总值4416.6万元,图书馆藏书1416万册。共获47项省市奖。

学习贯彻落实党的十九大和全国思想政治工作会议精神,扎实做好立德树人工作。①学校党总支以中心组扩大会的形式,重点抓好领导班子和中层干部的学习,学习践行习近平总书记的教育思想,围绕学习贯彻全国和上海思政工作会议精神,把立德树人的根本任务贯彻于教育教学全过程。②邀请市教卫系统党的十九大精神宣讲团成员、上海中医药大学马克思主义学院院长亓曙冬教授到校做《学习贯彻落实党的十九大精神宣讲报告》。③传达学习贯彻全国和上海《关于加强和改进新形势下高校思想政治工作的意见》,先后召开2次全体教师大会、2次中层干部会、2次党支部书记会、4次校领导班子会,以传达学习"两个会议"精神作为引领,统一认识,形成九点贯彻落实意见,迎接6月29日上海市委督查组实地督查。④召开2017—2018学年第一学期开学教学工作会议,贯彻校党政干部会议精神,认真落实整改,扎实做好立德树人工作。教师将每一门课程的讲授与课程思政(五分钟德育教育)从素材、案例、导入等环节进行"双重备课"。⑤探索开门办思政的尝试,聘请曾创造三项世界纪录、八项全国第一的八路军空军老战士孙佑民、抗美援朝老战士华金才、解放军外交学院原副院长、教授、博导宋渭澄少将进入思政课堂,用自己的人生经历为毕业生上大学里的最后一堂课,为新生上入学第一课。

创新育人模式,深化校企融合。优化专业方向,"双创教育"丰富专业内涵。①学院广告设计与制作专业深入探索产教融合与创新创业相结合的人才培养模式,以自设创意品牌"SFAA"以及与之配套的课程体系为依托,带动专业教学不断发展。通过建立学校、企业、学生共同投入、联合开发、利益共享、品牌共建的机制,促进学生创新创业。将第二课堂拓展到上海世博园,开展"世博源创意小屋"等一系列作品展示活动和动漫IP衍生产品设计与开发。②影视动画专业依托校企深度融合,对接企业IP全产业链的开发,不断挖掘新的教学资源。与上海今日动画影视文化有限公司联合创建"今日—上电动漫创客基地"产学研创校内实训基地,完成《马丁与恐龙朋友》AR图书设计方案和《马丁系列》漫画栏目,从根本上改变二维动画课程的教学方式,动画制作的速度和质量极大提升。③人物形象设计专业引进行业顶尖特效化妆团队——AJ特效化妆工作室,建立影视特效化妆实训中心、大师工作室,探索校企双主体育人,探索现代学徒制育人模式,开展分层教学模式,"模块提高班""常规教学班"和"项目教学"并行,并初见成效。6月,受邀参加湖南卫视暑期周末黄金档《我是未来》节目录制,参与节目特效化妆造型,为本专业教学提供实践案例。

注重提高学生的实践能力,在实践中开启创造的大门。①学院依托"创新行动计划"、民办高校专项资金项目等投入,重点加强高端实训设施建设,对原有校内实训室进行升级和改造,完善4K电影拍摄系统建设、"今日—上电动漫创客基地"产学研创校内实训基地建设等,启动上电——AJ影视特效化妆实训中心规划建设。学院根据《上海电影艺术职业学院创新发展行动计划(2015—2018年)实施方案》布局,全面推进教育教学改革,为高质量完成创新行动计划三年建设目标打下坚实基础。

②在北京举行的“2017 中国国际大学生时装周”中，学校人物形象设计专业联合服装表演专业首次亮相 2017 时装周，演绎主题设计——“吾妆十色”共计 9 个系列。43 套高质量的服装作品，获 2017 中国国际大学生时装周人才培养成果奖。③在全国职业院校技能大赛中国舞和钢琴演奏赛项中，学校中国舞专业两位学生、音乐表演专业两位学生分获 2017 全国职业院校技能大赛中国舞(高职组)赛项与钢琴演奏(高职组)赛项一等奖、二等奖，两位指导老师获“优秀指导教师奖”。

升级信息平台，拓展国际交流视野。①学校的校园信息化建设工程年内正式启动一期建设，使学校信息化水平达到全新高度，保障工作效率和服务水平。②由学校举办的 UCLA 电影学院中国首发影视制片人、影视编剧大师班于 7 月 10 日至 21 日开班。这是电影学院联合美国加州大学洛杉矶分校(UCLA)电影学院开展的影视人才储备计划，对电影学院教学实力的增加以及与国际影视业的接轨具有重大意义。（影　艺）

【承办湖南卫视《我想和你唱》第二季试音活动】 3 月 3 日，学校音乐专业承办湖南卫视大型互动音乐综艺类节目——《我想和你唱》第二季素人歌者试音活动。学校音乐专业 3 名学生被选中参与录音棚录制工作。（影　艺）

【纽约电影学院院长到校参观交流】 5 月 5 日，纽约电影学院董事长、院长到校访问，参观二楼纽约电影学院专属教学基地——栏目教室。双方探讨如何培养全方位、高层次、国际化的影视专业综合应用型人才，使学生所学习知识与市场接轨，推进电影教育事业发展。（影　艺）

【获上海市黄炎培职业教育奖】 5 月 19 日，上海市纪念中华职业教育社成立 100 周年大会举行。学院教师包文君获首届上海市黄炎培职业教育奖杰出教师奖。（影　艺）

【获第二届汇创青春服装设计类决赛前三名】 5 月 14 日，汇创青春服装设计类决赛举行。自初赛开通以来，共 10 余所上海高校参赛。经过 2 个月的激烈竞争，部分优秀作品脱颖而出。学院人物形象设计专业四个系列(12 套)应届毕业生原创设计作品获服装设计类决赛前三名。（影　艺）

【在第七届上海市高校校园媒体峰会获奖】 5 月 20 日，第七届上海市高校校园媒体峰会召开，学院获 5 个奖项，其中一等奖 1 名、三等奖 4 名。本次峰会就媒体融合背景下，校园媒体以及自媒体如何更好地发展自身在舆论引导、信息传播、文化建设等方面的作用展开讨论，深入探讨校园媒体面临的困难与挑战。（影　艺）

【举办“2017 年中国影视制片人、影视编剧大师班”】 7 月 10 日至 21 日，学校举办“2017 年中国影视制片人、影视编剧大师班”。大师班由好莱坞著名电影制作大师 UCLA 电影学院副院长、制作《天堂电影院》《终结者》《机械战警》等多部影片的 Barbara Boyle 教授领衔，有“好莱坞剧本医生”之称的编剧大师亲临传授电影制作先进理论与方法。大师班对于成绩突出的学员，将录入影视人才储备库，使之有机会跻身海内外顶尖影视公司人才行列，同上海新文化国际交流有限公司、星辉海外公司等影视公司合作，参与项目制作。（影　艺）

“2017 年中国影视制片人、影视编剧大师班”开班典礼

【获 2017 亚洲国际超模大赛平面组冠军】 12 月 10 日，在 2017 亚洲国际超级模特大赛全球总决赛暨丝绸之路国际时装周中，学院服装表演专业学生罗郅阳获平面组冠军。（影　艺）

【与金山区签订学校整体迁建协议】 12月19日，金山区张堰镇人民政府与学校签订整体迁建协议，共同实现“产教融合重镇，宜居创业建设”，积极打造高水平、高层次的现代化教育。学校搬迁至金山教育园区后，同步启动和推进光影未来影视产业基地建设，结合张堰现有资源，打造集体外景拍摄、旅游、购物、餐饮、住宿为一体的体验式主题电影小镇。（影　艺）

【在“大学生公益广告大赛”获奖】 12月23日，在上海市精神文明建设委员会办公室、上海市教卫工作党委、上海市教委、同济大学、上海市教育发展基金会等联合主办的“大学生公益广告大赛”中，学院2015级3位学生获新媒体组2枚银牌1枚铜牌。学校教师李克被评为优秀指导老师。（影　艺）

附：学校负责人及地址

（2017年1—12月）

院党总支书记：顾成明
院　　　　长：江　泊

南校区地址：达尔文路188号
北校区地址：松涛路、景明路口
邮编：201203
电话：50271101

上海开放大学

【2017年概况】 学校在党的十九大、市十一次党代会和全国、上海高校思想政治工作会议精神以及习近平新时代中国特色社会主义思想指引下，在市委、市政府的领导下，在市教卫工作党委、市教委的直接领导和支持下，围绕“聚焦短板，真抓实干”的工作主题，以改革促转型，以创新促发展，不断适应新形势、新变化，扎实推进内涵建设，为上海终身教育体系构建和学习型城市建设作出新的贡献。

年内，学校高等教育招生24760人、毕业学生22059人，在校生69107人。学校非学历教育板块整合内外部优质资源，积极开拓各类培训项目和考试服务，全年完成7.45万人次的进城务工人员技能文化培训，开展“新型职业农民培育(村居干部‘3+X’培训)”“教育服务能力建设提升培训”等项目，培训人数1200余人。2715名学生注册单科学习，新增远程老年注册学员591655人。举办各类市场化培训班130余个，为9.2万名各类考生提供考试服务。电视中专招生3754名，在校生7456名。合作办学取得新突破，与市总工会、市民政局、市侨办、传智播客公司、克拉玛依市电视大学等合作成立“工匠进修学院”“民政学院”“上海华侨学院”“传智播客学院”和“沪克工匠学院”。与中国古琴学会签署合作协议，举办中国古琴展演活动。截至年底，总校和分校共与196家单位建立合作关系，拓展了学校办学领域和发展空间。

专业建设和教学改革逐步深入。学校获批硕士授予立项建设单位，成为首家列入硕士授予单位建设规划的开放大学。申报10个新专业均获批备案，成功开设“行政管理”“汉语言文学(国学经典)”“老年服务与管理”和“机械电子工程(工业机器人)”四个专业。完成“直通车双证融通”试点工作的全部15张职业资格证书73门课程开发。完成“中高职立交桥”18个试点专业15门第一批建设课程的课程标准和考核方案编制工作。首开的“老年服务与管理大专班”、家政专业第一届“科班保姆”毕业受到了社会广泛关注。系统建设工作取得重要进展，成立学校系统建设领导小组，制定出台《进一步加强系统建设的若干意见》《上海开放大学分校(教学点)准入和退出管理办法》等规章。建立系统校长联席会制度,举办系统校长书记研修班。坚持校领导联系走访分校制度,继续组织开展系统表彰评优工作。适应上海区域特色发展需求,将原“西区分部”“长宁分校”更名为“时尚学院”和“航空运输学院”。新成立上海慧承文化进修学院教学点。

加强师资队伍建设,新建和修订《全系统中青年教师双向学习的管理办法(暂行)》《“带教结对”工作暂行管理办法》等6项制度;完成二级学院所有教学系的系主任、副系主任配备任命。完成师资库管理系统(一期)建设并启动二期建设。推进二级学院绩效工作管理改革。组织系统专兼职教师开展各类培训与进修2587人次。

对外合作交流不断深化。聚焦新专业建设,拓展国际教育合作,与俄罗斯经济管理学院、美国科罗拉多州立大学签订合作框架协议,与美国海格思大学合作举办老年护理专业的师资培训项目,与荷兰开放大学研究院筹备建立关于智慧开放学习的两校国际联合实验室,与英国、挪威、南非等国际专家合作开展开放教育学习分析架构研究,与泰国苏克泰开放大学首次开展师生文化交流活动。举办联合国教科文组织姊妹大学网络20周年庆典活动,并召开第二次网络工作会议。特邀访问学者、英国开放大学原专家举办5场以教学团队建设为主题的师资培训。

提升校园信息化建设,完成新学习平台的用户体验优化和功能提升,重构校园门户和网上办公系统。推进云平台全面应用,完成中原校区以及电视中专无线网络更新改造。在市教委的领导和指导下,上海市电化教育馆完成普通高中综评项目核心功能开发、上线运行管理和高中各年级16万名高中生数据填报工作,助力上海新高考政策全面落地。“上海市义务教育入学报名系统”完成平台升级,有效保障了全市2017年义务教育阶段入学报名工作顺利进行。“上海市高中名校慕课平台”上线课程量扩容到70所学校192门课程,学习人数2.63万名。探索开发7个教育大数据领域前瞻性项目,为建设上海基础教育数据中心工作打下坚实基础。

积极履行服务学习型社会职责。开展“上海市民修身”“第三届上海市民诗歌节”“第七届上海社区网上读书”“上海五星老年学习团队点赞”等特色学习活动。“学习网”点击量突破2.1亿次,注册人数超300万,在线课程逾15000门,整合各类电子书刊5万多册,市民自发成立网上学习团队达7000多个。积极开展“上海教育资源中心”建设工作,完善资源中心的管理机制和多元化服务模式设计,完成一期项目的验收和绩效评估。

学校获评“第十八届(2015—2016年度)上海市文明单位”称号,已连续5届获此荣誉。《开放教育研究》期刊入选“2017中国最有影响力国际优秀学术期刊”。上海开放远程教育工程技术研究中心牵头研制的《基础教育教学资源元数据实践指南》经教育部发文成为教育行业标准。学校获2017年中国大学生计算机设计大赛全国一等奖、第四届“上海市大学生决策仿真实践大赛”特等奖和一、二、三等奖。学校获教育部职业教育与成人教育司、中国教科文组织全委会秘书处、中国成人教育协会联合颁发的“事迹特别突出的优秀成人继续教育院校(培训机构)”,所属上海远大学习广场教育科技有限公司获“优秀成人继续教育院校(培训机构)”。学生胡振球获全国“2017年事迹特别感人百姓学习之星”称号。由学校学指办、上海远大学习广场教育科技有限公司组织开展的“团队培育乐学申城”获2017年全国“终身学习品牌项目”。

(王会姣、韩　玲)

【举办“开放大学建设进展与成效研讨会”】 10月10日,“开放大学建设进展与成效研讨会”在上海召开。会上,国家开放大学、北京开放大学、江苏开放大学、广东开放大学、云南开放大学、上海开放大学分别汇报了各自学校为培养应用型人才、满足市民学习需求、推动教育公平、服务城市发展所作出的贡献。国家教育咨询委员会委员、终身教育机制建设组组长郝克明,以及教育部综合改革司、上海市教委等部门的领导和专家肯定了各地开放大学更名后所取得的成绩。(王会姣、韩　玲)

【举办联合国教科文组织“开放远程学习”姊妹大学

网络成立 20 周年纪念活动暨第二次网络工作会议】 11 月 20 日,联合国教科文组织“开放远程学习”姊妹大学网络成立 20 周年纪念活动暨第二次网络工作会议在上海开放大学举行。此次活动由上海开放大学主办,80 多名来自世界各地的成员单位代表、远程开放教育领域的专家学者参会。联合国教科文组织“开放远程学习”姊妹大学网络创始人王一兵教授和现任网络主持人、上海开放大学校长袁雯在会上做主旨报告。“开放远程学习”姊妹大学网络成员单位代表回顾总结学校自身发展经验,就未来如何发挥学校优势,为网络今后的合作与发展提出意见。　　(王会姣、韩　玲)

联合国教科文组织“开放远程学习”姊妹大学网络成立 20 周年纪念活动暨第二次网络工作会议在上海开放大学举行

【翁铁慧到校调研】 10 月 27 日,副市长翁铁慧到上海开放大学调研。市政府副秘书长宗明,市教委主任苏明,市教委副主任丁晓东、李永智、倪闽景及市教委相关处室负责同志陪同调研。上海开放大学学校领导及校内相关职能部门负责同志等参加调研座谈。　　(王会姣、韩　玲)

【推进学分存入和转换相关工作】 学分银行管理中心积极与上海市各高校联系沟通,组织推进高校学生成绩集中存入工作。截至 12 月 20 日,共有 60 个普通高校、56 个成人高校(普通高校继教院)累计存入高校学历教育学生成绩信息 55643059 条。组织各高校网点开展学历教育不同高校之间、学历教育与职业培训等非学历证书之间的学分转换。共有 6.75 万人进行了学分转换,转换为学历教育学分 52.8 万。此外,将上海市人力资源与社会保障局 2012—2017 年证书全量数据共计 160 余万条记录导入学分银行数据库。　　(王会姣、韩　玲)

【《开放教育研究》被数据库收录为来源刊】 由上海市教育委员会主管,上海远程教育集团和学校主办的《开放教育研究》编辑部收到中国社会科学院中国社会科学评价中心来函,被该中心《中国人文社会科学期刊评价报告(AMI)》的引文数据库收录为来源刊。这是《开放教育研究》继成为中文社会科学引文索引(CSSCI)来源期刊、中文核心期刊要目总览之教育类核心期刊、中国科学评价研究中心(RCCSE)核心学术期刊、中国国际有影响力优秀学术期刊之后获得的又一荣誉。　　(王会姣、韩　玲)

【承担“上海市高中名校慕课平台”建设及业务运行工作】 “上海市高中名校慕课平台”(以下简称“慕课平台”)是一个上海市高中学校面向所有初高中学生分享优质、特色拓展型和研究型课程资源的网络学习平台,由上海市实验性示范性高中和市特色高中提供课程,上海市电化教育馆负责平台建设和技术服务。上海开放大学承担该平台建设及业务运行工作。　　(王会姣、韩　玲)

【承担高中研究性学习智能支持系统建设及业务运行工作】 高中研究性学习智能支持系统,又称研究型课程自适应学习系统(MOOR)即大规模在线开放研究性学习(Massive Open Online Research),以“教育”+“互联网”的理念,为上海市普通高中生搭建一个自主探索,智能学习环境。上海开放大学承担该系统的建设及业务运行工作。　　(王会姣、韩　玲)

【承担上海市中小学(幼儿园)教师信息技术应用能力提升工程】 为贯彻落实《教育部关于实施全国中小学教师信息技术应用能力提升工程的意见》和上海教育综合改革发展的要求,上海市教育委员会于 2015 年 5 月启动了上海市中小学(幼儿园)教师信息技术应用能力提升工程。提升工程由上海开放大学承担。　　(王会姣、韩　玲)

【推进新学习平台功能优化与提升】 新学习平台的优化工作,包括功能优化、性能优化,用户操作体验优化等工作，全面提升平台使用体验。通过信息提醒，包括网页、微信、短信等形式，本学期向教师、学生自动发送涉及教学、教研活动、课程作业的短信提醒信息60万余条，使学习者获得更好的学习体验。截至12月底，平台开设817门课程，涉及师生6万余名；有课程资源2万份，容量超过3T。完成230万次形成性作业和在线自测。14600名学生进行网上毕业指导过程，上传论文13070篇，教师网上指导14万次。进行2155次网上教研活动，交互总数12983条。（王会姣、韩　玲）

【优化拓展上海学习网平台功能】 2017年上海学习网承办学校“悦读悦美·书香伴成长”师生读书征文活动，配合学校完成秋季开学典礼前期筹备及网上开学典礼专题建设等工作。完成学校时尚街拍摄影大赛网络宣传及平台支持服务工作以及校第二届运动会微信报名等支持服务工作。还为学校承接援疆项目，捐赠教学设备，支援西部教育。（王会姣、韩　玲）

附：学校负责人及地址

（2017年1—12月）

校党委书记：成旦红（2月离任）、楼军江（6月到任）
副书记：王连华、褚劲风

校　长：袁　雯
副校长：王　宏、张　瑾、王伯军

地址：国顺路288号
邮编：200433
电话：25653100

教育科研与考试、评估机构

Institutions of Scientific Research, Examination and Evaluation on Education

上海市教育科学研究院

【2017年概况】 全年共承担各级各类课题406项，完成205项。其中教育部和市教委委托课题138项、市政府有关部门委托课题27项、规划课题15项；在研课题201项。编著出版书籍52本。申报并获批立项的规划项目9项，其中国家重大项目1项、教育部重点项目1项、2017年度上海市人民政府决策咨询研究教育政策专项3项。获批立项的还有2018年度长三角协作发展项目8项。

通过《教育决策参考》向市政府提供专报66篇，其中19篇获市领导批示。通过其他途径提供专报30余篇，其中5篇获党和国家领导人批示，多篇专报被中共中央办公厅、上海市委办公厅，以及市教卫工作党委等录用。

编辑出版期刊4本，分别是《教育发展研究》《思想理论教育》《上海教育科研》《中国高等教育评估》。中国人民大学人文社会科学学术成果评价研究中心联合人大书报资料中心研制发布“2017年度‘复印报刊资料’转载学术论文指数排名”，在“教育学”学科期刊转载学术论文转载量(率)排名中，《教育发展研究》以43篇的转载篇数排名转载量第二，以14.48%的转载率排名转载率第十六(发文297篇)，综合指数排名第三。在“马克思主义理论”学科期刊转载学术论文指数转载量(率)排名中，《思想理论教育》以38篇的转载篇数排名转载量第二，以16.42%的转载率排名全文转载率第二(发文231篇)，综合指数排名第一。

承接国家重大攻关项目。在继续完善“国家教育现代化监测指标体系及实证监测评价研究”的基础上，完成党的十八大以来教育改革发展成就系列研究，推进“中国教育现代化2035”规划研制及修订工作，在国家教育现代化发展中发挥重要作用。同时，围绕基础教育公平与质量、职业教育需求与能力，持续开展年度和阶段性的监测评价工作；聚焦高校管理与评价、民办教育分类发展、省级政府履行教育职责、教育对外开放、语言文字政策等专题领域，推进系列相关研究。

承担上海教育改革发展任务。成立“上海学校习近平新时代中国特色社会主义思想研究中心”，深入学习贯彻党的十九大精神和习近平新时代中国特色社会主义思想；集中全院力量攻关“上海教育现代化2035”研究项目，力图以规划引领上海教育改革发展宏观布局；针对高校考试招生制度改革新政的实施，开展全方位招生考试研究；随着教育综合改革深入推进，在基础教育领域聚焦学习基础素养、学区化集团化办学、新优质学校集群发展等专题开展研究；在高等教育领域围绕“放管服”改革主线和“双一流”建设热点展开探讨；在职业教育领域直击人才培养精准对接需求；在民办教育领域积极参与地方民办教育文件起草工作；在德育领域深入推进大中小幼德育一体化建设。

拓展决策咨询服务范围。全年承接上海高校、区等单位和北京、安徽、江苏、浙江、山东、河南、四川、海南等省市不同单位的多类型多领域委托项目70余项。围绕“一带一路”倡议，配合上海援疆工作，拓展与上海合作组织司法交流合作培训基地的战略合作，深入西部高校开展实地调研，深入研究匈牙利高等教育。承担联合国儿童基金会、国际救助儿童会(英国)北京代表处等国际组织委托项目。

(孙崇文、印成君)

【承担2030规划文本系列研究】 2月起，由教育部发展规划司和市教科院共同组成规划起草小组，制定工作方案，启动2030规划编制研究工作。近一年来，全院围绕2030规划内容全方位开展集中攻关研究：对习近平总书记系列重要讲话特别是关于教育工作的重要论述、党中央治国理政的新理念新思想新战略开展系列专题研究；对 2030 年各级各类教育改革发展目标进行测算分析；组团赴联合国教科文组织总部召开中国教育 2030 国际咨询会，赴 OECD 总部、国际教育规划研究所调研听取国际组织专家意见；广泛调研征询国内专家学者、地方教育行政部门负责同志等建议建言；充分吸收各方面专题研究成果和各学术版有关内容，经过多轮研究、讨论和修改，形成相关研究成果。（付　炜）

【开展心理健康教育活动月主题活动】 5 月，组织开展 2017 年心理健康教育活动月活动。活动以“健康校园，美丽心灵”为主题，以心理微视频评选为特色，全市 61 所高校、16 个区、1500 多所中小学（中职校）参与。共开展活动月主题活动 1433 场（次），受益学生达 220360 人次。（申国勇）

【县域义务教育优质均衡研究】 5 月 23 日，教育部在新闻发布会上发布《县域义务教育优质均衡发展督导评估办法》，决定建立县域义务教育优质均衡发展督导评估制度，开展义务教育优质均衡发展县（市、区）督导评估认定工作。受委托担任此项研究项目的市教科院课题组召开全国教育督导培训会，对《办法》进行全面翔实的解读，现场回答大家关心的问题，与会者为全国 31 个省和新疆建设兵团的近 100 位督导战线同志。（付　炜）

【教育职责督导评估指标及工具研究】 6 月 21 日，教育部发布《对省级人民政府履行教育职责的评价办法》。受委托开展专项研究的市教科院课题组根据文件精神，对六个方面 36 项评价内容进行研究，形成 70 个测评点，并研究设计省级政府履行教育职责的测评系统方案。该项工作被列入 2018 年教育部工作重点。（付　炜）

【成立学生网络安全教育评估中心】 9 月 20 日，中共中央网络安全和信息化领导小组办公室向市教科院上海学生教育安全研究中心颁布上海市学生网络安全教育评估中心铭牌。（申国勇）

【成立习近平新时代中国特色社会主义思想研究中心】 11 月 6 日，市教卫工作党委、市教委成立“上海学校习近平新时代中国特色社会主义思想研究中心”。该“研究中心”设在市教科院德育研究院（筹）。（申国勇）

【召开上海国际心理咨询理论与实践论坛】 11 月 9 日，与高校心理咨询协会联合举办上海国际心理咨询理论与实践论坛暨上海高校心理咨询协会第二十五届学术年会。（申国勇）

【牛津大学摄政学院院长到访】 11 月 16 日，牛津大学摄政学院院长 Robert Ellis 教授率团到院访问。院长陈国良教授以及市教委德育处相关负责人向客人介绍上海教育规划等基本情况，共同回顾双方在研修访学项目等方面取得的合作进展。（申国勇）

牛津大学摄政学院院长访问上海市教育科学研究院

【参加海峡两岸中小学教育学术研讨会】 11 月 12 日，市教科院党委书记、常务副院长王刚任团长的教育代表团赴中国台湾地区嘉义大学参加“2017 年海峡两岸中小学教育学术研讨会”。中国台湾地区嘉义大学、高雄师范大学、台北教育大学、台中教育大学等高校的专家和部分中小学校长、教师及研究生代表 150 余人出席研讨会。双方就“基于科技进步的教育革新”进行深入研讨。（杨金芳）

【国家安全中的语言战略高峰论坛举行】 12 月 29—30 日，“国家安全中的语言战略”高峰论坛举行。论坛由教育部语言文字应用管理司、教育部语言文字信息管理司、上海市语言文字工作委员会指导，市教科院主办，国家语言文字政策研究中心承办，上海国际问题研究院、上海政法学院、新疆师范大学学报、《语言战略研究》杂志、上海辞书出版社联合主办，上海市语言文字工作者协会和上海师范大学对外汉语学院协办，中国语言学会语言政策与规划研究会学术支持。来自全国60多所高校和科研院所的160余位专家学者、教师学生等出席会议。论坛围绕国家安全视角下的语言和语言规划、汉语(文化)传播与国家安全、语言安全与国家安全、语言与国家安全的国别和历史研究、少数民族地区语言生活与国家安全五个主题进行学术研讨。(陈颖慧)

【完成民办教育重要文件起草】 承担上海市民办学校有关管理工作的研制工作，起草形成《上海市民办学校分类许可登记管理办法》《上海市民办培训机构设置标准》《上海市非营利性民办培训机构管理办法》《上海市营利性民办培训机构管理办法》等四个文本草案，12月初完成修订上报市政府办公厅。作为上海市贯彻民办教育新法新政的系列配套制度，这四个文件经11月26日上海市人民政府常务会议审议通过，分别于12月26日和29日由市政府和市政府办公厅印发。(潘　虹)

【完成全国职业院校督导评估报告】 受国务院教育督导委员会办公室委托，课题组在设计并运用全国职业院校评估数据采集系统对各省数据采集分析的基础上，撰写完成《2016年全国中等职业学校办学能力评估报告》和《2016年全国高等职业院校适应社会需求能力评估报告》，成为国家层面向全社会首次发布的两份全国职业院校督导评估报告。(张　鸣)

【李克强对高职人才培养报告作批示】 市教科院完成《2017中国高等职业教育人才培养质量报告》。该报告发布6年来从内容到结构不断完善，既为展示高职质量提供量化依据，也体现对社会负责的质量意识。教育部职成教司领导传达李克强总理针对此报告批示：高职院校对促进就业创业提供有力支撑，教育部要会同有关部门，进一步完善政策措施，积极支持高职院校提升办学质量，培养更多符合产业升级要求的技术技能人才，这也利于脱贫和社会公平。(张　鸣)

【中国教育现代化2035规划研究】 根据教育部发展规划司要求，对中国教育现代化2035规划研究内容进行修改完善，完成目标及指标发展的论证支撑材料。(付　炜)

【做好市高职和中职质量年报】 受市教委委托，承担《2016年上海市高职质量年报》和《2016年上海市中职质量年报》的编制任务。高职系列年报的编制注重与教育教学过程相结合，使之真正融入学校内涵建设，已初步成为主管部门实施政府引导高职教育创新发展的工具。中职年报完成编写指南，完善学校年报报送服务平台并开展编写辅导，对首次开展编写工作的学校及区级教育部门作针对性辅导。(张　鸣)

【举行普教科研35周年座谈会】 12月26日，以“新时代普教所的新使命”为主题的“上海普教科研35周年座谈会”举行。市教委副主任贾炜、院党委书记王刚等领导，杰出校(园)长代表、各区科研室主任及普教所全体在职科研人员参加座谈会。会上播放《“新时代·新使命”上海市教科院普教所35周年纪念》数字故事短片，作题为《迎接新时代，践行新使命——上海普教科研35周年回顾与展望》的总结汇报。(杨金芳)

【上海职业教育对接世界技能大赛行动研究】 通过研究世界技能大赛的历史发展和理念、考察学习第四十四届世界技能大赛、调研上海职业教育的经验和问题，组织专家对上海职业院校参与和对接世界技能大赛提供意见和建议，形成上海职业教育对接世界技能大赛行动研究报告，并协助做好第四十六届世界技能大赛申办筹备有关工作。该项研究已由市教委列入市领导决策(列督)事项。(张　鸣)

【开展一体化培育工匠精神研究】 受市教委委托，通过调研上海职业院校工匠精神培养现状，梳理出一体化培育工匠精神的内涵、特征、发展和理论基础，提出一体化培育工匠精神的对策建议，形成“上海市职业教育工匠精神培育(德育工作)现状研究”“职业教育工匠精神内涵体系研究”和“上海市职业院校一体化培育工匠精神对策研究”。 (张 鸣)

【上海教育现代化 2035 系列研究】 受市教委委托，承担上海教育现代化 2035 总项目研究任务。完成上海教育现代化 2035 概念报告相关内容研究、上海教育现代化 2035 战略研究主报告相关内容研制。承担完成上海教育现代化 2035 规划文本草案相关研究任务。承担上海 2030 年经济发展水平、产业结构及从业人员总量及重要行业分布情况分析、上海战略新兴产业与重点行业人力资源开发研究、上海全面教育现代化战略目标研究、上海 2030 年各级各类教育发展水平目标预测发展对策、上海 2030 年人力资源发展及目标预测发展对策等专题研究任务。 (付 炜)

【研究制定中职学校生均经费拨款制度】 按照市教委要求，依据财政部、教育部、人社部《关于建立完善中等职业学校生均拨款制度的指导意见》，组织多次调研座谈，形成上海市中等职业教育生均经费标准并完成“上海市中等职业教育投入机制改革研究报告”。 (张 鸣)

【组织全国性民办教育学术论坛】 抓住民办教育热点、难点和焦点话题，组织召开三次大规模高规格全国性学术论坛。论坛参会人数都超过预期。有 3 位省部级领导和多位上海市教卫工作党委、市教委领导应邀出席论坛致辞或作专题演讲。相关媒体作相应报道，论坛在国内业界产生广泛影响。①“民办学校分类管理：推进策略与操作实务”高峰论坛(6 月 24 日)。邀请全国人大教科文卫委员会、国家教育咨询委员会、教育部发展规划司和上海、陕西、湖南、安徽、浙江温州等地教育行政部门负责人，以及业内政策、法律、财会、税务等方面的资深专家，相互交流各地分类管理做法及经验，深入探讨分类管理推进策略，共同研习分类管理操作实务。②“民办培训教育：规范与发展”高峰论坛(11 月 25 日)。邀请教育部及上海市教委有关领导，业内法律、政策及市场运营等方面的资深专家和国内著名培训机构负责人，共同探讨民办培训教育面临的挑战及未来政策走向，深入交流分类管理背景下民办培训机构的发展策略。③“新法背景下民办学校的治理”学术论坛(11 月 26 日)。邀请全国民办教育理论界专家、著名民办院校校长和有关政府管理人员代表，就分类管理之后民办院校的治理与运营问题，进行深入探讨和交流，达成若干重要共识。 (潘 虹)

【完成实施高职创新发展行动计划绩效报告】 受市教委委托，完成“上海市实施教育部《高等职业教育创新发展行动计划(2015—2018 年)》2016 年度绩效总报告”。主持 2017 年度上海高职重点专项现场调研与推进工作，以及研制上海市“高本贯通”试点方案和文件等工作。 (张 鸣)

【完成推进学习型组织建设等项目研究】 受市教委委托，完成“深入推进学习型组织建设”结项。承担市老年教育小组办委托的“上海老年教育养教结合学习点建设情况调研”，并负责社区教育实验项目办公室工作。举办“上海市民学习团队论坛”和“新时代社区教育发展青年论坛”等。 (张 鸣)

【承接中职师资培训基地(管理类)培训】 受市教委委托，承接上海市中等职业技术教育师资培训基地(管理类)工作，面向全市中职学校各类管理干部和骨干教师分别开设专题化高级研修班。年内共举办 8 个市级培训班和 2 个校本培训班。 (张 鸣)

【“学习基础素养”项目组开展多项活动】 学习基础素养项目组在黄浦、徐汇、金山、嘉定、长宁、杨浦等 6 个区和项目学校开展 9 次“聚焦学习，培育素养”的论坛活动。11 月，项目组《素养何以在课堂中生长》出版，这是国内第一本系统阐述素养在中国学校中转化与实践的书。11 月 19 日，主题为“素养何以在课堂中生长——上海市学习基础素养的探索与实践”的中国教育学会第三十次学术年会微论坛举行。学习基础素养项目组以及来自项目组市级实验学校和全国各地的150多位专家、校长和老师参加论坛。12月27日，主题为“如何通过‘项目化学习’培养儿童个性化表达能力”的专题研讨举行。（杨金芳）

【开展“援疆”双激计划项目】 为做好市教科院“双激”计划项目——“发挥智库作用，做好援疆志愿服务”，高教所部分党员于10月12—13日赴新疆喀什进行实地调研交流，先后与上海市对口支援新疆工作前方指挥部和喀什大学进行协调沟通，商讨依托高教所的优势为喀什大学的转型发展等提供咨询服务。（陈颖慧）

【长三角城市群教育科研共同体】 “长三角城市群教育科研共同体”（以下简称“长共体”）是由市教科院普教所牵头成立的民间非正式的教育交流组织，参与地区包括上海16个区、江苏11个地级市、浙江11个地级市、江西部分地市。“长共体”基本形成三类固定活动，分别是长三角教育征文、长三角教育论坛和长三角教科研所长论坛。年内，先后主办主题是“教师读书与成长”的黄浦杯长三角教育科研征文、长三角城市群教科所所长论坛、长三角教育黄浦论坛，与绍兴市教育研究院联合主办主题为“团队建设与连续性问题研究”的长三角教育科研论坛，出版一本长三角教育成果集，名为《教师读书的30种体验》。（杨金芳）

【民办教育发展服务中心纳入部市协同共建范畴】 作为全国首家业务独立的民办教育专门服务机构——上海市民办教育发展服务中心被纳入上海市教育综合改革项目（部市共建项目）予以支持，并依托现有机构增设“民办教育协同发展服务中心”。12月26日，在上海市第三次民办教育工作会议上，市政府副秘书长宗明和教育部发展规划司司长刘昌亚共同为民办教育协同发展服务中心揭牌。纳入部市协同共建范畴后，中心将借助原有组织架构、人员团队、运行经费、工作基础，按照“两块牌子、一套班子”模式运营。主要任务在于开展政策咨询、技术支撑、人才培养和交流联动等方面，着力推动建立多领域协同、跨地域合作、全流程研究、创新性管理的全国民办教育长期协同工作机制。（潘　虹）

“民办教育协同发展服务中心”揭牌

【开发培训市场信息及监管平台】 市民办教育发展服务中心承担教育培训机构信息及监管平台的研发任务，成功开发“上海市规范本市教育培训机构和市场秩序专项调研工作平台”（手机端）和“上海市规范本市教育培训机构和市场秩序管理平台”（电脑端），并于3月同步建成、正式投入使用。该平台涵盖排摸数据、业务办理、统计查询、用户管理和“我要提问”等多个功能模块，有力支撑全市教育培训市场的调查排摸工作，为市教委、市人保、市工商、市民政等多部门密切协作，共同构建教育培训市场综合监管长效机制，促进培训机构依法、规范、诚信办学，提供技术保障。（潘　虹）

附：院负责人及地址

（2017年1—12月）

院　长：陈国良
副院长：王　刚（常务）、张　珏、陆　璟、沙　军

院党委书记：王　刚
副书记：陈国良、陆　勤

地址：茶陵北路21号
邮编：200032
总机：64167677

上海市教育考试院

【2017年概况】 全年承担各项考试45次，参加考试考生257万余人次(科次)(考生数不包括外语听说测试，各项艺术、体育类专业考试及普通高等学校联合招收华侨、中国港澳台地区学生上海考点考试等)，录取248523人。其中，普通高校招生录取考生59688人，研究生招生考试录取硕士生52406人(含推免生)、博士生7759人(含直博生)，成人高校招生考试录取50292人，中等学校高中阶段招生录取78500人。

适逢全面实施高考综合改革元年，考试院顺利完成国家交付给上海的高考综合改革首轮试点任务，获党中央、教育部、市委市府等各级领导以及国内外考试同行的高度认可和评价。全院在考试评价、考试组织和招生录取等环节精心设计、规范操作、分步推进、稳妥实施，创新实现以院校专业组为核心的志愿填报及投档录取模式，稳步推进不分文理、外语一年两考、春季录取一档两投等招考改革举措，初步构建“两依据一参考”招录模式，迈出具有上海特色的分类考试、综合评价、多元录取、程序透明的高等教育招生考试模式的坚实步伐，也提供了可借鉴的改革模式和经验。

全面实施高考综合改革，宣传、解读上海高考改革实施方案。对全市16个区及3个三线单位进行全覆盖式的高考综合改革方案政策宣讲和系统操作培训；通过各省考试招生机构，向各地高校宣传、解读上海高考改革实施方案；通过权威媒体和新媒体，及时发布各类政策；采用多种创新形式宣传新高考方案。组建专业咨询团队，全天候为考生家长提供咨询服务，确保政策宣传全覆盖。

围绕高考改革中心工作，积极推进全院各项业务改革。新增播音与主持艺术专业的统一考试。研究开发以行政区为单位的区域学业水平考试成绩分析评价报告。启用自学考试网上报名系统，提供网上支付，首次实施网上评卷，探索集约化考场管理方式。引入人工智能技术，社会考试发展突出重点，在9月举行的全国计算机等级考试中，首次使用人脸识别系统。

加强国内外学术交流，拓展国际化和专业化视野。举办恢复高考40周年研讨会。组织2017考试评价国际研讨会，向国内外介绍上海高考改革的实践和探索。首次邀请美国ETS专家为上海80余名学科和命题老师开展教育测量理论与题库技术培训。组织5个团组的出访或讲学。与剑桥大学考试委员会、美国大学理事会、ACT、ETS等国外专业考试机构，以及新西兰、新加坡、澳洲等国考试机构和中国香港特区、台湾地区的考试机构全面恢复或建立联系，为达到国际一流标准奠定基础。

建立健全学术组织，持续推进科研发展。成立考试院第二届学术委员会，制定学术委员会章程(试行)，进一步规范学术事务的咨询、审议和评定工作。提高《招生考试研究》办刊质量，积极开展与其他招生考试出版刊物的交流合作。

完善民主管理机制。召开院第三届职代会暨第四届工代会，选举产生新一届工会委员会和工会经审委员会，审定通过《上海市教育考试院“十三五”(2016—2020)发展规划》及涉及职工权益的相关制度，促进全院民主管理。

积极推进精神文明和文化建设，形成考试院专业化发展的共识。全院118名职工中47%以上具备硕士以上学位，职工在正式刊物上发表论文38篇，比上一年增加58%，核心刊物刊出的论文数由1篇增加到5篇，论文质量也有显著提升。获评2015—2016年度上海市教卫工作党委系统文明单位。官方微博“上海国子监”连续三年获得上海政务新媒体优秀奖。罗双虎获评全国 2017 年优秀 CIO;霍敏获评上海市园丁奖。

上海市教育考试院崇明院区的建设工作按期完成并开始投入使用。　　　　（考试院）

【高考综合改革全面实施】 1. 主要举措。①调整高考科目及总分。高考总分由语文、数学、外语 3 门统一高考成绩和学生自主选择的 3 门高中学业水平等级性考试科目成绩构成,作为高校录取基本依据,统一高考数学科目不分文理。语文、数学、外语 3 科每门满分 150 分,3 门高中学业水平等级性考试科目每门满分 70 分,总分 660 分。选考科目以等级性学业水平考试成绩计入高考总分,计分方式采用等级制。考生可参加两次外语考试,较好一次成绩计入高考总分。②实施院校专业组录取模式。实行本科阶段以“院校专业组”为志愿填报及投档的基本单位,“院校专业组”方案确定考生在普通本科批次可以填报 24 个平行的院校专业组志愿,每个专业组内可以填报 4 个专业志愿。③调整志愿填报时间。高考志愿填报时间调整到高考成绩公布后。3 月和 5 月分别组织两次模拟志愿填报和投档录取。为适应从考前到考后的改变,首次在高考成绩公布同时,向社会公布高考总分成绩分布表、基于 6 门选考科目成绩分布表、5 个艺术类专业统考的考生专业成绩分布表和高考成绩分布表,使填报志愿者有更清晰明确的定位。④首次在本科阶段增设一次征求志愿。⑤使用高中生综合素质评价信息。根据“两依据一参考”的新高考模式,应届毕业高中学生的综合素质评价信息成为高校录取的重要参考。综合素质评价信息在上海各层次招生的校测环节中全面使用,覆盖春季高考的市属本科院校招生、专科层次依法自主招生、集中录取阶段的高水平大学招生,成为高校面试及校测学生的主要信息来源。

2. 重点工作。①开发志愿辅助填报系统。考生可通过该系统在正式填报前进行模拟填报。②组织外语听说测试考试。基于人机对话模式的外语听说测试是上海高考综合改革的亮点。高考外语科目考试一年举行两次,包括笔试(含听力)和听说测试两部分,听说测试总分 10 分记入外语总分。外语听说测试全部采用人机对话形式的机考。③实现春季高考功能转变。春季高考探索数学文理合卷、实践基于题库第一次外语高考、实现语文强化中华优秀传统文化的设想,考试对象覆盖全体应届考生。④做好信息公示。对所有在教育部“阳光高考”平台公示名单均认真审核并补充报名号,严格按照时间节点,在“上海招考热线”、高校招生网站和《高招周刊》予以公示。还公示艺术类统考合格考生、综合评价录取考生、高水平大学自主招生录取考生名单。⑤完善艺术类专业统考项目。在美术与设计学类、音乐学类、编导类、表演类四个艺术类专业统考基础上,新开设播音与主持艺术专业统考,在年内首次进行专业统考。　　（黄　琦）

【普通高校招生】 全年报考普通高校生源数共 64188 人。分为 1 月份的春季招生,3 月份的专科层次依法自主招生,5 月份的招收应届中等职业学校毕业生(以下简称“三校生”招生)和 6 月统一高考招生四个阶段招生录取。

1. 统一高考招生。①考生报考情况。报名参加统一高考人数为 50016 人,实际参加统一高考人数为 45433 人(含内地新疆班、西藏班考生 1239 人),比上一年减少 2360 人。报考考生中,上海市应届毕业生 43745 人占 96.28%;非上海市应届毕业生 1688 人占 3.72%。另有单报高职(专科)考生 726 人。参加艺术类、体育类专业统考的考生 7743 人,占实际参加统一高考人数 17.04%。②招生计划情况。统一高考公布招生计划总数为 41113 个(不含未编制分省招生计划的高校艺术类招生计划),其中本科计划 36264 人,专科计划 4849 人。③录取情况。主要分两个阶段进行:本科录取和高职(专科)录取,本科录取阶段以“院校专业组”为单位开展志愿填报和投档录取,专科阶段以院校为单位开展志愿填报和投档录取。招生计划总数为 41113 人,实际录取总数为 42560 人,其中本科计划 36264 个,实际录取 38585 人,计划完成率为106.40%;专科计划 4849 个,实际录取 3975 人,计划完成率为 81.98%。具体各批次录取情况如下:

招生批次		公布计划数(人)	实际录取数(人)	计划完成率
本科批次	综合评价批	2176	2113	97.10%
	零志愿批	48	186	387.50%
	本科提前批	2268	2282	100.62%
	本科艺体批	3856	4568	118.46%
	地方农村批	201	236	117.41%
	本科普通批	27715	29200	105.36%
	小　计	36264	38584	106.40%
专科批次	专科提前批	261	218	83.52%
	专科艺术批	703	516	73.40%
	专科普通批	3885	3241	83.42%
	小　计	4849	3975	81.89%
合　　计		41113	42560	103.52%

(注:2017年上海市民航招飞招生计划145人,实际录取考生145人。)

综合评价批、零志愿批、本科普通批和高职(专科)普通批实行平行志愿投档录取方式;本科提前批、艺体批和农村专项计划仍实行顺序志愿投档录取方式。艺术体育类本科招生分为甲乙两个批次进行。

集中录取期间,协助香港特区高校完成在沪招生45人,协助台湾地区高校完成在沪招生14人。

另有非集中录取招生的考生346人。其中:保送生,16所院校录取150人;运动训练、民族传统体育专业,18所院校录取118人;六部委体育保送生,8所院校录取43人;体育单招,18所院校录取35人。

2. 春季招生。作为高考综合改革一项重要内容,考试模式为"统一文化考试+院校自主测试",统一文化考试科目为语文、数学、外语三门科目,其中语文、数学每科目总分150分。外语科目考试分为笔试(含听力)和听说测试,笔试(含听力)分值为140分,听说测试分值为10分,总分150分。春季高考继续允许应届高三学生参加,考生可填报同一校2个专业,或不同两校各1个专业。首次引入考生高中学生综合素质评价信息。23所市属本科院校参加春季招生,计划招生本科生2211人,外语实行一年两考,春季考生有40323人,与上一年33784人相比增加6539人。实际报到录取2077人,完成招生计划93.94%。

3. 专科层次依法自主招生。总计划10928人,报名考生17122人(含高中生5038人,"三校生"12084人)。实际录取考生10885人,完成招生计划99.61%。

4. 应届"三校生"招生。招收"三校生"普通高校32所,招生计划不分文理,计划招生4136人,上海应用技术大学另设20个听力残障单招计划用于招收听力残障考生。报考人数5135人,共录取考生4044人,完成计划97.78%,录取率为78.75%。

(黄　琦)

【研究生招生】 1. 报名情况。①硕士生报考情况。共有160323人(含推免生)报考,比上年增加27166人,增幅为20.36%。选择上海考点考生52504人,比上一年增加8040人,增幅为18.08%。②博士生报考情况。报考考生共有26321人(含直博生),比上一年增加7923人,增幅为43.06%。

2. 招生规模和招生计划情况。①硕士研究生招生规模和招生计划。总规模为54288人(含推免生),总规模比上一年增加11101人,总规模增幅为25.70%。②博士研究生招生规模和招生计划。总规模为7764人(含直博生),比上一年增加747人,增幅为10.65%。

3. 考试情况。招生入学考试于12月24日、25日进行。全市共设14个主考点,5个分考点。1765个考场。

4. 录取情况。①硕士生录取情况。全市50个硕士生招生单位上报录取考生52406人(含推免生),比上一年增招7621人,增幅为17.02%,报名人数和录取人数之比约为3.01∶1。②博士生录取情况。全市有24个博士生招生单位参加招生,实际录取考生7759人(含直博生),比上一年增加708人,增幅为10.04%。 (黄　琦)

【成人高等院校招生】 统一考试报名人数59483人,应考59086人。在沪招生成人高校共66所,其中上海市成人高校61所,外省市成人高校5所,共录取50292人(含"三支一扶"和"退役士兵"),完成招生计划99.67%,录取率为84.55%。

招生类型	报考人数(人)(含免试)	与2016年相比	
		人数(人)	比　例
高中起点升专科	15010	-3093	-17.09%
高中起点升本科	6144	2452	66.41%
专科起点升本科	38329	6131	19.04%
合　　计	59483	5490	10.17%

招生类型	教育部下拨计划数(人)	与2016年相比		录取人数		与2016年相比	
		计划数(人)	比　例	人数(人)	比　例	人数(人)	比　例
高中起点升专科	12727	-3303	20.61%	12788	85.2%	-3242	-20.22%
高中起点升本科	5214	2193	72.59%	4918	80.05%	1897	62.79%
专科起点升本科	32520	4568	16.34%	32586	85.02%	4634	16.58%
合　　计	50461	3458	7.36%	50292	84.55%	3289	7%

其中,普通高职(专科)毕业生服义务兵役退役和下基层服务期满免试接受成人本科教育招生工作继续在沪进行,共录取考生176人,比上一年增加9人。25岁以下(含25岁)考生25796人,占报考数43.37%;非上海市户口考生36974人,占报考数62.16%;具有本科及以上学历的考生有824人。报考人数较上一年增加了5490人,增幅10.17%。教育部按报名人数的85%下达计划50461人,比上一年增加7.36%。(黄　琦)

【中等学校高中阶段招生】 全年中招报名人数7.5万人,其中7.4万人报名参加初中毕业统一学业考试(不含在沪进城务工人员随迁子女),报考人数比上一年减少0.1万人;高中阶段各类学校招生计划数为81949人(含部分学校直升计划,不含三线单位招生计划),其中高中53287人,中职校28662人(含中本贯通1301人、中高职贯通5576人),上海市普通高中提前批共录取9055人,计划完成率88.99%;中职校提前批共录取11218人,计划完成率86.91%。普通高中统一批共录取38571人,计划完成率100.20%;中职校统一批共录取8128人,计划完成率51.59%。全年上海市高中阶段各类学校共录取新生71337人(不含在沪进城务工人员随迁子女),其中51991人升入普通高中,19346人升入中职校。招生录取率达99.7%。完成市教委制定的预期目标。

2017年上海市高中阶段各类学校计划和录取情况表

1. 提前招生计划和录取情况:

招生学校分类	招生类别	计划(人)	录取(人)	计划完成率
高　中	推荐生	4359	3717	85.27%
	自荐生	4437	4355	98.15%
	国际课程班	1379	983	71.29%
	小　计	10175	9055	88.99%
中职校	中本贯通	1301	1319	101.38%
	中高职贯通	5576	5580	100.07%
	自主招生	6030	4319	71.63%
	小　计	12907	11218	86.91%

2. 统一招生计划和录取情况：

招生学校分类	招生类别	计划(人)	录取(人)	计划完成率
普通高中	零志愿	2260	2055	90.93%
	名额分配	2357	2310	98.01%
	1至15志愿	38495	38571	100.20%
	小　计	43112	42936	99.59%
中职校	1至15志愿	15755	8128	51.59%

（宋　蕾）

【普通高中学业水平考试】 合格性考试和等级性考试全面开考，全年开考科目为语文、数学、外语、思想政治、历史、地理、物理、化学、生命科学、信息科技10门，共组织考试4次，报考人次为222883人次，报考科次为732998科次。

高中学业水平考试合格性考试报考基本情况如下表所示：

1月合格性考试

科　　目	语　文	数　学	外　语
报考人数(人)	11199	10158	1413
实考人数(人)	10197	9295	1245

4月合格性考试(补考)

科　　目	思想政治	历　史	地　理	物　理	化　学	生命科学
报考人数(人)	1621	1659	1192	1610	1482	3051
实考人数(人)	1464	1471	1051	1458	1344	2835

6月合格性考试

考试科目	信息科技	思想政治	历　史	地　理	物　理	化　学	生命科学
报考人数(人)	53501	54045	54020	55345	52321	52352	60139
实考人数(人)	52803	53311	53237	54618	51729	51760	59410

科　　目	物理技能	化学技能	生命科学技能
报考人数(人)	51617	51619	58342
实考人数(人)	51195	51199	57882

（王　丽）

【中等职业学校学生学业水平考试】 中等职业学校学生学业水平评价内容包括专业技能学习成果记录和公共基础课程考试。公共基础课程考试科目包括语文、数学、英语和信息技术基础。信息技术基础为上机考试，仅设合格性考试。语文、数学、英语3门科目为笔试，分设合格性考试和等级性考试。合格性考试为学生必考，等级性考试为学生选考。

全市共25878名考生参加考试，其中参加合格性考试的有8125人，同时参加合格性考试和等级性考试的有17753人，报考总科次148941科次。信息技术基础于12月10日进行，笔试科目于12月23日、24日在全市41个标准化考点、1038个考场中进行。合格性考试和等级性考试采用分卷合场的组织方式。合格性考试时间为60分钟，满分为100分；等级性考试时间为40分钟，满分为50分。所有笔试科目均采用网上评卷进行评阅。

（王　丽）

【学业水平考试成绩报告发布】 8月底，市考试院为参加2016年5月、2017年5月、2017年6月高中学业水平考试的约16万名考生制作了合格性考试和等级性考试的考试成绩评价报告。成绩评价报告采取网上发布形式，考生可登录“上海招考热线”（www.shmeea.edu.cn）网站查询。成绩评价报告内容以中英文呈现，根据思想政治、历史、地理、物理、化学、生命科学六门科目的知识内容和能力目标两个维度，统计分析学生在各分项的得分率，以及各分项得分相对全体考生所处位置的百分位，以综合评价学生的得分情况。

10月，在学生个人高中学业水平考试成绩评价报告的基础上，对全年上海各区参加高中学业水平考试数据结合科目的知识内容、能力目标进行统计、分析，在2017考试评价国际研讨会上首度发布高中学业水平考试区域成绩分析报告。报告包括全区考试概况和各科目考试成绩分析两部分内容。通过对区域、学校各学科的考试情况，在学科知识内容和能力目标方面的成绩分析，帮助区域和学校比较和促进不同学科教学的研究和指导，进一步发挥学业水平考试对教学的反馈作用。（王　丽）

【启动高等教育自学考试考务改革】 10月举行第71次高等教育自学考试首次启用网上报名报考新平台（www.shmeea.edu.cn）。全面取消集体单位报名方式。新平台是考试院第一个集报名功能、网上支付功能等多个功能为一体的全流程报名平台。首次全面实施网上评卷，创建命题和考务在闱点联合进行制卷的新模式，促进评卷工作公平公正。试点部分考场集约化管理，提高考场使用效率。使用标准化考场，规范考点管理。全年标准化考场使用率由第69次自考的41.4%提升至第71次的66.4%。

（肖　广）

【高等教育自学考试】 组织4月、10月两次高等教育自学考试。主考学校为19所，开考本专科专业89个。其中，4月高教自考实际开考课程340门，报考人数62224人，理论考试科次170989科次，共有55393人次获得单科合格证书，毕业人数3580人；10月高教自考实际开考课程353门，报考人数69870人，理论考试科次201626科次，共有58453人次获得单科合格证书，全年总计报考人次数达到132094人次，考试科次420161科次。相比上一年度，报考人数上升16.9%，理论考试科次数上升14.6%。上海命题中心4月、10月各组织全国统考课程命题和上海市统考课程命题1次，全年共四次命题工作。全年命制课程共计423门次。其中全国统考课程命制109门次，为全国30个省市提供试卷清样1569份，承担的命题任务在全国排名第二；上海市统考课程命制314门次。

5月、11月证书考试基本情况。全年度共有3所主考院校及1家证书管理机构，开设4个证书考试项目。上海行知促进会主考的“中国销售管理专业水平证书考试”5月报考人数为303人，共报考822科次，11月为该证书项目最后一次考试，报考人数为156人，共报考372科次。华东政法大学和华东理工大学联合主考的“中英合作商务与金融专业管理段证书考试”5月报考人数为8506人，共报考18237科次，11月报考人数为8468人，共报考18944科次；“中英合作商务管理与金融管理专业基础段证书课程考试”5月报考人数为778人，共报考1406科次，11月报考人数为1802人，共报考4188科次。上海大学主考的“能源管理师职业能力水平证书考试”5月报考人数为659人，共报考2187科次，11月报考人数为521人，共报考1390科次。本年度中根据国家调整关停证书考试的要求，销售管理证书项目完成了停考过渡。（肖　广）

【社会考试】 全面推广全国大学英语四、六级口语考试。完成全国英语等级考试网上报名试点工作。9月全国计算机等级考试首次全部试用人脸识别系统。全年承办各类社会考试项目共6项，年度开考12次，设置各类考点218个，考生总规模821310人，与上一年度相比，考生人数增加37868人，增幅为4.83%。具体情况如下表：

序号	项目名称	开考次数（次）	考试科目数（个）	考点数（个）	全年报考数（人）	增幅
1	全国大学英语四、六级考试	2	9	67	562836	2.77%
2	上海市高等学校计算机等级考试	1	9	53	82749	−3.65%
3	全国中小学教师资格考试(笔试)	2	39	49	42991	10.22%
4	全国计算机等级考试(NCRE)	3	22	23	69853	9.38%
5	全国英语等级考试(PETS)	2	4	13	34282	−15.09%
6	全国大学英语四、六级口语考试	2	2	13	28599	329.29%
	合　计	12	85	218	821310	4.83%

（戴芳芳）

【尹弘到院调研】 4月20日，市委副书记尹弘在副市长翁铁慧、市政府副秘书长宗明的陪同下到考试院就高考综合改革推进工作进行专题调研。市教卫工作党委书记虞丽娟、市教委主任苏明等出席调研座谈会，两委相关部门及考试院领导、相关部门负责人等参加。市领导视察了录取现场并听取了高考综合改革推进情况的汇报。（王洪波）

【翁铁慧视察市考试院崇明院区修缮工程】 5月4日，副市长翁铁慧、市政府副秘书长宗明在市教委领导、崇明区党政领导陪同下，视察上海市教育考试院崇明院区修缮工程项目。该项目2月28日正式开工，8月31日基本建成。经过三个月试运行，于12月1日正式投入使用。（陈　刚）

副市长翁铁慧视察市教育考试院崇明院区修缮工程

【韩正检查上海高考准备保障工作】 5月31日，中共中央政治局委员、上海市委书记韩正在市委副书记尹弘，市委常委、市委秘书长诸葛宇杰，副市长翁铁慧等市领导陪同下到考试院检查上海高考准备保障工作并座谈。市教卫工作党委、市教委及考试院负责人以及两委相关部门负责人出席座谈会。韩正视察了上海市国家教育考试考务指挥中心，听取了高考高招准备工作汇报，指示要圆满完成中央交给上海的这项重大改革试点任务。

（王洪波）

【方惠萍视察高考评卷现场】 6月14日，市政协副主席方惠萍率部分市政协委员视察秋季高考语文科目评卷点，评卷负责人在评卷现场介绍了评卷工作的机制和流程。市政协委员对评卷现场的严格管理、评卷流程的科学规范表示满意。（王洪波）

【考生家长代表参观高考评卷点】 6月14日，来自徐汇、浦东、杨浦、普陀、松江和奉贤6个区的6名考生家长代表参观了高考语文科目评卷点，并与语文、数学、英语科目中心组负责人座谈。考生家长代表对评卷工作的科学、规范、公平、公正均表示放心、满意。

（王洪波）

考生家长代表参观高考语文科目评卷点，并与科目中心组负责人座谈

【举办恢复高考40周年研讨会】 6月15日，考试院举办恢复高考40周年研讨会，教育部考试中心、市教委相关领导出席，上海亲历上海招考改革不同时期的专家、学者参加会议。与会专家、学者聚焦“高考政策制度改革”“考试招生管理”与“命题评价实践”三大主题，共同追溯历程、分享经验、展望未来，为高考综合改革和考试机构专业化发展提供了宝贵的意见与启示。（杨东莉）

【教育部督查上海高校招生录取工作】 7月16日，教育部督查组到上海市教育考试院对普通高校招生录取进展情况进行督查，听取上海市教育考试院关于2017年普通高校招生录取进展情况的汇报。上海市教育考试院院长郑方贤对高招录取工作进行专题汇报。（何　洁）

【市人大代表参观高招录取现场】 7月20日，市人大常委会委员、教科文卫委员会副主任委员张辰等10余名人大代表视察高招录取现场。市教委副主任郭为禄，上海市教育考试院院长郑方贤，院党委书记、副院长刘玉祥陪同视察。市人大代表听取上海市普通高校招生录取工作汇报，评价上海高考综合改革实施中“考”和“招”都非常平稳、各项工作可圈可点可喜。（王洪波）

【考试评价国际研讨会举办】 10月18—19日，上海市教育考试院举办2017考试评价国际研讨会。来自美国、英国、瑞士、澳大利亚、新西兰、新加坡等国家的教育主管部门和考试机构，以及国内各省市教育考试机构、大学和高中等近200名专家学者就教育考试评价的改革与发展进行深入探讨和研究。共有60位来自国内外的嘉宾分别在20个单元登台分享研究成果和实践经验，内容涉及教育与培养体系、考试组织与管理、考试招生制度、评价测量技术运用、学生发展性评价等领域。（王洪波）

【教育部高考综合改革试点集中调研会议召开】 11月13—16日，教育部高考综合改革试点集中调研会议召开。教育部考试中心、就业中心、清华大学以及北京、天津、浙江、广东、广西、山东、海南等省市教育厅、考试院相关负责人共50余人参加调研。教育部副部长林蕙青16日下午专程听取调研结果，并做工作部署。（朱　慧）

【第二届“华强奖”颁奖大会举行】 11月22日，2017年上海市教育发展基金会华强教育专项基金第二届“华强奖”颁奖大会举行，会上对52个集体和60名个人进行表彰。市教育发展基金会秘书长、理事长助理和市纪委驻市教卫工作党委纪检组、市教委相关处室负责人及上海市教育考试院院长，院党委副书记、纪委书记等出席颁奖典礼并为获奖集体和个人颁奖。52个集体奖项中包含27家考点、3家区招考机构、12家上海市高校招办和10家外省市高校招办；60名个人奖项中包含7名区招考机构个人、13名考试命题专家、10名新闻宣传工作者、27名招考保障机构的个人和3名特殊贡献奖的个人。（夏伟荣）

【承办的主要考试项目数据统计】 年内，上海市教育考试院承担的各项考试共计45次，考生257万余人次（科次）（考生数不包括外语听说测试，各项艺术、体育类专业考试及普通高等学校联合招收华侨、中国港澳台地区学生上海考点考试等），录取24万余人。详见下表：

项　目　名　称	报考人数（人次、科次）	录取人数（人）
全国普通高校招生统一文化考试(秋季)	50016	42560
上海市普通高校招生统一文化考试(春季)	40323	2077
上海市应届“三校”毕业生报考普通高校统一文化考试	5135	4044
复旦大学、上海交通大学等九所高校“综合评价”录取		2113
高职(专科)层次依法自主招生	17122	10885
全国硕士学位研究生招生考试	160323	52406
博士研究生招生	26321	7759
成人高校招生全国统一考试	59483	50292
同等学力人员申请硕士学位全国统一考试	8567	
普通高中学业水平考试	732998	
上海市初中毕业生统一学业文化考试(含在沪进城务工人员随迁子女、三线单位考生)	81009	78500
上海市中等职业学校学业水平考试	148941	
高等教育自学考试(4月、10月)	372615	
中英合作、国内合作证书考试	47546	
上海市高等学校计算机等级考试	82749	
全国大学英语四、六级考试(含小语种)	562836	
全国大学英语四、六级口语考试(含小语种)	28599	
全国英语等级考试(PETS)	34282	
全国计算机等级考试(NCRE)	69853	
全国中小学教师资格考试(笔试)	42991	
合计	2571709	248523

注:普通高校招生录取人数包括复旦大学、上海交通大学等九所高校“综合评价”录取人数

附:院负责人及地址

(2017年1—12月)

院　长:郑方贤

副院长:刘玉祥、周　勇、章　波

院党委书记:刘玉祥

副书记:汪成辉

地址:民星路465号

邮编:200433

电话:35367070

上海市教育评估院

【2017年概况】 在上海教育综合改革全面深化的新形势下,紧紧围绕市教卫工作党委、市教委中心工作,认真履职尽责,服务教育改革发展,持续推进教育评估事业发展进步。

全面对接市教卫工作党委、市教委工作，服务教育改革发展。对接服务市教卫工作党委、市教委16个处室，完成评估项目100余项，其中新增项目40余项。相比上一年，评估工作增量近三成。项目内容涵盖基础教育、高等教育、职业教育、终身教育、民办教育、中外合作办学等领域，涉及学校整体评估、专业评估、学科评估、职称评审、课程评选、团队评选、论文评审、专项资金评审等教育教学项目。

扎实做好常规项目，持续提高服务质量。每年开展50余项常规项目，如教师高级专业技术职务评议、义务教育学校委托管理绩效评估、中高职中本贯通试点专业评估、学士学位授权审核工作、体育艺术科研课题评审、中外合作办学设置评议和到期评估、中小学心理健康教育特色校评估、研究生学位论文抽检评议、高校语言文字工作评估、外籍子女学校设置评估。通过优化评估方案、规范操作程序、规范专家遴选、定期交流研讨等举措，持续提高工作质量和水平。

努力完成重大项目，提升服务能级。市教卫工作党委、市教委委托业务工作急剧增长，且重大项目多。如高等教育领域有市级教育成果奖、上海高校分类督导与评价等；基础教育领域有中小学高级职称评审、实验性示范性高校督导；职业教育领域有上海市中等职业学校教学工作诊断与改进工作等。

运用现代教育评估理论，发挥评估功能。针对不同项目的具体要求，灵活运用现代教育评估理论，发挥教育评估的鉴定、诊断、激励和监控等功能，服务教育改革发展，取得良好成效。

加强思想政治建设，深入推进“两学一做”学习教育。①认真学习宣传贯彻党的十九大精神，通过组织收看、邀请宣讲、专题组织生活会、组团参加知识竞赛等活动，把首要政治任务抓紧抓实。②认真学习贯彻市第十一次党代会精神，组织参观“逐梦新时代——上海2012—2017”大型主题展，回望改革开放成果，激励前行动力。③学习教育常态化制度化，精心制定学习教育计划，坚持全院专题学习日、支部主题党日活动、微信群宣传教育等三大平台，提高党课学习效果；设置党员岗位标识牌、设立党员承诺展板；组建学雷锋活动服务队，开展志愿者服务；与纪勋中职校共建，关爱智障人群；与上海外国语大学贤达经济人文学院探索党建共建和精神文明共建机制。

全面完成巡查整改，深化党风廉政建设。①全面完成巡察整改，接受两委巡查。以“放大镜”找问题、“显微镜”排隐患、“望远镜”抓防范的“三镜”工作法，认领整改任务清单，全部问题整改到位。②健全长效机制，着力加强制度建设。健全内部监管的长效机制和问责机制，11月召开职工大会，新增、修订《中层干部选任办法》《干部监督管理办法(试行)》等13项管理制度。③开展党风廉政小视导，探索党风廉政项目化机制。认真梳理分析风险防范的短板，逐一剖析成因，提出整改方案及预期效果。

加强文明单位建设。①立足“以文化人”，通过举办“文化讲堂”，拓展职工视野、提升文化品位；全院职工在“七彩讲座”上交流学习、工作、生活心得29人次。②积极推进各兴趣小组开展活动，踊跃参加上海市第八届教工运动会，获较好成绩。③青工委组织开展茶艺、插花、书法、篆刻等活动，提升青年职工归属感、凝聚力。④认真组织职工体检、发放生日蛋糕券、夏季送清凉等工作，继续建设“妈咪小屋”，开展各类帮困送温暖工作。

加强教育评估科研引领，促进专业化发展。坚持“评估实务是立院之本，评估科研是强院之路”的发展理念，加强教育评估科研，深化科研考核与奖励工作，促进提高服务能级与专业化水平。丰富教育评估技术，提高专业化水平。在规范运用现代教育评估理论的同时，不断探索、丰富教育评估技术，提高专业化水平，服务教育改革发展。全年公开发表学术论文25篇(其中EI收录论文2篇，中文核心期刊论文15篇)，参加国内外学术会议22人次；承担教育部发展规划司委托的“普通高校设置标准研究”、教育部国际合作与交流司委托的“2016年中外合作办学项目年度报告”等重大研究课题。

深化队伍建设，提升服务能级。努力推进广大职工的业务能力与觉悟修养两轮驱动、两翼共振，打造一支“想干事、能干事、干成事、好共事、不出事”的专业队伍。继续实施业务学习制度，每季度组织一次评估沙龙，43人次交流研讨评估工作心得和改进思路，中层以上干部和高级职称人员10人次作教育评估专业化专题讲座。严格按照规范程序开展专业技术岗位评聘工作。组团随团出访

12 人，进一步开拓国际视野，学习国外先进教育评估理论与经验，提升服务上海教育改革发展的能级。（胡恺真）

【高等教育市级教学成果奖评选】 受市教委委托，组织开展高等教育市级教学成果奖评审工作。此次评审共涉及 43 所院校（单位）推荐的 800 项申报候选项目。教学成果奖评选工作每四年进行一次，该项目具有规模大、要求严、关注度高和保密性强的特点。（冯修猛）

2017 年高等教育上海市级教学成果奖评审会

【市属高校本科教学工作审核评估】 受市教委委托，对上海戏剧学院、上海应用技术大学、上海音乐学院、上海理工大学、上海对外经贸大学、上海海事大学、上海体育学院、上海第二工业大学和上海中医药大学九所市属高校开展本科教学工作审核评估。通过走访、访谈、听课看课、调阅教学资料等形式，依据“全面考察、独立判断”的工作要求，对学校本科教学工作进行全面考察。“自主、协商、开放”的新型评估模式，符合上海地区高等教育发展和改革实际。（胡　莹）

【新增博士硕士授权审核工作】 开展“上海市 2017 年新增博士硕士学位授权审核工作”。组织完成对复旦大学等 33 所高校申请的 13 个博士/硕士授予单位、89 个博士学位授权点（含 3 个专业学位点）、102 个硕士学位授权点（含 48 个专业学位点）的审核。审核工作涉及材料初审、复审及会评等一系列工作流程，为后续学位点建设状态跟踪评价及学位点动态调整工作的开展奠定基础。（陈佳妮）

【上海高校高峰高原学科建设绩效评价】 4—7 月，受市教委委托，启动实施上海高校高峰高原学科建设第一阶段绩效评价工作，对象涉及Ⅰ、Ⅱ、Ⅲ类高峰和Ⅰ、Ⅱ类高原，共计 97 个学科。评价工作坚持定性和定量评价相结合、主观和客观评价相结合的原则，综合运用学科自评价、第三方跟踪评价和专家综合评价的方式，围绕学科声誉、人才培养、师资队伍、科学研究、社会服务五大板块，对学科在第一阶段建设期间的建设总体成效、建设任务完成情况、人才队伍建设情况、代表性成果以及学校支撑情况等进行评价。（吴新林）

【编制上海高校分类评价指标体系】 市政府将“构建科学合理的高等教育分类管理体系”列入 2017 年市政府重点工作。评估院在市政府教育督导室的指导下，经过多轮研讨，基本完成指标体系编制工作。年底开展指标体系高校试测工作，根据试测情况进一步完善指标体系。（周益斌）

【首次实施市实验性示范性高中督导评估】 6—12 月，受市政府教育督导室委托，组织实施了市实验性示范性高中督导评估工作。这是市实验性示范性高中创建以来首次实施的督导评估。首批市示范高中现场督导评估涉及徐汇、杨浦、奉贤、闵行、浦东等 5 个区的 16 所学校。（郭朝红）

实施市实验性示范性高中督导评估

【上海市中小学行为规范示范校评估】 受市教委委托，承担市中小学行为规范示范校评估。本次评估是在学校自愿申报、各区教育局初审推荐基础上开展的，评估院组织专家对各区推荐的 412 所学校进行网上材料评审和分组集中评议，依据材料评审和集中评议的结果，选取部分学校进入现场评估，采用市民巡访、视频调阅和问卷调查等方法全面收集信息，最终通过评估学校405所，占全市中小学校总数的25%。（严　芳）

【上海市家庭教育示范校评估】 4—9月，受委托，开展首轮上海市家庭教育示范校评估。经专家材料评审、问卷调查、现场评估等程序，16所学校被最终命名为上海市家庭教育示范校。（朱　丽）

【开展中等职业学校教学工作诊断改进工作】 根据要求，召开市中职诊改专委会成立大会和全市中职诊改工作启动会。成立7个中职诊改协作组，建立定期会议交流研讨机制。完成学校诊改制度建设与运行实施方案论证。配合全国诊改专委会完成市试点学校诊改工作现场调研。（刘　磊）

【中等职业学校行为规范示范校评估】 6—12月，组织开展新一轮上海市中职校行为规范示范校评估工作。通过网上评审、市民巡访、监控视频调阅、汇报答辩、实地抽查和综合评议，评选出新一轮24所行为规范示范校。（胡　兰）

【上海市街镇社区学校内涵建设合格验收评估】 7—12月，开展上海市街镇社区学校内涵建设合格验收工作。通过学校自评、资格审核、材料评审、集中评审、实地评估、验收终审、结果公示等环节对8个市区的58所学校进行建设验收，共51所学校通过。（李　钰）

【中小学教师高级专业技术职务任职资格评审】 5月，启动市中小学教师高级专业技术职务任职资格评审，首次对教师高级专技职称资格不作外语计算机能力要求，申报人员较上一年度有大幅度增加。上半年受理2128名教师教科研成果，较2016年翻一番。下半年受理774名教师的申报材料，较2016年增加近50%。下半年评审完成15个学科657人次的随堂听课、借班上课、课后面试或听课评课工作，8个学科534人次的笔试工作，6个学科225人次的集中面试工作。截至2018年1月，经学科组评议组综合评议和高评委审定，通过490人，平均通过率63.3%，较2016年略有下降。（程　婕）

【全国学生运动会科学论文评审】 9月，教育部、国家体育总局、共青团中央主办的第十三届全国学生运动会科学论文报告会在杭州召开。受市教委委托，评估院承担前期上海市参选论文的征集、遴选和报送工作，以及后期入围论文作者的参会工作。最终，上海市共有104篇论文获奖，并获团体总分第二名的好成绩。还获本届科学论文报告会的优秀组织奖。（黄丹凤）

【推荐第一届全国文明校园集中展示】 7月，受市文明办、市教委的委托，组织举办上海市推荐第一届全国文明校园集中展示活动，9所高校、11所中学和8所小学展示了在培育和践行社会主义核心价值观落细落小落实、文明创建破解难题等方面的主要举措、亮点和成效。按照评选条件和程序，上海交通大学、上海大学、大同中学、曹杨第二中学和上海市第一师范学校附属小学被推荐为第一届全国文明校园。（王珊珊）

【上海市依法治校示范校创建工作】 11月，受市教委委托，组织开展了上海市中小学依法治校专题培训班和上海市高校依法治校专题培训班。两场培训分别由26名区教育局相关负责人和66名高校依法治校相关负责人参加。培训主要包括专家专题讲座、学员分组讨论、依法治校创建工作进展学校交流和实地参观等。（徐颖婕）

附：院负责人及地址

（2017年1—12月）

院党总支书记：冯　晖（1月到任）
副院长：冯　晖（主持工作）、李耀刚、刘苹苹（6月到任）

地址：陕西南路202号
邮编：200031
电话：54041392　54035258

教育电视与报刊

Educational TV and Press

上海教育电视台

【2017 年概况】 教育台有全高清演播室三间，有高清摄像机 38 台、高清蓝光录像机 33 台、高清监视器 58 台、灯光设备 200 余套等国内一流的电视制作设备。员工总数 153 人，其中具高级职称 11 人、研究生以上学历 17 人，员工平均年龄 45 岁。

特色鲜明稳中求进，圆满完成党的十九大宣传报道。牢固树立"四个意识"，提高政治站位，以高度的政治自觉做好党的十九大宣传报道和安全保障工作；坚持聚焦重点，打造亮点；以最高标准、最严要求，严格执行节目管理与技术保障，确保播出安全无虞、网络安全万无一失。新闻类节目关注教育，聚焦重点，打造亮点。《教视新闻》等新闻类节目分 3 个阶段，有计划、有重点、有针对性地开展党的十九大宣传报道工作。配合大型活动的策划举行，和红色主题纪录片、电视剧的播出，深入宣传党的十九大会议精神。

凸显使命与担当，唱响教育最强音。全面对接市教卫工作党委的中心工作，服务上海"继续当好改革开放排头兵、创新发展先行者"的各项工作，服务教育卫生等核心内容。①聚焦新高考。作为上海教育综合改革实行新高考制度的第一年，教育台审时度势，推出《我们一起填志愿——高考咨询大直播特别节目》。②围绕上海科创中心建设、深化教育综合改革等选题，完成大量深度报道、连续报道。"上海高校思政系列报道"围绕"课程思政"的总体框架，先后完成专题报道 30 余篇，涵盖 90%重点高校。记者深入新疆、西藏、贵州、福建等地，采访职教援疆、组团式援藏、暑期上海学生社会实践和国防教育"走进边防线"等活动，进一步提升教育台的社会影响力。③制作并播出一系列公益广告，内容涵盖科普、文化、教育、核心价值观等正能量内容，体现教育台的社会担当。在国家新闻出版广电总局公布的 2016 年度广播电视公益广告扶持项目评审结果中，获颁"全国二类公益广告扶持传播机构"称号，排名进入全国"十强"。科普公益系列宣传片获上海科普教育创新成果奖。

频道改版成效显著，收视率提升明显。顺利完成频道改版，7 月正式推出新版面，《教视新闻》实现整点播出；《男生女生向前冲》《童趣大冒险》《上海记忆》等节目收视表现良好；电视剧场由每天 2 集增加到每天 3 集，收视率显著提升。改版后观众流量从 SMG 频道导入明显，收视率大幅提高。教育台晚间黄金时段收视排名从以往的全市 10—11 名上升至第 8 名。黄金时段平均收视率较上年提升 35.7%，全天收视率较上年提高 28.5%。收视率整体提升，有效提高了教育台社会影响力。

创新研发具有新时代特色的新型教育节目。继续深化落实"根据媒体规律与教育特色办台"要求，强化既有节目，通过打造品牌扩大教育台的影响力与公信力；研发创新节目，通过推陈出新激发外在活力与内生动力；踏准时代步伐，不断探索具有新时代特色的、具有教育内涵的节目创作理念。《升学与就业》《高考四十年》《书式生活》《我爱传家宝》等节目推陈出新，从不同角度展现中国优秀文化和时代新风，充实教育台姓"教"的深刻内涵。

顺应时代，进一步推进新媒体建设和高清设备改造。将"互联网＋"理念与现有资源和硬件相结合，先行先试。在 2017 高考咨询大直播节目中，实现微信视频直播，官方微信也同步开启后台留言功能。直播当天，微信关注用户就增加近千人。完成测试依托新媒体平台的全频道、全时段直播、点播功能，即将正式上线。同时，以高清频道建设为抓手，完成 2 个主要演播室的高清改造。以高清非编节目生产主干网为依托，逐步推进网络化、无带化的节目生产流程，《绿叶气象站》《频道预告宣传》已实现无带化节目生产全流程，为全程无带化播出提供坚实基础。

开展多元经营，坚持开门办台，增强服务意识。结束广告经营外包，全台上下从零开始，砥砺奋进，迎难而上，从多方面不断寻求改革创新。坚持“开门办台”，与外界积极合作，发挥平台集合作用。①举办几十场大型活动，内容涵盖教育、卫生、环保、农业、艺术等方面，形式囊括颁奖典礼、文艺表演、知识竞赛等。通过这些主题活动的开展，不仅增加营收，也拉近了教育台与各活动主办方的距离，为教育台进一步拓展资源奠定基础。②借助品牌栏目《健康大不同》《升学与就业》《教育山海经》《银龄课堂》的影响力，推出“健康海上游”“成长不烦恼”等邮轮主题节目和线下活动。全台各部门共同参与“光明英雄展”，现场设立演播室，为展会提供互动平台。③完成中英基础教育项目汇报片、上海教育考试院高考改革汇报片、上海大学宣传片、国际乒联博物馆诞生记以及18岁成人仪式视频制作等专题片和活动的策划及制作，在业内获得赞誉。

融入开放大学事业，协力上海开放大学发展。通过多种方式积极参与上海开放大学资源建设，与上海开放大学各院系教师继续深入探索摄制新的系列精品课程。完成上海开放大学理工学院2门专业视频课程、国家开放大学600分钟课程资源建设任务，获国家开放大学36集节目、上海市电教馆6门中小学网络课程建设、上海市中小学(幼儿园)教师信息技术应用能力提升工程专业课程开发项目、上海市师资培训中心视频课程等项目，根据制作需求，增强市场意识，服务教学改革。（刘　君）

【推出新节目，聚焦新高考】 为配合上海教育综合改革实行新高考制度的第一年，教育台对传统节目《我们一起填志愿——高考咨询大直播特别节目》进行改版。推出1+9模式，即一天3小时直播和9天每天20分钟特别节目的形式，联合东方都市广播FM899驾车调频、解放日报·上观、新浪网等不同媒体形式展开。教育台微信公众号采取微信同步直播，网络点击收看人数达到2.5万余人的峰值。

《招考就业周刊》在4月改版为《升学与就业》，并采取新媒体同步上线方式登场。围绕新高考改革，推出《考试院发布》《专业行业连连看》《校园秀》等板块，为考生和家长提供权威、实用、及时、准确的信息。新闻评论类节目《教育山海经》推出特别策划系列访谈节目《高考四十年》，邀请嘉宾畅谈知识改变命运、教育改革、建设世界一流大学的话题，赢得良好社会反响。（刘　君）

上海教育电视台聚焦新高考，推出改版节目《2017高考咨询大直播》

【首创首播《书式生活》】 4月23日为“4·23世界读书日”，由上海市语言文字工作委员会、上海市教育委员会指导，上海教育电视台全新打造的电视嘉宾导读节目《书式生活》，通过3个板块品读书籍、品览人生、品味校园，让“低头族”们抬起头，用心来感受文字的灵动与美妙。（刘　君）

上海教育电视台首创首播嘉宾导读节目《书式生活》

【晋升二类传播机构】 国家新闻出版广电总局公布2016年度广播电视公益广告扶持项目评审结果，全国共有61篇广播作品、60部电视作品和61个传播机构类获得专项资金扶持。上海教育电视台继2015年获得三类扶持传播机构(排名全国第18位)后再上一层楼,成为二类传播机构,排名进入全国"十强"。 (刘 君)

【《十万个为什么》重装归来】 9月16日"全国科普日"之际,由上海市科学技术协会、上海开放大学、上海教育电视台联合打造的《十万个为什么》(第三季)登陆荧屏。节目一改以往的综艺竞赛形式,与当下科技热点进行整合,坚持做"一本可以看的百科全书"。以前沿科技,未来发展为主要方向,从科幻类、物理化学类、医学类等的话题入手全面讲解科技的未来,每集5分钟。对一些较为复杂的科学问题通过数期节目持续进行由浅及深地解释。科普微课让科学从高冷变得有趣,借助短小精悍的传播优势,完成一场传统科普电视节目的华丽逆袭。 (刘 君)

【千校学生共绘美丽中国生态美】 10—12月,由上海市教育委员会、上海市环境保护局、中华环境保护基金会指导,上海教育电视台、上海市环境保护信息中心主办的"同筑少年梦 共绘生态美——上海市中小幼学生生态文明创意作品征集活动"在沪上学生中掀起参与热潮。活动以"给地球的一封信"为形式,呼吁学生用创意想法来给地球环境"开药方"。三个月中,共征集到16个区超过900所学校近4000名学生报送的参赛作品。其中,绘画作品近3000幅、摄影作品近800幅、环保方案近150个、舞台作品近100个。内容涵盖美丽中国、绿色星球、垃圾分类、河道整治、暑期实践、科学调研、创新发明等多种元素。不少中小学幼儿园还举办了多场丰富多样的生态文明校园行活动。 (刘 君)

【策划制作《活力张江讲坛》】 《活力张江讲坛》由市委组织部、市委宣传部、市委统战部、市委党校、市科学技术工作委员会、市人力资源和社会保障局、市张江高新技术产业开发区管理委员会指导,张江科技创新国际人才研究院、上海教育电视台主办。于2017年启动策划、制作。节目共分10集,邀请10位创业企业家荧屏开讲,讲述创新思想和创业故事。邀请专家学者担任节目嘉宾。 (刘 君)

【高清化改造取得重大进展】 上海教育电视台高清频道申请文件及资料,于9月通过上海市文广局广电处递交国家广电总局传媒司。教育台高清化改造工作自2012年起展开,先后完成高清节目编辑制作网络的建设工作和第二演播室(220平方米)全高清化改造工作。2016年1月制定《上海教育电视台高标清同播管理指导书》,3月完成并运行全高清的播出总控系统建设。2017年,文件化审片、送播流程在部分节目中试点,4月完成120平方米的第三演播室高清化改造;7月完成所有摄录编高清化设备的采购;11月完成东方明珠DS26频道数字高清发射机的采购,正式具备发送无线高清数字电视信号的能力;12月高清改造中体量最大的500平方米第一演播室的整体高清化改造工作完成,涉及高清视音频设备、舞美布景、LED大屏、观众席、LED灯控系统等。 (刘 君)

上海教育电视台高清化改造取得重大进展

附:台负责人及地址

(2017年1—12月)

台党总支书记:朱晓青

常务副台长:陆 生

地址:大连路1541号
邮编:200086
电话:65834001

上海教育报刊总社

【2017 年概况】 上海教育报刊总社在市教卫工作党委、市教委（以下简称“两委”）领导下，聚焦上海教育系统中心工作，求真务实、开拓进取。

强化落实两委重点宣传任务，舆论引导成效显著。2017 年，上海教育报刊总社制定并实施《2017 年上海教育新闻宣传工作重点选题计划》，全年完成重点选题 67 项、常规选题 123 项。全年向各类媒体提供新闻稿件 300 多篇。举办各类媒体座谈会、发布会、通气会、策划会、培训会等累计 43 场，组织各类采访活动 147 场。全程参与两委年度工作“三大重点专项”——高校思政、高考综合改革、规范义务教育秩序的新闻宣传和舆论引导方案设计，并精心组织实施在重要媒体及相关新媒体刊发专家评论文章逾 35 篇。各主流媒体累计刊发“高校思政”主题报道 200 多篇。全年，上海教育新闻舆情数据库共计收录上海教育新闻报道约 11000 条。至年底，上海教育政务微信用户数突破 31 万，发布图文信息 730 余条，阅读总数超过 592 万+，其中 10 余条信息阅读数超过 10 万+，总点赞数超 2.1 万+，单条最高阅读量超 54 万+。上海教育政务微博（新浪平台）粉丝数近 20 万，发布图文信息 2740 余条，阅读和转发数超 4000 万，获网民评论 7830 条、点赞 31629 次。

聚焦重大主题，做到宣传有广度、有深度、有力度、有温度。总社聚焦党的十九大，重大主题宣传有广度。《少年日报》《上海中学生报》推出“喜迎十九大”和“十九大精神进校园”等系列报道。《上海教育》杂志推出“喜迎十九大　砥砺奋进的五年”和“深入学习宣传贯彻党的十九大精神”两个系列专栏。《东方教育时报》在头版推出“学习贯彻十九大精神进行时”等重点栏目。上海教育新闻网策划组织党的十九大系列报道，生动展现教育领域从“喜迎”“点赞”，到“学习”党的十九大的全过程。聚焦高校思政，新闻报道有深度。《上海教育》杂志推出“思政大课堂”专刊，在市高校党政负责人会议、市思政工作会议、2017 年教育部高校思政课教学质量年上海调研片会暨高校“课程思政”现场推进会上确定为会议资料。《东方教育时报》从 1 月开始推出上海高校思政工作系列报道。上海教育新闻网制作“砥砺奋进，推进上海高校思政工作新发展”专题。高考新政等综改报道有力度。《上海中学生报（高招周刊）》纸媒与“上海高考发布”微信公众号，第一时间传递高考讯息，增强与考生家长的互动。《上海教育》杂志的《高校智慧撑起创新未来》《铸造一流本科品牌》等报道，深度揭示上海高等教育改革发展的新经验、新举措和新趋势。《东方教育时报》推出“解码上海高校综改”栏目，对高校领导进行深入采访报道；推出为区教育综改服务的专题专版宣传。服务师生有温度。《上海教育》杂志编辑出版 12 期“环球教育时讯”刊，关注国外教育改革与教育政策动向，反映国际上的新探索、新实践。《上海托幼》杂志聚焦“幼小衔接”话题，系列报道相关科研项目最新成果和幼儿园开展的生动有趣“幼小衔接”活动案例。《康复》杂志创办教师保健刊中刊，成为促进广大教师身心健康的媒体平台。紧抓媒体建设，融合发展有高度。总社研究制定《提升教育媒体传播能力三年行动计划》，筹建总社融媒体宣传 APP 平台。学生数字阅读平台项目获国家新闻出版广电总局国家文创基金资助。总社重点建设的“第一教育”“上海高考发布”“上海中考”“上海托幼”“东方亲子在线”“图说教育”等微信公众号，在实践中都积累了发展经验。《当代学生・探秘》杂志封面尝试使用 AR 呈现增强技术，增强动感。《当代学生》杂志入选国家新闻出版广电总局“2017 年度向全国少年儿童推荐的百种优秀报刊”“2017中小学图书馆配期刊”。《当代学生》《上海托幼》《上海教育》《好儿童画报》获“第六届华东地区优秀期刊”表彰。总社媒体在“上海教育新闻奖”评选中，有14篇作品获奖，表现突出。

加强教育服务，确保经济工作健康稳定。总社加强渠道和阵地建设，发行经济总体平稳。组织开展的科普进校园、市民诗歌节、人文行走、健康阅读等活动进一步拓展社区发行渠道，夯实校园渠道和宣传阵地，有效提升媒体的传播力。全年总社总收入1.97亿元，固定资产增值超过10亿元，实现利润4032万元。总社全年承担两委财政项目53个，服务金额超过5000万元，完成财政项目确立的各项任务。总社坚持品牌发展，提升文化活动项目的质量和效益。总社全年组织与媒体内容建设密切相关的各类文化教育活动共93项，如头脑OM创新活动、上海教育博览会、鲁迅青少年文学奖、亲子嘉年华、古诗文阅读活动、中学生时政大赛等，其中绝大多数活动已连续举办10届以上，成为宣传上海教育的窗口、立德树人的载体，形成品牌效应。每年超过100万人次参加上述活动，各类教育文化项目的社会效益持续提升。

全面从严治党，着力落实三大责任制。总社全面开展学习贯彻党的十九大精神活动。结合媒体单位特点，开展与市教育考试院、闵行区教育局、老年大学联组学习活动。组织全体中层干部和各支部委员开展为期两天的集中培训。组织党团员和媒体骨干到中共二大会址纪念馆、大飞机研发中心以及学校、街道、社区开展各类主题党日活动。着力落实三大主体责任。全面落实意识形态工作、基层组织建设和党风廉政建设三大主体责任。共确定意识形态工作责任清单7项、问题清单21条，基层党建工作责任清单6项、问题清单30条，党风廉政建设和党内监督工作责任清单8项、问题清单34条。修改出台《关于落实党风廉政建设主体责任的实施办法》，进一步明确“一岗双责”的具体内容和基本要求，强化总社班子成员和各二级单位负责人的责任意识、规范发展意识。持续开展队伍建设。坚持选人用人标准，规范选任程序，研究出台《中层干部选拔任用工作程序》。制定并执行《关于干部报告个人有关事项的规定》，把监督做到位。将“员工职业发展状况调查”作为总社党建三大课题之一，为人才队伍建设奠定基础。积极营造总社文化。积极营造“忠诚教育、传播价值”的总社文化，以年初总社搬迁新大楼办公为契机，不断推进“幸福总社”工程。（钟　社）

【《少年日报》小记者采访上海“两会”】 1月14日至1月20日，《少年日报》小记者第五年参加上海人大、政协的采访报道。小记者们进入“两会”会场，聆听报告，和人大代表、政协委员面对面，将少年儿童们关心的问题直接带给代表委员，同时也将会场内与少年儿童学习、生活息息相关的讯息第一时间向青少年读者传递。（郭　莹、盛志云）

【举办第十一届上海市中学生现代文阅读大赛】 1月，第十一届上海市中学生现代文阅读大赛举行。大赛共有近10万名中学生参加初赛，近3000名同学进入决赛，经组委会组织各区县语文教研员及部分语文特级教师统一阅卷、评分，最终共有683名学生获奖，其中一等奖61名，二等奖132名，三等奖201名，优胜奖289名。（许　诺）

【“2016上海教育年度新闻人物”颁奖】 2月11日，由上海教育报刊总社、上海教育电视台和上海市中小学幼儿教师奖励基金会主办的“教育，因你而前行——2016上海教育年度新闻人物颁奖主题活动”举行。活跃在本科生课堂上的外科医生、上海交通大学医学院教师乐飞，开辟中国航天服装产品新天地的东华大学航天员服装研发设计科研团队，“85后”的中国首位“世界最具潜力女科学家”、华东理工大学研究员应佚伦等10位个人和集体当选“2016上海教育年度新闻人物”。上海立信会计金融学院教师陈彬等10人获“2016上海教育年度新闻人物提名奖”。（赵　锋）

【举办2017第六届上海市中小学生“我爱集邮”活动】 第六届上海市中小学生“我爱集邮”系列活动颁奖仪式在上海教育报刊总社举行。集邮活动以“驿路，丝路，复兴路”为主题，同学们通过方寸世界走进古老的陆上丝绸之路和海上丝绸之路、了解“一带一路”、感悟新时代的丝路之旅。活动自3月启动，组织100多所中小学校参与活动，系列活动包括“我爱集邮”知识普及竞答、狗年生肖邮票设计、中外青少年书信交流、小邮迷社会实践、“驿路，丝路，复兴路”剧目展演和一页邮集设计等。

（孙　宏）

【主办第十四届上海教育博览会】 第十四届上海教育博览会“优质均衡”教育展暨上海学生阅读指导推广展示活动于4月7日至9日在上海展览中心举行，主题为“基本公共教育的优质均衡”。上海教育博览会由市教卫工作党委、市教委指导，上海教育报刊总社主办，中国电信上海公司协办。围绕“优质均衡”主题，市级展区以及101家参展单位分布于1.2万平方米的五大展区中。在为期三天的展会中，举行2场主题鲜明的高峰论坛、9场中央舞台活动、5场新闻发布会、8场新闻会客厅、8场模拟课堂、10场专家讲座以及36场阅读主题互动，近10万观众有序入场参观。

（刘　蕾）

【承办“上海市民健康阅读大讲堂”系列活动】 4月18日，由上海市教委指导、上海教育报刊总社《康复》杂志承办的“上海市民健康阅读大讲堂”活动开幕式在上海图书馆举行。5月至11月，该系列活动在松江、黄浦、普陀、奉贤、闵行、浦东和静安等区开展，完成健康巡展10场、心脑血管健康讲座20场、慢病防控讲座10场、中医养生讲座10场、课程培训10场及医师义诊5场，参与市民数万人。

（周　霄）

【承办第三届“上海市民诗歌节”】 4月27日，第三届上海市民诗歌节暨第十一届市民诗歌创作活动启动仪式举行。活动由上海市学习型社会建设与终身教育促进委员会办公室、上海市语言文字工作委员会办公室主办，上海教育报刊总社、上海市作家协会、上海市振兴中华读书指导委员会办公室、中国诗歌网承办。活动共收到市民的原创诗歌10万多首，举办120多场诗歌活动，有200多个群众诗社、诗歌学习团队及100多万名市民参加诗歌节的各种活动。11月20日，诗歌盛典暨颁奖典礼在上海喜玛拉雅艺术中心举行。（周俊峰）

【主办第九届鲁迅青少年文学奖评选活动】 4月，由鲁迅的儿子周海婴倡议发起，上海鲁迅文化发展中心、上海教育报刊总社《东方教育时报》联合主办的第九届鲁迅青少年文学奖评选活动开始面向全国中小学生征稿。活动吸引百万学生参与，通过初评海选、准决赛和全国总决赛，评选出等第奖和优秀奖，相关教师获优秀指导教师奖。上海崇明区东门中学九年级学生郁施林获大奖，来自甘肃张掖市甘州中学小学部、上海外国语大学附属学校东校、北京师范大学附属中学的三位学生分获小学、初中、高中组的特等奖。（周俊峰）

【举办“上海高职院校职业体验日”活动】 5月13日，高职院校“职业体验日活动”在上海市市北高新技术服务业园区开幕。上海高职院校“职业体验日”活动的主体是“千锤百炼，工致匠心”。在5月13日、14日、20日和21日四个周末，全市24所高职院校向全市广大中小学生开放94个职业体验项目，覆盖工业、农业、服务业等产业，涉及到智能家居、智慧农业、建筑工程、印刷文化、仿古陶瓷、食品卫生等多个行业和领域，全市1万名学生参加职业体验。

（吴　彤）

【举办第十四届上海市中学生时政大赛】 5月28日，由市教卫工作党委、市教委指导，上海教育报刊总社主办，市教委教研室、市学生德育发展中心协办，《当代学生》杂志和中职德育研究会具体承办的2017年第十四届上海市中学生时政大赛高中团体决赛暨大赛颁奖仪式在上海图书馆举行。时政大赛以“放眼世界　激扬青春　共筑中国梦”为主题。西南位育中学获高中组团体金奖，延安中学和复旦附中获银奖，上海交大附中、闵行中学、松江二中获铜奖。上宝中学获初中组团体金奖，上海市商业会计学校获中职组团体金奖。自2004年以来，上海市中学生时政大赛已经连续举办14届，成为上海中学生课外素质教育的一项品牌活动。（方林建）

【举办2017第二届上海小学生古诗文大会】 8月，“2017第二届上海小学生古诗文大会”暨古诗文桂冠少年选拔活动在上海市实验小学启动。活动由上海市语言文字工作委员会办公室指导、上海教育报刊总社主办、《少年日报》和《当代学生》杂志社承办。活动吸引全市15万名小学生参加，3000多名从初赛入围的小学生参加决赛，最终决出30名“桂冠少年”。（孙　宏）

【举办2017上海市学生艺术设计大赛】 6—12月，由上海市教委主办、上海教育报刊总社学生媒体发展中心《少年日报》承办的“梦想·传统与现代Dream·Traditional Modern”2017上海市学生艺术设计大赛作品征集、评审、展示工作圆满完成。学生艺术设计展作品覆盖全市17个区的中小学、职业高中、中专院校及60余所高校、大专院校。大赛高校组、中小学组共评选出金银铜奖作品100件，其中高校组47件、中小学组53件。获奖作品于11月17—19日在chi K11美术馆展出，11月24日—12月4日移师世博源进行巡展。（郭　莹、盛志云）

【举办第十二届上海青年创业夏令营】 7月，由上海教育报刊总社《成才与就业》杂志和上海市慈善教育培训中心共同主办的以“拥抱未来，放飞梦想，创业在路上”为主题的第十二届上海青年创业夏令营举行，来自上海市50多所中高职院校的189名学生参加夏令营。（孟优悠）

【举办2017“中国好作业”活动】 9月23日，历时两个多月的2017“中国好作业”公益活动画下句号，最终评出金奖学员10名、银奖学员10名、铜奖学员100名。由上海教育新闻网与上海工程技术大学联合主办的2017“中国好作业”活动报名学生总数为23535人次，成功提交作业12059篇。同济大学国家历史文化名城研究中心主任阮仪三、上海工程技术大学校长夏建国、中国商飞C919首飞机长蔡俊、中国“昆曲王子”张军等18名导师布置的17道“中国好作业”题目涉及人文、科普、创意、实践等各个方面。活动平均报名人数为历年之最，报名学生参与率为100%，活动页面点击率突破100万，官方微信点击率超50万。（任朝霞）

【承办《学生健康知识手册》健康主题活动】 9月至11月，由上海市教委指导，上海教育报刊总社《康复》杂志社承办的学生健康知识手册健康主题系列活动在东二小学、绿苑小学、日晖新村小学、万科实验小学及中州路小学举行。系列活动以“关爱儿童，关注健康”为主题，围绕《学生健康知识手册》开展“爱眼护眼”等内容多样的健康学习讲座。（周　霄）

【举办“社区教育典型模式汇编”评选、巡讲及专辑出版活动】 《成才与就业》杂志于2017年在全市范围内推出“社区教育典型模式汇编”的评选、巡讲及专辑出版活动。活动覆盖全市16个区，60余位社区教育工作者参与其中。经过半年多的寻找、各区自下而上的推荐以及专家组的认真评选，10位候选人从全市33位推荐者中脱颖而出，获社区教育典型——“上海市终身学习典范”的称号。11月，《成才与就业》杂志开展“典范进社区”巡讲活动，并出版《典范案例集》。（刘闻亮）

【承办第二届少儿口腔健康科普节活动】 11月5日，第二届少儿口腔健康科普节活动在闵行区牙防所举行，活动现场有学生表演、专家义诊、爱牙互动游戏等。科普节活动由上海市教委、卫计委指导，上海教育报刊总社、上海市口腔医院主办，《康复》杂志承办。（周　霄）

【举办第十三届亲子嘉年华】 由上海教育报刊总社主办，《上海托幼》杂志、上海市幼儿游戏研究所、上海学前教育界联手打造的“亲子嘉年华”举行。活动以孩子最喜爱的“游戏”为主题，倡导“把游戏的权利还给孩子”，为来自全国各地的1.3万户家庭的学龄前儿童和家长带来全新的快乐游戏体验。同时举办第十届上海市幼儿亲子游戏评比，有102所优质幼儿园在“亲子嘉年华”现场进行142个亲子游戏的互动展示。（周　妤）

上海教育报刊总社在上海世博中心举办第十三届亲子嘉年华

【举办上海市中小学“科普校园行”科学家巡讲活动】 11月28日下午,2017上海市中小学“科普校园行”科学家巡讲年终总结展示活动在浦明师范附属小学(锦绣校区)举行。活动由上海市教委体卫艺科处主办,上海教育报刊总社学生媒体发展中心承办,九三学社上海市委科普讲坛和上海市科普作家协会协办,科学家和师生代表近300人参加活动。学生在10个由教室“变身”而成的科普体验室里体验3D打印校徽、VR探索海底世界、和机器人互动、做化学实验、制作飞机模型等。全年,“科普校园行”活动一共组织开展各类科普讲座100场,近4万名中小学生参加该项活动。 (谭杨红)

【举办2017年“新沪杯”中学生法律知识竞赛】 12月2日,由上海市教卫工作党委、上海市教委、上海市司法局、上海市法宣办主办,上海教育报刊总社学生媒体发展中心承办的“新沪杯”中学生法律知识竞赛在上海图书馆举行决赛,20所学校代表队经过角逐,最终产生初中组、高中组、中职组的团体金、银、铜奖,虹口区、长宁区等6个区和中职学校德育专委会获得优秀组织奖,240名学生获得个人一、二、三等奖。超过10万的名中学生在暑期参加网上答题,2万余名学生参加各区组织的初赛,来自16个区和中职系统的121所学校代表队参加市级复赛。 (张振华)

【举办第七届上海学前教育年会】 由上海教育报刊总社、上海市教育学会幼教专业委员会主办,上海教育报刊总社学前教育分社、华东师范大学教育学部、上海市学前教育信息部承办,上海市托幼协会协办的上海学前教育年会于12月7日、8日、10日举行。年会以“在实践中创新,在反思中提高”为主题,致力于内涵建设,提升学前教育整体质量,以园所展示、专家报告、专题研讨、工作坊等形式,为广大学前教育工作者的科学研究和创新实践搭建对话交流和互动研讨的平台,参会人次逾万名。 (周 妤)

【举办第十六届中学生古诗文阅读大赛】 12月10日,第十六届中学生古诗文阅读大赛决赛在上海商业会计学校举行。参加决赛的是在11月4日各区同步举行的复赛中选拔出的2000余名学生。经大赛组委会组织专家阅卷,最终评定511名学生获各组别的个人一、二、三等奖。 (吴永安)

【举办上海市中职校“十大基地”活动】 年内,上海市中等职业学校民族文化传承教育基地与上海图书馆联合推出4场民族文化特色讲座,与中华艺术宫联合推出9场特色讲座。各基地还开展10场专题培训。 (孟优悠)

【评选2016上海大学生年度人物】 “2016上海大学生年度人物”评选活动由上海市委宣传部、市教卫工作党委、市教委、团市委联合举办,上海教育报刊总社东方教育时报分社承办。复旦大学孙浩等10人当选“2016上海大学生年度人物”,上海工商外国语职业学院廖容等10人获“2016上海大学生年度人物提名奖”。 (周俊峰)

附:总社负责人及地址

(2017年1—12月)

社长、社党委副书记:仲立新
社党委书记、副社长:周 烨
副书记:唐洪平
副社长、总编辑:金志明
副社长:徐 勇、王力力

地址:上海市中山南二路151号
邮编:200032
电话:33395000

教育人物

Educational Personage

纪念人物

【张元济(1867—1959,诞生150周年)】 浙江海盐人。1899年进南洋公学(今上海交通大学)主持译书院工作,后应聘为公学代总理主持学校全面工作。1902年进入商务印书馆,从事出版事业。创办《东方杂志》《教育杂志》和《小说月报》等杂志。规划出版《辞源》《中国人名大词典》《中国地名大词典》等工具书,以及《大学丛书》《万有文库》等丛书。1949年9月参加中国人民政治协商会议。后当选为全国人民代表大会代表。1953年1月和4月先后被任命为华东军政委员会委员和上海文史研究馆馆长。著有《中华民族的人格》《校史随笔》《涵芬楼烬余书录》《张元济书札》《张元济日记》《张元济诗文》和《涉园序跋集录》等。

(资料来源:《上海高等教育志》)

【吴有训(1897—1977,诞生120周年)】 江西高安人。南京高等师范毕业,留学美国芝加哥大学物理系,获芝加哥大学哲学博士学位。任教于南昌心远中学和上海公学。历任上海大同大学教员,南京中央大学物理系副教授,清华大学物理系教授、系主任、理学院院长,西南联合大学理学院院长,多次当选中国物理学会会长。1948年到上海交通大学任物理系教授。1949年,被任命为国立交通大学校务委员会主任委员,参与上海市军管会接管学校,制定《国立交通大学校务委员会组织章程》《国立交通大学行政系统组织条例》《国立交通大学教员服务规则》,组织暨南大学理学院与交通大学合并,建立学校防空委员会,筹备学校教育工作者工会,组织召开学校第一届师生员工代表大会。1950年任华东军政委员会教育部部长、中国科学院近代物理研究所所长,同年12月任中国科学院副院长。1955年当选为中国科学院学部委员和数理化学部主任。曾当选中国科联副主席(1950—1960),中国科协副主席(1961—1977),第二、第三、第四届全国人大常委会委员,第一、第二、第三、第四届全国政协委员。著有《X射线与电子》等。

(资料来源:《上海高等教育志》)

【朱端钧(1907—1978,诞生110周年)】 中国话剧导演、戏剧教育家。浙江余姚人。1921年就读上海南洋中学,1926年入圣约翰大学,次年转复旦大学外国文学系,业余参加辛酉剧社。1929年毕业后留校任助教,在洪深指导下,组织复旦剧社,参与导演《五奎桥》《西哈诺》等剧,与洪深一起以光明剧社名义参加左翼戏剧家联盟,撰写影剧评论。抗日战争期间,在上海“孤岛”期间,任中共领导的上海剧艺社导演及演出主任,为处于地下的中国共产党领导的上海剧艺社导演了《夜上海》《生财有道》《妙峰山》等戏。

中华人民共和国成立后,1950年秋任上海市戏剧专科学校表演系教授、系主任,兼任教务主任。1956年上海市戏剧专科学校改为上海戏剧学院,任教授、教务长。1962年任上海戏剧学院副院长。曾任中国戏剧家协会上海分会副主席,中国作家协会上海分会理事,《辞海》编委兼分科主编。导演代表作有话剧《上海屋檐下》《年青的一代》《关汉卿》《桃花扇》《曙光》,沪剧《星星之火》《蝴蝶夫人》,越剧《秋瑾》等。1978年11月7日抱病排演《雷雨》时猝逝。

对中国古典诗词有较高修养,善于汲取传统戏曲的表现手法创造意境,展现人物的精神世界。在表演教学上,他主张运用斯坦尼斯拉夫斯基体系的基本原则,同时从戏曲的表演艺术中汲取营养。

撰有《排戏杂写》《导演技巧对话》《舞台创作技

法》等戏剧表导演理论方面的著作，翻译过苏联雅鲁涅尔的剧本《约翰·曼利》，改写过《寄生草》《圆谎记》和《春去也》等剧本。（木　子）

【严北溟（1907—1990，诞生110周年）】 湖南湘潭人。中华人民共和国成立后历任复旦大学经济系、哲学系教授，中国孔子基金会副会长，国务院古籍整理出版规划小组成员，上海哲学学会、宗教学会副会长。1946年加入中国民主同盟、中国农工民主党。发表《论孔子的人道主义》等论文100余篇。著有《儒道佛思想散论》《中国佛教哲学简史》等10余种。参加主编的《哲学大辞典·中国哲学史卷》获上海市（1979—1985）哲学社会科学著作奖。1987年10月被选入英国剑桥国际传记中心《世界名人录》。（资料来源：《上海高等教育志》）

【兰锡纯（1907—1995，诞生110周年）】 山西万荣人。毕业于齐鲁大学，并获加拿大多伦多大学医学博士学位。先后任齐鲁大学医学院、上海仁济医院、上海雷士德研究院、仁济医院、宏仁医院外科主任，圣约翰大学医学院临床外科教授。1952年任上海第二医学院外科教研组主任、心血管研究室第一主任，兼任上海市胸科医院副院长、心脏外科主任等职。1978年后历任上海第二医学院院长、顾问，上海生物医学工程研究所所长等职。在国内首先成功开展脾肾静脉吻合术。曾任卫生部医学科学委员会委员、全国高等医学院校医学专业教材编审委员会委员、中华医学会理事及其上海分会常务理事、上海市科协常务理事、上海市教授评审委员会委员。多次被评为上海市和全国先进工作者。全国政协会议第三、第四、第五、第六届委员。主编《心脏外科学》《血管外科学》《外科学》以及《心脏血管外科学》等多部专著。

（资料来源：《上海高等教育志》）

【沈百英（1897—1992，诞生120周年）】 江苏吴县人。1918年师范毕业后，任江苏角直镇第一小学教师。长期从事小学教科书的编写工作。1949年前，编撰《民众识字课本》等各种类型的教科书及大量教学参考书，为开创国内各科教材编写新体系作有意义的尝试。1951年，担任华东师范大学"小学教材教法"课程教师。1956年，专任华东师范大学教育系教授、教学法研究室主任。对小学数学教学提出许多创见，创设数字网格表，指导三算结合教学的改革。在教育刊物上发表论文200多篇。创作的《十个小朋友》被译成俄文版。20世纪80年代创作的《六个矮子》获中国儿童文学好作品奖。1989年，与人合作出版《小学数学教学法》。

（资料来源：《上海普通教育志》）

【马侣贤（1907—1974，诞生110周年）】 安徽肥东马集人。1927年4月，到南京晓庄师范读书，致力于兴办乡村教育。后随陶行知到上海。1932年10月，在上海大场地区孟家木桥红庙创办山海工学团，担任第一任团长。"八·一三"事变后，受陶行知委托，在重庆北碚附近草街子古圣寺创办育才学校。1947年5月育才学校迁至上海。中华人民共和国成立后，学校改为公立，1953年改名为行知中学，设高中部，为市重点中学，学生增至千余人，任校长。1946年参加中国民主同盟，上海解放后为中国民主同盟上海市委常委。当选1966年前历届市人民代表大会代表。1956年当选为上海市北郊区副区长，1957年后为民盟上海市北郊区支部主任委员。1958年上海市北郊区撤销，1959年起当选为上海市宝山县（今上海市宝山区）政协副主席，兼任行知中学校长。（资料来源：《上海普通教育志》）

【傅步兰（George Brown Fryer，1877—?，诞生140周年）】 英籍美国人，毕业于康奈尔大学。在美国加利福尼亚州盲哑学校实习6个月，后赴阿弗不罗克地方盲人学校见习5个月，再赴波士顿潘金司盲人学校学习。1912年抵上海租赁北四川路外籍人住宅作为盲童学校临时校舍，11月正式开学。后在忆定盘路（今江苏路）购置建校基地建造盲童学校校舍。1915年，学校迁至忆定盘路新校舍。1918年，傅氏夫妇回英国休假并与美英两国的盲哑教育专家交流后，筹划发展上海盲童学校，在爱丁堡路290号（今虹桥路1850号）购地建校，新建校舍12间。为增收女盲童，校内附建女生校舍，并于寒假后招收女生，虹桥路新校址于1931年12月正式启用。他还参与原大夏大学的教学，在该校设置并教授有关哑盲教育课程。虽只有本科学员9人，但在大学设置和教授哑盲教育课程，已引起社会对哑盲教育事业的重视。为筹集办学经费，他5次回国向各界募捐。学校的课程设置及内容，除根据教育部规定设置的常设课程外，再加上盲校特设的打字、手工艺、风琴演奏、声乐演唱等学科。傅步兰主持上海盲童学校历时38年，于1949年9月宣布退休。1950年4月，离开上海回国，卒年不详。

（资料来源：《上海普通教育志》）

【戴伯韬（1907—1981，诞生110周年）】 曾名邦、白韬，化名邦杰、白征东，笔名白桃、许崇实。出生于江苏省丹阳县水湖村农民家庭。1925年秋考入商业专科学校。1927年赴南京，成为晓庄师范第一届学生。1937年10月，加入中国共产党。上海解放后，被任命为上海市军管会文化教育委员会副主任兼市政教育处处长。1950年6月为市人民政府委员，并担任市人民政府教育局局长兼教育局党组书记。其间还担任中共上海市委文教委员会副主任、华东行政委员会体育委员会副主任。1954年赴京出任人民教育出版社第一副社长兼总编辑，负责全国中小学教材编写工作。1962年，中央教育科学研究所成立，兼任所长，是教育部党组成员。1980年参与发起成立中国教育学会和全国教育学研究会，并被推选为中国教育学会副会长、全国教育学研究会理事长。曾当选中国共产党第八次全国代表大会代表、第三届全国人民代表大会代表、全国政治协商会议第五届委员会委员。著有《戴伯韬教育文集》《戴伯韬科技教育文集》。

（资料来源：《上海普通教育志》）

【段力佩（1907—2003，诞生110周年）】 江苏金坛人，1941年加入中国共产党。曾任上海孤儿教养院教育主任、上海储能中学校长。1949年后，历任上海市育才中学校长（后任名誉校长）、中国教育学会常务理事、上海市教育学会副会长。第六届全国政协委员，中国民主促进会第六、第七届中央委员会常务委员，第二、第三届中央参议委员会常务委员。提出培养学生“自治自理，体卫结合”以及以学生为主体，抓住共性，发展个性，努力开发学生创造能力等教育主张。主张抓整顿、抓教师团结、抓学生民主秩序、积极从事社会主义学校的改革活动。1963年总结出“紧扣教材、边教边练、新旧联系、因材施教”的教改主导思想。1978年提出“读读、议议、练练、讲讲”八字教学法，在学校实行教工大会民主管理制度。1980年，在育才中学推进新的教改：改革课时安排，设长短课、增加体育课和音乐课、取消期中考试、减轻教材分量等。在中学教育界引起很大震动。著有《段力佩教育文集》，主编《育才教改经验汇编》。 （资料来源：《上海普通教育志》）

【俞庆棠（1897—1949，诞生120周年）】 江苏太仓人，出生于上海，1929年毕业于美国哥伦比亚大学教育学院，获学士学位。学成回国，长期从事民众教育的研究、实验、推广和为民众教育培养人才的工作，为发展中国民众教育作出卓越的贡献，被称为“中国民众教育的保姆”。1928年，在苏州成立以培养民众教育师资和服务人才为目的的中央大学区民众教育学校，兼任校长。后迁至无锡，更名为江苏省立教育学院，继续担任该院教授和研究实验部主任。抗日战争胜利后，到上海继续进行以工人和城市劳动者为主要对象的民众教育新的实验，创办了一所规模很大的上海实验民众学校，自兼校长。在她的领导和推动下，上海的市立民众学校很快发展到100多所。实验民众学校因教学质量高、社会影响大，在国内外颇负盛名。在共产党地下组织的影响带动下，在广大师生的拥护支持下，领导全校师生展开护校斗争，并取得胜利，学校终于被保留下来了。她也因此被迫离开上海出国。

1949年5月，回到北京，作为教育界代表出席全国政治协商会议，并参加开国大典。

1985年12月15日，人民教育家俞庆棠塑像揭幕仪式在上海市静安区业余大学（俞庆棠亲手创办的原市立实验民众学校）校园内举行。同年12月20日俞庆棠纪念室在无锡太湖之滨举行揭幕典礼。全国政协主席邓颖超亲笔题写“纪念人民教育家俞庆棠先生”匾额。

（资料来源：《上海成人教育志》）

逝世人物

【杨世铭(1925.1.5—2017.2.4)】 中国著名的工程热物理学家、传热学学科的奠基人之一。江苏无锡人。1948年毕业于交通大学机械系,1953年获伊利诺理工大学博士学位。1953年底冲破美国禁令,辗转绕道英国回到上海,1956年调入交通大学。1957年,全家随学校西迁。1958年出版中国自编第一本《传热学》教材并多次再版,是大学生使用的必修教材。在西安交通大学培养了6名研究生。1985年调到上海交通大学,对西安、上海两所交通大学的工程热物理学科博士点的建设做出了重要贡献;在上海交通大学培养了6名博士生及博士后,主持完成了《传热学》第三版、第四版的改写。曾任中国工程热物理学会常务理事、国家教委热工课程教学指导委员会副主任委员、国际传热传质期刊荣誉编委、国际传热传质中心理事等职。 (张　凯、章玲苓)

【于同隐(1917—2017.2.6)】 江苏无锡人。教授,博士生导师。1934年考入浙江大学化学系,1938年毕业于西迁途中的浙江大学,毕业后进入重庆兵工署材料试验处工作。1943年到浙江大学(贵州遵义校区)任教。1947年赴美国留学。1951年1月获密歇根大学博士学位,8月回国任浙江大学化学系教授。1952年全国高校院系调整,至复旦大学化学系任教授。1955年任复旦大学化学系有机化学教研室主任。1956年加入中国共产党。1958年受命筹建中国科学院与复旦大学合办的高分子化学研究所以及复旦大学化学系高分子教研室,并任高分子化学研究所副所长和高分子教研室主任。1982年任新成立的复旦大学材料科学研究所所长,1993年任新成立的复旦大学高分子科学研究所名誉所长。曾任中国化学会理事、中国化学会高分子专业委员会委员,*Progree of Plymer Science*、《高等学校化学学报》《化学学报》《高分子学报》等杂志的编委,《高等学校化学学报》的顾问编委和《化学世界》主编等。

著名有机化学家、高分子科学家和化学教育家,中国高分子科学的奠基者和开拓者之一,复旦大学高分子学科的创建人。长期从事有机化学、高分子科学的教学与科研工作,主要涉及有机合成、高分子合成反应理论、高分子光化学、高分子粘弹性、高分子结晶、高分子合金、生物大分子等领域。不等活性线性缩聚反应动力学的研究和高分子体系的相容性研究分别获1987年和1988年国家教委科技进步二等奖。编著《有机化学》《有机结构理论》《高聚物的粘弹性》等教材,主持翻译《有机化学》《有机化学教程习题》《大分子》等书籍,在国内外核心期刊发表论文200余篇,2个专利获公开。1981年后,作为国家首批高分子化学和物理专业的博士生导师,指导培养了一批理学硕士、博士和博士后。 (章子益)

【徐祖耀(1921.3.21—2017.3.7)】 中国马氏体相变研究奠基人之一,著名的材料科学家、教育家,中国科学院院士,一级教授,上海交通大学原材料科学与工程系教授。浙江宁波人。1942年毕业于国立云南大学矿冶系。历任重庆(南京)材料试验处助研,唐山交通大学(现西南交通大学)、北京钢铁学院(现北京科技大学)和上海交通大学副教授、教授,金相热处理教研室主任、材料研究所副所长、材料科学与工程系主任。曾任比利时天主教鲁汶大学客座教授和香港城市大学名誉教授。1995年10月当选中国科学院院士。1983—1989年任马氏体相变国际顾问委员会委员，1999年起任名誉委员。1987年起任国际贝氏体相变委员会委员、《金相学报》(后改为《国际材料表征学报》)顾问编委。1997—2003年任日本钢铁学会会刊国际版顾问编委。任国际学报 *Materials Characterization*（原 *Metallography*）国际顾问编委，日本钢铁学会会刊国际版 *ISIJ International* 顾问编委。于材料科学研究与教学逾70个春秋，成果迭出，著作等身。对材料相变研究颇见成效，在相变热力学、马氏体和贝氏体相变等领域做出卓越的学术贡献。率先在中国开展纳米材料相变的研究，是中国研究开发形状记忆材料(Ni-Ti基，Ni-Al基，铜基，Fe-Mn-Si基合金及 ZrO_2 基陶瓷)的先驱者，也是材料热力学研究和教材建设的倡导人和执行者。出版著作10部，其中《金属学原理》培育了中华人民共和国建国后第一代材料工作者;《马氏体相变与马氏体》《材料热力学》《材料科学导论》和《相变原理》等著作培养了中国几代材料科学家。在国内外期刊和会议论文集中发表论文500余篇。科研成果曾获国家自然科学奖三等奖，国家教委科技进步一、二等奖，国家科技进步(著作类)三等奖，中国高校自然科学二等奖。教改工作获2001年国家教学成果二等奖和上海市教学成果一等奖。2000年获何梁何利基金科学与技术进步奖。在有生之年，多次无私捐赠。用毕生积蓄在上海交通大学材料科学与工程学院设立“徐祖耀基金”、在上海市闵行区慈善基金分会设立“徐祖耀慈善爱心专项基金”，长期支持教育和慈善事业。2015年获上海市“慈善之星”荣誉称号。　(张　凯、章玲苓)

【袁运开(1929—2017.4.12)】 江苏南通人。1955年6月加入中国共产党。1947年9月，考入国立浙江大学理学院物理系学习。1951年8月，毕业后进入华东师范大学物理系任教。1979年8月，任华东师范大学副校长。1984年6月至1992年12月，任华东师范大学校长。1998年6月，当选国际欧亚科学院院士。

长期从事物理学史、自然辩证法和理论物理的教学与研究工作。中国最早开展自然辩证法研究的先行者之一。华东师范大学自然辩证法学科的开创者和带头人，为华东师范大学物理学史、科技哲学两个硕士专业及物理系的创建与人才培养作出重要贡献。1992年获国务院颁发的有突出贡献专家的特殊津贴。任中国高等学校师资管理研究会第一届副理事长，上海市物理学会第四、第五届副理事长，上海市科技史学会第一届副理事长，上海高等教育学会第三届副会长。主持编写全套《中学物理课本》《物理教育学》，合写《试论中国古代物理学的产生、发展及其特点》，有《高等师范必须改革》《对师范大学本科教育改革的几点意见》等论文多篇发表。合译《原子核理论导论》。　(华师大)

【陈涵奎(1918—2017.9.4)】 江苏武进人。1939年毕业于中央大学电机系，获工学学士学位，1940年任该系助教。1943年任资源委员会技术员。1946年赴美国密歇根大学学习，1947年获科学硕士学位，1950年获美国伊利诺伊大学哲学博士学位。1951年回国，历任沪江大学、交通大学、哈尔滨军事工程学院教授，1954年起任华东师范大学教授兼电子学教研室主任、校务委员等，1972年任上海科技大学教授。1979年起任华东师范大学学术委员会副主任、物理系主任和名誉主任、微波研究所所长、应用电子学研究所名誉所长、博士生导师等职。

专长天线、电磁场理论和微波技术，1976年导出微波箱式加热器的谐振模式数的正确计算公式，纠正了国际上沿用的错误公式。1984年用数值方法找出电波监测台机房对电波监测影响的规律。在国际上最先把几何绕射理论应用于分析电视反射体天线。1950年获 Sigma Xi 学会金钥匙奖。

任第四届至第八届全国政协委员。有《无线电电子学》《无线电基础》《纪念赫兹》《高层建筑对邻近天线的辐射特性的影响》《用矩量法计算电磁散射的近场》等著作。　(华师大)

【钟扬(1964—2017.9.25)】 湖南邵阳人。教授，博士生导师。1984年毕业于中国科学技术大学少年班。1984—1999年先后任中国科学院武汉植物研究所研究实习员、助理研究员、副研究员(1992)、研究员(1996)、副所长(1997)。1991年加入中国共产党。1992—1998年在美国加利福尼亚大学伯克利分校和美国密歇根州立大学进行合作研究4年。2002—2003年任日本文部科学省统计数理研究所外国人客员教授。2000年到复旦大学工作;2012年起任复旦大学研究生院院长。2013年9月起,任复旦大学党委委员。中组部第六、第七、第八批援藏干部,教育部长江学者奖励计划特聘教授,国家杰出青年科学基金获得者。

长期从事植物学、生物信息学研究和教学工作,在植物学、分子进化、生物信息学、青藏高原植物多样性与适应机制等前沿领域取得一系列重要研究成果。发表论文100余篇(SCI收录60篇)、专著及译著共9部。曾获国务院政府特殊津贴、全国先进工作者、全国对口支援西藏先进个人和国家技术发明奖二等奖、教育部自然科学一等奖等多项重要荣誉和奖励。

2017年9月25日,在去内蒙古城川民族干部学院讲课途中遭遇车祸,不幸逝世,年仅53岁。2017年10月,教育部追授钟扬"全国优秀教师"。2017年12月,上海市委追授钟扬"上海市优秀共产党员"。2018年3月,中共中央宣传部追授钟扬"时代楷模"。 (章子益)

【钱谷融(1918—2017.9.28)】 江苏武进人。1938年入学国立中央大学国文系。1942年入重庆市市立中学教书。1943年任教于重庆国立交通大学,1946年5月随上海交通大学迁回上海。1951年华东师范大学成立,调入中文系任教,历任讲师、教授。1986年任华东师范大学文学研究所所长。

1957年发表《论"文学是人学"》一文,提出"人是生活的主人,是社会现实的主人,抓住了人,也就抓住了生活,抓住了社会现实",在当时学术界和思想界引起极大震动,影响了几代人的文学观。他对中国现代作家作品的分析思路和分析方法皆开一时之风气,成为当代文学批评的典范之作。所著《〈雷雨〉人物谈》获上海市哲学社会科学优秀著作奖。主编的国家"七五"期间重点科研项目"中国新文学社团、流派丛书",获全国高等学校人文社会科学研究优秀成果奖一等奖。

1996年,当选中国作家协会名誉委员。1999年当选中国文艺理论学会第四届理事会名誉会长。有《论"文学是人学"》《文学的魅力》《散淡人生》《〈雷雨〉人物谈》等著作。 (华师大)

【陈其人(1924—2017.10.1)】 广东新会人。教授,博士生导师。1947年毕业于中山大学经济系,获法学士学位。1949年考入复旦大学经济研究所。1952年进复旦大学经济系任助教,1954年晋升讲师。1957年至1959年在上海宝山县葑溪乡参加劳动,1959年任教于复旦附中。1962年调入复旦大学政治系,1964年复旦大学政治系改为复旦大学国际政治系,担任国际政治系讲师,1980年晋升副教授,1985年任教授,1986年起担任国际关系专业博士生导师,1994年12月离休。先后担任复旦大学校务委员会委员和学位评定委员会委员。曾任复旦大学国际政治系学术委员会主任,综合性大学《资本论》研究会理事、美国经济学会理事。

著名马克思主义政治经济学家,长期从事马克思主义政治经济学理论教学和研究,在经济学说史、古典经济学说、《资本论》、殖民地理论等学术领域多有建树,为中国马克思主义经济学理论的研究和发展做出了独创性的贡献。出版《大卫·李嘉图》《帝国主义理论研究》《帝国主义经济政治概论》《殖民地的经济分析史和当代殖民主义》等24部专著,发表论文150余篇。1984年获上海高等学校哲学社会科学研究优秀成果论文奖。1986年获上海市论文奖。专著《李嘉图经济理论研究》获上海市第十届哲学社会科学优秀成果著作类三等奖,《卢森堡资本积累理论研究》获得上海市第八届邓小平理论研究和宣传优秀成果著作类三等奖。2012年获上海市哲学社会科学领域最高奖项"学术贡献奖"。

(章子益)

【沈祖炎(1935.6.5—2017.10.11)】 中国工程院院士,教授。浙江杭州人。1951年考入上海交通大学土木工程系,1952年转入同济大学工业与民用建筑结构专业学习,1955年毕业后留校任教。1980年至1982年,以高级访问学者身份在美国里海大学从事研究工作。1983年加入中国共产党。

曾任同济大学副校长、研究生院院长、函授学院院长、上海防灾救灾研究所所长、土木工程防灾国家重点实验室主任及学术委员会常务副主任。曾任国家土建结构预制装配化工程技术研究中心学术委员会主任、教育部工科院校科学技术委员会土木学组组长、上海市建设管理委员会科学技术委员会副主任、中国钢结构协会结构稳定与疲劳分会副理事长、上海金属结构行业协会名誉会长、美国结构稳定研究委员会委员、国际桥梁与结构协会钢木结构委员会委员、英国土木工程师学会和英国结构工程师学会资深会员等职。创建中国工程院院刊 *Frontiers of Structural and Civil Engineering*(SCI源刊)并担任多种期刊主编、编委。

长期从事钢结构领域的科研工作,在高层建筑钢结构、大跨度空间结构的学术研究和工程实践两方面做出诸多开创性工作,为上海东方明珠电视塔、上海体育场、上海浦东国际机场航站楼、国家大剧院、上海中心等重大工程的建设提供关键技术支持,为中国土木工程事业走向世界前列做出开创性贡献。主持40余项国家及省部级科研项目和30余项重大工程项目的研究,获国家级和省部级科学技术进步奖35项。在高层建筑钢结构方面,建立可考虑损伤累积和裂缝效应的钢材本构关系、各类构件和梁柱节点的恢复力模型以及梁、柱单元的几何非线性弹塑性刚度矩阵,提出了高层钢结构静力和动力非线性分析的统一计算方法。该研究成果在国际上也属创新。在大跨度空间结构方面,提出考虑各种初始缺陷的大型空间结构大位移弹塑性稳定分析方法,既正确地得到空间结构各种失稳模态的承载性能,也为大跨度空间结构在地震作用下出现动力失稳提供判别准则和分析依据。出版《钢结构学》《钢结构框架体系弹性及弹塑性分析与计算理论》《钢结构构件稳定理论》《桥梁结构稳定与振动》《空间网架结构》《多层及高层房屋结构设计》《钢结构设计手册》等20多部著作和论文集,在国内外学术刊物上发表学术论文400余篇。先后担任16本与钢结构设计和施工有关的规范、规程的主编和参编工作,在中国钢结构设计与施工技术标准体系的建立方面有杰出贡献。

执教六十二载共培养和指导140名硕士、博士研究生和博士后。致力于土木工程专业的教学改革和实践,先后获得国家教学成果奖一等奖、上海市教学成果奖特等奖等8项国家级和9项省部级教学成果奖。主持制定国内首创的同济大学本科教学质量保证体系和研究生教育质量保证体系。在担任全国高校土木工程专业指导委员会主任和评估委员会主任期间,主导创立与国际实质等效的中国土木工程专业评估制度,并完成中英两国土木工程专业评估结论的互认,为中国土木工程技术人才进入世界市场打开大门。（同　济）

【蔡申瓯(1963.10.11—2017.10.21)】 上海交通大学教授、“千人计划”入选专家。浙江温州人。1984年本科毕业于北京大学物理系,1994年于美国西北大学获得博士学位。曾先后在美国洛斯阿拉莫斯国家实验室、普林斯顿大学高等研究所、美国纽约大学柯朗研究所等机构从事科研工作,涉及应用数学、物理学、生物学以及神经科学领域的前沿课题。2001年,凭借前期的研究成果与科研潜力成为美国 Alfred P. Sloan Research Fellowship 获得者。2009年被聘为教育部长江学者特聘教授。2009年12月,作为最年轻的国家千人计划特聘专家来到上海交通大学,担任自然科学研究院院长和致远学院教学指导委员会副主任。主讲课程有统计力学与热力学、专业研讨课等。（张　凯、章玲苓）

【周永昌(1922—2017.10.24)】 浙江鄞县人,教授,共产党员。1948年毕业于同德医学院。由于其开创性贡献,1986年被评为“中国十名最佳超声医学专家”之一,并作为中国超声医学的奠基人之一,在世界超声医学生物医学联合会和美国超声医学会联合在华盛顿召开的“国际超声医学历史会议”上获“超声医学先驱工作者奖”。历任多届《应用声学》《中国超声医学杂志》副主编,及《声学学报》《肿瘤》等杂志编委;曾任中国超声医学工程学会副会长,中国声学学会常务理事兼生物医学超声工程分会首届主任委员,上海声学学会副理事长、名誉理事,中华医学会超声分会常务委员,上海医学会理事、常务理事兼首届超声诊断专业委员会主任委员，中国电子学会应用声学学会副理事长，中国物理学会声学专业委员会委员。连续五届担任上海市卫生局高级专业技术职务评审委员会委员兼医技学科组组长。

1958年，在全国医学界率先涉足超声领域，以泌尿外科医师的身份开始从事超声粉碎尿路结石的临床探索性研究；1960年组建超声医学研究室，并组织编著出版中国第一部《超声诊断学》专著；1963年筹建上海医学会超声诊断学组并任组长。主编的《超声医学》是国内超声诊断的权威著作，影响数代超声专业人员的成长，被中华医学会和国家医学考试中心指定为彩超上岗资格考试教材。负责制定上海市综合性医院上等达标超声诊断评审标准，参与《上海市医学会超声诊疗常规》编写，参与上海市卫生局组织的《医院管理》(超声部分)的编写。

具有高超的技术水平，在全国享有盛誉。在泌尿系统疾病的超声诊断方面有独到的见解，是国内泌尿超声诊断的权威专家。上世纪80年代，在肾上腺超声探测方法学上做了大量研究，找到系统探测肾上腺的有效方法，肾上腺肿瘤的定位定性诊断已达到国际水平。在国内率先开展泌尿介入超声，较早完成了超声引导下肾囊肿穿刺硬化治疗的系统研究，并坚持经会阴行前列腺穿刺术，保持高阳性率，开创了自己的工作流派。 (冯　华)

【陈吉余(1921—2017.11.28)】 中国河口海岸学科奠基人，中国工程院院士。江苏灌云人。1947年浙江大学理学院史地学系研究生毕业。1947年任浙江大学助教、讲师。1952年，从浙江大学转到华东师范大学任教。1978年任华东师范大学河口海岸研究所教授、博士生导师、所长、名誉所长。1996年当选国际欧亚科学院院士。1999年当选中国工程院院士。

倡导并组织参与了全国海岸带和海涂资源综合调查；提出长江河口发育模式及自适应和人工控制理论，为长江口深水航道选槽和河口治理提供了科学依据；建议利用潮滩建设上海浦东国际机场并主持九段沙生态工程，取得了显著社会经济效益；提出长江河口寻求干净水源的建议，促成了青草沙水库的建设；根据涨潮冲刷槽理论提出陈山原油码头选址方案，开创在杭州湾强潮海湾建港的先例。

1985年获中国“五一”劳动奖章和中国优秀教育工作者称号。主持建立中国第一个河口研究机构。完成报告60余种，发表论文140余篇，专著9种。 (华师大)

大 事 记

Chronicies

2017年1—12月上海教育大事记

1月

6日　上海市教委公布《2017年上海市义务教育阶段学校招生入学工作的实施意见》，以促进义务教育优质均衡发展、推进“家门口的好学校”建设为目标，以构建面向每一位适龄儿童的教育服务体系、切实维护中小学生的合法权益、规范学校办学行为为原则，凸显优化服务、严格规范、促进公平。

7日　上海高校思想政治工作研究中心揭牌。

7—9日　2017年上海市普通高等学校春季招生统一文化考试和普通高等学校招生全国统一外语考试举行。

13日　上海高校本科教学工作会议召开。

18日　副市长翁铁慧前往晋元高级中学，看望慰问内地西藏班师生。

2月

4日　中共中央政治局委员、市委书记韩正，市委副书记、市长应勇到市教卫工作党委、市教委调研，就上海教育领域社会普遍关心的重大问题和重点工作进行研究和部署。

7日　教育部、上海市政府在沪召开深化上海教育综合改革2017年度工作推进会，回顾总结2016年上海教育综合改革进展情况，研究部署2017年上海教育综合改革各项工作。教育部党组书记、部长陈宝生，上海市委副书记、市长应勇出席会议并讲话。

17日　教育部、公安部召开全国学校安全工作电视电话会议。在上海分会场，市教委主任苏明部署2017年上海学校安全工作。

21日　2017年春季上海高校党政负责干部会议举行。会议全面落实全国高校思想政治工作会议精神及中央和市委一系列教育决策部署，研究部署2017年重点工作。市委副书记、市委秘书长尹弘，副市长翁铁慧出席会议并讲话。

23日　中共中央政治局委员、市委书记韩正主持召开高考综合改革专题座谈会，要求落实中央部署，做好高考综合改革试点工作。市委副书记、市长应勇，教育部副部长林蕙青，市委副书记、市委秘书长尹弘，副市长翁铁慧出席会议并讲话。

同日　以“放飞音乐梦想，共同唱响美好未来”为主题的第二届上海中小学生新年国际音乐节举行。

25日　2017年第三十八届世界头脑奥林匹克中国区决赛在上海举行。

3月

7日　“小学体育兴趣化、初中体育多样化”学校体育课程改革推进会暨专题培训动员会召开。

9日　上海市2017年城乡义务教育一体化建设工作推进会召开。

10日　上海市教育系统安全生产工作会议召开。会议通报2016年全市教育系统安全工作情况，部署2017年安全重点工作。市教委主任苏明出席会议并讲话。

22日　市教委副主任丁晓东赴上海市教育科学研究院就“上海教育现代化2030”研究工作进行工作研讨与部署。

同日　上海应届高校毕业生春季校园招聘会暨少数民族毕业生专场招聘会举办。本次招聘会以“民族情　梦想路”为主题，向全市高校毕业生和少数民族学生送岗位、送政策、送指导。近万名上海高校毕业生(包括高校少数民族毕业生)参加本次招聘会。

27—31日　2017年中国上海教育展分别在塞

尔维亚贝尔格莱德大学和波兰克拉科夫理工大学举办。参加此次教育展的有复旦大学、上海交通大学、上海大学等27所高校,以及上海中学等6所中小学汉语国际推广基地学校。

29日　上海学生戏剧团及上海学生戏剧联盟成立主题活动举行。副市长翁铁慧,市政府副秘书长宗明、市委宣传部副部长胡劲军以及市教卫工作党委、市教委等单位相关负责人出席。

29—31日　以“互联网+背景下的教育创新”为主题的第十届“上海—新加坡”校长圆桌会议举行。

4月

7日　上海高校思想政治工作会议召开。会议深入学习贯彻习近平总书记在全国高校思想政治工作会议上的重要讲话精神,全面部署新形势下高校思想政治工作。中共中央政治局委员、市委书记韩正出席会议并讲话。出席会议的还有市委副书记、市长应勇,教育部副部长朱之文,市委副书记、市委秘书长尹弘,市纪委书记、市监察委员会主任廖国勋,市委常委、组织部部长吴靖平,市委常委、浦东新区区委书记翁祖亮,副市长翁铁慧。

7—9日　第十四届上海教育博览会“优质·均衡”教育展暨上海学生阅读指导推广展示活动举行。

11日　市教卫工作党委书记虞丽娟到上海市教育科学研究院调研。

23日　2017年上海市“书香校园”学生阅读推广行动启动。行动贯穿全年,为上海市民提供形式多样、内容丰富多彩的阅读活动。

28日　上海学生资助工作会议召开。市教委、市财政局、市民政局、上海银监局、中国人民银行上海分行负责人出席会议。

同日　“启蒙·叩问·哲思”生命教育一体化建设交流展示活动暨2017年度上海市心理健康教育活动月启动仪式举行。

5月

4日　上海青少年纪念五四运动98周年主题团日活动举行。市委副书记尹弘出席。

6日　由市教卫工作党委、市教委和解放日报·上观栏目共同主办的“第十二届新解放教育讲坛”举行,主题为“遇见未来的自己”。

10—11日　上海市高等教育学会保卫工作专业委员会第三十次学术会议暨成立30周年活动举行。

12—16日　第二届“汇创青春”上海大学生文化创意作品展示季“互联网+文化创意类”作品进行集中展示。

13日　2017年上海高职院校“职业体验日”活动启动仪式举行。

16日　首届上海高校思想政治理论课教学指导委员会成立。

17日　中共中央政治局委员、市委书记韩正到同济大学调研,市委常委、市委秘书长诸葛宇杰,副市长翁铁慧陪同。

17—18日　2017上海产学研合作创新论坛举行。论坛主题为“成果转化、协同创新、突破瓶颈”。

26日　“绿色悦读　书香伴我成长”2017年上海市中小学生读书系列活动启动仪式暨主题活动举行。活动从5月持续到12月,包括荐书、选书、导读、读书、书评等环节。

同日　“学校文化铸品质　中华经典育新人——2017年上海市教育系统社会主义核心价值观进校园现场会”举行。

同日　市委副书记、市长应勇到上海交通大学作形势政策报告,解读上海市第十一次党代会报告,分享城市发展愿景,并重点就科创中心建设、人才发展和创新创业等内容与师生交流。

27日　市第十一次党代会精神传达学习暨上海市文明校园创建工作推进会举行。

28日　上海纽约大学举行2017届首届本科生毕业典礼。

31日　中共中央政治局委员、市委书记韩正到上海市教育考试院检查高考各项准备和保障工作,市委副书记尹弘,市委常委、市委秘书长诸葛宇杰,副市长翁铁慧陪同。

6月

1日　中共中央政治局委员、市委书记韩正到杨浦小学分校，参加庆“六一”主题活动，向全市少年儿童致以节日祝贺，市委常委、市委秘书长诸葛宇杰，副市长翁铁慧陪同。

6日　2017年中国国际技能大赛开幕式在上海举行。中共中央政治局委员、市委书记韩正宣布大赛开幕。开幕式围绕“青年·技能”“合作·交流·推广”“客观·公正·开放”三大主题，充分展现出欢乐、融合的氛围。大赛于9日闭幕，由人力资源和社会保障部、上海市人民政府、江苏省人民政府主办，分设上海、苏州两个赛区。

同日　上海市“诚信教育进高校”主题宣传活动启动仪式举行。

10日　第十五届“挑战杯”上海市大学生课外学术科技作品竞赛决赛及颁奖典礼举行。

10—11日　第二届上海基础教育青年教师爱岗敬业教学技能竞赛总决赛举行。

12日　副市长翁铁慧到2017年秋季高考语文科目评卷点，考察正在进行的秋季高考评卷工作，并慰问参与评卷的教师和工作人员。

14日　第十届上海大学生电视节闭幕式暨颁奖典礼举行，共颁出“影视短片大赛”“大学生主持人大赛”“剧本创作大赛”和“影视评论大赛”四项赛事共计18个奖项。

20日　2017年上海市未成年人暑期工作会议召开。

22日　教育部在上海召开2017年高校思想政治理论课教学质量年上海调研片会暨高校“课程思政”现场推进会。

23日　上海市现代大学制度建设试点工作总结会举行。

28日　市教卫工作党委召开“庆祝中国共产党成立96周年座谈会”。

同日　上海市普通高中学业水平合格性考试开考。

30日　2017年上海市民诵读节展演活动举行。

7月

1日　首届大学生军事技能专项展示在东方绿洲开营。

5日　进一步规范上海义务教育秩序工作会议召开。市委副书记尹弘主持会议并讲话，副市长翁铁慧作工作部署。

20日　2017年上海市大学生志愿服务西部计划志愿者出征仪式举行。105名志愿者将陆续分赴西藏、新疆、云南、重庆、陕西、贵州等中西部地区开展为期1—3年的志愿服务工作。

27日　2017年上海市哲学社会科学科研骨干研修班举行结业典礼。市委副书记尹弘出席并讲话。

30日　2017年上海高招本科普通批次录取工作结束。

8月

24日　2017年上海市大学生骨干培养班开班。

28日　教育部和上海市政府在沪举行签字仪式，深化部市合作，共同推进上海全面创新改革试验，建设具有全球影响力的科技创新中心。

31日　2017年秋季上海高校党政负责干部会议召开。市委副书记尹弘出席并讲话。副市长翁铁慧部署加快推进大学“双一流”建设工作，并就做好开学工作提出要求。

9月

5日　教育部副部长孙尧考察嘉定教育工作。

8日　2017年上海市教书育人楷模名单公布。

同日　中共中央政治局委员、市委书记韩正，市委副书记、市长应勇会见上海市优秀教师代表。

同日　马克思主义理论学科与马克思主义学院建设工作推进会召开，市委常委、宣传部部长董云虎出席会议并讲话。

12日　上海社区学院揭牌。该学院的成立进一步整合社区非学历教育办学资源，推进社区非学历教育发展。

14日　上海第二十届推普周主题活动举行。

同日　上海市中小学教师实验能力专项培训举行开班仪式。396名物理、化学、生命科学学科教师及实验员参加本次市级培训。这是上海首次举办针对教师和实验员实验能力的专项培训。

18日　2017—2018中英数学教师交流项目启动仪式举行。

19日　市政府新闻办举行市政府新闻发布会，市教委主任苏明介绍上海推进教育综合改革相关情况。市教委副主任丁晓东、贾炜出席发布会，共同回答记者提问。

26—28日　第二届上海国际教育装备博览会举行。

28日　由全国学生资助管理中心指导，上海市教卫工作党委、上海市教委和解放日报・上观栏目共同主办的“第十三届新解放教育讲坛”举行，主题为“国家资助放飞青春梦想”。

10月

13日　由上海市教委主办的上海市民办高校“强师工程”教师培训项目实施五周年回顾暨第三届民办高校教师教学技能大赛颁奖活动举行。

同日　第六届上海大学生原创音乐大赛开幕。

同日　“微影星光　点亮未来”2017上海市中职学校微电影节闭幕。

19日　第四十四届世界技能大赛闭幕式暨颁奖仪式在阿联酋阿布扎比举行。中国代表团中的上海选手分别获得花艺和车身修理项目金牌。这是上海选手首次获世界技能大赛金牌。

25日　上海市各区2014—2016学年中小学德育工作现场汇报交流会举行。

27日　上海高校思想政治理论课教学指导委员会、高校思想政治工作研究中心举办“习近平新时代中国特色社会主义思想教学研究研讨会”。

28日　上海市第十三届全民终身学习活动周开幕。本届活动周主题为“学习浸润人生，智慧温暖申城”。

同日　2017年第四届上海市高校大学生法治辩论赛开幕。辩论赛以“崇德尚法，知行合一”为主题。

31日　市教卫工作党委举行“学习宣传贯彻党的十九大精神”中心组(扩大)学习会。党的十九大代表、市教卫工作党委书记虞丽娟在会上传达党的十九大精神。

11月

1日　2017年长三角地区校外教育学术研讨活动在沪举行。

4日　在联合国教科文组织(UNESCO)第三十九届全体大会上，100多个国家和地区会员代表以“无辩论”通过的方式，决定在中国上海设立联合国教科文组织教师教育中心。它是落户上海的首家联合国二类机构。

6日　市教卫工作党委、市教委成立“上海学校习近平新时代中国特色社会主义思想研究中心”。该研究中心设在上海市教育科学研究院，是全市教育系统推进习近平新时代中国特色社会主义思想的市级统筹平台和智库机构，主要从事理论研究、课程建设、决策咨询和人才培养方面的工作。

7日　市教委向部分市党代会代表、市人大代表、市政协委员等通报上海教育改革发展情况。

8日　市教卫工作党委召开系统基层党建工作推进会，学习传达党的十九大精神，深入贯彻落实全国和上海高校思想政治工作会议精神、全国和上海城市基层党建工作经验交流座谈会精神，进一步研究和部署推进系统基层党建工作。

11日　纪念中国人民解放军建军90周年“走近边防线”——上海青少年国防教育系列活动总结表彰大会举行。

12日　“我和我的祖国”——2017上海市诗歌创作优秀作品主题展示活动举行。

15日　以“一家亲・梦想路”为主题的上海市2018届高校毕业生秋季校园招聘会暨港澳台侨毕业生专场招聘会举行。

同日　市教委举行第一轮城乡学校携手共进计划启动会。

15日　第十五届“挑战杯”全国大学生课外学术科技作品竞赛决赛在沪举行。

15—16日　“教育现代化2035”研讨会召开。会议聚焦“学习贯彻十九大精神，优先发展教育事业”。

16—17日　以“现代教育督导：制度改革、实践创新、专业发展”为主题的首届上海教育督导论坛举行。“上海市教育督导研究中心”同时揭牌。

17—18日　2017年见习教师基本功大赛

举行。

19日　首届“上海杯”大学生国旗班升国旗暨军事技能展示活动举行。

20日　“上海学生舞蹈联盟一周年精品展演”活动举行。

23日　上海市校园田径联盟成立。

同日　市教卫工作党委书记虞丽娟慰问依据沪滇职业教育协作项目到沪求学的云南籍中职生。

25日　第五届上海大学生创新创业论坛举行。

27日　市委副书记、市长应勇为“上海市青少年科技创新市长奖”颁奖。

28日　2017上海市学校阳光体育系列奖项主题活动举行。

12月

2日　“第三届语言测试与评价国际研讨会暨第五届英语语言测评‘新方向’研讨会”在上海召开。本次研讨会是落实中英两国教育部长签署的《中英教育合作伙伴行动计划》的一项重要活动，由教育部考试中心与英国文化教育协会联合举办。

7日　“传承红色基因　落实立德树人”——沪遵中小学生红色文化交流活动举行。

8—9日　2017年上海高校宣传德育工作推进会暨高校宣传思想文化工作干部研修班举行。

10日　2017上海学前教育年会举行。本届年会以“在实践中创新，在反思中提高”为主题。

同日　以“携手新时代，共筑中国梦”为主题的第二届“全国中小学生电影周”在沪举行。

12日　中共上海市委印发《关于追授钟扬“上海市优秀共产党员”称号的决定》。

14日　中共中央政治局委员、上海市委书记李强在上海交通大学主持召开推进科技创新中心建设科学家座谈会并调研学校发展。

15日　上海召开第四十四届世界技能大赛上海参赛表彰暨第四十六届世界技能大赛申办工作总结会议，对参赛选手、技术指导专家和为世界技能大赛申办和参赛作出贡献的单位和个人予以表彰。

16—17日　中国大学智库论坛2017年年会在沪举行。本次年会以“新时代　新征程　新使命　新作为——贯彻落实党的十九大精神”为主题，由教育部和上海市人民政府指导，复旦大学和中国大学智库论坛秘书处主办。

18日　上海深化部校共建新闻学院工作推进会暨签约仪式举行，市委宣传部与上海交通大学、同济大学、华东师范大学和上海大学4所高校同时开展共建。

19日　2017年高校党政领导干部专题研修班开班。本次研修班为期两天，市各高校党政主要领导、2017年新提任的市属高校领导等200余人参加。

25日　上海市教卫系统学习钟扬先进事迹首场报告会暨市教卫工作党委中心组（扩大）学习会举行。市教卫工作党委书记虞丽娟出席报告会并讲话。

26日　上海市第三次民办教育工作会议举行。副市长翁铁慧、教育部发展规划司司长刘昌亚、上海市政府副秘书长宗明等出席会议。市教卫工作党委书记虞丽娟主持会议，市教卫工作党委副书记、市教委主任苏明作工作报告。

27日　《上海市人民政府关于促进民办教育健康发展的实施意见》和《上海市民办学校分类许可登记管理办法》正式发布。

28日　市十四届人大常委会第四十二次会议表决通过《上海市高等教育促进条例》，自2018年3月15日起施行。

29日　上海市政府办公厅转发市教委等四部门制订的《上海市民办培训机构设置标准》《上海市营利性民办培训机构管理办法》《上海市非营利性民办培训机构管理办法》，自2018年1月1日起实施。

教育统计

Educational Statistics

上海市普通高等学校本专科教育基本情况

单位:人

指　　标	学校数(所)	本专科学生数								教职工数	
		毕业生数	#本科	招生数	#本科	在校生	#本科	预　计毕业生	#本科		#专任教师
总　计	**64**	**134207**	**86945**	**142793**	**97339**	**514917**	**376152**	**144227**	**94853**	**73891**	**43484**
部　　属	10	27017	24721	29483	27044	114311	106923	28628	26138	32284	16160
市　　属	54	107190	62224	113310	70295	400606	269229	115599	68715	41607	27324
民　　办	20	28026	10185	32797	13532	108193	48150	31569	11509	7499	4993
综合大学	4	15826	15582	16531	16423	67328	66806	17376	17122	25013	11446
理工院校	24	49910	31111	55738	35248	197212	137661	56127	35084	20623	13779
农业院校	2	4216	3023	4151	3041	15256	11761	3945	2780	1522	1072
医药院校	2	6013	857	4884	2253	14192	6161	3742	914	2022	1209
师范院校	2	8376	8274	8647	8647	34826	34822	9130	9126	6923	4113
语文院校	3	5665	1464	4298	1549	16138	6002	5753	1495	1927	1229
财经院校	17	33375	18566	37004	21580	129055	80047	36620	19970	10334	7053
政法院校	3	6188	5297	6499	5557	23007	21139	6388	5503	2425	1666
体育院校	2	1034	981	1138	996	4411	3927	1223	1029	1192	659
艺术院校	5	3604	1790	3903	2045	13492	7826	3923	1830	1910	1258

上海市各级普通学校基本情况

单位:万人

指　　标	学校数(所)	毕业生数	招生数	在校学生数	教职工数	#专任教师
总　计	**3387**	**66.59**	**77.22**	**270.03**	**29.10**	**20.51**
研究生	**49**	**4.10**	**5.95**	**16.11**		
高等学校	28	4.04	5.89	15.93		
科研机构	21	0.06	0.06	0.18		
普通高等学校	**64**	**13.42**	**14.28**	**51.49**	**7.39**	**4.35**
本科院校	38	9.81	10.54	40.09	6.64	3.84
高职(专科)学校	26	3.61	3.74	11.40	0.75	0.50
普通中等学校	**912**	**17.23**	**20.30**	**66.23**	**8.60**	**6.56**
普通中学	818	14.12	17.38	57.06	7.36	5.72
高　中		5.13	5.33	15.89		1.79
初　中		8.99	12.05	41.17		3.93
职业中学	25	0.70	0.69	1.98	0.36	0.28
高　中	25	0.70	0.69	1.97	0.36	0.28
初　中		0.00	0.00	0.01		
中等专业学校	50	2.14	1.90	6.31	0.74	0.47
技工学校	7	0.24	0.28	0.81	0.10	0.05
工读学校	12	0.03	0.04	0.07	0.05	0.04
小　学	**741**	**14.31**	**16.37**	**78.49**	**6.29**	**5.47**
特殊教育	**30**	**0.08**	**0.07**	**0.43**	**0.16**	**0.13**
幼儿园	**1591**	**17.45**	**20.25**	**57.27**	**6.66**	**4.01**

注:1. 表中幼儿园招生数指当年入园幼儿数。
2. 2014 学年起,中科院、煤炭院所属科研机构不纳入本市研究生培养机构统计。
3. 表中研究生包含 2017 年招收的非全日制学生。
4. 2017 学年,职业初中招生数为 26 人,毕业生数 28 人。

上海市各级成人学校基本情况

单位:万人

指　　标	学校数(所)	毕业生数	招生数	在校学生数	教职工数	#专任教师
总　计	**721**	**183.92**	**10.58**	**209.28**	**1.79**	**0.92**
成人高等学校	**14**	**4.72**	**4.55**	**13.46**	**0.14**	**0.07**
独立设置成人高校	14	0.18	0.16	0.59	0.14	0.07
广播电视大学	1				0.03	0.01
职工高等学校	10	0.15	0.14	0.51	0.08	0.05
管理干部学院	3	0.03	0.02	0.08	0.03	0.01
普通高校举办	(48)	4.54	4.39	12.86		
函授部	10	0.38	0.37	1.06		
业　余	38	4.15	4.02	11.81		
成人脱产班						
成人网络本、专科		**4.19**	**5.51**	**12.37**		
成人中、初等学校	18	0.64	0.53	1.63	0.04	0.02
成人中等专业学校	12	0.59	0.53	1.48	0.03	0.01
全日制		0.48	0.36	1.22		
非全日制		0.11	0.17	0.25		
成人中学	6	0.05		0.15	0.01	0.01
成人小学						
职业技术培训机构	**689**	**174.38**		**181.83**	**1.61**	**0.83**

注:1. 表中成人中学、职业技术培训机构在校学生指累计注册数,毕业生数指累计结业数。
2. 普通高校举办的函授、业余、脱产班学校数是指举办这类教育的学校点数,括号内是点数之和。

研究生教育基本情况

单位:人

指　标	合　计	中央部委所属	教育部所　属	其他部委所属	地方所属	教育部门	其他部门
毕业生数	**40982**	**26414**	**26086**	**328**	**14568**	**14302**	**263**
攻读硕士学位	35415	21626	21317	309	13789	13558	228
攻读博士学位	5567	4788	4769	19	779	744	35
招生数	**59519**	**37200**	**36843**	**357**	**22319**	**22025**	**290**
攻读硕士学位	51817	31038	30697	341	20779	20529	246
攻读博士学位	7702	6162	6146	16	1540	1496	44
在校学生数	**161046**	**104220**	**103285**	**935**	**56826**	**55900**	**926**
攻读硕士学位	129171	77970	77116	854	51201	50456	745
攻读博士学位	31875	26250	26169	81	5625	5444	181
预计毕业生数	**58480**	**38598**	**38218**	**380**	**19882**	**19537**	**345**
攻读硕士学位	44894	27736	27400	336	17158	16910	248
攻读博士学位	13586	10862	10818	44	2724	2627	97

注:表中研究生包括非全日制学生。

研究生分学科学生数

单位:人

指　　标	毕业生数	招生数	在校学生数	预计毕业生数
总　计	**40982**	**59519**	**161046**	**58480**
女　生	20951	30903	81155	28857
学术型学位	24440	31215	95674	34159
专业学位	16542	28304	65372	24321
哲　学	280	390	1228	477
经济学	3055	4007	9986	4088
法　学	3679	5127	13130	4649
教育学	1627	3520	7636	2919
文　学	2787	3363	9567	3802
历史学	408	514	1609	613
理　学	3646	4976	15254	4889
工　学	13493	19315	54008	18577
农　学	409	541	1538	506
医　学	3823	4873	14536	4907
管理学	6671	11053	27715	11365
艺术学	1104	1840	4839	1688

注:表中研究生包含2017年招收的非全日制学生。

普通本科分学科学生数

单位:人

指　　标	毕业生数	招生数	在校学生数	预计毕业生数
总　计	**86945**	**97339**	**376152**	**94853**
哲　学	166	293	762	142
经济学	8751	9643	36448	9040
法　学	5610	5480	22060	5839
教育学	2190	2253	8990	2180
文　学	9206	10070	37124	9415
历史学	218	189	888	249
理　学	4897	5993	22088	5315
工　学	28670	33417	128609	32435
农　学	434	482	1956	418
医　学	2348	4035	14618	2888
管理学	17997	18042	73506	19537
艺术学	6458	7442	29103	7395

普通专科分专业学生数

单位：人

指　　标	毕业生数	招生数	在校学生数	预计毕业生数
总　计	**47262**	**45454**	**138765**	**49374**
农林牧渔大类	765	856	2464	785
资源环境与安全大类	459	298	1127	481
能源动力与材料大类				
土木建筑大类	2463	2605	7145	2418
水利大类				
装备制造大类	4053	3873	12230	4491
生物与化工大类	252	207	590	291
轻工纺织大类	536	583	1863	701
食品药品与粮食大类	637	436	1145	475
交通运输大类	3654	4446	12651	4169
电子信息大类	2839	4542	12201	3814
医药卫生大类	7616	5448	16991	5809
财经商贸大类	10258	7802	28033	11067
旅游大类	2209	2468	7442	2659
文化艺术大类	5355	4757	15044	5349
新闻传播大类	1290	1433	4567	1738
教育与体育大类	3169	4102	11410	3445
公安与司法大类	926	1120	2311	1036
公共管理与服务大类	781	478	1551	646

普通高等学校专任教师基本情况

单位：人

指　　标	专任教师数	正高级	副高级	中　级	初　级	未定职称
总　计	**43484**	**8191**	**14082**	**16906**	**2745**	**1560**
学　历						
研究生	36115	7573	11712	13616	1946	1268
博　士	22934	6908	8880	6431	105	610
硕　士	13181	665	2832	7185	1841	658
本　科	6965	574	2289	3154	720	228
专科及以下	404	44	81	136	79	64
年　龄						
29 岁及以下	2835	8	15	809	1293	710
30～34 岁	6343	140	670	4268	835	430
35～39 岁	9727	527	3165	5476	362	197
40～44 岁	7864	1084	3569	3007	112	92
45～49 岁	5951	1557	2735	1567	60	32
50～54 岁	5848	2274	2352	1146	36	40
55～59 岁	3067	1321	1167	499	38	42
60～64 岁	1258	923	227	90	7	11
65 岁及以上	591	357	182	44	2	6

普通高等学校分科专任教师

单位:人

指　标	专任教师数	正高级	副高级	中　级	初　级	未定职称
总　计	**43484**	**8191**	**14082**	**16906**	**2745**	**1560**
哲　学	894	182	273	369	34	36
经济学	2422	421	873	905	99	124
法　学	3293	508	921	1467	260	137
教育学	3672	309	985	1743	476	159
文　学	6746	780	1885	3330	456	295
历史学	512	168	144	173	11	16
理　学	4798	1472	1757	1355	94	120
工　学	11953	2854	4417	3934	468	280
农　学	303	82	103	89	9	20
医　学	2375	517	703	884	209	62
管理学	3795	604	1299	1479	238	175
艺术学	2721	294	722	1178	391	136

中等职业学校基本情况

单位:人

指　标	总计	普通中专	职业高中	技工学校	成人中专
机构数合计(所)	**94**	**50**	**25**	**7**	**12**
中央部委属	2	1		1	
地方所属	88	48	24	6	10
教育部门	52	23	24	1	4
非教育部门	36	25		5	6
民　办	4	1	1		2
教职工数(人)	**12289**	**7430**	**3638**	**966**	**255**
中央部委属	265	150		115	
市　属	11877	7184	3595	851	247
民　办	147	96	43		8
专任教师数(人)	**8125**	**4702**	**2774**	**534**	**115**
中央部委属	125	49		76	
市　属	7926	4609	2745	458	114
民　办	74	44	29		1

普通中等专业教育学生数

单位：人

指　　标	毕业生数	招生数	在校学生数	预计毕业生
总　计	**21365**	**19046**	**63065**	**21208**
中央部委属	489			
市　属	20580	18752	62274	20962
民　办	296	294	791	246
农林牧渔类	243	377	1131	369
资源环境类	263	186	644	212
能源与新能源类	285	285	1089	450
土木水利类	1637	1464	4778	1659
加工制造类	3375	2847	10587	3327
石油化工类	643	340	1501	442
轻纺食品类	249	383	1024	311
交通运输类	2338	2087	6870	2268
信息技术类	2376	2440	7035	2186
医药卫生类	2772	1923	6685	2480
休闲保健类	48	60	164	55
财经商贸类	4596	3666	12767	4822
旅游服务类	563	786	2043	677
文化艺术类	1368	1380	4514	1261
体育与健身	194	161	549	226
教育类	115	125	317	98
司法服务类				
公共管理与服务类	216	267	718	213
其　他	84	269	649	152

分区职业高中学校(班)基本情况

单位：人

指　　标	学校数（所）	毕业生数	招生数	在　校学生数	预　计毕业生	教职工数	#专任教师
全市合计	**25**	**6971**	**6871**	**19737**	**6187**	**3638**	**2774**
黄浦区	2	519	515	1587	531	411	304
徐汇区	2	476	198	692	253	226	167
长宁区	1	283	439	1276	413	188	108
静安区	2	292	215	681	196	329	231
普陀区	1	184	252	773	248	159	118
虹口区	2	570	561	1606	477	323	224

续表

指　　标	学校数（所）	毕业生数	招生数	在　校学生数	预　计毕业生	教职工数	#专任教师
杨浦区	2	415	346	913	266	154	115
闵行区	1	473	621	1739	542	182	152
宝山区	2	616	627	1744	580	210	130
嘉定区	1					57	45
浦东新区	5	2426	2400	6608	2033	715	639
金山区							
松江区	2	195	180	594	195	322	270
青浦区	1	61	17	116	34	60	33
奉贤区							
崇明区	1	461	500	1408	419	302	238

职业高中(班)学生数

单位:人

指　　标	毕业生数	招生数	在校学生数	预计毕业生
总　　计	**6971**	**6871**	**19737**	**6187**
中央部门办				
地方教育部门	6637	6613	19041	5968
地方非教育部门	121			
民　办	213	258	696	219
农林牧渔类	40	79	224	80
资源环境类				
能源与新能源类				
土木水利类				
加工制造类	768	506	1620	609
石油化工类				
轻纺食品类				
交通运输类	1260	1167	3394	1113
信息技术类	728	701	1989	558
医药卫生类	57	50	169	69
休闲保健类	36	30	82	27
财经商贸类	1416	1025	3260	1186
旅游服务类	1285	1470	4331	1321
文化艺术类	476	623	1613	442
体育与健身	45	15	100	44
教育类	550	761	1955	517
司法服务类				
公共管理与服务类	39	41	115	34
其　他	271	403	885	187

职业高中学校专任教师基本情况

单位：人

指　　标	专任教师	正高级	副高级	中　级	初　级	无职称
合　计	**2774**		**518**	**1548**	**641**	**67**
学　历						
研究生	283		36	102	120	25
本　科	2473		482	1443	509	39
专　科	16			3	11	2
高中及以下	2				1	1
年　龄						
29 岁及以下	278			10	212	56
30～39 岁	842		48	493	293	8
40～49 岁	1124		275	740	108	1
50～59 岁	529		194	305	28	2
60 岁及以上	1		1			

普通中等专业学校专任教师基本情况

单位：人

指　　标	专任教师	正高级	副高级	中　级	初　级	无职称
合　计	**4702**	**21**	**1144**	**2310**	**1106**	**121**
学　历						
博　士	29		9	13	7	
硕　士	1048	3	168	469	355	53
本　科	3483	12	950	1783	672	66
专　科	112	5	14	39	53	1
高中及以下	30	1	3	6	19	1
年　龄						
29 岁及以下	543			54	396	93
30～34 岁	778		17	400	345	16
35～39 岁	867		103	579	179	6
40～44 岁	648	3	172	405	67	1
45～49 岁	724	5	301	370	46	2
50～54 岁	780	4	385	351	39	1
55～59 岁	349	9	160	147	31	2
60 岁及以上	13		6	4	3	

普通中等专业学校分学科专任教师数

单位：人

指　　标	合　计	正高级	副高级	中　级	初　级	无职称
总　计	**4702**	**21**	**1144**	**2310**	**1106**	**121**
文化基础课	1879		451	951	423	54
专业课	2628	21	672	1285	593	57
农林牧渔类	30		10	10	10	
资源环境类	29		6	13	10	
能源与新能源类	36		11	17	7	1
土木水利类	130		46	47	32	5
加工制造类	364		106	174	76	8
石油化工类	84		31	36	13	4
轻纺食品类	55		18	28	8	1
交通运输类	161		27	82	39	13
信息技术类	369		88	195	81	5
医药卫生类	184		70	85	28	1
休闲保健类	8		3	2	3	
财经商贸类	453		90	248	104	11
旅游服务类	78		21	41	14	2
文化艺术类	291	16	64	149	59	3
体育与健身	169	5	47	71	46	
教育类	87		15	40	30	2
司法服务类						
公共管理与服务类	23		9	8	6	
其　他	77		10	39	27	1
实习指导课	195		21	74	90	10

中学校数、班数

单位：人

指　　标	全　市	城　区	镇　区	乡　村
学校数(所)	**818**	**673**	**114**	**31**
完全中学	94	85	5	4
高级中学	138	121	15	2
初级中学	369	300	54	15
九年一贯制学校	191	143	38	10
十二年一贯制学校	26	24	2	
班数(班)	**17535**	**15185**	**1906**	**444**
初　　中	12818	10958	1486	374
高　　中	4717	4227	420	70

中学分年级学生数

单位:人

指　　标	全　市	城　区	镇　区	乡　村
总　计	**570636**	**497960**	**60225**	**12451**
初中小计	**411712**	**356373**	**45052**	**10287**
初　　一	120719	103413	13951	3355
初　　二	112217	97619	11824	2774
初　　三	93497	81260	10025	2212
初　　四	85279	74081	9252	1946
高中小计	**158924**	**141587**	**15173**	**2164**
高　　一	53800	47859	5176	765
高　　二	52978	47188	5075	715
高　　三	52146	46540	4922	684

教育系统所属中学校数、班数、学生数

单位:人

指　　标	全　市	城　区	镇　区	乡　村
学校数(所)	**689**	**558**	**106**	**25**
完全中学	65	59	4	2
高级中学	125	110	14	1
初级中学	333	265	53	15
九年一贯制学校	160	118	35	7
十二年一贯制学校	6	6		
班数(班)	**15122**	**12972**	**1810**	**340**
初　中	10957	9242	1421	294
高　中	4165	3730	389	46
学生数(人)	**489937**	**422679**	**57460**	**9798**
初　中	347186	295840	43282	8064
高　中	142751	126839	14178	1734

民办中学教学机构数、班数、学生数

单位:人

指　　标	全　市	城　区	镇　区	乡　村
机构数(个)	**129**	**115**	**8**	**6**
完全中学	29	26	1	2
高级中学	13	11	1	1
初级中学	36	35	1	
九年一贯制学校	31	25	3	3
十二年一贯制学校	20	18	2	
班数(班)	**2390**	**2190**	**96**	**104**
初　中	1856	1711	65	80
高　中	534	479	31	24
学生数(人)	**80457**	**75039**	**2765**	**2653**
初　中	64516	60523	1770	2223
高　中	15941	14516	995	430

普通中学招生、毕业生数

单位:人

指　　标	全　市	城　区	镇　区	乡　村
2017年招生数	**173837**	**150697**	**19036**	**4104**
初　中	120561	103291	13928	3342
高　中	53276	47406	5108	762
2017年毕业生数	**141245**	**124145**	**14505**	**2595**
初　中	89901	78372	9611	1918
高　中	51344	45773	4894	677

中学教职工、教师分部门人数

指　　标	全　市	城　区	镇　区	乡　村
教职工数	**73552**	**62983**	**8576**	**1993**
教育部门办	63715	54008	8182	1525
其他部门办				
民　办	9837	8975	394	468
其中:专任教师数	**57213**	**49473**	**6400**	**1340**
教育部门办	50400	43135	6141	1124
其他部门办				
民　办	6813	6338	259	216

中学专任教师学历情况

指　　标	总　计	研究生	本　科	专　科	高　中	高中以下
初中(人)	**39276**	**4590**	**34240**	**443**	**3**	
所占比重(%)	100	11.69	87.18	1.13	0.01	
高中(人)	**17937**	**3893**	**14028**	**15**	**1**	
所占比重(%)	100	21.70	78.21	0.08	0.01	

中学专任教师职称情况

指　　标	总　计	中学高级	中学一级	中学二级	中学三级	未评职称
初中(人)	**39276**	**4557**	**20185**	**12234**	**85**	**2215**
所占比重(%)	100	11.60	51.39	31.15	0.22	5.64
高中(人)	**17937**	**5459**	**7888**	**3626**	**15**	**949**
所占比重(%)	100	30.43	43.98	20.22	0.08	5.29

中学专任教师年龄情况

指　　标	专任教师数(人)	29岁及以下	30～39岁	40～49岁	50～59岁	60岁及以上
初中(人)	**39276**	**7899**	**13396**	**12859**	**4964**	**158**
所占比重(%)	100	20.11	34.11	32.74	12.64	0.40
高中(人)	**17937**	**2808**	**6292**	**5638**	**3091**	**108**
所占比重(%)	100	15.65	35.08	31.43	17.23	0.60

中学占地和校舍建筑面积数

单位:万平方米

指 标	全 市	城 区	镇 区	乡 村
学校占地面积	2426.60	1887.75	428.68	110.16
#运动场地面积	644.57	499.97	115.78	28.82
校舍建筑面积	1475.08	1245.37	185.55	44.17

分区高中分年级在校生情况

单位:人

指 标	毕业生数	招生数	高中在校生	一年级	二年级	三年级
全市合计	**51344**	**53276**	**158924**	**53800**	**52978**	**52146**
黄浦区	3252	3159	9441	3165	3040	3236
徐汇区	3857	4182	12827	4194	4375	4258
长宁区	1577	1552	4707	1561	1543	1603
静安区	3595	3608	10910	3624	3628	3658
普陀区	2628	2464	7791	2516	2649	2626
虹口区	2398	2167	6530	2193	2169	2168
杨浦区	3423	3547	10861	3563	3703	3595
闵行区	3905	4540	12645	4555	4201	3889
宝山区	3393	3225	10139	3326	3422	3391
嘉定区	2144	2364	6877	2458	2196	2223
浦东新区	11350	11836	35114	11891	11713	11510
金山区	1926	2442	6647	2510	2177	1960
松江区	2444	2804	7931	2830	2599	2502
青浦区	1833	1904	5740	1908	1970	1862
奉贤区	1872	2120	6221	2131	2080	2010
崇明区	1747	1362	4543	1375	1513	1655

分区初中分年级在校生情况

单位:人

指 标	毕业生数	招生数	初中在校生	一年级	二年级	三年级	四年级
全市合计	**89901**	**120561**	**411712**	**120719**	**112217**	**93497**	**85279**
黄浦区	2920	3788	12803	3793	3414	2987	2609
徐汇区	5378	6857	24517	6870	6839	5662	5146
长宁区	2762	3278	11743	3281	3286	2665	2511
静安区	5258	6197	22835	6199	6464	5256	4916
普陀区	3999	5531	18861	5544	5190	4330	3797
虹口区	3228	4026	14656	4030	4159	3333	3134
杨浦区	4510	5383	19364	5384	5393	4427	4160
闵行区	7785	12163	39433	12171	11053	8677	7532

续表

指　标	毕业生数	招生数	初中在校生	一年级	二年级	三年级	四年级
宝山区	6789	9504	32570	9527	8831	7576	6636
嘉定区	4855	7079	23193	7093	6151	5271	4678
浦东新区	21747	30287	99960	30325	27227	22232	20176
金山区	4231	4864	17774	4865	4609	4254	4046
松江区	5626	8213	26863	8233	7132	6022	5476
青浦区	3486	4881	16617	4884	4560	3764	3409
奉贤区	4826	5214	18961	5220	4845	4383	4513
崇明区	2501	3296	11562	3300	3064	2658	2540

分区中学基本情况

单位：人

指　标	学校数（所）	完全中学	高级中学	初级中学	九年一贯制学校	十二年一贯制学校	初高中学生数	教职工数	#专任教师	初　中	高　中
全市合计	**818**	**94**	**138**	**369**	**191**	**26**	**570636**	**73552**	**57213**	**39276**	**17937**
黄浦区	36	6	9	16	4	1	22244	3464	2689	1500	1189
徐汇区	39	11	7	18	2	1	37344	4548	3606	2146	1460
长宁区	26	4	4	14	2	2	16450	2913	2032	1389	643
静安区	52	13	9	23	7	0	33745	4814	3583	2260	1323
普陀区	47	8	4	12	21	2	26652	3841	2923	2019	904
虹口区	37	5	9	18	5	0	21186	3163	2628	1622	1006
杨浦区	50	4	11	26	7	2	30225	4033	3257	1986	1271
闵行区	75	7	13	32	20	3	52078	6669	5187	3766	1421
宝山区	64	5	8	27	23	1	42709	4439	3850	2879	971
嘉定区	43	1	7	20	13	2	30070	3612	2704	2044	660
浦东新区	163	21	28	80	26	8	135074	14430	12332	8678	3654
金山区	34	3	7	19	3	2	24421	3197	2427	1705	722
松江区	40	3	5	9	22	1	34794	5236	3099	2252	847
青浦区	31	1	5	16	9	0	22357	2923	2331	1704	627
奉贤区	44	0	7	14	22	1	25182	3233	2528	1900	628
崇明区	37	2	5	25	5	0	16105	3037	2037	1426	611

实验性示范性中学基本情况

单位：人

指　标	总　计	市实验性示范性中学	区实验性示范性中学
学校数（所）	**147**	**63**	**84**
班数（个）	**4383**	**1954**	**2429**
初　中	839	139	700
高　中	3544	1815	1729
毕业生数	**47243**	**22400**	**24843**
初　中	7523	1924	5599
高　中	39720	20476	19244

续表

指　　标	总　　计	市实验性示范性中学	区实验性示范性中学
招生数	**48450**	**22433**	**26017**
初　中	7531	1052	6479
高　中	40919	21381	19538
在校学生数	**151163**	**69094**	**82069**
初　中	28609	4949	23660
高　中	122554	64145	58409
预计毕业生数	**47676**	**23228**	**24448**
初　中	7275	2010	5265
高　中	40401	21218	19183
教职工数	**20784**	**9887**	**10897**
其中:专任教师	16579	7866	8713
初　中	2462	373	2089
高　中	14117	7493	6624
学校占地面积(万平方米)	**738.30**	**453.31**	**284.99**
学校建筑面积(万平方米)	**487.85**	**296.62**	**191.23**

小学校数、班数、学生数、教职工数

指　　标	全　市	教育部门	其他部门	民　办
学校数(所)	**741**	**602**		**139**
班数(班)	**21383**	**18289**		**3094**
学生数(人)	**784896**	**672569**		**112327**
一年级	163829	142273		21556
二年级	160817	137968		22849
三年级	153964	130965		22999
四年级	154509	131388		23121
五年级	151777	129975		21802
教职工数(人)	**62873**	**54438**		**8435**
#专任教师数	54697	47751		6946

小学占地和校舍建筑面积数

单位:万平方米

指　标	学校占地面积	运动场地面积	校舍建筑面积
全　市	**1019.37**	**314.11**	**581.44**
城　区	800.49	247.18	486.07
镇　区	155.87	48.38	71.62
乡　村	63.01	18.56	23.75

小学专任教师年龄职称情况

单位：人

指　　标	专任教师	29岁及以下	30～39岁	40～49岁	50～59岁	60岁及以上
总　计	**54697**	**14015**	**15880**	**19943**	**4733**	**126**
中学高级教师	1174	0	128	836	198	12
小学高级教师	24968	141	5854	15044	3838	91
小学一级教师	21591	9676	7983	3451	473	8
小学二级教师	1397	687	507	161	41	1
小学三级教师	60	26	23	7	4	
未评职称	5507	3485	1385	444	179	14

小学专任教师学历情况

指　　标	合　计	本科及以上	专　科	高　中	高中以下
专任教师(人)	**54697**	**44553**	**9773**	**370**	**1**
所占比重(%)	100	81.45	17.87	0.68	0.00

分区小学基本情况

单位：人

指　标	学校数(所)	毕业生数	招生数	在校学生数	一年级	二年级	三年级	四年级	五年级	教职工数	#专任教师
全市合计	**741**	**143115**	**163701**	**784896**	**163829**	**160817**	**153964**	**154509**	**151777**	**62873**	**54697**
黄浦区	29	3646	4102	20417	4105	4093	4027	4139	4053	2129	1756
徐汇区	43	6633	8999	42470	9005	8766	8522	8321	7856	3059	2644
长宁区	23	3846	4543	21971	4550	4446	4204	4455	4316	1971	1633
静安区	44	6187	7155	34808	7160	7029	6761	7093	6765	3209	2527
普陀区	24	6152	8335	38824	8347	7857	7657	7842	7121	2971	2778
虹口区	33	4139	4604	22486	4611	4434	4349	4639	4453	2149	1934
杨浦区	43	5568	7927	35482	7931	7476	7157	6866	6052	2942	2659
闵行区	65	15554	18975	91523	18979	18870	18280	17839	17555	6922	5885
宝山区	69	12121	14164	65601	14179	13477	12791	13040	12114	5195	4909
嘉定区	43	8093	10412	47024	10423	9961	9092	8945	8603	3466	2829
浦东新区	161	36051	40824	199211	40828	40595	38511	39452	39825	13502	12608
金山区	25	5063	4866	24320	4869	4768	4778	4760	5145	2293	1913
松江区	38	10592	12620	59961	12635	12619	12088	11365	11254	4798	3791
青浦区	42	8296	6127	30903	6129	5951	5703	5950	7170	3119	2598
奉贤区	30	7671	6965	34096	6970	7307	6979	6749	6091	2770	2477
崇明区	29	3503	3083	15799	3108	3168	3065	3054	3404	2378	1756

幼儿园基本情况

指　标	全　市	教育部门	集体办	其他部门	民　办
独立幼儿园	1591	941	25	24	601
班数(班)	19319	12950	204	240	5925
幼儿数(人)	572744	386756	6275	5995	173718
教职工数(人)	66588	40546	778	1109	24155
专任教师数	40106	28130	419	515	11042

幼儿园园长、教师学历情况

指　标	合　计	本科及以上	专　科	高　中	高中以下	合计中:幼教专业毕业
园　长	2081	1710	350	20	1	1748
所占比重(%)	100	82.17	16.82	0.96	0.05	87.44
专任教师	40106	28931	9924	1244	7	28130
所占比重(%)	100	72.14	24.74	3.10	0.02	76.85

幼儿园园长、教师职称情况

指　标	中学高级	小学高级	小学一级	小学二级	小学三级	未评职称
园　长	522	936	266	54	3	300
所占比重(%)	25.08	44.98	12.78	2.59	0.14	14.42
专任教师	233	9082	15298	3388	347	11758
所占比重(%)	0.58	22.64	38.14	8.45	0.87	29.32

分区托儿所基本情况

指　标	独立设置托儿所(所)	班数(个)	托儿数(人)	教职工数(人)	#教养员
全市合计	**19**	**199**	**4594**	**756**	**419**
黄浦区	1	4	108	13	8
徐汇区	2	8	219	34	21
长宁区					
静安区	4	13	250	62	33
普陀区					
虹口区	4	30	817	85	46
杨浦区	2	7	192	24	15
闵行区					

续表

指　　标	独立设置托儿所(所)	班数(个)	托儿数(人)	教职工数(人)	#教养员
宝山区					
嘉定区					
浦东新区	2	122	2743	464	257
金山区	1	4	111	20	10
松江区	3	11	154	54	29
青浦区					
奉贤区					
崇明区					

分区幼儿园基本情况

单位：人

指　　标	园数(所)	入园幼儿数	离园幼儿数	在园幼儿数	教职工数	#专任教师	占地面积(万平方米)	校舍面积(万平方米)
全市合计	**1591**	**202469**	**174457**	**572744**	**66588**	**40106**	**904.27**	**626.43**
黄浦区	45	4676	3627	12278	1396	955	8.26	9.46
徐汇区	90	9322	7303	24760	3273	1867	34.21	22.70
长宁区	39	4726	4389	14332	1864	1199	34.28	15.76
静安区	83	8084	6721	22631	2667	1793	27.01	23.89
普陀区	80	10264	8720	28799	3056	2080	36.72	29.00
虹口区	54	4365	4415	13747	1681	1146	18.19	14.06
杨浦区	83	9455	7962	26635	2600	1765	32.19	23.86
闵行区	185	26883	22656	74878	10871	5310	117.03	79.15
宝山区	165	18892	17904	58055	5384	3496	85.53	59.87
嘉定区	82	12980	11040	37804	4978	2505	62.44	41.04
浦东新区	305	42046	39933	129365	12131	8690	221.49	156.68
金山区	40	7246	5099	17159	2397	1306	38.94	22.41
松江区	128	19091	14865	49581	6535	3167	65.05	47.15
青浦区	90	12022	8093	26100	3555	2131	46.18	30.18
奉贤区	82	9183	8608	26866	2988	1864	48.41	33.57
崇明区	40	3234	3122	9754	1212	832	28.36	17.68

特殊教育学校基本情况

单位:人

指　　标	学校数(所)	班数(个)	学生数	教职工数	#专任教师
总　计	**30**	**465**	**7372**	**1623**	**1268**
视力残疾		23	189		
听力残疾		52	476		
言语残疾			4		
肢体残疾			129		
智力残疾		350	6272		
精神残疾			69		
多重残疾		40	233		
盲　校	1	23	151	93	60
聋哑学校	4	48	384	230	163
弱智学校	22	316	3291	1157	916
其他学校	3	47	239	143	129
小学附设特教班		4	25		
中学附设特教班		4	16		
其他学校附设特教班		23	224		
小学随班就读			1080		
中学随班就读			1962		

注:1. 其他学校指对两类以上残疾人进行教育的学校。
　2. 随班就读学生是普通中、小学学生的其中数,不计入独立的特教校班数据中。

工读学校基本情况

单位:人

指　　标	学校数(所)	班数(个)	学生数	教职工数	#专任教师
全市合计	**12**	**68**	**749**	**454**	**364**
黄浦区	1	5	20	22	17
徐汇区	1	5	30	27	19
长宁区	1	3	19	19	14
静安区	1	10	153	46	39
普陀区	1	3	6	24	20
虹口区	1	4	31	31	27
杨浦区	1	5	48	27	20
闵行区	1	5	19	34	29
宝山区	1	8	62	33	27
嘉定区	1	3	50	29	20
浦东新区	1	12	280	102	92
金山区					
松江区					
青浦区					
奉贤区					
崇明区	1	5	31	60	40

职业技术培训机构基本情况

单位：万人次

指　　标	学校数（所）	教学班（点）（个）	结业生数	注　册学生数	教职工数（人）	#专任教师	聘请校外教师（人）
总　计	**689**	**20193**	**174.38**	**181.83**	**16097**	**8281**	**8587**
职工技术培训学校	**20**	**621**	**13.07**	**13.82**	**1286**	**984**	**341**
教育部门办和集体办	11	408	9.15	9.76	1128	929	174
其他部门办	4	156	2.83	2.86	51	6	98
民　办	5	57	1.08	1.20	107	49	69
农村技术培训学校	**108**	**5289**	**48.04**	**41.03**	**998**	**669**	**1550**
教育部门办和集体办	79	4152	38.29	35.69	792	585	1231
县　办	63	2603	27.67	26.08	688	494	900
乡　办	16	1549	10.62	9.61	104	91	331
村　办							
其他部门办	29	1137	9.75	5.34	206	84	319
民　办							
其他培训机构	**561**	**14283**	**113.27**	**126.99**	**13813**	**6628**	**6696**
教育部门办和集体办	23	923	4.01	6.75	1135	898	501
其他部门办	51	2796	20.53	22.63	742	298	1297
民　办	487	10564	88.73	97.61	11936	5432	4898

说明：表中结业生数、注册学生数均指一学年内的累计数。

成人本、专科分形式学生数

单位：人

指　标	毕业生数	#本科	招生数	#本科	在校生数	#本科	预计毕业生数	#本科
总　计	**47179**	**32749**	**45453**	**29657**	**134534**	**91731**	**50394**	**33696**
函　授	3849	2788	3659	2410	10597	7157	5042	3549
业　余	43210	29961	41698	27247	123476	84574	45041	30147
脱　产	120		96		461		311	

注：含普通高校举办的成人本专科及独立设置的成人高校学生。

网络本、专科学生数

单位：人

指　标	毕业生数	#本科	招生数	#本科	在校生数	#本科
总　计	**41863**	**13200**	**55068**	**20730**	**123742**	**41941**
成人生	41863	13200	55068	20730	123742	41941

独立设置的成人高等学校专任教师学历情况

单位:人

指标	总计	正高级	副高级	中级	初级	未定职称
专任教师数	**736**	**18**	**186**	**412**	**82**	**38**
博士	62	12	27	22		1
硕士	263		59	155	30	19
本科	409	6	100	234	51	18
专科及以下	2			1	1	

成人本科分学科学生数

单位:人

指标	毕业生数	招生数	在校生数	预计毕业生数
总计	**32749**	**29657**	**91731**	**33696**
哲学			47	43
经济学	1733	1445	4700	1541
法学	1633	654	2123	774
教育学	738	459	2042	975
文学	1992	1322	4955	2142
历史学				
理学	274	151	680	304
工学	5231	3850	13081	5677
农学	119	109	278	117
医学	4304	4747	15554	5752
管理学	15802	15993	45101	15426
艺术学	923	927	3170	945

成人专科分学科学生数

单位:人

指标	毕业生数	招生数	在校生数	预计毕业生数
总计	**14430**	**15796**	**42803**	**16698**
农林牧渔大类	106	66	240	100
资源环境与安全大类	19		76	34
能源动力与材料大类	146	87	355	171
土木建筑大类	442	190	713	310
水利大类				
装备制造大类	394	483	1516	429

续表

指　　标	毕业生数	招生数	在校生数	预计毕业生数
生物与化工大类	71	26	144	33
轻工纺织大类			12	8
食品药品与粮食大类	27	13	96	69
交通运输大类	617	696	2198	704
电子信息大类	147	323	855	330
医药卫生大类	667	281	1681	697
财经商贸大类	8377	10417	25171	9131
旅游大类	404	322	1338	970
文化艺术大类	513	648	1660	686
新闻传播大类	101	9	128	57
教育与体育大类	680	728	2460	1200
公安与司法大类	22	11	19	1
公共管理与服务大类	1697	1496	4141	1768

校外教育单位和教职工数

单位：人

指　标	少　年　宫		少年科技站		少　年　之　家	
	单位数(所)	教职工数	单位数(所)	教职工数	单位数(所)	教职工数
全市合计	**17**	**1059**	**3**	**134**	**1**	**28**
黄浦区	2	96				
徐汇区	1	85				
长宁区	1	41	1	33		
静安区	1	42				
普陀区	1	68				
虹口区	1	66				
杨浦区	1	42	1	41		
闵行区	1	67				
宝山区	1	44	1	60		
嘉定区	1	51		1	28	
浦东新区	1	139				
金山区	1	76				
松江区	1	44				
青浦区	1	59				
奉贤区	1	59				
崇明县	1	80				

历年研究生基本情况

单位：人

年份	合计			普通高等学校			科研单位		
	招生数	在读生数	毕业生数	招生数	在读生数	毕业生数	招生数	在读生数	毕业生数
1996	6507	16835	3860	5915	15307	3537	592	1528	323
1997	6725	18460	4475	6163	16841	4117	562	1619	358
1998	7874	21162	4642	7281	19499	4253	593	1663	389
1999	9413	24420	5611	8758	22656	5196	655	1764	415
2000	12652	30614	5868	11796	28582	5435	856	2032	433
2001	15826	39043	6817	14751	36528	6380	1075	2515	437
2002	19211	48896	7926	17848	45713	7481	1363	3183	445
2003	22524	59090	10079	20767	55092	9501	1757	3998	578
2004	25334	69437	13469	23545	64747	12788	1789	4690	681
2005	27692	78728	16741	25845	73557	15857	1847	5171	884
2006	30099	86906	19931	28250	81487	18833	1849	5419	1098
2007	30610	91763	23926	28748	86177	22691	1862	5586	1235
2008	32142	95498	25753	30195	89778	24431	1947	5720	1322
2009	37425	103492	28291	35418	97639	26949	2007	5853	1342
2010	38643	111717	28207	36619	105711	26843	2024	6006	1364
2011	40080	119017	30816	37971	112902	29431	2109	6115	1385
2012	44229	127014	34606	41899	120503	33189	2330	6511	1417
2013	46223	134799	35669	43659	127803	34148	2564	6996	1521
2014	43930	133554	36572	43353	131806	36013	577	1748	559
2015	46005	138287	37868	45400	136539	37289	605	1748	579
2016	49079	144987	39733	48488	143248	39212	591	1739	521
2017	59519	161046	40982	58906	159261	40425	613	1785	557

历年普通高等学校基本情况

单位：万人

年份	学校(所)	毕业生数	招生数	在校学生数	教职工数	#专任教师
1996	41	3.90	4.38	14.79	6.40	2.10
1997	39	3.90	4.51	15.38	6.26	2.01
1998	40	3.62	4.88	16.51	6.21	2.01
1999	41	4.03	6.32	18.63	6.03	2.01
2000	37	4.09	8.13	22.68	6.08	2.05
2001	45	4.28	9.86	28.00	6.17	2.17
2002	50	5.52	10.92	33.16	6.18	2.29
2003	57	7.12	12.03	37.85	6.31	2.44

续表

年 份	学校(所)	毕业生数	招生数	在校学生数	教职工数	#专任教师
2004	59	8.86	13.06	41.57	6.83	2.87
2005	60	10.34	13.18	44.26	7.09	3.18
2006	60	11.05	14.04	46.63	7.17	3.39
2007	60	11.85	14.46	48.49	7.18	3.55
2008	61	12.21	14.58	50.29	7.31	3.69
2009	66	12.69	14.35	51.28	7.45	3.81
2010	66	13.37	14.46	51.57	7.42	3.92
2011	66	13.90	14.11	51.13	7.41	3.96
2012	67	13.98	13.67	50.66	7.33	4.01
2013	68	13.38	14.09	50.48	7.34	4.03
2014	68	13.24	14.19	50.66	7.34	4.06
2015	67	12.87	14.07	51.16	7.36	4.16
2016	64	13.26	14.27	51.47	7.34	4.23
2017	64	13.42	14.28	51.49	7.39	4.35

历年普通中学基本情况

单位:万人

年 份	学校(所)	毕业生数	招生数	在校学生数	教职工数	#专任教师
1996	784	19.14	23.98	76.23	7.38	4.81
1997	812	24.46	23.69	74.43	7.49	4.87
1998	846	25.05	25.67	73.85	7.58	4.93
1999	855	23.28	27.24	76.68	7.67	5.03
2000	861	22.92	26.46	79.54	7.66	5.01
2001	865	24.91	26.42	80.23	7.65	5.04
2002	857	26.40	26.02	78.97	7.63	5.07
2003	844	25.77	23.04	75.47	7.60	5.08
2004	822	25.68	21.81	82.78	7.54	5.13
2005	807	25.39	20.90	77.02	7.46	5.12
2006	794	22.24	17.84	71.17	7.33	5.14
2007	786	21.23	16.72	65.60	7.11	5.13
2008	774	20.09	16.63	61.77	6.89	5.03
2009	762	17.03	16.50	60.37	6.76	5.05
2010	755	16.13	16.33	59.44	6.73	5.07
2011	754	15.48	16.84	59.17	7.53	5.11
2012	760	14.91	17.00	59.04	7.58	5.18
2013	762	14.68	17.34	59.35	6.82	5.26
2014	768	14.32	16.51	58.42	6.95	5.41
2015	790	14.55	16.87	57.05	7.96	6.43
2016	801	14.37	17.83	57.11	8.11	6.57
2017	818	14.12	17.38	57.06	7.36	5.72

历年小学基本情况

单位:万人

年　份	学校(所)	毕业生数	招生数	在校学生数	教职工数	#专任教师
1996	1671	18.83	15.66	106.46	7.07	5.33
1997	1533	16.48	12.46	102.44	6.92	5.24
1998	1382	17.66	11.39	96.14	6.67	4.96
1999	1208	19.19	10.49	87.16	6.40	4.68
2000	1021	18.73	10.28	78.86	6.13	4.43
2001	852	17.43	10.27	72.28	5.87	4.23
2002	751	15.76	10.11	67.24	5.62	4.06
2003	686	12.87	10.05	64.83	5.34	3.88
2004	648	10.97	10.55	53.74	5.07	3.75
2005	640	10.93	10.36	53.50	4.94	3.74
2006	626	10.85	10.87	53.37	4.86	3.75
2007	615	10.55	11.00	53.33	4.84	3.85
2008	672	10.44	12.39	59.06	5.10	4.10
2009	751	11.36	13.86	67.12	5.48	4.43
2010	766	12.44	15.05	70.16	5.58	4.52
2011	764	13.09	16.94	73.11	4.82	4.63
2012	761	12.95	17.23	76.04	4.89	4.81
2013	759	13.45	18.10	79.25	5.81	4.98
2014	757	13.12	16.34	80.30	5.96	5.15
2015	764	13.79	15.58	79.87	6.03	5.23
2016	753	14.69	16.08	78.97	5.11	4.34
2017	741	14.31	16.37	78.49	6.29	5.47

历年幼儿园基本情况

单位:万人

年　份	独立幼儿园(所)	幼儿数	教职工数	#专任教师
1996	970	26.82	2.95	1.83
1997	937	25.72	2.79	1.73
1998	944	24.91	2.60	1.60
1999	937	24.22	2.53	1.55
2000	958	24.12	2.52	1.50
2001	1003	23.40	2.42	1.44
2002	1001	24.21	2.42	1.46
2003	1014	25.22	2.47	1.49
2004	1017	26.58	2.56	1.55
2005	1035	28.70	2.79	1.70

续表

年　份	独立幼儿园(所)	幼儿数	教职工数	#专任教师
2006	1057	29.98	3.04	1.88
2007	1058	31.32	3.19	2.02
2008	1058	32.88	3.36	2.17
2009	1111	35.38	3.60	2.36
2010	1252	40.03	4.09	2.67
2011	1337	44.42	4.58	2.92
2012	1401	48.06	4.90	3.13
2013	1446	50.10	5.10	3.29
2014	1462	50.29	5.34	3.49
2015	1510	53.59	5.62	3.66
2016	1553	55.65	5.89	3.83
2017	1591	57.27	6.66	4.01

历年中等技术学校基本情况

单位:万人

年　份	学校(所)	毕业生数	招生数	在校学生数	教职工数	#专任教师
1996	88	1.82	3.11	9.32	1.39	0.54
1997	88	2.10	3.62	10.65	1.35	0.53
1998	85	2.51	4.20	12.15	1.31	0.52
1999	85	2.54	3.48	12.83	1.27	0.52
2000	83	3.80	2.98	11.77	1.25	0.51
2001	81	2.91	3.48	12.06	1.22	0.50
2002	81	2.94	3.93	12.65	1.18	0.50
2003	83	3.39	4.34	13.69	1.19	0.53
2004	82	3.08	3.87	14.05	1.12	0.53
2005	81	3.39	3.33	13.67	1.09	0.53
2006	81	3.52	3.47	13.70	1.06	0.52
2007	76	3.86	3.23	12.81	1.00	0.51
2008	73	3.71	3.24	12.08	0.97	0.51
2009	70	3.39	2.98	11.50	0.94	0.49
2010	65	3.34	2.99	10.91	0.91	0.50
2011	64	3.14	2.78	10.22	0.89	0.50
2012	61	2.77	2.76	9.88	0.85	0.48
2013	55	2.76	2.51	9.23	0.82	0.48
2014	54	3.55	2.25	7.74	0.80	0.48
2015	51	2.49	2.22	7.24	0.78	0.48
2016	50	2.27	2.02	6.77	0.76	0.48
2017	50	2.14	1.90	6.31	0.74	0.47

历年特殊教育学校基本情况

单位：人

年　份	学校(所)	毕业生数	招生数	在校学生数	教职工数	#专任教师
1996	39	620	910	6164	1512	929
1997	38	749	793	6313	1512	914
1998	36	656	722	5168	1580	953
1999	35	760	902	5269	1604	973
2000	34	844	1139	5407	1584	943
2001	32	615	731	5463	1599	946
2002	32	639	641	5529	1653	987
2003	31	767	692	5463	1629	985
2004	29	809	650	5358	1597	978
2005	28	853	692	5238	1598	1002
2006	28	869	675	5043	1614	1047
2007	28	886	741	5043	1603	1092
2008	29	828	752	5131	1612	1115
2009	29	901	758	5044	1594	1121
2010	29	918	776	5036	1596	1143
2011	29	907	732	4927	1577	1158
2012	29	876	783	4885	1580	1177
2013	29	813	602	4724	1588	1207
2014	29	844	621	4603	1587	1228
2015	29	754	529	4334	1590	1239
2016	29	755	521	4226	1588	1248
2017	30	840	734	4330	1623	1268

历年成人高等学校基本情况

单位：万人

年　份	学校(所)	毕业生数	招生数	在校学生数	教职工数	#专任教师
1996	65	1.84	2.70	8.07	1.17	0.48
1997	64	2.32	2.78	8.16	1.15	0.46
1998	40	2.28	2.91	8.69	0.74	0.28
1999	39	2.27	3.67	9.82	0.77	0.33
2000	37	3.10	4.23	11.49	0.66	0.30
2001	31	2.77	5.38	13.83	0.53	0.24
2002	30	3.08	6.73	17.09	0.49	0.22
2003	27	4.24	7.22	19.80	0.45	0.21
2004	22	6.08	11.64	26.67	0.36	0.18

续表

年　份	学校(所)	毕业生数	招生数	在校学生数	教职工数	# 专任教师
2005	21	7.68	9.32	22.45	0.32	0.15
2006	21	1.50	6.78	19.46	0.31	0.16
2007	21	5.20	7.26	20.68	0.30	0.15
2008	18	5.69	7.25	21.38	0.24	0.13
2009	18	5.97	6.94	21.33	0.23	0.13
2010	17	6.88	6.54	19.86	0.20	0.11
2011	17	6.06	5.79	18.86	0.19	0.10
2012	16	5.66	5.85	18.37	0.17	0.09
2013	15	5.40	5.44	17.46	0.16	0.09
2014	14	5.16	5.24	16.84	0.15	0.08
2015	14	4.97	4.79	15.80	0.15	0.08
2016	14	4.90	4.16	14.39	0.15	0.08
2017	14	4.72	4.55	13.46	0.14	0.07

普通高等学校基本情况一览表(一)

单位:人

指　标	研究生在校生数			普　通　本　专　科							
	全日制	专业学位	非全日制	毕业生	# 本科	招　生	# 本科	在校生	# 本科	预　计毕业生	# 本科
总　计	**149772**	**55629**	**9490**	**134207**	**86945**	**142793**	**97339**	**514917**	**376152**	**144227**	**94853**
部委属高校	**95262**	**36397**	**8099**	**27017**	**24721**	**29483**	**27044**	**114311**	**106923**	**28628**	**26138**
复旦大学	18295	6707	1608	3197	2963	3427	3319	13361	12865	3432	3204
上海交通大学	21767	8315	1453	3668	3668	4036	4036	16221	16221	3855	3855
同济大学	18330	7790	1493	3873	3873	4312	4312	17339	17339	3984	3984
华东理工大学	9378	2967	573	3462	3462	4188	4188	15808	15808	3611	3611
东华大学	6356	2009	203	3410	3410	3475	3475	14267	14267	3997	3997
华东师范大学	12490	4286	1821	3472	3371	3554	3554	14193	14189	3504	3500
上海外国语大学	3151	1121	104	1464	1464	1549	1549	6002	6002	1495	1495
上海财经大学	5419	3126	844	1987	1987	2027	2027	8041	8041	2014	2014
上海海关学院	76	76		523	523	584	584	2191	2191	478	478
上海民航职业技术学院				1961		2331		6888		2258	
市属院校	**54510**	**19232**	**1391**	**107190**	**62224**	**113310**	**70295**	**400606**	**269229**	**115599**	**68715**
本科院校	**54510**	**19232**	**1391**	**73041**	**62224**	**78287**	**70295**	**293508**	**269229**	**78349**	**68715**
上海大学	13735	3614	321	5088	5078	4756	4756	20407	20381	6105	6079
上海理工大学	7546	3105	132	3916	3916	4149	4149	17018	17018	4560	4560
上海海事大学	3949	1614	179	4034	4034	3989	3989	16934	16934	4674	4674
上海海洋大学	2649	745	47	3087	3023	3041	3041	11761	11761	2780	2780

续表

指标	研究生在校生数			普通本专科							
	全日制	专业学位	非全日制	毕业生	#本科	招生	#本科	在校生	#本科	预计毕业生	#本科
上海中医药大学	2797	1328	5	915	857	963	893	3780	3580	973	914
上海师范大学	7671	2592	80	4904	4903	5093	5093	20633	20633	5626	5626
上海对外经贸大学	2527	1295	131	2297	2214	2272	2272	9349	9323	2513	2487
华东政法大学	4148	1522	280	2996	2996	2904	2904	11394	11394	2890	2890
上海工程技术大学	2445	671		4483	3799	5214	4558	19266	17100	5469	4516
上海第二工业大学	179	179		3209	2375	3533	2686	12481	9984	3395	2435
上海科技大学	659					355	355	1201	1201	199	199
上海纽约大学				141	141	174	174	623	623	152	152
上海电力学院	1556	344	7	2445	2445	2538	2538	10485	10485	2789	2789
上海应用技术大学	1092	390	5	3392	3218	4366	4104	15050	14431	3511	3348
上海健康医学院				5098		3921	1360	10412	2581	2769	
上海体育学院	1404	432	114	1034	981	1138	996	4411	3927	1223	1029
上海音乐学院	705	442	43	363	363	405	405	1675	1675	398	398
上海戏剧学院	337	157	47	456	456	473	473	1806	1806	434	434
上海立信会计金融学院	209	209		5231	4579	5027	4903	19931	18852	5294	4704
上海电机学院	264	264		3362	2633	3323	2664	12684	10509	3577	2682
上海政法学院	637	329		2442	2301	2503	2503	9692	9595	2669	2613
上海商学院				2566	1868	2491	1971	9420	7759	2846	2049
上海公安学院				750		1092	150	1921	150	829	
上海杉达学院				3201	2950	4082	3705	14077	13038	3704	3384
上海建桥学院				3344	2807	5028	4196	16564	13956	4157	3160
上海兴伟学院						6	6	65	65	18	18
上海视觉艺术学院				971	971	1167	1167	4345	4345	998	998
上海外国语大学贤达经济人文学院				1638	1638	1922	1922	6887	6887	1694	1694
上海师范大学天华学院				1678	1678	2362	2362	9236	9236	2103	2103
专科院校				**2676**		**2996**		**9286**		**3414**	
上海旅游高等专科学校				918		1226		3729		1337	
上海出版印刷高等专科学校				1758		1770		5557		2077	
高职学院				**31473**		**32027**		**97812**		**33836**	
上海行健职业学院				1258		1230		3774		1215	
上海城建职业学院				2574		3480		8609		2809	
上海交通职业技术学院				1472		1612		4675		1799	
上海海事职业技术学院				765		520		1322		486	
上海电子信息职业技术学院				2598		3163		9150		3226	

续表

指标	研究生在校生数			普通本专科							
	全日制	专业学位	非全日制	毕业生	#本科	招生	#本科	在校生	#本科	预计毕业生	#本科
上海工艺美术职业学院				1263		1234		3642		1278	
上海科学技术职业学院				1650		1622		4857		1620	
上海农林职业技术学院				1129		1110		3495		1165	
上海工会管理职业学院				1711				1892		1495	
上海体育职业学院											
上海东海职业技术学院				1806		2004		6027		1885	
上海工商职业技术学院				1677		1930		5658		1869	
上海震旦职业学院				1465		1452		4561		1449	
上海民远职业技术学院				362		158		811		324	
上海欧华职业技术学院											
上海思博职业技术学院				2064		2181		6795		2200	
上海立达职业技术学院				2009		2109		6590		2136	
上海济光职业技术学院				1923		1638		5378		1928	
上海工商外国语职业学院				2490		2749		8244		2763	
上海邦德职业技术学院				1014		1109		3753		1254	
上海中侨职业技术学院				1692		2102		6555		2120	
上海电影艺术职业学院				551		624		2024		815	
上海中华职业技术学院											

普通高等学校基本情况一览表(二)

单位:人

指标	成人本专科在校生	#本科	教职工数	专任教师数	正副高	研究生学历	占地面积(万平方米)		校舍面积(万平方米)	
							学校产权	非产权独用	学校产权	非产权独用
总计	**128678**	**91731**	**73891**	**43484**	**22273**	**36115**	**3401.84**	**478.23**	**2133.62**	**281.32**
部委属高校	**46841**	**41345**	**32284**	**16160**	10999	14927	1347.91	145.23	988.49	33.73
复旦大学	6182	6074	6216	2748	2175	2632	131.57	113.62	190.50	7.82
上海交通大学	7759	7619	7239	3014	2070	2815	332.90		196.89	
同济大学	8797	8271	5992	2726	2010	2513	256.54	12.52	175.32	14.74
华东理工大学	11122	8435	3032	1830	1145	1677	168.99		92.73	
东华大学	2023	1601	2144	1296	894	1141	125.63		78.14	
华东师范大学	3664	2991	3998	2247	1610	2080	168.32	19.09	139.64	2.26
上海外国语大学	2305	2050	1426	828	408	806	69.43		42.67	
上海财经大学	4304	4304	1575	1043	574	1001	54.57		58.89	
上海海关学院			322	154	69	129	31.22		9.36	
上海民航职业技术学院	685		340	274	44	133	8.73		4.34	8.90

续表

指　　标	成人本专科在校生	# 本科	教职工数	专任教师数	正副高	研究生学历	占地面积（万平方米）		校舍面积（万平方米）	
							学校产权	非产权独用	学校产权	非产权独用
市属院校	**81837**	**50386**	**41607**	**27324**	**11274**	**21188**	**2053.92**	**333.00**	**1145.13**	**247.59**
本科院校	**76700**	**50386**	**34407**	**22560**	**9992**	**18876**	**1728.12**	**137.37**	**969.45**	**144.77**
上海大学	18507	12455	5566	2958	1585	2630	183.77		119.05	8.03
上海理工大学	5309	3952	2318	1688	695	1500	60.28	11.19	56.73	9.13
上海海事大学	2059	1066	1907	1184	505	1097	138.07	6.74	65.48	9.63
上海海洋大学	4063	2207	1314	947	439	811	135.74	0.44	44.58	1.57
上海中医药大学	4039	3791	1280	761	347	624	11.49	29.53	18.38	16.50
上海师范大学	11164	7055	2925	1866	1001	1663	153.24		65.35	
上海对外经贸大学	254	245	1053	777	399	723	66.88	0.15	28.63	1.53
华东政法大学	1273	1103	1266	932	375	851	63.27		35.17	
上海工程技术大学	2377	1591	1684	1293	537	1095	92.84		47.73	
上海第二工业大学	5300	2992	1057	750	322	541	40.26	6.59	23.50	7.08
上海科技大学			495	257	176	257	59.87		70.66	3.30
上海纽约大学			418	148	49	148		0.86		6.92
上海电力学院	2265	1861	1154	787	403	688	85.81		40.34	
上海应用技术大学	5395	3125	1662	1136	502	892	92.37	2.23	56.25	0.92
上海健康医学院	744	128	742	448	112	342	28.72	29.58	18.10	21.00
上海体育学院	510	413	720	408	230	310	37.07		33.24	
上海音乐学院	232	232	463	290	163	198	6.67	2.05	14.80	
上海戏剧学院	1070	871	489	279	113	158	12.20		11.36	0.55
上海立信会计金融学院	5184	3530	1613	1224	447	932	58.61	20.86	40.34	15.78
上海电机学院	4017	2218	1047	783	263	725	76.46		36.46	
上海政法学院	1648	947	637	495	216	436	62.76		22.83	
上海商学院	1258	601	734	530	228	320	17.81	4.37	16.03	4.44
上海公安学院			522	239	83	52	43.83	1.87	5.49	8.86
上海杉达学院			847	584	197	488	49.28	4.53	28.64	1.89
上海建桥学院	31	3	854	655	210	467	53.26		35.92	
上海兴伟学院	1		28	11	4	7	14.53	8.57	4.65	5.75
上海视觉艺术学院			466	340	144	275	49.21		12.08	4.36
上海外国语大学贤达经济人文学院			539	329	103	285	8.66	1.93	7.50	7.27
上海师范大学天华学院			607	461	144	361	25.16	5.87	10.17	10.26
专科院校	**58**		**617**	**381**	**102**	**267**	**19.12**	**27.59**	**5.53**	**13.18**
上海旅游高等专科学校	37		251	168	41	120	0.78	20.61	1.57	6.24
上海出版印刷高等专科学校	21		366	213	61	147	18.34	6.98	3.96	6.94

续表

指　　标	成人本专科在校生	#本科	教职工数	专任教师数	正副高	研究生学历	占地面积（万平方米） 学校产权	非产权独用	校舍面积（万平方米） 学校产权	非产权独用
高职学院	**5079**		**6583**	**4383**	**1180**	**2045**	**306.68**	**168.04**	**170.15**	**89.64**
上海行健职业学院	414		184	134	39	79	7.08	4.24	9.11	2.14
上海城建职业学院	594		580	423	108	160	22.93	37.95	13.82	13.57
上海交通职业技术学院	211		334	239	43	62	4.90	18.00	3.57	7.74
上海海事职业技术学院	121		150	89	26	22	7.39		9.77	
上海电子信息职业技术学院	175		334	265	56	128	27.04	3.01	15.30	2.74
上海工艺美术职业学院	72		321	225	68	83	12.13	0.53	7.88	1.21
上海科学技术职业学院			260	167	53	90	21.40		11.86	
上海农林职业技术学院			208	125	23	86	26.74	28.50	2.51	9.56
上海工会管理职业学院	34						28.60		11.76	
上海体育职业学院	116		472	251	77	39		9.40		4.76
上海东海职业技术学院	786		447	221	77	98	12.66		9.46	0.66
上海工商职业技术学院	56		411	289	65	142	13.87	10.99	8.31	7.76
上海震旦职业学院	530		411	226	74	123	5.77	9.61	4.47	6.24
上海民远职业技术学院			95	40	12	24		10.67		6.24
上海欧华职业技术学院										
上海思博职业技术学院	517		343	239	77	100	33.19		3.62	11.00
上海立达职业技术学院			477	340	139	191	28.74	5.04	16.35	4.14
上海济光职业技术学院			295	196	47	101	11.25		10.14	
上海工商外国语职业学院	1117		501	401	82	230	19.88	3.43	15.64	3.43
上海邦德职业技术学院	91		230	116	21	56	5.13		4.84	0.57
上海中侨职业技术学院	245		359	273	75	164	17.98		11.73	
上海电影艺术职业学院			171	124	18	67		26.68		7.88

成人高校基本情况一览表

指　　标	学生情况 毕业生	招　生	在校生	预　计毕业生	教职工数	#专任教师数	正高	副高	占地面积（平方米） 学校产权	非产权独用	校舍面积（平方米） 学校产权	非产权独用
总　　计	**1784**	**1584**	**5856**	**3710**	**1442**	**736**	**18**	**186**	**442737**	**742948**	**463250**	**758145**
上海科技管理干部学院	18	175	392	48	93	17	2	3	16606		18552	
上海市黄浦区业余大学	233	234	464	230	111	75	1	16	13230		33218	
上海市徐汇区业余大学	150	154	704	525	95	63		17	40325		22553	

续表

指标	学生情况				教职工数	#专任教师数			占地面积（平方米）		校舍面积（平方米）	
	毕业生	招生	在校生	预计毕业生			正高	副高	学校产权	非产权独用	学校产权	非产权独用
上海市长宁区业余大学	185	150	1603	1453	75	53	1	14	23581		35732	
上海市静安区业余大学	233	197	446	249	97	79	1	5	48576		59763	786
上海市普陀区业余大学	193	160	281	121	88	56		19	40266		31137	
上海市虹口区业余大学	40	126	250	124	67	42		5	21730	3406	29795	3406
上海市杨浦区业余大学	198	188	652	462	60	36		9	24629		21133	
上海市宝山区业余大学	103	64	124	60	95	51		12	25529		28912	3663
上海纺织工业职工大学	50	50	149	64	76	25		2		15267		32444
上海医药职工大学	102	86	407	132	46	18		1	5491	1761	15973	1761
上海开放大学					327	119	7	46	55904	722514	62564	715411
上海市经济管理干部学院	139		166	140	113	33	2	17	24333		45779	674
上海青年管理干部学院	140		218	102	99	69	4	20	102537		58140	

实验性示范性中学名单(一)

单位:所

地区		全市合计	黄浦区	徐汇区	长宁区	静安区	普陀区	虹口区	杨浦区	闵行区
市实验性示范性中学	校数	**63**	7	5	3	7	3	4	5	4
	校名		光明中学 卢湾高级中学 向明中学 上外附属大境中学 大同中学 敬业中学 格致中学	市二中学 南洋中学 南洋模范中学 上海中学 位育中学	市三女中 延安中学 复旦中学	华东模范中学 市西中学 育才中学 市北中学 市六十中学 新中中学 回民中学	宜川中学 曹杨二中 晋元中学	北郊中学 上外附中 华师大一附中 复兴中学	杨浦中学 控江中学 复旦附中 同济一附中 交大附中	闵行中学 七宝中学 上师大附中闵行分校 交大附中闵行分校
区实验性示范性中学	校数	**84**	4	5	4	8	5	5	9	5
	校名		五爱高级中学 第八中学 第十中学 储能中学	徐汇中学 第四中学 中国中学 五十四中学 西南位育	天山中学 建青实验学校 华东政法附中 仙霞中学	市一中学 七一中学 民立中学 上戏附属高中 风华中学 彭浦中学 久隆模范中学 闸北第八中学	同济二附中 甘泉外国语 曹杨中学 长征中学 桐柏中学	北虹中学 澄衷中学 继光中学 虹口中学 鲁迅中学	市东中学 上理工附中 中原中学 财大附中 少云中学 同济中学 复旦实验中学 民星中学 体院附属中学	莘庄中学 闵行二中 文来中学 田园中学 上外闵行外国语中学

实验性示范性中学名单(二)

单位:所

地区		宝山区	嘉定区	浦东新区	金山区	松江区	青浦区	奉贤区	崇明区
市实验性示范性中学	校数	3	2	11	2	2	3	1	1
	校名	吴淞中学 行知中学 上大附中	嘉定一中 交大附中嘉定分校	洋泾中学 实验学校 进才中学 建平中学 华师大二附中 南汇中学 川沙中学 浦东复旦附中分校 上海中学东校 上外附属浦东外国语学校 上师大附中	华师大三附中 金山中学	松江一中 松江二中	青浦中学 朱家角中学 复旦附属青浦分校	奉贤中学	崇明中学
区实验性示范性中学	校数	5	3	18	4	1	1	2	4
	校名	罗店中学 宝山中学 通河中学 顾村中学 行知实验中学	上外嘉定外国语 嘉定二中 安亭中学	华师大附属东昌中学 上南中学 高桥中学 杨思中学 三林中学 华师大附属周浦中学 新场中学 海洋大学附属大团中学 浦东中学 陆行中学 香山中学 建平世纪中学 新川中学 海事大学附属北蔡中学 高行中学 南汇一中 交大附属浦东实验高中 文建中学	上师大二附中 张堰中学 枫泾中学 亭林中学	上师大附属外国语 华师大松江实验	青浦一中	致远中学 曙光中学	扬子中学 民本中学 城桥中学 堡镇中学

民办小学名单(一)

单位:所

地区		全市合计	黄浦区	徐汇区	长宁区	静安区	普陀区	虹口区	杨浦区	闵行区	宝山区	嘉定区
民办小学	校数	**139**		4	2	4	1	4	2	17	11	13
	校名			爱菊小学 逸夫小学 世界外国语小学 盛大花园小学	新世纪小学 东展小学	上外静安外国语小学 扬波外国语小学 童园(实验)小学 彭浦实验小学	金洲小学	丽英小学 宏星小学 上外附属民办外国语小学 四中心实验小学	打一外国语小学 阳浦小学	双江小学 燎原双语学校 弘梅第二小学 华星小学 华虹小学 弘梅小学 华博利星行小学 浦江文汇学校 七宝外国语小学 文博小学 文河小学 银星学校 育苗小学 振兴小学 马桥小学 浦江文馨学校 塘湾小学	申华小学 顾教小学 海兰小学 惠民小学 罗希小学 洛和桥小学 山海小学 肖泾小学 杨东小学 杨行小学 益钢小学	杨林小学 中村小学 娄塘小学 华武小学 庆宁小学 六里小学 包桥小学 仓场小学 行知小学 桃苑小学 天宇小学 少农小学 育红小学

民办小学名单(二)

单位:所

地区		浦东新区	金山区	松江区	青浦区	奉贤区	崇明区
民办小学	校数	34	3	19	16	9	
	校名	阳光海川学校 福德小学 航头小学 联营小学 梅林小学 明光金都小学 浦光小学 唐四小学 新苗小学 新星小学 宣桥小学 竹林小学 博奥利星行小学 福山正达外国语小学 上外附属浦东外国语小学 筑桥实验小学 博爱小学 新金童小学 航海小学 淮安小学 精忠小学 利民小学 鲁冰花小学 南浦小学 明辉小学 寿春小学 皖蓼小学 新农小学 徐庙小学 育苗小学 知见小学 智源小学 英才小学 育才小学 豫息小学	新联小学 红扬小学 查山小学	薛家小学 花桥村小学 张施小学 北干山小学 刘家小学 联庄小学 南门村小学 打铁桥村小学 众兴小学 陈春小学 潘家浜小学 马汤村小学 永悦小学 善荣小学 世泽小学 向阳小学 古松三村小学 新叶小学 昆港小学	行知小学 青安小学 明天小学 双佳小学 新希望小学 胜利小学 东方红小学 培英小学 立新小学 民主小学 晨旭小学 叙中小学 小康小学 联合小学 旧青浦小学 曙光小学	民友小学 宏翔小学 童梦小学 志华小学 星光小学 青溪小学 厚才小学 蒲公英小学 育才小学	

民办中学名单(一)

单位:所

地　区		全市合计	黄浦区	徐汇区	长宁区	静安区	普陀区	虹口区	杨浦区
民办中学	校数	**129**	5	7	3	7	6	6	10
	校名		明珠中学 立达中学 震旦外国语中学 永昌学校(九) 康德双语实验中学(十二)	西南高级中学 西南模范中学 华育中学 西南位育中学 世界外国语中学 位育中学 南模中学	包玉刚实验学校(九) 新世纪中学 新虹桥中学	上外静安外国语中学 青中初级中学 风范中学 精文中学 田家炳中学 扬波中学 新和中学	兰田中学 培佳双语学校(十二) 新黄浦实验学校(九) 玉华中学 进华中学 桐柏中学	迅行中学 新北郊初级中学 上外第一实验学校 瑞虹高级中学 新华初级中学 新复兴初级中学	沪东外国语高级中学(九) 控江中学附属学校(十二) 存志中学 杨浦凯慧初级中学 上外附属双语学校(十二) 杨浦实验学校 兰生复旦中学 同济大学实验学校(九) 交大飞达初级中学 上实剑桥外国语中学

民办中学名单(二)

单位:所

地　区		闵行区	宝山区	嘉定区	浦东新区	金山区	松江区	青浦区	奉贤区	崇明区
民办中学	校数	22	8	8	26	7	7	3	2	2
	校名	民办文绮中学 诺德安达双语学校(十二) 燎原双语学校 万源城协和双语学校(九) 教育学院附中 协和双语尚音学校(九) 复旦万科实验学校(九) 新清华博世凯外国语学校(九) 上外闵行外国语初级中学 美高双语学校(九) 华二附中紫竹双语学校(九) 星河湾双语学校(十二) 协和双语高级中学 协和双语学校(九) 教科实验中学 上师初级中学 上宝中学 七宝德怀特 文来中学 万科双语学校(九) 莘庄初级中学 德闳学校(十二)	和衷中学 行知二中 建峰职业技术学院附属高中 日日学校(九) 锦秋学校(九) 交华中学 行中中学 同洲模范学校(十二)	远东学校(十二) 嘉一联合中学 桃李园实验学校(九) 华师大附属双语学校(十二) 怀少学校(九) 华二初级中学 斌心学校(九) 嘉定世外学校(九)	东方外国语学校(十二) 进才外国语中学 协和双语学校(九) 东方阶梯双语学校(九) 前进中学 金苹果学校(十二) 常青中学 育辛高级中学 尚德实验学校(十二) 弘德学校 民远高级中学 中芯学校(十二) 上师大附属第二外国语学校(十二) 工商外国语附属中学 平和学校(十二) 丰华高级中学 洋泾外国语学校 更新学校(九) 新竹园中学 浦东交中初级中学 张江集团学校 光华中学 沪港学校(九) 建南外国语中学 建平远翔学校 万科学校(九)	金盟学校(九) 师大实验中学 交大南洋中学 枫叶国际学校 永昌中学 金山世外学校(十二) 杭州湾双语学校(十二)	西外外国语学校(十二) 上大附属外国语中学 包玉刚实验高中 九峰实验学校 茸一中学 赫德双语学校(九) 尚文武术专业学校(九)	青浦世外学校(九) 宋庆龄学校(九) 复旦五浦汇实验学校(九)	帕丁顿双语学校(十二) 铭远双语高中	新纪元双语学校(九) 民一中学

上海市国际学校名单

学校名称	地址
上海美国外籍人员子女学校	闵行区金丰路258号
上海日本人外籍人员子女学校	闵行区虹梅路3185号
上海英国外籍人员子女学校	浦东沪南公路2729弄康桥半岛600号
上海法国外籍人员子女学校	青浦区高光路350号
上海虹桥德国外籍人员子女学校	青浦区高光路350号
上海韩国外籍人员子女学校	闵行区华漕镇联友路355号
上海新加坡外籍人员子女学校	闵行区朱建路301室
上海耀中外籍人员子女学校	长宁区水城路11—15号
上海长宁国际外籍人员子女学校	虹桥路1161号
上海协和国际外籍人员子女学校	浦东金桥明月路999号
上海德威外籍人员子女学校	浦东蓝桉路266号
上海西华外籍人员子女学校	青浦区徐泾镇联民路555号
上海李文斯顿美国外籍人员子女学校	长宁区甘溪路580号
上海虹桥国际外籍人员子女学校	虹桥路2381号
上海不列颠英国外籍人员子女学校	闵行区古北路1988号
上海惠灵顿外籍人员子女学校	浦东新区耀龙路1500号
上海奥伊斯嘉外籍人员子女幼儿园	长宁区茅台路715弄20号
上海美丘外籍人员子女幼儿园	闵行区虹许路788号(名都城内)
上海泰宁外籍人员子女幼儿园	复兴西路43号
上海恩吉尔外籍人员子女幼儿园	闵行区虹中路375号
上海东进外籍人员子女幼儿园	闵行区虹梅路3081号虹桥别墅内
上海骏台日本人补习中心	延安西路2633号美丽华商务中心B308室
上海青海韩国人补习中心	长宁区水城南路37号万科广场北楼705室
上海一麦日本人补习中心	虹梅北路3201弄26号101室
东进上海日本人补习中心	浦东新区花木路1883弄御翠园230号
上海日本人教育补习中心	长宁区水城南路55号六月汇广场5楼501室
上海飞翔日本人补习中心	长宁区荣华东道96号维多利亚商务楼C座504—505室
上海哈罗外籍人员子女学校	浦东新区外高桥高西路588号

上海市老年教育机构情况

指标名称	合计	市	区、县	街道、乡、镇	居、村委
老年学校教育	—	—	—	—	—
老年大学	—	—	—	—	—
数量(个)	70	4	66		
学员人数(人)	148852	31008	117844		
老年学校	—	—	—	—	—
数量(个)	222	—	—	222	—

续表

指　标　名　称	合　计	市	区	街道、乡、镇	居、村委
学员人数(人)	218139	—	—	218139	—
年教学点	—	—	—	—	—
数量(个)	5447	—	—	—	5447
学员人数(人)	415763	—	—	—	415763
老年远程教育	—	—	—	—	—
集体收视点(个)	5811	—	—	—	5811
集体收视人数(人)	270526	—	—	—	270526
有组织个人收视人数(人)	321129	—	—	—	321129
老年社会教育	—	—	—	—	—
学习团队数(个)	23334	112	954	9896	12372
参加人数(人)	640149	2871	31609	265499	340170
群众性教育活动	—	—	—	—	—
次数(次)	224245	184	3101	21899	199061
参加人次(人次)	4884190	18999	137840	1164004	3563347

2017年高中在校学生人均经费情况

单位:元

各　区	生　均　经　费		
	2016年	2017年	增减%
黄浦区	50923.06	59117.67	16.09
徐汇区	44867.73	48554.90	8.22
长宁区	38323.98	57727.08	50.63
静安区	62712.08	71360.96	13.79
普陀区	45540.05	47589.11	4.50
虹口区	65381.93	67658.61	3.48
杨浦区	46034.40	52679.26	14.43
闵行区	53179.53	59133.74	11.20
宝山区	37636.88	41192.64	9.45
嘉定区	46999.69	47012.13	0.03
浦东新区	34899.34	39743.27	13.88
金山区	45700.37	48952.40	7.12
松江区	47451.67	48728.94	2.69
青浦区	43136.66	54887.94	27.24
奉贤区	42102.77	45394.68	7.82
崇明区	55308.80	67495.99	22.03

注:生均经费指生均一般公共预算支出。2017年,各区高中在校学生人均实际支出50942.60元,较上年增长12.08%,增长较快的为长宁(50.63%)、青浦(27.24%)和崇明(22.03%)3个区。

2017 年初中在校学生人均经费情况

单位:元

各　区	生　均　经　费		
	2016 年	2017 年	增减%
黄浦区	45258.91	51770.40	14.39
徐汇区	38097.02	41839.30	9.82
长宁区	44036.52	45964.72	4.38
静安区	49892.58	58727.05	17.71
普陀区	41794.91	45736.23	9.43
虹口区	57775.18	58006.49	0.40
杨浦区	46766.20	47803.24	2.22
闵行区	37956.39	44038.90	16.02
宝山区	29666.44	32639.94	10.02
嘉定区	35153.15	37199.71	5.82
浦东新区	30120.61	33791.46	12.19
金山区	35921.45	38705.36	7.75
松江区	33183.82	38415.50	15.77
青浦区	33681.62	39313.51	16.72
奉贤区	36366.51	38304.45	5.33
崇明区	53513.03	60279.25	12.64

注:生均经费指生均一般公共预算支出。2017 年,各区初中在校学生人均实际支出 41025.05 元,较上年增长 10.93%,增长较快的为静安(17.71%)、青浦(16.72%)和闵行(16.02%)3 个区。

2017 年小学在校学生人均经费情况

单位:元

各　区	生　均　经　费		
	2016 年	2017 年	增减%
黄浦区	32818.69	37620.44	14.63
徐汇区	25501.39	26441.85	3.69
长宁区	27185.51	28351.14	4.29
静安区	36679.93	40854.62	11.38
普陀区	27041.06	30461.49	12.65
虹口区	32804.92	33110.71	0.93
杨浦区	35147.39	35888.98	2.11
闵行区	27728.55	28976.01	4.50
宝山区	24138.89	26978.75	11.76
嘉定区	24240.24	25463.46	5.05
浦东新区	22136.97	23720.09	7.15
金山区	27643.80	30212.77	9.29
松江区	22898.00	25747.64	12.44
青浦区	30738.77	34736.75	13.01
奉贤区	27035.03	29109.32	7.67
崇明区	41663.93	46975.86	12.75

注:生均经费指生均一般公共预算支出。2017 年,各区小学在校学生人均实际支出 28899.32 元,较上年增长 7.96%,增长较快的为黄浦(14.63%)、青浦(13.01%)和崇明(12.75%)3 个区。

2017年幼儿园在园幼儿人均经费情况

单位:元

各　区	生　均　经　费		
	2016年	2017年	增减%
黄浦区	35623.26	38104.14	6.96
徐汇区	29115.49	33612.01	15.44
长宁区	33092.33	33632.90	1.63
静安区	32786.72	37471.16	14.29
普陀区	25504.64	28499.45	11.74
虹口区	32114.41	32399.39	0.89
杨浦区	26826.79	30441.34	13.47
闵行区	28545.73	31490.76	10.32
宝山区	24489.70	26010.69	6.21
嘉定区	32519.76	34439.45	5.90
浦东新区	23734.76	24530.03	3.35
金山区	29227.79	30240.26	3.46
松江区	25242.19	26381.68	4.51
青浦区	31361.33	36823.89	17.42
奉贤区	28818.61	31030.34	7.67
崇明区	32269.26	36496.63	13.10

注:生均经费指生均一般公共预算支出。2017年,各区幼儿园在园幼儿人均实际支出29589.40元,较上年增长7.49%,增长较快的为青浦(17.42%)、徐汇(15.44%)和静安(14.29%)3个区。

2017年中等职业学校在校学生人均经费情况

单位:元

各　区	生　均　经　费		
	2016年	2017年	增减%
黄浦区	49898.31	53834.57	7.89
徐汇区	33788.88	35943.49	6.38
长宁区	79214.46	79406.68	0.24
静安区	59261.16	67286.98	13.54
普陀区	34849.00	42161.92	20.98
虹口区	36239.62	40084.28	10.61
杨浦区	71617.69	87773.15	22.56
闵行区	33140.10	35053.22	5.77
宝山区	42602.32	45196.28	6.09
嘉定区	33213.38	36359.18	9.47
浦东新区	27197.60	27883.12	2.52
金山区	35174.54	38812.65	10.34
松江区	35627.77	42539.95	19.40
青浦区	46450.95	68567.59	47.61
奉贤区	28808.14	32224.27	11.86
崇明区	41990.52	51667.73	23.05

注:生均经费指生均一般公共预算支出。2017年,各区中等职业学校在校学生人均实际支出41832.96元,较上年增长13.07%,增长较快的为青浦(47.61%)、崇明(23.05%)和杨浦(22.56%)3个区。

上海市教育技术装备配备状况统计表

统计指标				单位	高中	完中	初中	十二年一贯	九年一贯	小学	总计
基本信息	学校数			所	124	65	331	5	150	599	1274
	学生数			人	117399	65519	218314	6155	185181	545543	1138111
	管理人员	实验室	人数	人	663	313	1056	18	635	1169	3854
			专兼职比例		1∶0.55	1∶0.61	1∶2.56	1∶0.80	1∶3.47	1∶2.44	1∶1.73
		图书馆（室）	人数	人	315	154	509	15	287	761	2041
			专兼职比例		1∶0.15	1∶0.48	1∶0.54	1∶0.07	1∶0.69	1∶1.24	1∶0.66
场所建设	创新实验室学校设置率			%	86.29	80.00	69.18	80.00	71.33	55.09	65.07
	图书馆面积达标率			%	64.00	69.23	72.12	25.00	30.23	68.56	67.89
资产信息	资产值	教学仪器设备	总值	万元	246145.45	100678.52	288029.83	23153.73	143811.88	403375.71	1205195.12
			生均	元	20966.57	15366.31	13193.37	37617.76	7766.02	7394.02	10589.43
		教育信息化设备总金额		万元	71275.74	34387.74	101042.43	3663.06	53410.07	168521.58	432300.62
		图书金额			15709.00	7811.18	28320.15	704.12	17230.00	39066.05	108840.50
	当年投入	教学仪器设备		万元	34530.56	12875.97	51535.46	673.28	18292.98	63498.55	181406.80
		信息化设备			8820.49	4624.15	13521.84	300.02	6171.15	23685.17	57122.82
		图书			786.74	476.34	1707.34	83.21	1039.45	3268.86	7361.94
	物品数量	每百名学生拥有计算机台数		台	68	55	49	44	32	31	40
		生均图书册数		册	72.35	65.07	65.23	67.84	50.69	42.58	52.75
管理信息	实验开出率			%	94.67	87.49	88.63	82.99	85.92	89.02	88.12
	课外开放	体育场馆开放学校百分比		%	90.91	90.77	91.00	100.00	92.20	87.10	89.38
		图书馆(室)开放学校百分比		%	79.51	81.54	83.59	100.00	90.00	80.07	82.26
		创新实验室开放学校百分比		%	74.55	75.47	71.07	100.00	78.57	70.62	72.65
		心理辅导室开放学校百分比		%	75.81	75.38	81.40	100.00	85.71	79.17	80.08

上海市实验室建设状况统计表

指标 区县	物理(%)				化学(%)				生命科学(%)				科学			自然/科学与技术(%)				创新实验室		
	间数达标率	面积达标率	使用率	有数字化实验室学校占比	间数达标率	面积达标率	使用率	有数字化实验室学校占比	间数达标率	面积达标率	使用率	有数字化实验室学校占比	独立间数(间)	独立面积(平方米)	独立设置科学实验室的学校占比(%)	间数达标率	面积达标率	使用率	有数字化实验室学校占比	个数(个)	面积(平方米)	有创新实验室的学校占比(%)
黄浦区	61.90	38.10	80.34	35.48	90.48	61.90	80.80	22.58	95.24	57.14	75.99	16.13	6.00	632.00	27.27	96.55	51.72	94.64	9.38	76	6369.29	58.33
徐汇区	72.00	44.00	95.33	26.67	92.00	48.00	93.47	13.33	100.00	48.00	96.68	10.00	0.00	0.00	4.00	82.50	55.00	88.98	2.44	58	4990.94	50.72
长宁区	61.11	66.67	79.74	65.22	100.00	66.67	74.82	60.87	100.00	72.22	74.76	65.22	9.00	796.00	42.11	100.00	68.18	85.53	52.17	27	3070.00	38.64
静安区	74.19	48.39	76.16	31.91	90.32	54.84	77.32	19.15	90.32	58.06	70.98	19.15	10.00	707.86	28.95	85.71	57.14	86.10	6.12	81	7141.25	41.57
普陀区	64.29	57.14	79.94	26.19	89.29	71.43	79.54	2.38	89.29	64.29	78.58	0.00	16.00	1872.16	35.90	90.91	75.76	79.00	0.00	122	11654.24	84.85
虹口区	80.00	40.00	92.02	40.00	90.00	50.00	91.38	26.67	95.00	50.00	92.15	26.67	0.00	0.00	0.00	96.55	41.38	93.94	6.06	55	5595.24	66.10
杨浦区	84.62	65.38	74.29	29.73	96.15	80.77	74.24	16.22	92.31	69.23	69.59	18.92	10.00	1039.04	35.71	90.48	59.52	83.07	4.35	98	13010.93	79.49
闵行区	54.29	48.57	61.90	34.62	100.00	85.71	59.79	25.00	97.14	71.43	57.10	26.92	19.00	2916.61	38.10	78.43	64.71	77.96	13.33	146	12572.05	60.00
宝山区	73.17	58.54	55.30	5.45	92.68	68.29	51.14	7.27	85.37	63.41	45.40	5.45	19.00	1627.16	35.42	87.32	61.97	71.20	3.80	76	8663.63	29.82
嘉定区	65.22	65.22	35.30	18.75	95.65	82.61	38.67	3.13	95.65	78.26	35.15	3.13	7.00	617.14	28.00	80.65	70.97	34.56	0.00	60	6656.65	78.33
浦东新区	76.29	70.10	66.69	24.81	98.97	85.57	67.21	14.29	92.78	77.32	62.32	12.78	44.00	4369.45	38.74	86.15	73.85	85.18	6.08	273	26705.43	72.97
金山区	89.47	57.89	91.70	19.23	100.00	78.95	91.17	7.69	100.00	73.68	89.70	7.69	17.00	1246.60	50.00	90.91	68.18	94.15	4.17	78	8426.61	89.58
松江区	81.25	75.00	78.04	21.43	100.00	87.50	77.93	7.14	93.75	75.00	70.86	7.14	11.00	1005.10	41.67	76.19	66.67	79.05	3.33	42	4960.90	69.05
青浦区	94.74	78.95	68.67	23.08	100.00	84.21	67.35	15.38	100.00	78.95	67.98	15.38	20.00	1971.39	77.27	96.55	82.76	93.10	12.50	62	5275.62	77.36
奉贤区	61.11	66.67	46.25	16.67	100.00	88.89	46.17	7.14	100.00	77.78	40.65	7.14	22.00	1909.80	55.56	91.30	82.61	57.36	16.28	77	8007.02	84.13
崇明区	88.89	55.56	38.75	11.43	92.59	55.56	36.72	2.86	92.59	48.15	32.05	0.00	1.00	78.00	3.33	100.00	79.31	53.06	3.13	62	4224.74	71.88
委　属	100.00	100.00	63.67	100.00	100.00	100.00	63.67	83.33	100.00	100.00	70.33	66.67	1.00	300.00	100.00	100.00	100.00	50.00	0.00	45	4844.20	100.00
总　计	73.88	59.74	68.04	26.22	95.72	73.66	67.41	15.26	94.00	67.67	63.95	14.37	212.00	21088.31	34.85	88.22	66.51	78.67	7.56	1438	142168.74	65.07

上海市专用教室建设状况统计表

指标 / 区县	劳动技术(%)		地理			历史			史地(%)		计算机(%)		音乐(%)		形体(%)		美术(%)		书法(%)		英语			艺术		
	间数达标率	面积达标率	独立间数(间)	独立面积(平方米)	有独立地理室的学校占比(%)	独立间数(间)	独立面积(平方米)	有独立历史室的学校占比(%)	间数达标率	面积达标率	间数达标率	面积达标率	间数达标率	面积达标率	间数达标率	面积达标率	间数达标率	面积达标率	间数达标率	面积达标率	间数(间)	面积(平方米)	有英语室的学校占比(%)	间数(间)	面积(平方米)	有艺术室的学校占比(%)
黄浦区	50.00	10.00	11	968.80	16.13	4	278.80	12.90	50.00	50.00	92.00	70.00	92.00	50.00	100.00	42.86	90.00	32.00	57.14	14.29	15	1123.28	13.33	14	1776.63	18.33
徐汇区	34.38	6.25	5	248.00	16.67	0	0.00	0.00	0.00	0.00	95.31	70.31	87.50	57.81	85.71	71.43	87.50	43.75	14.29	14.29	2	149.40	2.90	13	774.40	7.25
长宁区	53.85	23.08	6	581.00	30.43	1	38.00	4.35	0.00	0.00	94.87	69.23	76.92	58.97	42.86	28.57	92.31	38.46	57.14	0.00	25	2066.00	31.82	18	1266.00	25.00
静安区	33.33	11.11	6	505.00	10.64	4	379.00	4.26	12.50	0.00	90.28	59.72	90.28	52.78	61.54	30.77	88.89	43.06	30.77	15.38	19	1220.70	10.11	35	2307.80	25.84
普陀区	46.15	13.46	4	264.34	9.52	0	0.00	0.00	7.14	7.14	92.31	73.08	88.46	67.31	52.94	41.18	80.77	48.08	52.94	35.29	6	464.28	9.09	43	2863.19	21.21
虹口区	24.49	8.16	11	887.52	26.67	0	0.00	0.00	100.00	75.00	93.88	48.98	83.67	40.82	60.00	40.00	85.71	34.69	20.00	0.00	20	1341.87	22.03	3	157.00	3.39
杨浦区	17.91	10.45	64	455.08	13.51	1	95.00	2.70	33.33	33.33	92.54	73.13	79.10	58.21	68.75	56.25	80.60	44.78	31.25	6.25	3	310.00	3.85	25	1463.86	15.38
闵行区	44.58	32.53	12	1113.50	15.38	3	290.00	5.77	23.08	23.08	84.34	80.72	87.95	72.29	93.33	86.67	90.36	67.47	70.00	63.33	12	1259.79	11.00	38	3544.55	24.00
宝山区	39.00	26.00	8	621.80	9.09	3	281.00	5.45	27.78	27.78	92.00	80.00	91.00	63.00	77.78	51.85	88.00	59.00	48.15	25.93	6	484.20	5.26	24	1013.96	7.02
嘉定区	45.10	29.41	4	408.32	12.50	3	329.60	9.38	30.77	30.77	82.35	76.47	88.24	72.55	91.30	73.91	88.24	68.63	78.26	47.83	3	550.22	5.00	24	1738.05	25.00
浦东新区	61.43	47.09	48	4338.54	37.59	34	2918.90	23.31	41.18	26.47	86.10	78.03	83.41	70.40	60.94	50.00	89.69	69.96	60.94	42.19	125	11472.40	35.91	84	7158.52	16.22
金山区	63.41	46.34	6	359.00	15.38	2	125.00	7.69	25.00	25.00	92.68	85.37	82.93	70.73	88.89	66.67	95.12	63.41	66.67	44.44	4	327.00	8.33	15	1206.00	22.92
松江区	53.33	50.00	12	1143.96	39.29	2	196.00	7.14	8.33	0.00	76.67	76.67	93.33	86.67	85.71	61.90	86.67	66.67	95.24	66.67	11	1007.00	19.05	11	1040.46	23.81
青浦区	71.74	50.00	6	486.60	19.23	2	201.76	7.69	36.36	36.36	97.83	84.78	93.48	80.43	90.00	65.00	97.83	76.09	80.00	55.00	2	176.40	1.89	10	867.37	11.32
奉贤区	71.79	56.41	5	437.80	11.90	3	251.80	7.14	62.50	50.00	92.31	71.79	84.62	74.36	93.75	75.00	94.87	66.67	87.50	37.50	10	905.40	7.94	7	485.80	9.52
崇明区	78.57	44.64	3	122.00	8.57	0	0.00	0.00	25.00	0.00	94.64	71.43	96.43	78.57	62.50	50.00	96.43	62.50	62.50	37.50	2	186.00	3.13	13	1146.18	15.63
委属	33.33	0.00	2	416.00	33.33	1	80.00	16.67	66.67	33.33	100.00	66.67	100.00	100.00	100.00	66.67	100.00	66.67	66.67	33.33	5	365.00	50.00	4	354.00	66.67
总计	49.20	30.14	213	13357.26	20.15	63	5464.86	8.59	30.25	23.46	90.05	73.99	87.04	65.92	76.11	58.36	89.30	57.46	62.12	38.91	270	23408.94	14.99	381	29163.77	16.80

上海市教学仪器设备状况统计表

单位：万元

区县＼指标	总体情况				创新实验室			其他特色专用教室		
	资产总值	生均教学仪器设备值（元）	当年投入		资产值	当年投入		资产值	当年投入	
			财政性经费	其　他		财政性经费	其　他		财政性经费	其　他
黄浦区	66292.18	16778.58	7139.47	465.22	9581.48	1196.42	114.50	4575.10	527.66	107.01
徐汇区	53801.63	8612.12	6645.51	0.00	2793.47	561.09	0.00	6046.54	1153.90	0.00
长宁区	82518.31	23326.07	12885.29	0.50	921.97	146.02	0.00	5857.91	1499.98	0.00
静安区	95871.05	15713.22	10681.12	522.27	3990.16	919.33	56.35	2480.98	566.95	9.21
普陀区	93200.28	15994.01	13051.65	0.00	5295.53	1050.53	0.00	2116.63	732.07	0.00
虹口区	47367.96	14926.56	3843.12	74.90	2761.54	235.23	0.00	4557.76	309.61	10.54
杨浦区	81122.89	15930.81	16788.81	1.50	5164.36	1539.89	0.00	7634.35	2297.92	0.00
闵行区	99806.95	9729.48	25008.55	101.53	5525.00	1981.89	0.00	6968.99	1155.41	0.00
宝山区	62705.62	6683.82	3740.41	29.50	1314.45	130.03	0.00	3093.46	443.58	0.00
嘉定区	58776.19	9693.12	9204.35	9.04	2201.64	636.67	0.00	1522.04	439.10	0.00
浦东新区	226222.57	7695.67	30227.99	617.23	10096.60	4103.36	201.54	16395.47	3950.82	119.72
金山区	49545.47	11020.64	7797.47	1919.12	2209.87	189.29	299.98	3214.37	1205.83	73.90
松江区	26813.17	4664.54	2677.60	0.60	1529.11	329.79	0.00	1338.35	563.20	0.00
青浦区	39071.08	7929.67	8983.30	521.92	3518.86	1475.93	50.45	3729.10	1200.61	154.57
奉贤区	56257.94	10231.51	8978.40	99.03	2517.97	1033.87	0.26	2954.46	1478.15	14.50
崇明区	41558.56	13752.46	3429.40	444.65	1279.22	404.78	23.28	446.81	216.26	0.00
委　属	24263.27	22261.92	5142.87	374.48	4435.08	956.16	0.00	71.00	0.00	0.00
总　计	1205195.12	10589.43	176225.31	5181.49	65136.31	16890.28	746.36	73003.32	17741.05	489.45

上海市图书馆配备状况统计表

指标 区县	文献量				图书经费(万元)						阅览座位		纸质图书流通率(%)
	纸质书刊(册)	生均图书册数(册)	数字文献		纸质书刊	数字文献	合计	当年投入		生均经费(元)	纸质书刊阅览座位(座)	电子阅览电脑(台)	
			(件)	(GB)				财政性经费	其他				
黄浦区	2738596	69.31	203238	285737	4162.69	352.45	4515.14	279.44	6.54	1142.78	4865	938	16.26
徐汇区	3094679	49.54	35940	628282	6359.72	204.63	6564.35	444.30	30.48	1050.77	5708	756	9.83
长宁区	1959195	55.38	577218	104095	2559.54	111.09	2670.63	138.12	2.59	754.93	2808	840	14.60
静安区	3715004	60.89	290263	2365019	7258.88	281.11	7539.99	385.68	17.17	1235.80	7789	1689	22.15
普陀区	3357311	57.61	40601	47384	5325.94	132.75	5458.69	595.68	0.00	936.76	5753	940	18.34
虹口区	1823638	57.47	126701	32807	2340.28	230.69	2570.97	143.45	12.09	810.16	3855	600	16.85
杨浦区	2988153	58.68	15412	7989	5114.83	52.42	5167.25	639.83	0.00	1014.74	6000	827	15.90
闵行区	5031291	49.05	81454	99712	10331.13	419.18	10750.31	633.73	0.00	1047.97	7606	1138	25.59
宝山区	4375023	46.63	3446120	37178	8515.27	238.57	8753.84	528.41	13.03	933.08	8785	1757	23.38
嘉定区	2803505	46.23	285195	33273	5133.30	241.69	5374.99	447.61	2.37	886.42	5319	1649	37.50
浦东新区	14104799	47.98	732680	82826	23178.30	997.51	24175.81	1746.85	48.24	822.42	20813	4834	19.43
金山区	2460391	54.73	117010	26404	4126.07	484.40	4610.47	91.42	104.12	1025.53	3308	715	16.75
松江区	2607230	45.36	18143	50669	4905.99	35.82	4941.81	245.88	2.51	859.70	3716	533	18.94
青浦区	2681370	54.42	64892	5927	4211.86	132.03	4343.89	310.11	45.03	881.61	4002	667	23.87
奉贤区	2953399	53.71	145512	234423	4948.66	224.13	5172.79	256.57	1.96	940.76	5501	1191	17.77
崇明区	2364610	78.25	85619	19968	4469.76	278.49	4748.25	70.24	26.67	1571.28	4365	903	14.65
委　属	972293	89.21	20595	25996	1462.89	18.43	1481.32	91.82	0.00	1359.13	1235	210	6.02
总　计	60030487	52.75	6286593	4087689	104405.11	4435.39	108840.50	7049.14	312.80	956.33	101428	20187	19.72

上海市实验开出率

指标 区县	物理(%)	化学(%)	生命科学(%)	科学(%)	自然(科学与技术)(%)
黄浦区	94.83	92.42	90.13	83.09	95.53
徐汇区	95.51	98.17	96.96	95.51	94.16
长宁区	98.65	98.70	98.78	83.16	94.74
静安区	95.32	92.59	93.68	69.24	82.27
普陀区	88.13	88.06	88.11	88.84	89.13
虹口区	97.37	97.30	95.40	63.43	87.72
杨浦区	96.29	95.64	94.59	89.73	95.57
闵行区	94.04	94.41	92.94	83.62	92.62
宝山区	81.98	78.79	70.29	40.68	71.18
嘉定区	93.17	90.74	92.64	82.89	88.93
浦东新区	93.69	92.14	90.19	90.22	90.17
金山区	93.14	93.17	92.31	77.40	87.74
松江区	91.23	91.01	79.58	70.68	83.37
青浦区	90.39	87.91	87.49	68.38	92.06
奉贤区	93.98	93.92	88.92	88.53	87.67
崇明区	90.72	88.91	87.37	84.16	90.77
委　属	95.33	96.35	97.78	70.00	85.00
总　计	92.74	91.67	89.45	79.52	88.15

索　　引

Index

索 引

说明：①本索引的主题词索引及人名索引采用主题分析索引方法，按主题词及人名首字的汉语拼音字母顺序排列。串文图片索引按页码先后顺序排列。②索引名称后的数字表示内容所在的页码，数字后面的 a、b 表示内容所在版面的左、右区域。③在上海的单位和在上海发生的事件名称前的“上海”两字一般均予省略。括号内高校名称一般用全称。

主题词索引

D

E

F

G

H

J

K

L

M

N

O

P

Q

R

S

T

W

X

Y

Z

人名索引

P

Q

S

T

W

X

Y

Z

串文图片索引

《2018 上海教育年鉴》编纂人员

总 编 审:蒋 红

副总编审:李兴华 陆黎英

《上海教育年鉴》编辑部:刘 捷 郑秀敏

供稿单位组稿人:(以姓氏笔画为序)

丁晓丹 万翰杰 王会姣 王 阳 王 欢 王金晶 王晓红 王 影
牛牧原 方乐莺 邓 宇 邓劲松 平 婧 叶丽玉 叶金梅 田 原
史志明 白前永 印成君 吕颜婉倩 朱 霞 刘红菊 刘丽英 刘利艾
刘 君 刘晓燕 许 凌 许 诺 许梅英 孙金懿 孙 慧 杜 宇
李池峰 李 莉 李 夏 李惠君 杨 阳 杨 静 肖天昳 吴永丽
宋 娟 张仲礼 张毅婷 陆祎琳 陈少东 陈晓旭 范春燕 季慧琴
岳 强 金舒莺 周佳宁 周益斌 郑贺春 郑 楷 单驹超 赵泽民
郝玉凤 胡 珺 俞 刚 俞晓菁 姜传松 费 明 秦 凤 袁 源
聂韶晶 徐 晨 殷婷婷 高兰兰 高 哲 郭 秀 接剑桥 黄 华
梅 飞 梅湘瀛 曹佳凤 曹婷婷 章玲苓 梁 欢 葛春晖 蒋啸天
童子益 赖黎明 甄炜旎 虞 兰 廖文文 潘 旻 戴 泓

供稿单位审稿人:(以姓氏笔画为序)

马 强 王占勇 王 彤 王 波 王剑岳 王晓波 王爱祥 毛成功
未景达 叶 华 叶福林 叶蔚蓝 史成宇 史 寅 邢寰宇 毕秀水
曲玉梁 仲立新 刘文星 刘 丽 刘鹤霞 严 奕 李 川 李少丹
李希萌 李 旺 李柏林 杨旭辉 肖建农 何 杰 应陵蓉 张 红
张 凯 张锦华 张增泰 张 鹰 陈宇卿 陈国兰 陈晓斌 陈敬良
范以纲 茅卉弦 罗英华 金峥杰 金 辉 周 英 周婉婉 周路海
宗 弘 胡花玉 胡恺真 胡德平 段仁启 俞光虹 姜易群 姚赟勤
秦立卿 袁 晖 夏 星 徐 咏 徐沫扬 徐祖广 徐 辉 徐皓刚
徐 斌 高雪岭 高 琳 郭伟钧 陶海根 陶 强 曹士勋 曹锡康
盛 况 崔亦田 章甘群 梁晓峰 葛 朗 蒋乃平 蒋昕宇 程 涛
滑智平 蔡 磊

特邀审稿人:(以姓氏笔画为序)

王正华 江 岚 杨 琼 沈蕴辉 宣念蜀 顾剑华 郭天和 盛 懿 蒋侯玲

主要摄影者:(以姓氏笔画为序)

叶辰亮 朱水苗 李立基 顾 超

英文翻译:江 岚

责任编辑:鲍 静

特邀编辑:余鸿源

图书在版编目(CIP)数据

2018上海教育年鉴/上海市教育委员会编.—上海：
上海人民出版社，2019
ISBN 978-7-208-15543-5

Ⅰ.①2… Ⅱ.①上… Ⅲ.①教育工作-上海-
2018-年鉴 Ⅳ.①G527.51-54

中国版本图书馆CIP数据核字(2018)第252404号

责任编辑 鲍 静
特邀编辑 余鸿源
封面设计 张志全工作室

2018上海教育年鉴
上海市教育委员会 编

出　　版 上海人民出版社
(200001 上海福建中路193号)
发　　行 上海人民出版社发行中心
印　　刷 浙江新华数码印务有限公司
开　　本 890×1240 1/16
印　　张 42.25
插　　页 16
字　　数 1,052,000
版　　次 2019年3月第1版
印　　次 2019年3月第1次印刷
ISBN 978-7-208-15543-5/G·1938
定　　价 200.00元